录中国快递业的时光机

中国快递年鉴
CHINA EXPRESS YEARBOOK
（2019年卷）

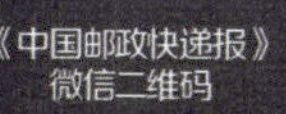

《中国邮政快递报》微信二维码

《中国邮政快递报》微博二维码

《快递》杂志微信二维码

《快递》杂志微博二维码

地址：北京市朝阳区朝阳门外大街19号
华普国际大厦
电话：010-65801105
传真：010-65801102

中国快递年鉴
（2020 年卷）

《中国快递年鉴》编辑部　编

人民交通出版社股份有限公司
北京

内 容 提 要

本年鉴客观记载、全面反映了2020年我国快递业的发展情况以及各地区的进展和主要成就。全书共11部分,分别为:特载、发展概览、发展环境、发展数据、人才建设、市场主体、各地纵览、协会工作、人物志、行业展望和附录。

本书为我国快递领域综合性、资料性、史册性工具书,是读者全面了解我国2020年快递领域发展情况的翔实史料,可供快递行业相关人员及其他社会各界人士阅读参考。

图书在版编目(CIP)数据

中国快递年鉴. 2020年卷 /《中国快递年鉴》编辑部编. —北京 : 人民交通出版社股份有限公司, 2021.9

ISBN 978-7-114-17585-5

Ⅰ.①中… Ⅱ.①中… Ⅲ.①快递—中国—2020—年鉴 Ⅳ.①F618.1-54

中国版本图书馆CIP数据核字(2021)第173111号

书　　名: 中国快递年鉴(2020年卷)
著 作 者:《中国快递年鉴》编辑部
责任编辑: 黎小东
责任校对: 孙国靖　宋佳时　龙　雪
责任印制: 张　凯
出版发行: 人民交通出版社股份有限公司
地　　址: (100011)北京市朝阳区安定门外外馆斜街3号
网　　址: http://www.ccpcl.com.cn
销售电话: (010)59757973
总 经 销: 人民交通出版社股份有限公司发行部
经　　销: 各地新华书店
印　　刷: 北京市密东印刷有限公司
开　　本: 880×1230　1/16
印　　张: 50.25
插　　页: 8
字　　数: 1245千
版　　次: 2021年9月　第1版
印　　次: 2021年9月　第1次印刷
书　　号: ISBN 978-7-114-17585-5
定　　价: 396.00元

《中国快递年鉴》编委会

特邀委员：马小群　中国邮政集团有限公司寄递事业部党委书记、总经理

王　卫　顺丰控股股份有限公司董事长兼总经理

陈德军　申通快递股份有限公司董事长

喻渭蛟　圆通速递有限公司董事长

聂腾云　韵达控股股份有限公司董事长兼总裁

赖梅松　中通快递集团董事长

周韶宁　百世集团董事长兼 CEO

崔维星　德邦快递董事长

杨兴运　壹米滴答集团创始人兼 CEO

《中国快递年鉴》编辑部

编 辑 说 明

《中国快递年鉴》是我国快递领域最具权威的综合性、资料性、史册性工具书，旨在客观记载、全面反映我国快递领域发展情况以及各地区每年度取得的最新进展和主要成就，可为读者全面了解我国快递领域的发展提供翔实的史料。

《中国快递年鉴(2020年卷)》着重反映2020年期间我国快递领域的发展情况。全书共11部分，具体内容如下。

1.特载：包括交通运输部和国家邮政局有关领导的重要讲话及专文专访；

2.发展概览：包括2020年快递服务发展综述，快递领域十大事件，中国快递发展大事记，各省(区、市)快递发展大事记；

3.发展环境：包括2020年市(地)邮政管理工作综述，2020年施行的快递法律规章及规范性文件，快递标准，快递政策及重要政策解读，同时还辑录了部分省(区、市)、市(地)关于快递服务的政策法规；

4.发展数据：包括2020年邮政行业运行情况及发展统计公报，2020年快递服务公众满意度调查结果及邮政业消费者申诉情况通告，2020年中国快递发展指数报告；

5.人才建设：包括2020年快递人才队伍建设概述，以及各骨干企业人才培养特色举措；

6.市场主体：介绍了2020年快递市场主体发展情况以及我国快递市场10家重点企业发展情况；

7.各地纵览：介绍了全国各省(区、市)快递市场发展及管理情况；

8.协会工作：介绍了中国快递协会2020年工作情况；

9.人物志：介绍了中国梦·邮政情第四届"寻找最美快递员"活动评选出的"最美快递员"中的14位基层快递员和5支团队代表，以及发生在他们身上的感人事迹；

10.行业展望：介绍了我国快递领域未来的发展趋势；

附录：包括与快递领域有关的重要文件。

《中国快递年鉴(2020年卷)》的出版,得到了国家邮政局各有关部门,各省(区、市)邮政管理部门、中国快递协会及各省(区、市)快递协会、有关快递企业的大力支持。在此,我们向所有为本年鉴编辑出版作出贡献的单位和个人表示衷心感谢!

本年鉴资料内容未包括香港特别行政区、澳门特别行政区和台湾省资料。

《中国快递年鉴》编辑部

2021年6月

中国邮政快递报

China Post and Express News　第774期　今日4版

本报官方微博

本报官方微信

国家邮政局主管
国内统一连续出版物号:CN 11-0041

北京国邮创展文化传播有限公司主办
邮发代号:1-46

《中国邮政快递报》社有限公司出版
2020年3月9日　星期一

李克强考察首都国际机场和物流企业航空分拨中心时强调

加强防控国际合作防范疫情输入输出 有力畅通物流促进经济社会发展

3月6日，中共中央政治局常委、国务院总理、中央应对新冠肺炎疫情工作领导小组组长李克强赴首都国际机场和顺丰华北航空分拨中心考察。他强调，要贯彻习近平总书记重要讲话精神，按照中央应对疫情工作领导小组部署，加强航空运输疫情防控国际合作，有效防范疫情跨境传播，畅通国际国内物流运输，为抗击疫情和促进经济社会发展提供更好支撑。

在机场运行控制中心，李克强听取疫情发生以来全国航班运行、人员出入境、货物进出港等情况汇报，对民航系统保障医务人员和抗疫物资运输、开通点对点航班帮助重点行业农民工返岗复工表示赞许。李克强指出，近期新冠肺炎疫情在海外呈快速蔓延态势，应对疫情是国际社会共同挑战。要加强与国际组织、相关国家和地区疫情防控合作，特别是航空运输防控合作，协调采取防控措施防范疫情输入输出，保证人员往来有序安全，这既是对所有乘客负责，也是对各国人民负责，体现国际合作的负责任态度。

李克强走进机场商店，与一位来自东南亚国家、在北京转机的旅客交谈。他还来到航班到达出口，察看体温监测设施运行情况，并与工作人员交流，仔细询问航空运输和人员出入境采取的防控措施、出现突发情况如何快速处置，对机场采取的分区分级分类健康监测和输入风险管控措施予以肯定。李克强说，航空运输人员密集度高，你们处在防疫第一线，要把相关防控工作做到位，把好防范疫情传播的航空关口。

李克强十分关心物流业复工复业。在顺丰华北航空分拨中心，公司负责人做了汇报并反映受疫情影响企业成本上升较多。李克强询问企业是否享受到国家近期出台的税费减免、金融支持等政策，要求有关部门主动加强服务，对国有、民营等各类企业一视同仁，确保政策尽快落到位。他说，物流链连着产业链、供应链。当前有序推动复工复产，物流是重要基础。要继续打通大动脉、畅通微循环，保证产业链顺畅连通、群众生活必需品稳定供应。同时要增开国际货运航班，加快发展国际物流快运体系，为促进经济发展和满足人民生活需要提供高效便捷稳定的物流支撑。

看到现场的快递人员，李克强走上前去，与他们亲切交谈，询问他们疫情发生以来是不是每天都在工作、现在一天送货量有多少。李克强说，人民群众亲切称你们为快递小哥。你们是疫情中的逆行者，在平凡中展现不凡。你们奔波在大街小巷，给人民群众送去的不仅是生活必需，而且是人间温暖。他要求有关方面保障好快递行业口罩等防护用品需求，叮嘱大家也要做好个人防护。

刘鹤、肖捷、杨传堂陪同考察。

（来源：中国政府网）

2020年3月6日，中共中央政治局常委、国务院总理、中央应对新冠肺炎疫情工作领导小组组长李克强赴首都国际机场和顺丰华北航空分拨中心考察。他强调，要贯彻习近平总书记重要讲话精神，按照中央应对疫情工作领导小组部署，加强航空运输疫情防控国际合作，有效防范疫情跨境传播，畅通国际国内物流运输，为抗击疫情和促进经济社会发展提供更好支撑。刘鹤、肖捷、杨传堂陪同考察。（刊发于《中国邮政快递报》2020年第774期一版）

2020年1月31日，国家邮政局局长马军胜和中国邮政集团有限公司董事长刘爱力，相约到中国邮航北京基地，看望慰问干部职工，检查“绿色通道”运行情况。马军胜表示，眼下，全国疫情防控工作正在紧张进行，对各类物资的运输有很大的需求，中国邮政作为行业唯一的“国家队”，主动担当，积极作为，开通“绿色通道”，主动捐款支援一线，对应急物资的运输保障工作发挥了重要的作用。公司广大干部职工在春节假期期间，舍小家，为大家，奋战在抗击疫情物资运输第一线，为疫情防控工作作出了贡献，大家辛苦了。随后，马军胜又驱车来到位于另一处停机坪上的顺丰速运的飞机旁。马军胜对顺丰公司的保障效率给予了充分肯定，向奋战在一线的顺丰员工表示亲切慰问。他表示，疫情期间，顺丰公司发挥自身优势，参与了国内企业、机构和国际社会向武汉捐助的应急物资的航空运输工作，努力做好了满足人民群众基本日常生活需要的快递服务，体现了企业的社会责任感和服务意识。他要求企业做好包括飞行员在内的一线员工的防护工作，确保他们的身体健康，同时要注意休息，做到劳逸结合。马军胜还到顺丰公司华北中心检查企业运行保障情况。

2020年8月13日至14日，国家邮政局党组书记、局长马军胜利用休假时间，带领联系点三名党员，“实测”北京偏远9乡（镇）15村的快递服务水平。马军胜指出，快递进村，首先要解决有没有的问题，进了村、扛下来、能发展，才能为村民们提供可持续的服务，才对得起乡亲们的这份信任和期待。乡村的快递服务，跟中国发展市场经济一样，有一个不断探索、不断拓展、不断完善的过程，无论是“快递超市”还是“超市快递”，无论是快快合作、快商合作，还是快邮合作、快交合作，只要适应当地特点，顺应市场规律，符合百姓口碑，都是好模式。企业是推进快递进村的主力军，经营主体能不能保本是快递进村关键所在。一方面要抱团取暖避免无序恶性竞争，另一方面也要整合资源积极尝试新模式拓展新业务。

2020年12月11日，邮政业科技创新战略联盟第二届大会在京举行。国家邮政局党组成员、副局长戴应军出席会议并讲话。戴应军指出，邮政业科技创新战略联盟的成立，顺应了国家科技创新驱动发展战略的新要求和邮政业高质量发展的新需要。在有关部委的指导支持下，在国家邮政局的领导下，联盟成立两年以来，充分整合政产学研用各方资源，科技平台引领作用、纽带作用和智库作用初步显现，科研交流活动频繁，科技创新亮点频现，重点科技研发工作取得了明显成效，助力推动邮政快递企业从劳动密集型向科技密集型转变。会上，科学技术部、交通运输部、国家市场监督管理总局等部委相关部门负责同志出席会议并致辞。

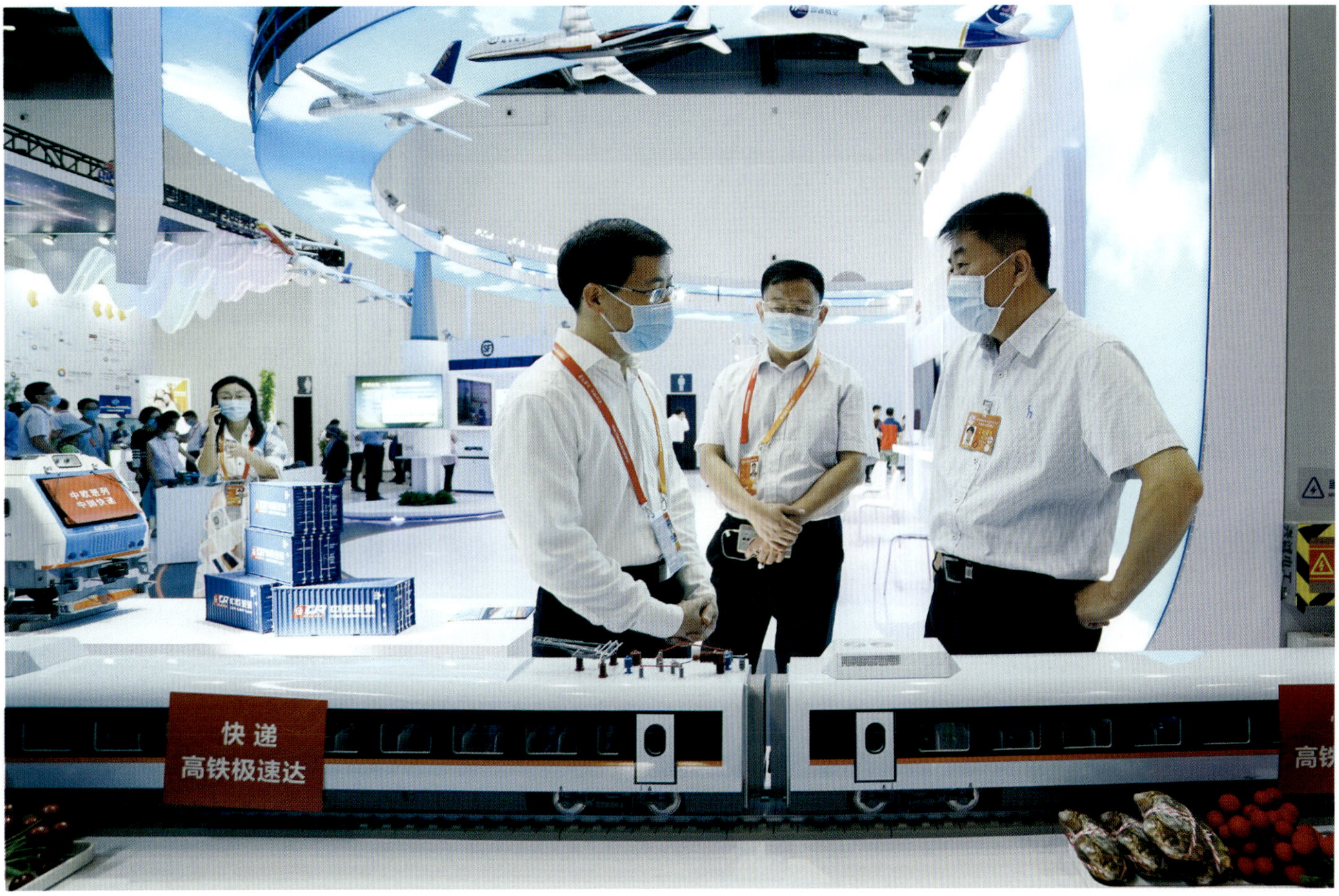

2020年9月4日，以“全球服务　互惠共享”为主题的2020年中国国际服务贸易交易会在京开幕。5日，国家邮政局副局长刘君来到服贸会“中国快递”展区，与工作人员交流，与参展观众互动，对中国快递在疫情期间的表现和积极“走出去”点赞。刘君强调：“我国快递企业要继续走出国门不断拓展海外市场，形式可以因地制宜，路径可以顺势而谋，但目的只有一个，就是让全球更多的消费者可以享受不一样的‘中国速度’。”

2020年12月19日，第五届全国“互联网+”快递大学生创新创业大赛全国总决赛在河北石家庄圆满落幕。国家邮政局副局长杨春光、中国邮政集团有限公司党组副书记李丕征、河北省教育厅厅长杨勇出席总决赛颁奖典礼并讲话。杨春光在讲话中希望，社会各界持续支持举办行业“双创”大赛，积极参与大赛，丰富平台内涵，特别是骨干龙头快递企业要积极通过设立企业导师、提出重大课题、分享成功经验等，热心帮扶青年学子创新创业，为快递业创新创业人才培养汇集强大力量。大学生们要紧密对接全球科技创新发展前沿和国家、行业战略需求，提升协同创新服务能力，努力攻克关键核心技术，培育重大标志性成果，同时在创新创业中坚定理想信念、锤炼意志品质、作出自身贡献。

2020年10月23日，由国家邮政局发展研究中心、浙江省邮政管理局联合主办的2020年中国邮政快递业生态环保研讨暨绿色供给展会在“中国民营快递之乡”浙江桐庐举行。国家邮政局党组成员、副局长赵民出席会议并讲话。赵民在讲话中指出，邮政快递业是生态文明建设的重要领域，绿色发展是行业高质量发展的内在要求。国家邮政局党组坚决贯彻落实习近平总书记关于邮政快递业绿色发展一系列重要指示批示精神，抓顶层设计，抓任务分解，抓责任落实，接续实施“9571”“9792”工程。上下游企业认真落实生态环保主体责任，克服困难完成各项任务指标，为行业绿色发展作出了积极贡献。经过共同努力，绿色发展已经成为行业共识，法规标准体系逐步完善，共商共治格局基本形成，快递包装治理工作取得初步成效。

2020年11月11日，北京。在国家邮政局邮政业安全中心内，中国快递大数据平台大屏幕上的数据实时滚动着，这块长16米、高约1.7米的巨型曲面屏上，分4个区域显示着全国快件历史同期对比、全国快件实时业务监测、全国主要电商平台分企业订单量实时监测和全国主要电商平台趋势监测数据，详细到时速、秒速和同比增长率。这里是快递业务服务保障战的指挥中心，是全国邮政快递业的“大脑”和“心脏”。“绿盾”工程也已基本完成一期各项目建设，相关建设成果已逐步在重大活动安全保障、日常行业监管和政务服务等工作中实际运用。

新冠肺炎疫情发生以后，国家邮政局紧跟党中央决策部署，坚持一手抓科学防控疫情，一手抓有序复工复产，举全系统全行业之力打赢疫情防控阻击战。组织邮政、快递企业第一时间开通全国驰援武汉救援物资和海外捐赠国内防疫物资两条运递“绿色通道”，数百万快递小哥冒疫奔忙，全力保障防疫物资和居民基本生活物资运递。按照“四保障、三优先和梯度推进”部署安排，2020年2月7日率先全面启动行业复工复产工作，及时出台暂缓消费者申诉考核、延长许可到期办理时限等援企稳企措施，推动解决复工审核、劳动用工、防疫物资配备、车辆通行、末端投递等实际困难，科学有序抓好复工复产，为拉动线上新型消费提供有力支撑。努力维系国际寄递渠道畅通，与万国邮联和各国邮政分享我国抗疫经验，为全球40多个欠发达国家提供防疫物资援助，展示负责任大国形象。制修订6版邮政快递生产作业场所操作规范，积极为企业争取口罩等防疫物资，推广定点收寄、定点投递等非接触投递模式，有效加强重点部位疫情防控。图为快递分拨中心工作人员在进行消杀。

2020年9月8日下午，国家邮政局召开邮政快递业受表彰的全国抗击新冠肺炎疫情先进个人座谈交流会。国家邮政局党组书记、局长马军胜出席会议并讲话，强调全行业全系统要坚决贯彻落实习近平总书记重要指示精神和中央决策部署，以全国抗击新冠肺炎疫情先进个人荣誉获得者汪勇、周培、徐龙3位同志为学习榜样，敢于担当、主动作为，忘我工作、无私奉献，联系好千家万户、服务好亿万群众，用实际行动履行党和国家赋予邮政快递人的光荣使命，不辜负党中央、国务院对行业的充分肯定和殷切期望，汇聚推动邮政快递业高质量发展的磅礴力量。局党组成员、副局长杨春光主持会议。

2020年12月29日，人力资源和社会保障部、国家邮政局联合举行邮政体制改革以来首次全国邮政行业先进集体、劳动模范和先进工作者表彰大会。国家邮政局党组书记、局长马军胜出席大会并讲话，强调全系统全行业要增强“四个意识”、坚定“四个自信”、做到“两个维护”，更加紧密地团结在以习近平同志为核心的党中央周围，高举中国特色社会主义伟大旗帜，大力弘扬劳模精神、劳动精神、工匠精神和“小蜜蜂”精神，求真务实、锐意进取，勤于创造、勇于奋斗，为开启全面建设现代化邮政强国新征程、夺取全面建设社会主义现代化国家新胜利作出新的更大的贡献。中国邮政集团有限公司党组书记、董事长刘爱力出席,人力资源和社会保障部国家表彰奖励办公室主任刘丽军宣读表彰决定。国家邮政局党组成员、副局长刘君、赵民出席，国家邮政局党组成员、副局长杨春光主持大会。

2020年9月29日上午，第四届“中国梦·邮政情　寻找最美快递员”活动揭晓发布会在京举行，徐龙、汪勇、李成、葛军、王惠贤等14名“最美快递员”和中国邮航团队、京东物流武汉亚一城配青年车队、中通快递西藏日喀则团队等5个“最美快递员”团队受到表彰。国家邮政局局长、局精神文明建设指导委员会主任马军胜出席揭晓发布会并致辞，中华全国总工会书记处书记曲昭伟，共青团中央书记处书记、全国青联副主席傅振邦，中国快递协会会长高宏峰，国家邮政局副局长刘君，国家邮政局副局长、局精神文明建设指导委员会副主任杨春光等出席会议。中央宣传部、中华全国总工会、共青团中央、全国妇联、交通运输部、国家网信办、国家邮政局、中国国防邮电工会、中国快递协会和活动公益支持单位东风柳州汽车有限公司领导为“最美快递员”颁奖。

2020年11月10日，由国家邮政局精神文明建设指导委员会主办，中国邮政快递报社承办的关爱快递员“暖蜂行动”暨第五届“快递员关爱周”活动正式启动。2019年春节前夕，习近平总书记亲切看望基层快递员时将快递小哥比作勤劳的小蜜蜂。自此，“小蜜蜂”便成为快递小哥的职业特写，“小蜜蜂精神”也成为邮政快递业400万从业人员的精神象征。“暖蜂”取温暖“小蜜蜂”之义，主办方希望通过开展一系列关心关爱活动，为“快递小哥”传递温暖，鼓舞和激励他们发扬“小蜜蜂”精神，拼搏创新，逐梦前行。在启动仪式上，100名快递小哥领取了国家邮政局发放的“关爱大礼包”。

2020年12月21日上午，根据国家邮政局中国快递大数据平台实时监测，一件从湖北黄冈寄往湖南长沙的快递包裹成为2020年第800亿件快件。自2020年9月10日我国今年快递业务量达到500亿件开始，每月都登上一个百亿级台阶，实现“四连跳”直至突破800亿件大关，又一次创造了我国快递发展史的新纪录，凸显出我国快递市场繁荣活跃、发展质效不断提升，折射出中国经济复苏的良好势头和强大的消费能力，为实现邮政快递业“十三五”规划圆满收官添上了浓墨重彩的一笔，也为“十四五”规划良好开局奠定了坚实的基础。图为12月21日，中央媒体记者在顺丰速运武汉吴家山中转场采访第800亿件快件中转作业。

2020年10月12日，第三届数字中国建设峰会在福州隆重开幕。在当天下午举办的福州市数字经济重大项目集中签约活动上，国家邮政局邮政业安全中心与福州市人民政府签订战略框架协议并举办授牌仪式，双方将共建全国快递大数据东南研究院，重点就快递大数据应用进行合作。双方还致力于将研究院打造成全国快递大数据研究智库、快递大数据人才培养基地和快递大数据创新中心。福建省委常委、福州市委书记林宝金，福州市委副书记林飞，福州市委常委、秘书长张忠，邮政业安全中心负责人王丰出席授牌仪式及签约活动，邮政业安全中心副主任高黎明与福州市人民政府副市长林中麟签署战略合作协议。图为国家邮政局在峰会上展示大数据监管等行业代表性科技应用。

目 录

第一篇 特载

第二篇 发展概览

第三篇　发展环境

第四篇　发展数据

第五篇　人才建设

第六篇　市场主体

第七篇　各地纵览

第八篇　协会工作

第九篇　人物志

第十篇　行业展望

附录

第一篇　特　载

推动邮政业高质量发展　加快建设交通强国
为实现“两个一百年”奋斗目标和中华民族伟大复兴的中国梦而不懈奋斗

——交通运输部部长李小鹏在2020年全国邮政管理工作会议上的讲话

2020年1月7日

同志们：

很高兴参加2020年全国邮政管理工作会议，和大家一起认真学习贯彻习近平总书记对交通运输工作和邮政工作系列重要指示精神，共同谋划邮政事业发展。这里，就认真贯彻落实党中央关于邮政管理工作决策部署，做好2020年工作，我讲三个方面的意见。

一、2019年全国邮政管理工作取得新成效

刚刚过去的2019年，是新中国成立70周年。70年来，在党中央的坚强领导下，经过一代又一代交通人的接续奋斗，我们即将迎来由交通大国向交通强国的历史性跨越。邮政业面貌也发生了翻天覆地的变化，全国邮政业务总量增长7700多倍，市场规模超过全球份额五分之一，邮政快递业务量位居世界第一，邮政体系已经成为国家战略性基础设施和社会组织系统，在服务经济社会发展和改善民生中发挥着不可替代的重要作用。

2019年也是邮政事业发展很不平凡的一年。一年来，国家邮政局党组认真贯彻落实党中央、国务院决策部署，坚持稳中求进工作总基调，坚持以供给侧结构性改革为主线，坚定不移推动邮政业高质量发展，各项工作取得显著成效。一是发展质效持续提升。全年预计完成业务总量1.6万亿元，预计完成快递业务收入7450亿元，我国已经成长为世界上发展最快、最具活力的新兴寄递市场，成为世界邮政业的动力源和稳定器。二是供给侧结构性改革成效突出。邮政快递基础设施建设进一步加强，基本形成航空、铁路、公路等多种交通运输方式综合利用，连接城乡、覆盖全国、连通世界的现代邮政和快递服务网络，“放管服”改革持续深化，营商环境明显改善。三是科技应用水平显著增强。大数据、云计算、物联网和人工智能等一批行业发展关键共性技术装备加快应用，邮政光学字符识别等分拣技术和“无人仓、无人机、无人车”等技术装备在世界处于领先水平。四是服务民生能力稳步增强。快递服务遍布城乡并开始向村一级延伸，乡镇快递网点覆盖率超过了96.6%，建制村直接通邮全面完成，邮政普遍服务的可及性、均衡性不断提升。五是更高水平对外开放迈上新台阶。推出了一系列邮政业高水平对外开放举措，沉着有效应对美国极限施压，成功推动万国邮联通过终端费改革融合方案，我国在全球邮政治理中的地位和作用进一步凸显。六是全面从严治党向纵深推进。坚持以政治建设为统领，全面加强全系统党的建设，扎实开展“不忘初心、牢记使命”主题教育，持之以恒正风肃纪，系统内政治巡视实现全覆盖，干部人才队伍建设全面

加强。

这些成绩是在国内外风险挑战明显上升的复杂局面下取得的，既彰显了邮政行业敢打敢拼、冲锋向前的奋斗精神，也为做好2020年工作，确保全面建成小康社会和"十三五"规划圆满收官奠定了坚实基础。在此，我代表交通运输部，向全国邮政系统广大干部职工和离退休老同志，表示崇高的敬意和诚挚的问候！

二、准确把握做好2020年工作的总体要求

党的十八大以来，习近平总书记始终心系交通，先后就交通运输工作作出一系列重要指示批示，亲自谋划和推动交通强国建设。2019年1月，习近平总书记在天津视察时指出，经济要发展，国家要强大，交通首先要强起来。9月，党中央、国务院印发《交通强国建设纲要》。随后，总书记在出席北京大兴国际机场投运仪式时强调，要加快建设交通强国。邮政业是建设交通强国的重要力量，习近平总书记高度重视，多次作出重要指示批示。在2019年新年贺词中，总书记称赞快递小哥是美好生活的创造者、守护者。2019年2月，总书记在京看望春节期间仍然坚守岗位的快递小哥时指出，快递小哥工作很辛苦，起早贪黑、风雨无阻，越是节假日越忙碌，像勤劳的小蜜蜂，是最辛勤的劳动者，为大家生活带来了便利。9月，总书记就推进快递包装"绿色革命"作出重要批示，指出快递包装问题值得高度重视，强调要尽早考虑建立与绿色理念相适应的法律、标准、政策体系。9月17日，总书记在河南考察时强调，要积极发展农村电子商务和快递业务，拓宽农产品销售渠道，增加农民收入，要注意节约环保，杜绝过度包装，避免浪费和污染环境。总书记的重要指示批示，既是对交通运输工作和邮政工作的充分肯定和殷切希望，也是对包括邮政干部职工在内的全体交通人的激励和鞭策。我们要切实提高思想认识，深入学习领会，一项项地抓、一件件地办，确保总书记重要指示精神在邮政行业落实到位。

在去年底召开的中央经济工作会议上，习近平总书记分析了当前国际国内经济发展形势与变化，指出我国经济稳中向好、长期向好的基本趋势没有改变，强调我们有党的坚强领导和中国特色社会主义制度的显著优势，有改革开放以来积累的雄厚物质技术基础，有超大规模的市场优势和内需潜力，有庞大的人力资本和人才资源，全党全国坚定信心、同心同德，一定能战胜各种风险挑战。总书记对2020年任务作出了一系列重大部署，特别强调要降低企业物流成本，加强战略性、网络型基础设施建设，推进川藏铁路等重大项目建设，加强城市停车场、冷链物流等建设，加快农村公路等设施建设。我们要认真学习贯彻习近平总书记重要指示精神，主动把邮政工作摆进去，把握大势、服务大局，坚定信心、明确任务，不折不扣把中央经济工作会议决策部署落到实处。

去年12月26日、27日，中央政治局召开了"不忘初心、牢记使命"专题民主生活会，会议紧扣学习贯彻习近平新时代中国特色社会主义思想这一主线，聚焦"不忘初心、牢记使命"这一主题，贯彻"守初心、担使命，找差距、抓落实"的总要求，交流思想、检视问题、深刻剖析，开展批评和自我批评。会议强调要继续深入学习领会习近平新时代中国特色社会主义思想，及时学习领会习近平总书记最新重要讲话精神和重要指示精神，以此武装头脑、指导实践、推动工作。我们要认真学习贯彻会议精神，坚定不移贯彻落实习近平新时代中国特色社会主义思想，坚定不移贯彻落实习近平总书记重要指示精神，坚定不移贯彻落实党中央决策部署，铸牢初心和使命，做好邮政业改革发展稳定各项工作，为实现全面建成小康社会奋斗目标、加快建设交通强国而奋勇工作。

去年12月28日，在中国邮政集团公司揭牌仪式上，刘鹤副总理明确指出，邮政业的发展进入了一个新的充满活力的阶段，大有作为。强调要强化理论武装，认真学习贯彻习近平新时代中国特色社会主义思想，切实把思想、行动统一到以

习近平同志为核心的党中央部署要求上来，始终服务于党和国家发展大局。强调要狠抓发展质量，按照打好邮政经济稳增长硬仗的要求，推进邮政金融稳健发展，加快寄递、农村电商转型发展，切实贯彻落实好新发展理念。强调要提高服务能力，认真践行以人民为中心的发展思想，切实履行好普遍服务和特殊服务义务等等。我们要认真落实好刘鹤副总理重要指示要求，加快推动邮政业高质量发展。

刚刚结束的2020年全国交通运输工作会议，深入贯彻落实中央经济工作会等系列会议精神，明确做好2020年交通运输工作要把握“四个要求”、实现“五个确保”。四个要求，即学思想、铸理念、稳基调、守底线；五个确保，即确保坚定不移贯彻新发展理念，确保服务全面建成小康社会和“十三五”规划圆满收官，确保加快建设交通强国，确保办好第二届联合国全球可持续交通大会，确保行业治理体系和治理能力现代化加快推进。会议还部署了2020年的12项重点工作。一是为决胜全面建成小康社会当好先行。二是重在落实《交通强国建设纲要》。三是全力筹备办好第二届联合国全球可持续交通大会。四是进一步深化交通运输供给侧结构性改革。五是为国家重大战略实施提供有力支撑。六是推动“四好农村路”高质量发展。七是进一步深化交通运输重点改革。八是加快提升行业治理体系和治理能力现代化水平。九是大力推动智慧绿色交通发展。十是努力开创交通运输开放合作新局面。十一是牢牢守住交通运输安全发展底线。十二是全面加强党的建设。这些工作，要结合邮政工作实际，有针对性地抓好贯彻落实，确保落到实处。

三、全力以赴开创邮政管理工作新局面

2020年是全面建成小康社会和“十三五”规划收官之年，是加快建设交通强国的紧要之年。邮政业是现代综合交通运输体系的重要组成部分，是加快建设交通强国的重要力量。站在新的起点上，希望全国邮政系统坚持以习近平新时代中国特色社会主义思想为指导，深入贯彻落实党中央、国务院决策部署，持之以恒推动邮政业高质量发展，奋进新时代、迈向新征程，以时不我待的奋斗姿态书写好交通强国邮政篇。

第一，坚定不移贯彻新发展理念，推动邮政业高质量发展。坚持“巩固、增强、提升、畅通”八字方针，进一步深化供给侧结构性改革，把注意力集中到解决邮政业发展不平衡不充分的问题上来，切实推动新发展理念落地见效。要进一步强化规划引领，统筹推进邮政业发展“十四五”规划和专项规划编制。要加快邮政服务改革创新步伐，支持邮政企业拓展警邮、税邮、政邮等合作，推动将智能投递设施建设纳入城镇老旧小区改造。要加快新技术新装备创新应用，积极推动人工智能、5G通信、物联网、区块链等新技术在邮政领域广泛应用，推广应用北斗卫星导航系统。

第二，践行以人民为中心的发展思想，建设人民满意邮政。牢记“人民邮政为人民”的初心使命，始终坚持发展第一要务不动摇，务实苦干、开拓进取，让人民群众共享邮政业改革发展成果。要继续推进普惠邮政建设，着力打造邮政服务农村电商生态圈，加快推广“村邮站+快递超市+简易金融”服务模式，为群众带来更多用邮便利。要加快推进“快递下乡”工程，实现“乡乡有网点”，更好发挥行业促进“工业品下乡、农产品进城”双向流通优势。要加快发展冷链、医药等新业务，引导企业扩大快递冷运网络覆盖范围，进一步满足消费升级新需求。

第三，聚焦抓重点补短板强弱项，坚决打好三大攻坚战。三大攻坚战是决胜全面建成小康社会必须迈过的重大关口，我们要坚定信心、接续奋斗，取得经得起时代检验的优异成绩。要牢牢守住不发生系统性风险的底线，落实行业安全生产责任制，强化本质安全，狠抓寄递安全“三项制度”落实，完成“绿盾”工程建设，从源头上防范化解寄递渠道重大安全风险，坚决防范遏制重特大事故。

要发挥行业优势坚决打赢脱贫攻坚战，服务好乡村振兴战略，大力开展产业扶贫，打造更多的邮政快递服务现代农业特色项目，积极推进就业扶贫，鼓励寄递企业加大从贫困地区招收员工力度。要保质保量完成“瘦身胶带”封装比例达90%等行业污染防治攻坚战阶段性目标，推动落实地方政府生态环保属地责任，加快建立完善行业绿色发展政策体系。

第四，坚持深化体制机制改革，扎实推进邮政业治理体系和治理能力现代化。要认真贯彻落实党的十九届四中全会精神，在加强行业制度建设和治理能力建设上下更大功夫，使制度优势更好转化为治理效能。要立足当前、着眼长远夯实法治基础，深入推进法治邮政和法治政府部门建设，有序推动《邮件快件包装管理办法》等部门规章制修订工作。要持续深化“放管服”改革，不断优化营商环境，充分发挥市场在资源配置中的决定性作用，包容审慎监管新业态新模式，加快培育行业发展新动能。要切实加强邮政普遍服务监督，巩固建制村直接通邮成果，着力提升边远地区建制村投递服务稳定性、可持续性，着力提升乡镇邮政服务水平。

第五，旗帜鲜明讲政治，全面加强邮政系统党的建设。坚定不移把政治建设放在首位，进一步增强“四个意识”、坚定“四个自信”、做到“两个维护”，确保党中央决策部署在邮政系统不折不扣落实到位。要深入学习贯彻习近平新时代中国特色社会主义思想，领导干部要在学懂弄通做实上作出表率，推动党的创新理论入脑入心。要巩固拓展“不忘初心、牢记使命”主题教育成果，形成长效机制，把“不忘初心、牢记使命”作为终身课题，不断锤炼忠诚干净担当的政治品格。要坚定不移推进正风肃纪，巩固拓展中央八项规定精神成果，持续整治“四风”突出问题，强化政治巡视和巡视整改，深入推进反腐败斗争，严格依纪依法查处违纪违法案件，一体推进不敢腐、不能腐、不想腐。要研究新时代邮政文化建设新内涵新特点，大力弘扬和发展“小蜜蜂”精神等新时代邮政精神，在加快建设交通强国新征程中更好展现邮政行业的担当和风采。

最后，我再强调一下做好春运保障工作。这是对交通运输行业服务保障能力的一次大考。希望邮政系统继续发扬优良传统，履职尽责、担当作为，从组织领导、运能安排、寄递服务、机要通信、舆论宣传、应急值守等各方面、全流程做好保障服务，确保春运期间行业安全平稳运行，服务质量稳步提升。

同志们，2020年已经到来，决胜全面建成小康社会吹响了冲锋号，交通强国建设按下了快进键，展望新的一年，我们重任在肩。让我们更加紧密地团结在以习近平同志为核心的党中央周围，只争朝夕、不负韶华，以实际行动推动邮政业高质量发展，加快建设交通强国，为实现“两个一百年”奋斗目标和中华民族伟大复兴的中国梦而不懈奋斗！

春节在即，我代表交通运输部，向在座各位同志，并通过你们向邮政业广大干部职工、离退休老同志和职工家属致以新春的问候！祝大家春节愉快，阖家幸福，工作顺利，万事如意！

谢谢大家！

以习近平新时代中国特色社会主义思想为指导 为决胜全面建成与小康社会相适应的现代邮政业、全面建设现代化邮政强国而努力奋斗

——国家邮政局局长马军胜在2020年全国邮政管理工作会议上的讲话

2020年1月6日

同志们：

这次会议的主要任务是：以习近平新时代中国特色社会主义思想为指导，全面贯彻落实党的十九大和十九届二中、三中、四中全会以及中央经济工作会议精神，认真贯彻落实习近平总书记关于邮政业重要指示精神，总结2019年工作，回顾邮政法修订施行10年来行业改革发展成就，分析研判当前形势，部署2020年工作。下面，我讲三个方面意见。

一、2019年工作及邮政法修订施行10年来总体回顾

2019年是新中国成立70周年。70年来，特别是党的十八大以来，在党中央、国务院的坚强领导下，我国邮政业规模迅速扩大，基础设施日益完善，发展质效持续提升，服务能力显著增强，国际合作不断深化，在推动流通方式转型、促进消费升级、助力生产发展中发挥着越来越重要的作用，正由邮政大国向邮政强国昂首迈进。

2019年以来，全行业在以习近平同志为核心的党中央坚强领导下，全面贯彻落实中央决策部署，坚持稳中求进工作总基调，坚持以供给侧结构性改革为主线，坚持新发展理念和以人民为中心的发展思想，推动邮政业高质量发展，砥砺拼搏，务实奋进，邮政业改革发展取得了新成效。预计全年邮政业业务总量和业务收入分别完成1.6万亿元和9600亿元，同比分别增长30%和21%，业务收入占GDP比重接近1%；快递业务量和业务收入分别完成630亿件和7450亿元，同比分别增长24%和23%。新增社会就业20万人以上，支撑网上零售额超过8万亿元。邮政普遍服务和快递服务满意度稳中有升，消费者申诉处理满意率达到98.5%。邮政业在经济社会发展中的作用不断增强，为“六稳”作出了积极贡献。

*（一）扎实开展“不忘初心、牢记使命”主题教育，全力做好新中国成立70周年庆祝活动服务保障。*一是“不忘初心、牢记使命”主题教育有效开展。全系统按照“守初心、担使命、找差距、抓落实”总要求，聚焦学习贯彻习近平新时代中国特色社会主义思想，紧跟习近平总书记最新重要讲话和党的十九届四中全会精神，落实习近平总书记关于邮政业重要指示精神和中央决策部署。联合17个部门印发《关于认真贯彻落实习近平总书记重要指示推动邮政业高质量发展的实施意见》，制定国家局党组贯彻落实习近平总书记重要指示办法，确保习近平总书记关于邮政业的重要指示得到全面落实。坚持把“学习教育、调查研究、检视问题、整改落实”贯穿始终，强化主题教育与中心工作融合，各级领导干部带头串讲规定书目、讲授专题党课，带头奔赴艰苦边远地区和困难矛盾集中地区督导调研、寻计问策，带头对照党章党规找差距、针对查摆问题抓整改，重点抓好“8+1+3”专项整治和17个问题解决，一批群众最急最忧最盼的问题得到有效整改落实，系统提出“两进一出”工程。坚持两批主题教育压茬推进，派出6个巡回指导组，各省、区、市局派出95个指导组全过程

全覆盖督促指导，组织开展第一批主题教育“回头看”，以系统联动、协调推动、良性互动确保主题教育取得明显成效。二是新中国成立70周年庆祝活动邮政业安全服务保障工作圆满完成。围绕“防风险、保安全、迎大庆”任务，全行业以最高标准、最严要求、最佳状态严防严控严查严纠，北京局立足主战场把好主阵地，天津、河北、山西、内蒙古等地发挥“环京护城河”作用，各地严格把好安全关，对7109万件进京邮件、快件实施二次安检，查堵禁寄物品300余件，顺利实现“四个严防、三个确保”工作目标。发行新中国成立七十周年主题纪念邮票，开展了一系列丰富多彩的集邮文化活动，做好阅兵村临时邮局服务保障，组织千余名快递小哥亮相国庆“美好生活”游行方阵，展现了邮政业服务人民美好生活的良好精神风貌。

（二）着力加强制度供给，政策环境进一步优化。一是中央决策部署得到有效落实。参与编制交通强国建设纲要，明确邮政业6方面12条重点任务，出台贯彻落实意见，制定邮政强国建设行动纲要。全面启动邮政业发展“十四五”规划编制。雄安新区邮政业发展规划编制基本完成，京津冀邮政业协同发展重点任务有序推进。认真做好邮政业服务长江经济带、粤港澳大湾区发展有关工作，行业重点任务纳入国家长三角一体化规划纲要。落实乡村振兴战略成果丰硕，中央部署的55.6万个建制村直接通邮任务提前一年完成，西藏、新疆、青海、四川、内蒙古、重庆、云南、甘肃等地攻坚克难，为目标实现作出积极贡献。农村地区快递网点超过3万个、公共取送点达6.3万个，乡镇快递网点覆盖率达到96.6%。二是邮政业改革加快推进。邮政集团的公司制改革顺利完成。持续深化“放管服”改革。取消快递业务场地使用证明等3项证明事项，全面实现许可审批一网通办。制定快递分支机构编码规则，精简备案手续，末端网点备案实现常态化。新业态准入迈出实质性步伐，山东、河南等7个省份为快递服务站开办企业和智能快件箱运营企业发放许可。提高面向企业的服务水平，协调落实新一轮减税降费政策，为企业减免税费15亿元以上，在党报党刊发行、主题邮局设置等方面积极争取政策。推进一体化政务服务平台建设，持续加强政府信息公开。三是法规政策体系不断健全。完成邮政法修订施行10周年总结评估，配合修正《快递暂行条例》。修订出台邮政业寄递安全监督管理办法，修正快递业务经营许可管理办法，制定智能快件箱寄递服务管理办法。服务乡村振兴、支持民营快递企业发展、支持海南邮政业深化改革开放、深化交通运输与邮政快递融合推进农村物流高质量发展、促进跨境电子商务寄递服务高质量发展、促进快递与电子商务数据互联共享等一批政策文件相继出台，参与促进服务业高质量发展等国家产业政策制定。与河北、江苏省签订战略合作协议，江西等地出台支持邮政业高质量发展文件。

（三）深入推进供给侧结构性改革，行业高质量发展迈上新台阶。一是基础能力建设得到加强。继续实施西部和农村地区邮政基础设施建设项目，推动改造网点和县局房382处。全国已建成快递物流园区402个。主要城市智能快件箱已达40.6万组，城市快递末端公共服务站达到8.2万个。273个城市出台了规范快递车辆通行政策，辽宁等12个省份实现全覆盖。国内快递专用货机达126架，高铁快递开通线路达451条。二是产业融合深入推进。深化交快、邮快合作，制定邮政快递合作下乡进村框架协议，在5省、区开展合作试点。深化警邮、税邮、政邮合作，8000多个网点开办交管业务，近1.7万个网点开办代缴税款业务，对接27个省级政务平台和2815个市县级政务大厅，安徽、浙江、吉林、贵州、上海等地邮政综合服务平台建设成效明显。全国打造快递服务现代农业“一地一品”年业务量超百万件项目163个，新增昆明鲜花、烟台苹果、南宁沃柑、成都柑橘和五常大米等20个年业务量超千万件“快递+”金牌项目，农村地区年收投快件超过150亿件，支撑工业品下乡和农产品进城超过8700亿元。新增快递服务先进制造业项目675个，年支撑制造业产值超1万亿元。深入推进快递与电商协同发展，与商务部共同举办“双品网购节”，促进品牌消费和品质消费。全年支撑网上零售额占社会消费品零售总额比重超五分之一。三是科技创新水平明显提升。制订完成快件航空运输信息交换规范等2项国家标准、快件处理场所基础数据元等4项行业标准。首批认定18家行业技术研发中心。全行业不断加大科研投入力度，智能客服、智能仓、北斗导航等迅速普及，无人机、人工智能、大数据和区块链等加快应用。智能安检系统样机已进入试产阶段。电子运单等39个项目获首届邮政行业科学技术奖。四是人才队伍建设不断加快。经中央批准，会同人社部门开展首次全国邮政行业评选表彰活动。84人入选首批全国邮政行业科技英才和技术能手推进计划，1.4万余人取得快递工程技术人员职称资格，4所现代邮政学院在校生已达2261人。成功举办全国邮政行业职业技能竞赛、“互联网+”快递大学生双创大赛、邮政职业教育快递技能大赛和强邮论坛。联合人社部颁布快递员和快件处理员国家职业技能标准，推动各地将快递从业人员职业技能培训纳入政府补贴目录。五是从业员工权益保障有效加强。贯彻落实习近平总书记新年致辞和春节期间看望快递小哥时的重要指示要求，联合团中央开展“快递从业青年服务月”活动，为快递小哥提供法律和心理咨询服务2.2万人次，组织关爱慰问活动3255场次、覆盖快递从业青年27万余人，170名优秀快递员赴井冈山接受革命传统教育。重庆、福建等地设立近万个快递爱心驿站，北京、广东等地为4450名快递员提供免费体检，把总书记对基层劳动者的关心关怀落到实处。

（四）聚焦靶心精准发力，三大攻坚战取得积极进展。一是防范化解重大风险能力明显增强。积极应对中美经贸摩擦以来出现的新情况。不断完善风险防控机制，修订应急预案，健全安全生产分析通报制度，出台企业安全主体责任落实规范。严抓“三项制度”落实，开展实名收寄专项整治，新增安检机2000余台。深入开展寄递渠道涉枪涉爆专项治理，查堵枪爆物品1.2万余件。有序推进“绿盾”工程，建成合肥灾备中心、国家局监控中心和90多个省市级监控中心，部分重要信息系统上线运行。做好行业“扫黄打非”、反恐、禁毒、芬太尼类物质管控、非洲猪瘟疫情防控、打击侵权假冒、网络安全和信息安全等工作。圆满完成军运会、进博会、世园会等重大活动寄递安保任务，高质量完成“双11”旺季服务保障，有效应对自然灾害和各类突发事件。二是服务精准脱贫攻坚战成效显著。安排发行《精准扶贫》专题邮票，宣传国家扶贫成就。邮政企业建立线上扶贫地方馆729个，实现国家级贫困县全覆盖；大力培育“一市一品”项目，覆盖462个国家级贫困县7.2万户贫困人口，平均为每户增收3260元。主要快递企业将社会公益与精准扶贫有效结合，投入资金物资共计5.18亿元，直接购买贫困地区农产品1.17亿元，帮助销售农产品3.67亿元，受益贫困人口近20万人。认真抓好定点扶贫工作，全系统选派扶贫干部142人，投入和引进各类资金近亿元，实施帮扶项目437个，帮助建档立卡贫困户就业2804人、脱贫1.7万人，国家局为定点帮扶的平泉市引进农村公路建设资金1900万元，各省（区、市）局定点帮扶贫困村三分之二已脱贫摘帽。三是污染防治攻坚战持续发力。建立行业生态环保工作部门，制定包装基本要求等标准，加强标准宣贯。建立行业生态环保信用约束机制，开展社会监督、定期通报和跨区域督导检查，推动企业落实主体责任。实施“9571”工程，全国电子运单使用率达98%，电商快件不再二次包装率达52%，循环中转袋使用率达75%，3万个网点设置了标准的包装废弃物回收装置，“瘦身胶带”封装比例达75%，新增3.1万台新能源和清洁能源车辆。开展绿色采购、绿色城市综合试点等试点示范，加快推进海南省快递绿色包装应用。与相关部门共同推进快递电商包装治理、快递包装绿色产品认证工作。开展

“邮来已久、绿动未来”主题宣传，加快形成产业上下游、社会各方面联动的良好局面。

（五）坚持监管服务并重，依法治邮成效明显。一是邮政普遍服务监督进一步加强。编制普遍服务、邮票发行监督检查手册，规范执法工作。强化邮政服务质量监督检查，实施邮政普遍服务营业场所分级监管。严肃处理巡视邮箱信件积压等案件，出台邮政专用信箱管理规定。全年查处违法违规案件148起。加强仿印邮票图案审批管理。认真做好社会监督工作。开发建制村直接通邮App，基本实现对农村投递服务网上实时监管。邮件寄递时限水平大幅提升，84%的县级城市实现《人民日报》当日见报，基本解决平信丢损问题。二是邮政市场监管不断强化。继续实施“双随机、一公开”监管，修订随机抽查实施细则，强化结果公示运用。组织跨区域随机督导互查，全年执法16.1万人次，查处违法违规案件7000余起。深入开展快递末端服务违规收费专项治理，立案查处249起，实施行政处罚212起，切实保护群众合法权益。扎实推进违规许可专项治理。加快建设快递业信用体系，出台评定方案，会同9部门推动开展联合惩戒。加快推进申诉改革并在6省试点，全行业为消费者挽回经济损失7000多万元。做好邮政用品用具生产监制和质量监督抽检，加强快递码号资源统一管理。强化集邮市场监管。三是执法综合管理水平持续提升。全面推行行政执法公示、执法全过程记录和重大执法决定法制审核制度。国家局全年共办理行政复议58起、行政应诉23起，依法监督执法行为。协同有关部门加强对滥诉缠诉行为治理。建立全系统法律职业人才库，51人获公职律师证书。四是机构能力建设大力推进。印发推进邮政业安全监管体系建设指导意见，新增北京、山西、内蒙古、吉林、福建、湖南、陕西、甘肃、宁夏9个省级和40个市级邮政业安全中心，江苏、安徽、湖南和山东实现市级安全中心全覆盖，新增县级邮政管理机构34个。修订行业统计调查制度，开展“三新”单位核实认定，配合国家统计督察，提升行业经济运行分析水平。推动落实中央与地方财政事权和支出责任划分改革，出台邮政领域指导意见，配套编制项目明细清单。加强预算执行，强化项目绩效管理，提升内部审计监督质效。中国快递协会和海峡两岸邮政交流协会完成换届，行业协会改革稳步推进。扎实做好两会建议提案办理、养老保险转移清算和工会、青年、妇女、老干部等工作。

（六）加快更高水平对外开放，国际和港澳台交流合作开创新局面。一是邮政业更高水平对外开放措施加快推出。开展跨境电子商务寄递服务高质量发展专项行动，促进跨境寄递服务平稳发展。批复设立南昌、无锡和贵阳国际邮件互换局，协同海关总署推动国际邮件互换局信息化、自动化升级改造，提升通关效率。将国际快递业务许可审批权委托下放至海南自贸试验区，天津、广东为21家企业颁发国际许可。全年完成跨境寄递业务量21.2亿件，支撑跨境网购零售额4400亿元。邮政、快递企业在综合物流、海外仓建设等方面加强国际合作，大力开拓全球货运、快递及物流市场。新增23条国际货运航线，国际快递网络和海外仓服务分别覆盖全球60多个和50多个国家及地区。二是参与全球邮政治理作用发挥更加凸显。科学有效应对美国“退群”极限施压和万国邮联终端费谈判，推动终端费改革融合V方案获得通过，成功维护多边体制和我国权益。推动设立万国邮联铁路联络委员会，持续推进中欧班列运邮常态化，开展入欧新通道运邮测试和快件运输试点。积极参与万国邮联会费改革。成功举办中国2019世界邮展和万国邮联电子商务时代跨境合作全球大会，向全世界宣传中国集邮文化和邮政业改革开放成就经验。加强与泛非邮联、法国、印度等在邮政领域合作，举办中欧邮政监管论坛和中日邮政政策对话。配合开展中美经贸磋商，参与中韩、中新等自贸协定谈判，积极配合中欧投资协定、世贸组织电子商务、区域全面经济伙伴关系（RCEP）谈判，邮政领域国际合作进一步拓展。

三是港澳台合作交流日益深化。进一步促进两岸邮政合作发展,优化业务合作流程,组织技术交流,落实两岸邮政青年互访机制。加强内地与港澳邮政交流,落实澳门回归祖国20周年有关活动安排,组织粤港澳大湾区邮政发展交流研究。发行《澳门回归二十周年》《粤港澳大湾区》纪特邮票。

(七)坚持以政治建设为统领,全面从严治党向纵深推进。一是全系统党的建设更加有力。深入贯彻落实习近平总书记关于推进中央和国家机关党的政治建设重要指示精神,制定加强党的政治建设实施意见、加强和改进局机关党的建设实施意见,认真开展习近平总书记重要指示贯彻落实情况“回头看”,严格落实重大事项请示报告制度。修订党组工作规则,制定党组讨论和决定的重大问题清单,各级党组工作的制度化科学化规范化水平不断提高。牢固树立狠抓基层的鲜明导向,认真落实支部工作条例。积极推动非公快递企业党的建设“两个覆盖”。持之以恒正风肃纪,紧盯重要节点进行廉政教育,严防“四风”反弹,召开全系统警示教育电视电话会议通报32起违规违纪违法案例,强化巡视监督,完成8个直属单位政治巡视,实现对系统内巡视全覆盖。二是干部队伍建设得到加强。贯彻新修订的干部选拔任用条例,印发加强领导班子和领导干部综合分析研判、加强领导干部政治素质考察等意见,制定领导班子和领导干部考核实施办法。坚持事业为上选用干部,积极稳妥推进干部交流,组织开展援藏援疆援青工作。加强扶贫挂职干部服务管理。编制全系统干部教育培训规划,全面推开在线学习,开展系统年轻干部理想信念教育和能力提升培训。公务员职务与职级并行有序推进。对8个集体和34名个人给予及时奖励,强化正向激励、关心关爱。湖北恩施局荣获全国“人民满意的公务员集体”称号,新疆和田局、西藏昌都局刘仕超同志分别荣获全国民族团结进步模范集体和模范个人称号。制定国家局党组管理干部社会团体兼职管理暂行办法,从严从实抓好干部管理监督。坚持“三个区分开来”建立容错纠错机制,促进干部担当作为。三是行业软实力持续提升。深入推进行业精神文明建设,31个集体获得“全国青年文明号”称号,120个集体和个人获省部级以上荣誉,其美多吉被评为时代楷模、获得全国五一劳动奖章、被评为全国民族团结进步模范个人,习近平总书记亲自颁奖。把握正确舆论导向,抓好先进典型宣传,全力做好邮政业庆祝新中国成立70周年系列宣传工作,为邮政强国建设营造良好氛围。

同志们,2019年是修订后的《中华人民共和国邮政法》施行10周年。邮政法的修订施行,是党的领导下中国特色社会主义法治体系建设的重要一环,也是我国邮政业改革发展的重要里程碑。修订后的邮政法以法律形式确认了邮政体制改革成果,确立了保障邮政普遍服务、促进快递业发展、加强政府监督管理的一系列重要制度和基本政策,是我国邮政业治理体系和治理能力走向现代化的关键起点。10年来,我们建成了惠及14亿人口、全球最大的邮政普遍服务体系,基本实现了邮政普遍服务均等化和可及化。10年来,我们基本建成了连接城乡、覆盖全国、通达世界的快递服务网络,快递业务量连续6年稳居世界第一,涌现出一批颇具实力、充满活力的市场主体。10年来,邮政业业务收入和业务总量分别增长了7.8倍和14.1倍,快递业务收入和业务量的年均增长率分别达到31.6%和42.2%,在国民经济中的基础性支撑性作用不断强化。10年的实践表明,邮政法确立的中国特色邮政业治理体系符合国情业情,引领邮政业成长为推动流通方式转型、促进消费升级、助力生产发展的现代化先导性产业,适应了经济社会发展和人民日益增长的用邮需求。10年的实践启示我们,必须坚持在党的领导下完善中国特色邮政业治理体系,持之以恒提高邮政业治理能力和发展水平,为邮政强国建设提供有力保障;必须坚持以人民为中心的发展思想,始终牢记“人民邮政为人民”的初心使命,不断增强人民群众用邮的获得感、幸福感和安全感；必须坚持发展第一要务，深化改革开放，发展壮大邮政事业和邮政产业双轮驱动格局，加快质量、效率和动力变革，不断增强供给适应性和有效性；必须坚持充分发挥市场在资源配置中的决定性作用和更好发挥政府作用，毫不动摇巩固和发展公有制经济，毫不动摇鼓励支持引导民营经济发展，大力培育市场体系，健全完善邮政管理体制，推动行业治理体系和治理能力现代化。

同志们，邮政法修订施行10年来行业取得的改革发展成就，是党中央、国务院坚强领导和亲切关怀的结果，是交通运输部正确领导、全行业坚决贯彻落实习近平总书记对邮政业重要指示精神的结果。成绩的取得，离不开中央各部门、地方各级党委政府的大力支持和社会各界的理解帮助，离不开全行业全系统广大干部员工的砥砺奋进、担当作为。在此，我谨代表国家邮政局，向关心支持邮政业改革发展的各位领导和同志，向全体干部员工和离退休老同志致以崇高的敬意和衷心的感谢！

二、坚持走中国特色邮政业发展道路，推进邮政业治理体系和治理能力现代化

党的十九届四中全会对坚持和完善中国特色社会主义制度、推进国家治理体系和治理能力现代化作出了重大决定。中国特色社会主义制度是党和人民在长期实践探索中形成的科学制度体系，我国国家治理一切工作和活动都依照中国特色社会主义制度展开。中国邮政业发展道路是中国特色社会主义制度在邮政业的生动实践，邮政业治理体系是国家治理体系在邮政业的有效展开。

改革开放以来，我们历经邮电分营、政企分开、邮政业务和邮政储蓄改革、深化行政体制改革、邮政管理体制完善等，走出了一条具有中国特色的邮政业发展道路。尤其是党的十八大以来，形成和完善了确保普遍服务、促进公平竞争、推动行业发展、维护市场秩序、推进绿色安全等一系列制度，行业治理体系和治理能力现代化水平不断提升，推动中国邮政业在短时间内实现了由小到大的历史性跨越。中国邮政业发展道路和行业治理体系充分解放和发展了生产力，充分调动和集聚了不同所有制市场主体的积极性以及各方面要素资源，服务和保障了全体公民的通信权益，适应和满足了人民群众的用邮需求，融入和促进了国家经济社会发展。实践证明，中央关于邮政体制改革的重大决策是完全正确的，必将持续推动我国邮政业高质量发展，实现邮政业从大到强的飞跃。

当前，我国邮政业规模全球领先，要素市场活跃，功能不断增强，成为国家重要的战略性基础设施和社会组织系统之一，仍处在大有可为的战略机遇期，但也面临着新形势新情况新挑战。一是全球政治经济形势和国际邮政治理的变化带来新挑战。“一带一路”建设和高质量发展、全球贸易方式转型、中美经贸斗争、万国邮联结构改革和终端费调整等一系列变化，亟需邮政业加快“走出去”，提供有力战略支撑，必须直面严峻复杂形势，发扬斗争精神，增强斗争本领，构建新型国际网络，参与国际邮政治理。二是经济高质量发展对邮政业提出了新要求。当前，我国正处在转变发展方式、优化经济结构、转换增长动力的攻关期，邮政业作为现代化经济体系的基础底板、新动能的代表，必须贯彻“巩固、增强、提升、畅通”方针，发挥优势弥补短板，畅通供需物流渠道，降低社会交易成本，助力建设国内经济循环体系。三是邮政业进入由大到强的新阶段必须坚定不移贯彻新发展理念。全面建成与小康社会相适应的现代邮政业即将实现，邮政强国建设新征程已经开启。越向前，风险挑战越多。践行“人民邮政为人民”的初心使命，必须改变单纯以件量论英雄的传统理念，树立全面、整体的观念，聚焦服务与质量、效率与效益，在更加创新、更加协调、更加绿色、更加开放和更加共享上下功夫，从指标体系、工作举

措、行业监管等方面共同发力,大力加强基层、基础、基本功“三基”建设,集中精力解决邮政业不平衡不充分问题。

习近平总书记亲切关心指导、多次对邮政业作出重要指示,为行业高质量发展指明了前进方向,提供了根本遵循,提出了更高要求。全系统全行业要以习近平新时代中国特色社会主义思想为指导,全面贯彻党的十九大和十九届二中、三中、四中全会精神,深入领会习近平总书记对邮政业重要指示精神,增强“四个意识”,坚定“四个自信”,做到“两个维护”,以“两进一出”工程为抓手,坚持完善邮政业高质量的民生服务体系、高标准的现代市场体系、高效能的国际寄递体系、高精准的风险防控体系和高水平的绿色发展体系,以制度创新推动治理效能提升,为全面建成人民满意、保障有力、世界前列的邮政强国,实现邮政业的中国梦提供有力保证。

(一)坚持完善高质量的邮政业民生服务体系。邮政业是保障和实现美好生活的重要途径,保障服务民生是“人民邮政为人民”的题中之义,是推进邮政业治理体系和治理能力现代化的必然要求。要创新邮政公共服务内涵。准确把握邮政业公益性、基础性、商业性的多重属性,强化邮政快递网络基础设施的布局统筹。推动以区域和功能为依据界定邮政业公共服务,将代理政务、农村快递服务、末端服务等纳入公共服务范畴,向高品质和多样化升级。要改革邮政公共服务机制。推动健全邮政普遍服务补偿机制,形成支持农村和边远地区发展的长效机制。完善普遍服务财政补贴绩效评价制度,将质量与补贴进行挂钩。创新邮政公共服务提供方式,以特定区域和特定项目为试点,支持社会力量增加公共服务供给。要健全快递进村制度安排。落实中央与地方财政事权和支出责任划分改革,明确地方政府对农村快递和城乡末端设施的财政事权和支出责任。着力建网络、提水平、强功能、融产业,推广邮快合作、快快合作、快交合作、快商合作等模式,推进试点,因地制宜加快推进“快递进村”。要完善行业创业就业政策。支持围绕“互联网+服务业+寄递”创新创业,更深更广便利群众生活。要发挥行业就业脱贫优势,把稳就业摆在突出位置。鼓励围绕邮政快递返乡创业就业,推广“寄递+农村电商+农特产品+农户”产业扶贫模式,更好服务乡村振兴战略。改善快递小哥工作环境,提升权益保障和职业发展保障水平。

(二)坚持完善高标准的邮政业现代市场体系。实现市场准入畅通、市场开放有序、市场秩序规范,加快形成企业自主经营公平竞争、消费者自由选择自主消费、商品和要素有序流动平等交换的邮政业现代市场体系。要强化公平竞争机制。营造各种所有制主体依法平等使用资源要素、公开公平公正参与竞争、同等接受法律保护的市场环境。加强与相关部门联动,健全行业反垄断、反不正当竞争的政策和制度储备。坚持依法治邮,保障市场的开放和统一,防止区域保护和市场分割。强化消费者权益保护,加大对关系群众切身利益的重点领域的监管力度。要加强要素市场建设。健全劳动、资本、土地、知识、技术、管理、数据等生产要素由市场评价贡献、按贡献决定报酬的机制。完善数据流动机制,引导有序竞争,促进规范发展。引导一次分配比例适当向基层、向一线员工倾斜。推动建设邮政业科技应用推广公共平台,形成邮政业科技和标准闭环管理制度。健全邮政业各类人才的培养、评价、使用制度。鼓励引导各类资本支持邮政业发展,支持探索融资租赁、经营性租赁、供应链金融等模式,发展“快递物流+金融”业务。要向专业化和价值链高端延伸。将“快递进厂”作为邮政业更高水平产业协同的突破口,引导快递企业通过收购、控股、交叉持股等方式快速提升供应链能力,嵌入工业互联网。推动与相关部门联合深化“快递进厂”、服务中国制造的政策机制,创新融合发展新模式,探索重点行业融合发展新路径,细分市场出台项目指引。充分调动地方积极性,开展“快递进厂”典型项目建设和重点区域试点，推进产业融合和产城融合。要完善包容创新机制。持续深化“放管服”改革，按照包容审慎原则放宽市场准入，加强对新业态新模式政策和技术储备，联合多方共治。鼓励各类寄递服务的新技术新业态新模式发展，促进市场自我调整。

（三）坚持完善高效能的邮政业国际寄递体系。当今世界形势深刻变革、国际竞争日趋激烈，迫切要求我们适应经济全球化的动力系统转换、规则体系重构和治理体系变革，聚焦国际物流寄递关键环节不可控等“卡脖子”问题，建立面向全球的寄递物流服务体系，助力提升国家整体竞争力。要健全“出海”制度设计。协调海关、商务等部门共同制定邮政快递两大通道“出海”保障措施，推进试点落地。编制邮件和快件进出境设施规划，优化国际邮件互换局布局，加快国际快件监管中心建设。加强国际快递航空网络能力建设，增进与重点国家和区域的政策沟通、设施联通，打破“出海”政策壁垒。要分步完善境外网络。强化资源整合，培育具有全球竞争力的寄递企业。尽快构建服务高技术产业的应急保障网络，抓住开放程度更高、政策力度更大的 RCEP 等机遇，加快建设区域网络，重点拓展东南亚等周边国家网络，逐步延伸至更多“一带一路”国家。要实行更高水平开放。依照全面开放国内快递包裹市场制度，支持外资企业在华投资。探索在粤港澳大湾区框架下三地邮政快递运行管理模式。打造更多的跨境寄递通道平台。全面融入自由贸易试验区、跨境电商综合试验区、综合保税区等开放前沿实践。要主动参与全球邮政治理变革。积极维护万国邮联多边机制，跟踪、评估、应对万国邮联终端费改革影响，深化与海关、铁路、公路、民航等国际组织的交流合作，开展双多边邮政和快递合作，推动建立应对邮政快递领域国际摩擦机制。

（四）坚持完善高精准的邮政业风险防控体系。当前传统安全和非传统安全风险叠加，重大安保任务日益增多。要守住安全底线，实现精准识别、有效防范是扭转安全态势、变被动为主动的关键举措。要升级寄递安全能力。综合应用5G、人工智能、区块链、云计算、大数据、物联网等新一代信息技术，提升安全监管智能化水平，督促企业加大技术和人员投入，全面落实寄递安全监管“三项制度”，打造安全防控“升级版”。持续强化重要时点、重要地区、重要路由安全保障，坚决防范重特大安全事故。要构建数据安全制度。搭建数据公共服务平台，推动部门、行业和企业间的数据共享。完善行业治理基础数据库，建立邮政业码号资源管理与应用平台。增强邮政业数据安全和个人信息安全保护能力，确保万物互联下的信息和数据安全。要储备产业安全政策。建立邮政快递产业安全的风险研判、防范化解、调查监管机制，强化监管力量，完善监管工具。加强与驻外机构联络，引导企业规避“出海”的政策法规风险，提高合规经营能力，不断提升快递物流产业全球竞争力和国家供应链安全保障能力。要加强衍生风险防控。强化行业应急管理能力体系建设，加强舆情监测管理，有效防范和应对因市场主体退出、上下游摩擦及各种违规问题引发的群体事件、社会舆情等衍生风险，确保行业运行稳定。

（五）坚持完善高水平的邮政业绿色发展体系。党中央、国务院高度重视邮政业生态环保工作，社会各界也广泛关注，全系统全行业必须提高政治站位，牢记总书记嘱托，在“注意、杜绝、避免”上下功夫，健全邮政业绿色发展体系。要完善法规体系。推动在固废法、快递暂行条例等法律法规修订中，明确各市场主体对快递绿色包装的法律责任，强化约束性规定。推动制定快递包装管理办法，健全完善社会各个方面齐抓共治、积极参与的行动机制。要完善标准体系。设立快递绿色包装标准化联合工作组，发布快递包装绿色产品清单目录，出台快递绿色包装相关国家标准，统一指导快递包装标准制定。推动出台地方标准和团体标准，深入开展标准宣贯工作。要完善政策体系。争取中央资金支持开展快递可循环包装试点示范以及统计监测分析体系、执法和监管能力建设。推动各地加大对绿色快递包装研发生产、绿色物流和配送体系建设等重点项目支持力度。要完善监管体系。建立快递包装产品绿色认证工作体系，推动绿色包装技术研究应用。健全绿色邮政评价指标体系和监测评估制度，强化信息披露和结果应用，引导和督促企业落实主体责任。推动落实属地责任，完善部门协作配合机制，逐步形成部门互动、区域联动、上下齐动的良好工作格局。加强宣传教育，倡导绿色消费，营造"绿色邮政、人人有为"的良好社会氛围。

坚持走中国特色邮政业发展道路，推进行业治理体系和治理能力现代化，必须坚持和完善党对邮政业集中统一领导。坚持把政治建设摆在首位，学懂弄通做实习近平新时代中国特色社会主义思想。坚决贯彻落实党中央决策部署，特别是习近平总书记关于邮政业重要指示精神落实，确保党中央决策部署在邮政管理系统不折不扣落地见效。巩固和拓展"不忘初心、牢记使命"主题教育成果，落实各项制度，形成长效机制，锤炼邮政管理系统党员干部忠诚干净担当的政治品格。突出抓好模范机关建设，建强党的组织体系，发挥党组把方向、管大局、保落实作用，增强各级党组织政治功能和组织力，确保党的领导贯穿邮政业各领域各方面各环节。

三、2020 年工作安排

2020 年是全面建成小康社会和"十三五"规划收官之年，要实现第一个百年奋斗目标，为"十四五"发展和实现第二个百年奋斗目标打好基础，做好邮政业改革发展各项工作意义重大。今年工作的总体要求是：以习近平新时代中国特色社会主义思想为指导，全面贯彻党的十九大和十九届二中、三中、四中全会以及中央经济工作会议精神，坚决贯彻党的基本理论、基本路线、基本方略，增强"四个意识"、坚定"四个自信"、做到"两个维护"，坚持稳中求进工作总基调，坚持新发展理念，坚持以供给侧结构性改革为主线，坚持以改革开放为动力，推动高质量发展，坚决打赢三大攻坚战，加快推进"两进一出"工程，着力稳态势、提质效、优服务、惠民生、保安全，不断提升行业治理体系和治理能力现代化水平，全面建成与小康社会相适应的现代邮政业，开启邮政强国建设新征程。

预计全年邮政业业务总量完成 1.9 万亿元，同比增长 20%左右；业务收入完成 1.1 万亿元，同比增长 15%左右。其中，快递业务量完成 740 亿件，同比增长 18%左右；业务收入完成 8660 亿元，同比增长 16%左右。邮政、快递服务满意度持续提高，快递包装治理取得积极成效，为国家稳就业作出积极贡献。要重点抓好以下六个方面工作。

（一）*落实新发展理念巩固行业稳中有进发展态势*。一是编制战略规划。贯彻落实《交通强国建设纲要》，印发实施《邮政强国建设行动纲要》。编制邮政业发展"十四五"规划和专项规划，做好与国民经济和社会发展规划纲要、综合交通运输规划等重点规划的衔接。开展"十三五"规划总结评估。出台促进粤港澳大湾区邮政业发展的实施意见。落实京津冀、长江经济带、长三角、黄河流域生态保护和高质量发展等重大战略任务。二是优化行业营商环境。制定贯彻落实国务院关于加强和规范事中事后监管指导意见的配套措施。深化"放管服"改革。推进邮政行政审批制度和"证照分离"改革。加强许可规范化标准化建设，全面实施电子证照。优化快递业务经营许可审批流程，开展全国许可证集中到期换领工作。全面推动仓递一体化许可，探索即时递送服务准入。巩固违规许可专项治理成效。推进仿印邮票图案及其制品审批改革。全面建成邮政业政务服务"好差评"制度体系，组织开展行业政务服务和公共服务评价。三是完善标准统计体系。完善邮政业标准体系架构。加快快递绿色包装标准建设，组织制订《绿色产品评价　快递封装用品》国家标准和《冷链快递保温箱技术要求》行业标准。修订《住宅信报箱》国家标准，制定智能安检、无人机等新技术新装备行业标准，开展寄递地址编码试点。建立邮政业高质量发展统计指标体系，推进行业新业态统计。

（二）进一步推动邮政业高质量发展。一是深化邮政服务改革创新。支持邮政企业继续拓展警邮、税邮、政邮等合作，力争开办政务便民服务的邮政网点达2万个以上，全国对接政务服务大厅覆盖率稳步提升。推动将智能投递设施建设纳入城镇老旧小区改造。鼓励邮政企业建设“邮乐购”农村电商服务生态圈，推广“村邮站+快递超市+电商服务+便民服务”模式，加快与农村电商协同发展。推动邮政企业创新邮票销售体制，更好满足集邮爱好者需求。二是推动快递服务扩容转型。推进“快递下乡”换挡升级，基本实现“乡乡有网点”。启动“快递进村”工程，制定三年行动方案，深化邮快、快快、快交、快商合作，分阶段分区域明确进村目标途径。开展快递服务现代农业金银牌项目评定，助力乡村振兴战略。加快“快递进厂”工程，出台快递服务制造业指导意见，打造一批入厂物流、仓配一体化、订单末端配送、区域性供应链服务、嵌入式电子商务等代表项目。鼓励快递企业在快运、医药配送、冷链物流等领域扩大市场份额。补齐快递与电商数据交换短板，促进快递与电商高效协同。加强快递末端能力建设，提高末端服务公共化、平台化、集约化水平。进一步规范快递末端车辆管理。开展好中国快递示范城市创建工作。三是加强科技创新与应用。聚焦“智能+”客户服务、基础设施、关联领域、生产组织、节能环保等关键领域和人工智能、5G通信、物联网、区块链等新兴技术，制定邮政业应用技术研发指南，引导全行业有针对性开展科技研发。组织研发智能视频监控系统，推广应用北斗卫星导航系统。开展年度行业技术研发中心认定、科技奖励评选工作。支持企业申报国家重点实验室和工程研究中心。四是强化行业人才支撑保障。表彰全国邮政行业先进集体、劳动模范和先进工作者。实施快递从业人员职业技能培训“246”工程，力争两年培训40万人次。深入推进快递工程技术人员职称评审，推动中、高级快递工程师人数稳步上升。开展邮（快）件安检员新工种研究，推进落实职业技能等级制度。组织第三批全国邮政行业人才培养基地遴选。加快国际化人才培养，广泛参与国际交流合作。办好第五届全国“互联网+”快递大学生双创大赛。扎实推进快递小哥权益保障和关心关爱工作，指导加强行业工会机制建设，切实保障快递从业人员合法权益。开展快递从业青年服务月活动，建设运行好各类爱心服务阵地，推动更多地方政府在住房、医疗、子女教育等方面为快递员提供保障，进一步加强全社会对快递员关心关爱。

（三）坚决打好三大攻坚战。一是坚决防范化解重大风险。宣贯邮政业寄递安全监督管理办法。推动落实中央和地方安全监管共同事权。深入开展安全生产集中整治行动，夯实企业主体责任和总部全网统一管理责任，提升安全生产标准化水平。狠抓“三项制度”落实，加强寄递协议服务规范管理，开展数据资源共建共享，加强活体动物等特殊物品和危险化学品寄递管理，加快推进智能安检系统应用。深化寄递安全综合治理，完善与公安、海关等部门联合监管机制。做好邮政业反恐、禁毒、打击侵权假冒、野生动植物保护、“扫黄打非”等工作，强化芬太尼类物质寄递管控。加强行业应急管理体系建设，推动融入地方应急管理体系，提升行业风险防范和应急处置能力。完成“绿盾”工程建设，运用信息化手段进一步加强行业运行监测预警。做好重大活动期间和生产旺季寄递渠道安全服务保障工作。全力做好行业网络安全和信息安全工作，加强信访工作，强化舆情引导，防范化解各类风险。二是坚决打赢脱贫攻坚战。大力开展产业扶贫，在国家级贫困县打造更多的服务现代农业特色项目。积极实施就业扶贫，鼓励企业加大从贫困地区招收员工力度。切实扛起定点扶贫政治责任，借助“四好农村路”集中力量抓好邮政、快递等基础设施建设，推进电子商务线上线下融合发展,助力农特产品走向全国。三是加快快递包装综合治理。推动完善行业绿色发展政策体系,开展快递包装绿色产品认证。建设行业生态环保监控平台,完善信息收集、评价、报告和通报工作体系。强化源头治理,开展黑色包装袋等特定物质超标包装专项整治,推动可循环快递包装产品研发应用,推广应用免胶带纸箱和绿色环保包装袋。修订快递包装绿色操作指南,严格落实规范化标准化封装操作要求。完善邮政用品用具监管制度。推动落实生产者延伸责任制度。开展绿色网点、绿色分拨中心创建,加大新能源和清洁能源车辆推广应用。2020 年,力争实现“瘦身胶带”封装比例达 90%,电商快件不再二次包装率达 70%,循环中转袋使用率达 90%,新增 2 万个设置标准包装废弃物回收装置的邮政快递网点。

(四)进一步深化国际和港澳台交流合作。一是加快国际寄递物流服务发展。积极支持自由贸易试验区建设,推动完善国际邮件互换局布局与信息化、自动化升级改造,不断提高跨境寄递服务能力。实施“快递出海”工程,推动制定促进国际寄递物流发展相关政策文件,鼓励企业整合资源,在通道网络、货物组织、航空运力等方面共建共享,多方式拓展国际服务网络,提升国际运营能力和竞争力。加快跨境快件进出境基础设施建设,推动优化通关便利化环境。二是推进邮政国际交流。加强与“一带一路”沿线国家和 RCEP 国家邮政领域交流合作。加快中欧班列运输邮(快)件工作,大力推动邮件入欧新通道建设,推广班列快件运输经验,搭建沿线国家快件运输政策和法律风险信息服务平台。深度参与万国邮联会费改革,做好第 27 届万国邮联大会参会和“三项竞选”工作。开展中日、中韩、中泰等邮政双边交流和高级别对话。参与中欧投资协定、中韩自贸协定、世贸组织电子商务议题等双多边谈判,为企业走出去提供法律政策咨询。配合做好中美经贸磋商有关工作。三是强化港澳台合作。组织两岸邮政发展研讨会,举办海峡两岸珍邮特展,办好邮政青年交流互访活动,服务两岸经济社会融合发展。组织召开内地与港澳邮政峰会,推动粤港澳大湾区邮政业交流合作项目实施。

(五)进一步提升治理体系和治理能力现代化水平。一是强化行业法治建设。推动出台邮件快件包装管理办法,适时修订仿印邮票图案管理办法,配合修订固体废物污染环境防治法。依法办理行政复议和行政应诉案件。对重大执法决定实施法制审查。充分发挥法律顾问和公职律师在复议诉讼案件办理等方面的作用。总结“七五”普法工作经验。二是加强邮政普遍服务监督。继续组织邮政服务质量检查,开展乡镇局所专项整治行动,规范提升乡镇邮政服务水平。巩固建制村直接通邮成果,着重提升边远边境地区建制村投递服务的稳定性、可持续性,打造高质量的进村服务。完成邮政普遍服务监督管理信息系统升级改造,用好建制村直接通邮 App 和社会监督员 App,加快营业场所视频接入,全面提升监督管理信息化水平。做好社会监督员意见建议采纳与反馈处理,进一步提升社会监督成效。服务保障好北京 2022 年冬奥会筹备,安排发行冬奥会吉祥物、冰上运动纪念邮票。做好纪特邮票发行和专项监督检查工作。三是强化邮政市场监管。继续落实“双随机、一公开”要求,分批制定随机抽查工作指引。加强案卷评议指导和案件案号管理,建立行政执法绩效评估机制。加大移动执法装备配备,保障执法过程记录和执法结果公开。深化新业态监管,实现快递服务站、智能快件箱监管工作常态化。组织开展快递业信用评定,实行严重失信行为“黑名单”管理。继续做好申诉改革试点工作。加强快递码号资源统一管理。强化集邮市场监管。四是推进服务型政府建设。推动落实中央与地方财政事权和支出责任划分改革,力争在共同事权与地方事权的资金保障政策方面取得更大进展。全面实施预算绩效管理,要坚持勤俭节约,坚决压缩一般性支出,加大审计监督力度。统筹推进一体化在线政务服务平台、“互联网+监管”建设，加大政府信息公开力度，扎实做好信息发布和政策解读。加快推进安全中心建设，力争实现省级全覆盖、市级有更大进展。加大县级管理机构建设力度。做好中国快递协会脱钩改革工作，进一步发挥社会组织在政府和企业间的桥梁纽带作用，促进行业自律和市场稳定发展。贯彻落实国家出台的地区附加津贴、加班费等制度，将干部待遇政策落实到位。

（六）坚持党的全面集中统一领导。一是强化思想政治引领。牢记首先是政治机关的定位，增强“四个意识”、坚定“四个自信”、做到“两个维护”，坚决贯彻落实好习近平总书记关于邮政业重要指示和中央决策部署。始终将深入学习贯彻习近平新时代中国特色社会主义思想作为首要政治任务，作为指导工作的强大思想武器和行动指南，学思用贯通、知信行统一。深入学习贯彻中央和国家机关党的建设工作会议精神，抓好习近平总书记《论坚持党对一切工作的领导》的学习贯彻，努力建设让党中央放心、让人民群众满意的模范机关。巩固拓展主题教育成果，健全查改问题和推动落实的制度，确保党员干部永葆初心、勇担使命。二是打造高素质干部队伍。把提高治理能力作为新时代干部队伍建设的重大任务，通过加强思想淬炼、政治历练、实践锻炼、专业训练，推动广大干部严格按照制度履行职责、行使权力、开展工作。加强对领导干部政治素质考察，大力选拔敢于负责、勇于担当、善于作为、实绩突出的干部，选优配强领导班子。开展干部队伍现状调研，加强培养选拔优秀年轻干部，畅通扩大全系统干部交流渠道。强化干部教育培训，提升干部履职能力。认真贯彻执行公务员法及职务与职级并行等配套法规，开展干部人事档案工作条例落实情况督促检查。组织“干事创业好班子”“担当作为好干部”遴选，继续做好年度考核评优、及时奖励等工作。出台做好关心关爱干部工作意见。从严监督管理干部，加强对领导干部的提醒、函询和诫勉。做好工会、青年、妇女和离退休干部工作。三是扎实推进从严管党治党。认真落实支部工作条例，加强党支部规范化标准化建设，强化党员教育管理，推进非公快递企业“两个覆盖”。持之以恒正风肃纪，贯彻落实中央八项规定及其实施细则精神，下大力气整治“四风”特别是形式主义官僚主义问题，强化日常监督执纪，加大典型案例通报警示力度，持续纯正政治生态。积极配合垂直管理单位纪检监察体制改革，健全内设纪检机构监督执纪机制。对12个省、区、市局开展新一轮巡视。四是加强行业精神文明建设。研究新时代邮政文化建设新内涵新特点，大力弘扬“小蜜蜂”精神，广泛选树先进典型，认真开展第四届“寻找最美快递员”活动。落实意识形态工作责任制，加强新闻宣传和阵地建设管理和舆情监测引导，讲好邮政业故事，汇聚起推动行业改革发展的强大正能量。

同志们，今年邮政业改革发展工作要求高、难度大、任务重，需要我们付出更多艰辛、更大努力。让我们更加紧密地团结在以习近平同志为核心的党中央周围，坚决贯彻党中央、国务院决策部署，发扬“忠、专、实”的作风与担当精神，勠力同心、锐意进取，为决胜全面建成与小康社会相适应的现代邮政业、全面建设现代化邮政强国而努力奋斗！

坚定不移深化全面从严治党 为决胜全面建成与小康社会相适应的现代邮政业提供坚强保证

——国家邮政局局长马军胜在2020年全国邮政管理系统党风廉政建设工作会议上的工作报告

2020年1月20日

同志们：

这次会议的主要任务是：以习近平新时代中国特色社会主义思想为指导，深入贯彻党的十九大和十九届二中、三中、四中全会精神，按照十九届中央纪委四次全会部署要求，以及国家局党组和驻部纪检监察组工作安排，总结回顾2019年党风廉政建设和反腐败工作，研究部署2020年任务。今天，我就三个方面向会议作报告。

一、不断推进全面从严治党向纵深发展，2019年全系统党风廉政建设和反腐败工作取得新成效

2019年是中华人民共和国成立70周年，是全面建成小康社会、实现第一个百年奋斗目标的关键之年。全国邮政管理系统各级党组织和内设纪检机构在党中央坚强领导下，以习近平新时代中国特色社会主义思想为指导，深入贯彻落实党的十九大和十九届二中、三中、四中全会以及中央纪委三次全会精神，认真履行党章赋予的职责，围绕中心、服务大局，坚守使命、担当作为，坚定不移推进党风廉政建设和反腐败工作，为新时代全面建成与小康社会相适应的现代邮政业提供了坚强政治保证。

（一）把党的政治建设摆在首位，坚决践行“两个维护”

始终坚持正确政治方向。全系统各级党组织和内设纪检机构按照思想建党、理论强党的要求，坚持用党的创新理论武装头脑，结合“不忘初心、牢记使命”主题教育，把学懂弄通做实习近平新时代中国特色社会主义思想贯穿始终，不断夯实增强“四个意识”、坚定“四个自信”、做到“两个维护”的思想根基。牢固树立习近平总书记重要指示是党内政治要件的思想，第一时间传达学习习近平总书记关于邮政业的最新重要指示批示，国家局党组先后召开5次党组会专题学习、研究部署，党组中心组集中学习13次，研讨交流9次，确保思想上对表对标、行动上紧跟紧随。严格落实国家局党组关于维护党中央集中统一领导的《规定》，制定印发国家局党组关于加强党的政治建设的《实施意见》、贯彻落实中央重大事项请示报告条例《实施办法》，确保各级党组织和全体党员始终在政治立场、政治方向、政治原则、政治道路上同以习近平同志为核心的党中央保持高度一致。

坚决践行“两个维护”。各级始终把坚决贯彻落实习近平总书记重要指示和党中央各项决策部署作为牢固树立“四个意识”、坚决做到“两个维护”最直接最具体的检验，将习近平总书记重要指示精神贯彻落实情况纳入“不忘初心、牢记使命”主题教育，作为巡视巡察、督查检查工作重点，融入各项业务工作。国家局党组制定贯彻落实习近平总书记重要指示批示办法，形成每月办公室有督查，每半年党组专题听汇报，每年底组织开展“回头看”的落实机制，习近平总书记关于邮政业的5个方面重要指示批示，都得到坚决有力贯彻落实。国家局党组成员带头围绕打好三大攻坚战、落实邮政普遍服务、推进绿色邮政建设、联系服务快递

小哥等课题，深入基层和一线调研指导，摸清实际情况、提出发展思路，着力推动党中央重大决策部署和习近平总书记重要指示批示在邮政业落地生根。

坚决落实管党治党政治责任。各级党组织和内设纪检机构不断强化责任担当，推动“两个责任”落细落实。国家局党组18次专题研究党建工作和党风廉政建设，召开全系统党风廉政建设工作会议，制定党建、纪检工作要点，统筹谋划全面从严治党举措，层层压紧压实责任。制定加强和改进国家局机关党的建设的《实施意见》，修订党组工作规则，制定党组讨论和决定的重大问题清单，印发局党组成员支部工作联系点《实施办法》，用制度机制促进管党治党政治责任落实。出台国家局党组关于贯彻落实派驻机构改革《实施办法》，协同驻部纪检监察组听取31个省局纪检组组长和国家局机关纪委书记履职情况汇报，组织10名纪检组组长面对面述职，督促把监督责任担负起来、履行到位。各省局采取有效措施，层层压实管党治党政治责任。山东局举办落实党风廉政建设主体责任培训班，山西局制定全面从严治党责任清单，湖南局对市(地)局党风廉政建设责任落实情况进行实地核查，推动“两个责任”落地落实。

(二)集中整治突出问题，作风建设成效明显

认真贯彻落实中央八项规定精神。严格执行国家局党组贯彻落实中央八项规定精神《实施细则》，将贯彻情况纳入日常监督、巡视巡察、检查考核，定期组织自查自纠，不断强化贯彻执行自觉性。各级党员领导干部带头严格规范住房、医疗等各项生活待遇，严格执行因公出国(境)、公务接待和精简新闻报道等相关规定，轻车简从、勤俭节约蔚然成风。2019年，国家局党组成员赴基层调研81次223天。各级深入抓好违规公款吃喝、违规公务接待专项治理后续督促整改和领导干部超标使用办公用房等专项治理“回头看”，协助配合驻部纪检监察组查处顶风违纪问题，有效纠治不良倾向和突出问题。各省局持续加强作风建设，北京局向全市40余家邮政快递企业发放依法行政、廉洁自律执行情况调查回访表，巩固深化亲清关系；贵州局、甘肃局等扎实开展“作风建设年”、机关作风专项检查、干部职工作风评议以及优化营商环境等活动，不断推进党风政风行风向上向好。

坚决破除形式主义、官僚主义。认真贯彻中央“基层减负年”要求，聚焦习近平总书记重要讲话和批示中指出的突出问题，聚焦影响党的路线方针政策和中央重大决策部署贯彻落实的突出问题，聚焦群众反映强烈、损害群众利益的突出问题，深入查找发现、梳理分析出全系统形式主义、官僚主义方面存在的5大类18个问题，督促各级强化问题导向、增强斗争精神，精准施策、强力纠改。制定印发解决形式主义突出问题切实为基层减负的《实施意见》，下发进一步做好赴省局事项统筹工作的通知，明确会议、文件压减指标，规范调研检查、督查考核，组织全系统深入开展排查整治，坚决防止发生形式主义问题。各省局按照部署要求，坚决纠正存在问题。重庆局出台严肃会风会纪提高会议质量十条规定，边查边改、纠治并举；湖北局明确省局党组成员基层联系点，不发通知、不打招呼，直奔一线和基层。

扎实推进专项治理工作。坚决贯彻落实中央“不忘初心、牢记使命”主题教育工作部署，深入开展8个专项整治和领导干部利用名贵特产特殊资源牟取私利问题整治，认真组织整改落实情况“回头看”。同时，根据驻部纪检监察组意见，结合邮政管理系统实际，扎实开展扶贫领域腐败和作风问题、违规实施快递业务经营许可、快递末端服务违规收费等3项专项治理和2016年以来专项治理工作“回头看”。国家局机关各牵头司室高度负责、通力合作，认真抓好统筹谋划、监督检查各项工作。各省局坚持从实际实效出发，着力巩固深化专项治理成效。浙江局开展“服务企业服务群众服务基层”活动，大力解决突出问题；山西局开

展违规使用交流住房专项整改；新疆局持续深入开展九个专项治理自查问题整改复查，既抓“老问题”，又盯“新表现”。全系统细化确定专项整治措施5115项，解决群众急难愁盼问题745个，排查软弱涣散基层党组织20个；共清理出违规实施行政许可问题5019个，已完成整改4456个，修订完善相关制度51项，给予党纪政务处分3人；清理出扶贫领域腐败和作风问题36个，修订完善相关制度34项，组织处理4人；立案查处快递末端网点违规收费问题249起，实施行政处罚212起，违规收费乱象得到明显遏制。

（三）有序推进巡视巡察，利剑作用进一步凸显

持续深化政治巡视。坚持加强对巡视工作的领导，国家局党组牢牢把握巡视工作政治方向，深入学习习近平总书记关于巡视工作重要论述，认真贯彻落实全国巡视工作会议精神，5次传达学习中央精神、专题研究年度巡视工作，党组领导25次就巡视巡察工作发表讲话、作出批示，确保巡视工作方向明确、扎实推进。不断强化巡视力量，增补1名驻部纪检监察组领导为巡视工作领导小组成员，成立巡视工作处，全系统先后组织22批240人次进行巡视巡察培训，组织基础得到进一步夯实。有序推动巡视工作，按照习近平总书记“五个持续”重要指示和国家局党组巡视工作五年规划，稳步推进对8个直属单位党组织巡视，集中整改已完成，实现了全系统政治巡视全覆盖。

全面推进巡察工作。坚持把建立巡视巡察上下联动监督网作为系统工程，着力推进组织领导、学习培训、制度标准“一体化”，努力形成巡视带巡察、巡察助巡视的工作格局。各省局党组坚持边巡察边探索，边改进边提高，取得明显实效。北京局采取“政治巡察+政务督查”相结合，广东局、海南局加强巡察干部培训工作，江西局统一巡察标准，坚持一把尺子量到底，河南局、重庆局持续动态更新巡察人才库。2019年全系统共巡察155个市地局党组，巡察领导班子成员486人。截至目前，25个省局党组完成巡察全覆盖。

着力强化成果运用。坚持做好巡视巡察“下篇文章”，督促被巡视巡察单位党组织建立问题整改台账，实行清单管理、销号管理，强化巡视巡察整改日常监督，确保把巡视巡察成果落到实处，不断推动整改、深化发展。安徽局、湖北局、陕西局开展巡察工作“回头看”，福建局抓好国家局党组新反馈的巡视问题整改，上海局将巡察整改与日常邮政管理工作相结合，西藏局、青海局修订出台制度、建立长效机制。2019年巡视共发现问题7个方面68类，建立问题清单122条、任务清单154条、整改措施265项、完善制度43项、出台措施36项。全系统巡察发现问题应整改5881个，已整改5101个，整改率达86.7%，挽回损失334.79万元。

（四）持之以恒正风肃纪反腐，政治生态持续净化

着力加强纪律建设。各级广泛开展经常性警示教育、纪法教育，认真抓好党章党规党纪特别是新形势下党内政治生活若干准则、党内监督条例、纪律处分条例等学习，国家局党组对2名领导干部违反工作纪律问题进行通报，党员干部纪律规矩意识得到进一步强化。深入分析元旦春节、五一端午、中秋国庆等重要节点廉政风险，及时印发通知，对责任落实、防范重点、监督检查等作出部署和要求，严防“四风”反弹回潮。召开全国邮政管理系统警示教育电视电话会议，传达中央和国家机关所属企事业单位警示教育大会精神，通报邮政管理系统32起违规违纪案例，教育引导全系统党员干部勇于自我革命、坚持警钟长鸣，筑牢拒腐防变思想防线。各级普遍采取有效方式强化纪律建设。海南局开展召开警示教育大会、参观廉政教育基地、观看警示专题视频、现场任职表态发言、正反典型案例学习等“五个一”活动，天津局编印《警示教育专刊》，浙江局、广西局开展警示教育月系列活动，辽宁局建立机关廉政文化走廊，四川局赴当地监狱开展现场警示教育，河北局实现全省系统纪检组组长讲廉政党课全覆盖。

深化运用“四种形态”。坚持前移党内监督执纪关口，抓早抓小、防微杜渐，着力在“第一种形态”上下功夫。2019年全系统谈话函询58人次，诫勉谈话35人次，批评教育58人次，约谈提醒220人次。国家局党组结合年度工作会议等时机，分两次对35名新任职处级以上干部进行廉政谈话，教育引导党员干部清正廉洁、担当作为。各级普遍通过日常教育管理、建立廉政档案、回复党风廉政意见等形式，加强日常监督、增强监督质效。云南局注重将监督关口前移，强化执纪问责；河北局强化对党员干部的动态监督，持续畅通信访举报通道；江苏局认真落实廉政回访制度，向监管对象发放廉政回访函近300份；广东局发放廉洁监督卡，征求企业意见建议；青海局与33家服务企业签订廉政保障承诺书，构建亲清新型政商关系。

坚决惩治违规违纪违法行为。始终保持惩治腐败高压态势，积极配合驻部纪检监察组，充分发挥内设纪检机构力量，认真开展执纪审查，严肃查处违规违纪问题。严格贯彻落实《党组讨论和决定党员处分事项工作程序规定（试行）》，全系统对28人次给予党纪政务处分。国家局机关本级对5件问题线索依纪依规开展初核或了解，国家局党组实施诫勉谈话3人，批评教育7人。各级内设纪检机构认真履行执纪审查职责，按照有关规定受理问题线索，依纪依规进行处置。各级还深入开展受处分党员干部回访教育工作，最大限度地教育挽救受处分干部，最大限度地调动干部干事创业积极性。

（五）加强纪检干部队伍建设，履职能力不断增强

突出加强纪检干部思想政治建设。坚持旗帜鲜明讲政治，严格落实“不忘初心、牢记使命”主题教育工作部署，各级纪检干部带头强化思想理论武装，带头贯彻落实党中央重大决策部署，带头遵守党纪法规，用实际行动做到忠诚干净担当。各省局把纪检干部作为重点对象，采取多种形式，强化党员干部忠诚于党、担当作为思想政治根基。上海局组织处级干部综合素质提升培训和科级干部培训班，广泛开展理想信念教育；江西局组织开展党风廉政知识测试，提升党员干部法纪素养；贵州局开展意识形态教育，增强党员干部政治意识和政治能力；宁夏局举办“好家庭好家风进机关”宣讲活动，加强党员干部作风和家风建设；安徽局组织开展革命传统教育，激发党员干部艰苦创业精神；新疆局结合地方实际，加强党员干部宗旨和忠诚教育。

持续加强纪检队伍业务能力建设。采取专家授课、骨干领学、座谈讨论等形式，组织全系统120名纪检业务骨干集中培训，选派43名纪检业务骨干赴中国纪检监察学院进行业务培训，纪检队伍能力水平得到新的提升。抽调纪检骨干参加全系统巡视，采取以干代训等方式选派纪检干部参加执纪审查工作，业务能力在实践中得到锻炼提高。国家局廉政办注重发挥组织协调党风廉政建设和反腐败工作职能作用，指导督促各级内设纪检机构履行主责主业。各级普遍采取经常性学习与集中培训相结合、理论学习与实践锤炼相结合等形式提升业务能力。天津局、内蒙古局、广西局邀请当地纪委、纪监工委领导就执纪审查、调查实务等内容进行专题授课，吉林局、江苏局、河南局、宁夏局、甘肃局等举办纪检干部培训班，四川局主动向上级纪检组织请教学习案件证据收集甄别、性质认定等业务知识，全系统纪检工作质量有了新的提高。

不断加强内设纪检机构和力量建设。积极探索创新、盘活资源、整合力量，加快推进省级邮政管理局纪检干部专职化、专业化建设，着力在完善内设纪检机构设置和人员配备上取得新的突破。截至目前，14个省局单设纪检监察室（党建办公室），为9个省局党组配备专职纪检组组长。黑龙江局建立纪检干部人才库，山东局探索开展分片区纪检工作，湖南局探索建立全省系统内纪检干部统筹培养使用机制，着力提升自身建设质量。

同志们，过去一年我们取得的成绩，是以

习近平同志为核心的党中央坚强领导的结果，也离不开驻部纪检监察组监督指导和全系统各级党组织、内设纪检机构、广大党员干部的团结协作、共同奋斗。回顾一年来的工作，我们深深感到，习近平新时代中国特色社会主义思想是行动指南和根本遵循，必须做到学懂弄通做实，才能保证正确政治方向；带头做到“两个维护”是首要政治任务，必须坚决贯彻落实习近平总书记重要指示批示精神和党中央重大决策部署，才能确保党的领导落地生根；履行管党治党政治责任是最根本的担当，必须以责任传导压力、以压力推动落实，才能把全面从严治党抓实抓到位；强化问题意识、坚持问题导向是马克思主义方法论的重要体现，必须敢于直面问题、勇于自我革命，才能破除沉疴痼疾、实现风清气正；党员领导干部是“关键少数”，必须带头做到自身正、自身净、自身硬，才能带动“绝大多数”干净担当、勤政廉政；忠诚干净担当是党务纪检干部的政治品格，必须做到忠诚坚定、担当尽责、遵纪守法、清正廉洁，才能切实为邮政业改革发展提供坚强政治保证。这些重要经验和有益启示，要长期坚持、有效落实。

二、深刻把握形势任务要求，坚定不移把党风廉政建设和反腐败工作引向深入

党的十九届四中全会对坚持和完善中国特色社会主义制度、推进国家治理体系和治理能力现代化作出重大战略部署，对坚持和完善党和国家监督体系、强化对权力运行的制约和监督作出重大制度安排，为推进新时代纪检监察工作高质量发展提供了基本遵循。在刚刚结束的中央纪委四次全会上，习近平总书记发表重要讲话。全系统要深入学习贯彻习近平总书记重要讲话精神，深刻把握形势任务要求，坚定不移把党风廉政建设和反腐败工作引向深入。

（一）深刻领悟精髓要义，切实把思想和行动统一到习近平总书记重要讲话精神上来

习近平总书记在中央纪委四次全会上的重要讲话，站在实现“两个一百年”奋斗目标的历史交汇点上，深刻总结新时代全面从严治党的历史性成就，深刻阐释我们党实现自我革命的成功道路、有效制度，深刻回答管党治党必须“坚持和巩固什么、完善和发展什么”的重大问题，围绕以全面从严治党新成效推进国家治理体系和治理能力现代化作出战略部署，对不断深化党的自我革命、持续推动全面从严治党向纵深发展具有重大指导意义。

学习贯彻习近平总书记重要讲话精神，是当前和今后一个时期的重大政治任务。各级党组织和广大党员干部要全面、系统、准确地学习领会贯穿其中的新思想、新判断、新部署、新举措，提高政治站位，强化责任担当，以高度的政治自觉、思想自觉、行动自觉，抓好贯彻落实。要深刻领悟关于新时代全面从严治党“取得了历史性、开创性成就，产生了全方位、深层次影响”的重要论述，着力认清这一重大成果来之不易、催人奋进，从而不断增强信心、强化担当。深刻领悟关于“四个坚持”的重要论述，着力认清坚持以伟大自我革命引领伟大社会革命、坚持以科学理论引领全党理想信念、坚持以“两个维护”引领全党团结统一、坚持以正风肃纪反腐凝聚党心军心民心，是党的十八大以来党风廉政建设和反腐败工作新思路、新理念、新成就的高度概括，必须始终作为纵深推进全面从严治党的行动指南。深刻领悟关于“这条道路、这套制度必须长期坚持并不断巩固发展”的重要论述，着力认清党的十八大以来我们党探索出的长期执政条件下解决自身问题、跳出历史周期率的成功道路和构建的行之有效的权力监督制度和执纪执法体系，是新时代全面从严治党的重大理论成果、制度成果、实践成果，必须坚决遵循和贯彻执行。深刻领悟关于“把‘严’的主基调长期坚持下去”的重要论述，着力认清我们党一以贯之、坚定不移全面从严治党的坚定决心，必须把严的要求贯彻到管党治党全过程、落实到党的建设各方面。深刻领悟关于 2020 年 6 个方面重大任务

的重要论述，着力认清以全面从严治党新成效推进行业治理体系和治理能力现代化任务艰巨、责任重大，必须绝对忠诚、担当作为、开拓进取，不断巩固发展反腐败斗争压倒性胜利。要通过深学细研笃行，切实把思想和行动统一到习近平总书记重要讲话精神上来，不断增强“四个意识”、坚定“四个自信”、做到“两个维护”，坚定不移推动全面从严治党向纵深发展。

（二）清醒认识面临形势，着力增强坚定不移推进全面从严治党的责任担当

习近平总书记在重要讲话中充分肯定一年来全面从严治党取得的重大成效，同时强调指出，要清醒认识腐蚀和反腐蚀斗争的严峻性、复杂性，认识反腐败斗争的长期性、艰巨性。习近平总书记的重要论述，是对当前党风廉政建设和反腐败工作形势的精确判断，标定了今后一个时期一以贯之、坚定不移全面从严治党的逻辑起点。我们一方面要充分认清新时代全面从严治党取得的历史性、开创性成就，坚定信念信心；另一方面，要清醒认识依然严峻复杂的形势，始终保持警觉警醒。

从全系统看，一些突出问题还需要着力解决：一是在落实责任上，一些单位党组织仍然存在党的领导弱化，党的建设缺失，全面从严治党不力的问题；有的党组织履行主体责任停留在开个会、讲个话、表个态，很少具体研究和推动党风廉政建设相关工作；有的党组织书记对主体责任认识模糊，甚至把党建工作等同于党务工作，管党治党高高举起、轻轻落下，不会管、不愿管，有的对上级督办、转办违纪违法问题线索敷衍应付，甚至希望一拖了之；有的纪检组组长履行主责主业的意识不强，对纪检组职责权限是什么、应该监督什么、怎么实施监督等认识不清，斗争精神不足，斗争能力不强，导致出现缺位、错位、越位；有的领导班子成员和领导干部把党内职务当成虚职，认为自己是搞业务的，就对党风廉政建设不使劲，“一岗双责”没有落到实处；有的纪检干部执纪监督能力偏弱，不善于查找发现问题，遇到问题线索不会处置，纪检工作质量不高，等等。二是在担当尽责上，有的党员干部工作标准不高、精神不振，年纪不大，暮气沉沉，把工作当成“混日子”，只求过得去，不求过得硬；有的领导干部大局意识不强，在关注个人规范细节的同时，对公家的财政资金、项目预算管理粗放，效果不佳、毫不心痛；有的说得多、干得少，嘴上喊着要担当尽责，实则为官不为、失职失责；有的碰到问题绕道走，遇到矛盾就上交，甘心当“传声筒”“二传手”，前怕狼后怕虎，畏首畏尾、顾虑重重，缺乏攻坚克难的毅力和勇气，等等。三是在纪律意识上，一些单位党内政治生活不严不实，政治生态不好，党内政治生活形式化、平淡化、庸俗化现象还比较普遍；有的不善于用法治思维和法治方式推进工作，纪律规矩这根弦绷得不紧，对党纪法规认识不到位、执行有偏差，用庸俗关系替代依规依纪教育管理监督；有的把待遇问题与执行制度对立起来，总觉得法不责众，打着集体决策和“出于公心”的幌子打折扣、搞变通；有的把一些违规做法和问题当成“老传统”“老办法”，睁一只眼闭一只眼，直到受到处理了才去纠治；有的认为我们是“人情社会”，办事协调还沿袭礼尚往来、迎来送往那一套，出事了还认为是管得太紧、处理太严，等等。四是在正风肃纪上，从违规违纪问题处置看，违反中央八项规定精神问题仍然较为突出，在党中央及国家局党组、驻部纪检监察组三令五申的情况下，有的干部仍不收敛、不知止，虚列会议费、培训费、房屋租赁费设立并使用“小金库”，违规发放津补贴，接受可能影响公正执行公务的宴请或者旅游、娱乐等活动安排，收受可能影响公正执行公务的礼品、礼金，违规持有非上市公司股份、买卖上市快递企业股票等问题时有发生，还需要进一步有力削减存量、有效遏制增量；从专项治理情况看，行政许可、行政执法、选人用人等不规范的问题还需要下大力气纠治整改。全系统各级党组织和党员干部一定要充分认清党中央决策部署和面临的严峻形势，坚持问题导向，勇于自我革命，增强斗争精神，保持担当作为，聚力纯正

政治生态,坚定不移把全面从严治党向纵深推进。

(三)准确把握任务要求,科学谋划党风廉政建设和反腐败工作

习近平总书记的重要讲话,围绕以全面从严治党新成效推进国家治理体系和治理能力现代化,作出一系列部署和要求,是我们推进党风廉政建设和反腐败工作的根本遵循。全系统各级党组织和广大党员干部要切实按照党中央的决策部署,扎实推进邮政管理系统党风廉政建设和反腐败工作,确保党的路线方针政策贯彻落实。

要紧紧扭住加强党的全面领导不放松,健全完善坚定维护党中央权威和集中统一领导的各项制度,层层压紧压实管党治党政治责任,坚决同一切弱化党的领导、动摇党的执政基础、违反党的政治纪律和政治规矩的行为作斗争,切实把"两个维护"落到实处。要紧紧扭住保障推进行业治理体系和治理能力现代化不放松,充分发挥监督保障执行、促进完善发展职能作用,坚持在党的领导下,推动完善邮政业高质量的民生服务体系、高标准的现代市场体系、高效能的国际寄递体系、高精准的风险防控体系、高水平的绿色发展体系,为全面建成人民满意、保障有力、世界前列的邮政强国提供坚强保证。要紧紧扭住纯正政治生态不放松,深刻把握全系统党风廉政建设规律,坚定不移用党的创新理论固本培元、凝神铸魂,持续强化政治监督保证权力在正确轨道上运行,坚持以正风肃纪反腐凝聚党心民心,着力用严明的纪律打造风清气正、海晏河清的干事创业环境。

三、强化担当作为,为决胜全面建成与小康社会相适应的现代邮政业提供坚强保证

2020年是全面建成小康社会、实现第一个百年奋斗目标的收官之年,决胜全面建成与小康社会相适应的现代邮政业任务艰巨、责任重大,对做好党风廉政建设和反腐败工作提出了更高的标准。2020年邮政管理系统党风廉政建设和反腐败工作总要求是:以习近平新时代中国特色社会主义思想为指导,深入贯彻党的十九大和十九届二中、三中、四中全会,以及中央纪委四次全会精神,增强"四个意识",坚定"四个自信",做到"两个维护",坚持稳中求进总基调,坚定不移深化全面从严治党,健全完善管党治党制度机制,强化对权力运行制约监督,一体推进不敢腐、不能腐、不想腐,加强内设纪检机构自身建设,为决胜全面建成与小康社会相适应的现代邮政业提供坚强保证。重点抓好6个方面工作:

(一)坚持以党的政治建设为统领,把坚决做到"两个维护"落实到行动中

始终把党的政治建设摆在首位。坚持把不忘初心、牢记使命作为加强党的建设的永恒课题,持之以恒学懂弄通做实习近平新时代中国特色社会主义思想,持续巩固深化主题教育成效。要加强思想政治引领,充分发挥党组中心组和领导班子成员学习示范引领作用,同时履行好领导责任,推动学习贯彻延伸到基层、覆盖到全体党员干部。要牢固树立政治机关意识,深入贯彻落实中央和国家机关党的建设工作会议精神,全面落实党的政治领导,把业务工作中有政治的要求贯穿各项工作全过程。要坚决贯彻落实党中央决策部署和习近平总书记关于邮政业重要指示精神,认真执行关于维护党中央集中统一领导的规定和贯彻落实习近平总书记重要指示批示办法,严格落实重大事项请示报告制度,确保把"两个维护"落实到行动中。

坚决维护党的政治纪律和政治规矩。要加强对党的重大决策部署、重大战略举措和习近平总书记重要指示批示落实情况监督检查,突出对四中全会《决定》贯彻落实情况督导督查,聚焦决胜全面建成小康社会、决战脱贫攻坚任务加强监督,保证党中央政令畅通。要把贯彻落实习近平总书记关于邮政业的重要指示情况作为巡视巡察、政治督查、执纪审查的重要内容,持续组织贯彻落实习近平总书记重要指示"回头看",确保习近平总书记重要指示批示精神不落空、见实效。要围绕

严明政治纪律和政治规矩开展监督，坚决杜绝“七个有之”，切实做到“五个必须”，真正做政治上的明白人、老实人。

加强和规范党内政治生活。要进一步严肃党的组织生活，严格执行《关于新形势下党内政治生活的若干准则》，认真落实《中央和国家机关严格党的组织生活制度的若干规定》，严格落实“三会一课”、民主生活会、谈话谈心、请示报告、党员领导干部双重组织生活等制度，推动组织生活规范化制度化。要进一步加强党性，坚持按原则开展党的工作和活动、处理党内关系、解决党内矛盾和问题，切实增强党内政治生活质量。要加强政治文化建设，创新活动方式方法，充分利用红色资源，注重选树先进典型，以良好政治文化涵养风清气正的政治生态。

（二）进一步强化担当作为，压紧压实全面从严治党政治责任

全面落实主体责任。各级党组织要认真履行党章赋予的职责，坚持抓主业、担主责、唱主角，把全面从严治党纳入整体工作部署，研究具体落实措施，坚决防止弱化、虚化。要坚持“书记抓、抓书记”，将党组织书记履行管党治党政治责任情况和党员领导干部履行“一岗双责”情况，作为述职评议考核的重要内容，切实做到明责、履责、尽责。要认真贯彻落实国家局党组关于推动新时代全面从严治党向纵深发展的《意见》、关于加强党的政治建设的《实施意见》、关于“创建让党中央放心、让人民群众满意的模范机关”的《实施意见》等制度措施，实现全面从严治党全方位、全覆盖。

认真履行协助职责和监督责任。各级内设纪检机构要准确把握职责边界，着力推动主体责任和监督责任贯通协同、形成合力。要始终坚守协助党组推进全面从严治党的职责定位，积极主动为党组主体作用发挥提供有效载体、当好参谋助手。要充分发挥专责监督作用，依规依纪做好日常监督和经常性管理，不断提升监督实效。要积极配合做好深化垂直管理单位纪检监察体制改革各项工作，认真执行“三为主、一报告”制度。纪检组组长要强化主责主业意识，切实把监督责任担当起来、落到实处。省（区、市）局党组纪检组和国家局机关纪委每半年向驻部纪检监察组报告工作，主要负责人每年向国家局党组和驻部纪检监察组述职述廉。

精准有力实施问责。要认真贯彻《中国共产党问责条例》，把“两个维护”作为根本政治任务，聚焦管党治党政治责任，坚持严肃问责、规范问责、精准问责、慎重问责，既追究乱用滥用权力的渎职行为也追究不用弃用权力的失职行为，既追究直接责任也追究相关领导责任，努力实现问责一个、警醒一片，确保各项决策部署落地落实。对于执纪不力、问责不力的，也要严肃问责。要按照国家局党组关于建立容错纠错机制激励干部担当作为的《意见》，正确把握好和运用好“三个区分开来”，把严格管理干部和关心爱护干部结合起来，鼓励探索、宽容失误，在选人用人上体现讲担当、重担当的鲜明导向，着力调动干部干事创业的积极性。

（三）巩固拓展作风建设成效，着力纠治突出问题

巩固拓展落实中央八项规定精神成果。要以坚强的政治定力和战略定力，把监督执行中央八项规定及其实施细则精神作为改进党风政风的一项经常性工作来抓，坚持问题导向，层层压实责任，坚守重要节点，紧盯关键环节，深入开展监督检查，不断把作风建设推向纵深。对违反中央八项规定精神问题要一律点名道姓通报曝光，督促党员干部引为镜鉴，营造不敢、知止氛围。要深刻把握“四风”问题的顽固性反复性，密切关注收送电子红包、私车公养、“不吃公款吃老板”等隐形变异问题，严查享乐和奢靡问题，坚决防止反弹回潮。

持续整治形式主义、官僚主义。坚持从讲政治高度整治形式主义、官僚主义，认真贯彻落实中央纪委办公厅关于贯彻落实习近平总书记重要指

示精神，集中整治形式主义、官僚主义的《工作意见》，严格执行国家局党组关于解决形式主义突出问题切实为基层减负的《实施意见》，从领导机关和领导干部抓起、改起，严肃查处贯彻党中央决策部署空泛表态、应景造势、敷衍塞责、出工不出力等行为，坚决纠正在脱贫攻坚、安全监管、环境保护、推动发展等履职尽责过程中不担当、不作为、乱作为、假作为等问题，切实解决文山会海、督查检查过多过频、考核指标繁杂、过度留痕等现象，真正克服形式主义、官僚主义。

着力抓好专项整治工作。要用好专项整治这个重要抓手，坚持目标导向和问题导向，以刀刃向内的勇气扎实抓好对突出问题的精准纠治。按照驻部纪检监察组相关意见，结合系统实际，今年将重点开展违规享受政策性住房、违规租赁使用公车及私车公养、事业单位人员招聘违规违纪、职业资格证书违规挂靠等问题专项整治。同时还要对2019年专项治理工作不认真、效果不好的开展“回头看”。各牵头负责部门要按照职能分工，认真筹划、压实责任，有力有序有效推进各项专项整治。各级党组织要切实担起责任，严格按标准按要求进行整治，坚决避免边纠边犯，甚至整治后仍然发生问题，确保改彻底改到位。

（四）深化巡视巡察工作格局，持续发挥震慑作用

稳步推进新一轮巡视巡察。深入贯彻落实中央和国家机关部门党组（党委）开展巡视工作的《指导意见（试行）》，按照国家局党组巡视工作5年规划，今年对12个省局开展新一轮巡视，稳步推动到2022年实现第二次巡视全覆盖。各省局党组要科学谋划巡察工作，确保取得巡察实效。要坚持巡视巡察与“回头看”相结合，在巡视巡察期间穿插安排开展“回头看”，对已巡视巡察过的党组织杀个“回马枪”，着力发现整改落实不到位、走过场等问题，让巡视巡察“利剑”高悬，释放巡视巡察永远在路上的强烈信号，防止出现“过关”思想。

健全完善巡视巡察上下联动工作格局。贯彻落实中央关于建立巡视巡察上下联动工作机制的意见，探索巡视巡察与其他监督贯通融合的有效路径。细化完善巡视巡察机构与驻部纪检监察组，内设纪检机构与组织、财务、审计等部门及被巡视单位党组织协调配合的制度机制，着力形成巡视巡察整体合力。健全完善巡视巡察整改机制，强化整改主体责任，完善整改情况报告制度，精准处置巡视巡察移交线索，充分发挥巡视巡察震慑作用。

（五）坚持不懈正风反腐，持续纯正全系统政治生态

探索完善监督机制。要突出党内监督政治属性，加强政治督查、巡视巡察、专项督导，推进政治监督具体化常态化。要强化日常监督，综合运用平时观察、谈心谈话、检查抽查、列席民主生活会、受理信访举报、督促巡视巡察整改、提出纪检监察建议等形式，把日常监督做实做细。要加强对所管理的领导干部特别是主要领导干部的监督，上级“一把手”必须抓好下级“一把手”，发现问题苗头及时敲响警钟、扯袖提醒，带动整个监督体系更加严密、更加有效运转。要积极配合驻部纪检监察组，认真贯彻落实纪检监察体制改革各项工作，推动纪律监督、监察监督、派驻监督、巡视监督等各类监督有机贯通、相互协调。

全面加强纪律建设。要深入开展经常性纪律教育，重点加强党性宗旨教育、党规党纪教育、优良作风教育、优秀家风教育，抓在平常，融入日常，着重提升党员干部的党性观念和纪律意识。要注重强化警示教育，坚持经常性、常态化，剖析问题、压实责任，引导党员干部汲取教训、严守规矩。国家局党组将召开警示教育大会，对全系统发生的典型案件通报曝光，以案为鉴、以案明纪，充分发挥案件的治本功能。要加强对党员干部日常教育管理监督，用好监督执纪第一种形态，对党员干部身上存在的问题早发现、早提醒、早处置，防止小问题演变成大问题。要充分发挥谈话函询作用，

各单位每年按照不少于5%的比例对谈话函询情况进行抽查核实，对欺瞒组织的严肃处理，采信了结的及时反馈本人，切实提高谈话函询工作质量。

严肃处理违规违纪问题。反腐败斗争永远在路上。要保持惩治腐败高压态势，聚焦党的十八大以来不收敛不收手，严重阻碍党的理论和路线方针政策贯彻执行、严重损害党的执政根基的腐败问题，重点是结合系统、行业实际，强化对主管人财物以及行政许可、执纪执法等重点部门、重点岗位人员的监督，查处其中的腐败和作风问题。要强化日常督察和专项检查，对有令不行、有禁不止的要坚决严肃查处。要从严查处在专项治理中整改不落实，甚至在开展专项治理后仍顶风违纪的问题，切实维护党纪政纪的严肃性。

（六）加强纪检机构自身建设，不断提高纪检工作水平

大力加强素质能力建设。坚持政治素质、业务能力双过硬标准，推动建设高素质专业化纪检干部队伍。要突出内设纪检机构政治属性，始终把学习习近平新时代中国特色社会主义思想摆在首位，把提高政治能力作为履责之本，加强理论武装和思想淬炼，不断坚定理想信念、砥砺党性心性，自觉同以习近平同志为核心的党中央保持高度一致。要着眼提升履职能力，加强学习调研培训，强化实战练兵，在增强执纪审查能力上下更大功夫，稳步推进纪检干部队伍专业化建设。要发扬斗争精神、提高斗争本领，把纪律和监督挺在前面，既敢于监督，又善于监督，坚决同影响党的先进性、弱化党的纯洁性、破坏党的集中统一的问题作斗争。要加强自我监督，坚持刀刃向内，坚决防止“灯下黑”，督促纪检干部知敬畏、存戒惧、守底线，切实做到自身正自身净自身硬。各级要注重选拔培养纪检干部，将优秀干部放到纪检岗位上锻炼，对素质过硬、实绩突出的优秀纪检干部，在同等条件下优先提拔使用，切实树立勇于担当、有为有位的鲜明导向。

着力提升纪检工作质量。各级内设纪检机构要认真贯彻落实党的十九届四中全会和中央纪委四次全会精神，牢牢抓住监督这个基本职责、第一职责，在推进行业治理体系和治理能力现代化中，充分发挥监督保障执行、促进完善发展作用。要注重运用联动机制，积极探索实施交叉监督、分片检查、联合执纪，充分整合系统纪检力量，提升纪检工作质效。要按照驻部纪检监察组纪检监察体制改革试点工作方案和相关配套办法，主动加强协作配合，认真抓好工作落实，确保改革顺利推进。要继续推进省局纪检组组长专职化，加强内设纪检机构规范化建设，完善制度机制，强化内部管理，为公正规范履职提供有力保障。

同志们，今年工作任务仍然繁重。让我们紧密团结在以习近平同志为核心的党中央周围，不忘初心、牢记使命，只争朝夕、不负韶华，扎实推进全面从严治党、党风廉政建设和反腐败工作，为决胜全面建成与小康社会相适应的现代邮政业，开启现代化邮政强国建设新征程提供坚强保证。

持之以恒推进高质量发展
决胜全面建成与小康社会相适应的现代邮政业

——国家邮政局局长马军胜第51届世界邮政日致辞

2020年10月9日

在举国欢庆中华人民共和国71华诞的日子里,我们迎来了第51届世界邮政日。借此机会,我谨代表国家邮政局,向关心、支持我国邮政业发展的各地区、各部门和社会各界表示崇高的敬意和衷心的感谢!向全世界邮政业的同行们,特别是我国邮政业的广大干部职工致以节日的问候和良好的祝愿!

邮政业是国家重要的社会公用事业,是服务生产生活、促进消费升级、畅通经济循环的现代化先导性产业。邮政体系是国家战略性基础设施和社会组织系统之一,为国脉所系、发展所需、民生所依。当前,我国邮政业规模全球领先,高质量发展进程不断加快,要素市场十分活跃,服务功能持续增强,仍处在大有可为的重要战略机遇期。2019年,我国邮政业业务总量完成16229.6亿元,业务收入(不包括邮政储蓄银行直接营业收入)完成9642.5亿元,同比分别增长31.5%和22%。其中,快递业务量达到635.2亿件,同比增长25.3%,已连续六年稳居世界第一,年支撑网上零售额超过8万亿元,新增社会就业20万人以上,为"六稳""六保"作出了积极贡献。我国已成为世界上发展最快、最具活力的新兴寄递市场,包裹快递量超过美、日、欧等发达经济体总和,对世界增长贡献率超过50%,已成为全球邮政业发展的动力源和稳定器。

今年新冠肺炎疫情发生以来,全行业坚决贯彻落实习近平总书记重要讲话精神和中央决策部署,全力做好统筹推进疫情防控和服务经济社会发展各项工作,切实有效做好行业自身疫情防控,全力保障防疫物资和居民基本生活物资运递,提前谋划科学有序抓好复工复产,及时畅通国际寄递网络,"数百万快递员冒疫奔忙",在降低病毒传播风险、保障防疫物资运输寄递、维系社会正常运行、促进生产流通和居民消费等方面发挥了重要作用,得到了中央的肯定和社会各界的赞誉。

在肯定发展成效的同时,我们也必须清醒认识到,邮政业治理体系和治理能力与现代化的要求差距还不小,管理队伍自身能力和党的建设还需要不断加强,邮政业发展仍然存在不平衡不充分的问题,大而不强、大而不优、快而不稳、快而不精的基本业情没有改变,完善发展理念、转变发展方式、提高发展质效的任务依然繁重,特别是末端网点风险日益凸显、寄递安全形势严峻复杂、国际寄递能力薄弱难以适应变化和新业态监管服务跟不上等等,这些都需要我们下更大力气解决。全系统全行业必须深入领会习近平总书记对邮政业重要指示精神,增强"四个意识",坚定"四个自信",做到"两个维护",以"两进一出"工程为抓手精准发力,更好地助力构建以国内大循环为主体、国内国际双循环相互促进的新发展格局,更好地满足人民美好生活需要,更好地服务经济社会发展大局。

第一,坚持完善高质量的邮政业民生服务体系。要创新邮政公共服务内涵,准确把握行业公益性、基础性、商业性等多重属性,强化邮政快递网络基础设施的布局统筹,将代理政务、农村快递服务、末端服务等纳入公共服务范畴,向高品质和多样化升级。要改革邮政公共服务机制,推动健全邮政普遍服务保障机制,形成支持农村和边远地区发展的长效机制，创新邮政公共服务提供方式，支持社会力量增加公共服务供给。要健全制度安排，落实中央与地方财政事权和支出责任划分改革，明确地方政府对农村快递和城乡末端设施的财政事权和支出责任，因地制宜加快推进“快递进村”。要完善行业创业就业政策，支持围绕“互联网+服务业+寄递”创新创业，发挥行业优势鼓励从业人员返乡创业就业，推广“寄递+农村电商+农特产品+农户”产业扶贫模式。

第二，坚持完善高标准的邮政业现代市场体系。要强化公平竞争机制，营造各种所有制主体依法平等使用资源要素、公开公平公正参与竞争、同等接受法律保护的市场环境；坚持依法治邮，保障市场开放和统一。要加强要素市场建设，健全生产要素由市场评价贡献、按贡献决定报酬的机制，完善数据流动机制，引导有序竞争，促进规范发展；引导一次分配比例适当向基层、向一线员工倾斜；鼓励引导各类资本支持邮政业发展，拓展“快递物流+金融”业务。要将“快递进厂”作为邮政业更高水平产业协同的突破口，向专业化和价值链高端延伸，引导快递企业快速提升供应链能力，探索重点行业融合发展新路径，更好服务中国制造。要完善包容创新机制，持续深化“放管服”改革，按照包容审慎原则放宽市场准入，鼓励各类寄递服务的新技术新业态新模式发展。

第三，坚持完善高效能的邮政业国际寄递体系。要健全“快递出海”制度设计，优化国际邮件互换局布局，加快国际快件监管中心建设；加强国际快递航空网络能力建设，增进与重点国家和区域的政策沟通、设施联通。要分步完善境外网络，培育具有全球竞争力的寄递企业，尽快构建服务高技术产业的应急保障网络，加快建设区域网络，重点拓展东南亚等周边国家网络，逐步延伸至更多“一带一路”国家。要实行更高水平开放，全面开放国内快递包裹市场，加快打造更多的跨境寄递通道平台。要主动参与全球邮政治理变革，积极维护万国邮联多边机制，跟踪、评估、应对万国邮联终端费改革影响，开展双多边邮政和快递合作，推动建立应对邮政快递领域国际摩擦机制。

第四，坚持完善高精准的邮政业风险防控体系。要升级寄递安全能力，全面落实寄递安全监管“三项制度”，综合应用5G、人工智能、区块链、云计算、大数据、物联网等新一代信息技术，提升安全监管智能化水平，打造安全防控“升级版”，坚决防范重特大安全事故。要储备产业安全政策，建立邮政快递产业安全的风险研判、防范化解、调查监管机制。要引导企业提高合规经营能力，不断提升快递物流产业全球竞争力和国家供应链安全保障能力。要加强衍生风险防控，强化行业应急管理能力体系建设，有效防范和应对因市场主体退出、上下游摩擦及各种违规问题引发的群体事件等衍生风险。

第五，坚持完善高水平的邮政业绿色发展体系。要完善法规体系，推动在涉邮法律法规修订中明确市场主体在快递绿色包装方面的法律责任，强化约束性规定；推动制定快递包装管理办法，健全完善社会各个方面齐抓共治、积极参与的行动机制。要完善标准体系，发布快递包装绿色产品清单目录，推动出台快递绿色包装相关国家标准、地方标准和团体标准并深入开展标准宣贯。要完善政策体系，开展快递可循环包装试点示范以及统计监测分析体系、执法和监管能力建设，推动各地加大对绿色快递包装研发生产、绿色物流和配送体系建设等的支持力度。要完善监管体系，建立快递包装产品绿色认证工作体系，推动绿色包装技术研究应用，健全绿色邮政评价指标体系和监测评估制度，强化信息披露和结果应用；推动落实属地责任，完善部门协作配合机制。

志行万里者，不中道而辍足。让我们更加紧密地团结在以习近平同志为核心的党中央周围，以习近平新时代中国特色社会主义思想为指导，乘着新时代的浩荡东风，加满油，把稳舵，鼓足劲，为决胜全面建成与小康社会相适应的现代邮政业、全面建设现代化邮政强国而不懈奋斗！

符合人民需要　反映时代特征　引领行业需要
为谋划“十四五”邮政业发展贡献智慧和力量

——国家邮政局副局长戴应军在“十四五”规划编制工作座谈会上的讲话

2020 年 9 月 4 日

同志们：

首先，我谈谈为什么开这个会？第一，是落实习近平总书记重要讲话和指示精神。近期总书记对“十四五”规划作出一系列重要讲话和指示，国家局党组多次组织学习，这次会上组织大家进行深入学习。第二，是“十四五”十分重要。“十四五”时期是我国全面建成小康社会、实现第一个百年奋斗目标之后，乘势而上开启全面建设社会主义现代化国家新征程、向第二个百年奋斗目标进军的第一个五年。邮政业经过“十二五”“十三五”高速增长后，谋划好“十四五”发展十分重要。我国经济发展进入新常态，已由高速增长阶段转向高质量发展阶段。邮政业还将保持高速增长态势，保持高速增长的同时，也必须保证高质量发展。第三，是今年情况特殊。国家局和地方各级邮政管理部门都非常重视规划，做了不少调研座谈，但受疫情影响，调研深度力度还不够，所以今天选了 10 个有代表性的省局来座谈。

今天的座谈会，开得非常好。大家认真学习了习近平总书记关于规划工作的重要讲话和指示精神，以及国家局党组会议有关精神，听取了“十四五”邮政业规划编制进展情况和重点内容的介绍。大家围绕座谈提纲，有所侧重进行交流发言，碰撞了思路，提出了建设性的意见建议，为谋划“十四五”邮政业发展贡献了智慧。大家发言基本是问题导向，问题分析得比较到位。对发展形势、发展思路、目标任务等，发表了真知灼见，规划编制工作组一定要把大家的意见吸收采纳好。下面，我再强调两方面意见。

一、要深入学习领会、贯彻落实好习近平总书记重要讲话和指示精神

习近平总书记历来高度重视规划工作。“十四五”规划编制工作启动以来，总书记在不同场合多次对规划工作作了重要讲话，作出一系列重要指示。大家要深入学习领会、贯彻落实好习近平总书记重要讲话和指示精神，以此作为我们开展规划工作的根本遵循和行动指南，把各项部署要求落实到具体行动中。

一是学深悟透，武装头脑。总书记的系列讲话指示强调了谋划好“十四五”时期发展的重要性，对“十四五”发展形势进行了科学研判，对“十四五”面临的机遇挑战作出重要论述，指明了“十四五”发展思路和方向，强调规划编制要开门问策、集思广益，把加强顶层设计和坚持问计于民统一起来。大家要深刻体悟贯穿其中的马克思主义立场观点方法，蕴含其中的精髓要义、思想风范和战略思维。要在规划编制过程中用好调查研究这个法宝，深入研判、深入调查、科学决策。要学会辩证思维，从哲学角度思考行业中长期发展，把握好机遇和风险挑战，努力在危机中育新机，于变局中开新局。要从战略基点的高度认识扩大内需，邮政业是服务生产、促进消费、畅通循环的现代化先导性产业，在扩大内需中发挥着重要支撑作用。要从战略方向的高度认识供给侧结构性改革，深化对提升行业供给能力和供给水平的认识。要牢牢把握创新这个关键，发挥企业在创新中的主体作用，加快推动补齐国有企业的创新短板，加快引

导创新资源更多地向民营企业集聚，努力打造行业的“华为”。

二是坚定自信，敢于谋划。习近平总书记在讲话中指出：“用中长期规划指导经济社会发展，是我们党治国理政的一种重要方式”“实践证明，中长期发展规划既能充分发挥市场在资源配置中的决定性作用，又能更好发挥政府作用。”我国规划被认为是富有中国特色的国家治理工具，很多西方知名学者就提倡西方要学习中国的规划经验，我们一定要提高对这种制度优势的认识。当前，新冠肺炎疫情在全球肆虐，我国抗击新冠肺炎疫情斗争取得重大战略成果，我们更有理由坚定中国特色社会主义道路、理论、制度和文化自信。我们要将“四个自信”落到谋划行业发展上，沿着建设现代化邮政强国的道路，总结好助推行业发展的理论，发挥好各项制度优势，弘扬好邮政优良传统文化和“小蜜蜂”精神，努力在全球邮政业竞争合作中赢得比较优势。

三是党组挂帅，加强领导。党的领导，是我们战胜一切艰难险阻的制胜法宝，是中国社会主义现代化建设的根本保证，是我国各项事业取得胜利的根本保证。编制好“十四五”邮政业规划，是邮政管理部门党组发挥领导作用的重要抓手。国家局党组高度重视规划编制，今年以来两次审议邮政业规划相关重要文件，指出编制规划是一项打基础、利长远的系统工程。省局党组要切实抓好规划编制，主要负责同志要亲自抓，分管负责同志要具体抓，其他负责同志要协同抓，各部门要相互配合共同推进，调动更多更强的力量投入到规划编制中。要在规划中不折不扣贯彻好习近平总书记关于邮政业改革发展的重要指示批示精神，落实好党中央、国务院重大决策部署，使规划成为维护核心、统一认识、凝聚力量、管住全局的重要载体。

二、扎实推进邮政业规划编制

当前，“十四五”邮政业规划编制工作已进入关键阶段，各省局要履职尽责，切实抓好规划编制。

一要做好规划衔接。编制好规划，要吃透中央文件精神，掌握好党中央、国务院有关部门涉邮政策，对接好邮政强国建设行动纲要。各省局要认真研提《“十四五”邮政业发展规划（征求意见稿）》的意见，省级邮政业规划要紧密衔接国家邮政业规划，做好规划定位、总体要求、目标指标、任务工程的对接。要主动向同级政府汇报本省邮政业规划，加强与发展改革、交通运输、自然资源、住建等部门的沟通协调，信息要灵、渠道要畅、对接要准，要学会拿着中央文件做对接，把行业发展重点纳入相关规划中，不能丢三落四、不能错失机遇。要指导地市局做好规划编制，特别是加大对业务量大、情况特殊的地市局的指导。要通过规划衔接，促进各级各类邮政业规划间，以及邮政业规划与相应层级国民经济和社会发展规划纲要、国土空间规划和其他专项规划的协调一致。

二要契合地方实际。省和市（地）级邮政业规划要对上级规划进行消化吸收，避免照搬照抄，不能上下一般粗。我国东中西部地区差异较大，各省、市（地）资源禀赋不同，经济社会发展情况不同，产业布局不同，有些地方农业发展的好，有些地方制造业发展的好，有些地方服务业发展的好，细分产业发展情况就更是千差万别。“两进一出”是“十四五”全国邮政业发展的重要抓手，但从各地实际来看，与哪类制造业协同来实现进厂不一样，是通过邮快合作还是通过快快合作等来实现进村不一样，利用好不同运输方式实现出海的情况更是不一样，各地不能搞“一刀切”。谋划好地方邮政业发展，就是要体现出差异性，体现出地方特色，做到因地施策。就谋划科技创新、智能安检、智能识别、冷链快递、高铁快递等发展重点而言，既要抓大放小，更要量体裁衣，同样要结合好地方实际。在开展规划编制中，省和市（地）级邮政管理部门要把握好主导权，绝不能出现让课题承担单位包揽规划编制的现象，不能对规划“一包了之”,不能做“甩手掌柜”。既要用好课题承担单位,也要锻炼自身队伍。

三要提升文稿质量。从目前报到政策法规司的省级邮政业规划征求意见稿情况看,规划篇幅差异较大,规划文稿质量还有较大提升空间。总体看,大部分省级邮政业规划还要进一步精炼,控制好总篇幅。要持续推敲打磨文字,既要做到惜字如金,确保表述准确贴切,用语简明扼要,用词严谨规范,文稿辞约义丰;有的内容也要不惜笔墨,阐明说透重点任务。从规划内容看,要求真务实,发展目标指标、任务工程要做到可分解、可监测、可评估,确保通过年度任务促进落地实施,确保经得起检验。规划出台后,要加强规划解读,开展专门培训。

四要加强意见征集。五年规划编制涉及经济和社会发展方方面面,同人民群众生产生活息息相关,要开门问策、集思广益,把加强顶层设计和坚持问计于民统一起来。要最大限度汇集各方智慧,努力使规划编制过程成为汇聚民智、协调思路、科学决策的过程,使规划更好反映人民意愿,更加符合人民需求。要着力提升规划编制的透明度和社会参与度,广泛听取地方邮政管理部门、相关部门、业内企业、专家学者、社会公众、邮政社会监督员的意见。要利用好国家局《“十四五”邮政业发展规划》公开征求意见活动平台,组织本地区社会公众积极参与建言献策。要组织开展专家和企业座谈会,充分听取意见建议。要做好同级相关政府部门的意见征求,征询市(地)邮政管理局的意见。

五要把握进度要求。8月,国家局党组审议通过规划征求意见稿,书面征求系统内和中国邮政集团有限公司的意见。9月,开展规划征求公众意见活动。9—10月,将组织召开专家和企业座谈会。10月,根据中央规划建议、规划衔接和征求意见情况,修改完善规划并经局党组审议后,形成规划征求部委意见稿。后续将视情况形成规划送审稿。各省局要按照既定工作部署,结合地方党委政府要求,要紧跟国家局规划工作进度,把握工作节奏,明确工作要求,打好时间提前量,及时衔接规划和征集意见,做好向地方政府领导的汇报,适时形成规划征求同级政府部门意见稿和送审稿,协同打好规划编制攻坚战。

同志们,“十四五”邮政业规划编制是今年国家局部署的重点工作,是国家局党组高度重视和关心的一项工作。大家要深入学习领会、贯彻落实习近平总书记关于规划工作的重要讲话和指示精神,以此指导工作实践,努力编制出符合人民需要、反映时代特征、引领行业发展的邮政业五年规划。

守正创新　开拓奋进
为全面建设现代化邮政强国而努力奋斗

——国家邮政局副局长刘君在2020年全国邮政市场监管工作会议上的讲话

2020年2月28日

同志们：

这次会议的主要任务是：坚持以习近平新时代中国特色社会主义思想为指导，全面贯彻落实全国邮政管理工作会议精神，总结工作，明确思路，研究部署2020年工作。下面，我讲三个方面意见。

一、2019年主要工作

2019年是新中国成立70周年，也是邮政市场监管工作极不平凡的一年。一年来，面对国内外风险挑战明显上升的复杂局面，全国邮政市场监管队伍以习近平新时代中国特色社会主义思想为指导，认真贯彻落实习近平总书记关于邮政业重要指示批示，全面贯彻国家邮政局党组各项决策部署，坚持稳中求进工作总基调，深入贯彻新发展理念，落实高质量发展要求，以供给侧结构性改革为主线，平稳有序渡过敏感节点，快速妥善处置突发事件，办成了一批大事、要事、难事，战胜了一个又一个困难，打赢了一场又一场硬仗，稳增长、促改革、调结构、惠民生、防风险、保稳定各方面工作都取得了新成效，距离全面建成与小康社会相适应的现代邮政业更近了一步。2019年，快递业务量完成635.2亿件，同比增长25.3%；快递业务收入完成7497.8亿元，同比增长24.2%，占全行业业务收入总量的78%。邮政业业务收入规模占GDP近1%，新增社会就业20万人以上，我国包裹快递量占全世界包裹快递总量50%以上，邮政业在经济社会发展中的作用不断增强，为“六稳”作出了积极贡献。

（一）圆满完成新中国成立70周年庆祝活动寄递安全服务保障工作，彰显行业使命担当。聚焦70周年大庆寄递安保这一主线，坚持细致精致极致的工作理念。全员动员、部门联动、政企合力，会同公安部、国家安全部联合印发通告，从全国抽调业务骨干支援北京局工作，北京局立足主战场把好主阵地，天津、河北、山西、内蒙古、辽宁、山东等地发挥“环京护城河”作用，各地严格把好安全关，以最高标准、最严要求、最佳状态严防严控严查严纠。对进京邮件、快件采取超常规措施，对“低慢小”飞行器等物品实行临时管制，绝不放过任何一件安全上没有把握的邮件、快件。狠抓行业维稳，开展安全事故警示教育，确保安全生产。强化应急值守，设立工作专班，实行安全信息“零报告”，每天调度工作情况，通报“二次安检”问题。指导企业妥善应对北京临时交通管制，及时发布消费提示，克服困难持续提供寄递服务，获得人民群众认可。首次组织千余名快递小哥亮相国庆“美好生活”游行方阵，展现了邮政业服务人民美好生活的良好精神风貌。

（二）持续优化发展环境，有力巩固发展态势。一是“放管服”改革取得新成效。取消快递业务场地使用证明等3项证明事项，全面实现许可审批一网通办。建立快递业务经营许可证、分支机构名录作废公告制度，制定分支机构编码规则，末端网点备案实现常态化。不断完善国际快递业务经营许可工作规则，下放审批权至海南局，天津、广东为21家自贸试验区企业发放国际快递业务（代理）经营许可。新业态准入迈出实质性步伐，江苏、广东、浙江、福建、山东、河南、重庆7省份发放运营智能快件箱和开办服务站许可。开展违规许可专项治理,持续加强许可制度和信息化建设,推动许可工作由"重审批向重管理"转型。二是发展环境不断优化。配合修正《快递暂行条例》。修订出台邮政业寄递安全监督管理办法,修正快递业务经营许可管理办法,制定智能快件箱寄递服务管理办法。制修订《国家邮政业突发事件应急预案》和4个专项预案。出台支持民营快递企业发展、促进快递与电子商务数据互联共享、推进"快递下乡"工程等政策措施。指导企业积极对接国家减免税费政策,共计减免税费超过15亿元。"国办1号文件"落实实现省级全覆盖。江西省和江苏连云港、湖南长沙、广东汕头、珠海、四川眉山等地政府出台支持邮政业发展政策文件。辽宁大连、黑龙江七台河、浙江宁波、安徽宿州、广东广州、韶关、中山等地政府给予行业发展专项资金支持。山西忻州、福建漳州、四川遂宁、甘肃陇南、嘉峪关等地政府出台快递企业发运农特产品补贴政策。273个城市出台快递车辆通行政策,覆盖率达81%,北京、河北、山西、内蒙古、辽宁、吉林、上海、安徽、福建、重庆、甘肃、宁夏12省份实现全覆盖。开展"中国快递示范城市"第一批复评和第二批评选,示范创建城市达25个。探索启动"两进一出"工程试点,积极培育示范项目。三是服务支撑作用不断凸显。引导快递企业服务国家重大区域战略,支持企业参与"一带一路"、京津冀协同发展、长江经济带发展、粤港澳大湾区建设。推动快递与电商深度协同,联合商务部举办首届"双品网购节"活动,年支撑网上零售额8.5万亿元,占社会消费品零售总额的20.7%。

(三)纵深推进供给侧结构性改革,有效增加服务供给。一是服务网络不断完善。通过组织召开专题座谈会、现场推进会、一省一策精确指导等方式坚决打好最后10个百分点攻坚战,"快递下乡"工程取得决定性成果,全国快递网点乡镇覆盖率达96.6%,超额完成全年计划目标,新增内蒙古、四川、贵州、宁夏实现全覆盖,新疆的覆盖率提升近40个百分点。超过3万个乡镇设置快递网点,建成公共取送点6.3万个,快邮合作在5省份开展试点。贵州局试点开展"通村村"服务平台+快递的交快合作模式。西藏局推动建立51个快商合作网点。青海局设立乡镇快邮合作网点达165个。江苏徐州将"快递进村"工程列为地方政府2020年为民办实事项目。"快递入区"工程步伐加快,全国已建成城市快递末端公共服务站8.2万个,投入运营智能快件箱40.6万组,箱递率超过10%。全国高校实现快递服务规范化全覆盖。主要品牌快递企业城区自营网点标准化率达96%,河北、黑龙江、河南、广东、海南、宁夏等地率先实现100%。行业运输结构进一步优化,快递航空运能快速提升,湖北鄂州国际快递物流核心枢纽建设加快推进。高铁快递发展迅速,开通线路451条,多家企业首开特快班列。快递企业"走出去"稳步实施,在东南亚地区初步成网,国际快递网络和海外仓服务分别覆盖全球60多个和50多个国家及地区,新增国际货运航线23条。二是产业联动效应凸显。全年打造超百万件快递服务现代农业"一地一品"项目163个,新增超千万件"快递+"金牌项目20个,江苏、安徽、福建、山东、广西、四川、陕西金牌项目超过3个。全国71个贫困县打造出年业务量超过10万件的快递服务现代农业项目75个。农村地区收投快件超过150亿件,支撑工业品下乡和农产品进城超过8700亿元,行业助力脱贫攻坚和服务乡村振兴效果突出。助力平泉发展电子商务,网上商城平泉特产馆运行稳定,各电商平台销售额超过2800万元。全国27个省份共有1033个快递服务制造业项目,业务量约38.1亿件,带动制造业产值超过1万亿元。

(四)强化行业生态环保治理,全面推进绿色发展。一是全面完成"9571"工程。全国电子运单使用率达98%,电商快件不再二次包装率达52%,循环中转袋使用率达75%,3万个邮政快递网点设置了标准的包装废弃物回收装置,"瘦身胶带”封装比例达75%,新增3.1万台新能源和清洁能源车辆,快递包装绿色化、减量化、可循环成效明显。二是生态环保监管工作机制基本建立。国家邮政局调整邮政业生态环保工作领导小组,在市场监管司增设环境保护处。各地邮政管理部门和主要品牌寄递企业总部的生态环保组织机构逐步建立。国家邮政局抓省局和寄递企业总部、省局抓区域企业总部、市局抓辖区企业的监管工作格局基本建立。三是绿色监管力度空前。进一步完善行业绿色治理标准制度和政策体系。按片区召开推进会、按季度召开企业座谈会,实现对全国主要省份的工作督导。实施信息报告和定期通报制度,将绿色包装治理纳入信用评定指标体系。开设邮政业生态环保专用监督邮箱,首次开展行业生态环保工作评价,上海局率先开展本市评价工作。四是绿色试点成效显著。圆满完成可循环中转袋(箱)应用试点,组织4家企业探索建立绿色采购体系。支持海南生态文明试验区建设,指导海南局出台绿色包装应用实施方案。河北邯郸、浙江嘉兴、江西新余、河南鹤壁、湖北恩施5个试点城市开展行业生态环境保护城市综合试点,积极探索行业生态环境保护全流程、全生态城市治理模式。五是强化行业绿色共治。会同商务部推进快递电商包装协同治理,探索电商快递治理方法和模式。联合国家发改等部门开展快递包装摸底调查,构建多方共治工作格局。联合国家市场监管总局推进快递包装产品绿色认证体系建设,推动构建统一的快递包装产品绿色标准、认证、标识体系。圆满完成邮政业绿色产品、绿色技术和绿色模式公开征集和评审工作,56个项目入选“邮政业绿色产品、绿色技术、绿色模式名录库”。开展“邮来已久、绿动未来”主题宣传活动,营造绿色用邮良好氛围。

(五)不断夯实安全基础,防范遏制重特大事故。一是落实安全生产责任制。切实提高“三个必须”安全管理责任担当,每季度召开安全和应急工作领导小组会议,及时研究解决安全生产重大问题,建立并执行安全和应急信息分析通报制度,着力构建源头防范工作机制。全面增强安全监管支撑保障力量,新增北京、山西、内蒙古、吉林、福建、湖南、陕西、甘肃、宁夏9个省级和山西太原、吕梁、黑龙江黑河、福建宁德、漳州、三明、厦门、江西南昌、广东汕尾、汕头、东莞、甘肃定西、新疆哈密等41个市级邮政业安全中心,江苏、安徽、山东、湖南4省实现省、市两级邮政业安全中心全覆盖。国家邮政局、省局分级开展企业总部安全督导,印发企业安全生产主体责任落实规范,推行企业主体责任清单化管理。山东局着力构建寄递安全主体责任落实长效机制。重庆局编制邮政业安全生产规范地方标准。二是加快推进“绿盾”工程建设。建成合肥灾备中心、国家邮政局监控中心和90多个省市级监控中心,建设完善22个信息系统,视频联网初具雏形,安检机联网试点稳步推进,北京、河北、黑龙江、福建4省(市)32套移动执法设备试点应用,市场监管信息化水平不断提升。三是持续强化“三项制度”落地实效。与公安部共同推进寄递风险综合防控信息平台建设,开展专项整治和集中执法,实名收寄信息化全覆盖目标得到巩固提升。出台加强和规范邮件快件安全检查工作的指导意见,新组建邮政业安全中心福建闽江和浙江杭州两个安全教育培训基地,研发智能安检系统,建设安检图片数据库。新增安检设备2000余台,总量达1.5万余台。四是深化寄递安全联合监管机制。发挥平安建设(综治工作)考评“指挥棒”作用,推动各方责任落实。扎实开展涉枪涉爆隐患整治和安全生产综合整治,查堵枪爆物品1.2万余件。加强芬太尼类物质寄递管控和行业禁毒工作,从寄递渠道流入美国的芬太尼类物质大幅减少。云南局积极利用大数据提升堵源截流能力。扎实做好寄递渠道“扫黄打非”、非洲猪瘟疫情防控、野生动植物寄递管控、打击侵权假冒等专项工作。五是有力保障行业安全稳定。积极应对中美经贸摩擦以来出现的新情况。完善应急管理工作机制,加强监测预警,及时妥善处置安能、如风达、国通、优速、圆通"承诺达"、全一、品骏等企业经营异常事件,有效应对地震、台风、洪水等自然灾害,有力保障行业安全稳定运行。各地加强突发事件应急处置和信息报告,江苏、浙江、安徽、河南、广西、四川、甘肃等地主动上报信息 10 件以上。辽宁、吉林、安徽等地出台推进全省应急管理体系建设文件。河北各地市邮政业突发事件应急预案全部由地方政府发布。圆满完成第二届"一带一路"国际合作高峰论坛、世界园艺博览会、亚洲文明对话大会、第七届世界军人运动会、第二届中国国际进口博览会等重大寄递安保任务。

(六)严格监督执法,营造公平有序市场环境。一是全面落实"双随机、一公开"监管。修订完善随机抽查工作细则,实施"两库一清单"动态管理,25 个省份实现跨部门联合监管。组织对 8 省开展交叉互查,邀请人大代表全程参与指导。持续开展行政执法规范化建设,制发执法补充案由,开展执法案卷评议。全年执法 16.1 万人次,检查单位 12.8 万家,办理案件 7120 起,罚款 5827 万元。严肃查处"9·24"西安圆通寄递内藏火药包裹进京、陕西韵达暴力分拣快件、联邦快递未按名址投递快件等重大重点案件。依法做好集邮市场和邮政用品用具市场监管。二是创新监管方式。深入推进信用体系建设,印发信用评定方案及通用指标,建立国家、省、市三级工作机制。制定严重失信对象名单管理办法,会同 9 部门研究推动联合惩戒。福建、广东等地实现信用档案"一企一档"。内蒙古、湖北等地先行先试开展信用评定。江苏、陕西等地开展失信联合惩戒。建立并运行季度通报会制度,及时督促各类问题整改。强化快递码号资源统一管理。三是着力抓好民生实事。积极回应群众关切,先后集中开展两轮快递末端违规收费专项整治,立案 212 起,罚款 229.5 万元,违法势头得到明显遏制。持续推进"三不"治理,全国处理场所、营业场所离地设施铺设率达 98%。精心部署、顶住压力,圆满完成"双 11"旺季服务保障任务。定期发布快递发展指数和快递服务满意度调查、时限测试结果,主动接受社会监督。修订《邮政业消费者申诉处理办法》,北京、山东、河南、广东、四川、新疆 6 省份开展完善申诉工作体系试点。全年共处理申诉 55 万件,为消费者挽回经济损失 7687 万元,处理满意率达 98.5%。充分发挥行业协会桥梁纽带作用,有效开展行业自律和社会共治工作。

同志们,过去一年邮政市场监管工作取得的成绩来之不易,经验弥足珍贵,需要倍加珍惜。一年来,我们真学真懂真信真用习近平新时代中国特色社会主义思想,使之成为推动邮政市场监管工作的强大思想武器,坚持党对邮政市场监管工作的绝对领导,围绕党和国家工作大局谋划推进工作,坚决落实国家邮政局党组各项决策部署,把党的领导优势转化为邮政市场监管工作效能;我们坚持以人民为中心的发展思想,认真开展"不忘初心、牢记使命"主题教育活动,让人民群众寄递服务获得感、幸福感、安全感更加充实、更有保障、更可持续。一年来,广大快递从业者像勤劳的小蜜蜂,起早贪黑、风雨无阻,为行业发展添砖加瓦;我们每一位邮政市场监管干部兢兢业业、负重前行,用实际行动诠释忠诚干净担当本色。在此,我谨代表国家邮政局党组,向一直以来努力拼搏奋进的广大快递从业者和辛勤付出的广大邮政市场监管干部表示衷心感谢!

二、提升行业治理现代化水平,有效服务支撑五个体系建设

党的第十九届四中全会提出要坚持和完善中国特色社会主义制度、推进国家治理体系和治理能力现代化,强调要加强系统治理、依法治理、综合治理、源头治理,把我国制度优势更好转化为国家治理效能。2020 年全国邮政管理工作会议提出要坚持走中国特色邮政业发展道路,以"两进一出"工程为抓手,坚持完善邮政业高质量的民生服务体系、高标准的现代市场体系、高效能的国际寄

递体系、高精准的风险防控体系、高水平的绿色发展体系，推进邮政业治理体系和治理能力现代化。这是邮政业学习贯彻党的十九届四中全会精神的实际举措，也是建设现代化邮政强国的战略布局。邮政市场监管工作要深入贯彻落实全国邮政管理工作会议的部署，进一步提高政治站位、强化理论武装、增强斗争本领，聚焦邮政业高质量发展，按照“四个治理”原则和方法，以更加科学高效的举措和求真务实的工作作风，努力破解制约行业改革发展的瓶颈与障碍，全力推进“五个体系”建设。

（一）坚持统筹谋划，加强系统治理。寄递物流体系已成为国家经济循环体系的重要组成部分，寄递服务联通国际与国内、线上与线下、生产与生活，是现代化经济体系的基础底板、新动能的代表。必须坚持系统思维、体系化治理，统筹谋划好行业治理的各个领域、各个层级、各个方面。要处理好发展与安全的关系。坚持以发展为第一要务，保持行业发展良好势头，前提是筑牢安全基石。要在发展的过程中树立总体国家安全观，站在做到“两个维护”的政治高度和维护国家安全的战略高度看待行业安全问题。大力实施安全发展战略，坚守发展决不能以牺牲安全为代价这条不可逾越的红线。通过增强安全防控整体性、协同性、精准性，弥补行业生产安全基础薄弱的短板，堵住利用寄递渠道犯罪的漏洞，严防行业安全风险演化为政治、社会风险。统筹发展和安全，稳定行业发展基本面，为行业克服压力、稳中有进奠定坚实的安全基础，为行业持续健康发展提供强有力的安全保障。要处理好发展与绿色的关系。生态环保既是发展中的问题，也是关系到行业未来走势的深层次问题。要站在建设生态文明和美丽中国的高度，重新认识、定位、谋划行业绿色发展。坚持顶层设计与夯实基础相结合，建立与绿色理念相适应的快递包装法律体系、标准体系、政策体系，推动优化更有利于行业绿色发展的市场环境、产业条件和科技手段，提升企业适应绿色发展要求的内生动力和生存能力。坚持立足当前与着眼长远相结合，以攻坚克难的精神解决群众反映强烈的包装治理问题，秉承科学务实的态度探索行业绿色可持续发展模式，让行业生态环保工作成为产业转型升级、发展壮大的重要机遇。要处理好宏观调控与微观监管的关系。坚持鼓励创新、扩容拓面与确保安全、规范服务相统一。对服务创新、模式创新和技术创新，既留足发展空间，又坚守安全质量底线，以包容审慎监管推动其健康发展。持续深化“放管服”改革，在简政放权、许可审批、市场准入、新业态监管、推动企业转型升级等方面出台更多改革举措，更大激发市场主体活力。依法加强企业统一管理责任的微观监管，理顺企业总部与基层网点、收投前后端的关系，引导企业完善内部激励约束机制，规范优化业务流程和组织结构，建立科学规范的劳动用工、收入分配制度，加大向基层网点倾斜力度。加强行业从业人员权益保障，让一线劳动者共享行业发展成果。

（二）坚持法治原则，加强依法治理。依法治国是国家治理现代化的根本保障。邮政市场监管干部要对法律怀有敬畏之心，不断提高运用法治思维和法治方式深化改革、推动发展、保障安全能力。要坚持与时俱进立法。不断丰富行业治理体系的法治内容，对于快递公共服务属性、农村快递发展、绿色治理、数据流动、落实地方事权、防范垄断和恶性竞争等治理内容，逐步通过适当方式予以法制化确认，同时加强行政规范性文件制修订工作，保证邮政制度体系位阶完整。继续发挥《中华人民共和国邮政法》服务邮政业改革发展的基础性作用，维护《中华人民共和国邮政法》实施的稳定性，注重通过下位法和外部立法弥补邮政法律体系的不足。要坚持法律刚性约束。牢记法律红线不可逾越、法律底线不可触碰，坚持在法治轨道上开展工作，将维护和实现公平公正作为执法活动的价值追求，善于用法治引领和规范行业发展，推动在全行业形成依法治邮、依法生产、诚信经营的法治氛围。坚持法定职责必须为、法无授权不可为，勇于负责、敢于担当，强化法律权威和刚性约束，加大对屡禁不止、顶风作案违法行为惩处力度。健全依法决策机制，重大决策须经专家论证、风险评估、合法性审核、集体讨论，并建立重大决策责任追究制度。要坚持公正文明执法。以“双随机、一公开”监管为基本手段、以重点监管为补充，完善执法程序，明确具体操作流程，重点规范行政许可、行政处罚、行政检查等执法行为，着力解决全国案卷合格率偏低问题。全面落实行政执法责任制，加强执法监督。建立健全行政裁量权基准制度，细化、量化行政裁量标准，支持各省局结合本地实际，规范裁量范围、种类、幅度。增强市场主体信用意识和自我约束力，营造尊法、学法、守法、用法的良好氛围。

（三）坚持共建共治，加强综合治理。快递服务战线越来越长、领域越来越宽、边界越来越模糊，综合治理是行业治理的必然选择。邮政市场监管工作要变“小合唱”为“大合唱”，推动形成优势互补、分工协作、沟通顺畅、齐抓共管的工作格局。要创新联合监管模式。抓住责任制这个“牛鼻子”，落实邮政管理领域地方财权事权，处理好垂直管理与属地管理的关系，落实中央和地方安全监管共同事权，推动各地邮政业应急管理、末端发展、绿色治理融入地方体系，积极参与地方平安建设、网格化管理、生态环境建设、重大战略实施，推动政府监管责任和属地管理责任落地。积极探索符合行业治理实际的部门协作模式，推动在安全管理、跨境寄递、绿色发展、数据治理等更多领域的协同监管，探索对即时递送等新业态开展联合监管、综合治理。不断丰富工作载体，推动开展部门联署办公，加强规划引领、案件侦办、执法检查等合作。要升级寄递安全联合管控。在充分发挥寄递安全联合监管机制作用基础上，把维护国家政治安全放在第一位，全面提升行业安全工作水平。以保证政权安全和制度安全为首要任务，紧紧盯住影响国家政治安全的风险点，防范敌对势力利用寄递渠道从事渗透、破坏、颠覆、分裂活动。坚持和完善共建共治共享的治理机制，加强寄递渠道反恐禁毒、“扫黄打非”、打击侵权假冒、野生动植物保护等合作，共同构建普遍安全的共同体。深入推进寄递风险综合防控信息平台建设，完善部门间案件移交和联合侦办机制。切实发挥跨部门情报导侦作用，对寄递渠道安全违法行为实施精准打击。加大“绿盾”平台应用力度，提高行业安全监管和应急管理专业化、信息化水平。加强安全支撑机构队伍建设，重视安全生产、应急管理和信息化技术等专业人才培养。要推动多元主体共治。处理好政府监管、行业自律和社会共治的关系，鼓励和支持社会多元主体共同参与行业治理。支持行业协会在快递三轮车管理、快递小哥权益保障、快递绿色包装应用等方面加强政企沟通、规范统一管理和制定团体标准。充分发挥第三方机构、新闻媒体、人大代表、政协委员、社会监督员等多方力量作用，综合使用信息公开、舆情监督、公示公告等手段，不断增强信用约束，构建多元共治体系。完善人人尽责、人人参与治理的公众参与机制，探索建立举报奖励制度，丰富群众参与的平台和载体，拓宽群众参与渠道，完善社会监督机制。

（四）坚持标本兼治，加强源头治理。行业治理内容包罗万象，必须标本兼治、重在治本，抓住行业治理对象本源问题进行彻底整治。要加强安全风险源头防范。严格市场准入安全条件，加强安全风险评估和管控，保持对潜在风险的警惕性和紧迫感，善于运用大概率思维应对小概率事件。严格把住寄递渠道收寄验视、实名收寄关口，通过技术手段破解“三项制度”落实难问题，坚决将禁寄物品堵截在寄递渠道之外。确保安全生产风险隐患排查不留死角，整改落实不挂空挡，同时紧盯企业运行稳定性和危化品、危爆物品、交通、消防等环节加强重点管控，坚决驯服“灰犀牛”问题，全面防范“黑天鹅”事件。严格落实企业安全教育培训制度，强化快递从业人员安全意识和法治意识。坚持应急管理以预防为主，不断提升监测预警能力、应急处置能力和动员组织能力。要加强包装治理源头管控。坚持标准化、减量化、可循环工作方针，加快完善行业绿色标准体系，发挥标准引领和规范作用，严格落实强制性标准。加大快递循环包装应用推广力度，鼓励行业协会和企业制定高于国家标准或行业标准的快递循环包装标准。持续做好黑色包装袋等重金属和特定物质超标包装专项整治，加强电商与快递包装的标准衔接和协同治理。切实落实生产者责任延伸制度，做好邮政用品用具生产监制工作，探索完善邮政用品用具监管制度。加强宣传教育，倡导绿色用邮，营造“绿色邮政、人人有为”的良好氛围。要加强数据共享源头管理。加强上游电商等平台与快递数据互联共享管理，畅通上下游信息数据渠道，加快健全行业数据标准体系，在保障安全前提下规范用户信息采集、使用，解决数据不全和有数据不能用、不好用、不善用等数据治理之“困”。探索“互联网+”监管创新，推动区块链、大数据、人工智能等现代科技与行业治理深度融合，提高市场监管信息化水平。加强跨部门数据资源共享，畅通数据横向和纵向通道，整合安监、实名、申诉、许可和涉企信息等数据资源，开展大数据综合分析，加强对市场环境的监测分析、预测预警，提高邮政市场监管的针对性、科学性和时效性。

（五）坚持思想引领，加强监管队伍硬实力建设。推进邮政业治理体系和治理能力现代化，根本在于坚定中国特色邮政业发展道路，实质是提高行业监管队伍思想政治素质，强化理论武装，完善治理理念。要高站位强意识。坚持把党的领导作为根本保证，立足政治机关定位，各项工作都要自觉同习近平总书记重要指示批示精神对标对表，同党中央、国务院决策部署对标对表，旗帜鲜明讲政治，做到既有高度的理性认同、情感认同，又有坚决的维护定力和能力。坚持以人民为中心的发展思想，始终牢记“人民邮政为人民”初心使命，以满足人民群众日益增长的更好用邮需求为工作的出发点，以人民群众是否满意作为评价邮政市场监管工作的最高标准，树立正确的政绩观，逐步改变单纯以件量论英雄的传统理念，按照高质量发展要求，注重更加创新、更加协调、更加绿色、更加开放、更加共享。要提升把握规律驾驭市场的能力。作为行业管理部门，特别是从事快递市场监管工作，必须从整体上科学把握、精准理解新发展理念五大内涵，不断提升把握规律、驾驭市场和科学发展的能力，切实解决行业发展不平衡不充分问题。及时了解国际经济形势、国内经济状况与发展动向，深入分析行业发展特点，增强对快递市场环境变化的快速反应能力，让市场监管各项决策更加符合时代要求，推动快递服务生产向专业化和价值链高端延伸，推动快递服务生活向高品质和多样化升级。处理好政府与市场的关系，善用市场机制解决市场监管遇到的各类问题，使市场在资源配置中起决定性作用和更好发挥政府作用，让“两只手”各展其长。放活市场“无形之手”，从广度和深度上推进行业市场化改革，坚持市场化、法治化、国际化原则和方向，坚持行“简约”之道，避免政府对市场主体微观运行干预过多、管得过死。勇于依法使用“有形之手”，通过制定发展政策、法律法规、事中事后监管等，维护市场秩序，保障公平竞争，推动转变粗放发展模式，更多资源向高质量发展、绿色安全、公共服务等倾斜，弥补市场失灵。要大力发扬“忠诚、专业、扎实”作风。发扬斗争精神，杜绝牢骚、抱怨、畏难情绪，杜绝“推、退、躲”现象，避免“等、靠、要”思想，继续发扬邮政市场监管“较真、碰硬、务实、担当”的工作作风，不断增强工作的主动性和创造性，避免出现监管盲区、责任悬空。持之以恒强化正风肃纪，坚持实事求是，力戒形式主义、官僚主义。严明纪律，防止在许可审批、行政执法、“绿盾”工程建设等领域出现廉洁问题，严肃查处漠视群众利益、吃拿卡要、以权谋私、失职渎职等违纪违法行为。

三、2020年工作安排

2020年是全面建成小康社会和“十三五”规划收官之年，要实现第一个百年奋斗目标，为

"十四五"发展和实现第二个百年奋斗目标打好基础。我们要认真贯彻落实全国邮政管理工作会议明确的总体要求，以习近平新时代中国特色社会主义思想为指导，全面贯彻党的十九大和十九届二中、三中、四中全会以及中央经济工作会议精神，坚决贯彻党的基本理论、基本路线、基本方略，增强"四个意识"、坚定"四个自信"、做到"两个维护"，坚持稳中求进工作总基调，坚持新发展理念，坚持以供给侧结构性改革为主线，坚持以改革开放为动力，推动高质量发展，坚决打赢三大攻坚战，加快推进"两进一出"工程，着力稳态势、提质效、优服务、惠民生、保安全，不断提升行业治理体系和治理能力现代化水平，全面建成与小康社会相适应的现代邮政业，开启邮政强国建设新征程。

（一）强化政策供给，巩固稳中有进发展态势。一是统筹做好疫情防控和行业发展工作。坚持年度发展目标不动摇，推动已出台的疫情防控期间免收车辆通行费、减税降费、缓缴税款等政策尽快落实到企业，推动中央及地方出台财政补贴、融资支持、减轻社保负担、减免房屋租金、援企稳岗等政策，指导企业有序复工复产，着力做到"四个确保""三个优先"和"一个梯度推进"。二是创造更优政策环境。做好"十四五"快递发展规划编制，推进修订《快递市场管理办法》。深入贯彻《关于认真落实习近平总书记重要指示推动邮政业高质量发展的实施意见》和《国务院办公厅关于推进电子商务与快递物流协同发展的意见》，推进各项利好政策落地见效。落实邮政业发展中央与地方事权，重点推动地方落实财政事权分工。三是深化"放管服"改革。制定落实《国务院关于加强和规范事中事后监管的指导意见》配套制度。推进邮政行政审批制度和"证照分离"改革，加强行政许可规范化标准化建设，会同有关部门进一步规范安全意见征求流程，完成快递业务经营许可管理信息系统大数据改造并上线运行。全面实施电子证照。逐步放宽新业态市场准入，全国全面推开开办服务站、运营智能快件箱类型化许可工作。积极推动仓递一体化许可，探索即时递送服务准入，通过依法依规落实许可管理工作，合理扩充企业主体增量，实现应统尽统、应管尽管。进一步加强同海关的政策协调，妥善解决经营国际快递业务企业异地通关问题。推动实地核查工作规范化、标准化，全面实现现场实时移动端核查，有序开展全国许可证集中到期换领工作，巩固违规许可专项治理成果。四是推动快递服务扩容转型。联合商务部继续开展"双品网购节"活动。推动末端公共化、平台化、集约化发展，力争智能快件箱投递率再提升1%。进一步规范快递末端车辆管理，地市出台车辆通行政策达到90%以上。推进电商快递数据公共服务平台建设，补齐制约数据有序流动的短板。五是做好快递小哥权益保障。充分发挥快递协会作用，经常性举办交流座谈和主题活动，拓展快递小哥诉求表达和沟通交流渠道。加强对快递小哥的行为引导，开展行业青年文明号、青年安全生产示范岗等创建活动，提升交通安全和生产安全意识。积极选树先进典型，加大宣传力度，多渠道传播行业正能量。加强与相关部门协同，发挥行业工会、共青团等群团组织作用，推动快递从业人员合法权益保障。

（二）实施"两进一出"工程，推动行业提质增效。积极参与乡村振兴和农村物流体系建设，融入农村一二三产业融合发展体系，努力开拓农村快递发展"蓝海"。一是启动"快递进村"。巩固"快递下乡"成果，发力攻坚困难乡镇，云南、甘肃要力争基本实现乡镇快递网点全覆盖，青海、新疆要力争实现有条件的乡镇全覆盖，西藏要力争覆盖率逐步提升，结合实际着力推动快邮合作。实施"快递进村"三年行动计划，今年全国"快递进村"覆盖率力争达到60%，其中东部、中部、西部分别达到80%、50%、30%。积极利用社会资源推动农村末端快递服务网络建设，大力推进快快合作、快邮合作、交快合作、快商合作，实现快递服务到村。二是推进"快递进厂"。引导快递企业拓展产业链，进一步拓展服务制造业、快运、医药配送、生鲜冷链配送等领域的市场份额。聚焦服务高端高新等先进制造业，打造一批入厂物流、“仓储+配送”一体化、“订单末端”配送、“区域性供应链”服务、“嵌入式电子商务”代表性项目，京津冀、长三角、珠三角等地区要率先开展试点，加强业务量收和过程信息统计等基础管理。加强与工信部门合作，推动落实快递服务制造业工作的指导意见，组织双方政企专家编制发展指引，明确和细化发展领域、发展模式、成功案例等内容。推动地方政府出台快递服务制造业相关政策文件，努力将其纳入本地产业发展规划，加快形成一批可推广、可复制的典型引路项目。鼓励和引导快递协会、合作院校做好快递服务制造业在专业网络建设、技能培训、人才队伍建设、运营系统优化等方面的支撑保障。三是推动“快递出海”。按照中央相关部署要求，加快“快递出海”顶层设计、整体谋划、梯次推进。完善邮政快递两大“出海”通道保障措施。加强国际快件监管中心规划与建设，提升快件通关能力。支持企业通过共建共享、投资并购等方式加快推进完善境外网络布局和国际快递航空网络建设，鼓励企业通过中欧班列运输快件，抓住开放程度更高、政策力度更大的RCEP等机遇，重点拓展东南亚等周边国家网络，逐步延伸至更多“一带一路”沿线国家。自由贸易试验区、粤港澳大湾区以及边境地区要充分发挥区位、政策、产业等基础优势开展先行先试。四是深度融入和服务地方经济发展。各地在做好优势项目的基础上，不断挖掘新增长点，以多元服务嵌入地方产业链，助力地方经济发展。推动中国快递示范城市持续抓好示范创建工作。国家邮政局继续开展国家级快递服务现代农业金银牌项目评定工作，各省局因地制宜开展省级金银牌项目评选。积极实施产业扶贫、就业扶贫，在国家级贫困县打造更多服务现代农业特色项目。继续助力平泉农村电子商务发展。

（三）强化快递包装治理，加快推进绿色发展。实施“9792”工程，年底前力争实现“瘦身胶带”封装比例达90%、电商快件不再二次包装率达70%、循环中转袋使用率达90%、新增2万个设置标准包装废弃物回收装置的邮政快递网点。一是完善法规标准政策体系。加强生态环保顶层设计，推动出台邮件快件包装管理办法。落实《邮政业寄递安全监督管理办法》关于生态安全的条款，制定邮件快件绿色包装规范。抓紧建立实施快递包装产品绿色认证制度。二是抓好重点问题治理。开展黑色包装袋等重金属和特定物质超标包装专项整治，推广应用“瘦身胶带”、免胶带纸箱和绿色环保袋，推动快递循环箱等可折叠可循环快递包装产品应用试点。积极推进邮政快递网点设置包装废弃物回收装置。推动河北邯郸等城市行业生态环保综合试点，探索形成行业绿色发展与城市生态环保工作有机结合的经验。推进企业生产作业节能减排，开展绿色网点、绿色分拨中心创建，积极推广绿色运输。三是扎实推动责任落实。逐步完善行业生态环保数据收集、分析、信息报告和通报工作体系，开展快递包装管理信息平台建设可行性研究。继续开展行业生态环保工作评价，强化评价结果应用。推动落实企业生态环保主体责任，继续组织开展专项督导。北京、上海、广东等寄递企业总部较为集中的地区，要配合国家邮政局强化对企业总部落实主体责任的工作指导。邮政用品用具生产企业较为集中的浙江、福建、广东等省份要加大快递包装产品质量监管力度，稳步提升用品用具质量。四是强化多方共建共治。推动产学研合作，鼓励绿色包装新产品、新技术、新模式发展，增加邮政业绿色产品供给。加强与发改等部门沟通，推动有毒有害物质包装源头管控。开展电商快递绿色包装协同治理，推动减少二次包装。协调商务、农业农村部门，推动农特产品寄递包装标准化和规范化。加强绿色宣传，倡导绿色消费。

（四）增强寄递安全综合监管能力，完善应急管理体系。按照建设高精准的风险防控体系和实现行业高质量发展的要求，全面提升行业安全生产和应急管理专业化、信息化水平。一是依法治安。深入贯彻《中华人民共和国邮政法》《中华人民共和国安全生产法》《中华人民共和国反恐怖主义法》《快递暂行条例》等法律法规，以《邮政业寄递安全监督管理办法》宣贯为主线，深化行业安全生产领域改革，健全国家、省、市三级安全生产考核体系，全力抓好《关于强化落实企业安全生产主体责任的指导意见》和《邮政企业、快递企业安全生产主体责任落实规范》贯彻执行。部署开展《国家邮政业突发事件应急预案》及专项预案宣贯，推动各地邮政业应急管理融入地方应急管理体系。二是科技兴安。加快推进“绿盾”工程建设与应用，通过安全预警、市场监管、实名制监管、视频联网等信息系统的上线应用，打造行业安全监管智慧平台；通过远程巡查、监测预警、动态跟踪、多方协同等模式，构建国家、省、市三级联动安全监控和指挥调度体系。加快推进与公安部门的寄递风险综合防控信息平台建设和与禁毒部门的国家禁毒大数据中心云南邮政监管分中心建设，推动实名收寄数据与公安人口库数据实时比对，大力推广应用高速智能安检设备，提升实名收寄和过机安检的防控实效。三是综治强安。充分发挥寄递渠道安全联合监管机制作用，推动邮政管理、公安、国家安全联合办公实体化运作，推进重要企业、重点场所、重大活动警务派驻，完善部门间共建共治共享机制。分层级开展企业总部巡查督导，通过有效传导，压实生产全环节安全责任，持续提升行业安全发展水平。用好寄递渠道平安建设(综治工作)考评“指挥棒”，将其作为省、市邮政管理部门政绩考核的重要内容，通过各成员单位的纵向分类考评，有力压实部门监管和属地管理责任。加快推进安全中心建设，力争实现省级全覆盖、市级有更大进展。按照中央要求，继续深化寄递渠道打击涉枪涉爆违法行为专项行动，联合做好芬太尼类物质管控和检测设备配备工作，做好“扫黄打非”、野生动植物寄递联防联控等重点工作。全力保障全国“两会”等重大活动期间寄递服务安全畅通。四是强化应急管理。全面总结新冠肺炎疫情应急处置的经验教训，切实提高风险防范意识和精准防控能力，坚持预防为主、关口前移、分类处置、精准施策，进一步优化和完善各层级工作机制，畅通信息报告渠道，加强指挥调度，严防发生重大安全生产事故和群体性政治性事件。督促企业加强专兼职应急救援队伍建设及应急物资装备配备，开展应急演练，提升风险防范能力。

(五)加强和规范市场监管，有效维护市场秩序。一是全面实施“双随机、一公开”监管。健全完善“两库一清单”管理机制，分批分类制定随机抽查工作指引，推进以委托方式吸收具有地方执法资格的相关人员纳入检查人员库，壮大随机抽查力量。针对特定事项随机抽查，可以吸入专家学者等参与，以满足专业性抽查需要。各地要实施随机抽查计划管理，明确抽查比例、抽查频次，严格执行随机抽查制度，强化随机抽查结果公开和使用。二是持续推进行政执法规范化建设。研究修订《邮政行政处罚程序规定》，做好行政执法案件案由和执法文书修订工作，持续开展执法培训和案卷评议，加快建立行政执法绩效评估机制，强化执法责任制考核，切实扭转执法案卷质量水平不高现状。各地要加强行政执法案件案号管理和行政处罚执行管理。按照国务院部署，落实行政执法全过程记录、行政执法公示、重大执法决定法制审核制度。抓好《邮政行政执法监督办法》贯彻执行，对执法过程中的合法性问题，启动执法监督程序予以纠正。健全完善年度行政执法总体情况逐级报告和监督审查制度，不断提升依法行政、依法监督工作水平。三是加强信用监管。推动实行行业严重失信行为“黑名单”管理，建立健全信用修复、异议处理等机制，研究建立行业信用承诺制度。各地要严格落实《快递市场法人主体信用评定方案》，依托法人主体信用档案有序组织开展信用评定。规范信用信息采集、共享，强化严重失信联合惩戒。推进信用分级分类监管，依据企业信用情况，在监管方式、抽查比例和频次等方面采取差异化措施，提升事中事后监管精准化水平。积极推进行业诚信文化创建。四是强化数字监管。按照“互联网+监管”要求，依托“绿盾”工程，打通行政执法信息系统、信用管理信息系统、快递许可管理信息系统和安全监管信息系统。逐步建立信息监管支撑平台，发挥数据在案件侦破、监测预警、监督执法等方面作用，全面提升监管效能。五是深化新业态监管。在实现快递服务站、智能快件箱常态化监管基础上，加强对已许可快递企业开办的即时递送业务监管，深化跨部门综合监管，发挥社会组织、新闻媒体的监督作用。六是加强邮政业用户申诉处理工作。抓好《邮政业用户申诉处理办法》宣贯，继续推进完善用户申诉处理工作体系试点工作。强化重大服务质量问题申诉介入处理，加大对严重侵害消费者合法权益、扰乱市场秩序行为查处力度。继续强化末端收费清理和监管工作。科学有序做好旺季服务保障工作。加强快递码号资源统一管理。依法做好集邮市场监管工作。

新冠肺炎疫情发生以来，全系统上下认真贯彻落实习近平总书记重要指示精神，在国家邮政局党组有力领导下，紧急行动、全力奋战、迎难而上，开通了抗疫物资运输寄递“绿色通道”，特别是湖北、武汉等地广大一线快递员不畏艰险，冲锋在疫情防控的一线战场，默默无闻地捍卫着城市“生命线”，充分体现了国脉所系、民生所依、发展所需的行业担当，赢得社会各界一致赞誉。当前疫情形势依然严峻复杂，防控正处在最吃劲的关键阶段，我们要按照党中央、国务院要求，坚定必胜信念，咬紧牙关，继续毫不放松抓紧抓实抓细各项防控工作，为打赢这场疫情防控的人民战争、总体战、阻击战作出行业应有的贡献。要统筹推进疫情防控和行业改革发展各项工作，科学有序复工复产，持续加力稳固发展态势，狠抓工作落实，增强忧患意识，提高工作本领，全力克服和弥补新冠肺炎疫情对行业发展带来的冲击和影响，通过更加有力有效的工作，努力实现国家邮政局党组确定的全年发展目标和工作任务。

同志们，做好今年邮政市场监管工作责任大、任务重，使命艰巨。我们要更加紧密地团结在以习近平同志为核心的党中央周围，在国家邮政局党组的正确领导下，认真贯彻落实全国邮政管理工作会议精神，不忘初心、牢记使命，发扬“忠、专、实”作风与担当精神，守正创新、开拓奋进，为决胜全面建成与小康社会相适应的现代邮政业、全面建设现代化邮政强国而努力奋斗。

把握重点 发挥合力 努力开创行业新闻宣传工作的新局面

——国家邮政局副局长杨春光在中国邮政快递报社2020年度通联工作会议上的讲话

2020年9月17日

同志们：

今天我们召开中国邮政快递报社2020年度通联工作会议，主要任务是深入贯彻学习新时代中国特色社会主义思想，认真学习习近平总书记关于新闻舆论工作和媒体融合发展的重要论述，全面贯彻落实国家邮政局党组关于行业新闻宣传工作的部署要求，总结今年行业新闻宣传工作，部署今后一个时期重点任务，形成为决胜全面建成与小康社会相适应的现代邮政业、全面建设现代化邮政强国营造良好舆论氛围的强大合力。下面，我讲三方面的意见。

一、一年来行业新闻宣传工作总体情况

2019年度报社通联工作会议以来，在国家局党组的坚强领导下，行业新闻宣传队伍牢牢把握正确政治方向和舆论导向，不断整合新闻宣传资源，升级新闻宣传平台，推进媒体融合发展，做好重大主题宣传，开创了新时代行业新闻宣传事业的新局面。

（一）打好疫情防控和复工复产宣传报道总体战

疫情就是命令。新冠肺炎疫情暴发以后，行业新闻宣传队伍从强化责任着手，在党中央、国务院的决策部署中找准抗击疫情报道的坐标，做到不错位、不缺位，大力宣传邮政快递业统筹做好行业服务疫情防控和复工复产工作的作用和成效，为全力实现疫情防控阻击战和经济社会发展目标任务的双赢营造了良好舆论氛围。

一是坚持统筹落实各项决策部署，及时发布权威信息。牢牢占据舆论的主动权，密切监测舆情动态，全面准确解读有关政策，客观回应社会关切，增加新闻发布频次，在疫情多元信息中成为主导，发挥正面引导作用。疫情期间，有关新闻发布会和相关政策解读产生了超10次微博热搜，总阅读量超30亿次。

二是统筹全媒体平台立体传播，确保防控报道有效覆盖。统筹报、刊、网、微信微博、短视频等媒体平台，多方位、多角度、多形态开展正面宣传，通过一系列融媒体产品解释与分析疫情发展，展示行业作为，普及防护知识，在疫情报道中发挥了稳定人心的“压舱石”作用。

三是统筹多种新闻报道形式，生动讲好战“疫”故事。坚持内容为王，多种方式组合，采写出了一大批有思想、有温度、有品质的报道，展现行业人坚守一线、恪尽职守、友善无私、助人为乐等先进事迹与优秀品质，培树了汪勇等典型人物，凝聚起打赢疫情防控阻击战的共识和力量。

四是统筹报社平台与各地管局联动，打通疫情报道“最后一公里”。通过北京地区一线采访、异地连线、全国征集等方式，完成全国最新进展的信息图文视频的接入展示和内容的多元汇聚。全系统发挥出了强大的协作效应，激发基层媒体潜力，真正实现了“群众在哪里，新闻舆论工作的触角就要伸到哪里”。

（二）打好新闻发布和政务新媒体提升战

今年上半年，在各省（区、市）局自评的基础上，国家局新闻办公室对全系统2019年度新闻发布和政务新媒体工作情况进行了评估。从评估情

况来看，2019年全系统新闻发布和政务新媒体工作质量稳步提升。

一是全系统新闻发布制度建设进一步加强，工作机构进一步完善。各省（区、市）局实现了建立新闻发布制度、设立新闻发言人全覆盖，普遍制定了突发事件和热点问题新闻发布及舆情处置预案，建立落实了舆情搜集研判、口径拟定机制以及媒体沟通机制。更加注重建立运用专家信息发布解读机制、建立新闻发布工作机构，但仍有部分省（区、市）局没有对外公布本单位新闻发言人名单和新闻发布机构联系方式。

二是"第一发布人"作用进一步发挥，新闻发布实践更为充实。越来越多的各省（区、市）局主要负责同志通过参加在线访谈、接受媒体采访、发表署名文章等多种形式，积极宣传行业发展，解读重大政策，回应社会关切。各省（区、市）局加强与行业媒体、地方媒体的沟通联络，围绕庆祝新中国成立70周年重大主题以及旺季服务保障、绿色邮政建设等重点工作，通过召开新闻发布会、组织集体采访等方式加强新闻信息服务和舆论引导。

三是政务新媒体形态进一步丰富，管理进一步加强。开设政务微信公众号的省（区、市）局和开设官方微博账号的市（地）局数量进一步增加，内蒙古、辽宁、江西局尝试在抖音和圆点直播开设账号，利用短视频进行政务信息发布和行业宣传。部分省（区、市）局政务新媒体的政民互动和内容发布审核以及人员和经费保障力度还有待加强。

（三）打好行业媒体能力提升和作用发挥主动战

一年来，行业媒体各平台坚持正确舆论导向，紧紧围绕国家局中心工作和行业改革发展重点任务，与各地管局团结协作，上下齐心、纵横联合，共同讲述行业好故事、传递行业好声音。

《中国邮政快递报》围绕中心服务大局，及时传达中央和局党组部署要求，紧抓全国两会、全国邮政管理工作会议、疫情防控和复工复产等大事要事，截至8月底，完成国家局局领导调研、重要会议、工作报道110余篇，行业抗疫报道近350篇。发挥平台优势，加大融合力度，全国两会期间创新策划扶贫领域代表委员问卷调查，助力新媒体收获10万+阅读量，充分挖掘各方力量，采访广州、包头、锡盟市（盟）领导等数十位代表委员，为行业集纳智慧。

《快递》杂志关注时代之中行业人的个体命运，增强信息背后的叙事能力，扩大调查性报道影响力，彰显行业媒体关键时刻的非常力量。多次执行双"封面故事"，表达了行业人"答好疫情给出的这张加大难度的考卷"的意志决心，凝聚力量，探索未来路径。围绕脱贫攻坚之年策划"扶贫人物"系列，讲好行业人发挥行业优势、加大产业帮扶，将"将先进理念带入贫困地区，将深山宝藏带出田间地头"的实战故事。推出关注基层从业者家人、就业关怀的系列报道。

国家局网站注重舆论引导和公众互动，创新在线访谈形式，围绕国家局相关司局以及各省局的重点工作，以远程方式分别对政策法规司、江西局、辽宁局、湖北局、河南局、内蒙古局、河北局、云南局、青海局进行在线访谈。1－8月，国家局网站共编发新闻信息9100多篇，被中国政府网转载120余篇。编发《邮政政务信息》2700多篇。制作发布新闻图片约2500张、视频新闻60余个，设计制作了全国邮政管理工作会、全国两会等7个专题。

新媒体继续保持快速发展，从发布权威信息、突出价值引领、塑造典型群像、融合传播渠道4方面集中发力主动出击。截至8月底，国家邮政局、《中国邮政快递报》和《快递》杂志微信和微博编发消息合计约6000条，粉丝量合计近100万（96万），154篇报道阅读量破万。其中，国家局3篇、杂志2篇微信文章阅读量破10万。

（四）打好行业媒体融合创新发展攻坚战

一年来，行业新闻宣传工作在加强传统"3+X"宣传阵地建设同时，坚持一体化发展方向，做好行业媒体融合发展顶层设计，探索实现信息内容、媒介平台、管理手段共融互通,大力推动媒体融合向纵深发展,构建全媒体传播体系。

一是深入推进视频矩阵建设。报社以抖音号为龙头,探索垂直内容生产和发布,大力发展视频矩阵,积极尝试动画、纪实等不同风格作品,并组建了轱辘视频行业拍摄工作群、快递拍客群。各地管局也开始积极利用抖音、圆点直播等平台创作发布短视频,拓展行业宣传渠道。报社与抖音联合发起的把幸福快递回家话题活动,累计播放量达 2.9 亿次。

二是探索在行业新闻宣传中应用网络直播。报社联合央视新闻策划推出"走!一起去送高考录取通知书"直播活动,共播出 4 场共 11 个城市,单场直播观看量过百万,热搜话题#收到高考录取通知书的那一刻达 1.5 亿阅读量。报社还与递易、快宝网络、平泉市政府和桐庐县民营快递发展中心分别就快递柜、末端服务平台、助农扶贫和集采中心启动等话题开展直播,在线观看数量合计 150 万,不断探索末端问题解决方案,凝聚核心关注人群,为打开行业融媒体建设新局面奠定基础。

三是推进"快递头条"App 建设。制作上线"快递头条"App,搭建寻找"最美快递员"活动投票平台,打造行业内首家新闻媒体 App 平台,建立基于"3+X"宣传格局的全链路增长体系,打造报社新竞争优势,实现报社转型升级的重大创新突破。

二、认真学习贯彻习近平总书记重要讲话精神和《中国共产党宣传工作条例》,努力开创行业新闻宣传工作新局面

党的十八大以来,以习近平同志为核心的党中央高度重视宣传工作,习近平总书记亲自主持召开一系列重要会议、发表一系列重要讲话,深刻回答了宣传工作方向性、全局性、战略性重大问题。2019 年 6 月 29 日,党中央印发《中国共产党宣传工作条例》,将习近平总书记关于宣传思想工作的重要思想,以及我们党长期以来特别是党的十八大以来宣传工作形成的宝贵经验和有效做法,以党内法规的形式固定下来,为宣传工作提供了基本遵循。2020 年 6 月 30 日召开的中央全面深化改革委员会第十四次会议审议通过了《关于加快推进媒体深度融合发展的指导意见》,会议强调,推动媒体融合向纵深发展,要深化体制机制改革,加大全媒体人才培养力度,打造一批具有强大影响力和竞争力的新型主流媒体,加快构建网上网下一体、内宣外宣联动的主流舆论格局,建立以内容建设为根本、先进技术为支撑、创新管理为保障的全媒体传播体系,牢牢占据舆论引导、思想引领、文化传承、服务人民的传播制高点。

全系统尤其是从事行业新闻宣传工作的同志,要认真学习贯彻《中国共产党宣传工作条例》,深入学习领会习近平总书记关于宣传思想工作、党的新闻舆论工作、网络安全和信息化工作以及媒体融合发展的重要讲话精神,坚持全党动手搞宣传,牢记党的新闻舆论工作者的职责使命,把握媒体融合发展的趋势方向,推动行业新闻宣传工作再上新台阶,更好地服务党和国家工作大局,服务好邮政改革发展大局。

(一)提高站位,构建全系统党组织动手工作格局

宣传工作是党的一项极端重要的工作,是坚持党的政治路线、加强党的政治建设、加强党的思想政治领导、巩固党的群众基础和执政基础的重要方式,是党领导人民不断夺取革命、建设、改革胜利的优良传统和政治优势。习近平总书记关于意识形态工作的重要论述是我们做好新闻宣传工作的根本遵循。我们要提高政治站位,深入学习习近平总书记关于意识形态的重要论述。要牢牢把握党对意识形态工作的领导权,巩固马克思主义新闻观在新闻宣传中的指导地位,提高建网用网管网的水平。要坚持用习近平新时代中国特色社会主义思想武装全党、教育人民,弘扬社会主义核心价值观,培养担当民族复兴大任的时代新人。

做好宣传工作需要全系统党组织动手。全系

统各级党组织要把学习贯彻《中国共产党宣传工作条例》这项重要政治任务抓实抓好。各级党委（党组）要按照《条例》要求，加强党对宣传思想工作的全面领导，旗帜鲜明坚持党管宣传、党管意识形态，要加强《条例》执行情况的监督检查，纳入党建工作责任制，纳入意识形态工作责任制，纳入领导班子、领导干部目标管理，纳入监督执纪问责范围，压实压紧政治责任和领导责任，为开创行业新闻宣传工作新局面提供有力保障。要建立健全新闻发布制度和政策宣讲解读机制，健全规范舆情搜集研判、口径拟定和应对处置工作机制，增强网上正面宣传和舆论斗争能力。

行业新闻宣传战线的党员干部要坚持党性原则，坚持对标看齐、保持一致，把讲政治作为第一位的要求，把忠诚可靠作为第一位的标准，树牢马克思主义新闻观，聚焦“四力”锻造一支坚强的行业新闻宣传人才队伍。要坚持开门办报、办刊、办网、办新媒体，严格遵守党的政治纪律、宣传纪律，保持政治定力，牢记社会责任，围绕中心、服务大局，把党中央的政策主张和国家局党组的决策部署宣传好，把行业一线的好声音传播好，把行业团结奋进的氛围营造好。

（二）守正创新，答好媒体融合“必答题”

守正，是坚守方向、坚守导向，坚守党的宗旨、理想信念和初心使命。创新，要用新的理念新的思路新的办法和手段，解决新闻宣传工作中遇到的矛盾和问题。我们要坚持守正和创新相统一，在守正的基础上，弘扬永攀高峰、敢为人先的创新精神，坚持惟改革者进，惟创新者强，惟改革创新者胜，当好新闻舆论引导的“先行官”。

推动媒体融合发展，是党中央作出的重大战略部署。2019 年 1 月 25 日，习近平总书记在中央政治局第十二次集体学习时强调，“推动媒体融合发展、建设全媒体成为我们面临的一项紧迫课题”。当前，全媒体时代扑面而来，不仅信息资讯前所未有的丰富，传播方式发生深刻变化，技术迭代打开了媒体形态变化的无限想象力，也同样考验着主流媒体推动深度融合发展的能力。可以说，行业媒体已到了必须有机融入全媒体时代的历史性关口，能否跨越这个关口，关乎使命任务，关乎生死存亡。作为全新的探索，行业媒体融合发展可以说没有先例可循，需要在摸索中不断前进。这需要我们精准掌握媒体融合的规律和大势，做到对症下药、有的放矢，才能让媒体融合轻装前行、行稳致远，不断拓展传播力、引导力、影响力、公信力，让党的声音传得更开、传得更广、传得更深入，成为时代最强音。

习近平总书记指出：“媒体融合发展是一篇大文章。面对全球一张网，需要全国一盘棋。各级党委和政府要从政策、资金、人才等方面加大对媒体融合发展的支持力度。各级领导干部要增强同媒体打交道的能力，不断提高治国理政能力和水平。”邮政快递业新型主流媒体、主流舆论格局、全媒体传播体系的建设，同样需要举全系统之力。

（三）顺势而为，夯实行业媒体内容底盘

习近平总书记指出，对新闻媒体来说，内容创新、形式创新、手段创新都重要，但内容创新是根本的。

这启示我们，不管技术如何演变，媒体属性不会变化，唯有正确处理好“内容”与“技术”的关系，下功夫做好内容的供给侧改革，才能把媒体融合发展主动权牢牢掌握在自己手中。近年来，邮政快递业蓬勃发展，为做好行业新闻工作提供了丰富土壤，同时也对行业新闻宣传工作从速度到内容形式提出了新需求。一方面，行业新闻不断涌现，社会关注度不断提升，《中国邮政快递报》新闻宣传时效有待加强，周三刊提升为周五刊确有必要；另一方面，在互联网的冲击下，传统媒体的时效性又远不及新媒体，在实践过程中，以《人民日报》为首的数十家报纸减版、改版，以更大支持投入融媒体发展，不断优化新闻信息产品供给结构。报社要认真落实国家局党组关于报纸扩版的重大决策，提升新闻时效，增强报道实效，同时，要扭住“内容为王”这个重点，坚持提供更多优质的内容产品,做到在花繁柳密处拨得开、风狂雨急时立得定。各省(区、市)局党组要给予报社大力支持,确保扩版之后,内容质量水平不能降、发行工作水平不能降。

三、把握重点,发挥合力,为决胜全面建成与小康社会相适应的现代邮政业营造良好舆论环境

2020年是全面建成小康社会、坚决打赢脱贫攻坚战和"十三五"规划收官之年,是全面建成与小康社会相适应的现代邮政业决胜之年。2021年,是中国共产党成立100周年,也是"十四五"规划开局之年,做好行业新闻宣传工作意义重大。今年下半年和2021年,全系统新闻宣传战线要以习近平新时代中国特色社会主义思想为指导,全面贯彻党的十九大和十九届二中、三中、四中全会精神,增强"四个意识"、坚定"四个自信"、做到"两个维护",贯彻落实全国宣传部长会议精神和局党组工作要求,紧扣决胜全面建成小康社会、决战脱贫攻坚,严格落实意识形态工作责任制,扎实做好行业新闻宣传各项工作,为决胜全面建成与小康社会相适应的现代邮政业、全面建设现代化邮政强国提供坚强思想保证和强大精神动力。

(一)坚持不懈推进习近平新时代中国特色社会主义思想的宣传学习

要把学习贯彻习近平新时代中国特色社会主义思想放在第一位,着眼为党和国家立心,持续深入学习,不断推动学习宣传贯彻往深里走、往实里走、往心里走,打牢全系统全行业团结奋斗的共同思想基础。要充分调动各种宣传资源,多层次宣传报道全系统学习宣传贯彻习近平新时代中国特色社会主义思想和党的十九大精神的生动实践,大力宣传全系统贯彻落实习近平总书记关于邮政快递业重要指示精神、推动邮政快递业高质量发展的生动实践,破解行业发展难题,加快建设邮政强国,更好服务于国民经济社会发展和人民福祉。

(二)做好全面建成小康社会重大主题宣传

要观大局,明大势,着眼为伟大时代立传,把决胜全面建成小康社会作为主基调,营造全面建成小康社会、打赢脱贫攻坚战的浓厚氛围。通过参加大型展览、发行纪特邮票、组织新闻发布会、在行业媒体开设专栏专题、举办论坛研讨活动等多种方式,全面展现邮政快递业在全面建成小康社会方面做出的努力和工作成果。加大对建成与小康社会相适应的现代邮政业的胜利成果的宣传,用行业发展新成果教育引导系统干部职工,不忘初心,牢记使命,在干事创业中始终保持自觉、主动、积极的状态,为全面建成与小康社会相适应的现代邮政业凝心聚力。

(三)做好行业打好三大攻坚战的宣传报道

做好邮政快递业服务乡村振兴、助力脱贫攻坚成效的宣传,大力宣传行业奋力开展产业扶贫、积极实施就业扶贫、切实扛起定点扶贫政治责任的好做法、新成效,充分宣传报道行业脱贫攻坚战中的先进典型和感人事迹。围绕实现"9792"工程目标,大力宣传全行业加强生态环境保护、推进快递包装绿色治理的工作和成效,充分发挥传统媒体和新媒体作用,组织开展形式多样的绿色邮政宣传活动,广泛宣传绿色邮政发展理念,营造"绿色用邮,人人有为"的良好氛围。大力宣传全系统加强邮政行业安全监督管理、开展安全生产集中整治行动、狠抓"三项制度"落实、推进"绿盾"工程建设等防范化解重大风险的工作和成效,做好重大活动期间和生产旺季寄递渠道安全服务保障工作的宣传,强化舆情引导。

(四)强化对贯彻落实新发展理念推动行业高质量发展的宣传

大力宣传全系统贯彻落实《邮政业发展"十四五"规划》《交通强国建设纲要》《邮政强国建设行动纲要》和18部门《关于认真落实习近平总书记重要指示推动邮政业高质量发展的实施意见》等重大战略和政策。做好全系统深化"放管服"改革,加强许可规范化标准化建设、全面实施电子证

照，推进仿印邮票图案及其制品审批改革等优化行业营商环境的工作及其成效的宣传报道。重点围绕“两进一出”工程推进情况，持续关注报道各地推动“快递进村”的积极做法，大力宣传快递服务现代农业金银牌项目和“快递进厂”“快递出海”代表项目。宣传报道邮政管理部门补齐快递与电商数据交换短板、加强快递末端能力建设、规范快递末端车辆管理等新举措。

（五）做好依法治邮进一步提升行业治理体系和治理能力现代化水平的宣传报道

加强对全系统强化行业法治建设、加强邮政普遍服务监督、强化邮政市场监管、推进服务型政府建设的宣传。重点关注《邮件快件包装管理办法》和《仿印邮票图案管理办法》的制修订进度，及时宣传贯彻。宣传报道乡镇局所专项整治行动、纪特邮票发行和专项监督检查等重点工作，关注报道建制村直接通邮成果巩固情况。做好深化新业态监管、快递业信用评定、申诉改革试点、强化集邮市场监管等工作的宣传报道。加大政府信息公开力度，扎实做好信息发布和政策解读，做好快递服务满意度、服务时效、申诉率数据和中国快递发展指数报告的发布解读。服从服务于国家外交和经贸斗争大局，结合疫情防控需要，做好行业加快国际寄递物流服务发展、推进邮政国际交流和港澳台合作的宣传报道。

（六）加大对行业人才工作的宣传

培养担当民族复兴大任的时代新人，是宣传思想工作重要职责之一。我们有邮递员在马班邮路、步班邮路、水上邮路等复杂工作环境中坚守工作岗位的诸多感人故事，要讲好时代楷模、先进模范的事迹，特别是宣传好“生命至上、舍生忘死、尊重科学、命运与共”的伟大抗疫斗争精神。要做好对全系统打造高素质干部队伍的宣传，加大对全国邮政行业先进集体、劳动模范和先进工作者以及“干事创业好班子”“担当作为好干部”先进事迹的报道力度。做好实施快递从业人员职业技能培训“246”工程、推进快递工程技术人员职称评审、推进落实职业技能等级制度、第五届全国“互联网+”快递大学生双创大赛等、国际化人才培养等重点工作的宣传报道。大力宣传全系统扎实推进快递小哥权益保障和关心关爱工作的举措和成效，呼吁全社会进一步加强对快递从业人员关心关爱。

（七）加强行业精神文明建设工作宣传

“人民邮政为人民”；传邮万里，国脉所系；习近平总书记肯定快递小哥是“美好生活的创造者和守护者”“勤劳的小蜜蜂”，总书记的亲切关怀和充分肯定，汇聚成为推动行业发展的强大精神力量。我们要弘扬胸怀祖国、服务人民的行业精神，做好行业精神文明建设实践的宣传报道，大力培育践行社会主义核心价值观及邮政行业“诚信、服务、规范、共享”的“4S”核心价值理念，加强宣传阐释，唱响核心价值观的主旋律，使之在全行业深入人心。以学习宣传汪勇、葛军等第四届全国“最美快递员”等先进个人和单位为重点，大力弘扬“小蜜蜂”精神，广泛选树先进典型，在全行业营造学习先进争当先进的良好氛围。做好行业群众性文明创建活动的宣传报道，组织好旺季随手拍专题活动，充分展现行业一线干部职工良好精神风貌。宣传传承邮政优秀文化，进一步发挥邮政文化的传播力和影响力，充分发挥精神文化产品育人化人的重要功能。

（八）齐心协力，筑好行业新闻宣传平台

《中国邮政快递报》由周三刊改为周五刊，是行业新闻宣传工作的需要，也是报社落实国家局党组要求的重要举措，是加强行业新闻宣传平台建设和阵地建设的关键步骤。《中国邮政快递报》是全系统全行业的宣传平台，办好《中国邮政快递报》，不仅仅是报社的事情，是全系统全行业的事情。各省（区、市）局、机关各司室要对报刊采编、发行工作大力支持。把我们自己的行业报办活办好办出彩，让国家局党组的声音更好地传达到行业基层，让一线干部职工的心声更好地得到反馈。报社要以此次报纸刊期调整为契机，加强采编队伍建设,提升报纸内容质量。要按照中央要求,以报纸平台为基础,统筹推进融媒体建设,以更加多元的平台更加丰富的形式,展现行业面貌,宣传行业发展。

同志们,在决胜全面小康、决战脱贫攻坚之际,全系统新闻宣传战线要不忘初心,牢记使命,以习近平新时代中国特色社会主义思想为指导,聚焦举旗帜、聚民心、育新人、兴文化、展形象的使命任务和立心、立传、立德、立制、立言的时代担当,努力开创行业新闻宣传工作的新局面,为决胜全面建成与小康社会相适应的现代邮政业、全面建设现代化邮政强国提供强大舆论支撑和宣传保障!

深入推进快递包装绿色治理　坚决打好行业污染防治攻坚战
为全面建成小康社会和美丽中国建设作出新的更大的贡献

——国家邮政局副局长赵民在全系统生态环保工作电视电话会议上的讲话

2020 年 6 月 30 日

今天我们召开电视电话会议，主要任务是坚持以习近平新时代中国特色社会主义思想为指导，深入贯彻落实习近平生态文明思想和习近平总书记关于快递包装绿色治理工作的重要指示批示精神，全面落实国家局党组战略部署，总结今年上半年行业生态环保工作，分析当前存在的主要问题，对下一步工作进行再动员再部署。刚才，市场监管司介绍了 2020 年邮政管理部门主要工作任务，对《固废法》《邮政业寄递安全监督管理办法》相关内容进行了解读，通报了 2019 年行业生态环保评价结果。内蒙古局、广东局和河北邯郸局做了经验交流发言。我都赞同。下面，我讲三方面内容。

一、上半年以来做的工作

上半年，全系统全行业深入贯彻落实习近平生态文明思想和习近平总书记有关重要指示批示精神，积极克服新冠疫情带来的不利影响，落实国家局党组决策部署，结合行业实际深入推进邮件快件包装绿色治理工作，建立健全法律标准政策和治理体系，大力实施“9792” 工程，取得积极进展：截至 4 月底，全国“瘦身胶带”封装比例达 83.8%（目标 90%），电商快件不再二次包装率达 65%（目标 70%），循环中转袋使用率达 80.9%（目标 90%），新增 1.7 万个邮政快递网点设置包装废弃物回收箱（目标 2 万个），新能源和清洁能源车辆保有量达到 4.5 万辆。邮件快件包装绿色化、减量化、可循环成效明显，行业节能减排稳步推进。

（一）深入学习贯彻习近平总书记关于快递包装绿色治理工作的重要指示批示精神。习近平总书记高度重视快递包装绿色治理工作，在不到两年的时间里多次作出重要批示指示。国家局党组第一时间进行了学习和传达，邮政业生态环保工作领导小组认真落实党组要求，制定了工作方案，编制了工作台账，先后印发了《关于认真传达学习贯彻习近平总书记考察河南作出的重要指示精神的通知》《关于深入贯彻落实习近平总书记重要指示批示精神全面加强快递包装绿色治理工作的通知》《关于印发快递包装绿色治理工作台账的通知》，对全系统全行业学习和落实总书记重要指示批示精神作出部署，结合行业实际采取有效措施抓好贯彻落实。

（二）加强工作部署，明确年度目标任务。先后召开全国邮政管理工作会议、全国邮政市场监管工作电视电话会议，总结 2019 年行业生态环保工作，对 2020 年工作作出部署。印发工作要点，明确年度目标任务，提出实施“9792”工程，量化分解各项指标。结合邮政业发展实际，从实施周期与责任主体两个维度，区分近期、中期、远期三个阶段和主责、共办和推进三个层次，编制印发快递包装绿色治理工作台账，指导各省局制定完善工作台账。印发《2020 年邮政市场监管重点工作任务细化分解措施》《2020 年邮政市场监管领域更贴近民生实事工作要点》，将行业生态环保作为市场监管和更贴近民生实事重要内容进行系统部署。北京、天津、内蒙古、上海、安徽、海南、重庆、陕西等局勇于自我加压，在“9792”工程基础上提出新的目标任务。河北局制定邮政业生态环保五年工作规划,联合省发改委等10部门成立推进邮政快递业绿色发展工作领导小组,发挥部门合力作用。山西、江苏、河南、湖南、重庆、甘肃等省局台账编制质量较高,并按国家局要求的时间及时报送。

(三)加强顶层设计,健全法规标准体系。主动与全国人大法工委、生态环境部加强沟通协调,推动在《固废法》修订稿中增加快递包装条款。在《邮政业寄递安全监督管理办法》中增加行业生态环保条款。推动将《邮件快件包装管理办法》纳入交通运输部今年一类立法计划,起草形成草案并广泛征求意见。认真总结《快递业绿色包装指南(试行)》实施情况,修订形成《邮件快件绿色包装规范》并印发实施。研制《绿色产品评价 快递封装用品》国家标准,并推动颁布实施。贯彻落实《邮件快件包装基本要求》行业标准。启动《快递业限制过度包装标准》《农特产品寄递服务及环保包装要求》行业标准研制。北京局指导市快递协会制定发布了《北京市快递电商绿色包装标准》。浙江局配合省市场监督管理部门出台《绿色包装通用规范》地方标准。

(四)加强监督管理,持续推动责任落实。组织主要品牌寄递企业总部召开座谈会,推动落实企业主体责任。会同市场监管总局印发《关于开展快递包装绿色产品认证工作实施意见》,推进行业绿色认证体系建设。通报2019年绿色产品、绿色技术、绿色模式征集结果,54个项目入选名录库,推进征集结果应用。启动2020年公开征集。转发内蒙古局等11部门联合发文,指导各省局推动落实属地责任。开展问卷调查,共收到有效问卷9535份,为系统了解相关方面看法、深入推进包装治理工作提供参考和依据。上海、黑龙江、湖北、海南局按照“双随机、一公开”监管要求开展行业生态环保执法检查。湖南、云南、四川、西藏局组织开展专项调研督导。内蒙古局对多家企业“未书面告知协议用户所提供的封装用品和胶带应当符合国家规定”的违法行为进行立案调查。

(五)注重试点示范,着力推进以点带面。督促顺丰、京东等4家品牌企业继续推进绿色采购试点。指导申通等6家品牌企业圆满完成可循环中转袋(箱)应用试点。河北邯郸等5个城市行业生态环境保护城市综合试点有序推进。指导海南局推进落实《海南省加快推进快递业绿色包装应用实施方案》,督促主要品牌寄递企业总部出台支持海南绿色发展的专项工作方案,加大政策倾斜和资金支持力度。选取北京等十省(市)开展邮政业绿色网点、绿色分拨中心建设试点。部署北京、上海、江苏、浙江、福建、广东等6个重点省(市)对照国家塑料污染治理要求编制和报送三年实施方案。河南局协调统筹省级快递物流转型发展引导资金,以“以奖代补”方式支持寄递企业开展绿色网点和分拨中心建设。

(六)注重共治共建,积极营造良好氛围。加强与国家发改委、生态环境部等部门的沟通协同,共同推进邮件快件包装绿色治理。全面落实中央和地方财政事权和支出责任划分有关文件精神,推动地方落实属地责任。按照“无废城市”建设部际协调小组部署,配合做好试点工作。积极参与垃圾分类、塑料垃圾污染防治和落实禁止废纸进口等工作机制,推动完善社会回收体系。注重发挥企业创新主体地位,搭建快递业绿色发展产学研共促平台。深入开展“邮来已久、绿动未来”主题宣传活动,加强绿色宣传。辽宁、江苏、陕西局推动地方政府出台相关意见和扶持政策。海南三亚局联合市生态环境局印发《三亚市加快推进邮政快递业绿色包装应用实施方案》。重庆局、江苏徐州局和河南许昌局积极参与“无废城市”试点。天津、河北、吉林、江苏、安徽、福建、广东、四川、甘肃局利用“3·15”国际消费者权益日、“4·22”世界地球日,深入开展“邮来已久、绿动未来”主题宣传活动。

主要品牌寄递企业认真落实邮政管理部门工作部署,建立健全生态环保组织机构,制定完善工作制度，规范开展内部统计，稳步推进绿色采购，加强教育培训，强化宣传引导，着力推进邮件快件包装“绿色化、减量化和可循环”，大力实施“9792”工程，稳步推进节能减排，取得明显成效。中国邮政深入推进绿色邮政建设行动，在绿色运输、绿色包装、绿色金融等方面采取有效措施。苏宁快递推进实施“青城计划”和“三年绿色行动计划”。圆通制定了“绿色圆通”专项发展规划。京东快递全面升级青流计划。顺丰推进实施“丰景计划”，在快递包装和节能减排方面持续发力。

二、存在的主要问题

总体看，绿色发展已经成为全行业共识，并且通过行业有效传导带动了上下游相关市场主体，加快形成产业上下游互动、社会各方面联动的工作格局。与此同时，行业生态环保工作面临一些问题亟待解决。

（一）思想认识有待进一步提高。在行业和系统内，上热下冷的现象依然存在，生态环保工作推进落实上不平衡，个别地区邮政管理部门认识不到位，没有将行业生态环保纳入日常监管体系，没有作为一项日常工作与行业管理和市场监管其他工作同部署、同推进、同考核，积极主动作为意识不强，存在坐等靠等消极思想。部分省局将“9792”工程片面理解为行业生态环保工作的全部内容，对其他任务关注和推进力度不够。

（二）绿色治理能力有待进一步增强。有的同志学习能力不够，对行业生态环保涉及的法律标准政策缺乏系统学习，对“9571”“9792”的重点工作内容不清楚。还有的同志对行业生态环保基本常识和必备知识储备不够，导致工作简单化，手段方法单一，工作缺乏起色和亮点。部分管局十个指头弹钢琴的统筹能力不足，开展行业生态环保工作缺乏章法。

（三）企业主体责任有待进一步推动落实。个别地区邮政管理部门推动辖区寄递企业落实企业主体责任工作措施不足、成效不显，缺乏实招、硬招，特别是在破解加盟制寄递企业、各种形式的末端网点如何在收寄环节落实包装治理要求等问题上，与国家局党组部署和要求相比存在较大差距。对高校集中收投点、代收代办点等新型业态生态环保责任落实，监管相对滞后。

（四）共建共治工作格局尚需进一步健全。根据中央和地方财政事权和支出责任划分有关文件精神，邮政业环境污染治理属地方承担的职责。部分省局与地方政府和相关部门的沟通协调不够，仍在单打独斗，未将快递包装治理纳入地方生态环保治理格局。国家和地方已有的环保引导补贴政策，大部分未将邮政快递行业纳入其中，政策供给明显不足。

此外，邮政业绿色供给不足，聚焦行业实际需要的绿色产品、技术和模式欠缺；上下游协同有待加强，部门机制有待深化；消费者对寄递环节的包装减量化等工作理解和配合不够，绿色消费意识亟待增强等问题尚需有效破解。

三、下一步工作要求

2020年是全面实施“十三五”规划和决胜全面建成小康社会的收官之年，是打赢污染防治攻坚战的决胜之年，是保障“十四五”顺利起航的奠基之年，做好行业生态环保工作意义重大。为切实做好2020年行业生态环保工作，我强调以下三点要求。

（一）坚持政治引领，全面落实监管责任。一是提高政治站位。做好行业生态环境保护工作，是全系统全行业面临的一项极为重要政治任务，各级邮政管理部门要始终将深入学习贯彻习近平生态文明思想和习近平总书记重要指示批示精神作为首要政治任务，自觉强化“四个意识”，坚定“四个自信”，做到“两个维护”，切实将行业生态环保工作摆在更加突出位置，采取有效措施全面履行监管责任。二是认真落实“党政同责”“一岗双责”。全系统各级党组织要充分发挥政治引领作用，认真落实“党政同责”“一岗双责”，省局、市

(地)局党组要将行业生态环保工作作为一项重点任务强力推进,加强研究谋划,强化部署推动,注重督导管理,党组主要负责人要亲自抓生态环保监管工作开展情况,靠前指挥,狠抓落实。三是突出政治考核导向作用。要坚持在生态环保工作过程中锤炼党性、淬炼党员干部,将生态环保工作开展情况作为邮政管理部门政治机关建设的重要标准。要不断完善系统巡视巡查、年度考核等抓手,将生态环保工作开展情况列为重要考核内容。

(二)坚持依法治理,全面落实各项法律规定。一是牢固树立依法治理的理念。根据《中共中央办公厅　国务院办公厅关于印发〈中央和国家机关有关部门生态环境保护责任清单〉的通知》精神,国家邮政局负责组织和推动快递行业使用符合标准的包装物,推进快递包装减量化,促进快递包装废弃物回收和综合利用。这是在中央层面首次明确邮政管理部门的生态环保职责。修订后的《固废法》首次在法律层面赋予邮政管理部门生态环保监督管理职责和处罚权限。上述规定的出台,意味着行业生态环保工作的推动方式由依靠行政手段推进向依法治理的转变。各级邮政管理部门对此要有清醒的认识,牢固树立依法治理的理念,坚定不移推进依法履职。二是完善配套法规制度。国家局将制定出台《固废法》《邮政业寄递安全监督管理办法》有关生态环保条款执法指引、邮政业生态环保信息报告规定等配套文件。各省局要围绕法律规定落实,借助地方立法契机推动增加行业生态环保相关内容,结合本地实际制定出台相关配套文件,稳步构建协调统一、规范科学的生态环保法规制度体系。三是抓好法规制度宣贯落实。要加强对《固废法》《邮政业寄递安全监督管理办法》《邮件快件绿色包装规范》以及《邮件快件包装基本要求》等标准的宣贯培训,提升全行业依法依规经营和规范标准操作的意识和能力。下半年全国要开展专项执法检查,依法查处违法行为,确保法规落地实施。

(三)坚持探索创新,不断完善监管体系。一是统筹推进重点突破。国家局党组结合行业发展实际,围绕工作落实,明确了“1344”工作抓手。各省局要重点实施“9792”工程,突出抓好黑色包装袋等重金属和特定物质超标包装专项整治、邮件快件过度包装和随意包装专项治理和“三不”专项治理,以重点突破带动各项工作整体推进。二是充分发挥试点示范作用。北京、上海、江苏、浙江、福建、广东等 6 个重点省份,要按照国家局部署,对照国家“禁塑令”要求制定三年实施方案,完善落实措施,倒排实施工期,划定时间节点,确保 2022 年按期挂账销号。行业生态环保综合试点城市、快递示范城市、“无废城市”等所在省局、海南省局要针对省内或同城寄递业务率先开展可循环、可折叠快递包装应用试点,及时提炼总结可复制、可推广、可宣传的经验做法。此外,有条件的省份要借鉴国家局试点示范的方法模式,自主创新、因地制宜开展本地区特色的试点示范工作。三是因地制宜完善监管体系。行业生态环保工作是邮政管理部门面临的新课题、新任务,各地邮政管理部门要解放思想、求真务实,紧紧围绕监管责任落实和推动企业主体责任落实等关键问题,因地制宜探索完善工作方式方法,健全监管体系,提升监管实效。

(四)坚持标本兼治,不断推进综合治理。一是以台账落实为抓手,加快改善包装问题表象。全系统要结合《快递包装绿色治理工作台账》中近期、中期、远期和主责、共办、推进三个阶段三个层次确定的任务措施,逐项逐条推进落实,重点是围绕主办、近期工作任务细化实化工作措施。要统筹制定中期工作计划,认真谋划长期发展规划,做到事事有人抓,件件有落实。二是以建立健全与绿色理念相适应的法律标准和政策体系为保障,构建包装绿色治理的长效机制。系统梳理邮件快件包装绿色治理相关问题,按照法律、标准和政策各自运行机理明确规范和调整内容,健全绿色治理体系。各省局要结合本地实际,推动地方立法,协调地方政府和相关部门强化政策扶持。三是以信息化、智能化科技创新为引领，持续强化包装绿色治理的内生动力。推动行业广泛使用大数据、云计算，大力推广应用人工智能技术，推进自动化分拣、库存前置、智能分仓，在提高效率的同时大幅减少包装用量。持续推进生态产业化，支持寄递企业和社会相关方面加大研发投入力度，推动产品、技术和模式创新。

（五）坚持共建共治，不断营造良好氛围。一是推动落实属地责任。贯彻落实中央与地方财政事权和支出责任划分有关精神，有效推动地方落实属地责任，重点针对推广使用符合标准的可降解包装产品等替代产品、加大智能回收设施的投放力度等任务，积极协调地方发改等部门细化实化政策保障。积极协调地方税务部门明确现有税收政策在行业的适用性。二是持续推进部门协作。要加强与人大、政协及相关部门的沟通联系，广泛听取意见建议。联合商务、市场监管等部门共同开展电商快递绿色包装源头治理。积极参与交通运输部门绿色配送试点相关工作。配合生态环境部门做好禁止洋垃圾进口、垃圾分类、塑料污染治理等工作。三是强化宣传引导。充分发挥新闻媒体作用，强化舆论宣传，引导消费者积极践行绿色消费，为行业生态环保工作营造良好氛围。

同志们，做好今年的行业生态环保工作责任重大、任务艰巨、使命光荣。全系统全行业要始终坚持以习近平新时代中国特色社会主义思想为指导，深入学习贯彻习近平生态文明思想和习近平总书记重要指示批示精神，按照国家局党组的统一部署，强化政治担当，积极主动作为，创新方式方法，注重压茬推进，深入推进邮件快件包装绿色治理，坚决打好行业污染防治攻坚战，为全面建成小康社会和“十三五”规划圆满收官、开启全面建设社会主义现代化国家新征程作出新的更大的贡献。

第二篇　发展概览

第一章　2020年快递服务发展综述

2020年是极不平凡且极具挑战的一年，面对国内外严峻复杂的形势和新冠肺炎疫情严重冲击，我国快递业全面贯彻落实习近平总书记重要指示批示精神，认真贯彻落实党中央、国务院决策部署，紧扣全面建成与小康社会相适应的现代邮政业目标任务，坚持稳中求进工作总基调，坚持新发展理念，坚持以供给侧结构性改革为主线，坚持以改革创新为动力，持续推动高质量发展，启动"两进一出"工程，坚决打好三大攻坚战，统筹疫情防控和行业改革发展，进一步提升行业治理体系和治理能力现代化水平，各项工作均取得显著成效。

一、政策环境持续优化，行业影响力显著增强，在疫情防控中发挥重要作用

快递业是现代服务业的重要组成部分，是推动流通方式转型、促进消费升级的现代化先导性产业。近年来，快递业在降低社会流通成本、支撑电子商务、服务生产生活、扩大就业渠道等方面发挥了不可替代的积极作用。

2020年，我国快递业在国民经济中的基础性作用更加凸显，快递服务成为统筹疫情防控和经济社会发展不可或缺的重要组成部分。全年快递业务量完成833.6亿件，连续7年迈上新百亿关口，同比增长31.2%；快递业务收入完成8795.4亿元，同比增长17.3%。新增社会就业20万人以上，支撑网络零售额9.8万亿元以上。服务满意度稳中有升，行业运行平稳有序，绿色发展水平持续提升，在经济社会发展中作用凸显，为扎实做好"六稳"工作、全面落实"六保"任务作出了积极贡献。

全行业坚决贯彻党中央、国务院决策部署，闻令而动、尽锐出战，迅速打响疫情防控阻击战，率先实现复工达产，率先实现转负为正，率先实现高位运行。党旗始终在抗疫一线阵地高高飘扬。一是全力保障防疫物资和政务民生寄递服务。组织中国邮政、顺丰和京东等13家企业第一时间开通全国驰援武汉救援物资和海外捐赠国内防疫物资两条运递"绿色通道"，全力保障机要通信安全和党报党刊投递服务，"数百万快递小哥冒疫奔忙"，打造了疫情期间永不中断的供给线、生命线，累计发运车辆8.75万台次、货运航班779架次，寄递防疫物资48.98万吨。开办"邮寄办""医药通"等政务民生寄递业务，组织援外医疗物资和留学生"健康包"运递，在特殊时期发挥了特殊作用。二是科学有序抓好复工复产。按照"四保障、三优先和一推进"部署安排，出台延长许可有效期等援企稳企措施，协调推动解决复工审核、劳动用工、防疫物资配备、车辆通行、末端投递等实际困难，为维护经济社会正常运转提供有力支撑。三是努力维系国际寄递渠道畅通。海陆空铁多向发力疏运邮件快件，千方百计增加国际航空运能，协调解决国际货运航空机组人员核酸检测、签证和隔离等问题，

推动开行中欧班列专列，拓展海运快船运邮渠道。协调推动日本、蒙古、哈萨克斯坦等国邮政恢复与我正常国际邮件交换业务。与万国邮联及各国邮政分享抗疫经验，为全球40多个欠发达国家提供防疫物资援助，展示负责任大国形象。四是慎终如始做好自身防控。制修订6版邮政快递业生产操作规范建议，积极为企业争取口罩等防疫物资，创新无接触投递模式，做好进出境邮件快件处理场所、冷链运输等重点部位、重点环节消杀作业，全行业400多万从业人员未发生聚集性感染和死亡事件。行业为国家统筹推进疫情防控和服务经济社会发展作出了积极贡献，习近平总书记两次点赞快递小哥，李克强总理深入一线听取抗疫工作汇报，行业3人荣获全国抗击新冠肺炎疫情先进个人称号，63个集体和138名个人荣获省部级抗疫表彰。

2020年，快递业发展继续获得党中央、国务院的关注和重视，政策环境持续优化，行业影响力显著增强，社会关注度明显提升。“快递”连续7年被纳入政府工作报告。李克强总理在政府工作报告中提出：“支持电商、快递进农村，拓展农村消费”。中央一号文件《中共中央　国务院关于抓好“三农”领域重点工作确保如期实现全面小康的意见》明确提出：“启动农产品仓储保鲜冷链物流设施建设工程。加强农产品冷链物流统筹规划、分级布局和标准制定。安排中央预算内投资，支持建设一批骨干冷链物流基地。国家支持家庭农场、农民合作社、供销合作社、邮政快递企业、产业化龙头企业建设产地分拣包装、冷藏保鲜、仓储运输、初加工等设施，对其在农村建设的保鲜仓储设施用电实行农业生产用电价格。依托现有资源建设农业农村大数据中心，加快物联网、大数据、区块链、人工智能、第五代移动通信网络、智慧气象等现代信息技术在农业领域的应用”“有效开发农村市场，扩大电子商务进农村覆盖面，支持供销合作社、邮政快递企业等延伸乡村物流服务网络，加强村级电商服务站点建设，推动农产品进城、工业品下乡双向流通”“制定农业及相关产业统计分类并加强统计核算，全面准确反映农业生产、加工、物流、营销、服务等全产业链价值”。

与此同时，中共中央《法治社会建设实施纲要（2020－2025年）》，国务院应对新冠肺炎疫情联防联控机制《关于压实“菜篮子”市长负责制，做好农产品稳产保供工作的通知》，国务院应对新型冠状病毒肺炎疫情联防联控机制综合组《外卖配送和快递从业人员新冠肺炎疫情健康防护指南》，国务院办公厅《关于支持出口产品转内销的实施意见》，国务院办公厅《关于全面推进城镇老旧小区改造工作的指导意见》，国务院办公厅《关于进一步优化营商环境更好服务市场主体的实施意见》，国务院办公厅《关于提升大众创业万众创新示范寄递带动作用　进一步促改革稳就业强动能的实施意见》，国务院办公厅《关于支持多渠道灵活就业的意见》，国务院办公厅《关于进一步做好稳外贸稳外资工作的意见》，国务院办公厅《关于深化商事制度改革进一步为企业松绑减负激发企业活力的通知》，国务院办公厅《关于以新业态新模式引领新型消费加快发展的意见》，国务院办公厅《关于推进对外贸易创新发展的实施意见》，国务院办公厅《关于建设第三批大众创业万众创新示范基地的通知》，商务部、公安部、交通运输部、国家邮政局、中华全国供销合作总社等5部门《关于继续推进城乡高效配送专项行动有关工作的通知》，住房和城乡建设部、教育部等13部门《关于开展城市居住社区建设补短板行动的意见》，国家发展改革委、民航局《关于促进航空货运设施发展的意见》，国家发展改革委联合国务院扶贫办、中央宣传部、中央和国家机关工委、中央网信办、中央军委政治工作部、教育部、财政部、交通运输部、农业农村部、商务部、国家邮政局等多部门《巩固拓展消费扶贫成果延安共识》，中国人民银行、商务部、市场监管总局、银保监会等8部门《关于规范发展供应链金融支持供应链产业链稳定循环和优化升级的意见》，国家发展改革委、科技部等4

部门《关于扩大战略性新兴产业投资 培育壮大新增长点增长极的指导意见》,国家发展改革委、交通运输部《关于做好2020年国家物流枢纽建设工作的通知》,国家发展改革委《关于做好2020年国家骨干冷链物流基地建设工作的通知》,交通运输部《关于推动交通运输领域新型基础设施建设的指导意见》,农业农村部《2020年乡村产业工作要点》等部门联合文件,为统筹疫情防控与行业发展、快递基础设施建设、产业协同发展、寄递渠道安全保障、绿色发展、加快"走出去"、人才队伍建设等提供了一系列重要的政策支持。

2020年,《人民日报》、新华社、中央广播电视总台等中央主流媒体对快递业持续关注,全年中央媒体和行业媒体共刊(播)发国家邮政局新闻信息1132条(篇)。6大中央媒体共计刊发572篇,占比50.5%,其中《人民日报》94篇,新华社73条,中央电视台163条。2020年,紧扣决胜全面建成小康社会、决战脱贫攻坚,做好行业新闻宣传工作,大力推动媒体融合建设,发挥舆论支撑保障作用。通过参加国新办新闻发布会、组织媒体集体采访、在局网站和行业媒体开设专题专栏等多种形式,做好行业统筹疫情防控和复工复产、助力脱贫攻坚等重大主题宣传;以第四届寻找最美快递员活动、暖蜂行动为重点,做好行业精神文明建设宣传;举办第六届中国快递最后一公里峰会,助力行业末端发展和绿色邮政建设。不断提升行业新闻宣传平台能力水平,落实国家局党组部署从2021年1月起将《中国邮政快递报》刊期由周三刊调整为周五刊,局网站基本做到每月有一次在线访谈,行业媒体新媒体平台粉丝超百万。大力推进行业媒体深度融合创新发展,推出快递头条App,打造行业内首家聚合类新闻移动客户端,深入推进视频矩阵建设,探索直播应用,联合短视频平台发起"把幸福快递回家""老铁最喜爱的快递员"等话题活动,累计播放量超3.6亿次,联合央视新闻策划推出"走!一起去送高考录取通知书"直播活动,单场直播观看量过百万,热搜话题达1.5亿阅读量。

二、行业保持稳健快速发展,市场规模实现更大跨越

(一)年业务量突破800亿件,业务规模连续7年稳居世界第一

业务规模全球领先。2020年,我国快递服务企业业务量达到833.6亿件,同比增长31.2%,快递业务增量为198.4亿件,快递业务量及增量均创历史新高,增量规模接近200亿件,连续三年超过100亿件。我国日均快件处理量约2.3亿件,比2019年增加约0.6亿件。快递业务量是2010年的35.6倍,增速稳居现代服务业前列,是我国构建国内国际双循环相互促进的新发展格局的代表性行业。我国快递业务量超过美、日、欧发达经济体之和,占全球快递包裹市场份额的一半以上。我国快递业务量规模连续7年稳居世界第一,成为新冠肺炎疫情大流行背景下全球快递包裹市场发展的稳定器和动力源。

快递业务收入占比持续提升。2020年,快递业务收入完成8795.4亿元,同比增长17.3%。快递业务收入占邮政行业业务收入比重为79.7%,同比提高1.9个百分点。快递业务收入是2010年的15.3倍。快递业务收入增速远超同期国民生产总值增速。快递业成为拉动经济增长的重要动力,对扎实做好"六稳"工作、全面落实"六保"任务发挥重要作用。

使用频率明显增加。2020年,年人均快件使用量为59件,同比增加13.6件。人民生产生活对快递服务的需求度不断提升。快递成为百姓现代生活"新开门七件事"之一。

2011－2020年人均快递使用量

指　标	2011年	2012年	2013年	2014年	2015年	2016年	2017年	2018年	2019年	2020年
人均快递使用量(件)	2.7	4.2	6.8	10.3	15.0	22.6	28.8	36.4	45.4	59.0

（二）稳中求进，快递业务旺季服务保障能力继续稳步提升

2020年“双11”期间（11月1日—11日），各电商平台的系列促销活动带动了快递业务量的显著增长，全国邮政、快递企业共处理快件39.65亿件，其中11月11日当天共处理快件6.75亿件，同比增长26.16%，再创历史新高。

邮政快递业能够克服疫情影响，迎难而上重回高位增长区间，不仅得益于行业的快速复工复产，还得益于我国消费市场加快线上线下融合发展，快递作为线上消费最主要的交付渠道，电子商务的蓬勃发展成为快递业务量增长的主要来源，同时，三四线城市及农村等下沉市场增量较快，在消费者享受到经济网购服务的同时，也令快递市场获得了新的规模扩张。

2020年是自2010年以来，邮政快递业第11次系统组织迎战快递业务旺季。为全力满足广大人民日益增长的美好生活需要，做好旺季保障工作，全行业在人员、运力、场地、处理设备、信息系统等方面开展了大量准备工作，国家邮政局及时了解电商平台“双11”促销计划、快递服务保障措施以及快递企业备战情况，加强形势研判，通过印发工作方案、召开会议向全国各级邮政管理部门、主要快递企业总部和电商平台企业进行动员部署，组织企业做好运力储备。快递企业总部已经加强人员、运力、场地、处理设备、信息系统能力储备，改进国际快件清关运输等薄弱环节。企业新增了49万名临时用工人员、10万辆汽车和539万平方米处理场地，加大运能储备，新增高铁运快件线路。

国家邮政局提出坚持“全网不瘫痪、重要节点不爆仓，保畅通、保安全、保平稳”的“两不”“三保”要求不变，“错峰发货、均衡推进”的核心机制不变，统筹疫情防控与行业发展，统筹国内市场与国际市场，统筹前端与后端平衡发展，坚持防控与生产并重，坚持服务与安全并重，坚持发展与环保并重，努力打造有质量保证的“双11”、有安全兜底的“双11”。

做好快递包装绿色治理是邮政快递业的一项重要任务。国家邮政局指导企业深入贯彻落实《邮件快件绿色包装规范》，全面推进快递包装规范化，落实绿色化和减量化要求；引导和推动企业加强与电商经营者等上游用户的沟通衔接，减少二次包装；加大快递包装废弃物回收装置设置力度，积极通过回收装置开展质量完好快递包装的回收再利用工作。

2020年旺季期间，邮政快递业除了要克服天气变化等不利因素以外，还面临疫情防控的重大挑战。为此，在旺季服务开始之前，国家邮政局已经下发了并要求全行业坚决执行《疫情防控期间邮政快递业生产操作规范建议（第六版）》，从坚持做好预防工作、加强单位防疫管理、实行分区分级防控、加强人员健康防护、妥善应对疫情反弹、加强企业安全管理和完善支撑保障措施七个方面全面抓好常态化疫情防控。同时，针对部分国家疫情严重的形势，国家邮政局也要求加强对国际邮件互换局和交换站的监测，对国际邮件快件进行重点消杀，强化对冷链运输服务环节和医院、宾馆等揽投服务的管控。对部分地区可能发展的散发性疫情，要提前做好疫情防控预案。一旦疫情发生，要服从防控大局要求，在安全可控的情况下，尽最大努力保障旺季期间作业秩序，满足基本民生需求。

回顾整个“双11”，行业的服务保障呈现出三大特点：

一是发展规模连续跃升。11月，全国快递服务企业业务量完成97.3亿件，同比增长36.5%；业务收入完成959.4亿元，同比增长20.4%。1月—11月，全国快递服务企业业务量累计完成741亿件，同比增长30.5%。近3个月实现从500亿件到600亿件、再到700亿件的连续跃升，并直接带动全年业务量突破800亿件。受电商促销方式调整影响，“双11”业务量由“单峰”向“双峰”演变。11月1日—3日，快递业务量近13亿件，同比增长

141%;短暂回落后,11 月 11 日迎来峰值 6.75 亿件。

二是服务质量持续改善。快递有效申诉率为百万分之 0.2,改善幅度近三成。消费者快递服务满意度为 78.6 分,同比提高 0.4 分。重点地区 72 小时准时率为 70.1%,同比提高 1.4 个百分点。满意度、准时率和有效申诉率三项指标同步提升,表明行业旺季服务平稳有序,服务保障能力显著提升。快递企业通过大数据手段实现各环节流转可视化,创新集包直发、仓配协同、预售前置等模式,提升全链路时效。截至 11 月 19 日,“双 11”揽收快件妥投率超 95.5%,进度较往年提前一天,不断创出旺季快递新速度。

三是发展能力稳步提升。截至 11 月,快递支撑网络零售额接近 1.2 万亿元,同比增加超过 3000 亿元,劳动生产率和服务深度均稳步提升。“双 11”之前,快递企业大力增强要素投入,以网络为基础,以综合交通为手段,以科技为支撑,实现了全网不瘫痪和重要节点不爆仓,达到了“保畅通、保安全、保平稳”的“三保”目标。从末端配送看,“快递进村”工程持续推进,农村服务网络加速下沉,乡镇网点覆盖率接近 98%,为确保农村地区快件及时投递发挥重要作用。城市末端公共服务站达 10.9 万个,智能快件箱达 33.3 万组,无人车、无人机、智能驿站等新技术日渐普及,为缓解末端网点压力,提升投递时效发挥关键作用。从干线运输看,顺丰开通“武汉—法兰克福”等 2 条航线,圆通开通“杭州—新加坡”航线首航。中铁顺丰“北京西—汉口”首条整列装载 40 吨快件的复兴号高铁动车组线路投入运营;京东快递新增 30 余条高铁运输线路,在北京—上海、北京—武汉、武汉—广州、上海—郑州、广州—成都等主要线路上启用高铁货运专用车厢,单节车厢载量 4 吨,运输能力大幅提升;长三角铁路单日用于电商运输的高铁动车组列车最高达 245 列、旅客列车行李车 102 辆,为旺季提供了充足的运力保障。从处理能力看,全行业新增 539 万平方米处理场地和 1.6 万套分拣设备,通过设立前置仓、升级运转中心、增加自动化分拣设备等方式,有效提升全网效能。

(三)快递市场结构呈现三大突出特点

在主体结构方面,市场集中度维持高位。2020 年,快递市场集中度仍然维持在较高水平。快递与包裹服务品牌集中度指数 CR8 为 82.5,同比下降 0.3。优质资源加速向主要品牌快递企业集聚,形成 3 家年业务量超 100 亿件、收入规模超 1000 亿元的品牌快递集团。

在产品结构方面,畅通国内国际双循环作用凸显。一是异地快递保持强劲发展态势。业务量累计完成 693.6 亿件,同比增长 35.9%,比行业增速高 4.7 个百分点。业务量占比达 83.2%,连续两年超过 80%,成为推动快递业快速发展的主要引擎,促进产品技术要素跨区流动、畅通国内市场循环的能力稳步提升。

二是跨境快递发展平稳。国际/港澳台业务量累计完成 18.4 亿件,同比增长 27.7%。受新冠肺炎疫情全球大流行影响,国际供应链体系遭受重创,国际运能大幅收缩,我国快递企业为亚洲、非洲、欧洲、美洲和大洋洲的 100 多个国家运输抗疫物资,着力推动国际网络拓展,构建“快递出海”新通道。中国邮政、顺丰和圆通三家寄递企业的自有航空公司复航、开通国际航线,中越、中泰等陆运专线相继开通。快递企业加大海外仓、海外转运中心建设力度,加快当地组网进程,国际末端网络覆盖率有所提升。“快递出海”的加速推进,为支撑外贸企业转型升级,加快发展外贸新业态新模式提供重要助力,为国际供应链体系重建、稳外贸稳外资作出积极贡献。

在区域结构方面,区域均衡度持续改善。一是区域均等化程度改善。东、中、西部地区快递业务量比重分别为 79.4%、13.3%和 7.3%,业务收入比重分别为 79.6%、11.9%和 8.5%。与 2019 年同期相比,东部地区快递业务量比重下降 0.3 个百分点,快递业务收入比重下降 0.6 个百分点;中部地区快递业务量比重上升 0.4 个百分点,快递业务收入比重上升0.6个百分点;西部地区快递业务量比重下降0.1个百分点,快递业务收入比重基本持平。三大区域中,中部地区快递业加速崛起。除湖北外,中部其余省份快递业务量增速均超过40%。湖北累计快递业务量增速在11月实现由负转正,全年同比增长5.9%。

二是中西部地区成为全国快递业务量增速"高地"。从全年同比增速看,河北领跑全国,增速达60.7%。山西、辽宁、吉林、安徽、江西、山东、河南、湖南、云南、宁夏等10个省份增速超过40%,主要集中在中西部地区,成为全国快递业务增长的亮点。

三是极化效应显著。长三角和珠三角是我国快递业务的主要增长极。其中,广东快递业务量221亿件,浙江快递业务量179亿件,两省合计400亿件,占比接近全国的一半。两省快递业务量全年同比增速均高于同期全国增速。

行业服务能力保持稳步提升。

航空货运能力。2020年,行业自主航空运输能力明显提升,全行业专用货机从71架增加到124架。航空网络布局加快。中国邮政航空新增"郑州—韩国首尔""大连—潍坊—南京""上海—日本东京""郑州—日本东京""海口—南京""昆明—泰国曼谷""大连—韩国首尔""银川—南京"等航线;顺丰航空新增"深圳—日本大阪""深圳—三亚""深圳—马来西亚吉隆坡""无锡—新加坡""上海—日本东京""杭州—泰国曼谷""长沙—比利时列日""上海—克罗地亚萨格勒布""长沙—新加坡""西安—喀什""郑州—和田""武汉—日本大阪""太原—杭州""武汉—德国法兰克福""深圳—杭州—美国洛杉矶"等航线;圆通航空新增"石家庄—吉尔吉斯斯坦比什凯克""烟台—日本大阪""杭州—马来西亚吉隆坡""西安—孟加拉达卡""昆明—马来西亚吉隆坡""昆明—巴基斯坦拉合尔""石家庄—菲律宾马尼拉""杭州—日本东京""杭州—新加坡"等航线。

专栏:2020年主要快递企业航空运输情况

中邮速递 32架航空全货机覆盖全国,自主航空网连接国内外30多个节点城市。2020年,安全飞行38100余小时,实现第24个安全年。累计执行"战疫"航班176架次,累计运输各类防疫物资2550余吨,开通5条国际航线。

顺丰 现为国内机队规模最大的货运航空公司,机队规模突破60架大关。2020年,实现安全运行11周年,共计执行航班4.4万架次、运输货物超80万吨。开通多条防疫物资运输航线;执飞北京大兴国际机场自2019年9月25日正式启用以来的首个全货运航班;开通"深圳—杭州—洛杉矶"国际航线,货运航线网络首次通达北美;"双11"期间单日最大航班量达188个,突破历史最高峰值;位于鄂州机场的基地一期工程正式动工开建。

圆通 国际国内航线累计开通近百条,基本搭建起覆盖中国至日韩、东南亚、南亚、中亚等区域的国际航线网络。"双11"期间,自有货机共执行班次316班,运输总货量近4000吨,同比增长均超过60%。其中,圆通国际空运业务量同比增长近300%。

铁路运输能力。高铁快递发展迅速。2020年,高铁快运服务能力再创新高,常态化使用高铁载客动车组列车1732列,确认车24列,在240个车站开办业务。中欧班列(重庆、义乌)运输邮件、快件业务顺利拓展,班列产品寄达36个国家。重庆顺利完成国内首次通过中欧班列运输进口国际快件的测试工作。中国邮政开通烟台—长沙、烟台—成都"樱桃高铁邮路",实现"航空+冷链+高铁"多管齐下、陆空邮路无缝对接的高效运输。顺丰联合中铁快运上线"公铁联运+即日达产品",成渝间实现最快6小时寄递送达。中铁顺丰完成国内首条"复兴号"动车组整列装运快件试运行

(北京西—武汉汉口),“高铁极速达”线路已达1437条、1048个车次,覆盖全国80个城市、93个车站。京东快递“特快送”产品“双11”期间新增30多条高铁快运线路,在北京—上海、北京—武汉等主要城市间,利用单节可载重4吨的高铁动车组预留车厢,使运输能力提升近10倍。中铁快运联合东航物流推出空铁联运服务,实现铁路和航空货运网络高效链接、协同共享,以北京首都国际机场为航空枢纽中心,以铁路旅客列车行李车为主要运输工具,探索搭建辐射整个东北地区沿线城市的空铁联运网络,实现铁路和航空货运网络的双网合作共赢,具有不受天气影响、安全准时、沿线多点操作、环保等优势。

公路运输能力。2020年,公路运输仍是快件运输的主力方式。新能源和清洁能源车辆保有量达4.69万辆。快递企业加大车辆自营化力度,依托快递大数据系统,优化路由网络;继续与公路运输企业合作,推进偏远地区公路客运班车代运快件试点,探索快件共同运输模式,提高快件公路运输效能;跨境陆运能力增强,开通中泰陆运专线和中越国际公路运输线路,提升东盟快递服务能力。申通购置200台牵引车头和140台半挂车,着力增强陆运能力。

分拨能力。中端规模经济效应显现。2020年,全国建成自动化大型分拨中心374个,行业自动化分拣率稳步提高。以分拨中心为核心功能区的快递园区服务功能逐步拓展,从快件分拣向仓配一体化发展,从寄递拓展加工、包装等服务,涌现了一批综合型快递物流园区。

快递企业加强在全国各地新建、改扩建分拨中心,大力推广全自动分拣技术,购置自动化设备。加盟制快递企业加强分拨中心直营化,提高网络掌控力度。顺丰的重庆产业园、天津全自动快递中转枢纽、粤东智慧供应链科技创新总部基地,中通的东盟跨境(南宁)智慧物流产业园、陕北(延安)快递产业园、贵州黔北分拨中心、供应链创新中心、川南分拨中心,韵达的涪陵基地、台州三门产业园、西安蓝田快递物流分拨中心一期工程,圆通的北方总部基地、江苏/黑龙江/河北创智园,申通的内蒙古首个智慧电商物流园,百世快运的湖南分拨中心,德邦的西南总部基地、辽宁总部智慧产业园、厦门智慧物流产业园,苏宁的跨境电商全国枢纽、环上海电商产业园、华南冷链总部等等纷纷布局建设、投产启用;京东物流的廊坊经济开发区“亚洲一号”仓、北斗新仓、郑州“亚洲一号”仓,苏宁物流的5G无人仓等智慧仓储正式投产,通过自动化存储、一体化拣选、AI技术加持、智能分单优化等技术应用,实现操作流程提效。

顺丰针对快件进行差异化处理,研发并批量交付了单件分离系统、小件无人供上件、错分检测、基于自动托盘机器人自动化处理、智能装卸平台等创新产品,实现了快件卸车、供件、分拣、装车等全流程无人自动化落地,大幅提升操作效率,有效节约人力投入成本。中通各地分拨中心累计新增自动化分拣设备近40套,超过30个分拨中心新增库房,并在湖北鄂州、江西吉安、四川自贡等多地增设分拨中心。其中,深圳分拨中心单套自动化分拣设备每小时最高处理7.2万件快件,效率提升80%;成都转运中心先后投用了7套小件交叉带自动分拣机、27条大件摆轮自动分拣线以及57套DWS动态称重设备,大幅提升快件中转操作效能,保障快件及时、规范地得到中转。在中通自购土地建设的分拨中心内,楼上仓储、楼下分拨的“上仓下配”模式在全国推广,仓配一体化服务使用户可以有效降低物流成本,大幅提升物流效率。韵达利用信息化技术优势对自动化分拣设备赋能、升级和改造,进一步提升分拣时效。圆通超过30个分拨中心完成改扩建,全面推进基础能力建设和数字化转型。申通推进“自动分拣小黄人”“伸缩式皮带输送机”等产品研发和应用,在新建及改扩建分拨中心场地投入多种自动化设备。其中,上海智慧物流示范基地大量引入自动化分拣、装车伸缩机、卸货机、六面扫全动态秤等设备。百世越南胡志明市分拨中心配备小件交叉带自动分拣系统、矩阵自动分拣系统等先进物流设备，最大日处理单量达 100 万件；泰国曼谷转运中心新增自动分拣线、五面扫 DWS 等设备，日处理量较此前翻番。

末端服务能力。国家邮政局印发推进智能快件箱（信包箱）建设指导意见，推动在国务院老旧小区改造工程政策文件中将智能快件箱及公共服务站作为提升类和完善类项目纳入改造范畴，2020 年，全国累计建成快递末端公共服务站 11.4 万个，布放智能快件箱（信包箱）40 万组。

快递企业在疫情期间积极推广定点收寄、定点投递、预约投递、智能快件箱投递等经验做法，协同各地社区做好小区快件取件点的日常管理，大力推广"无接触投递"和"固定区域、固定人员"投递方式；不断深耕细分领域，提升个性化服务水平，依托仓群网络、供应链一体化、库存管理，在寄递服务基础上丰富增值服务，进一步提升末端服务价值。快递末端公共服务平台建设稳中有进，共同配送探索前行，多元便捷共享的末端服务格局更好满足人民寄递需求。河北、山西、内蒙古、上海、福建、陕西、新疆等省（区、市）局积极推动地方政府支持末端服务体系建设。全国 316 个城市出台末端车辆通行政策，覆盖率超过 90%。

顺丰同城急送入驻拉萨，深耕本地生活服务，实现全城平均 1 小时送达，有效满足即时配送需求。申通大力推广自建末端门店"喵站"，通过打造"驿站+快递柜"的组合模式，增强末端服务能力。京东全国首个高端商务楼宇一站式取送服务中心——小蜜蜂智慧服务中心落户北京，为高端楼宇、封闭社区等场所，提供包括快递、外卖、洗衣、送菜等在内的综合取送服务；国庆期间在全国近 2000 个景点增设快递揽收点，推出假期寄递专项保障方案；"特快送"全面升级，快递员最快 1 小时内可上门取件。菜鸟驿站在线设置是否存放驿站、快件派送前"知心选"、快件首次进入驿站前电话征求许可和智能快件箱自主设置等举措，探索满足用户线上购物快递选择权。

科技创新水平。智能安检、智能视频监控、智能语音申投诉系统和通用寄递地址编码"三智一码"重大科技项目攻关取得积极进展。推广应用北斗导航系统。国家邮政局制定新型邮政业标准体系，规范标准审查管理，制修订《快件航空运输信息交换规范》《快递服务制造业仓配信息交换规范》等 11 项国家和行业标准。快递企业积极应用大数据、云计算、移动互联网、物联网、区块链、人工智能等新技术，加强科技自主研发，完善科研项目管理方式，培育联合实验室等创新实体，大力促进基层创新工作，科技创新氛围进一步增强；加快实施数字规划、信息化规划和数据规划，强化科技创新成果应用，推动创新转型和智慧成长；加强应用系统自主研发和平台搭建，强化业技融合，进一步实现科研成果敏捷迭代快速试点，探索推进无人机、无人驾驶、无人分拨、智慧网点、智能系统建设，推动科技赋能、信息化建设向综合化、智能化方向突破，打造发展新动能；网络能力建设进一步加速，信息化建设速度和效果进一步提高，"智能+"科技赋能效果明显提升，标准体系建设持续推进，操作智能化、流程自动化、管理精细化进一步加强。

顺丰旗下末端服务平台"驿收发智慧驿站"推出智能配送机器人"小优"，打造"自动化派送、自主搭乘电梯、错峰服务、云呼通知、取件码快速取件"等综合服务功能；FH-98 大型无人机完成首次载货飞行，成功搭载内蒙古鄂尔多斯阿尔巴斯羊肉试飞，为打通国内干线与直线的航空物流新通道奠定基础；FH-100 大型无人直升机顺利试航，助力奉节脐橙"出山"，大规模启用多种无人机运输舟山海鲜，运输效率提高 15 倍。韵达在浙江桐庐张家坞村完成 5G 无人机首飞，实现快件直投到村。京东物流联合金龙客车共同发布自动驾驶物流车量产产品——DIDO，全面满足社区、园区等多场景物流配送、使用需求；与江苏常熟在自动驾驶技术应用方面开展深入合作，并已在常熟正式启动城市级无人配送项目落地运营；"京蜓"自转旋翼支线物流无人机成功首飞，是国内首款具有舱内空投功能的载重数百公斤级无人机。菜鸟驿站在全国站点布置近2万台无人取件机，覆盖近150座大中城市，无人车"扩编"，为更多小区和高校送货上门。

（四）快递备受资本市场青睐

2020年，我国快递领域投融资主要投资的领域集中在智慧物流、同城配送、合同物流、仓储、跨境物流等领域。6家快递企业纳入明晟指数，中通赴港二次上市。线上消费蓬勃发展带来的需求确定性，电商需求仍将保持中高速增长，农村市场潜力进一步释放，快递企业战略合作密集推进，为行业保持长期稳定增长奠定了良好基础。受线上消费替代效应持续加强和行业在畅通物资流动方面的作用不断增强影响，以及国家政策支持和行业在助力产业链复工复产中的重要作用，资本市场对快递业增长的预期较为稳定。在资本市场推动下，快递市场要素集聚不断加速，行业快速发展的基本面仍将持续向好。

三、行业发展环境持续优化，发展态势稳中向好

（一）不断优化发展环境，扎实有力服务国家重大战略

一是法规标准体系逐步健全。推进立法与执法监督。制修订邮政业寄递安全监督管理办法、邮政行政执法监督办法等部门规章和邮政行政处罚程序规定等5个规范性文件。内蒙古、辽宁、广东和厦门等地出台地方法规规章。深度参与涉寄递企业收费公路制度改革政策制定，在全面摸底调研基础上推动出台以邮政行业为参照的车辆计费政策，邮政快递车辆通行整体实现"提速不提价"。印发智能快件箱（信包箱）建设指导意见，推动在国务院老旧小区改造工程政策文件中将智能快件箱及公共服务站作为提升类和完善类项目纳入改造范畴。

二是规划引领效果明显。国家高度重视快递业发展，先后出台多项政策促进行业发展，涉及快递下乡、交邮协同和绿色发展等领域，行业高质量发展的政策环境持续优化。联合有关部门印发促进粤港澳大湾区邮政业发展的实施意见。推动出台雄安新区邮政业发展规划。参与编制长江三角洲地区交通运输更高质量一体化发展规划。加快落实长江经济带、黄河流域生态保护和高质量发展、成渝地区双城经济圈等重大战略任务。组织25个"中国快递示范城市"高质量开展创建工作。与上海市、安徽省政府签订战略合作协议，参与自贸区方案和自贸港政策设计并落实相关任务，有效服务地方经济发展。

落实交通强国战略，印发邮政强国建设行动纲要，参与编制国家综合立体交通网规划纲要，统筹邮政快递枢纽布局。有力推进"十四五"规划编制和衔接。出台贯彻落实新时代加快完善社会主义市场经济体制意见实施方案等政策，参与城镇老旧小区改造、以新业态新模式引领新型消费加快发展等一批重要政策制定。推动36项涉邮惠企政策落到实处，全年为企业减免税费和争取补助等超百亿元。深入落实快递与电子商务协同发展有关政策，联合举办"双品网购节"，带动新型消费超3800亿元。

三是持续深化"放管服"改革。取消经营境内邮政通信业务审批。向浙江自贸试验区委托下放国际快递业务经营许可审批事项。包容审慎推进新业态监管，智能快件箱、服务站许可工作全面推开，仓递一体化许可工作取得实质性进展。为7000余家企业集中办理许可延续。推动完善收费公路制度改革政策，整体实现邮政快递公路运输"提速不提价"。6项邮政政务服务纳入"跨省通办"清单，推行全程网办。

四是"快递进村"成效明显。"发展农村快递业务"被写入政府工作报告，制定三年行动方案，实施三步走战略，探索出6种路径模式同步发力。在6省（区）和15个城市开展全国试点，在山东济宁召开试点工作交流会。全国乡镇快递网点覆盖

率达98%，基本实现"乡乡有网点"；55%建制村实现快递直投到村。内蒙古、黑龙江、江西、四川、西藏、甘肃、青海等地推进邮政快递合作取得显著成效。快递加速嵌入现代农业产业链，形成年业务量超千万件的"快递+"金牌项目共60个，山东省以12个项目位居全国首位。快递有力服务决战决胜脱贫攻坚，110个脱贫摘帽县形成122个年业务量超10万件的"一县一品"项目，河北平泉1800万元农产品销售任务顺利完成。

坚决打赢脱贫攻坚战。大力推广产业扶贫模式，邮政快递企业在贫困县培育出年件量超10万件项目259个。积极扩大就业扶贫效果，全年为农村地区新增就业岗位15万个。切实担负起定点扶贫政治责任，提前超额完成6项任务指标，国家邮政局为河北省平泉市直接投入和引进资金8000余万元，帮助销售农特产品2300余万元。国家邮政局党组成员深入6个深度贫困村开展挂牌督战。全系统先后选派扶贫挂职干部339人，帮助建档立卡贫困户实现劳务就业4022人，助力脱贫6.8万余人，为打赢脱贫攻坚战交出了满意答卷。

五是"快递进厂"取得突破。会同工信部出台快递与制造业深度融合发展意见。培育中国重汽等重点项目，以汽车、消费品、电子信息、生物医药等为重点领域开展供应链服务。启动快递服务汽车行业指引编制。全国累计形成业务收入超百万元的快递服务制造业项目1087个，支撑制造业产值8340.4亿元。服务先进制造业能力不断增强，全国建成自动化大型分拨中心374个，行业自动化分拣率稳步提高。河北、山东、湖北快递服务制造业的业务量位列全国前三。

六是"快递出海"稳步推进。统筹优化进出境快件处理中心建设，推动加强国际航空运力投入，拓展日、美、欧专线航班和海运渠道，支持重点企业加强欧、美、东南亚海外仓建设，行业运输结构进一步优化。黑龙江局与海关部门正式签署合作备忘录推进"快递出海"，重庆成功开展中欧班列运输快件试点，湖北国际快递物流核心枢纽加速建设。

（二）供给侧结构性改革深入推进，推动高质量发展取得实效

一是基础能力建设不断加强。全国建成快递末端公共服务站11.4万个，布放智能快件箱（信包箱）40万组。河北、山西、内蒙古、上海、福建、陕西、新疆等省（区、市）局积极推动地方政府支持末端服务体系建设。

二是产业融合深入推进。"两进一出"工程逐渐成为行业高质量发展的重要抓手、衔接地方经济社会发展的重要纽带，有效服务京津冀协同发展、长江经济带发展、粤港澳大湾区建设、长三角一体化、成渝地区双城经济圈发展，在政府、企业、社会等层面形成广泛共识。浙江、江西、广东、重庆开展"两进一出"工程试点，省（市）政府专门下发实施意见，明确支持保障政策。

三是科技标准水平明显提升。修订邮政业应用技术研发指南。认定第二批行业技术研发中心。开展第二届行业科技奖评选。智能安检、智能视频监控、智能语音申投诉系统和通用寄递地址编码"三智一码"重大科技项目攻关取得积极进展。推广应用北斗导航系统。制定新型邮政业标准体系，规范标准审查管理，制修订《快件航空运输信息交换规范》《快递服务制造业仓配信息交换规范》等11项国家和行业标准。

四是从业者合法权益保障有效加强。切实维护快递员合法权益。重点推动快递员权益保障长效机制建设。试点开展快递末端结算指引工作。深入开展"暖蜂行动"和"快递从业青年服务月"等活动，各地出台关心关爱快递员文件600余份，组织慰问2500余次，新增爱心驿站等服务阵地9500余家，为快递员免费体检和义诊8万余人次。上海、安徽、广东、宁夏等地累计为快递员争取公租房廉租房4000余套。

（三）全面推进快递包装治理，绿色发展取得积极进展

一是超额完成"9792"工程任务。全行业45

毫米以下瘦身胶带使用率达96.4%,电商快件不再二次包装率达72.1%,可循环中转袋全网应用率达93.8%,新增5.6万个邮政快递网点设置包装废弃物回收装置,全行业新能源车辆达4.89万台。

二是法规标准政策体系逐步健全。在固废法以及《邮政业寄递安全监督管理办法》中增加行业生态环保条款。联合国家发展改革委等8部门联合印发《关于加快推进快递包装绿色转型的意见》,推动交通运输部出台《邮件快件包装管理办法》。印发《邮件快件绿色包装规范》《快递包装产品绿色认证技术要求》等标准规范,推动出台《绿色产品评价　快递封装用品》等12项标准,建立快递包装绿色产品认证制度。北京、天津、上海、江苏、江西、广东、甘肃、宁夏8省(区、市)局和秦皇岛、大连等22个地市局积极推动地方政府落实邮政业污染治理属地责任,争取地方财政资金支持。

三是监督管理工作有力开展。坚持信息报告和通报制度,压实监管责任和企业主体责任。开展重金属及特定物质超标包装袋专项治理和行业塑料污染治理,持续组织生态环保评价。指导寄递企业做好绿色采购、绿色网点、绿色分拨中心、行业生态环保城市建设试点工作。组织落实邮政用品用具生产企业核查和抽检。加大执法力度,开展生态环保执法案件评议,全系统生态环保行政执法案件共计172起。

四是协同共治稳步推进。联合市场监管总局推进快递包装产品绿色认证体系建设,发布认证目录,在"国际认可日"组织"人人使用绿色快递 共享低碳环保生活"快递包装绿色产品认证推进活动,鼓励引导快递企业使用新型环保包材料。会同生态环境部、财政部印发《快递包装政府采购需求标准(试行)》,推进政府绿色采购。联合市场监管总局等7部门印发指导意见,推进快递绿色包装标准化工作。积极参加国家发展改革委、生态环境部等10部委塑料污染治理联合专项行动,对上海、浙江等10省(市)邮政快递业塑料污染治理情况进行督导。组织开展绿色产品、绿色技术和绿色模式公开征集,举办绿色产品供需对接展会和论坛,推动5家品牌企业总部成立了绿色包装实验室。充分听取社会环保组织、媒体专家代表意见建议,组织开展"邮来已久、绿动未来"主题宣传。

(四)不断夯实安全基础,防范遏制重特大事故

一是平安寄递建设扎实推进。把维护国家政治安全放在首位,抓好寄递领域重大安全风险防控。成立邮政业平安中国建设领导小组,制定平安寄递建设实施方案,寄递安全纳入平安建设考评,作为各地平安创建工作质效评价重要内容。持续提升安全基础保障能力,广西、海南、云南3省(区)和45个地市新成立安全中心,总体覆盖率分别达到87%、35%,三级安全中心服务支撑保障作用全面加强。江苏、浙江、安徽、福建、山东、湖南6省实现省、市两级安全中心全覆盖。

二是扎实开展安全生产专项整治三年行动。围绕"从根本上消除事故隐患",集中整治违法寄递危化品和野生动物、违章生产作业、快递末端车辆事故多发等突出问题,排查安全隐患1万余处。持续开展涉枪涉爆隐患集中整治,做好反恐禁毒、打击侵权假冒、"扫黄打非"、打击整治网售仿真枪等专项行动。严格芬太尼类物质寄递管控,联合国家禁毒办出台寄递渠道禁毒专门文件,24个省份已出台配套落实文件。黑龙江、上海、重庆将行业整治方案以独立子方案形式纳入地方总体方案。河北多部门联合出台寄递渠道网格化管理意见。浙江、四川多部门联合出台防范打击寄递渠道毒品犯罪意见。广东汕尾局荣获全国禁毒工作先进集体表彰。

三是不断提升本质安全水平。完善实名收寄、收寄验视、过机安检三位一体防控模式,推进寄递风险综合防控信息平台建设、视频联网和安检机联网,开展实名收寄信息异常和快递"刷单"问题整治。层层建立政企安全生产协调机制,强

化安全事故问责追责，建立安全生产约谈、通报、致警示函等制度，开展第三轮企业总部督导，国家局先后4批次约谈7家总部企业。西藏局为县级邮政快递网点安检设备配备争取地方全额财政补贴。

四是着力加强应急管理基础建设。推动行业应急管理工作融入国家应急管理体系，29个省份完成应急预案优化。加强安全监测预警。圆满完成全国“两会”、中国国际服务贸易交易会、第三届“进博会”、“双11”旺季等重大活动和重要节点安全服务保障任务。积极应对台风等各类极端天气和自然灾害，全行业整体运行安全稳定。

（五）创新和完善监管方式，营造公平有序市场环境

一是全面落实“双随机、一公开”监管。印发安全监管委托行政处罚文件。出台随机抽查工作规程、健全“两库”、优化事项清单，明确17大类抽查事项和91项抽查内容，推进“照单履职”。全年执法9.1万人次，检查单位5.8万家，办理案件4548起，罚款3517万元。广东、浙江、山东、河北4省结案数量均超过300件。建立快递企业总部重大经营管理事项风险评估和报告制度，加强对企业重大经营管理决定的监管。落实企业总部统一管理责任，首次适用《快递暂行条例》对企业总部进行处罚。持续规范集邮市场经营秩序，加大对违法发行集邮票品行为的查处力度。

二是持续推进信用监管。实行“一企一档”信用管理，覆盖1.5万家许可企业和7.2万个分支机构，分别占比达75%和91.5%。加大企业信用信息公示力度，及时公开企业经营许可及备案信息，出台用户申诉处理办法，定期发布快递发展指数、服务满意度调查和时限测试结果、用户申诉处理情况。开展快递法人主体信用评定。快递协会推动加强行业自治，助力行业信用体系建设。浙江快递业监管纳入全省信用建设工作要点。天津、江苏信用监管效果逐步显现。

三是全面强化“互联网+监管”。基本完成“绿盾”工程一期建设，建成北京、合肥“一主一备”两个现代化数据机房，建设278个安全监控中心，配备892套现代化执法装备和421套应急指挥设备，完成邮政管理系统信息基础设施底盘搭建。建成云计算平台、大数据管理平台和大数据中心，6大类22个应用系统上线试运行，基本实现“五可”目标。

四、快递服务评价体系继续完善

2020年，以服务满意度、时限准时率等为主要指标的快递服务质量评价体系持续完善。为加强快递服务质量监测，客观反映企业服务水平，促进快递业发展质效提升，国家邮政局组织第三方机构对2020年快递服务满意度进行了调查，对全国重点地区快递服务时限准时率进行了测试。

（一）快递服务总体满意度保持稳定

2020年快递服务满意度调查范围覆盖50个城市，包括全部省会城市、直辖市以及19个快递业务量较大的重点城市。具体为：北京、天津、石家庄、太原、呼和浩特、沈阳、长春、哈尔滨、上海、南京、杭州、合肥、福州、南昌、济南、郑州、武汉、长沙、广州、南宁、海口、重庆、成都、贵阳、昆明、拉萨、西安、兰州、西宁、银川、乌鲁木齐、大连、苏州、无锡、宁波、金华、温州、芜湖、厦门、泉州、青岛、洛阳、株洲、深圳、东莞、中山、揭阳、桂林、遵义和宝鸡。

调查对象为2019年国内快递业务量排名居前且体现主要市场份额的10家全网型快递服务品牌。包括：邮政EMS、顺丰速运、圆通速递、中通快递、申通快递、韵达速递、百世快递、京东快递、德邦快递和天天快递。

调查由2020年使用过快递服务的用户对受理、揽收、投递、售后和信息5个环节进行满意度评价。通过计算机辅助电话访问和在线调查等方式，共获得有效样本7.58万个。时限测试采用系统抽样测试和问卷调查方式，测试的业务范围为异地快件，共获得有效样本约480万个。

调查显示,2020 年,快递服务总体满意度得分为 76.7 分,较 2019 年下降 0.6 分。其中,公众满意度得分为 84.2 分,较 2019 年上升 0.2 分;时限测试满意度得分为 69.2 分,较 2019 年下降 1.3 分。"十三五"期间,快递服务总体满意度较"十二五"末期提升 2.7 分,公众满意度提升 3.7 分。其中,总体满意度在 2016 年至 2019 年连续四年上升,公众满意度实现五连升。

快递企业总体满意度排名依次为:顺丰速运、京东快递、邮政 EMS、中通快递、韵达速递、百世快递、圆通速递、申通快递、天天快递、德邦快递。其中,公众满意度排名依次为:顺丰速运、京东快递、邮政 EMS、中通快递、圆通速递、韵达速递、德邦快递、百世快递、申通快递、天天快递。

公众满意度方面,涉及评价的 5 项二级指标中,除售后服务得分下降外,受理、揽收、投递与信息服务 4 项指标得分均上升。其中,受理环节满意度得分为 88.8 分,较 2019 年上升 0.2 分;揽收环节满意度得分为 88.2 分,较 2019 年上升 1.5 分;投递环节满意度得分为 87.0 分,较 2019 年上升 0.8 分;售后环节满意度得分为 70.1 分,较 2019 年下降 3.2 分;信息服务满意度得分为 87.2 分,较 2019 年上升 0.5 分。

在总体满意度提升的同时,售后服务的短板还有待补齐,售后服务的主动性需要提高,投诉处理的规范性、透明性、便利性需要加强,损害赔偿的标准应当更加明确。

在涉及评价的 22 项三级指标中,得分较高的指标是:普通电话下单、物流信息及时性和准确性、揽收员服务、网络下单、封装质量、上门时限、派件员服务、送达质量。得分上升幅度较大的指标是:揽收员服务、送达质量、派件员服务、费用公开透明、普通电话下单。得分降低的指标是投诉处理服务、统一客服下单。

在受理环节,普通电话下单、统一客服下单、网络下单、公共服务站下单满意度得分分别为 91.1 分、85.5 分、89.6 分、87.1 分,除统一客服下单的服务公众满意度得分有所下降之外,普通电话下单、网络下单、公共服务站下单较 2019 年均有上升。用户下单渠道更加多元,快递网点受理功能进一步弱化。

在揽收环节,上门时限、封装质量、揽收员服务满意度得分分别为 88.3 分、88.3 分、89.6 分,与 2019 年相比均有上升;其中,揽收员服务满意度得分上升明显。用户对费用公开透明满意度为 86.5 分,较 2019 年上升 1.2 分。

在投递环节,时限感知、送达质量、送达范围感知、派件员服务满意度得分分别为 85.8 分、88.0 分、86.2 分、88.1 分,与 2019 年相比均有上升。智能快件箱投递满意度得分为 85.7 分,较 2019 年下降 0.9 分。公共服务站投递满意度得分为 85.6 分,较 2019 年有所上升。

在售后环节,问题件处理服务满意度得分为 70.1 分,较 2019 年上升 0.1 分,趋于稳定;投诉服务满意度得分为 52.0 分,较 2019 年下降明显;发票服务满意度得分为 84.9 分,与 2019 年持平。

在信息服务环节,物流信息及时性和准确性、全程信息推送、个人信息安全保护满意度得分分别为 90.0 分、85.4 分、85.8 分,与 2019 年相比均有小幅上升。

在不同区域中,中部地区服务表现最好,满意度得分连续 5 年稳步上升;西部地区服务表现较 2019 年上升幅度最为明显;东部地区服务表现较 2019 年有所下降。中、西部地区满意度得分继续上升,表明"快递下乡"成效继续显现。用户对城市寄往农村及偏远地区快递服务的满意度得分为 81.5 分,较 2019 年上升 1.1 分。2020 年快递服务公众满意度得分居前 15 位的城市是:宝鸡、长春、漯河、银川、太原、临沂、合肥、兰州、芜湖、乌鲁木齐、呼和浩特、泉州、桂林、武汉、海口。

2020 年度调查中,还对部分与快递服务紧密相关的事项进行了抽样调查。在快递员上门取件准时率用户感知方面,61.9%的受调查用户感知到快递员上门取件准时率上升。用户对投递环节快件签收落实服务满意度得分为87.0分，较2019年上升0.5分；用户对未妥投处理服务的满意度得分为86.4分，较2019年略有下降。调查还显示，快递企业在应对旺季高峰期、春节假期等特殊时期的服务保障能力进一步增强。2020年，用户对特殊时期快递服务满意度得分为83.9分，较2019年上升0.5分，特殊时期服务持续优化。

（二）快递服务时限水平略有下降

受新冠肺炎疫情影响，2020年，全国重点地区快递服务全程时限为58.23小时，较2019年延长2.03小时。72小时准时率为77.11%，较2019年降低2.15个百分点。从月度情况看，1—3月受到显著影响，全程时限明显延长，72小时准时率显著下降。自4月开始，随着复产复工的效果显现，逐步接近正常水平。“十三五”期间，全程时限较“十二五”末期缩短0.48小时，72小时准时率提升1.58个百分点。

10家品牌的全程时限和72小时准时率排名均为：顺丰速运、邮政EMS、京东快递、中通快递、韵达速递、百世快递、申通快递、圆通速递、天天快递、德邦快递。

在各环节中，寄出地处理环节平均时限为8.78小时，较2019年缩短0.16小时；运输环节平均时限35.88小时，较2019年延长2.22小时；寄达地处理环节平均时限为9.02小时，较2019年缩短0.07小时；投递环节平均时限为4.55小时，较2019年延长0.03小时。四个环节中，寄出地处理和寄达地处理环节时限均有改善，运输环节时限有所延长，投递环节时限基本稳定。

在不同区域中，全国寄往东部地区的快件平均时限为53.51小时，较2019年缩短2.05小时；全国寄往中部地区的快件平均时限为58.42小时，较2019年延长0.80小时；全国寄往西部地区的快件平均时限为68.60小时，较2019年延长4.97小时。

2020年10家快递服务品牌主要时限指标排名表现

时限指标快递品牌	全程时限	寄出地处理时限	运输时限	寄达地处理时限	投递时限	72小时准时率
顺丰速运	1	1	1	1	1	1
邮政EMS	2	3	2	2	5	2
京东快递	3	6	3	4	2	3
中通快递	4	5	4	6	4	4
韵达快递	5	2	5	3	6	5
百世快递	6	4	6	5	7	6
申通快递	7	8	7	8	3	7
圆通快递	8	7	8	7	8	8
天天快递	9	9	9	10	9	9
德邦快递	10	10	10	9	10	10

五、人才队伍建设不断加快

组织开展邮政体制改革以来全国邮政行业首次先进集体、劳动模范和先进工作者评选表彰。实施职业技能培训“246”工程，培训29.3万余人次。全年8354人通过快递工程技术人员职称评审，其中高级职称75人。扎实开展快递运营职业技能等级证书制度试点工作。推进邮政学科建设，四所现代邮政学院在校学生近4000人，全国邮政行业人才培养基地达30所。组织高校毕业生网络招聘，提供就业岗位1.3万余个。举办第五届全国“互联网+”快递大学生双创大赛。

六、加强国际和港澳台合作交流

积极参与万国邮联治理体系改革，持续推进万国邮联“三项”竞选和中欧班列邮快件运输工作。举办第十一届高级别中日邮政政策对话。参与区域全面经济伙伴关系协定（RCEP）等双多边谈判，推动将加强邮政快递领域合作纳入与有关国家共建“一带一路”合作规划。成功召开第三届内地与港澳邮政高峰会，达成四项共识。做好邮政领域对台工作。

七、市场主体积极投身公益事业 传递行业正能量

2020年，邮政企业和各快递企业在努力提升快递服务质量和水平的同时，积极履行企业社会责任，参与各种公益活动，回报社会，传递爱心和行业正能量。

中国邮政积极持续推进组织开展各类公益活动。

中国邮政集团有限公司电商分销局组织开展“邮我出手，为鄂拼单”公益活动，并通过中国邮政“微邮局”、中国邮政App、中国邮政网上营业厅进行发布，旨在解决湖北农产品滞销难题，拓宽湖北省农产品产销渠道，支持湖北农业生产经营主体恢复生产，提振消费信心。

广东省邮政分公司积极助力该省妇联、省卫健委、省妇女儿童基金会联合开展的“您家的菜我来送”“您的健康我呵护”一系列关爱援鄂医疗队员及其家庭的爱心公益活动，主动提供蔬菜、慰问品免费寄递服务。

河南省邮政分公司在驻马店市西平县，联合新华保险开展了“助力夏粮·关爱保障”爱心捐赠公益活动，向驻马店市1000余名夏粮收割机手捐赠人身意外保险，总保额超过8100万元。

四川省成都市邮政分公司积极助力当地慈善事业的发展，勇于承担社会责任，从2017年“成都邮政爱心基金”成立至2020年，该分公司通过多种方式对成都困难儿童、学生展开关爱帮助，已累计覆盖全市200余所学校、20万余名学生和儿童。

江苏省阜宁县邮政分公司围绕服务县内少年儿童，开展了为期20天的“争做育苗园丁，播撒绿色希望”志愿服务活动。活动中共有102名邮政员工通过不同方式，为结对少年儿童做好事76件，通过创建志愿邮路、搭建社会实践平台、推进学生阅读等方法，帮助了当地留守儿童及其他学生，收到较好的社会效果。

江苏省昆山市邮政分公司承办新时代文明实践再出发“爱邮梦想　全面小康”爱心包裹项目暨2020年《昆山市民生活手册》万家派送活动。“文明城市创建宣传邮路”志愿者服务队派送30万册《昆山市民生活手册》。

江苏省常州市金坛区邮政分公司妇联组织20余位“邮妈妈”前往当地西岗、直溪、薛埠、西阳四所中、小学看望了45位结对帮扶“孩子”。“邮妈妈”们为孩子准备了精心挑选的礼物，并赠送给每位孩子一份“中小学生平安保险”。“邮妈妈”还与孩子们亲切交流，关心他们生活学习情况，分享成长的趣事，勉励他们成人成才，从而搭建起邮校互通的桥梁。

山西省晋中市邮政分公司走进革命老区左权县桐峪镇白家庄村开展“健康扶贫 情暖老区”公益活动，为村里123位中老年人免费提供价值20万元的医疗体检服务和药品、保健品、日用品等。

江苏省泰州市邮政分公司积极弘扬和践行志愿服务精神，逐步形成了有邮政特色的志愿服务品牌。

顺丰重点围绕推动教育发展、儿童医疗救助、扶贫济困等公益领域开展业务活动，主要公益项目有顺丰莲花助学、顺丰暖心、顺丰莲花小学、顺丰凉山爱心班等。

顺丰莲花助学项目启动于2012年，主要致力于为贫困高中生提供经济资助，以及开展夏令营、梦想分享会、班主任计划、陪伴人计划、反哺计划等陪伴支持项目。2020年，顺丰莲花助学项目在全国39个项目县新增资助学生3826人。2020年，顺丰莲花助学共计支出4414.5万元(含抗疫助学金1401.3万元)。

顺丰莲花小学项目成立于2013年，支持对象除了贫困山区农村小学生之外，也惠及山区老师群体。截至2020年底，顺丰基金会参与建设的10

所顺丰莲花小学全部竣工。此外，顺丰基金会组织反哺计划大学生在贵州、湖南、甘肃三省的5所顺丰莲花小学开展27天的乡村夏令营活动，共计53名大学生参加活动，为342名小学生提供教育支持。截至2020年底，顺丰莲花小学项目共计投入建校工程款1862.6万元。

顺丰凉山爱心班是顺丰自2010年开始与凉山州玛薇社工发展中心合作开展的项目。项目关注于凉山失依儿童（失去 父亲或母亲，生活无所依靠的孩子）及贫困女生的生活学习状况。截至2020年底，顺丰凉山爱心班累计开设21个，帮助凉山失依儿童和贫困女生11157人。2020年，项目投入117.3万元。

顺丰暖心项目启动于2014年，项目包含儿童先心病救助、儿童血液病和恶性肿瘤救助、孤儿养护三大救助模块，同时在各救助模块融合人文关怀行动，形成多个子项目并行的儿童医疗救助项目矩阵，为孤贫儿童提供及时高效的医疗救助和人文关怀服务。2020年，顺丰暖心项目投入资金4025万元，救助患儿及孤儿2432名。截至2020年底，顺丰暖心项目已累计投入2.8亿元，共计救助患儿及孤儿12115名。

中通援助救灾一线，致力爱心助学。

中通高度关注救灾援助工作，依托自身运力资源和平台调度优势，在得知灾情发生后迅速启动应急预案，自觉组织救灾援助队伍，第一时间联动地方网点公司深入一线开展救援行动，为灾区免费运输救援物资，并动员全网力量捐资捐物帮助灾区渡过难关。

7月21日，长江流域普降暴雨引发洪水，中通芜湖公司迅速组建抗洪小分队，参加“无为二坝抗洪抢险”工作。10月，中通柬埔寨公司为灾区孩子们举办“大爱无疆·与爱同行”公益活动；越南洪灾期间，中通越南公司多渠道采集物资，支援当地受灾一线。

中通持续关注未来人才教育与发展，坚持将“扶贫”与“扶志”“扶智”相结合，通过开展文具、图书、教学设备捐赠，发放助学慰问金，在云南、贵州等地捐建希望小学，打造“圆梦1+1”爱心助学活动等形式多样的助学公益活动，协助改善贫困地区孩子的生活和学习环境，为贫困家庭带去希望。2020年，中通共资助53位建档立卡户的贫困学生。1月6日，中通与上海世图物流有限公司联合开展捐书公益活动。4月9日，中通向榕江县捐赠240万元，用于3所希望小学的筹建。8月28日，为期一个多月的中通2020年秋季公益运动会暨“圆梦1+1”爱心助学活动顺利闭幕，活动期间共举办公益赛事超50场，募捐超10万元爱心物资，认领满足89个贫困孩子的微心愿。这些物资由中通承运，送达上海华新镇，云南云龙县、兰坪县贫困家庭的孩子手中。

韵达坚守公益初心，号召全体员工积极参与各项公益志愿活动。

2020年，韵达扶贫及其他公益性直接支出合计753.45万元。

6月，上海广播电视台举行“广播·爱”2020年度公益活动启动仪式，韵达负责“2020爱心校服漂流”项目的运输工作。

8月，韵达与中国建设银行上海市分行签署扶贫合作协议，双方通过资源共享，以陕西省安康市一区三县为试点，携手助力消费扶贫。在本次扶贫合作中，韵达利用物流服务资源，针对安康地区善融扶贫订单物流，给予低于市场价的专享优惠费用，切实降低物流成本；建行通过善融商务搭建平台，支持扶贫农产品销售往全国。为更大限度地支持扶贫商户，韵达还与建行善融平台实现系统直连，更便于商户统计扶贫订单。

12月，上海韵达公益基金会捐赠30万元人民币用于“韵·苗”助学——沪滇“春蕾计划”项目，为上海对口援建地区云南省丽江市宁蒗县、普洱市澜沧县、红河州屏边县、文山州广南县的贫困女童小学生和考上大学的女贫困生提供学习和生活资助，帮助50名“春蕾女童”顺利完成学业，得到学习和生活上的关怀及照顾。

圆通积极响应国家精准扶贫政策，充分发挥自身网络覆盖范围广、就业吸纳容量大、产业带动力量强等优势，服务国家精准扶贫战略大局，通过直接吸纳就业、培训农民就业、“快递+电商”促进农村特色产品销售、教育扶贫等做法，在快递物流行业助力精准扶贫方面进行大胆探索。

在产业扶贫方面，充分发挥网络覆盖优势，在贫困地区设立近400家加盟商服务网点，通过“快递+电商”新模式，帮助17个省市贫困地区销售农产品。据不完全统计，近年来，通过“快递+电商”模式，帮助销售包括苹果、猕猴桃、滩枣、柠檬、莲藕、红皮土豆、脐橙等100多种产品，合计120万余单，销售额约4000万元。同时，签订多个对口扶贫协议，对象包括云南德宏州、陕西周至县、河北平泉市等。

在就业扶贫方面，依托加盟商网络优势，给就业困难人群、残疾人登记失业人群、低保失业人群等各类贫困人群提供大量就业岗位。全网贫困人口、残疾人等就业超万人，残疾就业人员占总就业人数的0.51%。在成立20周年庆祝大会上宣布成立1亿元“圆梦基金”，用于未来2~3年帮助1万名残疾人、退伍军人、贫困人员、大学生等群体就业创业。

申通积极承担社会责任，自觉投身社会公益和慈善事业，以实际行动践行公益理念。

2020年，申通快递在公益慈善方面的投入超千万元。

在助残方面，申通为集善乐业江西萍乡基地30多名残疾人提供客服工作岗位，为他们统一配置客服系统和话机，负责客户来电接听。

在助困方面，12月，在由外交部和中国扶贫基金会主办的第十二届“大爱无国界——让梦想飞扬”国际义卖活动中，申通作为活动物流服务赞助商，为义卖物品提供全程免费寄递服务。申通京津冀大区北京片区调集市场、运营、客服、综合等部门人员成立专项工作组，圆满完成三批货物运输。

百世探索扶贫模式，助力农村电商发展。

百世积极参与抗疫救灾，为疫情防控调配全国运力资源，免费承运1000余吨救援物资，打通国际绿色通道，运输海外捐赠物资，并入选胡润百富发布的《2020抗“疫”民营企业最佳雇主排行榜》百强榜单；参与助残助学等公益活动，为社会弱势群体提供帮扶；为打赢扶贫攻坚战，落实国家“快递下乡”“快递进村”等政策，不断完善乡镇、农村配送网络，探索“物流+电商+农特产品”产业扶贫模式，充分发挥网络覆盖、仓储、运输及末端配送的服务优势，助力农村电商发展。

德邦助力乡村振兴，决胜脱贫攻坚。

2020年受疫情影响，四川汶川县甜樱桃的销路遇到困难。除全面开展“冷链+飞机+冷链”生鲜运送外，为了帮助当地果农增销增收，德邦出台帮扶计划：在公司内销平台，上架汶川农产品，以内部信的形式号召员工购买优质水果。

6月，德邦承运一批中国平安捐赠的橄榄油，由四川凉山发往湖北武汉汉口医院。在助力四川凉山打赢脱贫攻坚战的同时，也为武汉抗疫医护人员送去端午祝福。

7月，德邦免费承运一车生活物资，由广州荔湾区发往上饶鄱阳县，为当地灾民和正在抗洪的救援人员送去口粮。

8月，德邦分别在陕西眉县、周至县举办陕西猕猴桃电商扶贫发布会。会上发布了针对当地猕猴桃市场的运输解决方案。同时，通过内部的“西北农鲜生”“邦安选”平台，帮助果农进行销售，实现多维度的扶贫助农。

11月，德邦向贵州毕节市相关县初高中捐赠了政治辅导资料，并将此前联合泉州爱心企业所捐赠的运动鞋、衣服及体育用品等爱心物资转交给受赠师生。

2020 年全国部分省、市(州)邮政立法情况

省(市)	日　期	事　件
内蒙古	2020 年 9 月 23 日	《内蒙古自治区邮政条例》修正案于 2020 年 9 月 23 日由内蒙古自治区第十三届人民代表大会常务委员会第二十二次会议审议通过,自公布之日起施行
辽宁	2020 年 3 月 30 日	《辽宁省人民代表大会常务委员会关于促进快递业健康发展的决定》由辽宁省第十三届人民代表大会常务委员会第十七次会议于 2020 年 3 月 30 日通过,自 2020 年 5 月 1 日起施行
广东	2020 年 10 月 21 日	《广东省快递市场管理办法》经 2020 年 10 月 21 日十三届广东省人民政府第 116 次常务会议通过,自 2021 年 1 月 1 日起施行
邯郸	2020 年 11 月 25 日	2020 年 11 月 25 日,邯郸市政府召开市政府常务会议,研究审议并通过了《邯郸市邮政快递管理办法》
承德	2020 年 11 月 27 日	《承德市快递市场管理条例》经 2020 年 8 月 28 日承德市第十四届人民代表大会常务委员会第二十七次会议通过,2020 年 11 月 27 日河北省第十三届人民代表大会常务委员会第二十次会议批准,自 2021 年 1 月 1 日起施行
厦门	2020 年 8 月 28 日	《厦门经济特区邮政条例》于 2020 年 8 月 28 日经厦门市第十五届人民代表大会常务委员会第三十七次会议通过,自 2020 年 10 月 1 日起施行

2020 年国家相关部门支持快递发展的部分政策文件

部　委	政策文件名称
国务院办公厅	国务院办公厅转发国家发展改革委　交通运输部关于进一步降低物流成本实施意见的通知(国办发〔2020〕10 号)
国务院办公厅	国务院办公厅转发国家发展改革委等部门关于加快推进快递包装绿色转型意见的通知(国办函〔2020〕115 号)
商务部　公安部　交通运输部　国家邮政局　供销总社	关于继续推进城乡高效配送专项行动有关工作的通知(商建函〔2020〕195 号)
交通运输部　商务部　海关总署　国家铁路局　中国民用航空局　国家邮政局　中国国家铁路集团有限公司	关于当前更好服务稳外贸工作的通知(交水明电〔2020〕139 号)
商务部办公厅　国家邮政局办公室	关于深入推进电子商务与快递物流协同发展工作的通知
国家邮政局　国家发展改革委　交通运输部　商务部　海关总署	关于促进粤港澳大湾区邮政业发展的实施意见(国邮发〔2020〕78 号)
国家邮政局　工业和信息化部	关于促进快递业与制造业深度融合发展的意见(国邮发〔2020〕14 号)
国家市场监督管理总局　国家邮政局	关于发布《快递包装绿色产品认证目录(第一批)》《快递包装绿色产品认证规则》的公告(2020 年第 47 号)

2020 年全国部分省(区、市)支持快递发展政策

省(区、市)	支持政策文件名
北京	中共北京市委　北京市人民政府关于加快培育壮大新业态新模式促进北京经济高质量发展的若干意见
	关于全力做好疫情防控工作保障企业有序复工复产的若干措施的通知(京政办发〔2020〕10 号)
	进一步支持中小微企业应对疫情影响保持平稳发展若干措施(京政办发〔2020〕15 号)
	关于利用地下空间设置智能快件箱的指导意见的通知(京人防发〔2020〕76 号)
	2020 年北京市新能源轻型货车运营激励方案
	关于进一步加强全市电商快递包装协同治理工作的通知
	北京市快递从业人员职业技能提升行动实施方案(2019－2021 年)(京邮管〔2020〕5 号)

续上表

省(区、市)	支持政策文件名
天津	天津市道路交通安全若干规定(天津市人民代表大会常务委员会公告第六十二号)
	关于印发天津市支持中小微企业和个体工商户克服疫情影响保持健康发展若干措施的通知(津政办规〔2020〕3号)
	天津市关于进一步支持发展智能制造的政策措施的通知(津政办规〔2020〕16号)
	关于进一步降低物流成本的若干措施的通知(津发改经贸〔2020〕307号)
	天津市贯彻落实《关于促进消费扩容提质加快形成强大国内市场的实施意见》具体举措分工方案的通知(津发改社会〔2020〕177号)
	关于农村保鲜仓储设施用电价格有关问题通知(津发改价综〔2020〕265)
	关于印发天津市重点用车单位机动车排放管理工作方案的通知(津环车〔2020〕37号)
	关于深入推进电子商务与快递物流协同发展工作的通知(津商电商〔2020〕7号)
	关于严厉打击非法寄递野生动物及其制品行为的通告(津邮管〔2020〕24号)
	关于印发天津市促进快递业与制造业深度融合发展实施方案的通知(津邮管〔2020〕28号)
	关于加强快递从业人员职业技能培训工作的通知(津邮管〔2020〕34号)
	关于协同推进电商寄递包装治理工作的实施意见(津邮管〔2020〕54号)
河北	关于抓好“三农”领域重点工作确保如期实现全面小康的实施意见(2020年省委一号文件)
	关于打好新型冠状病毒感染的肺炎疫情防控阻击战促进经济社会平稳健康发展的若干措施(冀政办字〔2020〕14号)
	中国(石家庄)跨境电子商务综合试验区建设实施方案(冀政办字〔2020〕18号)
	河北省人民政府办公厅印发关于应对新冠肺炎疫情影响加快服务业发展的工作方案和河北省2020年扩大消费十大专项行动实施方案的通知(冀政办字〔2020〕31号)
	中国(雄安新区)跨境电子商务综合实验区建设实施方案(冀政办字〔2020〕105号)
	河北省人民政府办公厅关于印发扩大内需提升商务服务业发展水平工作措施的通知(冀政办字〔2020〕163号)
	河北省人民政府办公厅印发关于积极扩大内需若干措施的通知(冀政办字〔2020〕168号)
	关于以新业态新模式引领新型消费加快发展的实施意见(冀政办字〔2020〕198号)
	关于统筹推进现代流通体系建设的意见的通知(冀办发〔2020〕17号)
	关于全面落实支持服务各类企业复工复产政策的实施意见(冀办〔2020〕15号)
	加快推进农业结构调整促进农业高质量发展实施方案(冀办〔2020〕22号)
	关于推进贸易高质量发展的若干措施(冀传〔2020〕4号)
	河北省消费扶贫助力决战决胜脱贫攻坚2020年行动要点(冀发改农经〔2020〕457号)
	关于推动返乡入乡创业高质量发展的实施意见(冀发改就业〔2020〕257号)
	河北省加快发展电子商务和快递物流促进在线消费的实施意见(冀商电字〔2020〕1号)
	关于切实落实生活必需品保障供应和商贸流通企业复业营业相关措施的通知(冀商运行字〔2020〕4号)
	河北省建设全国现代商贸物流重要基地实施方案(2020－2022年)(冀商物基地〔2020〕2号)
	河北省认真落实习近平总书记重要指示推动邮政快递业高质量发展工作实施方案(冀交办〔2020〕409号)
	关于全面加强快递车辆交通安全管理的通知(冀公交办〔2020〕245号)
	河北省智慧物流专项行动计划(2020－2022年)(冀物流办〔2020〕3号)
	关于印发《2020年农产品“河北品牌”建设工作方案》的通知(冀农发〔2020〕51号)
	关于印发《河北省“互联网+”农产品出村进城工程建设实施方案》的通知(冀农发〔2020〕66号)
	关于加快培育壮大服务业新业态新模式促进全省经济高质量发展的意见(冀服务〔2020〕3号)
	河北省服务业新业态新模式项目谋划建设指南(冀服务办〔2020〕2号)

续上表

省(区、市)	支持政策文件名
河北	关于建设快递末端基础设施为疫情防控提供高质量寄递服务的通知(冀邮管〔2020〕24号)
	关于推进全省邮快合作下乡进村的通知(冀邮管〔2020〕37号)
	关于促进快递业与制造业深度融合发展的实施意见(冀邮管〔2020〕53号)
	关于印发《河北省电商快递协同进村惠农三年行动计划实施方案》的通知(冀邮管〔2020〕57号)
	关于在新形势下进一步做好全省寄递渠道禁毒工作的通知(冀邮管〔2020〕59号)
	关于印发河北省寄递渠道实行社会治安综合治理网格化管理的实施意见的通知(冀邮管〔2020〕60号)
	2020－2021年河北省快递从业人员职业技能培训方案(冀邮管〔2020〕66号)
	关于加快推进智能快件箱(信包箱)建设的通知(冀邮管〔2020〕64号)
	关于开展"小蜜蜂关爱站"建设的指导意见(冀邮管〔2020〕69号)
山西	中共山西省委　山西省人民政府关于抓好"三农"领域重点工作确保如期实现全面小康的实施意见(晋发〔2020〕1号)
	中共山西省委　山西省人民政府印发《关于深化拓展支持民营经济发展的若干措施》的通知(晋发〔2020〕18号)
	关于印发《山西省物流降本增效综合改革试点行动方案》的通知(晋发改经贸发〔2020〕49号)
	关于印发《山西省促进快递业与制造业深度融合发展的意见》的通知(晋邮管〔2020〕131号)
	关于推进邮政快递业包装绿色治理的实施意见(晋环固体〔2020〕64号)
内蒙古	关于抓好"三农三牧"领域重点工作确保如期实现全面小康的实施意见(内党发〔2020〕1号)
	内蒙古自治区人民政府关于印发中国(赤峰)跨境电子商务综合试验区建设实施方案的通知(内政字〔2020〕29号)
	关于印发《内蒙古自治区全面推进城镇老旧小区改造工作实施方案》的通知(内政办发〔2020〕27号)
	关于进一步加强和优化城市配送车辆便利通行管理工作的通知(内交发〔2020〕346号)
	关于促进邮政快递业与制造业深度融合发展的实施意见(内邮管联〔2020〕8号)
	关于印发《内蒙古自治区优化营商环境促进跨境寄递服务高质量发展实施方案》的通知(内邮管联〔2020〕11号)
	内蒙古自治区住房和城乡建设厅关于印发《内蒙古自治区城镇老旧小区改造技术导则》的通知(内建房〔2020〕172号)
辽宁	辽宁省人民政府关于印发中国(营口)中国(盘锦)跨境电子商务综合试验区实施方案的通知(辽政发〔2020〕14号)
	关于应对疫情影响加大对个体工商户扶持力度的若干意见(辽市监联〔2020〕6号)
	关于促进辽宁省快递业与制造业深度融合发展的实施意见(辽邮管〔2020〕111号)
吉林	吉林省进一步深化农村公路管理养护体制改革推动"四好农村路"高质量发展实施方案(吉政办发〔2020〕18号)
	吉林省人民政府办公厅印发关于推动服务业加快发展实施方案的通知(吉政办发〔2020〕23号)
	吉林省人民政府办公厅关于以新业态新模式引领新型消费加快发展的实施意见(吉政办发〔2020〕34号)
	吉林省人民政府办公厅关于做好吉林省"十四五"规划编制工作的通知(吉政办函〔2020〕61号)
	关于印发《推动物流业制造业深度融合创新发展的落实措施》的通知(吉发改经贸联〔2020〕1016号)
	吉林省发展改革委　吉林省司法厅关于贯彻落实《国家加快建立绿色生产和消费法规政策体系意见》有关事项的通知(吉发改环资联〔2020〕427号)
	关于进一步加强全省快递行业工会建设的意见(吉会联合〔2020〕4号)
	关于印发《进一步促进全省农村一二三产业融合发展的若干政策》的通知(吉乡村振兴组〔2020〕1号)
	吉林省建设高质量交通强省领导小组印发关于深入贯彻交通强国建设纲要建设高质量交通强省实施意见分工方案的通知(吉交强省小组〔2020〕1号)
黑龙江	关于推进快递从业人员职业技能培训工作的通知(黑邮管〔2020〕19号)

续上表

省(区、市)	支持政策文件名
上海	关于印发《上海市推进新型基础设施建设行动方案(2020－2022年)》的通知(沪府〔2020〕27号)
	关于印发《上海市全面深化服务贸易创新发展试点实施方案》的通知(沪府规〔2020〕24号)
	上海市促进在线新经济发展行动方案(2020－2022年)(沪府办发〔2020〕1号)
	社区新型基础设施建设行动计划(沪府办〔2020〕65号)
	印发《关于提振消费信心强力释放消费需求的若干措施》的通知(沪府办规〔2020〕4号)
	上海市关于推进贸易高质量发展的实施意见(沪委办发〔2020〕37号)
	上海市关于进一步加强塑料污染治理的实施方案(发改环资〔2020〕80号)
	上海市房屋管理局关于进一步加大公共服务类重点行业企业一线职工公租房保障力度试点工作的通知(沪房保障〔2020〕67号)
	关于上海市推进住宅小区和商务楼宇智能末端配送设施(智能快件箱)建设的实施意见、规划建设导则(沪建房管联〔2020〕729号)
	上海市公安局关于调整部分载货汽车城市快速路禁止通行措施的通告
	关于加强电商与快递绿色包装协同治理的实施意见(沪邮管〔2020〕127号)
江苏	关于印发《关于深化农村公共基础设施管护体制改革实施方案》的通知(苏发改农经发〔2020〕807号)
	关于深入推进电子商务与快递物流协同发展工作的通知(苏商电商函〔2020〕277号)
	江苏省商务厅　江苏省邮政管理局　中国邮政集团有限公司江苏省分公司关于加强合作推进协同发展的通知(苏商建函〔2020〕667号)
	深化交通运输与邮政快递融合推进城乡物流服务一体化发展实施方案(苏交运〔2020〕28号)
	关于促进邮政快递业与制造业深度融合发展的实施意见(苏邮管〔2020〕113号)
浙江	浙江省人民政府办公厅关于开展快递业“两进一出”工程全国试点的实施意见(浙政办发〔2020〕9号)
安徽	国家邮政局　安徽省人民政府关于加快安徽邮政快递业高质量发展战略合作协议
	安徽省邮政管理局　安徽省经济和信息化厅关于促进快递业与制造业深度融合发展的实施意见(皖邮管〔2020〕45号)
福建	关于印发福建省深化农村公路管理体制改革推动“四好农村路”高质量发展实施方案的通知(闽政办〔2020〕1号)
	关于印发福建省老旧小区改造实施方案的通知(闽政办〔2020〕43号)
	关于应对新冠病毒肺炎疫情支持交通运输现代服务业发展若干措施的通知(闽政办发明电〔2020〕20号)
	关于印发认真落实习近平总书记重要指示推动福建省邮政业高质量发展实施方案的通知(闽交运〔2020〕9号)
	关于促进福建省快递业与制造业深度融合发展的指导意见(闽邮管联〔2020〕4号)
	关于印发《福建省消费扶贫助力决战决胜脱贫攻坚2020年工作方案》的通知(闽发改区域〔2020〕272号)
	关于印发《进一步加快新能源汽车推广应用和产业高质量发展推动“电动福建”建设三年行动计划(2020－2022年)》的通知(闽工信法规〔2020〕99号)
	关于印发现代物流业实施保产业链供应链稳定行动方案的通知(闽工信服务〔2020〕128号)
	关于印发《“互联网+”农产品出村进城工程实施方案》的通知(闽农规〔2020〕2号)
江西	中共江西省委办公厅　江西省人民政府办公厅关于印发《江西省实施数字乡村发展战略的意见》的通知(赣办发〔2020〕11号)
	关于抢时间保进度强弱项补缺口努力实现全年经济社会发展目标的实施意见(赣府发〔2020〕6号)
	江西省人民政府关于促进乡村产业振兴的实施意见(赣府发〔2020〕12号)
	江西省人民政府办公厅关于加快发展流通促进商业消费的实施意见(赣府厅发〔2020〕7号)
	江西省人民政府办公厅关于印发江西省推动物流高质量发展促进形成强大国内市场三年行动计划(2020－2022年)的通知(赣府厅字〔2020〕27号)
	江西省人民政府办公厅印发关于实施产业链链长制工作方案的通知(赣府厅字〔2020〕33号)

续上表

省(区、市)	支持政策文件名
江西	江西省人民政府办公厅关于印发推进快递业“两进一出”工程实施方案的通知(赣府厅明〔2020〕58号)
	关于印发《江西省交通运输领域省以下财政事权和支出责任划分改革方案》的通知(赣财建〔2020〕44号)
	关于印发《江西省加强塑料污染治理的实施方案》的通知(赣发改环资〔2020〕559号)
	关于印发《大南昌都市圈综合交通规划(2019－2025年)》的通知(赣交规划字〔2020〕102号)
	关于确保邮政快递车辆优先便捷通行服务保障民生的紧急通知(赣交运输字〔2020〕15号)
山东	关于印发落实 “六稳”“六保”促进高质量发展政策清单(第一批)的通知(鲁政发〔2020〕17号)
	关于印发《中国(临沂)跨境电子商务综合实验区实施方案》的通知(鲁政字〔2020〕117号)
	关于印发《山东省省直有关部门和中央驻鲁单位生态环境保护责任清单》的通知(鲁办发电〔2020〕178号)
	关于印发疫情防控和经济社会发展方面问题清单及解决方案措施的通知(省委新冠肺炎疫情处置工作领导小组(指挥部) 省委经济运行应急保障指挥部第15号)
	关于转发《商务部等5部门关于继续推进城乡高效配送专项行动有关工作的通知》的通知(鲁商字〔2020〕133号)
	关于转发《关于推动返乡入乡创业高质量发展的意见》的通知(鲁发改社会〔2020〕626号)
	关于印发《山东省进一步加强塑料污染治理实施方案》的通知(鲁发改环资〔2020〕697号)
	关于印发污染防治攻坚战“1+1+8”系列方案正在推进目标任务台账的通知(鲁环委办〔2020〕16号)
	关于转发《住房和城乡建设部等部门关于开展城市居住社区建设补短板行动的意见》的通知(鲁建房函〔2020〕10号)
	关于印发《山东省消费扶贫行动实施方案》的通知(鲁扶贫办发〔2020〕6号)
	关于印发《山东省2020年网络扶贫重点工作任务》的通知(鲁网办发〔2020〕8号)
	关于转发国家邮政局 工业和信息化部《关于促进快递业与制造业深度融合发展的意见》的通知(鲁邮管〔2020〕33号)
	关于转发国家有关部门和山东省出台的涉及邮支持政策的通知(鲁邮管传〔2020〕41号)
	关于在济宁市金乡县开展“快递进村”试点工作的通知(鲁邮管〔2020〕102号)
	关于进一步加强全省电商快递包装协同治理工作的通知(鲁邮管〔2020〕121号)
	关于开展城市居住社区邮件和快件寄递服务设施建设补短板行动的通知(鲁邮管〔2020〕129号)
河南	关于印发河南省进一步降低物流成本实施方案的通知(豫政办〔2020〕39号)
	关于印发河南省促进快递业与制造业深度融合发展工作方案的通知(豫邮管〔2020〕33号)
	关于印发《河南省邮政、快递从业人员职业技能提升行动实施方案(2020－2021年)》的通知(豫邮管〔2020〕42号)
	关于印发河南省邮政业绿色网点和绿色分拨中心建设试点方案的通知(豫邮管〔2020〕44号)
湖北	湖北省新冠疫情防控指挥部关于切实做好疫情防控期间全省邮政快递寄递服务基本运行保障的通知(鄂防指物发〔2020〕3号)
	湖北省新冠疫情防控指挥部关于精准有序推动全省邮政快递业复工复产工作的通知(鄂防指发〔2020〕150号)
	湖北省人力资源和社会保障厅 省邮政管理局关于印发《湖北省工程系列快递工程专业技术职务任职资格申报评审条件》的通知(鄂人社职管〔2020〕8号)
	湖北省邮政管理局 省禁毒委员会办公室关于进一步加强全省寄递渠道禁毒工作的通知(鄂禁毒办〔2020〕12号)
	湖北省邮政管理局 省人力资源和社会保障厅关于加强快递从业人员职业技能提升工作的通知(鄂邮管〔2020〕45号)
	湖北省邮政管理局 省发展和改革委员会 经济和信息化厅 生态环境厅 住房和城乡建设厅 商务厅 市场监督管理局关于协同推进湖北邮政快递业包装绿色治理的实施意见(鄂邮管〔2020〕55号)

续上表

省(区、市)	支持政策文件名
湖南	湖南省加快建立绿色生产和消费法规政策体系工作方案(湘发改环资〔2020〕814 号)
	湖南省进一步加强塑料污染治理的实施方案(湘发改环资规〔2020〕857 号)
	落实湘发〔2020〕1 号文件责任分工的意见(湘农组发〔2020〕1 号)
	关于保障疫情防控期间居民小区邮件快件投递服务的通知(湘邮管联〔2020〕1 号)
	关于加强对快递末端服务违规收费清理整顿工作的通知(湘邮管函〔2020〕124 号)
广东	关于印发应对新型冠状病毒感染的肺炎疫情支持企业复工复产若干政策措施的通知(粤府明电〔2020〕9 号)
	关于印发中国(汕头)、中国(佛山)跨境电子商务综合试验区实施方案的通知(粤府函〔2020〕26 号)
	关于印发中国(梅州)等 7 个跨境电子商务综合试验区实施方案的通知(粤府函〔2020〕123 号)
	关于印发《广东省交通运输领域省级与市县财政事权和支出责任划分改革实施方案》的通知(粤府办〔2020〕17 号)
	关于印发广东省推进新型基础设施建设三年实施方案(2020－2022 年)的通知(粤府办〔2020〕24 号)
	关于贯彻落实《交通强国建设纲要》的实施意见(粤发〔2020〕17 号)
	印发《关于进一步加强塑料污染治理的实施意见》的通知(粤发改规〔2020〕8 号)
	关于印发《广东省关于促进农村消费的若干措施》的通知(粤发改贸易〔2020〕138 号)
	广东省商务厅关于印发广东省加快发展流通促进商业消费政策措施的通知
	关于下达省邮政管理局 2020 年促进经济高质量发展专项资金(现代服务业发展)的通知(粤财工〔2020〕17 号)
	印发《关于应对疫情影响加大对中小企业支持力度的若干政策措施》的通知(粤工信民营函〔2020〕317 号)
	广东省数字乡村发展试点实施方案
	关于印发关于应对疫情影响加大对个体工商户支持力度若干政策措施的通知(粤市监〔2020〕21 号)
	关于印发广东省发展现代农业与食品战略性支柱产业集群行动计划(2021－2025 年)的通知(粤农农〔2020〕297 号)
	广东省新型冠状病毒肺炎疫情防控指挥部办公室关于做好物流和寄递行业企业复工复产保畅通工作的通知(粤防疫指办明电〔2020〕35 号)
	关于确保邮政快递车辆优先便捷通行服务保障民生的紧急通知(粤交明电〔2020〕25 号)
	广东省邮政管理局、广东省工业和信息化厅转发《国家邮政局、工业和信息化部关于促进快递业与制造业深度融合发展的意见》的通知(粤邮管联〔2020〕1 号)
广西	关于印发中国(崇左)跨境电子商务综合试验区实施方案的通知(桂政电 2020-40)
	广西壮族自治区人民政府办公厅印发《关于加快推进南宁临空经济示范区建设的实施方案》(桂政办发 2020-69)
	关于扎实推进塑料污染治理工作的通知(桂发改资 2020-1170)
	广西壮族自治区人民政府办公厅印发《全面推进广西城镇老旧小区改造工作的实施方案》(桂政办发 2020-86)
海南	海南省人民政府办公厅转发省交通运输厅等部门关于加快海南省道路货运行业转型升级促进高质量发展实施意见的通知(琼府办〔2020〕1 号)
	海南省人民政府办公厅关于印发海南省科技领域、教育领域、交通运输领域省与市县财政事权和支出责任划分改革实施方案的通知(琼府办〔2020〕23 号)
	海南省人民政府办公厅关于印发海南省生活垃圾分类工作实施方案的通知(琼府办〔2020〕26 号)
	海南经济特区禁止一次性不可降解塑料制品规定(海南省人民代表大会常务委员会公告第 44 号)
	关于印发《关于发挥邮政快递综合服务作用　推进审批服务便民化的指导意见》的通知(琼政中心〔2020〕42 号)
	关于疫情防控期间保障邮政快递寄递服务工作的通知(琼肺炎指〔2020〕21 号)
	海南省工业和信息化厅关于印发海南省全生物降解塑料产业发展规划(2020－2025 年)的通知(琼工信消费〔2020〕39 号)

续上表

省(区、市)	支持政策文件名
海南	关于印发海南省航空货运发展财政补贴办法(试行)的通知(琼交民航〔2020〕136号)
	关于确保全省邮政快递车辆优先便捷通行服务保障民生的紧急通知(琼交运输〔2020〕49号)
	关于印发《海南省城镇老旧小区改造指导意见(试行)》的通知(琼建城〔2020〕23号)
	关于加强海南省邮政快递从业人员职业技能培训工作的通知(琼邮管〔2020〕27号)
重庆	重庆市人民政府办公厅关于印发支持邮政快递业服务经济高质量发展若干意见的通知(渝府办发〔2020〕117号)
	关于印发《重庆市安全生产专项整治三年行动工作方案》的通知(渝安委10号)
四川	四川省人民政府关于印发《中国(泸州)跨境电子商务综合试验区实施方案》的通知(川府函〔2020〕151号)
	“互联网+”农产品出村进城工程推进工作方案(川农函〔2020〕776号)
贵州	关于深入贯彻落实习近平总书记关爱“快递小哥”重要指示精神进一步做好联系服务工作的通知(黔青联发〔2020〕18号)
	关于印发快递从业人员关爱行动方案的通知(黔工总字〔2020〕42号)
	关于印发《关于进一步加强塑料污染治理的实施方案》的通知(黔发改环〔2020〕738号)
	关于印发《推动全省快递、外卖行业开展“规范佩戴头盔”示范活动方案》的通知(黔公交办〔2020〕42号)
	关于进一步规范高等院校校园快递服务的通知(黔邮管〔2020〕34号)
云南	关于印发云南省交通运输领域财政事权和支出责任划分改革实施方案的通知(云政办发〔2020〕1号)
	云南省2020年开拓农村市场促进农村消费行动方案(云政办发〔2020〕37号)
	云南省推进农村电子商务提质增效促进农产品上行三年行动方案(2020—2022年)(云政办函〔2020〕50号)
	云南省“快递进村”三年行动方案(2020—2022年)(云邮管局发〔2020〕27号)
	2020年云南省邮政业生态环境保护工作要点(云邮管局发〔2020〕28号)
	促进快递业与制造业深度融合发展实施意见(云邮管局〔2020〕77号)
西藏	关于建立健全城乡融合发展体制机制和政策体系的实施意见(藏党发〔2020〕6号)
	关于印发西藏自治区数字经济发展规划(2020—2025年)的通知(藏政发〔2020〕5号)
	关于推进“四好农村路”发展的实施意见(藏政办发〔2020〕11号)
	关于印发西藏自治区电子商务进农村综合示范整体推进工作方案的通知(藏商发〔2020〕60号)
	关于印发《全区安全生产专项整治三年行动计划》的通知(藏安委〔2020〕5号)
	关于组织开展“放心消费”创建工作的通知(藏市监〔2020〕92号)
	关于印发《西藏自治区快递从业人员职业技能提升行动实施方案(2020—2021年)》的通知(藏邮管〔2020〕46号)
	关于加快推进“快商合作”“两进一出”协同发展的通知(藏邮管〔2020〕49号)
	关于加强城市邮政快递车辆通行管理的意见(藏邮管〔2020〕59号)
	关于对县级邮政快递网点配备安检设备的通知(藏邮管〔2020〕60号)
	关于印发《西藏自治区完整绿色社区创建行动实施意见》的通知(藏建科〔2020〕179号)
陕西	关于支持多渠道灵活就业的实施意见(陕政办发〔2020〕19号)
	关于印发《陕西省消费扶贫助力决战决胜脱贫攻坚2020年实施方案》的通知(陕发改县域〔2020〕633号)
	关于印发《2020年推动关中平原城市群和新型城镇化发展重点工作任务》的通知(陕发改规划〔2020〕659号)
	关于印发《陕西省进一步加强塑料污染治理实施方案》的通知(陕发改环资〔2020〕1184号)
	关于印发《2020年支持“三个经济”发展专项资金项目申报指南》的通知(陕商发〔2020〕28号)
	关于认真落实习近平总书记重要指示推动邮政快递业高质量发展的实施意见(陕交发〔2020〕69号)
	关于转发《住房和城乡建设部等部门关于开展城市居住社区建设补短板行动的意见》的通知(陕建发〔2020〕1137号)

续上表

省(区、市)	支持政策文件名
陕西	陕西省邮政快递业“两进一出”三年行动方案(2020—2022年)(陕邮管〔2020〕30号)
	关于促进快递业与制造业深度融合发展的实施意见(陕邮管〔2020〕35号)
	居住区智能信报箱应用技术标准
甘肃	甘肃关于促进快递业与制造业深度融合发展的实施意见(甘邮管发〔2020〕75号)
	甘肃关于协同推进快递业环保治理工作的实施意见
青海	关于印发青海省加快发展流通促进商业消费实施方案的通知(青政办〔2020〕17号)
	关于印发2020年全省职业技能提升行动工作方案的通知(青政办函〔2020〕49号)
	转发省发展改革委 省工业和信息化厅 省交通运输厅关于青海省贯彻落实进一步降低物流成本实施意见的任务分工方案的通知(青政办〔2020〕80号)
	关于深入推进电子商务与快递物流协同发展工作的通知(青商电字〔2020〕105号)
	关于印发《关于认真落实习近平总书记重要指示推动全省邮政业高质量发展的工作措施》的通知(青邮管〔2020〕32号)
宁夏	关于印发中国(银川)跨境电子商务综合试验区实施方案的通知(宁政发〔2020〕31号)
	关于2020年自治区政府工作报告任务分工的通知(宁政办发〔2020〕7号)
	关于印发教育科技交通运输领域财政事权和支出责任划分改革实施方案的通知(宁政办发〔2020〕10号)
	关于印发《自治区人民政府落实自治区党委〈关于深入学习贯彻习近平总书记视察宁夏重要讲话精神继续建设经济繁荣民族团结环境优美人民富裕的美丽新宁夏的决定〉分工方案》的通知(宁政办发〔2020〕31号)
	关于印发自治区深化农村公路管理养护体制改革实施方案和自治区推进“四好农村路”高质量发展实施意见的通知(宁政办发〔2020〕38号)
	关于印发开展“证照分离”改革全覆盖试点实施方案的通知(宁政规发〔2020〕2号)
	关于积极应对疫情影响释放消费潜力支持服务业健康发展的若干政策措施的通知(宁政办规发〔2020〕8号)
新疆	关于印发《自治区健全应急物流体系实施方案》的通知(新发改运行〔2020〕380号)
	关于印发《加快推进自治区快递末端服务发展工作的指导意见》的通知(新城建〔2020〕54号)
	关于协同推进新疆邮政快递业包装绿色治理的实施意见(新邮管〔2020〕98号)
	关于促进快递业与制造业深度融合发展的实施意见(新邮管〔2020〕119号)
	关于印发自治区快递物流业新冠病毒防控技术指引(试行)的通知

第二章　2020年快递领域十大事件

连续10年，中国邮政快递报社开展票选年度“十大事件”活动，来自《快递》杂志邮箱、微信公众号、问卷星等平台上的投票评选引发广泛关注。翻看往年脱颖而出的大事件，它们都是邮政业发展进程中的标志性节点。而站在“十四五”的开端，2020年发生的那些标志性事件，哪些可以入选“十大事件”？综合网友的2000多份投票，并征求邮政管理部门、行业专家、学者的意见，最终推选出“2020年中国快递领域十大事件”。

1.习近平总书记心系快递小哥

“美好生活的创造者、守护者”的声音犹在耳畔，街头巷口的慰问身影犹在眼前。从“勤劳的小蜜蜂”到“美好生活的创造者、守护者”，到“冒疫奔忙”者，再到成为“战胜疫情的强大力量”，作为快递业基石的快递员们，他们在面临人生抉择的关口毅然逆行的身影被记录，他们助力美好生活又希冀美好生活的动力和愿景被关注。在这温暖坚定、铿锵有力的点赞声中，亦有关注民生的殷殷嘱托。习近平总书记提出的关怀“要维护好快递员、网约工、货车司机等就业群体的合法权益”，振奋着邮政快递业奋力奔跑的劳动者。

2.国家邮政局扎实推进关心关爱快递小哥工作

从第四届“中国梦 · 邮政情　寻找最美快递员”活动，到关爱快递员“暖蜂行动”暨第五届“快递员关爱周”活动，再到召开保障快递员合法权益企业主要负责人座谈会，以及国家邮政局与团中央联合开展的2020年度“快递从业青年服务月”活动，可以看到在相关部门的大力支持下，国家邮政局认真贯彻落实习近平总书记关心关爱快递员重要指示批示精神，在传递关心关爱、维护职工权益、促进职业发展、提升社会融入等方面开展了大量工作。这些弘扬正能量的活动、关爱快递员的行动、保障快递员合法权益的举措暖人心，聚民心。

3.邮政快递业全力推进疫情防控和复工复产

疫情发生后，邮政快递业坚持一手抓疫情科学防控，一手抓有序复工复产，举全系统全行业之力打赢疫情防控阻击战。第一时间开通全国驰援武汉救援物资通道——连通爱与爱；第一时间把急需的生活必需品送到居民家中——“你们不仅仅是递送百姓必需，还送去了人间温暖”；第一时间畅通海外捐赠与国内捐赠“绿色通道”——展现负责任大国担当；第一时间畅通经济，恢复生产——中国经济全球唯一正增长有“你”一份。快递三轮车、无人机、中转大货车、货运飞机、高铁货运……交通工具的切换之外，防疫物资与生活必需品的递送体现了快递人的热心和真心。

4.邮政快递业“十三五”圆满收官

“十三五”期间，全国邮政行业业务收入规模从2015年的4039亿元增长到1.1万亿元，5年净增7000亿元，每年增速达22%。快递包裹量超过美国、日本、欧洲等发达经济体总和，对世界经济增长的贡献率超过50%。快递年业务收入从2769.6亿元增长至超过8600亿元，5年年均增速超过25%。“邮政行业业务收入首次突破万亿元大关”“邮政行业业务收入国内生产总值占比首次突破1%”“快递业务量增量首次接近200亿件”“支撑网络零售额首次突破10万亿元”，这四大“突破”的实现得益于“十三五”期间行业区域发展更趋平衡、机构设备明显增加、邮政网路更加完善、服务能力不断增强。

5."两进一出"工程加快推进

国家邮政局在快递"三向工程"基础上启动"两进一出"工程,推动"快递进村"工程,加快"快递进厂"工程,实施"快递出海"工程。"快递进村"鼓励交快、邮快、快快、商快等合作模式,保定山药、菏泽牡丹等快递服务现代农业金牌项目脱颖而出,农村收投快件超过300亿件;"快递进厂"以汽车等为重点项目加快培育,累计打造长春一汽等服务制造业典型项目1087个;"快递出海"优化国际邮件互换局和快件监管中心布局,加大国际航空运力投入,拓展中欧班列(重庆、义乌)运输邮件、快件业务,全年完成跨境寄递业务量21.2亿件,支撑跨境网购零售额超4400亿元。

6.邮政快递业助力脱贫攻坚成效显著

在脱贫攻坚的大背景下,在实现"两个一百年"奋斗目标的重要关口,行业主管部门积极作为,行业企业迎难而上。目前,农村100%的乡镇已建有邮政局所,100%的建制村实现直接通邮,乡镇快递网点基本实现全覆盖。"寄递+农村电商+农特产品+农户(合作社)"的产业扶贫模式为农村地区注入经济活力,推动从"寄包裹""收包裹"到"产包裹"的转变,积蓄起贫困地区产业转型和激励脱贫的新动能。同时,注重发挥行业优势,面向贫困地区加大用工招聘力度,推动从业人员返乡创业,带动贫困群众共同实现就业脱贫。

7.行业业务收入占 GDP 比重首超 1%

9月10日中国快递业务量破500亿件;10月18日破600亿件;11月16日破700亿件;12月21日破800亿件……自9月10日中国快递业务量达到500亿件开始,快递业务量每月都登上一个百亿级台阶。一年内实现"四连跳"直至突破800亿件大关,凸显出中国快递市场繁荣活跃、发展质效不断提升,折射出中国经济复苏的良好势头和强大的消费能力。2020年全年,邮政快递业紧紧围绕主题主线,发展质效不断提升,全行业业务收入超过1.1万亿元,与国内生产总值(GDP)的比值首次超过1%。

8.《邮政强国建设行动纲要》发布,描绘宏伟蓝图

国家邮政局发布《邮政强国建设行动纲要》(以下简称《纲要》),明确在2020年建成与小康社会相适应的现代邮政业的基础上分两个阶段建设邮政强国。以我国迈入世界邮政大国为时代背景,以分两步建设社会主义现代化强国为时代要求,《纲要》描绘了我国邮政业站在新起点,踏上新征程,到本世纪中叶全面建成人民满意、保障有力、世界前列的邮政强国的宏伟蓝图。《纲要》是《交通强国建设纲要》的邮政篇章,是新时代做好邮政业工作的总抓手。建设邮政强国是中国特色社会主义进入新时代的必然要求,对巩固上层建筑、夯实经济基础、增进民生福祉、服务开放大局具有重要意义。

9."9792"快递包装绿色治理工程取得积极进展

国家邮政局扎实推进快递包装绿色治理,提出实施"9792"工程,即"瘦身胶带"封装比例达90%,电商快件不再二次包装率达70%,循环中转袋使用率达90%,新增2万个设置标准包装废弃物回收装置的邮政快递网点。快递包装运单小了、胶带瘦了、纸箱薄了、油墨减了、可循环箱(盒)应用多了,绿色化、减量化、可循环、标准化水平明显提升。行业生态环保治理体系初步建立,企业主体责任逐步明确,监督执法机制不断健全,部门协同治理初见成效,试点突破带动作用显现。全系统全行业秉持绿色发展观,把绿色发展作为行业高质量发展的一项重要内容,认识高度、实践深度、推进力度前所未有,保护环境、节约资源、循环

低碳的绿色发展理念正全面融入行业运营全流程和各环节。随着邮政快递业的生态环保法规标准体系逐步健全，电子面单、“瘦身胶带”、循环中转袋、绿色回收箱等快递绿色包装用品持续推出，绿色的快递行为、绿色的发展理念正在深入人心。

10.快递企业资本运作加速

丰巢与中邮智递（中邮速递易运营主体）进行股权重组；韵达拟通过全资子公司宁波福杉投资认购德邦非公开发行股票；阿里巴巴对圆通速递进行增持；阿里巴巴间接获得申通快递 10.35%的股份；中通快递在港交所挂牌交易，成功二次上市……1 年里，业内企业资本运作频频引人关注。资本组团进入会对微妙的市场格局产生哪些影响？顺丰与邮政、韵达与德邦、阿里与圆通和申通，加上中通在港股的二次上市，都显示个体已被置入前所未有的大变局之中。它背靠上市体系，以资本为纽带强强联合、优势互补应对未来诸多不确定因素挑战，也为快递业的资本运作打开了另一重想象空间。

第三章 2020 年中国快递发展大事记

2020 年全国邮政管理工作会议在京召开

1 月 6 日至 7 日,2020 年全国邮政管理工作会议在北京召开。会议传达学习了刘鹤副总理重要批示精神,总结了 2019 年工作,回顾了邮政法修订施行 10 年来行业改革发展成效,分析研判当前形势,全面部署加强制度创新提升治理效能,明确提出了 2020 年邮政改革发展工作的总体要求和主要任务。交通运输部部长李小鹏出席会议并讲话,国家邮政局党组书记、局长马军胜做工作报告,局党组成员、副局长戴应军、刘君、杨春光、赵民出席会议。中央有关部门的相关负责同志应邀出席会议。

国家邮政局举行新任职干部宪法宣誓仪式

1 月 6 日,国家邮政局举行新任职干部宪法宣誓仪式。在宣誓仪式上,监誓人国家邮政局党组书记、局长马军胜在讲话中强调:“希望同志们立足本职,找准定位,坚决贯彻落实习近平总书记关于邮政业重要指示精神,以只争朝夕、不负韶华的精神状态,勇于担当、敢于斗争、善于作为,为推动邮政业高质量发展和邮政强国建设不懈努力!”局党组成员、副局长刘君、杨春光和赵民列席。新任职的 25 名干部依法进行宪法宣誓。部分省(区、市)局、副省级城市局正职领导,国家局机关各司室和直属各单位正、副职领导列席。

马军胜局长与新任职领导干部进行集体廉政谈话

1 月 6 日,全国邮政管理工作会议期间,国家邮政局党组书记、局长马军胜代表局党组与 26 名处级以上新任职干部进行集体廉政谈话,强调要坚定理想信念,强化责任担当,提升履职能力,保持清正廉洁,凝聚形成干事创业的强大合力。局党组成员、副局长杨春光主持会议。马军胜要求,要锤炼履职能力,不断提高行业治理效能,要保持清正廉洁,带头塑造风清气正政治生态,树牢纪律意识,切实做到心有所畏、言有所戒、行有所止,主动接受监督,发挥关键作用,着力为行业改革发展营造良好政治生态。

马军胜局长出席 2020 年中国邮政集团有限公司工作会议

1 月 7 日至 8 日,2020 年中国邮政集团有限公司工作会议在北京召开,总结回顾 2019 年主要工作成效,分析形势,部署了 2020 年重点工作。国家邮政局党组书记、局长马军胜出席会议并讲话,强调要更加紧密地团结在以习近平同志为核心的党中央周围,将总书记关于邮政业的重要指示精神及刘鹤副总理和交通运输部党组书记杨传堂的指示精神落到实处,深入贯彻落实党的十九大和十九届二中、三中、四中全会精神,坚决贯彻落实党中央、国务院决策部署,紧抓建功立业、大有可为的黄金时期,锐意进取、扎实工作,推动邮政集团高质量发展实现“二次崛起”,为决胜全面建成与小康社会相适应的现代邮政业、全面建设现代化邮政强国而努力奋斗!集团有限公司党组书记、董事长刘爱力讲话,党组副书记、总经理张金良作工作报告。

《快递员国家职业技能标准》《快件处理员国家职业技能标准》颁布实施

1 月,人力资源社会保障部、国家邮政局联合颁布国家职业技能标准《快递员》和《快件处理员》。快递员和快件处理员是快递服务的主要提供者，是快递服务体系的重要支撑保障。2015年发布的《中华人民共和国职业分类大典（2015版）》中新增了快递员、快件处理员、快递工程技术人员3个快递领域职业，反映了快递业快速发展的新情况和从业人员的新特点。本次颁布的国家职业技能标准将对指导快递员、快件处理员培养培训，开展职业技能等级认定，提升人员职业技能和职业素质，规范快递生产作业，促进快递业安全、绿色发展等发挥重要作用。

马军胜局长会见尼日利亚代表团

1月14日，国家邮政局局长马军胜在北京会见了由尼日利亚公共企业管理局局长亚历克斯·阿乌拉·奥克率领的尼日利亚代表团。国家邮政局副局长赵民出席会见。马军胜对尼日利亚代表团的到来表示热烈欢迎，介绍了近年来中国邮电分营和邮政政企分开以来的改革发展情况。会见后，国家邮政局代表与尼日利亚代表团进行了会谈，赵民主持会议。双方就中尼邮政业改革和发展、挑战及法律法规和管理现状等问题进行了友好而深入的交流，就共同关心的议题进行了热烈讨论，加深了相互了解，取得了很好效果。

国家邮政局举行老党员老干部迎春团拜会

1月14日上午，国家邮政局老党员老干部迎春团拜会在京召开，深入传达学习习近平总书记会见全国离退休干部先进集体和先进个人代表时的重要讲话精神，并传达局党组有关会议精神。局党组书记、局长马军胜出席会议并讲话，向为邮政事业发展作出贡献的老党员老干部表达感谢，并致以亲切慰问和节日祝福，鼓励他们继续为邮政业发展贡献智慧和力量，弘扬人民邮政为人民的行业精神，共绘行业美好未来。

刘君副局长会见UPS中国区新任总裁何嘉美

1月16日上午，国家邮政局副局长刘君在京会见了UPS中国区总裁何嘉美女士一行，双方就UPS在华业务开展情况等交换了意见。刘君欢迎何嘉美女士一行来访，并对她履新表示祝贺。他指出，国家邮政局高度关注UPS在华业务发展，鼓励企业积极响应政府倡议，贯彻绿色发展理念，优化作业流程，落实各项安全制度，不断拓宽服务范围，守法合规经营，更好地服务客户，服务中国经济社会的发展。国家邮政局办公室（外事司）和市场监管司有关人员参加了会谈。

马军胜局长春节前调研慰问

1月17日至21日，在鼠年春节即将到来之际，国家邮政局党组书记、局长马军胜轻车简从，先后赴河北省平泉市和张家口市蔚县，调研定点扶贫工作，督导年货寄递，并通过与全国劳模同走步班邮路的方式向行业先进模范和一线职工致以新春问候，向全行业从业者献上新春祝福，鼓舞全行业鼓足干劲、砥砺奋斗，在新年取得新成绩。在平泉，在蔚县，每到一处，马军胜都详细了解从业者一年来工作进展，仔细询问业务量、业务收入、业务构成和基本保障等问题，了解网点春节安排情况，聆听他们遇到的困难与来年的打算，为他们出谋划策，向他们道一声“辛苦”，送上新春慰问和祝福。

刘君副局长赴安徽合肥看望慰问基层单位一线员工

1月19日晚，刘君前往合肥经开区顺丰、韵达快递分拨中心，详细了解快递企业春节期间寄递服务保障工作安排，慰问坚守工作岗位的一线快递员。刘君要求快递企业全力做好节日期间寄递服务保障工作，落实安全主体责任，强化应急值守，保障从业人员的合法权益，并叮嘱快递员注意出行安全，提前向他们致以新年祝福。1月20日上午，刘君深入肥西县圆通、申通、中通加盟快递企业调研指导，认真向企业负责人了解乡镇快递网络发展情况和存在困难，仔细询问电子不停车收费系统（ETC）上线以来物流运费支出情况，并向快递员们表达节日问候。安徽局主要负责同志、国家局人事司负责同志及相关同志陪同慰问。

国家邮政局公布2020年邮政业更贴近民生七件实事

1月20日，国家邮政局发布2020年邮政业更贴近民生七件实事。2020年邮政业将顺应群众期盼，突出问题导向，强化服务创新，不断完善邮政业公共服务体系，不断强化邮政业服务民生水平，着力解决社会和消费者关注的突出问题，更好满足人民群众日益增长的用邮需求。启动"快递进村"工程，更好服务乡村振兴战略。产业扶贫、就业扶贫、定点扶贫，全面助力精准脱贫。拓展警邮、税邮、政邮合作，推动邮政综合服务平台建设。实施"放心消费工程"，消费者权益将得到进一步保护。实施"9792"工程，加快快递包装绿色治理。实施职业技能培训"246"工程，进一步提升从业人员素质。多项举措保护快递员（投递员）权益。

邮政业聚焦寄递安全提升安全管理水平

1月2日，交通运输部以2020年第1号令发布了《邮政业寄递安全监督管理办法》。《办法》经国家邮政局研究起草修改，于2020年2月15日起施行。1月20日，国家邮政局召开一季度新闻发布会，局市场监管司副司长边作栋对《办法》进行了解读。边作栋在解读时指出，《办法》在总体国家安全观之下定位邮政业寄递安全监督管理，理顺了《办法》与邮政业其他立法的关系，聚焦寄递安全，剥离了《办法》中与寄递安全关联性不强的条款，引入科学治理手段，完善有关法律责任。

国家邮政局启动Ⅱ级应急响应做好疫情防控工作

1月20日下午，国家邮政局党组召开会议，传达习近平总书记重要指示和国务院常务会议精神，研究部署邮政行业对武汉新型冠状病毒感染的肺炎疫情防控工作。1月21日下午，国家邮政局召开安全和应急工作协调会，对此项工作进行了再部署。会议强调，新型冠状病毒感染的肺炎疫情发生以来，党中央国务院高度重视，习近平总书记、李克强总理作出重要指示批示，全系统全行业要认真学习领会，坚决抓好落实。会议强调，当前正值春运期间，大量旅客大范围大面积流动，疫情防控工作尤其困难复杂。要结合邮政业实际情况，认真做好防控工作。

戴应军副局长慰问一线干部职工

1月21日下午，国家邮政局党组成员、副局长戴应军在北京机要通信局、交换站机要通信网点慰问一线干部职工。戴应军深入到营业班、封发班、转运科和交通科，亲切地和大家握手，了解机要件的业务量、特急件的处理流程和监控情况，关心他们在哪里过年，并向他们表达新春的祝福。向武警战士表示慰问，感谢他们为驻防守卫所作出的贡献。在交换站机要通信网点，戴应军询问了机要件每日的收寄量和运转情况，在交换大厅详细了解了信息化建设和机要件收投的全过程。国家邮政局机要通信司、北京市邮政管理局、中国邮政集团有限公司北京市分公司有关负责同志陪同。

国家邮政局发出紧急通知

1月23日，国家邮政局发出紧急通知，要求各省、自治区、直辖市邮政管理局，中国邮政集团有限公司以及各主要快递企业总部，确保邮件快件寄递服务全网畅通，进一步强化组织保障和制度落实，做好进出武汉邮件快件服务管理，全力做好疫情防控工作。针对全行业疫情防控工作，国家邮政局发出《关于做好进出武汉邮件快件服务管理全力做好疫情防控工作的紧急通知》。《通知》强调，要进一步强化组织保障和制度落实。各级邮政管理部门和邮政、快递企业要进一步提高政治站位，积极担当作为，完善应急预案，加强应急值守、信息报送、制度落实工作，以最高标准、最严措施确保各项工作部署落实到位。

国家邮政局再发紧急通知

1月24日，国家邮政局根据各品牌寄递企业在春节期间的网络运行安排情况，再度发出紧急通知，要求企业做好寄往武汉邮件快件收寄服务，保障正常邮件快件及时寄达，全力做好疫情防控工作。国家邮政局建议，公众如在春节期间有寄往武汉邮件快件需求，优先选用中国邮政、顺丰、京东三家品牌企业的邮政快递服务。

10家寄递企业开通“绿色通道”

1月25日大年初一，针对武汉等地的疫情，中国邮政、顺丰速运、京东物流、中通快递、圆通速递、申通快递、韵达速递、百世快递、德邦快递和苏宁物流宣布，将开通全国各地驰援武汉救援物资的特别通道，全力保障疫情防控相关物资运输。中国邮政集团有限公司在公告中表示，自1月25日起，紧急开通医疗物资运输绿色通道，对全国寄往武汉市政府指定接收的红十字会机构的捐赠物资，提供全程免费运输和配送服务。顺丰速运表示为确保物资安全及顺利接收，国内个人直接捐赠物资，建议先与所在地慈善组织联系，由专业机构统筹捐赠事宜。

顺丰捐赠2000万元用于抗击疫情

1月26日，顺丰宣布捐助2000万元人民币，以帮助湖北省抗击疫情。据了解，顺丰此次捐助的2000万元人民币将用于采购医疗用品、口罩、防护服、消毒液、护目镜等急需的救援物资。而在1月25日，顺丰已宣布开通救援物资免费公益运输通道。此外顺丰还向武汉派出了两架专机，运输了32吨医疗救援物资。

国家邮政局召开党组扩大会议部署疫情防控工作

1月26日，国家邮政局召开党组扩大会议，认真学习习近平总书记在1月25日中央政治局常委会会议上的重要讲话精神，对行业做好新型冠状病毒感染的肺炎疫情防控工作进行再研究再动员再部署。国家邮政局党组书记、局长马军胜要求，坚定不移落实好中央决策部署，坚决打赢行业防控疫情阻击战。国家邮政局党组成员、副局长戴应军、刘君出席会议。会议指出，当前面临新型冠状病毒肺炎疫情加快蔓延的严重形势。习近平总书记在中央政治局常委会会议上的重要讲话精神，为邮政业做好疫情防控工作指明了方向、提供了遵循。全系统全行业一定要认真学习、深刻领会，全力以赴做好疫情防控工作。

确保疫情防控物资“绿色通道”运转顺畅有序

1月27日，国家邮政局发出《关于全力保障疫情防控物资运输服务的通知》，要求规范有序做好疫情防控物资运输服务，确保“绿色通道”运转顺畅有序，同时，有效加强运输服务人员的安全防护，做好应急运力准备。

认真贯彻落实习近平总书记重要指示精神

1月28日，国家邮政局党组发出通知，要求全系统各级党组织，提高政治站位，把思想和行动统一到习近平总书记的重要指示精神上来，不忘初心、牢记使命，挺身而出、担当作为，确保把党中央的决策部署落实到邮政业疫情防控各项工作中去，加强党的领导，紧紧依靠人民群众坚决打赢疫情防控阻击战。

国家邮政局发出通知要求全力有效防控疫情

1月28日，国家邮政局发出通知，要求各地邮政管理部门、各快递企业，认真落实中央关于疫情防控的有关部署，和国务院办公厅延长2020年春节假期的通知精神，全力有效防控疫情，科学有序做好节后恢复生产工作。通知强调，各企业要结合实际制定复产复工预案，备足疫情防控装备和物品，制定异常情况应对方案。按照地方卫生健康部门要求，加强对返岗复工人员的检疫查验和健康防护，定期测量体温排查异常情况。落实对邮件快件、运输车辆、生产作业场所的消毒、通风等要求。

万国邮联国际局总局长慰问中国邮政业

1月29日，万国邮联国际局总局长比莎尔·侯赛因致信国家邮政局局长马军胜，代表万国邮联及全体成员国，对我国发生的新型冠状病毒感染的肺炎疫情造成的人员生命健康及财产损失表示深切的同情，向为抗击疫情而奋斗的中国邮政业员工表示最真挚的慰问。比莎尔·侯赛因在慰问信中表示，万国邮联和他本人赞赏中国为抗击疫情所做出的努力。他相信，在中国政府的领导下，中国一定能战胜疫情！在此关键时刻，万国邮联愿与中国政府和中国人民坚定地站在一起，向中国提供一切必要的支持和帮助，同舟共济，共渡难关！

国家邮政局印发疫情防控期间营业网点操作规范

1月29日，为指导基层营业网点做好疫情防控工作，国家邮政局市场监管司下发了《疫情防控期间营业网点操作规范（建议版）》，要求各快递企业按照地方卫生健康等部门要求，结合本企业和基层营业网点实际，细化实化相关措施，切实做好疫情防控期间营业网点的寄递服务工作，保障企业员工和人民群众的生命安全和身体健康。

国家邮政局回应疫情防控期间快递物流情况

1月30日下午，国家卫健委举行新闻发布会，国家邮政局市场监管司副司长侯延波就疫情防控期间快递能力是否能够满足大规模需求，如何保障快递高效畅通等问题时表示，为了抗击疫情，国家邮政局组织邮政企业、快递企业，统筹全网资源，迅速开通了国际和国内的航线，畅通陆路运输，全力保障对武汉等重点地区应急救援物资和人民群众日常基本生活物资的运输和寄递。

马军胜局长慰问中国邮政和顺丰速运飞行员

1月31日一大早，国家邮政局局长马军胜和中国邮政集团有限公司董事长刘爱力，相约来到中国邮航北京基地，看望慰问干部职工，检查“绿色通道”运行情况。停机坪上，即将运往武汉的应急物资正在装机，马军胜向邮航地面工作人员表示慰问，详细了解了近期物资运输情况。随后，马军胜又驱车来到位于另一处停机坪上的顺丰速运的飞机旁。此时，这架刚从杭州飞来的飞机正在卸货。马军胜对顺丰公司的保障效率给予了充分肯定，向奋战在一线的顺丰员工表示亲切慰问。

进一步做好疫情防控寄递保障和节后生产恢复工作

2月1日，国家邮政局发出紧急通知，要求各级邮政管理部门结合各地实际情况，积极组织企业做好疫情防控寄递服务保障工作和春节后的生产恢复工作，并转发了湖北武汉、内蒙古、湖南等地出台保障政策的相关文件。通知指出，当前，新型冠状病毒感染肺炎疫情防控正值关键期，加之春节后各快递企业即将陆续恢复生产，疫情防控工作形势严峻复杂。前期，各级邮政管理部门、各寄递企业认真贯彻落实习近平总书记重要指示精神和党中央、国务院决策部署，全力保障疫情防控应急物资和群众基本生活必需品寄递服务，为疫情防控工作作出了积极贡献。现阶段，防控工作形势依然严峻，各地邮政管理部门要进一步提高站位，保持定力，继续按照国家邮政局相关工作部署，完善机制，强化措施，确保寄递服务保障各项任务落到实处。

亚太邮联致信国家邮政局

2月3日，亚太邮联秘书长林洪亮致信国家邮政局局长马军胜，代表亚太邮政联盟及全体成员国，对肺炎疫情造成的人员生命健康及财产损失表示最深切的同情,对国家邮政局积极采取应对措施、组织邮政企业支持中国政府和社会抗击疫情表示赞赏。林洪亮表示,坚信中国一定能够战胜疫情,让人们的生活重新恢复正常,亚太邮联愿与中国政府和中国人民坚定地站在一起,向中国提供一切必要的支持和帮助,同舟共济,共渡难关。

国务院决定免征疫情防控特定行业增值税

2月5日,国务院总理李克强主持召开国务院常务会议,要求切实做好疫情防控重点医疗物资和生活必需品保供工作,确定支持疫情防控和相关行业企业的财税金融政策。会议决定,在前期针对疫情防控已出台各方面措施的基础上,再推出一批支持保供的财税金融政策。自1月1日起暂时采取以下措施:对运输防控重点物资和提供公共交通、生活服务、邮政快递收入免征增值税。会议确定,用好专项再贷款政策,支持银行向重点医疗防控物资和生活必需品生产、运输和销售的重点企业包括小微企业,提供优惠利率贷款,由财政再给予一半的贴息,确保企业贷款利率低于1.6%。

国家邮政局向全国邮政行业广大从业者发出慰问信

2月5日,国家邮政局向全国邮政行业广大从业者发出慰问信。信中写道,邮政体系是国家重要战略性基础设施和社会组织系统之一,联系千城百业,服务千家万户,是国脉所系、民生所依、发展所需。截至2月4日,邮政业累计承运寄递疫情防控物资6462.6吨,包裹2990.1万件,发运车辆2117辆次,货运航班98架次,工作成效得到了祖国和人民的广泛关注和充分肯定,《新闻联播》多次对行业的情况进行了宣传报道。当前,疫情防控形势依然严峻,邮政业节后生产恢复正在有序进行。希望你们深入贯彻习近平总书记重要指示精神,继续为守护广大人民平安健康和美好生活保驾护航。

刘君副局长调研指导行业疫情防控和节后恢复生产情况

2月5日,国家邮政局党组成员、副局长刘君冒雪深入北京市快递一线网点,调研指导疫情防控和节后恢复生产情况。刘君分别到顺丰速运豪柏大厦网点和京东物流大屯路网点实地查看了解员工体征监测和营业场所及车辆消毒等防控措施落实情况,重点就进一步做好返京人员隔离观察等疫情防控工作与企业负责人进行了深入交流,叮嘱快递员务必做好自身防护。刘君强调,快递业作为民生服务业,接触人群多,疫情防控风险较高,节后返京人员增多,防控压力将进一步增大。各企业要切实提高思想认识,按照国家局和属地党委政府部署,进一步落实主体责任,配齐配足防疫物资,加强薄弱环节,把各项防控措施做实做细,坚决消除疫情扩散风险。

中央一号文件发布,快递业再获利好

2月5日晚间,新华社受权全文发布《中共中央国务院关于抓好“三农”领域重点工作确保如期实现全面小康的意见》(以下简称“中央一号文件”)。中央一号文件指出,“2020年是全面建成小康社会目标实现之年,是全面打赢脱贫攻坚战收官之年”,“完成上述两大目标任务,脱贫攻坚最后堡垒必须攻克,全面小康‘三农’领域突出短板必须补上”。对标对表全面建成小康社会目标,“邮政快递企业”的表述首次出现在中央一号文件当中,并且至少有三处表述直接利好快递业发展:一是“冷链物流”连续四年受重点关注,二是发力“双向流通”体现行业“价值”,三是稳就业,保障快递从业者权益。

国家邮政局回应疫情防控期间行业热点话题

2月6日下午,国家卫生健康委员会举行新闻发布会,国家邮政局市场监管司副司长侯延波就回应外界所关注快件递送安全以及防控物资运输等问题时表示,病毒通过邮件、快件传播的风险极

低，可以正常接收邮件快件；目前邮政业累计承运寄递疫情防控物资7454.9吨，包裹3392.9万件，发运车辆2448辆次，货运航班102架次。针对外界较为关注的快递业恢复正常生产问题，侯延波表示，由于疫情防控，2020年的快递业全面恢复正常运行可能比往年偏后一些。

马军胜局长主持召开国家邮政局党组会议

2月6日，国家邮政局党组书记、局长马军胜主持召开局党组会议，传达学习习近平总书记重要讲话和中央政治局常务委员会会议、国务院常务会议精神，学习贯彻习近平总书记在中办秘书局"2019年全国安全生产事故主要特点和突出问题"信息上所作重要批示精神，研究部署邮政业疫情防控工作，强调邮政业各项工作都要服从服务于疫情防控工作这个大局，举全行业之力、尽最大努力坚决助力打赢疫情防控阻击战。局党组成员、副局长戴应军、刘君、杨春光、赵民出席会议。

全系统疫情防控工作电视电话会议召开

2月7日，国家邮政局召开邮政业疫情防控工作电视电话会议，认真学习贯彻习近平总书记关于做好新型冠状病毒感染的肺炎疫情防控工作的重要讲话精神，对做好邮政业疫情防控和恢复生产工作进行再动员、再部署。局党组书记、局长马军胜出席会议并讲话，强调要紧紧团结在以习近平总书记为核心的党中央周围，以无所畏惧的勇气，顽强拼搏的精神，坚决打赢疫情防控这一仗。要强化大考意识，健全行业应急管理体系，提高处理急难险重任务能力，坚决把各项任务抓实抓细抓落地，全力推动企业科学有序恢复生产，更好发挥行业在疫情防控工作中的关键作用。局党组成员、副局长刘君主持会议。

国家邮政局召开部分快递企业专题电话会议

2月7日，国家邮政局召开部分快递企业专题电话会议。国家邮政局党组书记、局长马军胜主持召开专题电话会议，向中通、圆通、申通、韵达、百世、德邦和苏宁等7家快递企业主要负责同志部署疫情防控和恢复生产工作，提出分阶段确定快递企业恢复生产目标，积极推进网购快递的生产恢复，以满足百姓网购快递需求。计划在本月中旬，快递业生产要恢复到正常产能的4成以上；到本月下旬，根据疫情变化和形势发展，继续提高产能比重。

确保邮政快递车辆优先便捷通行

2月8日，针对近期部分地区出现限制和阻止邮政、快递车辆通行导致寄递服务不能正常开展的问题，交通运输部、国家邮政局和中国邮政集团公司联合印发紧急通知，明确对执行应急物资运输任务的邮政、快递车辆落实"不停车、不检查、不收费"政策，保障车辆优先便捷通行。通知指出，邮政、快递承担着社会基本公共服务功能，特别是在居民减少出行的疫情防控时期，寄递网络作为重要的民生通道，其顺畅通行将为疫情防控期间社会运转和群众生活提供极大便利。各单位要切实提高认识，依法科学有序实施疫情防控措施，保障邮政、快递服务正常开展。

邮政、快递企业累计承运防疫物资超10000吨

疫情发生以来，国家邮政局组织中国邮政、顺丰速运、京东物流、中通快递、圆通速递、申通快递、韵达速递、百世快递、德邦快递、苏宁物流、宅急送、优速快递、跨越速运等企业开通了国内和海外两条抗疫救援物资"绿色通道"，确保医疗用品、设备等紧急物资第一时间运送至抗疫一线。截至2月8日，邮政企业、快递企业承运、寄递疫情防控物资累计10552吨、包裹4751万件，发运车辆3331辆次，货运航班120架次，有效缓解了运输紧张的局面，为打好防疫阻击战发挥了重要支撑作用。

国家邮政局部署机关疫情防控工作

2月12日上午，国家邮政局党组成员、副局长赵民主持召开局机关疫情防控专题工作会议，对

下一步机关疫情防控工作作出安排部署。会议指出，自新型冠状病毒感染的肺炎疫情出现以来，国家局党组高度重视，各部门、各单位迅速行动，为局机关和直属单位的疫情防控做了大量卓有成效的工作，确保了机关运转良好，但也应该清醒地看到当前疫情防控形势依然十分严峻，需要高度重视。对下一步疫情防控工作，赵民也提出了具体要求。国家局机关各司室、直属单位有关负责同志参加会议。

推进落实支持疫情防控相关财税金融政策

2 月 12 日，国家邮政局办公室下发通知，要求切实推进邮政业落实相关财税金融政策，全力做好疫情防控和有序复产工作。通知指出，要充分认识邮政业疫情防控工作面临的形势和落实好财税金融政策的重要意义。通知强调，要全面准确把握财税金融政策内容，大力开展相关政策宣传，组织推进政策落地实施。各级邮政管理部门要加强与有关部门的沟通协调，推动将邮政业所属企业列为疫情期间保障城市运行、提供群众生活必需品的重要国计民生相关企业，促进国家财税金融政策以及本地区出台的财政补贴、融资支持、减轻社保负担、减免房屋租金、开展援企稳岗等方面支持政策在行业内落地。

戴应军副局长在京调研

2 月 12 日，国家邮政局党组成员、副局长戴应军在北京调研疫情防控期间邮政普遍服务和党报党刊投递工作，并看望邮政企业一线干部职工。戴应军对邮政企业干部职工忠诚敬业、竭诚服务表示感谢，反复提醒大家注意增强自我防护意识，以顽强的斗志、健康地体魄更好地做好邮政服务工作。同时强调，要在疫情防控战斗中创新服务模式、总结服务经验，做到“打一仗、进一步”。

国家邮政局召开党组扩大会议

2 月 13 日，国家邮政局党组书记、局长马军胜主持召开局党组扩大会议，深入学习贯彻习近平总书记近期在中共中央政治局“不忘初心、牢记使命”专题民主生活会上和在北京市调研指导新冠肺炎疫情防控工作时的重要讲话精神，学习贯彻 2 月 12 日中共中央政治局常务委员会会议精神，强调要紧紧围绕履职尽责、担当作为，全力以赴打赢疫情防控的人民战争、总体战、阻击战，推动各项工作落实，推进邮政业高质量发展。局党组成员、副局长戴应军、刘君、杨春光、赵民出席会议。

马军胜局长慰问湖北邮政战“疫”一线员工

2 月 14 日，在湖北全省上下奋战新冠肺炎疫情的关键时期，国家邮政局党组书记、局长马军胜致电湖北省邮政分公司总经理任永信，向奋战在抗击疫情一线的湖北邮政员工送上亲切慰问和鼓励，叮嘱湖北邮政在确保员工身体健康和生命安全的基础上，科学有序抓好疫情防控和复工复产工作，做好邮政普遍服务和特殊服务，全力以赴打赢疫情防控的人民战争、总体战、阻击战。

杨传堂书记在京调研邮政快递工作

2 月 16 日，交通运输部党组书记杨传堂先后到中国邮政集团北京市综合邮政邮件处理中心、顺丰速运康定街营业部和京东物流马驹桥营业部，就新冠肺炎疫情防控期间邮政快递服务保障工作开展调研，并代表部党组慰问坚守一线的工作人员。他强调，要深入贯彻落实习近平总书记关于疫情防控的系列重要讲话精神，把疫情防控作为当前最重要的工作来抓，按照党中央、国务院决策部署，坚持以人民为中心，履职尽责、强化担当，进一步抓实抓细抓好疫情防控期间邮政快递服务工作，同舟共济打赢疫情防控人民战争、总体战、阻击战。部党组成员、国家邮政局局长马军胜，中国邮政集团有限公司董事长刘爱力参加调研。

国家邮政局发出紧急通知

2 月 17 日，国家邮政局发出紧急通知，要求建立严格的岗位责任制、分类施策、切实加强值班值守和应急处置工作，坚决防止恢复生产后发生聚集性感染，确保邮政业安全稳定运行。通知要求，各省（区、市）邮政管理局和各企业总部要切实加强值班值守，随时保持信息渠道畅通；充分做好疫情相关突发事件应急处置准备，制定完善应急预案；一旦发生从业人员疫情，要及时报告、果断处置，配合地方政府相关部门做好疫情防控应急处置工作。

转发国务院安委会办公室、应急管理部通知

2月17日，为贯彻落实习近平总书记关于疫情防治重要指示精神，切实做好疫情防控期间邮政行业复工复产和寄递渠道安全管理工作，国家邮政局向全系统全行业转发《国务院安委会办公室应急管理部关于切实加强复工复产安全防范和安全服务的通知》。《通知》要求，各地区、各有关部门和单位要按照党中央、国务院决策部署，狠抓复工复产安全责任措施落实，有效防范化解重大安全风险，坚决遏制重特大事故发生，以安全服务发展、保障发展、促进发展，为打赢疫情防控阻击战、保持经济平稳运行和社会和谐稳定创造良好安全环境。

国家邮政局部署2020年生态环保工作

2月18日，国家邮政局召开邮政业生态环保工作领导小组全体会议，讨论《2019年快递绿色包装治理工作报告》，研究审议《2020年行业生态环保工作要点》，部署2020年行业生态环保工作。国家邮政局党组成员、副局长赵民出席会议并讲话。赵民强调，全面加强行业生态环境保护，加强快递包装绿色治理，是全行业面临的一项重要政治任务，责任重大，必须高度重视。针对下一步工作，赵民要求，一要强化统筹协调，注重整体推进。二要突出工作重点，务求工作实效。三是推进责任落实，确保工作落地。

加快推动复工复产

2月19日，交通运输部、国家邮政局、中国邮政集团有限公司发出紧急通知，要求加快推动复工复产、保障邮政快递车辆优先便捷通行、切实保障末端投递、加强一线从业人员防护，更好支撑疫情防控、物资运转、经济秩序恢复和保障人民群众生产生活需要。通知指出，当前，疫情防控工作正值最吃劲的关键阶段。邮政快递承担着社会基本公共服务功能，是疫情防控期间的重点服务行业，对落实“六稳”要求、保障经济正常运转和人民群众基本生活需要具有十分重要意义。各地交通运输部门、邮政管理部门要加快推动复工复产。

马军胜局长调研北京邮政业疫情防控和复工复产情况

2月19日下午，国家邮政局党组书记、局长马军胜赴北京圆通工体营业部、中通快递北京转运中心、韵达快递东直门分公司和北京市快递协会调研。每到一处，话题都离不开当前邮政业的两项重要工作：疫情防控和复工复产。马军胜强调：“疫情防控和复工复产，是行业当前的两件大事。说是两条战线，一点也不为过。全行业一定要坚决贯彻习近平总书记重要指示精神和党中央国务院决策部署，全力打好疫情防控人民战争总体战阻击战。统筹做好疫情防控和复工复产工作，两线作战，务求完胜。”调研期间，马军胜还听取了北京市邮政管理局、北京市快递协会关于疫情防控和复工复产情况汇报。

马军胜局长主持召开国家邮政局第二次局长办公会

2月20日，国家邮政局局长马军胜主持召开2020年第二次局长办公会，审议《2020年全国邮政普遍服务工作会议方案》《2020年全国邮政市场监管工作会议方案》《邮政业用户申诉处理办法（修订草案）》《2019年快递包装绿色治理工作报告》和《国家邮政局2020年行业生态环境保护工作要点（送审稿）》等文件，部署下一阶段工作。副局长戴应军、刘君、杨春光、赵民出席会议。局机

关各司室和直属各单位负责人参会。

邮政快递业第二阶段复工复产工作启动

2月21日，国家邮政局下发通知，正式启动邮政快递业第二阶段复工复产工作。国家邮政局要求，全行业要认真学习贯彻习近平总书记重要指示精神，按照党中央国务院的决策部署，继续一手抓科学防控疫情，一手抓有序复工复产，坚决做到“两手抓，两手硬”，力争月底前行业产能恢复到六成以上。通知强调，全行业要坚定信心，按照既定目标，坚持“精准施策、梯度推进”的原则，抓实抓细各项复产复工的组织工作，发挥好邮政快递在畅通经济社会循环中的“先行官”作用。

国家邮政局召开党组扩大会议

2月23日，国家邮政局党组书记、局长马军胜主持召开局党组扩大会议，深入学习贯彻习近平总书记在统筹推进新冠肺炎疫情防控和经济社会发展工作部署会议的重要讲话精神，学习贯彻2月19日中共中央政治局常务委员会会议精神，强调邮政全行业要按照坚定信心、同舟共济、科学防治、精准施策的总要求，以更坚定的信心、更顽强的意志、更果断的措施，全力以赴打赢疫情防控的人民战争、总体战、阻击战，努力实现全年行业发展目标任务，为实现决胜全面建成小康社会、决战脱贫攻坚目标任务，完成“十三五”规划作出行业贡献。局党组成员、副局长戴应军、刘君、杨春光、赵民出席会议并作交流发言。

向最美快递员汪勇同志学习

2月26日，国家邮政局印发通知，决定授予顺丰速运武汉分公司快递员汪勇同志“最美快递员”特别奖，并号召全行业向汪勇学习，凝聚起全行业投身疫情防控斗争的强大力量。邮政业党员干部职工要向汪勇同志学习，学习汪勇同志爱岗履责、恪尽职守的敬业精神，协作互助、投身实践的志愿精神，开拓创新、担当有为的时代精神，友善无私、助人为乐的奉献精神，见贤思齐、激发斗志、真抓实干，勇当先锋、敢打头阵、不畏牺牲，凝聚起全行业投身疫情防控斗争的强大力量。

《关于促进快递业与制造业深度融合发展的意见》印发

2月26日，国家邮政局、工业和信息化部联合印发《关于促进快递业与制造业深度融合发展的意见》。《意见》提出，到2025年，快递业服务相关制造业的能力和水平显著提升，相关制造业供应链组织效率、市场竞争力显著提升，实现互利共赢、相融相长、耦合共生。促进快递业与制造业深度融合发展，对推动制造业提质增效和快递业转型升级、建设制造强国和邮政强国，实现经济高质量发展具有重要意义。此外，《意见》还提出6项政策措施，包括完善工作机制、强化政策支持、加强示范推广、强化交流对接、完善标准体系、加强人才培养等。

马军胜局长主持召开国家邮政局党组会议

2月27日，国家邮政局党组书记、局长马军胜主持召开局党组会议，传达学习26日中央政治局常委会会议精神，听取贯彻落实习近平总书记关于邮政业重要指示“回头看”工作情况汇报及关于全面建成小康社会邮政业脱贫攻坚目标任务推进情况汇报，审议2020年国家邮政局定点扶贫六项目标任务安排和《国家邮政局党建工作领导小组2020年工作要点(送审稿)》《全国邮政管理系统2020年党风廉政建设工作要点(送审稿)》。局党组成员、副局长戴应军、刘君、杨春光、赵民出席会议。中央纪委国家监委驻交通运输部纪检监察组副组长胡志彬列席会议。

持续做好疫情防控期间寄递服务保障工作

2月28日，国家邮政局发出通知，要求各寄递企业切实做好寄递服务保障工作，有效助力疫情防控和经济秩序恢复。通知强调，各企业要按照地方党委、政府疫情防控要求和国家邮政局疫情防控期间营业网点操作规范,严格管控易发生聚集性感染风险的场所和环节。要认真做好从业人员的疫情防护保障,切实落实相关政策,不得扰乱口罩等防护物资的正常配备和销售工作。进一步优化生产作业组织,确保办公场所、处理中心、客服中心、员工宿舍、员工食堂等场所的疫情防控要求执行到位。

邮政业完成八成复工复产任务

截至2月28日,全国邮政行业复工人员达246万人,复工率达90.2%,快件日揽收量和投递量分别达到1.62和1.6亿件,复产率分别达到81%和80%,超额完成第二阶段复工复产任务目标。同时,邮政、快递企业继续全力保障对武汉等疫情重点地区的应急救援物资和人民群众日常基本生活物资的运输和寄递服务,累计承运、寄递疫情防控物资4.15万吨。

2020年全国邮政市场监管工作电视电话会议召开

2月28日,国家邮政局召开2020年全国邮政市场监管工作电视电话会议。会议以习近平新时代中国特色社会主义思想为指导,全面贯彻落实全国邮政管理工作会议精神,总结2019年市场监管工作,研究部署2020年重点任务。国家邮政局党组成员、副局长刘君出席会议并讲话。刘君部署了2020年五个方面重点工作,一是重点强化政策供给,巩固稳中有进发展态势。二是实施“两进一出”工程,推动行业提质增效。三是强化快递包装治理,加快推进绿色发展。四是增强寄递安全综合监管能力,完善应急管理体系。五是加强和规范市场监管,有效维护市场秩序。

全力抓好邮政市场执法工作

2月29日,国家邮政局下发通知,要求各级邮政管理部门加强邮政市场行政执法,切实做好统筹推进疫情防控和科学有序恢复生产执法保障工作。通知指出,疫情防控工作正处在最吃劲的关键阶段,加强邮政市场行政执法,做好统筹推进疫情防控和科学有序恢复生产执法保障工作具有重要意义。各级邮政管理部门要统一思想,提高站位,切实将思想和行动统一到以习近平同志为核心的党中央的决策部署上来,牢固树立法治思维,坚持依法防控,依法行政,依法治理,克服麻痹思想、侥幸心理、松劲心态,妥善处理疫情防控中出现的各类矛盾和问题,全力抓好邮政市场执法工作。

让党旗高高飘扬在邮政业疫情防控第一线

3月2日,国家邮政局党建工作领导小组发出通知,要求各省(区、市)邮政管理局党组,国家邮政局直属各单位党支部(总支)、机关各司室党支部,各邮政快递企业党组织,要把学习贯彻习近平总书记重要讲话精神作为当前一项重大政治任务,以更坚定的信心、更顽强的意志、更果断的措施,全力以赴打赢疫情防控的人民战争、总体战、阻击战,不获全胜绝不轻言成功。

国家邮政局传达学习贯彻国务院常务会议精神

3月3日下午,国家邮政局局长马军胜主持召开会议,传达学习贯彻国务院常务会议精神,要求全系统认真学习贯彻落实会议精神,在党中央、国务院的坚强领导下,深入贯彻落实国务院确定支持交通运输、快递等物流业纾解困难加快恢复发展的措施,一手抓疫情防控不放松,一手抓复工复产不动摇,充分发挥邮政快递业在“打通大动脉、畅通微循环”方面的先行作用,为更好服务经济社会发展大局作出更大贡献。国家邮政局副局长戴应军、刘君、杨春光、赵民出席会议。

刘君副局长调研指导北京快递业疫情防控和复产复工情况

3月4日下午,国家局党组成员、副局长刘君在北京调研快递业疫情防控和复产复工情况。在顺丰速运华北分拨中心和圆通速递华北分拨中心，刘君实地查看了企业疫情防控措施落实情况，对两家企业加大处理场所出入管理力度、建立体温监测台账、落实消毒通风措施、加强外地进京人员隔离观察等做法表示肯定，并详细询问了口罩等防护用品配发、员工住宿和食堂用餐管理等情况，叮嘱企业负责人一定要落实主体责任，堵塞工作漏洞。刘君十分关注企业复工复产情况，当得知两家企业业务量基本恢复到日常水平，他鼓励企业负责人继续抓住机遇、努力开拓市场，力争把疫情影响的损失弥补回来。

国务院联防联控机制举行发布会

在3月6日召开的国务院联防联控机制举行发布会上，国家邮政局副局长刘君表示，将一手抓疫情防控不放松，一手抓复工复产不动摇，充分发挥邮政快递业在“打通大动脉、畅通微循环”方面的先行作用，为更好服务经济社会发展大局作出更大贡献。他指出，目前邮政快递业复工人员近300万人，复工率达90.2%，日处理快件量1.6亿件以上，复产率超过80%。针对外界较为关注快递员进小区和快递时效等问题，刘君回应道，目前全国有超过一半的省份出台政策，允许快递员在测量体温正常后可以进入小区进行投递服务，邮政管理部门将协调地方政府集中解决好快递员进小区问题。初步预计到3月中旬，除湖北以外，全网快递基本能恢复到常态。

李克强总理称赞“快递小哥”

3月6日下午，李克强总理考察顺丰华北航空分拨中心，听取企业负责人关于服务疫情防控和复工复产等情况汇报，慰问一线快递员并与他们合影。总理说，人民群众亲切地称你们为“快递小哥”，特别是疫情发生后，许多行业都停摆了，但你们普遍没有休息，每天奔波在大街小巷，把千家万户的需求与商家供应对接起来。你们送去的不仅是百姓必需，也是人间温暖。你们是疫情中的逆行者，是平凡英雄。全社会要对快递小哥给予更多的关心关爱，有关方面一定要保障快递小哥的口罩等防疫物资供应。

进一步加强疫情防控期间邮政快递业安全生产工作

3月，国家邮政局向各省（区、市）邮政管理局和各邮政、快递企业发出通知，要求进一步加强疫情防控期间邮政快递业安全生产工作。通知强调，要严格落实疫情防控期间复工复产安全责任。全行业要全面贯彻落实国家邮政局关于做好疫情防控、强化安全生产各项安排部署，切实把人民群众生命安全和身体健康放在第一位，清醒认识疫情防控期间安全生产面临的严峻形势和艰巨任务，针对企业复工复产不可控因素叠加的新情况，从实从细从严抓好各项工作，有效防范化解各类风险隐患。要坚决守住安全底线，时刻绷紧安全这根弦，更好服务“六稳”和经济社会发展大局。

国务院联防联控机制举行发布会

3月9日，国务院联防联控机制新闻发布会介绍了疫情的最新情况以及邮政快递业服务疫情防控和复工复产的有关情况。国家邮政局介绍，自2月7日开始启动邮政快递业复工复产工作以来，目前行业复工人数近300万人，复工率达到92.5%，日处理邮件快件稳定在1.6亿件以上，复产率超过80%。到3月中旬，除湖北地区以外，邮政快递行业产能将基本恢复正常。中国邮政集团有限公司介绍，1月23日以来，中国邮政集团湖北分公司克服不利条件，已累计收寄居民各类邮件355万件，目前每日投递量达到30万件，保证了湖北省邮政服务不中断。

国家邮政局召开电视电话会议

3月9日，国家邮政局召开电视电话会议，传达学习贯彻落实党中央、国务院关于新冠肺炎疫情防控和稳定经济社会运行有关会议精神，中共中央政治局常委、国务院总理李克强在顺丰华北航空分拨中心考察时的指示精神。国家邮政局党组书记、局长马军胜出席会议并讲话，强调要坚决贯彻落实党中央、国务院重大决策部署，认真做好邮政快递业服务疫情防控和复工复产工作，充分发挥邮政快递业在“打通大动脉、畅通微循环”方面的先行作用，为统筹推进疫情防控和更好服务经济社会发展大局作出更大贡献。局党组成员、副局长戴应军主持会议，局党组成员、副局长刘君、杨春光、赵民出席会议。

为快递小哥送上防疫物品和感谢信

3月11日，国家邮政局直属机关团委代表全体干部职工，在北京为快递小哥送上口罩、酒精喷雾、洗手液等防疫物品，并送上感谢信。感谢信中说到，战胜疫情，恢复产能，靠的是每一位快递小哥的认真努力。快递小哥是全行业创造美好、守护美好的代表。没有一个冬天不会过去，没有一个春天不会来临。送上我们的祝福和感谢，让我们共同期盼春暖花开。

科学有序推进湖北邮政快递业复工复产

3月11日，国家邮政局发出通知，要求湖北邮政快递业要清醒认识当前疫情防控的复杂性和艰巨性，继续把疫情防控作为头等大事和最重要工作，把各项防控措施抓实抓细抓落地。要坚决贯彻国务院常务会议有关精神，坚决服从地方党委政府统一安排，将行业复工复产作为当前的工作重点予以推进，统筹做好疫情防控和行业复工复产工作，坚持“两手抓、两手硬”。

为援鄂医疗队提供免费寄递服务

疫情发生以来，中国邮政、顺丰速运、京东物流三家寄递企业相继为援鄂医疗团队提供免费寄递服务，帮助医疗团队免费运输返程行李等物资。此外，中通、圆通、申通、韵达、百世、德邦、苏宁物流等企业也在全力保障对武汉等疫情重点地区的应急救援物资和人民群众日常基本生活物资的运输和寄递服务。截至3月12日，邮政企业、快递企业承运、寄递疫情防控物资累计10.46万吨、包裹1.84亿件，发运车辆2.76万辆次，货运航班379架次。

国家邮政局召开党组会议

3月16日下午，国家邮政局党组书记、局长马军胜主持召开局党组会议，认真学习贯彻习近平总书记在湖北考察疫情防控工作时的重要讲话精神，研究部署有关工作。会议强调，全系统全行业要认真学习领会，坚决贯彻落实习近平总书记重要讲话精神，坚定必胜信念，做到慎终如始，毫不放松抓紧抓实抓细各项工作，努力夺取疫情防控和经济社会发展双胜利。局党组成员、副局长戴应军、刘君、杨春光、赵民出席会议。

国家邮政局召开电话会议

3月17日，国家邮政局召开电话会议，深入贯彻习近平总书记在湖北省考察新冠肺炎疫情防控工作的重要讲话精神，落实国务院确定的各项工作任务，结合湖北省委、省政府关于疫情防控和复工复产整体安排，分析湖北邮政快递业当前面临形势，部署安排湖北邮政快递业复工复产工作。国家邮政局党组书记、局长马军胜出席会议并讲话，强调要稳妥推进湖北邮政快递业复工复产，为推动经济社会发展作出更大贡献。局党组成员、副局长刘君主持会议。

马军胜局长主持召开局长办公会

3月18日，国家邮政局局长马军胜主持召开2020年第三次局长办公会，审议《2020年全国邮政管理系统新闻宣传工作要点》《国家邮政局2020年新闻发布工作计划》，听取新冠肺炎疫情对邮政快递业影响阶段性分析报告，审议《关于规范活体动物寄递严厉打击非法寄递野生动物及其制品行为的通知》《快递进村三年行动方案（2020—

2022年)》等文件,强调要明确目标、细化措施、实化抓手,持续拓展邮政快递业美好未来。副局长戴应军、刘君、杨春光、赵民出席会议。

国家邮政局通知要求规范活体动物寄递

3月19日,国家邮政局向全行业发出通知,要求规范活体动物寄递、严厉打击非法寄递野生动物及其制品行为,切实保障寄递渠道安全、公共卫生安全和人民群众生命健康安全。通知强调,各级邮政管理部门、各寄递企业务必提高政治站位,深刻认识防控重大公共卫生风险的紧迫性、复杂性,严格落实相关政策要求,坚决贯彻执行相关法律法规,全面落实禁止寄递和限制寄递有关制度规范,采取有力措施,切实加强活体动物寄递安全管理,构筑防范非法寄递野生动物及其制品的坚固屏障。

国家邮政局召开党组会议

3月19日,国家邮政局党组书记、局长马军胜主持召开局党组会议,传达学习贯彻中央政治局常委会会议精神、习近平总书记在决战决胜脱贫攻坚座谈会上的重要讲话精神、习近平总书记对快递绿色包装工作重要批示精神,审议《快递包装治理工作任务台账(送审稿)》《国家邮政局党组2020年巡视工作要点(送审稿)》,强调要坚决打赢疫情防控和脱贫攻坚两场硬仗,切实强化快递包装治理工作的政治责任,为全面建成小康社会贡献邮政快递业力量。局党组成员、副局长戴应军、刘君、杨春光、赵民出席会议。

支持快递企业发展空中、海外网络

3月24日,国务院总理李克强主持召开国务院常务会议,确定推动制造业和流通业在做好疫情防控同时积极有序复工复产的措施;部署进一步提升我国国际航空货运能力,努力稳定供应链。会议指出,我国国际航空货运能力存在明显短板,受疫情冲击国际航空客机腹舱货运大幅下降,对我国产业的国际供应链带来较大影响。要加强国际协作,畅通国际快件等航空货运,对疫情期间国际货运航线给予政策支持。鼓励增加货机,发展全货机运输。一视同仁支持各种所有制航空货运发展,鼓励航空货运企业与物流企业联合重组,支持快递企业发展空中、海外网络。

《邮政强国建设行动纲要》发布

3月,国家邮政局发布《邮政强国建设行动纲要》,描绘了我国邮政业站在新起点、踏上新征程、到本世纪中叶全面建成人民满意、保障有力、世界前列的邮政强国的宏伟蓝图。届时,我国邮政业将具备全球化网络、提供全产业服务,普惠水平、规模质量、综合贡献位居世界前列。建设邮政强国是中国特色社会主义进入新时代的必然要求,是巩固国家政权基础的重要保障和建设现代化经济体系的重要支撑,也是满足人民日益增长的美好生活需要的重要途径和服务国家开放大局的重要举措。

马军胜局长调研北京邮政快递业疫情防控和末端投递情况

3月27日下午,国家邮政局党组书记、局长马军胜在局办公室、市场监管司及北京市邮政管理局相关负责同志陪同下,调研北京邮政快递业疫情防控、复工复产、末端投递和服务"三农"等情况。马军胜表示:"邮政快递业与百姓生活息息相关,我们一定要按照党中央、国务院的部署要求,毫不放松抓紧抓实抓细各项工作,努力夺取疫情防控和经济社会发展双胜利。特别要把利于百姓的事办实办好,既给人民群众送去生活必需,也送去人间温暖。"

国务院联防联控机制举行发布会

3月29日,国务院联防联控机制新闻发布会介绍了疫情最新进展,以及提升国际航空货运能力、稳定供应链的情况。国家发展改革委、中国民用航空局、国家邮政局等部门介绍，为确保疫情期间国际航空货运供应链稳定，我国大力增加航空货运运力供给、持续降低航空物流成本，目前中外航空公司国际全货运航班将增至每周930班，接近疫情前水平。

马军胜局长主持召开国家邮政局党组会议

3月30日，国家邮政局党组书记、局长马军胜主持召开局党组会议，传达学习贯彻习近平总书记近日主持召开的中央政治局常委会会议、中央政治局会议精神，并传达学习中央应对新冠肺炎疫情工作领导小组会议精神，安排部署近期重点工作，强调要坚决把思想和行动统一到习近平总书记的重要讲话精神和中央的决策要求上来，强化底线思维，坚持慎终如始，坚决完成年度邮政业工作任务目标，努力统筹好疫情防控和经济社会发展工作。局党组成员、副局长戴应军、刘君、杨春光、赵民出席会议。

国家邮政局再次召开湖北邮政快递业复工复产电话会议

3月31日，国家邮政局再次召开湖北邮政快递业复工复产电话会议，局党组书记、局长马军胜出席会议并讲话，强调湖北邮政快递业要科学稳妥推进复工复产，积极促进经济社会发展。局党组成员、副局长刘君出席会议。会议听取湖北省和武汉市邮政管理局关于邮政快递业复工复产情况汇报。数据显示，截至3月31日12时，湖北主要寄递企业从业人员累计返岗82039人，返岗率93.07%；累计恢复营业网点11958个，复工率92.13%。武汉市主要寄递企业从业人员累计返岗36048人，返岗率85.83%；累计恢复营业网点3099个，复工率75.24%。

国家邮政局召开党组中心组(扩大)学习会

4月2日，国家邮政局党组书记、局长马军胜主持召开局党组中心组(扩大)学习会，深入学习贯彻《中国共产党党和国家机关基层组织工作条例》和《党委(党组)落实全面从严治党主体责任规定》，强调要增强“四个意识”、坚定“四个自信”、做到“两个维护”，以高度的政治自觉，不折不扣落实全面从严治党主体责任，努力提高战胜各种风险挑战能力，以全面从严治党新成效扎实推进邮政业治理体系和治理能力建设。局党组成员、副局长刘君、赵民出席会议，局党组成员、副局长杨春光出席会议并作重点研讨交流。

“中国邮政号”中欧班列首发

4月3日17时，全国首趟整列邮包专列——中欧班列(渝新欧)“中国邮政号”从重庆市沙坪坝区中铁联重庆中心站出发，发往立陶宛维尔纽斯。全程预计需10天，发运集装箱44个，总重近300吨。截至目前，在疫情期间已将52箱国际邮件疏运至欧洲。后续每周将发运1~2趟、每趟50个左右集装箱。目前，中欧班列(渝新欧)去程邮件目的地已覆盖36个欧洲国家及地区。

持续强化邮政快递业疫情防控工作

4月，国家邮政局发出通知，要求全系统全行业按照中央毫不放松加强疫情管控措施的有关精神，持续强化邮政快递业疫情防控工作。通知指出，经过全行业的艰苦努力，行业运行基本恢复常态，成绩来之不易。但是，境外疫情呈加速扩散蔓延态势，我国输入性疫情防控形势严峻复杂，特别是武汉即将解除离汉通道管控措施，行业复工复产后聚集性感染的风险和压力明显增加。通知强调，各邮政快递企业要毫不放松落实疫情管控措施，严防人员聚集性感染。各级邮政管理部门要毫不放松强化监管，巩固和拓展邮政快递业疫情防控成效。通知要求，湖北省邮政快递业要继续严格落实疫情防控各项管理规定。

国家邮政局公布清明节期间行业运行情况

2020年清明节期间，全国邮政行业运行平稳，

4月4日至6日，共揽收包裹5.3亿件，同比增长37%，已基本恢复至疫情前的服务能力。自疫情发生以来，全行业在国家邮政局的部署下，一手抓科学防控疫情，一手抓有序复工复产。在疫情防控方面，截至4月6日，邮政企业、快递企业承运、寄递疫情防控物资累计22.68万吨、包裹2.43亿件，发运车辆4.66万辆次，货运航班522架次，并已累计为援鄂医疗队免费寄递物品18.99万件。在复工复产方面，截至3月底，全国主要寄递企业到岗率已达98.6%，主要寄递企业市级以上分拨中心全部恢复正常运行，主要寄递企业营业网点（不含末端备案网点）营业率达99.7%。

万国邮联向世界分享中国邮政快递业疫情防控经验

4月8日，万国邮政联盟在官方社交媒体上发布由中国邮政集团有限公司制作的《新冠病毒防护指导手册》，向世界分享中国邮政快递业的疫情防控经验。万国邮联在官方社交媒体上表示，中国邮政发布了一份针对新冠肺炎疫情的防控手册，旨在为其40万名员工提供最好的保护，确保员工的安全并提高他们在疫情中作业的安全防护意识。按照计划，国家邮政局也将继续在万国邮联等多边框架下，会同有关部门与相关国家和地区加强信息沟通、政策协调和行动配合，努力维护国际邮政网络的畅通。同时，继续组织业内企业通过增加包机、开辟航线等方式，加强国际航空运力供给，保障生活必需品、防疫物资等的国际运输。

国家邮政局发布《快递进村三年行动方案》

4月9日，国家邮政局召开2020年二季度例行新闻发布会，对《快递进村三年行动方案（2020—2022）》进行发布解读。中国快递协会联合13家快递物流和电商企业共同发出倡议，表示将积极响应和落实《行动方案》，同心协力推进“快递进村”。《行动方案》明确，到2022年底，我国农村快递服务深度显著增强，县、乡、村快递物流体系逐步建立，城乡之间流通渠道基本畅通，农村综合物流服务供给力度明显加大，快递服务“三农”成果更加丰硕，广大农民可以享受到更加便捷高效的快递服务，符合条件的建制村基本实现“村村通快递”。

允许快递人员进入社区（村）配送

4月9日，中央应对新冠肺炎疫情工作领导小组印发《关于在有效防控疫情的同时积极有序推进复工复产的指导意见》，明确提出要完善物流快递业相关防控措施，允许快递人员进入社区（村）配送。《意见》还要求，要做好通风消毒、健康监测和出入管理，落实员工个人防护要求，尽量减少人员聚集和集体活动。低风险地区要从应急性超常规防控向常态化防控转变，及时取消与正常生产生活秩序不相适应的防控措施，不得采取审批、备案等方式延缓企业复工。支持供应链核心企业带动上下游特别是配套中小企业复工复产。低风险地区由经营者自主决定复工复市时间，通过预约、分流限流等控制人员密度。

马军胜局长主持召开国家邮政局党组会议

4月10日，国家邮政局党组书记、局长马军胜主持召开局党组会议，传达学习习近平总书记在浙江考察和在中央政治局常委会会议上的重要讲话精神，以及全国安全生产电视电话会议精神，听取2019年行业安全生产工作情况和下一步工作计划，强调要自觉把思想和行动统一到习近平总书记重要讲话精神和党中央决策部署上来，在常态化疫情防控中加快推进生产生活秩序全面恢复，坚定不移践行安全发展理念，守住安全生产底线，为邮政业改革发展创造良好寄递安全环境。局党组成员、副局长戴应军、刘君、杨春光、赵民出席会议。

马军胜局长参加2020年共和国部长义务植树活动

4月11日一大早，国家邮政局局长马军胜赴北京市通州区北京副中心城市绿地块，参加主题为“履行植树义务，共建美丽中国”的2020年共和国部长义务植树活动。来自中共中央直属机关、中央国家机关各部门和北京市的128名部级领导干部参加义务植树活动。该活动由全国绿化委员会、中共中央直属机关绿化委员会、中央国家机关绿化委员会、首都绿化委员会联合举办。据悉，共和国部长义务植树活动自2002年起连年开展，至今已经是第19次。19年来，共和国部长义务植树活动累计有部级干部3229人次参加，共栽下树木38230多株。

精准做好国际航空货运机组人员疫情防控工作

4月13日，交通运输部、国家卫生健康委、海关总署、国家移民管理局、中国民用航空局和国家邮政局六部委联合发布《关于精准做好国际航空货运机组人员疫情防控工作的通知》，提出对国际航空货运机组人员实施严格封闭管理。《通知》指出，深入贯彻习近平总书记等中央领导同志重要指示批示精神，推动落实党中央、国务院关于统筹推进疫情防控和经济社会发展工作的决策部署，努力实现坚决阻断病毒通过交通运输工具境外输入传播渠道，保障国际物流运输通道不断，切实维护国际供应链稳定。

十四条政策支持邮政业防控保供和复工复产

4月17日，国家邮政局转发2月以来国家有关部门出台的涉邮支持政策，要求全系统全行业按照相关工作要求，认真抓好贯彻落实。相关政策主要包括财税政策、降费政策和金融政策三类，共计14条。财税政策包含三方面，即减免增值税、减征城镇土地使用税和民航运输企业资金支持政策。降费政策包含从2月17日0时起至疫情防控工作结束免收收费公路车辆通行费、自2020年1月1日起免征民航发展基金等十个方面。金融政策方面主要是临时性延期还本付息。

商务部、国家邮政局深入推进电子商务与快递物流协同发展

4月17日，国家邮政局办公室与商务部办公厅联合下发了关于深入推进电子商务与快递物流协同发展工作的通知，进一步落实《国务院办公厅关于推进电子商务与快递物流协同发展的意见》要求，充分发挥电子商务与快递物流在保供应、促消费、惠民生方面的重要作用，明确尤其要解决好电商配送“最后一公里”问题、快递车辆便利通行问题、农村快递物流体系建设问题，以及先进信息技术在电商和快递物流领域应用等4个重点问题。

国家邮政局召开邮政业安全和应急工作领导小组会议

4月17日，国家邮政局召开邮政业安全和应急工作领导小组会议，传达学习贯彻习近平总书记关于安全生产重要指示和李克强总理批示要求，传达贯彻全国安全生产会议和全国反恐怖工作、禁毒工作电视电话会议精神，听取安全生产有关情况汇报，审议邮政快递业安全生产专项整治三年行动实施方案，部署下一步重点工作。局党组成员、副局长刘君主持会议并讲话。

寄递服务消费提示

自4月19日以来，受较强冷空气影响，东北地区和华北北部出现明显雨雪天气，东北大部、内蒙古东部累计降水量普遍有5~25毫米；其中，内蒙古东北部、黑龙江西部等地出现大到暴雪，局地大暴雪，累计降水量达30~56毫米。受此影响，上述地区部分高速封闭，城区道路积雪、结冰湿滑，且伴有大风，邮件、快件将出现服务时限延长、信息更新较慢、派送延迟等情况。国家邮政局提醒广大消费者，对近期上述地区寄递服务可能出现的异常给予理解，并及时关注各寄递企业网站上的有关提示信息，合理安排使用寄递服务。

邮政快递业两名快递员和一个集体入围“中国青年五四奖章”

4月20日，第二十四届“中国青年五四奖章”入围个人（集体）公示，来自邮政快递业两名快递员和一个集体入围。其中顺丰速运快递员汪勇入围个人（抗疫类）名单，京东物流武汉亚一城配青年车队入围集体（抗疫类）名单，苏宁物流快递员潘虎入围个人（常规类）名单。“中国青年五四奖章”是共青团中央、全国青联授予中国优秀青年的最高荣誉，旨在树立政治进步、品德高尚、贡献突出的优秀青年典型，反映当代青年的精神品格和价值追求。

驰而不息纠治“四风”

2020年“五一”、端午将至。4月23日，国家邮政局党组发出通知，要求各级党组织深入落实中央八项规定及其实施细则精神，驰而不息纠治“四风”，确保风清气正、廉洁过节。通知指出，要压紧压实责任。各级党组织和内设纪检机构要提高政治站位，保持政治定力，始终坚持严的主基调，持之以恒落实中央八项规定及其实施细则精神，推动政治生态持续净化。各级党组织书记要严格履行全面从严治党第一责任人职责，管好班子、带好队伍、抓好落实，加强对下级“一把手”的教育提醒。各级领导干部要认真落实“一岗双责”要求，带头讲规矩、守纪律，以上率下促进本单位本部门风清气正。

第二届“双品网购节”即将启动

以缓解疫情影响，扩大国内需求；顺应消费转型，引导产业升级；推动电商精准扶贫，助力打赢脱贫攻坚战为三大目标，4月28日至5月10日，商务部、工信部、国家邮政局与中国消费者协会联合组织的第二届“双品网购节”将携百余家电商企业，盛装而来。在4月23日第二届“双品网购节”媒体吹风会上，商务部电子商务与信息化司司长骞芳莉、工业和信息化部消费品工业司副司长曹学军、国家邮政局市场监管司副司长边作栋、中国消费者协会副秘书长栗元广发布并介绍了活动相关情况。

邮政快递业安全生产暨专项整治三年行动动员部署电视电话会议召开

4月23日，国家邮政局召开邮政快递业安全生产暨专项整治三年行动动员部署电视电话会议，传达贯彻习近平总书记重要指示和李克强总理批示精神，部署安全生产重点工作和专项整治三年行动。局党组成员、副局长刘君出席会议并讲话。局机关各司室、直属单位负责人，中国邮政集团有限公司及集团公司寄递事业部相关负责人在主会场参加会议；各省（区、市）邮政管理局负责人、各主要快递企业总部相关负责人在分会场参加会议。会议强调，要聚焦问题、突出重点，全力抓好邮政快递业安全管理工作。一要加强寄递安全。二要确保行业稳定运行。三要压实企业安全生产主体责任。

国家邮政局召开扶贫工作领导小组2020年第三次（扩大）会议

4月24日，国家邮政局召开扶贫工作领导小组2020年第三次（扩大）会议，传达学习习近平总书记在决战决胜脱贫攻坚座谈会上的重要讲话精神，传达2019年中央单位定点扶贫工作成效评价情况的通报精神，以及中央和国家机关工委《关于全力做好定点扶贫工作的通知》精神。国家邮政局党组书记、局长马军胜出席会议并讲话，强调要克服新冠肺炎疫情影响，再鼓干劲、再添动力，举全局之力、集各方之智，切实担负起高质量打赢脱贫攻坚战的政治责任，确保如期全面完成脱贫攻坚目标任务，努力交出一份让党中央放心、让人民群众满意的答卷。局党组成员、副局长杨春光主持会议。

国务院联防联控机制召开新闻发布会

4月25日，国务院联防联控机制召开新闻发布会，介绍电子商务促进消费和助力经济提质升级工作情况，国家邮政局市场监管司副司长边作栋回答媒体相关提问。边作栋表示，农村的快递物流服务是农村经济流通循环体系的重要组成部分，国家邮政局于近期启动了“快递进村”工程，目标是力争用三年时间推动符合条件的建制村基本实现村村通快递。此外，他还表示，无人配送目前来看主要包括智能快件箱、无人机、无人车等形式，是邮政快递末端服务的发展趋势之一。国家邮政局计划近期出台支持智能快件箱建设的指导意见，重点是明确智能快件箱作为公共服务设施的属性，同时积极推动智能快件箱实现“六进”，以便发挥好智能快件箱独特的优势。

做好校园邮政快递服务工作

随着疫情防控向好态势进一步巩固，多地学校陆续公布开学时间，引导师生有序返校报到，开学复课稳步推进。4月，国家邮政局向全系统全行业发出通知，要求做好疫情防控常态化下校园邮政快递服务工作，便利师生日常工作学习生活，有效维护师生和校园公共卫生安全。通知要求，各级邮政管理部门要在地方联防联控机制统一领导下，进一步加强与卫生健康、教育等部门的协作配合，持续加强疫情防控常态化下校园邮政快递服务管理，推动出台促进和规范邮政快递服务进校园工作。

全国技工院校专业目录新增“快递安全管理”专业

4月27日，人力资源社会保障部印发通知，公布《全国技工院校专业目录（2018年修订）》2020年度增补专业，确定新增31个专业，新增列举11个专业方向。其中，快递安全管理成为新增专业之一。这意味着继“快递运营管理”专业之后，全国技工院校又可以新设“快递安全管理”专业并招生培养相应人才。通知要求，各地要指导技工院校结合实际积极开设增补专业，规范专业设置，做好招生和教学工作。据了解，随着快递业务的发展，行业企业对快递安全管理类人才需求增多，“快递安全管理”专业旨在培养从事快递安全管理、确保行业安全运行的高技能人才。

第24届中国青年五四奖章评选结果揭晓

据新华社4月28日报道，在五四青年节来临之际，共青团中央、全国青联共同颁授第24届“中国青年五四奖章”，表彰青年中的优秀典型和模范代表。其中，顺丰速运快递员汪勇、苏宁物流快递员潘虎被授予“中国青年五四奖章”，京东物流武汉亚一城配青年车队被授予“中国青年五四奖章集体”。

邮政快递业6名个人2个集体获共青团中央表彰

4月28日，共青团中央决定，授予505名同志“全国优秀共青团员”称号，授予357名同志“全国优秀共青团干部”称号，授予312个基层团组织“全国五四红旗团委（团工委）”称号，授予431个基层团组织“全国五四红旗团支部（团总支）”称号。其中，邮政快递业6名个人2个集体获得表彰。甘肃省武威市韵达快递有限责任公司快递员王延鹏等3人获得“全国优秀共青团员”称号。南京邮电大学团委书记李晓华等3人获得“全国优秀共青团干部”。中国邮政集团有限公司自贡市分公司团委获得“全国五四红旗团委（团工委）”。吉林省四平市邮政管理局团支部荣获“全国五四红旗团支部（团总支）”称号。

国家邮政局召开机关党委全委（扩大）会议

4月28日，国家邮政局以召开机关党委全委（扩大）会议形式，参加2020年中央和国家机关党的工作暨纪检工作会议，对年度党的建设工作再动员、再部署。会议强调，要进一步突出党的政治建设统领地位，牢记初心使命，更加担当作为，扎实推动机关党的建设高质量发展，创建让党中央放心、让人民群众满意的模范机关。局党组成员、副局长、机关党委书记杨春光出席会议并讲话。会议强调，要切实提高政治站位，及时传达学习中央和国家机关党的工作暨纪检工作会议精神。要坚定信心，增强做好党建工作的责任感、使命感。要强化责任担当，认真履行好管党治党主体责任。

全力做好劳动节期间寄递服务保障工作

4 月 30 日，国家邮政局发出《关于做好常态化疫情防控下劳动节期间邮政快递安全服务保障工作的通知》，要求提高政治站位，毫不放松抓好常态化疫情防控，全力做好疫情防控物资寄递和劳动节期间寄递服务保障工作。《通知》强调，必须严格落实外防输入、内防反弹，毫不放松抓好常态化疫情防控各项工作。要全力做好疫情防控物资寄递和劳动节期间寄递服务保障工作。要抓实安全风险防范各项工作，切实维护行业稳定。要加强组织保障，强化值班值守和应急处置。

习近平总书记点赞快递小哥

在“五一”国际劳动节来临之际，中共中央总书记、国家主席、中央军委主席习近平 4 月 30 日给郑州圆方集团全体职工回信，向他们并向全国各族劳动群众致以节日的问候。习近平指出，伟大出自平凡，英雄来自人民。面对这次突如其来的疫情，从一线医务人员到各个方面参与防控的人员，从环卫工人、快递小哥到生产防疫物资的工人，千千万万劳动群众在各自岗位上埋头苦干、默默奉献，汇聚起了战胜疫情的强大力量。希望广大劳动群众坚定信心、保持干劲，弘扬劳动精神，克服艰难险阻，在平凡岗位上续写不平凡的故事，用自己的辛勤劳动为疫情防控和经济社会发展贡献更多力量。

马军胜局长主持召开国家邮政局党组会议

4 月 30 日，国家邮政局党组书记、局长马军胜主持召开局党组会议，传达学习贯彻中央政治局常务委员会会议精神、习近平总书记近期重要讲话精神，以及中央和国家机关党的工作暨纪检工作电视电话会议精神，听取系统定点扶贫脱贫摘帽情况汇报，强调要全力以赴抓好党中央重大决策部署落实，为全面建成小康社会贡献行业更大力量。局党组成员、副局长戴应军、刘君、杨春光、赵民出席会议。马军胜强调，2020 年是脱贫攻坚决战决胜之年，全系统必须提高政治站位，因地制宜、精准施策，加大产业扶贫、就业扶贫力度，真扶贫、扶真贫，啃最难啃的硬骨头，确保如期完成决战决胜脱贫攻坚目标任务。

五一假期全国快递揽投量双双突破 10 亿件

五一假期期间，受“双品网购节”和农产品网络热销等因素拉动，全国快递包裹揽投量同比增长约四成。据国家邮政局邮政业安全监管信息系统数据显示，5 月 1 日至 5 日，全国邮政行业共揽收快递包裹 11.02 亿件，同比增长 41.8%；投递快递包裹 10.38 亿件，同比增长 38.93%。国家邮政局相关负责人表示，商务、邮政等部门联合打造的“双品网购节”对于近期业务量恢复起到了积极推动作用，受消费信心增强影响，食品、日用品和 3C 产品等商品网络销售火爆，有力带动了中小企业复工复产。同时，农产品网络销售继续保持快速增长态势，湖北潜江小龙虾等各地知名产品借助邮政快递渠道销往全国，形成供需两旺的良性循环。

2020 年邮政行业科学技术奖申报启动

5 月 6 日，中国快递协会发出《关于推荐（申报）2020 年度邮政行业科学技术奖的通知》，启动 2020 年邮政行业科学技术奖申报工作。据了解，“邮政行业科学技术奖”于 2018 年正式设立。邮政行业科学技术奖评审由中国快递协会负责组织实施，受国家邮政局指导，旨在表彰在邮政、快递科学技术活动中作出突出贡献的组织或个人。通知明确，邮政行业科学技术奖奖励，将按成果的科学技术水平、创新程度和先进程度、经济效益和社会效益、对科学技术进步的贡献大小，分为特等奖、一等奖、二等奖、三等奖四个等级。

做好全国两会期间寄递渠道安全服务保障工作

第十三届全国人大三次会议和全国政协第十三届三次会议将分别于5月22日和5月21日在北京召开。5月9日，国家邮政局发出通知，要求全系统全行业强化责任担当、维护安全稳定、加强疫情防控、保障寄递服务、强化应急管理，切实做好全国两会期间寄递渠道安全服务保障工作。通知强调，各级邮政管理部门要维护安全稳定，按照整体防控、以面保点的思路，按照“外圈保内圈、内圈保核心”和“从严从紧、重点管控”的原则，督促寄递企业严格执行收寄验视、实名收寄、过机安检“三项制度”。

疫情防控期间操作规范建议（第三版）印发

5月11日，国家邮政局办公室印发《疫情防控期间邮政快递生产作业场所操作规范建议》（第三版），从坚持预防为主、突出重点环节、加强安全管理和强化支撑保障四个方面对企业提出规范建议，以适应新冠肺炎疫情防控工作从应急状态转为常态化的形势任务需要，进一步抓紧抓实抓细行业疫情防控工作。在加强安全管理方面，《规范建议》指出要保障生产安全，严格执行安全生产法律法规，强化落实企业安全生产主体责任。此外，《规范建议》还强调，要落实疫情防控企业主体责任，严格执行疫情防控规定，健全防控工作责任制和管理制度。

马军胜局长主持召开国家邮政局党组会议

5月14日，国家邮政局党组书记、局长马军胜主持召开局党组会议，学习贯彻习近平总书记在山西考察时的重要讲话精神、中央政治局常务委员会会议精神和中共中央党外人士座谈会精神，审议国家邮政局党组2020年巡视工作方案和《中共国家邮政局党组落实全面从严治党主体责任清单》，强调要把党中央重大决策部署落到实处，确保年度各项目标任务圆满完成。局党组成员、副局长戴应军、刘君、杨春光、赵民出席会议。中央纪委国家监委驻交通运输部纪检监察组副组长胡志彬列席会议。马军胜强调，全系统要知重负重、化危为机，进一步把统筹疫情防控和经济社会发展各项工作抓紧抓实抓好。

中国快递协会编纂《快递业防疫与复工政策汇编》

5月，中国快递协会对指导、支持快递业发展的相关政策进行了系统梳理和汇总，编纂了《快递业防疫与复工政策汇编》。《汇编》收录了2020年1月至3月中央和地方政府公开发布的政策文件216份，涉及寄递服务、交通运输、税收、金融、就业、劳动用工、海关等各方面，可作为快递企业防疫与复工政策的工具书。中国快递协会希望《汇编》能更好地指导帮助会员企业享受政府税费减免等惠企政策，用足用好国家有关部门出台的支持政策，确保“应享尽享、应减尽减”。

三地联合共筑寄递安全“护城河”防线

5月16日下午，国家邮政局召集京津冀三地邮政管理部门召开会议，就发挥京津冀“护城河”协同保障作用，切实做好全国两会期间寄递渠道安全服务保障工作进行研究部署。京津冀是全国两会寄递安保工作的重中之重，任务艰巨，责任重大。会议强调，京津冀三地邮政管理部门要进一步提高政治站位，强化底线思维和风险意识，按照“外圈保内圈、内圈保核心”和“从严从紧、重点管控”的原则，强化组织部署，层层传导压力，压实主体责任。要加强对邻近京郊、环省交界地区企业安全监管执法检查，以防范收寄不实名、落地二次安检不到位等为重点，督促企业严格落实各项安保防范措施，构筑环京寄递安全“护城河”防线。

马军胜局长拜会中华全国集邮联合会名誉会长王家瑞

5月19日上午，国家邮政局局长马军胜一行拜会十二届全国政协副主席、中华全国集邮联合会名誉会长王家瑞。马军胜汇报了2020年以来邮政业发展以及助力疫情防控和复工复产方面的情况。王家瑞对邮政业的发展非常关心，一边听取汇报一边询问情况。他指出，近年来邮政业不断适应新形势，提出了很多新思路，采取了很多新措施，特别是在全国抗击疫情的斗争中发挥了重要作用，在促进生产流通、解决社会就业、方便群众生活等方面作出了显著贡献。王家瑞还详细了解了中华全国集邮联合会第八次代表大会筹备情况，对七届理事会的工作给予了充分肯定。

国家邮政局召开党组中心组（扩大）学习会

5月19日，国家邮政局党组书记、局长马军胜主持召开局党组中心组（扩大）学习会，学习贯彻中共中央《关于在全党开展“不忘初心、牢记使命”主题教育总结报告》精神，对照主题教育中列出的问题清单进行“回头看”，书面听取践行初心使命情况，强调要不断增强常抓不懈政治自觉，巩固拓展主题教育成果，以初心使命为指引持续推进邮政业高质量发展。局党组成员、副局长杨春光传达中共中央《报告》精神。局党组成员、副局长刘君、赵民结合主题教育和工作情况作重点研讨发言。

国家邮政局按时办复2019年全国两会建议提案

随着新冠肺炎疫情防控进入常态化，备受瞩目的2020年全国两会即将在北京拉开帷幕。据国家邮政局有关负责人介绍，2019年建议提案办理工作可谓办理数量多、涉及范围广、办理力度大。“国务院2次召开常务会议，对建议提案办理工作提出明确要求。国家邮政局高度重视，党组书记、局长马军胜3次对建议提案办理作出批示，要求高标准严要求将代表委员建议提案办理好，不断提高办理水平，促进各项工作再上新台阶。”该负责人介绍，2019年国家邮政局将建议提案办理作为贯穿全年常态化重点任务，强化管理、加强沟通、压实责任，按时保质保量完成了办理工作。

十三届全国人大三次会议在京开幕

5月22日上午，令世界瞩目的第十三届全国人民代表大会第三次会议在人民大会堂开幕。国务院总理李克强作政府工作报告时，高度评价了邮政快递业在抗击新冠肺炎疫情中发挥的重要作用，同时指出，“支持电商、快递进农村，拓展农村消费”。这也是自2014年以来“快递”连续7年被纳入政府工作报告，体现了党中央、国务院对快递服务发展的要求进一步提升、重点更加明确，彰显了对行业的密切关注与大力支持。

旁听四川代表团第4组审议政府工作报告

5月23日上午，国家邮政局通过网络视频的方式，旁听四川代表团第4组审议政府工作报告。局党组成员、副局长赵民表示，通过视频方式旁听全国人大代表审议政府工作报告，是政府接受人民监督、增进和凝聚社会共识、推进科学民主决策的重要内容的体现。国家邮政局党组高度重视全国人大代表、全国政协委员对邮政管理工作的意见建议，马军胜局长多次对建议提案办理作出批示，要求高标准严要求将代表委员的建议提案办理好。国家邮政局也将建议提案办理作为贯穿全年常态化重点工作任务，强化管理、加强沟通、压实责任，按时保质保量完成办理工作。

切实加大工作力度，推进快递下乡进村

李克强总理在政府工作报告中提出，“支持电商、快递进农村”，既是对一直以来邮政快递业致力于发展农村快递工作的肯定，更为行业下一步工作提出了明确方向，注入了强大的动力。国家邮政局备受鼓舞，将进一步夯实工作基础，继续发挥邮政快递业的优势和服务“三农”的作用。广大快递企业对发展农村业务的信心更加坚定，纷纷表示将不负重托、乘势而上，为行业高质量发展贡献自己的力量。“快递进村”写入政府工作报告成为国策，这是快递业发展的一座新的里程碑，既为邮政快递业推动“快递进村”、践行“以人民为中

心”发展思想指明了方向，也为通过“快递进村”畅通城乡经济循环、服务乡村振兴，实现快递业高质量发展提供了根本遵循。

马军胜局长主持召开国家邮政局党组会议

5月27日，国家邮政局党组书记、局长马军胜主持召开局党组会议，学习贯彻中央政治局常委会会议、中央政治局会议精神，学习贯彻习近平总书记在全国两会期间参加内蒙古代表团、湖北代表团审议，出席解放军和武警部队代表团全体会议，看望参加全国政协十三届三次会议的经济界委员并参加联组会时的重要讲话精神，学习习近平总书记关于统计工作重要讲话和重要指示批示精神及相关法规，听取关于驻部纪检监察组赴国家局监督检查贯彻落实习近平总书记重要指示批示精神反馈意见情况和下一步整改方案的汇报。局党组成员、副局长戴应军、刘君、杨春光、赵民出席会议。中央纪委国家监委驻交通运输部纪检监察组副组长胡志彬列席会议。

疫情防控期间操作规范建议（第四版）印发

5月28日，国家邮政局办公室印发《疫情防控期间邮政快递生产作业场所操作规范建议》（第四版），从坚持预防为主、突出重点环节、加强安全管理和强化支撑保障四个方面对企业提出规范建议，以适应新冠肺炎疫情常态化防控工作形势和任务需要，有针对性地做好当前行业疫情防控工作。与上一版相比，此版本在“科学佩戴口罩”部分增加了邮件快件运输车辆驾驶员佩戴口罩的要求；增加了“安全使用口罩”部分，涉及个人卫生健康和垃圾处理等内容；增加了“安全使用空调”部分，要求按照《夏季空调运行管理与使用指引》（修订版）做好空调清洗、消毒、维护等工作。

国家邮政局传达学习全国两会精神

5月29日，国家邮政局党组书记、局长马军胜主持召开会议，传达学习第十三届全国人民代表大会第三次会议、中国人民政治协商会议第十三届全国委员会第三次会议精神和习近平总书记在两会期间的重要讲话精神，对邮政快递业深入贯彻落实全国两会精神进行部署，强调要统一思想、提振精神、鼓足干劲，加快推动邮政快递业高质量发展，努力实现全年目标任务。局党组成员戴应军、刘君、杨春光、赵民出席会议。全国政协委员、国家邮政局普遍服务司司长马旭林传达全国两会精神。

国家邮政局部署“安全生产月”活动

5月，国家邮政局下发通知，以“消除事故隐患，筑牢安全防线”为主题，部署2020年邮政快递业“安全生产月”活动。通知要求，各级邮政管理部门、各寄递企业要紧密结合实际，采取灵活多样形式，广泛深入开展活动。要加强组织领导，将“安全生产月”活动纳入全年安全生产重点工作计划；加强活动组织实施，制定“路线图”“施工表”。要确保活动实效，把“安全生产月”活动与解决当前安全发展、安全生产中的热点难点问题相结合，与精准落实常态化疫情防控、复工复产安全防范、安全生产专项整治等各项工作相结合，与推动落实各方面安全生产责任相结合，因地制宜开展好各项活动。

5月我国快递业务量同比增长超四成

5月，我国快递业务量完成73.8亿件，同比增长41%，快递业务收入完成771亿元，同比增长25%。快递业在疫情后期逆势增长，业务量增速超40%，创2018年2月以来新高，快递业复工达产快于预计好于预期，为做好“六稳”工作、落实“六保”任务发挥着重要作用。国家邮政局局长马军胜表示，邮政快递业将认真贯彻党中央决策部署，抓好常态化疫情防控，全力稳定行业运行良好态势，大力推进“两进一出”工程，畅通产业、市场、经济社会“三个循环”，扎实做好“六稳”工作、落实“六保”任务。

2020年全国邮政管理系统巡视工作培训班举办

6月2日,国家邮政局2020年全国邮政管理系统巡视工作培训班在北京举办。传达学习十九届中央纪委四次全会、全国巡视工作会议暨十九届中央第五轮巡视动员部署会议精神,传达学习中办印发的《关于中央部委、中央国家机关部门党组(党委)开展巡视工作的指导意见(试行)》和国家邮政局贯彻落实具体措施办法,以及干部选拔任用工作监督检查和责任追究办法。国家邮政局党组书记、局长,巡视工作领导小组组长马军胜作动员部署讲话,强调要深刻把握党中央关于新时代巡视工作的部署要求,聚焦"四个落实",进一步深化政治巡视、强化政治监督,统筹疫情防控和经济社会发展、做好"六稳"工作、落实"六保"任务。

切实加强和改进安全生产工作

6月2日,国家邮政局下发通知,要求进一步加强安全生产管理,切实加强和改进行业安全生产工作。通知指出,2020年以来,全国邮政快递业安全生产形势总体平稳,未发生重特大安全事故,确保了全国两会期间寄递渠道安全畅通和行业安全稳定。但近期接连发生生产安全事故和寄递安全问题,暴露出部分企业安全"底线"意识不牢固,主体责任落实"挂空挡",员工安全教育培训不到位、安全管理规范化水平亟待提升等突出问题。通知强调,要深刻吸取教训,进一步牢固树立安全发展理念。严格落实企业主体责任。强化部门监督管理。

国家邮政局召开局长办公会

6月3日,国家邮政局局长马军胜主持召开2020年第七次局长办公会,审议并原则通过《2019快递市场监管报告(送审稿)》《邮件快件绿色包装规范(送审稿)》和《国家邮政局创建节约型机关实施方案(送审稿)》,听取关于加强邮政用品用具市场监管工作思路的汇报,强调要以务实高效的作风,努力破解制约行业改革发展的瓶颈与障碍,为决胜全面建成与小康社会相适应的现代邮政业、全面建设现代化邮政强国奠定坚实基础。副局长戴应军、刘君、赵民出席会议。

国家邮政局在京召开主要品牌寄递企业生态环保工作座谈会

6月4日,国家邮政局在京召开主要品牌寄递企业生态环保工作座谈会,深入贯彻落实习近平总书记关于快递包装治理的重要指示批示精神,督促寄递企业落实生态环保主体责任。国家邮政局党组成员、副局长赵民出席会议并讲话,强调要以习近平生态文明思想为指导,把思想认识和行动统一到党中央、国务院重要决策部署上来,统一到国家局党组关于行业生态环保工作的系统安排上来,坚决打好行业污染防治攻坚战,为行业绿色高质量发展作出应有的贡献。赵民要求,要加强法规标准政策的宣贯和实施,推进实施"9792"工程,积极参与和支持配合做好试点工作,强化专项治理,充分利用好各地出台的利好政策。

刘君副局长赴贵州督战定点扶贫工作

6月4日至6日,国家邮政局党组成员、副局长刘君带队深入贵州省边远乡村,督战省、市邮政管理部门定点扶贫工作,调研推进"快递进村"等相关工作。在贵州省黔东南州邮政管理局定点帮扶村榕江县塔石乡怎贝村,刘君与乡、村两级负责人和驻村干部、贫困群众代表、快递企业代表进行座谈,全面听取怎贝村脱贫攻坚、驻村帮扶工作情况汇报,详细了解群众生产生活状况和快递企业爱心帮扶情况,分析当地产业发展方向和存在的困难,亲切慰问贫困群众、困难家庭儿童和驻村干部,并对定点扶贫工作提出要求。

中国发布《抗击新冠肺炎疫情的中国行动》白皮书

6月7日,国务院新闻办公室发布《抗击新冠肺炎疫情的中国行动》白皮书,内容包括《中国抗击疫情的艰辛历程》《防控和救治两个战场协同作战》《凝聚抗击疫情的强大力量》《共同构建人类卫生健康共同体》四部分。白皮书用事实和数字说话，真实全面地记录了中国抗疫历程和成果。需要指出的是，白皮书四次提及“快递”，点赞邮政快递业在运输防疫物资和服务民生中所发挥的作用。在切断病毒传播链方面，白皮书指出，中国推行政务服务网上办、预约办，推广无接触快递等“不见面”服务，鼓励民众居家和企业远程办公，有效减少人员流动和聚集。此外，白皮书还特意点赞了快递小哥在疫情期间的逆行和坚守。

马军胜局长主持召开国家邮政局党组会议

6月9日，国家邮政局党组书记、局长马军胜主持召开局党组会议，深入学习贯彻习近平总书记在中央政治局第二十次集体学习和专家学者座谈会上重要讲话精神，传达贯彻《关于加强中央和国家机关各部门机关党委自身建设的意见》《关于加快推进社会治理现代化开创平安中国建设新局面的意见》，审议《国家邮政局平安中国建设领导小组组建方案》，强调坚持以人民为中心的发展思想，扎实推进邮政快递业治理体系和治理能力建设，更好发挥邮政体系作为国家重要的战略性基础设施和社会组织系统的作用。局党组成员、副局长戴应军、刘君、赵民出席会议。

马军胜局长看望中国快递协会干部职工

6月10日，国家邮政局党组书记、局长马军胜看望中国快递协会干部职工，听取大家对快递业发展的意见建议，强调要同心协力，继往开来，创新体制机制，激发内在活力，提升服务功能，不断发挥协会的独特作用，为推进快递业高质量发展和邮政强国建设贡献力量。中国快递协会刚刚搬迁至新的场地办公，马军胜查看了新的办公环境，听取了中国快递协会负责人的工作汇报。马军胜强调，要转变职能，创新方式，构建新型关系。要坚持改革引领，积极主动作为，加快转型提升，注重自身建设，努力适应新常态、新要求。要强化行业自律、引导企业规范经营，努力成为依法设立、自主办会、服务为本、治理规范、行为自律的社会组织。

戴应军副局长赴甘肃督战定点扶贫工作

6月10日至12日，国家邮政局党组成员、副局长戴应军一行深入甘肃省定西市岷县马坞镇秦家沟村和临夏州临夏县红台乡三大湾村，督战定点扶贫工作。调研组进村走访看望贫困户，详细询问贫困户家庭“两不愁、三保障”和就业入学情况，对致贫原因、受惠政策、帮扶措施、脱贫进展等情况进行了深入了解。调研组考察了国家局帮扶项目进展情况，慰问驻村工作队，倾听村中党员和村民代表心声，并举行了国家邮政局对秦家沟村、三大湾村的扶贫款项捐赠仪式。戴应军对定西市、临夏州邮政管理局的定点扶贫工作给予了充分肯定，并对下一步工作提出四点要求，坚定信心不动摇，咬定目标不放松，盯住问题不放手，保持作风不懈怠。

马军胜局长赴天津调研

6月11日至12日，国家邮政局党组书记、局长马军胜赴天津考察疫情防控和行业发展统筹情况和重点工作落实情况，强调要坚持以习近平新时代中国特色社会主义思想为指导，将中央各项决策部署及国家邮政局工作安排抓实抓细抓落地，凝心聚力，实化抓手，更好推动行业改革发展，更好服务地方经济社会发展。马军胜还听取了天津市邮政管理局近期工作汇报，对天津局统筹做好疫情防控和复工复产工作取得明显成效，充分展现邮政快递业的价值和良好精神风貌给予充分肯定。对统筹做好疫情防控和行业发展、确保良好态势、推动“两进一出”工程、提高行业治理能力水平和加强全面从严治党等工作提出了要求。

邮政快递行业举办网络招聘活动

国家邮政局、教育部定于6月15日至8月31日共同举办2020年邮政快递行业面向高校毕业生网络招聘活动。活动期间，教育部在“24365 校园招聘服务”网站开辟专场招聘活动专栏，免费发布用人单位招聘信息，供大学毕业生在线查询信息和投递简历。各省级邮政管理部门组织有意愿的用人单位积极参与，用人单位可登录大学生就业网（新职业网）进行注册，通过审核后可自主发布招聘信息。活动期间，用人单位需安排专人负责网上招聘信息的维护，及时回应毕业生的求职需求。省级教育行政部门组织本地区高校做好活动宣传工作，依托辅导员等就业工作队伍和各类信息化平台，向高校毕业生精准推送就业岗位信息。

国家邮政局召开机关党委全委（扩大）会议

6 月 16 日，国家邮政局召开机关党委 2020 年第二次全委（扩大）会议，传达学习有关文件精神，研究部署中央和国家机关党的建设专项督查准备工作，听取各支部上半年干部职工思想动态分析情况汇报，审议《机关党委落实全面从严治党责任清单》《党支部落实全面从严治党责任清单》《关于开展强化政治机关意识教育的工作方案》《关于全面推进党支部标准化规范化建设的意见》《关于开展“灯下黑”问题专项整治的工作方案》等，审议国家邮政局“两优一先”表彰建议。局党组成员、副局长、机关党委书记杨春光出席会议并讲话，强调要持续加强党支部标准化规范化建设，切实提高机关党的建设工作质量。

马军胜局长主持召开国家邮政局局长办公会

6 月 18 日，国家邮政局局长马军胜主持召开 2020 年第八次局长办公会，审议并原则通过国家邮政局落实《政府工作报告》重点工作实施方案，强调要狠抓《政府工作报告》重点工作落实，确保全年主要发展目标任务圆满完成。副局长戴应军、刘君、杨春光、赵民出席会议。会议指出，贯彻党中央、国务院决策部署，狠抓重点工作落实，邮政快递业使命光荣、任务艰巨、责任重大，全系统必须高度重视、挂图作战、压茬推进，确保完成全年主要发展目标任务，确保年底向党和人民交出一份满意的答卷。

“618”期间全国快递业务量完成 46.78 亿件

6 月 1 日至 18 日，全国快递业务量完成 46.78 亿件，同比增长 48.66%，有效助推了消费复苏，为做好“六稳”工作、落实“六保”任务发挥了重要作用。2020 年的“618”购物节期间，线上线下共同参与，为消费市场加速复苏注入强大动力。天猫、京东、苏宁和拼多多等电商平台交易纷纷创下新纪录，快递业的发展动能也进一步被释放，持续保持高位增长，折射出了中国消费市场的巨大潜力。进入 6 月以来，我国快递日均业务量接近 2.6 亿件，快递企业在总结近年经验做法基础上，全力做好年中旺季服务保障工作。快递企业还在“618”购物节期间加速推进“快递进村”，提升网络覆盖率，助力农产品上行和工业品下乡双向流通。

国家邮政局召开机关及直属单位疫情防控领导小组第四次会议

6 月 19 日，国家邮政局召开机关及直属单位疫情防控领导小组第四次会议，强调要充分认清北京面临的疫情防控形势，切实增强大局意识、强化底线思维，从严从细从实做好疫情防控工作，以首善标准筑牢疫情防控“主阵地”。局党组成员、副局长赵民出席会议并讲话。会议指出，当前北京市突发公共卫生事件应急响应级别由三级调至二级，疫情防控形势依然严峻复杂，各部门各单位要按照北京市和国家邮政局党组统一部署，全力抓好疫情防控各项工作。

北京快递小哥全员核酸检测

6 月 19 日起，按照北京市统一要求，为向市民提供更加安全放心的寄递服务，北京邮政、快递企业已开始陆续安排一线从业人员进行全员核酸检测，预计于 6 月 22 日完成核酸检测的采样工作。据了解，此次核酸检测共涉及北京市的 17 家邮政、快递企业的10.3万名一线从业人员，计划于6月22日24点之前完成全部检测采样工作。截至6月，北京市邮政快递从业人员未报告确诊和疑似病例，寄递渠道也保持了安全稳定畅通的良好趋势。数据显示，6月11日至20日，北京地区揽收包裹快递6809万，同比增长22.86%；投递快递包裹8245万，同比增长25.57%。

多措并举深入推进关爱快递小哥活动

6月19日，中共国家邮政局党组发出通知，进一步细化工作任务清单，深入推进习近平总书记关爱快递小哥重要指示精神工作贯彻落实。通知指出，全系统要进一步提高政治站位，增强贯彻落实习近平总书记重要指示精神的自觉性坚定性，把认真做好关心关爱快递小哥工作作为重大的政治任务，将习近平总书记的关心关怀传递给每一位快递小哥。各级邮政管理部门要主动担当作为，把关爱快递小哥工作列为“一把手工程”，不断完善工作机制，加大部门协同，形成同心共力抓落实的良好局面。同时，要敢于发扬首创精神，在政策制定、平台打造等方面结合地方实际创新工作载体，提高工作针对性和实效性。

广东汕尾局荣获全国禁毒工作先进集体

6月23日，国家禁毒委员会对全国禁毒工作先进集体和个人进行表彰，广东省汕尾市邮政管理局成为邮政管理系统中唯一荣获“全国禁毒工作先进集体”的单位。近年来，汕尾市邮政管理局紧密结合工作实际，加强行业监管，确保寄递渠道安全平稳运行，多措并举开展行业禁毒工作。据了解，2019年3月，因在禁毒重点整治工作中表现突出，汕尾局还荣获汕尾市委、市政府公务员集体三等功，两名工作人员分获嘉奖和通报表扬奖励。

国家邮政局部署2020年全国两会建议提案办理工作

6月24日，国家邮政局召开2020年全国两会建议提案交办会，传达国务院常务会议、全国人大代表建议交办会和全国政协委员提案交办会精神，总结回顾2019年办理工作情况，部署安排2020年办理工作。国家邮政局党组书记、局长马军胜就做好2020年办理工作作出专门批示，要求各部门(单位)提高站位，高度重视议案建议提案办理工作，创新方式，提高质量，在办理过程中认真研究吸纳意见建议，充分做好代表委员沟通工作，更好地为人民服务。局党组成员、副局长赵民对建议提案办理工作提出明确要求。

提高寄递渠道毒品治理能力

6月，国家邮政局、国家禁毒委员会办公室下发《关于适应新形势进一步加强寄递渠道禁毒工作的通知》，要求各级邮政管理和禁毒部门进一步提高思想认识、强化寄递企业主体责任、强化监督管理、加大打击力度、落实属地责任、强化宣传培训和奖惩。《通知》指出，各级邮政管理部门和禁毒委员会办公室要进一步提高思想认识，充分认识加强寄递渠道禁毒工作的重要性、紧迫性，建立完善管理、防范、打击相衔接的工作机制，加强组织领导，强化部门协作，深化综合治理，推进科技创新，进一步提高寄递渠道毒品治理能力和水平，严密防范、严厉打击利用寄递渠道贩毒活动。

切实做好端午节期间行业疫情防控和服务保障工作

6月24日，国家邮政局发出通知，要求全系统全行业要坚决贯彻落实习近平总书记关于统筹做好疫情防控和经济社会发展工作的重要指示批示精神和党中央、国务院有关部署，切实做好端午节期间行业疫情防控和服务保障工作，保障寄递服务渠道安全畅通。通知指出，全系统全行业要按照《国家邮政局关于加强疫情防控严防疫情反弹的通知》等部署，坚持分区分级、精准施策，慎终如始抓紧抓实抓细常态化邮政业疫情防控工作。各级邮政管理部门要加强对寄递企业的监督检查，强化“刚性”约束，抓好落实执行。

端午假期全国快递业务量同比增长超四成

端午节假期(6月25日至27日)，邮政快递全行业共揽收快递包裹6.07亿件，同比增长45.38%，投递快递包裹6.51亿件，同比增长47.68%，有效满足了节日期间人民群众生产生活物资和上下游产业复工复产物资寄递需求。2020年端午期间，这一传统节日首次走上“云端”，各地采用线上带游带货、线下线上结合的方式，丰富端午文旅和农产品销售市场，通过网络现场直播、发放电子消费券等方式，提振消费信心。越来越多的消费者选择线上网购囤货过端午佳节，粽子、咸鸭蛋等传统美食和牛奶、啤酒、肉类等在端午节期间销量大涨。

在全行业全系统开展向葛军同志学习活动

6月26日，中央广播电视总台央视CCTV-1频道播出了专题片《一路有你——鸿雁天路》，讲述了青海省格尔木市邮政分公司投递员葛军一人一车十年坚守“鸿雁天路”的感人事迹。葛军同志的先进事迹具有鲜明的时代性、典型性和代表性，节目播出后在社会各界引起热烈反响。中共国家邮政局党组决定，在全行业全系统组织开展向葛军同志学习活动，弘扬葛军同志先进事迹和崇高精神，凝聚起邮政快递行业万众一心决胜全面建成小康社会的磅礴力量。

国家邮政局机关表彰“两优一先”

6月，在庆祝中国共产党成立99周年之际，为表彰先进，树立典型，进一步加强局机关和直属单位基层党的建设，巩固深化“不忘初心、牢记使命”主题教育成果，中国共产党国家邮政局机关委员会发出《关于表彰优秀共产党员、优秀党务工作者和先进基层党组织的通报》，表彰局机关和直属单位“两优一先”。经各基层党组织推荐，机关党委研究，报局党组同意，决定对佟正堂等31名优秀共产党员、侯延波等11名优秀党务工作者、办公室党支部等5个先进基层党组织予以表彰。《通报》强调，受到表彰的集体和个人要不忘初心、牢记使命，珍惜荣誉、再接再厉，以更加坚强的党性、更加严格的要求，克难奋进，再创佳绩。

做好防汛防台风工作

6月，国家邮政局发出《关于进一步做好防汛防台风保生产安全工作的通知》，要求进一步做好防汛防台风工作，保障寄递行业安全生产。《通知》指出，6月以来，长江流域降雨北多南少，暴雨范围广，极端性强，较常年同期偏多。《通知》强调，全行业要深入学习贯彻习近平总书记关于加强防灾减灾救灾工作的重要指示批示精神，深刻认识2020年防汛防台风工作的特殊性和复杂性，进一步提高政治站位，坚持生命至上、安全第一，立足于防大汛、抢大险、救大灾，把严防群死群伤、最大限度减少人员伤亡和财产损失作为防灾减灾工作的出发点和落脚点，牢牢守住安全底线。

国家邮政局召开全系统生态环保工作电视电话会

6月30日，国家邮政局召开全系统生态环保工作电视电话会议，总结2020年上半年行业生态环保工作，分析当前存在的主要问题，对下一步工作进行再动员再部署。国家邮政局党组成员、副局长赵民出席会议并讲话。赵民强调，做好行业生态环保工作，打赢污染防治攻坚战使命光荣、任务艰巨。针对下一步工作，赵民要求，一要坚持政治引领，压紧压实责任。二要坚持依法治理，严守法律规定。三要坚持探索创新，完善监管体系。四要坚持标本兼治，推进综合治理。五要坚持共建共治，营造良好氛围。

上半年邮政行业业务收入超5000亿元

上半年，邮政快递业逐渐摆脱疫情影响逆势上扬，主要经济指标超过去年同期水平。1月至6月，邮政行业业务总量完成8765.27亿元，同比增长22.45%;业务收入完成5028.23亿元,增长11.03%。其中,快递业务量完成338.8亿件,增长22.05%,超过2016年全年(312.8亿件);快递业务收入完成3823.8亿元,增长12.57%。在邮政快递业实现快速复工复产、我国消费市场加速向线上转移、三四线城市及农村等下沉市场增量较快等因素共同作用下,自3月份业务量收数据恢复正增长以来,邮政快递业在疫情防控常态化形势下继续保持快速增长,市场重回高位运行区间。

2020年上半年全国邮政市场行政执法情况通告

2020年上半年,全国各级邮政管理部门共计开展邮政市场行政执法检查6.4万人次,检查市场主体2.4万家次,查处整改违法违规问题1982个,办理邮政市场行政处罚案件1460件,行政罚款1188.09万元。各级邮政管理部门2020年上半年共计办理邮政行业安全监管类案件655件、快递市场准入管理类案件467件、快递服务质量管理类案件331件、快递市场秩序管理类案件1件、邮政用品用具监管类案件3件。在2020年上半年邮政市场行政处罚案件中,各级邮政管理部门依法作出警告的5件;行政罚款的1345件,其中处3万元以上较大数额罚款的66件;责令停产停业的110件,其中11件并处行政罚款。

三方联合印发合作框架协议

7月,为贯彻落实党中央、国务院决策部署,推进商务主管部门、邮政管理部门和邮政企业工作互动、资源共享、优势互补,商务部办公厅、国家邮政局办公室、中国邮政集团有限公司综合部联合印发合作框架协议,三方将共同推动农村市场体系建设和农产品流通现代化等工作,发挥商务系统和邮政系统优势,加强工作协作联动,共同开展疫情防控,凝聚改革发展合力,提高商务和邮政服务经济大局能力。根据合作框架协议,三方将在12个方面展开合作。其中,有5方面工作直接涉及服务乡村振兴,是此次合作的"重头戏"。三方将合力发展农村现代流通网络,多渠道拓宽贫困地区农产品营销渠道。

国家邮政局开展"快递进村"试点工作

7月2日,国家邮政局办公室印发《关于开展"快递进村"试点工作的通知》,决定在6个省(区)和15个市(州)组织开展"快递进村"试点工作。6个省级试点为河北、内蒙古、黑龙江、江苏、安徽、青海。15个市级试点为太原、吉林、济宁、驻马店、黄冈、郴州、防城港、海口、资阳、黔南、玉溪、西安、延安、银川、哈密。开展此项工作的目的是在试点地区形成可落地、可复制、可推广的农村快递发展经验,推动快递服务直投到村,基本实现有条件的地区"村村通快递"。以试点工作带动全国"快递进村"工程更快、更好推进。试点内容主要包括四部分,健全基础网络,优化发展环境,推动融合发展,提升服务质效。

马军胜局长主持召开国家邮政局局长办公会

7月7日,国家邮政局局长马军胜主持召开2020年第九次局长办公会,审议并原则通过《2019年度邮政普遍服务监管报告》,强调全系统必须深入贯彻习近平总书记关于邮政快递业重要指示精神,进一步筑牢思想基础、巩固网络基础和提升能力基础,坚定不移地做好邮政普遍服务,全面完成"十三五"邮政普遍服务任务。副局长戴应军、刘君、杨春光、赵民出席会议。马军胜要求,要以邮政业更贴近民生七件实事为契机,切实抓好2020年邮政普遍服务领域重点工作的落地见效,不断提升邮政普遍服务水平。要全力配合推进"快递进村"工程,进一步深化邮快合作,推动快递服务直投到村比例显著提升,更好服务乡村振兴战略。

第五届全国"互联网+"快递大学生创新创业大赛启动

7月8日,"菜鸟网络杯"第五届全国"互联网+"快递大学生创新创业大赛正式启动。国家邮政局党组成员、副局长杨春光出席仪式并启动大赛。大赛以“勇践双创梦想，书写人生华章”为主题，重点围绕“互联网+快递”的产业升级、服务提升、精准扶贫、绿色发展、平台建设、其他与快递业高质量发展急需解决的热点难点痛点问题及与“五个邮政”建设的创新创业项目，设置了创新产品设计、工作流程优化、创业计划实施三类比赛项目。大赛设院校初赛和全国总决赛两级赛事，决赛将于12月举办，受疫情影响，竞赛各阶段相关活动和总决赛现场决赛可能通过视频会议、网络展示和远程答辩等方式实施。

马军胜局长主持召开国家邮政局党组会议

7月9日，国家邮政局党组书记、局长马军胜主持召开局党组会议，学习贯彻习近平总书记近期重要讲话精神、中共中央办公厅《党委(党组)意识形态工作责任制实施办法》和《关于当前意识形态领域情况的通报》精神，听取局党组上半年落实全面从严治党主体责任情况汇报，强调要以习近平总书记重要讲话精神为指导，统筹做好邮政快递业改革发展各项工作。局党组成员、副局长戴应军、刘君、杨春光、赵民出席会议。中央纪委国家监委驻交通运输部纪检监察组副组长胡志彬列席会议。

外卖配送和快递从业人员新冠肺炎疫情健康防护指南

7月10日，国家卫建委发布《外卖配送和快递从业人员新冠肺炎疫情健康防护指南》，从“岗前防护、个人防护、生活防护、应急防护”入手，提出了21条具体措施及技术要求，科学规范指导外卖配送和快递从业人员做好新冠肺炎疫情防控期间的个人防护，达到切断病毒传播途径、保护易感人群的目的。

马军胜局长在国家邮政局党组中心组(扩大)学习会

7月10日，国家邮政局党组书记、局长马军胜主持召开局党组中心组(扩大)学习会，深入学习贯彻《习近平谈治国理政》第三卷，围绕服务乡村振兴战略、决胜全面建成小康社会，进一步激励广大干部新时代新担当新作为，进行重点学习研讨，强调全系统全行业各级党组织和广大党员干部要切实用党的创新理论武装头脑、指导实践、推动工作，以新担当新作为推进邮政快递业高质量发展。局党组成员、副局长戴应军围绕落实乡村振兴战略进行重点研讨交流。局党组成员、副局长刘君、杨春光、赵民出席会议。

认真组织学习《习近平谈治国理政》第三卷

7月13日，中共国家邮政局党组下发通知，要求全国邮政管理系统认真组织学习《习近平谈治国理政》第三卷。《通知》指出，认真学习《习近平谈治国理政》第三卷，是用习近平新时代中国特色社会主义思想武装全党、教育人民的重大政治任务。邮政管理系统各级党组织要引导广大党员干部读原著、学原文、悟原理，把学习《习近平谈治国理政》第三卷与学习第一卷、第二卷作为一个整体，系统掌握贯穿其中的马克思主义立场观点方法，深切感受其中蕴含的政治力量、思想力量、理论力量、实践力量，进一步筑牢信仰之基、补足精神之钙、把稳思想之舵，确保习近平新时代中国特色社会主义思想在全系统落地生根。

寄递服务消费提示

7月13日，中央气象台发布山洪灾害气象预警和地质灾害气象风险预警：预计，7月13日20时至7月14日20时，湖北西北部、四川西北部、云南西部、陕西西部和东南部、甘肃东部、宁夏南部、新疆西部等地部分地区可能发生山洪灾害(蓝色预警)；湖北西北部、云南西部等地发生地质灾害的气象风险较高(黄色预警)。国家邮政局提醒广大消费者，受当前汛期和极端天气影响，相关地区未来一段时间的邮件快件可能出现收寄、投递、运输等环节的寄递服务异常情况，请广大消费者给予理解，并及时关注国家邮政局官网和各寄递企业网站上的有关提示信息，合理安排使用寄递服务。

马军胜局长主持召开国家邮政局局长办公会

7月14日，国家邮政局局长马军胜主持召开2020年第十次局长办公会，分析2020年上半年邮政行业经济运行情况，部署下半年重点工作，强调要坚决贯彻落实习近平总书记关于邮政快递业的重要指示批示精神，坚定目标引领化危为机，坚持任务不变标准不降，聚焦“六保”“六稳”全力以赴完成2020年各项任务。副局长刘君、杨春光、赵民出席会议。马军胜指出，上半年，面对新冠肺炎疫情严重冲击，全系统全行业以服务人民为宗旨，一手抓防疫、一手抓复产，实现了逆势增长，行业运行重回高位，发展效果好于预期。马军胜强调，下一步，要认清当前面临的形势和挑战，正视问题和不足，坚定信心，稳定态势，紧盯关键环节和重点领域对症下药、精准发力。

做好邮政快递行业防汛救灾各项工作

7月14日，国家邮政局下发通知，要求各省（区、市）邮政管理局、中国邮政集团有限公司、各主要快递企业深入贯彻落实习近平总书记近期就进一步做好防汛救灾工作作出的重要指示批示精神，切实做好行业防汛救灾工作。通知要求，全系统全行业要坚持以人民为中心的发展思想，统筹兼顾做好防汛救灾和寄递服务保障工作。寄递企业总部要强化落实安全主体责任和全网统一管理责任，在保障防汛安全的前提下维护寄递渠道畅通；加强末端揽投环节组织管理，切实减轻基层网点负担。及时发布消费提示，引导用户调整服务预期。切实畅通客服渠道，维护用户合法权益。

2020年全国邮政管理半年工作电视电话会议召开

7月16日，国家邮政局召开2020年全国邮政管理半年工作电视电话会议，深入学习贯彻习近平总书记关于邮政快递业重要指示批示精神，认真贯彻落实党中央、国务院决策部署，总结上半年工作，部署下半年重点任务。局党组书记、局长马军胜出席会议并讲话，强调全系统全行业要更加紧密团结在以习近平同志为核心的党中央周围，高举中国特色社会主义伟大旗帜，以习近平新时代中国特色社会主义思想为指导，不折不扣抓好党中央决策部署和政策措施落实，临难不避、实干为要、全力以赴、乘势而上，努力完成全年目标任务，为决胜全面建成与小康社会相适应的现代邮政业、全面建设现代化邮政强国不懈奋斗。局党组成员、副局长戴应军主持会议，局党组成员、副局长刘君、杨春光、赵民出席会议。

疫情防控期间操作规范建议（第五版）印发

7月16日，国家邮政局办公室印发《疫情防控期间邮政快递业生产操作规范建议》（第五版），从坚持做好预防工作、加强单位防疫管理、实行分区分级防控、加强人员健康防护、加强企业安全管理和完善支撑保障措施六个方面提出24条建议。据介绍，此次《规范建议》对国务院应对新型冠状病毒肺炎疫情联防联控机制《外卖配送和快递从业人员新冠肺炎疫情健康防护指南》予以援引、形成衔接，并吸纳其中部分重要内容，调整结构，增加条目。此外，《规范建议》恢复第二版中“分区分级防控”项目，以适合常态化疫情防控工作中，不同时期、不同地方、不同情况下的多种任务需求。

马军胜局长调研上海市邮政快递业发展情况

7月19日至20日，国家邮政局局长马军胜调研上海市邮政快递业发展情况，并与部分快递企业总部负责人座谈，强调要深入贯彻落实习近平总书记关于邮政快递业的重要指示批示精神，临难不避实干为要，全力以赴发挥优势，补短板、强弱项，巩固行业良好发展态势，为服务百姓生活和经济社会发展再作新贡献。国家邮政局副局长赵民一同调研。末端网点的稳定发展是邮政快递业巩固良好发展态势的基础。马军胜每到一处都关切询问网点业务量收等情况，为网点把脉支招，鼓励网点关爱一线员工，提升服务质量，更好满足百姓寄递需求。国家邮政局办公室、政策法规司负责人，市场监管司有关同志，上海市邮政管理局主要负责人陪同调研。

国家邮政局与上海市人民政府签署合作协议

7月20日，国家邮政局和上海市人民政府正式签署《关于加快推进上海邮政快递业高质量发展合作协议》，旨在通过部市紧密合作，基本建成与上海城市地位相适应的技术先进、服务优质、安全高效、绿色节能、城乡一体的现代邮政快递服务体系，助力上海打响"四大品牌"、建设"五个中心"。国家邮政局局长马军胜和上海市人民政府代市长龚正见证了双方代表签约。国家邮政局副局长赵民和上海市人民政府副市长汤志平代表双方签约。中国邮政集团有限公司董事长刘爱力出席，上海市人民政府副秘书长黄融主持签约仪式。国家邮政局和上海市相关政府部门负责人、在沪的邮政企业和快递总部企业负责人参加了签约仪式。

马军胜局长主持召开邮政业安全和应急工作领导小组会议

7月21日，国家邮政局党组书记、局长马军胜主持召开邮政业安全和应急工作领导小组会议，传达学习习近平总书记在中共中央政治局常务委员会会议上的重要讲话精神、国务院常务会议精神，对邮政快递业防汛救灾和疫情防控工作进行再研究、再部署。局党组成员、副局长戴应军、刘君、杨春光、赵民出席会议。马军胜指出，入汛以来，习近平总书记多次就防汛救灾工作作出重要指示，各级邮政管理部门、各邮政和快递企业要把思想和行动统一到习近平总书记重要指示精神上来，始终把坚持人民至上、生命至上作为工作的出发点和落脚点，进一步增强做好行业防汛救灾的使命感、责任感、紧迫感。

采取更有力措施做好防汛救灾各项工作

7月，国家邮政局印发《关于坚决贯彻习近平总书记重要讲话精神　采取更加有力措施切实做好防汛救灾各项工作的通知》，要求认真学习领会中央政治局常委会会议精神，坚决贯彻落实习近平总书记重要讲话精神，要始终坚持把人民生命财产安全放在第一位，克服麻痹松懈思想，健全完善工作机制，做好人力物力储备，及时抢运邮件快件，切实做好各项工作，保证灾区寄递渠道安全稳定畅通。《通知》强调，要紧盯重点区域和重要环节，各级邮政管理部门、各企业要立足汛期实际，健全完善工作机制，做好预案准备、队伍准备、物资准备，以应对突发紧急事件。《通知》要求，要做好应急值守和灾后重建工作。

加快推进快递包装绿色转型座谈会在京召开

7月21日，国家邮政局会同国家发改委在京召开加快推进快递包装绿色转型座谈会。国家邮政局党组成员、副局长赵民到会并讲话。会上，国家邮政局市场监管司介绍了《邮件快件包装管理办法(征求意见稿)》《邮政快递业重金属和特定物质超标包装袋专项治理方案(征求意见稿)》的起草背景和主要内容，与会代表结合征求意见稿提出了意见建议。各主要品牌寄递企业介绍了本单位快递绿色包装工作开展情况。国家发改委环资司循环经济处处长陆冬森就加快推进快递包装绿色转型工作考虑进行了说明，并听取了主要企业的意见。与会代表围绕环保包装研发、可循环快递包装应用推广、快递包装回收体系建设等重点问题进行了研讨。

做好2020年高校录取通知书寄递工作

7月21日，教育部和国家邮政局联合印发《关于进一步做好2020年高校录取通知书寄递工作的通知》,从加强组织领导、规范寄递管理、确保精准投递、优化新生服务、做好防疫消杀、加强监督检查等方面对各地教育、邮政等部门和高校、邮政企业提出明确工作要求,确保录取通知书寄递的安全、及时、准确。《通知》要求,各省级招委、教育行政部门、邮政管理部门、邮政企业和高校要以对考生高度负责的态度,切实加强组织领导,周密安排部署,制定录取通知书寄递专门工作方案,明确责任分工,加强协调配合,不断提升规范化管理水平。省级教育行政部门要把高校录取通知书寄递工作纳入本地招生录取督查范围。

中国代表团出席亚太邮联执行理事会全会

北京时间7月22日,亚洲太平洋邮政联盟(以下简称"亚太邮联")以在线视频的方式召开了执行理事会全会。亚太邮联秘书长林洪亮和万国邮联总局长比沙尔·侯赛因以及亚太邮联25个成员国的邮政管理部门和指定经营者代表参加了会议。国家邮政局副局长赵民率领由国家邮政局、中国邮政集团有限公司、香港邮政署、澳门邮电局组成的中国代表团出席会议。本次全会共有会议日程24项,审议了亚太邮联工作报告、财务报告和预算、亚太邮政合作机构工作报告、亚太地区技术中心工作报告、各委员会和工作组报告,批准了2021年工作计划,介绍了第27届万国邮联大会、2021年亚太邮联大会情况及新一届亚太邮联秘书长竞选事宜。

让党旗在行业防汛救灾第一线高高飘扬

7月,中共国家邮政局党组转发《中共中央组织部关于在防汛救灾中充分发挥基层党组织战斗堡垒作用和广大党员先锋模范作用的通知》。《通知》指出,全系统各级党组织要认真贯彻落实习近平总书记关于防汛救灾工作的重要指示精神和党中央决策部署,按照国家局党组工作部署要求,进一步增强做好行业防汛救灾的使命感、责任感和紧迫感,统筹做好行业常态化疫情防控和防汛救灾等工作。

加快推进"绿盾"工程建设电视电话会议召开

7月24日,国家邮政局召开加快推进"绿盾"工程建设电视电话会议,介绍工程建设整体进展情况,并对下一阶段工作进行再强调、再部署,要求全系统全行业要坚决落实局党组决策部署,进一步推进涉省项目建设,确保"绿盾"工程建设大局。国家邮政局副局长、寄递渠道安全监管"绿盾"工程建设领导小组组长刘君出席会议并讲话。刘君强调,要压实责任,较真碰硬扎实推进项目建设。全系统全行业要切实提高对"绿盾"工程建设的思想认识,坚决克服精神懈怠、压力传导不够、责任落实不到位的情况;要充分认识到涉省项目是"绿盾"工程的根基,是实现"绿盾"工程"五可"目标的重要基础。

八部门联合印发《关于加强快递绿色包装标准化工作的指导意见》

7月28日,市场监管总局、发展改革委、科技部、工业和信息化部、生态环境部、住房城乡建设部、商务部、邮政局联合印发《关于加强快递绿色包装标准化工作的指导意见》,对未来三年我国快递绿色包装标准化工作作出全面部署。《指导意见》围绕快递包装绿色化、减量化、可循环三大目标,主要着力解决四方面的问题:升级快递绿色包装标准体系,补齐重点领域标准短板,推动标准有效实施,提升标准国际化水平。此外,《指导意见》还将采取配套措施推进实施,如编制快递绿色包装标准体系建设方案,启动快速程序支持标准立项和发布,联合相关部门开展标准实施效果评估,不断完善相互衔接、协同高效的标准实施监督机制。

马军胜局长主持召开国家邮政局局长办公会

7月29日,国家邮政局局长马军胜主持召开2020年第十一次局长办公会,传达学习国务院第三次廉政工作会议精神,审议《国家邮政局关于进一步健全完善邮政快递业安全生产协调领导机制的通知(送审稿)》,强调全系统要进一步细化实化任务措施和责任分工,为决胜全面建成与小康社会相适应的现代邮政业,开启现代化邮政强国建设新征程提供坚强保证。副局长戴应军、刘君、杨春光、赵民出席会议。马军胜指出,全系统要按照国务院第三次廉政工作会议精神及全国邮政管理系统党风廉政建设工作会议确定的目标任务,进一步细化实化任务措施和责任分工,把各项任务贯彻落实到邮政管理工作和全面从严治党重点任务中。

马军胜局长主持召开国家邮政局党组会议

7 月 30 日,国家邮政局党组书记、局长马军胜主持召开局党组会议,学习贯彻习近平总书记在企业家座谈会上和在吉林考察时的重要讲话精神,听取局党组 2020 年第一轮巡视工作情况汇报,强调全系统全行业要深入贯彻落实习近平总书记重要讲话精神,推动邮政快递业高质量发展、高效能治理。局党组成员、副局长戴应军、刘君、杨春光、赵民出席会议。马军胜指出,一要深刻把握"保市场主体就是保社会生产力"的重要论断,激发行业市场主体活力。二要深刻把握"使广大市场主体不仅能够正常生存,而且能够实现更大发展"的具体指向,真情实意帮助企业发展。三要深刻把握"集中力量办好自己的事"的明确要求,扎实做好"六稳""六保"工作。

《邮件快件包装管理办法(征求意见稿)》研讨会召开

7 月 31 日,国家邮政局在京组织召开《邮件快件包装管理办法(征求意见稿)》研讨会,充分听取社会环保组织和媒体的专家代表对《办法》的意见建议,与会人员围绕如何进一步做好快递包装绿色治理工作进行了交流研讨。国家邮政局党组成员、副局长赵民出席会议并讲话。与会代表就如何深入做好快递包装绿色治理工作,从推进包装减量化、加强与电商等上下游协同治理、推动构建快递包装循环体系、完善包装回收复用体系、加强对消费者的宣传引导等方面提出建议,对《办法》相关条款提出了具体修改意见。赵民要求,要根据专家代表提出的意见建议,进一步修改完善《办法》相关内容,认真谋划好下一步的包装治理工作。

刘君副局长在京调研快递业与制造业融合发展情况

7 月 31 日,国家邮政局党组成员、副局长刘君在北京宅急送总部调研快递业与制造业融合发展情况。刘君强调,快递企业应主动把握契机,加强能力建设,适应制造企业需求,提升供应链综合服务能力。一是突破传统发展观念,贴近上游发展实际,依托自身产业优势,不断拓展延伸快递业与制造业融合发展的外延与内涵。二是提升自身能力水平,适应物流供应链发展变化的最新趋势,着力提升信息化水平,通过业务模块化、服务专业化、平台集成化、渠道去中间化,推动快递业与制造业融合发展迈向更高水平。三是加强物流与商流、资金流、信息流的互联互通,以物流促进商流、资金流、信息流,以商流、资金流、信息流带动物流。

前 7 月全国快递业务量累计超 400 亿件

7 月份,邮政快递业继续保持快速增长态势,行业量收增幅保持稳定。1 月至 7 月,邮政行业业务总量完成 10497.9 亿元,同比增长 23.79%;业务收入完成 5909.5 亿元,增长 11.77%。其中,快递业务量完成 408.2 亿件,同比增长 23.66%,超过 2017 年全年业务量 400.6 亿件;快递业务收入完成 4547.1 亿元,增长 13.53%。行业发展呈现以下特点:一是农村市场增长迅速,二是跨境快递保持较快增长,三是行业在资本市场表现亮眼。

国家邮政局召开邮政业安全和应急工作领导小组会议

8 月,国家邮政局党组书记、局长马军胜主持召开邮政业安全和应急工作领导小组会议，传达学习贯彻全国安全生产电视电话会议和国务院联防联控机制严防聚集性疫情做好秋冬季防控工作电视电话会议精神，分析邮政快递业安全生产形势，听取安全生产和疫情防控工作意见建议，部署下半年安全生产重点工作，强调要坚决落实党中央、国务院关于安全生产和疫情防控要求，全力保持邮政快递业安全平稳运行。局党组成员、副局长赵民出席会议。马军胜指出，全系统全行业要坚持防范化解重大隐患，以推进安全生产专项整治三年行动为抓手，狠抓寄递渠道"三项制度"落实落细，为统筹发展创造安全稳定环境。

中央和国家机关抗疫国家级表彰推荐对象公示

根据抗击新冠肺炎疫情国家级表彰推荐评选工作的有关通知要求，中央和国家机关工委组织开展了抗击新冠肺炎疫情国家级表彰推荐评选工作。经全国表彰办和中央组织部初审，拟确定许祥辰等135人为全国抗击新冠肺炎疫情先进个人正式推荐对象，国家监委专项工作组等45个集体为全国抗击新冠肺炎疫情先进集体正式推荐对象，华春莹等20人为全国优秀共产党员正式推荐对象，国家监委专项工作组（临时）党支部等8个集体为全国先进基层党组织。邮政业有两人入围全国抗击新冠肺炎疫情先进个人正式推荐对象，分别为湖北省邮政管理局三级主任科员周培和中国邮政集团有限公司武汉市江岸区分公司投递员徐龙。

国家邮政局部署邮政行业秋冬季新冠肺炎疫情防控工作

8月，国家邮政局发出《关于切实做好邮政行业秋冬季新冠肺炎疫情防控工作的通知》。《通知》指出，当前我国新冠肺炎疫情防控向好态势进一步巩固，同时境外疫情持续扩散蔓延，秋冬季新冠肺炎疫情暴发、流行的风险较高，同时其他呼吸道疾病进入高发期，给我国疫情防控带来挑战。全行业必须进一步提高思想认识，坚决杜绝麻痹松懈厌战情绪，切实做好秋冬季疫情防控工作。《通知》要求，加强从业人员疫情防控监测预警，必须加强生产操作重点环节消杀工作，统筹做好秋冬季安全和服务保障。此外，《通知》还要求加强部门间疫情防控沟通协作。

国家邮政局党组巡视组向第一轮被巡视单位反馈情况

8月12日至26日，根据国家邮政局党组2020年第一轮巡视工作安排，国家邮政局党组第一、第二、第三巡视组分别召开巡视反馈会议，通报对6个省（区、市）局党组巡视发现的突出问题，并对抓好巡视整改提出要求，确保以更有力的举措、更务实的作风严肃整改落实，扎实做好巡视"后半篇文章"。在反馈会议上，被巡视单位一致认为，巡视组工作作风实、自身要求严，反馈意见实事求是、客观公正、切中要害。被巡视单位党组织主要负责人表示，对巡视组反馈的问题，诚恳接受、照单全收，将坚决按照要求进行整改，确保把反馈问题整改和指导意见落实转化为全面从严管党治党，全面加强干部队伍建设，全面推进行业发展的实际成效。

马军胜局长"实测"京郊快递进村开展情况

8月13日至14日，国家邮政局党组书记、局长马军胜利用休假时间，带领联系点三名党员，"实测"北京偏远9乡（镇）15村的快递服务水平。马军胜指出，快递进村，首先要解决有没有的问题，进了村、扛下来、能发展，才能为村民们提供可持续的服务，才对得起乡亲们的这份信任和期待。乡村的快递服务，跟中国发展市场经济一样，有一个不断探索、不断拓展、不断完善的过程，只要适应当地特点，顺应市场规律，符合百姓口碑，都是好模式。企业是推进快递进村的主力军，经营主体能不能保本是快递进村关键所在。一方面要抱团取暖避免无序恶性竞争，另一方面也要整合资源积极尝试新模式拓展新业务。

邮政快递业安全生产协调领导小组第一次全体会议召开

8月14日，国家邮政局召开邮政快递业安全生产协调领导小组第一次全体会议，深入贯彻落实党中央、国务院关于安全生产工作决策部署，分析研判形势，统一思想认识，就充分发挥协调领导小组机制作用、全面推进落实邮政快递业安全生产工作进行动员部署。副局长、邮政快递业安全生产协调领导小组组长刘君出席会议并讲话。对于今后的行业安全生产工作，刘君提出四点要求：一要严格主体责任，不断强化安全生产责任担当。二要服务国家安全大局，切实加强寄递安全管理。三要贯彻科技强安要求，大力提升信息技术支撑能力。四要切实做好行业常态化疫情防控和安全防汛工作，切实做到宁可十防九空、不可失防万一。

马军胜局长为国家邮政局机关党员讲授专题党课

8月19日，国家邮政局党组书记、局长马军胜围绕“强化政治机关意识、走好第一方阵”主题，为局机关党员讲授《践行“忠专实”要求走好第一方阵》专题党课，强调全系统各级党组织和党员干部要增强“四个意识”、坚定“四个自信”、做到“两个维护”，不负韶华、不负历史，不忘初心、牢记使命，真抓实干、负重奋进，践行“忠专实”要求，走好第一方阵，为行业改革发展提供坚强政治保证。局党组成员、副局长戴应军、刘君、赵民出席，局党组成员、副局长杨春光主持。马军胜要求，要坚持问题导向，在政治建设上提出更严标准、更高要求。要坚持结果导向，身体力行践行“忠专实”要求，走好第一方阵。

马军胜局长主持召开国家邮政局党组会议

8月21日，国家邮政局党组书记、局长马军胜主持召开局党组会议，学习贯彻中共中央政治局会议和中央有关文件精神；听取习近平总书记、李克强总理关于邮政快递业重要指示批示和国务院常务会议部署任务落实进展督查情况汇报；传达贯彻国务院安全生产委员和全国安全生产电视电话会议精神，部署邮政快递业安全生产重点工作；听取邮政快递业发展“十四五”规划制定工作汇报，强调全系统全行业要坚决贯彻落实党中央、国务院决策部署，真抓实干、紧张快干，稳步推进邮政快递业改革发展各项工作。局党组成员、副局长戴应军、刘君、杨春光、赵民出席会议。

马军胜局长在京会见南京邮电大学校长叶美兰一行

8月25日，国家邮政局局长马军胜在京会见南京邮电大学校长叶美兰、副校长汪联辉一行。双方重点就开展邮政学科建设、人才培养和科技平台建设等方面交换意见。马军胜表示，我国邮政快递业一直保持迅猛发展的良好势态，行业在信息化建设和科技创新方面的投入不断加大，对高端人才的需求更加迫切。南京邮电大学现代邮政学院、现代邮政研究院成立4年来，为邮政业科技发展、企业科技进步作了大量贡献，为行业人才培养打下坚实基础。同时，在重大课题研究、发挥智库作用等方面起到了重要作用。在今后的合作中，马军胜希望南京邮电大学能够准确把握现代邮政学院发展定位和方向，全方位服务支撑邮政快递业高质量发展和邮政强国建设。

国家邮政局召开支持雄安新区邮政业建设与发展领导小组第四次会议

8月26日，国家邮政局召开支持雄安新区邮政业建设与发展领导小组第四次会议，听取工作进展情况汇报，审议《〈河北雄安新区邮政业发展规划（2020－2035年）〉落实措施和重点项目及分工安排（送审稿）》。局党组成员、副局长戴应军主持会议并作总结讲话，中国邮政集团有限公司党组成员、副总经理康宁出席会议。会议强调，要加强规划实施的跟踪评估、督促检查，客观评价规划实施进展成效，总结提炼推进规划实施的典型经验做法，深入分析实施中出现的问题及原因，全面把握新区形势变化和规划重点，调整完善规划落实举措，确保新区邮政业规划落地实施。

马军胜局长主持召开国家邮政局局长办公会

8月26日，国家邮政局局长马军胜主持召开2020年第十二次局长办公会，审议并通过《邮政快递业重金属和特定物质超标包装袋专项治理方案》，强调要深入贯彻落实习近平生态文明思想和习近平总书记重要指示批示精神，提高政治站位，增强责任意识，以抓铁有痕的工作作风扎实落实各项治理措施，确保专项治理工作取得实效。副局长戴应军、刘君、杨春光、赵民出席会议。马军胜强调，深入开展专项治理工作，一要加强法制宣贯和培训；二要科学制定工作方案，确保目标合理、措施有力、推进有序；三要统筹落实各项保障措施。

国家邮政局召开重点人才工作督导推进会

8月27日，国家邮政局召开督导推进会，加快推进快递从业人员职业技能培训“246”工程和快递工程技术人员职称评审，强调要切实把两项人才工作重视起来，狠抓推进落实、任务落地、检查督导，确保顺利完成全年目标任务，为国家“六保”“六稳”政策有效实施作出邮政快递业应有的贡献。国家邮政局副局长杨春光出席会议并讲话。对下一步工作，杨春光强调，要坚决落实局党组决策部署，再接再厉，争取取得全面突破和更大成绩。一要高度重视，强化领导。二要细化任务，落实责任。三要创新方式，用好政策。四是突出重点，保证质量。五要做好解读，强化宣传。六要加强服务，认真督导。

省级邮政业安全中心负责人培训班在皖举办

8月27日至28日，国家邮政局邮政业安全中心在安徽合肥举办省级邮政业安全中心负责人培训班暨“绿盾”工程建设培训班，旨在进一步明确各级邮政业安全中心职责及今后工作思路，加快推进“绿盾”工程建设与应用，推进行业安全监管治理体系和治理能力现代化。来自全国31个省（区、市）的邮政管理局分管领导、邮政业安全中心负责人等80余人参加培训。国家邮政局党组成员、副局长刘君出席并讲话。刘君强调，各级安全中心要践行“忠、专、实”要求，树牢科技兴安理念，加快推进“绿盾”工程建设，用好“绿盾”工程建设成果，提升现代信息技术和安全监管的融合度，提高安全监管科学化、智能化、精细化水平，有效维护寄递渠道安全畅通。

马军胜局长主持召开北京地区快递进村工作专题会

8月27日，国家邮政局党组书记、局长马军胜主持召开北京地区快递进村工作专题会，与普遍服务司、市场监管司、中国邮政快递报社和北京市邮政管理局的同志们一起座谈研讨，决意打造实效型快递进村“北京样板”。马军胜指出，北京局高度重视推进快递进村工作，落实有力，市场主体务实进取、有效作为，进村模式灵活多样、百花齐放，既体现各自特色，又符合地域实际，为百姓带来了方便、送去了实惠。各级邮政管理部门要进一步提高政治站位，始终坚持以人民为中心，服务国内大循环为主体、国内国际双循环相互促进的新发展格局，服务乡村振兴战略，坚决打赢脱贫攻坚战，继续探索前行，不断满足百姓需求，持续提高服务能力。

做好服贸会期间寄递渠道安全服务保障工作

2020年中国国际服务贸易交易会（以下简称“服贸会”）将于9月在北京举办。8月28日，国家邮政局发出通知，要求全系统全行业强化责任担当、维护安全稳定、加强疫情防控、强化应急管理，切实做好服贸会期间寄递渠道安全服务保障工作。通知要求，各级邮政管理部门要督促寄递企业严格执行收寄验视、实名收寄、过机安检“三项制度”，着力查堵涉枪涉爆、涉黄涉非、危险化学品等禁寄物品，严防不法分子利用寄递渠道将危险物品非法运入北京，严防违规收寄禁寄物品发生重大寄递安全事件。通知还要求，各级邮政管理部门、各寄递企业要按照“外防输入，内防反弹”的整体防疫要求，持续做好新冠肺炎疫情常态化防控工作。

《“十四五”邮政业发展规划》公开征求意见

8月，为贯彻落实习近平总书记对“十四五”规划编制工作的重要指示精神，国家邮政局就《“十四五”邮政业发展规划》编制工作向全社会公开征求意见。邮政业是国家重要的社会公用事业，是服务生产生活、促进消费升级、畅通经济循环的现代化先导性产业。“十四五”时期是开启全面建设社会主义现代化国家的第一个五年，做好《“十四五”邮政业发展规划》编制工作对推进邮政强国建设意义重大。意见征求活动将开门问策、集思广益，把加强顶层设计和坚持问计于民统一起来，热忱欢迎社会各界就邮政事业、快递产业、寄递网络、国际寄递、科技创新、安全应急、绿色发展、现代治理等方面提供宝贵意见建议。

刘君副局长在安徽调研邮政快递与相关产业融合发展

8月27日至28日，国家邮政局党组成员、副局长刘君在安徽调研邮政快递与相关产业融合发展情况，对邮政快递企业网点和“快快合作”“邮快合作”“交快合作”“快电合作”项目进行实地考察，与安徽省邮政管理局和合肥、池州邮政管理局人员进行交流并指导工作。在调研考察期间，刘君勉励安徽省邮政快递业积极融入长三角一体化发展格局，充分发挥连接沿海与内陆的独特区位优势，持续深入推进“快递进村”工程，与相关产业协同联动融合发展，打造高质量邮政快递服务渠道，为经济社会发展增添新活力、创造新模式、带来新增长。刘君还对安徽省邮政快递业安全生产、疫情防控等工作进行了检查指导。

国家邮政局党组2020年第二轮巡视完成首批进驻工作

经国家邮政局党组批准，8月29日至9月27日，2020年第二轮系统巡视对江西、贵州，天津、辽宁，山东、安徽6个省（市）局党组开展常规巡视，巡视期间同步开展选人用人专项检查。8月31日，被巡视单位分别召开巡视工作动员电视电话会议。会前，各巡视组向被巡视单位党组织主要负责人传达了全国巡视工作会议精神，通报了有关工作安排。会上，各巡视组组长宣读国家局党组巡视通知，巡视办负责人对做好巡视工作提出要求，被巡视单位主要负责同志作表态发言，随后巡视组开展民主测评。

马军胜局长主持召开国家邮政局党组会议

9月3日，国家邮政局党组书记、局长马军胜主持召开局党组会议，学习贯彻习近平总书记近期重要讲话、重要指示精神和中央有关会议精神，听取制订国家邮政局系统党政主要领导干部履行经济责任重要风险点提示手册工作汇报，强调全系统要按照党中央决策部署狠抓工作落实，加快推进邮政快递业建设发展步伐。局党组成员、副局长戴应军、刘君、杨春光、赵民出席会议。会议听取了关于《中国邮政快递报》扩版及有关工作的汇报，充分肯定了报社成立十年来的发展成效。强调要不断提高政治站位，重点推进扩版增容和扩围增效工作，继续完善行业新闻宣传体系和提升新闻宣传队伍素质，巩固行业宣传重要阵地。会议还研究了其他事项。

刘君副局长巡场服贸会“中国快递”展区

9月4日，以“全球服务互惠共享”为主题的2020年中国国际服务贸易交易会在京开幕。5日一早,国家邮政局副局长刘君来到服贸会“中国快递”展区,与工作人员交流,与参展观众互动,对中国快递在疫情期间的表现和积极“走出去”点赞。刘君强调,“我国快递企业要继续走出国门不断拓展海外市场,形式可以因地制宜,路径可以顺势而谋,但目的只有一个,就是让全球更多的消费者可以享受不一样的‘中国速度’。”贴合展会主题,快递展台具体展现出我国快递业国际服务网络布局与发展情况。中国邮政、顺丰、圆通及 DHL、UPS、FedEx 六家企业的飞机模型梯队和快递小哥抗击疫情中的勇敢逆行画面展示,引得不少观众驻足。

马军胜局长视察服贸会中国快递展区

9 月 7 日,在 2020 中国国际服务贸易交易会现场(以下简称“服贸会”),各类新服务、新模式悉数亮相,人头攒动,热闹非凡。国家邮政局局长马军胜走入展厅,视察服贸会“中国快递”展区,强调要深入贯彻落实习近平主席在服贸会峰会上的致辞精神,着力推进“快递出海”,充分利用科技的力量,积极推进多式联运,服务好跨境电商等新业态,服务好国内大循环为主体、国内国际双循环相互促进的新发展格局,为更好服务经济社会发展大局和国际服务贸易发展繁荣作出邮政快递业应有贡献。作为新冠肺炎疫情以来中国在线下举办的第一场重大国际经贸活动,本届服贸会筹办规格升级、规模更大,参会主体层级高、影响力大,成果发布多、覆盖广。

快递运营职业技能等级证书师资培训班在京举办

9 月 7 日至 11 日,由国家邮政局职业技能鉴定指导中心指导,国邮创展(北京)人力资源服务有限公司主办的 1+X 快递运营职业技能等级证书(中级)师资培训班在京成功举办。来自全国 20 个省(区、市)47 所院校的百余名教师参加了此次培训。培训班邀请了中国职业技术教育学会、中国快递协会、顺丰速运有限公司、菜鸟网络科技有限公司等行业企业的权威专家以及 1+X 快递运营证书项目组核心成员和重点院校的优秀教师进行授课。大家纷纷表示,通过此次培训,开阔了视野,学习了知识,提高了教学认知,以后会加强学习,不断提升自己教学培训水平,努力培养适合行业需要的优秀专业人才。

国家邮政局召开邮政快递业受表彰的全国抗击新冠肺炎疫情先进个人座谈交流会

9 月 8 日下午,国家邮政局召开邮政快递业受表彰的全国抗击新冠肺炎疫情先进个人座谈交流会。国家邮政局党组书记、局长马军胜出席会议并讲话,强调全行业全系统要坚决贯彻落实习近平总书记重要指示精神和中央决策部署,以全国抗击新冠肺炎疫情先进个人荣誉获得者汪勇、周培、徐龙 3 位同志为学习榜样,敢于担当、主动作为,忘我工作、无私奉献,联系好千家万户、服务好亿万群众,用实际行动履行党和国家赋予邮政快递人的光荣使命,不辜负党中央、国务院对行业的充分肯定和殷切期望,汇聚推动邮政快递业高质量发展的磅礴力量。局党组成员、副局长杨春光主持会议。

“冒疫奔忙”! 习近平再赞快递小哥

9 月 8 日,全国抗击新冠肺炎疫情表彰大会在北京人民大会堂隆重举行。中共中央总书记、国家主席、中央军委主席习近平向国家勋章和国家荣誉称号获得者颁授勋章奖章并发表重要讲话。习近平总书记在讲话中再次点赞快递小哥:“数百万快递员冒疫奔忙”,充分肯定邮政快递业在疫情防控中发挥的作用。

国家邮政局召开中央与地方财政事权划分改革电视电话会议

9 月 9 日,国家邮政局召开中央与地方财政事权划分改革暨办公业务用房保障(产权登记)工作推进电视电话会议,部署进一步推动中央与地方财政事权和支出责任划分改革、部分省(区、市)邮政管理局房屋产权登记和省级以下邮政管理机构办公业务用房保障三项工作。局党组成员、副局长赵民出席会议并讲话。会议要求，各级邮政管理部门要以此次会议为有利契机，全面深入落实国家邮政局党组决策部署，认真学习借鉴相关单位经验做法，以更加强烈的责任担当和更加务实的工作作风，全力以赴做好中央和地方财政事权划分改革暨办公业务用房保障(产权登记)工作，为全面建成与小康社会相适应的现代邮政业、建设现代化邮政强国作出新的更大贡献。

国家邮政局召开“十四五”规划编制工作座谈会

9月，国家邮政局在北京召开“十四五”规划编制工作座谈会。国家邮政局副局长戴应军出席会议并作总结讲话，政策法规司主要负责同志主持会议。部分省(区、市)邮政管理局负责同志、国家局“十四五”邮政业规划编制工作组相关同志参会。会议传达学习了习近平总书记关于规划工作的重要讲话和指示精神，以及国家局党组会议有关精神。政策法规司介绍了“十四五”邮政业规划编制进展情况和总体规划重点内容。各省局介绍了本地区“十四五”邮政业规划编制进展情况，以及省级邮政业规划总体思路、发展目标和主要任务等，对行业规划编制工作和《“十四五”邮政业发展规划(征求意见稿)》提出意见建议。

2020年全国快递业务量已超500亿件

9月10日，据国家邮政局邮政业安全监管信息系统实时监测数据显示，2020年我国第500亿件快件诞生。仅用时8个多月就完成500亿件快递业务量，不仅显现了我国快递发展的蓬勃活力，也彰显了我国经济发展的强劲韧性和巨大潜力。2020年以来，我国邮政快递业呈现出“低开高走”的态势。受新冠肺炎疫情影响，全国快递业务量1月份低位运行，2月份快速恢复、转为正增长。进入第二季度，随着复工复产复市持续推进，快递业务增速明显加快，重回30%以上。特别是5月份全国快递业务量增速超四成，创2018年2月以来新高。当前，邮政快递业已基本摆脱疫情影响，日均2亿多件已成常态，日均服务用户近4亿人次，服务民生作用更加凸显。

国家邮政局党组进行新提任和职级晋升党员领导干部集体廉政谈话

9月11日，国家邮政局党组书记、局长马军胜代表局党组对2020年1月以来局机关新提任和职级晋升党员领导干部进行集体廉政谈话，要求大家在新的起点上践行初心使命、勇于担当作为，为新时代邮政快递业改革发展作出新贡献。局党组成员、副局长杨春光主持廉政谈话。马军胜强调，要努力锤炼能力作风，充分发挥示范引领作用。要强化问题导向、加强自我检视，巩固和发扬敢于担当、能打硬仗的能力和作风，充分发挥好先锋模范作用。要提升工作本领，要增强斗争精神，要砥砺求实作风。钻研业务真学实用，推动工作真抓实干，落实举措真绩实效，管理服务真情实感，坚决杜绝各种形式主义、官僚主义。

十部门召开全国塑料污染治理工作电视电话会议

9月11日，国家发展改革委等10部门召开全国塑料污染治理工作电视电话会议，对塑料污染治理工作进行再动员、再部署、再落实。国家发展改革委党组副书记、副主任唐登杰和生态环境部总工程师张波、住房城乡建设部副部长黄艳、农业农村部总畜牧师马有祥、商务部副部长王炳南、市场监管总局总工程师韩毅、国管局副局长王永红、邮政局副局长赵民出席会议并讲话。国家发展改革委副秘书长苏伟主持会议。会议强调，塑料污染治理是一项复杂的系统工程，各地区各部门要压实责任，狠抓落实，切实推动治理取得实效。要强化属地管理，完善工作机制，建立健全省负总责、城市抓落实的工作责任制。要加强执法监管，组织开展联合督导，对各地工作情况进行督促检查。要加大宣传力度，凝聚社会共识，营造塑料污染治理的良好氛围。

严防“四风”问题反弹

9月，国家邮政局党组发出《关于严肃纠治“四风”确保中秋国庆期间风清气正的通知》。《通知》要求，邮政管理系统各级党组织要严格贯彻落实中央八项规定及其实施细则精神，坚决纠治“四风”问题，确保节俭文明廉洁过节。《通知》指出，要严格落实责任，树牢鲜明导向。要严明纪律红线，做到令行禁止。要强化监督检查，保持高压态势。

国家邮政局召开机关党委全委会

9月15日，国家邮政局召开机关党委2020年第三次全委会，深入学习贯彻习近平总书记对制止餐饮浪费行为作出的重要指示精神，审议召开“厉行勤俭节约、反对餐饮浪费”专题组织生活会方案，研究部署有关工作。局党组成员、副局长、机关党委书记杨春光主持会议。会议强调，各支部要按照中央和国家机关工委以及局党组要求，以“厉行勤俭节约、反对餐饮浪费”为主题开好专题组织生活会，在对标对表中提高认识，自查自纠存在问题，明确努力方向和改进措施，建立长效机制，坚决制止餐饮浪费行为。一是认真组织党员学习，二是深入开展谈心谈话，三是自查自纠存在问题，四是严肃开展批评与自我批评，五是明确努力方向和改进措施。

学习习近平总书记在全国抗击新冠肺炎疫情表彰大会上的重要讲话精神

9月，国家邮政局党组发出《关于学习习近平总书记在全国抗击新冠肺炎疫情表彰大会上重要讲话精神的通知》，强调要深入贯彻落实习近平总书记重要讲话精神，大力弘扬伟大的抗疫精神，激励全系统干部职工向受表彰先进代表学习。《通知》要求，全系统各级党组织和党员干部要认真学习、深刻领会、全面贯彻习近平总书记重要讲话精神，切实增强“四个意识”、坚定“四个自信”、做到“两个维护”，坚决把思想和行动统一到习近平总书记重要讲话精神和党中央各项决策部署上来，统一到国家邮政局党组各项工作安排上来，确保党中央各项决策部署在全国邮政管理系统不折不扣执行，将落实工作抓实抓细见成效。

农村市场加速发展

9月17日央视网消息（新闻联播）：习近平总书记指出，要牢牢把握扩大内需这个战略基点，努力探索形成新发展格局的有效路径。2020年以来，我国通过加大对农业农村的投入，持续改善农村消费环境，加速打开农村市场，一系列举措正在不断释放农村市场消费潜力，成为扩大内需的有力支撑。2020年以来，农村消费亮点频现。从增速看，前8个月乡村消费市场恢复快于城镇0.4个百分点，上半年全国国家级贫困县网络零售额同比增长18.8%，比全国增速高出11.5个百分点。从商品种类看，1—8月份，智能电视、保鲜净味冰箱等升级类电器在农村销售火热，同比增幅都超过了60%。从近3年来看，农村消费品零售总额每年的同比增速都比城镇快1个百分点以上。

马军胜局长主持召开国家邮政局党组会议

9月18日，国家邮政局党组书记、局长马军胜主持召开局党组会议，学习贯彻习近平总书记重要讲话精神，审议《中共国家邮政局党组讨论和决定的重大问题清单》，强调全系统各级党组织和全体党员干部要坚决贯彻落实习近平总书记重要讲话精神，务实进取，扎实工作，努力加快邮政快递业改革发展进程。局党组成员、副局长刘君、杨春光、赵民出席会议。中央纪委国家监委驻交通运输部纪检监察组副组长胡志彬列席会议。马军胜指出，全系统各级党组织和全体党员要深入学习贯彻习近平总书记重要讲话精神，始终保持战略定力，坚定战略信心，发扬斗争精神，提升斗争本领，扎扎实实办好自己的事情，不断把各项事业推向前进。

快递小哥参加习近平总书记座谈会

“非常非常激动，作为一名普通快递小哥，能够参加习近平总书记的座谈会，简直不可思议！”9月19日晚8点，湖南顺丰星湖分部星工场营业点的快递小哥黄波刚送完快递，手机里已经有不少好友发来了《新闻联播》中他参加习近平总书记主持召开的基层代表座谈会的画面。回忆起三天前那场座谈会，黄波仍然难掩兴奋之情。习近平总书记在讲话中指出，社会主义中国发展到今天，取得的成就不是天上掉下来的，更不是别人恩赐施舍的，而是广大人民群众在党的领导下用勤劳、智慧、勇气干出来的。“在现场听到这句话，我倍感振奋和激动！总书记还肯定了我们基层所做的工作，说人民是真正的英雄，我觉得我们快递小哥也是其中的英雄！很自豪！”

邮政快递业已成为支撑农业、疏通农村、服务农民的重要生力军

“2020年1月至8月，农村地区收投快件达200亿件。”“2014年以来，邮政快递业共解决农村地区就业150万人以上。”……在9月21日上午国新办举行的邮政快递业助力脱贫攻坚有关情况新闻发布会上，国家邮政局党组书记、局长马军胜介绍的一组数据，让人眼前一亮。“2020年是脱贫攻坚的决战决胜之年，邮政快递积极发挥行业优势，为全面打赢脱贫攻坚战贡献了重要力量。”国新办新闻发言人胡凯红主持发布会如是评价。马军胜表示，国家邮政局坚决贯彻落实习近平总书记重要讲话精神和党中央关于脱贫攻坚的决策部署，保持决战姿态、贯彻精准方略，举全系统全行业之力，构建了广覆盖的物流网络、广对接的助贫平台、广吸纳的就业通道，较好完成党中央交办的脱贫各项任务。

全国建制村实现直接通邮

央视网消息(新闻联播)：9月21日国务院新闻办举行新闻发布会，国家邮政局局长马军胜介绍了邮政快递行业助力脱贫攻坚的情况。数据显示，目前农村100%的乡镇已建有邮政局所，100%的建制村实现了直接通邮，97%的乡镇有了快递网点。2019年，农村地区收投快件超过150亿件，2020年1月至8月，达到200亿件。农村地区快递处理量增速比城市高10个百分点以上。国家邮政局积极推广“寄递+农村电商+农特产品+农户”的产业扶贫模式。

国家邮政局召开第十三次局长办公会

9月22日，国家邮政局党组书记、局长马军胜主持召开第十三次局长办公会，审议通过《快递包装绿色产品评价技术要求(送审稿)》，听取关于全国深化“放管服”改革优化营商环境电视电话会议任务落实进展情况汇报，强调要坚持以习近平新时代中国特色社会主义思想为指导，加强统筹安排和综合施策，确保完成2020年各项目标任务，为绿色邮政建设和行业高质量发展贡献力量；进一步深化“放管服”改革，为构建以国内大循环为主体、国内国际双循环相互促进的新发展格局作出应有的积极贡献。局党组成员、副局长刘君、杨春光、赵民出席会议。

国家邮政局召开邮政业塑料污染治理工作推进会

9月22日，国家邮政局在京召开邮政业塑料污染治理工作推进会，深入学习贯彻习近平总书记重要指示精神，传达学习全国塑料污染治理工作电视电话会议精神。局党组成员、副局长赵民出席会议并讲话。赵民强调，塑料污染治理涉及塑料包装的生产、销售、使用、回收等环节，涉及企业、政府、用户等多方主体，是一项复杂的系统工程。各级邮政管理部门要坚持一切从实际出发，立足部门职责，注重内外协同，加强上下联动，强化责任落实，将行业塑料污染治理与其他生态环保工作统筹谋划、系统推进。一要准确定位谋划，二是摸清现状底数，三是坚持综合施策，四是注重统筹协调。

马军胜局长赴吉林省专题调研"两进一出"工程

9月23日至26日，国家邮政局党组书记、局长马军胜赴吉林省长春市、吉林市和延边朝鲜族自治州，下网点、进农村、走边境，专题调研"两进一出"工程推进情况，要求吉林省邮政快递业深入学习贯彻习近平总书记视察吉林重要讲话重要指示精神，立足省情业情，继续巩固发展成效、提高发展质量，大力推进"两进一出"工程，有效服务以国内大循环为主体、国内国际双循环相互促进的新发展格局，为新时代吉林振兴作出行业贡献。"两进一出"工程推进情况如何，是马军胜此行调研的重点内容。吉林省邮政快递业因地制宜、务实推进，"两进一出"工程特别是"快递进村"做得有声有色。

邮政老年大学"桑榆金辉云课堂"开课

9月23日，邮政老年大学秋季学期线上班正式开课。受新冠肺炎疫情的影响，2020年线下老年大学课程一度按下了暂停键。国家机关事务管理局为了满足各部门老年大学线上教学需求，与国家开放大学合作建设了中央国家机关老年大学资源线上共享平台——桑榆金辉云课堂。国家邮政局高度重视"桑榆金辉云课堂"，经征求离退休干部意见，秋季学期开设了线上声乐基础班、书法班。相关人员积极参加培训，多次研究部署，加强共享平台基础建设，全力推进工作落实。开班第一课，2名工作人员全程盯班助教，通过电话、微信进行远程指导，确保大家能够登录学习，受到了老同志们的一致好评。

国家邮政局部署中秋国庆期间有关工作

9月24日，国家邮政局就做好2020年中秋国庆期间有关工作下发通知，要求持续抓好疫情防控和行业安全工作、扎实做好网络安全工作。通知指出，当前疫情仍在全球蔓延，国内零星散发病例和局部暴发聚集性疫情的风险仍然存在，要按照"外防输入、内防反弹"要求，加强与防疫等部门的沟通协调，认真组织落实地方政府分区分级管控措施及要求，督促企业加强从业人员人身健康防护和生产操作环节消杀等工作，严格落实"四早"措施，严防行业发生聚集性感染事件。要进一步强化红线意识、风险意识和责任担当，严格落实安全监管责任，压实企业安全生产主体责任。要督促企业严格落实寄递安全"三项制度"。

国家邮政局召开"中国快递示范城市"创建工作会议

9月25日，国家邮政局在浙江义乌召开"中国快递示范城市"创建工作会议，交流经验做法、提出意见建议、部署措施方法，并对25个"中国快递示范城市"进行授牌。会议要求，示范城市创建工作务必以习近平新时代中国特色社会主义思想为指导，增强"四个意识"，坚定"四个自信"，做到"两个维护"，确保习近平总书记关于邮政快递业的系列重要指示批示精神和中央决策部署在行业及地方落地生根。国家邮政局党组成员、副局长刘君出席会议并讲话。结合新时代快递业高质量发展的要求，刘君对示范城市创建工作提出三点要求。一是加强规划引领，二是加强创建实效，三是加强组织保障。

《邮件快件寄递安全》宣传片获优秀作品奖

9月27日，第四届中国金风筝国际微电影大赛荣誉盛典在潍坊举办，邮政业安全中心选送的《邮件快件寄递安全》宣传片从2633部参赛作品中脱颖而出，喜获优秀作品奖。《邮件快件寄递安全》宣传片以动漫的形式向观众讲解邮政业寄递安全知识，让观众认识到什么是禁寄物品、禁寄物品的种类及其危害性。宣传片通过小故事和专家讲解相结合的形式，通过有趣的故事情节、丰满的人物形象打动了观众，得到了大赛组委会的认可，最终捧得优秀作品奖。

第四届寻找最美快递员活动揭晓发布

9月29日上午，第四届“中国梦·邮政情　寻找最美快递员”活动揭晓发布会在京举行，徐龙、汪勇、李成、葛军、王惠贤等14名“最美快递员”和中国邮航团队、京东物流武汉亚一城配青年车队、中通快递西藏日喀则团队等5个“最美快递员”团队受到表彰。新冠肺炎疫情发生后，邮政快递业400多万快递小哥勇敢逆行，冒疫奔忙，为了表彰先进，学习先进，本届活动组委会特别调整了获奖名额，提高抗疫快递员代表比例。第四届寻找“最美快递员”活动自2018年11月启动以来，共收到企业、媒体、邮政管理部门、消费者等不同渠道推荐的830位快递员候选人，是第一届时的6倍。经初步筛选，共计300名候选人进入投票环节，累计收到网友投票近1400万张。

部领导接见第四届“最美快递员”代表

9月29日，第四届“中国梦·邮政情　寻找最美快递员”活动揭晓发布会在京举行，徐龙、汪勇等14名“最美快递员”和中国邮航团队等5个“最美快递员”团队受到表彰。交通运输部党组书记杨传堂、部长李小鹏在部接见了受表彰代表，向他们表示祝贺和感谢，勉励他们珍惜荣誉，再接再厉，继续在平凡岗位上创造不凡业绩，继续服务好民生和经济社会发展大局，奋力加快建设交通强国、邮政强国。部领导要求，要认真学习领会习近平总书记重要指示精神，认真履行好党和人民赋予的神圣职责，在本职岗位上取得更好的成绩，切实增强人民群众的获得感、幸福感、安全感，加快建设交通强国、邮政强国，推动交通运输高质量发展，更好服务构建新发展格局。

中央民族乐团为“最美快递员”举办公益演出

9月29日晚，北京民族音乐厅内灯火辉煌。中国邮政快递报社和北京市邮政管理局联合组织第四届“中国梦·邮政情　寻找最美快递员”获奖者和200多名来自北京寄递企业的快递员代表欢聚一堂，欣赏了一场由中央民族乐团倾情带来的公益演出。国家邮政局党组成员、副局长赵民，中央民族乐团副团长唐峰与快递员一起观看演出，向获奖快递员表示祝贺，向全体演职人员表达感谢。赵民表示，艺术家们用高超技艺为快递员奉上了一场精彩绝伦的视听盛宴，以高雅艺术形式向快递员致敬有着特别的意义。希望行业一线从业者们脚下有力量、眼中有光芒、心中有梦想，继续为邮政快递业高质量发展绽放人生光彩、汇聚奋斗力量。

马军胜局长主持召开“十四五”邮政业发展规划基层代表座谈会

为贯彻落实习近平总书记关于“十四五”规划编制工作的重要指示精神，开门问策、集思广益，高质量编制完成《“十四五”邮政业发展规划》，9月29日，国家邮政局党组书记、局长马军胜主持召开《规划》基层代表座谈会，听取第四届“中国梦·邮政情　寻找最美快递员”活动表彰的“最美快递员”的意见建议，强调全行业要贯彻落实习近平总书记重要指示精神，坚定发展信心，埋头苦干、锐意进取，携手共创邮政快递业下一个五年辉煌。局党组成员、副局长戴应军出席座谈会。座谈会上，政策法规司介绍了《规划》编制情况，7名基层代表围绕扎实推进“两进一出”工程、加强科技创新等方面提出意见建议。

做好国庆中秋期间寄递服务和安全生产工作

9月29日，国家邮政局下发通知，要求做好国庆中秋节日期间寄递服务和安全生产工作。全行业要认真贯彻落实习近平总书记关于防范化解重大安全风险的重要指示精神，紧密结合节日特点，深入排查防控各类安全风险隐患，坚决遏制重特大事故，有效应对自然灾害，确保寄递渠道安全畅通和行业平稳运行,为人民群众度过安乐祥和的节日营造良好寄递服务环境。通知强调,要严格落实各项安全防范和常态化疫情防控措施。各企业要保障节日期间寄递服务质量,及时向社会发布消费提示,维护消费者合法权益。各企业加强应急管理,完善各类预案,认真做好节日期间值班值守工作。

马军胜局长主持召开国家邮政局党组会议

9月30日,国家邮政局党组书记、局长马军胜主持召开局党组会议,学习贯彻习近平总书记近期重要讲话、重要指示精神,强调全系统要按照党中央决策部署狠抓各项工作落实,在促进经济社会发展中展现行业作为。局党组成员、副局长戴应军、刘君、杨春光出席会议。他强调,邮政快递业连接生产和消费两端,对于构建新发展格局具有战略性、基础性、支撑性、服务性作用。要提高政治站位强化使命担当,要围绕主要任务把准发力重点,不折不扣落实好习近平总书记关于邮政快递业重要指示和党中央决策部署,既要注重实效创造性开展工作,也要及时认真转化为具体政策法规,还要紧盯不放建立台账抓好督查评估。

国庆中秋假期全国快递业务量增长超5成

10月1日至8日,全国邮政快递业共揽收快递包裹18.2亿件,同比增长53.42%;投递快递包裹18亿件,同比增长62.51%。我国消费市场加快线上线下融合发展,带动了邮政快递业继续保持高位增长态势。2020年我国快递包裹业务量增长自2月份由负转正以来一直保持快速增长,目前稳定在30%以上的高速增长区间。2020年国庆中秋长假期间,得益于全国疫情防控取得重大战略成果,居民消费信心增强,快递企业启动定制化寄递服务解决方案,有效保障了不同品类的寄递服务需求。同时,快递企业加速推进“快递进村”工程,农村快递服务能力明显增强,帮助农村居民开启便利新生活。此外,城市快递末端服务更加多元高效,末端服务能力持续提升。

万国邮联总局长比沙尔·侯赛因2020年世界邮政日致辞

在第51届世界邮政日来临之际,万国邮联总局长比沙尔·侯赛因发表了致辞。他在致辞中指出,在全球新冠肺炎大流行期间,邮政经营者及其工作人员做出了巨大牺牲。当疫情疯狂肆虐全球时,这些被视为必不可少的邮政工作人员,依然在勤勤恳恳地投递邮件。他强调,尽管面临诸多挑战,但我们会共同履行普遍服务义务,我们要向地球上的每个人提供邮政服务,无论其身在何处。世界邮政日可谓是一个恰如其分的日子,向我们的成员国、邮政经营者、邮政工作人员及所有参与投递邮件的人致敬。在2020这一年,邮政业向世界展示了它的韧性和决心,以及它在每个社会层面中发挥的宝贵作用。我们证明了,我们所做的不仅仅是投递邮件。

马军胜局长发表第51届世界邮政日致辞

在举国欢庆中华人民共和国71华诞的日子里,我们迎来了第51届世界邮政日。借此机会,我谨代表国家邮政局,向关心、支持我国邮政业发展的各地区、各部门和社会各界表示崇高的敬意和衷心的感谢!向全世界邮政业的同行们,特别是我国邮政业的广大干部职工致以节日的问候和良好的祝愿!当前,我国邮政业规模全球领先,高质量发展进程不断加快,要素市场十分活跃,服务功能持续增强,仍处在大有可为的重要战略机遇期。第一,坚持完善高质量的邮政业民生服务体系。第二,坚持完善高标准的邮政业现代市场体系。第三,坚持完善高效能的邮政业国际寄递体系。第四,坚持完善高精准的邮政业风险防控体系。第五,坚持完善高水平的邮政业绿色发展体系。

共建全国快递大数据东南研究院

10月12日,第三届数字中国建设峰会在福州隆重开幕。在当天下午举办的福州市数字经济重大项目集中签约活动上,国家邮政局邮政业安全中心与福州市人民政府签订战略框架协议并举办授牌仪式,双方将共建全国快递大数据东南研究院,重点就快递大数据应用进行合作。福建省委常委、福州市委书记林宝金,福州市委副书记林飞,福州市委常委、秘书长张忠,邮政业安全中心负责人王丰出席授牌仪式及签约活动,邮政业安全中心副主任高黎明与福州市人民政府副市长林中麟签署战略合作协议。根据协议,双方将整合相关资源,在福州滨海新城东南大数据产业园共建大数据研究基地——全国快递大数据东南研究院。

马军胜局长赴河北平泉调研

10月12日至13日,国家邮政局党组书记、局长马军胜带领调研组深入定点扶贫县河北省平泉市调研邮政快递业发展建设和定点扶贫工作情况。马军胜强调,要深入贯彻落实习近平总书记关于扶贫工作的重要论述,始终把助力脱贫攻坚作为增强“四个意识”、坚定“四个自信”、做到“两个维护”的实际行动,努力克服新冠肺炎疫情影响,焦点不散、靶心不变、力度不减,保障各项脱贫攻坚目标任务如期完成,继续在平泉市已提前3年脱贫摘帽的基础上,巩固成果、打造“升级版”,为决胜全面建成小康社会和脱贫攻坚贡献行业力量。调研期间,马军胜会见了承德市委常委、平泉市委书记董正国和平泉市委副书记、市长曹佐金,就进一步巩固定点扶贫成果深入交换了意见。

国家邮政局举办快递业绿色高质量发展培训班

10月12日至16日,国家邮政局在河北秦皇岛举办快递业绿色高质量发展培训班。主要从习近平生态文明思想、绿色产品认可认证、塑料污染治理、生态环保执法四个专题进行了培训,各省(区、市)邮政管理局、行业生态环保综合试点城市邮政管理局及国家局相关工作人员等共40人参训。此次培训,采取传统授课与经验交流的形式灵活开展,采取训前小测、案例教学、观看影片等方式充实培训内容。参训学员表示,要充分发扬艰苦奋斗、科学求实、迎难而上、无私奉献的精神,坚决落实好国家邮政局党组各项工作部署,扎实推进快递包装绿色治理,大力推动“快递进厂、快递进村、企业出海”,全力推进行业绿色高质量发展。

第十一届中日邮政政策对话视频会议举行

10月14日,第十一届中日邮政政策对话视频会议举行。国家邮政局局长马军胜、日本总务省总务审议官吉田真人出席会议并致开幕辞。国家邮政局副局长赵民出席会议并致闭幕辞。马军胜表示,新冠肺炎疫情当前,中日两国邮政部门加强合作交流。一度受到影响的两国邮政业务,在中日两国邮政主管部门和邮政企业的共同努力下已基本恢复正常。希望双方通过对话平台,加强沟通协调,共同维护国际邮政多边体制,引导和促进全球邮政发展,推动构建人类命运共同体。赵民表示,希望双方通过对话和磋商,守望相助,携手应对挑战,促进两国友好关系,增进两国人民福祉,共同推动全球邮政治理向着更加开放、包容、普惠、共赢方向发展。

万国邮联、亚太邮联双双点赞中国邮政快递业发展

中国邮政快递业不断取得新的世界奇迹。10月1日至8日,全国邮政快递业共揽收快递包裹18.2亿件,同比增长53.42%;投递快递包裹18亿件,同比增长62.51%。万国邮政联盟在推特和领英官方账号上发帖援引国家邮政局消息称,在刚刚过去的中国中秋国庆黄金周长假期间,快递业再现业务高峰,这得益于中国消费需求的恢复。在世界邮政日期间,亚太邮联推特官方账号也介绍了中国邮政快递业在刚刚过去的黄金周期间交出的成绩单,并介绍了中国网购消费者主要网购

的品类以及快递企业积极应对的努力。

中国快递包装绿色治理取得积极进展

10 月 16 日,国家邮政局召开 2020 年第四季度例行新闻发布会,介绍推进快递包装绿色治理工作情况。国家邮政局市场监管司副司长管爱光表示,2020 年以来,国家邮政局深入贯彻落实习近平总书记关于快递包装绿色治理工作的重要指示精神,加强邮政快递业生态环保工作,扎实推进快递包装绿色治理,取得了积极进展,“9792”工程顺利推进。截至 2020 年 8 月底,“瘦身胶带”封装比例达 94.3%,电商快件不再二次包装率达到 68.5%,可循环中转袋使用率达 87.2%,新增 3.5 万个设置标准包装回收箱的邮政快递网点,预计年底前能够完成四项既定任务。

马军胜局长主持召开国家邮政局局长办公会

10 月 16 日,国家邮政局局长马军胜主持召开 2020 年第十四次局长办公会,听取第三季度邮政快递业经济运行情况汇报,审议并原则通过《国家邮政局 2020 年快递业务旺季服务保障工作方案》《疫情防控期间邮政快递业生产操作规范建议》(第六版)等文件,强调要巩固良好态势、加快发展步伐,乘势而上、主动作为,确保全年主要目标任务圆满完成。副局长戴应军、刘君、杨春光、赵民出席会议。马军胜强调,全系统全行业要对标对表中央决策部署,按照局党组工作安排,深入分析找差距、对照目标补短板、真抓实干抓落实,主动加压、加力,自觉算好任务账、进度账,持续做好“六稳”工作、落实“六保”任务,确保全年主要目标任务圆满完成。

疫情防控期间操作规范建议(第六版)印发

为加强和改进邮政行业新冠肺炎疫情常态化防控工作,国家邮政局办公室 10 月 16 日印发《疫情防控期间邮政快递业生产操作规范建议》(第六版),从坚持做好预防工作、加强单位防疫管理、实行分区分级防控、加强人员健康防护、妥善应对疫情反弹、加强企业安全管理、完善支撑保障措施等 7 个方面提出了 28 条建议。

脱贫攻坚,邮政快递业在行动

10 月 17 日是第 7 个全国扶贫日,为坚决打赢脱贫攻坚收官之战,邮政快递业一直在行动,成为支撑农业、疏通农村、服务农民的重要生力军,实现“工业品下乡、农产品进城”的流通新渠道,吸纳贫困人口就业、帮助农民增收的重要动力源,贡献了行业力量。在邮政管理系统,国家邮政局始终坚持以人民为中心的发展思想,做到扶贫工作优先对接、扶贫资金优先保障、扶贫措施优先落实,尽最大努力将行业改革发展成果更多更广地惠及贫困地区的人民群众。在引领发展方面,寄递网络等基础建设的提前推进,给邮政业扶贫打下了坚实的基础。在市场主体方面,企业服务农村、助力精准脱贫攻坚战的内生动力越来越强。

2020 年全国快递业务量已超 600 亿件

10 月 18 日,国家邮政局邮政业安全监管信息系统实时监测数据显示,2020 年我国第 600 亿件快件正式诞生,距离第 500 亿件仅过去 38 天,彰显了我国快递业的巨大活力和潜力。2020 年新冠肺炎疫情发生以来,全行业坚决贯彻落实习近平总书记重要讲话精神和中央决策部署,全力做好统筹推进疫情防控和服务经济社会发展各项工作,充分发挥了在“打通大动脉、畅通微循环”方面的先行作用,为统筹推进疫情防控和经济社会发展作出了积极贡献。前三季度,累计完成快递业务量 561.4 亿件,同比增长 27.9%,超去年同期水平。特别是 9 月份,快递业务量完成 80.9 亿件,同比增长 44.6%,增速创三年来新高,且呈现加速增长势头。

马军胜局长主持召开国家邮政局局长办公会

10 月 19 日,国家邮政局局长马军胜主持召开 2020 年第十五次局长办公会,听取关于明确民法典学习贯彻工作要点、"三智"(邮政业智能安检系统、智能视频监控系统、智能语音申投诉处理系统)等科技项目研发情况汇报,审议并原则通过《邮政快递业贯彻落实新时代加快完善社会主义市场经济体制意见实施方案》、《智能信包箱》国家标准和《智能信包箱和智能快件箱监管数据接入规范》行业标准,强调要切实加强科技创新、体制机制创新和标准化建设,加速推动邮政快递业高质量发展、高效能治理。副局长戴应军、刘君、杨春光、赵民出席会议。

2020年快递业务旺季服务保障动员部署电视电话会议召开

10月20日,国家邮政局召开2020年快递业务旺季服务保障动员部署电视电话会议,解读《2020年快递业务旺季服务保障工作方案》,部署快递业务旺季服务保障工作。局党组成员、副局长刘君出席并讲话,强调全行业要充分认识做好快递业务旺季服务保障工作的重要意义,以"错峰发货、均衡推进"作为"双11"期间快递服务保障的核心机制,坚持安全为基、服务为要,精心组织、周密部署、政企同心、上下协同,全力打赢旺季服务攻坚战,为全面完成"十三五"规划目标,实现"十四五"良好开局奠定坚实基础。刘君提出,要全力做好疫情防控工作,坚决执行"错峰发货、均衡推进"的工作机制,切实保障服务质量和末端网络稳定,严格守住安全发展的底线。

国家邮政局召开扶贫工作领导小组2020年第四次(扩大)会议

10月20日,国家邮政局以电视电话会议形式召开扶贫工作领导小组2020年第四次(扩大)会议,传达学习习近平总书记、李克强总理关于扶贫工作指示精神,回顾总结2020年年初以来行业和系统扶贫工作,研究部署全面做好收官阶段的重点工作,确保如期完成决战决胜脱贫攻坚任务。局党组书记、局长马军胜出席会议并讲话,强调要更加紧密地团结在以习近平同志为核心的党中央周围,增强"四个意识"、坚定"四个自信"、做到"两个维护",全面落实好中央关于决战决胜脱贫攻坚的各项决策部署,为如期夺取脱贫攻坚战的全面胜利贡献力量。局党组成员、副局长杨春光主持会议。

进一步做好常态化疫情防控工作

党的十九届五中全会召开在即,第三届进博会将于11月初举办,"双11"服务旺季即将到来,国家邮政局10月20日发出通知,要求进一步统筹做好常态化疫情防控和经济社会发展邮政快递领域各项工作。通知要求,全系统全行业要切实增强统筹,做好常态化疫情防控和经济社会发展邮政快递领域各项工作的政治自觉、思想自觉、行动自觉。要压实"四方责任",落实"五有三严",对疫情防控工作进行再部署、再检查、再落实,坚持常态化精准防控和局部应急处置有机结合。要坚持问题导向,深入排查存在的突出问题和薄弱环节,查隐患、补短板、堵漏洞,毫不放松、全面加强邮政快递业常态化疫情防控工作。

刘君副局长在京督导冷链寄递渠道疫情防控工作

10月21日,国家邮政局党组成员、副局长刘君带队在京督导检查冷链寄递渠道疫情防控工作。刘君一行先后深入顺丰速运北京通州食品冷库、京东物流北京冷库,实地听取企业负责人关于本企业常态化疫情防控工作措施落实情况的汇报,对企业防疫物资储备、人员管控、健康监测、场所消杀等情况进行督导检查。重点检查冷链快件处理环节疫情防控工作,仔细查看企业日常消毒通风等情况,详细询问进口快件业务、冷链运输车辆消杀等现状。刘君再三叮嘱企业,要时刻绷紧疫情防控这根弦,坚持常规工作不放松,重点工作重点抓,扎实做好进口冷链快件处理,特别是源头及投递等各环节疫情防控工作,坚决守住行业疫情防控底线。

赵民副局长赴浙江桐庐调研行业绿色发展工作

10月21日至23日，国家邮政局党组成员、副局长赵民率调研组赴浙江桐庐实地调研行业绿色发展情况，强调要坚持以习近平生态文明思想为指导，深入贯彻落实习近平总书记关于快递包装绿色治理工作的重要指示批示精神，提高政治站位，强化责任落实，加快推进快递包装绿色转型，坚定不移地走绿色发展道路，持续推进行业高质量发展。调研期间，调研组组织部分品牌寄递企业和循环包装生产研发企业召开了可循环快递包装应用研讨会，与会人员针对可循环快递包装应用存在问题和对策进行了集中讨论。23日晚，赵民还组织召开部分邮政管理部门与会代表座谈会，围绕如何做好下一步行业生态环保工作充分听取意见建议。

一部三局亮出“十三五”交通运输成绩单

10月22日，国新办举行新闻发布会，交通运输部部长李小鹏、国家铁路局局长刘振芳、中国民用航空局局长冯正霖、国家邮政局局长马军胜介绍交通运输“十三五”发展成就，并答记者问。马军胜介绍，国家“十三五”规划纲要提出，在“十三五”期间我国要实现“村村直接通邮”，邮政系统已经提前实现规划目标。在“十二五”末，全国有近6.6%的建制村未实现直接通邮。邮政企业持续加大困难地区、重点地区投入力度，统筹优化农村投递网络，于2019年8月提前一年多完成建制村直接通邮的任务，全国55.6万个建制村村民足不出村就可以收到邮政包裹。快递末端公共服务站和智能快件箱布局更加完善，全国已建成快递末端公共服务站近11万个，网点标准化率达93%。

国家邮政局邮政业安全中心获“2020政府信息化卓越成就奖”

10月23日，2020政府信息化大会在北京召开。国家邮政局邮政业安全中心报送的“安易递战疫速递复工复产公共服务平台”在会上荣获“2020政府信息化卓越成就奖”，这是安全中心在2019年获此殊荣后，再次荣膺此称号。邮政快递从业人员通过微信小程序每日进行健康情况打卡，企业管理人员等动态数据，以最短的时间，最准的数据，最鲜活的动态，快速解决传统统计耗时长、数据不准确、更新难、人手不足等诸多问题。既打通了邮政管理部门、邮政快递企业、从业人员之间的壁垒，也可以在特殊时期有效保障从业人员复工复产，为快速防控疫情蔓延、统筹防疫资源、保障复工复产提供了强有力的抓手。

全国交通运输系统抗疫表彰大会在京举行

10月23日，全国交通运输系统抗击新冠肺炎疫情表彰大会在部召开。交通运输部党组书记杨传堂出席会议并强调，要更加紧密地团结在以习近平同志为核心的党中央周围，深入学习贯彻习近平总书记在全国抗击新冠肺炎疫情表彰大会上的重要讲话精神，学习先进、崇尚先进、争当先进，让伟大抗疫精神在全行业落地生根、蔚然成风，为加快建设交通强国凝聚磅礴力量，为实现“两个一百年”奋斗目标和中华民族伟大复兴的中国梦当好先行。部长李小鹏主持会议。副部长、中国民航局局长冯正霖宣读相关决定。在京部领导马军胜、宋福龙、刘振芳、王志清，中国邮政集团董事长刘爱力，国家铁路集团副总经理郭竹学出席会议。

2020年中国邮政快递业生态环保研讨会举行

10月23日，由国家邮政局发展研究中心、浙江省邮政管理局联合主办的2020年中国邮政快递业生态环保研讨暨绿色供给展会在“中国民营快递之乡”浙江桐庐举行。国家邮政局党组成员、副局长赵民出席会议并讲话。本次会议以“共建新生态、共创绿未来”为主题，国家发展改革委、生态环境部、市场监管总局、国家邮政局等有关部门，部分省(区、市)、市(地)邮政管理局，邮政、快递、包装等企业，以及研究机构的专家和代表齐聚一堂，聚焦中国邮政快递业生态环保深入研讨，解读政策，剖析问题，探讨机遇和对策。赵民强调，推动邮政快递业绿色发展，尤其是开展快递包装协同治理，需要全行业、全链条分工协作、共同发力。

赵民副局长赴宁夏督战定点扶贫并调研行业绿色发展等工作

10月26日至29日，国家邮政局党组成员、副局长赵民带领督导组，深入宁夏回族自治区边远县（区）及乡村，督战邮政管理部门定点扶贫工作，调研行业绿色发展、“快递进村”，以及备战2020年快递业务旺季服务保障等工作，强调要以强烈的政治责任感持续做好定点扶贫工作，巩固脱贫攻坚成果，狠抓快递包装绿色治理，推动邮政快递业高质量发展。在宁夏期间，赵民会见了自治区党委常委、常务副主席张超超，就落实邮政领域中央与地方财政事权改革要求，推动地方政府支持邮政快递业改革发展交换了意见，达成了共识。国家邮政局办公室、机关党委（扶贫办）、北京邮电疗养院有关同志和宁夏回族自治区邮政管理局有关负责人陪同督导调研。

2020年邮政管理系统公务员初任培训（线上）班成功举办

10月27日，2020年邮政管理系统公务员初任培训（线上）班圆满结束。本次培训班由国家邮政局职业技能鉴定指导中心主办、国邮创展（北京）人力资源服务有限公司承办、北京市西城区社科教育培训中心协办。培训班自9月30日开始，为期一个月，来自全国20个省的159名学员参加了培训。与以往不同，本期培训班采取线上培训方式，以云授课+系列讲座形式安排，学员既可参加线上云平台的同步在线集中学习，也可根据自身时间灵活登陆学习平台自主学习规定课程。培训设置了专题讲座、线下自学等安排，配备专职班主任和支撑保障团队负责培训组织和远程管理工作，逐项落实课程安排、研讨交流等工作。

做好进博会期间寄递渠道安全服务保障工作

10月29日，国家邮政局下发通知，要求做好第三届中国国际进口博览会期间寄递渠道安全服务保障工作。通知指出，做好进博会期间寄递渠道安全服务保障工作使命光荣、责任重大。全系统全行业要强化责任担当，切实加强组织领导，深入动员部署，细化实施方案，认真研判和防范各类安全风险，采取有效措施，严格落实各项安全服务保障工作要求，确保寄递渠道安全畅通，为进博会提供优质安全的寄递服务。通知强调，各级邮政管理部门要强化底线思维和风险意识，按照“外圈保内圈、内圈保核心”和“从严从紧、重点管控”原则，依托寄递渠道安全联合监管机制，加大安全监管执法检查和责任追究力度。

马军胜局长主持召开国家邮政局党组会议

10月30日上午，国家邮政局党组书记、局长马军胜主持召开党组会议，传达学习贯彻党的十九届五中全会精神，强调全系统全行业要认真学习贯彻党的十九届五中全会精神，主动对标对表，务实工作、奋发进取，努力开创邮政快递业改革发展新局面。局党组成员、副局长戴应军、刘君、杨春光、赵民出席会议。中央纪委国家监委驻交通运输部纪检监察组副组长胡志彬列席会议。马军胜强调，全系统全行业要把握新阶段、贯彻新理念、构建新格局，坚持改革创新，统筹安全发展，践行“人民邮政为人民”宗旨，推进高质量发展，提高行业治理体系和治理能力现代化水平，在全面建设社会主义现代化国家新征程上贡献行业力量。

国家邮政局党组召开会议

10月30日下午，国家邮政局党组书记、局长马军胜主持召开党组会议，传达学习贯彻习近平总书记近期重要讲话精神，强调全系统全行业要以习近平总书记重要讲话精神为指导，切实加快邮政快递业改革发展步伐，为经济社会发展作出行业应有贡献。局党组成员、副局长戴应军、刘君、杨春光、赵民出席会议。中央纪委国家监委驻交通运输部纪检监察组副组长胡志彬列席会议。马军胜指出，各级党组织要加强干部队伍建设，坚持严管和厚爱相结合，构建“想干事能干事干成事”的制度环境，进一步激励广大干部履职尽责担当。要注重培养年轻干部，切实提高解决实际问题的能力。要关心关爱年轻干部，为年轻干部成长成才搭建舞台、创造平台。

马军胜局长旺季督导邮政业安全中心

11月1日夜里，快递业务旺季第一天，国家邮政局局长马军胜赴邮政业安全中心，慰问奋战在一线的干部职工，查看中国快递大数据平台运行情况，督导旺季服务保障工作，强调要充分认识业务旺季服务保障工作的重要意义，充分发挥“错峰发货、均衡推进”核心机制作用，确保业务旺季实现“两不”“三保”，平稳度峰，全力打赢旺季服务攻坚战。马军胜强调，要全面抓好常态化疫情防控，尽最大努力保障旺季期间作业秩序，满足基本民生需求。要以快递大数据为基础，优化网络布局和工作流程，确保业务旺季实现“两不”“三保”。要压实各寄递企业主体责任，保障末端合理的收入水平，切实保障服务质量和末端网络稳定。

全国邮政管理系统学习贯彻党的十九届五中全会精神培训班召开

11月2日至4日，全国邮政管理系统学习贯彻党的十九届五中全会精神培训班暨2021年工作务虚会议在京召开，认真学习贯彻落实党的十九届五中全会精神，把思想和行动迅速统一到党中央对形势的判断和决策部署上来，总结2020年工作，分析邮政快递业在新阶段面临的新机遇新挑战，研究谋划2021年及今后一个时期行业改革发展的工作思路。局党组书记、局长马军胜主持会议并作总结讲话，局党组成员、副局长戴应军、刘君、杨春光、赵民作专题发言。会议期间，与会代表紧紧围绕学习贯彻落实党的十九届五中全会精神，对2020年工作总结和明年工作思路进行充分而热烈的研讨。会议还介绍了邮政业“十四五”发展规划编制情况、组织与会代表观摩了国家邮政局邮政业安全中心中国快递大数据平台。

马军胜局长主持召开国家邮政局局长办公会

11月5日，国家邮政局局长马军胜主持召开2020年第十六次局长办公会，审议并原则通过《邮件快件包装管理办法》《2021年纪特邮票发行计划》，强调要着力细化措施、实化抓手、加快进度，扎实推动上述两项工作落地见效。副局长戴应军、刘君、杨春光、赵民出席会议。马军胜指出，习近平总书记多次对快递包装绿色治理工作作出重要指示，充分体现了以习近平同志为核心的党中央对邮政快递业的关心重视和快递绿色包装工作的极端重要性紧迫性。推动出台《邮件快件包装管理办法》，是贯彻落实习近平总书记重要指示精神的重要举措，也是实现快递包装绿色化、减量化、可循环的重要保障。

杨传堂书记调研“双11”邮政快递业务

11月5日至6日，交通运输部党组书记杨传堂分别到北京西站和位于北京市丰台区、大兴区的快递园区、邮政网点、快递企业，调研“双11”邮政快递业务旺季服务保障工作，并向邮政、快递企业员工表示亲切慰问。他强调，要全面理解和深刻把握党的十九届五中全会精神，深入学习贯彻习近平总书记对邮政快递业的重要指示精神，针对2020年“双11”业务旺季的新特点，大力弘扬“小蜜蜂”精神，全力保障寄递渠道安全顺畅平稳运行，充分发挥好各种运输方式的比较优势和组合效率，不断满足人民日益增长的美好生活需要，推动行业高质量发展，加快建设交通强国，建设人民满意交通，为加快构建新发展格局贡献力量。

《邮件快件寄递安全》获第八届亚洲微电影节好作品奖

11月6日，第八届亚洲微电影艺术节在云南省临沧市开幕。由国家邮政局邮政业安全中心选送的宣传片《邮件快件寄递安全》从5000多部参选作品中脱颖而出，荣获第八届亚洲微电影艺术节好作品奖。《邮件快件寄递安全》宣传片以动漫的形式向观众讲解邮政业寄递安全知识，让观众认识到什么是禁寄物品、禁寄物品的种类及其危害性。宣传片通过小故事和专家讲解相结合的形式，通过有趣的故事情节、丰满的人物形象打动了观众，得到了大赛组委会的认可，最终捧得好作品奖。

马军胜局长主持召开国家邮政局党组会议

11月9日，国家邮政局党组书记、局长马军胜主持召开党组会议，学习贯彻习近平总书记在主持召开中央全面深化改革委员会第十六次会议时的重要讲话精神、在第三届中国国际进口博览会开幕式上发表的主旨演讲，强调全系统全行业要认真贯彻落实习近平总书记重要讲话精神，主动对标对表、细化措施抓手，真抓实干，推进邮政快递业各项改革发展任务落实。局党组成员、副局长戴应军、刘君、杨春光、赵民出席会议。马军胜指出，中央全面深化改革委员会第十六次会议，是党的十九届五中全会胜利闭幕后，中央全面深化改革委员会召开的第一次会议，内容重要、意义深远。全系统全行业要认真学习领会、全面贯彻落实。要始终围绕发展推进邮政快递业改革。

国家邮政局启动关爱快递员“暖蜂行动”

11月10日，由国家邮政局精神文明建设指导委员会主办，中国邮政快递报社承办的关爱快递员“暖蜂行动”暨第五届“快递员关爱周”活动正式启动。启动仪式在北京市西城区新街口快递园举行，国家邮政局党组成员、副局长杨春光出席启动仪式并致辞，全国总工会、共青团中央、人力资源和社会保障部相关负责同志出席启动仪式。来自中国邮政、顺丰、中通、韵达、圆通等11家邮政快递企业的100名快递员代表在活动现场领取了“关爱大礼包”。杨春光在致辞中表示，关爱快递小哥是习近平总书记的牵挂，也是广大群众的心愿。希望大家对快递业务旺季高峰时期快件时效多一些宽容，收到快件时说一声谢谢，来一个好评。

推行快递包装绿色产品认证制度

11月10日上午，市场监管总局、国家邮政局举行新闻发布会，就建立实施快递包装绿色产品认证制度的有关情况进行了说明。自去年以来，市场监管总局、国家邮政局坚持问题导向，稳步推动建立快递包装绿色产品认证体系。2020年3月25日，两部门联合印发了《关于开展快递包装绿色产品认证工作的实施意见》，10月10日，国家邮政局印发了《快递包装绿色产品认证技术要求》，10月30日，两部门就《快递包装绿色产品认证目录(第一批)》和《快递包装绿色产品认证规则》对外联合发布公告。首批快递包装绿色产品认证目录优先选择了在邮政快递业中使用量大、影响面广的包装箱、胶带等10种产品。从顶层设计的角度，快递包装绿色产品认证体系框架基本建立。

关于快递业务旺季服务消费的提示(一)

11月以来，因多家电商平台集中开展促销活动，快递业务量于近期出现高峰。根据国家邮政局监测数据显示，11月1日至11日，全国邮政、快递企业共处理快件39.65亿件，其中11月11日当天共处理快件6.75亿件，同比增长26.16%，再创历史新高。根据预测，“双11”期间(11月11日至16日)，业务量将达29.7亿件，比去年同期增长28%左右，日均快递业务量达4.9亿件，约是日常业务量的2倍。国家邮政局已全面开展动员部署，广大企业正全力备战，最大限度调配资源，集中力量为旺季期间快递服务保驾护航。

马军胜局长的“双 11”旺季服务保障督战夜

11 月 11 日,北京。在国家邮政局邮政业安全中心内,中国快递大数据平台大屏幕上的数据实时滚动着,牵动人心。这里是快递业务服务保障战的指挥中心,是全国邮政快递业的“大脑”和“心脏”。“双 11”大幕开启,购物狂欢节澎湃而来,抱着手机、守着计算机的“剁手党”交齐尾款、清空购物车而产生的快件数据,将从天南海北、四面八方汇聚到这里。马军胜时刻关注数据趋势,强调要统筹做好疫情防控和旺季服务保障工作,发挥好“错峰发货、均衡推进”核心机制作用。“下一步压力在末端,各地要落实好旺季服务保障方案,确保平稳度峰。”12 日 0 时 0 分 0 秒,大屏幕上当日揽件总量跃过 6.75 亿。

戴应军副局长督导检查“双 11”快递旺季服务保障工作

11 月 11 日至 13 日,国家邮政局副局长戴应军在出席浦东开发开放 30 周年纪念大会期间,赴上海部分邮政快递企业一线,督导检查企业奋战“双 11”情况,亲切慰问一线员工,并参观了快递员公租房项目。戴应军深入上海邮政王港邮区中心局、圆通快递总部、中通快递总部、顺丰速运上海分拨中心、上海邮政国际互换局等企业一线,查看了生产作业现场,观看企业快递业务量实时统计平台和视频监控大屏幕,听取了邮政快递企业贯彻落实国家邮政局要求,应对“双 11”业务量高峰的生产保障措施,了解企业以科技创新推动高质量发展的思路举措。戴应军还来到位于新市南路 1207 号的虹口公租房项目,与顺丰的快递小哥亲切对话。

马军胜局长在湖北调研

11 月 12 日至 14 日,国家邮政局党组书记、局长马军胜在湖北调研,先后到武汉、荆州和咸宁,看望和慰问行业抗疫先进模范人物和基层邮政、快递员工,督导快递旺季服务保障工作,调研快递进村情况,强调要认真学习贯彻党的十九届五中全会精神,努力发扬伟大抗疫精神,全力做好旺季服务保障工作,大力推进“两进一出”工程,不断满足人民群众对邮政快递业的期待和需求,推动行业高质量发展,为加快构建新发展格局贡献行业力量。调研期间,马军胜专程来到湖北省和武汉市邮政管理局,和省市两级邮政管理部门的同志们座谈,听取了工作汇报。国家邮政局市场监管司、湖北省邮政管理局负责同志陪同调研。

精心组织学习贯彻党的十九届五中全会精神

11 月 13 日,国家邮政局党组根据中央统一部署,结合邮政管理系统实际,印发《中共国家邮政局党组关于学习宣传贯彻党的十九届五中全会精神工作方案》,要求坚持以习近平新时代中国特色社会主义思想为指导,增强“四个意识”、坚定“四个自信”、做到“两个维护”,精心组织学习贯彻党的十九届五中全会精神,引导全系统全行业把思想和行动统一到全会精神上来,把智慧和力量凝聚到落实全会确定的各项目标任务上来,团结一致、开拓前进,努力开创邮政快递业改革发展新局面,为加快推进现代化邮政强国建设提供坚强保证。

关于快递业务旺季服务消费的提示(二)

国家邮政局监控平台数据显示,11 月 14 日,邮政、快递企业投递量达 4.46 亿件,创行业日投递量新高。目前,电商集中促销活动产生的邮、快件已进入投递高峰。投递量排名前 30 的城市为:上海、广州、北京、深圳、苏州、杭州、成都、重庆、东莞、天津、武汉、佛山、南京、郑州、西安、宁波、温州、金华、泉州、嘉兴、长沙、青岛、无锡、合肥、沈阳、石家庄、福州、济南、哈尔滨、台州。预计 11 月 20 日之前,邮政、快递企业末端网点投递压力普遍较大。提请广大消费者及时签收您的邮件、快件,并对近期部分寄递服务时限延长给予理解。请继续关注国家邮政局和各企业网站有关提示信息。

刘君副局长赴四川、重庆督导调研

11月15日至18日，在“双11”快递业务旺季关键时期，国家邮政局党组成员、副局长刘君带队赴四川成都、遂宁、南充、广安和重庆，实地查看邮政快递企业分拣中心、农村末端网点、中铁联集重庆中心站等场所，督导快递旺季服务保障工作，调研“两进一出”工程建设情况。刘君对各企业旺季期间保持安全稳定运行表示肯定。刘君要求，各企业务必继续落实好疫情防控常态化措施，强化安全和服务意识，为畅通双循环、服务新发展格局作出行业新贡献。在遂宁，刘君还主持召开了促进快递末端稳定发展试点工作座谈会，现场听取基层邮政管理部门和企业意见建议。四川、重庆邮政管部门主要负责同志、地方政府相关部门负责同志和国家局市场监管司相关同志陪同调研。

《申诉》获第四届刺玫瑰国际微电影节最佳动画片奖

11月15日，第四届刺玫瑰国际微电影节在河北省承德市开幕。由国家邮政局邮政业安全中心选送的《申诉》从1325部参选作品中脱颖而出，荣获第四届刺玫瑰国际微电影节最佳动画片奖。这是安全中心2020年获得的第三个微电影奖项，也是第一次获得单项大奖。《申诉》宣传片采取卡通动画制作的方式，讲述了一名普通消费者在快件受到损害后，积极向邮政管理部门进行申诉，最终得到圆满解决的故事。宣传片通过有趣的故事情节、丰满的人物形象，向观众讲解了申诉知识，展示了申诉中心的职能和定位，得到了大赛组委会的认可，最终捧得最佳动画片大奖。

全国快递年业务量首次突破700亿件

根据国家邮政局监测数据显示，截至11月16日，我国快递年业务量首次突破700亿件。近三个月以来，快递业务量实现从500亿件到600亿件再到700亿件的“三连跳”，不仅凸显了我国快递市场蓬勃活力和巨大潜力，也彰显了中国经济复苏的良好势头和强大的消费能力。2020年新冠肺炎疫情发生以来，邮政快递业全力做好统筹推进疫情防控和服务经济社会发展各项工作，充分发挥了在“打通大动脉、畅通微循环”方面的先行作用，为统筹推进疫情防控和经济社会发展作出了积极贡献。2020年1月至10月，邮政行业业务总量达到16336.4亿元，增长28.4%；其中，快递业务量完成643.8亿件，增长29.6%。

马军胜局长主持召开国家邮政局党组会议

11月18日，国家邮政局党组书记、局长马军胜主持召开局党组会议，学习贯彻习近平总书记近期重要讲话精神，强调全系统全行业各级党组织要认真贯彻落实习近平总书记重要讲话精神，在新发展阶段推进行业实现更高质量的发展。局党组成员、副局长戴应军、杨春光、赵民出席会议。中央纪委国家监委驻交通运输部纪检监察组有关负责同志列席会议。马军胜指出，习近平总书记在浦东开发开放30周年庆祝大会上的重要讲话，既系统总结了浦东开发开放的宝贵经验，也深刻指明了推进浦东高水平改革发展的实践路径。全系统全行业各级党组织要认真贯彻习近平总书记重要讲话精神，坚定改革开放再出发的信心决心，在新发展阶段推进行业实现更高质量的发展。

国家邮政局党组理论学习中心组（扩大）开展学习

11月19日，为深入学习领会新时代中国共产党的初心和使命是“为中国人民谋幸福，为中华民族谋复兴”的重要论断，国家邮政局党组书记马军胜，党组成员戴应军、刘君、杨春光、赵民一行赴中国人民革命军事博物馆，参观“铭记伟大胜利 捍卫和平正义——纪念中国人民志愿军抗美援朝出国作战70周年主题展览”，巩固深化“不忘初心、牢记使命”主题教育成果，深入学习党史、新中国史。马军胜强调，全系统党员干部要牢记初心使命、坚定必胜信念，坚定千磨万击还坚劲的意志，激扬越是艰险越向前的精神，汇聚成不断推动行业迈向高质量发展的磅礴之力，为实现中华民族伟大复兴的中国梦贡献力量。

邮政快递业25家单位荣获第六届全国文明单位称号

11月20日，全国精神文明建设表彰大会在北京举行，邮政快递业共有中国邮政集团有限公司北京市机要通信局、天津市邮政管理局、湖北顺丰速运有限公司等25家单位荣获第六届全国文明单位称号。

“绿盾”工程信息系统使用培训班在京举办

11月24日上午，国家邮政局绿盾办在京举办“绿盾”工程信息系统使用培训班。绿盾办主任王丰出席开班仪式并做动员讲话。来自国家邮政局机关相关司室、直属单位，各省市局及安全中心的120余名代表同志参加培训。本次培训为期2天，主要包括“绿盾”工程整体建设内容介绍以及行政执法、信用管理、电商协同、实名制监管等12个信息系统的专题讲解，并安排现场答疑，内容全面、形式丰富。王丰对参训同志提出三点要求和希望。一是要高度重视，深刻认识“绿盾”工程的重要意义。二是要认真参与，学懂弄通并及时反馈存在问题。三是要强化实践，充分发挥传帮带作用。

邮政快递业24人荣获全国劳动模范称号

11月24日上午，全国劳动模范和先进工作者表彰大会在北京人民大会堂隆重举行。中共中央总书记、国家主席、中央军委主席习近平出席大会并发表重要讲话，代表党中央、国务院，向受到表彰的全国劳动模范和先进工作者表示热烈的祝贺，向为改革开放和社会主义现代化建设作出突出贡献的我国工人阶级和广大劳动群众致以诚挚的问候。邮政快递业共有中国邮政集团有限公司天津市蓟州区分公司投递员刘大方、北京顺丰速运有限公司快递员张义标、北京京东世纪信息技术有限公司北京鼎好配送站站长宋学文等24位被授予全国劳动模范称号。

马军胜局长主持召开第十七次局长办公会

11月24日，国家邮政局局长马军胜主持召开2020年第十七次局长办公会，审议并原则通过《〈河北雄安新区邮政业发展规划（2020－2035年）〉落实措施及分工方案》《合作研究备忘录》等文件，听取《仿印邮票图案管理办法》修订等有关工作情况的汇报，强调要坚持以习近平新时代中国特色社会主义思想为指导，发挥好规划统筹引领作用，高标准、高质量建设雄安新区邮政业，服务好新区建设发展大局；要加强与国内高端研究机构、智库的合作，提升行业现代化治理水平，推动行业治理能力再上新台阶。副局长戴应军、刘君、杨春光、赵民出席会议。

要维护好快递员等就业群体的合法权益

11月24日上午，全国劳动模范和先进工作者表彰大会在北京人民大会堂隆重举行。中共中央总书记、国家主席、中央军委主席习近平出席大会并发表重要讲话，代表党中央、国务院，向受到表彰的全国劳动模范和先进工作者表示热烈的祝贺，向为改革开放和社会主义现代化建设作出突出贡献的我国工人阶级和广大劳动群众致以诚挚的问候。习近平在讲话中指出，要适应新技术新业态新模式的迅猛发展，采取多种手段，维护好快递员、网约工、货车司机等就业群体的合法权益。要建立健全困难群众帮扶工作机制，把党和政府的关怀送到困难群众心坎上，让他们感受到社会主义大家庭的温暖。

杨传堂书记在广东开展调研座谈

11月24日至26日，交通运输部党组书记杨传堂先后到广东省深圳市、广州市，就学习贯彻落实党的十九届五中全会精神，把握新发展阶段，贯彻新发展理念，构建新发展格局，推动加快建设交通强国等工作开展调研和座谈。杨传堂在顺丰集团调研时强调，希望集团找准定位、主动作为，进一步提升综合物流服务供给能力，完善基础设施体系，畅通流通体系，坚持创新驱动，守住安全底线，聚焦绿色发展，拓展国际视野，在构建新发展格局中发挥更大作用。

赵民副局长赴湖南进行综合督查调研

11月25日至27日，国家邮政局党组成员、副局长赵民带领第一督查调研组，赴湖南进行综合督查调研。赵民强调，要深入学习贯彻党的十九届五中全会精神，坚持以钉钉子精神抓好邮政快递业绿色发展、系统中央和地方财政事权划分改革、快递进村等重点工作，确保习近平总书记重要指示批示精神和国家局党组重大决策部署落地见效。赵民指出，各级邮政管理部门和寄递企业要不断提高政治站位，充分认清行业绿色发展的重要性和紧迫性，严格按照国家发改委等10部门关于推进塑料污染治理要求，扎实履行监管职责，积极落实主体责任，加强宣传培训，规范集采使用，消化存量，杜绝增量，全力落实“9792”工程要求，持续推进行业绿色发展。

国家邮政局召开全国邮政管理系统警示教育电视电话会议

11月27日，国家邮政局召开全国邮政管理系统警示教育电视电话会议，学习贯彻习近平总书记重要指示精神和中央纪委四次全会精神，通报邮政管理系统违规违纪违法案例。局党组书记、局长马军胜出席会议并以党课形式作讲话，强调广大党员干部要深刻吸取发生在身边的案例教训，坚持以案释德、以案释纪、以案释法，强化纪律规矩意识，持续纯正政治生态。中央纪委国家监委驻交通运输部纪检监察组副组长胡志彬讲话。局党组成员、副局长戴应军主持会议，局党组成员、副局长刘君出席会议，局党组成员、副局长杨春光通报有关案例。

国务院办公厅转发《关于加快推进快递包装绿色转型的意见》

11月30日，国务院办公厅转发国家发展改革委、国家邮政局、工业和信息化部、司法部、生态环境部、住房城乡建设部、商务部、市场监管总局《关于加快推进快递包装绿色转型的意见》。《意见》强调，要深入践行习近平生态文明思想，认真落实党中央、国务院决策部署，坚持以人民为中心，落实新发展理念，强化快递包装绿色治理，加强电商和快递规范管理，增加绿色产品供给，培育循环包装新型模式，加快建立与绿色理念相适应的法律、标准和政策体系，推进快递包装“绿色革命”。

戴应军副局长在河北山西调研

11月30日至12月3日，国家邮政局党组成员、副局长戴应军深入河北、山西两省，随机走访了5市、11县的28个乡镇和13个村屯，共50个邮政局所、快递网点和村委会，专题调研农村邮政普遍服务和“快递进村”工作。戴应军与邮政、快递基层员工和村民深入交流，了解行政村直接通邮和“快递进村”情况，详细询问服务范围、服务人口、业务量收、投递服务、员工收入和末端派费变化等情况，鼓励邮政、快递企业不断提高寄递服务水平，切实服务好农村群众生产生活。在阳曲县大盂镇沙河村、代县枣林乡东村，戴应军向村委会工作人员和留守老人详细了解党报党刊和农村包裹投递服务情况，征求对邮政普遍服务意见建议和农村快递服务需求。

马军胜局长主持召开国家邮政局党组会议

12月1日，国家邮政局党组书记、局长马军胜主持召开党组会议，学习贯彻习近平总书记近期重要讲话精神，强调全系统各级党组织要增强“四个意识”、坚定“四个自信”、做到“两个维护”，崇尚法治提高邮政管理工作法治化水平，着力维护好快递员合法权益,以习近平总书记重要讲话精神为指引,全力以赴推进现代化邮政强国建设。局党组成员、副局长刘君、杨春光、赵民出席会议。马军胜指出,习近平法治思想是习近平新时代中国特色社会主义思想的重要组成部分,是全面依法治国的根本遵循和行动指南。全系统各级党组织要结合工作实际抓好学习贯彻落实,持续推动法治政府建设。要加强习近平法治思想的深入学习贯彻。

马军胜局长赴安徽调研

12月2日至4日,国家邮政局党组书记、局长马军胜赴安徽合肥、南陵调研邮政快递业改革发展和基层员工权益保障情况,到邮政、快递企业调研走访,与快递小哥促膝座谈,强调要认真贯彻落实习近平总书记关于邮政快递业的重要指示精神和党中央、国务院决策部署,切实关心关爱快递小哥,扎实推进安徽省邮政快递业高质量发展,持续为服务地方经济社会发展作出行业贡献。安徽省副省长何树山出席快递小哥座谈会。国家邮政局党组成员、副局长刘君一同调研。马军胜还专程查看了国家局邮政业合肥灾备中心的运转情况,慰问干部职工,并通过安徽省邮政业数据大屏幕进行实时调研系统的应用情况障。

国家邮政局与安徽省人民政府签订战略合作协议

12月3日,国家邮政局与安徽省人民政府在合肥签署了《关于加快安徽邮政快递业高质量发展战略合作协议》,深入学习贯彻的党的十九大和十九届二中、三中、四中、五中全会精神,认真贯彻落实习近平总书记考察安徽和在合肥主持召开扎实推进长三角一体化发展座谈会上重要讲话精神,认真落实党中央、国务院关于邮政快递业发展的决策部署,推动安徽邮政快递业高质量发展,进一步提升邮政快递业在服务安徽实现“两个更大”目标的支撑作用。安徽省委书记、省人大常委会主任李锦斌,省委副书记、省长李国英,国家邮政局党组书记、局长马军胜出席签约仪式。国家邮政局党组成员、副局长刘君,安徽省副省长何树山分别代表双方签署了战略合作协议。

马军胜局长在合肥市与基层快递员工座谈

12月3日,国家邮政局局长马军胜、安徽省副省长何树山与安徽合肥基层快递员座谈。马军胜在会上传达了习近平总书记关于邮政快递业的重要指示精神和对快递小哥的肯定与关爱,马军胜强调,要确保党中央、国务院的决策部署在行业落地生根。当前,快递市场需求旺盛多样,行业发展蓬勃向上,快递已成为老百姓新开门七件事之一,大家要坚定信心,保持定力,努力做好服务工作,以实际行动践行“人民邮政为人民”宗旨。他表示,邮政管理部门将与有关部门认真梳理问题,剖析存在成因,出台相关措施、稳定市场预期,推动行业迈向高质量发展。希望广大快递员工,明确职责使命,做好本职工作,携手共进巩固来之不易的发展势态。

国务院发展研究中心与国家邮政局签署《合作备忘录》

12月7日,国务院发展研究中心与国家邮政局举行《合作备忘录》签约仪式。国务院发展研究中心党组书记马建堂,国家邮政局党组书记、局长马军胜出席仪式并致辞。国务院发展研究中心党组成员、副主任隆国强,国家邮政局党组成员、副局长戴应军代表合作双方签约。根据《合作备忘录》,国务院发展研究中心与国家邮政局将在机制化产品开发、重要专题研究、政策效果评估等方面深入开展合作,已有研究成果相互交流、完善快递发展相关指数产品、快递物流“进厂”“出海”专题研究已列入双方近期合作重点事项清单。国务院发展研究中心相关部门,国家邮政局相关司室、直属单位负责同志参加签约仪式。

国家邮政局持续深入开展“暖蜂行动”

12月8日,国家邮政局精神文明建设指导委员会办公室下发通知，在邮政快递行业持续深入开展关爱快递员“暖蜂行动”，深入贯彻落实习近平总书记在全国劳动模范和先进工作者表彰大会上的重要讲话精神，打造“暖蜂行动”活动品牌，充实关爱内容、延展工作内涵。通知强调，全系统各单位、各部门要充分认识关爱快递员“暖蜂行动”活动内涵，将关爱快递员“暖蜂行动”摆在关心关爱“快递小哥”工作更加突出位置持续推进，推动关爱快递员“暖蜂行动”取得实效。要联合共青团、工会等，结合传递关心关爱等关心关爱“快递小哥”工作内容，争取多方支持、创新工作方式、拓展活动内容，真正把党和政府的关怀关爱传递到基层网点每一名快递员。

马军胜局长主持召开第十八次局长办公会

12 月 8 日，国家邮政局局长马军胜主持召开 2020 年第十八次局长办公会，审议并原则同意通过《快递服务与电子商务信息交换规范》《快递服务制造业仓配信息交换规范》等两项国家标准和《冷链寄递保温箱技术要求》《鲜活水产品快递服务要求》《邮政行业基于荧光聚合物传感技术的手持式痕量炸药探测仪技术要求》等三项行业标准，同意 24 家行业技术研发中心通过认定，强调要认真贯彻落实党的十九届五中全会决策部署，牢牢抓住科技创新这个核心，发挥科技创新的支撑引领作用，实现行业持续快速健康发展。要着力增加标准的有效供给，不断完善行业标准体系，为行业整体发展目标的实现提供技术支撑和服务保障。副局长戴应军、刘君、杨春光、赵民出席会议。

第三届内地与港澳邮政高峰会议成功举行

12 月 9 日，第三届内地与港澳邮政高峰会议以视频连线的方式在北京、香港和澳门三地联合举行，围绕内地与港澳邮政业应对新冠肺炎疫情的举措以及各自发展情况，推动落实粤港澳大湾区邮政业发展实施意见，以及万国邮政联盟大会重点问题等内容进行了分享与讨论。国家邮政局局长马军胜、中国邮政集团有限公司董事长刘爱力、香港邮政署署长朱曼铃、澳门邮电局局长刘惠明出席会议并致辞。国家邮政局副局长赵民主持会议。对于下一阶段内地与港澳邮政业发展，马军胜希望，要提高站位，把思想和行动统一到中央的重大决策部署上来，努力把粤港澳大湾区打造成带动全国邮政业高质量发展的新动力源。

王东明主席调研国防邮电系统工会

12 月 9 日，全国人大常委会副委员长、中华全国总工会主席王东明率队前往国防邮电系统工会调研。王东明强调，各级工会要深入学习党的十九届五中全会精神，学习贯彻习近平总书记关于工人阶级和工会工作的重要论述特别是在全国劳模大会上的重要讲话精神，大力弘扬劳模精神、劳动精神、工匠精神，团结动员广大职工，乘风破浪、开拓创新，不断凝聚起为实现“十四五”规划目标任务建功立业的磅礴力量。从顺丰集团营业点到中国航天科技集团第一研究院，王东明一行先后慰问劳模代表，看望一线职工、快递小哥，考察职工生产生活情况，听取大家的意见建议。

马军胜局长主持召开局党组中心组（扩大）学习会

12 月 10 日，国家邮政局党组书记、局长马军胜主持召开局党组中心组（扩大）学习会，深入学习领会习近平总书记关于学习马克思主义经典、意识形态工作、坚定文化自信的重要论述，强调要增强“四个意识”、坚定“四个自信”、做到“两个维护”，深刻领悟习近平总书记重要论述精神，完善发展思路、破解发展难题、推进改革创新，推动邮政快递业高质量发展不断取得新成效。局党组成员、副局长戴应军、刘君出席学习会，局党组成员、副局长杨春光围绕学习主题作重点研讨交流。马军胜强调，要围绕党管意识形态，做到知信行统一，掌握好意识形态工作的领导权和话语权。

国家邮政局举办法律标准电视电话培训

12月11日，为进一步做好《中华人民共和国民法典》学习宣传工作，推进《邮件快递包装基本要求》行业标准的执行，提升邮政管理部门依法行政、行业组织依法自律、业内企业依法经营的能力和标准化水平，国家邮政局举办法律标准电视电话培训。本次培训特别邀请到全国人大常委会法制工作委员会民法室副主任段京连做专题辅导讲座。行业标准起草组专家则详细解读了《邮件快件包装基本要求》（YZ/T 0171—2019）。通过培训，邮政快递业有关单位和在职人员更清楚地认识到民法典与经济社会发展息息相关，是全面依法治国和治理体系现代化的重要成果，是社会主义基本经济体制的客观要求，是公民权利的重要保障。

邮政业科技创新战略联盟第二届大会在京召开

12月11日，邮政业科技创新战略联盟第二届大会在京举行。国家邮政局党组成员、副局长戴应军出席会议并讲话。科学技术部、交通运输部、国家市场监督管理总局等部委相关部门负责同志出席会议并致辞。他指出，邮政业科技创新战略联盟的成立，顺应了国家科技创新驱动发展战略的新要求和邮政业高质量发展的新需要。戴应军对联盟发展提出要求：一要高度重视科技创新；二要加快掀起行业科技创新热潮；三是要加快推动技术创新成果转化应用；四是要充分发挥联盟科技平台作用，互通信息、加强调研、促进交流，共同开创行业高质量发展的新局面。据悉，大会由国家邮政局发展研究中心主办，北京国邮科讯科技发展有限公司承办。

杨春光副局长赴职鉴指导中心调研指导工作

12月11日，国家邮政局党组成员、副局长杨春光到职鉴指导中心调研指导工作，听取了中心党支部工作情况汇报，与党员干部交流思想，了解中心支部建设以及两项重点工作支撑、双创大赛、1+X证书建设等业务开展情况。杨春光强调，职鉴中心党支部要认真贯彻落实五中全会精神，增强“四个意识”、坚定“四个自信”、做到“两个维护”，坚持把服务行业高质量发展和邮政强国建设作为人才工作的中心任务。全体同志要更加奋发有为，充分利用在行业人才评价、培训、培养等方面积累的经验和形成的优势，抢抓机遇，奋力开拓，努力开创行业人才工作新天地。

全国交通运输行业精神文明建设工作电视电话会议举行

12月14日，全国交通运输行业精神文明建设工作电视电话会议在京召开，传达学习习近平总书记在全国劳动模范和先进工作者表彰大会上的重要讲话精神以及全国精神文明建设表彰大会精神，命名2018－2019年度全国交通运输行业精神文明建设先进集体。交通运输部党组书记杨传堂出席会议并强调，要更加紧密地团结在以习近平同志为核心的党中央周围，深入践行社会主义核心价值观，奋力书写新时代交通运输精神文明建设新篇章，凝聚起加快建设交通强国的强大精神动力，为实现“两个一百年”奋斗目标和中华民族伟大复兴的中国梦当好先行。部长李小鹏主持会议。国家铁路局副局长刘克强、中国民航局副局长吕尔学、国家邮政局副局长赵民和中国海员建设工会全国委员会主席李庆忠出席会议。

戴应军在河南调研农村邮政普遍服务和“快递进村”工作

12月14日至16日，国家邮政局党组成员、副局长戴应军深入河南省专题调研农村邮政普遍服务和“快递进村”工作。调研组在河南调研的同时，还随机走访了临近的湖北、陕西部分乡镇，共调研了5市、9县的18个乡镇和3个村屯，34个邮政局所、快递网点和村委会。戴应军在快递综合服务站点与快递小哥深入交流，详细了解末端网络运行情况，特别是派费变化和基础运行情况。

戴应军强调，一线快递员在畅通经济循环、方便群众生产生活等方面发挥着不可或缺的作用。邮政管理部门要做有为政府，积极行动，综合施策，统筹推进。快递企业要承担起主体责任，切实维护好基层网络的稳定运行。戴应军勉励一线快递员要坚定信心，战胜当前困难，服务好当地百姓。

国家邮政局召开保障快递员合法权益企业主要负责人座谈会

12月15日，国家邮政局党组书记、局长马军胜主持召开保障快递员合法权益企业主要负责人座谈会，认真学习习近平总书记关心关爱快递小哥重要指示精神，分析当前行业发展和维护快递员合法权益等面临的形势，研究下一阶段工作措施，强调要深入贯彻落实习近平总书记重要指示精神，增强“四个意识”、坚定“四个自信”、做到“两个维护”，系统治理，采取多种手段维护快递员合法权益，真正把习近平总书记的关心关爱传递到基层一线。局党组成员、副局长刘君出席会议。马军胜强调，全系统全行业必须维护好快递小哥的合法权益，解决好他们的后顾之忧，让他们在社会主义现代化国家建设中更好发挥主力军和生力军作用。

国家邮政局党组巡视组向第二轮被巡视单位反馈情况

根据国家邮政局党组2020年第二轮巡视工作安排，11月24日至12月17日，国家邮政局党组第四、第五、第六巡视组向被巡视的6个省(市)局党组反馈了巡视情况，对强化巡视整改和成果运用提出要求，确保以有力的举措、务实的作风深入扎实做好巡视“后半篇文章”。反馈会议上，各巡视组要求被巡视单位党组织要深化思想认识，提高政治站位，清醒地认识到反馈问题的紧迫性、严肃性和复杂性，切实以强烈的使命感责任感紧迫感抓整改促落实，持续推动邮政管理系统全面从严治党向纵深发展。被巡视单位要以此次巡视为契机，不忘初心、牢记使命，在邮政快递业改革发展中开拓进取、担当有为，为建设现代化邮政业强国作出新的更大贡献。

邮政快递业生态环保工作座谈会在海口召开

12月17日，为深入贯彻习近平总书记关于快递包装绿色治理工作的重要指示批示精神，落实党中央国务院关于支持海南全面深化改革开放的重大决策部署，宣贯国务院办公厅转发的《关于加快推进快递包装绿色转型的意见》，全面推进邮政快递业生态环保工作，国家邮政局在海口市组织召开座谈会。国家邮政局党组成员、副局长赵民出席会议并讲话。赵民在座谈会上对《意见》出台背景、主要内容、重大意义等进行了全面详细的解读。他要求，全系统全行业要充分认识加快推进海南省快递业绿色包装应用的重要意义，坚持问题导向和目标导向，全力推进海南省快递业绿色包装应用工作，助力全国生态文明试验区(海南)建设。

全国“快递进村”试点工作现场交流会在山东济宁召开

12月18日，为深入推进“快递进村”工程，全国“快递进村”试点工作现场交流会在山东济宁召开。会议传达了党中央、国务院领导关于“快递进村”工作的指示精神和工作部署要求，进一步明确了“快递进村”试点工作的原则和具体要求。会议强调，推动“快递进村”是落实习近平总书记关于邮政业高质量发展的系列指示精神、践行“以人民为中心”发展思想的重要举措，是畅通城乡经济循环、服务乡村振兴战略的重大工程，是邮政快递业未来三年的工作重点，是实现快递业高质量发展的必由之路。会议要求，“快递进村”试点工作要紧扣目标，突出重点，一是“进得去”，二是“出得来”，三是“立得住”。

国家邮政局党组传达学习中央经济工作会议精神

12月18日，国家邮政局党组书记、局长马军胜主持召开党组扩大会议，传达学习中央经济工作会议精神，强调全系统全行业要把思想和行动迅速统一到党中央对当前形势的科学判断上来，统一到党中央对明年经济工作的部署安排上来，贯彻新发展理念，构建新发展格局，乘势而上、顺势而为，真抓实干、积极进取，推进现代化邮政强国建设进程。局党组成员、副局长戴应军、杨春光、赵民出席会议。对于下一步工作，马军胜提出四点具体要求：一要稳中求进，巩固态势，实现十四五良好开局。二要抓住重点、扭住关键，大力构建新发展格局。三要守住底线，化解风险，强化对不公平竞争行为规制。四要提高站位，增强才干，担当作为。

第五届全国“互联网+”快递大学生“双创”大赛圆满落幕

12 月 19 日，第五届全国“互联网+”快递大学生创新创业大赛全国总决赛在河北石家庄圆满落幕。来自 17 个单位的 29 支参赛队经过现场答辩、专家评审等多个环节的激烈角逐，最终决出了优胜者，绿色智能新一代拂手式分拣机系统等 10 个参赛作品获得金奖，智网云盒-可循环绿色智能快递盒等 20 个参赛作品获得银奖，北京邮电大学等 10 所高校获得优秀组织奖。国家邮政局副局长杨春光、中国邮政集团有限公司党组副书记李丕征、河北省教育厅厅长杨勇出席总决赛颁奖典礼并讲话。杨春光强调，大赛搭建的高质量产教合作平台日益成为增进教师学生交流，催生业务产品创新，加快技术应用推广，集聚各方创意智慧，助推邮政快递业高质量发展的重要渠道。

2020 年我国快递业务量突破 800 亿件

12 月 21 日上午，根据国家邮政局中国快递大数据平台实时监测，一件从湖北黄冈寄往湖南长沙的快递包裹，幸运地成为 2020 年第 800 亿件快件。自 9 月 10 日我国 2020 年快递业务量达到 500 亿件开始，每月都登上一个百亿级台阶，实现“四连跳”直至突破 800 亿件大关，又一次创造了我国快递发展史的新纪录，凸显出我国快递市场繁荣活跃、发展质效不断提升，折射出中国经济复苏的良好势头和强大的消费能力，为实现邮政快递业“十三五”规划圆满收官添上了浓墨重彩的一笔，也为“十四五”规划良好开局奠定了坚实的基础。据了解，2020 年第 800 亿件快件是一箱来自湖北黄冈罗田的土特产，由顺丰速运承运，将于 12 月 22 日上午送到位于湖南长沙的收件人手中。

严防“四风”问题反弹回潮

元旦、春节将至，中共国家邮政局党组近日发布通知，要求全系统各级党组织深入落实中央八项规定及其实施细则精神，严防“四风”问题反弹回潮，着力营造风清气正、廉洁过节氛围。通知强调，各级党组织要严明纪律要求，增强自律自觉。认真贯彻全系统警示教育电视电话会议精神，使纪律意识深植于党员干部灵魂深处，内化于心、外化于行。加强党性教育，不断增强党员干部抵制不良风气的自觉性和坚定性。加强党纪条规教育，组织党员干部认真学习党内法规，推动形成遵规守纪、严于律己的浓厚氛围。加强警示教育，促使党员干部知敬畏、存戒惧、守底线。

原邮电部、信息产业部部长吴基传在粤调研

12 月 22 日，原邮电部、信息产业部部长吴基传一行到广州调研邮政、电信业务发展情况。其间，吴基传听取省邮政管理局主要负责同志关于全省邮政业发展情况的汇报，他充分肯定广东省局领导班子开拓思路、有为担当的工作成效和邮政快递业发展成绩。省邮政分公司、省邮政储蓄银行负责人分别汇报了业务情况。吴基传表示，本次在广州调研邮政业发展情况，是一名邮电老职工的诚挚情怀，对省邮政管理局、邮政分公司和邮政储蓄银行负责同志参加调研、交流工作表示感谢。他希望全省邮政行业继续发扬锐意进取、奋勇当先的精神，统筹谋划好邮政业“十四五”规

划,为推进邮政强国建设和服务地方经济与民生作出邮政更大的贡献。

《中国交通的可持续发展》白皮书发布

12月22日,国务院新闻办公室发布《中国交通的可持续发展》白皮书。白皮书全面介绍了新时代中国交通发展成就,分享中国交通可持续发展的理念和实践,进一步增进国际社会认识和了解。交通运输部副部长刘小明、中国民用航空局副局长董志毅、国家邮政局副局长赵民、国家铁路局总工程师严贺祥出席发布会。交通的可持续发展与全球可持续发展息息相关。白皮书积极落实联合国《2030年可持续发展议程》,主要包括走新时代交通发展之路、从交通大国向交通强国迈进、服务决战脱贫攻坚和决胜全面小康、推进交通治理现代化、推动构建全球交通命运共同体、中国交通的未来展望6个章节。

马军胜局长同万国邮联总局长侯赛因通电话

12月22日下午,国家邮政局马军胜局长应约同万国邮联国际局总局长比沙尔·侯赛因通电话。马军胜指出,2020年是极不平凡且极具挑战的一年。在抗击新冠肺炎疫情过程中,中国邮政业为国家统筹推进疫情防控和服务经济社会发展作出了积极贡献。疫情期间,中国与万国邮联合作良好。侯赛因总局长第一时间发来慰问电,极大地鼓舞了中国邮政快递员工的抗疫斗志。中国积极响应万国邮联国际抗疫合作的号召,以实际行动践行人类命运共同体理念。马军胜强调,中方高度评价侯赛因总局长任职8年来为促进世界邮政业发展和完善万国邮联治理体系作出的重要贡献,愿就有关国际邮政改革等事项保持沟通协调,积极支持和参与万国邮联各项工作。

万国邮联和亚太邮联来信了

12月21日上午,“中国快递年业务量突破800亿件”的消息不胫而走,瞬间登上了各大媒体的头条、引发网友“参与了一项百亿项目”的热议、还漂洋过海“绽放世界”,引发了国内外的热切关注。22日晚,万国邮联国际局总局长比沙尔·侯赛因与国家邮政局局长马军胜通电话,并专门发来贺信:“这再次刷新了中国快递业的历史新纪录,我谨代表万国邮联对这一非凡的成就表示热烈的祝贺。”亚太邮联秘书长林洪亮在贺信中评价道:“这不仅是中国快递市场发展的里程碑,也是世界邮政业在战略机遇期取得的重要进展。”800亿件,让饱受新冠肺炎疫情折磨的人们看到了快递业在提质增效,看到了中国经济在逐渐复苏,更看到了温暖、希望与力量。

马军胜局长主持召开国家邮政局党组会议

12月23日,国家邮政局党组书记、局长马军胜主持召开党组会议,学习贯彻习近平总书记近期重要讲话精神和中央有关会议精神,强调全系统全行业要按照党中央决策部署要求狠抓工作落实,确保邮政快递业“十四五”开好局、起好步。局党组成员、副局长戴应军、刘君、杨春光、赵民出席会议。马军胜指出,全系统各级党组织要强化执行落实,发挥“关键少数”示范引领作用,完善相关制度机制,推动条例落到实处。要积极引导党员开展民主监督,促进营造风清气正的政治生态。要严格落实“三个区分开来”要求,激励广大党员大胆探索、勤勉敬业,敢于担当、踏实做事。

2020年邮政快递业安全生产协调领导小组第二次会议召开

12月25日,2020年邮政快递业安全生产协调领导小组第二次会议以视频会议形式召开。会议总结2020年安全生产工作情况,分析存在的突出问题,对做好岁末年初和2021年邮政快递业安全生产重点工作进行研究部署。会议强调,2021年是“十四五”规划开局之年,各成员单位要进一步提升寄递渠道安全管理水平,坚决维护好国家安全、公共安全和社会稳定大局。要进一步牢固树立安全发展理念，坚决守住安全生产“红线”“底线”；强化落实安全生产主体责任，堵塞安全管理漏洞；服务国家安全大局，严格落实寄递安全规定；贯彻科技强安要求，大力提升信息技术支撑能力；切实保障从业人员权益，确保快递末端网点稳定。

中共国家邮政局机关第四次代表大会召开

12 月 25 日，中国共产党国家邮政局机关第四次代表大会在京召开，总结工作，研究部署加强和改进新形势下机关党建工作，选举产生新一届机关党的委员会和纪律检查委员会。国家邮政局党组书记马军胜，交通运输部党组成员、直属机关党委书记刘小明出席大会并讲话。交通运输部直属机关党委常务副书记柯林春，国家邮政局党组成员戴应军、刘君、赵民，党组成员、机关党委书记杨春光出席会议。来自局机关各司室、直属各单位共 96 名党员代表参加了会议。经过全体代表认真审议，会议通过了《中共国家邮政局机关第三届委员会工作报告》《中共国家邮政局机关第三届纪律检查委员会工作报告》，选举产生了中共国家邮政局第四届机关党委委员和机关纪委委员。

全国邮政行业先进集体、劳动模范和先进工作者表彰大会举行

12 月 29 日，人力资源和社会保障部、国家邮政局联合举行邮政体制改革以来首次全国邮政行业先进集体、劳动模范和先进工作者表彰大会。国家邮政局党组书记、局长马军胜出席大会并讲话，强调全系统全行业要大力弘扬劳模精神、劳动精神、工匠精神和“小蜜蜂”精神，求真务实、锐意进取，勤于创造、勇于奋斗，为开启全面建设现代化邮政强国新征程、夺取全面建设社会主义现代化国家新胜利作出新的更大的贡献。中国邮政集团有限公司党组书记、董事长刘爱力出席，人力资源和社会保障部国家表彰奖励办公室主任刘丽军宣读表彰决定。国家邮政局党组成员、副局长刘君、赵民出席，国家邮政局党组成员、副局长杨春光主持大会。

马军胜局长主持召开第十九次局长办公会

12 月 29 日，国家邮政局局长马军胜主持召开 2020 年第十九次局长办公会，听取关于 2020 年度邮政行业科学技术奖评奖工作有关情况的汇报，审议并原则通过《救灾捐赠包裹寄递服务和安全管理规定》《中国快递示范城市评定和管理办法》《国家邮政局关于做好邮政特邀监督员调整工作的通知》，强调要以开展行业科学技术奖评奖为契机，走出符合行业发展实际的科技创新之路，充分发挥科技创新的支撑引领作用，推动邮政快递业实现高质量发展。副局长刘君、杨春光、赵民出席会议。

2020 年快递运营职业技能等级考试顺利完成

12 月 29 日，快递运营职业技能等级考试第二次全国统考顺利举行。考试在 13 个省的 30 所院校同时进行，全国共设置考场 49 个，1538 人参加。本次统考是继 12 月 23 日首次统考后安排的第二次考试，也是 2020 年最后一次考试。2020 年，全国共有 16 个省 38 所院校 1906 人参加了快递运营职业技能等级考试，顺利完成全年证书试点工作任务。快递运营 1+X 证书是根据国务院部署由教育部批准实施的第三批职业技能等级证书。通过组织试点院校开展试考和统考，实现了国家职业资格改革后邮政行业技能人才评价新的重大突破，对于促进邮政行业职业教育改革发展，提升院校专业人才培养质量，培养造就行业紧缺急需的高层次技术技能人才具有重要意义。

国家邮政局局务会审议 2021 年全国邮政管理工作会议报告

12 月 29 日，国家邮政局局长马军胜主持召开局务会，审议 2021 年全国邮政管理工作会议报告，安排部署新一年工作。副局长刘君、杨春光、赵民出席会议。马军胜指出，即将召开的全国邮

政管理工作会议，将回顾“十三五”时期行业改革发展成效、总结2020年工作，认真贯彻落实习近平总书记关于邮政快递业的重要指示精神，按照党的十九届五中全会精神提出工作思路、安排部署重点工作。此次工作会议形式改变、会期缩短、议程精简，但任务不变、标准不能低。要精心筹备、集中精力开好会议，准确把握当前形势，准确把握做好明年工作的总体要求、目标任务和重点举措，为加快建设现代化邮政强国而努力奋斗。

做好“双节”期间各项工作

12月30日，国家邮政局下发通知，要求统筹做好疫情防控、行业安全稳定、关爱干部群众、文明过节、正风肃纪、值守应急等各项工作。通知指出，全系统要毫不放松做好疫情防控工作。节日期间，要全力维护行业安全稳定，持续强化落实企业安全生产主体责任，严格执行寄递安全“三项制度”，确保寄递渠道安全畅通。要切实关心关怀坚守工作一线员工，持续开展“暖蜂行动”，保障员工合法权益，让快递小哥有更多的获得感、幸福感和归属感。要持续推动激励干部新时代新担当新作为各项举措的落实，关怀干部身心健康。加大对基层干部特别是战斗在疫情防控、脱贫攻坚一线干部的关心关爱力度。

2020年部门决算布置和2021年“二上”预算编报会召开

12月31日，国家邮政局召开全系统电视电话会议，传达财政部和国家邮政局党组对2021年“二上”预算编制的有关要求，布置2020年部门决算和财务报告编制有关工作。国家邮政局党组成员、副局长赵民同志出席会议并讲话，强调全系统要按照“精准布置、精准分配、精准管控、精准执行”的要求，全面做好2021年各项财务工作。赵民指出，过紧日子是党中央国务院对改革发展形势准确研判后作出的重大决策部署，政府过紧日子是长期方针政策。各单位要清醒认识形势、充分预估困难，精打细算、开源节流、科学管控，团结一致、共挑重担、共克时艰，确保各项工作顺利开展。

国家邮政局公布60个2020年快递服务现代农业金牌项目

12月31日，国家邮政局印发通知，公布60个“2020年快递服务现代农业金牌项目”。从项目数量上看，金牌项目数量同比提升62.2%，金牌项目规模不断壮大；从项目收入上看，具有较高快递单价的项目增多，项目结构更加优化，收入同幅增长呈上升趋势；从组织方式上看，金牌项目的组织衔接更加合理，专线直发增多，中转次数减少，寄递时限缩短，寄递效率提高；从硬件上看，金牌项目的自动化应用更加广泛，规模带动下的设施设备投入效果明显；从作用发挥上看，有为政府角色更加突出，在项目数量多、覆盖领域广的省份，邮政管理部门的重视程度更高，在争取政策、整合资源、创新举措等方面的实践和探索更多。

第四章 2020 年各省(区、市)快递发展大事记

北京市快递发展大事记

陈吉宁市长工作报告三提“快递”

1 月 12 日,北京市第十五届人民代表大会第三次会议在京开幕,市长陈吉宁作政府工作报告。报告三次提及快递和快递小哥,充分体现北京市委、市政府对快递小哥的关爱,对快递发展的关心重视。陈吉宁在 2019 年工作回顾中指出,“加快建设一批租赁型宿舍,着力解决快递小哥等务工人员住宿困难问题”。在谈到深化消费领域供给侧结构性改革工作时指出,“要开展快递物流末端配送创新试点,促进流通领域降本增效”,同时指出,要规范快递车辆管理,推动交通综合治理取得新成效。

北京市总工会慰问快递小哥

1 月,北京市总工会在丰台区万泽龙快递园区开展了“温暖送给小蜜蜂、幸福传遍千万家”2020 年快递行业送温暖活动。市总工会、市邮政管理局、市人社局、市快递协会相关领导出席活动。来自顺丰、邮政、苏宁、京东、百世、DHL 等 15 家品牌快递企业的 150 余名快递小哥代表参加活动。此次活动切实把党和政府的关怀、工会组织的温暖送到快递小哥身边,为他们创造良好的工作和生活条件,使快递“小蜜蜂”在为首都人民服务时更有幸福感,获得感。

杨斌副市长批示肯定北京邮政管理工作成绩

1 月,北京市副市长杨斌听取了北京市邮政管理局工作汇报,对全市邮政管理工作给予充分肯定,并对北京邮政管理工作作出批示,批示指出,2019 年,市邮政局认真贯彻市委市政府决策部署,各项工作均卓有成效。望新的一年继续发扬奋斗精神,取得更优异成绩。

北京市快递从业人员职业技能提升行动实施方案发布

1 月,北京市邮政管理局联合市人社局、市财政局印发了《北京市快递从业人员职业技能提升行动实施方案(2019－2021 年)》。方案明确三年内(2019－2021 年)计划对 6 万人次快递从业人员开展职业技能培训,并按照培训信息规范化、培训人员实名化、资金使用有效化的工作思路,对按要求组织开展快递员职业技能培训的企业,培训课时不低于 20 课时且考核合格的,按照每人 700 元的标准享受快递员职业技能培训补贴。

北京局迅速响应部署邮政业疫情防控工作

1 月 23 日,北京市邮政管理局印发《关于全力做好全市邮政业新型冠状病毒感染的肺炎疫情防控工作的紧急通知》,传达国家邮政局《关于做好武汉邮件快件服务管理全力做好疫情防控工作的紧急通知》要求,先后两次向各派出机构和邮政、快递企业进行部署,要求务必落实好各项疫情防控措施,做好支援疫区工作,节后在确保安全的前提下有序恢复生产。1 月 25 日起,北京市邮政管理局联合相关部门建立全行业每日疫情情况零报告制度,并对 13 家主要品牌寄递企业进行摸底调查。此外,北京市邮政管理局也积极协调市商务局,力争为企业统一调配口罩等防控用品,加强从业人员防护。春节期间,北京市邮政管理局严格

落实24小时应急值班制度，每日均有一名局领导带班，相关处室干部在岗值班，与企业值守联动，所有在京干部处于待命状态，确保工作有序开展。同时按照北京市要求，建立工作人员疫情零报告制度，摸清离京和返京人员底数。

首都邮政业积极做好应急物资寄递运输保障工作

“疫情就是命令，防控就是责任。”在全国上下众志成城、抗击疫情的关键时刻，首都邮政业切实践行“人民邮政为人民”的服务宗旨，为疫情防控物资运输开通绿色通道。北京市邮政管理局要求全市邮政、快递企业强化使命担当，加大运力调度，为全力保障疫情防控急需物品尤其是医疗等用品提供寄递服务，优先处理、运输和配送。各企业积极响应，纷纷行动。北京邮政公司义务为武汉地区政府指定接收机构的捐赠物资提供寄递服务，免收汇往湖北省抗击疫情捐款汇款手续费，全面、快速开通全国人民支援湖北省抗击疫情的绿色通道。各快递企业也积极响应号召，充分展现大局意识和责任担当。从1月27日开始，顺丰公司新增北京飞往武汉专机一架，用于运送医疗、救援等急需物资，并将飞机替换为运能更大的机型，提升航线运能1倍。圆通公司第一时间将北京、天津和河北区域捐赠的核酸筛查监测仪器、口罩、手术衣、消毒液等多类医用物资汇集至北京转运中心，连夜发车送往武汉。

杨斌副市长对邮政业疫情防控工作作出指示

1月30日，北京市副市长杨斌对首都邮政业防范新型冠状病毒感染肺炎疫情工作作出指示。杨斌指出，春节期间，邮政业从业人员仍坚守岗位，为首都居民提供便利快捷的服务，同志们辛苦了！他强调，当前要把疫情防控工作当作头等大事来抓。邮政业服务社会民生，从业人员与千家万户保持着紧密的联系，邮政部门要督促企业落实防控措施，做好作业场所的消毒、通风，每日对员工进行体温监测，从业人员要佩戴口罩、手套作业，既保护好自己，也服务好群众。

杨斌副市长肯定北京邮政业疫情防控工作

1月31日，北京市副市长杨斌主持召开北京市疫情防控领导小组交通保障会，听取了北京市邮政管理局关于邮政行业疫情防控工作的情况汇报。杨斌对邮政管理部门在防范新型冠状病毒感染肺炎疫情方面所做的工作表示充分肯定。他指出，邮政业在保障城市基本运行、支援疫区物资运输等方面发挥了重要作用，下一步将进入员工返京高峰，一定要督促企业落实各项防控措施，做好作业场所的消毒、通风，做好员工防护，要监测体温，佩戴口罩上岗。针对行业出现的口罩、消毒液等防护用品不足的情况，杨斌责成相关部门予以协调解决。

蔡奇书记叮嘱快递小哥做好防护

2月1日上午，北京市委书记蔡奇以“四不两直”方式到大兴区检查新型冠状病毒肺炎疫情防控工作。在北店村、北辛屯村联合检查站，蔡奇询问了正在送件的京东快递小哥钟学彬的工作和疫情防控情况。当得知这位快递小哥每天要送两三百个快件时，蔡奇书记为他的辛勤工作点赞，叮嘱他要注意防护，确保身体健康。

蔡奇书记关心行业运行

2月11日，北京市委书记蔡奇到清华大学、北京联合大学检查调研新冠肺炎疫情防控工作。在清华大学西南角蓝旗营小区大门边，蔡奇向正忙着盘点货品的京东快递小哥刘吉祥询问了包裹数量、运送频次等情况，得知他每天一般要送两趟，有时候还要增加频次，称赞他辛苦了，好样的，嘱咐要相互拉开距离，避免多人集中取件。

蔡奇书记调研快递业

2月，北京市委书记蔡奇调研快递业疫情防控和企业复工复产情况，并向快递小哥表示慰问和感谢。在京东集团总部大楼，蔡奇表示，京东是知名电商和高科技企业，及时复工复产让快递小哥、物流配送、智能技术在抗击疫情中发挥了积极作用。要加强企业内部防控，实行专人负责，确保各项措施落实到位。要发挥物流、仓储和科技优势，积极拓展业务，强化科技赋能，拉动消费，实现更高质量发展。要发挥平台作用，利用市场力量，更好保障防疫物资需要和百姓生活必需品供给。蔡奇还强调，北京经济技术开发区在全市发展格局中地位重要，在复工复产中要打好头阵，发挥示范作用。要主动上门为企业送温暖、送服务，与他们共克时艰。

北京全力保障疫情防控期间邮政快递服务

为进一步支持打好新冠肺炎疫情防控阻击战，贯彻中央和市委、市政府关于有针对性加强疫情防控有序做好恢复生产保障供应工作部署，3月，北京市邮政管理局在全力抓好疫情防控的基础上，进一步强化工作措施，联合市交通委就加快推动邮政快递业复工复产、保障邮政快递车辆优先便捷通行、切实保障末端投递、加强一线从业人员防护等工作作出安排。主动与市交通委协调对接，结合北京实际出台了《关于做好疫情防控期间北京邮政快递服务保障工作的紧急通知》。

北京市出台支持邮政业复工复产政策

3月，北京市出台《关于申报2020年度生活性服务业发展项目的通知》，将智能快件箱、快递分拣中心纳入补贴范畴。通知指出，对在疫情防控工作中保障市民基本生活的重点连锁餐饮、菜店、便利店等网店设立项目，投入资金主要支持建设提升便民商业网点(设施)、生活性服务业示范街区创建项目，智能快件箱、快递分拣中心也可享受补贴，支持比例上限由以前的50%提高至70%。通知明确，符合标准的智能快件箱每组补助金额不超过1万元，符合规定的快递分拣中心单个网点补助金额不超过30万元。此外，对营业执照取得日期在2019年1月1日(含)以后的新建智能快件箱给予硬件设备购置费用支持，每组补助金额不超过1万元。

蔡奇书记在望京地区再次关心关爱快递小哥

3月10日上午，北京市委书记蔡奇以“四不两直”方式来到望京地区检查疫情防控工作。在融科橄榄城小区外，快递小哥正忙碌着，蔡奇询问他们每天要送多少快件、居民取件方便不方便，叮嘱，现在线上消费多，要为居民收取快件创造安全便利条件，快递小哥也要注意做好个人防护。蔡奇书记还沿途随机走进顺丰新荟城分部橄榄城自寄自取点检查防控措施落实情况，叮嘱做好防疫的同时保障市民群众正常生活。

北京出台复工复产10条措施

3月，北京市政府出台《关于全力做好疫情防控工作保障企业有序复工复产的若干措施》，明确快递可进社区无接触配送，帮助邮政快递企业解决复工复产中遇到的困难和问题。措施要求，让快递服务更加安全便捷。支持各项疫情防控措施落实到位的快递网点正常经营。严格落实企业员工“上岗必检”“归班回检”等疫情防控措施，优先为一线快递、外卖人员配备防护物品。社区(村)积极利用内外闲置空间，增设智能快件箱等无接触配送设施，允许和规范快递、外卖人员进入社区(村)利用无接触配送设施进行配送。指导快递、外卖企业相对固定各社区(村)配送人员，向社区(村)报备并办理出入手续。

北京拓展“医邮”合作 助力疫情防控

3月，在北京市邮政管理局的指导推动下，中国邮政集团有限公司北京市分公司联合北京市医院管理中心，在友谊医院、同仁医院、安贞医院等16家北京市属重点医院推出“快递送药到家服务”。患者在门诊看完病后，可以选择该项服务，药品将通过北京邮政快递方式，直接从医院药房寄送到患者家中。

北京局推进跨境寄递服务设施建设

为进一步促进北京跨境电子商务寄递服务高质量发展，北京市邮政管理局积极协调市商务局，为邮政、快递企业在大兴机场建设跨境寄递服务设施争取有力政策支持。3月，北京市在《中国（河北）自由贸易试验区大兴机场片区（北京大兴）实施方案》中明确：一是加快航空物流企业落地，建设国际邮件互换局和国际快件监管中心，完善邮包、快件等货运服务体系，创新“跨境电子商务+国际联运”新模式；二是推动物流智慧化，建设智慧物流园区，重点推进中国邮政航空邮件处理及国际邮件交换站、顺丰华北智慧物流总部建设，并将市邮政管理局纳入责任单位。

崔述强副市长肯定首都邮政业发展成绩

4月，北京市常务副市长、市政府党组副书记崔述强听取北京市邮政管理局局长王跃的工作汇报，肯定邮政业发展成绩和在疫情防控期间所作贡献。崔述强指出，邮政业作为与群众密切相关的基本生活保障行业，在服务首都经济社会发展和疫情防控中发挥着重要作用。市邮政管理局认真贯彻市委市政府决策部署，工作卓有成效，多次受到市领导的肯定。崔述强表示，将继续支持邮政业发展，要将邮政快递基础设施建设纳入北京市“十四五”相关规划，统筹解决末端设施不足问题，同时支持北京局加强行业安全监管和支撑能力建设。

北京市进一步支持中小微企业应对疫情影响保持平稳发展

4月，北京市根据疫情防控新形势，出台《进一步支持中小微企业应对疫情影响保持平稳发展若干措施》，进一步精准帮扶本市中小微企业应对疫情影响。措施要求结合疫情防控常态化新形势，加大社会保险资金支持力度，对科技创新、城市运行保障、生活性服务业等重点行业中小微企业员工进行业务培训，促进职工技能提升和稳定就业，邮政业被纳入其中。

2万名快递员职业技能提升培训补贴工作启动

4月，北京市邮政管理局召开快递从业人员职业技能提升培训工作专题会，全面启动2万快递员职业技能提升培训补贴工作，推动北京市支持中小微企业发展“新九条”措施在行业落地实施。会议指出，北京局认真贯彻落实习近平总书记关心关爱“快递小哥”的指示要求，联合市人社局、市财政局率先将快递从业人员职业技能培训纳入财政补贴，三年内（2019－2021年）每年为2万名快递员提供职业技能培训补贴，让从业人员实实在在享受政策红利。

快递包装绿色治理工作获市领导充分肯定

5月8日，北京市生活垃圾分类推进工作指挥部例会上，北京市政府副市长张家明听取北京市邮政管理局贯彻落实生活垃圾分类条例、推进快递包装绿色治理有关工作情况汇报，充分肯定北京市邮政管理局快递包装绿色治理工作成效，指出北京市邮政管理局高度重视，强化组织领导，认真履行行业生态环保监管职责，工作措施扎实到位，体现了管行业必须管垃圾分类工作的要求，值得其他部门学习借鉴。要求指挥部有关工作组对邮政管理局好的做法经验进行认真梳理及时推广。

首批1.4万余名快递小哥培训信息上传工作完成

5月，北京市邮政管理局组织快递企业对2019年职业技能培训申报材料进行全面核查，完成了首批14165名快递小哥培训信息上传“职业技能提升行动平台”工作，并顺利通过市人力资源和社会保障局查重比对，为企业报审职业技能培训专项资金补贴991.55万元。

快递行业“一盔一带”示范活动启动

5月28日，由北京市交通安全工作部门联席会办公室、北京市邮政管理局和北京市公安局公安交通管理局联合举办、北京市快递协会承办的北京市快递行业“骑行戴头盔、安全防意外”暨“一盔一带”示范活动启动仪式在新街口物流园区举行。韵达、顺丰等13家品牌快递企业代表及50余名快递员参加活动。活动现场，市公安交管部门部署了全市开展“一盔一带”示范行动实施方案，并提出相关工作落实要求。市快递协会向全市快递企业发出倡议，深入践行“一盔一带”守护行动，佩戴安全头盔上路，减少交通事故发生率，切实保障员工的出行安全。

北京邮政业疫情防控工作获肯定

6月20日至27日，北京市邮政管理局组织17家品牌邮政快递企业104807名从业人员完成核酸检测，检测结果均为阴性。交通运输部党组书记杨传堂和国家邮政局局长马军胜分别作出批示，肯定北京邮政业疫情防控工作。杨传堂书记批示：北京快递员十万多经核酸检测全部为阴性，这是了不起的事情。快递员与千家万户百万千万人接触，感染的机会很多，企业和员工认真落实中央和市委市政府的防控措施，实现了业务工作、防控措施双丰收。希望继续坚持慎终如初，确保人民群众生命财产和健康安全。马军胜局长批示：北京局认真贯彻落实习近平总书记重要批示精神，着力统筹疫情防控和行业发展各项工作，认真落实行业疫情防控操作规范，确保广大快递小哥健康安全，推进行业有序发展。

两部门共同推动电商快递包装协同治理

6月，北京市邮政管理局、北京市商务局联合印发《关于进一步加强全市电商快递包装协同治理工作的通知》，切实推进快递包装源头减量。通知围绕落实生态环保主体责任、建立实施绿色采购制度、规范包装物封装操作、加强消费引导四部分提出具体措施，要求电商企业优先选择使用环保包装材料的快递企业，快递企业应落实协议客户管理责任，双方签订协议时应明确所提供的封装用品和胶带应当符合国家规定等内容。

北京市1名快递小哥荣获“全国青年岗位能手”称号

7月，共青团中央、人力资源和社会保障部联合印发《关于命名表彰第20届全国青年岗位能手的决定》，北京市快递小哥康智获此殊荣。同时，康智还被北京市总工会推荐参评2020年北京市劳动模范。

北京市政协经济委考察快递包装绿色治理工作

7月28日，北京市政协经济委员会主任柯文进、副主任任亚光等一行10人组成考察组赴快递企业考察快递包装绿色治理工作。柯文进充分肯定了快递行业服务保障民生的作用及包装源头减量取得的成效。他表示，快递与居民生活密切相关，服务首都经济社会发展，北京市邮政管理局高度重视快递包装绿色治理，快递包装源头减量成效显著。市政协经济委员会将在建立快递包装综合治理机制、加强基础设施规划等方面充分开展调研，积极建言献策，助力首都快递业健康发展。

北京邮政行业多个集体和多名个人获市技协表彰

8月，北京市职工技术协会印发了《关于表扬在2019年北京市“职工技协杯”职业技能竞赛取得优异成绩的个人、团体和单位的决定》，对北京邮政行业多个集体和多名个人进行了表彰。2019年，北京市邮政管理局举办了“首届北京市邮政行业职业技能竞赛暨2019年‘职工技协杯’职业技能竞赛”，各企业积极参与，参赛选手展现出精湛的职业技能和良好的精神风貌，市技协对此次竞赛给予充分肯定。北京市邮政管理局职鉴中心获得特殊贡献单位称号，北京市邮政管理局5名工作人员获优秀工作者称号，6家企业获优秀组织单位称号，20名参赛选手获表彰，获奖选手将获得2000元至5000元不等的奖金，其中6名选手还被授予“北京市职工高级职业技术能手”称号。

北京局印发行业生活垃圾分类操作指引

8月，北京市邮政管理局印发《北京市邮政快递行业生活垃圾分类操作指引》。指引充分结合行业特性和属地管理需要，明确邮政快递行业生活垃圾分类原则上按照属地要求进行，属地无要求或相关要求低于本指引，参照本指引执行。指引从管理制度、垃圾桶配置、宣传培训、包装废弃物回收等方面细化相关规定，要求邮政快递企业在具备条件的场所设置邮件快件包装废弃物回收装置，在指定区域投放纸类、塑料类包装废弃物；对外形完好、质量达标的包装箱、填充物等包装优先回收利用，按照有关规定妥善处理无法回收的包装物。

北京激励快递业新能源车推广应用

8月，北京市交通委员会、北京市财政局印发《2020年北京市新能源轻型货车运营激励方案》，快递行业新能源车辆推广应用获得政策支持。根据方案，申请激励的车辆所有人营业执照经营范围须包含“道路货物运输”，且不存在工商经营异常情况；自2020年9月1日起至2021年8月31日，一年周期内，累计报废或转出名下京籍汽柴油货车须达到5辆及以上、且更新不低于5辆（含）京籍新能源轻型货车；车辆所有人不得为在京中央国家机关、本市各级党政机关和其他各级财政供养单位。方案明确激励资金总额为7万元/车，对一次性报废或转出的汽柴油货车并更新为新能源货车20辆（含）以上的企业，在资金激励基础上，叠加给予城区货运通行证奖励。

两部门开展服贸会首都寄递渠道安全保障专项检查

9月2日，北京市邮政管理局联合市公安局、市国家安全局开展专项检查，督促企业严格落实寄递安全“三项制度”，维护首都寄递渠道安全畅通。市局副局长韩敬华同志参加检查。联合检查组在事先不告知的情况下对京东、德邦、苏宁天天和顺丰四家企业分拨中心开展突击检查，重点查看企业进京件“二次安检”落实情况。

北京局部署快递网点标准化提升创建活动

9月3日，北京市邮政管理局召开视频会议就开展快递网点标准化提升创建活动相关工作进行部署。北京市邮政管理局市场处、各派出机构、快递协会、全市主要品牌快递企业相关负责人参会。此次创建活动突出“规范、安全、绿色”要求，以政府鼓励引导、企业自主申报的方式，在全市范围内开展主要品牌快递企业服务网点标准化提升建设工作，旨在创建一批营业环境好、企业形象佳、服务质量优的快递网点，形成示范带动效应。活动分为动员部署、集中创建和总结表彰三个阶段，经过企业对标自查、属地初审、市局复核、公示表彰等具体环节。

北京邮政服务在市政府“接诉即办”综合评分中获得第一

北京市建立12345市长热线“接诉即办”考评通报制度以来，北京市邮政管理局指导市邮政分公司不断改进完善服务申诉和投诉处理水平，2020奶奶8月再次在全市国有企业“12345”接诉即办的综合评分中获得并列第一，受到北京市委书记蔡奇通报表扬。

北京市邮政业多个集体和个人获抗疫表彰

10月23日，交通运输部召开全国交通运输系统抗击新冠肺炎疫情表彰大会，表彰先进集体309个、先进个人609名、先进基层党组织39个、优秀共产党员72名。中国邮政集团有限公司北京市机要通信局交通室、京东物流北京蔬果保供车队和北京市东区邮政管理局党支部3个集体获评先进集体荣誉称号,刘海龙、王乐、张来振和张伶俐4名同志获评先进个人荣誉称号,其中北京市东区局党支部和张伶俐同志还分别获评先进基层党组织和优秀共产党员称号。

《北京市"快递进村"服务能力提升三年行动方案》发布

11月,北京市邮政管理局印发《北京市"快递进村"服务能力提升三年行动方案》,在已率先实现村村通快递的基础上,主动作为,自我加压,提出要进一步增强服务能力,力争用近三年时间,推动加盟制快递企业服务在本市建制村基本实现全覆盖,切实满足农村群众日益增长的寄递服务需求。方案明确,要坚持政府引导、市场配置、资源整合、创新驱动、综合监管原则,壮大农村快递服务市场主体,鼓励加盟制快递企业、服务站开办企业、智能快件箱运营企业等多类主体参与农村快递服务,让农民有更多的选择权,要深度推进快快合作、交快合作、与第三方合作、快邮合作等多种模式,积极争取属地政府支持,因地制宜统筹实现服务能力提升。要加强农村服务质量监管、督促企业完善农村快递网点资质、加大检查力度和培训力度,确保农村快递服务水平不断改善。

北京2名快递小哥荣获全国劳动模范称号

11月24日,2020年全国劳动模范和全国先进工作者表彰大会在北京举行。北京79人荣获全国劳动模范和全国先进工作者荣誉称号,全国邮政业24人荣获全国劳动模范称号。表彰中,北京顺丰速运有限公司快递员张义标和北京京东世纪信息技术有限公司北京鼎好配送站站长宋学文被授予全国劳动模范荣誉称号。

北京快递企业与市路桥集团对接洽谈快递用地合作

12月17日,北京市邮政管理局牵线搭桥,组织快递企业与市路桥集团对接洽谈用地合作,帮助企业解决用地问题,提升末端服务规范化水平。会上三方统一了工作思路,确定先由快递企业提出精准需求,市路桥集团根据企业需求进行资源梳理匹配,再探讨合作模式。

北京推进"邮快合作"获新进展

12月,北京市邮政公司分别与北京中通公司、北京圆通公司签署省级框架合作协议。12月21日,邮政怀柔区分公司与中通、邮政门头沟区分公司与圆通分别在怀柔区和门头沟区签署了区域《邮快合作代理协议》,双方就合作模式、合作费用、安全保障义务等达成合作共识。12月24日,北京怀柔区九渡河镇杏树台村村民收到一份由北京邮政投递的中通快递包裹,标志着北京市邮快合作的圆满开启。

天津市快递发展大事记

天津邮政业发展项目储备工作启动

1月3日,天津市邮政管理局正式印发《关于做好2020年度邮政业发展项目储备工作的通知》,进一步培育和增强行业发展后劲,助力2020年度邮政业发展项目储备工作。通知明确了"两进一出"重点工程、产业协同工程、末端升级工程、科技创新工程、信息协同工程、绿色发展工程等六个项目储备重点方向,并划分了重点建设项目、重点前期项目和重点储备项目三大类型。通知要求各寄递企业认真研究和梳理国家和地方产业政策和投资导向,做好项目的谋划、论证和储备。抓紧编制项目方案,完善土地证明、资金证明、项目立项备案证明等支持性文件的前期手续。

天津开展新春慰问快递基层员工活动

1月12日，天津市邮政管理局局长王东、团市委书记王峰一行来到天津信得速递有限公司，为快递小哥送去新春慰问品和团组织联系服务卡，并向全市快递青年员工致以新春的美好祝福。团市委副书记于中鹏，市快递协会秘书长李慧良，部分市青联委员、市青企协会长参加上述活动。

天津及时部署新冠肺炎疫情防控工作

1月22日至23日，天津市邮政管理局紧急下发《天津市邮政管理局关于全力做好新型冠状病毒感染的肺炎疫情防控工作的紧急通知》《天津市邮政管理局关于进一步做好疫情防控工作的通知》《关于切实做好春节期间安全值班应急响应工作的通知》，要求各单位各部门要高度重视、迅速传达、全面部署，高效落实邮政企业疫情防控工作。要求各企业成立领导小组，邮政、快递企业禁止收寄野生活禽和各类野生动物，并积极部署卫生健康、医疗保健及口罩优先寄递。同时，做好企业人员卫生防护工作，投递、揽收等环节一线工作人员要提高疫情防范意识，佩戴好口罩等个人防护装备。同时启动应急通信，对于企业负责人、管理层、所有快递员三个层面播发应急通知，强化24小时应急值守，建立信息报送制度。接到关于行业内出现确诊病例或疑似病例等任何突发情况，第一时间按值班规定流程进行报告。

天津邮政企业奔赴抗击肺炎一线

按照中国邮政集团有限公司统一部署，天津发往武汉一干邮路必须使用自有车辆。1月26日（正月初二）上午10:30，共产党员常嘉巍、市内队长孙广辉驾驶头一班武汉邮路车从天津出发。

孙文魁副市长批示肯定市邮政业疫情防控工作

2月1日，天津市副市长孙文魁在市邮政管理局呈报的《关于全力做好邮政业疫情防控及物资运输保障的情况报告》上作出批示，肯定天津市邮政管理系统和邮政业从业企业所做工作，对下一步工作提出要求。报告从坚决贯彻上级指示要求、体现邮政管理部门担当作为和坚决保障物资运输通道畅通、彰显邮政行业社会责任两个方面作了汇报。批示指出，针对寄递行业流动性大、人与人接触频繁的特点，要再部署、再落实、再细化，在保障物资供应畅通的同时，严格落实各项防护措施，严防死守，坚决打好疫情通道传播阻击战。

孙文魁副市长到天津局指导工作

2月2日，天津市副市长孙文魁来到市邮政管理局机关，指导市邮政业疫情防控和物资运输保障工作。孙文魁亲切看望全局在岗工作人员，代表市委书记李鸿忠、市长张国清向全市邮政管理系统干部、邮政快递企业一线员工表示慰问，对疫情发生以来邮政管理部门和邮政行业所做工作给予充分肯定，并详细了解春节期间寄递企业服务民生和保障防疫物资运输等情况。

天津市出台“惠企21条”邮政快递业获利好

2月7日，天津市政府办公厅出台《天津市打赢新型冠状病毒感染肺炎疫情防控阻击战进一步促进经济社会持续健康发展的若干措施》，突出解决应对疫情防控、稳定企业用工、减税降费提效、金融服务支持等四方面问题，支持受疫情影响较大的企业渡过难关。用降低失业保险缴费费率和返还部分失业保险费等方式，引导企业不裁员或少裁员；推动企业更加便利地办理税款和社会保险费缴纳；重点推动企业享受到更好的金融服务等。

李鸿忠书记亲切慰问一线快递小哥

2月18日，天津市委书记李鸿忠来到南开区居华里小区检查基层疫情防控工作，并“入队”与社区工作者一道参加值班值勤。值勤中，李鸿忠看到有许多居民来到小区门外快递车前取件，于是专门走到快递小哥王鹏身边,向他询问了解每天配送情况。李鸿忠嘱咐道,快递配送减少了居民外出时间,不仅方便了居民生活,也降低了人员流动和聚集的风险。你们工作很辛苦,日常接触的人员较多,一定要精心做好个人防护。

天津推动国际邮件互换局扩容建设工作

2月19日,天津市邮政管理局联合市发展改革委、市交通运输委等部门,前往天津邮区中心局、天津航空口岸大通关基地开展专项调研,研究推动天津国际邮件互换局加快扩容建设工作。调研组一行充分肯定了天津国际邮件互换局扩容工作的整体进展。各部门表示将进一步深化细化有关工作,研究利用多方资源,出台行之有效的政策措施支持项目建设落地,有效提升我市国际寄递服务能力,下好邮政业复工复产后提质增效的“先手棋”。

天津局三举措加强宣传野生动物管理若干规定

2月24日,天津市政府公布《天津市加强野生动物管理若干规定》,自公布之日起施行。规定明确邮政管理部门负责对提供寄递服务的企业加强寄递安全管理,督促企业严禁寄递珍贵、濒危野生动物及其制品或者无专用标识、无相关合法来源证明的陆生野生动物及其制品等职责。

三部门联合要求做好疫情防控期间全市政务服务邮件寄递保障工作

2月26日,天津市邮政管理局联合市政务服务办、市邮政分公司印发《关于做好疫情防控期间全市政务服务邮件寄递保障工作的通知》。通知从四方面作出明确规定:一是全面开展寄递业务;二是切实规范相关操作;三是深入开展宣传引导;四是认真做好安全防护。同时,邮政工作人员可事先与收件人协商,通过定点、预约及智能快件箱等模式进行投递,尽量避免人员直接接触,有效降低交叉感染风险。

张国清市长检查物流快递行业疫情防控和复工复业情况

3月7日,天津市委副书记、市长张国清到物流企业检查服务业疫情防控和复工复业情况。张国清在检查中强调,服务业涉及千家万户,行业门类众多。相关部门和各区政府在指导督促服务企业落实各项防疫措施时,要针对不同服务行业的特点精准防控、精准施策、精准服务,有力有序推进服务业复工复业。要落实好21条惠企政策,对承租国有资产类经营用房的中小企业减免房租,对租用其他经营用房的,鼓励倡导双方从长计议、共克时艰。要持续优化营商环境,为物流企业加大在津布局、发展壮大提供支持,推动传统物流业向产业链增值环节延伸发展。

天津局积极搭建线上招聘平台助力复工复产

3月,天津市邮政管理局深入调研企业复工复产有关情况和遇到的困难,联合北方人力资源管理顾问有限公司搭建线上招聘平台,免费发布相关招聘信息,全力支持天津市快递企业复工复产。

天津市出台“27条措施”邮政快递业获利好

3月15日,天津市政府办公厅印发《天津市支持中小微企业和个体工商户克服疫情影响保持健康发展若干措施》,从减轻中小微企业和个体工商户税负、阶段性减免和缓缴社会保险费、降低要素成本缓解用能成本压力、优化服务保障实施包容审慎监管等方面制定“真金白银”措施27条,支持中小微企业和个体工商户克服疫情影响“轻装上阵”,帮助企业提升渡过难关的信心和能力。

天津局部署推进“两进一出”工程

4月,天津市邮政管理局印发《“两进一出”工程实施方案》,部署推进“快递进村、进厂、出海”工程。“快递进村”方面,方案明确,2020年底前要实现天津市建制村“村村通快递”,2021年底前实现建制村“村村有网点”。“快递进厂”方面,方案提出，要加强与市工业和信息化局等相关部门合作，推动落实国家邮政局、工业和信息化部《关于促进快递业与制造业深度融合发展的意见》，出台我市快递业与制造业深度融合发展工作实施方案；要建立项目储备库，以“一企一档”方式，动态跟踪、及时掌握各企业在建设入厂物流、“仓储+配送”一体化、“订单末端”配送、“区域性供应链”服务、“嵌入式电子商务”项目等方面情况；积极推动地方政府出台快递服务制造业相关政策文件。“快递出海”方面，方案提出，要进一步推进天津国际邮件互换局扩容工作，助力天津北方国际航运中心建设，进一步发挥我市海港空港辐射东亚的区位优势，增强海港空港口岸跨境电商服务能力；支持经营国际快递业务的企业与境外仓储园区、分拨中心等合作组建国际分拨网；与市发展改革委等相关部门建立工作机制，加快研究“快递出海”顶层设计，完善邮政快递两大“出海”通道保障措施等。

天津局深化推进邮快合作

4月，天津市邮政管理局会同市邮政分公司制定了《关于推进邮政快递合作工作的实施方案》。方案强调，全市邮政和快递企业要以此为契机，结合全市村镇社区化形势和高等院校分布特点，积极推动将邮快合作范围拓展到全市社区、农村和高等院校。方案要求，邮政管理部门要加强对邮快合作的工作指导，及时掌握合作进展情况，对合作中出现的问题及时予以协调解决。市快递协会负责推动邮政企业与快递企业在合作中逐步建立权责统一、便捷高效的服务规范、操作机制、技术标准，及时掌握全市邮快合作每月进展情况。市邮政分公司要推动各区邮政分公司加强与快递企业对接，推进邮快合作有序开展，实现邮快合作持续深入、便民利商、多方共赢。

天津市邮政快递业发展实现逆势增长

新冠肺炎疫情发生以来，天津市邮政管理局认真贯彻党中央、国务院决策部署，深化国家邮政局和市委、市政府工作要求，统筹推进疫情防控和经济社会发展“双战双赢”。天津市邮政管理局成立疫情防控领导小组，动态加强行业疫情防控工作，督促各寄递企业落实人员测温、口罩佩戴、防疫物资储备、车辆场所通风及邮件快件消杀等防控举措横向到边，强化网点管控纵向到底，确保从业人员身体健康和生命安全。在此基础上，天津市邮政管理局积极统筹推动各寄递企业在人力资源配置、网络运营开通、基础末端投递等方面工作，实现邮政快递业早复工、早复产、早达产，有效发挥邮政快递业在经济社会“大动脉”“微循环”里的“先行官”作用。天津市邮政快递业扭转2020年前两个月负增长的局面，从3月起实现逆势增长。

天津举行“邮快合作”签约仪式

5月20日，中国邮政集团有限公司天津市分公司与顺丰、中通、圆通等11家快递企业举行了战略合作协议签约仪式，开启了“邮政+快递”多方合作共赢新篇章。双方本着资源共享、优势互补、互惠互赢的原则，在农村、社区、高校等快递市场积极开展代收代投、传媒服务、配送服务、渠道共享、电子商务等领域的深层次合作。按照协议，市邮政分公司和各快递企业将以邮政普遍服务网络为基础，以快递服务资源为平台，将快递服务延伸到乡镇、社区和建制村；快递企业可利用市邮政分公司现有的农村及高校服务平台（乡镇及大学校园的普邮营业场所、邮乐购站点、村级邮政服务站点）办理快件收投业务等。本次合作最大程度实现寄递资源共享，积极推动当地邮政快递企业转型升级，有效解决“快递下乡”及“最后100米”投递问题，带动电子商务和快递电商协同发展，全面提升邮政快递业服务质量和水平。

天津局推动职业教育与企业用人有效衔接

5月27日，在国家邮政局职业技能鉴定指导中心和天津市邮政管理局大力推动下，百世物流科技（中国）有限公司与天津交通职业学院举行校企产教融合战略合作协议签约仪式。签约仪式上，市邮政管理局授予天津交通职业学院“天津市邮政行业人才培养基地”称号。根据合作协议，百世集团与天津交通职业学院将共同推进并争取于今年年底前完成百世物流科技产业学院和物流专业群“双师型”教师培训培养基地建设，进一步完善专业设置，加强师资队伍建设，创新人才培养模式，不断提升教育教学能力和人才培养支撑能力。此外，百世还将在海外分公司及物流枢纽中心建立留学生海外实习就业基地，为天津交通职业学院留学生提供实习岗位，并优先录用至正式岗位。

两部门共建寄递渠道应急联动工作机制

5月，天津市邮政管理局与市应急管理局签订《应急联动工作机制框架协议书》，共同建立天津市寄递渠道应急联动工作机制。协议提出，双方构建常态化的应急联动机制，共同推动加强信息共享、组织应急会商、强化应急响应、开展应急演练、组织应急培训、加强联合监管、推进基层共建、深化科普宣传等八方面重点工作，不断提高寄递渠道应急管理的能力和水平。

天津局积极推进快递业与航空货运融合发展

6月9日，天津市邮政管理局组织市主要快递企业与天津货运航空有限公司召开专题业务交流会。会上，各快递企业负责人就快递业与航空物流业融合发展深入交流，并达成共识。结合双方发展方向，将根据市场需求，搭建通达全球主要航点的航线网络，覆盖国内、东南亚及欧美主要货运枢纽的全球网络。根据快递业需求及天货航现有机型，探索合并开通云贵川等西南地区国内专线，满足行业发展所需。

五部门规范野生动物及其制品寄递服务行为

6月16日，天津市邮政管理局会同市公安局、市规划资源局、市农业农村委和天津海关印发《关于严厉打击非法寄递野生动物及其制品行为的通告》，进一步规范全市野生动物及其制品寄递服务行为。通告要求全市寄递企业严格落实主体责任，认真贯彻落实《中华人民共和国野生动物保护法》《全国人民代表大会常务委员会关于全面禁止非法野生动物交易、革除滥食野生动物陋习、切实保障人民群众生命健康安全的决定》《天津市人民代表大会常务委员会关于禁止食用野生动物的决定》以及《天津市加强野生动物管理若干规定》等相关法律法规要求，持续强化寄递安全“三项制度”的落实，严禁非法寄递野生动物及其制品，不得为相关违法行为提供交易、消费的条件、场所或者寄递服务。

第四届世界智能大会智能交通峰会在津举办

6月24日，第四届世界智能大会智能交通峰会在天津举办。峰会聚焦海陆空铁全交通生态体系，以“互联网+”和信息化为支撑，促进交通智能化发展，就城市智能交融与交通管理、道路交通安全管理与交通出行深入探讨，共享智能交通建设经验。本届世界智能大会设置云开幕式暨主题峰会、云平行论坛、云智能科技展、云赛事等一系列线上活动。在天津市邮政管理局的积极协调下，中国邮政、顺丰、中通、韵达、京东物流和菜鸟网络等6家企业在大会云展馆设置展位，展示“智慧邮政”发展成果。

天津国际邮件互换局进驻空港大通关基地

7月9日，天津市举行国际邮件互换局进驻空港大通关基地签约仪式。天津港保税区管委会、天津航空物流发展有限公司和天津海关分别与中国邮政速递物流天津市分公司签订建设天津空港国际邮件互换局合作协议、大通关基地一期厂房租赁基地和服务支撑协议。天津市副市长孙文魁出席签约仪式。作为天津落实京津冀协同发展战略、加快推进“一基地三区”建设部署实施的重要航空枢纽工程，天津空港大通关基地是承接北京货运功能疏解、建设中国国际航空物流中心的重要载体之一，被列为天津市重点项目。一期工程于5月顺利竣工，包含跨境电商产业园、联检服务中心、国际货运站三部分，跨境电商产业园即将投入使用。

促进快递业与制造业深度融合发展实施方案发布

7月14日，天津市邮政管理局联合市工业和信息化局印发《天津市促进快递业与制造业深度融合发展实施方案》。实施方案强调，到2025年，行业产业融合范围持续拓展，快递服务深度融入汽车、消费品、电子信息、生物医药等制造领域，形成覆盖相关制造业采购、生产、销售和售后等环节的供应链服务能力。

天津顺丰与滨海职业学院签约

7月22日，天津顺丰速递有限公司与天津滨海职业学院举行校企深度合作签约仪式。根据合作协议，天津顺丰速递有限公司与天津滨海职业学院将共建天津滨海顺丰产业学院和顺丰大学天津滨海分院，进一步深化产教融合，加强师资队伍建设，创新人才培养模式，持续推动校企协同育人向深层次发展。此外，顺丰集团还将在滨海职业学院建立实训基地，开发标准化课程体系，实现行业人才培养与职业院校人才培养的互联互通。

快递业代表参加市新兴领域青年代表人士座谈会

7月23日，共青团天津市委、市青联召开天津市新兴领域青年代表人士座谈会，来自快递小哥、社会组织、新媒体从业人员、网络主播等新兴领域各行各业青年代表参加座谈。团市委副书记、市青联主席王凤出席座谈会并讲话。天津顺丰快递员朱仕江代表一线青年快递小哥在会上分享了自己的工作体悟。

2020年天津快递业互助活动启动

7月26日，2020年“关爱小蜜蜂·全市在行动”快递业互助活动在天津市静海区正式启动。

印发《关于深入推进电子商务与快递物流协同发展工作的通知》

7月28日，天津市邮政管理局联合市商务局印发《关于深入推进电子商务与快递物流协同发展工作的通知》。通知要求，各级邮政和商务管理部门要做好五个“联合推进”：联合推进规划引领，着力解决电商配送“最后一公里”问题；联合推进规范运营，便利电子商务配送通行；联合推动精准脱贫和乡村振兴战略，促进农村电商发展；联合推动融合发展，深化多领域合作应用；联合推动科技创新，深化技术应用与信息协同。

天津邮政快递业包装绿色治理地方立法取得实质性突破

7月29日，天津市十七届人大常委会第二十一次会议表决通过了《天津市生活垃圾管理条例》，自2020年12月1日起施行。邮政快递业生态环保、包装绿色治理有关内容纳入条例，实现地方立法实质性突破。条例赋予了邮政管理部门在生活垃圾管理方面职责，明确了邮政、快递企业在本市开展经营活动应当优先采用可重复使用、易回收利用的包装物，优化物品包装，减少包装物的使用，并采取措施积极回收利用包装物；规定了快递企业应当按照国家有关规定向邮政管理部门报告塑料袋等一次性塑料制品的使用、回收情况等义务和责任。鼓励和引导消费者使用绿色包装和减量包装。

四部门联合印发农村保鲜仓储设施用电价格文件

8月3日，天津市发展改革委、市农业农村委、市商务局、市邮政管理局联合印发《关于农村保鲜仓储设施用电价格有关问题的通知》，天津市邮政快递业获政策利好。通知明确，根据国家和天津市规定，对邮政快递企业、家庭农场、农民合作社、供销合作社、产业化龙头企业、农产品流通企业在农村建设的保鲜仓储设施用电实行农业生产用电价格。邮政快递企业以依法颁发的经营许可、分支机构名录和备案回执等为依据，进行政策执行资格认定。此项政策自2020年1月2日起执行。

两部门发文加强快递从业人员职业技能提升工作

8月4日，天津市邮政管理局联合市人力资源和社会保障局印发《关于加强快递从业人员职业技能培训工作的通知》，组织开展全市快递从业人员职业技能提升行动。通知立足天津邮政快递业发展实际，明确细化培训内容、培训对象、培训方式以及相关要求，要求相关单位认真按照天津市职业技能培训政策文件以及通知有关规定，开展职业技能培训及补贴申报工作，并按要求向邮政管理部门报送年度培训情况总结和培训计划。

多项邮政快递业支持政策纳入天津市物流业发展专项项目管理办法

8月，天津市发展改革委联合市财政局印发《天津市物流业发展专项项目管理办法（暂行）》。多项邮政快递业支持政策纳入其中。办法重点支持“两进一出”等邮政快递业发展项目，包括提供公共服务的区域配送中心、城乡配送中心，末端配送点、物流快递公共取送点、农村物流服务点及城市共同配送等物流设施的项目，电子商务仓储配送基地、与跨境电子商务相关的快递转运中心等物流设施建设，特别是服务天津市北方国际航运核心区和国际航空物流中心发展的项目，与制造业企业紧密配套、有效衔接的仓储配送设施等项目，应急仓储、中转、配送设施建设，建立和完善应急物流信息系统等应急物流工程项目，各类保鲜、冷藏、冷冻、预冷等冷链物流基础设施建设及国家物流枢纽内的公铁联运、铁水联运、陆空联运等多式联运设施建设的项目。

邮（快）件塑料包装治理纳入全市塑料污染治理方案

8月31日，经天津市人民政府同意，市生态环境局、市发展改革委联合制定印发《天津市进一步加强塑料污染治理工作实施方案》，邮件快件塑料包装治理纳入其中。方案提出，到2022年，全市一次性塑料制品消费量明显减少，在电商、快递、外卖等新兴领域，形成一批可复制、可推广的塑料减量和绿色供应链模式。到2025年，全市范围邮政快递网点禁止使用不可降解的包装袋、塑料胶带、一次性塑料编织袋等。

天津两家快递企业首次进驻“金街”展销会

9月8日，为期3天的出口产品转内销活动在天津最繁华的商业中心“金街”拉开帷幕。为完善展会功能，便利顾客购物，天津市邮政管理局积极与市商务局协调，首次引进顺丰、京东两家快递企业进驻现场服务，助力传统展销活动功能升级，便利线下线上消费模式无缝衔接。此次顺丰、京东快递通过现场进驻服务，进一步深化了“快递服务+外贸展销”的模式。市邮政管理局将继续支持和引导快递企业与其他产业合作，进一步推进产业融合，推动行业高质量发展。

天津快递“村村有网点”比例达72%

截至9月18日，天津全市3009个建制村中，已有2166个建制村设置快递网点。在已实现全市“村村通快递”的基础上，“村村有网点”比例已达72%，助力乡村振兴、服务制造业成效明显。圆通、中通等快递企业助力静海区罗阁庄销售鸭梨达5万斤，为当地农民创收近9万元；中通、百世等快递企业服务武清区王庆坨自行车产生的快件达135.5万件、服务崔黄口地毯产生的快件达1013.3万件。

德邦快递华北地区首家“商场店”在津开业运营

9月28日，德邦快递华北地区首家“商场店”

在河东区爱琴海商业广场购物中心开业。爱此次德邦快递“商场店”在津落地，将进一步完善快递末端网络布局，提升快递业与实体商业融合度，增强区域经济活力。德邦快递天津“商场店”的投入使用，开启了快递+商圈新模式，为商贸企业提供店面调货、线下购物送货到家、线上下单直接发货等门到门服务，加快商铺间货物调拨，便捷消费者购物体验，为天津商贸流通、民生消费提供了全新服务。

天津市邮政快递业2名个人1个集体获抗疫表彰

10月24日，交通运输部下发《关于表彰全国交通运输系统抗击新冠肺炎疫情先进个人和先进集体的决定》，天津市邮政快递业1个集体和2名个人在疫情防控工作中表现优异、成绩突出，受到表彰。天津京邦达供应链科技有限公司王贺月、天津市邮政管理局市场监管处吴广磊等2名同志被授予先进个人称号，顺丰速运（天津）有限公司营运部荣获先进集体称号。

天津局联合团市委慰问快递企业及一线“快递小哥”

11月10日，天津市邮政管理局联合团市委开展“双11”寄递业务旺季慰问一线“快递小哥”活动。慰问组一行亲切看望一线快递员工，对他们旺季期间的辛勤付出和劳动表示感谢，并为他们送去包括方便面、火腿肠及口罩在内的旺季“大礼包”。希望他们在劳动中体现价值、展现风采，服务好亿万商家和人民群众，用实际行动践行党和国家赋予邮政快递人的光荣使命，在平凡岗位上做出不凡业绩。

《天津市促进快递业发展条例》立法项目通过评审

11月12日，天津市邮政管理局组织召开《天津市促进快递业发展条例》立法项目专家评审会，邀请天津市司法、人大、发展改革、公安交管以及快递协会等了解快递业情、立法经验丰富的相关人士作为评审专家，《条例立法调研报告》和《条例（草稿）》等立法调研成果顺利通过专家评审。

2020年度市邮政行业职业技能竞赛成功举办

11月29日，2020年度天津市邮政行业职业技能竞赛在天津交通职业学院成功举办。本次竞赛由市邮政管理局、团市委主办，市快递协会、天津交通职业学院承办。比赛当天，共有来自邮政速递、顺丰、百世、圆通、中通、申通、韵达、德邦、京东、极兔等10家快递企业和天津交通职业学院的44名选手参赛。经过激烈比拼，来自邮政速递的尹贵昌、申通的崔树君荣获职工组一等奖，申通的陈雪、德邦的郭武钊、邮政速递的付子琪、中通的张凯兴荣获职工组二等奖，极兔的陈楠、顺丰的赵荣和耿洪斌、中通的许昕浩、京东的龙国宝、德邦的邱志朝荣获职工组三等奖。

天津市快递专用电动三轮车通行有了法律保障

12月1日，天津市十七届人大常委会第二十四次会议表决通过了《天津市道路交通安全若干规定》，自2021年1月1日起施行。若干规定对快递专用电动三轮车通行作出新规定，明确相关部门和快递企业职责。此举在天津市地方立法上实现了新突破，快递专用电动三轮车通行有了法律保障。

天津市邮政快递业1集体5人获评市模范集体和劳动模范

12月23日，天津市召开劳动模范和模范集体表彰大会。会议宣读了《中共天津市委 天津市人民政府关于表彰2020年天津市劳动模范和模范集体的决定》，授予793名同志天津市劳动模范称号，授予100个集体天津市模范集体称号。市邮政快递业1集体5人受到表彰。中国邮政集团公司天津市武清区开发区速递营业部获评天津市模范集体,中国邮政集团公司天津市红桥区邮政分公司职工陈德楠、河北区邮政分公司职工马慧、和平区邮政分公司揽投员刘婷、天津市畅递中通快递服务有限公司快递员赵玉彬、天津市天地申通物流有限公司快递员宁忠义获评天津市劳动模范。

河北省快递发展大事记

河北强化快递与民航产业互补共赢发展

1 月,河北省邮政管理局与省机场管理集团联合制定了《关于支持建设航空快件绿色通道的意见》,进一步强化了快递与民航产业优势互补、合作共赢、联合发展,确保《河北省人民政府关于促进快递业发展的实施意见》等政策的落地实施。

河北全力促进全省跨境寄递服务高质量发展

1 月,河北省邮政管理局联合省商务厅、石家庄海关印发了《关于促进跨境电子商务寄递服务高质量发展的实施意见(暂行)》,进一步改进用户体验,降低物流成本,维护公平竞争,形成线上线下协同发展新格局,助推河北对外贸易增长和产业转型升级,促进全省跨境寄递服务高质量发展。

多部门联合全力推进邮政业服务乡村振兴

1 月,河北省邮政管理局联合省发展改革委、省财政厅、省农业农村厅、省商务厅、省文化和旅游厅、省供销合作总社等部门印发《关于推进邮政业服务乡村振兴的实施意见》,到 2022 年底,实现全省邮政快递服务乡乡有局所(网点)、快递网点行政村全覆盖,建制村电商寄递配送全覆盖。意见明确,要深度融入现代农业体系和乡村产业发展,县域邮政业供给能力和供给质量显著提高,涉农寄递物流产品丰富,培育一批服务现代农业示范项目,打造一批农产品上行、电商扶贫等领域具有示范性的综合服务网点,有效促进农民持续增收和巩固脱贫成果。县域邮政业绿色发展成效明显,寄递渠道安全畅通。邮政业在农业农村发展和社会治理中发挥重要作用,形成服务乡村振兴的制度框架和措施体系。

许勤省长高度肯定邮政管理工作

1 月,河北省省长许勤致信国家邮政局局长马军胜,高度肯定全省邮政管理工作和行业发展成绩,并表示支持邮政行业创新发展、绿色发展、高质量发展。许勤表示,2020 年河北省将深入推进局省战略合作协议和《雄安新区邮政业发展规划》的落地实施,积极履行邮政领域地方财政事权和支出责任,进一步优化营商环境,推动全省邮政业创新发展、绿色发展、高质量发展;支持邮政行业加强治理体系、治理能力现代化建设,努力构建高质量的民生服务体系、高标准的现代市场体系、高效能的国际寄递体系、高精准的风险防控体系、高水平的绿色发展体系;支持邮政管理部门建设与全面小康社会相适应的现代邮政业,为全面建设经济强省、美丽河北作出新的贡献。

许勤省长致信马军胜局长表示大力支持邮政业发展

春节前夕,河北省省长许勤致信国家邮政局局长马军胜,对国家邮政局多年来给予河北工作的指导帮助表示感谢,对国家邮政局推进行业发展长期保持高速增长态势,快递业务量连续 6 年稳居世界第一等所取得的丰硕成果表示祝贺,表示下一步将大力支持邮政业发展。许勤强调,2020 年,河北省将深入推进局省战略合作协议和《雄安新区邮政业发展规划》的落地实施,积极履行邮政领域地方财政事权和支出责任,进一步优化营商环境,推动全省邮政业创新发展、绿色发展、高质量发展，支持邮政行业加强治理体系、治理能力现代化建设，构建民生服务、现代市场、国际寄递、风险防控、绿色发展五大体系，支持邮政管理部门建设与全面小康社会相适应的现代邮政业，为全面建设经济强省、美丽河北作出新的贡献。

河北局为西藏阿里地区协调运送防疫物资

2月，阿里地区作为河北省援藏对口地区，随着新型冠状病毒肺炎疫情不断扩散，出现防疫物资短缺现象。为此，河北省委书记、省人大常委会主任王东峰亲自主持召开了专题会议，抽调物资全力支持阿里防疫工作，并将物资运送这一任务交给河北省邮政管理局协调解决。河北省邮政管理局在接到这一任务后，局党组高度重视，立即召集邮政企业研究物资运送方案，要求企业增强大局意识和责任担当，全力做好防疫物资运输服务。河北省邮政公司立即行动，积极落实，迅速安排运力并加强企业间协调工作。

河北确保邮政快递车辆优先便捷通行

2月，河北省邮政管理局联合省交通运输厅和省邮政分公司印发了《关于确保邮政快递车辆优先便捷通行　服务保障民生的紧急通知》，明确对执行应急物资运输任务的邮政、快递车辆落实“不停车、不检查、不收费”政策，保障车辆优先便捷通行。通知要求，各单位要切实提高认识，依法科学有序实施疫情防控措施，保障邮政、快递服务正常开展，保障民生通道顺畅。各地交通运输部门要将邮政（含邮政外协车辆）、快递车辆纳入疫情防控及运输应急、生活和重要生产物资的车辆管理，严格按照《交通运输部关于切实保障疫情防控应急物资运输车辆顺畅通行的紧急通知》要求，对执行应急物资运输任务的邮政、快递车辆落实“三不一优先”政策。特别是对承担邮政普遍服务、特殊服务及防疫物资绿色通道运输的邮政车辆，按规定保障通行。各高速公路、国省干线公路、农村公路不得非法禁止或限制邮政、快递车辆正常通行（包括始发或途经重点疫情地的邮政、快递运输车辆），不得随意扣押邮件、快件、车辆及驾押人员。

许勤省长调研河北邮政业并慰问快递小哥

2月13日，河北省省长许勤在邢台市调研检查企业复工复产、疫情防控及经济运行情况，其间专程到邢台顺丰北关街营业部调研检查。他强调，要坚决贯彻落实好习近平总书记关于疫情防控一系列重要指示精神，进一步做好疫情防控和复工复产工作。在邢台顺丰北关街营业部，许勤向企业负责人详细了解了企业业务发展、复工率、疫情防控等有关情况，对顺丰快递在服务生产生活、保障疫情防控物资寄递等方面所做工作给予充分肯定，并表达了对全体快递员工的问候，感谢快递小哥这段时间所做的工作。

河北推出政策措施重点支持企业疫情防控和复产

2月，河北省人民政府办公厅印发《关于打好新型冠状病毒感染的肺炎疫情防控阻击战促进经济社会平稳健康发展的若干措施》的通知，河北省财政厅、省税务局、石家庄海关联合印发《河北省财政厅　河北省税务局关于落实支持企业应对疫情共克时艰十条税收措施的通知》，支持企业加强疫情防控，降低运营成本，尽快复工复产，邮政快递企业获利好。

四部门联合支持解决快递车辆进社区难问题

2月，河北省商务厅、省发展和改革委员会、省交通运输厅、省公安厅联合印发了《关于切实落实生活必需品保障供应和商贸流通企业复业营业相关措施的通知》，支持各类商贸流通企业复工复业，明确提出各社区不得禁止快递人员和车辆进入，保障全省邮政业的正常运作。通知要求，坚决禁止在县、乡、村道路上私自封路、堵路、断路。承担疫情应对各类重要物资的运输车辆，可按规定办理《新型冠状病毒感染的肺炎疫情防控物资及人员运输车辆通行证》，对持证车辆不停车、不检查、不收费和优先便捷通行，对持有商务部门开具的民生保供证明的运输车辆实施快速核验、快速放行。通知提出，为电商、快递企业为城乡居民服务创造便利条件，在采取必要疫情防控措施前提下，允许快递人员和车辆进入社区、村庄为居民、智能货柜、便利店送货，不得禁行禁入，解决了部分地区快递车辆进社区难的问题。

葛海蛟副省长批示肯定省邮政快递业复工复产工作

3月，河北省邮政管理局向省政府呈报了《关于全省邮政快递业复工复产及下一步工作安排情况的报告》，主管副省长葛海蛟对河北省邮政管理局工作作出重要批示。葛海蛟批示："省邮政管理局按照全国和我省工作部署，主动作为，积极推动行业复工复产，取得了明显成效，同意省邮政管理局下一步工作安排。"

两部门联合发文加快电子商务和快递物流协同发展

3月，经河北省省长许勤、副省长夏延军审阅并同意，河北省邮政管理局联合省商务厅向各市政府、雄安新区管委会下发了《河北省加快发展电子商务和快递物流促进在线消费的实施意见》，统筹推进疫情防控和行业改革发展工作。实施意见从五大方面提出促进行业发展的保障措施。一是全力推进企业复工保供。二是提升龙头企业引领能力。三是全面整合快递物流资源。四是努力提升末端服务能力。五是给予企业资金支持。

河北省政府印发文件明确支持邮政快递业发展

3月，河北省政府办公厅印发《关于应对新冠肺炎疫情影响加快服务业发展的工作方案》，明确提出支持邮政快递业发展的具体举措。方案明确提出，"解决邮件快件进社区、农村投递难问题，实现快递投送和终端收货点、分拨中心正常运行"；"抓好'双11''双12'活动，支持电子商务、邮政快递等企业做好接单、仓储、快递等工作，与生产加工企业和供货单位全面对接，确保高峰期投递快捷顺畅"；"大力发展网络消费，全年电子商务网络零售额达到4500亿元"；"深入推动国家和省级先进制造业与现代服务业深度融合，加快国家绿色货运配送示范工程建设"；"加快现代物流等领域重大项目及各类平台建设，推动供应链管理龙头企业进一步优化流程、整合资源"。

《河北省邮政条例》（修订）列入省政府2020年立法工作计划

3月，经河北省委、省政府同意，省政府办公厅印发了《河北省人民政府2020年立法工作计划》。《河北省邮政条例》（修订）列为地方性法规二类项目。

省委省政府狠抓"三农"领域工作明确支持邮政快递业发展

3月，河北省委办公厅、省政府办公厅联合印发了《贯彻落实省委、省政府〈关于抓好"三农"领域重点工作确保如期实现全面小康的实施意见〉分工方案》，明确提出了支持邮政快递企业在"三农"领域发展的具体措施。方案提出，支持邮政快递企业延伸乡村物流服务网络，加快构建农产品上行、工业品下行、线上线下互动共融的新格局。邮政快递企业在农村建设的保鲜仓储设施用电实行农业生产用电价格。启动农产品仓储保鲜冷链物流设施建设工程，支持建设一批骨干冷链物流基地，加快建设环京津1小时鲜活农产品物流圈。

省领导连续作出批示为邮政快递业发展助力赋能

3月，河北省省长许勤、副省长夏延军分别对河北省邮政管理局与省商务厅联合印发的《河北省加快发展电子商务和快递物流促进在线消费的实施意见》作出批示。许勤批示："省商务厅会同省邮政局抓好督查落实，确保实效，每月报数据。"

夏延军批示："两部门按省长批示报数据，形成月报制度。"许勤和夏延军高度重视意见的制定和出台，在意见制定过程中，许勤和夏延军就曾多次作出批示，亲自指导意见的起草和修改。许勤批示："要补充当前需要的更有针对性措施，同时要形成省市县商务系统联系负责的工作体系和工作机制，真正能为促消费作出实质性贡献，要有具体回补消费的目标。"夏延军亲自组织研究并批示同意河北省邮政管理局和河北省商务厅两部门联合印发。

《河北省加快发展电子商务和快递物流促进在线消费的实施意见》发布

3月12日，河北省邮政管理局联合省商务厅向各市政府印发了《河北省加快发展电子商务和快递物流促进在线消费的实施意见》，提出21条工作措施，其中共涉及河北省快递业4项指标、9项措施任务和"5+1"项利好政策和发展商机，主要包括"保障快递车辆通行和便利入区、保障快递企业防疫物资、争取快递龙头企业重要节点项目落户河北、争取中央财政资金1亿元以上新建5~10个物流配送中心、优先给予防疫保供和促进消费突出贡献快递物流企业资金奖励"利好政策，以及"培育电商重点企业30家、年内淘宝村争取达到380个、搭建网上商城比例达85%、建设进口商品营销店30个、组织电商企业参加'双品网购节'、推出'幸福河北欢乐购'和城市经济网络消费板块、联合阿里巴巴开展'村播计划'、建设10家跨境商品线下体验店、组织各类展会60场次等"多项与快递服务衔接紧密的市场发展商机，为河北省快递业发展"大开方便之门"，优先给予快递企业要素供给和财政资金补贴，支持企业"轻装上阵"，为克服疫情影响促进在线消费发挥更大作用。

省政府实施扩大消费十大专项行动

3月，河北省政府印发了《河北省2020年扩大消费十大专项行动实施方案》，快递下乡进村获政策利好。方案提出，实施农村消费振兴行动，促进农村消费升级。改造提升农村流通基础设施，促进形成以乡(镇)为中心的农村流通服务网络。支持电商和物流企业向乡镇农村延伸，挖掘农村电商消费潜力，全省农村网络零售额达到970亿元。深入推进城乡高效配送体系建设，培育100家示范企业、200家重点物流配送中心(园区)，畅通农产品进城和工业品下行渠道，丰富城乡市场供给。

河北局70项措施全面贯彻落实邮政业更贴近民生七件实事

3月27日，河北省邮政管理局党组印发了《2020年河北邮政业更贴近民生七件实事责任分工方案》，把落实更贴近民生实事作为"一把手"工程，明确了民生实事的主要目标任务，制定了70项具体措施推进民生实事落实落地，并将民生实事完成情况纳入年度监管效能考核和领导班子绩效考核内容。

《关于推进贸易高质量发展的若干措施》出台

3月23日，河北省委、省政府印发了《关于推进贸易高质量发展的若干措施》，邮政快递业获利好。措施提出，要推进全国现代商贸物流重要基地建设，加快快递产业重点项目建设。加快打造陆海空港型、产业基地型和商贸服务型物流枢纽，着力提升重点物流园区聚集辐射功能。高标准做好全省物流业发展规划。实施物流模式创新工程，大力发展智慧物流、绿色物流。要促进贸易新业态发展，推进石家庄市、唐山市跨境电商综合试验区建设，推广"龙头企业+跨境电商+海外仓"发展模式。完善白沟箱包市场采购贸易方式试点管理体制和政策措施，主动服务雄安新区对外开放，承接北京非首都功能疏解，对接大兴国际机场临空经济区发展，提升白沟国际贸易水平。

河北局开展"三创四建"活动

3月31日，河北省邮政管理局党组印发了《河北省邮政管理局2020年"三创四建"活动工作方案》,部署全省邮政快递业开展2020年“三创四建”活动,“三创四建”活动的主要内容是:推进科技创新;促进全员创业;服务全民创城;构建高标准邮政业市场体系,在全面推进现代化经济体系建设中发挥基础性作用;构建高质量邮政业发展体系,在推进城乡融合高质量发展体系中发挥保障性作用;构建高效能邮政业服务体系,在深入推进一流营商环境体系建设中发挥服务性作用;构建高水平邮政业监管体系,在推进现代化社会治理体系建设中发挥专业性作用。

河北局开展打击违规寄递野生动物及其制品专项整治行动

根据国家局和省委省政府关于加强野生动物保护有关工作安排,4月,河北省邮政管理局制定印发了《河北省打击违规寄递野生动物及其制品专项整治行动方案》,在全省范围内部署开展打击违规寄递野生动物及其制品专项整治行动。

河北21部门合力助推快递下乡进村

4月,河北省邮政管理局与省发展改革委、交通运输厅、财政厅等21部门联合印发了《关于推动返乡入乡创业高质量发展的实施意见》,推动返乡入乡创业,助力快递下乡进村。意见提出,实施配套设施服务提升工程,加快农村物流基础设施建设,推进物流服务点共建共享,加大乡村运输服务站新建改造力度,推动构建遍布农村、连接城乡的农村交通基础设施和运输服务网络。完善农村邮政服务设施,建设“村邮站+快递超市+简易金融”村级综合服务站,推动实施“快递进村”工程。推进电子商务进农村综合示范县项目,畅通“工业品下乡,农产品进城”双向流通渠道,健全农村流通网络体系。意见明确,设立返乡入乡创业资金,为符合条件的返乡入乡创业人员和企业给予一次性创业补贴。优先保障创业用地,安排一定比例的新增建设用地指标专项用于返乡入乡创业人员从事新产业新业态发展用地。

承德快递市场管理条例纳入立法计划审议项目

4月,承德市十四届人大常委会第二十二次会议审议通过了《承德市人大常委会2020年度立法计划》,《承德市快递市场管理条例》作为审议项目被纳入其中。

河北邮政业量收增幅取得3个全国第一

4月,河北省邮政管理局发布的数据显示,2019年,该省完成邮政业业务总量557.4亿元,增幅46.6%;邮政业业务收入322.7亿元,增幅30.7%;完成快递业务收入242.4亿元,增幅34.1%。3项指标增幅均位列全国第一。

多部门联合创新推进快递末端基础设施建设

4月,河北省邮政管理局联合省财政厅、省商务厅、省住房和城乡建设厅印发了《关于建设快递末端基础设施为疫情防控提供高质量寄递服务的通知》,着力推动邮政快递企业与物业服务企业融合发展,创新业态形式,扩大服务范围,提升服务质量,最大限度满足人民群众的合理消费需求。

河北省推进消费扶贫明确支持快递进村

4月10日,河北省发展和改革委员会印发《河北省消费扶贫助力决战决胜脱贫攻坚2020年行动要点》,明确要进一步打通贫困地区产品流通和销售“瓶颈”,快递进村获政策利好。行动要点明确提出,认真落实支持贫困地区加强农产品仓储保险冷链物流设施建设的政策措施,加快补齐农产品冷链物流的“短板”。鼓励供销合作社、邮政快递和大型电商企业、商贸流通企业、农产品批发企业等,在贫困地区布局建设一批农产品批发市场、冷链仓储物流设施、农产品集配中心等,增强仓储、分拣、包装、初加工、运输、寄递等综合服务能力,降低农产品损耗和流通成本。严格落实鲜活农产品运输“绿色通道”政策。启动“快递进村”工程,打通农村寄递物流网络。继续加大对贫困地区网络基础设施建设和公共服务平台建设支持力度,大力发展农村电子商务,加快培育邮政寄递与农产品电商协同项目,搭建“网上交易、网下配送”的产销对接平台。

雄安新区邮政快递业发展获明确支持

4月15日,河北省交通运输厅与河北雄安新区管理委员会联合印发《河北雄安新区交通强国建设试点工作责任分工》,明确支持推进雄安新区邮政快递业高质量发展。责任分工提出,打造高品质物流配送示范工程。推动人工智能在城市配送领域的应用,推广应用新能源车辆,创新便利化通行政策,积极探索共同配送、集中配送等运营模式。打造需求响应式末端配送服务平台,建设立体化智能物流配送网络,实现物流的立体化配送,提供高品质、低成本的点对点快递物流服务。建设物流共配分拨中心、配送中心,打造高品质物流配送示范。责任分工还明确,邮政管理部门要配合编制《河北雄安新区综合立体交通网规划纲要》。

马军胜局长批示肯定河北局创新末端基础设施建设

4月29日,国家邮政局局长马军胜对河北省邮政管理局呈报的《关于创新快递末端基础设施建设促进行业高质量发展的报告》作出批示,对河北省邮政管理局联合省财政厅、商务厅、住建厅印发的《关于建设快递末端基础设施为疫情防控提供高质量寄递服务的通知》给予充分肯定,指出“这是总结疫情防控后地方出台的第一个末端递送的制度性文件。可请河北局先行试验,在工作中不断完善。市场司及时跟踪指导”。

省领导批示推动邮政快递业高质量发展

5月1日,河北省省长许勤、副省长夏延军分别对河北省邮政管理局呈报的《河北省邮政管理局关于马军胜局长对冀电商〔2020〕1号文件批示情况的报告》作出批示。许勤批示:“感谢马军胜局长和国家邮政局对我省的大力支持,省邮政局和省直相关部门要认真落实马军胜局长的批示要求,继续推动邮政业、快递业高质量发展,为全年经济目标实现作出新贡献。”夏延军批示:“感谢国家局的支持,邮政快递业发展迅速,工作应予肯定。”

河北以“快电合作”助力“快递进村”

为持续推进“快递进村”工程,进一步打通农产品“上行”和工业品“下行”双向流通渠道,全面服务乡村振兴、助力精准脱贫,河北省邮政管理局联合河北电信公司,以2019年底双方签署的战略合作协议为抓手,大力推进邮政快递企业和电信企业在农村共建共享快电合作标杆店和示范店,协同推动寄递业务与电信业务深度融合。截至2020年5月,全省累计投资800万元,建设农村快电综合服务平台1275家。

河北一名快递小哥荣获“全国优秀共青团员”称号

5月,共青团中央印发了《共青团中央关于表彰“全国优秀共青团员”“全国优秀共青团干部”“全国五四红旗团委(团支部)的决定”》,河北顺丰速运有限公司华夏营业部负责人谷聪荣获“全国优秀共青团员”称号,该称号被视为团中央授予基层团员的最高荣誉。

河北省出台文件促进服务业新业态发展

5月,河北省现代服务业发展领导小组办公室印发《河北省服务业新业态新模式项目谋划建设指南》,涵盖智慧物流、电子商务、智慧城市等10大领域,针对智慧物流领域分别从业主条件、建设基础、发展方向、项目内容、经济社会效益等5个方面予以建设指导,为邮政领域发展新业态新模式提供了有力的政策支撑。

河北省推进快递业绿色发展工作领导小组成立

5月,河北省邮政管理局联合省发展改革委、省生态环境厅、省商务厅等10部门成立了河北省推进快递业绿色发展工作领导小组。由河北省邮政管理局任组长单位,省生态环境厅和省发展改革委任副组长单位。

河北省出台文件全面落实支持服务各类企业复工复产政策

5月,河北省委办公厅、河北省政府办公厅联合印发《关于全面落实支持服务各类企业复工复产政策的实施意见》,全力推动支持服务企业复工复产政策措施落地落实,邮政快递业获利好。文件指出,要健全创新创业机制。大力发展“互联网+创新创业”新模式,支持电子商务、物流快递、云招商、云办公、云诊疗等新业态、新模式,实行审慎包容监管。发挥“双创”带动就业作用,为农民工、大学生、退役军人、妇女等创业就业提供开办企业、技术咨询、业务辅导等更多便利支持。文件汇总了中央和省出台的支持服务企业复工复产的政策清单,包含减免税费、金融信贷、物流运输等9大类202个政策文件,并梳理了各政策文件的核心内容,其中多项政策文件惠及邮政快递业。成立了分别由常务副省长和各分管副省长任组长的物流运输服务组、创新创业服务组等6个政策落实服务组,切实保障各类利好政策的落地落实。

河北省出台文件深入实施乡村振兴战略

5月28日,河北省委办公厅、省政府办公厅联合印发了《加快推进农业结构调整促进农业高质量发展实施方案》,深入实施乡村振兴战略,快递下乡进村获政策利好。文件明确提出,健全流通体系,建立线上线下销售主渠道,构建全省农产品产销骨干网络。围绕京津规划建设一批大中型产地和销地农产品批发市场及农产品仓储保鲜、冷链物流设施,重点建设张家口新合作农产品物流园、承德农产品物流园等项目。扩建河北新发地物流园等项目,形成跨区域、专业化的农产品批发、配送网络。拓展电商渠道,扩大上线销售河北名特优农副产品品种和规模,加大营销力度,打造河北品牌农产品集群效应。依托供销社系统农产品线上线下龙头企业,整合全省农产品批发市场、仓储、冷链物流等各类经营资源,实现融合发展。推动党政机关、企事业单位及部队等团体性消费群体在平台购买农产品,推进农产品经营规模化、标准化、品牌化。

河北省邮政业发展“十四五”规划被列入省级专项规划目录清单

6月,河北省政府办公厅下发了《关于印发河北省“十四五”省级专项规划编制目录清单的通知》,将河北省邮政业发展“十四五”规划列入省级专项规划编制目录清单,邮政业发展获利好。

河北一名快递从业者当选“2019年感动交通十大年度人物”

6月19日,由交通运输部、中华全国总工会联合举办的“2019感动交通十大年度人物”视频报告会,选出“十大特别致敬人物”和“十大感动人物”,河北涿州申通快递负责人王惠贤入围“十大感动人物”,成为全国邮政快递业唯一一个获此殊荣的候选人。

河北出台智慧物流专项行动计划

6月,河北省现代物流业发展领导小组办公室印发《河北省智慧物流专项行动计划(2020—2022年)》,邮政快递业获重大利好。文件提出,到2022年,全省初步建成以智慧物流为特征的现代化综合物流体系,基于新一代信息技术和人工智能技术的物流运作新模式、新业态成为产业发展新动能,智慧物流发展取得明显成效,社会物流总费用与地区生产总值的比率比2020年降低1到2个百分点。并明确了八大行动和24项任务。

河北一名邮政快递从业人员获“全国青年岗位能手”荣誉称号

7月,共青团中央、人力资源社会保障部联合印发《关于命名表彰第20届全国青年岗位能手的决定》，授予50名同志“全国青年岗位能手标兵”称号，授予760名同志“全国青年岗位能手”称号。中国邮政集团公司河北省分公司服务质量部张明晰获“全国青年岗位能手”荣誉称号。

河北邮政业6人获“河北省技术能手”荣誉称号

7月，河北省人力资源和社会保障厅印发《关于授予2019年河北省职业技能大赛优胜选手“河北省技术能手”称号的决定》。其中，在2019年河北省邮政行业职业技能竞赛中取得快递员和快件处理员职业前三名的郭旭、刘亭亭等6名同志获“河北省技术能手”荣誉称号。

邮政业绿色网点和分拨中心建设试点工作启动

7月，河北省邮政管理局启动邮政业绿色网点和分拨中心建设试点工作，全面深入贯彻习近平生态文明思想，落实新发展理念，切实加强快递包装绿色治理工作，全面推进行业绿色发展。河北省邮政管理局明确，试点工作自2020年7月至2021年6月，为期1年。试点范围包括石家庄、保定、廊坊、邯郸、张家口等5个市邮政管理局及辖区内相关企业。每个试点市局至少建设1个绿色分拨中心、3个绿色网点。

河北邮政业5人获省“青年岗位能手”荣誉称号

7月，共青团河北省委、河北省人力资源和社会保障厅联合印发《关于认定2018－2019年度河北省青年岗位能手的通报》，授予400名同志为“河北省青年岗位能手”称号。崔艺全、李雷等5名邮政快递从业人员获“河北省青年岗位能手”荣誉称号。

促进快递业与制造业深度融合发展的实施意见出台

7月，河北省邮政管理局联合工信厅印发《关于促进快递业与制造业深度融合发展的实施意见》，全力推进“快递进厂”工程，促进河北快递业与制造业上下游产业深度融合发展，推动制造业提质增效和快递业转型升级。意见提出，河北快递服务制造业要围绕外包采购、生产、销售、售后等4大环节，依托快递企业覆盖全国、联通国际的寄递网络，结合实际，通过与制造业企业牵动中长期合同、成立合资公司、共享土地厂房仓储资源等方式，逐步实现由快递企业提供单纯的寄递服务向提供数据分析咨询等综合服务转变。在采购方面提供制造原料采购量次、库存与运输成本之间的平衡管理，实现采购精细化管理；在生产方面提供成品的标准化包装服务和质量、成本的动态跟踪服务，实现生产科学化管理；在销售方面提供销售数据、消费行为的画像服务，实现销售智能化管理；在售后方面承接库存管理、维修中心和呼叫中心等功能，提供服务信息追溯系统，实现售后规范化管理。

河北省制定快递进村方案共同推动试点工作

8月，河北省邮政管理局联合省商务厅、省供销合作社、省农业农村厅、省交通运输厅印发了《关于印发〈河北省电商快递协同进村惠农三年行动计划实施方案〉的通知》，围绕农业供给侧结构性改革，综合施策，推动畅通工业品下乡和农产品进城双向流通渠道，全力做好“快递进村”全国试点工作，服务全省脱贫攻坚和乡村振兴战略。方案提出，到2022年底前基本实现全省县乡村快递物流体系健全、城乡流通渠道畅通，农村地区快递业务收投量增幅超过35%，农村网络零售额超过1100亿元。2020－2022年每年培育快递服务现代农业项目不少于11个，累计培育快递服务现代农业金牌项目不少于5个。

河北局举办邮快合作下乡进村签约仪式

8月10日，河北省邮政管理局举办全省邮快合作下乡进村签约仪式，为邮政、快递企业搭建合作平台，从省级层面加快推进邮快合作。签约仪式上，宣读了河北省邮政管理局、省快递行业协会和省邮政分公司联合印发的《关于推进全省邮快合作下乡进村的通知》,解读了《邮快合作下乡进村推进方案》,秦皇岛青龙县作为试点县做了典型发言。中国邮政集团有限公司河北省分公司分别与河北顺丰、京东、圆通等 14 家省级快递企业分别签署了《邮政快递合作下乡进村框架协议》。

“快电合作”下乡进村签约仪式举行

8 月 10 日,河北省邮政管理局与河北电信举行“快电合作”下乡进村签约仪式,省、市两级邮政管理部门与电信公司签订了《“快电合作”备忘录》,省级主要品牌快递企业与河北电信签订了《业务合作框架协议》。签约仪式聚焦“快电合作”,本着政府引导、市场运作、社会参与、创新机制、开放共享、合作共赢的原则,通过引导快递与电信在农村地区共建网点、共享资源,形成一种高效可行、惠企惠农的“快递进村”模式,助力“快递进村”重大工程建设目标的圆满实现。

葛海蛟副省长对邮政行业工作作批示

8 月 12 日,河北省副省长葛海蛟在河北省邮政管理局呈报的《贯彻落实全国邮政管理半年工作会议情况的报告》上作出批示,要求抓实抓细行业常态化疫情防控,统筹推进各项重点工作,确保高质量完成全年目标任务。

河北局党组深入推进“快递小哥”关爱工作

8 月 12 日,河北省邮政管理局党组印发《深入推进全省“快递小哥”关爱工作若干措施》的通知,对进一步深入推进习近平总书记对邮政业重要指示批示精神贯彻落实,提出具体措施。一要强化政治自觉,健全责任体系。二要压实企业责任,完善组织体系。三要联合相关部门,搭建政策体系。四要细化工作举措,创新活动载体。五要突出行业特点,丰富活动内容。六要强化宣传引导,营造良好氛围。

推动邮政快递服务县域特色产业取得成效

8 月 24 日,邢台市邮政管理局与威县人民政府关于推动邮政快递服务县域特色产业合作签约仪式在威县举行。邢台市邮政管理局局长和威县政府县长分别在《邮政快递服务县域特色产业合作备忘录》上签字,此次合作备忘录签订的主要目的是贯彻落实习近平总书记对邮政快递业重要指示批示精神,落实国家邮政局、河北省邮政管理局重点工作部署和邢台市委九届八次全会精神,发挥市级邮政管理部门和地方人民政府各自优势和作用,加快推动威县特色产业与邮政快递业协同发展、合作共赢,进一步服务乡村振兴,助力全民增收。

全省电商快递协同进村“百日会战”电视电话会召开

8 月 28 日,河北省邮政管理局联合省商务厅、交通运输厅、农业农村厅、供销合作总社等 4 部门召开了河北省电商快递协同进村“百日会战”电视电话推进会,进一步明确工作任务,强化具体措施,推动形成省市两级联动、部门协同共建的良好局面,确保“快递进村”全国试点工作年度任务目标完成。会议就进一步全面推进全省电商快递协同进村工作,提出重点做好八个方面工作。

中国(雄安新区)跨境电子商务综合实验区建设实施方案出台

8 月,河北出台了《中国(雄安新区)跨境电子商务综合实验区建设实施方案》,提出经过 3~5 年改革探索,建成以“跨境贸易+数字经济+产城融合”为基本特征的国内一流的跨境电子商务综合试验区,实现跨境电子商务信息流、资金流、货物流“三流合一”和“关、税、汇、商、物、融”一体化发展。到 2035 年,建成具有全球影响力和竞争力的跨境电子商务领先区域,线上线下充分互动、贸易产业深度融合、资源配置合理有效、国内国际相互促进的发展格局全面形成。

夏延军副省长充分肯定省邮政管理工作成效

9 月,河北省政府召开省建设全国现代商贸物流重要基地领导小组专题调度会议，副省长夏延军出席会议并充分肯定邮政管理工作。夏延军指出河北邮政快递业作为国民经济的重要组成部分，作为河北物流服务业骨干行业之一，对全省经济社会发展作出重大贡献。夏延军强调，在资金支持保障方面，省商务、发改、财政等部门要对邮政快递服务全国现代商贸物流重要基地重点项目优先安排、重点扶持。在建设用地方面，由省发改委牵头拿出切实可行措施，保障重大项目建设用地充足。

第七届中国国际物流发展大会在唐山举办

9月13日至15日，中国快递协会会长高宏峰和省邮政管理局局长訾小春、副局长金达旺共同出席在唐山举办的第七届中国国际物流发展大会，证签唐山邮政综合电商物流园区项目等24个重点物流项目，推进邮政快递业提速竞进、高质量发展。本届大会以“携手共克时艰·互鉴创新发展”为主题，采取“线上与线下相结合”方式进行，相关国家部委领导、部分国家驻华使馆商务参赞和国内外物流界翘楚精英近500人参加现场会议，全球近80个国家和地区的200多位专家学者、行业领军代表通过线上方式参加会议。

河北快递从业人员职业技能培训方案发布

9月，河北省邮政管理局联合省人社厅印发了《2020－2021年河北省快递从业人员职业技能培训方案》。通过开展职业技能培训，加快培养河北省快递从业人员职业综合素质能力，提升职业技能和服务技能，扩大就业创业范围，保持就业稳定、缓解就业结构性矛盾。

河北行业安全管理机制建设取得新突破

9月，河北省邮政管理局联合省委政法委、省公安厅、省国家安全厅等部门印发了《河北省寄递渠道实行社会治安综合治理网格化管理的实施意见》，将河北省寄递渠道纳入社会治安综合治理网格化管理体系，河北省寄递渠道安全管理机制建设取得新突破。

河北局联合多部门推进智能快件箱建设

10月，河北省邮政管理局创新举措，联合省发改委、住建厅、教育厅3部门印发了《关于加快推进智能快件箱（信包箱）建设的通知》，进一步推动全省邮政快递业高质量发展，打造智能化服务模式，形成布局合理、科学高效的智能末端服务体系，培育壮大新兴业态，推进寄递末端服务向智能化升级转型。通知明确，到2025年智能快件箱（信包箱）投递成为城乡寄递末端服务主要组成形式，箱投率达到15%，全省建设布局合理，科学高效的智能服务体系，寄递服务末端基本完成智能化转型升级，基本实现邮政普遍服务与快递服务一体化、智能化。

河北聚焦快递园区建设

10月8日，河北省省长许勤调研圆通北方总部基地，充分肯定了流通体系在国民经济中的基础性作用，再次强调河北建设全国现代商贸物流重要基地是京津冀协同发展的功能定位之一，希望企业抢抓机遇加快项目建设，更多应用流通新技术新业态新模式，提高单位面积产出效益，打造高效物流企业，为加快构建以国内大循环为主体，国内国际双循环相互促进的新发展格局作出贡献。

河北局全力推进“两进一出”工程

10月，河北省邮政管理局制定了《河北省省级快递服务金银铜牌项目和邮政“一市一品”精品项目申报标准（试行）》，全力推进“两进一出”工程，打造一批快递服务现代农业、先进制造业和电子商务精品项目，健全完善邮政快递服务体系，深化“寄递+”服务优势，构建资源整合、市场共享、产业协同的寄递服务生态链，推动邮政快递业与一二三产业深度融合。

河北邮政快递业4项主要发展指标增幅全国第一

10月,河北省邮政管理局发布的邮政行业运行数据显示,1—9月份,全省完成邮政行业业务总量558.8亿元,居全国第8位,增幅48.5%;业务收入完成293.8亿元,超过河南跃居全国第7位,增幅30.1%。其中,完成快递业务量24亿件,超过北京、上海、福建跃居全国第5位,增幅55.3%;完成快递业务收入227.8亿元,超过福建跃居全国第7位,增幅36.8%。邮政行业业务总量、业务收入,快递业务量、业务收入等4项邮政行业主要指标增幅首次同时跃居全国首位。

夏延军副省长调研河北邮政快递业重点项目

10月28日,河北省副省长夏延军一行在石家庄调研邮政快递业重点项目建设及运营情况,协调解决企业遇到的困难和问题。夏延军对邮政快递业在疫情影响下能保持高位增长给予充分肯定,对行业干部职工呈现出的良好精神面貌进行点赞,对疫情防控期间较好保障民生必需品流通供应,为落实"六稳""六保"作出积极贡献给予高度肯定。夏延军要求,要提高政治站位,切实围绕建设全国现代商贸物流重要基地的功能定位,强化政策支持和要素保障,优化营商环境,不断壮大市场主体。要强化资源整合,推动邮政、快递、电商、供销深度合作,促进产业融合、高质量发展,为人民群众消费提供更加便捷的服务。要加大安全监管力度,严格落实实名收寄、过机安检等规章制度,确保寄递渠道安全运行。要完善基础设施,进一步健全网络,大力发展智慧物流和绿色物流,提升商贸物流发展现代化,为扩内需促消费提供有力支撑。

河北省印发意见加快培育壮大服务业新业态模式

11月,河北现代服务业发展领导小组印发《关于加快培育壮大服务业新业态新模式促进全省经济高质量发展的意见》,提出围绕培育完善现代服务业发展生态系统,加大新业态新模式项目谋划力度,积极打造承载和引领产业发展的共享平台,促进业态跨界融合。邮政业发展获利好。

494名邮政快递业从业青年获评2020年新时代"冀青之星"

11月,河北省中长期青年发展规划联席会议办公室印发了《关于公布"投身三创四建　勇当时代先锋"新时代"冀青之星"优秀青年典型入选人员名单的通报》,来自全省邮政快递行业的于494名从业青年入选,并荣获2020年新时代"冀青之星"荣誉称号。

河北省20部门联合印发实施方案推动邮政业高质量发展

11月,河北省交通运输厅、省发改委、省邮政管理局等20部门联合印发《河北省认真落实习近平总书记重要指示推动邮政快递业高质量发展工作实施方案》,要求各部门把学习贯彻习近平总书记关于邮政快递业的重要批示指示作为一项重大政治任务,以最坚决的态度、最有力的行动、最有效的成果,切实推动习近平总书记重要指示精神落到实处,推进全省邮政快递业高质量发展。实施方案从推进行业改革、激发创新活力、调整优化结构、提高服务质效、推动行业绿色发展、加强快递队伍建设等6个方面提出了18项重点任务,并对各项重点任务明确了责任单位。

河北省印发建设全国现代商贸物流重要基地实施方案

11月,河北省建设全国现代商贸物流重要基地工作领导小组印发了《河北省建设全国现代商贸物流重要基地实施方案(2020－2022年)》,明确了19个邮政快递物流项目,并提出到2022年,全省商贸物流产业规模稳步扩大,一批重要物流枢纽、园区和商贸中心建成投运,综合立体货运通道更加畅达，商贸物流集约化智能化水平明显提高，京津冀协同通话发展日益深化，内外贸双循环新动能加速形成，骨干龙头企业核心竞争力和品牌影响力进一步增强，商贸物流运行效率稳步提升。

丁绣峰副省长批示肯定河北局“双11”旺季服务保障工作

11月，河北省副省长丁绣峰对河北省邮政管理局呈报的《河北省邮政管理局关于2020年“双11”快递业务旺季服务保障工作情况的报告》给予肯定，并要求认真贯彻落实省委省政府和国家邮政局决策部署，持续推进快递业与河北特色产业融合发展，为建设经济强省、美丽河北作出更大贡献。

河北局与铁塔河北省分公司签订战略合作协议

12月4日，河北省邮政管理局与中国铁塔河北省分公司签订《战略合作框架协议》，共同促进邮政快递业绿色安全高质量发展。协议坚持以习近平新时代中国特色社会主义思想为指导，贯彻落实创新、协调、绿色、开放、共享发展理念，以政府为牵引，以市场为导向，深化交流与合作，共同加强行业基础能力建设，切实适应新技术新模式新业态，强化信息平台体系建设，整合科技资源，推动科技创新，促进创新成果应用，有效提升邮政快递业和通信基础设施建设整体水平和核心竞争力。协议提出，采取高层会商机制和联合工作组机制合作方式，从全面加强务实合作、基础资源共享、能源保障服务、智慧物流信息化服务、应急保障队伍共建等五个方面加强双方合作。

河北省出台文件以新业态新模式引领新型消费

12月，河北省政府办公厅印发了《关于以新业态新模式引领新型消费加快发展的实施意见》，提出到2025年，培育形成一批新型消费示范城市和领先企业，实物商品网上零售额占社会消费品零售总额比重显著提高，“互联网+服务”等消费新业态新模式得到普及并趋于成熟。实施意见明确，一是推动线上线下消费有机融合；二是鼓励物流企业依托海外仓和河北品牌产品境外展示中心，建设智能化仓储物流基地；三是加快新型消费基础设施和服务保障能力建设，完善商贸流通基础设施。邮政快递业发展获政策支持。

山西省快递发展大事记

山西局联合团省委开展“快递从业青年服务月”活动

1月，山西省邮政管理局联合共青团山西省委联合印发《关于开展2020年“快递从业青年服务月”活动的通知》，在全省范围内启动“快递从业青年服务月”主题活动。

山西局印发全省邮政业疫情防控期间营业网点操作规范

1月，山西省邮政管理局印发了全省邮政业疫情防控期间营业网点操作规范。要求各企业省级公司结合本企业实际细化实化相关措施，加强对本企业基层营业网点的督促、管理；要求各基层营业网点按照地方卫生健康等部门要求，加强学习规范内容，切实做好疫情防控期间营业网点的寄递服务工作，保障企业员工和人民群众的生命安全和身体健康。

山西局编制《山西邮政和快递从业人员疫情防控指南》

1月，山西省邮政管理局编制《山西邮政和快递从业人员疫情防控指南》，并借助新媒体转换成动画版形式，指导全省邮政、快递从业人员便捷掌握防控知识，为全省邮政业打赢疫情防控阻击战提供保障。防控指南结合行业实际，把国家邮政局和省委、省政府对疫情防控的重点通过简单明了、通俗易懂的方式呈现给大家。此外，防控指南选用恰当的背景音乐增加阅读的迫切感，全省各级邮政、快递从业人员纷纷通过微信朋友圈、公众号等方式互相转发扩散，将防控指南进行广泛宣传，实现了当晚宣传到每个从业人员的效果，浏览量和转发量达二万多人次。

保障疫情期间邮政、快递寄递“绿色通道”畅通

2月9日，针对近期部分地区出现限制和阻止邮政、快递车辆通行导致寄递服务受阻的问题，山西省邮政管理局联合省交通运输厅印发《关于确保邮政、快递寄递“绿色通道”畅通保障抗击疫情物资运输的紧急通知》，确保疫情期间邮政、快递车辆畅通出行。

山西局印发2020年山西邮政业更贴近民生七件实事

2月19日，山西省邮政管理局印发《2020年山西省邮政业更贴近民生七件实事》，着力解决社会和消费者关注的突出问题，更好满足人民群众日益增长的用邮需求。文件明确，全省邮政业更贴近民生七件实事要继续保持全省乡镇快递网点100%全覆盖目标，快递服务直投到村比例显著提升，2020年快递进村通达率达50%；要全面助力精准脱贫，推广“村邮站+快递超市+电商服务+便民服务”模式，大力培育“快递+”金牌项目，力争年底全省行业新增社会就业2000人以上；要推动邮政综合服务平台建设，全省对接政务服务大厅覆盖率稳步提升；要实施“放心消费工程”，规范提升乡镇邮政服务水平，狠抓“三项制度”落实，全力做好消费者个人寄递信息安全保护工作；要加快快递包装绿色治理，力争年底实现“瘦身胶带”封装比例达90%，电商快件不再二次包装率达70%，循环中转袋使用率达90%，全省邮政代办网点、城区范围内快递末端网点（含智能柜、驿站等新业态），实现标准包装废弃物回收装置全覆盖；要提高从业人员素质，落实“人人持证、技能社会”要求，实施快递从业人员职业技能培训工程，力争完成培训3000人次；要加强快递员（投递员）权益保护，强化全社会对快递员关心关爱。

省政府领导批示肯定省邮政业疫情防控工作成效

2月，山西省委常委、副省长胡玉亭，副省长吴伟对省邮政管理局提交的《关于邮政业新冠肺炎疫情防控工作的报告》作出批示肯定。胡玉亭批示“继续发挥优势，服务全省大局”，吴伟批示“感谢邮政管理局大力支持配合”。疫情发生以来，山西省邮政管理局积极发挥部门职能，协调国家邮政局、有关寄递企业，协助山西省在美国、德国、法国境外紧急采购多批疫情防护物资及时运转回国，并主动加强与省红十字会、卫生、防疫等部门的沟通协作，畅通防疫物资寄递渠道，多次协调邮政、快递企业开展物资运送工作，有力地保障了应急、捐赠物资寄递服务需求。

省防控办发文保障邮政业车辆通行和末端投递

2月20日，山西省邮政管理局协调山西省新冠肺炎疫情防控工作领导小组办公室发文《关于邮政快递企业复工保畅通的指导意见》，要求各市疫情防控领导小组和各成员单位，重点保障邮政快递车辆通行和末端投递服务顺畅便利，有力促进邮政业复工保畅通。文件强调，当前抗击新冠肺炎疫情进入关键时期，邮政快递企业作为防控环节中的重要运力组成部分，对城乡居民生活必需品保障、疫情防控物资运送、企业复工复产供应链物流保障等多环节提供了强有力的支持。

省政府发文促进服务业发展

3月2日，山西省政府印发《山西省有效应对疫情促进服务业稳定增长的若干措施》，加大政策支持力度，助力企业减轻负担、加快恢复生产，推动服务业高质量发展，全省邮政业获政策利好。文件明确，要强化运输服务保障。加快推进县、乡、村三级农村物流体系建设，打通城乡物流配送"最先一公里"和"最后一公里"，优先确保疫情防控和民生社会稳定。鼓励快递企业创新创业，发展网络货运新业态。大力发展农产品"生鲜电商+冷链宅配""中央厨房+食材冷链配送"等新模式，支持电商平台与物流配送企业通过线上销售，线下配送的形式，推广应用"无接触服务"。文件还针对服务业企业当前面临的困难，提出10条精准帮扶措施。

山西局开展快递末端网点专项治理行动

3月，山西省邮政管理局决定自5月起至10月在全省开展快递末端网点专项治理行动，集中解决快递末端网点在经营秩序、收寄安全和服务质量方面存在的问题。此次专项治理行动范围是全省各县(市、区)城区范围内快递企业及快递末端网点。重点治理内容是全省快递末端网点在运营过程中存在的未备案经营、未取得快递业务经营许可的第三方服务平台从事快递经营活动，擅自将快递业务委托给未取得经营快递资质的快递第三方服务平台企业经营，未按照规定使用符合要求的实名收寄信息系统，未及时收集、录入、报送实名收寄信息，未按址投递，严重损害用户权益等方面的问题。

省委组织部莅临山西局调研非公快递行业党建工作

3月27日，山西省委组织部相关部门莅临山西省邮政管理局调研非公快递行业党建工作并开展座谈。调研组对山西省邮政管理局坚持把严的标准和实的措施贯穿党建工作全过程，积极指导推动非公快递企业党组织建设取得的成绩予以充分肯定。调研组表示，下一步将积极学习借鉴外省先进经验，从顶层设计的角度对全省非公党组织建设进行积极探索，希望山西局继续推动指导行业非公党组织建设，把党的政治优势、组织优势和制度优势转化为企业的发展优势，实现"党建出生产力"。

山西局连续3年出台一号文件部署行业安全生产工作

3月，山西省邮政管理局印发《关于做好2020年全省邮政快递业安全生产工作的通知》，结合全省邮政快递业实际，就如何重点加强对邮件、快件实行安全检查，有效推动寄递渠道安全畅通，提升邮政快递业安全治理体系和治理能力现代化，提出具体指导意见。这是山西省邮政管理局连续3年以一号文件形式部署行业安全生产工作。

山西推动黄花产业做大做强

5月11日，习近平总书记在山西大同市坊城新村了解巩固脱贫攻坚成果工作情况时，点赞当地黄花产业，希望把黄花产业保护好、发展好，做成大产业，做成全国知名品牌，让黄花成为乡亲们的"致富花"。为落实总书记的要求，助力巩固脱贫攻坚成果，5月14日，山西省邮政管理局召开会议迅速安排部署，指导邮政快递企业抢抓发展机遇，延伸服务环节，积极对接农户、黄花生产基地和电商企业，全方位服务黄花等农副产品线上线下销售，助力品牌创建，推动"小黄花"走向全国各地、进入千家万户。

省政府办公厅发文加快发展流通促进商业消费

7月，山西省人民政府办公厅印发《关于加快发展流通促进商业消费的实施意见》，加大对邮政快递业发展支持力度，推动邮政、交通、电商、快递融合发展，提升行业服务质量，全省邮政快递业发展获利好政策。文件明确，要完善农村现代寄递物流网，支持县级邮政、快递企业扩建分拣中心；鼓励有条件的县建设快递专业物流园区；实施"快递下乡”“邮政在乡”换挡升级工程,提升网点服务能力;推动电商与寄递物流协同发展,建设农村电商物流配送中心;推动邮政、交通、电商、快递等物流基础设施资源整合,促进功能融合和协同联动,鼓励多站合一、一点多用、资源共享。

两部门联合推动快递业与制造业深度融合发展

7月,山西省邮政管理局与省工业和信息化厅联合印发《山西省促进快递业与制造业深度融合发展的意见》,旨在构建与制造业高质量发展相适应的快递物流服务体系,形成快递业与制造业深度融合的发展格局,为实现山西省经济高质量发展提供支撑保障。意见指出,到2025年快递业服务制造业范围持续拓展,深度融入汽车、消费品、电子信息、生物医药等制造领域,形成覆盖相关制造业采购、生产、销售和售后等环节的供应链服务能力,形成仓配一体化、入厂物流、国际供应链、海外协同等融合发展的成熟模式,培育出3个深度融合典型项目和1个深度融合发展先行区。

山西印发促进消费扩容提质加快形成强大国内市场的实施方案

8月,山西省发展改革委、省委宣传部、财政厅、交通运输厅、商务厅等23个部门联合印发《关于促进消费扩容提质加快形成强大国内市场的实施方案》,全省邮政快递业在推进城乡高效配送、推动消费物流基础设施建设等方面获政策利好。实施方案提出,从市场供给、消费升级、消费网络、消费生态、消费能力、消费环境等六个方面促进消费扩容提质,明确要构建城市物流中心、县域物流中心、乡镇配送站、城市社区及村级配送服务网点等城乡高效配送网络体系;充分发挥邮政系统、供销合作社系统现有农村网点布局优势,实施“邮政在乡”、升级“快递下乡”;完善农村物流基础设施网络,提高农村物流服务村级覆盖率,全面推进农村物流高质量发展;加快完善农村物流基础设施末端网络,打通农村物流配送“最后一公里”;建立城市配送车辆分类管理机制,对邮政寄递等涉及民生的配送车辆,给予优先通行便利。

山西局核发首张企业开办服务站快递业务经营许可证

8月24日,山西省邮政管理局向山西兔喜网络科技有限公司核发全省首张企业开办服务站快递业务经营许可证,标志着企业开办服务站经营快递业务依法纳入监管范围。

山西一邮政行业从业人员入选全国疫情防控最美志愿者

8月26日,中宣部、中央文明办召开推进学雷锋志愿服务工作电视电话会议,公布2019年度学雷锋志愿服务先进典型,山西太原市晋源区邮政分公司职工杨志珍入选全国疫情防控最美志愿者。

山西“流动快递车”打造“快递进村”新模式

9月,山西省邮政管理局在前期调研的基础上,指导帮助太原市加快推进“快递进村”试点工作,引导快递企业因地制宜采取“流动快递车”直投入村,探索出契合当地农村发展实际的“快递进村”新模式。

山西快递从业人员职业技能提升培训实施方案出台

9月,山西省邮政管理局与省人社厅、省财政厅联合印发《山西省快递从业人员职业技能提升培训实施方案》,明确快递从业人员职业技能培训方式和管理内容、政府补贴范围和申请流程。

山西局提前三个月实现“快递进村”年度覆盖率目标

截至2020年9月底,快递服务已通达山西省12772个建制村,覆盖率已达55.97%,提前三个月完成年度覆盖率目标。

山西《关于推进邮政快递业包装绿色治理的实施意见》出台

10月，山西省邮政管理局联合省生态环境厅出台《关于推进邮政快递业包装绿色治理的实施意见》，进一步推进全省邮政快递业包装绿色治理。意见要求，要按照各自职责、结合实际、细化措施、积极推进。推动绿色包装标准化、减量化、无害化、可循环化；构建包装生产企业、邮政快递企业、电商企业、消费者有效衔接的协同机制；积极推广绿色运输，推广生产作业节能减排；加强绿色文化培育建设，营造行业绿色发展良好氛围。

胡玉亭副省长调研山西省邮政快递业发展

12月9日，山西省委常委、常务副省长胡玉亭深入山西顺丰速运有限公司、太原邮政速递物流公司桃南营业部调研邮政快递业发展及末端服务情况，并在省邮政管理局组织召开座谈会，研究培育新业态、壮大现代物流业、推动生产性服务业发展。胡玉亭指出，今年以来，全省各级邮政管理部门在保障防疫物资运递、科学组织行业复工复产、寄递渠道安全监管等方面做了大量卓有成效的工作，为地方经济社会发展作出了积极贡献。当前，加快现代物流业发展、壮大生产性服务业，对融入双循环新发展格局、补齐服务业短板、促进我省经济增长具有重要作用。胡玉亭希望全省邮政管理部门立足实际，培育新业态新模式，服务平台经济，促进现代服务业发展。持续做好常态化疫情防控，不断提升安全保障能力和服务水平，更好满足人民群众高品质生活需求，推动我省高质量转型发展。

山西3个单位2名个人获评全国邮政行业先进集体、劳动模范称号

12月29日，全国邮政行业先进集体、劳动模范和先进工作者表彰工作电视电话会议举行。根据人力资源和社会保障部与国家邮政局决定，山西省太原市邮政管理局、运城市临猗邮政农产品集散中心、忻州市顺达商贸有限公司(百世快递)3家单位荣获全国邮政行业先进集体称号；太原邮区中心局驾驶员郭瑶麟、山西瑞吉中通物流有限公司负责人赵晓龙荣获全国邮政行业劳动模范称号。

内蒙古自治区快递发展大事记

内蒙古邮政快递企业五家自有平台入选首批自治区贫困地区产品展销平台

1月，由内蒙古自治区邮政管理局推荐的邮乐网、顺丰小当家、中通优选、百世优选、内蒙古近邻宝快递服务中心五家邮政快递企业自有电商平台和线下销售平台。

内蒙古邮政、快递运输车辆纳入防疫应急运输“绿色通道”

1月，内蒙古新型冠状病毒感染肺炎防控工作指挥部印发《关于做好疏堵保畅工作的紧急通知》，明确将邮政、快递车辆纳入防疫应急车辆运输绿色通道，要求各收费公路经营管理单位要切实保障民生物资，邮政、快递车辆，疫情防治应急物资，医患等人员运输车辆优先便捷通行。

内蒙古疫情防控期间“快递进小区”获支持

2月3日，经内蒙古自治区邮政管理局请示报告邮政业疫情防控问题后，内蒙古自治区新型冠状病毒感染肺炎防控工作指挥部向全区下发《关于规范快递进小区有关事宜的通知》，以切实保障邮政业服务好疫情防控工作，满足人民群众寄递物流需求。

内蒙古八部门联合举办"我为最美'逆行'者点赞"征文活动

2月，内蒙古自治区邮政管理局联合自治区党委宣传部、文明办、教育厅、团委、妇联、机关工委和内蒙古邮政分公司举办了以"我为最美'逆行'者点赞"为主题的全区中小学生书信征文大赛活动。本届书信大赛以"我为最美'逆行'者点赞"为活动主题。通过书信、作文(诗歌等)的形式，聚焦抗击疫情主战场，讲述广大医护工作者和基层干部群众中的先进群体和典型人物的感人事迹及崇高精神，凝聚人心，鼓舞士气，传递正能量，展现全国人民团结一心、同舟共济的精神风貌，凝聚众志成城抗击疫情的强大力量，为疫情防控工作鼓劲加油。

内蒙古出台推动邮政业高质量发展相关政策

2月，内蒙古自治区发展和改革委员会印发了《内蒙古自治区关于推动物流高质量发展促进形成强大国内市场的实施意见》，从推动邮政快递末端规划建设、实施"邮政在乡"工程、深化交邮合作等多个方面推动自治区邮政业高质量发展。意见要求，一是完善城乡消费物流体系；二是发挥物流对农牧业的支撑带动作用；三是推进多式联运发展。意见强调，一是推动国际物流发展；二是加快绿色物流发展；三是深化"放管服"改革。

内蒙古出台跨境电商物流支持政策

2月，内蒙古自治区商务厅、内蒙古自治区邮政管理局等24部门联合出台《关于推动中国(呼和浩特)跨境电子商务综合试验区发展的若干政策》，提出21条具体发展政策，进一步优化跨境电商发展环境。文件提出，要加强跨境电商企业物流发展，推动邮政国际互换局、邮政监管中心、呼和浩特国际邮件集散分拨中心、呼和浩特国际快递物流港和呼和浩特综合海外仓建设，完善物流体系，支持呼和浩特白塔航空口岸积极开通新的国际地区客、货运航线。对企业从口岸到呼和浩特市的跨境电商进口货物和从呼和浩特市发往口岸的跨境电商出口货物产生的内陆物流费用，呼和浩特市、内蒙古和林格尔新区给予一定资金支持。

内蒙古1号文件支持农村邮政快递业与电商协同发展

2月，内蒙古自治区党委、政府印发了《关于抓好"三农三牧"领域重点工作确保如期实现全面小康的实施意见》，将支持农村地区邮政快递业与电商协同发展纳入其中。实施意见在拓宽富民渠道，促进农牧民持续增收方面提出，实施"互联网+"农畜产品出村进城工程，建设一批旗县电商服务中心、物流配送中心和乡镇运输服务站，支持供销社、邮政快递企业延伸乡村物流网络，促进交通、商贸、供销、邮政、电商互联互通，推动农畜产品进城、工业品下乡双向流通。

内蒙古邮政、快递从业人员获赠20000份防护保险

3月4日，内蒙古快递协会联合中原农业保险内蒙古分公司免费向全区邮政、快递企业从业人员赠送20000份传染病防护保险。为给奋战在一线的快递小哥提供一份保障、一份关爱，内蒙古快递协会联合中原农业保险内蒙古分公司2020年3月4日至3月31日期间向全区邮政、快递从业人员免费赠送传染病防护保险20000份，每份保额为10万元，保险期限为90天。

内蒙古《快递公共服务站建设与服务规范》地方标准发布

3月，内蒙古自治区市场监督管理局发布《内蒙古自治区地方标准公告(2020年第2号)》，根据《中华人民共和国标准化法》有关规定，经自治区市场监督管理局审查，批准发布地方标准《快递公共服务站建设与服务规范》(DB15/T 1827—2020)，自2020年2月起开始实施。《快递公共服务站建设与服务规范》由内蒙古邮政管理局与自

治区质检院、呼和浩特市邮政管理局、区快递协会联合起草，是针对快递公共服务站建设与服务进行规范的地方标准。

内蒙古“邮政快递合作下乡进村”工作启动

4月10日，内蒙古自治区邮政管理局以视频会议形式组织召开了《邮政快递合作下乡进村战略框架协议》签订仪式。内蒙古邮政分公司分别与顺丰、圆通、申通、中通、百世、韵达、京东、苏宁、德邦、宅急送等10家主要品牌快递企业正式签署了战略框架协议，标志着自治区“邮快合作下乡进村”工作正式启动。

内蒙古智能信报（快件）箱建设纳入全区城镇老旧小区改造试点示范项目

5月6日，内蒙古自治区住房和城乡建设厅组织召开城镇老旧小区改造工作座谈会，就支持城镇老旧小区改造的政策、职责、资金、技术服务、资源等进行座谈。内蒙古自治区邮政管理局作为老旧小区改造成员单位参加了座谈，并就智能信报（快件）箱建设提出了意见和建议。至此，智能信报（快件）箱建设已纳入全区城镇老旧小区完善提升改造试点示范项目，并列入完善类。

内蒙古局进一步规范快递企业区域总部统一管理主体责任

5月，内蒙古自治区邮政管理局制定印发了《内蒙古自治区网络型快递企业区域总部管理规范（试行）》，就进一步强化企业主体责任特别是区域总部全区全网统一管理主体责任的落实进行明确规范。规范共六章二十条，依照《快递暂行条例》《邮政企业、快递企业安全生产主体责任落实规范》和相关法律法规规定，详细规定了区域总部在安全管理、运行稳定、服务质量等方面的统一管理主体责任和负责人具体职责，建立了区域总部责任落实报备制度和区域总部督导检查机制，并就区域总部及负责人违反安全主体责任、统一管理责任的相应法律责任和信用惩戒措施予以明确。

内蒙古对非公有制领域快递专业技术人员职称评审实施倾斜政策

5月，内蒙古自治区人力资源和社会保障厅印发《关于印发2020年全区职称改革工作安排意见的通知》，对非公有制领域专业技术人才职称实行倾斜政策，并明确了在内蒙古自治区邮政管理局设立自治区快递工程中级职称评审委员会。按照通知精神，2020年职称申报工作进一步打破户籍、身份、档案、所有制制约，从非公有制领域实际出发，加大对非公有制技术人才职称评审的倾斜力度：一是拓宽了非公有制领域职称申报渠道；二是打破资历条件限制，非公有制领域专业技术人才可不受职称逐级申报要求的限制，满足条件可直接申报相应专业职称；三是打破论文条件的限制；四是免除继续教育学时。

内蒙古三部门联合发文支持绿色配送

6月，内蒙古自治区交通运输厅、公安厅、邮政管理局联合印发《关于进一步加强和优化城市配送车辆便利通行管理工作的通知》。该文件进一步要求加强和优化城市配送车辆通行管理工作，重点推进城市绿色配送，助力运输结构调整，构建自治区政府主导、部门联动、社会参与的城市配送共管共治共享格局。

内蒙古局联动促进邮政快递业与制造业深度融合发展

7月，内蒙古自治区邮政管理局与自治区工业和信息化厅就快递业与制造业深度融合发展开展了专题研究，双方就目前融合发展情况进行了深入探讨并就下一步工作思路达成一致意见。决定联合印发《关于促进邮政快递业与制造业深度融合发展的实施意见》，旨在构建与制造业高质量发展相适应的快递物流服务体系，形成快递业与制造业深度融合的发展格局，为实现全区经济高质量发展提供重要支撑。

内蒙古两部门联合落实寄递渠道禁毒工作属地责任

7月，内蒙古自治区邮政管理局与自治区禁毒办联合印发《关于适应新形势进一步加强全区寄递渠道禁毒工作的通知》，要求各级邮政管理部门和禁毒部门联合健全"两个机制"，进一步推动地方政府组建旗县级寄递渠道安全管理领导小组，联合推动成立旗县（区、市）网格化企业自律组织。

6名快递员荣获"内蒙古自治区五一劳动奖章"等表彰

8月，内蒙古自治区邮政快递业6名同志分别获得自治区总工会、人力资源和社会保障厅、团委、妇女联合会表彰。自治区总工会授予2019年内蒙古邮政行业职业技能竞赛"快递员职业"一等奖获得者李晓望、"快件处理员职业"一等奖获得者姜浩两位同志"内蒙古自治区五一劳动奖章"。同时，自治区人力资源和社会保障厅授予荣获全国邮政行业职业技能竞赛内蒙古选拔赛一、二、三等奖获奖选手李晓望、姜浩、田佳兴、刘俊利（女）、邵旭、周爱明六位同志"全区技术能手"荣誉称号。自治区团委授予李晓望、姜浩、田佳兴、邵旭、周爱明五位同志"全区青年岗位能手"荣誉称号。自治区妇联授予刘俊利（女）同志"新时代北疆亮丽女性"荣誉称号。

内蒙古邮政快递业纳入自治区数字乡村发展重点工作

8月，自治区党委网信办联合多部门印发《内蒙古自治区数字乡村发展重点工作任务分工方案》，旨在扎实推进数字乡村发展，加快以信息化推进农牧业农村牧区现代化。方案就邮政快递业提出：一是在推进农村牧区数字基础设施建设方面，推进农村牧区快递物流三级网络体系建设，加快村邮站、快递超市、智能快件箱等服务网络终端建设，鼓励建立农村牧区货运公交，打通农村牧区电商物流"最后一公里"；二是在推动"三农"信息化服务方面，建设村级信息综合服务站，不断完善内蒙古自治区"12316"三农三牧服务热线；三是在加强信息资源整合共享与利用方面，统筹整合农村牧区已有信息服务站点资源，推广一站多用，实现涉农牧信息资源整合共享。

内蒙古局发文加强安检员等技术人员人文关怀改善用人机制

9月，内蒙古自治区各盟市主要品牌快递企业的445名安检人员在国家邮政局邮政业安全中心安检员培训基地参加了邮政业安检员培训，并全部考试合格，获得了结业证书。为健全完善全区安检员等技术人员工作机制，确保安检员等技术人员发展有空间、上升有通道、待遇有保障，内蒙古自治区邮政管理局印发了《关于加强安检员等技术人员人文关怀改善用人机制的指导意见》。指导意见的下发旨在促进全区各邮政、快递企业依法健全企业规章制度，规范用工管理，提高工资待遇，建立补助性津贴制度，维护员工的合法权益，加强安检员等技术人员教育培训；促进企业建立科学合理的绩效考评体系，调动技术人员的积极性；引导企业完善员工激励机制，拓展员工发展空间，建立多渠道的安检员等技术人员晋升机制。

智能快件箱建设等纳入自治区老旧小区改造内容

10月，内蒙古自治区人民政府办公厅公开发布了《关于印发自治区全面推进城镇老旧小区改造工作实施方案的通知》。在内蒙古自治区邮政管理局的大力推动下，通知明确将智能快件箱纳入城镇老旧小区改造内容的完善类，邮政快递末端综合服务站纳入提升类。同时自治区选择14个老旧小区改造项目实施完善提升类改造试点，并给予示范项目专项资金支持。

《内蒙古自治区邮政条例》修正案颁布实施

《内蒙古自治区邮政条例》修正案于2020年9月23日由内蒙古自治区第十三届人民代表大会常务委员会第二十二次会议审议通过，自公布之日起施行。本次修订中《条例》修改5条，内容涉及完善监管体系、优化发展环境、强化应急保障、支持新业态发展；新增3条，涉及行业绿色环保、加强安全管理；删掉2条与上位法不适应的条款。

自治区领导批示要求确保“双11”期间快递物流平稳安全运行

11月6日，内蒙古自治区政府主席布小林在内蒙古自治区邮政管理局呈报的《2020年“双11”疫情防控和服务保障准备工作的报告》上作出批示，要求统筹做好快递旺季服务保障和新冠疫情常态化防控工作，确保“双11”期间快递物流平稳安全运行。批示指出，统筹做好快递旺季服务保障和新冠疫情常态化防控工作，是对邮政业落实“六稳”“六保”任务的现实考验。希望全区邮政快递行业进一步增强风险意识，细化完善服务保障机制，确保从业人员健康安全，确保“双11”期间快递物流平稳安全运行。

吴团英副主任慰问一线快递小哥

11月12日，在快递业务旺季到来之际，内蒙古自治区人大常委会副主任、总工会主席吴团英带队对呼和浩特市一线快递小哥进行走访慰问。自治区总工会、自治区邮政管理局与内蒙古快递协会相关负责人陪同。在自治区总工会的带领号召下，全区12盟市总工会与邮政管理部门陆续深入快递业务生产一线看望慰问快递小哥近1.1万人，各级工会拨款购置慰问物品总金额达87万余元。

内蒙古出台方案支持邮政快递业助力消费扶贫

11月，内蒙古扶贫办印发了《内蒙古自治区消费扶贫行动实施方案》，明确提出了要完善贫困地区流通体系，并支持邮政快递业助力消费扶贫。方案提出，要加强交通运输、农牧业、商务、供销、邮政、快递等农村牧区物流基础设施的专项规划和项目建设衔接，推进“快递进村”，完善乡镇邮政快递网点和交通客运场站的物流服务功能。鼓励供销合作社、邮政寄递企业和各类电商流通企业在贫困地区建设一批农畜产品批发市场、冷链仓储物流设施、农畜产品集配中心等，增强仓储、分拣、包装、初加工、运输、寄递等综合服务能力，降低贫困地区农畜产品流通成本。

内蒙古邮政快递业1个集体3名个人获抗疫表彰

11月，交通运输部发文对全国交通运输系统对抗击新冠肺炎疫情的个人和集体进行了通报表彰，内蒙古自治区邮政管理局市场监管处党支部获抗击疫情先进集体，中国邮政集团有限公司内蒙古自治区寄递事业部物流业务分公司调度员吕东，内蒙古顺丰速运有限公司呼和浩特第十二营业部快递员院成强、内蒙古京邦达供应链科技有限公司无人机无人车操控员张子奇获抗击疫情先进个人。

巴彦淖尔市与顺丰集团签订战略合作框架协议

11月18日，巴彦淖尔市政府副市长邱永红与顺丰集团内蒙古分公司总经理郑达林，分别代表巴彦淖尔市人民政府和深圳顺丰泰森控股(集团)有限公司签订战略合作框架协议。此次战略合作框架协议的签订，是2020年8月初巴彦淖尔市举行的“百家上市公司走进巴彦淖尔”活动的重要成果。此次巴彦淖尔市政府与顺丰政企牵手，共同推动巴彦淖尔物流业和现代农牧业发展，将有效解决巴彦淖尔优质农畜产品运输瓶颈，对做好“天赋河套”系列产品物流产业链建设，提升产业价值有着重大的意义。

《内蒙古自治区志·邮政志(1991—2010)》(稿)通过专家评审

12月1日，《内蒙古自治区志·邮政志(1991—

2010)》(稿)顺利通过由内蒙古自治区地方志办公室组织的专家评审。《内蒙古自治区志·邮政志(1991－2010)》首列凡例、编纂说明、概述、大事记,正文共分5篇24章,附录收集了《内蒙古自治区邮政条例》等法规和重要文件,全书80余万字。

鄂尔多斯羊肉生鲜快递飞上天

12月8日,在鄂尔多斯市鄂托克前旗,内蒙古顺丰开展鄂托克前旗—宁夏盐池大型无人机牛羊肉带货试飞,这是内蒙古全域首次大型无人机长距离带货飞行。鄂尔多斯市鄂托克前旗是远近闻名的牛羊肉产地,该地区560万亩草牧场被国家认定为有机草牧场。此次顺丰投入了型号为FH-98的大型无人机支持牛羊肉运输,该机型具有适合货运的大业载和大货舱,单次可承载1.5吨货物,具有起降距离短、巡航速度快等优点,适应多种跑道环境,可有效满足内蒙古牛羊肉、奶制品等大量高价值农畜产品的运输需求,大幅度提升支线物流效率。在试航仪式上,鄂托克前旗当地的阿尔巴斯羊肉搭载顺丰FH-98大型无人机飞往宁夏盐池,全程飞行时长约1小时,比陆运时长缩短了1.5小时,有效解决了前端干线距离运输问题,大大提高了羊肉运输整体时效。

内蒙古三部门发文促进跨境寄递服务高质量发展

12月,内蒙古自治区邮政管理局联合自治区商务厅、呼和浩特海关、满洲里海关联合印发了《内蒙古自治区优化营商环境促进跨境寄递服务高质量发展实施方案》。方案提出要依托内蒙古联通俄蒙的区位优势,发挥国际贸易通道作用,实现跨境电子商务产业和跨境寄递服务产业链、供应链多元化融合发展。方案还明确将从四个方面推动实现跨境业务高质量发展。

辽宁省快递发展大事记

王明玉副省长批示肯定省邮政管理工作

1月,辽宁省副省长王明玉听取了辽宁省邮政管理局关于2019年度重点工作完成情况和2020年工作安排情况汇报,并作出批示给予高度肯定。王明玉对邮政行业为促进地方经济民生所做的努力给予了充分肯定,批示指出:2019年,省邮政管理系统认真贯彻落实省委省政府决策部署,坚持稳中求进总基调,开拓创新,积极工作,行业继续保持总体平稳、稳中有进的良好态势,各项工作取得很好的成效。2020年要巩固成果,再创佳绩,要坚持以人民为中心和依法治邮有机结合,不断推进省邮政业治理体系和能力建设,更好服务全省全面振兴和全方位振兴。

辽宁局出台应急预案强化细化疫情防控

1月,辽宁省邮政管理局制定《辽宁省邮政管理局新型冠状病毒感染的肺炎疫情防控工作应急预案》。预案明确了工作目标、工作原则、组织管理、启动应急响应的程序等内容。辽宁省邮政管理局党组书记、局长任组长,负责新型冠状病毒感染的肺炎疫情控制领导小组的全面指挥。党组成员、副局长任副组长,具体负责传达和督办国家局和省委省政府针对新型冠状病毒的批示和落实工作。市场处、普服处负责行业日常联络、协调落实和防治宣传工作。办公室负责有关材料的接收上报工作。

辽宁邮政业59支疫情防控青年突击队向疫情宣战

为认真贯彻落实习近平总书记关于新型冠状病毒感染的肺炎疫情防控工作系列重要指示精神,根据《中共辽宁省邮政管理局党组关于贯彻落实让党旗高高飘扬在邮政行业防控疫情斗争第一线工作方案》,辽宁省邮政管理局联合团省委在邮政行业组建59支疫情防控青年突击队,充分发挥共青团生力军和突击队作用,为坚决打赢疫情防控阻击战贡献力量。

省委省政府多位领导密集调研邮政业防疫工作

新冠肺炎疫情防控期间,辽宁省政府高度重视邮政行业在保民生,促进物流畅通中发挥的重要作用。2月,省领导密集到邮政业调研指导工作。辽宁省委副书记、省长、省疫情防控指挥部总指挥唐一军,辽宁省副省长陈绿平,副省长王明玉先后赴邮政业生产现场调研防疫和复工复产工作,省委省政府领导表示,邮政业在打通物流"大动脉"、畅通配送"微循环"中起到了排头兵、主力军作用,对辽宁省的疫情防控工作和保障居民企业生产生活起到了重大作用,省委省政府领导对奋战在工作一线的邮政快递业生产人员致以慰问和感谢。

辽宁局推动落实省邮政业疫情防控期间财税金融支持政策

2月,辽宁省寄递企业共享受各项税收优惠504.74万元。其中沈阳市寄递企业享受税收优惠238万元,大连市寄递企业享受税收优惠138.06万元,全省其他地市寄递企业也不同程度享受到了减税降费政策带来的优惠,切实减轻了企业负担,缓解了企业资金压力,帮助寄递企业打开了复工复产的局面,有助共克时艰,稳定发展。

辽宁省关于促进快递业健康发展的决定获表决通过

3月30日,辽宁省十三届人大常委会第十七次会议召开,会议表决通过了《辽宁省人民代表大会常务委员会关于促进快递业健康发展的决定》。决定自2020年5月1日起实施。决定一是明确了省级以下邮政管理部门的职责。规定县级政府应当明确协助邮政管理部门监管本辖区快递业的相关机构,履行监管责任,负责本辖区快递业的监督管理。二是明确了地方政府在快递业财权事权方面要承担快递服务末端基础设施规划、建设、维护、运营等职责,负责具体事项的执行实施,承担相应支出责任。三是明确了地方政府在科技投入、绿色发展、加强行业人才队伍建设等促进快递业健康发展方面的政策措施。四是规定了对快递专用交通工具依法进行规范管理,实施统一编号、统一标识并给予通行便利。五是在末端投递方面。规定了机关、企业事业、学校以及社区物业服务等单位应当采取签订合同、协商设置快件收寄投递专门场所等方式,为快递用户用邮需求提供基础保障。决定明确提出,鼓励行业绿色发展,倡导行业绿色生产,加强环保科技推广应用,对促进辽宁快递业健康可持续发展具有极其重要的意义。

辽宁局制定印发贯彻落实邮政强国建设行动纲要实施方案

5月,辽宁省邮政管理局制定印发了《辽宁省邮政管理局贯彻落实邮政强国建设行动纲要实施方案》。方案提出,到2022年,要建成与小康社会相适应的现代邮政业,全球通达水平、产业拉动功能、寄递服务水平、科研应用能力稳步提升。到2035年,要全面建成高效便捷、经济绿色、创新智慧的现代化邮政业,基本实现行业治理体系和治理能力现代化;行业收入占地区服务业增加值的比重显著提高,对国民经济的贡献率大幅提高;辽宁邮政业发展规模层次上新台阶,高质量发展模式形成全国示范。方案提出,要加强基础网络建设、提升公共服务水平、推进快递扩容增效、支持市场多元化发展、拓宽"寄递+"领域、加快科技创新步伐、加快建设绿色邮政、提升政府治理能力、营造良好市场环境、推进治理协同创新等工作措施。

王明玉副省长鼓励为决战脱贫攻坚作出贡献

8月,辽宁省副省长王明玉在辽宁省邮政管理局上报的半年工作汇报上作出批示。批示指出:"辽宁省邮政管理局上半年工作抓得很紧很实,统筹推进疫情防控和邮政业发展，取得了较好成绩，要再接再厉，围绕中心，全力抓好下半年邮政业高质量发展，为决战脱贫攻坚作出贡献。”

辽宁出台快递业与制造业深度融合发展的实施意见

9月，辽宁省邮政管理局与省工信厅联合出台《关于促进辽宁省快递业与制造业深度融合发展的实施意见》并组织落实。实施意见明确提出，到2025年全省培育出10个深度融合典型项目和2个深度融合发展先行先试区，快递业服务制造业范围持续拓展、能力和水平显著提升；快递业服务制造业的创新合作模式包括“仓配一体化”模式、“入厂物流”模式、“订单末端配送”模式、“冷链运输”模式、“区域性供应链”模式、“嵌入式电子商务”模式和“差异化定制”模式等方式；重点任务包括拓展产业合作领域、优化产业规划布局、延伸寄递服务链条、创新丰富服务产品、打造现代智慧物流、强化绿色供给能力、拓展海外寄递市场和推动重点领域突破等方面内容。实施意见支持将快递企业服务制造业项目纳入工业和信息化领域有关专项资金扶持范围，支持利用现有资金渠道设立促进快递业与制造业深度融合专项。

快递业生态环保工作被纳入省政府生态环保工作责任清单

10月，辽宁省委办公厅、省政府办公厅印发《省(中)直有关单位生态环境保护工作责任清单》，快递业生态环保工作被纳入其中。清单要求，邮政管理部门要组织和推动快递行业使用符合标准的包装物，推进快递包装减量化，促进快递包装废弃物回收和综合利用。

吉林省快递发展大事记

省政府工作报告提及邮政业发展内容

1月，吉林省十三届人大三次会议召开，吉林省省长景俊海代表省人民政府向大会作工作报告，报告在回顾2019年工作和安排2020年工作时均提及邮政业发展内容。报告在2019年工作回顾中提出，全省多措并举优化布局调整结构，滚动推进100个服务业重点项目建设，建成快递园区6个，会展企业主体达到85家，松原市入选全国首批30个城乡高效配送试点城市。报告就2020年工作进行了重点安排，报告要求要促进消费提质扩容，大力发展生产性、生活性和文化性服务业，推动服务业高质量发展，服务业增加值增长5%~6%；要打造现代产业集群，推动大数据向智能制造、智慧农业、智慧交通、智慧城市、现代物流、全域旅游等全方位拓展。

侯淅珉副省长批示肯定全省邮政管理工作成绩

1月21日，吉林省副省长侯淅珉就全省邮政管理工作作出批示，充分肯定全省邮政管理工作，同时希望省邮政管理部门为吉林全面振兴全方位振兴作出新贡献。

吉林局在防范非洲猪瘟等重大动物疫病作用获肯定

1月，吉林省邮政管理局收到吉林省防治动物重大疫病指挥部办公室发来的感谢信，肯定了邮政管理部门为稳定非洲猪瘟等重大动物疫病防控形势所付出的艰辛努力。

吉林省邮政快递车辆享受绿色通道政策

2月8日，吉林省交通运输厅印发《关于进一步简化疫情防控期间应急物资运输车辆通行有关事宜的紧急通知》，明确将邮政、快递车辆纳入为各类应急物资、捐赠物资、重要生产生活物资、疫情防控物资提供服务的应急保障运输范围，享受绿色通道政策,优先保障通行。

吉林邮政行业在疫情防控和运输投递方面获政策保障

2月,吉林省交通运输厅、发展改革委、邮政管理局等6部门联合发布《关于统筹做好春节后错峰返程运输保障和疫情防控工作的紧急通知》,邮政行业疫情防控和邮件快件运输投递方面获多项政策支持。通知强调,要全面统筹做好应急运输保障,确保应急物资通行高效。将重点生产生活物资纳入应急运输保障范围,加强与卫健、工信、公安、邮政等有关部门的对接,及时了解应急物资调拨、人员转运等需求,强化应急运力的准备和组织,确保一旦接到应急运输任务,做到第一时间响应,第一时间到位。要保障邮件快件“最后一公里”投递顺畅,任何单位不得随意查扣邮件快件。

吉林局助力省援鄂医疗队战“疫”工作

2月15日晚18时,长春龙嘉机场停机坪上,一架顺丰全货机正迅速装载货物。而这架装载着11吨应急物资的顺丰全货机,将跨越2000公里,从长春飞往武汉,并将在第一时间送达到吉林省援鄂医疗队医务人员手中。这批物资是由省发展改革委、省卫生健康委紧急协调、采购的一批生活补给,尽最大可能解决一线医护人员的生活所需。为将这批补给能够第一时间送到前方,吉林局协调吉林顺丰积极响应、立刻部署,向集团申请专机,并在得到全力支持指示后,迅速召开内部会议,成立筹备组,协调资源,启动论证,最终在48小时内调派到专机、规划出合理航线、安排专车保障应急物资运送。

吉林顺丰快递开通“长春—仁川”直飞国际货运航线

3月19日,吉林省顺丰快递正式开通“长春—仁川”直飞国际货运航线。3月19日7点30分,长春至首尔跨境货运包机顺利首航,首航航班采用波音737机型(载货能力14吨)执飞。长春至韩国首尔跨境货运包机航线的开通,是搭建中韩跨境合作新通道,促进吉林省国际贸易及跨境电商产业发展的重要举措。

省政府办公厅出台加快发展流通促进商业消费若干举措

3月,吉林省人民政府办公厅发布《关于加快发展流通促进商业消费若干举措的通知》。文件聚焦了“互联网+流通”、城乡便民服务中心建设、完善农村流通体系、拓宽农产品流通渠道、发展农产品冷链物流等28项政策措施。通知指出,支持建设改造县域、乡镇电子商务公共服务中心和农村电子商务报务站。支持整合现有资源,开展城乡物流高效配送,对购置快递物流车辆、配送农村快件包裹进行补贴。支持对基层干部、合作社员、创业青年、具备条件的建档立卡贫困户等开展农村电商培训,促进农村创新创业,进一步优化县、乡、村三级农村电子商务服务体系。

吉林省邮政业安全中心获省财政支持

3月,吉林省财政厅向吉林省邮政业安全中心下达了2020年度部门预算通知,批复吉林省邮政业安全中心一般公共预算财政拨款160万元,用于支持吉林省邮政业安全中心建设和发展。

蔡东副省长专题调研邮政快递业

4月8日,吉林省副省长蔡东到吉林省邮政管理局专题调研邮政快递业疫情防控和复工复产情况,代表省政府对吉林省邮政管理局和全系统全行业广大干部职工表示慰问,并召开座谈会,听取吉林省邮政管理局关于统筹推进疫情防控和邮政快递业复工复产工作情况汇报。蔡东给予充分肯定和高度赞扬,并指出,吉林省邮政管理局全面落实省委省政府决策部署,发挥邮政快递业战略性、基础性、先导性作用,坚持通堵点、畅痛点、补断点，保障服务网络安全稳定，在服务吉林经济、保障改善民生等方面做了大量卓有成效的工作，特别是在疫情防控关键时期，一手抓疫情防控，一手抓复工复产，实现疫情防控和复工复产两手抓、两手硬，有力保障了防疫物资和基本生活物资寄递畅通，为打赢疫情防控阻击战作出了重要贡献。对吉林省局提出的出台《省政府支持邮政业高质量发展若干实施意见》、提供资金支持等诉求，蔡东表示，省政府将一如既往支持邮政快递业发展，逐一进行研究，并全力支持解决。

两部门联合推进邮政业职业技能培训工作

4月，吉林省邮政管理局与省人社厅联合印发《吉林省邮政业从业人员职业技能培训方案》，对全省邮政业职业技能培训工作作出具体部署。方案指出，要提高政治站位，深入贯彻习近平总书记关心关爱“快递小哥”的重要指示精神，充分认识职业技能培训对于支撑邮政业高质量发展、扩大就业创业、便利人民群众的重要意义，按照普惠化原则，计划2年内对6200人次开展职业技能培训。通过开展职业技能培训，保持就业稳定，缓解就业结构性矛盾，进一步提升从业人员职业技能、服务技能和综合素质，加快建设知识型、技能型、创新型邮政业劳动者大军。

《中国（珲春）跨境电子商务综合试验区建设实施方案》发布

4月，吉林省政府印发《中国（珲春）跨境电子商务综合试验区建设实施方案》，基于珲春的区位条件及其功能定位，按照“立足珲春，面向东北亚”的思路，集聚资源要素，加强区域互补，努力打造珲春“一城、两区、多园”的跨境电商发展新格局。吉林省邮政快递业再迎发展新机遇，为加快推进“两进一出”工程、完善邮政快递两大“出海”通道保障措施、助力国际快件监管中心的规划和建设、促进行业深度融入“一带一路”建设奠定了坚实的基础。

多部门出台《关于推动返乡入乡创业高质量发展的实施意见》

5月，吉林省发展改革委、农业农村厅、邮政管理局等19部门联合印发《关于推动返乡入乡创业高质量发展的实施意见》，明确提出到2025年，打造一批具有较强影响力、一二三产业融合发展的返乡入乡创业产业园、示范区（县），全省各类返乡入乡创业人员达到15万人以上，带动就业人数达到60万人左右。邮政快递业在农村网络布局方面获政策支持。实施意见提出，要完善基础设施，加大政府投资，引导社会资本投入，加强信息、交通、寄递、物流等基础设施建设。督促各地编制完成符合农村发展实际、操作性强的农村物流网络节点布局规划，加快建设完善以县级物流中心、乡镇服务站、村级服务点为框架的三级物流网络。鼓励经营主体创新农村物流运营模式，充分利用现有农村客运站资源，大力推广“客货同站”经营模式，增加农村客运站货物集散功能，满足城乡物流发展需要。

吉林省出台推动“四好农村路”高质量发展实施方案

5月11日，吉林省人民政府办公厅印发《吉林省进一步深化农村公路管理养护体制改革 推动“四好农村路”高质量发展实施方案》，吉林省邮政快递业在农村网络布局方面获政策支持。实施方案提出，到2020年底，县、乡、村三级农村物流网络建设初见成效，基本实现建制村直接通邮。到2022年，全省建制村通客车率保持100%，县、乡、村三级农村物流网络体系进一步完善，通过邮政、快递渠道基本实现建制村电商配送服务全覆盖。到2025年，县、乡、村三级农村物流网络体系基本完善。

吉林省邮政业发展“十四五”规划列入省政府重点专项规划体系

5月，《吉林省人民政府办公厅关于做好吉林省“十四五”规划编制工作的通知》印发，明确包括规划纲要、国土空间规划以及4个区域规划、32个重点专项规划和79个一般专项规划的规划体系。吉林省邮政业发展“十四五”规划作为重点专项规划位列其中。

吉林局全面部署邮政业“一盔一带”安全守护行动

5月，吉林省邮政管理局与省公安厅交通管理局联合签订《“一盔一带”安全守护行动协议书》，并印发《关于全面开展邮政业“一盔一带”安全守护行动的通知》，切实保障邮政业从业人员的出行规范和人身安全，强力推进行业安全出行治理。

吉林邮政开通“长春—首尔”国际货运包机邮路

5月23日，中国邮政集团有限公司吉林省分公司正式开通“长春—首尔”国际货运包机邮路。吉林邮政长春至首尔货运包机满载国际EMS邮件飞往韩国首尔，首航航班采用空客A321机型执飞。此次飞行标志着吉林邮政长春至首尔国际货运包机邮路成功开通。

吉林出台建设高质量交通强省的实施意见

6月2日，吉林省委、省政府出台了《关于深入贯彻〈交通强国建设纲要〉建设高质量交通强省的实施意见》，坚持服务大局、吉林特色、以人民为中心、统筹协调、改革创新5个原则，着力构建安全、便捷、高效、绿色、经济的现代化综合交通运输体系，建成人民满意、保障有力、国内先进的交通强省。吉林省邮政快递业在加快推进快递“进村”工程、完善快递“出海”通道、快递末端服务车辆便捷通行、绿色邮政发展等方面获政策支持。

吉林局全力助推松原网红直播经济

6月，吉林省邮政管理局联合松原市政府、共青团省委、商务厅等多部门举办“生态查干湖　网红品松原”暨“县长 & 驻村第一书记来了”主题活动。此次直播活动由松原市副市长及各地市县副县长及驻村第一书记亲自到直播间带货，优选了百余款松原地标性农特产品，如查干湖大米、吉松岭杂粮、乾安黄小米、哈萨尔王牛肉干等产品。让全国网友通过多位网红在抖音、淘宝、拼多多、快手等直播平台把松原地标性特色美食带向全国。松原顺丰、韵达、中通、申通、圆通、百世六家品牌快递入驻直播间并第一时间为电商直播平台提供服务，助力脱贫攻坚。活动当天产生业务量142万件，业务收入569.76万元。

蔡东副省长批示肯定省邮政管理工作成效

8月28日，吉林省副省长蔡东对吉林省邮政管理局关于全省邮政管理和邮政快递业发展工作有关情况的报告作出批示，肯定邮政管理系统为全省经济社会发展作出的积极贡献。蔡东希望全省邮政管理系统再接再厉，在加快推动新时代吉林全面振兴全方位振兴的征程上贡献邮政快递力量。

省委书记充分肯定省邮政管理工作成绩

8月，吉林省邮政管理局就全省邮政管理和邮政快递业发展主要工作情况及下步安排向省委书记巴音朝鲁同志作了专题汇报。巴音朝鲁听取汇报后，充分肯定了全省邮政管理工作取得的成绩，同时希望省邮政管理部门深化改革创新，加快推动转型升级，奋力谱写吉林邮政业高质量发展新篇章。

吉林省出台推动服务业加快发展实施方案

9月，吉林省人民政府办公厅印发《关于推动服务业加快发展的实施方案》，邮政快递业在推动转型提质方面获政策支持。实施方案提出，要实施物流保障行动。加快推进物流枢纽建设，重点推进长春、吉林、延边（珲春）国家物流枢纽建设，加快建设长春传化公路港等现代物流园区。加快发展快递物流，引导快递企业加快自动分拣、自动化立体仓库、自动化装卸系统等先进物流装备应用,推进京东亚洲一号、顺丰电商产业园等现代化快递园区建设。加快发展冷链物流,指导各地整合现有设施资源。推进物流标准化建设,推广标准托盘及托盘循环共用,重点支持物联网技术、信息技术应用,提高物流智能化水平。

巴音朝鲁、景俊海会见马军胜一行

9月23日,吉林省委书记巴音朝鲁,省委副书记、省长景俊海在长春会见了交通运输部党组成员,国家邮政局党组书记、局长马军胜一行。巴音朝鲁首先代表省委、省政府,对马军胜一行的到来表示热烈欢迎,对国家邮政局助力吉林振兴发展作出的贡献表示衷心感谢,希望国家邮政局充分发挥自身优势,在邮政业"十四五"规划编制中突出吉林相关业务内容,进一步加大对"快递出海"通道、物流项目建设的支持力度;进一步加大对汽车制造、医药化工、纺织用品等领域的支持力度;进一步加大对现代农业的支持力度,为新时代吉林全面振兴全方位振兴发挥更大作用。马军胜感谢吉林省委、省政府一直以来的关心支持,表示将紧紧抓住吉林振兴发展机遇,进一步发挥邮政网络优势,完善服务保障机制,引导邮政企业、快递企业服务地方经济发展,努力推动双方合作取得更大成果。

蔡东副省长调研指导快递业务旺季服务保障工作

10月27日,吉林省副省长蔡东、副秘书长张凯明赴省内快递企业调研指导快递业务旺季服务保障工作,实地查看快件处理分拨情况,看望慰问一线快递小哥。蔡东充分肯定快递业在疫情防控和服务经济社会发展方面发挥的积极作用,对快递员们"冒疫奔忙"作出的贡献表示感谢。蔡东还对加快全省快递业发展提出三点希望。

蔡东副省长批示肯定"两进一出"工程推进成效

11月,吉林省副省长蔡东对省邮政管理局关于"两进一出"工程推进情况的报告作出批示,肯定相关工作成效,对行业进一步深入推进"两进一出"工程,服务全省经济社会发展提出希望。批示指出,吉林省邮政管理局积极推进"两进一出"工程,相关工作思路清晰,成效良好。望进一步探索创新,解决难题,做大规模,做成出更大效果。

吉林出台《健全吉林省应急物流体系实施方案》

12月,吉林省发展改革委、交通运输厅、公安厅、邮政管理局等12部门联合印发《健全吉林省应急物流体系实施方案》,邮政快递业在提升技术装备水平、完善国际寄递物流体系等方面获政策支持,将为维护生产生活秩序和保障应急物资提供更大支撑。

多部门出台《关于推动物流业制造业深度融合创新发展的落实措施》

12月,吉林省发展改革委、工信厅、邮政管理局等15部门联合印发《关于推动物流业制造业深度融合创新发展的落实措施》。邮政快递业在冷链配送、绿色包装、用地安排等方面获政策支持。

吉林出台以新业态新模式引领新型消费加快发展的实施意见

12月,吉林省人民政府办公厅印发《关于以新业态新模式引领新型消费加快发展的实施意见》,提出加快新型消费扩容提质,补齐基础设施和服务能力短板,促进线上线下消费深度融合,持续激发消费活力。邮政快递业在优化城乡网络布局、增强末端服务水平、提升国际运营能力等方面获政策支持。

黑龙江省快递发展大事记

黑龙江开展“快递从业青年服务月”活动

1月19日，黑龙江省邮政管理局联合团省委、省快递行业协会开展“青春暖流行动”暨“快递从业青年服务月”春节慰问活动。团省委副书记张涛充分肯定了“快递小哥”冒着严寒穿梭在城市的大街小巷，不辞辛苦为城市发展作出的贡献，表示快递行业是青年聚集的地方，团省委将以全省“快递从业青年服务月”活动为开端，动员全省各级团组织持续深入关爱“快递小哥”这一新兴职业青年群体，从慰问关爱、倾听心声、技能培训等多方面提供服务和支持。

黑龙江局抗“疫”保民生协调畅通“最后一公里”

2月，黑龙江省邮政管理局向黑龙江省防疫指挥部汇报行业疫情防控情况，反映快递车辆通行、进小区受阻等问题。省防疫指挥部非常重视，深入了解企业和群众需求，向全省地市防疫指挥部下达《关于进一步做好疫情防控期间邮件、快递收取有关工作的通知》规定：一是设有丰巢、E邮柜等智能快件箱的住宅小区，由快递小哥将邮件、快递放入智能快件箱，取件人根据快递公司通知，自行扫码取件。二是所有住宅小区要设立邮件、快递接收点，快递小哥将邮件、快递投递到接收点，取件人根据快递小哥电话通知，到接收点自行取件。社区要组织物业管理人员配合做好邮件寄递服务工作。三是无物业公司管理的住宅小区和村（屯），要在卡口处设立邮件、快递接收点，快递小哥将邮件、快递投递到接收点，取件人根据快递小哥电话通知，到卡口处自行取件。负责卡口管控的社区、村（屯）干部和网格员要配合做好邮件寄递服务工作。各地市向所属县（市）防疫指挥部层层传达贯彻，确保了邮政快递末端寄递服务畅通，为社会运转和群众生活提供了保障。

黑龙江邮政行业主要累计发展指标全面实现正增长

新冠疫情发生以来，黑龙江局统筹推进行业疫情防控和经济发展工作。1—4月全省邮政行业业务总量、邮政行业业务收入、快递业务量、快递业务收入四项主要发展指标全面实现同比正增长，4月份全省快递业务量同比增速创20个月以来新高。

黑龙江局推进落实快递从业人员职业技能培训工作

5月，黑龙江省邮政管理局下发了《黑龙江省邮政管理局关于推进快递从业人员职业技能培训工作的通知》，对推进落实快递从业人员职业技能培训工作作出具体部署。通知对近两年黑龙江省人民政府、人力资源和社会保障部门、财政部门和邮政管理部门下发的相关政策进行了梳理，包括培训工种、培训对象、培训内容、培训方式及培训补贴标准和专项补贴申请流程等有关事项，为快递企业开展职业技能培训工作，提供了明晰的指导和遵循。通知还对市（地）邮政管理部门做好快递企业职业技能培训指导、企业规范申请和使用职业技能培训专项补贴提出了要求。

黑龙江局印发决战决胜脱贫攻坚重点工作任务

2020年是全面建成小康社会目标实现之年，是脱贫攻坚收官之年。黑龙江省邮政管理局结合国家邮政局脱贫攻坚工作的决策部署，为全面打赢脱贫攻坚战，特制定《2020年全省邮政快递业决战决胜脱贫攻坚重点工作任务》。工作任务与乡村振兴战略有效衔接，主要涵盖四方面内容：一是农村和贫困地区邮政快递基础设施建设基本建成；二是农村和贫困地区与电子商务深度融合发展;三是就业扶贫发挥实效;四是进一步完善工作保障机制。

王永康副省长肯定"快递进村"工作

9月,黑龙江省副省长王永康在黑龙江省邮政管理局呈报的《关于"快递进村"试点工作情况的汇报》上作出批示,充分肯定邮政行业在推进"快递进村"试点工作中取得的成绩,称"有力助推农村电商发展和农村群众购物和寄递需求,应予肯定和表扬!"并希望和鼓励邮政全行业充分发挥行业优势,攻坚克难,在推动流通方式转型,促进消费升级等方面发挥战略性、基础性和先导性作用,为龙江经济社会发展做好服务支撑。同时要求政府各有关部门研究出台切实可行的政策措施予以全面支持。

黑龙江局与商务部门加强合作推进协同发展

9月,黑龙江省商务厅、省邮政管理局,中国邮政集团有限公司黑龙江省分公司联合印发《关于转发〈商务部办公厅　国家邮政局办公室　中国邮政集团有限公司综合部关于加强合作推进协同发展的函〉的通知》。黑龙江局高度重视,联合省商务厅、省邮政分公司召开加强合作推进协同座谈会。会上,对商务部办公厅、国家邮政局办公室和中国邮政集团有限公司综合部签订的合作框架协议内容进行认真研究,并集体讨论通过《黑龙江省2020年电子商务进农村综合示范项目实施方案》,三方建立合作协调机制。

黑龙江邮政快递业2个集体、3名个人获抗疫表彰

11月,在全国交通运输系统抗击新冠肺炎疫情表彰大会上,黑龙江省邮政行业共有2个集体获评"全国交通运输系统抗击新冠肺炎疫情先进集体"称号,分别是中国邮政集团有限公司哈尔滨市寄递事业部同城配送中心、黑龙江省顺丰速运有限公司绥化分公司海伦营业部。3人获评"全国交通运输系统抗击新冠肺炎疫情先进个人"称号,分别是中国邮政集团有限公司黑龙江省哈尔滨邮区中心局驾驶员陈汉军、申通快递哈尔滨市三合路公司负责人杨铭、黑龙江省邮政管理局人事处三级主任科员丁瑶 。

鹤岗局开出全省生态环保行政处罚首例罚单

12月,鹤岗市邮政管理局对辖区一家违反《邮政业寄递安全监督管理办法》中关于快递绿色包装规定的快递企业开展立案调查,此案系全省适用行业部门规章中的生态环保罚则对行业企业违法行为实施行政处罚的首起案件。

黑龙江邮政快递业3个集体、3名个人获全国先进表彰

12月,在人力资源和社会保障部、国家邮政局联合举办的全国邮政行业先进集体劳动模范和先进工作者评选活动中,黑龙江省邮政行业共有3个单位获评"全国邮政行业先进集体"称号,分别是中国邮政集团有限公司黑河市分公司、黑龙江省顺丰速运有限公司齐齐哈尔分公司、牡丹江申通快递有限责任公司;2人获评"全国邮政行业劳动模范"称号,分别是中国邮政集团有限公司嘉荫县分公司投递员王微、绥化庆安县通达快递服务有限公司总经理张晓涛。1人获评"全国邮政行业先进工作者"称号,为七台河市邮政管理局四级主任科员李哲。

黑龙江快递进小区获地方立法保障

12月,黑龙江省第十三届人民代表大会常务委员会第二十二次会议通过《黑龙江省住宅物业管理条例》,该条例将于2021年3月1日起施行,邮件、快件进小区在地方立法获得新保障。

上海市快递发展大事记

上海邮政业开启抗击疫情行动

针对武汉等地区发生的新冠肺炎疫情，上海各家快递公司立即响应，纷纷行动。从1月25日起开通物流运输特别或绿色通道，全力为全国各地驰援武汉等地的疫情防控物资提供免费运输服务。

汤志平副市长检查指导上海邮政业疫情防控工作

2月6日，上海市副市长汤志平、副秘书长黄融一行，赴上海顺丰速运顾唐路营业部和上海邮政公司邮区中心局检查指导邮政业疫情防控工作。汤志平充分肯定了上海邮政业在疫情突发特殊时期所做的工作，对上海邮政业在关键时刻表现出来的大局意识和责任担当表示感动，对疫情期间仍坚守岗位的一线员工表示慰问和感谢。汤志平指出，在疫情发生以来，上海邮政业不断提高政治站位，迅速建立防控体系，落实疫情防控措施，畅通防疫物资运输寄递"绿色通道"，保证民生服务稳定，确保了行业疫情防控有力有效、城市寄递服务保障平稳有序。汤志平强调，当前是疫情防控的关键时期，上海邮政业是疫情防控的重点行业，要全面落实习近平总书记关于疫情防控工作的重要指示批示精神，按照市委市政府有关疫情防控工作的部署要求，持续抓好各项疫情防控措施的落实，确保行业一方平安。

上海出台若干政策措施扶持企业利好邮政业

1月，为全力支持企业抗击疫情，切实减轻企业负担，上海市出台《上海市全力防控疫情支持服务企业平稳健康发展的若干政策措施》，提出28条综合政策举措，包括：加大对防疫重点企业财税支持力度、减免企业房屋租金、对相关企业和个人给予税收优惠、免除定期定额个体工商户税收负担、适当下调职工医保费率等，全力防控疫情，支持服务企业平稳健康发展。上海邮政业作为基本民生保障行业也从中受益。

上海市委书记调研顺丰产业园

2月17日，上海市委书记李强前往位于青浦区的上海顺丰产业园，实地调研园区新冠肺炎疫情防控工作落实和企业有序复工情况，看望慰问抗疫一线的工作人员。上海顺衡物流有限公司负责人告诉市领导，企业全面加强人员信息排摸，严格采取车辆快递通风消毒、人员每日测温报告等措施。李强指出，城市运行正逐步转向常态，防输入丝毫不能掉以轻心，防扩散任务依然艰巨繁重。疫情当前，全市广大快递小哥奔走于城市各个角落，全力满足市民生活对快递服务的需求，非常辛苦，很不容易，向快递小哥们表示感谢和慰问。快递物流关系千家万户、各行各业，要压实疫情防控企业主体责任，建立最严格的岗位责任制，全力保障快递物流安全有序运转，为城市正常运行、市民正常生活提供有力支撑，为抗击疫情发挥更大作用。各级党委政府要积极主动作为，深入园区楼宇，指导企业细化落实防控规范、全面做好员工健康管理。要认真排摸企业的实际需求和现实困难，帮助精准对接各项惠企政策，确保企业有序复工复产复市。

上海邮政业疫情防控工作得到媒体充分报道肯定

新冠肺炎疫情防控工作进入关键时期，上海市邮政系统深入贯彻落实习近平总书记关于疫情防控的系列重要讲话精神，万众一心，团结一致，采取了一系列稳定邮政业平稳运行，支持保障防疫工作开展的措施，为同舟共济打赢疫情防控人民战争作出了应有的贡献，得到了新闻媒体的充分报道肯定。上海《劳动报》发表《共同战“疫”！上海邮政多措并举坚决打赢疫情防控阻击战》评论文章，高度赞扬上海邮政全体职工积极践行“人民邮政为人民”的服务宗旨，担当“国家队”不辱使命，每天的报纸、信件都未曾间断的送到千家万户，确保各类防疫物资收寄及时、运输到位，完成了绿衣天使信达天下的使命；《光明日报》赞许邮政长宁区分公司为减少中小学生及家长往返学校领取教材带来的疫情风险，主动为区内5万多中小学生配送教材，方便学生们领取教材在家学习，确保实现中小学“停课不停学”；《上观新闻》《澎湃新闻》等媒体都报道了疫情期间上海市快递企业、快递小哥保障快递安全送达的辛苦付出，肯定了中通、圆通、申通等多家企业开通物流运输特别或绿色通道，全力为全国各地驰援武汉等地的疫情防控物资提供免费运输服务的工作；《解放日报》记者随车报道申通“逆行”司机，从上海到武汉来回的38个小时，用他们的责任和担当驰援武汉为一线提供必需的防疫物资；以“勇往无前者，城市穿行者”为主题用镜头记录疫情下忙碌的快递小哥们，疫情之下，他们用辛勤的劳动，为大家带来便利，为整个城市的运转提供有力保障；上海电视台的各档新闻节目如《新闻坊》《新闻报道》等也以“疫情之下，他们在奔跑”等主题报道赞扬感谢快递小哥为这座城市的付出，也提醒大家在疫情过后，能记住他们的“功劳”和“苦劳”，别忘了他们的善意和爱。

上海市委市政府积极助力邮政业复工复产

2月，上海市防控办出台《关于邮政快递业复工保畅通的实施意见》，再次助力邮政快递业复工复产。意见强调，邮政快递网络作为重要的“民生通道”，承担着社会基本公共服务功能，是疫情防控期间企业生产和市民生活物资寄递的主要途径。意见要求：对于符合复工条件的寄递企业相关部门应尽快予以批准复工；不符合条件的，应当加强指导，帮助企业满足复工条件。对执行应急物资运输任务的邮政快递车辆落实“不停车、不检查、不收费”政策。各居村委会、业主委员会应划分指定区域安排放置邮（快）件，设置保护设施，避免邮（快）件丢失、取件人员聚集等现象发生。优先保障邮政快递企业防控物资供给，以确保安全配送、减少交叉感染。

央视新闻报道上海快递小哥凭“绿码”进小区派件

3月4日，央视新闻对上海快递小哥凭“绿码”进小区派件做了现场采访直播，对上海这种主动推动邮政快递企业通行便利，打破投递障碍，方便市民群众生活的做法给予了肯定。自上海市防控办印发《关于邮政快递业复工保畅通的实施意见》后，上海局积极沟通，优化完善“最后100米”的投递。3月3日，市防控办地区组和交通口岸组再次发布通知，明确投递员在正确佩戴口罩，出示绿色随申码并配合完成体温检测正常后，可进入小区进行非接触式投递。当日下午，该举措在市政府举行的疫情防控发布会上进行了宣布。自此，上海市邮政快递投递的“最后100米”微循环彻底打通。

七家快递企业纳入市疫情防控重点保障企业名单

为切实帮助快递企业减负，全面迅速实现复工复产，上海市邮政管理局积极组织快递企业申报上海市疫情防控重点保障企业。3月，经上海市邮政管理局积极协调，共有七家快递企业纳入上海市疫情防控重点保障企业名单。

市委书记召开座谈会了解疫情对各行业影响

3月10日，上海市委书记李强主持召开企业座谈会，深入了解新冠肺炎疫情对企业和行业的影响。上海韵达货运有限公司董事长聂腾云出席座谈会并做汇报。李强强调，要根据经济运行实际情况和企业反映的问题，以更精准、更有力的政策供给和优质服务，全面优化营商环境，全力支持企业发展。要精准服务、分类施策，更好满足各类企业的不同发展需求。要结合领导干部集中走访企业，营造更加公平开放的市场环境，切实提升各类企业的集聚度、活跃度、感受度。要大力支持新兴产业，加快开放应用场景、提供金融支持，为企业发展壮大提供更多"阳光雨露"。

上海市人大城建环保委调研邮政快递业

3月13日，上海市人大常委会委员、城建环保委主任委员崔明华一行，赴本市部分邮政、快递网点调研邮政快递业疫情防控工作和快递包装源头减量措施情况。崔明华对上海市邮政快递业在保障服务民生方面发挥的作用给予了感谢和肯定，并提出下一步要做到"两个结合"，即防疫和发展同步推进相结合，保服务和保安全相结合，要继续把服务群众放在首位，在疫情期间寻找邮政快递行业更好的发展方向。同时，也对下一步绿色环保工作提出了要求。

上海市发布促进在线新经济发展行动方案

4月，上海市政府办公厅印发《上海市促进在线新经济发展行动方案（2020－2022年）》，重点发展"无接触"配送，邮政快递业发展获政策扶持。"行动方案"聚焦12大发展重点，其中明确加速发展"无接触"配送。"行动方案"提出实施6项行动方案，包括新型基础设施支撑行动，明确将加快建设智能物流、生鲜冷链、新能源车充电桩、智能交通地图系统公共底座、大数据中心、工业互联网等城市基础体系，支撑产业链发展。

上海局会商地方政府部门共同推动智能投递设施建设

4月，上海市邮政管理局带队专程走访上海市房管局，共同协商进一步推动本市智能投递设施建设的举措，双方达成初步共识。双方经过探讨，一致认为可以从新建小区同步配套建设智能投递设施着手，进一步推动本市智能投递设施建设。

上海邮政快递业做强非接触式经济

5月，上海市政府办公厅印发《关于提振消费信心强力释放消费需求的若干措施》，提出大力发展新兴消费，深化线上线下融合，推广社区快递自提点和智能提货柜，上海邮政快递业发展再获政策扶持。

智慧物流和智能末端配送设施纳入市新型基础设施建设

5月，上海市出台《上海市推进新型基础设施建设行动方案（2020－2022年）》，上海邮政快递业又获利好。智能末端配送设施和智慧物流基础设施作为智能化终端基础设施（"新终端"）被纳入上海市新型基础设施建设。

《上海市邮政快递业"两进一出"工程工作方案》发布

6月，上海市邮政管理局制定印发《上海市邮政快递业"两进一出"工程工作方案》。方案全面贯彻落实国家局"五大体系"和上海"四大品牌""五个中心"建设总体要求，以供给侧结构性改革为主线，围绕快递发展质量变革、效率变革、动力变革，坚持政府推动、需求拉动、创新驱动、示范带动，着力完善基础设施、培育骨干企业、增强网络功能、强化科技应用、深化联动融合，全面推进"两进一出"工程，发挥畅通经济循环"先行官"作用，打通"大动脉"，畅通"微循环"，推动行业高质量发展。

上海局组织本市各大媒体集中采访新时代奋斗者

6月，在中共上海市宣传部、市建设交通工作党委的指导支持下，上海局组织邀请人民日报、中国新闻社、解放日报、新民晚报、上海电视台、澎湃新闻等16家媒体，对在抗击新型冠状肺炎疫情斗争中表现突出的快递小哥王晓溪进行了集中采访和宣传报道。

市建设交通工作党委书记到上海局调研

6月11日，上海市建设交通工作党委书记王醇晨、副书记田赛男到上海市邮政管理局开展党建工作调研。王醇晨强调，上海局要积极探索新形势下快递行业党建工作的方法与途径，坚持党建引领、推动发展、服务民生、凝聚人心，努力把党组织的政治优势、组织优势和群众优势转化为行业发展优势，在发展中服务群众生活、满足群众需求。要坚持问题导向，找准行业党建落脚点，统筹推进区域化党建和行业党建，努力形成共推行业发展、共建行业文明、共促行业人才、共育先进文化、共同服务群众、共抓行业党建的工作合力，不断推进城市治理体系和治理能力现代化，为经济社会化发展提供坚强的政治和组织保证。

邮政快递业被纳入市安全生产三年行动整体方案

6月，上海市邮政管理局研究制定了《上海市邮政快递业安全生产专项整治三年行动实施方案》，并推动以独立子方案的形式纳入《上海市安全生产专项整治三年行动实施方案》。

上海市志《邮政业卷(1978－2010)》通过审定

6月22日，上海市地方志办公室联合上海市邮政管理局组织召开《上海市志·邮政通信分志·邮政业卷(1978－2010)》审定会。会上，审定专家逐一对《邮政业卷》进行审定，一致认为《邮政业卷》编纂工作进展迅速，审定稿观点正确、体例完备、叙事脉络清晰完整、资料丰富翔实、语言简洁流畅，符合志书体例要求，全面、客观、系统地反映了1978－2010年上海邮政业改革、发展、奋进的历史，是一部地方特色鲜明、行业特点突出的志书。同时，审定专家希望编纂团队对卷首图照、部分章节内容、附录等做进一步修改完善，力求打造精品。

上海局荣获上海市综合运输示范城市建设先进单位

7月，上海市交通委对积极开展综合运输示范城市建设工作单位予以表彰。上海市邮政管理局荣获综合运输示范城市建设先进单位，交通行业数据中心邮政信息系统工程和快递“最后一公里”试点项目被评为重点工程。

上海市人大常委会调研邮政快递业包装源头减量工作情况

7月1日，正值《上海市生活垃圾管理条例》施行一周年之际，上海市人大常委会主任蒋卓庆一行，赴上海顺丰速运东宝兴路营业部调研邮政快递业包装源头减量工作情况。

在顺丰速运东宝兴路营业部，蒋卓庆主任一行听取了顺丰速运负责人关于营业部业务量情况和绿色环保节能措施的汇报，并现场观看了丰BOX共享循环箱的操作演示。蒋卓庆主任仔细询问了企业开展快递包装减量工作的实际成效，对企业采取有效措施改善“包粽子”“套袋子”和“装箱子”等过度包装和随意包装问题表示认可。蒋卓庆主任还认真了解了胶带、包装箱(袋)、中转袋等快递包装的使用情况及循环回收利用情况。

国家邮政局与上海市人民政府签署合作协议

7月20日，国家邮政局和上海市人民政府正式签署《关于加快推进上海邮政快递业高质量发展合作协议》，旨在通过部市紧密合作，基本建成与上海城市地位相适应的技术先进、服务优质、安全高效、绿色节能、城乡一体的现代邮政快递服务体系，助力上海打响“四大品牌”、建设“五个中心”。国家邮政局局长马军胜和上海市人民政府代市长龚正见证了双方代表签约。国家邮政局副局长赵民和上海市人民政府副市长汤志平代表双方签约。中国邮政集团有限公司董事长刘爱力出席，上海市人民政府副秘书长黄融主持签约仪式。

上海市出台新基建项目贴息政策

8月，上海市出台《上海市新型基础设施建设项目贴息管理指导意见》，这是智能末端配送设施和智慧物流基础设施作为智能化终端基础设施（"新终端"）被纳入上海市新型基础设施建设后获得的又一利好政策。根据指导意见，鼓励合作银行建立上海市新型基础设施建设优惠利率信贷资金，总规模达到1000亿元以上，重点支持《上海市推进新型基础设施建设行动方案（2020－2022年）》提出的"新网络、新设施、新平台、新终端"等4大重点领域。三年（含）以下贷款，在一年期LPR减40个基点的基础上，民生服务类的"新终端"项目又可获得1.5个百分点的利息补贴。以智能快件箱为例，三年内上海计划新建1.5万组智能快件箱，以每组5万元计算，总投资7.5亿元，优惠贷款利率加上利息补贴，共计可优惠近1500万元。

上海邮政快递行业行政审批事项全部纳入"一网通办"

8月，上海局顺利完成快递业务经营许可纳入"一网通办"的试点工作，并在此基础上，实现上海局权限范围内的五项行政审批事项全部与"一网通办"对接。

上海市快递车辆通行获利好政策

8月，上海市公安交警总队正式发布通告，于9月1日起，每日0时至5时（法定假日除外），本市城市快速路允许悬挂本市号牌的轻型、微型箱式载货汽车和悬挂本市号牌的轻型、微型封闭式载货汽车通行；每日11时至13时（法定假日除外），本市内环以外的城市快速路允许悬挂本市专段号牌的封闭式载货汽车通行。对此，上海市快递车辆通行又获利好政策。凡是符合上述条件的快递货运车辆将可以在特定时段行驶上城市快速路，有利于提高快递货物运输效率。

《快递小哥的"逆行"》在沪首发

8月，圆通速递有限公司和上海人民出版社联合举行《"快递小哥"的逆行》新书首发仪式在沪举行。全书共7万字、120余幅图片、80余篇文章，全景记录了快递业抗击疫情、复工复产不平凡的过程。

上海快递业跨境电商B2B出口试点9710首单顺利通关

9月1日零点，由韵达国际申报的"跨境电商B2B直接出口"（监管代码"9710"）货物在上海浦东机场顺利通关，成为上海快递业跨境电商B2B直接出口的第一单。

快递包装绿色治理被纳入市加强塑料污染治理实施方案

9月，上海市发展改革委员会、上海市生态环境局等10部门联合印发《上海市关于进一步加强塑料污染治理的实施方案》，将快递包装绿色治理纳入其中。方案立足上海实际情况，按照"禁限一批、替代一批、规范一批"的总体思路，对不同塑料制品提出相应管理要求和政策措施，着重强调源头减量、循环使用、再生利用和环保处置。

上海市发布《快递包装基本要求》地方标准

9月，上海市地方标准《快递包装基本要求》（DB31/T 1247－2020）经批准发布，于12月1日起实施。该标准具有以下四个方面特点：一是作为行业绿色发展地方管理标准，既采纳了国家的相关标准，又结合了上海局"9893"绿色升级工程和《上海市快递包装物垃圾分类指引》的要求。二是标准与《中华人民共和国电子商务法》《中华人民共和国固体废物污染环境防治法》等法律法规有效衔接。三是标准实现了从电子商务经营者、供应商到邮政企业、快递企业再到消费者的全链条管理。四是标准不仅适用于快递企业，也同样适用于邮政企业。

多部门共同推进市电子商务与快递绿色包装协同治理工作

9月，上海市邮政管理局会同上海市商务委员会、上海市发展改革委员共同印发《关于加强电商与快递绿色包装协同治理的实施意见》。实施意见立足本市行业实际情况，针对当前大多数快件来自电商平台这一现状，将快递包装治理工作进一步向上游深化，从建立协同治理工作机制、强化电商快递企业主体责任、推动绿色生态体系创新这三个维度，共同推动形成政府主导、企业主体、全民参与的多元共治体系，有效控制行业塑料污染。

上海市邮政快递业3名“最美快递员”接受表彰

9月29日，第四届“中国梦·邮政情　寻找最美快递员”活动揭晓发布会在北京举行。上海顺衡物流有限公司（顺丰）王晓溪、圆通速递有限公司王德银、上海韵达货运有限公司赵义川入围“最美快递员”50强。

上海市邮政快递业3名个人和1个集体获市抗疫表彰

9月29日，上海市抗击新冠肺炎疫情表彰大会在世博中心隆重举行，1000名先进个人、300个先进集体和100名优秀共产党员、80个先进基层党组织受到表彰。其中，中国邮政集团有限公司上海市机要通信局交通室接发组组长段长俊、上海顺衡物流有限公司（顺丰）快递员王晓溪、圆通速递有限公司快递员郭浩强获得先进个人称号，中国邮政集团有限公司上海市邮区中心局长途运输分中心获得先进集体称号。

上海为快递小哥落实400余个公租房床位

10月29日，上海市房屋管理局、上海市邮政管理局、上海市虹口区人民政府联合举行快递小哥公租房入住仪式，来自邮政、顺丰的60名快递员代表参加仪式。这也是上海宿舍型公租房试点项目首批入住。据上海市房屋管理局介绍，2020年6月该局发布实施《关于进一步加大公共服务类重点行业企业一线职工公租房保障力度试点工作的通知》，将快递业纳入公共服务类重点行业，将快递小哥纳入公租房保障范围。通知出台后，上海市邮政管理局第一时间联系各区房屋管理局，积极落实房源。全市房屋管理部门首批共将为快递小哥提供400多个床位。

上海市邮政快递业4名个人和2个集体获表彰

10月，全国交通运输系统抗击新冠肺炎疫情表彰大会在北京召开。上海市邮政快递业共有4名个人和2个集体获得表彰。其中，上海邮电医院战疫突击队、圆通速递有限公司品牌传播部荣获全国交通运输系统抗击新冠肺炎疫情先进集体称号，中国邮政集团有限公司上海市邮区中心局驾驶员施平，中通速递快递员王豪杰，申通快递有限公司快递员方波，青浦邮政管理局局长陈非荣获先进个人称号。陈非同志还同时荣获交通运输部系统抗击新冠肺炎疫情优秀共产党员称号。

上海市邮政快递业人才落户获政策利好

11月，上海市人民政府印发《上海市引进人才申办本市常住户口办法》，明确18类人才可申办本市常住户口，与邮政快递业现行技能人才评价体系、职称评审体系、评选表彰体系紧密贴合，政策可适用性更强。邮政快递业人才落户上海的渠道进一步拓宽。

上海市“快递出海”获政策利好

11月，上海市相继出台《上海市关于推进贸易高质量发展的实施意见》和《上海市全面深化服务贸易创新发展试点实施方案》，“快递出海”获政策利好。实施意见提出发展新型贸易业务,培育新的贸易动能,其中3项政策利好“快递出海”:一是简化进口备案要求,研究在上海国际邮件互换局设立跨境电子商务出口海关监管作业场地;二是扩大浦东国际机场航空中转集拼规模;三是鼓励在“一带一路”沿线国家和地区设立企业海外代表处。实施方案提出提升跨境运输服务能级,建设高效、绿色邮政快递跨境寄递通道平台,加快推动上海邮政快递国际枢纽中心建设。

上海市快递工程技术高级职称评审实现突破

12月,上海市邮政管理局组织推荐圆通速递1名高层次技术人才申报快递工程技术高级职称成功通过评审进入公示,上海快递工程技术高级职称评审实现突破。此次圆通速递高层次技术人才评审高级职称,是在市人力资源和社会保障局、建设交通工作党委和交通委的支持指导下,根据民营企业高层次技术人才职称评审“直通车”制度,由上海局和相关行业专家推荐上报、相关高评委专家评审通过的。

上海智能快件箱政策体系基本建成

12月,上海市5部门联合出台《关于上海市推进住宅小区和商务楼宇智能末端配送设施(智能快件箱)建设的实施意见》和《上海市住宅小区和商务楼宇智能末端配送设施(智能快件箱)规划建设导则》,智能快件箱政策体系基本建成。智能末端配送设施(智能快件箱)建设“1+1+1”文件明确了智能末端配送设施(智能快件箱)的基础公共服务设施属性,明确了智能末端配送设施(智能快件箱)规划建设导则,提出了智能末端配送设施(智能快件箱)保障用房的配置标准,明确建立了“全覆盖”“全过程”“全周期”的跨部门跨行业协同推进机制。

上海市6家单位、5名个人获全国邮政行业先进集体、劳动模范称号

12月29日,人力资源和社会保障部、国家邮政局在北京联合举行邮政体制改革以来首次全国邮政行业先进集体、劳动模范和先进工作者表彰大会。上海市邮政行业6家单位获“全国邮政行业先进集体”称号,5名个人获“全国邮政行业劳动模范”称号。

上海市邮政快递业2020年减税降费20亿元

2020全年,上海市邮政快递企业累计实现减税降费20.2亿元,获得就业补贴1039万元、优惠贷款额度15亿元,上海市邮政管理局推进减税降费惠企政策持续发力,确保减税降费、助企纾困的政策红利得到充分释放。

江苏省快递发展大事记

江苏局联合省公安厅规范快递服务车辆通行管理

1月,江苏省邮政管理局联合省公安厅印发了《关于进一步加强和规范快递服务车辆交通安全管理的通知》,切实维护快递服务车辆安全有序畅通,服务群众用邮需求,保障全省快递服务业高质量发展。通知从四个方面进行了规定:一是牢固树立安全发展理念,切实加强快递服务车辆安全管理。二是实行过渡期管理,规范快递电动三轮车通行秩序。三是加强联动共治,实施快递电动三轮车“六统一”制度。四是加快提档升级,积极推进快递末端配送车辆更新换代。

江苏局全面完成全年行业生态环保“9585”工程目标

2019年,江苏省邮政管理局认真贯彻落实国

家邮政局工作部署，努力推进邮政行业生态环保工作，全面完成各项工作目标。全省主要品牌寄递企业电子运单使用率达到98.96%；6098个城区邮政快递网点设置了包装废弃物回收再利用装置，占比73.4%；95.26%的电商快件不再二次包装；循环中转袋使用率达到85.4%。

江苏邮政行业减税降费成效显著

2019年，江苏邮政业落实减税降费政策取得积极成效，累计减免各项税费合计19502.98万元，其中邮政企业累计落实减税降费金额约7500万元，快递企业落实减税降费金额约1.2亿元，仅增值税加计扣除一项政策就为行业减少税费8800万元。

江苏局出台促进邮政业高质量发展的意见

1月，江苏省邮政管理局印发《关于促进全省邮政业高质量发展的实施意见》，为全省邮政业由高速增长转向高质量发展提供了行动指南。意见提出全省邮政业高质量发展的目标：到2025年，包裹快递量超150亿件，行业收入超1500亿元。普惠、智慧、安全、诚信、绿色邮政基本建成，全要素生产率接近世界先进水平，实现网络更完善、服务更优质、安全更可控、科技更先进、方式更绿色、业态更丰富、价值更充分、治理更现代的发展格局。为确保高质量发展目标如期实现，意见还提出了8大项24小项工作工作措施。

江苏局部署邮政行业新冠肺炎疫情防控工作

1月22日，江苏省邮政管理局发出紧急通知，要求全省邮政管理系统和邮政、快递企业全力做好邮政行业疫情防控工作。根据国家邮政局和江苏省委省政府疫情防控工作要求，江苏省邮政管理局从四个方面向全系统全行业进行部署：一是提高政治站位，形成防控合力；二是坚持因地制宜，控防保畅结合；三是加强应急值守，确保处置高效；四是强化宣传教育，做好舆论引导。

省领导多次批示要求做好邮政快递业疫情防控和复工复产工作

新冠肺炎疫情发生以来，江苏省邮政管理局密切跟踪、监督检查行业疫情防控情况，并根据国家邮政局统一部署，组织协调行业复工复产工作。2月，先后两次向省新型冠状病毒感染的肺炎疫情防控工作领导小组进行专题请示汇报，得到副省长马秋林、费高云批示肯定。根据省领导的批示要求，省防控领导小组办公室转发了江苏局制定的《关于邮政快递业复工复产保畅通的指导意见》，要求各市、县（市、区）人民政府和疫情防控领导机构、省各有关部门和单位认真贯彻执行，为邮政行业做好疫情防控和复工复产工作提供了有力保障。

江苏出台指导意见支持邮政快递业全面复工复产

2月18日，江苏省新型冠状病毒感染肺炎疫情防控工作领导小组出台《关于加强科学防治精准施策坚决打赢疫情防控阻击战统筹推进经济社会发展的指导意见》，要求推动邮政快递业全面复工复产。指导意见中4次明确提及邮政快递业：在精准实施交通运输防控措施、进一步畅通道路交通方面，要求对邮政快递车辆驾驶员、装卸工等人员进行体温检测、健康申报，符合规定的正常放行，不得采取隔离措施；在有力有序推动企业复工复产、全面推动“三个必需”领域企业复工复产方面，要求各级各部门全面做好保障服务工作，全力推进快递物流行业全面复工复产；在全面加强重点物资供应保障、全面做好生活物资保供稳价方面，支持快递物流企业开工开业；在切实保障民生维护社会稳定、强化矛盾纠纷排查调处方面，要求及时解决物资和服务供应不足、道路通行不畅、快递业投递困难等矛盾纠纷。

省委书记视察连线快递分拨中心

2月19日，江苏省委书记、省人大常委会主任娄勤俭一行走进南京苏宁总部，视察企业复工情况并深入指导疫情防控工作。娄勤俭在视察现场与苏宁物流中心的一线员工进行了视频连线并听取工作汇报。对于奋战在一线的广大苏宁员工，娄勤俭代表省委省政府表达了感谢，并再三提醒他们要做好自身防护。“你们既是人民生活的保障者，也是防控一线的战斗员，希望在做好自身防护的同时，继续为畅通经济运行作出更大贡献。既要把人民群众服务好，也要把自己保护好。”

费高云副省长调研邮政快递业

2月20日，江苏省副省长费高云在南京前往顺丰、圆通等部分快递营业网点和南京邮区中心局调研，指导做好疫情防控工作并看望慰问奋战在一线的邮政快递从业人员。费高云对邮政行业做好防疫举措、确保无一人感染表示赞许，代表省政府向一线从业人员的辛勤付出表示感谢。费高云表示，邮政快递企业春节不休、坚守一线，服务大局，保障民生，同时积极运输援鄂防疫物资，承担社会责任，发挥了邮政体系作为国家重要战略性基础设施和社会组织系统的积极作用，行业贡献值得肯定。同时，强调邮政快递行业与群众基本生活保障密切相关，接下来要按照省委省政府的统一部署要求，严格落实防疫防控措施，有序全面推进复工复产，继续做好寄递保障，为打赢疫情防控阻击战作出应有贡献。

江苏20家邮政快递企业享受省级专项补助

3月，江苏省发展改革委公布了疫情防控期间承担重要防控物资保供物流企业名单，对相关企业给予财政专项补助。江苏苏宁物流、江苏顺丰等20家邮政、快递企业被认定为省重点物流保供企业。

江苏启动2020年全省快递标杆网点建设

3月，江苏省邮政管理局联合省快递协会下达了2020年全省快递标杆网点建设计划，启动了邮政速递南京市白龙江营业部、顺丰速运南京市北岭路点部等50个快递标杆网点的建设。

江苏局全力推动2020年底实现全省建制村“村村通快递”

4月，江苏省邮政管理局出台了《推进快递进村工作意见》。2020年底，全省将实现所有建制村“村村通快递”且非邮快递服务建制村直接通达率90%以上。意见指出，推进快递进村是2020年全省邮政管理十项重点工作之一，是实现“十三五”规划目标、推动快递业高质量发展的重要举措。全省各地各快递企业要坚持“统筹规划、市场驱动、因地制宜、绿色发展”的基本原则，通过采取驻村设点、快快合作、邮快合作、交快合作、快商合作和其他合作模式，实现快递服务直接通达建制村。

南京空港江宁快递产业园获评省级示范物流园区

4月，江苏省发展改革委公布了新一批省级物流示范园区名单，南京空港江宁快递产业园成功获批。南京空港江宁快递产业园位于南京市江宁区，核心区面积为50.64公顷，已入驻中国邮政、中外运敦豪等16家大型邮政快递物流企业，日处理邮件快件约30万件，货物吞吐量超过32万吨，基本形成航空快递区、电子商务快递区、特色产品物流快递区和创新发展区四大功能区的格局，先后被认定为江苏省重点物流基地、江苏省跨境电子商务产业园试点园区。

江苏出台促进消费若干举措应对疫情影响

4月3日，江苏省政府办公厅出台了《关于积极应对疫情影响促进消费回补和潜力释放的若干举措》，要求更好发挥消费对经济增长的基础性作用，邮政快递业获多项政策支持。若干举措要求进一步提振汽车家电等大宗消费，鼓励城市邮政快递作业新增和更新车辆采用新能源和清洁能源车辆，并明确相应购置补贴标准和财政奖补政策；创新发展消费新模式新业态，鼓励快递企业与实体店、商务楼宇和小区物业等合作,开展末端配送服务,推广使用“无接触”配送模式和智慧物流终端;全面降低消费业态经营成本,对为居民提供必须生活物资快递收派服务取得的收入,疫情期间按规定免征增值税。同时,对物流运输等受疫情影响较大行业的服务业企业,加大失业保险稳岗返还力度。

邮政快递业绿色发展被纳入省政府绿色产业发展意见

4月,江苏省政府出台了《关于推进绿色产业发展的意见》,明确要求:“提升现代服务业绿色发展水平。积极发展绿色物流业,实现仓储、运输、包装、配送物流供应链的绿色低碳发展。打造绿色消费新引擎。提升餐饮外卖、快递包装等行业绿色发展水平。”邮政行业生态环保相关工作进一步融入地方绿色产业发展和环境综合治理体系。

江苏局实施邮政行业生态环境保护“9991”工程

为深入贯彻落实习近平总书记关于快递包装绿色治理工作的重要指示批示精神,全面落实国家邮政局2020年行业生态环境保护工作要点部署安排,世界地球日前夕,江苏省邮政管理局印发了《2020年行业生态环境保护工作实施方案》,全面部署行业生态环境保护工作,推进全省邮政快递业绿色高质量发展。实施方案提出,进一步加快邮件快件包装综合治理,大力实施“9991”工程,2020年底前全行业45毫米以下“瘦身胶带”封装比例达90%,电商快件不再二次包装率达95%,可循环中转袋使用率达90%以上、力争基本实现全覆盖,城市建成区邮政、快递网点包装废弃物回收装置覆盖率达100%。要求强化责任落实,突出治理实效,坚决打好行业污染防治攻坚战,推动行业绿色高质量发展。

两部门深入推进电子商务与快递物流协同发展

5月,江苏省邮政管理局联合省商务厅印发了《关于深入推进电子商务与快递物流协同发展的通知》,对深入推进全省电子商务与快递物流协同发展提出工作要求,明确支持政策。一方面,不断完善基础设施;另一方面,切实加大政策支持力度。

江苏省实施“互联网+”农产品出村进城工程

5月,江苏省农业农村厅、省发展和改革委、省财政厅、省商务厅联合印发了《江苏省“互联网+”农产品出村进城工程实施方案》,江苏省邮政管理局被列为责任单位。同时,省农业农村厅下发了《关于做好“互联网+”农产品出村进城工程试点县建设的通知》,将“村村通快递”作为试点县遴选必须要满足的条件。

三部门联合印发快递从业人员职业技能提升实施方案

5月,江苏省邮政管理局、人力资源和社会保障厅、财政厅联合印发《江苏省快递从业人员职业技能提升实施方案》,大力实施快递队伍素质提升工程,到2021年底,全省培训各类快递从业人员不少于2万人次。实施方案明确,开展快递从业人员职业技能培训的主体为快递企业、合作院校或快递协会。支持主要快递企业设立职工培训中心、兴办技工教育。鼓励邮政行业合作院校(邮政行业人才培养基地)和快递协会搭建平台,主动加强与邮政快递企业沟通,帮助邮政快递企业、特别是小微快递企业开展培训,解决小微快递企业培训难问题。

快递员技能竞赛列入2020年省职工职业技能一级竞赛项目

6月,江苏省劳动竞赛委员会印发了《关于组织开展2020年江苏省“当好主人翁、建功新时代、夺取双胜利”引领性劳动和技能竞赛的通知》,选择一批具有影响、支撑全局的工种开展技能竞赛,其中,快递员职业技能大赛被列为2020年全省职工职业技能一级竞赛项目。

行业诚信宣传活动获评省级创新项目

6月，江苏省社会信用体系建设领导小组办公室公布了2019年度省社会信用体系建设工作创新项目名单，江苏省邮政管理局组织开展的行业诚信主题宣传活动入选。

全省快递市场法人主体信用评定实施方案出台

6月，江苏省邮政管理局结合全省快递业发展及行业信用管理工作实际情况，印发了《江苏省快递市场法人主体信用评定实施方案（试行）》，从基本思路及原则、信用信息评定和指标、评定方式、评定管理和结果应用等五个方面对全省快递市场法人主体信用评定工作进行了全面规定，指导各市开展快递市场法人主体信用评定工作。

江苏局全面启动绿色网点、分拨中心建设试点工作

6月，江苏省邮政管理局印发了《江苏省邮政业绿色网点、绿色分拨中心建设试点工作方案》，全面启动相关试点工作。江苏是全国首批邮政业绿色网点、绿色分拨中心建设试点省份，江苏局按照"企业主责、政府监管、部门协同、社会共治"的总体思路，先期选定本省快递示范城市（苏州、无锡）、"无废城市"建设试点城市（徐州）及辖区内相关邮政、快递企业参加试点工作，首批共有12个网点、3个分拨中心被纳入试点范围，试点工作为期一年。

江苏省率先实现"村村通快递"

截至6月底，江苏全省14731个建制村全部直接通达快递服务，在全国率先实现"村村通快递"。

江苏局积极融入地方治理体系推动快递包装治理工作

8月，江苏省发展改革委、省生态环境厅联合印发了《关于进一步加强塑料污染治理的实施意见》，经过多次沟通，快递业包装治理工作要求在实施意见中得到充分体现，相关工作与地方塑料污染治理工作体系全面衔接。实施意见在总体目标方面明确要求在快递等新兴领域形成一批可复制、可推广的塑料减量和绿色物流模式。明确到2022年底，全省范围的邮政快递网点禁止使用不可降解的塑料包装袋、一次性塑料编织袋等，降低不可降解的塑料胶带使用量；到2025年底，全省范围的邮政快递网点禁止使用不可降解的塑料胶带。

江苏省发布全国首个《快递员应急救护手册》

8月28日，江苏省邮政管理局、省红十字会、省快递协会、苏宁物流集团、省人民医院、南开大学药学院共同发布了全国首个《快递员应急救护手册》。《快递员应急救护手册》的编制，在快递行业普及了应急救护的基本知识，为快递从业人员开展自救提供了帮助，也为快递从业人员面向社会开展应急救护提供了专业指导。

江苏局推动出台快递员群体入会工作意见

9月，江苏省邮政管理局联合省总工会、省网信办等14个部门出台《关于加强"两新"组织工会组建和快递员等群体入会工作的意见》，为快递员等群体入会工作提供了政策依据。意见提出，要建立完善党委领导、政府支持、工会主抓、职工参与、社会协同的入会工作格局，消除盲区和空白点，以按需施策的精准服务促进快递员等群体建会入会。同时，确定了任务分工，明确各级邮政管理部门要协同工会组织推动条件成熟的设区市建立快递行业工会联合会，加大对快递企业组建工会的指导力度，发挥快递企业总部的积极作用，共同做好快递企业工会组建和会员发展工作。

快递包装治理要求被纳入《江苏生态文明20条》

9月，《江苏生态文明20条》正式发布，作为

增强公民生态文明意识、引导公民自觉履行环境保护的责任、推动形成简约适度、绿色低碳、文明健康生活方式和消费模式的全省性倡议，邮政快递业包装治理相关要求被纳入，“快递包装重复用”作为第四条向全社会发布。

江苏出台深化交邮融合推进城乡物流服务一体化发展实施意见

9月，江苏省邮政管理局、交通运输厅、工业和信息化厅、公安厅、农业农村厅、商务厅、供销合作总社联合下发了《深化交通运输与邮政快递融合推进城乡物流服务一体化发展实施方案》。方案提出了“十百千万”建设和“两步走”的工作目标。方案明确了提升农村物流服务网络节点覆盖率、引导鼓励集约化配送、推进交邮运力资源互补共享、示范引领创新农村物流服务模式等四大项工作任务。

快递直投率成为江苏农村物流示范县（市、区）验收标准

为推动全省《深化交通运输与邮政快递融合推进城乡物流服务一体化发展实施方案》尽快落实，江苏重新修订出台了农村物流示范县（市、区）评分标准（2020版）。“新标准”从物流网络建设（40分）、运作模式创新（19分）、物流设施设备配备与信息化建设（12分）、经营主体培育（10分）、保障措施（10分）、效益效果（9分）等6个方面，明确了交邮融合、快递进村工作的具体考核标准。“新标准”考核采用评分制，满分100分，须同时满足评分80分以上（包括80分），建成1个以上（包括1个）县级农村物流中心，乡镇农村物流网络节点覆盖率达到90%以上，主要品牌快递建制村直投率达80%以上，才能达到验收标准。其中，物流网络建设中明确主要品牌快递建制村直投率达100%得15分，小于100%、大于或等于90%得12分，小于90%、大于或等于80%得10分，80%以下不得分。保障措施中明确创建总投入资金2000万元以上、地方政府或部门有配套资金补助、地方政府出台支持农村物流邮政快递发展相关政策等得分项。

江苏出台促进邮政快递业与制造业深度融合发展的实施意见

10月，江苏省邮政管理局与省工信厅联合印发了《关于促进邮政快递业与制造业深度融合发展的实施意见》，提出到2025年共同培育10个深度融合发展典型项目、2个深度融合发展先行区，邮政快递服务制造业年产值突破1500亿元，服务制造业收入比重超过10%。实施意见明确了两业在交流合作、信息互联、标准对接、园区融合、重点突破、海外协同、示范建设以及发展装备制造8个方面的重点任务，提出了对两业企业在重点制造环节创新攻关、实施强链补链、绿色包装研发设计推广、建设产业服务平台和产业集群系统解决方案等8个方面的具体支持政策，对符合条件的邮政快递企业申报省级工业和信息化转型升级相关项目给予支持，鼓励各地工信部门利用现有资金渠道支持两业深度融合发展，并从建立常态化工作机制、优化营商环境和加强人才队伍建设等方面给予保障。

江苏邮政快递行业5个人1集体受省抗疫表彰

11月26日，江苏省抗击新冠肺炎疫情表彰大会在江苏大剧院隆重举行，中国邮政集团有限公司江苏省南京邮区中心局驾驶员刘毅、江苏苏宁物流有限公司客服中心服务部部长张瑶、南京苏宁物流有限公司区域经理潘虎、太仓邮政管理局局长陈艇、射阳邮政管理局副局长王泽民被表彰为全省抗击新冠肺炎疫情先进个人，江苏省邮政管理局市场监管处被表彰为全省抗击新冠肺炎疫情先进集体。

江苏局推进绿色快递园区建设工作取得新进展

12月，江苏省发展改革委新认定一批省级示

范物流园区，苏南快递产业园、东海电商物流产业园作为绿色快递园区获评。

第二届江苏省职业院校快递专业技能大赛成功举办

12月26日至27日，第二届江苏省职业院校快递专业技能大赛在无锡举办，来自全省各职业院校的18支代表队54名选手参加了比赛。本次大赛为省级一类赛，经过各代表队的激烈拼搏，共产生了22名个人奖、9名优秀指导教师奖、9个团体奖和2个“精神文明奖”。江苏省交通技师学院、无锡城市职业技术学院代表队荣获团体一等奖，江苏省交通技师学院顾念慈、江苏农林职业技术学院石金波荣获个人一等奖。

浙江省快递发展大事记

浙江局启动Ⅱ级应急响应做好疫情防控工作

1月22日，浙江省邮政管理局召开全体干部会议，传达习近平总书记重要指示和国家邮政局党组专题会议精神，研究部署全省邮政行业对武汉新型冠状病毒感染的肺炎疫情防控工作。

浙江局指导京东物流优先配送医疗订单获全国推广

1月22日，浙江省邮政管理局党组书记、局长陈凯带队前往京东物流杭州颐高站点以及西湖区邮政公司保北营业部进行走访调研，实地指导疫情防控工作，陈凯指出，要严格落实党中央国务院尤其是习近平总书记对疫情防控工作的重要指示精神，认真落实国家邮政局党组和浙江局党组的具体工作部署，要把人民群众生命安全和身体健康放在第一位。他同时强调，要做一个有社会责任和担当的物流企业，优先配送当下急需的医疗资源。京东物流浙江公司第一时间将这一指导意见反馈至集团公司，引起集团公司的高度重视并得到迅速落实，于1月22日当天发布了《京东物流关于优先配送医疗机构指定订单的通知》。通知要求，京东物流在春节期间保障全国近300个城市、上千个区县的物流服务不间断的基础上，自即日起至农历正月十五，将优先配送医疗机构指定的订单。

高兴夫副省长对邮政业疫情防控工作作出重要批示

1月，浙江省副省长高兴夫在浙江省邮政管理局上报的《关于全省邮政业防控新冠肺炎疫情的情况报告》上批示：“在严防严控的同时，务必确保医疗应急物资和生活必需品的运送保障。请省邮政管理局研究落实。”

浙江局出台“浙八条”措施支持寄递企业健康发展

2月5日，浙江省邮政管理局印发了《关于应对疫情支持邮政快递企业健康发展措施的通知》。通知提出，在新冠肺炎疫情防控期间，从邮政营业场所备案、建制村通邮打卡、快递许可服务、从业人员培训、统计报表制度、帮扶服务机制和行政管理监督等方面明确了八条措施，支持寄递企业持续健康发展。

袁家军省长赴杭州西湖顺丰网点检查指导工作

2月8日，浙江省省长袁家军一行来到杭州顺丰西湖营业部检查指导工作。袁家军指出，电商快递行业连通千家万户、事关百姓生活，在疫情防控期间能最大限度减少人员流动。要大力实施物流保畅行动，抓紧落实生活保供类电商及快递企业“白名单”制度，在交通运输、仓配周转、卫生防疫、员工复工等方面给予重点支持和保障，确保快递、外卖、生鲜配送等关键服务正常运行,以最快速度打通电商快递物流“最后一公里”。

“浙七条”硬核措施助力快递业全面复工复产

2月10日,浙江省新型冠状病毒肺炎疫情防控工作领导小组办公室印发了《关于邮政快递业复工保畅通的指导意见》,从简化复工审核、保障车辆通行、促进人员返岗、保障末端投递、保障物资供给、减轻用工负担、支持企业运营等七个方面提出了具体指导,从省级层面提供了坚强有力的政策支持,吹响了浙江省快递业全面复工复产的号角。

浙江局利用精密智控指数有效督导各地快递业有序复工复产

2月,浙江省邮政管理局利用浙江省政府推行的复工管控评估指标体系,利用精密智控指数,结合疫情防控“五色图”,对全省各地快递业有序复工复产进行有效督导。精密智控指标评估体系是浙江省政府组织省卫健委、省公安厅、省大数据局、省信访局、省交通运输厅、省商务厅和省邮政管理局7家单位共同建立的,对全省各地政府疫情防控和复工情况开展赋分评价的评估系统。

袁家军省长金华调研时了解邮政快递业防疫防控和复工复产情况

2月20日,浙江省省长袁家军赴金华调研防疫防控和复工复产工作期间,专程来到位于金义都市新区的圆通金华转运中心了解快递行业防疫防控和复工复产情况。浙江省商务厅厅长盛秋平、金华市委书记陈龙、市长尹学群等陪同调研。袁家军强调,快递物流一头连着生活,一头连着生产,是保障生产生活的生命线。做好人员防疫防控和企业复工复产至关重要,要尽快畅通城市物流配送的毛细血管,为市民正常生活、城市正常运行和企业正常经营提供有力支撑,借势做强做优做大快递经济。

浙江省邮政快递业19个单位6名个人获省级荣誉称号

2月,浙江省“青年文明号”“青年岗位能手”活动组委会发布《关于命名认定2018－2019年度省级青年文明号、青年岗位能手的决定》,全省邮政业共有19个单位获得省级青年文明号(其中邮政管理系统2个,邮政和快递企业17个),6名个人获得省级青年岗位能手称号。此次争创活动为全省邮政业系统首次全面纳入省级青年文明号、青年岗位能手争创活动。

浙江省领导批示肯定邮政快递行业防疫物资运输工作

2月,浙江省常务副省长、省支援湖北省抗击新冠肺炎疫情工作领导小组组长冯飞和副省长高兴夫先后在浙江省邮政管理局上报的《关于全省邮政快递行业运送防疫物资》上作出肯定批示。其中冯飞批示:“充分展现了责任担当,是一支能战斗、可信赖的生力军。”高兴夫批示:“全省邮政系统充分体现责任担当和履职能力,在疫情防控应急物资和生活物资运输中发挥了主力军作用。望进一步投身一线,做好服务,为‘两手硬、两战赢’提供坚强保障。”

浙江省明确提出快递经济发展目标

3月,浙江省人民政府办公厅印发《2020年政府工作报告重点工作责任分解的通知》,明确提出“要加快培育数字产业集群,积极发展平台经济、共享经济、体验经济和快递经济,加快各行业各领域数字化改造”,并明确由浙江省邮政管理局作为责任单位牵头谋划快递经济发展。

浙江省建立“两进一出”工程全国试点工作推进机制

3月,浙江省委常委、常务副省长冯飞,分管副省长高兴夫先后在浙江省邮政管理局报送的《关于提请设立省快递业发展领导小组的请示》文件上作出批示，同意在省综合交通改革与发展领导小组的框架内建立浙江省快递业“两进一出”工程全国试点工作推进机制。

浙江局“三个清单”推进邮政业利好政策落地见效

为充分发挥邮政快递业在“打通大动脉、畅通微循环”方面的先行作用，统筹推进疫情防控和服务发展工作，浙江省邮政管理局实施“三个清单”全力打通行业发展堵点，推进疫情防控期间邮政业利好政策落地见效，进一步有效提升行业产能，助力邮政快递业健康发展。“三个清单”即梳理汇编“政策清单”；细化排定“服务清单”；精密破解“难题清单”。

浙江出台快递业“两进一出”工程全国试点实施意见

3月，浙江省政府办公厅印发《关于开展快递业“两进一出”工程全国试点的实施意见》，明确了“两进一出”工程试点工作的主要目标、保障体系和实施路径，标志着浙江省快递业“两进一出”工程全国试点工作正式迈入快车道。

浙江省邮政快递企业疫情期间获减税降费超亿元

疫情发生以来，浙江局深入贯彻落实习近平总书记系列重要指示批示精神，以“三服务”工作为抓手，积极开展“送政策入企业”活动，指导帮助解决邮政快递企业经营窘境。截至3月，浙江省邮政快递行业疫情期间获税收、保险等优惠超过1.04亿元，获房租和用水用电等减免达326万元。

浙江省委书记动员部署快递业“两进一出”工程全国试点工作

4月17日，浙江省委、省政府召开全面推进高水平交通强省建设动员大会。浙江省委书记车俊出席会议作重要讲话，并对快递业“两进一出”工程全国试点专门进行了动员部署。省委副书记、省长袁家军主持会议。冯飞、李学忠、高兴夫、刘小涛、陈铁雄、刘忻、裘东耀等省委省政府领导出席会议。36家省直有关单位主要负责同志和各市政府分管交通的负责同志，各市发展改革委、交通运输局主要负责同志等在主会场参加会议。各市、县(市、区)党委和政府主要负责同志以及相关部门负责人在分会场参加会议。

刘小涛副省长赴浙江局调研指导

4月20日，刚刚履新的浙江省副省长刘小涛赴浙江省邮政管理局调研指导并召开座谈会。浙江省人民政府办公厅副主任李耀武陪同调研。浙江局党组书记、局长陈凯作工作汇报。刘小涛对全省行业取得的发展成绩表示肯定，对行业作出的社会贡献表示感谢。刘小涛指出，浙江省邮政管理局对2020年的工作谋划定位高、思路清、措施实，希望做好落实落地。对于下一步工作，刘小涛强调要坚持五个发展：一是坚持创新发展；二是坚持融合发展；三是坚持绿色发展；四是坚持安全发展；五是坚持开放发展。

智能信包箱建设等纳入浙江老旧小区改造导则

4月，《浙江省城镇老旧小区改造技术导则(试行)》发布，在浙江省邮政管理局的大力推动下，信报箱纳入全省城镇老旧小区改造范围。导则明确，根据老旧小区规模、场地条件、群众意愿、宜改则改的原则，因地制宜开展老旧信报箱的更新或升级工作，将其改造为集信报箱和智能快件柜功能于一体的智能包裹箱。另外，有条件的小区可在靠近出口道路与城市道路接口处建设快递综合服务场所，提供邮件、快件收寄、投递及其他便民服务，并可安装智能快件箱等自助服务设备，预留电源及网络接口，上述设施可纳入小区公共基础设施管理。

浙江局被授予省交通强国建设试点单位

4月,浙江省全面推进高水平交通强省建设动员大会在杭州召开。会上举行了"浙江省交通强国建设试点单位"的授牌仪式,共有2个厅局、4个企业集团、11个设区市政府成为试点单位,浙江省邮政管理局为其中之一。会议还发布了《关于公布浙江省交通强国建设试点单位的通知》,其中浙江省邮政管理局作为试点单位的重点任务为"发挥快递网络优势,着力推进快递业'进村进厂出海'工程建设"。

《全省推进数字经济发展2020年工作要点》发布

4月,浙江省数字经济发展领导小组印发了《全省推进数字经济发展2020年工作要点》,其中明确:"进一步夯实我省在电子商务等领域的先发优势,强化传统服务业与互联网平台的跨界融合发展,加快发展新零售、跨境电商、科技金融、共享经济、快递经济等。"同时还对全年网络零售额、跨境网络零售出口额等快递经济发展年度具体目标任务予以了明确。

浙江省三年内计划新建快递邮政重大项目24个

4月,浙江省政府办公厅于印发《浙江省推进高水平交通强省基础设施建设三年行动计划(2020－2022年)》。其中,浙江邮政快递业将新建重大项目24个,新开工2个。行动计划明确,通过3年努力,内外联动推进快递邮政网建设,加快建设快递物流体系,提升"进村进厂出海"服务能力。建成圆通速递嘉兴航空物流基地、圆通速递上虞中心二期、申通快递华东分拨中心三期、京东义乌电子商务产业园、中吉网络技术有限公司跨境电子商务仓储中心、中通快递浙江总部、顺丰国际生鲜电子商务供应链基地、中国邮政华东物流仓储中心、传化公路港物流园区等项目24个。开工建设圆通速递义乌中心二期、衢州高铁西站快递物流园区等项目。到2022年,全省快递业务量超175亿件。

浙江省邮政快递基建被纳入全省基本公共服务体系建设

4月,浙江省推进基本公共服务均等化工作联席会议办公室印发了《浙江省基本公共服务体系建设2020年工作要点》。其中在推动"基本生活与安全服务"重点任务落实中明确:"加强邮政快递末端基础设施建设,推进智能收投终端和末端公共服务平台建设,形成服务全省城乡的邮政寄递网络。"

浙江省快递业"进村"工程被纳入实绩考核

4月,浙江省乡村振兴领导小组办公室印发《省乡村振兴领导小组成员单位2020年实施乡村振兴战略重点工作任务(征求意见稿)》,其中浙江省邮政管理局2020年"两进一出"工程"快递进村"目标任务中的"村级电子商务配送点覆盖率达到60%"被纳入实绩考核。

浙江省开展物流创新发展试点

4月,浙江省发展改革委印发了《关于开展浙江省物流创新发展试点工作的通知》,与快递业"两进一出"工程试点工作高度契合,对提升快递企业标准化水平、科技化应用和创新化、绿色化发展给予了明确支持,全省邮政快递业发展获重大利好。

快递业多项目标任务被纳入2020年省促进消费十件实事

4月,为积极有效应对新冠肺炎疫情不利影响,加大力度促进消费增长和消费升级,省发展改革委印发《2020年省促进消费十件实事》《2020年省促进消费十件实事分阶段工作任务清单》,其中打通物流运输"最后一公里"被纳入其中。根据文件精神,2020年浙江省将依托城乡各类分拨仓、前置仓和社区电商智能投递柜,完善城市配送体系,推动城市末端配送体系规范化标准化,提高配送体系智能化绿色化水平,同时鼓励夜间配送、共同配送等新配送模式创新。

刘小涛副省长出席服务快递企业座谈会

5月6日,中国快递物流装备物资集中采购交易平台启动活动在浙江桐庐举行,浙江省副省长刘小涛出席活动并参加服务快递企业座谈会。申通董事长陈德军、韵达董事长聂腾云、圆通董事张小娟、中通董事长赖梅松、顺丰集团副总裁徐前,省政府办公厅副主任李耀武、省邮政管理局局长陈凯、杭州市副市长胡伟以及桐庐县主要领导参加会议。刘小涛表示,感谢快递企业对推动全国和浙江经济社会发展作出的积极贡献,对快递企业在疫情期间的突出表现予以充分肯定。刘小涛强调,浙江作为快递物流的集聚地,大家要共同打好快递品牌这张名片,积极落实省政府关于快递业"两进一出"工程试点的各项工作部署,共谋发展、共同进步,为浙江省经济社会发展作出更大的贡献,为全国快递业发展树立起浙江标杆和浙江样板。

浙江局落实全省数字经济五年倍增计划评估完成率达100%

5月,浙江省数字经济发展领导小组办公室起草《浙江省数字经济五年倍增计划实施情况的评估报告(征求意见稿)》,全面跟踪、评估各地各单位2018－2019两年来落实浙江省数字经济五年倍增计划实施进展情况。其中,浙江局配合做好"新业态新模式培育行动,大力发展服务业和农村、行业等的电子商务"工作进展顺利,进度推进情况评估完成率为100%。

浙江局收到省援汉抗疫前方指挥部感谢信

5月,浙江省邮政管理局收到省援汉抗击新冠肺炎疫情前方指挥部发来的感谢信。感谢信称,浙江省邮政管理局在历时70余日、跨度4个月的战疫过程中,悉心关注省援汉医疗队员工作生活情况,集思广益强化对抗疫一线的物资运输,为医疗队打通了"生命通道",为全面抗疫提供强大支撑,有效提升了援汉医疗队员抗击疫情的信心和力量。

快递业信用体系建设被纳入省社会信用体系建设工作要点

5月,浙江省信用浙江建设工作联席会议办公室印发《浙江省社会信用体系建设2020年工作要点》,明确了"一保障、两提升、两覆盖、十联动场景应用全面推广"总体工作目标,快递业信用体系建设被纳入其中。

浙江省邮政快递业9人次获省级荣誉称号

为充分发挥职业技能竞赛在技能人才评价、选拔、激励方面的引领示范作用,浙江省人社厅和省总工会分别下发《浙江省人力资源和社会保障厅关于公布2019年度优秀技能人才名单的通知》和《浙江省总工会办公室关于命名2019年省级职工职业技能竞赛优胜者为"浙江金蓝领"的通知》,对于在2019年全国邮政行业职业技能竞赛浙江省初赛中取得优异成绩的优胜职工选手李庆恒等3位同志授予"浙江省技术能手",对章楚雪等6位同志授予"浙江金蓝领"称号。

浙江省邮政业"十四五"规划纳入省级专项规划编制目录清单

5月,浙江省政府办公厅转发《省发展改革委关于浙江省省级"十四五"专项规划编制目录的通知》,其中《浙江省邮政业发展"十四五"规划》被列入一般专项规划中的经济发展类。

浙江省快递业务量19天突破10亿件

根据国家邮政局安监系统显示,至5月19日18时,浙江省当月快递业务量突破10亿件,达到

10.05 亿件，同比增速达到 57%，预计月底将突破 15 亿件，远超去年同期水平。

浙江省七家快递企业被授予"青年安全生产示范岗"称号

5 月，国家邮政局联合共青团中央下发了《关于认定 2019 年度全国邮政行业青年安全生产示范岗集体的通知》，其中，浙江省邮政快递行业有七家单位被授予"2019 年度全国邮政行业青年安全生产示范岗"荣誉称号。分别是：中国邮政集团公司湖州市分公司快递包裹部织里经营部，湖州申通物流有限公司运营操作部，嘉兴顺丰运输有限公司嘉兴南湖中转场，中国邮政速递物流股份有限公司浙江省新昌县分公司，绍兴顺丰速运有限公司城东分公司，杭州百世网络技术有限公司义乌分公司（到件组），义乌市万通速递有限公司（中量三号库自动化揽收组）。

浙江省快递行业高级工程师 3 个专业被纳入 2020 年度职称评审计划

5 月，浙江省人力资源和社会保障厅印发《关于做好 2020 年度职称改革工作的通知》，部署推进重点领域职称评审改革。其中，浙江省快递业高级工程师 3 个专业被纳入 2020 年度职称评审计划，所评专业为快递设备工程、网路工程、信息工程。

浙江省 5 月快递业务量数据创历史单月最高

根据国家邮政局安监系统和统计系统数据，5 月份浙江省快递业务量单月达 16.8 亿件，同比增长 52.5%，在传统业务淡季期间超过 2019 年 11 月"双 11"业务旺季的 15.8 亿件，创造了新的历史单月最高纪录。

浙江局纳入全省综合交通三年大会战作战指挥系统

5 月，浙江省交通运输厅组织建立了全省综合交通三年大会战作战指挥系统，提出将实现"九网万亿"（铁路、轨道、公路、港航、航空、管道、快递邮政、枢纽、绿道）重大交通基础设施项目的全覆盖，浙江省邮政管理局建设项目被纳入其中。

浙江省探索建立邮政快递业高标准绿色包装治理体系

6 月，浙江省发展改革委、省生态环境厅起草《浙江省关于进一步加强塑料污染治理的实施办法》，其中对邮政快递业绿色包装治理提出 6 项具体任务。

省政府建立"两进一出"工程全国试点工作推进机制

6 月，浙江省交通强省建设领导小组办公室印发了《关于建立省快递业"两进一出"工程全国试点工作推进机制的通知》，浙江省快递业"两进一出"工程全国试点工作在工作推进机制建立上取得重大进展。

全国人大华侨委委员带队调研《浙江省快递业促进条例》立法工作

6 月，全国人大华侨委委员、浙江省十二届人大常委会党组书记、副主任王辉忠一行赴杭州义乌两地，就《浙江省快递业促进条例》立法工作进行深入调研。王辉忠对浙江省快递业近些年来取得的发展成绩和对经济社会的支撑贡献表示了赞赏和肯定，他指出，立法的初衷，是解决问题。立法有"三个性"：促进性、引领性和规范性。出台《浙江省快递业促进条例》是要解决和提升全省快递业面临的"三个难"问题，要推动全省快递业健康绿色发展，要保护用户和从业人员合法权益，加强行业监督管理。

浙江省邮政快递服务融入智慧商圈改造提升方案

6 月，浙江省商务厅拟定《关于在全省开展商

圈智慧化改造 推进公共服务大提升的行动方案(征求意见稿)》,邮政快递服务内容被纳入其中。行动方案指出,要坚持政府引导和市场主导相结合,聚焦商圈服务便利化、智慧化、人性化、特色化、规范化“五化”要求,结合各地商业网点规划,突出高品质生活主轴,以“最多跑一次”理念为引领,用3年左右时间,打造20个智慧商圈(含数字生活新服务标杆街区、智慧商业地标、特色步行街区)。行动方案明确,整合提升商圈智慧商务、智慧设施、智慧服务、智慧营销、智慧环境、智慧管理等“六大”场景应用创新。

浙江省6月份18天快递业务量超10亿件

根据国家邮政局安监系统显示,6月1日至18日,浙江全省快递业务量达10.3亿件。日处理量最高峰出现在6月18日电商大促当日,达9305.7万件,其中业务量(揽件量)达7279.7万件,同比上升近50%,投递量2026万件,同比上升超38%。

浙江邮政快递业“两进一出”工程助推全省制造业高质量发展

6月,浙江省经信厅拟定《浙江省实施制造业产业基础再造和产业链提升工程行动方案(征求意见稿)》,将快递“进厂”和“出海”工程作为重要内容纳入其中。行动方案明确,浙江省邮政快递业的主要任务是“增强产业链市场拓展能力”,具体内容包括:大力推动“快递进厂”,加强电商平台对接,利用消费端数据驱动产业链上游生产制造,推动出口产业链有序向内销产业链切换,深挖国内超大规模市场潜力,强化外贸企业稳订单拓市场。落实推进“快递出海”工程,优化升级公共海外仓,完善国际物流基础设施,迭代升级外贸“订单+清单”监测预警管理系统,支持外贸企业拓展海外市场。

浙江局扎实推进人才强邮发展战略

7月1日,央视综合频道《新闻1+1》节目报道了杭州市快递小哥李庆恒被认定为杭州市高层次人才(D类),可享受买房补贴100万元、子女入学优先、杭州市民相关待遇、三级医疗保障、买车上牌补贴3万元等优惠福利政策,引起了社会广泛关注和讨论。这是浙江省邮政管理局深入实施人才强邮发展战略取得成果的一个缩影,也是浙江快递业人才发展的一次重大突破,具有里程碑式的重要意义。

浙江局部署“371”工程

7月,国家邮政局全系统生态环保工作电视电话会议结束后,浙江省邮政管理局第一时间召开专题会议,传达贯彻国家邮政局会议精神,提出以“371”工程为抓手,全面推进全省行业生态环保工作。即“3项主要任务,7项具体抓手,1项总体要求”。

浙江省邮政快递业为数字生活新服务新消费提供有效支撑

7月,浙江省委省政府印发《关于实施数字生活新服务行动的意见的通知》,力争建成数字生活服务强省和具有国际水准的新型消费中心。其中,邮政快递业作为重要支撑内容被纳入其中。通知明确,浙江省邮政管理局的主要任务是“推进新服务带动新消费”和“强化新型基础设施配套与服务支撑”,具体内容包括为大力发展跨境零售进口,引导支持出口企业拓展内销网络市场提供邮政快递服务。围绕生产、采购、运输、仓储、批发、零售、配送各个环节,健全数字生活新服务业供应链。加强城乡居民生活服务和应急保供寄递、物流、仓储基础设施规划与建设,完善城乡一体化仓储配送体系,优化城市智能配送终端和农村电子商务服务站的布局,建设城市仓配基础设施综合信息管理平台,增强协同和应急响应能力。支持在大型车站、码头、机场等交通枢纽以及城市公交停车场(库)配套建设快件绿色通道和接驳场所。

浙江省跨境快递业务半年实现双正增长

2020年浙江省跨境快递业务受疫情影响，1—5月全省国际及港澳台累计快递业务量一直处于负增长状态，1—6月国际及港澳台累计快递业务量11159.09万件，同比增长4.5%，业务收入656153.79万元，同比增长19.12%，首次实现年内量收双双正增长，整体表现持续向好。

浙江省快递业多项内容纳入全省新基建三年行动计划

7月，浙江省政府办公厅印发《关于浙江省新型基础设施建设三年行动计划（2020－2022年）的通知》，聚焦数字基础设施、智能化基础设施、创新性基础设施三大重点方向，实施新型基础设施建设三年万亿计划（NI10000计划），浙江省快递业多项内容被纳入其中。

浙江局谋划推进农村物流配送和村邮站建设助力乡村振兴

7月，浙江省农业和农村工作领导小组办公室、农业农村厅联合印发了《乡村振兴标配设施清单（征求意见稿）》，其中由浙江省邮政管理局负责指导村邮站建设加强惠民服务，与交通运输部门联合打造现代化农村物流配送点。

浙江局指导制定智能信包箱通用技术规范

7月，根据《2020年第二批浙江省地方标准制修订计划》的部署安排，浙江省邮政管理局督导杭州局起草制定《智能信包箱通用技术规范》。智能信包箱集信报箱和智能快件柜功能于一体，是化解“最后100米”投递难题的有效手段。该规范明确其系统结构、硬件要求、总体功能、安全要求、系统接口等内容，为全省推广建设打下基础。

智能快件箱（信包箱）发展方案发布

7月，浙江省邮政管理局联合省教育厅、省农业农村厅、省自然资源厅、省商务厅、省住房与城乡建设厅、省市场监督管理局、省交通运输厅等七个相关部门印发《关于印发浙江省智能快件箱（信包箱）发展方案的通知》。通知明确了智能快件箱（信包箱）建设四个基本原则，即落实地方政府职责、坚持公共服务属性、坚持市场配置导向、因地制宜分步实施，同时还从制定地方标准、纳入国土空间规划等方面提出了指导意见，对进社区、进农村、进商厦等智能快件箱（信包箱）的应用场景创新提出了指导方案，并对开展智能柜许可、规范服务收费方面提出了相关要求。

《关于加强快递绿色包装标准化工作的指导意见》出台

8月，浙江省市场监管总局、发展改革委、科技部、工业和信息化部、生态环境部、住房城乡建设部、商务部、邮政局联合印发《关于加强快递绿色包装标准化工作的指导意见》，对未来三年我国快递绿色包装标准化工作作出全面部署。指导意见围绕快递包装绿色化、减量化、可循环三大目标，主要着力解决四方面的问题：升级快递绿色包装标准体系；补齐重点领域标准短板；推动标准有效实施；提升标准国际化水平。

民盟浙江省委赴浙江局开展绿色课题调研

8月，民盟浙江省委秘书长何志芬一行五人到浙江省邮政管理局开展“推进快递行业快递垃圾治理”课题调研并座谈，何志芬对浙江省邮政管理局生态环保工作、快递行业垃圾治理工作予以了充分肯定，指出了邮政快递行业生态环保治理与绿色高质量发展的重要意义，并就民盟浙江省委与省邮政管理局今后在行业生态环保及其他领域的交流合作提出了新的展望。

全国快递企业首个自主研发的5G无人机发布会举行

8月，以“科技伴飞，包裹韵行”为主题的韵达

5G无人机发布会在桐庐举行，韵达发布全国快递企业首个自主研发的5G无人机与全国首条常态化运行农村快递配送线路。桐庐县委书记方毅，韵达副董事长兼高级副总裁陈立英，以及浙江省邮政管理局、民航浙江监管局、杭州市邮政管理局、中国移动杭州分公司、桐庐县委以及北京航空航天大学杭州创新研究院、民航华东地区管理局相关负责人出席会议。发布会还启动了韵达桐庐5G+无人机应用示范基地项目。

浙江邮政快递业基础设施纳入老旧小区改造

8月，浙江省住房和城乡建设厅起草《关于全面推进城镇老旧小区改造工作的实施意见（征求意见稿）》，在浙江局的积极推动下，智能快件箱、智能信包箱被纳入老旧小区改造完善类综合整治，邮政快递末端综合服务站作为提升类项目予以推进实施。

浙江局发布全国首个快递活跃度指数报告

8月21日，浙江省邮政管理局发布全国首个快递活跃度指数报告，通过产业实力、业务规模、服务经济、服务质量、发展能力和发展潜力等6个一级指标和16个二级指标的变化方向和程度，真实反映全省邮政快递业对全国行业的引领维度、消费潜力的助推深度、上下游关联产业的贡献力度，在严峻复杂的国外新冠疫情和国内疫情常态化的形势下，快递充分发挥供应链优势，在拉动和实现消费复苏、推动经济回升向好等方面发挥了不可替代的作用。

浙江局深入实施数字经济“一号工程”

8月，浙江省经信厅梳理形成了《〈浙江省数字经济发展领导小组关于深入实施数字经济“一号工程”的若干意见〉重点工作任务清单》，明确将“加快布局智能储物柜、末端配送服务站等，支持发展共享快递模式，鼓励发展无人机（车）、物流机器人配送等新服务”纳入其中。

浙江快递业务量增长再创历史最快纪录

根据国家邮政局安监系统显示，截至8月31日上午9时，浙江省快递业务量已达100亿件。

浙江5家寄递企业入选2020年度浙商全国500强

8月，《浙商》杂志评选出2020年度浙商全国500强，其中百世物流科技（中国）有限公司、韵达控股股份有限公司、圆通速递有限公司、申通快递股份有限公司、中通快递股份有限公司等5家寄递企业入选。除此之外，榜单上排名靠前的阿里巴巴集团有限公司、网易计算机系统有限公司、宁波舟山港股份有限公司、雅戈尔集团股份有限公司等4家企业与快递行业有着广泛密切的联系。

浙江省促进居民消费扩容提质利好邮政快递业

8月，浙江省政府办公厅印发了《关于促进消费扩容提质加快激发居民消费潜力的实施意见》，省发改委按照文件措施进行了任务分工，浙江省邮政管理局对照分工要求，从积极拓宽内销渠道、推动绿色循环消费、打造便民消费圈、支持发展农村电子商务等四个方面，提升行业服务质量，加强邮政快递业高质量发展。

浙江省“快递进村”融入乡村产业高质量发展

9月，浙江省政府印发了《关于推进乡村产业高质量发展的若干意见》，要求“统筹建设农产品产地、集散地、销地批发市场，加快推进农产品仓储保鲜冷链物流设施建设工程，健全农产品物流骨干网络和生鲜冷链物流体系，发展重要农产品流通主渠道企业。培育中央厨房、直供直销、加工体验等新业态。推进乡镇商贸综合体、连锁超市和特色街区建设，改造提升传统小商业、小门店、小集市，发展批发零售业，积极建设邮政农村物流主渠道，着力破解农村物流‘最初一公里’‘最后一公里’问题。”对此，浙江省邮政管理局以“快递进村”为抓手，指导全省各地坚持因地制宜，通过布点、织网、联动等发展路径,加强交邮合作、邮快合作、快快合作,让农产品进城渠道更快速畅通。

两部门签订制造业与快递业融合发展的战略合作备忘录

9月24日,浙江省经信厅与省邮政管理局正式签订《制造业与快递业融合发展的战略合作备忘录》,标志着全省制造业与快递业长期的、卓有成效的合作,翻开了新的篇章。浙江省经信厅厅长徐旭、副厅长岳阳,省邮政管理局局长陈凯、副局长吕为民出席签约仪式。

浙江省完善邮政快递业绿色发展法规政策体系

10月,浙江省司法厅印发《关于加快建立绿色生产和消费法规政策体系的实施意见》要求,进一步加强邮政快递业绿色生产和消费工作,促进资源节约利用,减少环境污染,打造更高水平的邮政快递业绿色发展体系。《意见》明确,要促进服务业绿色发展,深化研究绿色物流建设支持政策,推动温州、台州城市绿色货物配送示范工程建设。对标未来社区九大场景,统筹推进智能投递等社区生活服务设施建设。在《浙江省电子商务条例》《浙江省快递业促进条例》等制度建设推进中,注重吸纳体现电商、快递等领域的绿色发展要求。完善相关地方标准、政策体系,减少商品过度包装和一次性用品使用,推动邮件快件包装规范化、标准化、减量化,鼓励使用可降解、可循环利用的包装材料、物流器具,完善社会化回收渠道。

浙江局推动邮政快递业融入数字贸易先行示范区建设

10月,浙江省商务厅将邮政快递业作为重要内容纳入《浙江省数字贸易先行示范区建设方案(征求意见稿)》。方案明确,要加快智慧物流信息系统建设,推动物流园区、大型仓储基地等智慧化改造。完善应急储备、冷链物流、邮政快递分拨处理、城乡配送等物流设施网络布局,推动区域间和行业内物流信息共享。构建国际智能快递骨干网,支持国际快递骨干企业合作组建国际分拨网。完善智能末端配送设施,发展无接触配送,加快智慧物流设施终端布局,力争实现城镇社区和行政村全覆盖。

浙江局推进完善小微企业园快递物流体系

10月,浙江省小微企业园工作联席会议办公室印发《关于进一步加强小微企业园建设和管理的指导意见》,完善小微企业园快递物流体系,提升小微企业园快递服务功能,促进"快递进厂"融合发展。意见指出,完善小微企业园建设标准,明确集约化仓储物流快递等基础配套设施建设要求;加大公共服务供给,深化推进物流园与小微企业园对接联动,破解小微企业在供应链方面的难题。

浙江省数字赋能促进快递新业态新模式发展

11月,浙江省发展改革委印发《浙江省数字赋能促进新业态新模式发展行动计划(2020—2022年)》,行动计划明确,全省要力争成为全国数字赋能促进新业态新模式发展的示范先行区。推进供应链要素数据化和数据要素供应链化,鼓励开发区、园区面向企业共性需求,推动仓储配送等服务共享。鼓励发展"无人经济",推广"不见面"交易、"零接触"服务,在住宅小区和办公场所普及智能储物柜等智慧终端。探索无人机、无人车等无人驾驶运载工具在各类场景的应用。在此基础上,选择具有行业代表性、带动效应显著的新业态新模式,予以示范推广,三年累计推广100个以上新业态新模式示范企业、平台。

浙江邮政快递业助力全省数字乡村建设

11月,浙江省政府办公厅制定《浙江省数字乡村建设实施方案(征求意见稿)》,将"加快农产品销售的物流体系数字化改造"纳入其中。实施方案指出,加快农产品销售的物流体系数字化改造，提高流通效率，提升服务体系标准化水平，降低流通成本。实施电子商务进农村综合示范工程和“互联网+”农产品出村进城工程，鼓励发展农村电商平台，广泛开展农产品批发市场、农村集贸市场数字化应用，推进农产品分拣包装、仓储保鲜、冷链物流等设施数字化改造。加快农村供销、邮政、农资经营和小商业、小门店、小集市等数字化转型，培育新零售，促进线上线下渠道融合发展。开展重要农产品全产业链大数据分析，合理引导生产发展。

浙江局一干部获“浙江省担当作为好干部”称号

11月，浙江省委组织部印发《关于表彰“浙江省担当作为好干部”的决定》，对在统筹推进疫情防控和经济社会发展、“六稳”“六保”、三大攻坚战、构建新发展格局等大战大考中涌现出的117名好干部作为先进典型予以表彰，其中浙江省邮政管理局市场处丁锋同志入选先进名单。

浙江省发布冷链物流创新发展三年行动计划

11月，浙江省现代服务业发展工作领导小组办公室印发《浙江省冷链物流创新发展三年行动计划(2020－2022年)》，加强与国土空间规划、产业发展规划衔接，围绕补短板、促升级、增后劲、惠民生，提出了加快实施浙江省冷链物流创新发展五大行动，推动浙江省加快建设“一带一路”国际冷链物流进出口核心枢纽、全国冷链物流资源配置中心和长三角地区冷链物流创新示范基地，为快递业“两进一出”工程特别是助推农村快递物流冷链服务带来重大利好。

省委书记点赞全省快递业抗疫贡献

11月，浙江省抗击新冠肺炎疫情表彰大会在杭州举行。浙江省委书记袁家军在讲话中特别点赞了全省快递小哥，称“快递小哥起早贪黑，风雨无阻。正是他们的敬业与勇敢，赤诚与担当，共同维护了社会的正常运转，他们都是平凡中创造奇迹的英雄。”袁家军同时还对包括浙江省邮政管理局在内的中央驻浙单位在疫情期间作出的贡献表示了感谢。本次大会表彰了940名“浙江省抗击新冠肺炎疫情先进个人”、300个“浙江省抗击新冠肺炎疫情先进集体”、50名“浙江省优秀共产党员”、100个“浙江省先进基层党组织”，以及117名“浙江省担当作为好干部”。其中，浙江省邮政管理局市场处俞强同志荣获“浙江省抗击新冠肺炎疫情先进个人”荣誉称号。

25名快递从业人员获评2020年度浙江省快递行业高级工程师

11月，按照国家邮政局党组和全国邮政行业人才工作领导小组部署安排，浙江省邮政管理局联合省人社厅组织召开了2020年度快递行业高级工程师职称评审会，从全省专业技术职务任职资格申报与评审管理服务平台系统专家库中，抽取了17名专家组成执行评审委员会，对46名参评人员进行了严格评审，最终评选出25名快递行业高级工程师。

两部门签署加强商邮合作推进协同发展合作框架协议

浙江省邮政管理局和省商务厅从全省电子商务和邮政快递业发展的实际情况出发，经多次沟通，在商务部、国家邮政局、中国邮政集团有限公司三方合作框架的基础上，结合浙江特点，形成了《浙江省商务厅浙江省邮政管理局关于加强商邮合作推进协同发展的框架协议》的共同意见。12月4日，双方举行签约仪式并进行座谈。本次签署的框架协议从发展农村现代流通网络、深入推进“快递进村上岛”、提升乡村电商站点运营服务能力、加强邮政金融服务商务功能、推动供应链物流合作、多渠道拓宽偏远及经济薄弱地区农产品营销渠道、推进跨境电商发展、构建国际快递智能骨干网、促进电商领域品牌消费和品质消费、强化信息共享、加强扶贫领域合作、建立现代医药流通体系支持拓展新业态以及统筹开展疫情防控合作等13个方面提出了具体的合作举措，同时还建立了高层会商机制和信息共享机制，将有效促进各项政策有机结合，为全省商贸流通体系建设营造良好发展环境，也为“两进一出”工程全国试点工作提供更多元的解决方案。

省委书记提出建立浙江快递物流指数

12月，浙江省召开中国（浙江）自由贸易试验区建设推进大会。浙江省委书记袁家军出席会议并讲话。会议由浙江省省长郑栅洁主持，商务部副部长钱克明代表商务部讲话。袁家军在讲话中明确指出：“建立浙江快递物流指数，打造全球航运物流风向标。”

浙江局为荣获全国交通运输系统抗疫先进举行表彰仪式

12月3日，浙江省邮政管理局组织举办了全国交通运输系统抗击新冠肺炎疫情先进集体及个人颁奖暨全国青年文明号、青年安全生产示范岗授牌仪式。

快递业“两进一出”工程纳入浙江省“十四个五年规划”和二〇三五年远景目标

12月，中共浙江省委印发《关于制定浙江省国民经济和社会发展第十四个五年规划和二〇三五年远景目标的建议》，其中明确：“实施快递业‘两进一出’工程，培育现代物流企业，构建内外融合互通的全球物流网，推进物流降本增效。建立储备充足、反应迅速、抗冲击能力强的应急物流体系。”至此，浙江省“两进一出”工程突破两年试点期限，真正成为浙江省委、省政府一项长期性、战略性工程，为工程的落地实施拼上了最后一块也是最为重要的政策“拼图”。

浙江快递业务量突破178亿件

根据国家邮政局系统数据显示，截至12月30日，2020年浙江全省快递业务量已达178亿件，同比增长34.8%，占全球业务量的12%，体量与美国相当。

安徽省快递发展大事记

安徽省政府工作报告肯定邮政业发展成效

安徽省第十三届人民代表大会第三次会议上，安徽省省长李国英作政府工作报告，全面回顾了2019年全省经济社会发展情况，充分肯定了全省快递业发展成效，提出拓展快递服务网络。报告在总结2019年工作中指出，限额以上网上商品零售额增长28%，快递业务量突破15亿件。在部署2020年工作中，提出启动农产品仓储保鲜冷链物流设施建设工程，推进农村电商提质增效，拓展快递服务网络。

省委疫情防控督导组实地督导蚌埠行业疫情防控工作

2月16日，安徽省委疫情防控第四督导组一行由组长、省委常委、省纪委书记、省监委主任刘惠带队，赴蚌埠市邮政公司督导疫情防控工作。蚌埠市委常委、市纪委书记赫璞峰等领导陪同督导。督导组深入市邮政公司邮区中心局，详细查看了邮区中心局疫情防控措施落实情况，听取了市邮政管理局和市邮政公司负责人关于疫情防控工作情况汇报，详细询问企业在岗人员现状、防疫物资储备保障、企业业务量等情况，仔细查看了企业消毒、防护等各项防疫措施，并看望慰问了一线分拣人员。刘惠对邮政业疫情防控工作取得的成效、在运送应急防疫物资、服务百姓方面作出的积极贡献给予充分肯定。

安徽加快推进“快递进村”工作

3月，安徽省邮政管理局印发《关于加快推进“快递进村”工作的通知》，推动全省“快递进村”工程顺利实施。通知从三个方面确保责任压实到位，精准施策到位：一是建立省局领导包干负责制，对16个市局分片包干，每个地市均明确一名省局领导牵头负责，市局主要负责人具体负责，确保责任压实到位。二是充分发挥中国快递示范城市的带头作用，争取更高水平的覆盖，同时结合平原、丘陵、山区不同的地理环境，将全省16个地市划分为四个档次，确定不同的任务目标，以确保整体完成国家局确定的“快递进村”覆盖率50%的工作目标。三是坚持按月推进，明确各市局要分阶段、分区域制定月度推进计划表，省局将按月进行调度。

安徽局获评全国寄递渠道安全管理平安建设（综治工作）先进集体

3月，国家邮政局印发《关于表扬2019年度寄递渠道安全管理平安建设（综治工作）先进集体的通报》，安徽省邮政管理局被评为2019年度寄递渠道安全管理平安建设（综治工作）先进集体，并被授予奖牌。

安徽省首家邮政行业人才培养基地在肥揭牌

4月8日，安徽省邮政管理局局长李勇在安徽顺丰公司为全省首家邮政行业人才培养基地揭牌，安徽省邮政管理局市场监管处、省邮政业职鉴中心、省快递协会及合肥市邮政管理局相关负责人出席揭牌仪式。人才培养基地位于合肥丰泰产业园，为顺丰集团国内最大产业园区，建筑面积近20万平方米，总投资12亿元。

安徽省“邮政快递合作下乡进村”签约仪式举行

4月30日，安徽省邮政管理局组织举办《邮政快递合作下乡进村战略框架协议》签订仪式，中国邮政集团有限公司安徽分公司与安徽顺丰、申通、中通、圆通、韵达、百世、苏宁、德邦、京邦达、宅急送、优速、极兔十二家品牌快递企业签订了战略框架协议，全省“邮快合作下乡进村”行动就此正式启动。按照协议约定，双方将以邮政普遍服务网络为基础，以“平等自愿、互利共赢”为合作原则，推进农村地区邮政服务与快递服务协同发展为合作内容，坚持新发展理念，坚持高质量发展。拓展农村邮政快递市场，服务农村电商发展，服务脱贫攻坚和乡村振兴，切实解决末端配送的难点问题，让乡镇农村群众切实享受寄递服务带来的生活便利，用行动将“人民邮政为人民”的宗旨落到实处。

合肥市政府工作报告提出高质量创建“中国快递示范城市”

5月，合肥市第十六届人民代表大会第三次会议召开，市长凌云代表市政府向大会作工作报告。报告肯定邮政快递业发展成绩，明确提出高质量创建“中国快递示范城市”。报告指出，2019年，聚焦产业高端，转型升级取得新成绩，唯品会安徽物流园等重点项目建成运营，邮政快递高位增长。2020年，将着力推动现代服务业提档升级，推进国家物流枢纽、国家检验检测高技术服务集聚区建设，高质量创建“中国快递示范城市”。

安徽省快递协会向全省邮政快递企业发出“快递进村”倡议

6月，安徽省消费者权益保护委员会举办了“凝聚你我力量　让消费更温暖”大型社会公益活动媒体通气会。通气会上，7家与消费者生活密切相关的行业组织发布了温暖行动方案。安徽省快递协会聚焦农村快递“最后一公里”配送难问题，向全省邮政快递企业发出“快递进村”倡议。

安徽省邮政快递业应急救护总队成立

6月，安徽省邮政快递业应急救护总队在合肥成立，省红十字应急救护培训指导中心两位专家担任指导老师。应急救护总队第一批队员共50

人,由省邮政业安全中心负责人、业务骨干,各市邮政管理局(邮政业安全中心)业务骨干,邮政企业、快递企业安徽区域总部相关负责人和安全员等组成,全体队员均通过了专业化培训和考核,持有省红十字救护员证书,初步具备了突发事件应急救护能力。

安徽省快递小哥荣获“全国青年岗位能手”荣誉称号

7月,共青团中央、人力资源社会保障部联合印发《关于命名表彰第20届全国青年岗位能手的决定》,圆通快递马鞍山当涂县网点快递员陈刚被授予“全国青年岗位能手标兵”称号,中国邮政速递物流股份有限公司合肥市分公司郭楠获得“全国青年岗位能手”称号。

何树山副省长批示肯定省邮政管理工作成效

8月,安徽省副省长何树山在省邮政管理局上报的上半年工作汇报上作出批示:上半年,邮政管理局一手抓防疫,一手抓经济增长,为全省经济社会增长作出积极贡献,望再接再厉,为完成全年目标而努力。

安徽局部署推动快递业与制造业深度融合发展工作

8月,安徽省邮政管理局、省经济和信息化厅联合出台《关于促进快递业与制造业深度融合发展的实施意见》,为进一步做好快递业与制造业深度融合发展工作确定了方向和思路。实施意见明确了快递业与制造业深度融合发展工作思路,即:推动快递业深化供给侧结构性改革,应用新技术新模式,创新发展供应链;推动制造业向价值链中高端迈进,聚焦制造主业,打造核心竞争力,促进产业链发展;深化产业合作,构建与制造业高质量发展相适应的快递物流服务体系,形成快递业与制造业深度融合的发展格局,为实现经济高质量发展提供重要支撑。实施意见强调,要着力抓好深化产业合作、协同产业布局、丰富服务产品、发展绿色物流、推动重点突破等五个方面的工作任务,力争圆满完成既定的工作目标。

安徽省提前完成“快递进村”三年行动计划2020年工作目标

截至9月底,安徽省8378个建制村已实现快递服务进村,覆盖率达56%以上,提前完成国家邮政局“快递进村”三年行动计划2020年中部省份50%的工作目标。

合肥出台新一轮“中国快递示范城市”创建实施方案

11月,合肥市政府办公室印发《合肥市新一轮创建“中国快递示范城市”实施方案(2020－2022年)》,提出到2022年,全市快递业务量达到13亿件,快递业务收入达到100亿元,支撑网络零售额1000亿元,新增就业岗位2000个以上,主要发展指标在全国排名实现移位争先。方案明确新一轮创建工作将围绕“四个聚力”,实施12大工程:一是聚力产城融合,开拓快递业发展新空间。实施区域快递枢纽地位提升工程、综合交通体系高效衔接工程。二是聚力产业协同,抢抓快递业发展新机遇。实施快递与电商协同深化工程、“快递进厂”工程、“快递进村”工程。三是聚力基础支撑,激活快递业发展新动能。实施末端设施提升工程、“金牌末端网点”创建工程、科技创新驱动工程、人才队伍培养工程。四是聚力治理监管,促进快递业发展新提升。实施法治规划建设工程、监管能力提升工程、生态环保治理工程。

国家邮政局与安徽省人民政府签订战略合作协议

12月3日,国家邮政局与安徽省人民政府在合肥签署了《关于加快安徽邮政快递业高质量发展战略合作协议》。安徽省委书记、省人大常委会主任李锦斌,省委副书记、省长李国英,国家邮政局党组书记、局长马军胜出席签约仪式。国家邮政局党组成员、副局长刘君，安徽省副省长何树山分别代表双方签署了战略合作协议。合作协议提出，双方将在支持安徽省深入实施长三角一体化发展战略、加快新一轮邮政快递业基础设施建设、支持南陵建设国家快递科技创新试验及装备产业基地、加快推进“快递进村”工程建设、鼓励支持邮政快递业与制造业融合发展、加快邮政快递业“走出去”步伐、推动邮政快递业冷链运输体系建设、优化邮政快递设施建设布局、支持邮政快递业开放合作、加强邮政快递业安全环保工作和文化建设、支持邮政快递业建设高素质人才队伍、重视和加强各级邮政管理部门建设等方面开展战略合作。签约仪式前，李锦斌、李国英和马军胜、刘君进行会谈，就加快推动安徽省邮政快递业发展，更好服务地方经济社会发展深入交换了意见。

顺丰速运王耀辉荣获省抗击新冠肺炎疫情先进个人

12月7日，安徽省抗击新冠肺炎疫情表彰大会在合肥举行，安徽顺丰速运有限公司总经理王耀辉被授予“安徽省抗击新冠肺炎疫情先进个人”荣誉称号。

福建省快递发展大事记

泉州首家国际快递省级分拨中心落户晋江

4月，云途物流（YunExpress）省级分拨中心落户晋江，成为泉州市首家专门处理国际快递的省级分拨中心，至此，在泉省级分拨中心或区域总部快递品牌达13个。该分拨中心为深圳市前海云途物流有限公司设在晋江的分公司，占地4700平方米，主营核心产品为跨境B2C商业专线，主要覆盖欧美地区，目前已在福建省内设立4家自营分公司，拥有12辆车辆，处理中心安装有半自动化签入设备、半自动化分拣设备，日均处理量超5万件。

福建为实现“快递进村”目标举旗定向

4月，福建省邮政管理局出台《关于完善快递末端网络推进“快递进村”工程的指导意见》，提出2020年底建制村快递服务通达率到80%以上，力争90%，2021年基本实现快递服务直接进村。意见从进一步明确快递末端设施的公共属性、引导企业加强自身能力建设、优化快递末端服务能力、保持末端服务的可持续性、提升末端服务管理水平等5个方面提出16项具体举措，涵盖行业政策争取、安全管理、标准化运营、智能化进村、绿色发展等内容，为推动全省“快递进村”明确路径。

三地市获批设立中国跨境电子商务综合试验区

4月27日国务院印发《关于同意在雄安新区等46个城市和地区设立跨境电子商务综合试验区的批复》，同意包括福建省的漳州、莆田、龙岩三地市设立“中国漳州（莆田、龙岩）跨境电子商务综合试验区”，加上之前获批的福州、厦门、泉州，福建省跨境电子商务综合试验区已达6个。

3位快递小哥荣获年度“福建省青年岗位能手”称号

5月，福建省邮政管理局和共青团福建省委共同授予梁璐宇等3位快递小哥“福建省青年岗位能手”荣誉称号并颁发证书。

政企联合加快推进邮快合作下乡进村

5月，福建省邮政管理局联合中国邮政集团有限公司福建省分公司印发《关于加快推进邮快合作下乡进村的指导意见》，围绕推进邮政快递合作下乡进村，全面启动福建省邮快合作“11+1”工程等，提出了一系列措施意见。指导意见明确了邮快合作下乡进村的指导思想、基本原则和发展目标，强调以建设农村地区寄递物流渠道为主线，充分发挥市场在资源配置中的决定性作用，更好发挥政府作用，健全县、乡、村三级邮政快递配送体系，畅通工业品下乡、农产品进城“毛细血管”，促进行业间资源高效配置、市场深度融合。

福建省多举措支持邮政快递业助力消费扶贫

5月，福建省发展改革委省扶贫办联合印发了《福建省消费扶贫助力决战决胜脱贫攻坚2020年工作方案》，全省邮政快递业在进一步打通贫困地区产品流通和销售“瓶颈”方面获政策支持。方案提出，支持邮政快递企业在贫困村设立服务点或开通定时揽收专班，培育“寄递+电商(合作社)+农特产品+农户”模式，多措并举帮助贫困地区和贫困群众销售农产品。鼓励供销合作社、邮政快递和大型电商企业等，在贫困地区布局一批农产品批发市场、冷链仓储物流设施、农产品集配中心等。启动“快递进村”工程，推动建立以邮快合作、交邮合作为主的快递进村方式，加强县、乡、村三级物流体系建设。

福建省邮政快递合作下乡进村框架协议正式签署

6月19日，福建省邮政管理局组织召开全省邮政快递合作下乡进村框架协议签约仪式暨邮快合作工作部署电视电话会议，中国邮政集团有限公司福建省分公司分别与顺丰、京东、苏宁、德邦、申通、中通、圆通、韵达、百世等9家主要品牌快递企业福建区部签署了合作下乡进村框架协议，约定将以邮政普遍服务网络为基础，以推进农村地区邮政服务与快递服务协同发展为合作内容，共同拓展农村邮政快递市场，服务农村电商发展。

中通福建总部落户福州连江

6月，中通快递集团与连江县人民政府签订中通快递集团福建总部项目投资协议，中通快递集团福建总部将落户福州连江。中通快递集团福建总部项目总投资约9亿元，用地面积约300亩，规划建设福建总部大楼、对台业务大楼、智能化快递分拨中心、快运转运中心、电子商务中心、智能云仓中心、冷链中心等主体工程及公共服务设施、停车场等配套辅助工程。

福建省首个快递从业人员权益维护中心揭牌

6月18日，三明市邮政管理局联合团市委举行了三明市快递从业人员权益维护中心揭牌仪式，三明市邮政分公司、全市快递企业负责人、部分优秀快递员参加揭牌仪式，这标志着三明局在深入贯彻落实习近平总书记关于邮政业重要指示批示精神，深化快递员关爱工程上迈出了坚实的一步。

多部门联合印发实施方案推动邮政业高质量发展

6月，福建省邮政管理局联合省交通、工信、住建、商务、海关等20部门，出台了福建省认真贯彻落实习近平总书记重要指示推动邮政业高质量发展实施方案。方案从全面深化改革、加快结构调整、完善末端设施、推动绿色发展、加强队伍建设等5个方面，结合福建省省情和邮政业发展面临的实际问题提出了13项重点任务。

京东在厦铺设“云柜”为华南第一试点

6月，京东物流于在厦门铺设“云柜”，作为华南第一试点。“云柜”是京东物流自主开发的智能快递柜，旨在通过自建、运营、改造等措施，在解决配送末端环节的同时，提供同城配送解决方案。据悉，京东将以智能快递柜为起点，搭建社区服务生态链，为方便厦门市民用邮提供助力。

多部门合力推进绿色邮政发展

6月，福建省邮政管理局联合省交通运输、公安、生态环境、商务等20部门，出台了关于认真落实习近平总书记重要指示推动邮政业高质量发展实施方案，专章明确推动绿色发展。方案在推动绿色发展方面提出推广使用绿色包装、大力推进绿色运输和完善绿色治理3条举措，明确要求要把好环境入口关，推进邮（快）件包装减量化、绿色化、可循环，逐步建立非环保包装材料的市场推出机制，要将快递包装废弃物治理纳入城市生活垃圾分类回收体系。方案提出到2020年底邮政、快递城市专用车新能源汽车占比达50%以上，进一步规范快递车辆管理，为合规车辆提供便利通行。探索建立邮（快）件包装废弃物回收激励机制，推进包装循环回收体系建设，并将行业生态环保作为对市场主体监管的重要内容。

福建丰巢网络技术有限公司获颁经营快递业务许可证

7月，福建省邮政管理局向福建丰巢网络技术有限公司正式颁发了运营智能快件箱经营快递业务许可证，这是自国家邮政局全面部署企业运营智能快件箱经营快递业务新业态许可工作以来，福建省邮政管理局颁发的全省首张运营智能快件箱经营快递业务许可证。

福建开展快递从业青年关爱专项行动

7月，福建省邮政管理局联合团省委印发《关于开展快递从业青年关爱专项行动暨“小蜜蜂关爱行动”的实施意见》，共同开展“小蜜蜂关爱行动”。此次专项行动旨在大力弘扬新时代“小蜜蜂”精神，进一步加强快递员（投递员）联系服务工作，提升福建省快递员（投递员）的归属感、获得感、认同感。

福建实施“互联网+”农产品出村进城工程

7月，福建省农业农村厅等7部门关于印发《“互联网+”农产品出村进城工程实施方案》，方案提出，进一步发挥“互联网+”优势，大力推动农产品产销衔接，促进农业转型升级，快递进村再获政策支撑。方案提出，加快完善县乡村三级物流网络。加快推进“快递进村”，鼓励物流配送直接到户，提高农村物流网络连通率和覆盖率，完善县乡村三级物流体系。支持发展共同配送，引导邮政、快递物流、供销合作社、交通运输、益农信息社、电商服务站等多站合一、服务同网，降低农村物流成本。从2020年到2022年，每年建设3000个以上益农信息社等各类农村服务站点，累计达到1.5万个。

福建出台意见促进快递业与制造业深度融合

7月，福建省邮政管理局联合省工信厅印发了《关于促进福建省快递业与制造业深度融合发展的指导意见》，旨在推动福建省快递业深化供给侧结构性改革，构建与制造业高质量发展相适应的快递物流服务体系，助力“快递进厂”，为实现全省经济高质量发展提供重要支撑。意见提出，到2025年，要培育出3个深度融合典型项目和2个深度融合发展先行区，快递业与制造业协同进一步深化，快递业服务能力显著提升，业务结构进一步优化，综合竞争力得到加强。意见立足福建省情、业情，要求快递业服务制造业基础良好，有融合发展前景的设区市结合实际做好快递业与制造业规划布局衔接，引导产业融合聚集，打造多元、智慧、绿色的服务模式。

福州入选国家骨干冷链物流基地建设名单

7月，《国家发展改革委印发关于做好2020年国家骨干冷链物流基地建设工作的通知》公布2020年17个国家骨干冷链物流基地建设名单，福州市作为福建省唯一代表上榜。

顺丰在厦设立航空货运基地

7月28日，顺丰集团与翔业集团签署战略合作框架协议，进一步促进厦门机场航空货运发展。双方将共同推动顺丰集团在厦门机场加大运力投放，增开国内外货运航线；在厦门新机场设立货物处理中心；争取成立航空货运基地公司等。根据战略合作近期目标，顺丰集团将在厦门机场新开国内或国际货机航线，争取保持货邮吞吐量年均增速8%以上；未来厦门新机场通航后，争取国内货邮吞吐量年均增速10%以上。远期来看，顺丰集团将积极研究在厦门机场设立顺丰航空货运分公司的可能。

“电动福建”建设三年行动计划推动行业绿色运输

7月，福建省工信厅等10部门联合出台《进一步加快新能源汽车推广应用和产业高质量发展推动“电动福建”建设三年行动计划（2020－2022年）》的通知，为推动行业绿色运输，促进邮政快递业高质量发展提供有力支撑。通知明确到2022年，全省中心城区新增和更新的邮政物流车全部采用新能源汽车，加快推进其他物流用车采用新能源汽车。在加大新能源汽车使用支持力度方面，《通知》提出，对已向邮政管理部门备案的新能源邮（快）件末端揽投车辆，在不影响道路通行的情况下，允许在划定区域临时停靠不超过30分钟。在新、旧住宅小区规划建设和改造时，调增邮政、快递新能源车辆临时停车位。对省内新能源汽车办理电子收费的，予以赠送电子标签，并按有关规定享受通行费用优惠。

崔永辉副省长强调“四个强化”推动邮政业高质量发展超越

8月6日，福建省副省长崔永辉赴福建省邮政管理局调研指导。崔永辉强调，当前邮政业发展迎来了新的机遇。2020年新冠肺炎疫情期间催生了很多新的岗位，尤其是邮政快递市场快速扩展。但同时由于存在行业量收差，行业发展低端竞争、快递包装污染环境、快递员群体庞大等现状，当前邮政业也面临重大挑战，邮政管理部门应当在有效规范行业监管、推动产业转型升级、推动行业绿色发展、依法保障快递员权益方面下功夫。崔永辉对下半年福建省邮政管理局工作思路表示赞同。对如何做好下一步邮政管理工作，崔永辉强调，一要强化自身服务能力，创造良好工作环境；二要强化联系沟通，形成工作合力；三要强化机遇意识，在推动高质量发展超越上发挥邮政作用；四要强化统筹协调，做好新冠肺炎疫情防控常态化下各项发展工作。

厦门跨境电商产业园获评国家电子商务示范基地

8月，商务部拟增补厦门跨境电商产业园为国家电子商务示范基地，厦门“快递出海”迎来新利好。

全面启动地方财政补贴性快递员职业技能提升培训工作

8月24日，福建省邮政管理局召开全省快递从业职业技能提升培训工作会议，部署开展地方财政补贴性快递员职业技能提升培训考核工作，推动全国快递从业人员职业技能培训“246”工程落地实施。福建省邮政管理局计划到2021年底，为全省1.2万名快递员提供职业技能培训补贴，让从业人员实实在在享受政策红利。

《厦门经济特区邮政条例》获全票表决通过

8月28日，厦门市十五届人大常委会第三十七次会议审议全票表决通过了《厦门经济特区邮政条例》，于2020年10月1日起开始施行。这是厦门市首部邮政业地方法规，对于推动新时期邮政业发展具有重要意义。

福建部署邮政快递领域实施职业技能提升行动

9月，福建省邮政管理局与省人社厅联合出台文件，推动邮政快递领域实施职业技能提升行动。

此次联合发文是继《福建省人社厅办公室关于公布第三批专项职业能力考核项目目录的通知》文件后，对"快递收发与派送"专项职业能力考核培训、考核实施工作及财政补贴管理等进行了进一步规定，并明确今后邮政业新纳入专项职业能力考核目录的项目要参照执行，这是为技能培训提供可持续操作的政策文件，对福建邮政行业技能人才、专业技术人才发展具有开创性的意义，为各地市政策落地实施提供了遵循。

泉州再增1家国家电子商务示范基地

9月，商务部电子商务和信息化司发布2020年增补国家电子商务示范基地的公示名单，泉州的石狮市青创城国际网批中心荣获"国家电子商务示范基地"称号。

福建邮政业相关末端基础设施列入老旧小区改造实施方案

9月，经福建省人民政府研究同意，《福建省老旧小区改造实施方案》正式出台，明确了老旧小区三类改造内容、改造工作规程、资金支持政策等。在福建局的大力推动下，邮政业相关末端基础设施分别被列为"完善类"和"提升类"改造内容，为今后补齐邮政业末端基础设施建设短板，更好解决老旧小区邮件快件"投递难"问题做出顶层设计提供制度保障。

福建明确邮政快递业禁限塑目标

9月，福建省发展和改革委员会、福建省生态环境厅印发《福建省关于进一步加强塑料污染治理实施方案的通知》，对邮政快递业塑料污染治理提出明确要求。通知明确要禁止、限制使用快递塑料包装，到2020年底前，可降解的绿色包装材料应用比例提高到50%。到2022年底前，全省邮政快递网点禁止使用不可降解的塑料包装袋、一次性塑料编织袋等，降低不可降解的塑料胶带使用量。到2025年底前，全省邮政快递网点禁止使用不可降解的塑料包装袋、塑料胶带、一次性塑料编织袋等。

泉州快递小哥林海原被评为全国"最美快递员"

9月29日，第四届"中国梦·邮政情　寻找最美快递员"活动揭晓发布会在北京隆重举行，泉州百世快递北峰分部的一线快递员林海原荣获"最美快递员"称号，这也是本届"寻找最美快递员"活动中，唯一获奖的福建省快递员。

福建省2020年邮政行业职业技能竞赛成功举办

10月，福建省2020年邮政行业职业技能竞赛顺利举办，来自全省9地市代表队27名快递员参加。经过激烈地比拼，最终泉州市邮政管理局、福州市邮政管理局、宁德市邮政管理局等3支代表队分别获得团体一、二、三等奖，厦门市邮政管理局、漳州市邮政管理局、莆田市邮政管理局、南平市邮政管理局、三明市邮政管理局、龙岩市邮政管理局等6支代表队获得优秀组织奖，福州顺丰速运有限公司刘栋银荣获个人一等奖，泉州顺丰运输有限公司康振堃、中国邮政集团公司三明市分公司梁璐宇分别荣获个人二等奖，中国邮政集团有限公司漳州市分公司游德凯、中国邮政集团股份有限公司龙岩市分公司林思亮、宁德市顺丰速运有限公司杨春伟分别荣获个人三等奖。

福建省地方标准《智能信包箱技术规范》获批发布

10月，地方标准《智能信包箱技术规范》获福建省市场监督管理局批准发布。该标准是继《智能快件箱运营服务规范》地方标准之后，由福建省邮政管理局主导制定的第二项省级地方标准。该标准的出台，对下一步智能信包箱的规范化建设将发挥引领导向作用，对完善与提升智能信包箱的运用水平、保障邮政普遍服务需要和解决快递包裹末端投递方面具有重要的现实意义。

阿里巴巴集团与厦门市深化战略合作

10月23日,厦门市与阿里巴巴集团举办深化战略合作协议签约暨合作项目启动仪式。福建省委副书记、厦门市委书记胡昌升,阿里巴巴集团合伙人、公共事务总裁闻佳等双方高层领导出席活动。此次专场活动上,厦门市与阿里巴巴集团各业务板块签署和启动多个项目。签署的11个合作项目包括:数字城市建设、阿里大文娱、数字生活新服务、数字城管一网统管、城市大脑空间底板、“春暖花开·康来厦门”文旅消费方案、飞猪全面合作、飞猪旅游直播基地、闲鱼小镇、支付宝医保合作、哈啰出行智慧出行合作等。未来,阿里巴巴集团将在数字城市建设、文化、旅游、娱乐、体育、促进消费、电商直播等领域与厦门开展深度合作。

厦门市翔安区与苏宁签署战略合作协议

11月2日,福建省委副书记、厦门市委书记胡昌升带队到南京苏宁总部考察调研,其间厦门市翔安区人民政府与苏宁置业集团签署战略合作协议苏宁将在厦门持续落地零售新场景、新业态,助力厦门消费升级。打造包括苏宁广场、苏宁易购广场等行业顶级的智慧零售综合体,推动厦门新型消费的发展,推动城乡市场的消费繁荣。与此同时,苏宁还将利用好厦门作为国家物流枢纽的战略定位,加大智慧物流项目的建设,打造自动化程度更高、服务承载能力更强、辐射范围更广的大型智慧物流基地,助力厦门物流产业的提档升级。

福建局出台行业塑料污染治理三年方案

11月,福建省邮政管理局出台《福建省邮政快递业塑料污染治理工作三年实施方案(2020－2022)》,对全省行业塑料污染治理提出明确要求并细化工作措施。方案从源头减量、替代包装、供给引导、机制完善4个方面提出具体要求,提出要充分发挥市场对资源配置的决定性作用,鼓励有利于规范回收和循环利用、减少塑料污染的新业态新模式。方案还对自然灾害、事故灾害、公共卫生事件和社会安全事件等重大突发公共事件期间,行业一次性塑料制品使用做了规定。

韵达福建(永安)电商产业园项目开工

11月18日,韵达福建(永安)电商产业园项目举行开工仪式。韵达董事长聂腾云,三明市政协副主席、永安市委书记蒋先东分别致辞。永安市委副书记、市长温欣传,市邮政管理局局长叶小菁等领导、嘉宾共同为项目奠基。韵达福建(永安)电子商务产业园项目位于永安市石墨和石墨烯产业园福川片区(永安贡川镇),是永安重大招商引资项目和三明市五个一批重点项目,是永安现代物流业补短板的重要突破口。该项目将以永安为节点,开展供应链、智能化快递快运、电商仓储及大数据结算等现代物流业务。项目建成后将充分发挥永安的地理优势,促进地区经济可持续发展,为现代物流业发展提供有力支撑。

福建推广厦门顺丰承担运营的跨部门涉案财物管理模式

11月,福建省政府印发《关于推广福建自贸试验区第八批可复制创新成果的通知》,将福建自贸试验区第八批23项改革创新成果在省内复制推广。厦门顺丰承担运营的“跨部门涉案财物集中管理模式”位列其中。

省委书记点赞快递小哥

11月,福建省抗击新冠肺炎疫情表彰大会在福州隆重举行,表彰福建省为抗击新冠肺炎疫情作出重大贡献的先进个人和先进集体。福州邮区中心局职工郭文荣获福建省抗击新冠肺炎疫情先进个人、中国邮政集团有限公司福建省福州邮区中心局党委荣获福建省抗击新冠肺炎疫情先进集体。福建省委书记于伟国出席并讲话,他说:“我们永远不会忘记——在党和人民最需要的时候,医务工作者……,快递小哥起早贪黑、风雨无阻,……经受住了抗疫的洗礼和淬炼。这些动人场景和感人故事，永远铭记在全省人民的心中，永远镌刻在八闽大地上。”

福建省首个邮政行业人才培养基地获批

根据《全国邮政行业人才培养基地遴选和管理办法》，福建省邮政管理局充分发挥闽江学院的专业优势和教学资源，加强合作积极参与第三批全国邮政行业人才培养基地遴选的推荐和申报。经国家邮政局的审批和公示，福建省闽江学院与全国其他11所院校获批成为第三批全国邮政行业人才培养基地。

福建省邮政业安全监管支撑体系实现省市全覆盖

12月，随着南平市邮政业安全中心获批成立，福建省级以及9个设区市已全部批复成立邮政业安全监管支撑机构。

厦门出台工伤康复管理办法

12月，厦门市人社局公布《厦门市工伤康复管理办法》，自2021年1月1日起施行，工伤职工可在临床治疗完成后申请工伤康复，有助于恢复伤后生活自理能力、职业劳动能力和社会生活能力。办法的出台将为快递从业人员提供强有力权益保障与支持。

福建省邮政快递行业4个人获全国交通运输系统抗疫表彰

12月8日，福建省邮政管理局组织召开了福建省邮政快递行业全国交通运输系统抗击新冠肺炎疫情先进个人颁奖仪式，福建省邮政管理局市场监管处三级主任科员宋林华、中国邮政集团有限公司福建省福州邮区中心分公司长途驾驶员鄢春晖、福州顺丰速运有限公司营运部负责人梁建文、大田县韵达快递服务有限公司总经理连宝洲4位同志获得表彰。

福州印发“中国快递示范城市”实施方案

12月，福州市人民政府办公厅印发了《福州市创建“中国快递示范城市”实施方案（2020－2022）》。方案围绕“至2022年，快递业务量超过5.5亿件，快递业务收入超过57亿元，新增就业岗位1000个以上，支撑网上零售额275亿元以上”的具体目标，制定了“加快快递服务创新升级、促进关联产业深度协同、拓展对台合作及跨境寄递业务和推动快递业高水平保障发展”四项主要任务。同时为确保创建工作顺利开展，方案还配套出台了四项保障措施。

江西省快递发展大事记

江西省实现规范快递电动三轮车通行管理政策全覆盖

1月，随着上饶市邮政管理局联合当地交管部门出台规范寄递三轮车管理的意见，江西省实现规范快递电动三轮车通行管理政策全覆盖。

邮政助力电商扶贫被评省优秀网络扶贫创新案例

1月，中共江西省委网络安全和信息化委员会办公室公布了“2019年江西省优秀网络扶贫创新案例”征集评选活动结果，“邮政助力电商扶贫”项目成功入选。

江西局撤销全部14个原交通不便边远地区建制村的划定

1月，江西省邮政管理局组织赣州、吉安等市局，对14个原交通不便的边远地区建制村直接通邮情况开展了实地核查。根据核查结果并研究同意,决定撤销全部 14 个原交通不便的边远地区建制村的划定,这意味着全省 16766 个建制村邮件投递频次和深度全部达到国家标准。

吴晓军副省长批示肯定全省邮政管理工作成效

1 月,江西省委常委、副省长吴晓军在省邮政管理局关于 2019 年度全省邮政管理工作情况的报告上作出批示,充分肯定全省邮政管理工作和邮政业发展成效。吴晓军要求,新的一年,望再接再厉,对标全面建成与小康社会相适应的现代邮政业目标,进一步提升行业治理体系和治理能力现代化水平,进一步优化完善邮政快递服务网络,加快推进“两进一出”工程,努力为建设富裕美丽幸福现代化江西作出新的贡献。

江西省政府工作报告多次提及邮政业相关内容

1 月,江西省第十三届人民代表大会第四次会议召开,江西省省长易炼红作政府工作报告,多次提及邮政业相关内容。“国际邮快件中心开通、南昌入选中国快递示范城市”“实施城乡高效配送专项行动,推进冷链物流骨干网建设,完善物流末端基础设施,畅通‘工业品下乡,农产品进城双向通道’”等邮政快递元素写入 2020 年省政府工作报告。

江西局被纳入复工复产的保障单位

1 月,江西省新型冠状病毒感染的肺炎疫情防控应急指挥部保障组将省邮政管理局纳入支持省内重点医疗应急防控物资生产企业复工复产的保障单位,希望邮政管理部门根据职能在企业的运输流通方面给予支持。

多部门联合在疫情期间推广电商消费无接触配送服务

2 月,江西省邮政管理局与省商务厅、省供销合作社联合印发《关于加快推广电商消费无接触配送服务的通知》,支持启动“战疫情电商消费无接触配送平台”,鼓励在疫情期间提供同城生活用品线上购买、配送到社区村组、手机收发快递等便民服务。

江西省发文要求保障邮政快递企业复工复产

2 月,江西省新型冠状病毒肺炎疫情防控应急指挥部印发《关于对邮政快递企业复工保畅通的紧急通知》,确保邮政快递业迅速复工复产、恢复生产生活物资正常配送、保障人民生活需要。通知指出,当前是疫情防控的关键时期,邮政、快递承担着社会基本公共服务功能,是疫情防控期间的重点服务行业,对于保障经济正常运转和人民正常生活有着重要意义。

吴晓军副省长批示肯定全省邮政系统在疫情防控阻击战中作出的贡献

2 月,江西省委常委、副省长吴晓军作出批示,充分肯定全省邮政系统在疫情防控阻击战中作出的贡献。吴晓军在批示中指出,在这次疫情防控阻击战中,全省邮政系统广大员工积极担当、主动服务、靠前服务,开辟绿色寄递渠道、免费运送,为全省防疫物资及时运送、群众生活必需品配送,支持企业复工复产作出了重大贡献。特向同志们表示感谢。吴晓军要求,省发展改革委支持协调保障邮政系统防护物资和服务网点复工复产。

江西省邮政业基础设施项目被纳入 2020 年省重点建设项目

2 月,江西省发展改革委下达 2020 年第一批省重点建设项目计划。韵达江西快递电商总部基地项目(进贤县)、昌北机场空侧邮件综合处理中心、顺丰物流创新园区(赣州经开区)等三个邮政业基础设施项目列入其中,有关工作推进情况已纳入高质量发展年度考核。

江西邮政向省疫情防控应急指挥部提供疫情防控期间定向免费运输服务

3 月 1 日,江西省新型冠状病毒感染的肺炎疫情防控应急指挥部办公室与省邮政分公司签订新冠肺炎疫情防疫物资运输服务协议。根据协议，省邮政分公司将免费为全省援鄂医疗队运输省级拨付防护物资、爱心企业及单位捐赠等物资。

江西省出台实现全年经济社会发展目标实施意见

3月，江西省人民政府印发《关于抢时间保进度强弱项补缺口努力实现全年经济社会发展目标的实施意见》，邮政业获政策利好。实施意见提出，一是进一步推进交通物流畅通工程，支持各类物流企业加强运力调配和仓储配送，鼓励快递企业创新业态形式，扩大服务范围，全力保障生产生活资料运输供应。二是要落实减负政策，全面落实国家系列减税降费和全省以“稳增长20条”为统领的“1+N”政策体系。督促相关部门进一步细化配套举措，主动上门服务，推动社保减免、税费优惠、租金减免、投资补助等系列政策落地见效。百世、德邦等品牌省级快递企业可获得租金减免近500万元。三是创新优化服务方式，对涉及疫情防控的重大项目、重点物资、生活必需品生产运输企业，压缩办理时限、简化办事流程，采取“容缺受理”“承诺+备案”方式，特事特办、快办快审。

江西省出台《禁止交易和食用野生动物办法》

3月，江西省省长易炼红签发第224号江西省人民政府令，在全省正式施行《江西省禁止非法交易和食用野生动物办法》。办法强化对非法交易和食用野生动物的监督管理，明确了邮政管理部门的监督管理职责，规定了快递等经营者的法定义务和法律责任。

江西省印发推动物流高质量发展三年行动计划

4月，江西省人民政府办公厅印发《江西省推动物流高质量发展促进形成强大国内市场三年行动计划（2020－2022年）》，邮政快递业获利好。行动计划提出，一是构建城乡高效配送体系；二是完善农村物流网络；三是发挥物流业对农业的支撑作用；四是推动物流智能化改造；五是推广绿色包装标准化；六是深化物流领域“放管服”改革；七是强化配送车辆便利通行。

吴忠琼副省长调研省邮政管理和行业发展工作

4月16日，江西省政府副省长吴忠琼一行深入省邮政管理局和部分邮政快递企业，就全省邮政管理工作和邮政快递业发展进行实地调研。调研期间，吴忠琼充分肯定了江西省邮政管理局的工作成效和全省邮政快递业的发展成绩。吴忠琼强调，随着疫情好转，线上经济等新业态不断迸发，社会对邮政快递服务的需求更大，行业将会有更大的作为。吴忠琼就做好行业监管和行业发展提出三点希望和要求。

江西邮政快递业被列入商贸物流重点产业链

4月，江西省政府办公厅印发《关于实施产业链链长制工作方案的通知》，建立链长制工作推进体系。邮政快递业被列入商贸物流重点产业链，由江西省邮政管理局负责提供业务支撑。

江西局部署实施“快递进村”三年行动

5月，江西省邮政管理局印发《江西省“快递进村”三年行动实施方案》，在全省部署实施“快递进村”三年行动。方案指出，“快递进村”工作的主要任务是通过推动快递企业采取邮快合作、快快合作、驻村设点、交快合作等模式，实现快递服务直接通达建制村。方案提出，到2020年底，南昌、新余、萍乡、景德镇、鹰潭地区快递服务建制村直接通达率达到60%，其他地区达到50%；到2021年底，南昌、新余、萍乡、景德镇、鹰潭地区快递服务建制村直接通达率达到90%，其他地区达到85%；到2022年底，全省建制村快递服务直接通达率做到全覆盖。全省农村快递服务深度显著增强，县、乡、村快递服务体系逐步建立，城乡之间流通渠道基本畅通，符合条件的建制村基本实现“村村通快递”。

省新冠肺炎疫情防控应急指挥部致信感谢江西局

5月,江西省新冠肺炎疫情防控应急指挥部向省邮政管理局发来感谢信,高度肯定全省邮政快递业疫情防控工作成效,为决战决胜抗疫战争增添了强劲的动力,感谢省邮政管理局的慷慨解囊和无私帮助,并致以崇高敬意。省新冠肺炎疫情防控应急指挥部在感谢信中指出,在这场没有硝烟的战争中,省邮政管理局以“铁肩担道义”的拳拳之心,克服万难,倾情奉献,慷慨相助,通过红十字会、慈善总会等各种渠道捐款、捐物,以实际行动传递着人间大爱,有力支持着江西疫情防控工作。

江西局联合省商务厅深入推进快递电商协同发展

5月26日,江西省邮政管理局党组书记、局长魏遵红带队走访省商务厅,就进一步深化部门合作、共同做好商贸物流产业链链长制工作和促进快递电商协同发展等进行座谈,充分交换意见,达成共识。

江西局赴快递企业总部招商引资和推介省产汽车

5月,江西省邮政管理局主要领导带队赴上海调研走访了中通、韵达、德邦、圆通、极兔、申通等6家快递企业总部,积极宣传江西“四最”营商环境和优越的招商引资政策,重点推介江铃新能源汽车,得到了各快递企业总部的一致好评和积极响应,并取得明显成效。

开展绿色快递行动被纳入省城市生活垃圾分类工作要点

5月,江西省垃圾治理工作厅际联席会议办公室印发《江西省城市生活垃圾分类2020年工作要点》和《江西省城市垃圾分类工作2020年度考核方案》,明确将开展绿色快递行动作为重点工作予以推动,并纳入年度工作考核中。文件提出,要加强监督管理,引导和支持推广应用环保包装产品,加强物料管理和先进包装技术应用,减少包装废弃物的产生,开展绿色快递行动,促进快递包装物的减量化和循环使用。

江西省实施数字乡村发展战略利好邮政快递业

5月,江西省委、省政府印发《江西省实施数字乡村发展战略的意见》,邮政快递业获利好。意见提出,一是全面构建农村智慧物流网络,实现农产品运输、调度、冷链温控的全链条管理,鼓励乡村传统商贸站点(市场)信息化、数字化转型升级。二是持续推进“普惠邮政”建设,打造邮政服务综合平台。三是发展绿色运输、绿色仓储、绿色配送,推动农村邮件、快件包装和填充物绿色材料替代进程,完善农村可回收寄递物材循环机制和废弃物无害化处理机制。

江西省邮政基础设施建设获政策支持

6月,江西省人民政府出台了《关于促进乡村产业振兴的实施意见》,省邮政快递业在基础设施建设方面获政策支持。实施意见明确,依托新农村建设,统筹开展村庄整治建设,完善村庄“七改三网”基础设施和“8+4”公共服务配套,加强村级邮政快递服务站等邮政基础设施建设,改善村庄人居环境,支持有条件的发展特色产业。

江西局组织签订邮快合作下乡进村战略框架协议

6月10日,江西省邮政分公司与顺丰、圆通、申通、中通、百世、韵达、京东、苏宁、德邦、优速、极兔等11家主要品牌快递企业正式签署了合作下乡进村战略框架协议,标志着我省从“邮快合作下乡”迈向了“邮快合作进村”的工作新进程。

快递包装治理被列为江西省塑料污染治理重要工作任务

6月，经江西省人民政府同意，省发展改革委与省生态环境厅联合印发《江西省加强塑料污染治理的实施方案》，明确快递包装治理作为重点工作任务予以推进，并纳入年度工作考核中。

邮政快递业两单位入选江西抗疫贡献企业

7月10日，第二届江西年度经济大事、经济人物、功勋企业推荐发布会在南昌举行。发布会上，中国邮政集团有限公司江西省分公司、江西顺丰速运有限公司两家邮政快递企业入选“江西抗疫贡献企业”名单。

江西省印发工作方案推进邮政快递产业链发展

7月，江西省工业强省建设工作领导小组办公室印发了《2020年度商贸物流产业链链长制工作方案》，部署推进邮政快递产业链发展。工作方案提出，通过大力实施商贸物流产业链链长制，打造一批特色鲜明、影响力大的产业集群、龙头企业和先进模式，推动商贸物流产业链沿着集约化、信息化、标准化方向发展。2020年，邮政快递业务量达到9.5亿件，增长23%；业务收入到达100亿元，增长21%。

江西推进省快递业“两进一出”工程实施意见出台

7月，江西省政府办公厅印发《关于推进快递业“两进一出”工程的实施意见》，加快推进“快递进村”“快递进厂”“快递出海”工程，切实提升快递业服务经济社会发展能力。实施意见提出，到2025年底，建成中部快递产业高地，快递服务农村经济发展、工业制造业升级、跨境商贸流通等方面的能力得到大幅提升。打造快递深度协同产业链10个，培育“快递+”重点项目100个，服务大型电商企业1000家，建成农村电商快递服务站1万个，各类工业园区实现快递基础设施全覆盖。全面打通“工业品下乡”“农产品进城”通道。织密国际快递网络，航空口岸直封直发出境。发往海外的快件寄递时限大幅缩短，东亚及东南亚地区实现两日达，满足跨境寄递服务需求。

江西省邮政快递企业获评2020－2021年度省级电子商务示范企业

为加快推动全省电子商务企业持续创新和规范发展，江西省商务厅开展了省级电子商务示范企业创建工作。通过申报、核查、评审、公示等流程，江西京邦达供应链管理有限公司、江西顺丰速运有限公司获评配套服务型电子商务示范企业，中国邮政集团有限公司江西省分公司获评平台型电子商务示范企业。

邮政快递业多项内容被列入2020年省生活垃圾分类工作

7月，江西省生活垃圾分类工作领导小组召开2020年全省生活垃圾分类工作推进视频会议，部署今年全省生活垃圾分类工作重点任务，印发《工作要点任务清单》，涉及邮政快递业多项内容列入其中。工作要点任务清单在抓好源头减量方面提出，鼓励采用先进工艺设备，改进产品包装和限制过度包装；大力开展“绿色快递”行动，促进快递包装物的减量化和循环使用。在完善健全制度方面提出，不仅要针对垃圾分类本身立法，而且要针对垃圾综合管理进行立法，特别是对清洁生产、减少快递包装等垃圾减量化工作提出要求。

江西分宜交邮快合作列入省政协调研报告典型案例

自2020年2月以来，江西省政协深入开展“推进乡村产业发展，巩固脱贫攻坚成果”课题调研，并形成《推进乡村产业发展巩固脱贫攻坚成果的主要难题与对策建议》的调研报告。其中，新余市分宜县交邮快合作模式作为对策建议的可学鉴典型案例之一列入调研报告。新余市分宜县交邮快合作模式,由县邮政企业作为主要实施单位,整合各快递企业,在县公交物流园建成1个电子商务物流仓储中心,县城区域设立40个网格化社区快递服务点,依托乡镇快递建成10家电子商务综合服务站和59家村级快递揽投点。分拣分发转运作业采用“农村公交客运+”模式,投递作业采用“邮政农村普遍服务投递+”模式。整合后,人均投递量增加50%以上,投递费用由单件1~2元下降到现在的0.1~0.2元,投递时限由原来的2~4天变成了现在最快当日到达。

30家邮政快递企业被确定为省级青年文明号创建集体

8月,江西省创建青年文明号活动组委会办公室明确2019－2020年度省级青年文明号创建集体。此轮创建活动首次单列了邮政系统和省快递行业协会两个创建集体,共有30家邮政快递企业顺利入围。

多部门联合贯彻落实快递包装标准工作

8月,江西省邮政管理局积极主动作为,联合省财政厅、省生态环境厅转发《财政部办公厅生态环境部办公厅国家邮政局办公室关于印发〈商品包装政府采购需求标准(试行)〉〈快递包装政府采购需求标准(试行)〉的通知》。通知要求,政府采购货物、工程和服务项目中涉及商品包装和快递包装的,要参考包装需求标准,在采购文件中明确政府采购供应商提供产品及相关快递服务的具体包装要求。采购文件对商品包装和快递包装提出具体要求的,政府采购合同应当载明对政府采购供应商提供产品及相关快递服务的具体包装要求和履约验收相关条款,必要时要求中标、成交供应商在履约验收环节出具检测报告。政府采购协议供货、定点采购项目和电子卖场也要积极推广应用包装需求标准,对商品包装和快递包装符合包装需求标准的产品加挂标识,引导采购人优先选择。

吴忠琼副省长调研推动快递物流高质量发展

8月18日,江铃汽车与韵达公司战略合作千台交车暨韵达江西进贤转运中心正式运营仪式举行,江西省委常委、副省长、商贸物流产业链链长吴忠琼出席仪式并在转运中心调研,推动快递物流高质量发展。吴忠琼详细了解韵达江西进贤转运中心快递、仓储、供应链等情况,对中心现代化、智能化、自动化物流模式给予肯定。她指出,商贸物流是工业生产的重要环节,也是服务业链条的重要组成部分。江铃汽车与韵达公司启动深度合作,共同为构建更加高效便捷的城市配送物流服务贡献力量,是江西本土汽车制造业和快递物流业融合联动的合作典范。

吴忠琼副省长批示肯定全省邮政管理工作成效

8月,江西省委常委、副省长吴忠琼在省邮政管理局呈送的2020年上半年工作情况书面报告上作出批示,充分肯定全省邮政管理工作成效,并冀望再接再厉、再作贡献。批示指出,省邮政管理局积极主动作为,尽锐出战,服务老区精准脱贫和经济社会发展成效突显,特向你们表示衷心感谢!望再接再厉,迎难而上,坚定信心,稳扎稳打,为确保完成全年目标任务作出应有贡献。

江西局部署开展快递包装领域“禁塑”“限塑”专项治理行动

8月,江西省邮政管理局印发《江西省快递包装领域“禁塑”“限塑”专项治理行动工作方案》,在全省部署开展专项治理行动。

江西局联合多部门开展寄递渠道禁毒专项整治行动

8月,江西省邮政管理局与省公安厅、省禁毒委员会办公室联合印发《江西省开展寄递渠道禁毒专项整治行动实施方案》,深入开展全省寄递渠道禁毒专项整治行动。实施方案明确了信息共享、线索移送、协助调查取证、联合监督检查、培训教育协作、严格落实奖惩等六项具体措施，强调要以习近平新时代中国特色社会主义思想为指导，督促寄递企业严格落实"收寄验视、实名收寄、过机安检"三项制度，提高从业人员守法意识和识毒能力，依法查处和打击制毒、贩毒和寄递毒品、易制毒化学品的违法违规行为，巩固完善企业主责、部门联动、公众参与、社会共治的长效治理机制。

江西省出台促进消费扩容提质形成强大消费市场重点工作分工

9月，江西省发展改革委印发《江西省促进消费扩容提质形成强大消费市场近期重点工作分工安排》，多项措施惠及邮政快递业。分工安排提出，深入推进城乡高效配送专项行动，指导国家级城乡配送试点城市和省级城乡配送试点城市，建设城市物流中心、县级物流园、乡镇服务网点三级配送网络，加强配送基础设施建设。充分发挥邮政系统、供销合作社系统现有农村网点布局优势，加快实施"邮政在乡"、升级"快递下乡"。分工安排还提出，大力推动"畅通工程"，指导各地科学编制城市配送规划，将停靠、装卸等作业设施纳入城市配送专项规划范围内。指导各地制定和出台《城市配送车辆通行管理办法》，建立通行证网上申请制度，将纯电动轻型货车纳入末端配送车辆。

多个邮政快递业项目纳入省新型基建项目三年行动计划

9月，江西省政府办公厅印发《江西省新型基础设施项目建设三年行动计划（2020－2022年）》，旨在充分发挥新型基础设施基础性、先导性作用，推动江西省高质量跨越式发展。涉及邮政快递业多个项目纳入其中。行动计划提出，推广集约高效的智能物流设施。实施物流"智能化"提升行动，推进南昌、赣州、九江、鹰潭等地智慧物流、无人机物流、多式联运等试点示范建设，加快菜鸟、京东、苏宁等智能物流项目建设，发展智能化仓储、运输和配送。发展综合性智能物流服务平台，集聚整合分散的社会物流资源，加快构建县乡村三级智慧物流网络。其中公布的第一批重大项目中，有苏宁易购江西电商物流中心、韵达江西快递电商总部基地、昌北机场空侧综合邮件处理中心、京东"亚洲一号"南昌向塘物流园、京东九江数字创新园等一批涉及邮政快递业项目。

江西顺丰陈绍梅入围第四届寻找最美快递员活动50强

9月29日，第四届"中国梦·邮政情　寻找最美快递员"活动揭晓发布会在北京举行。经江西省邮政管理局组织推荐，江西顺丰陈绍梅入围寻找最美快递员活动50强。

国家邮政局干部党性教育基地授牌仪式井冈山举行

11月18日，国家邮政局干部党性教育基地授牌仪式在井冈山全国青少年井冈山革命传统教育基地举行，江西省邮政管理局党组书记、局长魏遵红受国家邮政局委托前往授牌，全国青少年教育基地主任张健为出席授牌仪式，参加授牌仪式的还有江西省邮政管理局、吉安市邮政管理局以及全国青少年教育基地的相关同志。

江西局制定省邮政快递业新冠肺炎疫情监测预警方案

11月，江西省邮政管理局根据《江西省新冠肺炎等传染病疫情监测多点触发预警机制指导意见》精神，结合邮政快递业特点制定了《江西省邮政快递业新冠肺炎疫情监测预警方案》。方案从人员监测、环境监测、信息共享、应急响应四个方面的内容提出要求。

江西省出台交通强省建设意见助力邮政快递业高质量发展

11月，中共江西省委、江西省人民政府出台了

《关于推进交通强省建设的意见》,邮政快递业获利好。意见强调,要进一步完善大物流体系建设,将邮政快递业的发展与全省的基础设施规划、城乡融合发展、经济双循环体系建设结合起来,在不断完善城市邮政快递业服务设施,提升行业服务质量和水平的同时,加大对乡村地区的政策、资金、人才投入力度,重点推进快递物流园区设区市全覆盖、快递物流中心县级全覆盖、快递超市乡镇全覆盖、邮件快件转接点建制村全覆盖,充分发挥城市产业发展的溢出效应,构建点线面三位一体,城市—乡镇—建制村三级紧密衔接、运行有序、安全高效的邮政快递业服务网络。

江西省出台大南昌都市圈综合交通规划

11 月,经江西省政府同意,省交通运输厅印发《大南昌都市圈综合交通规划(2019－2025 年)》,邮政快递业多项内容被纳入其中,获政策利好。交通规划提出,要积极推动特色产业现代物流园区建设。加强分类管理和分层错位发展,推进传统货运站场向现代物流枢纽转变,科学合理布局货运枢纽、生产服务型、商贸服务型、口岸服务型和综合服务型物流园区,以及农产品、农资、钢铁、煤炭、危化品、汽车、医药、出版物、冷链、快递等专业物流园区。实施昌北机场国际空港工程,加快推进昌北机场空侧综合邮件处理中心建设项目,提升南昌国际邮(快)件处理中心综合服务保障能力,进一步拓展国际邮路资源。

邮政快递业内容被纳入省“十四五”规划和二〇三五年远景目标

11 月,中共江西省委十四届十二次全体会议在南昌顺利召开,审议通过了《江西省国民经济和社会发展第十四个五年规划和二〇三五年远景目标的建议》,邮政快递业多项内容纳入其中。建议提出,要建设中部地区现代物流中心。大力建设“通道+枢纽+网络”现代物流体系,形成内外联通、相互衔接、安全高效的物流网络。促进物流业与制造业、农业融合发展,推动物流供应链创新,积极发展冷链物流、智慧物流、应急物流。引进培育一批在国内外有竞争力的现代物流企业。建议明确,要加快推进跨境电商综合试验区、服务外包示范城市和国际邮快件监管中心等专业平台建设。建议强调,要实施乡村建设行动,持续开展村庄整治和美丽宜居示范建设,进一步完善乡村基础设施,重点提高自来水、公共照明、客运、快递网点等覆盖面。

邮政快递末端基础设施被纳入省城镇老旧小区改造工作

12 月,江西省出台《关于全面推进城镇老旧小区改造工作的实施意见》,邮政快递末端基础设施被纳入改造任务,获得政策支持。实施意见明确,改造建设配套设施包括改造或建设小区及周边绿化设施、适老设施、无障碍设施、停车库(场)、电动自行车及汽车充电设施、智能快件箱、智能信包箱、文化休闲设施、体育健身设施、物业用房等配套设施。要做到能改尽改,财政资金可通过“以奖代补”的形式支持上述设施的改造。实施意见提出,积极推进公共服务设施配套建设及其智慧化改造,包括改造和建设小区及周边的社区综合服务设施、卫生服务站等公共卫生设施、幼儿园等教育设施、养老服务设施、周界防护等智能感知设施,以及托育、助餐、家政保洁、便民市场、便利店、邮政快递末端综合服务站等社区专项服务设施。要结合周边区域特点,按照 15 分钟生活圈要求,发挥财政资金的引导作用,吸引社会资本参与上述设施的建设、改造和运营。

多部门联合开展城市住宅社区建设补短板行动

12 月,江西省邮政管理局联合住建、教育等 14 部门印发《城市居住社区建设补短板行动方案》,以完善居住社区配套设施为着力点,不断提升居住社区建设质量、服务水平和管理能力,切实增强人民群众获得感、幸福感、安全感。行动方案明确，建设多个邮件和快件寄递服务设施是便民商业服务设施健全的重要内容，也是完整居住社区建设标准之一。邮政管理部门要加强对居住社区快递末端网点的监督管理。行动方案强调，要建设多组智能信包箱、智能快递箱，提供邮件快件收寄、投递服务，格口数量为社区日均投递量的1～1.3倍。新建居住社区应建设使用面积不小于15平方米的邮政快递末端综合服务站。城镇老旧小区等受场地条件约束的既有居住社区，因地制宜建设邮政快递末端综合服务站。

邮政快递业多项工作被纳入省委经济工作会议部署

12月，江西省委召开经济工作会议，总结2020年经济工作，分析当前经济形势，部署2021年经济工作，邮政快递业多项工作被纳入其中。会议提出，要畅通物流“微循环”，大力发展冷链物流、智慧物流、共享物流、应急物流，开工建设中国邮政鹰潭邮件处理及物流仓储中心等物流项目。实施城乡高效配送专项行动，实现乡村物流集中配送网络全覆盖。会议明确，鼓励发展无接触交易服务，支持在居民小区设立快递收发站、自提点、自提柜等设施。加强城乡物流末端网点设施建设，着力畅通扩大内需的“毛细血管”。

中国邮政昌北机场空侧南昌邮件处理中心工程开工

12月30日12时28分，江西省委常委、副省长吴忠琼郑重宣布昌北机场空侧南昌邮件处理中心工程开工，这标志着中国邮政近年来最大的省级投资项目落地南昌。中国邮政集团有限公司党组书记、董事长刘爱力出席开工仪式。昌北机场空侧南昌邮件处理中心建成后，将形成“快递电商包裹+供应链物流”的综合体，集国内和国际、航空和陆运、进口和出口、邮件和物流、邮关和商关、电商云仓合为一体，以交通（邮政陆运、航运）促进流通，以物流带动商流，以商流聚集客流，优化营商环境，全力支持江西融入“一带一路”国际合作，为新时代江西改革发展和革命老区高质量发展作出贡献。

江西省人民政府与中国邮政集团有限公司签署战略合作框架协议

12月30日，江西省人民政府与中国邮政集团有限公司在南昌签署战略合作框架协议。江西省委副书记、省长易炼红会见中国邮政集团有限公司党组书记、董事长刘爱力一行，并共同出席签约仪式。江西省委常委、副省长吴忠琼与中国邮政集团有限公司党组成员、副总经理温少祺代表双方签约。根据协议，双方将发挥各自优势，在金融服务、电子商务、现代物流、公共服务、文化旅游和邮政基础设施建设等领域深化合作。

江西局与省工信厅签订合作框架协议

12月，江西省邮政管理局和江西省工业和信息化厅签订合作框架协议，推动全省快递业与制造业融合发展，做优做大“江西制造”品牌，构建与全省制造业高质量发展相适应的快递物流服务体系，为实现经济高质量发展提供重要支撑。协议明确坚持优势互补、互利共赢，坚持重点突出、务实推进，坚持政府引导、企业主体的原则，建立高层对接机制和日常协调机制，抓好协议落实落地，共同支持快递业与制造业深度融合发展。协议提出，省工信厅要支持快递进驻工业园区，支持制造业企业打造智慧物流，支持快递装备制造业发展；省邮政管理局要支持发展制造业供应链物流，支持推广应用“江西制造”产品，支持快递服务工业电商发展。

山东省快递发展大事记

山东市级邮政业安全中心建设实现全覆盖

1月,随着菏泽市邮政业安全中心正式获批成立,山东省成为全国第三个实现市级安全中心建设全覆盖的省份,“1+16”的省、市邮政业安全监管支撑体系搭建完成。

凌文副省长批示充分肯定全省邮政业发展

1月,山东省政府副省长凌文对山东省邮政管理工作作出批示,充分肯定邮政管理和邮政业发展成效,对2020年工作提出要求。凌文指出,2019年,全省邮政行业务实担当、奋勇争先,大力推动行业高质量发展,取得可喜成绩,向大家表示祝贺!凌文要求,2020年,希望紧紧服务于全省经济社会发展大局,坚持高标准、创一流,进一步加强行业管理,奋力开创邮政强省建设新局面。

山东各市局为寄递车辆办理疫情应急保障通行证

1月,山东省济宁、德州、泰安、枣庄、济南等6市局,主动对接、积极协调,为邮政快递车辆办理应急保障通行证171张,进一步畅通寄递“绿色通道”。

山东省政府重点保障邮政快递优先复工复产

2月,山东省政府办公厅召集有关厅局专题研究邮政快递业优先复工问题。11日,山东省委新型冠状病毒感染的肺炎疫情处置工作领导小组(指挥部)下发《关于保障快递及生活保供类电商企业正常运行的通知》,强调要充分发挥邮政快递及生活保供类电商企业优势作用,促进其成为抗击疫情、稳定市场、保障民生、发展经济的重要力量,要求省、市、县(市、区)三级层层压实责任,明确责任部门,全力推动邮政快递企业优先复工复产。

山东省政府出台支持生活服务业等健康发展的意见

2月,山东省政府办公厅印发《关于应对新冠肺炎疫情支持生活服务业批发零售业展览业及电影放映业健康发展的若干意见》,邮政业再获减税降费、稳岗补贴、物流费用补助等多项利好。此前,山东省已出台了20条普惠措施应对疫情支持中小企业平稳健康发展,这次意见从加大减税降费力度、实施援企稳岗政策、缓解企业成本压力、加大金融支持力度四个方面又提出18条具体扶持措施,其中多项措施十分有利于邮政业发展。

省委1号文件支持农村邮政快递分拣设施建设

2月,《中共山东省委 山东省人民政府贯彻落实〈中共中央、国务院关于抓好“三农”领域重点工作确保如期实现全面小康的意见〉的实施意见》发布,将支持邮政快递分拣设施建设作为支撑乡村产业发展的6项举措之一。意见围绕打造乡村振兴齐鲁样板,在推动乡村产业高质量发展和农民持续增收方面,明确提出:加强农产品仓储保鲜冷链物流设施建设,支持农业产业化龙头企业、供销社、邮政快递企业等建设产地分拣包装、冷藏保鲜、仓储运输、初加工等设施,对农村保鲜仓储设施用电实行农业生产用电价格政策。为解决农村邮政快递基础设施用地供给困难,意见配套了保障政策,提出将配建的保鲜冷藏、分拣包装等辅助设施用地纳入农用地管理,根据生产实际合理确定辅助设施用地规模上限。

山东局联合省工信厅协同推进快递业与制造业融合发展

5月,山东省邮政管理局联合省工信厅印发通知,加快推动快递业与制造业深度合作,助力全省高质量发展。一是优化推进快递业与制造业融合发展的政策环境。加强两部门密切协调沟通，共同推动解决两业融合发展存在的短板、弱项，加大入厂、入企调研解决问题的力度，为两业融合发展创造良好政策环境。二是以项目建设拉动产业合作。推广邮政EMS服务中国重汽、青岛海尔入厂物流和济南顺丰服务齐鲁制药等融合创新示范项目。围绕我省制造业优势产业，在全省培育一批仓配一体化、入厂物流、国际供应链、海外协同等融合发展的成熟模式，分规模建立项目库。三是鼓励快递企业与制造企业、研究机构加强交流合作和信息数据对接，共享融合发展的经验与成果。支持鼓励相关部门、企业、协会和联盟制定快递业和制造业融合的地方标准、企业标准和团体标准，推动行业融合发展的标准化水平。

山东省邮政快递行业11家集体获评省级青年文明号

5月，共青团山东省委印发《关于命名2017－2018年度山东省青年文明号的决定》，授予青岛市邮政业消费者申诉中心等11家邮政快递业优秀青年集体“山东省青年文明号”荣誉称号。

山东省8市快件代投覆盖863个村

截至6月，淄博、东营、济宁、泰安、德州、聊城、滨州、菏泽8市已试点快件代投覆盖15个县区、45个乡镇的863个村。山东省主要采取四种模式实现邮快合作入村。一是建立“邮快合作”服务站，滨州博兴试点借助第三方系统投递入村；二是签订县级“邮快合作”协议，德州、淄博、东营试点由邮政企业直接代投或者贴单投递入村；三是借助邮政便民服务站，聊城局在阳谷推动村邮站代投快件；四是运用“邮快+”合作模式，济宁、泰安等通过政府支持试点多种方式代投入村。这些邮快合作模式让多方受益，邮政企业赢得了社会效应、保障了经济收益，快递企业降低了进村成本、改善了服务，农村居民得到了便利，受到农村群众的普遍欢迎。

快递包装绿色治理被纳入省加强塑料污染治理实施方案

9月，山东省发展改革委员会、山东省生态环境厅联合印发《山东省进一步加强塑料污染治理实施方案》，将快递包装绿色治理纳入其中，并提出推动快递绿色包装，鼓励在重点场所投放快递包装回收设施。方案指出，要加强快递塑料包装管控，推行绿色环保包装，实施“9792”工程，到2025年底，全省范围邮政快递网点禁止使用不可降解的塑料包装袋、塑料胶带、一次性塑料编织袋等。方案还提出了推动绿色包装，支持快递物流企业在收寄、配送、分拣、运输等环节使用可循环、可折叠包装产品和物流配送工具，推广使用电子运单、循环化封套、绿色环保包装材料和填充物等；优化塑料废弃物等可回收物收运系统，在塑料废物产生量大的场所投放快递包装、外卖餐盒等回收设施等具体措施。

山东全面签订省级合作协议部署邮快合作向纵深发展

10月15日，山东省邮政分公司和顺丰、圆通、韵达、中通、京东等11家主要省级快递企业在山东局视频会议室现场签订了邮快合作战略框架协议。同时，山东省邮政管理局召开了进一步推进全省邮快合作电视电话会议，对下一步加强邮快合作、加快快递进村提出了具体要求。

山东局开展城市居住社区寄递服务设施建设补短板行动

12月，山东省邮政管理局制定下发《关于开展城市居住社区邮件和快件寄递服务设施建设补短板行动通知》，对开展城市居住社区邮件和快件寄递服务设施建设补短板行动提出落实意见。通知指出，到2025年，基本补齐既有居住社区邮件和快件寄递服务设施短板，新建居住社区同步配建多个邮件和快件寄递服务设施，建设让人民群众满意的便民寄递服务体系。

河南省快递发展大事记

刘伟副省长批示肯定全省邮政管理工作

1月18日，河南省副省长刘伟就全省邮政管理工作和行业发展情况作出批示，充分肯定全省邮政管理工作和邮政行业发展新成效，并对2020年工作提出期望。批示指出，2019年，河南省邮政管理局认真贯彻落实国家邮政局和省委、省政府决策部署，扎实开展“不忘初心、牢记使命”主题教育，科学引领行业发展，依法保障寄递安全，在服务民生、助力扶贫攻坚等方面取得积极成效，成绩值得肯定。新的一年，希望全省邮政管理部门深入贯彻落实习近平总书记考察调研河南时的重要讲话精神和关于邮政业的重要指示批示精神，贯彻新发展理念，锐意进取、埋头苦干，深化供给侧结构性改革，注重提高发展质量和效益，着力推动全省邮政业高质量发展，奋力谱写中原更加出彩的邮政新篇章。

河南省政府工作报告为省邮政业发展提供更有力支撑

1月，河南省第十三届人民代表大会第三次会议开幕，时任代省长尹弘在会上作政府工作报告，报告确定的2020年重点工作任务中，邮政、快递业被多次提及，跨境贸易、农村电商等上下游关联产业被确定为重点发展内容，为河南省邮政业实现高质量发展提供了优良的外部环境，黄河流域生态保护和高质量发展、促进中部地区崛起两大国家战略叠加，为河南省邮政业实现高质量发展提供了宝贵机遇和强有力的支撑。

河南省委常委、郑州市委书记走访调研河南京东

2月5日，河南省委常委、郑州市委书记徐立毅到京东物流河南宇培物流园区调研考察，研究部署疫情防控期间企业复工复产工作。徐立毅强调，要深入贯彻落实习近平总书记重要讲话和中央政治局常委会会议精神，按照省委、省政府安排部署，在做好疫情防控工作的前提下，积极有序复工复产，努力保证经济健康发展、城市正常运行、群众生活有序。徐立毅详细了解了河南京东疫情防控和复工复产情况，对京东疫情防控各项措施、引导员工错峰返程、有序返岗、安全上岗，严防疫情输入性蔓延、流动性扩散等工作给予肯定，并叮嘱员工要注意身体健康，增强防控意识，积极支持配合好各项防控措施落实。同时，徐立毅鼓励京东为打赢疫情阻击战、保卫人民群众生命安全和身体健康作出更大贡献。

河南局全力保障疫情防控应急物资运输车辆顺畅通行

在新冠肺炎疫情防控期间，为深入贯彻落实党中央、国务院关于疫情防控的决策部署，河南省邮政管理局按照联防联控工作要求及《河南省新型冠状病毒感染的肺炎疫情防控指挥部关于切实保障疫情防控应急物资及人员运输车辆顺畅通行的通知》文件要求，多次与省新型冠状病毒感染肺炎疫情防控指挥部协调沟通，对确有使用需要的邮政企业、快递企业发放河南省新型冠状病毒感染的肺炎疫情防控应急物资运输车辆通行证，同时严格证件使用管理及信息上报工作，并对河南省行业内疫情防控应急物资运输工作提出要求。

舒庆副省长高度肯定邮政业疫情防控和物资运输保障工作

2月10日，河南省副省长、公安厅厅长舒庆一

行先后到中南邮政物流中心、京东商城河南物流中心，调研指导省邮政业疫情防控物资运输保障、电商快件运输和通行证使用管理等工作。舒庆对河南邮政企业在疫情面前践行央企责任、勇于担当作为，对京东疫情期间坚持运营、积极服务百姓民生给予了充分肯定。舒庆要求，有关部门要加强统筹协调，切实支持邮政、快递企业运营，确保“最后一公里”末端投递，及时满足老百姓最急最盼的需求。舒庆强调，河南邮政业要进一步深入学习贯彻习近平总书记重要指示精神，认真贯彻落实省委省政府各项安排部署，抓实抓细疫情防控各项工作，积极服务经济社会发展，确保各类防疫物资和人民群众生活必需品及时运送，确保运输安全畅通，为坚决打赢疫情防控阻击战作出更大贡献。

河南省政府通知要求做好疫情防控期间邮政快递企业复工复产与寄递服务工作

3月5日，河南省疫情防控指挥部印发《关于做好疫情防控期间邮政快递企业复工复产与寄递服务工作的通知》，要求各省辖市疫情防控领导机构、省新冠肺炎疫情防控指挥部各成员单位，为加快推进全省邮政、快递企业复工复产提供保障。通知指出，要打破“最后一公里”通行和投递障碍，充分发挥邮政、快递企业服务疫情防控、畅通经济循环、满足民生需要的积极作用。

河南省委书记调研漯河快递业疫情防控和复工复产情况

3月4日，河南省委书记王国生到漯河检查疫情防控、复工复产、重点项目建设等工作，实地调研查看漯河圆通智慧物流产业园等当地重点企业园区。调研期间，王国生强调，无论是应对风险，还是发展经济，都要发挥主动性，应对风险主动，才能见事早、行动快，把握主动权；谋划工作主动，才能危中寻机、抢占先机，占领新的发展制高点。当前疫情防控依然不能放松，防止疫情反弹，不能一味被动防守，要主动查短板堵漏洞，筑牢疫情防控坚固防线。

河南省委常委、郑州市委书记调研解决跨境电商等工作

3月10日，河南省委常委、市委书记徐立毅深入到郑州航空港区，先后到郑州机场邮件货运站、唯品会跨境电商运营中心、菜鸟跨境电商运营中心等地，查看企业运行、项目建设情况，仔细了解和帮助解决企业疫情防控和复工复产中遇到的问题，鼓励企业坚定信心、抢抓机遇、加快达产、赢得市场主动。徐立毅强调，产业是城市发展的基础，要在严格履行疫情防控责任、抓好“外防输入”的同时，加快促进企业复工达产，让经济社会发展尽快回到正常轨道。要抓好政策宣传与兑现工作，把中央、省、市出台的一系列政策落实到位，切实帮助企业解决成本、效率、资金周转压力等方面出现的新问题，为企业参与市场竞争营造良好环境。要立足当前、放眼长远，转危为机，抓进度、抢市场、保产业链。

快递小哥出席省政府新冠肺炎疫情防控工作新闻发布会

3月13日，河南省政府新闻办召开新冠肺炎疫情防控工作第二十九场新闻发布会，由河南省邮政管理局组织推选的河南顺丰速运有限公司收派员任栓伟代表快递“基层声音”出席发布会，分享一线快递从业人员的战“疫”故事。

河南邮政国际口岸建设迈出新步伐

4月16日，河南省政府在郑州航空港实验区举办中国邮政郑州航空邮件处理中心项目、郑州新郑国际机场北货运区工程开工仪式，河南省委常委、常务副省长黄强出席仪式并宣布开工。郑州航空邮件处理中心项目是河南省政府与中国邮政战略合作的重要内容、规划建设的重点项目，是郑州邮政口岸建设的重要组成部分，也是充分利用郑州区位交通优势和多式联运的航空物流优

势，丰富完善郑州邮政口岸功能的重要保障。该项目规划位于郑州机场北货运区东侧，功能定位为国内标准快递邮件处理、国际邮件处理、保税仓储中心、商业快件监管中心和跨境电商仓储。项目总规划面积9万平方米，总投资约3.44亿元，先期建设国际国内邮件处理、跨境电商生产处理设施等6万平方米，总投资约2.8亿元，计划与郑州机场北货运区工程统筹协调推进，同步建成投用。项目建成后，日均邮件处理量可达68.6万件，将有力支撑郑州航空港实验区建成具有区域影响力的现代物流产业基地，对于提高河南"空中丝绸之路"辐射能力，加快打造内陆开放高地都具有十分重大的现实和长远意义。

河南局积极推进邮政快递业支持政策落实

4月，河南省政府出台了《河南省人民政府关于进一步做好稳就业工作的实施意见》，在支持企业稳定岗位、促进劳动者多渠道就业、抓好重点群体就业等多方面提出了保障措施。其中，明确提出突出抓好高校毕业生就业要求，鼓励扩大就业见习规模，支持企业、政府投资项目、科研项目设立见习岗位；开发城乡社区等基层公共管理和社会服务岗位，扩大各类基层服务项目招募规模；畅通民营企业专业技术职称评审渠道等，并将邮政管理部门列为责任单位之一，为顺利推进民营快递企业职称评审、加强邮政快递业人才队伍建设提供了新的机遇。

河南局联合省工业和信息化厅推动快递业与制造业融合发展

7月，河南省邮政管理局联合省工业和信息化厅印发《河南省促进快递业与制造业深度融合发展工作方案》，促进全省快递业与制造业进一步深化产业协同，实现产业联动。明确深化产业合作、协同产业布局、提升服务能力、丰富服务产品、打造智慧物流、发展绿色物流、实施海外协同、推动重点突破等八项重点任务和完善工作机制、强化政策支持、加强示范推广、强化交流对接、加强人才培养等五项保障措施。工作方案确定重点在漯河、郑州、洛阳、鹤壁等区域推进快递业与制造业深度融合发展。到2025年，快递业服务制造业范围持续拓展，深度融入汽车、消费品、电子信息、生物医药等制造领域，形成覆盖相关制造业采购、生产、销售和售后等环节的供应链服务能力，培育出仓配一体化、入厂物流、国际供应链、海外协同等融合发展的成熟模式，培育出5个深度融合典型项目和2个深度融合发展先行区。

河南省首件运营智能快件箱经营快递业务许可颁发

7月17日，河南丰巢网络技术有限公司获批快递业务经营许可证，成为河南省首家取得运营智能快件箱经营快递业务许可的企业。

《河南省邮政、快递从业人员职业技能提升行动实施方案(2020－2021年)》发布

7月，河南省邮政管理局联合省人社厅印发实施《河南省邮政、快递从业人员职业技能提升行动实施方案(2020－2021年)》。方案结合河南实际和行业特点，明确了培训对象、培训内容、培训方式、培训供给及培训补贴标准等，按照持续实施职业技能提升行动的总体要求，通过"线上+线下""理论+操作"等多种培训模式，两年内完成2万人次的职业技能培训，大力推进实施"246"工程，进一步保持行业从业人员就业稳定、缓解就业结构性矛盾，加快建设知识型、技能型、创新型邮政、快递行业劳动者大军。

舒庆副省长高度肯定邮政管理工作成效

8月20日，河南省副省长舒庆专题听取了河南省邮政管理工作及邮政快递业发展情况汇报，对邮政管理部门在促进地方经济发展所做的努力和取得的成绩表示肯定，对邮政快递业在服务百姓民生和经济发展，尤其是在疫情期间发挥出的

重要作用表示赞扬，舒庆代表河南省政府对全省邮政快递业为河南经济社会发展作出的突出贡献表示感谢。舒庆希望省邮政管理局继续按照国家邮政局要求，紧密结合河南实际，强化担当，开拓进取，力求取得更大的成绩。河南省政府将积极推进与中国邮政集团有限公司战略合作框架协议的签订，并一如既往地服务好、保障好、支持好、推进好全省邮政快递业高质量发展。

林虎局长一行拜访快递企业总部

8月，河南省邮政管理局局长林虎、鹤壁市市长郭浩带队，先后拜访韵达、圆通、中通等公司上海总部，及顺丰深圳总部。鹤壁市委常委、市委统战部部长、市政府党组成员刘文彪，鹤壁局、浚县政府负责同志参加有关活动。

河南局举办“邮快合作”签约仪式

10月22日，河南省邮政管理局举办了“邮快合作”签约仪式，河南省邮政管理局局长林虎、省快递协会会长杨汉振、省邮政分公司总经理杜福，以及14家快递企业省级总部相关负责人参加了签约仪式。签约仪式上，中国邮政集团有限公司河南省分公司分别与河南顺丰、中通、圆通、申通、韵达、百世、京东、苏宁、宅急送、天天、优速、极兔、丹鸟、德邦等14家快递企业签订了《邮快合作下乡进村框架协议》。按照协议约定，“邮快合作”将以邮政普遍服务网络为基础，以地市或县为单位，结合地方实际，将快递服务延伸到乡镇和建制村。

河南省出台进一步降低物流成本实施方案

10月，河南省人民政府办公厅印发《河南省进一步降低物流成本实施方案》，方案围绕“四个着力”提出24项举措，全力保障全省物流企业进一步降低物流成本、提升物流效率。

訾小春局长与省交通运输厅厅长李卫东进行洽谈

12月17日，在就任河南省邮政管理局局长的当天下午，訾小春马不停蹄率队走访河南省交通运输厅，与省交通运输厅厅长李卫东进行深入的座谈交流。訾小春代表全省邮政管理系统、全省邮政业向省交通运输厅长期以来对邮政快递事业发展的关心、支持和帮助表示衷心的感谢。双方在深化交邮合作、实现部门联动、促进高质量发展等多方面达成共识。

訾小春局长就全省邮政管理工作情况向省政府作专题汇报

12月17日，訾小春带队赴河南省政府，就实现“十四五”良好开局、寄递渠道安全管理、完善安全中心组建、推动全省邮政快递业持续健康发展等问题向省政府作专题汇报，河南省政府副秘书长贺振华听取了汇报，双方就有关内容进行亲切交流。

河南局集体审议通过《河南省邮政条例》行政处罚裁量基准

12月25日，河南省邮政管理局召开依法行政领导小组集体会议，研究审议《河南省邮政条例》行政处罚裁量基准，并一致审议通过该裁量基准。

启动全省邮政快递业安全生产突发事件应急处置实战化综合演练

12月，河南省邮政管理局围绕邮政快递行业面临的突出安全问题，在郑州经济技术开发区普洛斯国际物流园百世快递分拨中心，成功举办了2020年河南省邮政快递业安全生产突发事件应急处置实战化综合演练。此次演练共出动消防车12台次、120急救车和警车及路政车8台次，公安、生态环境、疾控、医疗救护、消防、路政和快递企业等单位80余人参加了本次演练。

马军胜局长对河南农村邮政快递服务工作给予充分肯定

12月14日至16日，国家邮政局党组成员、副局长戴应军同志带队，深入河南省南阳市、三门峡市、洛阳市专题调研农村邮政普遍服务和"快递进村"工作。调研组随机走访了南阳、三门峡、洛阳三市14个乡镇邮政局所，详细了解了乡镇邮政营业服务、投递服务、警邮合作、税邮合作、邮快合作、员工收入等基本情况，充分肯定了河南邮政设施基础底子好、邮政员工精神面貌好、邮政业务发展前景好，很好地树立了"百年邮政"的国企形象。12月25日，国家邮政局党组书记、局长马军胜同志对调研组撰写的《河南农村邮政快递服务调研报告》进行批示："可请河南管局、河南邮政认真总结经验，在普服会进行交流"，对河南农村邮政快递服务工作给予肯定。

湖北省快递发展大事记

湖北2020年政府工作报告提出"加快快递进村"

1月12日，湖北省第十三届人民代表大会第三次会议开幕，湖北省人民政府省长王晓东向大会作政府工作报告。报告在2020年重点工作中，提出要"加大农村基础设施建设力度，加快快递进村"，助推建设美丽宜居乡村。报告还要求促进先进制造业和现代服务业深度融合，大力发展"互联网+"高效物流，加快建成现代物流服务体系，加快产业融合发展；加快建设湖北国际物流核心枢纽；加快冷链物流等新型基础设施建设。

曹广晶副省长批示肯定全省邮政管理工作

1月，湖北省人民政府副省长、党组成员曹广晶在省邮政管理局《关于2019年全省邮政管理工作及2020年重点工作安排的报告》上作出批示，充分肯定2019年全省邮政行业发展与管理成绩，要求湖北省邮政管理局再接再厉、再创佳绩。

湖北局全力以赴做好疫情防控工作

1月，湖北省邮政管理局迅速行动，认真贯彻落实习近平总书记、李克强总理重要指示批示精神和国家邮政局对邮政业防控新型冠状病毒感染的肺炎疫情工作部署，全力做好行业疫情防范应对和寄递渠道安全管控。湖北省邮政管理局向各市(州)局及省邮政公司、各主要品牌快递企业印发了做好全省邮政业新型冠状病毒感染的肺炎疫情防控和寄递渠道安全管控工作的紧急通知。

湖北局持续做好新冠肺炎疫情防控及应急物资寄递运输保障工作

1月，湖北省邮政管理局以实战状态迅速贯彻落实国家邮政局和省委、省政府部署要求，第一时间指派专人赴省新型冠状肺炎疫情防控指挥部交通保障组集中办公，按照省肺炎疫情防控指挥部工作安排，持续做好新型冠状病毒感染的肺炎疫情防控及应急物资寄递运输保障工作。

马军胜局长要求湖北邮政行业助力打赢疫情防控阻击战

新型冠状病毒感染的肺炎疫情发生以来，国家邮政局党组书记、局长马军胜高度重视和关心湖北邮政行业疫情防控有关工作，向湖北省邮政管理局负责人致电10余次，向全省邮政行业一线干部职工表示慰问，并作出指示批示，要求全省邮政行业做好疫情防控工作、助力打赢防疫阻击战。

湖北局为百步亭社区捐赠防护物资

2月19日，湖北省邮政管理局党组书记、局长唐顺益、局党组成员、纪检组长陈学元同志赴武汉市江岸区百步亭花园社区，为身处一线的疫情防控社区工作人员捐助了口罩、牛奶、水果、方便食品等防护和生活用品。

湖北要求做好疫情期间全省邮政快递寄递服务基本运行保障

2月25日，湖北省疫情防控指挥部印发了《关于切实做好疫情防控期间全省邮政快递寄递服务基本运行保障的通知》，要求省内各地防控指挥部为防疫期间保持持续运行的邮政快递企业基本运行提供保障，努力满足人民群众生活必需品供应和基本寄递需求。

湖北出台政策支持邮政快递企业做好疫情防控寄递运输保障工作

2月29日，湖北省新冠肺炎疫情防控指挥部印发了《关于应对新型冠状病毒肺炎疫情支持商贸流通在营保供企业和物业服务企业共渡难关的通知》，从加大减税降费力度、加强财政扶持、强化金融支持、支持国有企业积极参与市场保供工作等4方面11条举措支持商贸流通在营保供企业。该政策的出台充分肯定了湖北邮政快递企业为全省新冠肺炎疫情防控工作所作出的贡献，同时将极大地激励全省邮政快递企业再接再厉、全力以赴做好疫情防控寄递运输保障工作。

湖北省新冠肺炎疫情防控指挥部出台政策支持邮政快递业

3月，湖北省新冠肺炎疫情防控指挥部印发了《关于精准有序推动全省邮政快递业复工复产工作的通知》，支持邮政快递业加快复工复产。文件明确将邮政快递业划为疫情防控和复工复产的重点行业，支持邮政快递业加快恢复生产运行；优化复工复产程序，明确工作服务专班，设置审批绿色通道，加速复工复产审批，优先推进快递企业区域分拨中心有序复工；指导邮政快递企业组织返岗人员有序流动，不再进行隔离观察；畅通“最后一公里”寄递服务，允许投递车辆和投递人员进入城市社区和建制村开展末端投递；强化复工复产责任落实，及时协调解决企业复工复产面临的防疫、用工、人员返岗等困难和问题。

2020年全省邮政行业生态环境保护工作实施方案出台

4月，湖北省邮政管理局出台《2020年湖北省邮政行业生态环境保护工作实施方案》，对2020年全省邮政行业生态环境保护工作进行安排部署。方案围绕强化政策支撑、强化邮件快件包装绿色治理、稳步开展行业节能减排、强化试点示范引领、完善行业生态环保监管体系、强化支撑保障六个方面，明确了17项重点工作任务，进一步细化工作举措，明确工作任务，确保各项工作有效推进。方案提出将大力实施“9791”工程，即：2020年底前全省力争实现45毫米以下“瘦身胶带”封装比例90%、电商快件不再二次包装率70%、可循环中转袋使用率90%、新增1000个设置标准包装废弃物回收装置的邮政快递网点。

湖北省邮政快递业2人荣获省五一劳动奖章

5月，湖北省总工会发文表彰2020年湖北五一劳动奖，河北省邮政快递业有2人荣膺奖章，分别为宜昌顺丰快递公司万达速运营业部收派员杨勇和荆州市江陵县邮政分公司沙岗邮政支局投递员刘帮友。

湖北局与省供销社共商邮政快递和供销服务进村工程

5月19日，湖北省邮政管理局、省供销社联合召开座谈会。会议就贯彻落实国家邮政局、供销合作总社等7部门《推进邮政业服务乡村振兴的意见》进行深入探讨，提出双方要发挥邮政、快递和供销农村服务网络优势，进一步加强战略合作、推动资源整合、实现融合发展，深入融入现代农业体系和乡村产业发展，共同打造一批服务现代农业示范项目，有效促进农民持续增收、巩固脱贫成果。

湖北省出台应对疫情影响进一步促进商业消费若干措施

6月，湖北省人民政府印发《应对疫情影响进一步促进商业消费若干措施的通知》，邮政快递业获政策利好。通知共提出25条措施，涵盖降本减负纾困、营造消费环境、提振汽车消费、促进家电消费、扩大扶贫消费、激励企业创新和优化监管服务7个方面。其中，在优化监管服务方面，明确提出“允许使用统一标识的快递三轮车开展市内配送业务”“对临时停靠的快递配送车辆，只要不涉及疫情防控、公共安全，采用提示、指导、告诫等方式予以包容处置”。

湖北省快递行业协会潜江市办事处正式成立

6月，湖北省快递行业协会潜江市办事处成立大会召开，湖北省快递行业协会相关负责人，荆州市邮政管理领导，潜江邮政、顺丰、中通等20余家企业负责人参会。

湖北出台政策加强快递从业人员职业技能提升工作

6月，湖北省邮政管理局、省人力资源和社会保障厅联合印发《关于加强快递从业人员职业技能提升工作的通知》，并明确对按程序规定开展的快递从业人员职业技能培训给予补贴政策。通知要求全省各地提高政治站位，将加强快递从业人员职业技能培训与学习贯彻习近平总书记关心关爱“快递小哥”的重要指示精神结合起来，与保持就业稳定、缓解就业结构性矛盾结合起来，大规模开展快递从业人员职业技能培训，加快建设知识型、技能型、创新型劳动者大军。各地邮政管理部门要主动对接当地人力资源社会保障部门，了解有关培训政策，做好快递企业宣传发动工作，组织实施快递人员职业技能培训。人力资源和社会保障部门要做好政策解释和培训业务指导，配合做好有关培训申报、考核和补贴申领工作。

湖北局启动邮快合作下乡进村“快进键”

7月，湖北省邮政管理局组织召开全省邮快合作签约仪式视频会议。湖北省邮政分公司分别与顺丰、京东、中通、圆通、申通、韵达、百世、极兔等8家主要品牌快递企业签署了合作协议。

湖北颁发全省首张运营智能快件箱经营快递业务许可证

7月，湖北省邮政管理局为湖北丰巢物联网技术有限公司颁发了全省首张运营智能快件箱经营快递业务许可证。

马军胜局长关心指导湖北邮政快递业防汛减灾工作

7月17日，恩施州城区持续暴雨导致清江水位暴涨，城区受灾严重。国家邮政局党组书记、局长马军胜高度关注湖北汛情，致电湖北省邮政管理局负责人，指示做好全省邮政快递业防汛工作。

六部门联合协同推进湖北邮政快递业包装绿色治理

7月，湖北省邮政管理局联合省发展和改革委员会、经济和信息化厅、生态环境厅、住房和城乡建设厅、商务厅、市场监督管理局6部门印发《关于协同推进湖北邮政快递业包装绿色治理的实施意见》，坚决打好打赢湖北邮政业污染防治攻坚战，为美丽湖北建设作出行业积极贡献。

湖北省首次发布快递工程专业技术人员职称评价标准

8月，湖北省人力资源和社会保障厅与省邮政管理局联合印发了《湖北省工程系列快递工程专业技术职务任职资格申报评审条件》。这是湖北省首次发布快递工程专业技术人才职称评审标准。

湖北省出台塑料污染治理实施方案

8月，经湖北省人民政府同意，省发展和改革委、省生态环境厅联合印发《湖北省进一步加强塑料污染治理的实施方案》，提出要在塑料污染问题突出领域和电商、快递、外卖等新兴领域，培育一批具有地方特色的塑料污染防治典型模式。实施方案部署了快递行业塑料污染治理三大重点工作任务。实施方案从落实法规标准、完善支持政策、强化科技支持、严格执法监督等方面为塑料污染治理提供支持保障，明确指出将建立塑料污染治理联席会议机制，加强对塑料污染治理落实情况的督促检查，突出问题纳入省生态环境保护督察范畴，强化考核和问责。各级地方人民政府作为塑料污染治理工作的责任主体，要扎实推动塑料污染治理工作落实。

湖北抗疫专题展览开幕设专题展现快递小哥“冒疫奔忙”

10月15日，“人民至上生命至上——抗击新冠肺炎疫情专题展览”在全国新冠肺炎疫情防控的主战场和决战决胜之地——武汉拉开序幕，集中展示以习近平同志为核心的党中央团结带领全国人民打赢疫情防控的人民战争、总体战、阻击战，用3个月左右的时间取得武汉保卫战湖北保卫战的决定性成果，夺取全国抗疫斗争重大战略成果，全面恢复生产生活秩序取得显著成效的伟大历程，大力弘扬伟大抗疫精神。其中“疫情中的奔跑者”版块专题展出邮政快递行业在疫情期间逆行驰援、服务民生的场景，受到广泛关注。该版块展出了快递小哥疫情期间冒着风雪送快递、为居民配送生活必需品、邮政管理部门党员突击队服务群众的照片，还布置了“最美快递员”汪勇疫情期间义务接送医护工作者使用的车辆牌照、顺丰快递车辆等实物展品，再现了快递小哥“冒疫奔忙”的情景。“最美快递员”汪勇在现场向观众和媒体讲述了疫情期间组织志愿聚拢温暖、守护英雄的故事。

湖北省邮政快递业在线安全培训平台项目正式建成投入使用

10月，湖北省邮政管理局主持召开了省邮政快递业在线安全培训平台项目验收评审会，验收小组认为该项目系统功能符合要求，平台运行稳定，且具有较高的可用性，满足验收条件，项目顺利通过验收，标志着该平台项目正式建成投入使用。

湖北局举办快递包装废弃物回收装置发放仪式

在快递业务旺季来临之际，湖北省邮政管理局举办了全省快递包装废弃物回收装置发放仪式，向快递企业集中发放了176个符合国家标准的快递包装废弃物回收装置，进一步推进全省邮政快递业“9791”工程目标任务落地，推动邮件、快件包装分类回收、循环利用。

湖北发布“绿色快递、人人有为”倡议书

11月，湖北省邮政管理局联合省住建厅发布致全省邮政、快递企业和广大快递消费者的倡议书，号召邮政、快递企业和广大快递消费者共同努力，用实际行动践行“绿水青山就是金山银山”的发展理念，用实际行动营造绿色环保的良好氛围，助推湖北邮政快递业绿色高质量发展，为“美丽湖北”建设贡献自己的一份力量。

1－10月湖北省快递业务量同比增速转负为正

1－10月，湖北省快递业务量累计达13.2亿件，同比增长0.59%，标志着2020年以来湖北省快递业务量同比增长率首次转负为正。10月份，湖北省快递业务量达1.9亿件，同比增长28%；业务收入实现17.8亿元，同比增长19.88%。湖北省邮政行业业务收入、业务总量单月增速分别于4月、5月开始扭负为正。10月份，湖北省邮政行业业务收入完成24.3亿元，同比增长11.82%；业务总量完成49.73亿元，同比增长25.54%。

湖北省政府领导批示肯定全省邮政快递业疫后发展成效

11月，湖北省邮政管理局向省政府专题报告了全省邮政快递业加快疫后重振、安全平稳度过“双11”旺季业务高峰有关情况。湖北省副省长曹广晶予以专题批示肯定，他指出，湖北省邮政管理局政治站位高、积极进取，主动响应省政府号召，在推动全省邮政快递业在应对新冠肺炎疫情、服务社会经济疫后重振、平稳度过行业业务旺季等方面作出了优异成绩。他强调，目前邮政快递业仍处于高速发展期，全省系统、行业要不断总结经验，不断完善行业治理体系建设，做好常态化疫情防控，推动各项工作再上新台阶。

曹广晶副省长要求进一步做好邮政行业发展与疫情防控工作

12月18日，湖北省副省长曹广晶听取了湖北省邮政管理局主要负责人关于全省邮政行业发展与管理工作的专题汇报，对邮政、快递助力湖北农特产品上行、助力乡村振兴和疫后经济重振作出的贡献给予充分肯定，并对下一步做好行业管理工作提出要求。

湖北局与省商务厅、省邮政分公司签署三方框架协议

12月，湖北省商务厅、省邮政管理局和省邮政分公司联合印发了合作框架协议。根据合作框架协议，三方将在发展农村现代流通网络、推进“快递向下”工作、提升乡村电商站点运营服务能力、推进邮政城市配送体系建设、推动邮政便民政务寄递服务、加强邮政金融服务商务功能、推动供应链物流合作、多渠道拓宽贫困地区农产品营销渠道、推进跨境电商发展、促进电商领域品牌消费和品质消费、支持邮政企业建立现代化医药流通体系、加强扶贫领域合作、统筹开展疫情防控合作、强化信息共享等十四个方面开展合作。

曹广晶副省长批示肯定全省邮政快递业生态环保工作成效

12月，湖北省副省长曹广晶对省邮政管理局呈报的《关于我省邮政快递业生态环保工作情况的报告》给予批示，肯定了全省邮政快递业生态环保工作取得的成效，并要求全省邮政快递业要持之以恒抓好绿色发展工作，为建设美丽湖北贡献力量。

湖南省快递发展大事记

湖南局助推“邮快合作”下乡进村

1月，湖南省邮政管理局指导省快递行业协会召开了全省邮快合作协议签约仪式暨下乡进村工作座谈会，省邮政公司及11家主流快递企业负责人出席会议，申通、中通、圆通、韵达、百世等5家主流快递品牌与省邮政分公司当场签署《湖南省邮快合作框架协议》。

湖南局多管齐下采取有效防控措施应对疫情

1月23日，湖南省启动重大突发公共卫生事件一级响应。湖南省邮政管理局迅速行动，采取有效应对措施，全力协同配合做好疫情防控工作。一是印发《关于做好武汉邮件快件服务管理全力做好疫情防控工作的紧急通知》；二是立即在省、市州邮政管理局官网发布消费提示；三是加强组织保障和制度落实，严格执行全省邮政管理系统节假日值班值守制度，强化对邮政快递企业运营和值班情况的掌握调度，及时接受传达国家邮政局和省委、省政府关于疫情防控的最新指示要求，切实做好应急值守、宣传引导和信息报送工作，全

力保障疫情防控各项部署要求落实到位。

湖南局全力确保疫情防控期间邮路畅通

为抑制新冠肺炎疫情的进一步蔓延，湖南省各地不同程度地采取了限制机动车运行的措施，为确保湖南省邮路畅通，使邮政行业更好地服务经济社会，更好地发挥疫情防控物资的运输调度作用，经湖南省邮政管理局主动协调，省交通运输厅明确，医疗、公安、邮政、快递、银行等专用车辆，经过各地检查站时只需体温检测并登记放行，不得劝返、限行。

湖南省委常委、长沙市委书记视察快递企业项目建设和复产复工情况

3 月 25 日，湖南省委常委、长沙市委书记胡衡华视察圆通华中总部基地项目和复产复工情况。视察期间，胡衡华对全市快递业在疫情期间发挥的畅通“生命线”作用和“成绩单”予以充分肯定。胡衡华指出，快递行业是城市生活活动的重要组成部分，既是民生行业，也是朝阳产业。当前受疫情冲击航空客运萎缩，导致客机腹舱货运大幅下降，航空货运迎来重要窗口期。胡衡华强调，要抢抓战略机遇，完善航空货运枢纽网络。要落实支持快递业发展措施，加快快递电商仓配一体建设。要抢先纳入邮政快递枢纽城市布局，提升快递网络效率和能力，助力长沙打造国家交通物流中心。

湖南局与民航部门共商加强涉航邮件快件安全监管

7 月，湖南省邮政管理局与民航湖南监管局召开联席会议，通报近期涉航邮件快件安全处理情况，就加强前端管理、责任倒查、诚信建设、安检培训、证据移送方面进行深入探讨。会议要求，邮政管理部门要加强与民航部门的沟通协调，积极推进无人机配送试点工作；加快绿色通道建设，推动信息互联互通，提升服务品质；强化办案沟通协调机制，做好线索移交清单，共同逐步探索对危爆货物航空运输信用管理体系。

陈飞副省长调研省邮政管理工作和邮政快递业发展情况

8 月 5 日，湖南省副省长陈飞一行深入湖南省邮政管理局和部分邮政快递企业考察调研省邮政管理局工作和邮政快递业发展情况。陈飞充分肯定省邮政管理局工作成效和全省邮政快递业发展成绩。陈飞指出，疫情期间，我省作为环鄂六省中“战线最长的阵地”，全省邮政快递业为防疫工作作出了重大贡献，但是疫情对行业造成冲击的同时也带来了更大的机遇，老百姓生活更加依赖邮政快递业，行业将会大有作为，要在危机中寻找机遇，主动化危为机，打通流通大动脉，畅通经济微循环。陈飞还就做好邮政管理和行业发展工作提出三点要求。

广东省快递发展大事记

陈良贤副省长批示充分肯定 2019 年全省邮政管理工作

1 月，广东省副省长陈良贤在广东省邮政管理局呈报的《2019 年全省邮政管理工作和邮政业发展情况报告》上作出批示，充分肯定 2019 年全省邮政管理工作。指出 2019 年广东省邮政管理局不忘初心、牢记使命，狠抓工作落实，全省邮政业持续领跑全国，为服务广东“六稳”和经济社会平稳健康发展作出积极贡献，“快递小哥”和邮政管理工作者起早贪黑、风雨无阻，为大家生活带来了便利。希望新的一年再接再厉，继续拼搏奋进，始终把安全放在第一位，促进行业服务保障能力不

断提升,推动广东邮政业继续走在全国前列,为服务广东经济社会民生作出更大贡献。

2020 年广东"共青团与人大代表、政协委员面对面"活动启动

1 月 9 日,2020 年广东省"共青团与人大代表、政协委员面对面"活动在省 12355 青少年综合服务平台召开。邮政快递企业优秀青年快递员代表和各界青年代表一起,与省人大代表、政协委员和部分职能部门的有关负责同志围绕"拓宽新兴青年参与社会建设的渠道"与"引导和支持青年社会组织参与社会建设"主题进行了面对面的深入交流。参会人大代表、政协委员们纷纷表示,"面对面"活动提供了良好的沟通平台和建议反馈渠道,会后将对各界青年代表们的意见进行整理,通过建议、议案、提案等形式择机在两会上提出。

广东省政协十二届三次会议充分肯定省邮政业绿色发展工作

1 月 12 日,广东省政协副主席马光瑜在省政协十二届三次会议上作提案工作情况报告。报告对广东省邮政管理局认真办理政协提案,加大对企业使用绿色环保材料补贴力度,探索建立绿色环保可回收体系的做法给予充分肯定。

广东省政府工作报告充分肯定快递业发展成绩

1 月 14 日,广东省第十三届人民代表大会第三次会议开幕,广东省省长马兴瑞作政府工作报告。报告在回顾 2019 年工作时充分肯定快递业发展成绩,在安排 2020 年工作时为快递业发展释放诸多利好。报告提出,2020 年,要深入推进粤港澳大湾区建设,支持深圳建设先行示范区和广州实现老城市新活力;要加强基础设施互联互通,推进粤澳新通道建设、皇岗口岸重建和深圳湾口岸通关模式创新,支持广州建设具有国际影响力的现代服务业强市;要完善政策措施,培育消费热点,培育壮大新兴消费,加快发展农村电商,完善农产品冷链物流体系,拓展特色农产品销售渠道,支持优质工业品下乡;要推进贸易强省建设,培育壮大海外仓,抓好跨境电商综合试验区建设;要大力发展先进制造业,积极发展现代服务业,构建现代物流服务体系,完善城乡配送网络;要加快农村一二三产业融合发展,扶持一批特色农产品"走出去";要强化快递等新业态从业人员劳动权益保护,制定灵活就业人员用工服务管理办法;要进一步推进"四好农村路"建设。一系列的任务措施,为邮政业发展带来多重利好。

2020 年"青春情暖 · 青听新声"关心关爱青年快递员活动举办

1 月 20 日,由广东省邮政管理局、共青团广东省委员会联合举办的"青春情暖 · 青听新声"关心关爱青年快递员活动在广州举行。省邮政管理局党组书记、局长周国繁,共青团广东省委员会书记池志雄出席活动并进行新春慰问。部分快递从业人员以及来自各行各业的青联委员代表近 200 人参加活动,共同畅谈梦想、喜迎新春。

广东局部署打好邮政行业新冠肺炎疫情防控阻击战

1 月,广东省邮政管理局迅速行动,结合广东省邮政行业实际,深入贯彻落实习近平总书记重要指示精神和李克强总理批示精神,在国家邮政局的统一部署下,切实加强广东省邮政行业新型冠状病毒肺炎疫情的防范应对和寄递渠道安全管控,积极部署落实广东省重大突发公共事件一级响应工作要求,要求各市邮政管理局和中国邮政集团有限公司广东省分公司、广东省(华南)寄递企业总部重点做好相关工作。

陈良贤副省长调研邮政业疫情防控和复工复产情况

2 月 11 日,广东省副省长陈良贤率队到广东省邮政管理局指挥中心和广州顺丰速运有限公

司，就深入贯彻落实习近平总书记关于疫情防控工作的重要讲话和重要指示批示精神，进一步做好广东省邮政业疫情防控和复工复产工作进行调研检查。同时，代表省委省政府慰问邮政业一线从业人员和邮政管理干部，听取广东省邮政管理局党组书记、局长周国繁代表局党组所作的工作汇报，对邮政行业在疫情防控工作中所作出的积极贡献表示充分肯定和衷心感谢。对接下来的工作，陈良贤强调，要坚持以人民为中心，严格落实防疫措施，科学有序复工复产，确保邮政业寄递“绿色通道”安全畅通，做好邮政服务政务寄递工作，保障应急物资和群众生活必需品寄递服务，为群众提供贴心、暖心、舒心的服务，助力做好“六稳”工作，坚决打赢疫情防控阻击战。

广东印发应对肺炎疫情支持企业复工复产若干政策措施

2月，广东省人民政府印发《关于应对新型冠状病毒感染的肺炎疫情支持企业复产复工的若干政策措施》，邮政业可享受诸多利好。通知强调，各级政府要进一步加大保障企业复工复产工作力度，落实复工条件，一企一策帮助企业协调解决职工返岗特别是专业技术人员返岗，以及口罩、防护服、消毒用品、测温仪等防控物资购置问题，要统筹做好防护，支持企业做好职工健康管理，拓宽招工渠道。要进一步降低企业用工成本，减轻社会保险负担，实施失业保险稳岗返还，发放援企稳岗补贴。要进一步减轻企业经营负担，疫情防控期间，准许企业依法延期申报纳税，及时落实小微企业普惠性减税等政策，减轻企业租金负担。要加大财政金融支持，加强金融纾困。要进一步优化政府服务，强化项目建设要素保障，对疫情防控、能源供应、交通物流、医疗资源、生态环境等在建和新建项目，优先保障用地用林等资源指标；设立防控物资进口快速通关“绿色通道”，对疫情防控治疗物资实行“两步申报”“提前申报”“担保放行”等作业模式，确保通关“零延时”。

广东局联合省交通运输厅发文确保邮政快递车辆优先便捷通行

2月，广东省邮政管理局联合省交通运输厅转发交通运输部等3部门关于确保邮政快递车辆优先便捷通行服务保障民生的紧急通知，推动相关政策落到实处。通知强调，要结合国务院办公厅《关于做好公路交通保通保畅工作确保人员车辆正常通行的通知》以及交通运输部《关于切实保障疫情防控应急物资运输车辆顺畅通行的紧急通知》的要求，切实做好邮政快递车辆优先便捷通行工作。

陈良贤副省长召开会议研究疫情防控和复工复产工作

2月18日，广东省副省长陈良贤召开专题会议，研究部署疫情防控和复工复产工作，听取省有关部门情况汇报。陈良贤在听取了广东省邮政管理局主要负责人有关工作情况汇报后，对全省邮政业疫情防控和复工复产工作给予充分肯定。他指出，新冠肺炎疫情发生以来，省邮政管理局带领全省邮政行业在疫情防控的关键时刻冲在前面、干在前面，迅速开通应急物资寄递“绿色通道”，保障群众生活寄递需要，围绕疫情防控和复工复产做了大量工作，春节期间全省邮政行业15万人在岗保障服务并在很长一段时间内保持行业人员“零感染”，春节后迅速组织恢复生产，且成效明显，为疫情防控和服务“六稳”工作作出了很大贡献。强调要继续努力，进一步将责任落实到岗、到人，按照习近平总书记作出的“坚定信心、同舟共济、科学防治、精准施策”的指示要求，认真落实省委省政府关于疫情防控和复工复产的工作安排，发挥党员干部先锋模范作用，让党旗高高飘扬在疫情防控工作一线，要迎难而上、精准防控、推进复产，确保疫情防控和行业发展两手抓、两手硬、两不误，为打赢疫情防控的人民战争、总体战、阻击战和服务“六稳”作出更大贡献。

"粤六条"为支持寄递行业复工复产开通绿色通道

2月,广东省邮政管理局积极沟通汇报,推动省新冠肺炎防控指挥办印发了《关于做好物流和寄递行业企业复工复产保畅通工作的通知》。通知提出六方面重点工作要求,包括保障车辆顺畅通行、促进人员返岗生产、简化复工审核程序、优化末端投递服务、支持企业正常运营和加强财税金融支持,为保障企业复工复产开通绿色通道。

广东省邮政业"十四五"规划被纳入省交通运输规划体系

3月,广东省交通运输厅印发《广东省交通运输"十四五"发展规划编制目录清单》,将《广东省邮政业发展"十四五"规划》和《广东省邮政业"十四五"基础设施专项规划》纳入广东省交通运输规划体系。

广东出台"中小企业26条"和"促进就业6条"

3月,广东省工业和信息化厅等9部门印发《关于应对疫情影响加大对中小企业支持力度的若干政策措施》(简称"中小企业26条"),从大力支持中小企业复工复产、阶段性降低中小企业运营成本、缓解中小企业融资困难、强化中小企业服务保障等4大方面提出一系列惠及中小企业的政策措施,其中还特别强调要对生产、配送疫情防控急需物资,在疫情防控期间新招用员工的企业,按每人不超过1000元标准给予一次性吸纳就业补助,中小快递企业迎来利好政策支持。此前,广东省人社厅等5部门还印发了《关于做好疫情防控期间有关就业工作的通知》(简称"促进就业6条"),提出要全力确保疫情防控必需、城乡运行必需、群众生活必需和其他涉及重要国计民生、供港供澳以及特殊情况急需复工的相关企业复产用工,对职工因疫情接受治疗或被医学观察隔离期间企业所支付的工资待遇,按照不超过该职工基本养老保险缴费工资基数的50%补贴企业,所需资金在工业企业结构调整专项奖补资金中列支。明确鼓励企业组织职工(含在企业工作的劳务派遣人员)参加线上适岗职业技能培训,按规定给予补贴。

汕头佛山跨境电商综试区实施方案发布

4月,广东省人民政府印发《中国(汕头)跨境电子商务综合试验区实施方案》《中国(佛山)跨境电子商务综合试验区实施方案》,提出要加快推进跨境电子商务综合试验区建设,为推动全国跨境电子商务健康发展探索新经验、新做法,跨境电商寄递服务发展迎来新机遇。

广东省九部门联合强调要打通末端投递"最后一百米"

4月,经广东省委、省政府同意,广东省市场监督管理局等9部门联合印发《关于应对疫情影响加大对个体工商户支持力度的若干政策措施》,多项政策措施惠及邮政快递业,并明确强调要打通邮件快件投递"最后一百米"。若干政策措施强调要稳定快递末端网点,保障邮政快递车辆顺畅通行。优化末端投递服务,允许邮递员、快递员进入城市社区、建制村和写字楼投递,鼓励通过智能包裹柜、智能快件箱投递等方式进行定点投递,恢复民生物资配送。

广东省十部门联合印发促进农村消费若干措施

4月,经广东省政府同意,广东省发展改革委等10部门联合印发《广东省关于促进农村消费的若干措施》,强调要积极应对疫情影响,在决胜全面建成小康社会之年,大力推动农村消费提质升级,更好满足农村居民日益增长的美好生活需要,邮政快递业获政策支持。若干措施提出,要深入实施消费扶贫,助力脱贫攻坚。推动"互联网+消费扶贫",壮大"保供稳价安心"平台,实施大湾区"菜篮子"车尾箱工程,促进农产品线上线下融合发展。若干措施强调,要完善商品流通网络,畅通城乡双向流通渠道。升级“快递下乡”“邮政在乡”工程，推动“快递进村”，加快实现建制村邮政和快递网点全覆盖。加快乡村物流服务站点建设，引导邮政快递企业合作开展快件揽收、分拣、运输、投递等业务，推广集中配送、共同配送模式。推广应用交邮合作，支持乡镇客运站拓展邮政快递中转及收投服务功能，鼓励农村客运车辆代运邮件快件。

《广东省邮政业突发事件应急预案（修订）》获审议通过

4月，广东省邮政管理局召开党组会议，专题研究审议通过《广东省邮政业突发事件应急预案（修订）》。

广东局举办邮快合作下乡进村框架协议签约仪式

5月8日，广东省邮政管理局组织举办了邮快合作下乡进村框架协议签约仪式，为邮政、快递企业搭建合作平台，从省级层面加快推进邮快合作。签约仪式上，中国邮政集团有限公司广东省分公司和顺丰、中通、圆通、韵达、申通、百世、京东、优速、德邦、联昊通、信丰等11家快递企业广东（华南）总部分别签署了《邮政快递合作下乡进村战略框架协议》。按照协议约定，邮快双方将以邮政普遍服务网络为基础，利用邮政企业现有农村服务平台，为快递企业办理快件收投业务；利用区县生产处理场所、区县以下邮运和投递网络为快递企业处理和运送农村地区快件，将快递服务延伸到广东各乡镇和建制村。

广东省单日快递处理量突破1亿件

国家邮政局安监系统显示，5月7日当日，广东省快递处理量突破1亿件，达到10078万件。其中揽件量（业务量）6526万件，同比增长56.7%；投递量达3552万件，同比增长50.8%。全国同日快递业务量为2.59亿件，广东占全国比重超过25%，领跑全国，位居第一。疫情防控常态化下，广东省邮政快递业持续高位运行，保持强劲增长态势，在经济社会“大动脉”“微循环”里的“先行官”作用更加突显。

广东省印发加快发展流通促进商业消费政策措施

5月，经广东省人民政府同意，省商务厅印发《广东省加快发展流通促进商业消费政策措施》，邮政快递业发展获政策支持。措施提出要促进流通新业态新模式发展，加快工业电子商务发展，支持推广便民新模式，鼓励开拓线上销售渠道，推广无接触配送模式，解决物流配送“最后一公里”问题。措施强调，要加快发展农村流通体系，进一步优化农村快递资源配置，推动电子商务和快递物流协同发展。推进电子商务进农村，完善农村电商公共服务体系，拓宽农产品线上销售渠道，深入实施“邮政在乡”工程，升级“快递下乡”工程，提升快递网点乡镇覆盖率。措施明确，要扩大农产品流通，加强农产品流通设施建设，推动农商互联，完善农产品供应链，加强农产品产后商品化处理等流通设施建设，发展农产品全程冷链物流，提高农产品流通效率。要推进跨境电子商务综合实验区建设，扩大跨境电商零售出口。要积极搭建促消费平台，丰富消费节庆内容，重点推出促消费主题活动，加强省市联动，鼓励商贸流通企业参与，共同打造消费节庆品牌。

广东局被纳入产业振兴专项组成员单位

5月，中共广东省委成立实施乡村振兴战略领导小组，广东省邮政管理局被纳入领导小组产业振兴专项组成员单位。

广东局约谈丰巢公司主要负责人

5月，广东省邮政管理局就丰巢公司落实社会责任，强化服务管理，回应用户关切有关事宜，约谈深圳市丰巢科技有限公司主要负责人。广东省邮政管理局指出,智能快件箱作为快递末端服务新业态之一,近年来发展很快,在推动邮政快递业有效解决末端投递"最后一公里"难题方面发挥了积极作用,值得肯定。针对近期丰巢因在个别省份调整免费保管期限与小区物业产生纠纷一事,广东省邮政管理局始终高度重视,密切关注,加强协调,切实保障邮政快递业健康平稳运行。丰巢公司主要负责人表示,将认真执行相关法律法规规定,严格落实邮政管理部门要求,不断优化服务措施,坚持依法合规经营,切实履行企业社会责任。

广东新增7个跨境电商综合试验区

6月,《国务院关于同意在雄安新区等46个城市和地区设立跨境电子商务综合试验区的批复》印发,广东梅州、惠州、中山、江门、湛江、茂名、肇庆等个7城市被批准设立跨境电子商务综合试验区。此前,广东已有广州、深圳、东莞、珠海、汕头、佛山设立了跨境电商综试区,截至6月,广东省跨境电商综试区总数已增至13个,珠三角九市全部纳入。

广东省邮政业3个集体2名个人获禁毒工作先进表彰

6月,国家禁毒委和广东省禁毒委分别举行表彰大会和"6·26"国际禁毒日宣传活动,并分别对全国、全省禁毒工作先进集体和个人进行表彰。汕尾市邮政管理局成为邮政管理系统中唯一荣获"全国禁毒工作先进集体"的单位;广州市邮政管理局、汕尾市邮政管理局、顺丰速运深圳区荣获"广东省最美禁毒团队",广东省邮政管理局陈钦淳、广州市邮政分公司肖聪荣获"广东省最美禁毒人"。

广东省建立打击野生动植物非法贸易部门间联席会议制度

6月,经广东省人民政府同意,广东省政府办公厅印发文件,明确建立广东省打击野生动植物非法贸易部门间联席会议制度。广东省邮政管理局被纳入联席会议成员单位。

中国(梅州)等7个跨境电子商务综合试验区实施方案发布

7月,广东省人民政府印发中国(梅州)等7个跨境电子商务综合试验区实施方案,强调要抓好梅州、惠州、中山、江门、湛江、茂名、肇庆等7个跨境电子商务综合试验区建设工作,推进全省跨境电子商务和贸易发展。7个综试区方案中,除了均明确要实现海关、外汇、税务、商务、市场监管、公安、邮政管理等部门之间数据互通、监管互认、信息互换之外,还提出诸多有利于邮政快递业加快跨境寄递业务发展,更好服务电子商务发展的利好政策。

广东省印发交通运输领域省级与市县财政事权和支出责任划分改革实施方案

7月,经广东省人民政府同意,广东省人民政府办公厅印发《广东省交通运输领域省级与市县财政事权和支出责任划分改革实施方案》,从省级财政事权、省级与市县共同财政事权、市县财政事权三个层面明确了邮政领域相应事权和支出责任。

陈良贤副省长批示充分肯定全省邮政管理工作和邮政快递业发展成绩

8月,广东省副省长陈良贤在省邮政管理局呈报的《2020年全省邮政管理半年工作和邮政快递业发展情况报告》上作出批示,充分肯定全省邮政管理工作和邮政快递业发展成绩,强调各项工作成绩的取得实属不易,指出省邮政管理局落实统筹疫情防控和经济社会发展工作措施实、成效实,并对省邮政管理局的努力付出表示感谢。

广东推进邮政快递业绿色包装治理体系建设

8月,广东省发展改革委、省生态环境厅联合印发《关于进一步加强塑料污染治理的实施意见》，强调要进一步加强塑料污染治理，建立健全塑料制品长效管理机制，其中对邮政快递业绿色包装治理提出6方面具体任务。

广东加快推进快递业与制造业深度融合发展

8月，广东省邮政管理局、省工业和信息化厅联合转发国家邮政局、工业和信息化部《关于促进快递业与制造业深度融合发展的意见》，强调要深入贯彻落实中央关于推动先进制造业和现代服务业深度融合的重大决策部署，促进广东快递业与制造业深度融合发展，推进制造强省和快递强省建设。文件要求，要结合辖区实际，加强协调联动，抓住建设粤港澳大湾区和支持深圳建设中国特色社会主义先行示范区重大机遇，落实新发展理念，推动制造业提质增效，加快快递业转型升级，形成快递业与制造业深度融合的发展格局，为实现广东经济高质量发展提供重要支撑。

广东出台数字乡村发展试点实施方案支持农村快递发展

9月，广东省委网信办、省农业农村厅、省发展改革委、省工业和信息化厅联合出台《广东省数字乡村发展试点实施方案》。方案提出，要深入推进电子商务进农村，完善农村物流配送体系，建立健全适应农产品网络销售的供应链体系、运营服务体系和保障支撑体系，促进农产品产销对接。方案强调，要积极支持试点地区发展新型专业市场、物流基地、旅游休闲区、大型农产品批发市场和农产品流通企业。支持符合条件的试点县（市）开展电子商务进农村综合示范工作。

圆满完成深圳经济特区建立40周年庆祝大会期间寄递渠道安全服务保障工作

10月14日上午，深圳经济特区建立40周年庆祝大会在广东省深圳市隆重举行。为确保大会顺利进行，广东省邮政管理局认真贯彻落实国家邮政局工作部署，组织全省邮政管理部门和邮政快递企业扎实做好寄递渠道安全服务保障工作，并圆满完成各项工作任务。

广东省政府常务会议审议通过《广东省快递市场管理办法（修订草案）》

10月，广东省省长马兴瑞主持召开省政府常务会议，审议并原则通过了《广东省快递市场管理办法（修订草案）》。会议认为，新修订的《广东省快递市场管理办法》符合有关立法权限和程序，符合广东省快递业发展新形势新要求，有利于更好推动广东省快递行业持续健康有序发展。马兴瑞在会上要求，全省邮政快递业要以修订后的《广东省快递市场管理办法》实施为契机，重点做好快递业绿色发展、消费者权益保护和实名寄递工作，进一步夯实我省邮政快递业高质量发展基础。

广东省发布发展现代农业与食品战略性支柱产业集群行动计划

10月，经广东省人民政府同意，广东省农业农村厅等5部门联合印发《广东省发展现代农业与食品战略性支柱产业集群行动计划（2021－2025年）》，相关政策利好邮政快递业。行动计划提出，要加强农产品冷链物流设施建设，支持经营主体建设仓储保鲜冷链设施，从源头加快解决农产品出村进城“最初一公里”问题，发展公共型农产品冷链物流基础设施骨干网，建立面向中小农户、运行高效的农资农技服务体系。支持食品冷链物流、智能物流建设项目，鼓励企业构建集生产、仓储、运输、销售、配送于一体的食品安全温控供应链体系，培养合格的物流配送司机和快递员。

广东局举行青年文明号等全国性荣誉奖项颁奖仪式

受国家邮政局党组委托，10月22日，广东省邮政管理局举行青年文明号等全国性荣誉奖项颁奖仪式，为获得全国优秀共青团员、2017－2018

年全国青年文明号和2019年全国邮政行业青年安全生产示范岗称号的个人和集体进行颁奖和授牌。

广东省邮政行业5名个人、2个集体获全国交通运输系统抗疫表彰

10月23日，为表彰在全国交通运输系统抗击新冠肺炎疫情中表现优秀的个人、集体和优秀共产党员、基层党组织，全国交通运输系统抗击新冠肺炎疫情表彰大会在北京召开，交通运输部党组书记杨传堂出席会议并讲话，部长李小鹏主持会议。广东省邮政行业共有5人获评“全国交通运输系统抗击新冠肺炎疫情先进个人”称号，2个集体获评“全国交通运输系统抗击新冠肺炎疫情先进集体”称号，1名党员获评“交通运输部系统抗击新冠肺炎疫情优秀共产党员”。

“双11”快递旺季首日广东快件收寄量突破1亿件

11月1日，广东省主要快递品牌企业收寄快件量突破1亿件，投递量突破3600万件，当日处理量达到1.36亿件，创2020年单日快递处理量历史新高，领跑全国。

广东省印发推进新型基础设施建设三年实施方案

11月，经广东省人民政府同意，广东省政府办公厅印发《广东省推进新型基础设施建设三年实施方案(2020－2022年)》，强调要加快建设高水平新型基础设施体系，有效支撑广东经济发展实现质量变革、效率变革和动力变革，其中明确提出要推进智慧寄递。实施方案明确，要推进十大智慧工程，推进融合基础设施建设，其中包括要加快推进智慧物流工程，利好邮政快递业发展。

陈良贤副省长调研快递业务旺季服务保障工作

11月11日，广东省副省长陈良贤率队到中通快递广州转运中心、广州邮件处理中心调研快递业务旺季服务保障工作，慰问一线快递小哥，听取并充分肯定了省邮政管理局工作汇报。陈良贤强调，希望全省邮政快递业继续发扬闻鸡起舞、日夜兼程、风雨无阻、废寝忘食的精神，真抓实干、拼搏进取，为服务广东经济社会发展和民生改善，服务粤港澳大湾区建设作出新的更大的贡献。调研组一行在广州邮件处理中心与中国邮政集团有限公司董事长刘爱力进行了会面，双方就“交邮合作”等有关问题进行交流。广东省人民政府副秘书长任小铁、省邮政管理局局长周国繁、广州市副市长林道平、省邮政管理局副局长罗德韶、广州市邮政管理局局长周建军等参加调研。

杨传堂书记充分肯定广东邮政管理工作成绩

11月26日，交通运输部党组书记杨传堂带队到广东调研并召开交通运输工作座谈会，听取广东、福建、广西、海南交通运输部门及铁路、民航和广东省邮政管理局等有关部门的工作情况汇报，广东省人民政府副省长陈良贤参加座谈会。在认真听取广东省邮政管理局工作汇报后，杨传堂对广东邮政管理工作和行业发展成绩给予了充分肯定，并回顾了中国快递市场对外开放的历史沿革。他强调，广东省邮政管理局提出的五个方面建议涉及邮政业未来发展的重要方向，富有见地、认识深刻，将考虑充分吸收到交通运输“十四五”规划中去。他希望全省邮政管理部门认真落实习近平总书记关于邮政快递业重要指示批示精神，深入贯彻党的十九届五中全会精神，结合广东实际，真抓实干，抓好各项工作落实，推动广东邮政快递业实现更高质量发展，为综合交通运输事业发展作出积极贡献。

马兴瑞省长到广东局调研时强调畅通经济循环、促进消费升级

12月4日，广东省省长马兴瑞赴省邮政管理局调研，深入贯彻习近平总书记出席深圳经济特

区建立40周年庆祝大会和视察广东重要讲话重要指示精神，认真贯彻党的十九届五中全会精神，贯彻落实省委十二届十一次全会精神，研究深入推进全省邮政业高质量发展和高效能监管，有力服务经济循环和消费升级，促进加快构建新发展格局。马兴瑞对省邮政管理局积极作为、真抓实干，推动全省邮政业发展持续走在全国前列，不断巩固广东邮政业第一大省地位，服务广东经济社会发展和民生改善给予充分肯定，希望再接再厉、再创佳绩。会上，马兴瑞还听取了顺丰速运集团董事长王卫关于企业发展情况的汇报，指出顺丰速运近年来为服务国家战略作出了积极贡献，希望企业继续立足广东、找准定位、精准发力，加快“走出去”步伐。

广东省邮政业5名劳动模范和1个先进集体获表彰

12月，广东省劳动模范、先进工作者和先进集体表彰大会召开。全省邮政业共有5名劳动模范、1个先进集体获表彰。此次表彰主要面向基层一线和抗疫人员。其中，广州顺丰速运有限公司营业点主管邓兴斌、中国邮政集团有限公司广东省紫金县中坝支局投递员温伟明、顺丰速运（惠州）有限公司快递员吴建勇、中国邮政集团有限公司茂名市城区分公司客户经理廖柳清、中国邮政集团有限公司广东省广州市邮区中心局设备维护分局副经理汪磊获评广东省劳动模范称号，中国邮政集团有限公司清远市分公司获评广东省先进集体称号。

新修订的《广东省快递市场管理办法》施行

12月，广东省省长马兴瑞签发第278号广东省人民政府令，公布新修订的《广东省快递市场管理办法》，该办法于2021年1月1日起施行。新修订的办法在原办法的基础上，对部分条款进行了修订完善，明确了多项支持行业发展的措施，调整了快递业务经营许可有关内容，针对快递服务质量、寄递安全、用户信息安全、监督检查等问题作出了规定。

原邮电部、信息产业部部长吴基传在粤调研充分肯定广东邮政业发展成绩

12月22日，原邮电部、信息产业部部长吴基传一行到广州调研邮政、电信业务发展情况。其间，吴基传听取广东省邮政管理局主要负责同志关于全省邮政业发展情况的汇报，他充分肯定广东省邮政管理局领导班子开拓思路、有为担当的工作成效和邮政快递业发展成绩。

广西壮族自治区快递发展大事记

自治区政府工作报告肯定快递业务加速成长

1月12日，广西壮族自治区第十三届人民代表大会第三次会议在南宁召开，自治区主席陈武作政府工作报告。工作报告指出，2019年，全区新动能加速成长，电信业务总量、快递业务量分别增长78.8%、17.3%。报告还提及，一年来，邮政等工作取得新进展。报告在2020年工作安排中提到，要加快发展农业农村新产业新业态。要建设智慧物流体系。建好跨境贸易电子商务、西部陆海新通道多式联运等综合服务平台。加快南宁国家物流枢纽建设，积极推进南宁国际铁路港、柳州铁路港、钦州北部湾国际门户港航运服务中心、防城港北部湾国际生鲜冷链园区一期和百色西南冷链物流交易中心等项目。在积极扩大消费需求方面，要发挥电子商务进农村综合示范效应，实施“互联网+”农产品进城和工业品入村工程，推动乡镇商贸发展。实施“桂品出乡”，推动桂茶、桂酒、桂果、米粉等“桂字号”品牌行销全国。打造“广西好嘢”农产品品牌。

自治区副主席冀望全区邮政业高质量发展

1月，广西壮族自治区副主席费志荣对全区邮政管理工作作出批示，要求全区邮政管理系统认真贯彻落实全国邮政管理工作会议精神，进一步推动全区邮政业高质量发展。

4名“快递小哥”受邀参加2020年自治区春节团拜会

1月22日，广西壮族自治区党委政府举行2020年春节团拜会。自治区党委、区政府领导及全区机关、企事业单位、社会各界代表共聚一堂，畅叙友情，共迎鼠年新春。4名来自全区邮政、快递服务一线的优秀小哥应邀参加团拜会。

自治区邮政业全力以赴做好疫情防控工作

1月22日，广西壮族自治区邮政管理局召开党组扩大会议，紧急部署行业新型冠状病毒感染的肺炎疫情防控工作。会议对做好疫情防控工作提出四点要求：一是要提高政治站位，形成防控合力；二是分类分区施策，控防保畅结合；三是加强应急值守，确保处置高效；四是强化宣传教育，做好舆论引导。

自治区多条政策支持邮政快递参与疫情防控保障运营

2月7日，广西壮族自治区人民政府办公厅印发《关于支持打赢疫情防控阻击战促进经济平稳运行若干措施的通知》，明确对企业运输疫情防控重点物资和提供公共交通、生活服务以及为居民提供必需生活物资快递收派服务取得的收入，免征增值税。2月8日，广西壮族自治区新型冠状病毒感染的肺炎疫情防控工作领导小组指挥部下发《关于做好春运错峰返程和交通运输保障工作的通知》，明确任何单位和个人不得阻止持有疫情防控应急物资及人员运输车辆通行证的车辆通行，不得阻断铁路巡视检修维护车辆的通行，不得阻止企业复工复产所需生产物资的运输车辆通行，不得阻碍通邮和随意查扣邮件快递。全区邮政业紧紧围绕疫情防控大局，在做好疫情防控寄递服务保障工作和春节节后生产恢复工作中勇于担当积极作为，全力保障防控物资运输。2月10日大部分快递企业已复工陆续恢复运营。

自治区政府发文保障快递企业正常运行

2月14日，广西壮族自治区新型冠状病毒感染的肺炎疫情防控工作领导小组指挥部办公室印发《关于切实保障生活保供类电子商务及快递企业正常运行的通知》，在确保符合疫情防控要求前提下，保障电子商务快递物流畅通。通知要求各地在政策扶持、交通运输、仓配周转、卫生防疫、员工复工等方面对生活保供类电子商务、快递企业给予支持和保障，确保物流配送车辆进城乡、进小区便利，保障物流快递企业跨区域运输配送顺畅。通知还要求严格落实企业疫情防控主体责任，认真做好有关场所和车辆消毒、配送人员防护等工作。

自治区常务副主席批示要求保障邮政业防疫物资

2月，广西壮族自治区党委常委、常务副主席秦如培作出批示，要求自治区疫情防控领导小组物资保障组统筹调配民用口罩，保障全区邮政快递业防疫物资需求。

自治区邮政业多个项目被纳入加快构建现代化基础设施体系

为全面贯彻党的十九大和十九届二中、三中、四中全会精神，深入贯彻习近平总书记对广西工作的重要指示精神以及习近平总书记关于统筹推进新冠肺炎疫情防控和经济社会发展工作重要讲话精神，有效应对当前新冠肺炎疫情影响，加快构建现代化基础设施体系，夯实经济社会发展硬支撑，自治区党委、政府决定全面加快实施基础设施补短板“五网”建设大会战，其中构建高效便捷的物流网明确提出优化邮政快递、电商物流网络节点布局，推进建设韵达快递广西总部基地、东南智慧电商产业园（苏宁）等23个邮政快递、电商物流项目，完善城乡物流配送网络，推进邮政区域共享配送体系等24个城乡物流配送项目。

自治区邮政积极服务新冠肺炎疫情防控期间春耕复产工作

3月，中国邮政集团有限公司广西分公司联合广西农业农村厅印发《关于共同促进新冠肺炎疫情防控期间春耕复产的通知》，共同推进邮政线下线上相结合的服务方式，解决疫情防控时期春耕备耕的突出问题，帮助农民专业合作社开展春耕复产工作。通知要求，各级邮政企业要借助农业农村部门发挥在政策指导、工作体系等方面的优势，加强市、县（市、区）农业农村部门的沟通协作，积极开展邮政相关业务合作，利用好邮政在金融、电商、物流等业务优势支持春耕复产。

自治区常务副主席批示肯定邮政快递业复工复产工作成效

3月，广西壮族自治区党委常委、常务副主席秦如培就广西壮族自治区邮政管理局报送的关于落实国务院常务会议要求，推动全区邮政快递业复工复产情况的报告作出批示，指出邮政快递业抓好行业疫情防控的同时全力做好复工复产工作，抓得有成效。

顺丰快递小哥受邀参加“壮族三月三·八桂嘉年华”启动仪式

3月26日，战疫情、奔小康、奋进新时代——2020年“壮族三月三·八桂嘉年华”系列活动大幕开启，同时活动的特别节目通过广西卫视面向全国播出。广西顺丰速运有限公司快递小哥受邀在节目现场讲述了顺丰临危受命，运送抗疫物资的经过。

广西局进一步规范活体动物寄递及打击非法寄递野生动物

4月，为打击非法寄递野生动物，规范受保护野生动物以外的活体动物寄递安全管理，广西壮族自治区邮政管理局印发了《关于进一步规范活体动物寄递严厉打击非法寄递野生动物及其制品行为的通知》，要求重点做好四个方面工作。一是压实邮政快递企业安全主体责任，严禁非法寄递野生动物及其制品，严格规范受保护野生动物以外的活体动物寄递。二是积极对接相关部门完善野生动物保护监管执法管理体制，建立健全跨部门联合执法及移交衔接机制，依法严厉打击非法寄递野生动物及其制品的行为。三是加强宣传教育，做好4.7万份濒危物种反走私宣传挂图、识别图册和法律手册的分发工作，要求企业在处理场所、营业场所张贴并做好从业人员教育培训。四是自4月7日至6月30日，在全区范围内开展打击非法寄递野生动物及其制品行为专项行动，对相关部门移交、媒体曝光、群众举报、检查发现等涉及非法寄递野生动物及其制品的案件从严从重从快处理。

鹿心社到南宁国际邮件互换局调研

4月9日，广西壮族自治区党委书记、自治区人大常委会主任鹿心社到位于中国（广西）自由贸易试验区的南宁国际邮件互换局调研。强调以制度创新为核心加快打造“五区一港”创建新时代自治区改革开放新高地。

广西邮政业纳入自治区《关于贯彻落实〈交通强国建设纲要〉的实施方案》整体布局

4月，广西壮族自治区党委、自治区人民政府印发了《关于贯彻落实〈交通强国建设纲要〉的实施意见》，将加强农村邮政等基础设施建设，完善城乡末端配送体系，推进智能收投终端和快递末端公共服务平台建设纳入整体布局，并明确了广西壮族自治区邮政管理局相关职责任务。

广西“物流网”基础设施建设大会战启动

5月18日，广西“五网”建设大会战物流网项目开工现场会在南宁国际铁路港举行。广西壮族自治区副主席周红波出席会议。实施基础设施补短板“五网”建设三年大会战，是自治区党委、政府全面做好中央“六稳”工作要求、推动我区高质量发展的重大战略部署。“物流网”是“五网”建设重要内容之一，重点建设物流园区、打造物流场站、积极发展多式联运、完善口岸物流和保税物流、打造大宗商品物流供应链、搭建农产品供应链及冷链物流、大力发展制造业物流、优化邮政快递和电商物流网络、完善城乡物流网络、建设物流信息平台。

开展2020年广西邮政快递从业青年联系服务特别行动

5月，共青团广西壮族自治区区委、广西壮族自治区邮政管理局以“凝聚青春力量　点亮速递梦想”为主题，联合开展2020年广西邮政快递从业青年联系服务特别行动。通过此次行动，将有效帮助解决邮政快递从业青年群体的实际困难，带动全行业全系统更加关心关爱邮政快递从业青年，舒缓压力，融洽关系。针对当前邮政快递企业的快递员缺口问题而开展的就业创业帮扶行动，有力推动了邮政快递业加快复工复产。

广西顺丰速运助力自治区稳就业和脱贫攻坚工作

6月24日，广西壮族自治区人力资源和社会保障厅与广西顺丰速运有限公司签订了《稳就业促脱贫框架合作协议》，共同启动“壮乡乐业·顺丰同行”项目。双方将围绕全区农民工、贫困劳动力、高校毕业生等重点群体就业再就业、创业创新、职业技能培训等方面开展全面深入合作。

《关于印发中国(崇左)跨境电子商务综合试验区实施方案的通知》发布

7月，广西壮族自治区人民政府印发《关于印发中国(崇左)跨境电子商务综合试验区实施方案的通知》，旨在依托崇左区位优势、政策优势，构建广西面向东盟陆路跨境贸易电商战略新高地。广西壮族自治区邮政管理局作为责任单位之一，承担了搭建线上公共服务平台、线下综合园区平台等多项建设任务。《通知》还明确，充分利用现有专项资金，重点支持跨境电商领域平台建设、园区建设、边境集货仓和海外仓建设，全区邮政快递企业将迎来“出海”新利好。

桂平成立广西首个县级邮政业安全中心

7月22日，桂平市邮政业安全中心正式揭牌成立，是广西首个县级邮政业安全中心，是广西在进一步完善邮政监管支撑体系，提升监管效能上取得的重要突破。

自治区邮政快递业迎来首张新业态许可证

广西壮族自治区邮政管理局于7月15日向广西驿汇网络科技有限公司(菜鸟驿站)核发全区第一张开办服务站经营快递业务许可证；于7月28日正式受理广西丰巢网络技术有限公司申请运营智能快件箱经营快递业务许可。

百世快递入驻中新南宁国际物流园

8月，百世快递正式入驻中新南宁国际物流园。中新南宁国际物流园是广西构建“南向、北联、东融、西合”全方位开放发展新格局，以国际陆海贸易新通道建设为载体，加快构建面向东盟的国际大通道的重要布局。百世集团在新中智慧园投资近1亿元，实现快递处理量日均约100万票，大型电商节日最高可达到200万票/天，业务可覆盖广西14个地级市。货物卸车以后，高速自动化及半自动化的库区设备会进行自动识别，根据地区分流，人机配合完成分拣。

陈鸿起厅长到广西局调研

9月4日，广西壮族自治区交通运输厅厅长、自治区铁路建设办公室主任陈鸿起到自治区邮政管理局调研，并召开座谈会。陈鸿起对自治区邮政快递业发展取得的成效表示肯定，并指出，希望自治区邮政管理局进一步加强与自治区交通运输厅沟通协调，共同发展，为人民服务，建设人民群众满意交通。与会双方就邮政业安全中心组建、物流网建设及“十四五”规划等多项工作开展深入沟通，并达成多项共识。会后，陈鸿起一行实地考察调研中国邮政东盟跨境电商监管中心、圆通速递南宁转运中心。

中国邮政集团有限公司与自治区人民政府开展战略合作

10月，中国邮政集团有限公司与广西壮族自治区人民政府签署战略合作框架协议。双方围绕推进邮政服务地方经济社会发展、做好城乡综合便民服务、推进数字广西建设、打造“三农”综合服务平台、提升邮政普惠金融服务、加快广西跨境电商业务发展、推进服务中小微企业、完善国际金融服务、发挥邮政文化传媒优势服务地方宣传等九个方面深化合作。

南宁临空经济示范区建设加快推进

10月，广西壮族自治区人民政府办公厅印发《关于加快推进南宁临空经济示范区建设的实施方案》。方案一是着力提升南宁吴圩国际机场区域枢纽功能，二是着力培育壮大高端高新现代化临空产业集群，三是着力打造国际贸易新高地，四是着力建设生态智慧现代空港新城，五是着力营造国际一流营商环境，将示范区建设成为面向东南亚的区域航空枢纽、共建“一带一路”的区域门户枢纽和全国临空经济创新发展先导区，为加快形成面向东盟的国际大通道和海陆空一体的西部陆海新通道、辐射带动全区高水平开放和高质量发展、推动强首府战略实施提供有力支撑。南宁临空经济示范区建设的加快推进为广西邮政快递业带来了发展机遇，为邮政快递企业进一步畅通国际运输通道、更好地服务广西跨境电商发展提供了良好的基础条件。

广西开出首批邮政业绿色环保罚单

10月，广西壮族自治区邮政管理局在全区范围内开展邮政业重金属和特定物质超标包装袋专项治理监督检查，贵港市中通快递有限公司、贵港市福源韵达快运服务有限公司、桂林灵川县向扬快递有限公司因违反《邮政业寄递安全监督管理办法》，未按规定向协议用户书面告知封装用品和胶带应当符合国家相关环保要求，被贵港局、桂林局开出全区首批邮政业绿色环保罚单。

自治区副主席批示要求做好快递业务旺季服务保障工作

11月，广西壮族自治区邮政管理局向自治区政府专题汇报全区快递业务旺季服务保障准备工作情况，自治区政府副主席费志荣作出批示，要求广西壮族自治区邮政管理局精心组织、加强协调，做好快递业务旺季服务保障工作。按照批示要求，广西壮族自治区邮政管理局拟定《关于加强快递业务旺季服务保障工作的通知》，经自治区人民政府同意后，于11月6日印发至各市、县人民政府，自治区人民政府各组成部门和各直属机构。通知从强化疫情防控，保障人员健康；提高服务能力，确保寄递网络畅通；加强安全检查，保障寄递渠道安全等方面对统筹做好快递业务旺季服务保障工作作出明确要求。

广西进一步加强邮政快递业塑料污染治理

11月，广西壮族自治区发展改革委、生态环境厅、工信厅、商务厅、邮政管理局等10部门联合印发《关于扎实推进塑料污染治理工作的通知》，要求加强六个重点领域的塑料污染治理。其中，加大促进快递包装减量化、绿色化和可循环力度，到

2020年底,力争实现45毫米以下“瘦身胶带”封装比例达90%、电商快件不再二次包装率达70%、可循环中转袋使用率达90%,全区新增120个设置标准包装废弃物回收装置的邮政快递网点的任务目标。

广西局与自治区商务厅、邮政分公司签订合作框架协议

11月28日,以“电商新机遇　赋能双循环”为主题的2020中国—东盟丝路电子商务论坛在南宁举办。论坛上,广西壮族自治区邮政管理局与自治区商务厅、自治区邮政分公司签订三方合作框架协议。此次框架协议的签署,旨在推进商务主管部门、邮政管理部门和邮政企业工作互动、资源共享、优势互补。协议聚焦推进跨境电商发展、发展农村现代流通网络、推进“快递向下”工作、提升乡村电商站点运营服务能力、推动供应链物流合作、多渠道拓宽贫困地区农产品营销渠道、加强扶贫领域合作等十二项重点合作事项,强化政策协同,努力实现多方共赢。

智能快件箱等纳入广西城镇老旧小区改造工作

11月,广西壮族自治区人民政府办公厅印发《全面推进广西城镇老旧小区改造工作的实施方案》,改造将分为基础类、完善类、提升类三个层级。其中智能快件箱、智能信包箱纳入改善类项目,邮政快递末端综合服务站纳入提升类项目。

自治区副主席批示肯定快递业务旺季服务保障工作成效

11月,广西壮族自治区政府副主席费志荣对快递业务高峰服务保障工作专题汇报作出批示,充分肯定全区邮政快递系统有力、有效组织,切实做好快递业务高峰服务保障工作取得较好成效,寄望邮政快递业再接再厉,更好发挥保安全、促发展的作用。

广西邮政快递业1个集体和3名个人获全国交通运输抗疫表彰

11月,交通运输部对全国交通运输系统抗击新冠肺炎疫情先进集体、先进个人进行了表彰。12月2日,广西壮族自治区交通运输厅在南宁召开广西交通运输系统抗击新冠肺炎疫情先进集体先进个人奖章奖牌证书现场授予活动大会,对自治区交通运输系统在抗击新冠肺炎疫情中表现突出的先进集体和个人进行颁奖。广西邮政快递行业共有1个集体、3名个人获得表彰。其中,广西顺丰速运有限公司疫情应对小组荣获“全国交通运输系统抗击新冠肺炎疫情先进集体”,许承伟(广西壮族自治区邮政管理局市场监管处处长)、蒋德铭(中国邮政集团有限公司广西壮族自治区桂林市寄递事业部营销员)、周福祥(壮族,广西苏宁物流有限公司总经办主任)荣获“全国交通运输系统抗击新冠肺炎疫情先进个人”。

自治区副主席批示肯定邮政快递业助力脱贫攻坚工作成效

12月,广西壮族自治区邮政管理局向自治区政府专题书面报告全区邮政快递业助力脱贫攻坚工作情况,自治区政府副主席方春明、费志荣分别作出肯定性批示。方春明指出,邮政快递业发挥自身优势,围绕助力打赢全区脱贫攻坚战主动作为,成效明显,应予肯定。他寄望邮政快递业再接再厉,在巩固脱贫成果与乡村振兴中发挥更大作用。费志荣要求,全区邮政系统要继续努力,深入推进快递进村,为乡村振兴提供有力支撑。

中央媒体采访团聚焦广西邮政快递业发展成效

12月9日至11日,人民日报,新华社,中央电视台,经济日报等12家中央媒体和广西电视台等3家地方媒体近20位记者组成采访团,对广西邮政快递业加快推进“两进一出”工程、助力决战脱贫攻坚决胜全面小康、服务经济社会发展情况进行深度报道。记者团表示,此次采访对广西邮政

快递业服务地方经济社会发展有了更深入的了解，“两进一出”工程有着鲜明的地方特色，在脱贫攻坚的主战场发挥了邮政快递行业的优势。

快递纳入广西区“十四五”规划和二○三五年远景目标建议

12月，《中国共产党广西壮族自治区委员会关于制定国民经济和社会发展第十四个五年规划和二〇三五年远景目标的建议》发布，明确提出积极发展包括快递在内的现代物流业新模式新业态。这是快递首次纳入广西壮族自治区党委规划建议。

海南省快递发展大事记

海南局部署做好新冠肺炎疫情防控工作

1月22日，海南省邮政管理局召开会议，研究部署做好新型冠状病毒感染的肺炎疫情全省邮政业防控工作。海南省邮政管理局提出，一是要提高政治站位，各单位各部门要高度重视、迅速传达、全面部署，把人民群众生命安全和身体健康放在第一位，全力以赴做好邮政业疫情防控工作。二是要控防保畅结合，指导企业落实通风、消毒和人员体温检测等要求，加强从业人员健康防控，保障疫情防控相关物资寄递服务。三是加强应急值守，各单位要加强属地管理，加强信息报送。四是强化宣传教育，及时分析形势，科学应对风险，加强疫情风险提示和防控知识宣传，确保全省邮政业安全稳定运行。

海南局联合省总工会开展春节前关心关爱快递从业人员活动

春节前夕，为向快递从业人员传达党的关怀之声，做好节前安全生产督导工作，海南省邮政管理局联合省总工会赴海甸五西路邮政网点等，为基层快递从业人员送去节日关心关爱及慰问品，向基层工作者们表达诚挚的节日问候和祝福。

全省邮政快递车辆优先便捷通行获保障

2月，海南省交通运输厅、省邮政管理局联合印发通知，保障全省邮政快递车辆优先便捷通行。通知要求，各市县交通运输部门要将邮政（含邮政外协车辆）、快递车辆纳入疫情防控及运输应急、生活必需和重要生产物资的车辆管理，严格按照《海南省交通运输厅关于切实统筹做好疫情防控和交通运输服务保障工作的紧急通知》要求，对执行应急物资运输任务的邮政、快递车辆落实“三不一优先”，即不停车、不检查、不收费，优先便捷通行。特别是对承担邮政普遍服务、特殊服务及防疫物资绿色通道运输的邮政车辆，按规定保障通行。琼州海峡轮渡各港口、全省各高速公路、国省干线公路、农村公路不得非法禁止或限制邮政、快递车辆正常通行，不得随意扣押邮件快件、车辆及驾押人员。

三部门印发通知规范疫情期间邮政快递配送工作

2月，海南省发展和改革委员会、省住房和城乡建设厅、省邮政管理局3部门联合印发通知，规范疫情期间邮政快递配送工作。通知要求，邮政快递员到岗时，要体温检测，体温正常方可上岗。上岗期间，邮政快递员要正确佩戴口罩。在小区、社区、物业等管理区域，相关管理人员在对其核对身份进行登记、体温检测正常情况下，保障其正常开展配送服务。通知指出，住建部门要督促指导物业服务企业积极配合住宅小区邮政快递员进行正常配送服务工作。加强宣传引导，请群众对疫情防控期间配送服务受到的影响给予理解。

省委常委、海口市委书记带队调研督导海口寄递企业疫情防控工作

2月19日，海南省委常委、海口市委书记何忠友带队到海南顺丰速运有限公司海口分拨中心，调研检查疫情防控和复工复产情况，指导企业科学有序开展好各项工作。何忠友调寄递企业要统筹抓好疫情防控和复工复产工作，严格执行邮件快件实名收寄、开箱验视、过机安检三项安全制度，相关部门要支持帮助生产性服务企业在抓好疫情防控的前提下有序有力复工复产，同时加强企业复工复产后的跟进服务，确保防控措施落实到位，按照"一企一策"帮助协调解决实际困难和问题。何忠友指出，大家始终坚守岗位，为降低市民出门频率、减少公共聚集、降低疫情传染风险具有积极作用，以自己的辛勤劳动为打赢疫情防控阻击战作出了积极贡献，希望大家在努力工作、为市民提供更优质、更有效快递服务时，也要将自身安全健康放在首位，切实采取措施加强自我防护。

海南省副省长重视加强邮政业疫情防控工作指导

2月，海南省邮政管理局向省政府办公厅呈报了邮政业疫情防控工作情况，并提出解决存在困难建议，海南省副省长王路阅示要求邮政业坚守岗位，确保畅通安全，并指导予以政策支持。

海南省委常委、常务副省长调研寄递企业

2月21日，海南省委常委、常务副省长毛超峰一行率队走访位于澄迈县的京东物流华南中心（海南园区），调研寄递企业复工复产情况并深入指导疫情防控工作。毛超峰强调，快递企业要严格落实疫情防控措施，有序开展复工复产工作，发挥企业的大数据管理、供应链能力、科技手段应用等优势，高效集中管理好前端采购、库存管理、货物流向等过程，为城市正常运行、市民正常生活提供有力支撑，为抗击疫情发挥更大作用。

海南局联合省总工会慰问邮政业坚守抗疫一线从业人员

2月27日，海南省邮政管理局、省总工会到海口辖区顺丰兴丹路营业部等快递网点开展慰问活动，慰问在疫情防控期间坚守在一线的邮政业从业人员，并为快递小哥送上牛奶等慰问品。

海南邮政快递基础设施纳入省城镇老旧小区改造范围

3月，海南省住建厅、发改委、规划厅、财政厅等4部门联合印发《关于印发〈海南省城镇老旧小区改造指导意见（试行）〉的通知》，明确城镇老旧小区改造的内容和财政资金支持政策等，并将"建设邮政服务场所、快递末端综合服务场所及智能信包箱、智能快件箱等设施"纳入完善类改造项目，由财政资金"以奖代补"方式积极支持。

海南省快递企业复工复产工作获肯定

3月17日，中央复工复产第20调研组组长、文化和旅游部副部长李群率队到海南省澄迈县实地调研京东（海南）运营中心复工复产情况。海南省委常委、常务副省长毛超峰等陪同调研。调研组在京东（海南）运营中心了解疫情防控期间复工复产、货品库存、智能分拣等情况后，对海南京东复工复产情况予以肯定，要求继续做好疫情防控工作，不能放松；要抓好生产，发挥企业大数据分析等方面优势，智能存储货源，更好应对突发事件，提升运转效率，做到疫情防控和生产经营两不误。调研过程中，李群强调，要坚持一手抓疫情防控、一手抓经济发展，加快建立与疫情防控相适应的经济社会运行秩序，确保党中央、国务院决策部署落地生效。

快递企业代表参加海南省省长召开的复工复产座谈会

3月，海南省省长沈晓明主持召开座谈会，听取包括快递企业在内的各行各业代表汇报复工复

产情况。座谈会上，海南中通总经理陆贤祥、海南顺丰快递员潘建国作为行业代表汇报了复工复产情况及相关建议。

海南局搭台架梯助推“邮快合作”下乡进村

4月3日，海南省邮政管理局举办“邮快合作”签约仪式。签约仪式上，海南省邮政分公司与海南顺丰、申通、百世、韵达等4家快递企业当场签署了《邮政快递合作下乡进村框架协议》。协议明确了海南邮政公司与快递企业在网络共享、服务覆盖、快递收投、处理和运输业务流程等方面的具体合作内容。此次签约，对促进海南省邮政快递业加强资源融合、深化快递下乡、提升末端服务能力将起到重要的推动作用。推动邮快合作，充分利用邮政企业网络优势，补齐农村地区快递服务短板，不仅为邮政企业和快递企业建立平等、互利、友好的共生共荣的发展机制，同时也对服务海南自由贸易港建设，提升农村寄递服务水平，助力实施脱贫攻坚和乡村振兴战略，服务农民创业增收都具有非常重要的意义。

中通快递参加海南自由贸易港建设项目集中开工和签约仪式

4月13日，海南自由贸易港建设项目集中开工和签约仪式在全省同步举行，中通快递在海口主会场参加集中开工和签约仪式。中通快递签约的海南（海口）智能科技电商快递产业园及航空基地项目建设用地165亩，拟投资约7亿元，主要建设内容包括航空基地、冷链配送基地、智能化快递物流中心、智能化仓储中心、综合办公楼及跨境电商创业中心。中通快递的签约开工，标志着各快递企业纷纷布局海南，相关项目建成后将促进海南快递物流基础设施布局进一步优化、产业层次进一步提升，推动海南邮政快递业实现高质量发展。

2020年海南寻找“最美快递员”推选活动启动

5月，在海南省邮政管理局和海南省总工会的指导下，由海南省教科文卫邮电工会、海南省快递行业协会联合主办，南海网承办的2020年海南寻找“最美快递员”推选活动，在海口市民游客中心举行了启动仪式。与此同时，活动邀请了海南交警总队领导上台发布“一盔一带一线”安全守护行动倡议书，并宣布在全省范围内开展“我承诺我践行　佩戴安全头盔”网上承诺活动。

海南开通首条“海口—南京”中国邮政全货机航线

5月25日，中国邮政全货机航空正式开通“海口—南京”航线。这是首条从海南省出发的邮政航空专线，每周七班，日执行一班。该航线开通将在海南与全国25个省份200个城市之间搭建起空中通道，大幅提升邮政快递邮件的时限水平和服务质量，实现海南寄往上海、浙江、江苏、安徽等长三角地区和各省省会共42个重点城市的快递邮件“次日递”，其他158个城市实现“隔日递”，为助力脱贫攻坚和乡村振兴，助推海南特色农产品高效出岛，缩短“从田间至舌尖”的距离，进一步打响海南农特产品品牌贡献了行业力量。

寄递渠道禁毒工作成效获省领导批示肯定

海南省邮政管理局认真学习贯彻习近平总书记关于禁毒工作重要指示精神，落实国家邮政局党组和海南省委省政府工作部署要求，把禁毒工作融入寄递渠道安全监管当中，加大工作力度，紧密协作配合，寄递渠道禁毒工作取得积极成效。7月，海南省委副书记李军作出批示，对邮政业积极主动作为开展禁毒工作取得的成效给予充分肯定。

2020年海南寻找“最美快递员”推选活动颁奖仪式举行

7月14日，在海南省邮政管理局和海南省总工会的共同指导下，由海南省教科文卫邮电工会、海南省快递行业协会联合主办，南海网承办的“服务自贸港快递新篇章”——2020年海南“最美快递员”颁奖仪式在海南日报新闻大厦举行。省人大常委会副主任、省总工会主席陆志远出席讲话并为获奖者颁奖。仪式上，陆志远对受表彰的“最美快递员”表示祝贺，并希望广大邮政快递从业人员要深入学习贯彻习近平新时代中国特色社会主义思想，锻造优良的政治品质，持续养成良好习惯，大力弘扬榜样力量，并号召全社会要更多关心关爱“快递小哥”，让广大“快递小哥”有更多的获得感和幸福感。

海南局1个集体和3个个人获全省禁毒工作表彰

7月17日，海南省委、省政府隆重召开全省禁毒三年大会战（2016－2019年）表彰大会，对第一轮全省禁毒三年大会战中涌现出来的先进集体和先进个人进行表彰，海南省邮政管理局市场监管处和海口、三亚、东部邮政管理局的3人分别作为禁毒工作先进集体和先进个人被表彰。

海南印发加强邮政快递从业人员职业技能培训工作的通知

7月，海南省邮政管理局联合省人力资源和社会保障厅联合印发《关于加强海南省邮政快递从业人员职业技能培训工作的通知》，全面推进邮政快递从业人员职业技能培训。通知分别对适岗培训、岗位技能培训、企业新型学徒制培训、以工代训等四类补贴性职业技能培训的培训要求、补贴标准、列支资金等予以明确，同时要求培训内容要坚持需求导向、坚持问题导向、适应产业转型升级需要。通知要求各地要把加强邮政快递从业人员职业技能培训作为重要民生工程，纳入职业技能提升行动，确保邮政快递从业人员职业技能培训补贴的及时发放。

海南省领导批示肯定全省邮政管理工作和邮政快递业发展成效

8月，海南省省长、副省长分别在海南省邮政管理局呈报的2020年上半年工作情况报告上作出批示，充分肯定上半年全省邮政管理工作和全省邮政快递业发展取得的成效，并对全省邮政快递业进一步做好下半年工作提出更高期望。

海南省邮政快递业服务等工作获省领导批示肯定

8月，海南省委副书记李军在海南省邮政管理局呈报的关于全省邮政快递业服务“海南爱心扶贫网”农产品寄递等情况的报告上作出批示，肯定全省邮政快递业为消费扶贫作出了突出贡献，并鼓励全省邮政快递业再接再厉，不断探索，争取更大成绩。

海口邮政团队入围第四届“中国梦·邮政情 寻找最美快递员”50强

9月29日，国家邮政局举行了第四届“中国梦·邮政情　寻找最美快递员”活动揭晓发布视频会议，海南省邮政管理局设分会场，为入围寻找“最美快递员”活动50强的海口邮政团队现场颁发了荣誉证书。

海南3家企业、2个人荣获全国邮政行业先进表彰

12月，国家邮政局召开全国邮政行业先进集体、劳动模范和先进工作者表彰大会，会议以视频形式召开，海南省邮政管理局在琼设立分会场。海南顺丰、三亚邮政、三亚韵达3家企业荣获全国邮政行业先进集体表彰，海南省邮政分公司王永机、琼中申通陈明壮2人荣获全国邮政行业劳动模范表彰。

重庆市快递发展大事记

重庆局与相关部门联合发文深化交邮合作

1月，重庆市邮政管理局与重庆市交通局、中邮重庆市分公司联合印发《关于深化全市交通运输与邮政快递融合推进农村物流高质量发展的通知》。通知提出，各部门一要高度重视，加强协作，建立合作推进农村物流发展协调联系机制；二要完善节点，共享资源，着力完善县级寄递物流服务节点，建设合法合规的邮政服务平台或快递综合服务平台；三要突出乡镇，加快融合，按照“多站合一”的模式，加快构建联县通村的农村寄递物流中转点；四要共用运力，集中配送，提高寄递服务村级网点及服务的覆盖率；五要科技引领，整合信息，实现资源整合，信息共享，促进农村货运物流降本增效；六要统一标识，推广品牌，提升农村物流发展形象；七要联盟合作，一体运营，实现产、运销一体化的农村寄递物流服务；八要主动汇报，争取支持，对具备客货运等综合功能的乡镇运输服务站予以补助；九要开展试点，创建示范，培育创建“交通运输+邮政快递融合”等服务模式的农村寄递物流服务品牌。

共青团重庆市委对重庆局支持表示感谢

1月，共青团重庆市委向重庆局发来感谢信，向重庆市邮政管理局对团市委工作的积极参与与大力支持表示感谢。团市委在信中表示，衷心感谢重庆局团结带领邮政业广大团员青年，坚决助力打好“三大攻坚战”、实施“八项行动计划”，把各项工作任务落到实处。

重庆市委书记调研邮政物流配送工作

1月7日，重庆市委书记陈敏尔深入石柱县邮政农村电商运营中心调研。陈敏尔调研了石柱农村电商运营中心依托邮政服务网络，打造高效物流配送体系相关情况。陈敏尔指出：“农村电商发展形势好，邮政现在发展越来越好，好好干！”要积极推动农业“接二连三”，抓好农村电商发展，让农产品走向更广阔市场，带动农民持续增收。

邮政业发展被纳入市政府工作报告

1月11日，重庆市第五届人民代表大会第三次会议召开，市长唐良智作政府工作报告。报告多次提及邮政业相关内容。报告指出，2019年，全市现代服务业发展迅速，网络销售额突破1200亿元。中欧班列（重庆）开行超过1500班，运输箱量和货值均增长48%。脱贫攻坚成效明显，城口县（重庆局对口扶贫县）等顺利摘帽。报告强调，一是要完善农村流通体系和农业社会化服务体系，壮大农村电商，扩大优质特色农产品出口。二是要推动先进制造业和现代服务业融合发展。顺应制造业服务化、服务业制造化趋势，推进现代物流和制造业紧密融合、生产型制造和服务型制造深度融合、平台经济和产业发展创新融合，围绕建设内陆国际物流枢纽，构建“通道+枢纽+网络+平台”的物流运行体系，促进物流供应链、产业链、价值链融合发展。三是要完善出海出境大通道，构建以国际物流枢纽园区、航空物流园、公路物流基地为支撑的现代化物流枢纽体系，建设内陆国际物流分拨中心和国际多式联运中心。开展物流金融等首创性探索，在先进制造、现代物流等领域推出一批合作项目。此外，报告还提出要落实推进财政事权与支出责任划分改革总体方案，全面实施预算绩效管理。

多部门建立电子商务工作联席会议制度助力快递下乡进村

1月，为加强对重庆市电子商务发展的统筹规划，重庆市人民政府印发《关于同意建立电子商务工作联席会议制度的批复》，同意建立由市商务委牵头，重庆局和市发展改革委等28部门为成员的重庆市电子商务工作联席会议制度，并由重庆局等5家成员单位在第一次会议上做交流发言。

重庆10名快递小哥应邀参加2020年春节团拜会

1月20日，重庆市2020年春节团拜会举行，市领导与全市各界人士欢聚一堂，喜迎鼠年新春，祝福伟大祖国繁荣昌盛，祝福全市人民幸福吉祥。来自邮政及主要品牌快递企业基层网点的10名快递小哥应邀参加团拜会。会前，重庆市委、市人大、市政府、市政协主要领导分别接见快递小哥并致以新春问候。参会快递小哥们表示，应邀参加团拜会，是地方政府对全行业工作的高度肯定，他们备受鼓舞，深感骄傲与自豪，今后一定进一步为人民群众服好务，为经济发展作出自己的贡献。

重庆市出台2020年电子商务产业发展工作要点

1月，重庆市电子商务工作联席会议办公室印发《2020年重庆市电子商务产业发展工作要点》，将邮政行业服务网络体系建设，支撑电商发展等工作纳入，并提出相关要求。工作要点提出：一是聚焦扶贫，促进农村电商提质增效，大力推进电商扶贫提升行动计划。健全贫困区县农产品流通体系，完善快递服务网络，确保农特产品卖得掉、运得出。二是聚焦产业，注重标准品牌建设，提升网销产品品质。以涪陵青菜头、奉节脐橙、巫山脆李、永川秀芽等区域公共品牌为抓手，强化跨区域资源整合和品牌共建共享。三是聚焦开放，推动跨境电商做大出口，优化产业布局推动创新发展。积极探索和测试"邮件9610"跨境电商通关模式，提升中欧班列（重庆）铁路运邮业务规模。四是聚焦保障，优化电子商务发展环境，推进快递物流配套体系建设。健全城市和农村快递物流与寄递服务网络建设，加快推进"快递下乡"工程提档升级，建立交通运输与快递下乡的共享模式，启动"快递进村工程"，推动农村自提网点共享共建。

重庆市副市长批示肯定邮政业工作

1月22日，重庆市副市长陆克华作出批示，肯定全市邮政管理工作成效，对2020年工作提出要求。批示指出："2019年，市邮政管理局认真贯彻落实市委、市政府和国家邮政局决策部署，聚焦主责主业，高质量发展迈上新台阶，在落实民生实事、服务乡村振兴、助力脱贫攻坚等方面取得积极成效，值得肯定！2020年，希望市邮政管理局进一步凝心聚力，充分发挥行业优势，深入贯彻新发展理念和以人民为中心的发展思想，秉持'小快递、大民生'理念，持续提升服务质量和效能，为全市经济社会发展作出新贡献。"

重庆市将邮政行业一线员工防护物资纳入市级保障

新冠肺炎疫情发生以来，重庆市邮政管理局坚决贯彻落实党中央、国务院决策部署及国家局工作要求，积极向市疫情防控工作领导小组汇报行业疫情防控工作，指导邮政、快递企业落实防护措施、尽快复产复工，保障疫情防控物资运输和人民群众生活必需品的配送。经多方沟通协调，邮政行业被列为优先保障行业，重庆局工作人员和邮政、快递企业一线员工防护口罩等物资纳入市级统一保障范围。

重庆市出台补助快递费用政策

2月，重庆市政府办公厅印发了《关于应对新型冠状病毒肺炎疫情支持新型农业经营主体渡难关促发展的十二条政策举措的通知》，从鼓励农产品线上销售、补助快递费用等多个方面支持新型农业经营主体共渡难关，保障农产品有效供给。通知提出，要"优化产销对接服务，组织商贸流通企业、加工销售企业和冷链物流企业与新型农业经营主体对接。鼓励新型农业经营主体线上销售农产品……对线上销售2000单及以上且社会效益良好的新型农业经营主体，财政按不超过快递费用的30%给予一次性补助，最高不超过20万元，同一主体不重复享受补助。补助费用由市、区县财政按各50%分担”。

重庆市出台支持企业复工复产和生产经营政策措施

3月，重庆市出台《重庆市支持企业复工复产和生产经营若干政策措施》，将邮政行业运输服务，支持电商发展，物流运行体系建设等工作纳入，并提出相关要求。措施提出，要加强财税纾困力度，加强新型农业经营主体产销补助，对线上销售2000单及以上且社会效益良好的新型农业经营主体，财政按不超过快递费用的30%给予一次性补助，最高不超过20万元，同一主体不重复享受补助。降低生产经营成本，对2020年年内经市政府认定的市级物流重点项目生产性用房（厂房和仓储），免征城市基础设施配套费和防空地下室易地建设费。同时，措施还将受疫情影响生产经营出现困难的企业，给予援企稳岗返还，减免房屋租金，缓缴社会保险费等一系列政策补贴。

重庆将邮政新能源投递车推广纳入重点工作目标任务

3月，重庆市大气污染防治攻坚战指挥部印发《关于打赢蓝天保卫战2020年重点目标任务的预通知》，将邮政新能源和清洁能源投递车推广纳入2020年全市打赢蓝天保卫战重点工作目标任务。预通知明确，新增和更新的邮政投递车80%使用纯电动、燃料电池等新能源车和清洁能源车。

中欧班列（重庆）首次大规模疏运全国赴欧邮件

3月，为保证疫情期间国际邮件的顺利出口，重庆市首次承接全国邮件的大规模转关，利用中欧班列（重庆）将国际邮件疏运到欧洲。

开展“抗疫齐心　青春同行”关心关爱快递从业青年活动

3月19日，重庆市邮政管理局联合共青团重庆市委、重庆市青联，赴九龙坡区开展“抗疫齐心青春同行”关心关爱快递从业青年活动。活动中，一是深入走访调研顺丰速运杨家坪营业部，详细询问快递从业青年疫情期间自身健康防护、公司物流运输保障等情况，认真听取他们的意见和诉求；二是向快递从业青年赠送口罩、护目镜、消毒剂、免洗手消毒液等防疫物资，对他们疫情期间仍然坚守岗位、尽职尽责表示敬意和感谢；三是邀请九龙坡区卫生健康委工作人员开展防疫知识宣传，增强健康防控意识，切实保障疫情期间“快递小哥”的人身安全。

重庆局积极推动快递标准化“示范网点”建设

3月，重庆市邮政管理局积极组织实施快递标准化“示范网点”建设，印发《重庆市快递标准化示范网点建设指南（试行）》，引导快递企业在现有网点的基础上改造或新建快递标准化“示范网点”，切实提升服务形象和能力。

全国首趟中欧班列（渝新欧）“中国邮政号”专列发车

4月3日17时，重庆市沙坪坝区中铁联集重庆中心站内，一趟承载44个集装箱的列车缓缓驶出，向立陶宛进发，标志着全国首趟中欧班列（渝新欧）“中国邮政号”专列正式出发。

重庆市出台系列政策措施支持邮政业高质量发展

4月，重庆市出台《重庆市推进西部陆海新通道建设实施方案》《关于新形势下推动服务业高质量发展的意见》，提出加快发展壮大现代物流服务、促进贸易提质增量、强化政策支持保障等，邮政快递业发展获政策扶持。

重庆市出台推动物流高质量发展实施意见

4月,重庆市出台《关于推动物流高质量发展的实施意见》,将物流(邮政、快递)与先进制造业、现代农业和商贸实现深度融合发展,实现业务高效协同和供应链快速响应等工作纳入,并提出相关要求。意见围绕五个方面对邮政快递业发展提出具体要求:一是提升交通物流设施供给质量,夯实寄递物流高质量发展基础。二是推动邮政与产业深度融合,提升邮政服务实体经济效率。三是大力发展邮政创新业态,培育邮政行业高质量发展内生动力。四是强化邮政发展配套支撑,推动形成邮政高质量发展合力。五是强化高质量发展政策支持,营造良好发展环境。

重庆市出台政策克服疫情影响促进邮政快递业高质量发展

4月,重庆市政府办公厅印发《关于克服新冠肺炎疫情影响推动服务业恢复发展的意见》,提出要努力克服疫情影响,推动服务业加快恢复发展,邮政快递业发展获政策扶持。意见提出,一是推动生产性服务业恢复发展,加快国际物流供应链建设,建立海外供应链保障体系;合理布局五大类型主辅联动物流枢纽网络,新建和改造一批物流园区、大型分拨中心和公共配送中心。二是促进融合创新,顺应制造业服务化、服务业制造化趋势,推进现代物流和制造业紧密融合、生产型制造和服务型制造深度融合。三是培育新业态新模式,繁荣发展“宅经济”。四是充分发挥中欧班列(渝新欧)、西部陆海新通道优势,通过包机、专列等方式,加大重点物资、大宗产品、重要商品运输保障力度,保障国际货运畅通。五是加快推进县、乡、村三级农村物流体系建设,推广“村邮站+快递超市+电商服务+便民服务”模式,推进“快递下乡”换挡升级,打通城乡物流配送“最先一公里”和“最后一公里”。

重庆开展“绿色邮政快递城市”试点

4月,重庆开展“绿色邮政快递城市”试点,作为“无废城市”建设重点之一,倡导践行绿色生活方式,推动快件包装减量化和循环化利用,协同推进行业环保重点任务。

印发推进邮政快递业与制造业融合发展的通知

5月,重庆市邮政管理局联合市经信委印发《关于推进重庆市快递业与制造业深度融合促进行业高质量发展的通知》。通知要求分类推进,根据制造企业销售需求,提供线上线下定制化寄递服务,根据制造业产品特点,提供冷链运输、仓配一体化和信息化等服务;树立品牌,到2020年底前,力争全市打造“快递进厂”金牌项目2~3个;聚焦海外,引导企业使用中欧班列(渝新欧)运快件,积极打造“快递出海”先进经验;绿色发展,围绕“绿色化、减量化和可循环”全面加强制造业与快递绿色包装协同治理;培养人才,加强与高等院校、职业院校等部门联系,鼓励引进优秀的国际化供应链人才;开展深度融合发展试点,充分运用传统媒体和新媒体手段,加强宣传报道。

重庆局分步有序推进“快递进村”三年行动

5月,按照国家邮政局关于实施“快递进村”工程总体部署,重庆局印发《重庆市邮政管理局推进“快递进村”三年行动实施方案(2020—2022年)》,指导各分局因地制宜,按照分年度、分区域推进的原则,有效推动“快递进村”工程落地实施。到2020年底,重庆主城都市区、渝东北三峡库区城镇群和渝东南武陵山区城镇群通达率将分别达到85%、75%,全市将达到80%。到2021年底,重庆主城都市区基本实现建制村通快递,渝东北三峡库区城镇群和渝东南武陵山区城镇群通达率达85%,全市达到90%。到2022年底,符合条件的建制村基本实现“村村通快递”。

重庆局制定印发“132”行动计划

5月，重庆市邮政管理局制定印发《2020年重庆市邮政快递业“132”行动计划》。“132”行动计划：“1”是坚持“党建统领”，持续深化党的政治建设，强化“三基”建设，持续正风肃纪，深化非公党建和群团工作，凝心聚力，激励担当，促进行业发展新常态。“3”是抓好提升寄递服务质量、提升寄递安全保障能力、提升行业软实力“三大任务”，以行动增强人民群众“获得感”“安全感”“幸福感”，提升人民群众用邮体验。“2”是夯实行业综合治理能力和人才保障能力“两项支撑”，加强服务型政府建设，强化人才队伍建设，推动治理体系与能力现代化。

重庆市出台政策支持国际快件出口

6月，重庆市出台《支持航空物流发展十一条措施》，支持国际快件出口。该政策主要涵盖持续提升通关通检效率、新增绿色专用通道以及对物流企业、物流集散货物、航空公司进行相关的费用减免和运输奖励等五个方面。明确给予航空国际出港快件减收装卸搬运费。对以航空方式运输的国际出港快件（含中转出港），按照优惠价收取出港货物装卸搬运费。

重庆完成全国首次中欧班列运输国际快件测试工作

6月，中欧班列（渝新欧）承运的全国首批通过中欧班列运输的国际快件顺利完成测试工作。这批国际快件共17件，包括服装等多种商品，由重庆安捷国际运输代理有限公司收寄，5月20日以商业快件方式向重庆海关申报并接受查验，5月23日在重庆市铁路口岸发运，5月27日从新疆阿拉山口口岸出境，6月8日到达德国杜伊斯堡，全程17天。到达欧洲后的通关、分拣、运输和投递等工作，由安捷公司在欧洲的合作方完成。

重庆局推动“两进一出”工程等纳入全市质量提升行动计划

6月，经重庆市政府同意，重庆市质量工作部门联席会议室办公室印发《重庆市开展质量提升行动加快建设质量强市2020年重点工作计划》，明确深入推进“快递下乡”转型升级，实施快递进村、快递进厂、快递出海“两进一出”工程，加强快递标准化“示范网点”建设和绿色邮政建设。加大对邮政快递等领域质量问题整治力度，加强信用监管，实施失信对象联合惩戒，落实企业质量安全主体责任等。

重庆局核发全市首张运营智能快件箱经营快递业务许可证

7月，根据国家邮政局关于深化快递领域“放管服”改革工作部署，重庆局按照《企业运营智能快件箱经营快递业务许可核定规则（2020年版）》等要求，为重庆上巢物联网技术有限公司核发了全市首张运营智能快件箱经营快递业务许可证。

重庆局着力推动行业服务成渝地区双城经济圈建设

7月10日，重庆顺丰与中铁快运合作推出的公铁联运+顺丰即日达产品正式发运仪式在渝举行。此次双方合作，是二者网点布局优势与干线运输优势之计，本次公铁联运+顺丰即日达产品的推出，将成渝两地间的寄递时效提升为最快6小时，这是重庆市邮政快递业服务成渝地区双城经济圈建设的重要举措。

重庆京东3名快递小哥英勇救火

7月，重庆市渝北区一废品站凌晨突发火灾，京东物流重庆渝北营业部的三名快递小哥英勇救火，并及时通知居民转移，为消防人员争取了宝贵的时间，传递了行业正能量。新华社、重庆日报等媒体纷纷报道并给予赞扬。

重庆市邮政快递业多个项目入选市级重大项目

和市级物流重点项目

7月，重庆市分别公布了2020年市级重大项目和市级物流重点项目，全市邮政快递业有多个项目入选。有6个项目入选2020年市级重大项目，其中目前已完工项目2个，分别是位于涪陵区的1000亩涪陵区韵达项目地块场平工程，位于渝北区的总建筑面积36万平方米的重庆快件集散中心（一期）；续建项目1个，即位于巴南区的总建筑面积11万平方米的京东亚洲一号重庆巴南物流园二期一号地块；新开工建设项目3个，分别是位于巴南区的总建筑面积12万平方米的申通西南总部暨电商物流科技产业园，位于涪陵区的总建筑面积40万平方米的韵达快递物流基地，位于江津区的德邦西南总部基地和冷链服务基地。其中集散中心（一期）、京东、申通、德邦的项目也入选市级物流重点项目。依据市政府办公厅相关文件规定，上述企业可享受免征城市基础设施配套费的优惠政策，预计可为企业减少成本数千万元。

重庆印发“互联网+”农产品出村进城工程实施方案

7月，重庆市农业农村委、市发展改革委、市财政局、市商务委联合印发《重庆市“互联网+”农产品出村进城工程实施方案（2020－2022年）》，邮政快递业发展再获政策支持。方案明确要求，要加快农产品物流体系建设：一是整合基层资源，“充分利用农业农村、商务、供销、邮政、快递物流等基层站点资源，构建联动协同机制，完善区县、镇乡、村社三级物流体系”。二是发展冷链运输，“构筑全程或半程农产品冷链物流体系”。三是支持绿色包装治理，“促进农产品物流技术的创新，形成一批贮藏保鲜科技成果，推广一批可循环使用的标准化包装产品”。四是明确农产品物流体系建设目标，“到2022年基本实现冷链物流通达所有乡镇，农产品电商物流覆盖全部行政村”。

重庆市出台文件加强邮政快递业疫情防控工作

8月，重庆市新型冠状病毒肺炎疫情防控工作领导小组疫情防控组印发《关于转发外卖配送和快递从业人员新冠肺炎疫情健康防护指南的通知》，对进一步加强外卖配送和快递业新冠肺炎疫情防控工作提出要求。通知要求强化属地化管理，压实主体责任。各区县（自治县）要严格落实常态化防控各项措施要求，加强统筹调度，切实掌握辖区内外卖配送和快递公司数量及规模，并建立台账。安排专人负责监督外卖配送和快递公司相关从业人员的健康监测情况。指导做好环境卫生和消毒，强调配送环节个人防护，如有异常情况，要加强指导，做到精准防护。利用广播、微信公众号等科普防疫知识，提高居民、外卖配送和快递从业人员防疫意识，做好日常重点防护措施。

三部门发文加强快递从业人员职业技能培训

8月18日，重庆市邮政管理局联合市财政局、市人社局印发《关于加强重庆市快递从业人员职业技能培训工作的通知》。通知要求，邮政管理、人力社保、财政部门要把加强快递从业人员职业技能培训作为重要民生工程，纳入职业技能提升行动，加强组织领导，形成工作合力。积极探索建立职业技能等级认定制度，建立进展情况上报制度，开展高质量的职业技能培训，将重庆市邮政快递从业人员建设成为一支知识型、技能型、创新型劳动者大军。

重庆市快递行业团工委成立

为贯彻落实习近平总书记关心关爱快递小哥的重要指示精神，加强对全市邮政快递业从业青年的联系服务，扩大团组织对新兴青年群体的有效覆盖，在共青团重庆市委、市邮政管理局的共同推动下，共青团重庆市快递行业工作委员会成立，管理团组织19个，团员4243名，服务联系青年2.16万名。8月27日，中国共产主义青年团重庆市快递行业工作委员会选举大会暨成立大会顺利召开。共青团重庆市委组织部、共青团重庆市快递行业工作委员会筹备组、各企业团员代表参会。

重庆市出台“20条措施”支持快递等民营企业改革发展

8月,重庆市出台《支持民营企业改革发展若干措施》,从5个方面20条措施,进一步完善有利于激发民营企业活力的政策环境,推动全市民营企业改革创新、转型升级、健康发展。快递等民营企业在公平参与市场竞争、减税降费,金融支撑、“走出去”等方面获得政策支持。措施明确支持和鼓励民营企业参与快递物流等业务;进一步减轻企业税费负担,巩固和拓展减税降费成效,开展铁海联运“一单制”试点,优化监管模式推动多式联运发展,切实降低企业水电气和物流成本;进一步完善民营企业直接融资支持制度,健全民营企业融资增信支持体系;支持民营企业加强创新;建立民营企业“走出去”风险预警机制,引导民营企业合法合规“走出去”。

重庆市出台中欧班列(渝新欧)建设工作要点

9月,重庆市出台中欧班列(渝新欧)建设工作要点,为邮政快递业“出海工程”带来多种利好。一是加强与国际组织合作。进一步加强与国际组织机构的联系,深化与德国、波兰、立陶宛等国的业务合作,探索推动去程俄罗斯、白俄罗斯邮包项目以及邮包回程运输项目,提高中欧班列(渝新欧)国际邮包运输增量。二是推进货运枢纽扩能改造。按照中欧班列(渝新欧)集结中心的发展要求,完善重庆国际物流枢纽园区冷链配套、邮件、快件、跨境电子商务商品、药品及生物制品等的配套集散设施建设。三是推动双向运邮和快件运输试点。进一步加深与“一带一路”沿线国家邮包业务交流与合作,开展沿线国家双向运邮测试,探索国际铁路运邮常态化机制,推动中欧班列运邮实现规模化、常态化。成立中欧班列(渝新欧)快件运输工作组,开展中欧班列(渝新欧)快件运输测试。四是顺畅国家部委沟通机制。定期赴国家发改委、商务部、海关总署、国家邮政局,沟通汇报中欧班列(渝新欧)建设发展情况并争取工作支持。

重庆将快递包装绿色治理纳入全市塑料污染治理实施意见

9月,在重庆市邮政管理局的推动下,市发展改革委与市生态环境2部门联合印发《重庆市关于进一步加强塑料污染治理的实施意见》,将快递包装绿色治理纳入重庆市生态环保治理工作同部署、同考核、同问责。意见要求:由重庆市邮政管理局牵头全市快递塑料包装工作,各区县人民政府按职责分工负责。切实加强快递塑料包装管控,到2025年底,全市范围邮政快递网点禁止使用不可降解的塑料包装袋、塑料胶带、一次性塑料编织袋等;以快递行业为重点,积极推广可循环、可折叠包装产品和物流配送器具;在重点区域投放塑料快递包装废弃物回收设施;结合实际,严格执法监管;不断完善并强化政策支持力度。

重庆局联合两部门发文推广使用快递绿色包装

9月,重庆市邮政管理局联合市财政局、市生态环境局印发文件,推广使用快递绿色包装。文件提出,政府采购货物、工程和服务项目中涉及快递包装的,要参考包装需求标准,在采购文件中明确政府采购供应商提供商品及相关快递服务的具体包装要求,并在政府采购合同中予以明确。文件要求,邮政管理、财政、生态环境部门及市级预算单位要积极推广应用快递绿色包装,政府采购供应商应对符合《商品包装政府采购需求标准(试行)》《快递包装政府采购需求标准(试行)》的产品加挂标识,引导政府采购人优先选择符合包装需求的快递包装物。

重庆局助推快递企业签署退役军人就业合作协议

9月,重庆市邮政管理局助推顺丰速运重庆有限公司、重庆京邦达物流有限公司与退役军人事务局签署"退役军人就业合作协议"。两家快递企业将提供仓储物流、交通驾驶、仓储主管、站长助理等多层次岗位类别,并对招录退役军人的教育培训、职位晋升进行专门规划和优先帮扶。

重庆快递业首批航空跨境电子商务直接出口包裹顺利启运

10月14日,由重庆市盈安哒国际货运代理有限公司作为跨境电子商务物流企业,以跨境电子商务企业对企业直接出口方式向重庆江北机场海关申报了首批跨境包裹。这批商品共1839件、135箱,重约1.8吨,将通过重庆至美国洛杉矶的国际客转货航班进行运输。

重庆市出台文件支持邮政快递业服务经济高质量发展

10月,重庆市政府办公厅印发了《支持邮政快递业服务经济高质量发展若干意见》,提出在全市邮政快递业深化"放管服"改革,持续优化营商环境,完善寄递网络体系,提升寄递服务质量,深入推进产业融合,培育壮大市场主体,加强行业人才队伍建设等一系列行业利好政策。

重庆市首个区级邮政业安全中心获批成立

10月,重庆市潼南区邮政业发展安全中心正式获批成立,为重庆首个区级邮政业安全中心,明确为正科级公益一类事业单位,核定事业编制7名,编制内所需经费纳入财政全额拨款,具体职责为宣传贯彻邮政业法律法规、方针政策和服务标准,为潼南区人民政府和重庆市邮政管理局履行安全监管职责提供支撑保障,承担邮政业安全和应急管理体系的组织建设、日常运行管理等具体事务,承担邮政业突发事件的协调疏导和调查处置等具体工作,开展行业运行安全监测和预警工作,研究提出区邮政业服务地方经济社会发展的建议,协调保障潼南区邮政业健康发展,承担邮政业重大项目推动和实施具体工作等。

重庆市印发文件进一步鼓励发展邮政快递业出海服务

10月18日,重庆市人民政府办公厅发出通知,印发《支持邮政快递业服务经济高质量发展若干意见》,进一步鼓励发展邮政快递业出海服务。文件明确,完善出海出境大通道,研究制定支持快递企业通过中欧班列(重庆)寄递快件相关政策。积极发展跨境电子商务等新型贸易业态,加快建设国际寄递物流网络,促进跨境寄递服务健康、持续、高质量发展。鼓励快递、电商企业申请办理国际快递业务经营许可。支持相关企业增设公用型跨境电子商务监管作业场所和公用型快递类海关监管作业场所,支持国际邮件互换局(交换站)和国际快件监管中心建设。明确将市政府相关部门、区县政府作为责任单位。

重庆邮政快递与交通运输融合发展获利好政策支持

11月,重庆市道路运输事务中心印发《关于推广使用农村物流服务品牌标志的通知》,推广使用统一的"农村物流服务品牌标志",并给予资金保障。通知明确,一是"品牌标志"主要使用在交通部门主导建设或者交通运输经营区(县)农村物流货运站场、城乡配送中心、乡镇运输服务站、村级综合服务站(点)等场所,以及在服务农村物流的(客、货)运输车辆上印制使用。二是2020－2021年首先在綦江、铜梁、巫山、巫溪、垫江等5个交邮融合试点区县推广使用,其余区县按报送计划逐步推进实施。三是重庆市道路运输事务中心按照市交通局安排,将给予专项经费补助交邮融合试点区县,补助标准为每个区县5万元,其余区县逐步做后续安排。

中国西部(重庆)国际物流产业博览会开幕

11月26日,由重庆市邮政管理局、市政府口岸物流办和市贸促会共同指导的2020中国西部(重庆)国际物流产业博览会在重庆国际会议展览中心开展。2020 重庆物博会以“共建西部陆海新通道，共享西部发展新机遇”为主题，总展览面积约 2 万平方米，其中室内展区 1.5 万平方米，室外展区 0.5 万平方米。本届博览会将重点展示“西部陆海新通道建设、中欧班列通道建设、长江黄金水道物流、航空物流枢纽建设”四大主题展区和“智慧物流、交通运输及新基建、快递物流、冷链物流、多式联运及货运代理、物流园区和口岸、物流交通建设、电商物流、物流设备、供应链物流”十大专业版块。还将配套举办近十场会议论坛活动，包括 2020 中德（重庆）物流枢纽与通道建设合作论坛、2020 中国西部航空物流及货运代理合作发展论坛、2020 中国西部智慧物流与智能物流装备论坛、4 组区县园区推介会、50 家企业配对洽谈会、9 组重点项目签约、西部物流园和果园港参观考察等。重庆顺丰作为参展快递企业代表现场展示了丰鸟无人机等科技创新项目，获得一致好评。

重庆在全国首次完成通过中欧班列运输进口国际快件测试工作

12 月，重庆安捷国际运输代理有限公司在全国首次顺利完成通过中欧班列运输进口国际快件测试工作。这批国际快件在德国杜伊斯堡办理通关手续后，通过中欧班列（渝新欧）运输至重庆。这是安捷公司继上半年在全国首次完成通过中欧班列运输出口国际快件测试工作之后的又一重大进展，标志着通过中欧班列运输出口、进口国际快件工作在重庆首先取得突破。

重庆局联合市生态环境局协同推进邮政快递业生态环保工作

12 月，重庆市邮政管理局联合市生态环境局联合印发《关于进一步协同推进邮政快递业生态环保工作的实施意见》，加强重庆市邮政快递业生态环保工作，提高行业包装领域资源利用效率，降低包装耗用量，减少环境污染。意见指出，一要健全法规体系，推动邮政快递业生态环保治理工作纳入重庆市固体废物污染环境防治地方立法条款；二要推动快递绿色包装产品供给，引导邮政用品用具生产企业减少难降解、难处理、挥发性强物质的使用；三要全面推行绿色减量包装，引导企业规范作业生产，避免违规分拣操作；四要推进邮政快递业节能降耗，积极稳妥推动设施和运输车辆节能；五要强化快递包装废弃物回收利用；六要强化联合执法和协作配合，依法查处快递包装废弃物污染环境和生态破坏行为。

四川省快递发展大事记

四川保障防疫物资寄递“绿色通道”安全畅行

1 月 26 日至 27 日，在四川省邮政管理局的积极协调下，四川大学华西口腔医院的一批医用物资已经由 EMS 及时运往武汉，正大集团两车 15.6 吨消毒药水已经由邮政公司及时送达湖北，为打赢防控疫情阻击战贡献一份“四川力量”。

疫情防控期间邮政快递行业正常运行获保障

2 月，四川省应对新型冠状病毒感染肺炎疫情应急指挥部交通运输组下发《关于保障疫情防控期间邮政快递行业正常运行的通知》，要求各地要确保邮政、快递车辆顺畅通行，保障邮政、快递服务正常开展。

四川以“网+”模式推动邮政业复工复产

2 月，四川省商务部门专门向全省推荐网+快递配送、网+渠道融合集聚、网+社区经济等七种“网+”复工复产的创新模式。在推荐中，鼓励企业整合资源，利用自用平台、第三方大型电商平台、小程序等集中优质产品和库存商品,举办“网上购物节”活动。探索创新“企业+供应链+小区业委会+物管+业主”模式,直连物资基地和社区两端。支持在做好快递配送人员自身防护的同时,进一步提高信息化、智能化水平,优化产品运输、快递配送线路,加快推广应用智能快件箱(柜)、外卖取送箱(自提柜)等智能末端设备,采取自动通知取货、滞留提醒等技术手段,落实无接触配送措施。在没有设置智能快件箱的社区、单位、写字楼等,约定特定区域收派快件。

四川邮政快递业发展被纳入推进疫情防控和经济社会发展工作方案

3月,四川省政府出台《贯彻落实中央统筹推进新冠肺炎疫情防控和经济社会发展部署要求的方案》,将邮政快递业发展纳入和列为重要举措。方案明确,一是要抓好春耕备耕,鼓励各类流通企业、电商平台等与农产品产销衔接;二是打造“10+3”现代农业体系,实施川茶、川酒、川药等川字浩农产品品牌培育;三是培育“4+6”现代服务业体系,加快推进现代物流、金融服务等全面恢复,积极培育网络经济、平台经济、共享经济等新模式,打造“数字化社区”,鼓励发展无人配送新业态,深化农村物流配送体系建设,打破乡村、社区“最后一公里”投递障碍。

四川局核发全省首张企业运营智能快件箱经营快递业务许可证

3月25日,成都速递易科技有限责任公司获得“经营快递业务许可证”,这是四川省邮政管理局对运营智能快件箱企业发放的首张“经营快递业务许可证”,也是“速递易”在全国获得的首张经营快递业务许可证。这标志四川省邮政管理局对快递新业态、新服务、新模式纳入监督管理迈出了实质性的一步。

四川省委一号文件持续关注邮政快递业发展

4月,四川省委、省政府印发《关于推进“三农”工作补短板强弱项确保如期实现全面小康的意见》(即省委2020年一号文件),要求支持邮政快递助力现代农业发展。意见明确,要以攻克深度贫困堡垒为重点,抓好消费扶贫,大力推广“四川扶贫”公益品牌,完善扶贫产品销售体系。要以保障重要农产品有效供给为重点,启动农产品仓储保鲜、冷链烘干物流设施建设工程,支持建设一批骨干冷链烘干物流基地;支持家庭农场、农民合作社、供销社、邮政快递企业、产业化龙头企业建设产地分拣包装、冷藏保鲜、仓储运输、初加工等设施,对其在农村建设的保鲜烘干仓储设施用电实行农业生产用电价格。要以分类有序推进农村人居环境整治为重点,扩大电子商务进农村覆盖面,支持供销社、邮政快递企业等延伸乡村生产生活服务网络,加强村级电商服务站点建设,推动农产品进城、工业品下乡双向流通,扩大“川货出川”网络销售渠道。要以加强资源要素保障为重点,探索建立涉农地区生产总值考核激励机制,制定农业及相关产业统计分类并加强统计核算,全面准确反映农业生产、加工、物流、营销、服务等全产业链价值。

四川局细化目标推进行业生态环保工作

4月,四川省邮政管理局印发2020年行业生态环境保护工作要点,细化工作目标任务,提出2020年底前实现45毫米以下“瘦身胶带”封装比例90%、电商快件不再二次包装率90%、可循环中转袋使用率90%、新增700个设置标准包装废弃物回收装置的邮政快递网点目标。

《成都东部新区总体方案》利好邮政业

5月,经四川省委、省政府同意,四川省发展改革委印发《成都东部新区总体方案》,高度重视并支持邮政业高起点规划布局,邮政业发展获重大利好。一是围绕构建服务“一带一路”物流体系,联动成都天府国际空港和成都国际铁路港,打造国家物流枢纽，构建以航空网络、中欧班列为支持的空铁水多式联运物流体系；二是围绕建设国际开放合作新门户，支持建设国际邮件集散中心、跨境电商分拨中心等高能级物流平台；三是围绕构建现代化产业新体系，聚效总部经济、临空物流、全球供应链等新兴服务业，推动生产性服务业向专业化和价值链高端延伸，生活性服务业向精细化和高品质转变。

四川省建设现代服务业强省为邮政快递业发展赋能

6月，四川省委、省政府印发了《关于加快构建“4+6”现代服务业体系推动服务业高质量发展的意见》，邮政快递业获利好。意见提出，到2022年，四川初步建成现代服务业强省。将实施物流降本增效工程，全社会物流总费用与地区生产总值的比率下降到14%左右；稳定开行中欧班列（成都），拓展国际班列，提升国际物流通道能力；发展智慧物流，推进物流与电商融合发展，建设开放物流网络；加快发展农产品冷链物流，支持电商、快递进农村；打造现代服务业高质量发展引领示范区，每年培育10个省级服务业集聚区创新发展示范；实施“互联网+服务业”工程，发展平台经济，发展共享经济，搭建物流、医养、教育等共享平台。

乐山建成全省首个市级直播基地

7月，四川省首个市级直播基地——四川（乐山）新媒体粉丝经济产业（MCN）基地暨川字号美食直播基地在乐山正式开播，通过直播带货等新零售方式将“乐山产”“乐山造”包装起来、推广出去，乐山邮政快递业迎来发展新机遇。

四川省推进物流降本增效综合改革试点利好邮政快递业

7月，四川省印发《四川省物流降本增效综合改革试点2020年度工作要点》，四川省邮政管理局被纳入试点工作责任单位，要求对照相应工作抓好落地落实，确保本年度改革试点任务圆满完成。工作要点要求：一是“补齐基础设施短板，夯实物流降本增效基础”。深化交邮交快深度合作，推进全国城市绿色货运配送示范工作，开展城乡高效配送专项行动计划；加强仓储配送中心标准化升级改造，加强农产品流通企业和产地集配中心、冷链物流设施建设。二是“促进物流集聚融合发展，培育壮大物流龙头企业”。推进成渝双城经济圈物流协同发展，成立第三方法人企业促进物流发展，并支持一批智慧物流项目。三是“深化‘放管服’改革，优化提升物流营商环境”，支持物流产业从业人员参加职业培训，落实培训补贴政策，培养一批物流产业急需紧缺的技能人才。

四川省城镇老旧小区改造技术导则支持快递末端服务设施建设

8月，四川省住房和城乡建设厅发布《四川省城镇老旧小区改造技术导则》，将邮政快递末端综合服务站等社区专项服务设施纳入“提升类改造内容”，为推进快递末端服务设施建设提供了政策和技术支撑。导则明确将“邮件快递设施”纳入“公共服务设施”，提出“小区长期闲置、废弃的信报箱，可进行拆除或更新。结合入口门卫室和物管在围墙边、绿化边角等地方设置快递货架，或者结合共享型智能信报箱设置智慧快递系统设施。可联合周边小区引入快递驿站等商业设施。”

四川省副省长肯定省邮政业发展成效

9月29日，四川省副省长杨洪波在听取四川省邮政管理局主要负责人关于前三季度邮政业运行分析和全省邮政管理重点工作汇报后，肯定了邮政管理系统和邮政行业在推进“快递进村”等工作中取得的成效，并对推动邮政业高质量发展作出指示。杨洪波指出，邮政快递业要适应经济新常态，释放增长新动力，推动行业高质量发展。一要创新邮政服务，促进快递服务扩容转型，加快释放农村电商快递潜力。要巩固提升寄递服务能力,壮大特色产品寄递规模,开辟农村寄递新战场,不断满足消费者对特色农产品的旺盛需求。二要深化交邮合作。交通运输部门、邮政管理部门要认真研究部署,依托乡村客运“金通”工程,加强交邮合作,降低乡村快递运行成本,推进快递下乡进村,畅通农产品进城、工业品下乡的寄递物流通道。三要深化邮商合作。优化发展环境,加快大型电商平台的引进和培育,进一步争取区域性电商仓储在川落地,实现电子商务和快递物流融合发展。

四川省副省长对“快递下乡进村”工作作出批示

10月,四川省副省长李云泽在四川省邮政管理局上报的《关于“快递下乡进村”工作情况的报告》上作出重要批示,要求“省商务厅、省政府口岸物流办加强与邮政协同配合,通过推动快递下乡进村促进农村尤其贫困地区电商发展”。

四川省省长要求依托“交通+邮政”推动线上经济发展

10月,四川省省长尹力在四川交通强省建设推进会上提出,“要依托‘交通+邮政’推动线上经济发展。大力发展航空快递、高铁快递,打造年超亿件的川货寄递品牌。支持农村客运可持续发展,逐步形成以‘金通工程’为载体,集运输、电商、快递为一体的农村运输服务和物流配送网。”

四川省5名邮政快递从业人员荣获省劳模称号

12月2日,四川省举行第八届劳动模范和先进工作者表彰大会,乐山市洪诚韵达快递服务有限公司马边彝族自治县分公司快递员吉克罗批及邮政企业4名同志荣获“四川省第八届劳动模范”荣誉称号,吉克罗批是全省首位获此殊荣的民营快递企业“快递小哥”。

四川多部门协作开展塑料污染治理推进邮政业绿色发展

12月,四川省邮政管理局与省生态环境厅、省发展改革委等14部门联合发文,开展2020年塑料污染治理联合专项行动,快递塑料包装材料治理纳入其中。

四川局联合多部门推动应急物流体系建设

12月,四川省邮政管理局与发展改革委等8部门联合印发《四川省贯彻落实〈健全我国应急物流体系实施方案〉重点任务清单》,合力推进应急物流体系建设。

四川省委常委、省总工会主席看望慰问快递员

12月,四川省委常委、省总工会主席田向利带队赴内江走访调研邮政快递企业,看望慰问“快递小哥”代表,向他们送去省委省政府的关心及省总工会的温暖。在走访调研中,田向利对“内江市威远县快递行业联合工会委员会依托企业、社区职工之家为快递小哥等职工群众提供服务,快递企业员工入会率达100%”的成效给予了充分肯定。田向利指出,党和国家十分关心包括“快递小哥”等群体的冷暖,省委彭清华书记亲自安排部署我省关心关爱“快递小哥”工作,省总工会及时启动实施“帮扶走访慰问、维权服务、先进典型选树、入会攻坚”四大保障关爱快递员等八大群体专项行动,切实维护广大职工合法权益。田向利要求,各级工会组织要主动作为、积极行动,扎实做好快递员的关爱服务工作,帮助他们解决实际困难,叫响做实工会是职工群众最可信赖的“娘家人”品牌。

四川省出台冷链物流疫情防控工作方案

12月,四川省应对新型冠状病毒肺炎疫情应急指挥部印发《四川省冷链物流疫情防控工作方案》,四川省邮政管理局列入专班成员单位。

四川局联合省总工会开展“点赞小蜜蜂”活动

12月,四川省邮政管理局联合省总工会在全省范围面向一线快递员开展“点赞‘小蜜蜂’——寻找最美快递员”主题活动,选树和宣传在快递行业发展过程中做出显著成绩和突出贡献的优秀快递员。活动采取各市(州)邮政管理局向各市(州)总工会推荐,各市(州)总工会向省总工会层层推荐的方式,按照“动员部署—推荐申报—评审投票—公示发布”的程序公开、公平、公正进行。

四川省印发降本增效工作要点利好邮政快递业

12月,四川省发展改革委、省交通运输厅印发《四川省物流降本增效综合改革试点2021年度工作要点》。工作要点要求“补齐基础设施短板,夯实物流降本增效基础”,一要大力推进交邮、邮商合作,统筹建设集电商、交通运输、供销、邮政快递等为一体的乡村综合服务站点,建成2000个“邮快驿站”,乡镇快递网点覆盖率达到100%,基本实现“快递进村”全覆盖;二要加快全国城乡交通运输一体化示范县建设,推进农村物流服务品牌建设,力求打造全国农村物流服务品牌;三要创新农村物流运营模式,扩大农村智慧物流提质增效试点范围。

四川省总工会“送温暖”慰问快递小哥

12月,四川省总工会党组书记、副主席胥纯,党组成员、经费审查委员会主任、女职工委员会主任徐真彦,分别带队赴绵阳市、自贡市开展两节“送温暖”活动。市总工会、市邮政管理局、市邮政分公司、快递行业协会相关领导及部分快递企业负责人参加了慰问活动。

四川省委经济工作会议要求推进快递下乡

12月,四川省委经济工作会议召,会上明确提出,要“推进电商+快递物流产业园区建设,实施快递下乡工程”。四川省委书记彭清华提出,要把扩大消费与改善人民生活品质结合起来;促进线上线下消费交互融合,完善商贸流通和物流配送体系,解决物流不畅问题。省委副书记、代省长黄强提出,畅通供需流通体系。加快成都、泸州等国家物流枢纽建设,打造7个大型区域商品配送分拨中心,建立统一监管的城市集中配送示范区;打造一刻钟便民生活服务圈,推进“电商+快递物流”产业园区建设,实施快递下乡工程。

四川成功创建5个快递服务现代农业金牌项目

12月,国家邮政局公布了全国60个“2020年快递服务现代农业金牌项目”名单,四川省成都、攀枝花、眉山、资阳、南充5地快递服务农产品寄递项目上榜。

贵州省快递发展大事记

贵州省委书记高度肯定邮政快递业工作

3月13日,贵州省委书记孙志刚到贵安综合保税区中邮物流-华为IHUB仓项目调研邮政行业工作情况。孙志刚书记要求邮政行业要做好仓配服务,为贵州引进制造业提供良好的物流支撑和保障。孙志刚书记听取了贵州局党组书记、局长陈向东关于全省邮政行业疫情期间工作情况、复产复工情况、行业目前发展情况的汇报,充分肯定了全省邮政行业在疫情期间的担当作为和取得的成绩。

贵州局脱贫攻坚定点帮扶工作获黔东南州委州政府来信感谢

3月,贵州局定点帮扶村天柱县上花村所在市(州)——黔东南州委、州政府发来感谢信,感谢贵州局在天柱县打赢脱贫攻坚战中给予的关心帮助和驻村干部的辛勤付出。

贵州省政府发文支持政邮合作促进便民利企

3月,贵州省人民政府印发《贵州省推进政务服务“全省通办、一次办成”改革工作实施方案》。实施方案提出,全面推进政务服务流程和方式系统性重塑,以数据通、系统通、业务通促进线上线下深度融合,推进“标准统一、异地受理、远程办理、协同联动”的“全省通办、一次办成”政务服务新模式。其中,在重点任务中明确提出,要畅通邮政寄递渠道,完善各级实体政务大厅邮递收件设备和管理机制,方便企业和办事群众寄递资料,实现贵州政务服务网与邮政速递深度融合,审批部门确需收取原件存档、不便异地打证事项,用“快递跑”取代“群众跑”,助力“一次办成”;要加大多渠道政务服务供给,借助邮政、快递等网点资源,打造“就近办、多点办”服务格局,为群众提供触手可及的政务服务。

贵州局部署2020年邮政业绿色发展工作

3月,贵州局印发了《2020年贵州省邮政业生态环保暨快递包装治理推进实施方案》,高要求部署2020年贵州省邮政业绿色发展工作。方案明确了加快邮件快件包装治理、提升邮政快递业包装回收水平、推动邮政行业节能减排和强化行业绿色发展宣传四方面重点任务,提出到2020年底全省邮政业实现“瘦身胶带”封装比例达90%,电商快件不再进行二次包装率达90%,循环中转使用率达90%,新增500个包装废弃物回收装置的目标,对各市(州)电子运单使用率、免胶带纸箱使用比例、新能源汽车使用等具体相关指标进行了分解。

贵阳国际邮件互换局(交换站)正式运营

4月1日上午9:40,在贵阳龙洞堡国际机场货运场,随着一辆贵州邮政货车将一批发往国外的邮件卸下,交由贵阳国际邮件互换局(交换站)直接发往境外,贵阳国际邮件互换局(交换站)的运营也正式开始。至此,贵州省国际邮件通过其他省市进出境的历史宣告结束。

全省邮政快递业脱贫攻坚冲刺动员会在从江县召开

4月,贵州局在国家级贫困县黔东南州从江县开展全省邮政快递业脱贫攻坚冲刺动员会,贵州局党组书记、局长陈向东同志全面动员部署行业脱贫攻坚工作,号召全省邮政快递行业全力以赴打赢脱贫攻坚歼灭战,夺取脱贫攻坚最后总攻的全面胜利。会上组织开展了贵州省邮政快递合作下乡进村签约仪式,贵州省邮政分公司分别与贵州中通、圆通、申通、百世汇通等快递企业签订了“邮快合作”战略框架协议。根据协议约定,邮快双方将按照“以邮政普遍服务网络为基础,以推进农村地区邮政服务与快递服务协同发展为合作内容,坚持新发展理念,坚持高质量发展,平等自愿、互利共赢”的原则,拓展全省农村邮政快递市场,服务全省农村电商发展,助推脱贫攻坚。

全省邮政行业安全生产暨邮政业突发事件应急保障培训在贵阳召开

5月15日,第12个“5·12”全国防灾减灾日刚过,贵州局组织全省邮政快递企业,在贵阳召开安全生产暨邮政业突发事件应急保障培训。贵州局就近期行业发展所涉及的安全问题做了专题通报,内容紧紧围绕邮政行业风险点,重点强调查系统填报操作、安检机配备、许可管理要求(尤其企业许可到期延续办理)、新形势下末端派费难题等问题,要求全省邮政行业高度重视新修订的《国家邮政业突发事件应急预案》《邮政业从业人员密集场所事故灾难应急预案》《邮政业运营网络阻断应急预案》《邮政业用户信息泄露事件应急预案》等专项预案。各市(州)邮政管理局要对修订、制订的主要内容要进行系统学习,结合辖内企业实际情况,落实“一企一案”,务必落实好邮政行业安全生产以及行业突发事件应急保障的宣贯工作。安顺局就许可实地核查操作进行了工作交流。

贵州省邮政业生态环保工作获省政府政策支持

8月，贵州省印发《关于进一步加强塑料污染治理的实施方案》，全省邮政业生态环保工作获支持。方案提出，要加强邮政快递业生态环保监督检查，及时处理快递领域塑料污染环境和破坏生态的行为。至2022年底，全省邮政快递网点不可降解的塑料包装袋、一次性塑料编织袋、塑料胶带包装材料的使用量明显减少，相关替代产品得到有效推广。到2025年底，全省邮政快递网点禁止使用不可降解的塑料包装袋、塑料胶带、一次性塑料编织袋等。方案还从加强组织领导、严格执法监督、推广应用替代产品、培育优化新业态新模式等方面为贵州省邮政业生态环保工作提供政策支持。

贵州局与贵州省总工会联合探索推进关爱“快递小哥”工作

8月，贵州局党组书记、局长陈向东带队前往贵州省总工会，与省总工会党组书记、副主席杨再春，就“扩大社会影响，关爱快递小哥”工作进行座谈。会上，贵州局就去年以来，省总工会对邮政行业的关心支持和对“快递小哥”的关怀表示感谢。双方就下一步相关工作达成共识。

省委宣传部到贵州局调研行业宣传和意识形态工作

8月21日，贵州省委宣传部副部长谢念带队到贵州局调研。贵州局党组书记、局长陈向东向其汇报了近年来贵州邮政行业在“快递下乡”“邮政进村”助力贵州农业产业革命，助推黔货出山，服务贵州政务所作的贡献。谢念充分肯定了贵州局的工作成效和全省邮政快递业的工作成绩。

“国家邮政局干部党性教育基地”揭牌仪式举行

受国家邮政局党组委托，10月21日，贵州局党组书记、局长陈向东一行到遵义干部学院举行“国家邮政局干部党性教育基地”揭牌仪式。遵义干部学院副院长姜何卫、机关党委书记杨治润，遵义市邮政管理局党组领导班子成员参加仪式。

2020年全省“快递进村”现场推进会在黔南州召开

10月27日，贵州局在黔南州召开全省“快递进村”现场推进会。省局各业务处室、省快递协会、各市(州)邮政管理局、省内各主要品牌寄递企业负责同志及相关人员参加会议。黔南局重点对黔南州“快递进村”试点工作进行了汇报，贵州中通、都匀邮政、独山百世3家企业代表从不同层面就企业推进“快递进村”工作进行经验交流发言；会议还组织对黔南州龙里县谷脚镇茶香村、高新村、谷冰村“快递进村”示范点进行实地观摩。

贵州局党组书记到省快递物流园区宣讲党的十九届五中全会精神

11月18日，贵州局党组书记、局长陈向东深入贵州省快递物流园区宣讲党的十九届五中全会精神，提出行业要向高质量发展转变，在保持良好发展态势基础上，持续加大科技创新、绿色环保、安全稳定等方面投入，缩小城乡服务差距，提升均等化水平，以适应人民群众日益增长的用邮需要；要兼顾企业利益与社会效益，保障好用户、企业和从业人员三方的合法权益，持续推动行业关心关爱、快递从业职称评审等工作，使基层从业人员有社会尊严、安全保障、稳定收入、发展前景；要积极投身乡村振兴战略，继续实施“快递进村”工程，充分发挥市场积极性，主动对接贵州本地产业，拓展农村消费市场，持续推动“黔货出山”，跟进服务异地搬迁群众和农村留守人群，帮助更多人口就业、农村群众增收，紧密融入地方经济社会发展，在新时代展现行业新作为。

云南省快递发展大事记

云南局全力做好疫情期间邮政、快递车辆便捷通行工作

2月5日，云南省应对疫情工作领导小组指挥部交通管控组印发《关于切实做好全省重要生产生活物资运输保障工作的通知》，明确要求，要确保应急物资和生产生活物资的及时运输，邮政快递被列为社会保障物资给予保障。

印发做好疫情防控期间邮政快递寄递服务保障工作的通知

2月，云南省邮政管理局联合省交通运输厅印发做好疫情防控期间邮政快递寄递服务保障工作的通知。通知要求各州、市交通运输局、邮政管理局、中国邮政集团云南省分公司要加快推动复工复产，严格按照文件部署，结合实际做好疫情防控期间邮政快递寄递服务保障工作。通知强调，各级交通运输主管部门、邮政管理局部门一是要积极主动向当地党委政府或疫情防控领导小组汇报，将邮政、快递复工复产放在优先等级，加快推进邮政快递企业和邮件快件处理场所、营业场所复工复产。二是要严格落实邮政快递车辆疫情防控期间免收车辆通行费等政策，保障邮政快递车辆优先便捷通行。各级交通运输主管部门、邮政管理部门要加强一线从业人员防护，切实保障末端投递。

王显刚副省长到邮政行业调研复工复产情况

2月25日，云南省副省长王显刚到昆明邮区中心局视察企业复工复产情况，指导疫情防控工作，并看望慰问奋战在一线的邮政从业人员。省政府副秘书长马文亮、云南省邮政管理局局长魏水旺、中国邮政集团有限公司云南省分公司总经理熊振邦等陪同调研。王显刚充分肯定了邮政业在疫情防控工作中发挥的积极作用。他希望企业要按照习近平总书记全国一盘棋的要求，不仅要抓好疫情的把控工作，更要化“危”为“机”，服务于防控大局，按照省委省政府的统一部署要求，严格落实防疫防控措施，有序全面推进复工复产，继续做好寄递保障，为畅通经济运行、打赢疫情防控阻击战作出更大贡献。

云南省邮政业安全发展中心获准批复

3月，云南省邮政业安全发展中心获云南省委编办正式批复，中心为省交通运输厅所属正处级公益一类事业单位，委托省邮政管理局代管，核定事业编制16名。

乡村智慧物流配送体系纳入全省数字乡村建设实施意见

3月，云南省委办公厅、省政府办公厅印发了《关于加快推进数字乡村建设的实施意见》，将加快乡村智慧物流配送体系建设作为发展农村数字经济的重要内容。实施意见明确，要全面实施“快递下乡”工程，加快建设县、乡、村三级物流网络建设。深化乡村邮政和快递网点普及，推动行政村直接通邮和末端投递服务。这既是落实中央乡村振兴战略、推进省委省政府数字云南建设的重要举措，也是国家邮政局推进“两进一出”工作的内在要求。

国家禁毒大数据云南中心邮政分中心挂牌成立

4月3日，国家禁毒大数据云南中心邮政分中心挂牌成立仪式在云南省邮政管理局举行。云南省禁毒委副主任、省公安厅党委委员、副厅长胡水旺，省邮政管理局党组书记、局长魏水旺，省禁毒办主任、省公安厅禁毒局局长郭有兵出席仪式，省

公安厅禁毒局、省禁毒大数据中心、省邮政管理局机关各处室、昆明市邮政管理局有关同志参加仪式。

云南邮政业纳入《关于贯彻落实〈交通强国建设纲要〉的实施意见》整体布局

4月，云南省委、省人民政府印发了《关于贯彻落实〈交通强国建设纲要〉的实施意见》，将加强农村邮政等基础设施建设，提升邮政普遍服务水平及“绿色邮政”等工作作为全面推进交通强国建设战略决策的重要内容，明确了云南省邮政管理部门相关职责。实施意见明确，要加强农村邮政等基础设施建设，提升农村物流服务水平，综合利用商贸、交通、邮政、快递、供销等多种物流资源，构建以县域物流配送中心、乡镇配送节点、村级公共服务点为支持的农村配送网络，促进农村客运与农村物流融合发展，培育“交通+电商”等新业态。同时还要推进邮件快件包装绿色化、减量化，提高资源再利用和循环利用水平，促进资源节约集约利用。

云南发文加强快递从业人员职业技能提升行动工作

4月8日，云南省邮政管理局和省人力资源社会保障厅联合印发《关于加强快递从业人员职业技能提升行动工作的通知》。通知强调，要切实提高思想认识，认真贯彻落实习近平总书记关爱快递小哥的重要指示精神和实施好乡村振兴战略，立足于高原特色农业，发展好乡村快递，大力推广乡村物流业的发展，多措并举。充分认识职业技能培训对于促进快递业高质量发展对扩大我省就业创业有重要意义。

云南省推动邮政业“快递+电信”合作

4月23日，云南省邮政管理局牵头举行云南省邮政业“电信+快递”合作框架协议签字仪式，中国电信云南分公司与云南中通、申通等10家主要品牌快递企业在省邮政管理局签订业务合作框架协议，开启了全省邮政业“快递+电信”合作序幕。

云南局实施“快递进村”三年行动方案

5月，云南省邮政管理局出台“快递进村”三年行动实施方案，计划用三年时间，分梯次逐步实现建制村通快递的目标。云南省邮政管理局将按照“统筹规划，政策引领、市场配置，创新驱动、因地制宜，分类推进”的原则，引导快递企业采取邮快合作、快快合作、驻村设点、交快合作、快电合作等模式，逐步建立县、乡、村快递服务体系。按照分年度分州（市）推进的原则，从2020年到2022三年，全省要达到30%、65%、80%建制村通快递的目标。各州（市）局合理把握本地区经济社会发展水平和区情业情，根据实际情况，逐年推进工作。

云南局推动邮航战略合作

6月2日，云南航空产业投资集团与中国邮政集团有限公司云南省分公司战略合作协议签字仪式暨昆明—曼谷邮航全货机首航仪式在昆明举行，云南省邮政管理局党组书记、局长魏水旺出席仪式并宣布“中国邮政号”昆明—曼谷邮航全货机正式通航。

云南省实施促进农村消费行动农村物流体系建设获支持

6月，云南省政府办公厅印发了《云南省2020年开拓农村市场促进农村消费行动方案》，加快农村物流体系建设等涉邮内容获政策支持。方案提出，加快推广“一部手机云品荟+”模式，全面拓展全省农村市场线上线下消费渠道。围绕加快健全县、乡、村三级电子商务服务体系，以县级建物流中心、乡级建快递物流服务站、村级建快递物流服务点的方式，完善县、乡、村三级物流配送体系；整合交通运输、商贸流通、供销、邮政等快递物流配送资源，实施集中配送、共同配送、统一配送等集约化配送；鼓励县级加大政策和资金支持力度，采用培育本地企业、引进省外企业、依托省属国有企业等多种方式,加快培育组建本地物流配送龙头企业,为货物流通提供仓储、监测、分拣、物流服务,提高配送效率,优化消费体验,保障消费品质。

云南"快递小哥"刘平来入围全国"最美快递员"

9月29日,第四届全国"最美快递员"评选结果出炉,刘平来从全国400多万从业者中脱颖而出,获评"最美快递员"称号。

云南邮政快递业1个人入选"2019感动交通十大年度人物"

6月19日,交通运输部线上直播揭晓"2019年感动交通十大年度人物"。其中,怒江州公路局贡山公路分局独龙江公路管理所入选"2019感动交通十大年度人物"、中国邮政集团有限公司怒江州分公司称杆乡邮政所投递员桑南才入选"2019年感动交通年度人物"。

云南邮政为松茸开设"绿色"通道

7月4日,昆明邮政召开了以"邮政极速鲜　美好及时递"为主题的松茸项目推介会,会议共有50余户昆明野生菌企业及商家参会。为积极助力国家精准扶贫战略,为农牧民创收,将松茸送出大山,云南邮政EMS为松茸提供了从产业规划、产品销售、运递服务等全链路的服务模式,搭建了松茸进城的"绿色"通道。

云南局与省出入境边检部门建立联动协作机制

8月,云南省邮政管理局与云南出入境边防检查总站签订合作协议,建立联合治理利用寄递渠道违法犯罪活动协作机制。两部门共同成立治理利用寄递渠道违法犯罪工作领导小组,深入推进全省打击跨境违法犯罪专项行动,严厉打击利用寄递渠道非法运输毒品、枪支、涉电诈物资等违法犯罪活动,持续规范全省寄递行业秩序。

云南首家州市邮政业安全发展中心获批复

8月,楚雄州邮政业安全发展中心获州委机构编制委员会正式批复,这是云南省首家获批设立的州市邮政业安全发展中心。

磨憨口岸出口快件监管中心正式开启出口快件业务

9月,一批个人物品类出口快件在磨憨口岸国际快件监管中心完成申报、机检、查验、放行等手续,这是该快件中心建立以来的第一批出口快件,标志着磨憨口岸出口快件业务正式开启。本批出口快件的顺利通关,意味着该中心业务范围不断完善,进一步打通了出境快件通关渠道,将更好助力跨境电子商务发展和中老磨憨—磨丁经济合作区建设。

云南建立"军邮合作社快邮驿站"创新邮快合作新模式

9月,昆明邮政与昆明市盘龙区退役军人事务局达成合作,成立了首家"军邮合作社快邮驿站"。昆明市盘龙区军邮合作社快邮驿站的建设模式,开辟了政企合作、拥军惠民的"便民+邮快"的新模式,有效解决了"最后一公里"投递难的问题,同时助力退役军人更好地创业就业,达到"资源共享、优势互补、互利共赢"的双赢目的。

省政协副主席带队到云南局调研

9月28日,云南省政协副主席喻顶成率联合调研组到云南省邮政管理局,开展数字经济与实体经济融合发展重点提案调研,并听取云南省邮政管理相关工作情况汇报。喻顶成对云南省邮政管理局在推动行业转型升级上的成效和开展数字化监管、数字化分析上的探索给予了充分肯定。调研组提出了工作希望和建议,希望云南省邮政管理局能够进一步加强与发改、农业农村等部门的数据分享共享,挖掘邮政大数据更大价值,让邮政大数据发挥更大作用,更好联通产业上下游,更好运用数字经济助力实体经济的优化、调整、提升。

云南局与省商务厅、省邮政分公司签署三方合作框架协议

10月，云南省商务厅、省邮政管理局和中国邮政集团有限公司云南省分公司共同签署了三方合作框架协议。框架协议聚焦十三项重点合作事项，努力实现多方共赢。发展农村现代流通网络；深入推进快递进村工作；提升乡村电商站点运营服务能力；加强邮政金融服务商务功能；推动供应链物流合作；多渠道拓宽贫困地区农产品营销渠道；推进跨境电商发展；促进电商领域品牌消费和品质消费；强化信息共享；加强扶贫领域合作；支持邮政企业建立现代医药流通体系；加快推进惠农合作；统筹开展疫情防控合作。

刘洪建副省长对跨境寄递工作进行安排部署

10月，云南省政府召开专题工作会议，研究全省跨境电子商务工作，云南省副省长刘洪建出席会议，听取工作汇报，分析存在问题，对跨境寄递等相关工作作出安排部署。云南省邮政管理局围绕跨境寄递，从发展现状、困难及卡点堵点、政策建议等方面，汇报了全省跨境寄递工作情况。刘洪建充分肯定邮政业对跨境电子商务作出的贡献，对下一步的跨境寄递工作作出安排部署。

云南省启动邮政快递业可循环包装应用试点

12月1日，在50位快递小哥和20家企业代表的宣誓声中，云南省邮政管理局和省快递业协会联合举办的“邮来已久、绿动未来”邮政快递业可循环包装应用试点工作在云南顺丰分拨中心正式启动。

云南省邮政业“十四五”规划被列为省“十四五”重大专项规划

12月，云南省人民政府办公厅下发《关于做好“十四五”省级重大专项规划编制工作的通知》，其中《云南省邮政业发展“十四五”规划》被列入产业发展类重大专项规划。

西藏自治区快递发展大事记

西藏自治区人民政府主席批示肯定西藏局工作

1月，西藏自治区人民政府主席齐扎拉在《西藏自治区邮政管理局〈关于报送2019年工作总结和2020年工作打算〉的报告》上作出批示，肯定西藏自治区邮政管理局工作：“2019年区邮政管理局从西藏实际出发，围绕脱贫攻坚做了大量工作，成绩突出，新的一年望再接再厉、继续努力！”

阿里局荣获阿里地区2019年经济社会发展贡献奖

1月，经西藏阿里地委、行署研究，对2019年度县级领导班子综合目标管理责任制考核中涌现出的先进县、先进单位予以表彰激励，授予阿里地区邮政管理局“2019年度阿里地区经济社会发展贡献奖”荣誉称号。

西藏局号召全区邮政快递业众志成城打赢疫情防控阻击战

1月，西藏自治区邮政管理局党组印发《致全区邮政管理系统各级党组织、全体党员的公开信》，号召全区邮政管理系统各级党组织、全体党员切实提升政治站位，充分发挥先锋模范作用，不折不扣执行中央、国家局党组、自治区党委部署要求，振奋精神、众志成城、共克时艰，坚决打赢疫情防控阻击战。

西藏自治区大力支持全区邮政快递业复工复产

2月，西藏自治区应对新型冠状病毒感染的肺炎疫情工作领导小组办公室批复西藏自治区邮政管理局，大力支持全区邮政业复工复产，解决邮政快递业返藏人员居家隔离观察、调拨防疫物资、解决邮政快递车辆通行问题。

西藏自治区政府副主席调研指导邮政快递业疫情防控工作

2月20日，西藏自治区政府副主席甲热·洛桑丹增赴自治区邮政分公司、拉萨邮区中心局调研指导邮政业疫情防控工作。甲热·洛桑丹增副主席对邮政业在疫情防控工作中发挥的积极作用给予了充分肯定，并代表自治区党委、政府对奋战在疫情防控一线的广大邮政业干部职工表示感谢、慰问，并嘱咐一线员工加强自身防护，注意作业安全、交通安全。甲热·洛桑丹增要求全区邮政业要认真贯彻落实党中央、国务院和自治区党委、政府关于疫情防控工作的系列决策部署，坚决打赢疫情防控人民战争、总体战、阻击战。

西藏局破解疫情期间快递企业干线运输车辆通行难题

为保障执行运递疫情防控应急物资、民生物资的快递车辆通畅、便捷通行，根据党中央、国务院，以及交通运输部、公安部、国家邮政局等国家部委关于疫情期间保障物资运输车辆通行的相关部署要求，西藏自治区邮政管理局及时和地方应对新冠肺炎疫情工作领导小组办公室以及自治区交通运输厅沟通协调，妥善解决了疫情期间快递干线运输车辆通行难问题。

《西藏自治区电子商务进农村综合示范整体推进工作方案》出台

3月，西藏自治区商务厅、财政厅、扶贫办联合印发《西藏自治区电子商务进农村综合示范整体推进工作方案》，利好全区邮政快递业发展。方案指出，要以整区推进电子商务进农村综合示范工作为抓手，聚焦脱贫攻坚和乡村振兴，加强农牧区流通设施建设，提升公共服务水平，聚焦特色优势资源，促进产销对接，构建普惠共享、线上线下融合、工业品下乡和农产品进城畅通的农牧区现代流通体系，努力开创具有西藏高原特色的电子商务发展道路。要统筹协调全区电商物流体系建设，采取资金补贴、政策扶持等多种形式支持物流发展，资金补贴支持形式原则不超过两年。要整合现有物流资源，建立地(市)级物流分拨中心或物流园，集聚快递物流企业，实现统一分拣、统一配送，促进快速高效运输投递。要建立完善县、乡、村三级物流体系，与公共服务中心合并形成县级物流中心，具备县级物流包裹快递的集散、分拣、配送等基础功能，实现县级共配，统一分拣、统一配送。

两部门联合加强航空运输邮件快件安全管理

4月9日，西藏自治区邮政管理局与民航西藏区局公安局就航空运输邮件、快件机场安检情况进行了工作对接，并在加强企业安全生产主体责任、完善信息互通共享机制、加大违规收寄企业惩戒力度等三方面达成了协作共识。

西藏局专题部署全区邮政业生态环保重点工作

4月，西藏自治区邮政管理局印发《2020年行业生态环境保护工作实施方案》，对全年行业生态环保重点工作进行专题部署。实施方案从推进法规标准政策体系建设、强化邮件快件包装绿色治理、稳步开展行业节能减排、积极配合试点示范、完善生态环保监管体系、强化支撑保障六方面，对2020年全区行业生态环境保护工作进行了全面安排部署，明确了责任分工、牵头部门和配合单位。

西藏局部署开展“快递进村”三年行动

5月，西藏自治区邮政管理局印发《全区“快递进村”三年行动方案(2020－2022年)》，在全区部署开展“快递进村”三年行动。方案明确，到2022年底，全区农牧区快递服务深度显著增强，县、乡、村快递服务体系逐步建立，城乡之间流通渠道基本畅通，农牧区综合快递服务供给力度明显加大，快递服务“三农”成果更加丰硕，广大农牧民群众可以享受到更加便捷高效的快递服务，符合条件的建制村基本实现“村村通快递”。

西藏发文推进全区快递从业人员职业技能提升工作

7月3日，西藏自治区邮政管理局、自治区人力资源和社会保障厅联合印发《西藏自治区快递从业人员职业技能提升行动实施方案（2020－2021年）》，并明确快递从业人员职业技能培训由自治区公共就业服务机构从职业技能提升行动专账资金中保障。

三部门联合发文加快推进“快商合作”“两进一出”协同发展

为深入贯彻落实习近平总书记关于农村电子商务发展的重要指示精神，进一步落实《国务院办公厅关于推进电子商务与快递物流协同发展的意见》和国家邮政局关于实施快递“两进一出”工程的决策部署，着力解决电商配送“最后一公里”问题，提高人民用邮质量和幸福指数，7月，西藏自治区邮政管理局与自治区商务厅、经济和信息化厅联合发文，加快推进“快商合作”“两进一出”协同发展。

《西藏自治区关于进一步加强塑料污染治理的实施办法》出台

7月，《西藏自治区关于进一步加强塑料污染治理的实施办法》出台，提出全面加强限制生产、销售、使用不可降解塑料产品，严把运输流通关、市场准入关，进一步夯实塑料污染治理举措，将有效促进全区邮政业生态环保工作。

两部门联合发文进一步落实县级邮政快递网点安检设备工作

为深入贯彻落实《邮政业寄递安全监督管理办法》《国家邮政局关于加强和规范邮件快件安全检查工作的指导意见》，全面提升邮件快件实名收寄、收寄验视、过机安检“三项制度”执行实效，切实防范各类禁寄物品流入寄递渠道，保障寄递渠道安全畅通。经西藏自治区邮政管理局和公安厅多次与自治区财政等部门沟通协调，并报请自治区人民政府同意，决定对县级邮政快递网点购置安检机予以补贴。9月，西藏自治区邮政管理局与自治区公安厅联合发文，进一步落实县级邮政快递网点安检设备配备工作。

两部门联合发文加强城市快递车辆通行管理

9月，西藏自治区邮政管理局与自治区公安厅联合发文，切实解决邮政快递车辆进城难、通行难、停靠难和作业难等问题。一是规范邮政快递专用电动三轮车辆标准。二是给予邮政快递电动三轮车通行便利。三是加强邮政快递企业主体责任。

推进城乡物流配送网络一体化被纳入西藏长治久安和高质量发展实施意见

10月，西藏自治区《关于贯彻落实中央第七次西藏工作座谈会精神　进一步推进西藏长治久安和高质量发展的实施意见》出台，提出推进城乡物流配送网络一体化，推动商贸流动体系向偏远乡村延伸，促进农牧区电子商务和实体商贸流通相结合，加强应急保供体系和机制建设。实施意见明确，认真落实特殊优惠政策。对符合条件的电力、电信、邮政普遍服务等给予补贴支持。

西藏局深入推进交通运输与邮政快递融合发展

11月，西藏自治区邮政管理局联合区交通运输厅、西藏邮政分公司印发了《关于推进交通运输与邮政快递融合发展的通知》，从自治区层面为进一步积极推进“交邮”“交快”融合发展，促进农村客运、农村快递物流高质量发展提供了指导性意见建议。

西藏高校在中国国际“互联网+”大学生创新创业大赛成绩喜人

11 月，第六届中国国际“互联网+”，大学生创新创业大赛全国总决赛落幕。西藏职业技术学院的参赛项目《玛旁雍措 · 莲华之宝》斩获金奖创造该校参赛历史最好成绩实现西藏在本项大赛中金奖零的突破。

陕西省快递发展大事记

陕西快递三轮车便利通行政策实现全覆盖

截至 2019 年底，陕西省 10 个地市与交管部门建立合作机制，对快递三轮车实施统一管理。实施快递专用电动三轮车备案制度，规范邮政业末端投递车辆和人员安全保障，督促企业落实对快递专用电动三轮车及驾驶人的安全管理主体责任，建立源头管控和路面联动的管理模式，持续改善快递专用电动三轮车交通秩序，进一步满足人民群众对快件投递时效性、便捷性的期待。

陕西省总工会慰问“快递小哥”

1 月 3 日，陕西省人大常委会副主任、省总工会主席郭大为一行赴中国邮政集团公司西安市电子城分公司看望慰问“快递小哥”，为他们送去慰问品和慰问金。郭大为指出，“快递小哥”像辛勤的小蜜蜂一样，为社会公众提供周到的服务，快递的不仅是包裹，更是欢乐和幸福，是我们在城市街头能看得见的最普通的劳动者，值得全社会的尊重。各级工会要用实实在在的行动，尽最大所能给快递员解决实际问题，让广大快递员得到应有的关爱和权益保障。省总工会还给企业的劳动模范和困难职工送去慰问品和慰问金。

赵刚副省长表示全力支持陕西邮政业发展

1 月 13 日，陕西省副省长赵刚专题听取陕西省邮政管理局关于 2019 年全省邮政业发展情况、邮政管理工作和 2020 年工作思路以及 2020 年全国邮政管理工作会议的汇报，对邮政管理部门在推动陕西经济发展中所做的工作和取得的成绩表示肯定。赵刚强调，2020 年是全面建成小康社会和“十三五”规划收官之年，陕西省邮政管理局要按照国家邮政局、省委省政府的决策部署，扎实做好各项工作。

陕西局联合团省委开展“冬日暖阳”活动

1 月 17 日，陕西省邮政管理局联合团省委组织开展“冬日暖阳”活动，走进快递企业，为他们送去新春祝福，为快递小哥送上慰问品。“冬日暖阳”活动，是陕西省邮政管理局和团省委为深入贯彻习近平总书记关心关爱快递小哥的重要指示精神开展的系列关爱活动之一。此次活动共邀请邮政、百世、中通、申通、韵达、圆通、京东等 7 家企业的 50 名快递小哥代表参加。

疫情期间寄递运输和仓储物流企业正常运行获保障

2 月 3 日，陕西省应对新型冠状病毒感染的肺炎疫情工作领导小组办公室向各市人民政府印发《关于保障寄递运输和仓储物流企业正常运行的通知》，为邮政业服务疫情防控工作，保障人民群众日常生活物资运输渠道畅通和寄递企业顺利复工提供了有力支撑。通知明确，各级政府要在阻断病毒传播渠道的同时，保障公路交通网络不断、应急运输通道不断和必要的群众生产生活物资的运输通道不断。各高速路出入口、城市道路、县乡道路不得禁止或限制邮政、快递、物资运输车辆的正常通行，不得随意扣押邮件、快件、物资，对持有“应急车辆通行证”的应急运输车辆要优先保障，快速检测通行。

陕西出台措施保障邮政快递车辆疫情防控期便利通行

2月9日，陕西省交通运输厅转发《交通运输部 国家邮政局 中国邮政集团公司〈关于确保邮政快递车辆优先便捷通行服务保障民生的紧急通知〉》，对邮政快递车辆优先便捷通行工作进行安排，为全省邮政、快递车辆疫情期间便利通行提供保障。通知明确，各市（区）交通运输局、省高速公路收费中心要按照《陕西省交通运输厅关于切实保障疫情防控应急物资运输车辆顺畅通行的紧急通知》，根据邮政管理部门提供的疫情防控应急物资调拨和转运车辆相关信息，核发新型冠状病毒感染的肺炎疫情防控物资及人员运输车辆通行证，便于承运单位正常通行并享受免费通行政策。省高速集团、省交通集团、各经营型高速公路公司，对通行证信息填制不准确的及时进行反馈，及时进行信息确认，保障执行应急物资运输任务的邮政、快递车辆免费快速通行。

陕西局15条财税金融全力推进疫情防控和复工复产

为深入贯彻习近平总书记关于坚决打赢疫情防控阻击战的重要指示和中央政治局常委会会议精神，根据中省出台的支持疫情防控的财税金融政策，按照《国家邮政局办公室关于推进邮政业落实相关财税金融支持政策 全力做好疫情防控和有序复产工作的通知》和《陕西省人民政府关于坚决打赢疫情防控阻击战促进经济平稳健康发展的意见》相关要求，在全力做好疫情防控的前提下，为切实推动全省邮政业落实好相关财税金融政策，促进全省邮政业平稳健康发展，确保实现全年各项预期目标，2月13日，陕西省邮政管理局发布15条财税金融政策，要求全省邮政业切实做好相关政策落实。

陕西局纳入省疫情防控重点医用物资国际采购工作专班

根据陕西省疫情防控领导小组和省政府专题会议安排，为全力做好全省疫情防控重点医用物资国际采购工作，2月14日，陕西省成立国际采购工作专班并建立联席工作机制，陕西省邮政管理局纳入工作专班并作为运输保障组成员单位，协助开展工作。

陕西主流媒体关注报道邮政快递企业全面复工

3月12日，陕西日报、陕西广播电视台、陕西网、西部网等多家主流媒体，对陕西邮政、快递企业疫情防控和复工复产工作进行报道。截至3月10日，陕西全省邮政和快递企业已基本全面复工。全省近600个省、市、县的邮政、快递分拨中心已全部复工，近1万个邮政、快递网点的复工率达到98%，从业人员返岗率近90%。

陕西省委书记赴顺丰速运营业点调研复工复产情况

3月26日，陕西省委书记胡和平到西安顺丰速运有限公司调研服务业复工复产工作。胡和平强调，要深入学习贯彻习近平总书记关于深入做好疫情防控和经济发展工作的重要讲话重要指示精神，认真贯彻落实支持服务业复工经营的各项政策措施，及时帮助解决实际困难和问题，促进全省服务业全面复工转型升级。在西安顺丰速运有限公司青松路营业点，胡和平询问快递小哥什么时候复工的，一天跑多少单，肯定他们坚守岗位服务群众、为疫情防控做出了积极贡献。他鼓励企业立足陕西区位、交通等优势，积极拓展在陕业务在发展枢纽经济、门户经济、流动经济中持续做大做强。

陕西省邮政快递业“两进一出”三年行动方案

发布

5月15日，陕西省邮政管理局印发《陕西省邮政快递业“两进一出”三年行动方案（2020－2022年）》。方案明确，到2020年末全省建制村快递服务覆盖率达到40%，2021年末全省建制村快递服务覆盖率达到75%，2022年末基本覆盖；通过入场物流、“仓储+配送”一体化、“订单末端”配送等多种模式促进快递业与制造业深度融合发展，到2022年末培育出7个深度融合典型项目和2个深度融合发展的成熟模式；通过推动扩大市场主体规模、航空邮件快件集散地建设、邮件快件航空绿色通道建设、邮件快件上中欧班列“长安号”等方式，持续扩大国际快递市场规模。

陕西三家企业荣获“2019年度全国邮政行业青年安全生产示范岗”称号

2019年国家邮政局、共青团中央在邮政行业联合开展了青年安全生产示范岗创建活动。根据《国家邮政局 共青团中央关于认定2019年度全国邮政行青年安全生产示范岗集体的通知》，西安顺丰速运有限公司兰亭雅居速运营业点、京东物流西安亚洲一号分拣中心、中国邮政集团有限公司西安市高陵区分公司寄递事业部等3家单位被认定为“2019年度全国邮政行业青年安全生产示范岗”。

陕西省发展改革委出台政策支持邮政快递业发展

5月，陕西省发展和改革委员会印发《陕西省消费扶贫助力决战决胜脱贫攻坚2020年实施方案》和《2020年推动关中平原城市群和新型城镇化发展重点工作任务》，支持邮政快递企业延伸乡村物流服务网络，推动农产品进城、工业品下乡双向流通，邮政快递业再获发展机遇。

智能终端取货柜（快递柜）建设纳入省2020年专项资金项目申报范围

5月，陕西省商务厅、陕西省财政厅印发《2020年支持“三个经济”发展专项资金项目申报指南的通知》，将智能终端取货柜（快递柜）建设纳入专项资金支持范围。通知提出，在陕注册的物流企业、商贸流通企业、快递企业、电商企业等设立超过50个以上具有共建共享功能，覆盖15分钟生活圈和住宅小区的智能终端取货柜（快递柜）即可申报专项资金项目。

陕西印发《关于促进快递业与制造业深度融合发展的实施意见》

6月1日，陕西省邮政管理局、省工业和信息化厅联合印发《关于促进快递业与制造业深度融合发展的实施意见》，促进快递业与制造业进一步深化产业协同，实现产业联动。实施意见明确，到2025年全省快递业服务制造业范围持续拓展，深度融入汽车、航空航天装备制造、电子信息、新材料、生物医药等制造领域，形成覆盖相关制造业采购、生产、销售和售后等环节的供应链服务能力，培育出仓配一体化、入场物流、订单末端等融合发展的成熟模式，探索国际供应链、海外协同等新模式，拓展海外市场。培育出10个深度融合典型项目和2个深度融合发展的成熟模式。快递业服务相关制造业的能力和水平显著提升。

陕西省首个市级邮政业安全中心揭牌

6月15日，陕西省首个市级邮政业安全中心——宝鸡市邮政业安全中心正式揭牌成立。陕西省邮政管理局、省邮政业安全中心、宝鸡市交通运输局、市邮政管理局相关负责人及市邮政业安全中心全体人员参加揭牌仪式并座谈。

陕西省委十三届七次全会为邮政快递业发展再创新机遇

7月10日，中国共产党陕西省第十三届委员会第七次全体会议通过《中共陕西省委关于学习贯彻习近平总书记来陕考察重要讲话精神奋力谱写陕西新时代追赶超越新篇章的决定》，提出积极发展物流产业和电子商务，邮政快递业发展获利好。

两部门联合开展快递从业人员职业技能提升行动

7月，陕西省邮政管理局联合省人力资源和社会保障厅印发《陕西省快递从业人员职业技能提升行动实施方案》，组织开展邮政快递从业人员职业技能提升行动。方案立足陕西邮政快递业发展实际，明确细化培训内容、培训方式以及培训管理，培训补贴资金将从职业技能提升行动专账资金列支，补贴标准、补贴程序、培训管理等按方案的相关规定执行。按照培训实名制和信息化管理要求，拟于2021年底前完成2万人次的快递员技能培训，全面提升全省快递员技能水平。

赵刚副省长批示肯定陕西邮政管理工作成效

8月11日，陕西省副省长赵刚对陕西省邮政管理局2020年上半年工作汇报作出批示，肯定邮政管理系统为全省经济社会发展作出的积极贡献。赵刚指出，2020年以来，全省邮政管理系统深入学习贯彻习近平总书记对邮政快递业重要指示精神，认真落实省委、省政府工作要求，面对新冠肺炎疫情不利影响，统筹抓好疫情防控和复工复产，邮政快递业实现逆势增长，保持了良好发展态势，为全省经济社会发展作出了积极贡献。他希望全省邮政管理系统再接再厉，以深入贯彻习近平总书记来陕考察重要讲话精神为契机，坚持“稳中求进”的工作总基调，在打好“三大攻坚战”中主动作为，扎实做好“六稳”“六保”工作，推动行业高质量发展，更好地满足人民群众用邮需求，为我省全面建成小康社会、谱写陕西新时代追赶超越新篇章作出新的更大的贡献。

陕西局与中国联通陕西省分公司签署战略合作协议

8月19日，陕西省邮政管理局与中国联通陕西省分公司在西安签署战略合作协议。双方表示，将以此次战略合作协议为基础，进一步加强沟通合作，通过科技手段不断优化邮政快递行业布局、提高生产效率、提升监管水平、增强安全风险防范能力，更好地完成“六稳”“六保”工作任务，满足人民群众日益增长的用邮需求，促进行业提质增效，为地方经济社会发展贡献力量。

两部门联合印发通知加强寄递渠道禁毒工作

8月，陕西省邮政管理局联合省禁毒委员会办公室印发《陕西省邮政管理局　陕西省禁毒委员会办公室关于适应新形势进一步加强寄递渠道禁毒工作的通知》，强化寄递渠道禁毒工作。

陕西局与省物流集团签署战略协议

9月3日，第十届中国西部国际物流产业博览会在西安国际会展中心开幕。在本届博览会上，汉中市人民政府、陕西省邮政管理局与陕西省物流集团签署战略合作协议。陕西省物流集团将在陕西省邮政管理局指导下，在汉中市投资建设陕西物流汉中多式联运智慧物流园项目，预计总投资约4亿元，总占地面积约300亩。园区功能包含汉中市快递物流产业聚集园、汉中市航空与铁路联动物流中心、汉中市农产品冷链物流、临空经济及应急储备中心以及汉中市快递物流安全集中监管中心等。各方共同推动项目建设，促进区域乃至全省传统产业转型升级。

陕西两家快递企业获评最佳满意单位

8月28日，陕西省用户满意度测评中心举行第八届陕西服务质量满意度测评结果发布会，陕西2家快递企业获评顾客满意度最佳满意单位。经过综合测评，陕西省快递业用户满意度在参与测评的12个重点行业中排名第4，顺丰速运西安分公司、陕西邮政EMS以83.21、80.10的顾客满意度指数,获评陕西省服务质量顾客满意度最佳满意单位。

夏晓中厅长调研全省邮政快递业发展及邮政管理工作

9月7日,陕西省交通运输厅厅长夏晓中一行来到陕西省邮政管理局调研座谈,省邮政管理局党组书记、局长孙海伟及相关人员陪同调研,双方就全省邮政快递业发展及邮政管理等工作召开调研座谈会。省交通运输厅夏晓中厅长指出,组织好西安(咸阳)最高级别邮政快递枢纽规划具体工作的实施和枢纽建设是落实习近平总书记来陕考察重要讲话精神的具体工作任务之一,省交通运输厅高度重视该项工作,将在全省交通运输"十四五"规划等工作中将该项任务分解细化;将加快完善和出台我省交通运输领域中央和地方财政事权和支出责任改革工作方案。他指出,在下一步工作中双方要加强交流沟通,推动交通运输领域和邮政快递行业的融合发展,实现合作共赢。他表示,对全省邮政快递业的健康发展充满信心,将继续支持全省邮政快递业的发展,为行业发展积极争取政策支持,不断加大双方的合作深度和广度,为双方的融合发展创造最优环境,牢固树立"大交通"发展理念,不断促进全省邮政快递业融入交通运输领域,在交通强国的建设征程中取得新的更大的成绩。

陕西十地市全部签订"邮快合作"协议

为进一步贯彻落实党中央、国务院打赢脱贫攻坚战和乡村振兴战略的决策部署,推动邮政快递业高质量发展,更好服务"三农"工作,2019年底陕西省邮政管理局联合省快递行业协会组织在陕的快递企业与省邮政分公司签订"邮快合作"协议。截至2020年9月,全省10个地市"邮快合作"协议全部签订,邮政企业和民营快递企业共拓农村市场的格局基本形成,将在助力乡村振兴、服务百姓民生中发挥更大作用。

陕西第一条无人机邮路在镇巴县开通

9月17日,随着一架载着党报党刊的无人机从汉中市镇巴县城向镇巴县泾洋街道办草坝村飞去,标志着陕西邮政企业的第一条无人机邮路正式开通。

陕西局联合十九部门出台推动邮政快递业高质量发展的实施意见

9月10日,陕西省邮政管理局联合省交通运输厅、省科学技术厅、工业和信息化厅、公安厅、人力资源和社会保障厅、生态环境厅、住房和城乡建设厅、农业农村厅、商务厅、卫健委、市场监管局、西安海关、西安铁路监管局、民航西北地区管理局、中铁西安集团、省总工会、团省委等共计19部门,正式印发实施《关于认真落实习近平总书记重要指示推动邮政快递业高质量发展的实施意见》,为推动陕西省邮政快递业高质量发展创造了有利环境,打下了坚实基础。实施意见提出,到2022年基本建成普惠城乡、技术先进、服务优质、安全高效、绿色节能的邮政快递服务体系。到2035年基本建成现代化邮政快递服务体系,邮政和快递网络覆盖全省城乡,行业治理体系和治理能力现代化基本实现。

陕西两名快递员荣获"最美快递员"称号

9月29日,第四届"中国梦·邮政情　寻找最美快递员"活动揭晓发布视频会议在京举行,西安志成德邦物流有限公司宝鸡凤翔县营业部的严宝华等14名"最美快递员"和中国邮航团队等5个"最美快递员"团队受到表彰。韵达快递陕西省铜川市公司的刘宝兵入选第四届"中国梦·邮政情　寻找最美快递员"活动50强。

两部门规范新冠肺炎疫情常态化防控期间校园快递服务工作

9月30日,陕西省邮政管理局与省教育厅联合印发《关于做好新冠肺炎疫情常态化防控期间校园快递服务工作的通知》。通知要求，各高校要重视在校师生收发快递的客观需求，有序开放、合理设置快递服务站点，加大智能投递设施推广应用力度，促进邮政快递校园服务融合发展，为疫情防控期间校园快递收投服务提供必要条件。各邮政、快递企业要加强对校园快件的规范管理，认真落实《疫情防控期间营业网点操作规范》等疫情防控措施，认真执行实名收寄和收寄验视制度，积极配合学校营造良好的服务秩序，加强与有关方面的合作，积极推进校园寄递服务融合发展，构建统一规范集约高效的校园寄递服务网络。

陕西局与国家电力投资集团陕西分公司签署战略合作协议

10月10日，陕西省邮政管理局与国家电力投资集团陕西分公司签署战略合作协议，共同推进“清洁能源　绿色邮政”建设。双方将在陕西省政府总体布局指导下，以清洁能源替代传统能源的绿色发展为理念，遵循“政府引导、市场运作、依法合规、优势互补、平等互利、共创共享”的原则，各自提供优势资源，共同打造全省示范性“绿色邮政、绿色交通”产业。双方在邮政快递业发展中研究探讨，通过发挥双方各自领域内的资源、业务和服务优势，推进清洁物流、智慧物流的系统建设，共同推进行业绿色发展。

陕西出台《居住区智能信报箱应用技术标准》

10月，在陕西省邮政管理局的努力下，陕西省住建厅和省市场监管局联合发布《居住区智能信报箱应用技术标准》。该标准对智能信报箱的设置、安装、验收等都作出了明确的规定。陕西省《居住区智能信报箱应用技术标准》的出台，将加快推进智能信报箱建设，规范居住区智能信报箱设置，更好地满足群众用邮需求，促进全省邮政快递业的发展。

陕西局被纳入省塑料污染协同治理单位

10月，陕西省发展改革委、省生态环境厅向各市（区）、省政府各工作部门、直属机构及包含省邮政管理局在内的3家职能部门印发《陕西省进一步加强塑料污染治理实施方案》。方案将“快递塑料包装”纳入禁止、限制使用的塑料制品范围，并提出到2022年底，全省各设区市邮政快递网点可循环中转袋使用率达90%以上，45毫米以下窄胶带使用率达到95%以上，降低不可降解的塑料包装袋、塑料胶带、一次性塑料编织袋使用量。到2025年底，全省范围邮政快递网点禁止使用不可降解的塑料包装袋、塑料胶带、一次性塑料编织袋等。

11部门联合推进城市居住社区建设补短板行动

10月，陕西省邮政管理局、省住房和城乡建设厅等11部门联合转发《住房和城乡建设部等部门关于开展城市居住社区建设补短板行动的意见》的通知，推进城市居住社区建设补短板行动。

陕西局与咸阳市委共商发挥基层党建作用

11月9日，陕西省邮政管理局党组书记、局长孙海伟与咸阳市委常委、组织部部长崔勒宇一行，就充分发挥村级党组织阵地作用，推进基层党建与邮政快递服务有机融合，更好服务广大农村地区人民群众等问题进行深入座谈。双方围绕充分发挥村级组织阵地功能，提升凝聚力，加快推进“快递进村”，进一步凝聚“党建+快递”合力，为农村群众提供更好服务进行深入交流，明确了工作思路和目标方向。双方表示，将充分发挥发挥党建引领作用，以加强村级组织阵地建设、深入推进“快递进村”工程为抓手，完善农村地区邮政快递服务网络，加大农村综合物流服务供给力度，强化快递服务与农村党建的有效衔接，进一步彰显村级组织阵地建设和邮政快递业服务民生作用，更好满足人民群众美好生活需要。

陕西邮政快递业1人荣获全国劳动模范称号

11月24日，全国劳动模范和先进工作者表彰大会在北京人民大会堂隆重举行。邮政快递业共有中国邮政集团有限公司天津市蓟州区分公司投递员刘大方、北京顺丰速运有限公司快递员张义标等24位被授予全国劳动模范称号。其中，陕西省邮政分公司西安邮区中心局邮件运输中心驾驶员张忠海被授予全国劳动模范称号。

西安"快递业交通安全管理平台"正式运行

12月2日，西安市邮政管理局、市公安局、市快递行业协会联合举办了"一盔一带"安全守护暨快递行业交通安全管理平台上线仪式，来自邮政快递行业的50名快递员参加了活动。借助该平台可以及时识别确定违法快递三轮车的公司及驾驶人员相关信息，规范电动三轮车驾驶人员安全文明驾驶，提升邮政快递行业形象，加强邮政快递行业的交通安全管理，督促企业落实交通安全主体责任。

陕西邮政快递行业2个人3企业荣获省五一劳动奖和工人先锋号

12月14日，陕西省三秦工匠、五一劳动奖表彰大会在西安举行，西安顺丰速运有限公司荣获陕西省五一劳动奖状；中国邮政集团有限公司汉中市南郑区分公司、中国邮政集团有限公司礼泉县分公司被评为陕西省工人先锋号；中国邮政集团有限公司榆林市分公司寄递事业部揽投员边永慧、山阳县邮政分公司投递员索江萍荣获陕西省五一劳动奖章。

陕西局举办全省邮政快递业先进单位及先进个人表彰仪式

12月29日，陕西省邮政管理局举办全省邮政快递业先进集体及先进个人表彰仪式，全省邮政管理系统干部职工、受表彰的先进集体和先进个人以及主要寄递企业负责人参加。会议宣读了人社部及国家邮政局、交通运输部的相关表彰决定，陕西省邮政管理局党组书记、局长孙海伟向受表彰的先进集体代表和先进个人颁发了奖章、奖牌和证书。中国邮政集团有限公司陕西省西安邮区中心局邮件运输中心、西安顺丰速运有限公司、汉中市邮政管理局市场监管科等3家单位获得全国邮政行业先进集体称号；中国邮政集团有限公司陕西省西安市临潼区分公司快递员舒文艺、西安顺丰速运有限公司宝鸡市分公司快递员贺龙获得全国邮政行业劳动模范称号；中国邮政集团有限公司陕西省西安邮区中心局邮件运输中心驾驶员张忠海、西安顺丰速运有限公司北经城速运营业点快递员雷高峰、陕西省邮政管理局市场监管处处长党辉等3人获得全国交通运输系统抗击新冠肺炎疫情先进个人称号。

甘肃省快递发展大事记

甘肃省邮政业安全中心坚持路况信息共享

为切实做好全省邮政行业道路交通运输安全工作，及时向全省邮政、快递企业发布实时交通路况信息，方便快递车辆通行，甘肃省邮政业安全中心依托甘肃省公路局路况信息发布平台，建立路况、天气信息实时发布制度，每日通过微信平台向全省邮政、快递企业共享最新路况及天气信息，主要发挥以提示、提醒、告之为主要内容的服务功能，便于邮政、快递企业合理规划车辆调度及运行路线。遇有雪、风、寒流等恶劣天气，邮政、快递企业可以结合实时路况信息选择最合适便利的行车路线及安全防护措施。

甘肃省政府工作报告提出促进跨境快件业务发展

1月10日，甘肃省召开第十三届人民代表大会第三次会议，甘肃省省长唐仁健代表省人民政府向大会作政府工作报告，将“推进国际邮件互换局建设，促进跨境快件业务发展”纳入省政府重点工作。在部署2020年工作中，工作报告提出，要推进国际邮件互换局建设，促进跨境快件业务发展。大力发展跨境电子商务，加快兰州跨境电子商务综合试验区建设，推动海外甘肃特色商品展销中心市场化运营，鼓励建设境外仓储物流配送中心。

常正国副省长批示肯定全省邮政管理工作成效

1月，甘肃省副省长常正国就全省邮政管理工作作出批示，对全省邮政管理工作给予充分肯定，同时冀望全省邮政管理系统持续提升邮政业对全省高质量发展的支撑作用，为加快建设幸福美好新甘肃、不断开创富民兴陇新局面作出新的更大贡献。

开展2020年快递行业从业青年服务月春节慰问活动

1月21日，甘肃省邮政管理局与共青团甘肃省委组成慰问组，前往快递企业网点和生产一线，慰问仍然坚守在工作岗位上的工作人员。慰问组一行先后深入邮政EMS、顺丰速运等企业网点，详细了解了“快递小哥”和企业员工的工作环境和生活情况，为他们送去新年礼包和新春祝福，感谢他们为行业和社会所做出的努力，并希望他们继续保持这种不怕苦、不怕累的小蜜蜂精神，“只争朝夕不负韶华”，为继续推进全行业高质量发展贡献新的更大力量。

甘肃局出实招破解邮政快递车辆通行难题

针对疫情防控期间甘肃省内各地出现的邮政快递车辆受限问题，甘肃省邮政管理局组织各市州邮政管理局强化横向对接、纵向联动，有效保障了邮政快递运输投递车辆便捷通行。甘肃省邮政管理局第一时间对接省新型冠状病毒感染肺炎疫情联防联控领导小组交通检疫组，以正式文件明确将邮政快递车辆通行纳入交通运输保障范围，组织市州邮政管理局主动对接地方联防联控领导小组，协调解决邮件快件运输投递车辆受限问题。各市州邮政管理局采取多项措施，全力保障疫情防控期间寄递服务安全畅通。

甘肃邮政行业3名从业者被授予“优秀抗疫青年志愿者”称号

在第57个学雷锋纪念日到来之际，甘肃省邮政行业兰州顺丰速运有限公司货运司机刘铁军、甘肃京邦达供应链科技有限公司凉华亭营业部负责人马瑛、中国邮政集团公司合作市分公司揽投员曹伟伟3名优秀青年被共青团甘肃省委、青年联合会通报表扬，并授予“优秀抗疫青年志愿者”称号。

甘肃局成立邮快合作专办机构推进邮快合作

3月，甘肃省邮政管理局制定下发《甘肃省推进邮快合作下乡进村实施方案》，进一步明确了实现快递下乡乡镇全覆盖，彻底整治末端服务收费违规问题，拓宽邮政普遍服务内涵等工作目标，进一步强化了坚持因地制宜、灵活合作方式、坚持问题导向、突出合作重点、落实法规标准、解决热点难点、创新工作思路、拓宽合作范围、坚持因势利导、分级分类合作等10项工作举措，提出了5条具体工作要求，对全年工作的顺利推进，奠定了坚实基础。

甘肃局启动“快递进村”持续优化农村快递网络布局

4月，甘肃省邮政管理局制定印发《“快递进村”三年行动方案（2020－2022年）》，正式启动“快递进村”工程，计划用3年左右的时间，持续推进快递服务直投到村，基本实现有条件的建制村“村村通快递”。通过推进“快递进村”工程，将引导寄递企业延伸服务到各行政村，打通工业品下乡、农产品进城通道，深挖农产品销售资源，促进"快递+特色农产品"融合发展，助力打赢脱贫攻坚战。

甘肃省邮政行业27名个人和集体获表彰

在国际劳动节和五四青年节来临之际，甘肃省邮政行业共20名个人和7个集体在全省各级邮政管理部门的积极申报下，获得了共青团系统的表彰和通报表扬。王小强、孙若慈等优秀青年被授予"全国优秀共青团干部""最美志愿者"等荣誉称号，中国邮政集团公司嘉峪关市寄递事业部投递班、兰州景辉韵达快递公司等先进集体被授予"全国邮政行业青年安全生产示范岗"等荣誉称号。

甘肃推动本省快递从业人员职业技能培训方案落地

4月，甘肃省邮政管理局与省人社和财政部门积极沟通，就提升全省快递从业人员综合素质能力，增强快递从业人员职业技能和服务技能，开展快递从业人员技能培训联合下发了《甘肃省快递从业人员职业技能培训方案》。方案明确了培训对象、内容、方式及培训补贴等有关事项，为今后开展相关培训提供了明确政策支持，保障了培训供给。

甘肃局携百世快递开展爱心捐助

5月22日，甘肃省邮政管理局携省快递协会及百世集团甘肃分公司在定西市马坞镇曹眼村举办"百世快递爱心扶贫捐赠活动"，向曹眼村学生捐赠课桌80套，向秦家沟村学生捐赠护眼台灯80套，向曹眼村捐赠社会主义核心价值观和乡村振兴宣传大型铁艺雕塑两架。甘肃省邮政管理局党组成员及相关部门负责同志、百世集团甘肃分公司总经理樊炜、马坞镇党委书记刘永鹏等同志出席捐赠仪式。捐赠仪式后，参加活动的相关领导和快递企业人员一同前往曹眼村牧源祥中蜂养殖专业合作社行观摩考察，围绕落实电商、快递进农村，搞好企业与合作社对接、协助直播带货等工作做了深入的交流和探讨，为助力产业扶贫出谋划策。

甘肃局推进应急预案体系建设

为切实加强全省邮政业突发事件应急预案管理，推进应急预案体系建设，甘肃省邮政管理局结合行业发展实际和行业应急管理新形势、新要求，修订完善了《甘肃省邮政业突发事件应急预案》，并制定了《甘肃省邮政业人员密集场所事故灾难应急预案》《甘肃省邮政业运营网络阻断事件应急预案》《甘肃省邮政业用户信息泄露事件应急预案》《甘肃省邮政业重大活动期间突发事件应急预案》《甘肃省邮政业疫情防控应急预案》《甘肃省邮政业反恐怖防范应急预案》等六个专项应急预案，全省邮政业应急预案体系更加趋于完善。

甘肃出台方案将快递包装纳入塑料污染治理体系

9月，甘肃省发展改革委、省生态环境厅等部门联合印发《关于进一步加强塑料污染治理的实施意见》，强调全省要进一步加强塑料污染治理工作，建立健全塑料制品长效管理机制，其中将快递包装纳入治理范围。实施意见就进一步加强快递塑料包装物治理工作提出了明确要求。

多部门联合印发关于协同推进快递业环保治理工作的实施意见

9月，甘肃省邮政管理局联合省发展改革委、省生态环境厅、省财政厅、省工业和信息化厅、省商务厅、省市场监督管理局等7部门印发《关于协同推进快递业环保治理工作的实施意见》，多部门协同推进快递业环保治理工作。意见确定了推进快递业环保治理工作的基本原则和目标任务，并结合行业实际，从完善快递绿色治理保障体系、推动快递绿色包装源头治理、建立快递绿色包装采购机制、加快快递绿色包装普及使用、开展快递包装物回收利用、推进行业节能降耗减排以及加强绿色快递文化建设等七个方面提出了具体措施。

甘肃发布关于促进快递业与制造业深度融合发展的实施意见

10月，甘肃省邮政管理局联合省工业和信息化厅印发《关于促进快递业与制造业深度融合发展的实施意见》。意见明确了树立共赢理念，深化合作领域、因地因企施策，丰富服务产品、优化产业布局，创新融合发展、加强科技引用，打造智能物流、推进绿色环保，实现节能减排以及完善运输网络，开拓海外市场等六个方面的任务，并从健全工作机制、强化政策支持、着力示范推广、积极交流对接和注重人才培养等五个方面明确了保障措施。

邮政快递设施建设纳入甘肃城镇老旧小区改造总体方案

10月，甘肃省人民政府办公厅印发《关于全面推进城镇老旧小区改造工作的实施意见》，全面推进甘肃省城镇老旧小区改造工作，其中智能快件箱、智能信包箱建设纳入城镇老旧小区改造完善类项目内容。甘肃局同时被列入甘肃省城镇老旧小区改造工作领导小组成员单位。实施意见提出，要坚持以改造小区为基本单元，整合推进片域改造，实现包含邮政快递在内的各类设施增设、更新，做到整体规划、协调配套、同步建设、全面推进。

甘肃部署全省邮政快递业重金属和特定物质超标包装袋专项治理工作

11月，甘肃省邮政管理局印发了《甘肃省邮政快递业重金属和特定物质超标包装袋专项治理实施方案》，安排部署全省邮政快递业重金属和特定物质超标包装袋专项治理工作。方案强调，要深入贯彻落实习近平生态文明思想和习近平总书记关于快递包装绿色治理工作的重要指示批示精神，全面落实党中央、国务院决策部署和国家局工作安排，坚持综合治理和精准施策，注重整体推进和分步实施，聚焦寄递企业和邮政用品用具生产企业主体责任落实，深入开展邮政快递业重金属和特定物质超标包装袋专项治理。

甘肃部署全省邮政快递业过度包装和随意包装治理工作

11月，甘肃省邮政管理局制定了《甘肃省邮政快递业过度包装和随意包装治理工作方案》，对全省邮政快递业过度包装和随意包装治理工作进行了安排部署。方案要求，全省邮政行业系统要认真贯彻习近平生态文明思想及习近平总书记关于邮政快递业绿色包装治理工作的指示批示精神，充分认识治理快递过度包装和随意包装的极端重要性和紧迫性，全面落实国家邮政局关于快递绿色包装治理工作的部署要求。

邮政快递末端基础设施被纳入省城镇老旧小区改造技术导则

11月，甘肃省住房和城乡建设厅印发《甘肃省城镇老旧小区改造技术导则(试行)》，具体指导省内各地老旧小区改造工程。其中将智能信件箱、信报箱以及邮政快递末端综合服务站列为完善类和提升类改造服务。技术导则规定，要坚持高质量发展要求，大力提升城镇老旧小区，改善居民居住条件，实现包含邮政快递在内的各类设施增设、更新，做到整体规划、协调配套、同步建设、全面推进。

甘肃省快递业体系建设对策研究课题通过专家评审

11月，甘肃省政府决策咨询委员会组织召开课题评审会议，经过介绍汇报、提问答疑和综合讨论，由甘肃省局牵头完成的“甘肃快递业体系建设对策研究”课题顺利通过专家评审，专家组认为该项研究成果达到了预期研究目的，对省委和省政府决策有较高的参考价值。

甘肃省邮政行业多名个人和集体荣获省部级表彰

1 在人力资源和社会保障部和国家邮政局组织的全国邮政行业劳动模范、先进集体和先进工作者评选活动中，甘肃省 2 名快递员获评为“全国邮政行业劳动模范”，3 个集体获评为“全国邮政行业先进集体”，邮政管理系统 1 名同志获评为“全国邮政行业先进工作者”。12 月 7 日，甘肃省委省政府召开了甘肃省劳动模范和先进工作者表彰大会，甘肃省邮政行业 4 名从业者被评为“甘肃省劳动模范”。

青海省快递发展大事记

匡湧副省长对邮政管理工作提出要求

1 月，青海省副省长匡湧在听取青海省邮政管理局工作汇报后，对全省邮政管理工作提出了要求。匡湧指出，2019 年全省邮政行业很好服务了全省经济社会发展大局，为活跃市场、促进消费、服务群众作出了积极贡献，向全省邮政行业广大干部职工致以诚挚问候和衷心感谢。匡湧要求，新的一年，全省邮政行业要坚持以习近平新时代中国特色社会主义思想为指导，全面落实新发展理念，进一步巩固行业稳中求进的发展态势，持续推动全省邮政业高质量发展，为全面建成小康社会和“十三五”规划圆满收官作出新的更大的贡献。

青海省委常委、省总工会主席看望慰问快递小哥

春节前夕，中华全国总工会副主席、青海省委常委、省总工会主席马吉孝一行看望慰问省垣快递企业一线员工、行业劳动模范、最美快递员，表达党委政府和工会组织对快递小哥的关心关怀。马吉孝指出，春节将至，快递行业将迎来新一轮业务高峰，希望广大快递小哥继续发扬优良传统，以饱满的热情、十足的干劲投入工作，做好安全服务保障工作，确保人民群众度过一个欢乐祥和的新春佳节。马吉孝要求各相关部门深入学习贯彻习近平新时代中国特色社会主义思想，巩固拓展“不忘初心、牢记使命”主题教育成果，用心用情用力做好快递小哥关心关爱和权益保障工作，当好快递小哥的“娘家人”，提升快递小哥职业归属感，切实把总书记对快递小哥的关心关怀落到实处，凝聚行业发展人才动力。

青海省委常委、西宁市委书记王晓赴青海顺丰公司调研

2 月 14 日，青海省委常委、西宁市委书记王晓赴青海顺丰公司城北区集配站调研督导疫情防控工作，走访慰问一线工作人员。他强调，当前疫情防控形势依然严峻复杂，要全面落实好疫情防控措施，为社会提供安全优质寄递服务。

青海省卫健委来信感谢邮政力量

2 月，青海省卫生健康委员会发来感谢信，对青海省邮政积极响应，为全省疫情防控工作贡献重要力量表示衷心感谢。

全省首条“环保邮路”启动

为深入贯彻关于邮政快递业生态环保战略部署，海西州邮政管理局与格尔木市邮政分公司共同推进、政企合力，紧紧把握高原邮路特性，充分利用现有资源、创新整合运输模式，启动全省首条

“环保邮路”,全力推动行业绿色发展取得实效。“环保邮路”北起青海省格尔木市,途径纳赤台、索南达杰自然保护站、可可西里站等23个邮件交接点,南至长江源沱沱河畔的唐古拉山镇邮政所,单程470公里,平均海拔4500米以上,是世界上距离最长、海拔最高的乡镇邮路之一。服务对象涵盖沿线的保护站、泵站、兵站、机务站、养路段、政府单位和广大群众。

青海出台加快发展流通促进商业消费实施方案

4月,青海省政府办公厅印发《青海省加快发展流通促进商业消费实施方案》,要求大力发展新业态新模式,加快农村牧区物流配送体系建设,全省邮政快递业获多项政策支持。方案提出,鼓励运用大数据、云计算、5G等现代信息技术,培育定制消费、智能消费、信息消费、时尚消费等消费新模式,推动新型流通业态发展;依托电子商务进农村示范项目,健全以县域物流配送中心、乡镇配送节点、村级公共服务点为支撑的农村配送网络,加快农村物流网络节点与干线物流网络的融合;强化资源整合,支持县级电商服务中心依托乡镇邮政营业点、供销社农资站、快递网点等网络资源,打通物流配送“最后一公里”;实施“互联网+”农产品出村进城工程,完善农产品流通体系,加快发展农产品冷链物流,加大农产品分拣、加工、包装、预冷等一体化集配设施建设支持力度。

青海省快递服务车辆通行政策实现全覆盖

4月,西宁市邮政管理局联合有关部门印发了《关于规范快递电动三轮车通行秩序的通知》。至此,青海省8个市(州)快递服务车辆通行政策实现全覆盖。

青海局局长与西宁市政府领导共商加快推进西宁市邮政业发展

4月22日,青海省邮政管理局党组书记、局长赵群静与西宁市政府副市长韩生才进行座谈,就进一步落实好国家和省、市促进快递业发展的政策措施,加快推进行业健康发展深入交换意见、共商对策。

青海局制定快递包装绿色治理工作台账

为深入贯彻落实习近平生态文明思想,全面加强快递包装绿色治理,青海局制定了《快递包装绿色治理工作台账》,明确了三项工作任务。一是提高思想认识,增强工作责任感。二是细化工作措施,统筹重点任务。三是加强台账管理,务求工作实效。

青海印发2020年全省职业技能提升行动工作方案

4月,青海省政府办公厅印发《2020年全省职业技能提升行动工作方案》,青海省邮政管理局被列为牵头单位和责任单位,承担本部门本行业培训任务。方案明确,由省邮政管理局牵头负责全省快递从业人员职业技能培训工作,进一步提升快递员和快件处理员职业技能素质和职业道德修养,大力弘扬和培育工匠精神、“小蜜蜂”精神,确保全年完成培训2055人(次)。同时,省邮政管理局要配合省直有关部门完成就业技能培训、创业培训和技能提升培训任务。

匡湧副省长批示要求加强快递末端经营秩序专项治理工作

4月,青海省邮政管理局就全省快递末端经营秩序专项治理工作所取得的成效及行业发展面临的困难问题,向省政府副省长匡湧进行专题汇报。收到专报后,匡湧作出批示:“请邮政管理局持续加大对我省快递业监督管理,促进快递企业加强质量管理,健全规章制度,完善安全保障措施,对所反映我省快递业公共设施不足问题,请住建厅协调推动。”

青海省委常委对关心关爱快递小哥作出批示

要求

5月，青海省委常委、省总工会主席马吉孝在《青海省邮政管理工作汇报》上作出批示。指出，全省邮政管理系统坚决贯彻党中央和省委决策部署，牢记初心使命、勇于担当作为，攻坚克难、务实工作，实现了全省邮政快递业持续健康快速发展，“小快递”服务“大民生”的作用日益凸显，很好地服务了全省经济社会发展大局。要求全省邮政管理部门和各级工会组织持之以恒将“快递小哥”权益保障和关心关爱工作抓紧抓实抓细抓落地，努力在全社会营造尊重、关爱“快递小哥”的良好氛围，切实激发“快递小哥”干事创业的昂扬斗志。

智能快件箱更新列入青海省老旧小区改造计划

5月，青海省住建厅、发改委、财政厅联合下发《关于下达全省2020年城镇老旧小区改造计划的通知》，在青海邮政管理局的大力推动和积极争取下，智能快件箱更新纳入老旧小区改造计划，行业发展再次迎来利好政策。

青海局与铁路公司协调对接交邮融合发展工作

5月，青海省邮政管理局党组书记、局长赵群静一行3人赴中国铁路青藏集团有限公司协调对接交邮融合发展工作，双方就加强邮政与铁路密切合作进行了座谈交流。双方一致认为，邮政、铁路都是综合交通运输体系的一部分，要深入贯彻落实《交通强国建设纲要》，坚持以人民为中心的发展思想，牢牢把握交通“先行官”定位，进一步深化交流、密切合作、强化统筹，着力破解邮政快递业与铁路运输业融合发展中的堵点，着力补齐邮政快递业与铁路运输业协同发展中存在短板，真正实现邮快件寄递与铁路运输互利共赢、造福于民，更好服务全省经济社会发展大局。

青海局联合17部门出台工作措施推动邮政业高质量发展

5月，青海省邮政管理局、省交通运输厅、省公安厅等17部门联合印发《关于认真落实习近平总书记重要指示推动全省邮政业高质量发展的工作措施》。要求各部门把学习贯彻习近平总书记重要指示作为一项重大政治任务抓实抓细抓落地，努力推动全省邮政业转型升级、提质增效、高质量发展。措施从7个方面提出了推动全省邮政业高质量发展的27项重点工作任务。

青海局与海东市政府共商邮政快递业高质量发展

6月10日，青海省邮政管理局赵群静局长赴海东市与市长王林虎共商推动全市邮政快递业高质量发展。王林虎充分肯定了海东市邮政管理局和邮政快递业的工作，并表示市政府将进一步加强对邮政快递业发展的支持力度。赵群静对海东市政府的支持表示感谢，并表示邮政管理系统将坚定发展信心，坚持新发展理念，秉持初心，认真贯彻市委、市政府的指示精神，紧扣全面建成小康社会目标任务，全力打好三大攻坚战，统筹做好“六稳”工作，聚力行业生态文明建设，履职尽责、开拓创新，不断提升行业发展能力和治理效能，加快建成与小康社会相适应的现代邮政业，为全市经济社会发展作出积极贡献。

两部门联合共同推进快递业与制造业深度融合发展

7月，青海省邮政管理局联合省工业和信息化厅印发《关于转发国家邮政局　工业和信息化部关于促进快递业与制造业深度融合发展的意见的通知》，着力促进全省快递业与制造业深度融合发展，推动制造业提质增效和快递业转型升级、建设制造强国和邮政强国。

青海局联合相关部门合力推进电子商务与快递协同发展

7月，青海省邮政管理局联合省商务厅、财政厅印发《关于深入推进电子商务与快递物流协同发展的通知》，着力推进全省电子商务与快递物流协同发展，充分发挥电子商务与快递物流在保供应、促消费、惠民生方面的重要作用。通知提出，一是要强化政策支持。二是要完善电商物流网络布局。三是要加快农村电商物流发展。四是要完善工作机制。

青海局扎实推进全省快递业参加工伤保险工作

为进一步宣传和普及工伤保险政策法规，增强快递企业和从业人员知法守法用法及安全预防意识，有效预防和减少行业工伤，切实维护从业人员合法权益，7 月 29 日，青海省邮政管理局会同省人力资源和社会保障厅、省社会保险服务局召开全省快递业参加工伤保险座谈会，扎实推进全省快递业参加工伤保险工作迈上新台阶。

青海三家快递企业分拨中心入驻海东市河湟新区物流园

8 月，在青海省邮政管理局的积极推动下，青海顺丰速运有限公司、青海彪韵快递有限公司、青海优希快递有限公司三家快递企业入驻海东市河湟新区万纬物流园，是进一步贯彻落实《国务院办公厅转发国家发展改革委交通运输部关于进一步降低物流成本实施意见的通知》《青海省贯彻落实〈关于进一步降低物流成本实施意见〉任务分工方案》等文件精神，有效降低快递物流成本、推进企业降本增效的具体举措。海东市河湟新区万纬物流园具有交通便利、环境优美、规划合理等特点，拥有快件分拣场地约 2.2 万平方米，员工公寓 47 间，食堂 1 处。三家快递企业入驻加大投入力度，建成分拣流水线 2 条，日均快件吞吐量 21 万件，主要配备自动化分拣设备、半自动化分拣设备、伸缩机、传送带、安检机等设施设备，投入资金约 5100 万元。

青海深入推进电子商务与快递业协同发展

9 月，青海省邮政管理局会同省商务厅、省财政厅扶贫局深入推进电子商务与快递业协同发展工作，重点聚焦短板弱项，进一步推进全省电子商务与快递业协同发展工作。

青海 2 人收获“最美快递员”称号

9 月 29 日，第四届“中国梦 · 邮政情　寻找最美快递员”活动揭晓发布会在京举行，发布会上对 14 名“最美快递员”和 5 个“最美快递员”团队进行了表彰。青海邮政葛军荣获“最美快递员”称号；青海京东快递崔斌斌荣获“最美快递员”候选人荣誉。

青海省贯彻落实进一步降低物流成本实施意见的任务分工方案发布

11 月，青海省人民政府转发了省发展改革委、省工业和信息化厅、省交通运输厅联合出台的《青海省贯彻落实进一步降低物流成本实施意见的任务分工方案》，为统筹做好疫情防控和经济社会发展，进一步降低物流成本、提升物流效率作出了全面部署。方案针对邮政快递业明确了两方面的政策措施。一是优化城市配送车辆通行停靠管理。二是加快发展智慧快递和绿色快递。

匡湧副省长高度肯定邮政管理工作成绩

11 月，青海省邮政管理局党组书记、局长赵群静分别就 2020 年以来全省邮政管理工作和“双 11”服务保障工作情况向省政府副省长匡湧进行专题汇报。在听取工作汇报后，匡湧对全省邮政管理工作和“双 11”服务保障工作给予了高度肯定。他指出，2020 年面对经济下行压力与疫情冲击相互交织带来的不利影响，全省邮政管理部门坚定信心、攻坚克难，紧扣全面建成小康社会目标任务，统筹推进疫情防控和邮政快递业发展，取得了骄人的工作成绩，很好地服务了全省经济社会发展大局。匡湧还对全省下一步邮政管理工作提出了具体要求。

青海局召开全国交通运输系统抗击疫情先进集体表彰大会

12月9日，青海省邮政管理局组织召开全国交通运输系统抗击新冠肺炎疫情先进集体表彰大会，向受表彰的青海百世快递支援武汉运输队颁授荣誉证书和奖牌，大力弘扬伟大抗疫精神，充分展示全省邮政快递业抗疫精神风貌。青海省总工会有关负责同志应邀出席并参与颁奖活动。

青海局局长与西宁市市长就促进西宁市邮政快递业快速健康发展深入交换意见

12月，青海省邮政管理局局长赵群静与西宁市人民政府市长张晓容举行会谈交流，双方就促进西宁市邮政快递业快速健康发展深入交换了意见。张晓容充分肯定了西宁市邮政业的发展，强调指出，全市服务业在疫情严重冲击影响下，邮政业务高速增长，成绩亮眼，这与邮政管理部门积极履行职责、全力推动行业发展、有效规范市场是密不可分的，全市邮政行业在疫情“大考”中凸显了使命和担当。西宁市邮政管理局要深入研判行业发展存在的瓶颈和制约因素，认真谋划“十四五”行业规划，在健全县级分拣中心网络、推动快递进小区、规范城市末端派送、加强快递车辆管理、主动服务旅游业及制造业发展等方面取得新的突破。

青海局2020年度快递工程技术人员职称评审工作取得实效

12月，青海省邮政管理局联合省人力资源和社会保障厅，召开2020年度工程系列快递工程技术人员初级职称评审会，对8名参评快递员进行了严格评审，评出6名快递工程助理工程师，2名快递工程技术员。

宁夏回族自治区快递发展大事记

自治区副主席批示肯定全区邮政管理工作

2020年宁夏回族自治区邮政管理工作会议前夕，自治区副主席刘可为作出批示，充分肯定全区邮政管理工作和邮政业发展取得的成绩，寄语广大干部职工再创佳绩。

自治区领导充分肯定全区邮政业发展成效

1月20日，宁夏回族自治区党委、政府召开中央驻宁单位座谈会，宁夏回族自治区邮政管理局应邀出席并在会上发言，自治区党委书记陈润儿、自治区人民政府主席咸辉对邮政管理部门在促进地方经济发展所做的努力和取得的成绩表示肯定，并勉励全区邮政业当好宁夏建设的生力军，为宁夏与全国同步建成全面小康社会奉献力量、再立新功。

自治区人民政府发文表彰宁夏局

1月，宁夏回族自治区人民政府印发《关于表彰国家税务总局宁夏税务局等驻宁单位的决定》，对包括宁夏回族自治区邮政管理局在内的部分中央驻宁单位予以表彰。决定指出，2019年，宁夏邮政管理局等驻宁有关单位围绕自治区党委和政府中心工作和重大决策部署，主动担当作为，奋力开拓创新，充分调动广大干部职工的主动性和积极性，在支持实体经济发展，优化营商环境，深化改革开放，推进脱贫攻坚，防范和化解风险等方面作出了应有贡献，全方位支撑了自治区经济社会高质量发展。同时，希望受表彰的单位珍惜荣誉、再接再厉，坚持以习近平新时代中国特色社会主义思想为指导，在自治区党委的领导下，紧扣全面建成小康社会目标任务，坚持稳中求工作总基调，牢牢抓住“三个着力”重点，始终以服务地方经济社会高质量发展为己任，进一步解放思想，进一步真抓实干，进一步奋力追赶，为确保与全国同步全面建成小康社会和“十三五”规划圆满收官，建设好经济繁荣民族团结环境优美人民富裕的美丽新宁夏作出新的更大贡献。

自治区党委书记调研邮政快递业复工复产

3月12日，宁夏回族自治区党委书记、人大常委会主任陈润儿深入银川市部分快递企业、快件分拣中心调研邮政快递业复工复产情况，强调要坚持疫情防控与复工复产两手抓、两手硬，统筹协调、多措并举，全力支持邮政快递业又好又快发展。自治区党委常委、秘书长赵永清，自治区政府副主席刘可为参加调研。

宁夏快递业发展逆势而上

3月，根据宁夏回族自治区邮政管理局数据显示，2020年1—2月份，尽管受新冠肺炎疫情影响，但全区邮政快递业各项指标全部正向增长，累计完成业务总量2.96亿元，同比增长4.96%，其中，快递业务量尤为抢眼，达到683万件，同比增长17.8%，快递业务收入1.48亿元，同比增长6.7%，全区快递业复工复产率达90%以上。

宁夏出台积极应对疫情影响释放消费潜力若干政策措施

3月，宁夏回族自治区人民政府印发了《关于积极应对疫情影响释放消费潜力支持服务业健康发展的若干政策措施》，明确了支持重点行业发展、积极培育消费热点、大力支持消费创新等十六条政策措施，将邮政业列为重点行业给予保障支持。

宁夏出台加快发展流通促进商业消费的实施意见

4月，宁夏回族自治区人民政府印发了《关于加快发展流通促进商业消费的实施意见》，推动流通创新发展，优化消费环境，激发消费潜力，以更好满足人民群众消费需求。其中明确加快农村流通体系建设，邮政业作为重要流通渠道获政策利好。

宁夏局组织举办全区邮快合作下乡进村签约仪式

5月8日，宁夏回族自治区邮政管理局组织举办全区邮快合作下乡进村签约仪式，加快推进农村地区邮政服务与快递服务协同发展。签约仪式上，中国邮政集团有限公司宁夏分公司分别与顺丰、韵达、申通、中通、圆通等16家全区主要快递品牌签订了《宁夏邮政快递合作下乡进村框架协议》，明确各方责任，按照“平等自愿、互利共赢”的原则，共同推进农村投递服务“最后一公里”迈上新台阶。

宁夏部署全区快递从业人员职业技能培训工作

5月，宁夏回族自治区邮政管理局协调自治区人社厅，联合印发了《宁夏回族自治区快递从业人员职业技能培训方案》，安排部署了2020－2021年全区快递从业人员职业技能提升行动。方案提出，三年提升行动共对全区8000人次快递员开展职业技能培训，重点分为企业新录用人员岗前培训、职工岗位技能提升培训专项培训。培训课时达到相应要求且考试合格的，取得培训合格证书，参加岗前技能培训按照每人300元的标准给予培训补贴，参加岗位技能提升培训取得职业技能等级证书的按照《宁夏回族自治区职业技能提升行动实施方案(2019年－2021年)》规定给予培训补贴。

2020年宁夏德邦快递助力农产品外销

7月，宁夏德邦在中卫市举行了“西瓜发德邦，新鲜门到门”硒砂瓜运输方案发布会，通过此次发布会，德邦快递为农户提供了高性价比的运输方案以及优质的运输服务，解决农户的后顾之忧，同时在活动现场德邦快递与中卫市供销集团签订运输协议并将西砂瓜上线德邦内部销售平台,为硒砂瓜销、运提供助力。

自治区政府领导批示肯定邮政快递业重要作用

9月1日,宁夏回族自治区政府副主席刘可为听取宁夏回族自治区邮政管理局主要负责人工作汇报,并在呈报的《宁夏邮政快递业发展与管理工作情况报告》上作出批示,充分肯定邮政快递业在疫情防控和服务宁夏经济社会发展方面发挥了很好作用,并希望邮政快递业继续在推动流通方式转型、促进消费升级等方面发挥战略性、基础性和先导性作用,努力为宁夏经济社会发展作出更大贡献。

宁夏出台升级版“限塑令”促进快递包装绿色治理

9月,宁夏回族自治区出台《关于进一步加强塑料污染治理的实施方案》,自治区发展改革委、生态环境厅、市场监管厅、邮政管理局等12个厅局及各市、(县)区政府合力攻坚治理塑料污染,确保到2025年底全区范围邮政快递网点禁止使用不可降解的塑料包装袋、塑料胶带、一次性塑料编织袋等包装物。

宁夏局持续推进邮政快递业生态环保治理

9月,宁夏回族自治区邮政管理局召开局务会议,深入传达学习自治区建设黄河流域生态保护和高质量发展先行区第二次推进会精神,学习贯彻全国塑料污染治理工作电视电话会议精神,就继续做好全区邮政快递业生态环保工作进行研究部署和工作推进,审议《关于协同推进宁夏邮政快递业包装绿色治理的实施意见》。会议提出,全区邮政管理系统和邮政快递行业要以更高政治站位、更实工作举措,全面落实自治区党委政府和国家邮政局部署要求,扎实推进行业绿色发展“9792”工程,层层压实责任,强化协同共治,立足邮政快递业助力建设黄河流域生态保护和高质量发展先行区。

自治区政府副主席调研全区快递物流业及电商快递协同发展

10月10日,宁夏回族自治区政府副主席赖蛟深入部分快递企业对全区电商快递协同发展情况进行调研,强调全区快递物流业要继续发挥优势,加快推进电商快递协同发展,进一步拓宽农产品下乡和工业品进城双向寄递渠道,更好服务宁夏经济社会发展,助力建设黄河流域生态保护和高质量发展先行区。

自治区推进“四好农村路”高质量发展

10月,宁夏回族自治区人民政府印发《自治区推进“四好农村路”高质量发展实施意见》,全区邮政快递业建设农村现代物流网络、推进“快递进村”方面获政策支持。实施意见明确,推进县、乡、村三级物流网络节点和信息化系统建设,打造“互联网+农村物流”工程,鼓励多站合一、资源共享。探索利用农村客运车辆、村民委员代收代投等方式解决邮件、快件“最后一百米”难题,全面提升农村物流网络覆盖率和综合服务能力。强化工作责任、加强资金保障和完善规章制度等措施,确保各项工作任务落实到位。同时,成立“四好农村路”建设领导小组,要求各部门加强本行业涉及“四好农村路”工作的统筹指导、政策支持,对市、县人民政府进行目标管理和绩效考核。

宁夏局为全国邮政行业青年安全生产示范岗获奖集体授牌

10月,受国家邮政局委托,宁夏回族自治区邮政管理局为全国邮政行业青年安全生产示范岗获奖集体授牌。银川兴邦速运有限公司操作运输部(韵达速递分拨中心)经国家邮政局、共青团中央评审,被认定为2019年度全国邮政行业青年安全生产示范岗。

七部门联合印发实施意见推进自治区邮政快递业包装绿色共治

11 月，宁夏邮政管理局联合自治区发展改革委、生态环境厅等 7 部门印发《关于协同推进宁夏邮政快递业包装绿色治理的实施意见》，推动建立健全邮政快递业包装绿色治理体系，引导全区邮政快递业强化社会责任，提高消费者环保意识，实现行业绿色发展，服务美丽新宁夏建设。实施意见提出，到 2020 年底，全区邮政企业、快递企业电子运单覆盖率达到 95%以上，瘦身胶带封装比例达 90%，电商快件不再二次包装率达 70%，循环中转袋使用率达 90%，符合标准的环保箱、环保袋和环保胶带等使用率大幅上升。到 2022 年底，全面推行电子运单、循环中转袋、托盘、集装单元器具，环保胶带、包装袋和填充物等。到 2025 年，全区范围邮政快递网点禁止使用不可降解的塑料包装袋、塑料胶带、一次性塑料编织袋等。

新疆维吾尔自治区快递发展大事记

新疆局开展“快递从业青年服务月”活动

为深入贯彻落实习近平总书记关心关爱“快递小哥”的重要批示指示精神，按照国家邮政局、共青团中央关于开展“2020 年快递从业青年联系服务月”工作部署要求，新疆维吾尔自治区邮政管理局联合自治区团委印发了《关于开展 2020 年快递从业青年服务月活动的通知》，在全区范围内启动并开展“快递从业青年服务月”活动。

自治区党委常委、常务副主席视察寄递企业复工情况

3 月 6 日，新疆维吾尔自治区党委常委、常务副主席张春林前往中国邮政集团公司昌吉州分公司中心营业厅网点和中通新疆分拨中心进行视察。张春林对“快递小哥”坚守岗位，有力服务民生需求，积极支持地方政府疫情防控工作进行充分肯定，并向邮政行业勇敢的逆行者表示慰问和感谢。张春林要求，邮政管理部门和寄递行业要坚决贯彻习近平总书记重要指示精神，严格落实疫情防控工作领导小组要求，在持续强化疫情防控的同时，迅速、高质量地抓好行业复工复产工作，为疫情防控需求、人民群众生产生活和机关企业运行需要提供坚强有力、方便快捷的寄递服务保障。要进一步完善工作预案，细化防控措施，建立严格的岗位责任制，全面扎实做好员工健康检查和个人防护，坚决防止复工导致聚集性感染。张春林还要求相关部门严格落实疫情防控责任，强化疫情防控措施，尽快解决企业复工困难和邮件积压问题，全力支持邮政、快递企业全面复工复产。

新疆局召开邮政快递合作下乡进村框架协议签订仪式

3 月 20 日，新疆维吾尔自治区邮政管理局组织召开邮政快递合作下乡进村框架协议签订仪式。自此，全疆“邮快合作”下乡进村工作全面启动。签约仪式上，中国邮政集团有限公司新疆分公司分别与顺丰、中通、圆通、申通、韵达、百世、京东、德邦等八家品牌快递企业新疆公司负责人签订《邮政快递合作下乡进村框架协议》。

新疆局首次举办线上安检培训班

为提升寄递企业安检人员业务能力和业务水平，落实新型冠状病毒感染肺炎疫情防控工作要求，新疆维吾尔自治区邮政管理局在疫情防控期间，首次采用“互联网+安检培训”的形式，组织寄递企业安检人员开展线上培训。目前，首批参培的 35 名安检人员已圆满完成线上课程。

新疆局部署 2020 年邮政业生态环境保护工作

4 月，新疆维吾尔自治区邮政管理局印发《2020 年新疆邮政业生态环境保护工作实施方案》，安排部署本年度生态环境保护重点工作。方案从推进法规标准政策体系建设、强化邮件快件包装绿色治理、稳步开展行业节能减排、完善生态环保监管体系、强化支撑保障五个方面对本年度生态环境保护工作进行部署。

电信、快递合作推进下乡进村协议签订

5 月 26 日，中国电信股份有限公司新疆分公司分别与顺丰、中通、圆通、申通、韵达、百世、京东、德邦、苏宁等九家品牌快递企业新疆公司负责人签订《快递电信合作下乡进村及 5G+智慧快递合作协议》，参加仪式人员就落实协议内容、深化快递电信合作进行座谈交流。新疆维吾尔自治区邮政管理局党组书记、局长张建军，中国电信股份有限公司新疆分公司党委书记、总经理邵新华出席仪式并分别致辞。

新疆局呈送报告获自治区常务副主席批示

7 月，新疆维吾尔自治区邮政管理局呈报的《关于快递人工代收点布局发展情况的报告》得到自治区党委常委、常务副主席张春林的批示：报告很好，总结了快递人工代收点建设取得的成效，分析了存在的问题，提出了具体建议。要协同相关部门联合起草《加快全区快递末端服务发展的实施意见》。

自治区主席调研疫情防控期间邮政业服务保障工作

8 月 8 日，新疆维吾尔自治区党委副书记、自治区主席雪克来提·扎克尔在乌鲁木齐邮区中心局调研邮政业服务保障工作。他强调，邮政业服务是做好疫情防控工作的重要支撑，要进一步增强责任感和使命感，在确保防疫安全的前提下，全力保障邮递畅通，为打赢疫情防控攻坚战提供有力支撑和保障。在乌鲁木齐邮区中心局，雪克来提·扎克尔详细询问疫情期间管理运行情况，指出，邮政服务是物资运输配送的重要渠道，邮政部门要在科学做好邮件消杀前提下，加强统筹调度，争分夺秒开展邮件分拨配送等工作，确保疫情期间服务不中断、质量不下降。各地要为邮政部门开展业务工作提供有力支持，优化疫情防控条件下邮递措施，确保邮路畅通、投递顺畅。

新疆局快递从业人员职业技能培训工作取得重要进展

9 月，新疆维吾尔自治区邮政管理局与新疆维吾尔自治区人力资源和社会保障厅联合印发了《关于加强快递从业人员职业技能培训工作的通知》，职业技能培训工作取得重要进展，以实际行动落实习近平总书记关心关爱“快递小哥”重要指示精神。

新疆局大力推进快递工程专业技术人员职称评审工作

9 月 9 日，新疆维吾尔自治区邮政管理局印发了《关于开展 2020 年度快递工程专业技术职务任职资格评审工作的通知》，扎实推进自治区快递工程技术人员职称评审工作。

快递包装绿色治理被纳入新疆塑料污染治理实施方案

9 月，新疆维吾尔自治区发展改革委、生态环境厅等部门联合印发《关于进一步加强塑料污染治理的实施方案》，强调全区要进一步加强塑料污染治理工作，建立健全塑料制品长效管理机制，快递包装绿色治理被纳入治理范围。

多部门协同推进自治区邮政快递业包装绿色治理

11 月，新疆维吾尔自治区邮政管理局联合自治区发展改革委、自治区生态环境厅、自治区工业和信息化厅、自治区住房和城乡建设厅、自治区商

务厅等6部门印发《关于协同推进新疆邮政快递业包装绿色治理的实施意见》，多部门协同推进全区邮政快递业环保治理工作，提高消费者环保意识，实现行业绿色发展。

新疆局召开全国邮政行业青年安全生产示范岗集体表彰会议

11月26日，新疆维吾尔自治区邮政管理局在乌鲁木齐举办2019年度全国邮政行业青年安全生产示范岗集体表彰会。会议介绍了2019年青年安全生产示范岗评选情况，宣读了《2019年度全国邮政行业青年安全生产示范岗集体表彰决定》，并为中国邮政集团有限公司巴州分公司城区寄递事业部团结南路营业部、中国邮政集团有限公司新疆分公司信息技术局运行维护部和新疆诚鑫中通速递服务有限公司青年路营业厅等3个荣获“2019年度全国邮政行业青年安全生产示范岗集体”的集体颁奖。

新疆局会同工信部门推进快递业与制造业深度融合发展

12月，新疆维吾尔自治区邮政管理局、自治区工业和信息化厅联合印发《关于促进快递业与制造业深度融合发展的实施意见》，协同推进快递业与制造业融合发展，推动制造业提质增效和快递业转型升级。实施意见明确融合发展拓展合作领域、协同产业布局、提升服务能力、提升信息化水平、推动绿色发展、服务脱贫攻坚、拓展海外市场、拓展海外市场等八个方面的重要任务，并对各级邮政管理部门、工业和信息化部门、快递行业协会、制造业相关协会职责分工作了细化，确保工作措施落实。

《关于加快推进自治区快递末端服务发展的指导意见》出台

12月，新疆维吾尔自治区住房和城乡建设厅、邮政管理局等13部门联合印发《关于加快推进自治区快递末端服务发展的指导意见》，共同推动快递末端服务发展。指导意见提出加强规划布局、提供政策支持、推进快递末端网点建设、支持智能快件箱建设、打造综合便民服务平台、推进快递末端绿色发展、打造基层社会治理新阵地等七个方面的工作任务，并明确了各部门的职责分工。指导意见要求各地结合本地实际情况研究出台具体实施办法，各县（市、区）要落实推进快递末端服务发展的主体责任，结合实际选取部分公共机构、社区（小区）开展试点工作，认真总结经验，及时建章立制，规范行业发展。

第三篇　发展环境

第一章　2020年市(地)邮政管理工作综述

2020年,快递业受到党中央、国务院的亲切关怀,各级党委、政府也对行业发展给予高度重视和充分肯定。各市(地)邮政管理局在国家邮政局、各省(自治区、直辖市)邮政管理局和当地党委、政府的领导下,充分利用中央和地方双重管理的优势,统筹疫情防控和行业发展,推动中央和地方行业利好政策落地实施,营造良好发展环境,各项工作持续取得积极进展。

一、统筹疫情防控和行业发展

面对突如其来的新冠肺炎疫情,各市(地)邮政管理局统筹疫情防控和行业发展,并创造性开展工作争取地方政策扶持,使行业在严峻考验面前始终保持平稳较快发展。

在湖北,武汉局冲锋在前、战斗在前,全力保障防疫物资和人民群众生活物资运输投递,为打赢湖北保卫战、武汉保卫战作出重要贡献,用实际行动践行"人民邮政为人民"的初心使命,让党旗在疫情防控第一线高高飘扬。武汉市邮政快递业加快推进"两进一出"工程,充分发挥在助力疫情防控、畅通经济循环、满足民生需要等方面的"先行官"作用,为全市统筹推进疫情防控和经济社会发展、有力服务"六稳""六保"作出了积极贡献。武汉市2020年邮政快递业业务收入、业务总量增速于6月开始扭负为正,全年业务总量和业务收入分别完成243.42亿元和131.82亿元。服务满意度不断提高,行业运行平稳顺利,没有发生安全生产事故,绿色发展水平持续提升,在经济社会发展中的作用不断增强。

在吉林,吉林市舒兰市、丰满区、船营区先后提高疫情风险等级,城区比照高风险地区实行提级管控时,吉林市局迅速启动应急预案,严格落实属地责任和主体责任,通提高政治站位,有效应对疫情,加强摸底排查,防范化解风险,积极沟通协调,确保网络畅通,严格防控举措,维护行业稳定,确保全市寄递渠道畅通,保障疫情防控物资运输和群众必须生活品寄递,维护从业人员安全。同时,迅速编制并印发了《吉林市邮政管理局机关新冠肺炎疫情防控手册》《吉林市邮政行业新冠肺炎疫情防控手册》,完善了地区邮政业新冠肺炎疫情防控操作技术标准。

在辽宁,大连局把疫情防控摆在突出位置,作为有序推进邮政业监管各项工作的必要前提,切实形成上下齐心协力抗击疫情的工作格局,全局不打折扣履行"四方"责任,坚决打赢疫情防控阻击战。同时,面对疫情变化,迅速安排部署全市邮政业疫情防控工作。一是加强组织领导。二是梳理行业底数。三是强化措施落实。四是加强应急管理。五是开展督导检查。

在云南,9月22日是瑞丽市新冠肺炎疫情防控指挥部宣布解除城区居家隔离的第一天,德宏局第一时间下发了《关于加快推进瑞丽邮政快递业复工复产的通知》,指导督促全市邮政快递业积极稳妥有序推进行业复工复产，主要品牌企业第一时间复工复产，全市179个网点100%复工复产。瑞丽市邮政快递当日业务量为5.40万件，达到日均业务量的60%，当日派件8.87万件，达到日均业务量的85%。

二、政策环境持续优化

(一)深入推进电商与快递物流协同发展

在河北，邢台局和该市商务局联合印发了《邢台市加快发展电子商务和快递物流促进在线消费的实施意见》(以下简称《意见》)。《意见》制定16条具体工作措施，明确了2020年全市电子商务和快递行业发展的任务目标。在促进快递行业发展方面明确提出，要加快快递物流布局，全面整合快递资源，努力提升末端服务能力。要加强城市末端和农村快递物流基础设施建设，支持快递综合服务站和末端网点建设，推动智能快递箱(智能包裹柜)在高校和城区普及应用，鼓励各县(市、区)将智能快递箱(智能包裹柜)纳入老旧小区改造，鼓励开展交邮合作、邮快合作、快快合作、邮电合作。《意见》同时指出，要建立督导联络工作体系和长期帮扶工作机制，并且对促进消费方面作出突出贡献的电商和快递物流企业，优先推荐申报资金奖励。

在福建，厦门市政府印发《关于促进电子商务高质量发展若干措施》(以下简称《若干措施》)，将邮政业纳入建设重点，“快递+电子商务”获政策支持。《若干措施》大力支持电子商务与快递物流协同发展，特别提及将快递业纳入电商园区发展业态，鼓励和引导电子商务平台与快递物流企业之间开展数据交换共享，鼓励快递物流企业提升信息化、网络化、智能化水平，为电子商务提供专业化配送服务。支持跨境电子商务企业打通上下游，完善跨境电子商务产业链，支持跨境电子商务企业围绕技术、物流、服务创新商业模式，鼓励建设应用海外仓。绿色发展方面，支持包装回收和循环利用，强化绿色发展理念，鼓励企业开展绿色消费活动，引导消费者使用绿色包装或减量包装。

在江西，鹰潭市政府印发《鹰潭市电商物流城乡融合发展工作方案》(以下简称《方案》)。《方案》指出，要按照“一年重点突破、两年全市铺开、三年形成经验”的要求，助力项目建设，以点带面，线上线下结合，促进电商与物流协同、城市和乡村产业融合发展。鼓励电商物流企业利用资源优势带动农村产业发展，实现城乡高效物流配送标准化，解决农村快递“最后一公里”问题，畅通“农产品上行、工业品下行”通道，推动电商物流城乡协同发展。《方案》明确，要统一快递包裹的末端操作系统，建立共配平台，实现对快件包裹实行统一仓储、集中分拣、共同配送。一是搭建县、乡、村三级配送网络架构。加快推进邮件处理及物流仓储中心建设和运营；建设改造贵溪市、余江区、月湖区快递物流分拨中心并投入运营；依托便利店、社区物业、邮政投放点等，建立乡、村、社会服务精品站点27个。二是建立联盟，明确链主，形成机制。以商贸流通企业、物流快递企业等为主体，建立快递物流联盟，组建快递配送服务有限公司为链主企业，形成利益共享机制和共同配送机制。三是统一平台，集中分拣，形成“统仓共配”城乡配送物流体系。依托县、乡、村三级网络，整合各区(市)快递业，优化人员车辆，统一LOGO，搭建20条共配段道，整合全市90%以上的配送业务，统一末端操作系统，建立共配平台，实现全市主要快递品牌公司的快件包裹实行统一仓储、集中分拣、共同配送；同时依托公交和客货运站场，大力推进邮交、邮快、快快合作，优化城乡配送服务体系。《方案》决定，为鼓励和支持电商、物流快递、商贸产业链的有机衔接，市财政将发放200万元创新券用于支持电商物流城乡融合发展。

在湖北，恩施州政府办公室印发《关于推进电子商务与快递物流协同发展十条措施的通知》(以下简称《通知》),为全州电子商务与快递物流协同发展提供全方位政策支持。《通知》在完善电商与快递服务网络体系方面出台了多项有力举措。包括将快递物流用地及智能快件箱(信包箱)、快递末端集中配送服务场所纳入公共服务设施规划;各县市 2021 年底前均要建成 1 个以上电商快递园区;将城市快递末端集中配送服务场所和农村电商快递综合服务平台建设纳入政府服务民生实事工程项目,实现“村村建邮站、村村通快递”;新建居民小区按照每 100 户不低于 10 平方米的标准配置快递集中服务用房;已建成小区要将传统信报箱升级改造成智能快件箱(信包箱),从物业用房中调剂保障电商与快递末端服务用房等。《通知》明确规范邮政快递运输车辆管理,对快递专用电动三轮车实行总量控制,按照“统一车型、统一编号、统一标识、人证对应”及企业统一购买保险的原则进行规范。《通知》要求,各县市政府及有关部门要对电商与快递业给予重点支持,采用“事后奖补”等方式,在村级电商与快递综合服务平台、农产品外运快递包裹、城市智能投递设施建设等方面出台具体奖补政策。《通知》还提出了完善州邮政业安全中心和县市邮政监管机构,推动行业绿色发展和诚信体系建设,优化电商和快递业营商环境等措施。

在湖南,郴州市政府办公室印发《郴州市推进电子商务与快递物流协同发展实施方案》(以下简称《方案》),大力支持构建电商与快递经济生态圈,推动全市邮政快递业高质量发展。《方案》指出,力争到 2022 年,全市电子商务交易额突破 600 亿元,全市快递服务电商发展业务量年均增幅达到 20% 以上,基本建成“市里有园区、县县有分拨、乡乡有站点、村村通快递”的快递物流服务体系。《方案》明确将电子商务与快递物流协同发展纳入国民经济和社会发展规划,优先供应电子商务快递物流基础设施建设用地。支持将快递末端综合服务场所纳入公建配套实施方案同步规划、同步建设,推动社会公共资源向快递服务开放,到 2022 年实现城市社区智能快件(信包)箱全覆盖。结合城乡客运一体化工作,推动快递进村入户,加快构建县乡村三级物流体系。允许符合国家标准并且外观亮丽的快递专用电动三轮车依法从事城市快递物流配送服务。加强电子商务与快递物流绿色发展协同共治,推进“绿色邮政”建设。促进跨境电商与跨境快递协同发展。鼓励金融机构为快递物流企业科技创新和智能装备应用提供融资租赁服务。将电商与快递物流从业人员纳入职业技能提升行动补贴范围,按规定享受职业技能培训补贴,强化电商与快递物流人才引进和培养。支持湘龙快递物流产业中心等园区建设升级,打造区域性快递物流中转中心。到 2022 年,全市建成 2 个以上具备电商集聚、快件集散、冷链仓储、大数据分析、“双创”企业培育等功能于一体的电商快递产业园。同时,《方案》对快递物流产业园、快递企业、末端网点等分别给予资金支持和奖励,预计年奖补资金超过 130 万元。

在四川,德阳局联合该市商务局印发《关于加快推进电子商务与快递物流协同发展的通知》(以下简称《通知》),促进全市电子商务与快递物流深度融合。《通知》要求,一是加快推进市级快递物流产业园建设,统筹电子商务、快递物流、交通站点、农村超市等各类综合服务站点资源,逐步完善基层网点建设。二是推动区市县政府将快递业发展纳入本级国民经济和社会发展规划,加快构建覆盖城乡的快递物流体系。三是加快推进“快递进村”,加快提升农村地区电子商务和快递服务能力水平。四是努力构建“仓储分拨近成都、快递大成都”的电商与快递协同发展格局。五是引导运营商合理规划布局智能快件箱、快递末端综合服务场所等设施网点,明确其公共属性,将快递用房纳入社区用房配置,并完善用地保障等配套政策。六是支持、推动绿色包装、仓储、运输，促进电子商务和快递绿色发展。

在云南，楚雄局积极推动《楚雄州打造云南省电子商务示范州工作方案》（以下简称《方案》）出台，多项政策措施利好邮政快递业发展。《方案》明确，一是构建区域物流体系，按照“州域建园区、县建物流集散中心、乡镇建物流服务站、村建物流服务点”的要求，鼓励龙头企业参与州、县市、乡镇、村物流体系建设；二是加快楚雄市快递物流园、各县快递物流分拨中心和城市末端配送快递网点建设，明确智能快件箱、快递末端综合服务场所的公共属性，将其纳入公共服务设施规划、纳入便民服务和民生工程项目，纳入社区管理；三是完善城市邮政、快递配送车辆通行管理政策，对邮政、快递配送车辆的通行和停靠给予便利；四是优化农村快递资源配置，健全以县级物流集散中心、乡镇配送节点、村级公共服务点为支撑的农村配送网络，对上行农产品快递费用按件给予补贴；五是加强组织保障，逐步健全县级邮政管理机构，加强对县乡村物流、快递业的安全监管和服务能力建设。

在陕西，延安市政府印发《关于推进电子商务与快递物流协同发展的实施意见》（以下简称《意见》）。《意见》提出，要大力实施“互联网+流通”行动计划，以互联网和数字经济为引擎，带动枢纽经济、门户经济、流动经济发展，加大对企业的扶持力度，加快电子商务与快递物流园区建设，推进协同发展，助力本地农特产品外销，提升产业发展的外向度和竞争力。到2022年，基本建成普惠城乡、技术先进、服务优质、安全高效、绿色节能的电子商务与快递服务体系，电子商务与快递物流协同发展达到全省前列，基本做到“县县有分拨、乡乡有网点、村村通快递”，年寄递本地农特产品达到2000万件，年收入2000万元以上快递企业达到5家。《意见》从加快电商快递物流基础设施建设、推动快递网络整合、推进智能化水平和线上线下融合发展、促进快递车辆便捷通行、提倡节能环保绿色发展理念、加强电商和快递人才队伍建设和组织实施7个方面提出19项具体措施，全方位支持、推动电子商务与快递物流协同发展。

西安局联合该市商务局印发《关于推进电子商务与快递物流协同发展工作的通知》（以下简称《通知》）。《通知》从建立健全工作领导和协调机制、指导电子商务企业和邮政快递企业密切协作、聚焦协同发展中存在的短板弱项、全面推进“互联网+”的深度应用、解决制约电子商务和邮政快递发展瓶颈、提升跨境寄递服务能力等方面要求做好五个“联合推进”：联合推进规划引领，着力解决电商配送“最后一公里”问题；联合推进规范运营，便利电子商务配送通行；联合推动精准脱贫和乡村振兴战略，促进农村电商发展；联合推动融合发展，深化多领域合作应用；联合推动科技创新，深化技术应用与信息协同。

在甘肃，金昌市政府出台《关于进一步加快电子商务发展的实施意见》（以下简称《实施意见》），明确电商快递协同发展举措。《实施意见》提出，积极整合现有快递物流信息、车辆、人员及配送资源，推进自动化分拣，鼓励物流快递企业通过市场化方式，加快物流快递信息交互和共享，增强一体化服务能力，推进共同配送和行业信息系统建设。支持物流快递企业采用新能源车辆配送。推进培育一批信誉良好、服务到位、运作高效的快递物流企业，提高物流配送的信息化、社会化和组织化水平。推动物流企业与电子商务平台企业合作，为网上交易提供快速高效的物流支撑。支持城市社区开设网络购物快递投送场所。通过整合资源吸引“三通一达”、京东物流产地仓等快递物流企业入驻，加快建设物流园区，建设农特产品上行电子商务仓储及快递消费品配送和分拨中心。市政府每年至少安排200万元专项资金，重点支持电子商务园区建设、应用平台建设、农特产品品牌打造、物流配送、电子商务精准扶贫建设。

(二)专项政策扶持助力行业高质量发展

在河北,沧州市政府办公室印发《关于加快推进全市快递业高质量发展的若干措施》,提出10项务实举措促进全市快递业高质量发展。一是推进快递企业达产提效。二是保障末端服务安全有序。三是拓展农村地区服务网络。四是促进相关产业链协同发展。五是加强快递基础设施建设。六是完善寄递安全管理机制。七是深化快递业环境污染治理。八是提升快递业智能化水平。九是强化快递从业人员职业保障。十是加强财税政策支持。

在内蒙古,呼伦贝尔局联合该市委政法委、交通运输、市场监督管理、海拉尔海关等17部门印发《关于认真落实习近平总书记重要指示推动邮政业高质量发展的实施意见》(以下简称《实施意见》),共同推动邮政业高质量发展。《实施意见》从全面深化改革、强化创新驱动、加快结构调整、提高服务质量、推动绿色发展、加强队伍建设等六大方面,结合呼伦贝尔实际,提出了具体的主要任务。明确到2022年,基本建成普惠城乡、技术先进、安全高效、绿色节能、科技支撑的邮政快递服务体系。

通辽局与该市交通运输局等18部门联合印发《关于认真落实习近平总书记重要指示推动全市邮政业高质量发展重点任务分工方案》(以下简称《方案》)。《方案》从全面深化改革、强化创新驱动、加快结构调整,提高服务质量、推动绿色发展及加强队伍建设等五个方面提出了13项重点任务,提出到2022年基本建成普惠城乡、技术先进、安全高效、绿色节能、科技支撑的邮政快递服务体系,形成覆盖全市、联通全国的服务网络,重点推进“两进一出”工程,积极推动市邮政业高质量发展。

鄂尔多斯局联合该市发改委、生态环境局、交通运输局等16部门印发了《关于认真落实习近平总书记重要指示推动全市邮政业高质量发展的实施方案》(以下简称《方案》)。《方案》提出了建成普惠城乡、技术先进、安全高效、服务优先、绿色节能的邮政快递服务体系的目标,明确了“全面深化改革、强化创新驱动、加快结构调整、提高服务质量、推动绿色发展、加强队伍建设”六项推动邮政业高质量发展的主要任务,并根据各部门职责进行了明确责任分工。

在江苏,连云港市政府出台《关于着力打造中国快递示范城市推动邮政业高质量发展若干政策的通知》(以下简称《通知》),明确提出要通过2~3年努力,着力打造中国快递示范城市,全面推动全市邮政业高质量发展。《通知》明确推动邮政业高质量发展的七项政策:一是加快推进园区建设。着力构建“一心多极”的邮政快递物流园区布局。二是支持快递企业做大做强。对品牌快递企业在连设置区域性服务功能设施、业务量较大且增长较快的企业给予适当奖励。三是实施快递“两进一出”工程。对服务“快递+现代农业”金牌项目贡献突出的企业给予适当奖励。引导企业嵌入工业互联网平台,推动快递企业与先进制造业协同发展。加快推进国际邮件互换局建设,服务快递出海。四是完善行业末端服务网络。鼓励社会力量建设智能信报箱、智能快件箱、快递末端综合服务站点等公共项目并给予适当奖励。依法保障邮政快递作业通行。五是推动行业绿色发展。鼓励快递包装循环利用。减少封装材料平均使用量和电商快件二次包装率。至2020年底,全市快递电子面单使用率达100%。鼓励快递企业设置包装回收装置并给予适当奖励。积极探索建设城市绿色货运配送服务体系。六是推动行业安全发展。建立健全行业安全监管责任体系,构建邮政业应急管理体系。将市邮政业安全中心工作经费按照预算管理要求在地方年度财政预算中予以安排。对企业新购置安检设备给予适当奖励。七是健全行业高质量发展支撑保障体系。建立全市邮政快递行业发展联席会议制度。将快递外发包裹数量纳入县区高质量发展考核目标任务体系。

在浙江，杭州市快递业形成“一意见两方案”(《关于促进快递产业高质量发展的若干意见》《杭州市新一轮创建“中国快递示范城市”实施方案(2020—2022年)》和《杭州市快递业“两进一出”工程试点实施方案》)的政策支撑体系。杭州市政府出台了《关于促进快递产业高质量发展的若干意见》(以下简称《意见》)。《意见》包括总体要求和目标、打造快递全产业链、支持快递企业做大做强、推进桐庐县新时代“快递之乡”建设、优化快递产业营商环境等5个方面18条措施。《意见》重点聚焦打造快递全产业链、支持快递企业做强做大和推进桐庐县新时代“快递之乡”建设三个方面，坚持“产业化、数字化、国际化、绿色化”发展方向，以培育快递全产业链为目标，加快快递总部企业集聚，推动快递新模式新业态发展，培育快递消费新增点，完善快递产业基础设施建设，支持快递企业资源整合，将快递产业打造成为千亿产业集群，努力将杭州建设成为全球一流快递之都。到2025年，力争快递产业收入突破千亿元，营业收入百亿元以上企业达到5家，绿色包装材料使用率达到95%以上。

《湖州市人民政府办公室关于推进邮政快递业高质量发展的实施意见》(以下简称《实施意见》)发布实施，明确湖州市在“十四五”期间，高质量推进建设“邮政快递服务体系”的总体目标、主要工作和保障措施。《实施意见》提出，湖州市要按照高质量发展走在前列的要求，坚持政府推动、创新驱动、示范带动，着力完善基础设施、培育骨干企业、增强网络功能、强化科技应用、深化联动融合，构建城乡快递物流网络和工业互联快递网络。到2025年底，基本建成产业发展、普惠城乡、安全高效、科技先进、绿色环保、业态丰富的邮政快递服务体系。《实施意见》同时明确七大任务22项举措。一是全面深化邮政快递业“放管服”改革；二是统筹构建邮政快递业服务网络；三是全面提升邮政快递业服务水平；四是全面实施“两进一出”试点工程；五是深入推进邮政快递业数字化转型；六是构建邮政快递业生态文明体系；七是加大邮政快递业发展要素保障。

在安徽，马鞍山市政府办公室印发《马鞍山市促进快递业高质量发展的若干措施》(以下简称《措施》)，为落实全市产业升级突破，促进快递业高质量发展提供坚强的政策保障。《措施》在2017年《马鞍山市支持快递业发展若干措施的通知》基础上进行修改制定，结合地方实际，突出问题导向，顺应新时期邮政快递业发展的新变化、新要求，从支持快递产业做大做强、支持快递产业园区建设、支持“快递进村”工程、支持快递绿色发展、支持快递末端服务设施共建共享和智能化、支持快递人才培养、支持快递车辆通行、支持寄递渠道安全建设八个方面明确了政策、资金、项目、人才等推动措施。

在福建，泉州市政府办公室印发《关于推进快递集聚发展若干措施的通知》(以下简称《措施》)，为推动市快递行业高质量发展，深化建设中国快递示范城市，打造泉州快递产业集聚发展先行区提供坚强的政策支持。《措施》提出，一要加强顶层设计，支持功能要素集聚。实施《泉州市快递集聚发展规划(2020—2025)》，强化规划引领，形成产业集聚效应；对经认定为总部企业的，给予相关政策扶持，促进功能集聚。二要实施“快递+”战略，引导关联产业集聚。支持快递企业介入电商、仓储、物流配送等方面，建设提升智能仓配一体化物流配套设施，培育快递新动能；推动快递基础设施与铁路、公路、港口等同步规划建设，健全农村配送网络，支持交邮资源互通。三要推进技术变革，构筑绿色生态集聚。加快推广使用新能源汽车，推动城乡高效配送,推进节能减排;引导和支持使用绿色包装产品,将快递包装回收和循环利用纳入全市垃圾分类处理工作,推进绿色包装。四要明确公共属性,完善末端服务。支持投递终端建设,老旧小区传统信报箱智能化改造升级工程纳入各级政府工作计划。五要破解通行瓶颈,完善管理机制。建立健全快递运输保障机制,给予临时停靠作业便利,支持快递专用电动三轮车按“五统一”管理要求通行。六要夯实安全基础,完善监管保障。加强市、县两级寄递安全组织建设,健全寄递安全监管体系;建立寄递渠道大数据安全监管平台,提升信息监管能力。

莆田市18部门联合印发推动邮政业高质量发展实施方案(以下简称“方案”)。方案从五个方面全力推动邮政业高质量发展。在全面深化改革方面,方案提出要进一步简政放权,深化“放管服”改革,完善寄递安全管理机制。在加快结构调整方面,提出综合交通运输体系规划要体现邮政基础设施布局相关内容,并与国土空间规划相衔接,支持寄递企业参与县乡村三级物流体系建设,完善寄递网络结构;要推动邮政业与铁路、公路、水路等行业间标准对接和企业间信息共享,调整寄递运输机构;要推动产业协同创新,加快建立完善邮政业与先进制造业、商贸业、现代农业等协同发展机制。在完善末端设施方面,提出要提升末端服务集约化水平,推动城市末端设施统筹布局,集约共享,鼓励多个经营快递业务的企业共享末端服务设施;要推广应用智能投递设施,鼓励社会资本参与智能信包箱建设。支持将智能信包箱建设纳入老旧小区升级改造基础设施项目并享受财政补助政策。在推动绿色发展方面,提出要推广使用绿色包装,大力推广绿色运输,完善绿色治理。在加强队伍建设方面,提出要加强邮政管理系统能力建设,强化行业党组织和工会组织建设,强化寄递从业人员权益保障等。方案还鼓励有条件的县区(管委会)政府进一步加大对邮政业发展的扶持力度,设立专项发展资金,用于加强邮政领域地方履职能力建设、完善邮政业基础设施、优化政策环境等,支持邮政业做大做强。

三明局联合该市交通、工信、住建、商务、海关等18部门,印发《关于加快推动三明市邮政快递业高质量发展的实施方案》(以下简称《方案》)。《方案》从全面深化改革、加快结构调整、完善末端设施、推动绿色发展、加强队伍建设等5个方面,结合市情和邮政快递业发展面临的实际问题提出了13项重点任务。《方案》同时鼓励有条件的县(市、区)政府进一步加大对邮政快递业发展的扶持力度,设立专项发展资金,用于加强邮政领域地方履职能力建设、完善邮政快递业基础设施、优化政策环境等,支持邮政快递业做大做强。

在江西,萍乡市政府办公室印发《萍乡市推动物流高质量发展促进形成强大国内市场三年行动计划(2020－2022年)》(以下简称《计划》),力争实现“一年打基础、两年见成效、三年大提升”,邮政快递业发展获利好。《计划》围绕物流“网络化、协同化、集约化、智能化、标准化、便利化”进行部署,明确推动邮政快递业发展主要任务。一是科学规划物流园区,节约物流要素资源,共建物流基础,共用物流服务设施,共享物流信息资源,统一管理,整合优势资源,统筹布局物流功能发展区。二是推进物流业与农业融合发展,加强邮政、快递物流与特色农产品产地合作,畅通农特产品“上行”通道,拓展乡村服务网点,降低农产品物流成本。三是加快构建城乡双向畅通的物流配送网络,加强公共配送中心和智能快件箱等设施建设,推进萍乡市城市共同配送项目、萍乡市邮件处理仓储场地等项目建设。四是实施“邮政在乡”工程,推动全市建制村基本实现直接通邮,持续推进“普惠邮政”“供销e家”建设,在农村邮政网点搭载政务、税务、金融等便民服务功能,打造邮政综合服务平台。升级“快递下乡”工程,推进交邮合作、快邮合作，加快农村物流快递驿站建设，鼓励企业在城乡和具备条件的村建立物流配送网点，提升乡镇快递网点覆盖率。深入开展电子商务进农村综合示范，提升农村物流服务质量和效率。通过合资合作等方式发展面向乡镇（村）的农村物流服务体系。五是建设仓储与快递物流配送衔接的综合性物流平台，实现电商、快递、仓储三大平台的融合，构建便捷高效、服务优质的寄递物流体系。六是全面整合铁路、公路、邮政、海关等信息资源，推进物联网、大数据等先进技术在物流领域的发展，为企业提供资质资格认证认可检验检疫通关查验、信息评价等一站式综合信息服务。七是合理规划城市货运通道，实行分车型、分时段、分路段通行管控，有效释放货运通行路权。完善城市物流配送装卸、停靠作业设施，加快月台、货架、分拣作业线等仓储作业设备建设。加强物流快递车辆管理，规范通行秩序，推进城市物流合理化、效率化。《计划》明确，到 2022 年底，全市农村邮政综合服务网点和邮乐购站点达到 300 个，农村综合快递服务网点达到 40 个。市本级住宅小区智能快件箱覆盖率达到 82%，县城住宅小区智能快件箱覆盖率达到 72%。

在广东，《广州市支持物流快递总部企业高质量发展 2020 年工作要点》（以下简称《工作要点》）正式印发，邮政快递业获多项政策支持。《工作要点》指出，要进一步发挥政策的积极引导作用，加大对物流快递总部企业的扶持力度，推动更多优惠政策和资源倾斜，做强做大市场主体。《工作要点》明确，对新引进的物流快递总部企业给予 500 万元至 5000 万元不等的资金奖励。要进一步优化企业全市网点证照办理流程，鼓励符合条件的企业人才申报全市行业领军人才，加强企业用地用能保障，推进“智慧海关”建设，促进通关便利化。大力支持物流车辆电动化推广应用，对物流快递总部企业末端配送车辆给予通行便利，解决快递“最后一公里”问题。《工作要点》还支持物流快递总部企业探索新业态发展，开展智能物流车推广应用。搭建各行业与物流快递企业的沟通平台，提高企业的供应链流转效率，提升物流快递业服务实体经济能力。

广州局联合该市交通运输局印发《促进市邮政业高质量发展的若干措施》（以下简称《若干措施》），从支持快递企业总部在穗发展到强化邮政管理部门履职能力建设等方面提出 9 条具体措施，精准解决行业发展痛点和堵点，全方位推动市邮政业高质量发展。《若干措施》紧密结合广州邮政行业实际情况，通过加强顶层设计、规划引导和综合施策，进一步夯实全市邮政业高质量发展基础。一是支持重点企业总部驻穗发展。鼓励国际、国内大型快递企业在园区内设立供应链总部、快运总部、云仓总部、国际总部。二是科学规划优化行业空间布局。将邮政快递业发展纳入本级国土空间规划，统筹规划建设快递基础设施，统筹考虑邮政和快递园区、邮件和快件处理中心等基础设施用地需求。三是完善行业民生服务设施。加快智能包裹柜、智能快件箱等智能收投设施推广应用，将智能收投设施纳入广州市社区公共服务设施标准。四是推动行业创新升级发展。鼓励邮政、快递企业推广应用北斗导航、区块链、物联网、云计算、大数据、5G 通信及智能终端、自动分拣装备等现代信息技术。五是强化常态化疫情防控工作指导。对在疫情防控中作出突出贡献的个人及企业及时依法给予表彰和政策支持。六是简化快递业务经营登记和备案程序。为快递企业办理营业执照登记和迁移给予便利。七是优化车辆通行管理。落实《广州市关于邮政快递末端配送车辆规范化管理的实施意见》。八是全面提升行业人员服务水平和归属感。支持邮政、快递企业开展职工岗位技能培训，并按规定给予职业培训补贴。九是加强邮政管理部门履职能力建设，规范行业管理工作。落实财政事权改革内容，完善市级邮政业安全监管机制、体制和区级邮政管理机构建设。完善市邮政行业地方立法，促进企业公平竞争，健康发展。

在重庆，万州区政府印发《关于推动物流高质量发展实施方案》（以下简称《方案》）。《方案》指出，一是要加大农副产品配送力度，鼓励邮政快递企业与农产品寄递合作，发挥邮政快递企业渠道优势，缩短运输时限，为农产品畅通物流通道，促进与现代农业融合发展；二是要加强城乡物流共同配送体系建设，加快转型、改造、新建一批城乡配送仓储、分拣等设施，不断优化和完善乡镇物流配送网络，促进与商贸配送融合发展；三是推进配送智能化，鼓励建设智慧物流配送中心，推动智能快递终端进社区、进小区，发展智慧物流新业态。

在四川，宜宾市政府办公室印发《宜宾市物流降本增效综合改革试点实施方案》（以下简称《实施方案》），以切实降低社会物流成本，提升物流发展质量和效率。《实施方案》明确：一是加快建设菜坝城乡配送物流园和象鼻公铁物流园，推动实现100%以上的县区建有物流快递集散中心；二是着力完善"一核、两园、三中心、十城乡配送中心、N个服务站"的多层次物流配送体系。加快城乡配送市—县（区）—镇—村层级式站点基础设施建设和以末端配送网点为支撑的城乡配送网络建设，开通"交邮、交快、交农"合作线路，深化"交邮、交快、交农"合作；三是积极推进电商和物流快递融合发展，构建跨境电商模式下的国际物流体系。

在陕西，咸阳局联合该市交通运输局、工业和信息化局、人力资源和社会保障局、生态环境局等14部门印发实施《关于认真落实习近平总书记重要指示推动邮政快递业高质量发展的实施意见》（以下简称《意见》），进一步发挥邮政快递业推动流通方式转型、促进消费升级、助力生产发展的基础性、先导性作用，助力全市邮政快递业高质量发展。《意见》在贯彻国家局和省局相关工作部署的基础上，充分结合咸阳邮政快递业发展和邮政管理工作实际，明确提出到2022年底，基本建成普惠城乡、技术先进、服务优质、安全高效、绿色节能的邮政快递服务体系的发展目标。从深化邮政快递业管理服务改革、实施创新驱动发展战略、统筹构建邮政快递服务网络、实施"两进一出"工程、加快行业绿色发展、加强人才队伍建设等7个方面提出了24项工作任务措施。

铜川局联合该市交通运输局等14部门印发《关于认真落实习近平总书记重要指示推动邮政快递业高质量发展的实施意见》（以下简称《意见》）。《意见》明确了指导思想和发展目标，提出进一步全面深化改革，强化创新驱动，加快结构调整，提高服务质量，积极推动绿色发展，加强队伍建设的举措。《意见》指出，到2022年，基本建成普惠城乡、技术先进、服务优质、安全高效、绿色节能的邮政快递服务体系；到2035年，基本建成现代化邮政快递服务体系，邮政和快递网络覆盖全市城乡，行业治理体系和治理能力现代化基本实现。

宝鸡局联合该市交通运输局等15部门出台《关于认真落实习近平总书记重要指示推动邮政快递业高质量发展的实施方案》（以下简称《方案》）。《方案》提出今后一段时期宝鸡邮政快递业发展的总体目标和主要任务，明确到2022年，基本建成普惠城乡、技术先进、服务优质、安全高效、绿色节能的邮政快递服务体系；到2035年，基本建成现代化邮政快递服务体系，邮政和快递网络基本覆盖全市城乡，行业治理体系和治理能力现代化基本实现。《方案》还从全面深化改革、强化创新驱动、加快结构调整、提高服务质量、推动绿色发展、加强队伍建设等方面明确了下一步工作措施。

榆林局联合该市交通运输局等21部门印发《关于贯彻落实习近平总书记重要指示推动邮政业高质量发展的实施意见》（以下简称《意见》），明确到

2022年，高质量推进建设邮政快递服务体系的总体目标、主要工作和保障措施。《意见》在贯彻国家局、省局相关工作要求的基础上，充分结合市邮政快递业的实际情况和发展中面临的重点任务，体现行业发展实际，明确到2022年基本建成普惠城乡、技术先进、服务优质、安全高效、绿色节能的邮政快递服务体系；到2035年基本建成现代化邮政快递服务体系，邮政和快递网络覆盖全市城乡，行业治理体系和治理能力现代化基本实现。《意见》还同时提出七大任务26项举措。一是全面深化邮政快递业“放管服”改革；二是统筹构建邮政快递业服务网络；三是全面提升邮政快递业服务水平；四是全面实施“两进一出”工程；五是深入推进邮政快递业数字化转型；六是构建邮政快递业生态文明体系；七是加大邮政快递业发展要素保障。

延安局联合该市交通运输局等14部门印发《关于认真落实习近平总书记重要指示推进邮政快递业高质量发展的实施意见》（以下简称《意见》）。《意见》提出，以建设人民满意邮政为宗旨，以推动高质量发展为根本要求，以供给侧结构性改革为主线，着力全面深化改革、强化创新驱动、调整优化结构、提升服务质量、推动绿色发展、加强队伍建设。明确到2022年底，基本建成普惠城乡、技术先进、服务优质、安全高效、绿色节能的邮政快递服务体系。《意见》从7个方面提出了20项具体举措，一是深化邮政快递业管理服务改革；二是实施创新驱动发展战略；三是统筹构建邮政快递服务网络；四是提升邮政快递业服务水平；五是实施“两进一出”工程；六是加快行业绿色发展；七是加强人才队伍建设。《意见》还明确从思想认识、统筹协调、组织实施、营造氛围4个方面强化组织保障。

在青海，西宁局联合该市交通运输局等14部门联合印发《关于认真落实习近平总书记重要指示推动全市邮政业高质量发展的工作措施》（以下简称《措施》），要求全市各部门把学习贯彻习近平总书记重要指示作为一项重大政治任务，切实推动全市邮政业高质量发展。《措施》结合市情、业情，从七个方面提出了推动全市邮政业高质量发展27项重点任务。一要深化“放管服”改革。持续简政放权，创新监管方式，推进“互联网+政务”服务。二要完善安全监管机制。强化企业主体责任，完善相关制度机制，加快“绿盾”工程建设，推动属地责任落实。三要健全寄递服务网络。提升网络能力，推进集约共享，深化交邮合作，推动科技创新。四要改善末端投递服务。推进快递“三进”工程，完善邮政末端基础设施，强化末端各类资源整合，规范末端服务车辆管理。五要强化关联产业协同。深化与电子商务协同发展，强化与制造业融合发展，推动与农牧业联动发展，促进与旅游业深度融合。六要提高绿色发展水平。推动绿色包装，推广绿色运输，完善绿色治理，提高环保意识。七要保障从业人员权益。扩大组织覆盖，保障合法权益，创造良好环境，提升成长空间。

黄南州政府出台《邮政快递行业高质量发展实施方案》（以下简称《方案》），切实抓好贴近民生实事，提升行业治理水平，推动全州邮政快递业驶入高质量发展的良性轨道。《方案》立足黄南州情、业情，坚持服务大局、黄南特色、以人民为中心、统筹协调、改革创新5个原则，分别从全面深化行业改革、激发行业内生动力、提高行业服务质量与加强行业人才队伍建设四个方面13个细项，细化落实各县市、各职能部门工作职责，牢固树立全州“一盘棋”思想，着力构建普惠城乡、技术先进、服务优质、绿色节能的邮政快递服务体系，形成覆盖城乡、绿色环保的服务网络。《方案》融合了中央地方财政事权划分改革、行业绿色发展、关心保障行业从业人员权益等多方面内容，明确将邮政快递业纳入地方国民经济和社会发展规划，各地方政府、各职能部门将在加快推进“快递进村”工程、行业发展保障资金、快递末端服务车辆便捷通行、绿色邮政发展等方面提供更多资金和政策支持,明确强化安全监管支撑体系建设,落实邮政快递业反恐、禁毒、打击侵权假冒等专项工作经费,力争到2022年建成州邮政快递业安全中心,提升行业服务和监管水平。

三、重点工程建设持续稳步推进

(一)"快递进村"向纵深拓展

在河北,衡水市武强县电子商务物流仓储中心挂牌成立,成为该市首个集办公、仓储、分拣、物流于一体化的县级现代电商物流基地。经衡水局协调武强县政府及相关职能部门,主要品牌快递企业免费入驻,实现"邮快合作"新突破。

唐山局联合该市商务局赴遵化市召开座谈会,积极协调解决末端投递难题,进一步推进"快递进村"工程,就遵化市当前邮政快递投递及乡镇快递网点运营情况进行了深入了解,探讨了第三方平台君江商贸公司代投模式的可能性。通过协调,各企业均表示愿在加强沟通的基础上积极推动业务合作,通过第三方平台及快递企业服务下沉等方式,解决遵化市"快递进村"难题。

衡水局多措并举强力推进"快递进村"工作,切实畅通快递服务"最后一公里"。一是开展挂图作战,再次细化分工。按照制定的"快递进村"目标任务,对分工进行再明确、再细化,明确责任科室和责任人员,完善行政村快递进村台账,采取对账销号、挂图作战的方式推进"快递进村"工程。二是持续沟通协调,打通思想壁垒。深入全市11个县市区,召开现场会,了解快递企业的实际需要及乡村快递运输投递情况,加强政企沟通,使企业解放思想,切实认识到"快递进村"的必然趋势及重大意义。三是打通上下游,创新服务模式。积极对接商务、农业、供销等部门,建立联动工作机制,大力推广"村邮站+快递超市+电商服务+供销社+便民服务"模式,推动邮政、快递企业和各乡村电子商务服务站点等进行业务对接,确保进村快递网点"进得去、站得住、能发展、可持续"。四是典型引领示范,以点带面推动。通过建立快递进村工作示范点,向全市快递企业介绍快递进村的成功模式、经验成果,促进全面合作进程。

在山西,太原局多举措推进"快递进村"。一是政府搭桥,促成"邮快合作",组织中国邮政太原市分公司分别与12家省级快递企业签署共建三级物流配送体系合作备忘录。二是"强弱"联合,推动"快快合作",由已有进村能力的企业牵头,协助还不具备投递能力的快递品牌实现投递到村服务。

阳泉局结合实际,多措并举,试点推进,平定县邮政企业与快递公司签订合作协议,"邮快合作"项目正式运营。一是局领导带队深入平定县各乡镇进行调研,摸清底数,全面掌握平定县邮政快递企业基本运营情况和业务需求,厘清思路,精准发力。二是组织召开推进会,邮政企业与快递企业双方积极研讨,就合作模式等共商协作,积极推进"邮快合作"。三是达成共识,成效显著。中通、圆通、百世等快递企业通过邮政公司开通的平定至娘子关、平定至东回、平定至五矿三条"邮快合作"运输线路进行快件转运,日均运输快件2000余件。

大同局迅速深入学习贯彻习近平总书记视察大同市云州区有机黄花标准化种植基地的重要讲话精神,深刻把握内涵实质,迅速行动积极部署,细化工作举措,全力打通"寄递+黄花"外销通道,助力巩固脱贫攻坚,助推黄花产业做大做强。一是深入开展调研,澄清产业家底。立即组织开展实地调研,召开专项座谈会,摸清黄花种、产、销情况,全面了解农户及加工企业寄递需求,引导寄递企业加快推进"快递进村""快递进厂",抢抓发展机遇,做好寄递服务支撑。二是全面下沉网络,形成深度支撑。引导快递企业积极对接黄花生产基地和电商企业,下沉服务环节，在黄花集中上市时段及时增派人员、车辆，进驻黄花生产基地和加工企业提供专项定制服务，全力做好云州黄花系列产品寄递外销；引导市邮政分公司发挥国家队作用，统筹调配优质资源，大力实施“邮政在乡”工程，加快提升邮政+云州黄花“一县一品”项目质量。三是打通线上通道，支持新业态发展。大力发展线上经济，构建“农户+生产基地+电商企业+寄递企业”的互联网产销模式，鼓励企业在邮乐购、京东商城、中通优选等自有平台倾斜资源开辟电商通道，繁荣线上经济。同时，要求全市各寄递企业在营业场所一线开展云州黄花线下推广和宣传工作，切实提升品牌影响力。

临汾局提早谋划，组织邮政快递企业积极参与首届万户大樱桃直播活动，仅开幕当天通过邮政快递渠道外销樱桃就超过1200件共2.4吨。一是多方联动同发力。主动对接县乡政府、电商协会等部门，指导邮政快递企业与主办承办单位加强沟通，密切衔接淘宝、拼多多等5家电商平台，全链条服务大樱桃销售。二是借势借力引流量。邀请临汾电视台、曲沃县融媒体等2家主流媒体开展专题采访，组织市邮政公司网红孵化基地10余位本地知名网红现场直播带货，掀起销售热潮。三是拓展网络建渠道。积极推进“快递进村”，引导5家品牌快递合作设立万户村快递综合服务站。大力推动与绿之沃樱桃合作社、万户樱桃批发市场等农产品企业建立长期合作关系，有效打通当地农特产品上行渠道，目前樱桃日均发件量突破1000件。四是精准服务提质量。指导企业在活动现场、田间地头、厂房仓库等集中交易地设立临时收寄点，精准提供服务。引导企业制定“定向收寄、专线运送、精准投递”的“大樱桃”寄递专项方案，以定制化服务提升服务质量。五是延伸链条促升级。鼓励寄递企业因地制宜，立足当地樱桃、甜瓜、苹果等名特优产品资源，推广“寄递+电商+产销地”等好办法，探索产销一体化综合性服务等新模式，进一步激活寄递渠道支撑农村农业发展的强大势能。

晋城局积极推动晋城市邮政分公司与全市各快递企业正式签订了“邮快合作”框架协议。协议遵循“以邮政普遍服务网络为基础，以推进农村地区邮政服务与快递服务协同发展为合作内容，坚持新发展理念，坚持高质量发展，平等自愿、互利共赢”的原则，积极拓展农村邮政快递市场，共同服务农村电商发展，服务脱贫攻坚和乡村振兴。此前，晋城局多次深入邮政、快递企业实地调研，并在阳城县召开“邮快合作”促进座谈会，分享全国优秀邮快合作经验，听取邮政、快递双方意见和建议，探讨邮政快递合作方式和方法，力求在双方利益最大化的前提下形成合作意向和框架，确定了双方在资源整合、融合发展等方面的合作模式、范畴和内容。

晋中局积极协调、难点攻坚，“三步走”推进全市邮快合作取得新突破。一是细化“邮快合作”下乡进村框架协议。在市级企业协商沟通的基础上，协调寿阳县邮政、中通、申通、圆通等企业签订合作框架协议，合理规划分拣、路由、投递等多方面合作内容，有效形成深入合作、共享资源、共担责任、共同发展新格局。二是在寿阳县召开“邮快合作”协调推进会。合作四方企业广开言路，逐乡逐镇研商合作细节，力促“邮快合作”步入规范化、标准化、可持续运营轨道，为农村地区提供便捷高效的寄递服务。三是定点开展多种合作模式试行试点工作，分别在寿阳县温家庄、上湖、羊头崖三个乡镇，试行邮政代理、邮政代运、驿站托管三种合作模式，定期开展评估，改善合作方式，增强合作的创造力和凝聚力，共同提升邮快双方社会形象、扩展发展空间。

晋城局依托“交快合作”模式，强力推动“快递进村”工程，取得显著成效。山西汽运集团晋城公司成立快递物流仓配中心，取得快递业务经营许可，依托遍布全市各县的“城际、城市、城乡、镇村、旅游”五级公交体系，构建了市、县、镇(乡)、村四级快递体系，为实现“交快合作”打下了坚实基础。

在内蒙古，呼和浩特局对清水河县“快递进村”工作进行了专题调研和持续推进，并现场召开座谈会，交流经验，开拓思路，持续发力，积极探索“快递进村”发展新路径，切实解决“最后一公里”服务瓶颈。会上，呼和浩特局、清水河县发改委、县商务局与市县两级邮政公司、清水河县第三方物流企业就快递下乡进村开展情况、补贴情况、存在的问题及原因、下一步发展思路进行了研讨，并实地走访了当地农村电商物流仓储分拨中心。在积极争取清水河县相关政策和资金持续支持的同时，积极探索更多“资源共享、补齐短板、互惠互赢”的合作新路径，保持当地快递下乡进村工作的延续性和稳定性。

巴彦淖尔局采取分区调研、试点先行方式，推进磴口县“快递进村”工作取得实效。磴口县圆通、申通、韵达、百世等品牌企业已与磴口县电商园区签订合作协议并通过农村电商站点投递乡镇农村快件，全县47个行政村实现了快递服务全覆盖。巴彦淖尔局针对磴口县已布设电商服务网络情况，多次与磴口商务局、电商办座谈、调研，充分了解磴口县电商园区推进的农村地区电商服务站铺设运行情况，考察“快递+电商”进村模式可行性；搭建政企沟通平台，为磴口县电商办和各快递企业协作提供可行建议，助推磴口县“快商合作”达成协作。

包头局高度重视，探索多模式、多平台推进“快递进村”，全市526处建制村，依托快商合作、快快合作、邮快合作三种下乡模式，提前完成全年60%的工作指标。

乌海局因地制宜，主动作为，在“快递下乡”的基础上，进一步引导邮政、快递企业创新发展思路，延伸服务网络，全市邮政快递业提前完成2020年“快递进村”既定目标，通过“邮快合作”“快快合作”模式，乌海市全面实现“快递进村”工程，全市13个行政村设立15个快递进村综合服务网点，实现了快递网点全覆盖，快递服务通达率达到100%。“快递进村综合服务点”已全部挂牌成立，顺利打通邮政快递服务民生的“最后一公里”。

阿盟局不断加强邮政综合服务平台建设，开展“邮快合作下乡进村”工程，全域推广“邮快合作”“交邮合作”，打通县乡村三级服务网络，年内实现全盟3个旗县邮快合作全覆盖。按照“登高、望远、做实、做强”的原则，全面推进邮快合作往实里走、往深里走，阿盟局组织召开“邮快合作”座谈会，参会双方就合作方式、具体措施等重点内容进行了探讨，取得较好的效果。韵达、中通、百世汇通等快递企业与盟邮政分公司正式签订合作协议，从4月份开始，盟邮政分公司负责阿左旗至乌力吉苏木、诺日公苏木快件的转运。阿盟局组织与该盟交通运输局客运站、邮政、快递企业召开座谈会，沟通协调将车站空闲房屋免费提供给阿拉善右旗塔木素布拉格苏木、巴彦高勒苏木和阿拉善左旗嘉尔嘎勒赛汉镇、吉兰泰镇、乌斯太镇的邮政、快递企业使用，作为快递下乡进村的中转、分拨场所。场所正式运营后，快件将通过客运班车捎件走进邮政农村牧区网点，到达牧民手中，快件实现了“坐上汽车进农村”。阿盟局与额济纳旗政府联合调研后由旗政府出资135万元，旗供销社出资30万元在额济纳旗邮政分公司后院建设了两座仓储库和一座冷库，由额济纳旗邮政分公司与额济纳旗尼特其乐合作社按照旗县设仓、苏木镇设中心、嘎查村设服务站的“物流+仓储+配送”模式进行联合运营，利用邮政“村村通邮”的优势，力求打通旗、苏木、嘎查三级物流体系，解决农牧区物流不畅问题，促进额济纳旗蜜瓜等特色农产品销售，带动生产物资、生活用品和生鲜类产品直销，为当地广大农牧民带来更多的便利，助力乡村振兴。额济纳旗两个苏木10个嘎查村的“胡杨小蜜”逐渐成为具有地区特色的“一市一品”精品项目。进入冬季，居延生态鱼、马鬃山绿色羊肉将轮番登场，借助邮快合作高速通道，走向全国，为偏远地区农牧民实现增收致富。

在辽宁，丹东局引导全市邮政快递企业主动发挥行业“农产品直通车”作用，充分利用完备的服务网络和专业技术优势，将滞销的10万斤“叆河青萝卜”直送北上广等地的超市和百姓餐桌，尽力挽回疫情对寄递业和农业造成的损失，在全市抗击疫情、复工达产和脱贫攻坚中作出贡献。

辽阳局联合该市交通运输局选择乡镇客运站闲置房屋，为快递企业“下乡”免费提供运营场所，切实帮助企业降低农村运营成本，推动“快递下乡”工程实施。通过实地调查研究，辽阳局了解到，解决农村运营场所，降低农村运营成本问题成了不少快递企业的痛点，也是推进快递企业“下乡”的瓶颈之一。为切实帮助快递企业解决困难，辽阳局积极对接交通运输局，建立健全沟通协作机制，在小屯镇、沙浒村等地为快递企业提供免费的运营场所。不仅在一定程度上缓解了快递企业农村网点运营困难的问题，而且实现了邮政快递业与交通运输业优势互补和融合发展。

在吉林，长春局举行“邮快合作”协议签订仪式。长春局按照部署要求，积极推进“邮快合作”，通过实地调研，组织座谈研讨等方式，因地制宜，搭建平台。邮政企业选定榆树、农安两个（县）市作为合作示范县，政企双方就深入推进服务农村电商，打造多元化平台开展座谈讨论。根据协议，邮快双方要以邮政普遍服务网络为基础，以推进农村地区邮政服务与快递服务协同发展为合作内容，坚持新发展理念，利用现有乡镇邮政普遍服务营业场所、村邮站等场地，以及投递网络、物流信息等进行资源共享，互联互通，共同拓展农村邮政快递市场，服务农村电商发展，服务脱贫攻坚和乡村振兴。

吉林市局在充分整合资源的基础上，形成了三个具有借鉴推广意义的方案。一是蛟河市“快交+快商”方案，二是磐石市“邮快+快交”方案，三是舒兰市“快递+快递”方案。

白城局联合大安市商务局因地制宜创建“六站合一”便利店运营模式，整合资源，实现全品牌快递下乡进村工程全覆盖。大安市18个乡镇、223个建制村已建成“六站合一”便利店270个，并纳入升级后的县域电商平台——大安网，涵盖大安市9000多户商家信息。便利店形象统一、商品售价统一，快递服务统一，成为各乡镇村屯当地的信息中心、交易中心、服务中心和物流中心，圆通、中通等12个品牌快递和本地物流服务均实现了下乡进村，解决了“最后一公里”服务难题。白城局和大安市商务局共同协商，整合各方资源制定了便捷高效的运营方案，由大安市嫩江湾电子商务有限公司组建专业化运输车队，规划南北两条城乡运输专线，2台大型货车承担从市区到乡（镇）商品、快件的运输配送，18台小型货车分别承担从18个乡（镇）到570个电商便利店的中转配送。

在黑龙江，鸡西局组织鸡东邮政分公司与市顺丰、中通、圆通、申通、韵达、韵达、百世等快递企业签署邮快合作协议。全市邮快合作协议全部签署完毕。

大兴安岭局为漠河市邮政分公司、漠河市各品牌快递企业搭建合作平台，组织举行漠河市“邮快合作”协议签订仪式暨漠河市“邮快合作”快递下乡发车仪式。漠河市邮政分公司与天天快递签订了合作协议。4月10日9时两家企业完成了漠河市“邮快合作”快递下乡发车仪式。漠河市邮政分公司共收到天天快递包裹30件，并于当日13:30从漠河发往北极村，由漠河市北极村邮政支局代为投递，顺利完成了漠河市“邮快合作”首次代投工作。

绥化局多措并举，推动“快递进村”工作走实走深。一是深入肇东市组织召开“快递进村”现场推进会,要求企业顺应市场规律,因地制宜,因村施策,通过驻村设点、客车捎带、商超代投、直投入户、邮快合作等多种方式巩固“快递进村”成果。二是召开“快递进村”——邮快合作联席工作会议,督促邮政企业强化责任担当,在推进“快递进村”工程中展现主导优势。邮政企业表示,将制作1333个“快递进村服务站”铭牌安装到村邮站,以此作为邮快合作的基础。三是联合市快递协会印发《推进“快递进村”,方便农村百姓》宣传挂图500张,督促企业在乡镇末端网点显著位置张贴,宣传推广“快递进村”工程。同时,实行台账式督查和挂图式督战,及时督导工作进度。四是强化信息沟通,建立末端沟通机制,及时传达部署各项工作,确保各项工作有序推进,高质高效完成。

大庆局采取“分片包干”工作模式,加快推进全市“快递进村”工作成效显著。一是分片包干,责任下沉,促工作效率显著提升。将辖区内杜尔伯特蒙古族自治县(以下简称杜蒙县)、肇源县、林甸县、肇州县等四个县作为四个任务片区,由局领导班子成员、业务科室负责人四人每人认领一个县的工作模式,使督导任务落实到了具体个人。片区负责人对加快进度和节奏更为积极主动,工作针对性显著提升,成效也随之显现。辖区内4个县的第一轮现场调研督导工作在两周内全部完成。二是人员下沉,深入村屯,促工作成效显著提升。在具体执行中,各片区负责人先后下沉到肇州县、肇源县、杜蒙县、林甸县,逐个村屯实地走访调查,了解“快递进村”实际情况,听取来自村委会、村邮站、快递合作点等多方问题反馈和意见建议,召集邮政快递企业负责人进行座谈,掌握一手情况,解决一线困难。通过召开工作推进会,为企业解决进村难题和障碍。引导邮政与各快递企业之间、不同品牌快递企业之间建立协调机制,畅通信息沟通渠道,开展定期沟通。企业经常自发组织见面会解决问题。在杜蒙县,县邮政企业主要负责人与中通、申通、百世、圆通等企业负责人不定期进行面谈商量邮快合作。通过多次协商,邮政、快递企业短时间内解决了快件交接时间不一致、系统对接难、客户投诉处理及理赔责任划分等问题。新模式开展后半月内,杜蒙县新增24个村实现“快递进村”,肇州县新增10个村实现“快递进村”,肇源县新增10个村实现“快递进村”,林甸县新增8个村实现“快递进村”。三是你追我赶,形成合力,促整体进度显著加快。在具体工作中,各县面临的困难问题具有相似性,对此各片区负责人进行了定期的工作经验分享,工作思路梳理,工作成效总结,找出有效经验加以分享,找出共性问题加以解决,在一个县的有效办法,四个县共享,形成可复制可推广的经验和思路。共性的问题,大家互相学习借鉴有效的思路和措施,形成了你追我赶的工作整体推进的局面。

在江苏,南通市海门区区长专题会议对推进“交邮合作”促进农村物流质量发展的实施方案进行了审议。在听取交通、邮政管理等两部门关于在海门打造三级物流服务体系、全力推进快递进村的汇报后,区领导给予充分肯定,表示全力支持。会议决定,区财政将投入扶持资金2400万元,积极推进“快递进村”工作。南通局与该市交通运输局深化协作,以海门区为试点,出台交邮合作指导性文件,大力推进交邮合作模式下的“快递进村”工程。当前,由海门交通产业集团、邮政及快递企业参与的海门“交邮合作”工程正在有序推进,已建成由交通产业集团投资近1800万元、面积约6000平方米、集5大品牌的城区自动化共配处理中心,44个城区快递末端共配驿站,以及以海门悦来镇客运站为代表的13个乡镇级物流快件中转中心,同时利用村超市、村委会等载体设置了723个自然村快递驿站,利用镇村公交等形式,带动工业品下乡进村、农产品进城,大力打造快递进村的三级物流服务体系。

宿迁局积极推进“快递进村”工程,泗洪县政府划拨700余万元专项资金支持“快递进村”。泗洪县政府明确指出,要深入推进“快递进村”,建设农村寄递供应链体系,全面解决农村寄递“最后一公里”问题。投入395万元用于建设县级寄递配送中心;投入295万元用于建设县乡村三级寄递配送体系;指定泗洪县邮政企业与其他县域内快递企业签订合作协议,并牵头负责邮件快件揽收和配送等相关服务工作;投入50余万元采购4辆厢式货车,交给泗洪县邮政分公司无偿使用。此外,还计划采购专业冷链运输车辆及其他配套的软硬件设施、设备。

在浙江,杭州局举行邮快合作下乡进村签约仪式。根据协议,邮快双方要以邮政普遍服务网络为基础,以推进农村地区邮政服务与快递服务协同发展为合作内容,坚持创新发展理念,利用现有乡镇邮政普遍服务营业场所、村邮站等设施,以及投递网络、物流信息等进行资源共享,互联互通,共同拓展农村邮政快递市场,服务农村电商发展,服务脱贫攻坚和乡村振兴。

宁波局积极推进“快递进村”工作,先后探索出“交邮合作”“快快合作”“邮快合作”等进村模式,其中宁海模式和奉化模式就是“交邮合作”和“快快合作”进村的代表。宁海模式以“寄递+城乡公交”为核心,联合中国移动、农商银行、人民保险等18个主体组成“农村物流生态联盟”,对农村快递服务点进行资源整合,是农村物流生态联盟创新实践示范点。奉化模式引入社会资本2亿元,通过股权置换方式,对奉化区域六个主流快递品牌进行整合,实现了统一品牌、统一数据、统一分拣、统一管理“四统一”全面整合,使企业场地占用面积减少25%,操作人员减少30%,每年节省运营成本600万元,并且通过共享共建来科学调配原有基础设施、网点和配送路线,偏远农村实现了常设标准化网点。两种模式均实现了行业发展、群众获益、资源整合、效能提升全面共赢。

在安徽,合肥局积极指导支持该市电信公司、快递行业协会搭建“快递+电信+电商”合作平台,发展“快电合作”模式,实现快递与电信业务一点代办,强化业务联动,并取得阶段性成果,实现了“一镇一点”的预期目标。快电综合服务中心的建成投用形成了快递企业、电信企业与农村消费者的多赢局面。一是创新运营模式,开拓盈利空间,网点平均月增收3000元以上,部分网点收益超过万元。二是整合乡镇快递网点,方便镇、村居民收寄快件,节约时间和交通成本。三是网点形象、服务制度、安全管理等方面标准统一,服务质量显著提升。四是关爱快递小哥,有条件的网点搭建“快递小哥之家”,为快递员提供热水、热饭、无线网络、充电、急救等便捷服务,得到快递小哥的广泛好评。

池州局提前完成安徽省局下达的2020年覆盖55%的“快递进村”建设工作目标,其中青阳县于6月在全省率先实现具备条件的行政村快递服务网点全覆盖。

马鞍山市政府常务会议研究决定,对在本地区行政村建设符合标准的快递综合服务站,连续两年给予每个站点5000元/年的奖补资金,用于企业对村级站点的日常维护和进村运输成本补贴,并提出到2021年底,实现全市421个行政村(包括农村社区)“村村通快递”目标。

在江西,吉安局启动县级邮快合作下乡进村工程,组织安福县邮政分公司与11家县级快递品牌签订合作下乡进村战略框架协议。协议既保留了市级框架协议的主要内容,又根据县里自身特色增加了符合实际的相关内容。为保证签订仪式能够顺利进行,吉安局在前期就把框架协议初稿发给了协会县分会的会长单位,由会长单位召集各企业一起研究讨论,并结合实际进行修改完善。会上,各快递企业还就目前离安福县最远的章庄乡合作事宜进行了深入探讨,拟尽快开始具体合作,推进快递下乡进村落地见效。会后第二天,县级各快递企业已经和安福县邮政分公司展开合作,实现了对章庄乡 9 个行政村快递服务的全覆盖。

赣州市举行县级邮政快递企业下乡进村战略框架协议签约仪式,实现了市、县两级邮政快递企业签约全覆盖。

景德镇局组织乐平市邮政分公司与申通、德邦等 9 家快递企业签署了战略合作框架协议,至此,景德镇市一市两县均已完成邮快合作框架协议签约,实现了邮快合作全覆盖。

在山东,济宁局按照"先易后难""先进村、后规范"的原则,探索出"政企合作""邮快合作""快快合作"等推进"快递进村"的多种模式。目前,全市6000余个行政村,基本实现了"快递进村"全覆盖。

菏泽局联合该市商务等部门举行"快递进村"工程启动仪式,首批65家村级"顺手购快递超市"正式签约运营,标志着全市"快递进村"步伐进一步加快。面对农村快递网点设立困难、经营成本高的现实,菏泽局积极支持快递企业与零售企业合作,在行政村设立"顺手购快递超市",借助商超加快农村地区网点布局。菏泽中通联合天天快递、中通快运、顺手购农业科技公司、中铂国际培训学校等合作方,推出"顺手购快递超市"项目。该项目以中通快递网络资源为依托,上游对接农业生产基地、商品代理商,下游连接农村快递末端网点,积极打造新零售与快递配送相结合商贸物流综合体,通过在各个行政村建立"顺手购快递超市",在方便群众取快件的同时又能增加末端网点收入,确保农村快递网点建得起、留得住、活得好。

在河南,驻马店局结合区域特点,重点在人口超 2500 人的建制村及日均进口快件数超过2000 件的乡镇着力开展"快递进村"工作。

鹤壁局将"快递进村"作为工作中的重中之重,多措并举,"快递进村"实现全覆盖。鹤壁市部分村落相距较远,常住村民较少,"快递进村"推进工作难度较大,鹤壁局积极争取市政府支持,与其他单位建立沟通协调机制,引导寄递企业资源整合,搭建沟通桥梁,有效地推进了工作进度。在鹤壁局的大力推动下,鹤壁市政府主要负责同志组织该市交通运输局、农业农村局、商务局、供销社、两县政府等相关部门和快递企业负责人召开三次快递进村工作推进会,要求各部门间加强协作,整合现有快递物流资源,进一步提升现有农村快递物流基层网络体系的连通面和覆盖面,采用"多节点"方式推进"快递进村"工程,发展快快合作、交快合作、快商合作等。同时,鹤壁市政府主动为农信通集团与快递企业搭建平台,探索快递借助于农信通平台发展快递乡村网点的新模式。鹤壁局通过引导乡村资源进行合作整合的方式,与商务、交通、供销社、村镇银行、乡镇政府等多部门进行了联系沟通,深入村内有关站点实地调研。当前,鹤壁局联合淇县商务局开展"快商合作",利用淇县各村已有的电子商务村级服务站点,进行快递企业和服务站合作;联合浚县交通局深入开展"交快合作",依托交通局"村村通客车"工程,力求探索解决快件从乡镇至村内的运输问题。此外,鹤壁局积极推动落实"邮快合作",组织中国邮政集团有限公司鹤壁市分公司分别与顺丰、京东、中通、圆通、申通、韵达、百世、天天等 14 家快递企业签订了邮快合作协议。

在湖北,黄冈局创新模式,精准施策。加速"快快合作"进程,拓宽"快商合作"领域,加深"交快合作"空间,加大"邮快合作"力度,打造"快电合作"模式。

随州局积极探索新模式,全力推进全市快递进村各项工作。一是加快村级快递网点建设,鼓励和引导快递企业通过抱团发展方式,在人口数量多、聚集度高的村建立快递网点,直接将快递服务延伸进村。二是强化与电信驿站合作。4 月,随州局与市电信公司签订战略合作协议,在"快电合作"、快电协同进村等方面开展深入合作，依托市电信公司已建成的农村地区电信驿站，鼓励快递企业将快递服务入驻电信驿站，促进快递服务延伸进村。三是进一步加强邮快合作。组织召开全市邮快合作战略框架协议签约仪式，开展邮快合作工作推进情况专项调研，探索邮快合作可行方案，鼓励和指导邮政、快递企业掌握重点、突破难点，创造性开展工作，打通“邮快合作”“快递进村”工作中的堵点，推动邮件快件信件协同进村。

在湖南，郴州局深入基层调研，测算“快递进村”单个环节成本；整合邮快资源，协调邮政企业和快递企业突破壁垒、加强合作；探索中心覆盖，以村边界点为中心辐射周边村落，推动主要品牌快递企业资源整合，确保中心村存量基础，以存量培育增量。

在广东，惠州局积极探索快快合作模式，推动顺丰速运（惠州）有限公司在横沥镇大岚片区设立快递末端网点，试点投放智能快递柜，由末端网点负责人统一管理派送中通、申通、圆通、韵达等品牌在该区域的快件。惠州局经实地调查了解到，大岚快递末端网点自采取“快快合作”模式和投放智能快递柜以来，快递派件量不断增加，企业运行成本下降，快递送达时效全面提升，村民收取快递更加方便，“快递进村”成果初现。该片区快件量由原来的日均100票增加到300票左右；之前网点最快要到下午4点才能完成的快件派送任务，现在当天下午1:30前就能完成。

茂名局多举措积极引导全市寄递企业不断创新思路、深化合作、拓宽渠道、保障服务，助力茂名荔枝畅销全国。一是做好前期准备工作。协调寄递企业落实惠农措施，给予果农优惠运价，在大型果园内、果林路旁增设临时收寄点，有效降低农商经济压力，推动荔枝产销对接。茂名市邮政分公司积极开展“乡村振兴、邮政助荔”线上直播活动；德邦快递召开2020茂名荔枝运输产品推介会，为荔枝从“田间”到“舌尖”全程保驾护航。二是推动提升寄递服务能力。指导寄递企业通过增加冷链车和航班、适当调整邮路、加大人力投入等措施，扎实做好快件的疏运和投递、安全保障、快件跟踪查询和投诉受理服务等工作，保障寄递服务质量。三是助力荔枝寄递模式创新。鼓励邮政、快递企业创新发展，积极推进交邮合作、邮快合作、快快合作等模式，协调企业积极加入智慧物流快线“快递接驳”项目，进一步织密“县—镇—村”三级服务网络，打破“最后一公里”投递障碍。

清远局加强与地方商务、交通等部门的沟通协作，大力推进“快递下乡进村+精准扶贫”，助力全市261个省定贫困村实现快递服务全覆盖。一是打通堵点，健全快递服务网络。二是整合资源，探索“交邮”“邮快”合作。三是搭建平台，建立双向流通体系。四是牵线搭桥，推进“快递+精准扶贫”。

湛江局利用徐闻县新寮岛农村地区开展邮快合作获省级财政专项资金扶持契机，组织邮政、快递企业共同推进海岛农村地区邮政、快递服务协同发展，积极指导邮政企业创新合作思路，把解决末端需求放在首位，充分利用网络基础资源，特别是利用省级财政专项资金，一方面在徐闻县新寮镇设立邮快合作示范网点，扩大投递面积，增设智能包裹柜，另一方面将往年购置的利用率较低的邮政包裹柜，投入到村委会利旧使用，提高资源配置效率。

在广西，防城港局坚持党建统领全局工作，积极推进党建与业务双线融合，实现党建工作和“快递进村”业务工作共赢、互促、双提升。明确“基层党建引领、区县政府引导、快递企业主导、村民委员会配合”四方推进基本思路，完善“平台建设期、巩固运营期、提高发展期”三个梯度推进计划。

钦州局联合该市农业农村局、市水果产业发展中心、市商务局，开展“产、销、寄”对接，多举措助力荔枝寄递。一是组织邮政快递企业参加荔枝产销对接,与钦州市内外购销客商、电商企业、加工企业、荔枝种植大户开展面对面交流,打通产、销、寄渠道,推动寄递企业按订单提前统筹安排运力,避免浪费。二是提前布置企业开展统计大数据分析,通过统计寄递数量、寄递消费城市排行等,精准施策得出最优寄递方案。三是争取政府扶持政策,提出在可能出现荔枝滞销的情况下,通过"寄递企业降一点、政府补一点"的形式,确保荔枝果农实现丰产又丰收。

在海南,海口局聚焦重点,提升试点工作质效。一是推动快递直投进村,二是推动"快快合作"进村,三是推动"邮快合作"进村。目前,248 个建制村中,202 个实现"快递进村",通达率达 81.4%。同时,快递服务现代农业的作用也日益凸显。2020 年,培育出年快件收寄量超 700 万件的海南菠萝蜜示范项目和超 100 万件的芒果、椰青、柠檬、地瓜、哈密瓜等 5 个项目,拉动就业 1152 人,带动农业产值 10.3 亿元。

在重庆,在七分局指导下,永川区快递商会和中国电信股份有限公司永川分公司签订"快电"门店合作战略协议,双方确认建立战略合作关系,重点在农村地区协同发展。快递与电信企业将按照"合法合规、优势互补、战略共赢"的原则,发挥各自优势,在法律法规许可的范围内协同推进快递行业及其代理网点和电信业务深度融合,本着"以人民为中心"的服务理念,发挥现代服务业的共性,相互协同开通服务门店,提升服务质量和形象,实现优势互补、互利共赢的发展局面。永川区烘炉镇已建成"中国电信+娜娜电商快递综合服务中心"示范网点。

四分局以农村地区寄递物流渠道建设为主线,着力建网络、提水平、强功能、融产业,积极协调供销、商务等相关部门,针对农村快递服务小、散、远等症结,因地制宜采取快商协作、快快协作等方式,试行农村电商、快递企业、农资站点等资源共享,推动落实"快递进村"工程。一是鼓励快递企业加强合作、抱团进村。根据市场需求和业务规模,鼓励快递企业利用平台为农村提供稳定的快递服务,统一开展快件揽收、投递,实现资源共用、成本共摊、利益共享。二是与商务局、供销社共同推动快递企业与"村村旺"农产品电子商务平台合作,前期在部分行政村开展试点,借力村级电商平台开展农村快递揽收服务,助力当地农特产品出村销售,通过整合利用现有资源,实现优势互补。三是提升农村快递服务质量与效率。通过快商合作,构建统一规范的村级快递网点,让广大农村消费者享受到"一站式"高效、便捷的快递服务,有效提升农村快递服务质量和效率。目前已在九龙坡区开展试点,一个村服务社日均派送件可达 100 件左右。

垫江局坚持因地制宜、分类推进的原则,扎实推进快递服务农村"最后一百米"。一是加强沟通协调,夯实工作基础。通过召开邮政快递企业座谈会的方式,了解每家企业的实际需要及乡村快递运输投递情况,加强政企沟通,邮快沟通,使企业解放思想,认识到"邮快合作"的必然趋势及重大意义。二是典型引领示范,以点带面推动。在重庆市垫江县五洞镇建成首个"邮快超市"并投入运营。该"邮快超市"由邮政企业负责建设和运营,该地区各快递企业快件全部转交邮政公司负责投递。同时主动与乡政府和驻村工作队沟通,在沙河乡安全村设立快递进村示范点,利用邮乐平台和"城市快递公共配送点"等销售方式带动当地农特产品线上线下销售,示范点建成以来,助推当地农特产品流通,助力脱贫攻坚。三是争取政策,集聚部门合力。加强各部门的协作,争取政策支持,垫江县质量工作部门联席会议办公室印发《垫江县开展质量提升行动加快建设质量强县 2020 年重点工作计划》,"快递进村"和加快快递标准化示范网点建设明确由垫江邮政管理局负责,为专项工程推进提供了有力抓手,确保"快递进村”工程有序、有力推进。

在四川，资阳局确定“两不一错位”合作路径，即“不损害企业既得利益”“不破坏行业经济秩序”和“邮政企业与民营企业错位发展”，将抢“小蛋糕”变为共同做“大蛋糕”。组织全市邮政快递企业签订《合作下乡进村框架协议》，以“邮快合作”为主要推手，“驻村设点”“交邮合作”“快快合作”“快商合作”等多种方式共同推动“快递进村”。

遂宁局与该市农业农村局联合印发文件《关于做好农产品销售和寄递配送的紧急通知》，指导企业紧紧围绕疫情期的网购需求增添措施，支持邮政快递企业深入对接农业企业和农户联手“制造快件”，遂宁农产品销售成效初显。全市邮政、快递企业在做好疫情防控的同时，通过自身的“邮乐购”“聚特鲜”“淘花晓晓”等电商平台、微信商城、遂宁同城易购网上生活超市和微信朋友圈，深度挖掘遂宁农产品资源，优化配送服务，积极对接农业企业和农户，助农销售春见、粑粑柑、沃柑、甜橙等水果100余万斤，萝卜、白菜等蔬菜3000吨，实现寄递业务量达25万件，让滞销的农产品通过邮政快递企业走出田间地头，促进助农增收，尽力挽回疫情对寄递业和现代农业造成的损失。

在贵州，黔南局积极推动“邮快合作”试点先行，“交快合作”“快商合作”“快快合作”等模式广泛推开。全州1186个建制村中，“快递进村”覆盖率达40.1%，快递驻村服务站点455个，其中近200个网点实现门头标准化。“不收费、设点进、标准化”，形成了快递进村的“黔南经验”。

在云南，玉溪局抓好企业自身资源整合。全市7个县(区)快递企业实现分拣、收寄和配送“三统一”，收寄价格和派费“两统一”。在规范服务的同时，不断完善产品服务体系，叠加产品服务，避免恶性竞争，降本增效明显。推进“快递+N”综合服务平台建设。

迪庆局积极推动“快递+”工程，积极引导企业提升服务质量和寄递时效，探索“快递+电商+特色农特产品”模式，助力香格里拉松茸“走出去”，打造香格里拉松茸走向全国的绿色通道，保障了香格里拉松茸更快“从山间到舌尖”，带动销售方式转变，扩大就业岗位、帮助农民增收，成为有效拉动地方经济发展的新引擎。

在西藏，拉萨局组织举行了全市“邮快合作下乡进村”签字仪式，共有10家快递企业与拉萨市邮政分公司签订了合作协议，标志着全市邮快合作进入实施阶段。

昌都局主持举行“邮快合作下乡进村”项目签约仪式。仪式上，中国邮政集团公司昌都市分公司与顺丰、中通、申通、百世、圆通、宅急送等6家品牌快递企业逐一签订了邮政快递合作下乡进村协议，全市主要快递品牌将通过邮政网络将寄递服务延伸到各乡镇村。此前，昌都局多次组织协调邮快合作事宜，引导邮政快递企业“资源共享、优势互补、合作共赢、共促发展”，整合邮政企业“实物流、信息流、资金流”三流合一的优势，推动邮政企业与快递企业在代收代投、配送服务、渠道共享、电子商务等领域的深层次合作，不断开创互惠、双赢、共享的合作发展局面。

在陕西，西安局按照分年度分地区推进的原则，有序实施“快递进村”。到2020年底，“城六区”基本实现建制村100%通快递；阎良区、长安区、高陵区、鄠邑区基本实现建制村70%通快递；蓝田县、周至县、临潼区基本实现建制村60%通快递。

延安局多措并举，成效初显。党建领航业务，推动“快递进村”；“邮快合作”带动“快递进村”；“快快合作”抱团发展，实现互利共赢；“交快合作”利用空闲运能，畅通城乡循环；“驻村设点”延伸服务网络。截至11月底，全市1784个行政村完成“快递进村”1104个，通达率达61.9%。

商洛局自4月20日习近平总书记考察柞水县小岭镇金米

村点赞柞水木耳后迅速行动，多措并举指导邮政快递企业全力畅通寄递渠道，为柞水木耳外销提供坚强保障。一是4月21日起安排专人紧密对接当地邮政快递企业，及时了解电商运作和寄递情况，引导企业积极对接柞水县木耳生产基地和电商企业，下沉服务环节，增派人员、车辆，进驻金米村开展专项定制服务，全力配合电商企业做好“柞水木耳”产品外销工作；二是召开政企联席会，号召市邮政分公司充分发挥领头羊作用，合理调配资源，确保柞水县邮政分公司顺利完成寄递任务，同时要以点带面，促进与其他农产品生产基地的业务合作，助力全市农产品外销；三是实地调研柞水县小岭镇木耳生产基地，与寄递企业召开座谈会，了解寄递过程中存在的问题和面临的困难，帮助企业克服困难，拓宽寄递渠道，加强与全县各木耳生产企业的对接，把握机遇，在行业与电商协同发展、快递进村等工作上乘势推进。

宝鸡局会同该市交通运输局赴太白县、陈仓区开展交通系统“三级物流体系”建设调研。调研组深入太白县鹦鸽镇柴胡山村委会、流沙崖村电子商务服务站，陈仓区客运汽车站、陈仓区周原镇镇政府，对当地农村客运班车营运、乡镇综合运输站点及村级站点建设情况进行了解，并与太白县政府、交通运输局、运输企业、快递企业负责人，围绕交邮合作资源共享、县镇村三级物流网络建设工作进展情况进行座谈，并达成共识。

在甘肃，平凉局多措并举助推农产品进城。一是深入向下，助推农产品走出去。平凉局督促各寄递企业切实转变思想，不断健全农产品寄递服务体系，加大资源投入，主动出击，深入“向下”，把网点延伸到田间地头，进一步缩短农产品寄递时限，为农产品畅通寄递通道。二是多措并举，助力农民增收。平凉局督促各寄递企业要努力争取资金支持，积极向总部申请优惠助农政策，协调总部对农特产品寄递资费给予适当优惠，或对网点给予补贴等措施，做到真正让利于农户。要转变观念，加大人力物力投入，积极拓展上门包装、仓储服务、定制专线等成熟模式，可就地吸收农户进行业务培训为企业所用，既可以弥补企业人力不足，也可增加农户收入，全面助力农民增收。要充分利用各自电商平台和销售渠道，大胆尝试，将特色农产品通过淘宝、天猫、京东商城、“邮乐购”及蜂巢等电商平台销售。三是规范经营，促进良性循环。平凉局督促各寄递企业要严格管理，避免出现“挖墙脚”“争客户”等恶意竞争，要在市场配置下合理利用资源，避免“打价格战”。要切实提升服务质量。要以质量赢客户，以服务赢市场，对农特产品寄递要做好售后服务，促进长效发展。要切实维护行业形象。对季节性临时收寄地点配备安全设备，对从业人员强化管理，树立良好服务形象。四是安全为基，严格落实“三项制度”。平凉局督促各寄递企业要严格落实实名收寄、收寄验视、过机安检三项制度，要在保证安全寄递的前提下积极开展助农增收，要严格落实实名收寄，对寄递农特产品农户的实名信息及时收集。要严格落实收寄验视，及时加盖收寄验视章戳，确保农特产品安全运送，要严格落实过机安检制度，安检结束张贴安检标识，做到“出市必安检”。五是服务民生，切实提升监管水平。平凉局进一步强化责任担当，优化政府服务，切实增强服务意识，不断提升服务能力和水平，提升政务服务效率，对于具有季节性临时性的快件寄存点进一步简化了备案手续。及时指导帮助解决农产品上行中遇到的难题。充分调动各寄递企业助农发展的积极性、主动性和创造性。同时推进“双随机、一公开”跨部门联合监管，对各寄递企业农特产品收寄采取暗访的方式进行临时抽检，切实保障全市农产品收寄渠道安全畅通。

庆阳局联合该市农业农村局、交通运输局印发了《关于对2020年邮政快递企业寄递苹果项目进行奖补的通知》，将安排专项资金对邮政快递企业寄递苹果项目进行一次性奖补，以此支持和鼓励邮政快递企业积极参与庆阳苹果销售寄递，扩大消费扶贫，促进农民增收，支持庆阳苹果产业发展。

酒泉局大力推动瓜州县7家寄递企业获得县商务局农特产品寄递补助资金18.2万元。为推动快递下乡进村，酒泉局在积极向地方政府汇报争取政策支持的同时，指导县级交通运输部门履行邮政行业代为管理职责，为寄递企业争取利好政策。在瓜州县交通运输局的多次汇报下，瓜州县政府将农特产品寄递列入《瓜州县“千万补贴促消费”活动实施方案》，明确对快递公司寄递蜜瓜、枸杞等农特产品每件补助2元，截止时间为11月30日，瓜州县商务部门为邮政、四通一达、极兔等7家企业寄递的9.1万件农特产品发放补助资金18.2万元。

在青海，海北局搭平台促合作，在西海镇组织召开了海晏地区“邮快合作”推进会，打破双方代投价格壁垒、畅通流通渠道，推进快递下乡进村工作。此次推进会以推动邮政业高质量发展为目标，坚持“资源共享、补齐短板、互惠互赢”的原则，在前期充分摸底调研、协商沟通的基础上，围绕“快递下乡”重点工作任务，由海北局搭平台、邮政快递（三通一达、百世）企业面对面协商讨论的形式，就海晏地区快递下乡进村工作进行研究讨论，经过充分商谈，最终达成一致，海晏地区各快递企业于6月中旬开始通过邮政企业代投海晏县4个乡29个建制村快递邮件到村，打通“最后一公里”的服务瓶颈。

海南州局指导寄递企业因地制宜，以多种方式、多种形式提升末端网点配送服务质量。其中，共和县通过与智能包裹柜企业合作，已设立智能包裹柜23处，覆盖州、县政府办公楼、金鑫花园等县域范围内主要企事业单位、社区，累计投递快件22993件；贵南县通过“一平台多品牌”及“邮快合作”双重发力进村，已覆盖全县6个乡镇75个建制村，实现乡镇、建制村双100%覆盖；贵德县快递企业精诚合作，抱团下乡，设立快递服务站6处，覆盖建制村80个，乡镇覆盖率为85.7%，建制村覆盖率为65.6%；兴海县、同德县积极借鉴成功经验，结合自身发展水平和资源，探索合适的发展路径，形成各具特色的发展模式，推动“快递进村”工作落实。

在宁夏，银川局全面形成以“邮快合作”为主，“驻村设点”“邮政快递+电商”“邮政快递+合作社+电商”“邮政快递+交通+电商”“邮政快递+商超”“快快合作”“快递+积分超市”“快递+供销社”等多种模式并存的“快递进村”服务格局。一是规范备案登记，二是提升网点标准化，三是集中设立末端网点，四是整合邮政快递企业抱团进村。

中卫局组织辖区品牌快递企业代表到帮扶村华和村就邮政快递助力农特产品“出村进城”进行了座谈交流。座谈会上，华和村村委会负责人介绍了本村特色农产品种植现状，以农户分散种植硒砂瓜和富硒苹果为主。富硒苹果种植面积约3500亩，亩产量2000~3000斤；硒砂瓜种植面积约1000亩，亩产量5000斤左右，其苹果、硒砂瓜等特色农产品主要依靠果贩收购等传统渠道销售，产品附加值有限，村委会负责人希望能与快递电商企业展开合作，拓宽农产品销售渠道，促进农民进一步增收。针对华和村需求，顺丰速运（宁夏）有限公司中卫分公司负责人表示，将依托企业乡镇网点健全、覆盖面广的网络优势以及自营电商平台优势，帮助华和村农户拓展网络电商零售渠道，增加农户收入。双方还就特色农产品寄递价格、包装、运输等方面进行了交流探讨。

固原局组织西吉县邮政分公司、中通、韵达在将台堡镇的7个行政村开展“快递进村”先行试点工作，标志着全市“快递进村”工程正式拉开帷幕。此次试点工作坚持分类指导、科学推进的原则，固原局组织企业多次召开座谈会，充分沟通、多次协商，打消企业间合作顾虑，精心培育抱团进村经营理念，进一步整合资源、降低成本、提升服务质量。固原局主要领导深入农村，下沉一线，实地走访村民用户，了解用邮需求，坚持创新思维、因势利导，合理规划线路和村级站点选址，依托村邮站等成型模式，采取就地改造，现场征用等便捷方式，尽快实现快递进村入户，极大程度方便群众，节约成本，进一步打通线上线下双向流通渠道，开启寄递扶贫新模式。

吴忠局"快递进村"工作多措并举，初显成效，提前完成了2020年度"快递进村"工作目标任务。一是高度重视，专门成立领导小组，多次组织全市邮政寄递企业召开会议，具体安排部署"快递进村"工作，制定并印发《吴忠市邮政管理局"快递进村"三年行动方案（2020－2022年）》，指导辖区邮政、快递企业做好"快递进村"工作；二是利用季度例会，向各县市（区）各企业负责人宣讲、解读《吴忠市邮政管理局"快递进村"三年行动方案（2020－2022年）》，要求各企业要高度重视"快递进村"工作，加强日常统筹协调，按时间进度开展"快递进村"工作，按照"六有"的要求及时汇总上报进展情况，有效地推进"快递进村"工作的实行；三是分县市（区）各确定一名"快递进村"推进情况汇总上报联络员，集中将本地区的进村情况汇总每半月上报一次，每名党支部支委分别和包抓的县、市（区）企业建立了微信群，及时对接及时沟通。四是管局统一制作了"快递进村驿站"的名牌，统一发放给企业在已建成的"快递进村"网点张贴，并拍照片上报，提高"快递进村"工作质量。

在新疆，哈密局多举措助推"快递进村"。主抓"快商合作"，主推"快快合作"，"主张邮快合作"，鼓励智能快件箱服务向村级延伸，快递服务有效支撑本地农产品外销。

阿勒泰局积极引导寄递企业开展末端投递合作，提升行业优势资源利用率，现有"邮快合作"工作进展顺利。

塔城地区建制村基本实现"快递进村"全覆盖目标。自"快递进村"工程开展以来，塔城局始终以"畅通城乡经济循环、服务乡村振兴战略、助力脱贫攻坚"为目标，在"快递下乡"的基础上，进一步延伸服务网络。走访用户、实地调研，了解快递服务情况；召开政企洽谈会、"邮快合作"推进会，动员邮政快递企业积极响应落实《快递进村三年行动方案》；加强与商务等部门沟通协调，争取政策支持，推动政策落地。经多方协调配合，整合各类资源，塔城地区建制村通过"邮快合作""快快合作"及第三方配送等形式基本实现"快递进村"全覆盖。

昌吉局认真贯彻落实脱贫攻坚部署和要求，聚焦聚力、真抓实干，全力推进村级快递网点布局，提升农村快递服务覆盖面，助力脱贫攻坚和乡村振兴。目前，辖区已初步形成仓配一体、末端配送、区域供应链、嵌入式电子商务等多种服务模式，实现了从田间到餐桌的有效对接。一是持续深化"放管服"改革。简化快递业务经营许可备案审批流程，缩短审批时限，精简材料证明，实现"网上申请、在线办理，一网办通"。二是持续推动快递下乡进村。通过快快合作、快邮合作等模式实现资源整合、成本分摊、利益共享。辖区70个乡镇均已实现快递服务通达，"快递下乡"覆盖率达100%。三是积极履行行业管理部门责任。鼓励快递企业积极吸纳贫困群众就业。积极响应国家"支持电商、快递进农村，拓展农村消费"号召，与吉木萨尔县政府签订《邮政业服务农村电商工作战略合作框架协议》，吉木萨尔县政府每年安排50万元专项资金，对承担县以下乡村邮路的企业进行补贴，对承担上行农产品的所有邮政、快递企业给予每件1~2元的资费补贴。至今已累计收寄农村电商邮件2.1万件，投递10.8万件，有效解决了快递上行"最初一百米"和下乡"最后一公里"难题，打通了"工业品下乡"和"农产品进城"双向流通渠道。指导快递企业深入开展"一地一品""一市一品"农特产品进城示范项目,鼓励“三通一达”、顺丰、德邦等品牌快递企业直发寄出木垒羊肉、鹰嘴豆系列产品、仓麦园面粉等农产品4608件,寄出重量1000余吨。近年来,辖区邮政快递企业线上销售农产品达3000余万元,为助力地方脱贫攻坚工作提供了强有力的支撑。

(二)“快递进厂”水平稳步提升

多地出台快递业与制造业融合发展文件。山西大同局联合该市工信局印发《大同市关于促进快递业与制造业深度融合发展的实施方案》。山西吕梁局联合该市工信局印发《关于促进快递业与制造业深度融合发展的实施方案》,促进全市邮政快递业与制造业上下游产业深度融合发展,推动制造业提质增效和快递业转型升级。江苏苏州局与该市工信局联合印发《关于促进快递业与制造业深度融合发展的实施意见》。内蒙古包头局、乌兰察布局分别联合当地工信部门印发《关于促进邮政快递业与制造业深度融合发展的实施意见》。江苏泰州局联合该市工信局印发《关于促进泰州市快递业与制造业深度融合发展的通知》,提出到2025年,邮政快递业服务制造业范围持续拓展,覆盖本市生物医药和新型医疗器械、高端装备和高技术船舶、化工及新材料三大先进制造业集群,深度嵌入供应链各环节。山东泰安局联合该市工信局印发《关于加快推进快递业与制造业深度融合发展的实施方案》,明确深化产业合作、协同产业布局、加大科技投入、创新服务模式、加快技术应用、发展绿色物流、拓展境外市场、推动重点突破等八项重点任务。山东滨州局联合该市工信局印发《关于加快推进快递业与制造业深度融合发展的实施意见》。湖北孝感局、黄石局分别联合当地工信部门印发《推进快递业与制造业深入融合的实施方案》。陕西渭南局联合该市工信局印发《渭南市快递业与制造业深度融合发展实施方案》。

多地积极推动“快递进厂”工作。辽宁大连局立足“中国快递示范城市”建设和“中国制造2025”国家级示范区创建工作,发挥“发展快递服务业专项资金作用”,对快递企业申报的地方制造业产品外输项目进行专项补贴,三年来累计为快递企业争取补贴超过210万元。浙江宁波局主动引导快递企业服务全市首批复工复产重点企业和39个全国“单打冠军”企业,建设雅戈尔 & 中国邮政时尚科技物流中心项目,打造智能化、标准化、自动化、数字化为一体的服装行业标杆仓。山东青岛局推动中国邮政海尔高端项目合作,引导快递企业深度嵌入进厂物流、仓储、包装等环节。山东日照局重点围绕海洋水产、食品制造等本地特色制造业,推动顺丰、中通、圆通、京东等企业为全市传统产业转型线上销售提供运营团队、平台、寄递方案等多环节定制服务。广东广州局积极推动地方发展网红经济,推进快递企业与网红主播、网络电商、商品生产企业对接,实现白云区化妆品聚集区、花都狮岭箱包聚集区、增城新塘牛仔服饰聚集区产品与快递对接,提供快速发货等一站式服务。重庆五分局引导寄递企业采取多种方式服务制造业需求,重点培育“快递+方便小火锅”项目,农产品直配直发小火锅生产厂家,小火锅电商仓配一体化。

(三)“快递出海”工程有序推进

多地积极推动“快递出海”工作。沈阳局精准施策,以跨境电商为主线,全面推进“快递出海”,国际快件多是奶粉、化妆品、保健品等百姓自用生活物品和口罩等防疫物品,切实保障了疫情期间群众生活所需。江苏南通局、徐州局成为跨境电商综合实验区领导小组成员单位。无锡局联合该市交通运输局、苏南国际机场集团举办民航航空货运(快件)枢纽合作签约仪式,共同打造航空货运(快件)枢纽,开辟无锡邮政快递业进出口运输新模式,助力“快递出海”。浙江杭州局积极推动顺丰开通杭州-洛杉矶全货机航线，每周一班。杭州累计开通15条国际及地区全货机定期航线，覆盖16个航点。福建福州局借助福州保税港区整合优化为福州江阴港综合保税区得有利时机，引导企业积极争取配套资金。厦门局积极协调厦门邮局海关、机场海关等部门，推动新开辟的“厦门—欧洲”跨境电商货运包机首航成功，为福建省首个纯跨境电商9610包机。山东潍坊局联合该市保税区全力促进圆通韩国株式投资“潍坊跨境电商国际快件综合运营中心项目”建设，项目建成后可实现跨境电商海外直邮货物本地清关，提高货物通关效率和本地企业竞争力。威海局充分发挥快递产业在服务跨境电商、完善国际供应链方面的重要作用，推动构建“口岸仓+海外仓”网络体系，助力跨境电商进出口增长67.7%。河南许昌局成为全市跨境电商综合服务工作专班和市场采购贸易方式试点工作领导小组成员单位。鼓励快递企业入驻跨境电商产业园区，促进快递企业与跨境电商平台运营商的沟通。海南海口局认真落实《海口市促进跨境电子商务及国际快件产业发展暂行办法》文件精神，指导企业积极争取跨境电商寄递服务资金补贴。

四、快递员权益保障工作深入开展

在天津，滨海局联合滨海新区团委于“双11”前组成慰问组，慰问快递企业一线员工，为他们送去温暖。慰问组一行先后来到滨海新区邮政速递黄海路和中新生态城圆通揽投部，详细了解快递网点“双11”期间工作安排和服务保障情况，并与快递小哥亲切交谈，询问他们的工作生活情况，倾听他们的心声，感谢他们辛勤的付出，并为他们送去慰问品。慰问组特意叮嘱企业负责人，业务旺季期间要合理安排员工作息，尤其要做好员工的疫情防护、防寒保暖、出行安全等工作，切实保障快递员工的权益。

在山西，阳泉局联系该市团委举行以“服务新兴领域青年”为主题的慰问活动。慰问组给快递小哥们送上了围脖、手套、护膝以及食物等价值4000元的慰问品，表达对快递小哥的深切关爱和慰问之情。在座谈会上，慰问组认真听取了快递小哥们的建议和诉求，了解他们的工作情况。

太原局联合该市总工会开展快递小哥暖冬慰问活动。慰问组为来自各品牌快递企业的1000名快递小哥送上口罩、手套、围巾、护膝、保温杯等慰问品，并对奋战在一线的快递小哥辛勤工作给予充分肯定，对大家的辛勤付出表示亲切的慰问，对快递小哥积极推动快递行业发展提出希望和勉励。

在内蒙古，包头局联合该市团委建立快递从业青年权益维护服务保障制度。保障制度包含定期调研慰问、集中开展12355青少年服务台咨询服务、针对行业特色提供爱心服务、聚焦快递领域广泛建立团组织等机制，为全市快递业从业青年提供了职场提升、家庭生活、身心健康等全方位的关心关爱举措。

在辽宁，沈阳局、丹东局联合该市总工会、快递行业协会举办“清凉及时送　抗疫不放松——暑期慰问快递小哥系列活动”，为奋战在一线的快递小哥送上防暑降温和疫情防护物品。慰问组一行首先感谢了快递小哥在疫情期间坚守岗位，以及疫情防控和复工复产所作的贡献，并叮嘱快递员做好工作的同时，一定要注意防暑降温，以最佳的状态投入到工作中去。此外，慰问组还详细询问了各个企业防暑降温的具体措施和快递员工作生活情况，要求各企业切实做好防暑降温工作，加强后勤保障措施，全力为快递员营造更加舒适的工作环境。

在吉林，延边局联合该州妇联、妇幼医院为50余名一线女快递员免费体检。此次健康体检除血压、血糖、心电图等常规项目外，还有乳腺癌、宫颈癌等妇科疾病筛查。体检过程中，由医护人员详细了解受检者的身体状况、工作方式，对受检者的健康咨询给予详细解答，提醒生活习惯注意事项，并告知受检者在取得体检报告后可针对性进行具体解读。同时还为女快递员发放《快递员体检手册》《快递员健康知识》等资料。

在黑龙江，佳木斯局联合该市总工会、快递行业协会开展“夏季送清凉”活动，为全市重点品牌快递企业送去400份防暑降温慰问品。慰问组现场看望并慰问工作在高温一线的快递企业员工，为他们送上矿泉水、西瓜等慰问品和工会组织的关爱，感谢快递员在疫情期间为保障物资流通发挥了积极作用，对他们在烈日下勤奋敬业的精神表达了高度的赞扬，并叮嘱快递员要注意防暑，保重身体，继续为佳木斯市的重点项目建设奉献力量，为服务民生经济社会发展作出应有的贡献。

在上海，宝山局联合该区工会、团委召开关爱快递小哥工作座谈会，强化部门协调联动，推进落实快递员住房保障等任务目标。宝山区重点品牌快递企业负责人参加会议。会上，宝山局就前期关爱快递小哥工作开展情况进行了介绍，一是抓实研究，倾听基层心声，聚焦快递员住房难问题；二是协调联动，融入地方资源互补，增强党政群团组织合力；三是拓展服务，开展高温慰问、“户外职工爱心接力站”走访等活动，加强行业关爱关怀；四是严格监管，强化安全培训，提升一线快递员安全综合素质。宝山局会同宝山区工会、团委听取了快递企业负责人关于职工住房、福利保障、社保缴纳等方面情况的交流发言，并提出工作思路。一是提高政治认识。落实中央指示精神，强化“为美好生活的创造者创造、为守护者守护”思想理念；二是凝聚工作合力。完善常态化工作机制，坚持目标导向、问题导向、效果导向，整合行业主管部门、地方政府平台资源，协同联动、工作互动、优势互补，“线面结合”建立健全工作链条，实现“一站式服务”“一键式惠企”齐抓共管工作格局。三是协调推进住房保障。宝山局、宝山区工会、团委围绕用好用足政策红利，解决快递员住房、待遇保障等问题展开现场办公，明确为有需求的快递企业员工试点提供价低质优的租住房源、配租公租房，试点辖区快递行业建会入会，开展政府补贴培训等任务目标，推动快递行业纳入区级层面惠企政策覆盖范围，全力推进邮政快递业高质量发展。

在江苏，淮安市政府召开青年工作联席会议，印发《淮安市青年发展规划(2020－2025年)》，明确淮安局作为牵头部门之一，负责推动快递小哥等群体融入社会参与。发展规划指出，要增进快递小哥、新生代农民工、网约车司机、青年企业家等群体的政治认同和社会参与。发挥共青团组织优势，主动联系新的社会阶层青年群体，吸纳他们中的优秀分子进入组织体系，进行经常性对话交流，增进理解、认同和包容，舒缓社会压力，融洽社会关系。淮安市快递协会团工委自成立以来，组织开展了青年文明号创建、行业团干部培训班等活动。在新冠肺炎疫情防控期间，市快递协会团工委主动与地方部门沟通对接，在快递行业组织协调蓝天救援队对转运中心等重点区域进行场地消毒、开展12355心理咨询及捐赠酒精400斤，有效减少病毒传播概率，提升了企业安全防控能力。

南京局联合该市团委、文明办、关工委、教育局、文旅局等部门和单位，开办“宁聚青春　筑梦金陵”南京市邮政快递子女公益暑托班，引导和帮助快递员(投递员)子女度过一个安全、快乐、有收获的假期。该活动共分2期，每期10天，开设14个班，招收160名8～12岁小学员，提供公益性暑期看护服务，开展爱国主义教育、安全自护教育、科技教育、课业辅导、身心健康等活动，并为所有学生统一购买意外伤害保险。南京局广泛宣传动员，组织全市邮政企业和10余家快递企业积极参与，鼓励邮政快递从业人员踊跃报名，明确优先照顾留守儿童。

在浙江，杭州局联合市总工会，依托文化家园、爱心点、休息点、快递营业场所等，在全市范围内设立了11家快递小哥“爱心驿家”，1家“米粒图书馆”，将关心关爱快递小哥的举措落到实处。骄阳酷暑，快递小哥在高温下为大家的快递忙忙碌碌四处奔波，很多时候都没有地方喝水，也不敢随意停车去上卫生间，繁忙之后更难找到地方歇息，长此以往给身体健康带来了不良影响。为此，杭州局联合市总工会积极打造“爱心驿家”，在“爱心驿家”里配备了空调、电扇、冰箱、微波炉、饮水机、药箱和书架等设施设备。作为休息室、宣传站、爱心桥，“爱心驿家”成为展示杭州城市文明和人文关怀的一道亮丽风景线。此外，快递小哥还可以在“爱心驿家”了解相关帮扶政策。在11家“爱心驿家”中，有一家还加载了阅读功能的“米粒图书馆”，为快递小哥打造普适性的大众阅读平台。

在福建，漳州局联合该市委信办、文明办、总工会、团市委及快递行业协会在全市范围内开展首届“邮”你最美——寻找最美快递员活动，并联合成立寻找“最美快递员”活动审定委员会，协调和组织此次活动的实施。活动分人选推荐、事迹展示、确定候选人、网络投票、评审阶段、宣传推介和颁奖鼓励七个阶段。自5月29日开始报名，报名时间持续到6月30日。活动主要面向一线从业人员，涵盖快递收、转、运、派以及售后等各个岗位，个人、团队均可报名。届时，漳州市文明网、“漳州市总工会”“青春漳州”微信公众号将对参加人选典型事迹进行展示。同时，邀请《中国邮政快递报》《闽南日报》，东南网、闽南网，《漳州电视报》及漳州新闻网等媒体进行宣传报道，扩大活动影响力。

在江西，鹰潭局联合该市新圆通速递有限公司、余江申通快递有限公司、贵溪市海珊电子商务有限公司开办了职业技能提升相关培训班，157名新晋快递小哥参加培训并获得培训补贴。为落实国家局、江西省局关于全面加强人才队伍建设的工作部署，积极推动实施快递从业人员技能培训“246”工程，鹰潭局主动对接地方相关部门，推动培训政策落地实施。一是对接劳动就业部门，了解职业技能提升行动相关政策，并积极争取将邮政快递业纳入行动范畴。二是吃透政策要求，对照职业技能提升培训规范要求，做好培训前师资、课程、场地等准备工作。三是跟踪培训实效，驻点参与企业培训，对培训人员、培训内容、结业考核等进行综合考量，总结培训经验。四是指导申报补贴资金，按照申报流程，指导企业收集培训相关资料，汇编成册，及时提交至相关部门。

上饶局多措并举推进关心关爱快递从业人员工作。一是与该市总工会、团市委、快递协会联合筹备开展关爱快递员“暖蜂行动”。将组织60名全市优秀快递从业人员赴三清山开展“暖蜂行动”系列活动，不断提升快递从业人员的社会荣誉感和融入感，推动行业健康有序发展。二是积极与市总工会沟通联系，进一步发挥组织优势，为快递从业人员提供个性化、精准化的暖心、贴心服务，维护好快递从业人员的合法权益。三是联合市人社部门开展相关技能培训与竞赛。协调人社部门组织行业参加职业技能培训和“振兴杯”技能竞赛，将为快递从业人员提供更多技能素质培训的机会，助力快递从业人员成长进步。四是加强行业先进典型挖掘选树。充分挖掘快递从业人员助人为乐先进事迹，大力宣传在抗击新冠肺炎疫情、鄱阳抗洪抢险等方面作出贡献的快递从业人员，动员邮政快递企业及从业人员积极参与文明城市和卫生城市创建，进一步展现快递小哥的职业风采和文明形象，弘扬行业正能量，营造出尊重快递员劳动、关爱快递员发展的良好社会氛围。

在湖北，黄冈局联合该市团委开展服务快递小哥心理咨询活动。开通“12355服务专线”，邀请专业心理咨询师免费为快递小哥排忧解困，提供劳动权益、职场适应、心理健康、亲子关系、情感婚恋等咨询内容，帮助快递员尽快调适心态、缓解心理压力、管理负性情绪，守护快递员的身心健康，让良好的心态和情绪成为对抗疫情阻击战、攻坚战、持久战的第一抵抗力。

在广东，汕尾市举行“劳动者驿站”揭牌授牌仪式。该市总工会、邮政管理局、交警支队等相关单位负责同志及20余位户外劳动者代表共同见证“劳动者驿站”的正式启用。活动当天，与会人员在驿站工作人员的指引下参观了汕尾建行“劳动者港湾”、汕尾粤运公司“爱心司机小家”等驿站示范点，实地了解、体验驿站相关设备和功能。驿站内桌椅、沙发、饮水机、微波炉、充电器、简易医药箱等基础便民设备一应俱全，具备休闲休息、书报阅读、临时储物、母婴关怀等功能。目前，全市各县区共设35个“劳动者驿站”，分布在户外职工密集的城市主干路，主要服务快递员、环卫工人、公交司机、交通警察等户外劳动者，重点解决其饮水、就餐、如厕和休息等实际问题，真正做到急职工之所急，进一步改善了户外劳动者的生产生活条件。

汕头局联合该市快递行业协会深入邮政快递企业一线网点对行业从业人员开展关心慰问活动。活动期间，慰问组到一线网点进行慰问，为一线从业人员送上爱心礼包。爱心礼包由“三个包”组成：一是“防疫健康包”，含医用一次性口罩20个、酒精消毒液1瓶、消毒片1盒、创可贴1盒等防疫健康用品；二是“防暑降温包”，含清凉饮料1箱、莲花峰茶1盒、藿香正气液1盒、百草油1瓶等防暑降温物品；三是“交通安全包”，含安全头盔1顶以及汕头市交通秩序整治“百日行动”倡议书、邮政业交通安全文明倡议书、市公安局关于整治道路交通秩序的通告等宣传资料。

韶关局、中山局分别联合有关单位开展关爱快递小哥夏季送清凉活动，为邮政快递业一线从业人员送去关怀。韶关局联合该市总工会、快递行业协会到中国邮政集团有限公司韶关市分公司，为一线邮递员、快递员送去菊花茶等清凉解暑饮料700箱，对他们冒着高温付出辛勤劳动，满足消费者寄递需求给予充分肯定，叮嘱他们要合理安排作业时间，加强自我防护，切实做好防暑降温工作，同时要克服困难，保障邮件快件派送服务质量。中山局联合该市总工会到辖区快递企业开展防暑降温“送清凉”慰问活动，向企业送去消暑饮品、防护用具等，为快递从业人员带去亲切关怀。慰问组还到中山韵达新建分拨中心进行实地调研，了解工程项目进展情况，并与现场工作人员进行深入交流，了解中心运行相关情况。

在重庆，一分局打造“快递小哥”法律服务团为从业人员办实事。18个法律服务团成员单位及特聘律师、中邮万州片区分公司、部分快递企业和快递小哥代表参加仪式。法律服务团的成立是贯彻落实国家局“七件民生实事”部署的有力手段。法律服务团为快递小哥及其家属提供服务，包括对邮政快递业从业人员合法权益提供保护咨询，解决婚姻、家庭、合同、债务、纠纷等困惑与问题，既提供法律宣传和法律咨询，也提供律师服务和援助服务。

六分局联合江津团区委赴江津区快递物流服务中心开展“为快递小哥加油助力”慰问活动。慰问组查看了快递物流服务中心员工工作环境，仔细询问了快递小哥工作生产生活情况及存在的困难，并送上米、油等慰问品。团区委对在新冠肺炎疫情期间、高温汛期仍坚守岗位、尽职尽责的一线快递小哥表示问候和衷心感谢，同时，希望江津区快递物流服务中心团支部充分发挥组织优势，积极帮扶并关心关爱行业从业青年。六分局在肯定邮政快递人职业担当，敢于担当、主动作为，忘我工作、无私奉献精神的同时，鼓励快递小哥进一步抓好服务质量提升，规范投递服务，展现邮政快递业的良好形象，为疫情防控和经济社会运行秩序加快恢复作出积极贡献。

在西藏，拉萨局深入邮政、顺丰、中通、韵达、圆通等9家寄递企业开展了关爱一线员工慰问快递小哥活动，向奋战在一线的快递小哥送去医用口罩、劳保手套、方便面、矿泉水等慰问品，并与大家亲切交谈，对他们在“双11”业务旺季的付出给予充分肯定，鼓励大家继续发扬“小蜜蜂”精神，圆满完成业务旺季服务保障工作，同时叮嘱快递小哥注意作业安全、消防安全、行车安全和冬季保暖。

在陕西，咸阳局联合彬州市委组织部、团市委、市电商办开展“严冬送温暖 关爱快递员”慰问活动，向一线快递小哥送去温暖。在彬州韵达分拨场地，慰问组向30名来自各品牌快递企业的快递员代表送上保温杯、保暖手套、护膝、水果等慰问品，感谢他们风雨无阻的辛苦付出，为群众提供高效、便捷的快递服务，尤其是疫情期间为保障群众正常生活坚持不懈的奉献。

五、“绿色快递”建设深入人心

在北京，北区局认真研究推进，成立工作领导小组，迅速动员部署，多举措开展快递包装绿色治理工作；深入实施“9899工程”，推进快递包装绿色治理和行业节能减排工作，落实市局绿色网点、绿色分拨中心建设试点方案，结合辖区实际，积极开展绿色网点建设试点工作。东区局作为通州区垃圾分类联席会议成员单位，积极推动行业快递包装绿色治理与通州区垃圾分类减量工作有效衔接；分别联合东城区、朝阳区和通州区商务局，相继印发文件部署电商快递包装协同治理工作，促进电商快递包装从源头实现减量化、绿色化及可循环，加强辖区行业绿色生态环保工作，推动“9899”年度目标顺利完成；有重点、分步骤，扎实推进辖区绿色网点和绿色分拨中心建设试点工作。西区局加强组织领导，制定工作方案，强化工作措施，积极推进辖区快递包装绿色治理工作。南区局多措并举全力推进辖区快递绿色包装治理工作，提升行业绿色发展水平；组织召开邮政业绿色发展工作推进会，顺丰、京东、中通、韵达、丹鸟等10家主要品牌快递企业相关人员参会。

在天津，一分局成立绿色环保专项检查组开展邮政快递业绿色环保专项检查，先后深入辖区京东、德邦、极兔等品牌快递企业，检查企业生态环保日常工作部署、电子面单、“瘦身胶带”、循环中转袋及包装废弃物回收箱设置等指标落实情况。二分局采取多种措施鼓励引导辖区邮政企业开展“绿色邮政建设行动”，取得积极成效。

在河北，保定局联合该市发展和改革委员会、生态环境局、商务局等10部门成立推进邮政快递业绿色发展工作领导小组，领导小组办公室设在保定局。唐山市印发《关于进一步加强塑料污染治理的实施方案》，市邮政快递业被纳入其中。方案提出，自2021年起，全市邮政快递网点使用不可降解塑料袋（带）比例每年下降20%以上。到2025年底，全市范围内邮政快递网点禁止使用不可降解的塑料包装袋、塑料胶带、一次性塑料编织袋等。方案明确，鼓励电子商务企业与快递物流企业开展供应链绿色流程再造，创新包装设计，推广可重复性使用的包装新产品。以连锁商超、大型集贸市场、物流仓储、电商快递为重点，促进标准器具和物流包装的循环使用，鼓励按照商品特点分类探索“周转箱+托盘”的单元包装和无包装模式。包装生产企业、电商企业和快递企业要主动与回收利用企业衔接，建立“互联网+”平台与线下物流相结合的机制，探索利用配送渠道回收、社区便利店回收等模式，提升包装资源回收利用率。

在山西，运城局持续推动邮政快递业生态环保工作各项指标落地，提前完成“9792”工程目标。一是多次召集专题会议传达部署辖区邮政快递业绿色生态环保工作，宣贯《邮政业寄递安全监督管理办法》《快递封装用品》系列国标等行业绿色环保相关规定、标准；二是通过现场查看、查阅档案、调阅监控等多种形式，对场所的快递绿色包装、循环中转袋使用落实情况进行检查，对检查中发现的问题督促企业进行限期整改；三是与市商务部门联合开展协议用户绿色包装集中治理，要求邮政、快递企业实现邮件快件包装规范化、标准化、减量化和可循环，有序推动全市行业绿色环保工作。目前，全市快递企业45毫米以下瘦身胶带封装比例达98%；98.6%以上的电商快件不再二次包装；循环中转袋使用率达到91.3%；所有许可备案企业和新增快递末端网点全部设置包装废弃物回收装置。

在内蒙古，呼和浩特局联合中国铁塔内蒙古分公司以“绿色环保、安全出行、铁塔换电、助力快递小哥”为主题，以绿色出行的实际行动在全市邮政快递业大力推广智能换电业务，为供需双方搭建面对面的对接需求平台；邮政快递业环保治理工作小组召开联席会议；自治区政协提案委员会、呼和浩特市政协人口资源环境委员会领导深入快递电商产业园调研邮政快递业绿色发展工作。鄂尔多斯局与多部门积极对接，在前期调研基础上，助推《关于对城市配送新能源车辆进行运营补贴的通知》印发，推动城市货运配送新能源车辆运营补贴政策落地；联合该市发改、生态环境、商务、财政、住建等10部门印发了《关于协同推进快递业环保治理工作的实施方案》。兴安盟局多举措推动邮政业生态环保工作。乌兰察布局稳步推进“9792”工程，在全市寄递企业全面推广绿邮循环箱，全市法人企业和分支机构已全部配置绿邮循环箱，首次实现全覆盖，并向末端网点延伸，“9792”工程取得阶段性成效；乌兰察布市发改委、生态环境局联合印发《乌兰察布市关于加强塑料污染治理工作实施方案》，邮件快件绿色包装治理被纳入其中。乌海局联合该市发改、科技、工信、公安、财政、生态环境、住建、交通、商务、市场监管等10部门召开全市推进邮政快递业环保治理工作联席会议；乌海市发改委、生态环境局联合印发《乌海市关于加强塑料污染治理工作实施方案》，将邮政业塑料污染治理工作纳入全市塑料污染治理工作体系。阿拉善盟局联合该盟发改委、科技局、工信局、公安局、财政局、生态环境局、住建局、交通局、商务局、市场监督管理局等10部门开展行业绿色包装治理工作专题调研。赤峰市发改委联合生态环境局印发《赤峰市关于加强塑料污染治理工作实施方案》，快递业绿色包装治理工作被纳入其中。

在辽宁，大连局组织骨干寄递企业召开2020年全市邮政业生态环保工作推进会，解读行业法律规范，部署重点任务，推进“9792”工程全面落地；与该市发改委、生态环保局等相关部门建立工作联系，主动沟通协调，积极参与《大连市关于进一步加强塑料污染治理的实施方案》《大连市生态环境保护责任清单》等建设实施，推动邮件快件包装治理工作被纳入其中。

在吉林，四平局持续开展对邮政、快递企业绿色包装应用工作的督导检查，进一步掌握行业绿色包装应用情况，推动工作落实，检查组先后到顺丰、申通、圆通、韵达等快递公司的分拣中心和末端网点进行检查，督导检查各企业设置包装废弃物回收装置，电子面单使用、“瘦身胶带”、循环中转袋、符合标准的包装材料等应用推进落实情况；联合多部门开展塑料污染治理工作联合监督检查。

在黑龙江，齐齐哈尔局加强与该市生态环保局沟通对接，推动出台《齐齐哈尔市生态环保责任清单》，明确了邮政管理部门工作职责，助力绿色邮政发展。清单规定，邮政管理部门的主要职责为负责推动快递行业使用符合标准的包装物，推进快递包装减量化，促进快递包装废弃物回收和综合利用，负责监督禁止为野生动物非法交易提供寄递服务等。七台河局多措并举，扎实开展邮政业重金属和特定物质超标包装袋专项治理工作。

在上海，浦东局在对辖区寄递企业生态环保主体责任落实情况检查的同时，积极开展邮件快件包装绿色治理工作。奉贤局对辖区一家违反《邮政业寄递安全监督管理办法》中关于快递绿色包装规定的行业企业的违法行为开展立案调查并处以行政罚款。宝山局按照年度目标任务，扎实有序推进辖区邮政快递业生态环保工作落实；与崇明区发改委等9部门联合发文，积极推进塑料污染治理工作。青浦局对第三届国际进口博览会邮件快件监管中心各企业落实行业生态环保工作情况开展实地检查。

在江苏，常州局与该市检察院联合举行绿色生态文明建设邮路启动仪式，两部门共同为寄递行业绿色生态文明建设3支邮路授旗并签订共同打造绿色生态文明建设邮路实施意见。镇江市印发《深化生态文明建设综合改革实施方案》，发展低碳邮政被纳入全市生态文明（低碳城市）建设九大行动任务。苏州局联合该市发改委、城管局、商务局、市场监督局印发了《关于进一步加强快递行业绿色包装管理的实施意见》，合力推动建设快递包装治理体系和社会化快件包装物回收体系，以实现快递包装绿色化、减量化和可循环。

在浙江，杭州局召开全市邮政快递业生态环保工作推进会议；联合该市发改委、生态环境局等9部门印发《杭州市关于进一步加强塑料污染治理的实施方案》，建立健全塑料制品管理长效机制。绍兴局认真研究推进，迅速动员部署，多举措开展快递包装绿色治理工作。

在安徽，合肥市政府印发《关于加快新能源汽车产业发展的实施意见》，将邮政快递业新能源车纳入其中。意见要求，扩大邮政、物流配送、通勤等领域新能源汽车应用规模，从2021年起公共领域新增或更新用车全部使用新能源汽车；构建智能绿色物流运输体系，发展“互联网+”高效物流，打造安全高效的物流运输服务新业态。马鞍山局联合该市城市管理局、生态环境局等6部门印发《马鞍山市推进邮政行业绿色环保工作实施方案》。池州市政府办公室转发该市发展改革委、市交通运输局《关于进一步降低物流成本的实施意见》，将积极发展绿色物流纳入重点任务及责任清单，并明确市邮政管理局为责任单位之一，负责邮政业绿色发展。

在福建，福州局联合该市生态环境局印发《福州市加快推进邮政快递业绿色包装应用实施方案》，加快推进福州市邮政快递业绿色包装应用，共同参与“美丽福州”建设。宁德局与该市商务局联合印发《关于进一步加强全市电商快递包装协同治理工作的通知》，共同推进电商快递包装协同治理。泉州局统筹兼顾，建章立制，充分发挥生态治理合力，深入贯彻落实邮政业生态环保工程目标要求，截至10月底，泉州市快递电子面单使用率达到99.93%，循环中转袋使用率达到71%，电商快件不再使用二次包装比例达到81.1%，全市共配置快递包装回收装置689个。

在江西，南昌局印发《关于做好2020年行业生态环境保护工作的通知》，对全市邮政、快递企业使用环保物料、持续推动节能减排等工作提出明确要求，切实保障行业绿色可持续发展。鹰潭市财政局与商务局联合印发《鹰潭市商贸物流建设（城乡高效配送试点）专项资金使用办法》，明确了对寄递企业购置新能源车辆给予专项资金补助，为绿色邮政建设添加了“助力剂”。新余局印发《关于推进全市邮政业生态环保试点工作的通知》，部署推进绿色邮政试点工作，圆满完成试点工作任务目标，推动打赢邮政快递业污染防治攻坚战。九江局深入开展全市邮政快递业重金属和特定物质超标包装袋专项治理工作；九江市《关于加强塑料污染治理的工作方案》正式出台，将邮政快递领域“禁塑”“限塑”污染治理作为重要内容予以纳入。

在山东，《济南市进一步加强塑料污染治理实施方案》印发，在济南局的积极推动下，快递包装治理被纳入其中，邮政业生态环保工作获地方联合治理支持。日照局做客全市政风行风热线栏目，宣传邮政快递业绿色环保工作，呼吁市民提升环保意识，共同努力推动快递包装减量化。德州市发改委、生态环境局联合印发《德州市进一步加强塑料污染治理实施方案》，强化快递塑料包装管控，支持快递绿色包装推广；德州局联合该市市直机关工委、总工会、快递协会举办快递行业绿色包装规范收寄技能竞赛。聊城局联合该市发展改革委、生态环境局印发《聊城市进一步加强塑料污染治理工作实施方案》，将邮政行业包装治理纳入全市塑料污染治理体系。烟台局联合该市商务局印发《关于进一步加强全市电商快递包装协同治理工作的通知》，推动全市电商快递包装协同治理，促进行业生态环保“9792”年度目标顺利完成。

在河南，周口局联合该市商务局印发《关于建立行业生态环保会商工作机制的实施意见》，建立行业生态环保会商工作机制，以促进电子商务和寄递业生态环保联合监管为重点任务，成立了周口市电商和寄递渠道生态环保工作领导小组，负责部署协同全市电商和寄递渠道生态环保会商各项工作，研究解决工作中遇到的重大问题，组织相关任务落实。鹤壁局组织开展邮政业绿色网点和绿色分拨中心评选活动。

在湖北，黄冈局与该市生态环境局联合印发《关于推进邮政快递业绿色发展的实施意见》，共同推进邮政快递业生态环保工作。荆门局会同该市发展改革委、经济和信息化局、生态环境局、市场监督管理局、商务局、城市管理执法委员会联合出台《关于协同推进荆门市邮政快递业包装绿色治理的实施意见》。恩施局联合该州发改委、经信局、生态环境局、住建局、商务局、市场监督管理局等6部门印发《恩施州邮政快递业包装绿色治理三年（2020—2022年）行动方案》，部署开展邮政快递业包装绿色治理活动。

在湖南，长沙局组成专项小组，对全市绿色快递发展情况开展督导调研，调研组赴中通、圆通、韵达等品牌分拨中心及一线网点，深入了解快递企业生产场地环保建设情况、邮件快件包装情况、电商快件二次包装情况以及“瘦身胶带”、循环中转袋使用等情况，同时还组织试点绿色分拨中心和绿色网点负责人召开座谈会，了解试点企业“绿色快递”试点建设进度，并就存在问题提出意见建议。衡阳局成立由主要负责人任组长的绿色环保专项检查组，对全市邮政快递企业网点开展绿色环保专项督查，检查组先后深入辖区申通、极兔等快递企业，检查企业生态环保日常工作部署、电子面单、“瘦身胶带”、循环中转袋及包装废弃物回收箱设置等指标落实情况。

在广东，湛江局扎实推进行业绿色发展工作，成立市邮政业生态环保工作领导小组，制订工作要点和分工方案，督促和指导全市寄递企业按照职责分工具体落实各项工作，印发执行“邮来已久、绿动未来”主体宣传活动方案，积极开展辖区寄递企业落实生态环保主体责任情况的监督检查、快递包装实地抽查和邮政用品用具专项检查。韶关局印发《2020年韶关市邮政行业生态环境保护工作实施方案》，部署落实“9792”工程，加快推动全市快递包装绿色治理工作。阳江局根据《邮政业寄递安全监督管理办法》，以未向协议用户书面告知对封装用品和胶带的要求为案由，向阳东区某寄递企业开出该市邮政快递业首张环保罚单。深圳局坚持发展与环保并重，多措并举、打出组合拳，推动全市快递业务旺季期间快递包装实现“减量化、绿色化、可循环”，着力打造绿色“双11”。

在广西，河池局多举措强化行业生态环保工作，一是召开部分寄递企业培训会，二是严格落实企业生态环保主体责任，三是开展生态环保专项检查。贺州局深入开展邮政业重金属和特定物质超标包装袋专项治理。

在海南，海口局组织辖区邮政、快递企业部署开展全市邮政快递业同城快递业务可循环可折叠包装应用试点工作。三亚局会同该市生态环境局开展邮政快递行业生态环保工作联合调研，推动行业无废网点和分拨中心建设，调研组深入三亚邮政、顺丰、圆通等分拨中心和网点，听取企业负责人有关企业生产规模、作业流程等基本情况及生态环保工作开展情况的介绍，实地查看企业生产作业场地、循环中转袋使用、快递包装废弃物回收等方面情况，对企业推进生态环境保护方面所做出的努力给予肯定，并就推动无废网点和分拨中心建设政策保障和资金支持方面听取企业意见建议。东部局向琼海市政府报送专报，报告今年以来推进琼海市快递业绿色包装应用工作相关情况，获琼海市政府主要领导和分管领导肯定，要求认真总结推广相关工作经验。

在重庆，七分局提前完成邮政业生态环保“9796”目标任务。三分局持续开展行业生态环保工作专项督导检查。

在四川，泸州市发展改革委、生态环境局联合印发《泸州市进一步加强塑料污染治理实施方案》，邮政业塑料污染治理工作被纳入其中，泸州局被列为相关工作责任单位。巴中市政府办公室印发《巴中市生活垃圾分类和处置工作实施方案》，将快递行业包装处置和回收装置建设纳入重要工作。

在云南，迪庆州出台《进一步加强塑料污染治理的实施方案及任务分工》出台，迪庆局被列为相关工作责任单位之一。

在陕西，咸阳局召开邮政快递业绿色网点和绿色分拨中心建设推进会，对试点建设工作进行再动员再部署。宝鸡局与该市商务局联合印发《关于加强全市电商快递包装协同治理工作的通知》。汉中局联合该市市场监督管理局印发《关于转发快递包装绿色治理相关制度的通知》，推进快递包装绿色治理工作。

在甘肃，陇南市政府办公室下发《陇南市进一步加强塑料污染治理的实施方案》，对建立健全塑料制品污染治理长效机制作出了全面安排部署，将快递塑料包装治理工作纳入治理范围。

在青海，西宁局紧紧围绕“9792”工程目标，聚焦绿色治理，深入开展行业绿色环保督查工作。海西局在紧抓疫情防控和复工复产的同时，主动融入地方工作，开展多项行动，推动辖区寄递企业规范服务行为，提高行业绿色发展水平。果洛局举办2020年行业生态环境保护工作培训班，州邮政分公司、各快递企业负责人参加培训。

在宁夏，石嘴山局成立检查组，对企业生态环保工作进行督导检查。吴忠局以“红色领航　快递先锋”党建品牌创建活动为依托，引导党员干部精准发力，深入推进全市邮件快件绿色包装专项治理工作取得实效，全体党员干部分别深入各自对接的快递品牌企业，面对面宣讲《邮件快件绿色包装规范》要求，传达自治区7部门《关于协同推进宁夏邮政快递业包装绿色治理的实施意见》精神，并随机抽查快递包装情况，同时，详细了解企业员工对快递绿色包装认识，集中掌握全市快递绿色包装推广应用情况，为后续专项治理工作提供了可靠依据。中卫局组织开展全市邮政业重金属和特定物质超标包装袋专项治理工作。

在新疆，昌吉局开展行业包装绿色治理活动，取得了阶段性成果。阿勒泰局联合该地区发改委、生态环境局、工业和信息化局、科学技术局、公安局、财政局、住房和城乡建设局、交通运输局、市场监督管理局、商务局等11部门印发《关于协同推进邮政快递业包装绿色治理的实施意见》。

六、全力保障寄递渠道安全

在天津，滨海局强化部门联动，加强与滨海新区公安部门协作配合，深度融入属地安全生产联动机制，加强寄递安全“三项制度”落实以及涉枪涉爆物品、涉毒物品及危险化学品等的监督检查力度。二分局与蓟州区公安综合防范支队进行座谈，了解当地寄递渠道涉枪涉爆等安全管理工作情况，并联合开展实名收寄专项执法检查。

在河北，廊坊局与该市政法委联合印发《关于成立县级寄递渠道安全管理工作领导小组的通知》，由各县政法委牵头，联合公安、市场监督、交通运输等7个部门成立县级寄递渠道安全管理工作领导小组，完善寄递渠道安全综合治理体系，进一步加强全市邮政快递业寄递渠道安全监管工作。

在山西，太原局、阳泉局分别开展汛期安全防范工作检查。吕梁局连续三年获评全市安全生产目标责任考核先进单位。临汾局组织召开全市寄递渠道安全管理工作领导小组会议。大同局连续三年荣获全市安全生产工作先进集体称号。

在内蒙古，乌海局连续五年获评全市平安建设（综治工作）先进集体。鄂尔多斯局研究制定《鄂尔多斯市交通运输（邮政快递业）安全专项整治三年行动实施方案》，并以独立子方案的形式被纳入《鄂尔多斯市安全生产专项整治三年行动实施方案》。赤峰市政府审议并原则通过《赤峰市安全生产专项整治三年行动实施方案》，邮政快递业安全整治作为重点行业领域被纳入其中。阿拉善局研究制定《阿拉善盟邮政快递业安全生产专项整治三年行动实施方案》，并以独立子方案的形式被纳入《阿拉善盟安全生产专项整治三年行动实施方案》。乌海局主动沟通和积极争取，乌海市政府拨付财政资金20万元，支持寄递渠道安全保障工作。

在辽宁，铁岭局获全省打击整治专项行动突出集体称号。盘锦局专门下发通知对全市邮政快递业汛期安全生产工作进行全面安排部署。朝阳局督导邮政快递企业汛期安全生产工作。鞍山局对防汛工作高度重视、狠抓落实，持续加强防汛工作的组织和领导，积极落实防汛抢险措施和应急处理办法，通过多种途径向寄递企业下发通知，安排部署隐患排查、应急值守、信息报送和安全保障等汛期防范工作，并深入寄递企业加强督导防汛工作落实。辽阳局加强值班值守，密切关注天气情况，积极督导各寄递企业做好防台防汛应对工作，全力保障行业安全度汛。大连局组织召开全市寄递渠道打击涉烟违法行为联席会议暨安全生产培训。阜新局部署开展邮件快件实名收寄执法专项行动。

在吉林，长春局组织召开线上安全生产培训班，全市邮政快递企业200余人通过视频线上接受培训。延边局多举措全面提升州邮政业消防安全生产工作水平。四平局开展寄递企业分拣设备安全作业专项检查。

在黑龙江，哈尔滨局专题部署市邮政快递业做好汛期安全防范工作。黑河局制定印发《关于进一步做好全市安全生产专项整治三年行动工作的通知》，并积极发挥执法效能，结合“双随机”检查，对各县邮政、快递企业开展督导检查。绥化局紧急部署极端天气下市邮政快递业安全生产工作。鸡西局积极督导寄递企业做好雨雪天气安全生产工作。伊春局获全省社会治安综合治理先进集体荣誉称号。

在上海，青浦局按照既定工作方案，坚持“守土有责、守土负责、守土尽责”原则，联合嘉定公安部门对京东上海区亚洲一号分拨中心、众邮快递操作场地开展进博安保专项检查。

在江苏，扬州市政府组织召开全市寄递物流业安全生产专项整治动员部署会，安排部署易制爆危险化学品和寄递物流专项整治行动。

在安徽，合肥局联合该市公安局等部门采取“四不两直”检查方式，在全市范围内开展了代号为“利剑行动”的寄递渠道安全专项检查。滁州局连续六年获评全市“扫黄打非”先进集体。宣城局积极做好邮政业防汛安全生产工作。亳州局连续三年获评全市安全生产和消防工作先进单位。芜湖局连续两年获评市级安全生产优秀单位。六安市寄递渠道安全管理领导小组召开联络员会议。

在福建，莆田局、龙岩局全力以赴，分别部署指导邮政、快递企业做好防汛工作。宁德局迅速部署邮政业防抗“黑格比”台风工作。漳州、厦门翔安、泉州、龙岩等地邮政管理部门迅速动员部署，靠前指挥，组织辖区寄递企业提前做好防抗台风“米克拉”工作。

在江西，赣州局下发《关于印发〈加强邮政快递企业安全监管十项措施〉的通知》，从健全管理机制、落实管控措施、狠抓责任落实三个方面，采取十项措施，着力加强安全监管，筑牢安全防线。萍乡局积极部署、扎实做好汛期行业安全生产和服务保障工作。九江局督导寄递企业做好汛期安全生产工作。上饶局部署邮政快递业防范应对强降雨天气，做好汛期安全生产工作。景德镇局举办全市邮政快递业消防安全培训班。抚州市寄递渠道安全管理协调小组召开专项会议。

在河南，焦作市委政法委员会、平安建设工作领导小组印发《2020年全市政法综治系统让群众更满意“十件实事”工作方案》的通知，将市邮件快件寄递安全管理纳入“十件实事”范畴，焦作局获评全市平安建设工作先进集体称号。南阳局连续四年荣获全市综治和平安建设优秀单位称号。

在湖北，襄阳市、鄂州市寄递渠道安全管理领导小组分别召开联席会议。荆州市寄递渠道安全管理领导小组办公室组织7个督查组，牵头督查单位由市寄递渠道安全管理领导小组各成员单位的分管领导担任，对全市寄递安全管理工作开展专项督查。恩施局组织召开全州邮政快递业安全生产协调领导小组第一次全体会议，安排部署完善行业安全生产协调领导机制。

在湖南，长沙局连续三年获评全市“扫黄打非”先进集体。衡阳局组织辖区寄递企业召开行业安全生产工作推进会。永州市召开寄递渠道安全管理工作联席会议。株洲局连续四年获评市级“扫黄打非”先进集体。张家界局多举措开展“安全生产月”系列活动。

在广东，惠州局多举措部署全市邮政业冬季防火安全工作。珠海局联合该市委政法委召集公安局、拱北海关等8部门召开2020年珠海市加强邮件、快件寄递安全管理工作联席会议。梅州局连续五年获评全市平安建设(综治工作)优秀单位。深圳局坚决做好常态化疫情防控工作，确保全市寄递渠道安全畅通。惠州局联合该市公安局禁毒支队举办全市邮政快递业禁毒工作培训班。河源市委政法委牵头组织召开河源市邮件快件寄递安全管理联席会议。

在广西，南宁局启动邮政行业“安全生产月”和“安全生产八桂行”活动。贵港局积极安排部署，强化责任落实，抓好邮政快递业汛期安全防范工作。百色局部署邮政业防汛工作，做好防范应对强降雨天气和汛期安全生产工作，严防发生各类寄递安全事故。梧州局多举措做好汛期行业安全防范工作。北海局部署全面开展市邮政快递业防风防汛工作。桂林局结合邮政快递业安全生产专项整治三年行动工作部署，在行业内开展各类场所安全风险排查整治。

在重庆，三分局积极与涪陵区委政法委沟通协调，推动印发《关于将寄递安全纳入城乡社区网格化服务管理的通知》，明确将寄递安全纳入城乡社区网格化服务管理体系，通过网点入格、网格定人、人员定责，强化寄递渠道安全管理属地责任落实，开展寄递渠道安全综合治理联防联控，有效提升寄递安全风险防控水平。七分局连续三年获评永川区安全生产先进单位。一分局连续三年荣获安全生产工作先进单位称号。涪陵区政府审议通过邮政寄递安全生产专项整治三年行动任务清单。江津区将邮政寄递安全整治纳入安全生产专项整治三年行动方案。二分局开展实名收寄信息异常问题专项整治工作。六分局联合綦江区政法委、应急管理局、公安、消防等部门组织召开綦江区寄递物流工作联席会并开展联合执法检查。

在四川，各市州邮政管理局结合实际，多形式开展邮政快递业“安全生产月”活动。成都市召开邮政快递行业禁毒工作座谈会，研判全市禁毒工作当前形势、发展趋势，对进一步加强邮政快递业禁毒工作做出安排。遂宁局联合市公安局禁毒支队开展全市邮政快递业禁毒专项培训，呼吁市民积极参与到全民禁毒斗争中来，共同打赢禁毒人民战争。德阳局举办全市寄递物流安全监管座谈培训，统筹抓好疫情防控和寄递物流安全监管工作。宜宾局成立安全生产专项整治领导小组，依托网络平台开展线上线下安全生产视频展播活动，并组织开展道路安全专题培训。内江局联合市委宣传部、市公安局交警支队开展主题宣传活动，深入宣传交通安全知识，倡导邮政快递行业车辆安全文明出行。广元、雅安等局举办“一盔一带”安全守护行动，更好地保障快递小哥的生命安全，营造文明交通出行的良好风尚。巴中局狠抓邮政业突发事件应急预案宣贯工作，切实提高行业应对突发事件应急处置以及风险防范水平。达州局组织快递企业负责人、安全员及一线从业人员开展消防安全知识培训，要求各企业要掌握本次培训技能，开展企业培训，提高员工安全意识，加大消防设备投入，定期查漏补缺，保障行业安全、平稳运行。

在云南，昆明局成立两个专项督导检查组，深入多个快递品牌省级分拨中心及市区、乡县多家快递网点，围绕寄递安全服务保障、疫情防控、安全生产、标准化建设和数字化建设等相关工作进行实地督导检查。迪庆局组织召开2020年全州邮政行业安全生产工作会议。

在西藏，拉萨局联合该市公安局建立联络协作机制加大寄递安全管控。日喀则局组织开展全市邮政业“安全生产月”和“安全生产西藏行”活动。昌都市寄递安全领导小组成员单位组织开展邮政快递业安全生产联合执法检查。山南局会同该市公安局禁毒支队、市场监督管理局对全市邮政快递企业集中开展安全生产联合执法检查。阿里局组织开展地区邮政快递业安全生产综合培训。

在陕西，西安局与该市公安局、消防应急救援支队对未央区、灞桥区、经开区、浐灞生态区的快递企业、分支机构和末端网点开展联合执法检查。咸阳局组织邮政快递企业代表参加“一盔一带”安全守护行动启动仪式。宝鸡局部署邮政业汛期安全生产工作，严防各类安全事故发生。商洛局部署全市邮政快递业汛期安全生产和疫情防控常态化工作，确保寄递行业“六稳”“六保”工作落实落细。渭南局深入各县区督导检查寄递企业汛期安全生产工作，切实保障寄递渠道安全通畅。

在青海，海东局组织开展实名信息异常专项整治行动。

在宁夏，银川局多措并举做好市邮政业疫情防范应对和寄递渠道安全管控工作。石嘴山局深入辖区快递企业，对企业落实各项安全整治工作情况进行了检查。

在新疆，巴州局联合该州、市公安交警部门召开邮政快递业“安全守护行动”动员部署会。

快递
进村
中通 ZTO EX
快递 PRESS
桂CV
M983
ZTO 中通快递
ZTO EXPRESS
用我们的产品 造就更多人的幸福

中国邮政

CHINA POST

值得信赖

顺丰 全心不负所托

顺丰是国内领先的综合物流服务商、全球第四大快递公司，致力于成为独立第三方行业解决方案的数据科技服务公司，以领先的技术赋能客户，为客户提供涵盖多行业、多场景、智能化、一体化的智慧供应链解决方案。

顺丰还是一家具有网络规模优势的智能物流运营商，依托于强大的信息系统，高效融合多元网络与业态，拥有对全网络强有力管控的经营模式。“天网+地网+信息网”三网合一，形成网络控制力强、稳定性高，且独特稀缺的综合性物流网络体系。

95338 www.sf-express.com

圆通之家

圆通微博

圆通抖音

中国 上海市青浦区新协路28号
TEL:95554 www.yto.net.cn

sto express 申通快递 express
用心服务
用爱守护
#申通快递：您身边的寄递专家#
95543
www.sto.cn

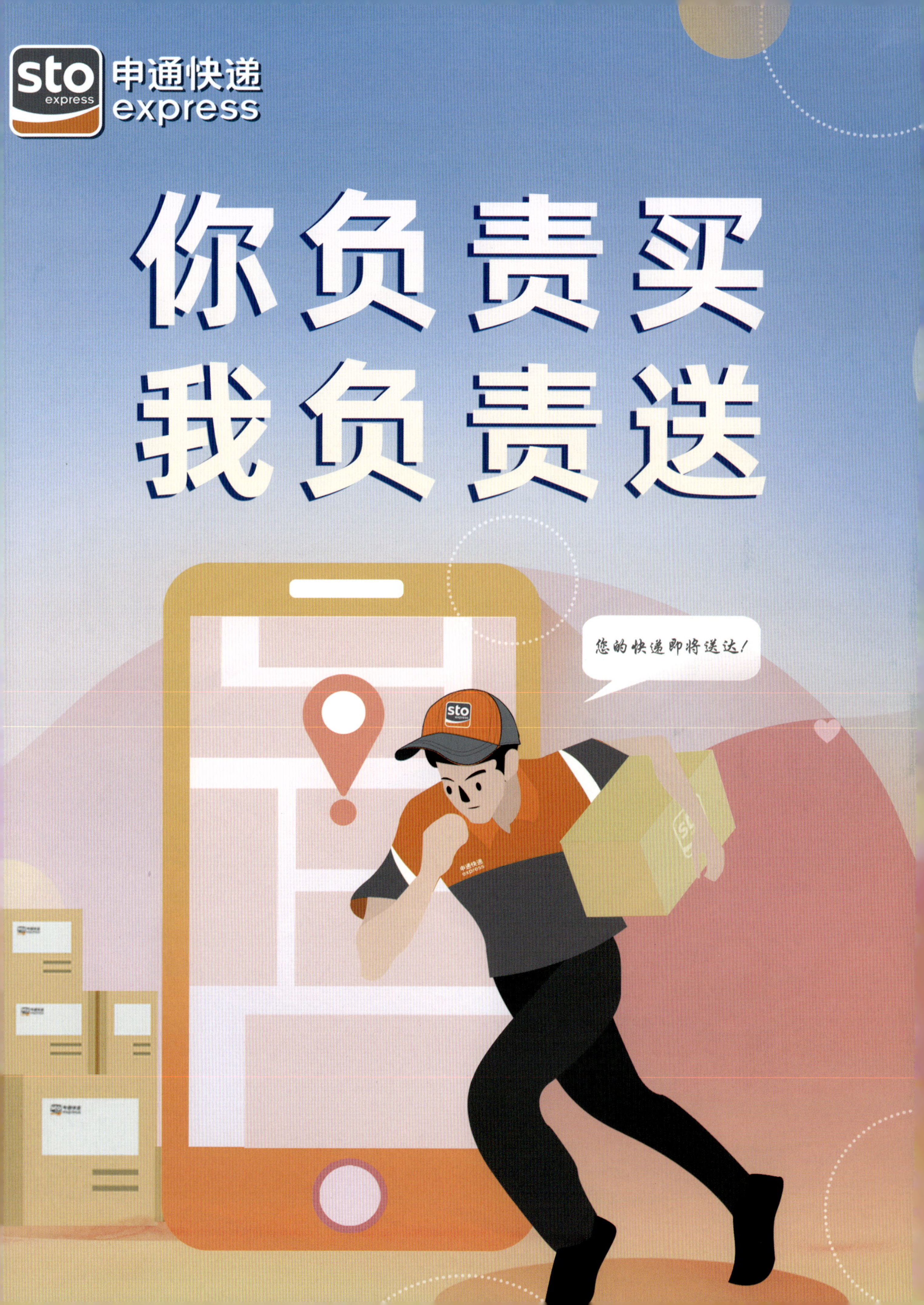
sto express
申通快递
express
你负责买
我负责送
您的快递即将送达!

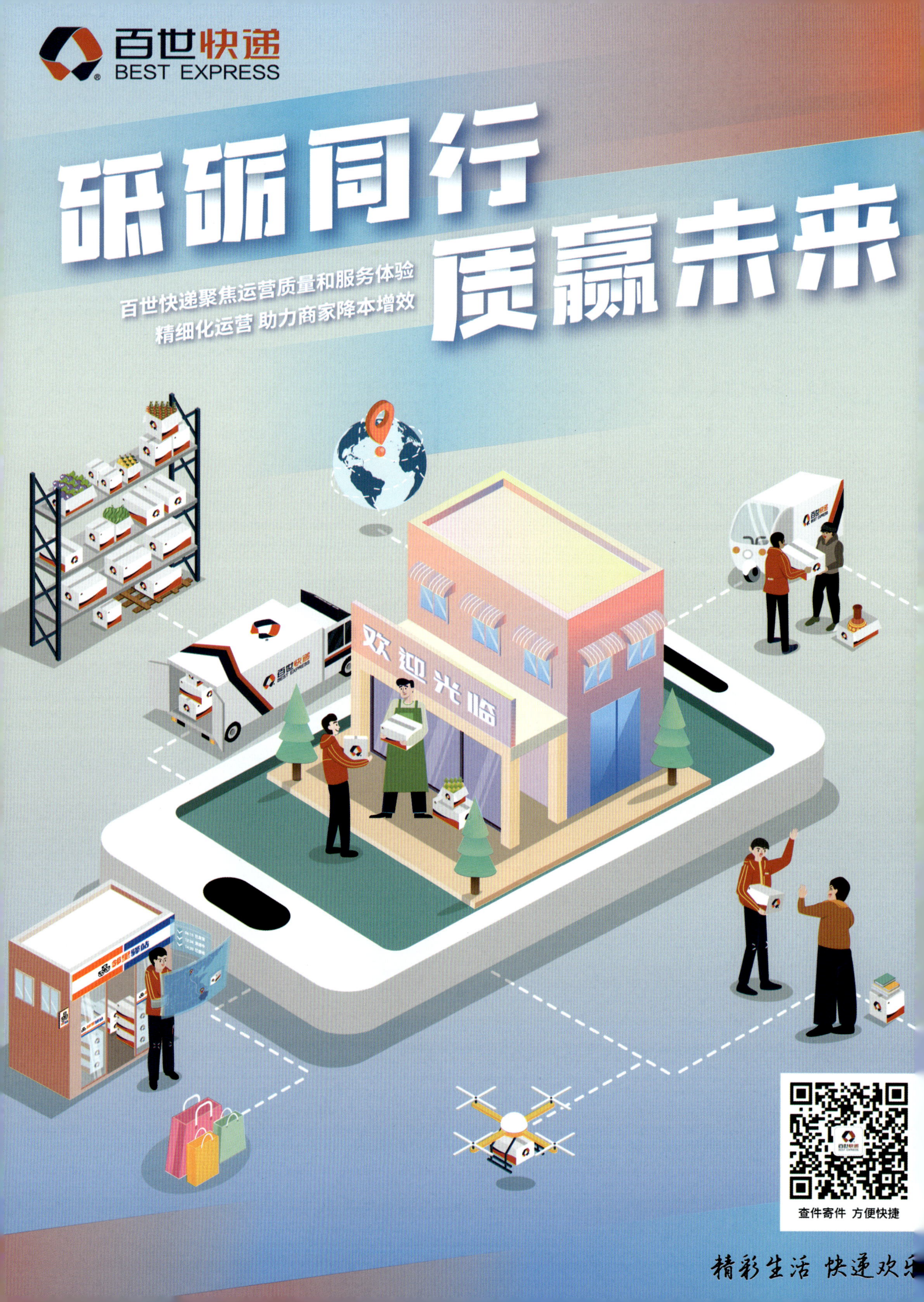
百世快递
BEST EXPRESS
砥砺同行
质赢未来
百世快递聚焦运营质量和服务体验
精细化运营 助力商家降本增效
欢迎光临
查件寄件 方便快捷
精彩生活 快递欢

“快”展“蜂”彩，暖心逐梦

国家邮政局党建工作领导小组办公室
共青团中央维护青少年权益部

· 传递 ·

传递快件 传递爱~

为创造者创造，为守护者守护

国家邮政局党建工作领导小组办公室
共青团中央维护青少年权益部

· 爱护 ·

光荣属于劳动者！幸福属于劳动者！

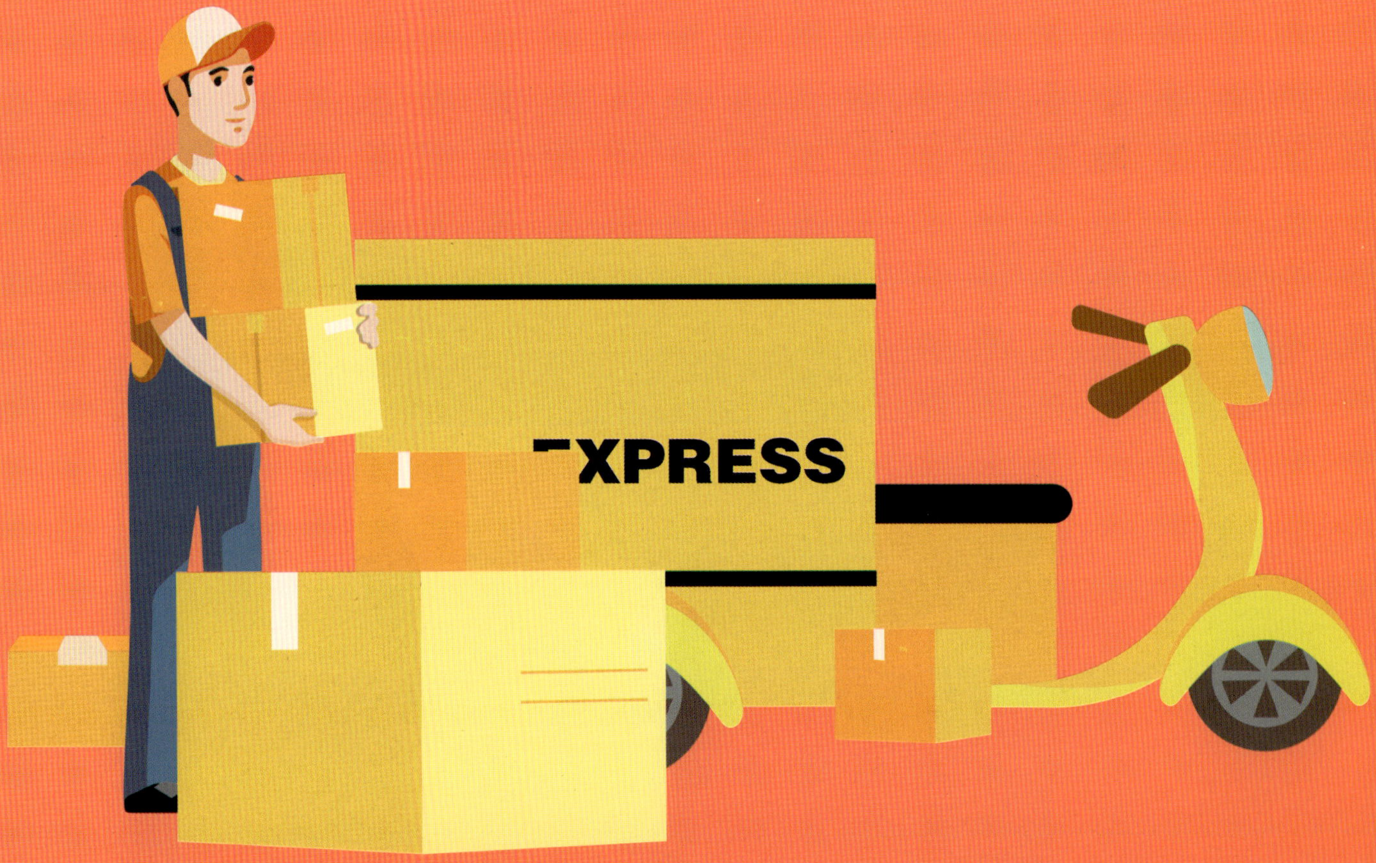

EXPRESS

共青团“12355”青少年服务热线为“快递小哥”提供劳动权益、职场适应、心理健康等免费咨询服务

小哥们，有事就呼吧！

“快”展“蜂”彩，暖心逐梦

国家邮政局党建工作领导小组办公室
共青团中央维护青少年权益部

· 成长 ·

每一步
都是往前走

“全国邮政行业劳动模范”

荣誉证书

为创造者创造，为守护者守护

国家邮政局党建工作领导小组办公室
共青团中央维护青少年权益部

· 使命 ·

未来属于奋斗的你

- “伟大出自平凡，英雄来自人民。面对这次突如其来的疫情，从一线医务人员到各个方面参与防控的人员，从环卫工人、快递小哥到生产防疫物资的工人，千千万万劳动群众在各自岗位上埋头苦干、默默奉献，汇聚起了战胜疫情的强大力量。”
- “数百万快递员冒疫奔忙。”
- “要维护好快递员、网约工、货车司机等就业群体的合法权益。”

第二章　快递业部门规章及规范性文件

（2020年施行）

邮政业寄递安全监督管理办法

《邮政业寄递安全监督管理办法》已于2019年12月18日经第30次部务会议通过，现予公布，自2020年2月15日起施行。

交通运输部部长　李小鹏

2020年1月2日

第一条　为加强邮政业寄递安全管理，维护邮政通信与信息安全，保障从业人员、用户人身和财产安全，促进邮政业持续健康发展，根据《中华人民共和国邮政法》《快递暂行条例》等法律、行政法规，制定本办法。

第二条　在中华人民共和国境内经营邮政业务、快递业务，接受邮政服务、快递服务以及对邮政业寄递安全实施监督管理，适用本办法。

第三条　国务院邮政管理部门和省、自治区、直辖市邮政管理机构以及按照国务院规定设立的省级以下邮政管理机构（以下统称邮政管理部门）负责邮政业寄递安全监督管理工作。

第四条　邮政管理部门应当与有关部门相互配合，健全安全保障机制，加强对邮政业寄递安全的监督管理。

第五条　邮政企业、快递企业应当遵守国家有关安全管理的规定，不得危害国家安全、社会公共利益或者他人合法权益。

第六条　使用统一的商标、字号或者快递运单经营快递业务的，商标、字号或者快递运单所属企业应当对使用其商标、字号或者快递运单的企业的安全保障实行统一管理，监督使用其商标、字号或者快递运单的企业执行邮政业安全管理制度。

第七条　用户交寄邮件、快件应当遵守国家关于禁止寄递或者限制寄递物品的规定，不得利用邮件、快件危害国家安全、社会公共利益或者他人合法权益。

第八条　任何单位或者个人不得冒领、私自开拆、隐匿、毁弃、倒卖或者非法检查、非法扣留他人邮件、快件，不得损毁邮政设施、快递设施或者影响设施的正常使用。

第九条　交寄、收寄邮件、快件，应当遵守实名收寄管理制度。

第十条　邮政企业、快递企业应当依法验视用户交寄的物品是否属于禁止寄递或者限制寄递的物品，核对物品的名称、性质、数量等是否与寄递详情单显示或者关联的信息一致；予以收寄的，应当按照国务院邮政管理部门的规定作出验视标识。

按照国家规定需要用户提供有关书面凭证的，邮政企业、快递企业应当要求用户提供凭证原件，核对无误后，方可收寄。

第十一条 邮政企业、快递企业在收寄过程中发现禁止寄递物品的，应当拒绝收寄；发现已经收寄的邮件、快件中有疑似禁止寄递物品的，应当立即停止分拣、运输、投递。对邮件、快件中依法应当没收、销毁或者可能涉及违法犯罪的物品，应当立即向有关部门报告，并配合调查处理；对其他禁止寄递物品、限制寄递物品或者一同查处的禁止寄递物品之外的物品，邮政企业、快递企业应当通知寄件人或者收件人，并依法妥善处理。

第十二条 邮政企业、快递企业应当按照国务院邮政管理部门的规定对邮件、快件进行安全检查，并对经过安全检查的邮件、快件作出安全检查标识。委托第三方企业对邮件、快件进行安全检查的，不免除邮政企业、快递企业对邮件、快件安全承担的责任。

邮政企业、快递企业或者接受委托的第三方企业应当使用符合强制性国家标准的安全检查设备，并加强对安全检查人员的背景审查和技术培训，确保其具备安全检查所必需的知识和技能。

第十三条 邮政企业委托其他单位代办邮政服务的，或者经营快递业务的企业及其分支机构与其他单位、个人合作开办末端网点的，应当对收寄、投递邮件、快件的人员进行岗位安全操作规程和安全操作技能的教育和培训。

第十四条 邮政企业、快递企业应当依法向从业人员提供符合相关国家标准或者行业标准的劳动防护用品，为从业人员参加工伤保险。

第十五条 邮政企业、快递企业向寄件人长期、批量提供寄递服务的，应当与寄件人签订安全协议，明确自身与签订安全协议的寄件人（以下简称协议用户）的安全保障义务。

邮政企业、快递企业发现用户生产、销售的产品属于禁止寄递物品的，不得将其作为协议用户提供寄递服务。

第十六条 邮政企业、快递企业和用户应当依照法律、行政法规的规定，防止邮件、快件过度包装，减少包装废弃物。

鼓励邮政企业、快递企业采取措施回收邮件、快件包装材料，实现包装材料的减量化利用和再利用。

第十七条 邮政企业、快递企业应当使用环保材料对邮件、快件进行包装。

第十八条 邮件、快件塑料包装袋、普通胶带中的铅、汞、镉、铬总量以及邮件、快件塑料包装袋中的苯类溶剂残留应当符合国家规定。

第十九条 协议用户提供邮件、快件封装用品和胶带的，邮政企业、快递企业应当向其书面告知，所提供的封装用品和胶带应当符合国家规定。

第二十条 邮政企业、快递企业不得使用有毒物质作为邮件、快件填充材料。

第二十一条 邮政企业、快递企业应当对其提供寄递服务的营业场所、处理场所，包括其开办的快递末端网点、设置的智能快件箱进行全天候视频监控。其中，营业场所、快递末端网点、智能快件箱的视频监控设备应当全面覆盖，处理场所的视频监控设备应当覆盖各出入口、主要生产作业区域。

邮政企业、快递企业保存监控资料的时间不得少于30日。其中，营业场所交寄、接收、验视、安检、提取区域以及智能快件箱放置区域的监控资料保存时间不得少于90日。

邮政企业、快递企业应当按照邮政管理部门的要求报送监控资料。

第二十二条 邮政企业、快递企业应当按照国家网络安全等级保护制度的要求，履行下列安全保护义务，保障其网络免受干扰、破坏或者未经授权的访问，防止网络数据泄露或者被窃取、篡改：

（一）制定内部安全管理制度和操作规程，确定网络安全负责人，落实网络安全保护责任；

（二）采取防范计算机病毒和网络攻击、网络侵入等危害网络安全行为的技术措施；

（三）采取监测、记录网络运行状态、网络安全事件的技术措施，并按照规定留存相关的网络日志不少于6个月；

（四）采取数据分类、重要数据备份和加密等措施；

（五）法律、行政法规规定的其他义务。

第二十三条 邮政企业、快递企业应当建立寄递详情单及电子数据管理制度，定期销毁已经使用过的寄递详情单，妥善保管用户信息等电子数据，采取有效手段保证用户信息安全。

第二十四条 未经法律明确授权或者用户书面同意，邮政企业、快递企业及其从业人员不得将用户身份信息以及用户使用邮政服务、快递服务的信息提供给任何单位或者个人。

发生或者可能发生用户信息泄露、丢失等情况时，邮政企业、快递企业应当立即采取补救措施，并向事件所在地邮政管理部门报告，配合有关部门进行调查处理。

第二十五条 邮政企业、快递企业应当按照邮政管理部门的规定预留安全监管数据接口，收集、分析与寄递安全有关的信息，确保数据真实、完整，并按时向邮政管理部门报送。

第二十六条 国务院邮政管理部门应当加强应急管理体系建设，制定国家邮政业突发事件应急预案，建立突发事件预防、监测、预警、信息报告、应急处置等工作机制。

省、自治区、直辖市邮政管理机构和省级以下邮政管理机构应当根据有关法律、法规、规章以及国家邮政业突发事件应急预案等，结合本地区的实际情况，制定突发事件应急预案。

邮政管理部门应当根据邮政业应急管理的实际需要和情势变化，适时评估、修订突发事件应急预案。

第二十七条 鼓励邮政企业、快递企业建立应急救援队伍，预防与处置突发事件。

第二十八条 发生自然灾害、事故灾难、公共卫生事件、社会安全事件等，邮政企业、快递企业应当根据法律、法规、规章以及国家邮政业突发事件应急预案，按照事件类型及分级，在规定时间内报告事件发生地省级以下邮政管理机构和负有相关职责的部门，同时对事件进行先行处置，控制事态发展。

第二十九条 事件发生地省级以下邮政管理机构接到突发事件报告后，依法启动应急预案，采取应急措施。

第三十条 邮政管理部门应当妥善处置邮政业突发事件，查明事件原因和责任，提出整改措施，并依法对有违法行为的责任人作出处理。涉及其他部门管理职权的，应当联合有关部门共同处理。

第三十一条 邮政管理部门应当加强邮政业安全运行的监测预警，建立安全信息管理体系，收集、分析与邮政业安全运行有关的信息，并依照法律、行政法规等规定，与有关部门共享与安全运行有关的信息。

第三十二条 邮政管理部门应当加强对邮政企业、快递企业建立健全和执行寄递安全制度、应急管理制度等情况以及安全生产行为的监督检查。建立和完善以随机抽查为重点的日常监督检查制度，建立随机抽查事项清单，公布抽查的安全事项目录，明确抽查的依据、频次、方式、内容和程序，随机抽取被检查企业，随机选派检查人员，建立检查对象名录库和执法检查人员名录库。抽查情况和查处结果依法向社会公布。

第三十三条 邮政管理部门可以依照《中华人民共和国行政处罚法》的规定，委托依法成立并符合法定条件的管理公共事务的事业组织实施邮政行政处罚相关工作。

邮政管理部门可以委托符合法定条件的专业技术组织检验、检测邮件快件的处理设施、处理设备、封装用品、填充材料等邮政业用品用具。

第三十四条 邮政安全监督检查人员应当将检查的时间、地点、内容、发现的问题及其处理情况作出书面记录，并由监督检查人员和被检查单位的负责人签字；被检查单位负责人拒绝签字的，监督检查人员应当将情况记录在案，并向邮政管理部门报告。

第三十五条 邮政企业、快递企业应当配合邮政管理部门的安全监督检查，不得拒绝、阻碍。

第三十六条 邮政管理部门应当记录邮政企业、快递企业违法失信行为信息，并纳入邮政业信用管理，依法实施联合惩戒措施。

邮政管理部门依法通报邮政企业、快递企业违反安全监管有关规定、发生安全事件以及对有关责任人员进行处理的情况。对违法行为情节严重的单位，应当依法向社会公告，并通报有关部门和机构。

第三十七条 邮政企业、快递企业违反本办法第十条第一款、第十二条第一款规定，未按照国务院邮政管理部门的规定作出收寄验视标识、安全检查标识的，由邮政管理部门责令限期改正；逾期未改正的，处5000元以下的罚款。

第三十八条 邮政企业、快递企业违反本办法第十八条、第二十条规定，使用塑料包装袋、普通胶带不符合国家规定，或者使用有毒物质作为邮件、快件填充材料的，由邮政管理部门责令限期改正；逾期未改正的，处5000元以上1万元以下的罚款。

第三十九条 邮政企业、快递企业违反本办法第十九条规定，未向协议用户书面告知对封装用品和胶带的要求的，由邮政管理部门责令限期改正，可以处5000元以下的罚款。

第四十条 邮政企业、快递企业违反本办法第二十一条第一款、第二款规定，未对其提供寄递服务的营业场所、处理场所、快递末端网点、设置的智能快件箱在规定的覆盖范围内进行全天候视频监控或者保存监控资料不符合规定期限的，由邮政管理部门责令限期改正；逾期未改正的，处1万元以下的罚款。

第四十一条 邮政企业、快递企业违反本办法第二十一条第三款、第二十五条规定，未按照要求报送资料、信息、数据的，由邮政管理部门责令限期改正；逾期未改正的，处3000元以下的罚款。

第四十二条 国家关于机要通信安全监督管理另有规定的，适用其规定。

第四十三条 本办法自2020年2月15日起施行。交通运输部于2011年1月4日以交通运输部令2011年第2号公布、2013年4月12日以交通运输部令2013年第6号修改的《邮政行业安全监督管理办法》同时废止。

邮政行政执法监督办法

《邮政行政执法监督办法》已于2020年2月20日经第5次部务会议通过，现予公布，自2020年5月1日起施行。

交通运输部部长　李小鹏

2020年2月24日

第一条 为了加强邮政行政执法监督，纠正邮政行政执法中的违法、不当行为，保证涉及邮政的法律、法规及规章的正确实施，促进严格、规范、公正、文明执法，维护公民、法人和其他组织的合法权益，制定本办法。

第二条 邮政管理部门对本机关内设执法机构和下级邮政管理部门的行政执法活动实施监督，适用本办法。

第三条 邮政行政执法监督应当坚持监督检查与指导改进相结合，遵循依法、客观、公正、公开和有错必纠的原则。

第四条 调查处理邮政行政执法中的违法、不当行为，应当做到事实清楚、证据确凿、程序合法、定性准确、处理恰当。

第五条 邮政管理部门法制工作机构负责邮政行政执法监督工作，承担下列职责：

（一）依法负责邮政行政执法人员的执法资格管理工作；

（二）拟订邮政行政执法监督工作制度；

（三）组织执法案卷评议，对行政执法开展监督调查；

（四）依法办理行政复议、行政应诉事项；

（五）法律、行政法规规定的其他职责。

第六条 邮政管理部门内设执法机构负责行政执法业务指导和督促工作，承担下列职责：

（一）指导和督促下级邮政管理部门依法实施行政执法行为；

（二）指导和督促下级邮政管理部门依法公开行政执法信息；

（三）指导下级邮政管理部门行政执法案卷、用语、装备、场所的规范化工作；

（四）法律、行政法规规定的其他职责。

第七条 邮政管理部门可以组织法律顾问、公职律师参与行政执法监督工作。

第八条 邮政行政执法监督主要包括下列内容：

（一）实施行政处罚、行政强制、行政许可等行政执法行为的合法性、合理性情况；

（二）行政执法信息的主动公开情况；

（三）行政执法场所规范化建设情况；

（四）行政执法案卷和文书制作情况；

（五）法律、行政法规规定的其他事项。

第九条 邮政行政执法人员从事行政执法工作，应当取得行政执法证件。

第十条 邮政管理部门可以依照《中华人民共和国行政处罚法》的规定，委托依法成立并符合法定条件的管理公共事务的事业组织实施行政处罚相关工作。受委托组织实施的行政行为，由委托机关负责监督，并对该行为的后果承担法律责任。

第十一条 邮政行政执法人员在进行监督检查、调查取证、采取强制措施、送达执法文书等行政执法活动时，应当主动出示行政执法证件，向当事人和相关人员表明身份。

第十二条 实施邮政行政执法，应当按照“谁执法谁公示”的原则，向社会公开下列信息，涉及国家秘密、商业秘密、个人隐私的除外：

（一）作出行政执法行为的法律、法规、规章等法定依据；

（二）本机关发布的涉及行政执法的行政规范性文件；

（三）本机关职能、机构设置、办公地址、办公时间、联系方式、负责人姓名；

（四）随机抽查事项清单；

（五）办理行政许可的条件、程序、时限；

（六）法律、法规、规章和国家有关规定要求主动公开的其他行政执法信息。

对前款规定的信息，邮政管理部门在主动公开后，应当根据法定依据以及机构职责变化等情况进行调整。

第十三条 邮政管理部门应当自作出行政执法决定之日起20个工作日内，向社会公布执法机关、执法对象、执法类别、执法结论等信息，接受社会监督，其中对行政许可、行政处罚的行政执法决定信息应当自作出行政执法决定之日起7个工作日内公开，但是法律、行政法规另有规定的除外。

第十四条 邮政管理部门实施行政处罚、行政强制、行政许可等行政执法行为，应当做到文字记录合法规范、客观全面、及时准确。

第十五条 除法律、法规或者国家规定禁止进行音像记录外，邮政管理部门对直接涉及重大财产权益的现场执法活动和执法办案场所以及对现场执法、调查取证、举行听证、留置送达和公告送达等容易引发争议的行政执法过程，应当使用照相、录音或者录像设备进行音像记录。

第十六条 邮政管理部门应当依法收集、整理行政处罚、行政强制、行政许可等行政执法行为的检查记录、证据材料、执法文书并立卷、归档，按照档案管理规定实行集中统一管理。

第十七条 邮政管理部门依法制定本机关行政处罚裁量基准。

第十八条 邮政管理部门依照法律、法规的规定，拟作出重大行政执法决定的，应当在作出决定前进行法制审核。

邮政管理部门应当结合本机关行政执法行为的类别、执法层级、所属领域等因素，明确重大行政执法决定法制审核事项。

第十九条 进行法制审核的，由邮政管理部门内设执法机构向法制工作机构提供送审材料，对行政执法的事实、证据、法律适用、程序的合法性进行说明。

邮政管理部门内设执法机构应当对送审材料的真实性、准确性、完整性负责。

第二十条 邮政管理部门法制工作机构负责对送审材料涉及的下列事项进行审核：

（一）行政执法人员是否具备执法资格；

（二）行政执法程序是否合法；

（三）案件事实是否清楚，证据是否合法充分；

（四）适用法律、法规、规章是否准确，裁量是否适当；

（五）执法是否符合本机关的法定权限；

（六）行政执法文书是否完备、规范；

（七）违法行为是否涉嫌犯罪、需要移送司法机关。

第二十一条 邮政管理部门法制工作机构对送审材料提出法制审核意见，由内设执法机构按程序一并提交本机关主要负责人批准。

第二十二条 邮政管理部门可以委托法律顾问对送审材料提出建议，供法制工作机构参考。

第二十三条 下级邮政管理部门应当向上一级邮政管理部门书面报告上一年度邮政行政执法总体情况，接受监督、指导。

行政执法年度报告，包括执法制度和执法队伍建设情况，行政许可、行政强制、行政处罚实施情况，以及执法中存在的问题和改进的措施等事项。

第二十四条 对下级邮政管理部门办理的有重大社会影响的行政执法事项，上级邮政管理部门可以要求其书面报告办理行政执法事项的工作信息，加强指导和督促。

第二十五条 上级邮政管理部门可以对下一级邮政管理部门进行执法案卷评议，由法制工作机构组织两名以上评议人员抽查已经结案的行政许可、行政处罚、行政强制等行政执法案卷。

第二十六条 对同级国家权力机关、人民政府或者上级邮政管理部门提出异议的行政执法案件，邮政管理部门应当组织对其内设执法机构的行政执法案卷实施专项执泆案卷评议。

对公民、法人、其他组织提出投诉比较集中或者新闻媒体作出重点报道的行政执法案件，邮政管理部门可以参照前款规定实施专项执法案卷评议。

第二十七条 邮政管理部门制定执法案卷评议标准应当符合法律、行政法规、部门规章的规定。

第二十八条 邮政管理部门内设执法机构可以根据执法案卷评议标准组织对行政执法案件进行评析，对办理行政执法案件以及规范行政执法行为等提出改进措施。

第二十九条 邮政管理部门在实施执法案卷评议过程中发现下级邮政管理部门、本机关内设执法机构的行政执法行为涉嫌违法、不当且严重损害行政相对人合法权益的，应当自发现之日起7个工作日内立案调查。

上级邮政管理部门有权指令下级邮政管理部门实施立案调查或者指令其参与调查。

第三十条 指令下级邮政管理部门实施立案调查或者参与调查的，上级邮政管理部门应当制作《邮政行政执法监督调查通知书》。

受指令实施立案调查或者参与调查的下级邮政管理部门应当自收到《邮政行政执法监督调查通知书》之日起 7 个工作日内立案调查或者参与调查。

第三十一条 邮政管理部门实施行政执法监督调查时，法制工作机构人员不得少于两人。

第三十二条 邮政管理部门实施行政执法监督调查，可以依法采取下列措施：

（一）询问邮政管理部门负责人、行政执法人员，询问行政相对人或者其他知情人，并制作笔录；

（二）查阅和复制行政执法案卷、账目、票据和凭证，暂扣、封存可以证明存在违法或者不当行政执法行为的文书等材料；

（三）以拍照、录音、录像、抽样等方式收集证据；

（四）召开座谈会、论证会，听取汇报；

（五）要求有关机关、机构、人员提交书面答复。

第三十三条 被监督调查机关、机构及其人员不得拒绝、阻碍行政执法监督调查。

第三十四条 行政执法监督调查事项涉及国家秘密、商业秘密、个人隐私的，邮政管理部门应当依法履行保密义务。

第三十五条 邮政管理部门应当自立案调查之日起 60 日内完成调查，并作出行政执法监督调查处理决定；情节复杂或者有其他特殊原因的，经本机关负责人批准可以延长，但延长期限不得超过 30 日。

按上级邮政管理部门的指令实施立案调查的邮政管理部门，应当自作出行政执法监督调查处理决定之日起 10 个工作日内将监督调查处理结果逐级报告下达指令的邮政管理部门。

第三十六条 邮政管理部门作出行政执法监督调查处理决定前，应当向被监督调查机关、机构告知作出决定的事实、理由和依据，并充分听取其陈述和申辩。

第三十七条 邮政管理部门作出行政执法监督调查处理决定，应当制作《邮政行政执法监督调查处理决定书》。

《邮政行政执法监督调查处理决定书》应当载明下列内容：

（一）被监督调查机关、机构的名称；

（二）认定的事实和理由；

（三）处理的决定和依据；

（四）执行处理决定的方式和期限；

（五）作出处理决定的邮政管理部门名称和日期，并加盖印章。

第三十八条 被监督调查机关、机构无正当理由不履行或者拖延履行法定执法职责的，邮政管理部门应当作出责令其限期履行的决定。

第三十九条 被监督调查机关、机构的行政执法行为有下列情形之一的，邮政管理部门应当决定予以撤销、变更或者确认其违法：

（一）主要事实不清、证据不足的；

（二）适用依据错误的；

（三）违反法定程序的；

（四）超越或者滥用职权的；

（五）行政执法行为明显不当的；

（六）法律、行政法规规定的其他情形。

第四十条 撤销、变更行政执法行为，不适用下列情形：

（一）撤销、变更行政执法行为可能对公共利益造成重大损害的；

（二）行政执法行为违法，但不具有可撤销、变更内容的；

（三）法律、行政法规规定的其他情形。

因前款情形，具体行政行为不予撤销、变更的，被监督调查机关、机构应当采取补救措施。

第四十一条 邮政管理部门决定撤销行政执法行为或者确认行政执法行为违法的，可以责令被监督调查机关、机构在一定期限内重新作出行政执法行为。

第四十二条 被监督调查机关、机构作出的行政执法行为有下列情形之一的，邮政管理部门应当责令其以书面形式进行补正或者更正：

（一）未载明行政执法决定作出日期的；

（二）程序存在瑕疵，但未对公民、法人或者其他组织合法权益造成影响的；

（三）需要补正或者更正的其他情形。

第四十三条 邮政管理部门可以向被监督调查机关、机构提出改进行政执法工作的意见建议。

被监督调查机关、机构应当根据意见建议改进行政执法工作，并按要求报告改进情况。

第四十四条 邮政管理部门可以内部通报行政执法典型案例。

第四十五条 公民、法人或者其他组织不服邮政管理部门及其工作人员的职务行为，可以向上级或者本级邮政管理部门提出建议、意见或者投诉请求。

第四十六条 公民、法人或者其他组织认为邮政管理部门的行政执法行为侵犯其合法权益的，可以依法申请行政复议或者提起行政诉讼。

邮政管理部门应当依法办理行政复议和行政应诉。

第四十七条 有下列情形之一的，由上一级邮政管理部门责令限期改正；情节严重或者拒不改正的，予以批评或者通报批评：

（一）未按要求报送行政执法总体情况的；

（二）安排不具备行政执法资格的人员从事行政执法活动的；

（三）委托不符合条件资质的组织实施行政处罚的；

（四）未按要求向社会主动公开执法信息的；

（五）法律、行政法规、部门规章规定的其他情形。

第四十八条 邮政管理部门在实施行政执法监督过程中，发现下级邮政管理部门、本机关内设执法机构存在多次违法、不当行政执法行为的，可以约谈该邮政管理部门、内设执法机构的负责人。

第四十九条 邮政管理部门在实施行政执法监督过程中，发现存在违法违纪行为需要追责问责的，应当移交有权机关根据有关规定处理。

第五十条 本办法自 2020 年 5 月 1 日起施行。交通运输部于 2014 年 12 月 7 日以交通运输部令 2014 年第 18 号公布的《邮政行政执法监督办法》同时废止。

邮政业用户申诉处理办法

《邮政业用户申诉处理办法》经国家邮政局 2020 年第 2 次局长办公会议审议通过，现予发布，自 2020 年 10 月 1 日起施行。

国家邮政局

2020 年 9 月 8 日

第一条 为促进邮政业健康发展，保障邮政服务和快递服务质量，保护用户合法权益，规范申诉行为和处理工作，根据《中华人民共和国邮政法》《快递暂行条例》等法律、行政法规以及有关部门规章，制定本办法。

第二条 用户对邮政企业、经营快递业务的企业(以下统称企业)的服务质量提出申诉,邮政管理部门处理用户申诉,企业处理邮政管理部门转告的申诉事项,适用本办法。

本办法所称用户包括邮件、快件的寄件人和收件人,以及使用其他邮政服务的自然人、法人或者其他组织。

第三条 邮政管理部门处理用户申诉应当根据事实,坚持合法、公正、合理的原则。

用户提出申诉不得谋取不正当利益。

第四条 邮政管理部门采用调解的方式处理用户申诉,应当自接到申诉之日起30日内向提出申诉的用户作出申诉答复。

第五条 国家邮政局负责指导、组织全国范围内的用户申诉处理工作。

省、自治区、直辖市邮政管理局负责本行政区域内的用户申诉处理工作。

国家邮政局和省、自治区、直辖市邮政管理局设立申诉中心的,申诉中心按照所属邮政管理部门的要求处理用户申诉和参与相关指导工作。

企业对用户申诉的问题,向邮政管理部门说明事实,报告处理情况,依法处理服务质量异议。

第六条 邮政管理部门处理用户申诉的主要依据包括:

(一)《中华人民共和国邮政法》《快递暂行条例》等法律、行政法规、国务院决定以及邮政业部门规章;

(二)邮政业国家标准、行业标准;

(三)邮政管理部门行政规范性文件;

(四)用户与企业订立的服务合同;

(五)邮件详情单、快递运单等寄递详情单(含电子运单)载明、关联的信息;

(六)企业公示、公布的服务承诺;

(七)其他与申诉事项有关的事实和材料。

第七条 用户可以拨打邮政管理部门的申诉专用电话或者登录邮政管理部门网站提出申诉,也可以采用书信等方式提出申诉。

邮政管理部门应当向社会公开申诉专用电话号码、网站申诉路径、本单位申诉处理工作时间、通信地址等信息,方便用户、企业查询。

申诉专用电话号码是“12305”,前缀省会、首府、直辖市的区号。邮政管理部门在申诉处理工作时间内应当有人值守申诉专用电话。申诉专用电话因故暂停的,邮政管理部门应当公示暂停原因、暂停时间和其他申诉方式,维持申诉渠道畅通。

第八条 用户申诉的服务质量问题应当属于下列事项:

(一)邮政企业的邮政服务质量问题,具体包括:邮件(信件、包裹、印刷品)寄递服务质量问题,国家规定的邮政报刊发行服务质量问题,邮政汇兑服务质量问题,集邮票品预订、销售中的服务质量问题,其他依托邮政网络的寄递服务质量问题;

(二)经营快递业务的企业的寄递服务质量问题。

第九条 用户提出的申诉应当符合下列要求:

(一)有明确的申诉对象、申诉事由、申诉请求和事实材料等;

(二)已向企业投诉服务质量异议,对企业的处理结果不满意或者超过7日未得到企业处理;

(三)邮政管理部门未就同一事项受理过申诉,但用户对邮政管理部门答复过的申诉提出了新的申诉对象、申诉事由的除外;

(四)申诉事项不属于诉讼、仲裁、行政裁决、人民调解等途径正在处理或者处理过的邮政服务、快递服务质量异议,且不涉及正在受到刑事侦查、行政处罚调查的邮政服务、快递服务行为。

第十条 用户向邮政管理部门提出申诉,应当提供经其使用并有异议的邮政服务、快递服务信息,以及服务信息对应的用户证件信息。

委托他人提出申诉的,应当向邮政管理部门提供经委托人使用并有异议的邮政服务、快递服务信息,服务信息对应的委托人证件信息,委托人签字或者盖章的授权书,授权书对应的受托人证件信息。

邮政管理部门未能认定前款规定信息、材料不实的，应当予以采信。

第十一条　国内邮件、快件寄递服务质量问题申诉，应当自交寄邮件、快件之日起1年内提出。

国际邮件、快件寄递服务质量问题申诉，应当自交寄邮件、快件之日起6个月内提出。

其他邮政服务质量问题申诉，应当自用户与邮政企业产生异议之日起1年内提出。

第十二条　在申诉处理工作时间内，用户拨打申诉专用电话提出申诉的，邮政管理部门应当在接听后及时记录。用户登录邮政管理部门网站或者采用书信方式提出申诉的，邮政管理部门接到后应当及时查阅。

第十三条　对符合本办法第八条至第十一条规定的申诉事项，邮政管理部门应当受理。

对不符合本办法第八条至第十一条规定的申诉事项，邮政管理部门应当自接到申诉之日起5个工作日内告知用户不予受理，并说明理由。

发现受理后的申诉事项不符合本办法第八条至第十一条规定的，邮政管理部门停止处理，应当自接到申诉之日起30日内向用户作出申诉答复，并说明理由。

第十四条　邮政管理部门受理用户申诉的，应当对申诉事项进行核实。

邮政管理部门可以向被申诉企业、服务质量异议涉及到的其他企业（以下统称当事企业）了解情况，要求当事企业说明事实并依法解决用户提出的服务质量异议。

第十五条　当事企业接到邮政管理部门转告的申诉事项后，按照下列情形妥善处理：

（一）存在服务质量问题的，应当与用户依法协商解决；

（二）不存在服务质量问题的，应当及时与用户沟通，尽量解决异议；

（三）服务质量异议已进入诉讼、仲裁、行政裁决、人民调解等程序的，向邮政管理部门说明。

第十六条　当事企业应当自接到邮政管理部门转告的申诉事项之日起10日内按照下列要求向邮政管理部门报送处理情况的文字信息：

（一）报送的处理情况包括事实情况、与用户沟通协商情况、处理措施等；

（二）当事企业认为不存在服务质量问题的，还应当说明具体理由，并提供有关材料；

（三）服务质量异议已进入诉讼、仲裁、行政裁决、人民调解等程序的，提供凭证；

（四）同一申诉事项中有两个以上申诉请求的，逐一报送处理情况。

第十七条　企业应当建立申诉问题处理机制，不得以企业内部责任划分、与用户以外主体之间的责任划分等为由，拒绝、阻碍申诉处理。

企业接到邮政管理部门转告的申诉事项后，在其服务网络中不能确定是否存在服务质量问题的，应当送交其上一层级关联企业或者商标、字号、寄递详情单所属企业处理。企业内部、企业之间处理完毕后，由接到邮政管理部门转告的申诉事项的企业将处理情况报送邮政管理部门。

第十八条　邮政管理部门接到当事企业报送的申诉事项处理情况后，应当联系用户核实。

用户证实当事企业的处理情况且对处理措施无异议的，邮政管理部门告知当事企业联系用户进行和解，并根据证实、告知的情况向用户作出申诉答复。

用户对当事企业的处理措施有异议的，应当向邮政管理部门说明理由和依据；用户拒绝说明异议的理由和依据的，邮政管理部门停止处理，并作出申诉答复。

用户按照上一款规定说明了异议的理由和依据的，邮政管理部门征询用户和当事企业同意后进行调解；但用户、当事企业有一方不同意调解的，邮政管理部门停止处理，并作出申诉答复。

第十九条　邮政管理部门进行调解，应当根据能够认定的事实、理由依法提出调解意见，并告知用户和当事企业。

用户、当事企业应当自接到调解意见后3个工作日内向邮政管理部门表明是否同意;有补充、修改建议的,应当一并提出。

邮政管理部门应当告知用户、当事企业另一方是否同意调解意见以及补充、修改建议的内容。

第二十条 用户、当事企业均同意调解意见或者达成新的一致意见的,邮政管理部门应当记录,并向用户作出申诉答复。

邮政管理部门认为用户、当事企业提出的补充、修改建议违法违规、违反公序良俗的,不予采纳。

第二十一条 有下列情形之一的,邮政管理部门应当记录并停止调解,向用户作出申诉答复:

(一)用户、当事企业双方或者其中一方自接到调解意见后3个工作日内未表明是否同意调解意见;

(二)用户、当事企业自接到调解意见后3个工作日内未就调解意见达成一致,且未达成新的一致意见;

(三)用户、当事企业双方或者其中一方拒绝邮政管理部门继续调解;

(四)邮政管理部门不采纳用户、当事企业达成的新的一致意见,且用户、当事企业未再达成一致意见。

第二十二条 在邮政管理部门处理用户申诉期间,同一用户提出新的申诉事项且符合本办法第八条至第十一条规定的,邮政管理部门应当将其作为另一申诉事项处理。

第二十三条 邮政管理部门应当妥善保存书信、电话记录、电子数据等申诉处理工作材料,自作出申诉答复之日起保存不少于3年。邮政管理部门应当在作出申诉答复后及时登记、返还事实依据中的原件、原物,不作留存。

第二十四条 国家邮政局和省、自治区、直辖市邮政管理局可以向社会通告用户申诉处理等情况。

未经国家邮政局或者省、自治区、直辖市邮政管理局同意,邮政管理部门所属机构、人员不得向社会公开用户申诉处理等情况,不得擅自提供申诉事项信息。

第二十五条 邮政管理部门根据处理用户申诉过程中掌握的情况,可以约谈服务质量问题突出的企业。

第二十六条 国家关于机要通信等邮政特殊服务、专用邮政信箱邮件寄递服务的异议处理另有规定的,适用其规定。

第二十七条 本办法自2020年10月1日起施行。国家邮政局于2014年8月27日以国邮发〔2014〕160号文件发布的《邮政业消费者申诉处理办法》同时废止。

快递企业总部重大经营管理事项风险评估和报告制度(试行)

各省、自治区、直辖市邮政管理局,各经营快递业务的企业:

为保护用户、快递企业和从业人员合法权益,切实维护快递网络稳定,根据《中华人民共和国邮政法》《中华人民共和国突发事件应对法》等法律、行政法规及有关规定,国家邮政局制定了《快递企业总部重大经营管理事项风险评估和报告制度(试行)》,现印发给你们,请遵照执行。

国家邮政局

2020年10月20日

第一条 为保护用户、快递企业和从业人员合法权益，切实维护快递网络稳定，根据《中华人民共和国邮政法》《中华人民共和国突发事件应对法》等法律、行政法规及有关规定，制定本制度。

第二条 两个以上快递企业在中华人民共和国境内使用统一的商标、字号或者快递运单经营快递业务的，商标、字号或者快递运单所属的企业是本制度所称快递企业总部。

第三条 快递企业总部做出的经营管理决定可能造成在全国或者省、自治区、直辖市范围内发生阻断运营网络突发事件等严重影响的，适用本制度。

第四条 快递企业总部应当对使用其商标、字号或者快递运单的快递企业在服务质量、安全保障、业务流程等方面实行统一管理，对可能造成国家邮政业Ⅱ级以上突发事件等危及邮政业安全稳定和寄递渠道安全畅通的情形和采取安全防范措施的情况，应当按照规定及时向国家邮政局报告。

第五条 快递企业总部对下列重大经营管理事项做出决定时，应当进行充分的风险评估：

（一）全国范围内的资费调整、内部派费调整；

（二）收缩服务地域、减少服务项目等经营范围重大变化；

（三）可能影响网络稳定的重大资产购置与处置、重组或者重大投融资行为；

（四）同行业公司间可能影响网络稳定的收购、合并、分立；

（五）公司减资、解散及申请破产；

（六）大规模裁减快递从业人员；

（七）其他可能造成网络不稳定的重大事项。

第六条 快递企业总部应当在做出重大经营管理事项决定后3个工作日内向国家邮政局书面提交《快递企业总部重大经营管理事项风险评估情况报告》，但本条第二款规定的情形除外。

快递企业总部对重大经营管理事项做出的决定属于《中华人民共和国证券法》第五十二条规定的“涉及发行人的经营、财务或者对该发行人证券的市场价格有重大影响的尚未公开的信息”的，应当在依法披露后2个工作日内，向国家邮政局书面提交《快递企业总部重大经营管理事项风险评估情况报告》。

第七条 《快递企业总部重大经营管理事项风险评估情况报告》应当包括下列内容：

（一）经营管理决定的起因；

（二）完成评估时的状态；

（三）实施前是否需要依法向相关部门申报或者依法经过相关部门许可；

（四）是否违反国家政策、行业政策、行业自律要求；

（五）可能影响快递网络稳定和运行的程度、范围；

（六）可能引发群体性事件的苗头性、倾向性问题；

（七）是否存在其他严重影响快递服务质量的风险；

（八）拟采取的风险控制措施。

第八条 《快递企业总部重大经营管理事项风险评估情况报告》应当要素完整、重点突出、真实准确。

快递企业总部向国家邮政局提交《快递企业总部重大经营管理事项风险评估情况报告》，以及国家邮政局对《快递企业总部重大经营管理事项风险评估情况报告》的反馈，不属于实施该重大经营管理事项的前置程序条件。

第九条 国家邮政局依法确定《快递企业总部重大经营管理事项风险评估情况报告》知悉范围。邮政管理部门工作人员对知悉的商业秘密依法负有保密义务。

第十条 国家邮政局收到《快递企业总部重大经营管理事项风险评估情况报告》后，按照《国家邮政业突发事件应急预案》等规定采取下列措施：

（一）重大经营管理事项违反邮政业法律、行政法规及部门规章等相关规定的，依照相关法律、行政法规及部门规章进行处理；

（二）重大经营管理事项与国家政策、行业政策、行业自律要求不一致的，对快递企业总部实施行政指导或者依法向行业协会通报；

（三）重大经营管理事项存在阻断运营网络等较大风险的，向快递企业总部发出风险提示，督促企业重新进行风险评估并采取适当应对措施；

（四）拟采取的风险控制措施不完备的，督促快递企业总部完善风险控制措施，加强应急监测，做好应急处置准备；

（五）经分析评估，认为可能发展成为突发事件的，依照《国家邮政业突发事件应急预案》相关规定进行处理；

（六）涉及其他部门法定职责的，及时通知快递企业总部，并依法告知其他部门；

（七）其他必要措施。

第十一条 快递企业总部违反本制度第六条、第七条规定，未按时向国家邮政局提交《快递企业总部重大经营管理事项风险评估情况报告》，或者《快递企业总部重大经营管理事项风险评估情况报告》所载内容不完备的，邮政管理部门应当向快递企业总部发出风险提示函，要求快递企业总部进行风险评估或者补充说明相关情况。

快递企业总部收到风险提示后，仍未按要求补充进行风险评估或者未按要求补充提交《快递企业总部重大经营管理事项风险评估情况报告》，构成在服务质量、安全保障、业务流程等方面未实行统一管理的，邮政管理部门依照《快递暂行条例》第四十一条的规定处理；造成严重影响的，并进行公开通报。

第十二条 快递企业总部未按照本制度第十条第三项、第四项规定重新进行风险评估、完善风险控制措施，构成在服务质量、安全保障、业务流程等方面未实行统一管理的，邮政管理部门依照《快递暂行条例》第四十一条的规定处理，并根据快递企业总部重大经营管理事项造成企业运营网络阻断的风险程度，及时向社会进行提示，引导用户关注快件安全和服务质量等风险。

第十三条 快递企业总部重大经营管理事项造成国家邮政业突发事件的，邮政管理部门按照《国家邮政业突发事件应急预案》的规定处置。

发生Ⅱ级以上突发事件运营网络阻断情形的，邮政管理部门及时向社会进行提示，发布相关企业的经营范围、服务能力异常等方面情况。

第十四条 行业突发事件信息和快递企业日常生产经营中与安全有关的运营信息，按照《邮政行业安全信息报告和处理规定》进行报告、处理。

企业经营情况变化涉及快递业务经营许可管理的，应当依法办理相关手续。

第十五条 快递企业拒绝、阻碍邮政管理部门依法实施的监督检查的，依照《中华人民共和国邮政法》第七十七条的规定处理。

第十六条 本制度自发布之日起施行。

邮件快件绿色包装规范

各省、自治区、直辖市邮政管理局，国家局直属各单位、机关各司室，中国邮政集团有限公司，各主要快递企业：

为深入贯彻习近平生态文明思想，落实习近平总书记关于快递包装绿色治理工作的重要指示批示精神，推进邮件快件包装绿色治理，促进资源节约利用，减少环境污染，根据《中华人民共和国邮政法》《中华人民共和国固体废物污染环境防治法》《快递暂行条例》以及《邮政业寄递安全监督管理办法》等有关规定，国家邮政局制定了《邮件快件绿色包装规范》，现印发给你们，请遵照执行。

国家邮政局
2020 年 6 月 12 日

第一条 为深入贯彻习近平生态文明思想，落实习近平总书记关于快递包装绿色治理工作的重要指示批示精神，推进邮件快件包装绿色治理，促进资源节约利用，减少环境污染，根据《中华人民共和国邮政法》《中华人民共和国固体废物污染环境防治法》《快递暂行条例》以及《邮政业寄递安全监督管理办法》等有关规定，制定本规范。

第二条 邮件快件绿色包装坚持标准化、减量化和可循环的工作目标，加强与上下游协同，注意节约资源，杜绝过度包装，避免浪费和污染环境。

第三条 邮政企业、快递企业、经营邮政通信业务的企业（以下统称寄递企业）应当按照规定建立健全企业内部制度，明确包装管理机构和人员，在包装采购、操作、用量统计、宣传教育培训、检查考核奖惩等方面加强管理，切实履行企业主体责任，推进包装绿色应用和规范操作。

跨省经营的品牌寄递企业总部应当履行绿色包装工作统一管理责任，采取有效措施推进本品牌、本网络落实绿色包装工作要求。各品牌寄递企业在省、自治区、直辖市的区域管理机构，负责督促区域内本品牌和网络的经营单位落实绿色包装工作要求。

第四条 寄递企业应当建立实施邮件快件包装统一采购制度，建立供应商名录，加强绿色采购管理，逐步健全绿色采购供应体系。

寄递企业依法采购使用不低于国家标准、行业标准的包装产品，采购使用包装产品时要求供应商提供第三方检测机构出具的达标检测报告。

第三方检测机构应当具备相应的资质和条件。

第五条 寄递企业应当按照规定使用环保包装。在不影响邮件快件寄递安全的前提下，应当优先选择低克重高强度、可重复使用、易回收利用的包装。

鼓励寄递企业优先使用经过绿色认证的包装产品。

第六条 寄递企业应当根据国家有关规定制定本企业邮件快件包装操作规范，针对不同种类的内件细化包装操作要领，确保可量化、可衡量并落实绿色包装要求。

跨省经营的品牌寄递企业总部制修订的本企业包装操作规范，在实施之日起 20 日内向国家邮政局备案。跨省经营的品牌寄递企业在省、自治区、直辖市的区域管理机构和省内经营的寄递企业，按照所在地省、自治区、直辖市邮政管理局要求报送备案。

寄递企业应当向社会公开本企业执行的标准和包装操作规范相关信息。

第七条 寄递企业应当建立实施邮件快件包装物统计制度，包括但不限于各类包装物使用的数量、重量、执行标准、绿色包装使用率，推动提升符合标准要求的环保包装使用率，减少单件邮件快件的平均包装用量。

第八条 寄递企业应当建立实施岗前培训和在岗培训制度，强化从业人员包装操作知识与技能的培训教育。

第九条 寄递企业应当逐步完善内部考核和奖惩机制，对绿色包装落实情况开展常态化自查。

第十条 寄递企业按照邮件快件包装基本要求等规定选用包装材料和包装操作。在满足寄递需要的前提下，防止包装层数过多、空隙率过大。邮件快件包装空隙率原则上不超过 20%。

同一包装内有多件物品时，应当按照重不压轻、大不压小的原则进行封装。

对未做明确规定的，应当本着节约、环保的原则,合理确定包装材料和包装方式,优化物品包装,避免过度包装和随意包装。

第十一条 寄递企业应当全面推广使用电子运单,尤其是一联式电子运单,电子运单设计和使用应当注意保护用户信息安全。

第十二条 邮件快件塑料包装袋中铅、汞、镉、铬总量不得超过100毫克每千克,苯类溶剂残留不得超过3毫克每平方米。

普通胶带中铅、汞、镉、铬总量不得超过100毫克每千克,汞、镉均不得超过0.5毫克每千克,铅、铬均不得超过50毫克每千克。苯类溶剂残留不得超过3毫克每平方米。

封套、包装箱、填充物中的铅、汞、镉、铬总量不得超过100毫克每千克。

邮件快件包装中的重金属和苯类溶剂残留,国家另有规定的从其规定。

第十三条 寄递企业应当遵守国家有关禁止、限制使用不可降解塑料袋等一次性塑料制品的规定,不得使用重金属、溶剂残留等特定物质超标的劣质包装袋。

鼓励寄递企业使用符合国家标准的全生物降解塑料包装袋。

第十四条 寄递企业使用包装箱的,应当根据内装物的最大质量和最大综合内尺寸选用合适型号的包装箱。包装箱的型号、内装物的最大质量和最大综合内尺寸,按下列方式确定:

(一)1号包装箱内装物最大质量3千克,最大综合内尺寸450毫米;

(二)2号包装箱内装物最大质量5千克,最大综合内尺寸700毫米;

(三)3号包装箱内装物最大质量10千克,最大综合内尺寸1000毫米;

(四)4号包装箱内装物最大质量20千克,最大综合内尺寸1400毫米;

(五)5号包装箱内装物最大质量30千克,最大综合内尺寸1750毫米;

(六)6号包装箱内装物最大质量40千克,最大综合内尺寸2000毫米;

(七)7号包装箱内装物最大质量50千克,最大综合内尺寸2500毫米;

内装物质量超过30千克或者有特殊寄递要求的,使用捆扎带进行封扎。

第十五条 寄递企业在包装箱上使用胶带应当遵循下列方式:

(一)1号和2号包装箱采用"一"字型封装方式,使用胶带的长度不超过最大综合内尺寸的1.5倍;

(二)3号、4号和5号包装箱采用"十"字型封装方式,使用胶带的长度不超过最大综合内尺寸的2.5倍;

(三)6号和7号包装箱采用"卄"字型封装方式,使用胶带的长度不超过最大综合内尺寸的4倍。

鼓励寄递企业优先采购使用免胶带包装箱或者使用可降解基材胶带替代普通胶带。

不得在已有粘合功能设计的封套、包装袋上使用胶带。

第十六条 寄递企业不得使用有毒物质、发泡聚苯乙烯等对人体健康和生态环境有危害的物质作为填充材料。

寄递企业使用填充物的,优先使用可降解材质的填充物。

第十七条 寄递企业使用气泡垫、气泡膜、气泡柱等填充物作为缓冲包装的,尽量使用"即充即用"型的填充物。

寄递企业积极推广应用悬空紧固包装,减少填充物使用。

第十八条 寄递企业使用集装袋对邮件快件进行集中包装的,使用符合相应行业标准的涤纶纤维、涤棉、棉麻帆布等材质的可循环集装袋,逐步减少使用一次性塑料编织集装袋。

可循环集装袋循环使用次数不低于50次。

第十九条 封套、包装箱、包装袋等包装产品避免满版印刷,印刷面积不超过其表面总面积的50%。

第二十条 对内件形状不规则的异形物或者使用大小尺寸超过规定范围包装箱的，寄递企业在包装时应当本着环保、节约的原则，合理确定包装材料和包装方式，确保寄递安全，避免过度包装。

第二十一条 鼓励寄递企业使用可循环包装，建设使用循环包装信息系统和回收设施设备，积极探索完善运行模式，提升循环使用效率。

鼓励寄递企业之间、寄递企业与第三方机构等按照共建共享、互利共赢的原则建立可循环包装共享平台，健全共享机制，逐步扩大可循环包装应用范围。

对报废的可循环包装，寄递企业应当妥善处理，避免造成资源浪费和环境污染，处理情况存档备查。

第二十二条 寄递企业应当积极回收包装物。鼓励寄递企业在营业场所、分拨中心配备符合规定的包装回收容器，建立相应的工作机制和业务流程，推进包装物回收再利用。

对外形完好、质量达标的包装箱、填充物等包装，寄递企业回收使用。对无法回收使用的包装物，按有关规定妥善处理。

第二十三条 寄递企业加强与用户的沟通，引导用户配合实施邮件快件绿色包装，规范包装操作，减少包装用量。

鼓励寄递企业与其他行业的经营主体加强协同，积极向用户建议使用简约包装、定制化包装，推进源头减量，避免二次包装和过度包装。

第二十四条 用户自带包装应当满足寄递安全需要和邮件快件包装绿色治理要求。

协议用户提供邮件快件封装用品和胶带的，寄递企业应当向其书面告知，所提供的封装用品和胶带应当符合国家规定。

协议用户提供的包装不符合要求的，寄递企业建议更换，用户拒不配合的，寄递企业依法不予收寄。

第二十五条 寄递企业应当规范操作、文明作业，避免邮件快件着地、抛扔等违规行为，防止造成机械损伤和其他原因导致的污损。

第二十六条 寄递企业积极推进科技创新，加大科研投入，不断提升自动化、信息化和智能化水平。

第二十七条 寄递企业与包装生产企业、科研单位、高等院校以及环保组织加强协作，强化产学研衔接，推进绿色包装研发、设计和生产，聚焦包装问题深化探索创新，推进绿色产品、技术和模式应用。

第二十八条 寄递企业加强绿色宣传，主动公开企业在绿色包装方面的做法和成效，充分听取用户、媒体和社会组织等方面意见建议，提升绿色包装工作成效。

第二十九条 本规范自发布之日起施行。国家邮政局于2018年12月14日以国邮发〔2018〕121号文件发布的《快递业绿色包装指南（试行）》同时废止。

邮政行政处罚程序规定

（2013年3月1日国邮发〔2013〕32号文件发布，自2013年5月1日起施行。2020年5月15日国邮发〔2020〕43号文件修正）

第一章 总 则

第一条 为了规范邮政行政处罚行为，保障和监督各级邮政管理部门有效实施行政管理，依法进行行政处罚，保护公民、法人和其他组织的合法权益，根据《中华人民共和国邮政法》《中华人民共和国行政处罚法》《中华人民共和国行政强制法》等法律、行政法规，制定本规定。

第二条 对公民、法人或者其他组织违反邮政行政管理秩序的行为，邮政管理部门依法给予行政处罚的，适用本规定。

本条第一款所称邮政管理部门，是指国务院邮政管理部门和省、自治区、直辖市邮政管理机构以及按照国务院规定设立的省级以下邮政管理机构。

第三条 邮政管理部门应当依照法律、法规或者规章的规定，公正、公开地实施行政处罚，全面推行行政执法公示制度、执法全过程记录制度、重大执法决定法制审核制度，做到事实清楚、证据确凿、定性准确，坚持处罚与教育相结合，处罚与违法行为的事实、性质、情节以及社会危害程度相当，充分保护当事人的合法权益。

除法律、法规或者国家规定禁止进行音像记录外，邮政管理部门实施现场检查、调查取证、查封扣押、留置送达、公告送达和举行听证，在依法进行文字记录的同时，应当采取拍照、录音、录像等方式对容易引发争议的环节进行音像记录或者全程录音、录像。

第四条 邮政管理部门应当对内设执法机构和下级邮政管理部门加强监督，发现邮政行政处罚行为违法、不当的，依法及时纠正。

第五条 邮政管理部门应当加强系统内部办案协作。需要系统外其他部门协作的，按照有关规定办理。

第六条 邮政管理部门对公民、法人或者其他组织实施的违法行为给予行政处罚的，必须查明事实，确定具体违法行为的性质、情节和社会危害程度。违法事实不清的，不得给予行政处罚。

第七条 邮政管理部门在作出行政处罚决定前，应当告知当事人作出行政处罚决定的事实、理由、依据及处罚内容，并告知当事人依法享有陈述、申辩以及听证的权利。

邮政管理部门作出行政处罚决定的，应当告知当事人不服行政处罚决定可以依法申请行政复议或者提起行政诉讼。

第八条 当事人有权进行陈述和申辩。邮政管理部门必须充分听取当事人的意见，对当事人提出的事实、理由和证据，应当进行复核；当事人提出的事实、理由或者证据成立的，邮政管理部门应当采纳。

邮政管理部门不得因当事人申辩而加重处罚。

第九条 违法行为轻微，没有造成危害后果的，邮政管理部门可以约谈企业负责人予以告诫；及时纠正违法行为的，不予行政处罚。

第二章 管 辖

第十条 邮政行政处罚以属地管辖为原则，由违法行为发生地的邮政管理部门依照职权管辖。法律、行政法规另有规定的，从其规定。

第十一条 按照国务院规定设立的省级以下邮政管理机构依职权管辖本辖区发生的案件。

省、自治区、直辖市邮政管理机构依职权管辖本行政区域发生的重大、复杂案件。

国务院邮政管理部门依职权管辖全国范围内发生的重大、复杂案件。

第十二条 上级邮政管理部门认为必要时，可以办理下级邮政管理部门管辖的案件。

下级邮政管理部门认为由其管辖的案件属于应由上级邮政管理部门管辖的重大、复杂案件，可以报请上一级邮政管理部门确定管辖。

第十三条 两个以上同级邮政管理部门都有管辖权的案件，由最先发现违法行为的邮政管理部门管辖。

第十四条 两个以上同级邮政管理部门因管辖权发生争议的，报请共同上一级邮政管理部门指定管辖。

有管辖权的邮政管理部门由于特殊原因不能行使管辖权或者上级邮政管理部门认为需要指定管辖的，可以指定管辖。

第十五条 邮政管理部门发现查处的案件不属于本部门管辖的，应当及时将案件移送有管辖权的邮政管理部门。

受移送的邮政管理部门对管辖有异议的，不得再自行移送，应当报请共同的上一级邮政管理部门指定管辖。

邮政管理部门发现查处的案件属于其他行政执法领域的部门管辖的，依法移送有关部门；违法行为涉嫌犯罪的，移送司法机关。

移送机关依法调查收集的证据材料，受移送的邮政管理部门可以作为案件的证据使用。

第三章 一般程序

第十六条 邮政管理部门依据监督检查职权，或者通过举报、新闻媒体披露、其他机关移送、上级部门交办等途径发现、查处违法行为。

第十七条 对于符合下列条件的案件，邮政管理部门应当在7个工作日内予以立案，特殊情况下，经邮政管理部门负责人批准，可以延长至15个工作日：

（一）有证据初步证明有违法行为或者违法嫌疑，可能需要给予行政处罚；

（二）属于邮政行政处罚的范围；

（三）在法定追诉期限内；

（四）属于本部门管辖。

立案应当填写行政处罚立案审批表，并附相关材料，由邮政管理部门负责人批准，确定两名以上办案人员，负责案件调查等工作。

不予立案的，应当将有关材料归档留存。对于不予立案的实名举报，应当书面告知举报人。

检测、检验、检疫或者技术鉴定等所需时间，不计入本条第一款规定期限。

第十八条 有下列情形之一的，办案人员、听证人员应当自行回避，当事人也有权申请他们回避：

（一）是本案当事人或者当事人、委托代理人的近亲属；

（二）与本案有利害关系；

（三）与本案当事人有其他关系，可能影响对案件公正处理的。

第十九条 当事人或者办案人员、听证人员申请回避，应当在邮政行政处罚决定作出前提出，并说明理由，报本部门负责人决定。

本部门主要负责人的回避由上一级邮政管理部门决定。

回避决定尚未作出之前，被申请回避人员不停止对案件的调查处理。

第二十条 除依照本规定第五章可以当场作出的行政处罚外，办案人员应当及时、全面、客观、公正地调查收集与案件有关的证据，查明事实，并可以依法进行现场检查。

第二十一条 邮政管理部门进行调查取证时，办案人员不得少于二人，并应当出示执法证件。

第二十二条 证据包括以下几种：

（一）书证；

（二）物证；

（三）视听资料；

（四）证人证言；

（五）当事人的陈述；

（六）鉴定意见；

（七）勘验笔录、现场笔录；

（八）电子数据。

证据必须查证属实，才能作为认定事实的依据。

第二十三条 办案人员应当收集、调取与案件有关的原始凭证或者原始载体作为证据。

获取原始凭证或者原始载体确有困难的，可以提取复制件、影印件或者抄录本，由证据提供人签名或者盖章确认与原件核对无误，注明情况，并由办案人员签名或者盖章。证据提供人拒绝签章确认的，办案人员应当注明情况。

对于视听资料、电子数据，收集原始载体有困难的，可以收集复制件，并注明制作方法、制作时间、制作人等情况。声音资料应当附有该声音内容的文字记录。

第二十四条　调查取证过程中，当事人或者有关人员拒绝配合的，办案人员可以在执法文书或者其他有关材料上注明情况。

第二十五条　办案人员可以依法要求当事人或者有关单位和个人提供证据材料，并由提供人在证据材料上签名或者盖章。

第二十六条　办案人员可以询问当事人、证人及有关人员。

办案人员询问前，应当核对被询问人的身份证明，并告知其权利和义务。

办案人员应当制作询问笔录，由被询问人核对无误后在笔录上逐页签名或者盖章确认。被询问人拒绝签章的，办案人员应当注明情况。

办案人员应当在笔录上签名。

第二十七条　办案人员可以依法实施现场检查或者勘验，对与案件有关的场所进行检查或者对与案件有关的场所、物品进行勘验时，应当通知当事人或者有关人员到场，并制作现场笔录或者勘验笔录，由办案人员、当事人或者有关人员在现场笔录或者勘验笔录上签名或者盖章。当事人或者有关人员拒绝签章的，办案人员应当注明情况。

第二十八条　办案人员在收集证据时，可以采取抽样取证的方法。抽样取证时，应当通知当事人或者有关人员到场。办案人员应当制作抽样取证记录，对样品加贴邮政管理部门封条，开具物品清单，由办案人员和当事人或者有关人员在封条和相关记录上签名或者盖章。物品清单应当交付当事人。当事人或者有关人员拒绝签章的，办案人员应当注明情况。

第二十九条　办案人员调查违法事实，需要对案件中专门事项进行鉴定的，应当出具载明委托鉴定事项及相关材料的鉴定委托书，委托具有法定鉴定资格的鉴定机构进行鉴定。没有法定鉴定机构的，可以依法委托其他具备鉴定条件的机构鉴定。

鉴定意见应当由鉴定人员签名或者盖章，并加盖鉴定机构印章。鉴定意见应当告知当事人。

第三十条　在证据可能灭失、损毁或者以后难以取得的情况下，办案人员可以根据情况采取记录、复制、拍照、录像等证据保全措施，或者经邮政管理部门负责人批准，采取先行登记保存措施。采取先行登记保存措施，办案人员应当通知当事人到场。

对登记保存的物品应当制作先行登记保存证据清单，由办案人员、当事人签名或者盖章，交付当事人。当事人拒绝签章或者接收的，办案人员应当注明情况。

第三十一条　对于先行登记保存的证据，应当在7日内采取以下措施：

（一）需要鉴定的，及时送交有关机构鉴定；

（二）依法应当移交有关部门处理的，移交有关部门；

（三）违法事实成立，应当予以没收的，依法处理；

（四）根据有关法律、法规规定可以查封、扣押的，决定查封、扣押；

（五）违法事实不成立，或者违法事实成立但依法不应当予以查封、扣押的，决定解除先行登记保存措施。

逾期未作出处理决定的，先行登记保存措施自动解除。

第三十二条　经邮政管理部门负责人批准，办案人员可以依法查封与违法活动有关的场所，扣押用于违法活动有关的运输工具以及相关物品，对信件以外的涉嫌夹带禁止寄递或者限制寄递物品的邮件、快件开拆检查。

情况紧急，需要当场实施查封、扣押措施的，办案人员应当在24小时内向邮政管理部门负责人报告，并补办查封、扣押批准手续。邮政管理部门负责人认为不应当采取查封、扣押措施的，应当立即解除。

查封、扣押有关的场所、运输工具以及相关物品的，应当告知当事人有申请行政复议和提起行政诉讼的权利。

第三十三条 查封、扣押仅限于与违法活动有关的场所、运输工具以及相关物品，不得查封、扣押与违法行为无关的场所、运输工具或者物品，不得查封、扣押公民个人及其所扶养家属的生活必需品。

第三十四条 查封、扣押与违法活动有关的场所、运输工具以及相关物品，应当通知当事人到场，当场清点，开具清单，制作现场笔录，由办案人员和当事人在现场笔录上签名或者盖章，并当场向当事人交付查封、扣押财物决定书。当事人不在场的，邀请见证人到场，由见证人和办案人员在现场笔录上签名或者盖章。

采取查封、扣押措施的，应当加贴邮政管理部门封条。对查封、扣押的运输工具以及相关物品，邮政管理部门应当妥善保管，严禁动用、调换或者损毁。

第三十五条 查封、扣押的期限不得超过30日；情况复杂的，经邮政管理部门负责人批准，可以延长，但是延长期限不得超过30日。法律、行政法规另有规定的除外。

延长查封、扣押的决定应当及时书面告知当事人，并说明理由。

对物品、数据需要进行检测、检验、检疫或者技术鉴定的，查封、扣押的期限不包括检测、检验、检疫或者技术鉴定的期限。检测、检验、检疫或者技术鉴定的期限应当明确，并书面告知当事人。检测、检验、检疫或者技术鉴定的费用由邮政管理部门承担。

第三十六条 对违法事实清楚且依法应当没收的非法财物，予以没收；法律、行政法规规定应当销毁的，依法销毁。

应当解除查封、扣押的，作出解除查封、扣押的决定，并送达解除查封、扣押决定书，将查封、扣押的运输工具以及相关物品返还当事人，由办案人员和当事人在清单上签名或者盖章。

第三十七条 有下列情形之一的，经邮政管理部门负责人批准，中止案件调查：

（一）行政处罚决定须以相关案件的裁判结果或者其他行政决定为依据，而相关案件尚未审结或者其他行政决定尚未作出的；

（二）涉及法律适用等问题，需要送请有权机关作出解释或者确认的；

（三）因不可抗力致使案件暂时无法调查的；

（四）因当事人下落不明致使案件暂时无法调查的；

（五）其他应当中止案件调查的情形。

造成中止案件调查的情形消除后，应当及时恢复案件调查。

因涉嫌违法的自然人死亡或者法人、其他组织终止，并且无权利义务承受人等原因，致使案件调查无法继续进行的，经邮政管理部门负责人批准，案件终止调查。

第三十八条 办案人员调查终结后，应当根据案件不同情况，制作案件处理意见报告，并报邮政管理部门负责人批准后分别处理。案件处理意见报告应当载明下列内容：

（一）当事人的基本情况；

（二）案件的调查经过；

（三）调查认定的事实、证据；

（四）处理意见及其法律依据。

办案人员对调查取证过程中知悉的国家秘密和商业秘密，负有保密义务。

第三十九条 邮政管理部门负责人审核案件处理意见报告后，认为应当给予行政处罚的，邮政管理部门应当制作行政处罚意见告知书，送达当事人，告知拟作出的行政处罚决定及事实、理由和依据，并告知当事人可以在收到该告知书之日起3日内，向邮政管理部门进行陈述和申辩，符合本规定第四十二条规定的听证条件的，可以要求听证。

对符合本规定第四十二条规定的听证条件的行政处罚，内设执法机构还应当向邮政管理部门负责人一并提交法制工作机构的法制审核意见。

第四十条 邮政管理部门作出行政处罚决定的，应当制作行政处罚决定书，行政处罚决定书应当载明下列事项：

（一）当事人的姓名或者名称、地址等基本情况；

（二）违反法律、法规或者规章的事实和证据；

（三）行政处罚的种类和依据；

（四）行政处罚的履行方式和期限；

（五）不服行政处罚决定，申请行政复议或者提起行政诉讼的途径和期限；

（六）作出行政处罚决定的邮政管理部门的名称和作出决定的日期。

行政处罚决定书应当加盖作出行政处罚决定的邮政管理部门的印章。

邮政管理部门应当在7日内依照本规定第五十四条规定，将行政处罚决定书送达当事人。

除法律、行政法规另有规定外，邮政管理部门应当自作出行政处罚之日起7个工作日内公开行政处罚决定有关信息。

对情节复杂或者符合本规定第四十二条规定的听证条件的行政处罚，邮政管理部门负责人应当集体讨论作出处理决定。

第四十一条 适用一般程序处理的案件应当自立案之日起90日内作出处理决定；案情复杂，不能在规定期限内作出处理决定的，经邮政管理部门负责人批准，可以延长至120日；案情特别复杂，经延期仍不能作出处理决定的，应当由邮政管理部门负责人集体讨论决定是否继续延期，决定继续延期的，应当同时确定延长的合理期限。

案件办理过程中听证、检测、检验、检疫或者技术鉴定以及发生行政复议或者行政诉讼的，所需时间不计入本条第一款规定的期限。

第四章 听证程序

第四十二条 邮政管理部门作出下列行政处罚之一的，当事人有要求举行听证的权利：

（一）责令停产停业的；

（二）吊销许可证的；

（三）较大数额罚款的；

本条第一款所称较大数额，是指同一行政处罚案件中，对同一公民罚款五千元以上，对同一法人或者其他组织罚款三万元以上且超过法定情节最高罚款数额的百分之五十。

第四十三条 当事人要求听证的，应当在收到行政处罚意见告知书之日起3日内以书面形式提出听证申请；当事人以书面形式提出申请确有困难，可以口头提出申请的，办案人员应当将当事人基本情况、听证请求事项以及事实和理由记录在案，并由当事人签名或者盖章。

逾期不申请的，视为放弃要求举行听证的权利。

第四十四条 当事人的听证要求符合本规定的，邮政管理部门应当组织听证，并在举行听证的7日前，以行政处罚案件听证通知书的形式通知当事人。行政处罚案件听证通知书应当载明下列有关事项：

（一）听证主持人、听证员和记录员。邮政管理部门负责人应当在本部门中指定一名非本案件办案人员担任听证主持人，必要时可以指定一至二名听证员，并指定一名记录员。听证主持人、听证员、记录员的回避，适用本规定第十八条、第十九条的规定。

（二）听证参加人。听证参加人包括办案人员、当事人等。当事人可以委托一至二名代理人参加听证，委托代理人参加听证的，应当提交书面委托书。

（三）听证主要内容。办案人员应当向听证主持人提交当事人基本情况、违法事实、证据、拟处罚意见以及听证申请等有关材料。

（四）听证时间和地点。

第四十五条 当事人在举行听证之前，提出撤回听证申请的，应当准许，并记录在案。

当事人无正当理由不出席听证的，视为撤回听证申请。

有下列情形之一的，听证主持人可以决定延期举行听证：

（一）当事人因不可抗力无法到场的；

（二）当事人临时申请回避的；

（三）其他应当延期的情形。

延期举行听证的，应当在听证笔录中注明情况，由听证主持人签名。

造成听证延期的情形消除后，听证主持人应当及时开始听证，将听证的时间、地点通知听证参加人。

第四十六条　除涉及国家秘密、商业秘密或者个人隐私外，听证应当公开举行。涉及商业秘密或者个人隐私的，当事人可以申请不公开听证。

听证过程中，有下列情形之一的，应当中止听证：

（一）需要通知新的证人到会、调取新的证据或者证据需要重新检验、检测、检疫、技术鉴定的；

（二）当事人提出新的事实、理由、证据，需要由本案调查人员调查核实的；

（三）当事人死亡或者终止，尚未确定权利义务承受人的；

（四）当事人因不可抗力不能继续参加听证的；

（五）因回避致使听证不能继续进行的；

（六）其他应当中止听证的情形。

中止听证的，应当在听证笔录中注明情况，由听证主持人签名。

造成中止听证的情形消除后，听证主持人应当及时恢复听证，将听证的时间、地点通知听证参加人。

听证过程中，有下列情形之一的，终止听证：

（一）当事人撤回听证申请的；

（二）当事人或者其代理人无正当理由不参加听证或者未经听证主持人允许，中途退出听证的；

（三）当事人死亡或者终止，无权利义务承受人的；

（四）听证过程中，当事人或者其代理人扰乱听证秩序，不听劝阻，致使听证无法正常进行的；

（五）其他应当终止听证的情形。

终止听证的，应当在听证笔录中注明情况，由听证主持人签名。

第四十七条　当事人在听证中的权利和义务：

（一）有权对案件涉及的事实、适用法律及有关情况进行陈述和申辩；

（二）有权对办案人员提出的证据质证并提出新的证据；

（三）如实回答听证主持人的提问；

（四）遵守听证程序。

第四十八条　听证按照下列程序进行：

（一）听证主持人核对听证参加人身份，告知有关权利和义务，宣布案由和听证纪律，宣布听证会开始；

（二）办案人员提出当事人违法的事实、证据、处罚意见和理由；

（三）当事人或者其委托代理人对案件的事实、证据、适用的法律等进行陈述和申辩，可以向听证会提交新的证据；

（四）涉及第三人的，由第三人进行陈述；

（五）听证主持人就案件的有关问题向当事人、办案人员、证人询问；

（六）办案人员、当事人或者其委托代理人经听证主持人允许，可以就有关证据进行质证，也可以向到场的证人发问；

（七）办案人员、当事人、第三人依次作最后陈述；

（八）听证主持人宣布听证结束。

第四十九条　听证应当制作行政处罚案件听证笔录。听证笔录应当载明下列事项：

（一）听证事项名称；

（二）听证主持人、听证员、记录员的姓名、职务；

（三）听证参加人及其他人员的姓名或者名称；

（四）举行听证的时间、地点和方式；

（五）办案人员提出的本案的事实、证据和行政处罚的内容及其依据；

（六）当事人、第三人的陈述、申辩，提出有关证据的内容；

（七）相互质证、辩论情况；

（八）最后陈述的内容；

（九）听证主持人认为其他需要载明的事项。

听证笔录由听证主持人、听证员以及听证参加人审核无误后签名或者盖章。听证参加人拒绝签章的，由记录员在听证笔录中注明情况。

第五章 简易程序

第五十条 违法事实确凿并有法定依据，依照《中华人民共和国行政处罚法》规定可以当场作出行政处罚决定的，邮政管理部门依法办理。

第五十一条 适用简易程序当场查处违法行为，办案人员应当当场了解违法事实，制作现场笔录或者询问笔录，收集必要的证据。

在给予行政处罚前，办案人员应当口头告知当事人作出行政处罚决定的事实、理由、依据及处罚内容，告知当事人依法享有陈述和申辩的权利。

当事人进行陈述和申辩的，办案人员应当记入笔录。当事人提出的事实、理由或者证据成立的，应当采纳；不采纳的应当说明理由。

第五十二条 适用简易程序当场给予行政处罚，应当填写预定格式、统一编号的行政处罚决定书。

行政处罚决定书应当载明当事人的基本情况、违法行为、行政处罚依据、处罚种类、罚款数额、时间、地点、救济途径、邮政管理部门名称，并由办案人员及当事人签名或者盖章后，当场交付当事人。当事人拒绝签章的，办案人员应当注明情况。

第五十三条 适用简易程序查处案件，办案人员应在7个工作日内将当场处罚情况报所属邮政管理部门备案，并将相关材料交由所属邮政管理部门归档保存。

第六章 执行和结案

第五十四条 送达执法文书应当使用送达回证，由受送达人在送达回证上记明收到日期，签名或者盖章。受送达人在送达回证上的签收日期为送达日期。

送达执法文书，应当直接送交受送达人。受送达人拒绝接收执法文书的，送达人可以邀请第三方的见证人到场，说明情况，在送达回证上注明拒收事由和日期，由送达人、见证人签名或者盖章，把执法文书留在受送达人的住所；也可以把执法文书留在受送达人的住所，并采用拍照、录像等方式记录送达过程，即视为送达。

直接送达执法文书确有困难的，可以邮寄送达。邮寄送达的，以邮寄回执上载明的收件日期为送达日期。

采取本条第二款、第三款规定的方式无法送达的，可以公告送达。采取公告送达的，自发出公告之日起60日，即视为送达。公告送达，应当在案卷中记明原因和经过。

第五十五条 行政处罚决定依法作出后，当事人应当按照行政处罚决定书的内容、方式和期限，履行行政处罚决定。

当事人对行政处罚决定不服申请行政复议或者提起行政诉讼期间，行政处罚不停止执行，法律另有规定的除外。

第五十六条 除依法当场收缴罚款外，邮政管理部门对当事人作出罚款处罚的，当事人应当自收到处罚决定书之日起15日内，到指定银行缴纳罚款。

第五十七条 办案人员当场收缴罚款的，应当出具中央财政部门统一制发的罚款收据；不出具中央财政部门统一制发的罚款收据的，当事人有权拒绝缴纳罚款。

第五十八条 当事人逾期不履行行政处罚决定的，作出行政处罚决定的邮政管理部门可以依法采取下列措施：

（一）到期不缴纳罚款的，每日按罚款数额的百分之三加处罚款，加处罚款不得超出缴纳罚款的本数；

（二）根据法律规定，将查封、扣押的财物拍卖所得抵缴罚款；

（三）申请人民法院强制执行；

（四）法律、行政法规规定的其他措施。

第五十九条 当事人在法定期限内不申请行政复议或者提起行政诉讼，又不履行行政处罚决定的，邮政管理部门可以自期限届满之日起3个月内，依法申请人民法院强制执行。

邮政管理部门申请人民法院强制执行前，应当催告当事人履行义务。催告书送达10日后当事人仍未履行义务的，邮政管理部门可以向所在地有管辖权的人民法院申请强制执行。

第六十条 当事人确有经济困难，需要延期或者分期缴纳罚款的，应当在行政处罚决定书规定的缴款日期前提出书面申请，经作出行政处罚决定的邮政管理部门批准，可以暂缓或者分期缴纳。

第六十一条 有下列情形之一的，应当终结行政处罚决定的执行：

（一）公民死亡，无遗产可供执行，又无义务承受人的；

（二）法人或者其他组织终止，无财产可供执行，又无义务承受人的。

（三）据以执行的行政处罚决定被撤销的；

（四）邮政管理部门认为需要终结执行的其他情形。

第六十二条 有以下情形之一的，办案人员应当填写行政处罚结案报告，经邮政管理部门负责人批准后，予以结案：

（一）行政处罚决定执行完毕的；

（二）不予行政处罚的；

（三）案件移送有管辖权部门或者司法机关的；

（四）决定终止调查的；

（五）决定终止执行行政处罚决定的；

（六）其他应当结案的情形。

批准结案的，应将有关案件材料进行整理装订，归档保存。

第七章 附 则

第六十三条 邮政管理部门委托管理公共事务的事业组织实施行政处罚的，还应当遵守有关法规、规章关于委托实施行政处罚的规定。

第六十四条 本规定自2013年5月1日起施行。国家邮政局2009年9月27日发布的《邮政行政处罚程序规定（暂行）》同时废止。

第三章 快递标准（索引）

快件航空运输信息交换规范

http://c.gb688.cn/bzgk/gb/showGb? type=online&hcno=DBF1328B293DCA61F11F1559AE4B4A0C

绿色产品评价 快递封装用品

http://www.spb.gov.cn/zc/ghjbz_1/201508/W020200811551174606327.pdf

快递支付服务信息交换规范

http://www.spb.gov.cn/zc/ghjbz_1/201508/W020200811551174622083.pdf

无人机快递投递服务规范

http://www.spb.gov.cn/zc/ghjbz_1/201508/W020201204542195544172.pdf

智能信包箱和智能快件箱监管数据接入规范

http://www.spb.gov.cn/zc/ghjbz_1/201508/W020210208601518340002.pdf

冷链寄递保温箱技术要求

http://www.spb.gov.cn/zc/ghjbz_1/201508/W020210208601518313901.pdf

鲜活水产品快递服务要求

http://www.spb.gov.cn/zc/ghjbz_1/201508/W020210208605890132207.pdf

邮政行业基于荧光聚合物传感技术的手持式痕量炸药探测仪技术要求

http://www.spb.gov.cn/zc/ghjbz_1/201508/W020210208605890052220.pdf

第四章　快递政策

国务院办公厅转发国家发展改革委等部门关于加快推进快递包装绿色转型意见的通知

国办函〔2020〕115号

各省、自治区、直辖市人民政府，国务院各部委、各直属机构：

国家发展改革委、国家邮政局、工业和信息化部、司法部、生态环境部、住房城乡建设部、商务部、市场监管总局《关于加快推进快递包装绿色转型的意见》已经国务院同意，现转发给你们，请认真贯彻落实。

国务院办公厅

2020年11月30日

关于加快推进快递包装绿色转型的意见

为贯彻落实党中央、国务院决策部署，进一步加强快递包装治理，推进快递包装绿色转型，现提出以下意见。

一、总体要求

（一）指导思想。以习近平新时代中国特色社会主义思想为指导，全面贯彻党的十九大和十九届二中、三中、四中、五中全会精神，深入践行习近平生态文明思想，认真落实党中央、国务院决策部署，坚持以人民为中心，落实新发展理念，强化快递包装绿色治理，加强电商和快递规范管理，增加绿色产品供给，培育循环包装新型模式，加快建立与绿色理念相适应的法律、标准和政策体系，推进快递包装"绿色革命"。

（二）基本原则。

——坚持绿色发展。以绿色理念推动电商和快递行业高质量发展，建立健全市场主体激励约束机制，打造统一规范、竞争有序、监管有力的营商环境，推进快递包装管理制度和治理体系现代化。

——坚持创新引领。以技术创新和模式创新驱动快递包装绿色转型，开发应用新技术、新产品，培育发展快递包装新业态。以标准化和规范化为主线，优化快递包装产品供给结构，推动产业链、供应链转型升级。

——坚持协同共治。压实企业主体责任，强化政府监督管理，加强政策引导，形成法律、标准、政策相互协调，产业链、供应链前后贯通，政府监管、行业自律、社会参与三位一体的快递包装协同治理体系。

（三）主要目标。到2022年，快递包装领域法律法规体系进一步健全，基本形成快递包装治理的激励约束机制；制定实施快递包装材料无害化强制性国家标准，全面建立统一规范、约束有力的快递绿色包装标准体系；电商和快递规范管理普遍推行，电商快件不再二次包装比例达到85%，可循环快递包装应用规模达700万个，快递包装标准化、绿色化、循环化水平明显提升。到2025年，快递包装领域全面建立与绿色理念相适应的法律、标准和政策体系，形成贯穿快递包装生产、使用、回收、处置全链条的治理长效机制；电商快件基本实现不再二次包装，可循环快递包装应用规模达1000万个，包装减量和绿色循环的新模式、新业态发展取得重大进展，快递包装基本实现绿色转型。

二、完善快递包装法律法规和标准体系

（四）健全法律法规体系。推动电子商务、邮政快递等行业管理法律法规与固体废物污染环境防治法有效衔接，进一步明确市场主体法律责任和政府监管责任，加快形成有利于完善快递包装治理的法律法规体系。研究修订《快递暂行条例》，细化快递包装生产、使用、回收、处置各环节管理要求。制定《邮件快件包装管理办法》，进一步健全快递包装治理的监管手段和具体措施。（商务部、交通运输部、国家邮政局、生态环境部、司法部按职责分工负责）

（五）加强标准化工作顶层设计。建立快递绿色包装标准化联合工作组，统一指导快递包装标准制定工作。制定覆盖产品、评价、管理和安全各类别以及设计、生产、销售、使用、回收和循环利用各环节的标准体系框架图。统一快递绿色包装、循环包装的核心关键指标要求，解决部分标准引用层次复杂、关键指标不清晰、内容互不衔接等问题。清理一批与行业发展和管理要求不相符的现行标准。强化标准实施效果评估，形成动态反馈、及时修订机制。（市场监管总局牵头，国家发展改革委、工业和信息化部、生态环境部、商务部、国家邮政局等部门参与）

（六）升级完善快递包装标准。抓紧制定快递包装材料无害化相关强制性国家标准，提高标准约束力。建立健全可循环快递包装、产品与快递一体化包装、合格包装采购管理、绿色包装认证等重点领域标准。研究制定可降解材料与包装产品标识标准，进一步完善可降解快递包装标准，加快实施快递包装绿色产品认证和可降解包装产品标识制度。开辟绿色通道，提高标准制修订效率。（市场监管总局牵头，工业和信息化部、生态环境部、商务部、国家邮政局等部门参与）

三、强化快递包装绿色治理

（七）推进快递包装材料源头减量。加强快递领域塑料污染治理，推动重点地区逐步停止使用不可降解的塑料包装袋、一次性塑料编织袋，减少使用不可降解塑料胶带。推动全国快递业务实现电子运单全覆盖，大幅提升循环中转袋（箱）、标准化托盘、集装单元器具的应用比例。推广使用低克重高强度快递包装纸箱、免胶纸箱。鼓励通过包装结构优化减少填充物使用。（国家邮政局和各地方人民政府按职责分工负责）

（八）提升快递包装产品规范化水平。统一规定快递封套、纸箱、包装袋等的规格尺寸、物理和安全环保性能，推动快递包装产品实现标准化、系列化和模组化，提高与寄递物的匹配度，防止大箱小用，减少随意包装。全面禁止电商和快递企业使用重金属含量、溶剂残留等超标的劣质包装袋，禁止使用有毒有害材料制成的填充物；违规生产、使用问题突出地区人民政府要对有毒有害的劣质快递包装生产企业、违规使用的电商和快递企业开展专项整治。（国家邮政局、商务部、市场监管总局和各地方人民政府按职责分工负责）

（九）减少电商快件二次包装。加强电商和快递企业与商品生产企业的上下游协同，设计并应用满足快递物流配送需求的电商商品包装。选择一批商品品类，推广电商快件原装直发，推进产品

与快递包装一体化，减少电商商品在寄递环节的二次包装。（商务部、国家邮政局、工业和信息化部按职责分工负责）

四、加强电商和快递规范管理

（十）严格快递操作规范。完善快递行业末端网点分拣、投递工作流程和封装操作规范。推动快递企业完善内部规章制度，建立快递包装治理工作体系和管理台账，将快递包装有关规范纳入从业人员上岗培训，提升快递员业务技能。支持快递企业推行智能化、集约化作业方式。将不规范分拣、投递、包装操作等行为纳入快递行业抽查事项目录，推动解决被动式过度包装问题，畅通公众投诉举报通道，规范快件投递"最后一公里"。（国家邮政局负责）

（十一）完善快递收寄管理。推动快递企业将包装减量化、绿色化等要求纳入收件服务协议，加强对电商等协议用户的引导。推动快递企业进一步规范散收件交付管理，引导用户使用合格包装产品。鼓励电商和快递企业在网络零售和快件收寄中为消费者提供绿色包装产品，并通过积分激励等方式引导消费者使用。（国家邮政局、商务部按职责分工负责）

（十二）推行绿色供应链管理。推动相关企业建立快递包装产品合格供应商制度，鼓励包装生产、电商、快递等企业形成产业联盟，扩大合格供应商包装产品采购和使用比例。快递企业总部要加强对分支机构、加盟企业的管理，建立针对分支机构、加盟企业采购和使用包装产品的引导和约束机制。（国家邮政局、商务部、工业和信息化部按职责分工负责）

五、推进可循环快递包装应用

（十三）推广可循环包装产品。在电商和快递业务中，结合相关应用场景和商品种类，组织开展公开征集、设计大赛等遴选推广一批快递包装减量和循环利用的新技术、新产品。鼓励在同城生鲜配送、连锁商超散货物流中推广应用可循环可折叠快递包装、可循环配送箱、可复用冷藏式快递箱，减少一次性塑料泡沫箱等的使用。（国家邮政局、商务部、国家发展改革委和各地方人民政府按职责分工负责）

（十四）培育可循环快递包装新模式。鼓励电商平台选择部分商品种类，设立可循环包装商品专区；支持快递企业和第三方机构通过信用质押、超期扣款、回投返款等多种模式，扩大可循环快递包装的使用范围。鼓励电商和快递企业与商业机构、便利店、物业服务企业等合作设立可循环快递包装协议回收点，投放可循环快递包装的回收设施，丰富回收方式和渠道。推行可循环快递包装统一编码和规格标准化，建立健全上下游衔接、平台间互认的运管体系，有效降低运营成本。鼓励通过股权合作、第三方运营等方式，开展可循环快递包装投放和回收设施共建联营。（国家邮政局、商务部、国家发展改革委、市场监管总局和各地方人民政府按职责分工负责）

（十五）加强可循环快递包装基础设施建设。各城市人民政府要结合智慧城市、智慧社区建设，在社区、高校、商务中心等场所，规划建设一批快递共配终端和可循环快递包装回收设施；在城市更新和存量住房改造提升、城镇老旧小区改造时，支持快递共配终端和可循环快递包装回收设施建设；破解相关设施进社区和公共场所的政策障碍，实行保障设施用地、减免设施场地占用费等支持政策。选择一批有条件的城市开展可循环快递包装规模化应用试点示范。（国家发展改革委、教育部、商务部、国家邮政局、住房城乡建设部和各城市人民政府按职责分工负责）

六、规范快递包装废弃物回收和处置

（十六）加强快递包装回收。鼓励在校园、社区等场所的快递网点开展快递包装纸箱集中回收，适度提升复用比例。推进快递包装材料和产品绿色设计，鼓励同类别产品包装使用单一材质材料,减少使用难以分类回收的材料和包装设计,提升快递包装可回收性能。鼓励发展“互联网+回收”新业态,推进快递包装废弃物中可回收物的规范化、洁净化回收。(国家邮政局、教育部、工业和信息化部、商务部和各地方人民政府按职责分工负责)

(十七)规范快递包装废弃物分类投放和清运处置。推动已实施生活垃圾分类的城市在住宅小区、商业和办公场所合理设置分类收集设施,规范居民分类投放行为,保障快递包装废弃物及时得到清运。推进快递包装废弃物分类处置,提高资源化能源化利用比例,加强垃圾焚烧发电企业运行管理,确保污染物稳定达标排放。降低快递包装废弃物的填埋比例。(住房城乡建设部、生态环境部和各地方人民政府按职责分工负责)

七、完善支撑保障体系

(十八)加强监督执法。加大快递包装治理的监督执法力度,开展“双随机、一公开”检查和定期摸底调查,强化刚性约束。将快递包装相关标准实施情况纳入电商和快递行业管理。对违反相关法律法规和强制性国家标准的行为,依法依规进行查处。(国家邮政局、商务部、市场监管总局、生态环境部等部门和各地方人民政府按职责分工负责)

(十九)完善综合性支持政策。对绿色快递物流和配送体系建设、专业化智能化回收设施建设等项目,中央预算内投资予以适当支持。研究将绿色、可循环快递包装生产和规模化应用企业列入绿色信贷支持范围,在债券发行等方面予以支持。落实快递绿色包装政府采购需求标准,发挥政府采购引导作用。落实现有税收政策。中央财政通过现有部门预算资金支持开展快递包装生产、使用和回收处置统计监测分析平台、执法和监管能力建设。(国家发展改革委、财政部、住房城乡建设部、商务部、人民银行、税务总局、银保监会、证监会、国家邮政局等部门按职责分工负责)

(二十)强化科技支撑。开发智能打包、胶带与纸箱分离等新技术,加快绿色环保、功能包装材料研发应用。开发应用快递包装操作和分拣配送自动化、信息化、智能化设施,提升快递行业集约化管理水平。加强产学研衔接,加大快递绿色包装技术攻关和成果转化力度。(科技部牵头,各有关部门参与)

八、强化组织实施

(二十一)加强部门协同。各有关部门要加强协同配合和政策衔接,形成齐抓共管的工作合力,及时总结推广快递包装绿色转型的有效管理措施、商业模式和制度成果,协调解决实施中的问题,重大情况及时按程序向国务院请示报告。(各部门按职责分工负责)

(二十二)落实地方责任。各地要提高政治站位,进一步增强做好快递包装绿色转型工作的责任感和紧迫感。各省级人民政府要加强对本地区快递包装治理工作的统筹指导,细化任务措施,有力有序推进快递包装绿色转型。各城市人民政府要结合本地实际,加强日常管理,抓好组织落实。开展可循环快递包装规模化应用试点示范的各试点城市人民政府要组织编制试点实施方案,建立健全工作机制,及时总结可复制、可推广的制度和模式。(各地方人民政府负责)

(二十三)加强宣传引导。通过报纸、广播电视、新媒体等渠道,大力宣传快递包装绿色转型的典型做法和工作成效,营造良好社会氛围。充分发挥消费者、新闻媒体、行业协会等的监督作用,广泛凝聚社会共识,构建人人有责、人人尽责的快递包装社会治理体系。(各有关部门按职责分工负责)

商务部等5部门关于继续推进城乡高效配送专项行动有关工作的通知

商建函〔2020〕195号

河北省、吉林省、江西省、山东省、河南省、四川省商务、公安、交通运输、邮政管理、供销合作部门：

为贯彻党的十九大报告关于加强物流基础设施网络建设的要求，落实《国务院办公厅关于进一步推进物流降本增效促进实体经济发展的意见》（国办发〔2017〕73号）部署，深入推进城乡高效配送专项行动，进一步扩大专项行动实施范围，商务部、公安部、交通运输部、国家邮政局、供销合作总社在各地报送实施方案基础上，进一步明确了第二批10个城市（保定、唐山、通化、南昌、济南、临沂、郑州、洛阳、泸州、遂宁）的专项行动目标、任务和具体举措。

各地要进一步提高政治站位，把专项行动作为扎实做好"六稳"工作，全面落实"六保"任务，加快畅通产业循环、市场循环、经济社会循环的重要抓手，进一步完善城乡物流网络节点，降低物流配送成本，提高物流配送效率。要进一步加强组织领导，强化城乡配送工作协调机制，加强对专项行动城市的业务指导和监督检查，及时研究解决专项行动遇到的突出问题，力争在体制机制、政策促进和制度标准建设等方面有所突破。要进一步强化城乡高效配送专项行动的城市主体责任，重点在推进物流配送车辆标准化、促进农产品上行和城乡双向流通等方面加强探索创新，推进城乡配送网络化、集约化、标准化发展。

省级商务主管部门要指导第二批城市建立工作台账，制定时间表和路线图，于每季度结束后的15天内报送工作台账，并于2021年3月底前将第二批城市的总体绩效评价材料报送商务部（市场建设司）。要立足本地实际，做好城乡高效配送专项行动经验复制推广工作，并及时向商务部（市场建设司）报送典型经验做法。

附件：城乡高效配送专项行动第二批城市重点任务安排

中华人民共和国商务部
中华人民共和国公安部
中华人民共和国交通运输部
国家邮政局
中华全国供销合作总社
2020年6月28日

附件

城乡高效配送专项行动第二批城市重点任务安排

序号	省	市	重点任务	主要举措及成果
1	河北省	保定市	完善城乡配送网络	建成集仓储、统一配送于一体的公共配送中心5个以上，市区完成末端公共取送点布局100个以上，日常配送网点保持在200家以上，农村配送网点保持在600个以上
			加强资源整合	依托企业优化网点布局，扩大配送范围；集聚供应商资源，增加统仓统配商品品类，推动快递、邮政、商超、便利店、物业、社区等末端网点共享共用，在城区整合供应商30家，共同配送率达到65%；在农村整合供应商216家，共同配送率达到55%以上

续上表

序号	省	市	重点任务	主要举措及成果
1	河北省	保定市	创新配送模式	鼓励农产品批发市场提升产销衔接、统仓统配功能，促进线上线下融合发展，创新农产品集中配送模式；发挥物流园区仓配一体、功能集聚优势，加快发展面向各类终端的共同配送模式；鼓励大型餐饮企业建设"中央厨房"，实行批量采购、集中加工、统一配送；以大型综合体、商业街等重点商圈为核心，建设商圈公共分拨中心，或引进第三方物流，实行统仓统配
2		唐山市	完善城乡配送网络	在城区及近郊建设3~5家城市综合物流中心(园区)；在商贸集聚区、批发市场等区域，依托15~20家物流企业按照"多用户共同配送"模式，建设运营城市共同配送(分拨)中心；发展自助提货设施等末端共同服务网点，深入推进住宅小区、写字楼、商场、厂区等地块智能快件箱建设。每个县建设1~3个县域配送中心
			加强资源整合	强化资源整合，引导配送资源开发共享，实行统仓统配，整合供应商150家，车辆周转率提高50%以上、满载率提升30%以上
			推动配送企业规范化、标准化发展	支持城乡配送企业的整合重组，吸纳社会闲散运力，形成1~3家规范化、标准化服务配送龙头企业，推广新能源厢式货车，建立统一调配服务平台，统一收费标准、服务标准，加大对配送型龙头企业路权、政策等方面的扶持力度
3	吉林省	通化市	完善城乡网络	依托县域现有邮政、社会物流、电子商务中心等场地升级改造建设4个功能齐全的物流集中配送中心；利用现有"农村电商服务站""万村千乡市场工程""邮政快递"便民服务站建设乡镇物流集散中心10处；整合利用村商贸超市、村级电商站、农资供应点等各类资源，实现村级配送网点覆盖率95%以上
			创新城乡配送模式	引导物流企业开通10条定时、定点、定线的农村物流"货运班线"。发展以城带乡、城乡融合的农村物流共同配送新模式；引导农村物流经营主体依托第三方电子商务服务平台，实现乡村站点与电商企业对接，探索农村地区服务电商发展新模式。推进"一点多能、一网多用"的农村物流发展新模式；探索适应农批对接、农超对接、村社对接、直供直销等物流服务新模式
			促进农产品上行	以县级交通运输运政信息管理系统为基础整合农业、供销、邮政管理等相关部门信息资源，融合广大农资农产品经销企业、物流企业及中介机构的自有信息系统，搭建物流信息免费共享平台和物流调度中心，提供农村物流供需信息的收集、整理、发布等服务，实现各方信息的互联互通、集约共享和有效联动
4	江西省	南昌市	完善配送网络	编制全市城乡配送专项规划，以南昌向塘物流中心城乡配送集群建设为发力点，加快全市配送网络建设，重点推进物流园区、综合共配中心、分拨中心建设，提升改造快消品、农产品、药品、家电、快递、商贸市场等专业化配送中心6个以上；在城区建成不少于100个标准化快递综合服务网点
			推进物流配送车辆标准化	推进城市配送车辆规范化、标准化，在快消品、生鲜、药品等领域，组建标准化配送车辆队伍(200~300台车辆，以4.2米货车和新能源货车为重点)，实行车辆通行证发放网上申领，建立城市配送信息平台和调度中心，为仓储配送中心、末端网点配送提供运力支持
			创新配送模式	推广高效集约、协同共享的城乡高效配送模式，重点推进大型连锁商业企业统一配送、零担专线运输"落地配"、线上线下统一配送、中央厨房冷链配送和农村末端配送整合模式，为生产制造、商贸流通、进出口贸易提供高效的配送服务
			整合农产品物流配送	完善农产品配送模式，对全市农贸市场实行线上线下协同发展，组建全市新能源小型货车配送车队，提供统一配送服务

续上表

序号	省	市	重点任务	主要举措及成果
5	山东省	济南市	完善城乡配送网络	构建以18个城市配送中心、110个物流配送站、2500个以上末端配送网点为支撑的城市配送网络；建立以2个县域物流配送中心、48个乡镇配送节点、4000个村级公共服务点为支撑覆盖农村的配送网络，补强农村物流和农产品物流短板
			推广技术应用	在全市城乡配送网点布局10000个智能小甩箱，引导物流企业采用多式联运、集装箱甩挂等先进技术，进一步为城乡配送的降本增效助力
			加强信息化建设	整合公路、铁路、民航、邮政等行业公共信息服务系统资源，搭建济南城市配送公共信息服务平台，集成城市配送信息服务、电子商务、供应链融资、电子政务、信用评价等综合服务功能
6		临沂市	创新配送模式	组织相关专家，运用5G、大数据、云计算、区块链、物联网等新一代信息技术，积极探索商城等批发市场的统仓统配
			促进城乡双向流通	建设区域分拨、仓储、金融、加工配送与电商物流平台，打通沂水县农特产品销售渠道，以销促产，以商流促物流、物流带商流，加快推动电商、快递进农村，降低工业品下乡、农产品上行的物流成本，提高物流效率，实现乡村振兴
			推进物流标准化建设	加大标准托盘及其循环共用推进力度，提升物流与城市共同配送运作效率。积极承担国家级、省级物流标准化试点任务，形成一批对临沂及区域物流业发展和服务水平提升有重大促进作用的物流标准化应用成果
7	河南省	郑州市	促进农产品上行	发展“农商对接”“农超对接”“农厨对接”及“农批对接”等生鲜农产品销售模式，建设农产品产地预冷中心、城市生鲜农产品冷链配送中心和农产品供应链信息平台，完善以农产品的集种(养)、集运、集仓、集配和农产品供应链金融服务为核心的农产品供应链体系，打通农产品从田间地头到城市餐桌的直供和全程冷链运输。培育3~5家农产品供应链企业，重要农产品对接品种达到10个以上
			创新配送模式	依托“快递下乡”“城市共同配送”“村村通”工程，合理配置物流、快递、电商、冷链等城乡配送资源，大力推进城乡配送公交化、班线化，实现城乡配送当日达。鼓励统一配送、集中配送、共同配送、夜间配送、分时段配送等多种配送模式共同发展
			强化标准化应用	深入推进标准化托盘循环共用和带板运输，大力发展农产品标准周转筐(笼、箱)的应用，实现重要农产品标准周转筐(笼、箱)的使用率超过50%，推进农产品冷链物流配送标准制定
8	河南省	洛阳市	完善配送网络	新建或改造提升综合物流中心(园区)5个，公共配送(分拨)中心10个，末端服务网点800个；新建或改造提升县域物流配送中心9个，乡(镇)配送节点120个，村级公共服务点2000个。完善“一中心、六组团、四支撑”城乡物流布局，实现市、县、乡(镇)、村配送网点全覆盖
			促进城乡双向流通	推进“三统一”(统一平台、统一包装、统一品牌)综合合作模式，发展“生活用品超市+互联网农品服务”新模式，打造集生产、供销、信用等服务功能于一体的综合为农服务平台——“隔壁仓库”，完成建设500个直营店的目标任务，实现“网货下乡”和“农产品进城”双向流通
			推动绿色化发展	重点推广应用绿色建筑材料、冷库节能技术、节能灯、电动叉车等新材料、新技术、新设备，推动绿色仓库建设与发展；支持企业积极采购新能源和清洁能源车辆，逐步替换、淘汰老旧汽(柴)油车辆，新增绿色新能源配送车辆500台；发展绿色包装，企业循环利用包装比例逐年提高10%，包装成本逐年降低10%

续上表

序号	省	市	重点任务	主要举措及成果
9	四川省	泸州市	完善城乡配送网络	按照“先易后难、以点带面”的原则，加快推进县域物流集散中心建设，在全市建设31个乡镇物流节点
			促进农产品上行	搭建冷链企业与农业生产合作社、专业户沟通的信息平台，培育3~5家为农产品流通服务的冷链企业，促进农特产品上行
			促进城乡双向流通	按照面积不少于10~15平方米的标准和“统一标准、统一标识、统一设施”的要求，加快农村邮政服务体系建设，确保2020年底前全市行政村村邮站覆盖率达到60%。利用邮政渠道平台的优势，完善村邮站功能，大力发展代收代投快件、交管业务代办、农资分销、物流配送等其他代理性民生服务，进一步拓展电商业务，促进城乡双向流通
10	四川省	遂宁市	完善城乡配送网络	构建层次清晰、衔接有序的城乡配送网络。完成“城市日常配送网点2000个，共同配送效率达到60%以上；农村配送网点3000个，共同配送率达到50%以上”的目标。支持社区快递超市建设，完成全年新建100个的目标
			加强资源整合	引导配送资源开发共享，实行统仓统配，整合供应商500家，车辆周转率提高50%以上、满载率提升20%以上；整合快递要素资源，实现城区范围的快递统一收件与投送。推进县(市、区)、乡镇快件集散中心建设，促进交通运输与邮政快递融合发展
			推进物流配送车辆标准化	推进城市配送车辆标准化、规范化，在快消品、生鲜、药品等领域，组建标准化配送车辆队伍(100~200台车辆，以4.2米货车和新能源货车为重点)，统一车辆标识，实行网上发放申领通行证，建立城市配送信息平台和调度中心，为城乡配送提供运力支持
			推动绿色化发展	按照“绿色经济强市”的要求，在后续的仓库建设和改造中，采用绿色、节能的新材料、新技术，绿色仓库占比达到30%；积极推广使用新能源和清洁能源车辆，城乡配送企业更新与新增的配送车辆中，新能源车辆占比达到50%以上

商务部办公厅　国家邮政局办公室关于深入推进电子商务与快递物流协同发展工作的通知

各省、自治区、直辖市、计划单列市及新疆生产建设兵团商务主管部门、邮政管理局：

为深入贯彻习近平总书记关于统筹做好疫情防控和经济社会发展工作的重要指示精神，毫不放松抓紧抓实抓细各项防控工作，进一步落实《国务院办公厅关于推进电子商务与快递物流协同发展的意见》(国办发〔2018〕1号)要求，充分发挥电子商务与快递物流在保供应、促消费、惠民生方面的重要作用，现就有关事项通知如下：

一、提高认识、统筹推动

推进电子商务与快递物流协同发展，是深入贯彻落实习近平新时代中国特色社会主义思想，全面贯彻党的十九大精神，落实新发展理念的重要举措。在应对新冠肺炎疫情中，电子商务和快递物流对保障生活必需品供应、防控疫情扩散、保持社会稳定发挥了重要作用。同时，网络消费和寄递服务需求急剧释放，电子商务和快递物流协同发展的必要性更加凸显。有关地方主管部门要进一步统一思想，提高认识，统筹做好新冠肺炎疫情防控工作，深入推进电子商务与快递物流协同发展，确保协同发展重点任务和工作举措落地生效。

二、加强协同、重点突破

各地要建立健全工作领导和协调机制，指导

电商企业和快递物流企业密切协作，聚焦协同发展中存在的短板、弱项，以及疫情发生以来暴露出的新情况新问题，下大力气推动解决。

（一）着力解决电商配送“最后一公里”问题。

明确智能快件箱、快递末端综合服务场所的公共属性，将智能快件箱、快递末端综合服务场所纳入公共服务设施相关规划，提供用地保障、财政补贴等配套措施。鼓励电商、快递等企业与实体店、小区物业等开展末端配送服务合作。完善末端配送新业态监管，进一步释放快递市场活力。要协调相关部门，在做好社区防疫工作的基础上，完善无接触投递等配套设施，逐步允许快递员进小区投递，畅通快递末端服务渠道。

（二）加快推动快递车辆便利通行。

统筹协调交通、公安等部门，推动出台保障快递车辆通行的政策措施，支持快递车辆通行和作业。疫情期间，确保邮件快件调得出、运得进，切实保障居民生活必需品的正常销售流通。完善城市邮政快递车辆的配送停靠、装卸等作业设施，对新能源车落实差别化通行管理政策。

（三）加强农村快递物流体系建设。

在快递通达乡镇的基础上，试点推进“快递进村”工程。继续扩大电子商务进农村覆盖面，推动工业品下乡、农产品上行。统筹电商、邮政、快递、交通运输等企业农村网络资源，鼓励企业加强合作，推广集约配送、共用网点、统仓统配等模式，健全县乡村三级物流配送体系。推进城乡高效配送专项行动，完善农村配送网络。

（四）深化先进信息技术在电商和快递物流领域应用。

指导电商企业与快递物流企业加强业务联动和精准对接，加强大数据、云计算、机器人等现代信息技术和装备应用，推广库存前置、智能分仓、仓配一体化等服务，提高供应链协同效率。支持发展智能服务，不断满足无人车、无人机配送等新需求。

三、深入总结、宣传推广

及时发掘提炼协同发展工作中的实践经验、创新举措和典型做法，组织媒体进行宣传报道。商务部将会同国家邮政局编发电子商务与快递物流协同发展典型案例，开展多种形式的交流推广，为协同发展营造良好舆论氛围。请按照附件进行工作总结和经验提炼，于8月30日前报送至商务部（电子商务司），并抄送国家邮政局（市场监管司）。

附件：电子商务与快递物流协同发展典型经验总结表

商务部办公厅

国家邮政局办公室

2020年4月14日

附件

电子商务与快递物流协同发展典型经验总结表

序号	主要任务	具体内容	主要做法	工作成效
1	优化协同发展环境	实施快递末端网点备案		
		明确智能快件箱、快递末端综合服务场所公共属性，提供政策支持		
		指导行业协会发挥自律作用		
		……		

续上表

序号	主要任务	具体内容	主要做法	工作成效
2	完善电子商务快递物流基础设施	科学引导快递物流基础设施建设，将智能快件箱、快递末端综合服务场所纳入公共服务设施相关规划，保障电子商务快递物流基础设施用地		
		健全农村寄递物流体系		
		加强国家电子商务示范基地、快递物流园区建设，引导国家电子商务示范基地、电子商务产业园区与快递物流园区融合发展		
		……		
3	优化电子商务配送通行管理	规范快递服务车辆（包括货车、电动三轮车、两轮车）运营管理，推动配送车辆标准化、厢式化		
		完善城市配送车辆通行管理政策		
		完善城市配送车辆停靠、装卸、充电等设施		
		……		
4	提升快递末端服务能力	推广智能投递设施		
		快递物流企业、电商企业在社区、校园等区域开展集约化配送情况		
		快递企业之间开展联收联投合作情况		
		……		
5	提高协同运行效率	快递物流企业提高科技应用水平情况		
		电商与快递物流企业推进库存前置、智能分仓、科学配载、线路优化，实现信息协同化、服务智能化情况		
		快递物流信息综合服务平台建设情况		
		发展智能仓储、仓配一体化服务，提高电商企业与快递物流企业供应链协同效率情况		
		推动快递与电子商务数据互联互通		
6	推动绿色发展	推进快递包装绿色治理		
		推广新能源车辆		
		推动电商企业包装减量，鼓励电子商务平台开展绿色消费活动，探索包装回收和循环利用		
		……		

交通运输部　商务部　海关总署　国家铁路局　中国民用航空局　国家邮政局　中国国家铁路集团有限公司关于当前更好服务稳外贸工作的通知

交水明电〔2020〕139号

各省、自治区、直辖市、新疆生产建设兵团交通运输厅（局、委）、商务厅（局、委）、邮政管理局，各直属海关，各直属海事局，各地区铁路监督管理局，各民航地区管理局，各铁路局集团公司：

为深入贯彻落实习近平总书记重要指示批示精神和党中央、国务院决策部署，在国务院复工复产推进工作机制、外贸外资协调机制下，统筹做好新冠肺炎疫情防控和经济社会发展工作，发挥交通运输“先行官”作用，保障国际国内运输通道畅通便利，优化运输市场环境，提高运输服务效率，更好地服务稳外贸工作，现将有关事项通知如下：

一、畅通外贸运输通道

1.确保国际海运保障有力。利用港口生产统计、国际集装箱航线航班周报等手段，加强干线港口和班轮公司运行监测，根据外贸运输需求，引导班轮公司及时恢复前期因疫情影响削减的航线航班。密切跟踪国外疫情发展，发挥骨干航运企业作用，确保主要贸易航线不中断，为外贸运输提供有力保障。

2.加强航空货运运力配置。充分发挥国际航空货运审批“绿色通道”作用，支持航空公司增开全货运航线航班、使用客机执行货运航班，并在航权、时刻方面给予倾斜。落实对国际货运航线的支持政策，鼓励航空企业尽快扩大货机运力规模，快速提升覆盖全球主要国家和地区的国际货运能力，缓解运力短缺矛盾。支持以货运为主的枢纽机场开放日间繁忙时段的货运航班时刻配置，全力推动航空公司复航或增加货运航班。

3.推动中欧班列高质量发展。发挥中欧班列在疫情期间的重要通道作用，组织铁路企业增加中欧班列班次密度，扩大覆盖面，对中欧班列承运、装车和挂运给予重点保障，确保应运尽运。加强与中欧班列运营平台公司和相关企业的工作对接，推动国际邮件快件、跨境电商产品通过中欧班列实现常态化运输。优化班列运输组织，统筹考虑货源组织和运输组织的衔接，打通中欧班列运输“微循环”。鼓励港航企业与铁路企业加强合作，促进集装箱海运与铁路相互调运。

4.畅通国际邮件快件寄递渠道。推动邮政、快递企业利用自有全货机、包机、租赁飞机等多种方式增加国际航空货运运力，积极支持邮政、快递企业与国际航空、铁路、海运、道路运输企业深化合作，积极利用国际航班、中欧班列、国际快船以及周边国家陆路运输等多种渠道，加快缓解当前国际邮件快件积压问题。充分利用我国交通运输和物流企业境外业务网点、海外仓和地面运输系统，形成畅通有序的国际物流供应链。

5.确保国际道路货运畅通。加强与口岸管理相关单位的工作对接，重点保障防疫物资、重点建设项目和生产生活物资运输车辆的出入境便利化，为其优先办理相关手续，优先查验放行。及时协调解决口岸通关、车辆及人员查验、货物装卸等环节遇到的问题，在落实防疫措施前提下为运输车辆和驾驶员往来提供便利。

6.积极发展集装箱铁水联运。以集装箱干线港为重点，推进集装箱铁水联运发展，加快苏州太仓港疏港铁路工程、南京港龙潭铁路专用线工程、广州南沙港疏港铁路工程等项目的建设进度。统筹以港口为起点的中欧班列与其他班列线路联动发展，完善内陆无水港布局，加强国际海运、港口、铁路货运场站之间的衔接。大力组织开行铁水联运集装箱班列，提高铁路集疏港比例。加快多式联运公共信息平台建设，实现各种运输方式信息交换共享。

二、促进外贸运输便利化

7.深化国际贸易“单一窗口”建设。推动实现船舶联合登临检查，进一步简化进出口环节监管手续，优化海事监管、引航服务和通关流程，建立更加集约、高效、运行顺畅的船舶便利通关查验新模式，加快推进“单一窗口”功能覆盖海运和贸易全链条。

8.推动港口直装直提作业模式试点。推动上海港、天津港等开展进口货物“船边直提”和出口货物“抵港直装”等作业模式试点，在总结经验基础上复制推广到集装箱干线港，加快港口货物周转，提升物流效率。

9.提升港口能力和效率。推动上海港、天津港加快实施冷藏箱专用堆场扩能改造，2020 年底前冷藏箱堆存能力较 2019 年提高 1 倍。加快推进广州南沙四期 2 号泊位、江苏太仓四期等新建自动化集装箱码头建设以及唐山港、天津港等已建集装箱码头的自动化改造，争取年底前主体工程完工。

10.提升国际道路运输便利化水平。加快推进国际道路运输管理与服务信息系统建设，推进对国际道路运输车辆的全程动态监管，为国际道路运输市场全域开放提供有力支撑。深入开展加入《危险货物国际道路运输公约》（ADR 公约）的政策分析评估和法规标准对接等工作，加快国际便利化运输公约接轨步伐。研究制定跨里海国际联运走廊工作方案，加快开辟国际运输网络辐射新空间。

三、降低进出口环节物流成本

11.降低进出口环节收费。全面落实阶段性免征进出口货物港口建设费，减征货物港务费、港口设施保安费以及船舶油污损害赔偿基金等降费政策。会同价格主管部门研究进一步减并港口收费项目，降低政府定价的港口经营服务性项目收费标准。支持外贸企业提高海运运费议价能力，引导我企业出口选择到岸价格（CIF）结算，进口选择离岸价格（FOB）结算。引导班轮公司合理调整海运收费价格结构，降低海运附加费占总运费比重，督促国际班轮公司传导港口等降费政策效果。

12.加强港口航运市场监管。督促港口企业和相关单位认真落实口岸经营服务性收费目录清单和公示制度，依法对违规行为进行调查，并配合市场监管等部门进行查处，进一步规范港口收费行为。规范班轮公司海运附加费收费行为，依法加强对国际班轮公司运价备案检查。对于违反诚实信用原则巧设名目，就无实质服务内容的事项收取费用，以及在成本没有发生明显增长的情况下、推动附加费价格过快过高上涨的行为，会同市场监管部门依法实施查处。

13.鼓励港航企业与进出口企业深化互助合作。指导中国港口协会、中国船东协会发挥桥梁作用，加强与进出口相关企业协会的沟通协调，鼓励港航企业与进出口企业建立长期稳定、互利共赢的合作机制，同舟共济、共克时艰。引导大型港口企业、国际班轮公司继续给予进出口企业库场使用费、滞箱费等优惠。

四、营造良好外部环境

14.保障航运正常生产秩序。交通运输、海关部门要加强与移民边检、卫生健康等部门协调，统筹做好防范境外疫情输入和保障航运生产秩序工作，推动解决国际航行船舶中国籍船员境内港口正常换班、物资供应、船舶维修、船舶检验等工作。督促航运公司和海员外派机构切实落实主体责任，指导船舶做好疫情防控各项工作。

15.加强国际沟通合作。秉持人类命运共同体理念，加强与贸易伙伴国和世界贸易组织、国际海事组织、国际劳工组织、国际民航组织、铁路合作组织、万国邮联等国际组织的沟通协调，共同维护正常国际运输秩序，保障国际物流供应链正常运转，促进国际贸易健康平稳发展。

五、强化机制保障

16.做好疫情期间运行协调调度。加强综合交通运输各种方式之间的衔接，发挥各自的比较优势和组合效率。加强与相关部门的沟通协调，形成共同促进国际物流链畅通的合力。充分发挥国务院复工复产推进工作机制国际物流工作专班的作用，加强与工业和信息化等部门合作，实现外贸运输供需信息及时有效对接、运力及时有序调度；加强与主要制造企业、外贸企业等重点保障企业的联系，建立对接工作机制，统筹运力资源，协调解决医疗物资外援、商业出口和外贸物资国际运输问题。

交通运输部
商务部
海关总署
国家铁路局
中国民用航空局
国家邮政局
中国国家铁路集团有限公司
2020 年 4 月 20 日

国家邮政局　国家发展改革委　交通运输部　商务部　海关总署 关于促进粤港澳大湾区邮政业发展的实施意见

国邮发〔2020〕78 号

广东省邮政管理局,广东省发展和改革委员会,广东省交通运输厅,广东省商务厅,海关总署广东分署、各直属海关:

建设粤港澳大湾区是习近平总书记亲自谋划、亲自部署、亲自推动的重大国家战略,是新时代推动形成全面开放新格局的新尝试,是推动"一国两制"事业发展的新实践。建设粤港澳大湾区为邮政业发展提供了重要机遇,对于密切内地与港澳邮政快递交流合作,推动邮政行业高质量发展,促进邮政业深化改革、扩大开放具有重要意义。为深入贯彻习近平总书记关于粤港澳大湾区建设重要讲话精神,落实《粤港澳大湾区发展规划纲要》相关部署,现提出以下实施意见。

一、总体要求

以习近平新时代中国特色社会主义思想为指导,全面贯彻党的十九大和十九届二中、三中、四中、五中全会精神,全面准确贯彻"一国两制"方针,坚持新发展理念,坚持高质量发展,坚持改革开放,发挥三地各自比较优势,促进互利合作共赢,深度融入粤港澳世界级城市群,深度融入粤港澳世界级产业集群,充分发挥中国(广东)自由贸易试验区示范带动作用,努力将粤港澳大湾区建设成为全国邮政业创新发展引领区、融合发展示范区、绿色发展样板区、开放发展试验区,支持深圳建设中国特色邮政业发展先行示范区,打造形成带动全国邮政业高质量发展的新动力源,在邮政强国建设中发挥先行作用。

到 2025 年,基本形成与国际一流湾区和世界级城市群框架相匹配的寄递服务体系,在粤港澳大湾区经济社会发展中的基础性战略性作用更加突出。寄递网络通达性、便捷性、稳定性、安全性明显提升,寄递生态圈构建取得重要进展。邮政业先进技术应用和自主创新能力显著增强。绿色低碳的用邮方式和企业运营模式基本确立。邮政业开放发展水平进一步提高。协调联动、运作高效的粤港澳大湾区邮政业治理机制基本形成。寄递渠道安全得到有效保障,应急管理水平大幅提升。

到 2035 年,全面建成创新驱动、便捷高效、绿色共享、开放融合的粤港澳大湾区寄递服务体系,区域邮政业服务保障能力和同城化服务水平大幅提升,国际竞争力和影响力进一步增强,有效服务国际一流湾区建设,为邮政强国建设提供引领示范。

二、构建畅通高效寄递网络

加快构建国际集散能力强、国内辐射范围广、区域联通水平高的大湾区寄递网络。依托粤港澳大湾区世界级机场群，建设国际邮政快递核心枢纽。巩固香港国际航空货运枢纽地位，提升广州、深圳国际枢纽机场航空货运国际竞争力，增强澳门、珠海机场航空货运能力，推动粤港澳三地邮政企业加强航空邮件进出口运输和处理优势互补、资源共享。依托大湾区世界级港口群，探索发展海运国际寄递，通过多式联运网络辐射全国。推进中欧班列运邮通道建设。依托对外综合运输通道，以广州、深圳为骨干节点，构建连接泛珠三角区域和东盟国家的陆路寄递大通道。依托大湾区快速交通网络，充分发挥港珠澳大桥作用，加快实现大湾区寄递服务同城化。强化冷链仓、冷藏车等设施装备的建设配置，有效利用公共冷链物流基础设施，加快发展冷链快递服务网络。

三、树立高端优质服务标杆

推动区域内邮政普遍服务内涵拓展和水平提升，促进城乡融合发展。鼓励中国邮政在大湾区内地城市港澳居民聚集区域加大网点建设力度，提供高水平公共服务。引导大湾区内地 9 市邮政、快递企业为港澳居民办理政务服务提供便利。推动粤港澳邮政企业加强合作，开发大湾区特色邮政服务，方便三地贸易往来。构建大湾区错位发展、优势互补、协作配套的服务格局，支持三地邮政快递企业合作发展高水平供应链业务，推动邮政快递服务向价值链中高端延伸，提供高品质服务。对标国际先进服务理念，树立若干享誉湾区、广受信赖的优质服务品牌。提升末端寄递服务标准化、规范化、智能化水平，建设公共服务平台，提供高弹性、高效能的服务选择。探索建立与大湾区发展相适应的行业服务评价体系。

四、推动创新驱动转型发展

支持产业数字化转型和数字产业化发展，加快邮政快递业扩容增效，发展供应链服务、冷链快递、即时递送和仓递一体等新业态新模式。依托广深港、广珠澳科技创新走廊建设，促进邮政业创新要素自由流动和区域融通。推进大数据、云计算、人工智能、物联网、北斗导航、区块链、5G 通信等信息技术与邮政业深度融合，推广应用智能化装备设施和新型通用寄递地址编码。探索建立政产学研企联合的大湾区邮政业科技创新战略联盟，打造粤港澳邮政业科技交流合作平台。支持行业内企业、机构申报设立国家重点实验室、国家工程研究中心和行业技术研发中心，鼓励三地建设联合实验室。

五、打造产业协同发展高地

深入推进快递物流与电子商务协同发展，服务外贸转型和跨境电商，提升服务农村电商、新零售等的质量水平。实施“快递进厂”工程，推动邮政业融入电子信息、汽车、绿色家电等大湾区世界级先进制造业集群，构建智慧高效、安全绿色、协同一体的寄递物流供应链体系。面向新材料、生物医药、高端装备、新一代电子信息等产业，建设科技产品、工业中间产品快递物流集聚区。促进快递与现代农业深度协同，完善“产业链+物流链”服务模式。畅通粤东西北地区农产品进入大湾区的快递物流网络。依托粤港澳国际金融枢纽建设，支持粤港澳邮政、快递企业提供便民利商的金融服务。

六、培育壮大多元市场主体

支持粤港澳邮政企业紧密合作，提升邮政服务质量和效益，建设现代化邮政企业。鼓励快递企业兼并重组，整合中小企业资源，壮大运营网络，差异化产业竞争，提升产业集中度。支持重点品牌企业加快发展，拓展产业链服务链价值链，培育世界级企业。深挖细分市场潜力，打造“专精特新”服务品牌，推动形成多元主体竞合市场格局。大力发展总部经济，支持快递企业在大湾区设立全球或区域功能总部。鼓励有实力的快递企业在大湾区设立国际性航空货运枢纽基地。

七、优化湾区开放发展环境

进一步优化国际快递业务经营许可流程，总结中国(广东)自由贸易试验区范围内国际快递业务许可审批事项下放试点经验，逐步复制推广到大湾区内地9市。在大湾区政策框架下，探索内地邮政与港澳邮政发展更加紧密合作关系的措施安排。拓展深圳前海保税港区国际邮政快递服务功能，在广州花都重点建设大湾区邮政业集散中心，在珠海重点依托港珠澳大桥建设国际快递物流园区。支撑国际分拨、中转集拼等新型物流模式发展，充分应用新一代信息技术，与港澳邮政企业开展数据交换、共享和智能合作，推广港澳进口邮件“一点清关”模式，推动港澳进口邮件快件在线清关、在线缴税。加强进出境邮件、快件集中作业场地硬件设施建设，创新服务模式，提升全程通关服务便利，大力发展跨境寄递服务。支持建设邮政国际(跨境)业务运营服务中心和国际快件监管中心。

八、推进绿色低碳循环发展

树立绿色用邮理念，加强宣传引导。支持广东先行探索建立与绿色发展理念相适应的邮政业法规、标准和政策体系。实施邮政业绿色发展统计监测评价。对接港澳的绿色发展规范，开展快递包装产品绿色认证。推进邮件快件包装绿色化、减量化和可循环。推广应用循环周转袋、循环箱、共享快递盒和冷链保温箱等绿色包装。积极推动邮政业低碳环保技术装备在广交会设立展示交易专区。推进快递货运车型标准化、专业化、厢式化、清洁化。加大新能源汽车和清洁能源车辆的推广应用。积极推进绿色网点、绿色分拨中心建设。

九、完善安全应急管理体系

坚守安全底线，有效保障寄递渠道安全。支持建立大湾区内地9市寄递渠道联合监管机制，统筹部署工作，统一开展执法监管，提升安全监管效能。推动将寄递安全纳入大湾区社会治安综合防控体系建设，内地9市落实“实名收寄、收寄验视和过机安检”三项制度，在大湾区内探索“首检负责、区域互认、信息共享、监管联动”，联合开展寄递渠道反恐禁毒、禁寄涉枪涉爆物品、打击侵权假冒以及重大活动安保等专项工作。构建专常兼备、反应灵敏、内外联动的大湾区邮政业应急管理和风险防控化解机制。制定粤港澳邮政业重大突发事件应急预案，提升应急协作水平。

十、推动人才文化交流互动

深入推进“人才强邮”工程，完善“产学研用”相结合的协同育人模式。引导和推动邮政快递企业与院校合作，支持大湾区高等院校、职业院校开展邮政学科专业建设。完善职业技能评价机制，支持将快递从业人员职业技能培训纳入地方职业技能提升行动，推动落实培训扶持政策，加强国际人才培养。深入推进快递工程技术人员职称评审。探索行业管理人才与粤港澳人才的交流，举办大湾区邮政业高峰论坛。建立大湾区邮政文化交流平台，广泛组织开展大湾区邮政文化建设实践，打造主题邮局。支持发行大湾区相关题材邮票，鼓励大湾区合作举办集邮展览。

十一、保障措施

加强协调沟通。国家邮政局加强统筹指导，强化与香港邮政署、澳门邮电局沟通协商，推动解决发展中的有关问题。广东省邮政管理局要主动对接广东省、香港和澳门有关方面，推动重点任务的落实。鼓励大湾区企业间依法开展多种形式的合作交流，共同促进邮政业发展。

加强政策研究。加强大湾区法制宣传教育工作，广泛宣传三地法律法规。做好邮政快递基础设施与经济社会发展规划和国土空间规划等的衔接，促进与城市新区建设、旧城改造等同步规划建设。争取地方强化用地保障，支持邮政、快递企业建设分拨、仓储及空侧处理设施，推动邮政业基础设施集聚发展。推动完善和落实邮政快递车辆通行停靠、邮政快递进社区、新能源车推广、企业减税降费、技术创新、人才培养等方面的优惠政策措施。

加强动态评估。定期跟踪评估意见实施情况。推动将意见的有关内容纳入国家、广东省和相关市级邮政业规划，重点进行监测评估，有效落实意见确定的重点目标和任务。

国家邮政局
国家发展改革委
交通运输部
商务部
海关总署
2020 年 12 月 9 日

国家邮政局　工业和信息化部关于促进快递业与制造业深度融合发展的意见

国邮发〔2020〕14 号

各省、自治区、直辖市邮政管理局，各省、自治区、直辖市及新疆生产建设兵团工业和信息化主管部门：

制造业是国民经济的主体，是快递业发展的重要需求基础。快递业是现代服务业的重要组成部分，为制造业发展提供重要服务保障。促进快递业与制造业深度融合发展，对推动制造业提质增效和快递业转型升级、建设制造强国和邮政强国，实现经济高质量发展具有重要意义。近几年，在国家邮政局、工业和信息化部的推动下，快递业服务制造业涌现出一批典型案例，形成了若干有效模式。但快递业服务制造业仍处在起步阶段，存在规模效益不明显、融合发展不深入、服务能力不适应和配套支持政策不到位等问题。为深入贯彻落实中央关于推动先进制造业和现代服务业深度融合的重大决策部署，促进快递业与制造业深度融合发展，现提出以下意见。

一、总体要求

（一）指导思想

以习近平新时代中国特色社会主义思想为指导，全面贯彻落实党的十九大和十九届二中、三中、四中全会精神，加快发展现代服务业，促进制造业优化升级；推动快递业深化供给侧结构性改革，提升服务能力，健全产品体系，应用新技术新模式，创新发展供应链；推动制造业向价值链中高端迈进，聚焦制造主业，打造核心竞争力，促进产业链上下游企业协同采购、协同制造、协同物流；深化产业合作，完善工作机制，构建与制造业高质量发展相适应的快递物流服务体系，形成快递业与制造业深度融合的发展格局，做优做大供应链服务，为实现经济高质量发展提供重要支撑。

（二）发展目标

到 2025 年，快递业服务制造业范围持续拓展，深度融入汽车、消费品、电子信息、生物医药等制造领域，形成覆盖相关制造业采购、生产、销售和售后等环节的供应链服务能力，培育出仓配一体化、入厂物流、国际供应链、海外协同等融合发展的成熟模式，培育出 100 个深度融合典型项目和 20 个深度融合发展先行区。快递业服务相关制造业的能力和水平显著提升，相关制造业供应链组织效率、市场竞争力显著提升，实现互利共赢、相融相长、耦合共生。

二、重点任务

（一）深化产业合作。鼓励制造企业专注于设计、研发和生产等核心环节，优化业务流程，整合外包采购、生产、销售和售后等环节的快递物流需求，引导有实力的快递企业（经营快递业务的企业，下同）有效承接并提供集约化、专业化的服务。支持制造企业与快递企业签订中长期合同，建立互利共赢、长期稳定的战略合作关系。引导快递企业主动与制造企业对接，共同设计制造企业供应链流程，打造个性化、定制化供应链管理解决方案。支持制造企业与快递企业整合资源，成立合资公司，发挥各自优势，发展面向同一制造业领域的供应链服务。鼓励制造企业与快递企业加强资源共享，盘活闲置的土地厂房、仓储物流设施和运输能力。

（二）协同产业布局。支持各地结合实际做好快递业与制造业规划布局衔接，重点在京津冀、长三角、珠三角等区域推进快递业与制造业深度融合发展。引导快递企业在工业园区、高新技术产业园区等制造业集聚区，建设集约共享、智能高效的快递物流基础设施，提供专业化快递物流服务。鼓励各地在规划建设制造业产业园区时，引入快递企业设计建设仓储物流设施，打造供应链物流信息平台。支持快递企业建设辐射国内外的航空快递货运枢纽，吸引新一代信息技术、生物医药等高端制造业集聚发展，打造临空经济区。

（三）提升服务能力。鼓励快递企业与制造企业开展合作，培育一体化供应链服务能力，加快向综合快递物流运营商转型。引导快递企业与相关制造业领域物流服务商开展合资合作，打造分领域、专业化的综合供应链服务能力。鼓励快递企业深入了解制造企业物流运行特点，承接更多的快递物流外包服务，提升生产效率和合作黏性。支持快递企业联合制造企业研发供应链一体化运营系统，加快利用现代信息技术升级改造传统仓储和作业处理设施，推进装备设施自动化、智能化建设。鼓励快递企业利用大数据、物联网等现代信息技术，优化供应链物流路径，为制造企业提供客户画像和大数据分析等服务。

（四）丰富服务产品。支持快递企业适应制造企业需求，提供入厂物流、线边物流、逆向物流和仓配一体化、订单配送等快递物流服务，发展供应链金融和供应链管理咨询服务。引导快递企业参与制造企业供应链协同平台建设，形成内嵌式、标准化的协同作业模式和流程，加快实现需求、库存和物流信息的实时共享，提高服务响应速度和资源利用效率，提供专业化、精细化的供应链服务产品。支持快递企业依托广覆盖的网络优势承载产品逆向物流，承接制造企业配件库存管理、维修中心和呼叫中心等售后服务环节。

（五）打造智慧物流。加快推动5G、大数据、云计算、人工智能、区块链和物联网与制造业供应链的深度融合，提升基础设施、装备和作业系统的信息化、自动化和智能化水平。支持制造企业联合快递企业研发智能立体仓库、智能物流机器人、自动化分拣设备、自动化包装设备、无人驾驶车辆和冷链快递等技术装备，加快推进制造业物流技术装备智慧化。鼓励通信企业、电子信息制造企业与快递企业合作，加快5G技术在快递业的推广应用，丰富5G物流应用场景，推动物流全环节信息互联互通。支持快递企业加速推广应用物联传感追溯、大数据分析、人工智能图像识别等智能信息系统，促进物流全链条可视化、透明化和可追溯。

（六）发展绿色物流。支持制造企业、快递企业逐步淘汰重金属和特定物质超标的包装物料，生产、使用经绿色认证的邮件快件包装产品。鼓励制造企业加强低成本、无污染、可降解、可循环利用的环保包装材料研发，形成一批绿色包装材料产业园。引导快递企业实施绿色采购，使用符合环保标准的包装或再生包装。鼓励快递企业联合制造企业，共同设计应用零部件容器、产成品包装，优化包装结构，节约包装物料。支持快递企业、制造企业加快推广应用标准化托盘，积极参与绿色包装标准体系和社会包装循环利用体系建设。鼓励快递企业加快推广甩挂运输和多式联运等先进运输组织模式，淘汰更新老旧车辆，提高新能源车辆使用比例。

（七）实施海外协同。支持快递企业与制造企业加强国际发展战略对接，强化境外资源共享，伴随出海、协同发展。引导快递企业结合制造业国际发展需求，完善国际快递航空运输网络，强化国际寄递物流保障，支持制造业国际化生产、销售和服务。鼓励快递企业联合有实力的制造企业通过多种合作方式，整合利用海外国际货代、清关通关和投递网络等资源，提升制造企业全链条供应链服务能力。引导快递企业依托境外产业集聚区、经贸合作区、工业园区等建设分拨中心、集散节点，提升国际物流中转能力。鼓励制造企业在海外布局时，联合快递企业设计国际供应链物流网络，共享境外仓储网络和通关资源。

（八）推动重点突破。在医药行业，加快区块链、射频识别（RFID）、冷链空调、冷藏车辆、温湿度传感器等技术装备研发和应用，鼓励快递企业依法取得医药仓储和医药流通资质，加速构建覆盖全国的全流程、可追溯、高时效的冷链医药物流网络。在汽车行业，支持快递企业通过管理库存、循环取货、共享仓配中心等方式增强专业入厂物流全环节服务能力，逐步扩展预组装服务范围，探索上下游延伸服务。在消费品行业，鼓励快递企业在电商销售和产品制造集聚区，建设集约化仓储分拨处理设施，提供高效的仓配一体化服务，通过消费数据为制造企业产品设计和销售提供支撑。

三、政策措施

（一）完善工作机制。国家邮政局与工业和信息化部加强工作沟通，定期召开会议，协调解决问题，加强对地方指导，协同推进工作。各地邮政管理部门与工业和信息化主管部门，建立工作机制，结合本地发展实际，出台具体任务措施和工作方案，跟踪了解动态，加强对企业指导服务，并于每年1月底前报上一年度工作进展情况。

（二）强化政策支持。支持将快递企业服务制造业项目，纳入工业和信息化领域有关专项资金扶持范围。支持各地利用现有资金渠道设立促进快递业与制造业深度融合专项。研究制定符合快递业与制造业融合发展特点的统计指标，加强部门间数据共享。支持制造企业联合快递企业，申报国家重点实验室、企业技术中心认定以及国家科技奖励。

（三）加强示范推广。鼓励各地在制造业集聚区，分领域建设一批促进快递业与制造业深度融合发展先行区；在全国遴选一批方向领先、成效显著的融合发展典型项目；总结推广在降低物流成本、促进快递业与制造业转型升级、推动高质量发展等方面的经验做法。中国邮政快递报、人民邮电报等行业媒体要注重挖掘快递业与制造业深度融合发展案例，联合中央媒体单位加强宣传报道。国家邮政局、工业和信息化部将遴选案例汇编成册，在全国范围内推广，发挥示范引领作用。

（四）强化交流对接。鼓励快递协会成立专门机构，吸引制造企业加入，促进快递业与制造业深度融合发展。支持快递协会与制造业相关协会，分领域举办快递业与制造业深度融合发展论坛，分享典型经验做法，促进项目对接和业务合作。鼓励快递企业与制造企业、研究机构成立专业联盟，开展快递物流装备制造、供应链物流等领域专业研究，加强经验交流，共享科研成果，协助推进快递业与制造业融合相关标准制定，编制深度融合发展情况白皮书。

（五）完善标准体系。国家邮政局、工业和信息化部支持制定促进快递业与制造业融合发展相关行业和地方标准。鼓励快递企业与制造企业，结合实际项目经验，研究制定服务流程、项目管理、专业器具、产品规格、信息对接等方面的企业标准。支持行业协会和有关联盟，积极推广优秀企业标准，研究制定相关团体标准。

（六）加强人才培养。鼓励高等学校、职业院校设置供应链管理相关专业课程，联合快递企业与制造企业加强供应链物流理论和实务研究，培养快递供应链方向的专业人才。深化产教融合，大力推进校企合作，建立快递供应链人才综合培养和实训基地。加强快递业与制造业深度融合方面的职业技能培训。鼓励快递企业和制造企业联合开展供应链人才培训，培养既熟悉制造业流程，又掌握快递物流知识的复合型专业人才。支持将从事快递业与制造业融合发展项目、工作业绩突出的科技人员和高技能人员，优先纳入邮政和工信行业科技英才、技术能手推进等相关计划。鼓励快递企业、制造企业引进优秀的国际化供应链人才。

国家邮政局

工业和信息化部

2020 年 2 月 26 日

市场监管总局　国家邮政局关于发布《快递包装绿色产品认证目录（第一批）》《快递包装绿色产品认证规则》的公告

国家市场监督管理总局　国家邮政局公告2020年第47号

为推动快递包装行业绿色发展，根据《市场监管总局　国家邮政局关于开展快递包装绿色产品认证工作的实施意见》（国市监认证〔2020〕43 号），现对《快递包装绿色产品认证目录（第一批）》《快递包装绿色产品认证规则》予以发布，自发布之日起实施。

市场监管总局　国家邮政局

2020 年 10 月 30 日

快递包装绿色产品认证目录（第一批）

序号	产品种类	产品范围描述	认证依据
1	封套	以植物纤维为原料制成的快递封套	《快递包装绿色产品评价技术要求》（国邮发〔2020〕62 号）
2	包装箱	以植物纤维为原料制成的快递包装箱、免胶带包装箱	
3	包装袋	以可生物分解的原材料制成的包装袋	
4	集装袋	以天然、化学纤维为原材料制成的集装袋	
5	电子运单	以植物纤维为原料制成的电子运单	
6	植物类填充物	以植物纤维为原料制成的填充物	
7	塑料填充物	以可生物分解的原材料制成的填充物	
8	悬空紧固包装	以植物纤维为原料制成的悬空紧固包装	
9	胶带	以可生物分解的原材料制成的胶带	
10	可重复使用型快递包装	以对环境和健康危害小的原材料制成可重复使用的封套、包装箱、集装袋等	

快递包装绿色产品认证规则

一、适用范围

本规则规定了快递包装绿色产品认证的基本原则和要求，适用于市场监管总局和国家邮政局发布的《快递包装绿色产品认证目录》中的产品。

二、认证模式

初始检查+产品检验+获证后监督。

三、认证单元划分

原则上，按照快递包装产品的类别、材质、加工工艺等划分认证单元。

四、认证实施程序

（一）认证委托。认证机构应根据法律法规和技术要求，明确申请认证所需的资料（应至少包括认证申请书、合同、认证委托人/生产者/生产企业的注册证明等）。

认证委托人向认证机构申请认证委托，认证机构应对认证委托进行处理，并及时反馈受理或不予受理的信息。

（二）初始检查。认证机构应根据认证委托资料制定初始检查方案，明确初始检查内容、时限等要求，检查内容包括质量保证能力、产品一致性等。

初始检查应覆盖认证产品的所有加工场所。必要时，认证机构可到生产企业以外的场所实施延伸检查。

（三）产品检验。认证机构应根据相关技术要求，明确检验样品要求、样品数量、检验项目等信息，并确保全过程可追溯。

认证委托人应保证其所提供的样品与实际生产产品一致。检测机构对样品真实性有疑义时，应向认证机构说明，认证机构应作出相应处理。

（四）认证结果评价与决定。认证机构对初始检查和产品检验结果进行综合评价，作出认证决定，符合认证要求的，颁发认证证书并允许使用认证标志。初始检查不通过或产品检测不合格认证机构不予批准认证委托，认证终止。

（五）获证后监督。为保证产品持续符合认证要求，在证书有效期内，认证机构应持续进行获证后监督。获证后监督内容包括：质量保障能力监督检查、产品一致性监督检查，以及必要时的产品检验（全部或部分）。获证后监督可不预先通知获证方，可采取现场检查、市场抽样等方式进行监督。

认证机构应对获证后监督结果进行评价，符合要求的，应作出保持其认证资格的决定；不符合要求的，认证机构应该按照相关规定予以处置。

（六）相关合格评定结果的采信。鼓励认证机构在实施快递包装绿色产品认证过程中采信其他合格评定结果。

五、认证证书

（一）认证证书的保持。认证证书有效期为5年。有效期内，通过认证机构的获证后监督确保认证证书的有效性，期满后进行监督审查，合格即可续期。

（二）证书的变更。获证后的产品或生产者、生产企业等信息发生变化时，认证委托人应向认证机构提出变更委托。

认证机构根据变更的内容，对委托人提供的资料进行评价，确定是否可以批准变更，如需进行样品检测或现场检查，应在检测或检查合格后，方可批准。

（三）认证证书覆盖范围的扩展。认证委托人需要扩展已经获得的认证证书覆盖的产品范围时，应向认证机构提出扩展产品的认证委托，并提供扩展产品和获证产品之间的差异说明。

认证机构根据认证委托人提供的扩展产品有关技术资料，审核扩展产品与原认证产品的差异，确认原认证结果对扩展产品的有效性，必要时补充差异实验或进行现场检查。评价符合要求的，由认证机构根据认证委托人的要求单独颁发或换发认证证书。

（四）认证证书的注销、暂停和撤销。认证机构应制定认证证书的注销、暂停和撤销的管理规定。认证机构应确定采取适当方式对外公告被注销、暂停、撤销的产品认证证书。

（五）认证证书的使用。获证方应建立认证证书使用和管理制度，确保认证证书的正确使用，不得误导公众，宣传认证结果时不应损害认证机构的声誉。

六、认证标志

快递包装绿色产品认证实行统一的认证标志管理，标志的基本图案如下图。

认证标志的样式和使用应符合《绿色产品标识使用管理办法》。

七、认证细则

认证机构应依据本规则的要求，细化认证实施程序，制定科学、合理、可操作的认证细则，并对外公布实施。

八、责任划分

认证机构对其作出的认证结论负责。

检测机构对检测结果和检测报告负责。

认证机构及其所委派的检查员对现场检查结论负责。

认证委托人对其所提交的委托资料及样品的真实性、合法性负责。

邮政强国建设行动纲要

邮政业是国家重要的社会公用事业，是助力生产发展、推动流通方式转型、促进消费升级的现代化先导性产业。邮政体系是国家战略性基础设施和社会组织系统之一，为国脉所系、发展所需、民生所依。党的十九大提出了建设交通强国的战略安排，邮政强国是交通强国的重要组成部分。为贯彻落实《交通强国建设纲要》，加快建设邮政强国，制定本行动纲要。

一、总体要求

（一）指导思想

深入贯彻习近平新时代中国特色社会主义思想，按照统筹推进“五位一体”总体布局和协调推进“四个全面”战略布局要求，坚定不移贯彻新发展理念，落实高质量发展要求，坚持以人民为中心的发展思想，以深化邮政业供给侧结构性改革为主线，以创新为第一动力，推动行业发展质量变革、效率变革和动力变革，建立现代化邮政业供给体系、生态体系和治理体系，充分发挥邮政业基础性先导性作用，建成人民满意、保障有力、世界前列的邮政强国，为全面建成社会主义现代化强国贡献行业力量。

（二）基本原则

坚持普惠协调。保障邮政普遍服务，发展寄递领域公共服务，促进城乡区域、国际国内协调发展，强化通政便民利商功能。坚持市场主导。发挥好市场与政府两个作用，营造更加开放包容、公平有序的市场环境。坚持创新驱动。强化自主创新,推动由“互联网+”向“智能+”升级,推动跨界融合,为行业高质量发展注入新动能。坚持安全发展。贯彻总体国家安全观,树牢安全意识,提升安全技术,强化安全监管,落实安全责任。坚持绿色环保。贯彻生态文明思想,促进绿色低碳、集约共享和循环发展,全面推进人与自然和谐共生的绿色邮政建设。

(三)发展目标

到2020年,全面完成邮政业发展“十三五”规划各项任务,建成与小康社会相适应的现代邮政业。

到2035年,基本建成邮政强国。实现网络通达全球化、设施设备智能化、发展方式集约化、服务供给多元化,基本实现行业治理体系和治理能力现代化。邮政业规模体量和发展质量大幅跃升。基本达到国内重点城市1天、周边国家主要城市3天和全球主要城市5天的寄递时限水平。邮政企业运营规模位居全球邮政前列,快递形成若干家万亿级企业集团,行业收入占国内生产总值的比重与发达国家相当,部分地区和重点领域发展水平达到世界前列。

到本世纪中叶,全面建成人民满意、保障有力、世界前列的邮政强国,全面实现行业治理体系和治理能力现代化。中国邮政业具备全球化网络、提供全产业服务,普惠水平、规模质量、综合贡献位居世界前列。

二、建设高质量服务供给体系

(四)加强基础网络建设

1.建设现代化网络体系。构建综合立体、通达全球、智能高效、安全便捷的服务网络体系。加快拓展航空寄递网络,发展干支线联运。推进构建铁路寄递骨干网络,发展国内快速专线和国际班列。升级优化公路寄递网络。积极利用水路运输资源。大力发展多式联运。衔接国土空间规划,优化寄递枢纽和快递物流园区布局,提升交通枢纽的寄递配套能力。优先发展农村服务网络,建设上接县、下联村的递送节点。优化城市服务网络布局。推进智能收投终端和末端公共服务平台建设。提升冷链仓和冷藏车等基础设施能力,加快发展冷链快递服务网络。

2.推进集约共享。推动邮政营业场所和设施设备等资源进一步开放共享。鼓励同业和跨界运输、仓储、分拨、配送等资源共享。鼓励邮政和快递企业入驻工业园区、商贸园区、电商园区、物流园区、保税园区等,促进产业集聚发展。推动邮政与交通、商贸、供销等物流资源整合,促进城乡产品双向流通。鼓励寄递企业开展共同配送。

(五)提升公共服务水平

3.发展邮政普遍服务。巩固发展邮政事业,突出“邮政”中“政”的要求,更好地履行邮政普遍服务义务。推动邮政普遍服务升级换代,与时俱进调整服务内涵和标准,加快提高西部、农村和边远地区服务水平,巩固提升东中部地区、城市地区服务水平,实现更高水平的均等化。强化邮政综合服务平台功能,提供政邮合作等多样化服务。缩短邮件全程时限,实现全程跟踪查询。持续提升服务满意度。进一步提高党报党刊投递服务水平,切实做好义务兵平常信函寄递等特殊服务业务。

4.确保机要通信安全。(略)

(六)推进快递扩容增效

5.拓展服务领域。推动快递向更多满足生产性服务需求、高端高价值服务需求、线上线下一体化服务需求拓展,构建产业链、价值链协同发展的服务体系。加快发展供应链、冷链快递、快运、仓配一体化等服务,提供特殊物品寄递、包装、保险等增值服务。鼓励企业满足多样化需求,提供差异化精准化服务。

6.推动城乡区域协调发展。推进快递普惠发展,构建城乡无缝衔接的服务网络,形成邮政普遍服务、电商快递、寄递新业态等多种服务优势互补、互促共进的公共服务格局。支持东部创新突破,夯实中部发展基础,补齐西部服务短板,激发东北发展活力,形成快递区域协调发展新格局。落实京津冀、粤港澳大湾区、长三角、长江经济带、黄河流域等国家战略,建设协同发展示范区。适应城市群、都市圈发展格局,基本实现重点城市寄递当日达、次晨达。

(七)支持市场多元发展

7.做强做优做大企业。推动邮政企业混合所有制改革,切实发挥寄递主业作用。支持企业兼并重组,提高产业集中度。打造若干家规模大、影响力强、品牌价值高、具有核心竞争力的快递企业集团。鼓励外资快递企业深耕我国市场,加快引资引智。支持基于寄递业务的平台型集团型企业发展。

8.加快国际化发展。贯彻国家开放战略,建立通达全球的寄递服务体系,更好服务于国际寄递物流供应链体系建设。服务"一带一路"建设,加快发展面向日韩、东南亚、俄罗斯等周边重点区域的服务,扩大连接西欧、中亚、美洲等地区的寄递通道,推动进出口寄递业务量双向提升。打造具有全球竞争力的邮政快递核心枢纽。鼓励寄递企业与先进制造、科技企业"协同出海"。加强与海关数据共享,提高硬件设施配置,提升规范化、信息化、智能化管理水平。优化国际邮件互换局(交换站)布局,推进国际快件监管中心建设。依托万国邮联机制,增强全球网络通达性和稳定性。

三、打造可持续产业生态体系

(八)拓宽"寄递+"领域

9.提升民生服务品质。发挥行业网络和平台优势,满足生活性服务需求,更好服务和惠及民生。适应"互联网+"政务服务和智慧城市建设,大力拓展代办和政务寄递服务。推广"寄递+电商+农特产品+农户"等模式,助力乡村振兴。支持企业服务教育、健康、养老、文化、旅游、体育等产业。落实就业优先战略和积极就业政策,为实现更高质量和更充分就业提供支持。

10.拓展产业服务空间。深层次参与产业分工,加快服务创新,提升服务农村电商、跨境电商、零售新业态等的质量水平。提升服务精细农业、订单农业等现代农业的能力。推动重点企业嵌入工业互联网平台,为制造企业提供"移动仓库"、入厂物流等一体化服务,成为智慧快递及供应链解决方案提供商。鼓励交通运输、邮政、快递业务代办代理合作。支持重点企业发展供应链金融服务。带动专用车辆、货机、分拣、安检等关联产业发展。

11.推进军民融合发展。(略)

12.支持新业态新模式发展。顺应共享经济和消费升级发展趋势,提供更为精细高效的寄递服务和衍生服务,推动服务供给动态延展。引导即时递送模式发展,实现末端资源与寄递需求高效衔接。鼓励企业提供前置配货等寄递服务,助推零库存管理。发展"移动工厂"、3D打印等服务,实现零部件即时生产、递送。

(九)加快科技创新步伐

13.推进科技研发与应用。加强对行业科研的组织和引导,强化企业科技创新主体地位,形成政产学研用紧密结合的科研体系。加快智能运输、分拣、安检、收投、客服等关键技术研发,健全标准体系,加快成果转化。积极发展无人机(车)递送。充分发挥科技创新联盟和科技专家决策咨询作用。完善科技研发平台认定、科技成果评审机制。推动邮政业研发投入持续增长和全要素生产率大幅提高。

14.加快产业数字化转型。依托国家大数据基础设施,推进数据采集整合,完善数据资源体系,促进数据资源共享利用。重点拓展大数据、人工智能、物联网、北斗卫星导航、地理信息系统、区块链和虚拟/增强现实等技术应用范围。拓展与共享经济、平台经济等数字经济新业态的融合空间,推动形成数据驱动发展的新形态,降低交易成本,增强规模协同效应。建设邮政业数字化转型示范基地。

(十)加快建设绿色邮政

15.完善绿色发展机制。协调上下游共同发力，形成以企业为主体、社会共同参与、部门联合监督管理的绿色发展格局。建立与绿色理念相适应的快递包装法律体系、标准体系、政策体系。引导重点企业开展温室气体核算，制定减排防污目标，建设能源管理信息系统。建立健全绿色发展统计指标，开展绿色发展评估。加强绿色邮政发展理念、节能环保先进技术与管理的教育培训。

16.提升绿色发展水平。推进邮件快件包装绿色化、减量化，提高资源再利用和循环利用水平。引导企业使用符合环保标准的包装，减少包装物料用量和二次包装，杜绝过度包装。鼓励企业参与社会化包装回收体系建设，建立包装物共享使用平台，避免浪费和污染环境。加快运输组织调整，推广甩挂运输、多式联运、新能源和清洁能源车辆，降低运输能耗和排放。推动实现处理场所、仓库、园区等建筑的绿色设计、施工和运行。

四、完善现代化行业治理体系

（十一）提升政府治理能力

17.加强规范制度建设。坚持“立、改、废”有机结合，推动行业各项制度更加成熟更加定型。推进邮政领域法律法规制修订工作，健全与现代化治理体系、统一市场、国际规则相适应的邮政业法律法规体系。完善国家标准、地方标准、行业标准、团体标准、企业标准协调配套的标准体系。构建与高质量发展相适应的邮政业规划政策和统计体系。加强地方邮政业规划与国土空间规划的有机衔接。理顺邮政领域中央和地方的权责关系，推动构建从中央到地方权责清晰、依法监管、运转顺畅的工作体系。

18.加强监管能力建设。完善邮政行业管理机制。积极推动行业监管向县（区）延伸。建立健全邮政监管支撑机构。深化邮政领域“放管服”改革。综合运用“双随机、一公开”监管、智能监管、联合监管等方式，提升治理的公正性、精准性和有效性。健全邮政普遍服务监督保障机制。统筹管理行业码号资源，建设共享共用平台。推进数字政府建设，建立行业大数据中心，增强“互联网+监管”动能。

（十二）营造良好市场环境

19.维护市场公平竞争。优化营商环境，建设统一开放、公平竞争的高标准邮政市场体系。强化竞争政策基础地位，落实公平竞争审查制度，保障各类市场主体平等使用生产要素。鼓励民营企业参与国家重大项目和国有企业混合所有制改革等。建设信用评价体系，增进跨部门信用等级互认互查，完善守信联合激励和失信联合惩戒机制。

20.加强邮政文化建设。加强行业党的基层组织和群团组织建设。践行社会主义核心价值观，传承“百年邮政”优良传统，坚持人民邮政为人民，建设具有鲜明时代特色的邮政文化。进一步发挥邮票在传承文明、传播文化和增进国际文化交流等方面的重要作用。制定行业职业道德规范。大力弘扬“小蜜蜂”精神，持续开展群众性文明创建和先进典型选树活动。关心爱护基层员工和“快递小哥”，切实维护劳动者权益。

（十三）推进治理协同创新

21.形成“大寄递”治理格局。加强与公安、交通运输、海关、市场监管等部门联动，构建齐抓共管、协同高效的寄递市场监管机制。包容审慎监管行业新业态新模式，引导集团总部、平台型企业参与协同治理。积极参与万国邮联和区域邮政组织事务，维护国际邮政多边体系稳定运行。加强与海关、铁路、公路、民航等国际组织的交流合作。发展双边、多边邮政和快递国际合作机制。

22.加强安全体系建设。坚持依法治理、源头治理、综合治理，提升安全生产标准化规范化水平。健全安全责任体系，全面落实企业安全主体责任、政府安全监管责任和用户安全用邮责任。增强寄递渠道安全管理能力，实现安全监管无盲区无例外，有效遏制重特大安全事故发生。完善应急管理机制，坚持部门联动、综合施策，强化安全隐患排查治理和风险监测预警。大力推进科技兴安，提高风险化解和突发事件应急处置能力。

强化安全文化建设。

23.健全共建共治机制。扩大社会参与渠道，健全公共决策机制，实行依法决策、民主决策。积极培育和发展行业社会组织，引导行业协会加强行业自律，服务企业发展。充分发挥专家智库决策咨询作用。丰富公众参与方式，建立意见互动式、追踪式处理机制。更好发挥邮政特邀监督员作用。

五、保障措施

24.坚持党的领导。发挥党在把方向、谋大局、定政策、促改革中的领导核心作用，确保党在邮政业发展中始终总揽全局、协调各方，确保邮政强国建设沿着正确方向前进。

25.坚持依法治邮。坚持依法行政，公正行使职权，监督行政行为，把邮政行业管理工作全面纳入法治轨道。加强行业管理力量配备，充分运用大数据等科技手段实施监管。

26.完善政策保障。充分发挥现有政策集成作用，分阶段研究制定支持邮政强国建设的政策措施。加强与中央、地方相关部门的协同，创造良好发展环境。

27.强化人才保障。健全人才保障制度机制。着力培养忠诚干净担当的高素质干部。持续推进行业专业技术人才、技能人才和管理人才队伍建设。加强相关院校和邮政学科建设。激发和保护企业家精神，打造高素质寄递大军。

28.加强实施管理。各级邮政管理部门要成立领导小组，将发展目标和重点任务融入五年规划压茬推进，督促纲要贯彻实施。鼓励有条件的省份、城市、企业在邮政强国建设中先行先试。

国家邮政局关于印发《“快递进村”三年行动方案（2020－2022）》的通知

各省（自治区、直辖市）邮政管理局，国家局直属各单位、机关各司室：

为了贯彻落实习近平总书记关于邮政业高质量发展的系列指示批示精神、践行“以人民为中心”发展思想，国家邮政局研究制定了《“快递进村”三年行动方案（2020－2022）》，现印发给你们。请认真学习，切实提高政治站位，细化落实举措，抓紧贯彻落实。

“快递进村”三年行动方案（2020－2022）

“快递进村”是指快递服务通达建制村，既包括快递企业直接设立站点的模式，也包括与其他商业组织合作提供快递服务等多种模式。推动“快递进村”是落实习近平总书记关于邮政业高质量发展的系列指示批示精神、践行“以人民为中心”发展思想的重要举措，是国家邮政局党组确定的未来三年的工作重点之一，是实现快递业高质量发展的必由之路。为有效推动快递进村，实现快递业更平衡更充分发展，制定本行动计划。

一、总体要求

（一）指导思想

以习近平新时代中国特色社会主义思想为指导，全面贯彻党的十九大和十九届二中、三中、四中全会精神，认真落实党中央、国务院关于脱贫攻坚和乡村振兴的决策部署，切实提高政治站位，增强“四个意识”,坚定“四个自信”,做到“两个维护”,努力践行“人民邮政为人民”的服务宗旨,以农村地区寄递物流渠道建设为主线,着力建网络、提水平、强功能、融产业,健全县、乡、村快递物流体系,持续提升人民群众在快递业发展中的获得感,促进快递业更高质量、更可持续地健康发展。

(二)基本原则

统筹规划,政策引领。做好行业发展规划,支持农村快递发展与“四好农村路”建设、农业农村经济信息体系建设、农村电子商务发展等紧密结合。推动纳入地方各级城乡发展规划和乡村振兴战略工作部署,打通城乡大动脉,畅通乡村微循环,打造贯通县、乡、村的农村快递服务网络。

市场配置,创新驱动。充分发挥市场对资源配置的决定性作用,激发农村快递市场各类主体活力,支持农村快递积极融入地方发展。推动农村快递有效嵌入农村一二三产业融合发展,充分调动各种社会资源,形成灵活多样的运行机制。

因地制宜,分类推进。合理把握各地区经济社会发展水平和区情业情,根据各地实际采取梯次递进方式,按年度分步推进。结合各地资源禀赋,不限定具体模式,不搞一刀切,鼓励多种方式推进。

(三)工作目标

到2022年底,农村快递服务深度显著增强,县、乡、村快递物流体系逐步建立,城乡之间流通渠道基本畅通,农村综合物流服务供给力度明显加大,快递服务“三农”成果更加丰硕,广大农民可以享受到更加便捷高效的快递服务,符合条件的建制村基本实现“村村通快递”[①]。

二、主要模式

(一)邮快合作

充分发挥农村地区邮政网点健全、配送网络通达的优势,促进邮政网点成为电商平台的重要节点,积极拓展邮政现有农村服务平台(乡镇邮政普遍服务营业场所、邮乐购站点、村级邮政服务站点等)的功能,以互利互惠为原则,以协议合作方式,开展农村快件代收代投服务。

(二)快快合作

根据市场需求和业务规模,支持各快递企业抱团共建农村末端快递服务平台,统一开展快件揽收、投递业务。利用平台为农村提供稳定的快递服务,实现资源共用、成本共摊、利益共享。

(三)驻村设点

根据业务发展和市场预期,支持有条件的品牌快递企业在“快递下乡”的基础上,进一步延伸农村地区网络,在业务需求相对固定、具备一定业务量的建制村直接设立分支机构或者末端网点。强化快递服务与农村电子商务和生产生活的有效对接,提高末端网点生存发展能力。

(四)交快合作

鼓励快递企业与农村客运组织合作开展乡村快件代收代投业务。快递企业可根据业务规模,选择市、县或乡为节点,通过协议合作方式,委托农村客运班线代运快件,并以合法合规方式交由相关组织代投快件。

(五)快商合作

鼓励快递企业积极参与电子商务进农村综合示范工程,支持农村电子商务与快递业务发展,利用村级电子商务配送站点提供快件收转投、自提服务。支持快递企业与电商平台企业合作实现进村服务,鼓励以“互联网+寄递”新业态模式提供农村快递服务。

(六)其他合作

积极推动将农村寄递物流体系纳入区域和地方经济社会发展规划,落实地方建设快递末端服务基础设施的属地责任。鼓励快递企业与农商产业联盟、农业产业化联合体等多元农村市场主体

① 以直投到村为基本要求。快递进村对象为建制村,含嘎查等同级行政区划,不含社区。仅有邮政企业自身业务通达的村不纳入成果统计。

创新合作方式，通过整合、利用地方各种既有社会资源，采取合作、共建的模式，为农村提供有序、稳定的快递服务。

三、实施分步推进

按照分年度分地区推进的原则，有序实施“快递进村”。

到2020年底，东、中、西部各省（区、市）通达率要分别达到80%、50%、30%，全国要达到60%。

到2021年底，东部要基本实现建制村通快递，中、西部通达率要达85%和65%，全国要达到80%。

到2022年底，东、中部要基本实现建制村通快递，西部通达率不低于80%，全国建制村通达率达95%以上，基本实现有条件的建制村全部通快递。

四、保障措施和工作要求

（一）加大政策支持

编制好快递业发展“十四五”规划，积极参与涉及农村基础设施建设的规划编制，引导企业总部进一步完善农村地区快递设施网络布局。加大资金支持力度，推动地方政府抓紧落实交通运输领域地方财政事权和支出责任，明确资金支持，发挥政府资金的导向作用，吸引社会资本参与。主动向地方政府汇报，争取将农村快递发展纳入当地民生工程和农村物流体系规划，协调解决工作中遇到的问题。

（二）强化监督管理

加强农村快递服务监管，督促企业履行服务承诺。将农村快递服务质量作为对各级快递企业服务质量评价的重要内容之一，督促快递企业保障农村网络稳定，引导快递企业加大农村网点的政策倾斜。持续深化对农村末端违规收费行为的打击，维护市场秩序和用户合法权益。打造快递服务信息交互公共服务平台，鼓励企业间信息互联共享。

（三）加强组织落实

推动“快递进村”是新时代行业发展的战略选择和重要任务。在规划引领下，各级邮政管理部门要将“快递进村”任务完成情况纳入考核目标。建立“快递进村”常态化工作机制，加强日常统筹协调、成果统计和工作督导，建立定期通报制度。各地要开展不同发展模式试点，形成有效经验。“中国快递示范城市”要发挥示范带头作用，在省内率先实现全部通达。

附件

各省（区、市）“快递进村”年度目标要求

省（区、市）	建制村数量	2020年目标通达率（%）	2021年目标通达率（%）	2022年目标通达率（%）
北京	3520	基本实现	基本实现	基本实现
天津	3365	基本实现	基本实现	基本实现
河北	47871	80	基本实现	基本实现
山西	26219	50	85	基本实现
内蒙古	11094	50	65	80
辽宁	11008	80	基本实现	基本实现
吉林	9207	50	85	基本实现
黑龙江	8980	50	85	基本实现
上海	1494	基本实现	基本实现	基本实现
江苏	14439	基本实现	基本实现	基本实现

续上表

省(区、市)	建制村数量	2020年目标通达率(%)	2021年目标通达率(%)	2022年目标通达率(%)
浙江	20787	基本实现	基本实现	基本实现
安徽	14803	50	85	基本实现
福建	14380	80	基本实现	基本实现
江西	16766	50	85	基本实现
山东	74128	基本实现	基本实现	基本实现
河南	44763	50	85	基本实现
湖北	23634	80	90	基本实现
湖南	23962	50	85	基本实现
广东	19899	80	基本实现	基本实现
广西	14494	30	65	85
海南	2617	30	65	90
重庆	8024	80	90	基本实现
四川	44295	30	65	85
贵州	13299	30	65	85
云南	12393	30	65	80
西藏	5259	30	50	60
陕西	16846	30	65	90
甘肃	15954	30	65	80
青海	4146	50	65	70
宁夏	2047	30	65	90
新疆	9090	30	65	70

国家邮政局关于印发《国家邮政业突发事件应急预案》(2019年修订)和《邮政业人员密集场所事故灾难应急预案》等专项应急预案的通知

国邮发〔2019〕96号

各省、自治区、直辖市邮政管理局:

《国家邮政业突发事件应急预案》(2019年修订)和《邮政业人员密集场所事故灾难应急预案》《邮政业运营网络阻断事件应急预案》《邮政业用户信息泄露事件应急预案》《邮政业重大活动期间突发事件应急预案》等专项应急预案,已于2019年12月27日经第16次局长办公会议审议通过,现予印发,请遵照执行。

国家邮政局

2019年12月31日

国家邮政业突发事件应急预案

（2019年修订）

1 总则

1.1 编制目的

贯彻落实习近平新时代中国特色社会主义思想，坚决防控可能影响邮政业高质量发展的重大风险，建立健全国家邮政业突发事件应急工作机制和应急预案体系，加强部门沟通协作，衔接"防""救"责任链条，推动各地邮政业应急管理工作融入地方应急管理体系，提高应对各类突发事件能力，最大程度预防和减少邮政业突发事件及其造成的损害，维护寄递渠道安全畅通，保障邮政业安全稳定运行。

1.2 编制依据

根据《中华人民共和国邮政法》《中华人民共和国突发事件应对法》《中华人民共和国安全生产法》《中华人民共和国网络安全法》《快递暂行条例》《生产安全事故应急条例》《国家突发公共事件总体应急预案》《邮政行业安全监督管理办法》等法律、行政法规和有关规定，结合行业实际编制本预案。

1.3 适用范围

本预案适用于我国境内邮政业突发事件的预防预警和应急处置工作。邮政机要通信保密突发事件应急预案另行制定。

1.4 工作原则

在党中央、国务院统一领导下，坚持以人民为中心，坚持预防与处置相结合，坚持分级负责、属地管理、强化落实主体责任，坚持统一指挥、密切配合、快速反应、科学处置，充分调动各方面资源和力量，共同做好邮政业突发事件预防和应急处置工作。

1.5 事件分类

本预案所称邮政业突发事件，是指邮政业突然发生的，造成或者可能造成人员伤亡、财产损失、运营网络阻断、用户信息泄露等危及邮政业安全稳定和寄递渠道安全畅通的紧急事件。

邮政业突发事件按照起因源头分为两类。

1.5.1 行业外事件引发的邮政业突发事件

因自然灾害和行业外事故灾难、公共卫生事件、社会安全事件引发的人员伤亡、财产损失、运营网络阻断、用户信息泄露等事件。

1.5.2 行业内风险引发的邮政业突发事件

因行业自身安全隐患、矛盾纠纷等安全风险引发的人员伤亡、财产损失、运营网络阻断、用户信息泄露等事件。

1.6 事件分级

邮政业突发事件按照其性质、严重程度、影响范围和可控性等因素分为四级：Ⅰ级（特别重大邮政业突发事件）、Ⅱ级（重大邮政业突发事件）、Ⅲ级（较大邮政业突发事件）和Ⅳ级（一般邮政业突发事件）。

1.6.1 Ⅰ级

符合下列情形之一的突发事件为Ⅰ级：

（1）人员死亡、失踪30人以上，或者重伤100人以上。

（2）直接经济损失1亿元以上。

（3）邮政企业、跨省经营的快递企业运营网络全网阻断，或者部分省（区、市）运营网络阻断但是可能在全国范围内造成严重影响。

（4）用户信息泄露1亿条以上。

（5）超出事发地省级邮政管理机构应急处置能力。

（6）具有对全国邮政业安全稳定运行和寄递渠道安全畅通构成严重威胁、造成严重影响的其他情形。

1.6.2　Ⅱ级

符合下列情形之一的突发事件为Ⅱ级：

(1)人员死亡、失踪10人以上30人以下，或者重伤50人以上100人以下。

(2)直接经济损失5000万元以上1亿元以下。

(3)邮政企业、快递企业全省(区、市)运营网络阻断，或者省内部分市(地、州、盟)运营网络阻断但是可能在全省范围内造成严重影响。

(4)用户信息泄露1000万条以上1亿条以下。

(5)超出事发地市(地)级邮政管理机构应急处置能力。

(6)具有对全省(区、市)邮政业安全稳定运行和寄递渠道安全畅通构成严重威胁、造成严重影响的其他情形。

1.6.3　Ⅲ级

符合下列情形之一的突发事件为Ⅲ级：

(1)人员死亡、失踪3人以上10人以下，或者重伤10人以上50人以下。

(2)直接经济损失1000万元以上5000万元以下。

(3)邮政企业、快递企业全市(地、州、盟)运营网络阻断。

(4)邮件快件积压，超出事发企业7天处理能力。

(5)用户信息泄露100万条以上1000万条以下。

(6)具有对全市(地、州、盟)邮政业安全稳定运行和寄递渠道安全畅通构成严重威胁、造成严重影响的其他情形。

1.6.4　Ⅳ级

符合下列情形之一的突发事件为Ⅳ级：

(1)人员死亡、失踪3人以下，或者重伤10人以下。

(2)直接经济损失1000万元以下。

(3)邮政企业、快递企业全县(市、区、旗)运营网络阻断。

(4)邮件快件积压，超出事发企业72小时处理能力。

(5)用户信息泄露100万条以下。

(6)具有对全市(地、州、盟)邮政业安全稳定运行和寄递渠道安全畅通构成较大威胁、造成较大影响的其他情形。

1.7　响应分级

1.7.1　响应级别

邮政业突发事件应急响应分为四级：Ⅰ级响应、Ⅱ级响应、Ⅲ级响应和Ⅳ级响应，分别对应Ⅰ级(特别重大)邮政业突发事件、Ⅱ级(重大)邮政业突发事件、Ⅲ级(较大)邮政业突发事件和Ⅳ级(一般)邮政业突发事件。

Ⅰ级响应：由国家邮政局予以确认，启动并实施应急响应。

Ⅱ级响应：由省级邮政管理机构予以确认，启动并实施应急响应，同时报告国家邮政局和本级人民政府。

Ⅲ级响应：由市(地)级邮政管理机构启动并实施应急响应，同时报告省级邮政管理机构和本级人民政府。

Ⅳ级响应：由市(地)级及以下邮政管理机构启动并实施应急响应，报送省级邮政管理机构备案，同时报告本级人民政府。其中，事发地县(市、区、旗)设有邮政管理机构(含派出机构)的，由县(市、区、旗)邮政管理机构启动并实施应急响应，同时报告市(地)级邮政管理机构和本级人民政府。

1.7.2　响应级别调整

对于比较敏感，或者发生在重点地区、重要时期、重大活动举办地的事件，可以视情提高响应级别。应急响应启动后，可以根据突发事件事态发展和应对处置情况及时调整响应级别。

1.8　预案体系

本预案与《邮政业人员密集场所事故灾难应

急预案》《邮政业运营网络阻断事件应急预案》《邮政业用户信息泄露事件应急预案》《邮政业重大活动期间突发事件应急预案》等专项应急预案共同构成国家邮政业突发事件应急预案体系。

本预案对事件分级、响应分级、应急管理机构体系、预防预警、信息报告、应急处置、后期处置、保障措施、预案管理等内容有明确规定的，国家邮政业突发事件应急预案体系内其他应急预案相关内容一般应当与其保持一致；其他应急预案另有特别规定的，依照其规定执行。

1.9　参照关系

本预案对国家邮政局本级应急管理组织机构、工作机制、突发事件应急处置工作内容作出直接规定。省级和省级以下邮政管理机构，以及邮政企业、快递企业应急管理组织机构、工作机制、突发事件应急处置工作内容，本预案未作直接规定的，参照关于国家邮政局的规定执行。

2　应急管理机构体系

国家邮政业突发事件应急管理机构体系由国家级（国家邮政局）、省级（省级邮政管理机构）和省级以下[市（地）级及以下邮政管理机构]应急管理机构组成。

国家邮政业突发事件应急管理机构包括应急领导机构、应急工作机构、现场工作组和专家组等，应急领导机构和应急工作机构为常设机构。

省级和省级以下邮政管理机构应当参照本预案，根据本地区实际情况成立应急管理机构，明确工作职责。邮政企业、快递企业结合本企业实际情况成立应急管理机构，明确工作职责。

2.1　应急领导机构

国家邮政局成立国家邮政业突发事件应急工作领导小组（以下简称国家邮政业应急领导小组），负责全国邮政业应急管理工作，局长任组长，分管副局长任副组长，局内相关部门、单位主要负责人任成员。主要职责如下：

（1）贯彻落实党中央、国务院关于应急管理工作的方针、政策、法令和指示，统一领导全国邮政业应急管理工作，研究部署全国邮政业应急管理体系建设。

（2）组织制定邮政业应急管理各项重要政策、制度。

（3）决定启动、终止Ⅰ级应急响应和相关预警，指挥Ⅰ级突发事件应急处置工作，指导Ⅱ级突发事件应急处置工作。

（4）根据现场应急处置需要，成立现场工作组，派往突发事件现场指导应急处置工作。

（5）其他重大事项。

2.2　应急工作机构

国家邮政业应急领导小组下设国家邮政业突发事件应急工作办公室（以下简称国家邮政业应急办公室），设在市场监管司（安全监督管理司），局内其他有关司室参与、协助做好相关工作。主要职责如下：

（1）落实国家邮政业应急领导小组部署的各项工作，指导、监督全国邮政业应急管理工作。

（2）组织制订、实施国家邮政业突发事件应急预案。

（3）组织实施全国邮政业运行监测预警和信息报告工作。

（4）组织实施Ⅰ级应急响应和相关预警。

（5）其他事项。

2.3　现场工作组

现场工作组是国家邮政业应急领导小组处置Ⅰ级突发事件时指定成立并派往事发地的临时机构。现场工作组由市场监管司（安全监督管理司）牵头，相关司室和单位派员参加，必要时由国家邮政业应急领导小组组长或者副组长带队。主要职责如下：

（1）客观全面了解现场情况，指导制定处置方案。

（2）指导事发地邮政管理机构做好人员、车辆、物资等应急处置资源的组织和调拨工作。

（3）及时向国家邮政业应急领导小组报告现

场情况和处置工作进展情况,并提出相关工作建议。

(4)承办国家邮政业应急领导小组交办的其他工作。

2.4 专家组

专家组是国家邮政业应急领导小组根据实际需要聘请应急管理、工程技术、生产经营、政策法律、舆情管控等方面专家组成的应急咨询机构,为应急管理提供决策建议,必要时参加突发事件应急处置工作。主要职责如下:

(1)参与起草邮政业各类突发事件应急预案和规章制度。

(2)对应急处置准备以及应急响应提供专业咨询意见。

(3)对应急响应终止和后期分析评估提出咨询意见。

(4)对邮政业应急管理的宣传、教育和培训工作提供支持。

(5)承办国家邮政业应急领导小组委托的其他事项。

3 预防预警

3.1 预防

各级邮政管理机构要按照预防和应急并重的要求,建立风险管理长效机制,加强对邮政企业、快递企业的安全监管,维护寄递渠道安全畅通,保障邮政业安全稳定运行。

邮政企业、快递企业应当对本企业容易引发事故灾难的危险源、危险区域进行调查、登记、风险评估,对重大风险点和危险源,要制定防控措施、整改方案和应急预案,同时做好监控和应急处置准备工作。

邮政企业、快递企业应当加强从业人员应急管理教育培训,定期开展突发事件应急演练,提升从业人员预防、处置突发事件意识和能力。

3.2 监测

各级邮政管理机构以及邮政企业、快递企业应当建立监测机制,加强邮政业突发事件监测工作,收集、接收、整理气象、水利、交通运输、应急管理、公安等部门的预警信息和邮政业相关安全信息,对可能发生的突发事件进行综合评估和趋势分析,及时提示风险,提供预警支持。充分发挥各级邮政业安全中心作用,运用科技信息化手段主动监测、发现、报告安全风险和预警信息。

3.3 预警

3.3.1 预警信息

预警信息来源主要包括:

(1)党中央、国务院工作部署和工作要求。

(2)气象、水利、交通运输、应急管理、公安等部门对外发布的自然灾害、生产安全事故、社会群体性事件等预警信息。

(3)各级邮政管理机构以及邮政企业、快递企业上报的信息;通过国家邮政业监督管理信息系统、12305邮政业消费者申诉、社会举报投诉等渠道收集到的行业运行信息。

(4)舆情信息。

邮政企业、快递企业应当对各类风险信息进行分析研判,认为可能演变为突发事件的,应当按照相关规定第一时间报告当地邮政管理机构。邮政管理机构接到报告后,应当按规定向上级邮政管理机构报告;省级邮政管理机构接到报告后,应当及时、准确向国家邮政局报告。

3.3.2 预警启动

国家邮政局接收到特别重大风险信息后,经分析评估,认为可能发展成为Ⅰ级突发事件的,依照以下程序启动预警:

(1)国家邮政业应急办公室向国家邮政业应急领导小组提出预警启动建议。

(2)国家邮政业应急领导小组在接到建议后2小时内作出是否启动预警的决定。

(3)国家邮政业应急领导小组作出启动预警的决定后,国家邮政业应急办公室在1小时内,视情采取电话、互联网、视频会议、传真电报等一种或者多种形式向可能受到影响地区的省级邮政管理机构发布预警，部署防御措施。预警内容包括：可能发生的事件情形、起始时间、风险评估、影响范围，以及应对措施、警示事项等。

（4）预警是否向社会发布，由国家邮政业应急领导小组根据实际情况决定，如需发布，应当在接到事件信息报告后3小时内由国家邮政业应急办公室通过公开信息渠道向社会发布。

3.3.3　预警响应

预警启动后，国家邮政局应当采取以下部分或者全部措施：

（1）国家邮政业应急办公室加强对事件的监测，随时掌握并报告事态进展情况；实施预警信息专项报送和动态日报制度，并根据事态发展情况和国家邮政业应急领导小组要求，随时增加信息报告频次；加强与国务院相关部门的沟通，及时通报事件信息。

（2）组织相关部门和人员加强突发事件信息动态分析评估，预测发生突发事件可能性、影响范围和严重程度，以及可能发生的突发事件的级别。

（3）国家邮政业应急领导小组成员迅速到位，及时掌握相关事件信息，研究部署应对处置工作。

（4）应急队伍和相关人员24小时备勤，随时待命。

（5）指导督促相关邮政企业、快递企业加强对本企业的应急监测，做好人员车辆调度、物资筹备等应急处置准备工作。

（6）做好新闻宣传和舆论引导工作。

（7）其他必要措施。

3.3.4　预警终止

预警终止，应当采取以下部分或者全部措施：

（1）国家邮政业应急办公室根据事态发展情况，认为符合预警终止条件的，向国家邮政业应急领导小组提出预警终止建议。

（2）国家邮政业应急领导小组同意预警终止的，作出预警终止决定，提出后续处理意见。

（3）国家邮政业应急办公室在预警终止决定作出后2小时内通知有关部门和单位。

（4）如果国家邮政业应急领导小组就同一事件启动应急响应，则预警同步终止。

Ⅱ级和Ⅱ级以下突发事件预警启动、响应以及终止程序，由相应的邮政管理机构结合本地区、本部门实际自行编制。预警过程中，如发现风险扩大，可能超出本级邮政管理机构应对处置能力的，应当第一时间上报上一级邮政管理机构。

4　信息报告

4.1　信息报告与接收

发生突发事件，事发企业应当立即报告当地邮政管理机构以及应急管理等部门，必要时可以越级报告，但应当及时向被越过的部门补报。应急处置过程中，按规定及时续报进展情况。

事发地邮政管理机构应当按规定向上级邮政管理机构和本级人民政府报告突发事件信息。省级邮政管理机构接到报告后，应当及时、准确向国家邮政局报告。

国家邮政业应急办公室接收、汇总各地、各类信息，及时、准确向国家邮政业应急领导小组报告突发事件信息，根据需要上报国务院总值班室，抄送国务院相关部门。

4.2　信息报告内容与方式

突发事件信息报告内容包括：事件类型、发生时间、地点、人员伤亡、运营网络阻断、邮件快件积压损毁、用户信息泄露、初步估计的直接经济损失等情况，以及事件影响范围、程度、已采取的应急处置措施和成效。

突发事件信息应当以书面形式报告。以传真、电子邮件等方式报出信息后，应当进行电话确认。情况紧急时，应当先用电话等方式快报，随后补报书面材料。

报告突发事件信息，应当遵守涉密信息管理规定。

4.3　信息报告与处理要求

Ⅱ级以上应急响应启动后，事件所涉及的省级邮政管理机构应当在2小时内将应急处置进展情况及时上报国家邮政局，并按照“零报告”制度，形成每日情况专报。国家邮政业应急办公室及时收集、汇总相关信息，上报国家邮政业应急领导小组。应急处置过程中，及时续报有关情况。

Ⅲ级应急响应启动后，事发地市（地）级邮政管理机构应当在2小时内将应急处置进展情况上报省级邮政管理机构。应急处置过程中，及时续报有关情况。

Ⅳ级应急响应启动后，事发地邮政管理机构应当及时将相关情况逐级上报省级邮政管理机构。

5 应急处置

5.1 先期处置

突发事件发生后，事发企业在报告突发事件信息的同时，应当立即启动应急响应，及时、有效地进行先期处置，控制事态发展，并将相关信息及时通报与突发事件有关的政府部门、企事业单位和公民。事发企业应当根据实际情况，在确保人身安全前提下，立即组织本企业应急救援队伍和工作人员营救遇险、涉险人员，疏散、撤离、安置受威胁人员；控制危险源，标明危险区域，封锁危险场所，并采取其他防止危害扩大的必要措施。对于本企业问题引发的群体性事件，或者本企业人员涉事的事件，企业相关负责人员应当迅速赶赴现场开展劝解、疏导、协调等工作。

5.2 应急响应启动

国家邮政局启动Ⅰ级应急响应时，按照下列程序实施：

（1）国家邮政业应急办公室分析、研判突发事件，确认符合国家邮政局负责响应条件的，向国家邮政业应急领导小组提出Ⅰ级应急响应启动建议。

（2）国家邮政业应急领导小组在接到启动建议后2小时内研究决定是否启动Ⅰ级应急响应，如果同意启动，则正式作出Ⅰ级应急响应启动决定。

（3）Ⅰ级应急响应启动后，国家邮政业应急领导小组根据需要成立现场工作组，派往现场指导开展应急处置工作。

（4）Ⅰ级应急响应启动后，国家邮政业应急办公室立即实行24小时值班，组织开展应急处置工作。

应急响应流程如图所示。

5.3 分类处置

启动Ⅰ级应急响应后，国家邮政局根据事件的不同类别，采取下列不同处置措施：

（1）应对行业外事件引发的邮政业突发事件，国家邮政局根据本预案并结合国家有关自然灾害、事故灾难、公共卫生事件、社会安全事件的专项应急预案、部门应急预案，指导相关省（区、市）邮政管理机构开展突发事件应急处置工作，视情协调配合应急管理部、国家卫生健康委员会、公安部、国家安全部等部门的应急处置工作。

（2）应对行业内风险引发的邮政业突发事件，国家邮政局根据本预案指导相关省（区、市）邮政管理机构开展突发事件应急处置工作。

5.4 应急处置任务

5.4.1 国家邮政业应急领导小组的应急处置任务

（1）决定启动、终止应急响应。

（2）研究确定应急处置工作措施，部署应急处置工作。

（3）指导事发地邮政管理机构开展应急处置工作。

（4）决定现场工作组成员。

（5）决定应急处置人员与物资的调配。

（6）其他应急处置重大事项。

5.4.2 国家邮政业应急办公室的应急处置任务

（1）国家邮政业应急办公室接到突发事件信息报告，或者收到政府相关部门事件信息通报后，根据事态发展趋势，立即组织分析研判，及时向国家邮政业应急领导小组报告，并提出应急响应建议。

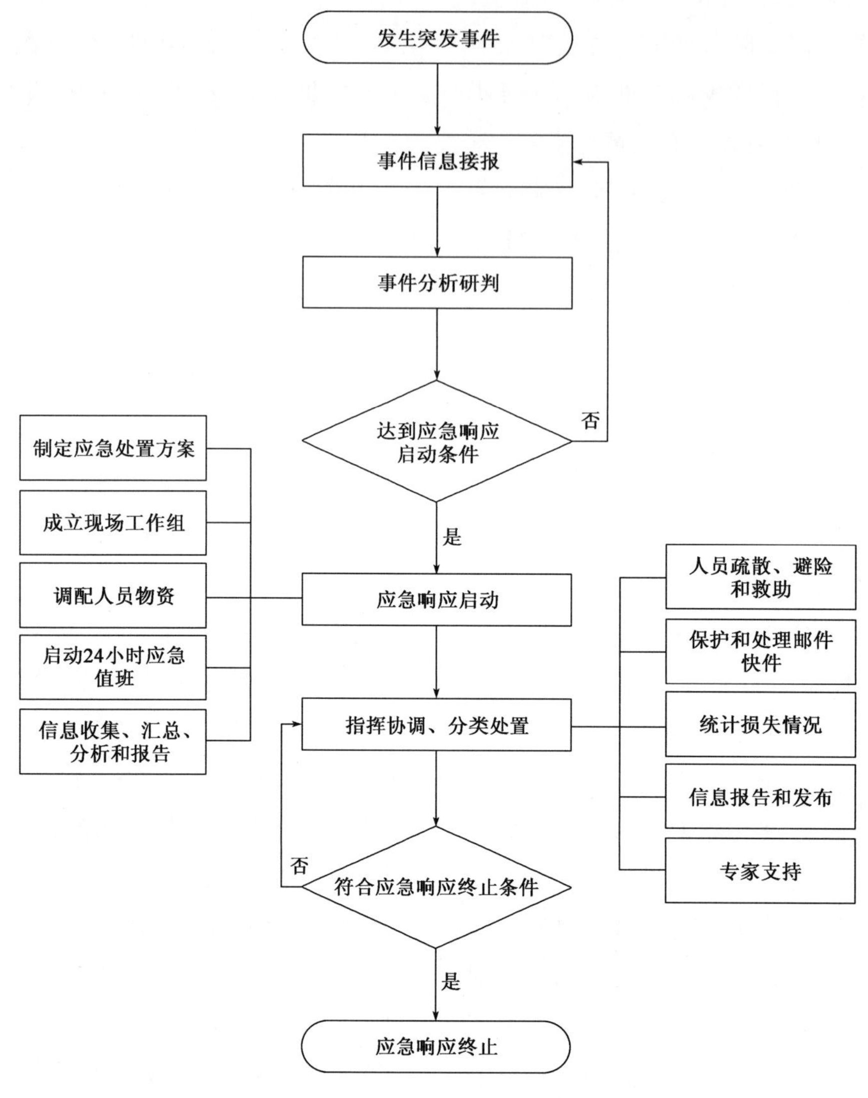

应急响应流程图

(2)根据国家邮政业应急领导小组指示，组织开展应急处置工作。

(3)协调有关部门，安排应急处置所需人员和物资。

(4)记录应急处置各阶段工作情况，收集相关信息，统计损失情况并进行初步审核。

(5)统筹协调，推动各项应急处置工作措施落实。

(6)向社会通报、发布相关信息。

(7)国家邮政业应急领导小组交办的其他工作。

5.4.3 现场工作组的应急处置任务

(1)迅速赶往现场，配合事发地人民政府指导事发地邮政管理机构控制和切断突发事件源头，疏散人员，抢救伤员，为公安、国家安全、交通运输、卫生健康、应急管理等有关部门应急处置工作提供便利，防止损失扩大和次生、衍生灾害发生。

(2)及时掌握并向国家邮政业应急领导小组报告重要情况，请示物资增援、人员救助等应急处置紧急事项。

(3)根据现场情况和国家邮政业应急领导小组要求，指导事发地邮政管理机构制定并实施应急处置行动方案，妥善保护和处理邮件快件，维护用户和从业人员合法权益，尽快恢复正常生产经营和管理秩序。

(4)记录应急处置工作情况，保存与突发事件有关的原始资料和凭证。

(5)核实应急响应终止条件并提出应急响应终止请求，指导相关单位做好善后工作。

(6)国家邮政业应急领导小组交办的其他工作。

5.4.4 专家组的应急处置任务

(1)参与研究制定应急处置方案。

(2)研究分析事件信息、事态演变和应急处置措施，为应急处置决策提出意见和建议。

(3)提出突发事件防范措施建议。

(4)为恢复生产经营提供技术支持。

(5)国家邮政业应急领导小组委托的其他工作。

5.5 信息发布

根据《国家突发公共事件新闻发布应急预案》《国务院办公厅关于在政务公开工作中进一步做好政务舆情回应的通知》等有关规定和文件要求，及时发布准确、权威的信息，正确引导社会舆论。

5.5.1 发布机构

邮政业突发事件信息发布，由相应级别邮政业突发事件应急管理机构负责。Ⅰ级应急响应启动后，Ⅰ级突发事件信息发布由国家邮政业应急办公室负责。

5.5.2 发布要求

Ⅰ级应急响应启动后，国家邮政业应急办公室指定专人负责信息发布工作，迅速拟定信息发布方案。根据各类突发事件应急处置实际情况拟定信息发布内容，经国家邮政业应急领导小组批准后，准确把握时机，采用适当方式，及时有序发布信息，并指导做好现场信息发布工作。做好舆情监测，有效把握舆论导向，及时回应社会关切，最大程度避免、减轻和消除突发事件对邮政业造成的负面影响，为妥善处置突发事件营造良好舆论环境。

Ⅱ级和Ⅱ级以下突发事件信息发布，由相应级别邮政业突发事件应急管理机构结合本地区、本部门实际，参照Ⅰ级应急响应信息发布要求执行。

5.5.3 发布渠道

发布渠道包括广播、电视、报刊、网络等。发布方式包括新闻发布会、新闻通气会、记者招待会、媒体采访、新闻通稿等。

5.5.4 新闻协调

邮政业突发事件应急处置过程中，应当关注新闻报道，及时收集、处理相关舆情信息，加强同新闻媒体的协调、沟通，及时提供权威、准确信息，说明或者澄清与突发事件有关问题，正面回应有关突发事件的不实报道。

5.6 应急响应终止

5.6.1 应急响应终止条件

下列条件同时满足时，终止应急响应：

(1)突发事件得到有效处置，引发次生、衍生灾害的风险已消除。

(2)受伤人员得到妥善救治。

(3)社会影响基本消除。

(4)相关部门、单位应急处置已终止。

5.6.2 应急响应终止程序

Ⅰ级应急响应终止时，国家邮政局采取以下终止程序：

(1)国家邮政业应急办公室根据掌握的事件处置信息，经分析、评估后，确认突发事件平息，行业运行恢复正常，符合应急响应终止条件的，向国家邮政业应急领导小组提出Ⅰ级应急响应终止建议。

(2)国家邮政业应急领导小组研究决定是否终止应急响应，如果同意终止，作出Ⅰ级应急响应终止决定，提出应急响应终止后续处理意见。

(3)向社会宣布或者向相关部门、单位通报应急响应终止，说明已经采取的措施、效果以及后续工作措施。

5.7　其他等级应急响应

Ⅱ级、Ⅲ级、Ⅳ级应急响应启动、终止以及处置等工作内容，由各级邮政管理机构参照Ⅰ级应急响应启动、终止和处置规定，结合本地区、本部门实际自行确定。需要有关应急处置力量支援时，及时向上级邮政管理机构和本级人民政府报告。

6　后期处置

6.1　善后处置

国家邮政业应急领导小组指导事发地省级邮政管理机构组织做好善后处置工作。相关邮政管理机构应当对应急处置工作期间紧急调集、征用有关单位以及个人的物资给予补偿，并指导、督促事发企业迅速开展恢复重建工作。事发企业应当尽快恢复正常生产经营秩序，按规定及时向受损用户理赔，按规定对突发事件中的伤亡人员给予救助、抚恤。

6.2　事件调查

国家邮政业应急领导小组组织有关司室和专家对Ⅰ级突发事件起因、经过、影响和恢复重建等问题进行调查、分析和处理，对损失情况以及事故后果进行统计评估，对责任追究工作进行安排、协调或者督促，提出加强突发事件防范和处置工作要求。

6.3　总结评估

应急响应终止后，国家邮政业应急办公室应当及时进行突发事件应急处置总结评估，客观评估应急处置工作成效，深入分析存在的问题，制定下一步改进措施，并报国家邮政业应急领导小组。

6.4　其他等级后期处置

Ⅱ级、Ⅲ级、Ⅳ级应急响应后期处置工作由各级邮政管理机构参照Ⅰ级应急响应后期处置规定，结合本地区、本部门实际自行确定。

7　保障措施

7.1　应急队伍保障

各级邮政管理机构以及邮政企业、快递企业应当结合行业实际，加强应急救援力量建设，积极融入地方应急救援体系。邮政企业、快递企业应当加强专、兼职突发事件应急队伍建设，积极参与突发事件应急处置和应急救援工作。

7.2　通信与信息保障

各级邮政管理机构应当建立信息详实、更新及时的应急通讯录，协调通信管理部门为邮政业突发事件的监测预警、指挥协调、救援处置、信息发布等工作提供应急通信保障。

7.3　物资保障

邮政企业、快递企业应当储备必要的应急物资和设备，加强对应急物资、设备的管理、维护和保养，及时补充和更新，以备随时调用。应当建立应急物资互助机制，签署互助合作协议，统筹协调各种应急储备物资，支援应急救援行动。

为应对处置突发事件，各级邮政管理机构可以依法向邮政企业、快递企业紧急调用人员、征用应急救援所需设备、设施、场地、交通工具和其他物资。被征用的物资在使用完毕或者突发事件应急处置工作结束后，应当及时返还。财产被征用或者征用后毁损、灭失的，应当给予补偿。

7.4　技术保障

各级邮政管理机构应当加强与高等院校、科研院所、企事业单位、专业救援队伍和社会组织的合作，积极研发邮政业突发事件预防和应急处置技术，提高监测预警、信息报告与发布、综合研判等工作水平，为应急决策、指挥、调度、协调提供技术支持。加强邮政业应急管理信息化建设，建立基础数据资料库，储备各类应急管理信息资源。

邮政企业、快递企业应当加强信息化建设，研发突发事件预防和应急处置技术，积极与国家邮政业监督管理信息系统对接，提高协同联动保障能力。

7.5　经费保障

积极探索建立符合邮政业实际的应急经费保障制度，为邮政业应急管理体系建设多渠道争取经费支持，提高邮政业突发事件预防和应急处置保障水平。

7.6 协调合作

各级邮政管理机构应当主动加强与公安、国家安全、交通运输、卫生健康、应急管理、市场监督管理等部门的联系，建立突发事件信息沟通机制，加强协调配合，形成部门合力，共同推动解决邮政业突发事件应急处置工作中的重点难点问题。国家邮政局建立应急管理国际合作渠道，必要时通过国际合作共同应对处置邮政业突发事件。

8 预案管理

8.1 预案编制

各级邮政管理机构应当参照本预案编制本单位邮政业突发事件应急预案，做好预案之间的衔接，并按规定将突发事件应急预案报送本级人民政府备案，同时抄送上一级邮政管理机构以及本级人民政府应急管理部门。

8.2 预案演练

各级邮政管理机构应当按照相关规定定期组织应急预案演练，提高本部门、本单位、本地区应急处置能力。可以根据实际情况采取实战演练、桌面演练等形式，组织开展人员广泛参与、处置联动性强、形式多样、节约高效的应急演练。

邮政企业、快递企业应当制定本企业应急预案演练计划，根据本企业风险特点，每年至少组织一次综合应急预案演练或者专项应急预案演练，每半年至少组织一次现场处置方案演练。

8.3 预案修订

本预案由国家邮政局负责管理和更新。国家邮政局实行预案动态管理，有下列情形之一时，应当及时修订预案：

(1)制定预案所依据的法律、法规、规章、标准发生重大变化的。

(2)应急管理机构及其职责发生调整的。

(3)面临的风险发生重大变化的。

(4)重要应急资源发生重大变化的。

(5)在应急预案演练或者应急救援中发现预案存在重大问题的。

(6)其他情形。

8.4 宣传教育和培训

8.4.1 宣传教育

各级邮政管理机构应当及时向社会公众公布邮政业突发事件应急预案信息，宣传邮政业应急管理工作情况。

邮政企业、快递企业应当编制应对邮政业突发事件的各种宣传材料和应急手册，充分利用各种传播媒介及其他有效宣传形式，做好应急管理法律、法规以及预防、疏散、避险、自救、互救等常识的宣传教育。

8.4.2 培训

各级邮政管理机构应当将应急管理知识列为干部培训必备内容，切实提高邮政管理干部应急管理知识水平和工作能力。

邮政企业、快递企业应当将突发事件应急处置知识列为从业人员培训内容，提高从业人员预防和处置突发事件能力。

8.5 表彰奖励与责任追究

为提高邮政业突发事件应急处置工作效率和相关单位、个人积极性，各级邮政管理机构以及邮政企业、快递企业可以按照有关规定，对在邮政业突发事件应对处置过程中表现突出的单位和个人给予表彰奖励；对违反相关法律、法规行为，依法追究责任。

8.6 监督检查

国家邮政业应急办公室负责对全国邮政业应急管理工作进行监督检查，做到居安思危、常抓不懈。

9 附则

9.1 定义

本预案中有关数量、级别的表述既适用于本预案，也适用于国家邮政业突发事件应急预案体系内其他应急预案。

有关数量、级别的表述中，"以上"含本数、本级，"以下"不含本数、本级。

9.2　预案解释部门

本预案由国家邮政局负责解释。

9.3　预案实施时间

本预案自印发之日起施行。

邮政业人员密集场所事故灾难应急预案

1　总则

1.1　编制目的

提高邮政业防范和应对处置人员密集场所事故灾难能力，最大程度减少事故灾难及其造成的影响和损害，保障从业人员生命财产安全，维护寄递渠道安全畅通，保障邮政业安全稳定运行。

1.2　编制依据

根据《中华人民共和国邮政法》《中华人民共和国突发事件应对法》《中华人民共和国安全生产法》《生产安全事故应急条例》《国家突发公共事件总体应急预案》《国家邮政业突发事件应急预案》等法律、行政法规和有关规定，制定本预案。

1.3　适用范围

本预案适用于我国境内邮政业人员密集场所事故灾难的防范和应急处置工作。

本预案所称邮政业人员密集场所事故灾难，是指邮政企业、快递企业经营管理、生产操作过程中，在人员密集场所突然发生的，造成或者可能造成人员伤亡，需要采取紧急措施予以处置的事件。

1.4　工作原则

严格按照《国家邮政业突发事件应急预案》（1.4 工作原则）有关要求，坚持以人为本，安全第一，把保护从业人员生命健康，最大程度预防和减少事故灾难损害作为首要任务，与地方政府相关部门密切配合，充分借助、发挥地方专业救援力量作用，提高邮政业人员密集场所事故灾难防范和应急处置效果。

1.5　事件分级

参照《国家邮政业突发事件应急预案》（1.6 事件分级）有关规定，邮政业人员密集场所事故灾难分为四级：Ⅰ级（特别重大邮政业人员密集场所事故灾难）、Ⅱ级（重大邮政业人员密集场所事故灾难）、Ⅲ级（较大邮政业人员密集场所事故灾难）和Ⅳ级（一般邮政业人员密集场所事故灾难）。

1.6　响应分级

邮政业人员密集场所事故灾难应急响应级别、响应责任单位和响应级别调整，参照《国家邮政业突发事件应急预案》（1.7 响应分级）有关规定执行。

2　预防预警

参照《国家邮政业突发事件应急预案》（3 预防预警）有关规定执行。

3　应急处置

3.1　应急响应启动

参照《国家邮政业突发事件应急预案》（5.2 应急响应启动）有关规定执行。

3.2　处置措施

3.2.1　基本处置措施

发生人员密集场所事故灾难时，事发企业应当立即采取下列基本处置措施：

（1）事发企业现场人员应当立即疏散避险、自救互救，并报告企业负责人。

（2）事发企业负责人接到报告后，根据事故灾难的性质和危害程度，及时向地方政府相关部门报告，同时报告当地邮政管理机构。

（3）现场负责人员应当充分利用本企业和社会救援力量，立即组织实施应急救援，抢救现场受伤人员，疏散、撤离可能受到波及的其他人员。

（4）做好可能发生的次生、衍生灾害应急处置准备工作。

（5）协助地方政府相关部门、应急救援专业人员做好应急处置工作。

3.2.2 疏散撤离

需要组织人员疏散撤离时，事发企业可以参照下列措施处置：

（1）发布人员疏散撤离通知与行动信号。

（2）组织疏散撤离人员，应当坚持集中、快速、有序并重原则，组成疏散撤离梯队。

（3）组织人员向预定地点或者指定区域转移，尽可能安排多条路线；使用同一条路线疏散撤离的，各梯队按时间先后顺序相继进行。

（4）情况紧急时，应当立即通知处在危险区域人员自行向安全区域疏散撤离。

（5）疏散撤离时，所有人员应当保持冷静并听从指挥。

（6）疏散撤离后，事发企业应当指派专人对各班组人员进行清点和检查，以防遗漏。

3.2.3 发生自然灾害的应急处置

发生自然灾害时，事发企业可以参照下列措施处置：

（1）事发企业现场人员应当立即报告本企业负责人，同时在现场负责人员指挥下疏散避险。

（2）现场人员迅速开展自救互救，将受伤人员送医，如人员伤势不明，应当立即拨打医疗专用急救电话请求救援。

（3）如果情况严重，自救难以满足救援需要时，应当立即拨打消防救援报警电话请求援助，并向地方政府求助。

（4）应急救援队伍到达后，现场负责人员应当清点已脱险人员数量，向救援队伍提供急需救援人员的人数、位置等信息。

（5）被困人员应当设法与外界取得联系，报告被困位置和人数，等待救援。

（6）如果条件允许，现场负责人员应当组织现场人员及时划定自然灾害危险区，设立明显的危险区警示标识。

3.2.4 发生火灾爆炸的应急处置

发生火灾爆炸时，事发企业可以参照下列措施处置：

（1）发现火情时，立即疏散现场人员，拨打消防救援报警电话，并在确保安全前提下采取措施控制火情。

（2）发生爆炸的，立即向公安部门报告。

（3）封锁现场，疏散人员，切断电源，设置警戒区域，禁止无关人员进入。

（4）采取紧急救护措施，及时抢救现场伤员，同时做好可能再次发生的火灾、爆炸应对处置准备工作。

（5）严禁任何人员对外泄露现场情况，任何单位和个人未经允许不得接受媒体采访。

（6）协助相关部门对爆炸现场、已爆炸或者摧毁的爆炸物进行调查取证。

3.2.5 发现危险物品的应急处置

在邮件快件中发现爆炸物等危险物品时，事发企业可以参照下列措施处置：

（1）立即疏散现场人员，封锁现场，设立警戒区域，禁止无关人员进入。

（2）如有人员受伤，立即请求医疗机构救助，并采取紧急救护措施，及时抢救现场伤员。

（3）立即报告公安部门。

（4）在确保安全前提下，将可能装有爆炸物的邮件快件放入防爆罐，或者用防爆毯、灭火毯覆盖。

（5）做好可能发生的次生灾害应急处置准备工作。

（6）严禁任何人员对外泄露现场情况，任何单位和个人未经允许不得接受媒体采访。

（7）协助有关部门的应急处置工作。

3.2.6 发生毒害性物品泄漏的应急处置

发生危险化学品、病原微生物相关物品等具有毒害性物品泄漏时，事发企业可以参照下列措施处置：

（1）根据实际情况，立即抢救伤员、疏散人员、隔离现场，同时视情报告公安、环境保护、卫生防疫、应急管理等部门，报告内容包括毒害性物品泄漏时间、地点、泄漏物品性质或者形态、泄漏量、泄漏形式、影响范围，受伤害人员数量、伤情，已经采取的应对处置措施等情况。

（2）在确保安全前提下，将发生毒害性物品泄漏的邮件快件放入防爆罐或者用防爆毯、灭火毯覆盖，放置到应急隔离区；无上述设备或者无应急隔离区的，应当将发生泄漏的邮件快件封装密闭，放置到特定区域，严禁无关人员进入。

（3）采取紧急救护措施，及时抢救现场伤员，在上风或者侧上风方向无污染地区设立安全区，将遇险人员移至安全区内，并请求医疗机构救助，将严重者送医治疗。

（4）做好可能发生的次生、衍生灾害防范和应急处置准备。

（5）协助相关部门、单位的应急处置工作。

（6）严禁任何人员对外泄露现场情况，任何单位和个人未经允许不得接受媒体采访。

3.2.7　发生放射性物品泄漏的应急处置

发生放射性物品泄漏时，事发企业可以参照下列措施处置：

（1）封锁现场，疏散人员，切断电源，设置警戒区域，禁止任何无关人员进入，同时关闭所有通风设备和门窗，避免扩大影响范围。

（2）及时抢救现场伤员并隔离，登记所有接触过放射性物品的人员姓名、住址、联系方式等个人信息备查。

（3）向公安、环境保护、应急管理等部门报告。

（4）严禁任何人员对外泄露现场情况，任何单位和个人未经允许不得接受媒体采访。

（5）协助相关部门的应急处置工作。

3.3　应急处置任务

3.3.1　国家邮政业应急领导小组的应急处置任务

参照《国家邮政业突发事件应急预案》（5.4.1 国家邮政业应急领导小组的应急处置任务）有关规定执行。

3.3.2　国家邮政业应急办公室的应急处置任务

参照《国家邮政业突发事件应急预案》（5.4.2 国家邮政业应急办公室的应急处置任务）有关规定执行。

3.3.3　现场工作组的应急处置任务

参照《国家邮政业突发事件应急预案》（5.4.3 现场工作组的应急处置任务）有关规定执行。

3.3.4　专家组的应急处置任务

参照《国家邮政业突发事件应急预案》（5.4.4 专家组的应急处置任务）有关规定执行。

3.4　应急响应终止

参照《国家邮政业突发事件应急预案》（5.6 应急响应终止）有关规定执行。

4　后期处置

参照《国家邮政业突发事件应急预案》（6 后期处置）有关规定执行。

5　预案管理

参照《国家邮政业突发事件应急预案》（8 预案管理）有关规定执行。

6　附则

6.1　预案解释部门

本预案由国家邮政局负责解释。

省级和省级以下邮政管理机构以及邮政企业、快递企业应当根据本预案，结合本地区、本单位实际情况制定人员密集场所事故灾难应急预案。

6.2　预案实施时间

本预案自印发之日起施行。

邮政业运营网络阻断事件应急预案

1　总则

1.1　编制目的

建立健全邮政业运营网络阻断事件应急工作机制，提高防范和应对处置能力，最大程度减少运营网络阻断事件及其影响，维护寄递渠道安全畅通，保障邮政业安全稳定运行。

1.2　编制依据

根据《中华人民共和国邮政法》《中华人民共和国突发事件应对法》《国家邮政业突发事件应急预案》等法律、行政法规和有关规定，制定本预案。

1.3　适用范围

本预案适用于我国境内邮政企业、快递企业运营网络阻断事件的预防预警和应急处置工作。

1.4　工作原则

坚持以满足人民群众用邮需求为中心，严格按照《国家邮政业突发事件应急预案》(1.4 工作原则)有关要求，统一指挥、分级负责、综合施策、密切协同，提高防范和应对处置邮政业运营网络阻断事件效果，切实维护用户和从业人员合法权益。

1.5　事件分级

参照《国家邮政业突发事件应急预案》(1.6 事件分级)有关规定，邮政业运营网络阻断事件分为四级：Ⅰ级(特别重大邮政业运营网络阻断事件)、Ⅱ级(重大邮政业运营网络阻断事件)、Ⅲ级(较大邮政业运营网络阻断事件)和Ⅳ级(一般邮政业运营网络阻断事件)。

1.6　响应分级

邮政业运营网络阻断事件应急响应级别、响应责任单位和响应级别调整，参照《国家邮政业突发事件应急预案》(1.7 响应分级)有关规定执行。

2　预防预警

参照《国家邮政业突发事件应急预案》(3 预防预警)有关规定执行。

3　应急处置

3.1　应急响应启动

参照《国家邮政业突发事件应急预案》(5.2 应急响应启动)有关规定执行。

3.2　处置措施

因自然灾害、事故灾难、公共卫生事件和社会安全事件，以及行业自身安全隐患、矛盾纠纷等风险引发运营网络阻断事件，事发企业和当地邮政管理机构应当立即介入处置，查清事件原因和影响，综合分析研判，制定工作方案，加强沟通协调，积极应对处置。

3.2.1　发生大型邮件快件处理场所运行瘫痪的应急处置

发生大型邮件快件处理场所运行瘫痪时，可以视情采取以下部分或者全部措施：

(1)赶赴现场。事发企业和当地邮政管理机构相关负责人员应当立即赶到现场，掌握现场动态并及时上报。发现聚集维权、围堵邮件快件处理场所等情况，应当立即向当地公安机关和维稳部门报告。

(2)控制现场。协助相关部门设置警戒区域，劝离无关人员，做好人员安抚、邮件快件保护和处理工作。

(3)采取紧急救护措施。现场若有人员受伤，协助相关部门及时抢救伤员，登记所有现场相关人员的姓名、住址、联系方式等个人信息备查。及时安抚伤员、现场相关人员及其家属，尽量化解矛盾纠纷。现场救援队伍之间要加强衔接和配合，并做好自身安全防护。

(4)登记取证。在确保安全前提下，清点、登记积压邮件快件、损坏的设施设备、企业资产，并协助相关部门在事件现场开展取证工作。

(5)恢复生产。事发企业应当按照“先重点、后一般”原则，制定积压邮件快件疏运方案，尽快恢复邮件快件处理场所内部处理功能和储存能力，确保邮件快件信息查询渠道畅通。事发企业自身不能及时恢复生产的，当地邮政管理机构应当视情组织其他企业协助疏运邮件快件。

（6）员工权益保障。发现企业员工因讨薪维权而暂停派发邮件快件等生产作业时，当地邮政管理机构应当根据事态发展程度，与当地人力资源和社会保障部门沟通配合，紧急约谈事发企业负责人，督促指导解决欠薪问题。跟踪了解事发企业和员工诉求与动向，引导企业员工通过合法途径表达诉求，及时发现和化解矛盾纠纷，把不稳定苗头化解在萌芽状态。

（7）紧急排查。事发地邮政管理机构应当对涉事企业基层网点进行调查摸底，并与企业有关负责人员建立工作对接机制，及时掌握事件最新情况。重点关注邮件快件积压、恢复正常生产经营、基层员工队伍稳定，以及是否严重损害用户利益等情况。

3.2.2　发生大面积干线运输阻断的应急处置

发生大面积干线运输阻断时，可以视情采取以下部分或者全部措施：

（1）赶赴现场。事发企业和当地邮政管理机构相关负责人员应当立即赶到现场，掌握干线运输阻断情况，及时上报现场动态。发生道路运输安全事故的，要迅速组织救援，转运邮件快件，并配合相关部门进行处置。

（2）控制现场。协助相关部门设置警戒区域，劝离无关人员，做好人员安抚、邮件快件保护和处理等工作。

（3）采取紧急救护措施。现场若有人员受伤，协助相关部门及时抢救伤员，登记现场相关人员的姓名、住址、联系方式等个人信息备查。及时安抚伤员、现场相关人员及其家属，尽量防范化解矛盾纠纷。现场救援队伍之间要加强衔接和配合，并做好自身安全防护。

（4）登记取证。在确保安全前提下，清点、登记积压邮件快件、损坏的设施设备、企业资产，并协助相关部门在事件现场开展取证工作。

（5）邮件快件转运。事发企业根据干线运输阻断情况，及时调整邮件快件运输方案，调度全网自主运能开展干线运输应急保障工作。根据滞留积压邮件快件数量和干线运输方向，安排临时接驳车辆，及时转运处理，同时确保邮件快件信息查询渠道畅通。在事发企业自主运能不足的情况下，当地邮政管理机构可以视情组织其他企业予以协助，必要时综合利用各种社会运输资源转运邮件快件。

（6）道路通行保障。事发企业和当地邮政管理机构应当积极与干线运输阻断区域的交通运输主管部门沟通协调，争取实现干线运输车辆紧急情况下优先通行，必要时开通绿色通道，为应急车辆提供通行保障。

3.3　应急处置任务

3.3.1　国家邮政业应急领导小组的应急处置任务

除参照《国家邮政业突发事件应急预案》（5.4.1国家邮政业应急领导小组）有关规定执行外，发生多省（区、市）大型邮件快件处理场所破坏、瘫痪，或者多省（区、市）大面积干线运输阻断时，应当第一时间组织相关省（区、市）邮政管理机构和各企业总部制定和实施邮件快件疏运方案。在邮政业内部自主运力不足的情况下，综合协调利用铁路、航空、公路等各种社会运输资源。

3.3.2　国家邮政业应急办公室的应急处置任务

除参照《国家邮政业突发事件应急预案》（5.4.2 国家邮政业应急办公室）有关规定执行外，发生多省（区、市）大型邮件快件处理场所破坏、瘫痪，或者多省（区、市）大面积干线运输阻断时，应当立即启动24小时应急值班进行实时监测，监督落实邮件快件疏运方案，全面掌握邮件快件滚存、积压、发运、投递等进展情况，并及时向国家邮政业应急领导小组报告。

3.3.3 现场工作组的应急处置任务

除参照《国家邮政业突发事件应急预案》(5.4.3现场工作组)有关规定执行外,应当协调事发地人民政府及相关部门,帮助、指导事发企业和当地邮政管理机构落实邮件快件疏运方案。

3.3.4 专家组的应急处置任务

参照《国家邮政业突发事件应急预案》(5.4.4专家组)有关规定执行。

3.4 应急响应终止

参照《国家邮政业突发事件应急预案》(5.6应急响应终止)有关规定执行。

4 后期处置

参照《国家邮政业突发事件应急预案》(6后期处置)有关规定执行。

5 预案管理

参照《国家邮政业突发事件应急预案》(8预案管理)有关规定执行。

6 附则

6.1 预案解释部门

本预案由国家邮政局负责解释。

省级和省级以下邮政管理机构以及邮政企业、快递企业应当根据本预案,结合本地区、本单位实际情况制定运营网络阻断事件应急预案。

6.2 预案实施时间

本预案自印发之日起施行。

邮政业用户信息泄露事件应急预案

1 总则

1.1 编制目的

提高邮政业防范和应对处置用户信息泄露事件能力,最大程度减少用户信息泄露事件及其造成的影响和损害,保护用户信息安全,维护寄递渠道安全畅通,保障邮政业安全稳定运行。

1.2 编制依据

根据《中华人民共和国邮政法》《中华人民共和国突发事件应对法》《中华人民共和国网络安全法》《信息安全技术信息安全应急响应计划规范》(GB/T 24363—2009)、《信息安全技术信息安全事件分类分级指南》(GB/Z 20986—2007)、《国家邮政业突发事件应急预案》《寄递服务用户个人信息保护指南》(YZ/T 0147—2015)、《寄递服务用户个人信息安全管理规定》等法律、行政法规、标准和有关规定,制定本预案。

1.3 适用范围

本预案适用于邮政业用户信息泄露事件的预防预警和应急处置工作。本预案所指邮政业用户信息,即寄递服务用户个人信息,包括寄(收)件人的姓名、地址、身份证件号码、电话号码、单位名称,以及寄递详情单号、使用寄递服务时间和过程、寄递物品明细等信息。

1.4 工作原则

严格按照《国家邮政业突发事件应急预案》(1.4工作原则)有关规定,以保护用户信息安全为中心,坚持预防与应急相结合,加强日常监测预防,提升信息安全防护能力,强调第一时间快速反应,及时有效控制事态发展,最大程度减少事件危害和影响。

1.5 事件分级

参照《国家邮政业突发事件应急预案》(1.6事件分级)有关规定,邮政业用户信息泄露事件分为四级:Ⅰ级(特别重大邮政业用户信息泄露事件)、Ⅱ级(重大邮政业用户信息泄露事件)、Ⅲ级(较大邮政业用户信息泄露事件)和Ⅳ级(一般邮政业用户信息泄露事件)。

1.6 响应分级

邮政业用户信息泄露事件应急响应级别、响

应责任单位和响应级别调整，参照《国家邮政业突发事件应急预案》（1.7 响应分级）有关规定执行。

2 监测预防

邮政企业、快递企业应当切实加强寄递服务相关信息载体和信息系统安全防护，通过多种途径监测、收集信息网络安全隐患和风险信息，分析评估发生用户信息泄露事件风险，及时采取有效措施进行防范和应对处置。

3 应急处置

3.1 应急响应启动

参照《国家邮政业突发事件应急预案》（5.2 应急响应启动）有关规定执行。

3.2 应急处置措施

邮政企业、快递企业发生用户信息泄露事件，第一发现人或者接报人应当立即报告本企业负责人。企业负责人接到报告后，应当根据实际情况，立即采取措施控制事态发展，并报告当地邮政管理机构。事发企业可以参照下列措施进行处置：

（1）纸质信息载体、数据存储设备等实体物上载明的用户信息发生泄露的，应当立即封闭保存信息载体的场所，严禁无关人员进入。发现大量信息载体被盗的，应当注意保护现场，并向公安部门报案。

（2）网络数据上载明的用户信息发生泄露的，应当立即核实源头信息系统，暂时关闭相关系统对外服务，或者第一时间切断服务器网络连接，并启用备用信息系统。发现大量用户信息通过网络渠道被盗的，应当立即向当地电信主管部门和公安部门报告，并保存网络攻击、网络入侵或者感染网络病毒的证据。

3.3 应急处置任务

3.3.1 国家邮政业应急领导小组的应急处置任务

参照《国家邮政业突发事件应急预案》（5.4.1 国家邮政业应急领导小组的应急处置任务）有关规定执行。

3.3.2 国家邮政业应急办公室的应急处置任务

参照《国家邮政业突发事件应急预案》（5.4.2 国家邮政业应急办公室的应急处置任务）有关规定执行。

3.3.3 现场工作组的应急处置任务

除参照《国家邮政业突发事件应急预案》（5.4.3现场工作组的应急处置任务）有关规定执行外，针对用户信息泄露的类型、特点和原因，指导事发企业采取以下部分或者全部处置措施，并安排当地邮政管理机构督促落实：

（1）对相关信息系统采取带宽紧急扩容、控制攻击源、过滤攻击流量、修补漏洞、查杀病毒、关闭端口、启用备份数据、暂时关闭相关系统等措施。

（2）及时告知受信息泄露事件影响的用户，提示用户采取预防或者减轻衍生危害的措施。

（3）防止发生次生、衍生事件的措施，以及控制和减轻事件危害的其他措施。

3.3.4 专家组的应急处置任务

参照《国家邮政业突发事件应急预案》（5.4.4 专家组的应急处置任务）有关规定执行。

3.4 应急响应终止

参照《国家邮政业突发事件应急预案》（5.6 应急响应终止）有关规定执行。

4 后期处置

参照《国家邮政业突发事件应急预案》（6 后期处置）有关规定执行。

5 预案管理

参照《国家邮政业突发事件应急预案》（8 预案管理）有关规定执行。

6 附则

6.1 预案解释部门

本预案由国家邮政局负责解释。

省级和省级以下邮政管理机构以及邮政企业、快递企业应当根据本预案，结合本地区、本单位实际情况制定用户信息泄露事件应急预案。

6.2　预案实施时间

本预案自印发之日起施行。

邮政业重大活动期间突发事件应急预案

1　总则

1.1　编制目的

提高邮政业防范和应对处置重大活动期间突发事件能力，最大程度减少突发事件及其造成的影响和损害，维护寄递渠道安全畅通和邮政业安全稳定运行，保障重大活动顺利举办。

1.2　编制依据

根据《中华人民共和国邮政法》《中华人民共和国突发事件应对法》《中华人民共和国安全生产法》《中华人民共和国反恐怖主义法》《中华人民共和国国家安全法》《国家邮政业突发事件应急预案》等法律、行政法规和有关规定，制定本预案。

1.3　适用范围

本预案主要适用于国家邮政局部署开展的全国性重大活动寄递渠道安全服务保障工作期间，重大活动举办地发生的邮政业突发事件预防预警和应急处置工作。

省级邮政管理机构部署开展地方性重大活动寄递渠道安全服务保障工作期间，重大活动举办地发生的邮政业突发事件预防预警和应急处置工作，参照本预案相关规定执行。

1.4　工作原则

严格按照《国家邮政业突发事件应急预案》（1.4 工作原则）有关要求，以保障重大活动顺利举办为中心，以维护重大活动举办地寄递渠道安全畅通和邮政业安全稳定运行为重点，充分依托地方党委、政府和重大活动安保工作机构，与公安、国家安全等部门密切沟通配合，强化风险研判，提高监管强度，细化安保措施，提高反应速度，加强值班值守，做好应对准备，提高防范和应对处置邮政业重大活动期间突发事件效果。

1.5　事件分级

参照《国家邮政业突发事件应急预案》（1.6 事件分级）有关规定，邮政业重大活动期间突发事件分为四级：Ⅰ级（特别重大邮政业重大活动期间突发事件）、Ⅱ级（重大邮政业重大活动期间突发事件）、Ⅲ级（较大邮政业重大活动期间突发事件）和Ⅳ级（一般邮政业重大活动期间突发事件）。

1.6　响应分级

邮政业重大活动期间突发事件应急响应级别、响应责任单位和响应级别调整，参照《国家邮政业突发事件应急预案》（1.7 响应分级）有关规定执行。

2　预防预警

2.1　预防

重大活动举办地邮政企业、快递企业应当严格落实安全主体责任，做好安全生产隐患排查整治工作；加强对寄达邮件快件安全检查，严防禁寄物品流入重大活动举办地；积极防范化解企业内部矛盾纠纷，防止发生群体性事件，维护邮政业安全稳定运行；积极与寄递服务用户沟通，就邮件快件可能发生的延误做好提示、解释工作。重大活动举办地邮政管理机构加强对邮政企业、快递企业的监督管理和工作指导。

2.2　预警

2.2.1　预警机制

各级邮政管理机构以及邮政企业、快递企业在重大活动寄递渠道安全服务保障工作中，应当加强监测预警，重点接收公安、国家安全等部门有关重大活动安保的预警信息，做好突发事件风险分析研判工作，建立健全应急联动机制。

2.2.2 预警信息来源

邮政业重大活动期间突发事件预警信息来源主要包括：

（1）重大活动安保工作机构和公安、国家安全等部门发布的有关重大活动安保的预警信息。

（2）各级邮政管理机构以及邮政企业、快递企业报告的信息；通过国家邮政业监督管理信息系统、12305邮政业消费者申诉、社会举报投诉等渠道收集的有关重大活动安保的信息。

（3）其他有关重大活动安保的信息。

各级邮政管理机构以及邮政企业、快递企业应当严格按照《国家邮政业突发事件应急预案》（3.3.1预警信息）规定，及时、准确报告风险信息。

2.2.3 预警启动

国家邮政业应急办公室接到有关重大活动安保的预警信息、风险信息后，及时核实有关情况。经过研判，确认需要启动预警的，报请国家邮政业应急领导小组启动预警，并提示各级邮政管理机构特别是重大活动举办地邮政管理机构做好防范和应对处置准备工作。

重大活动举办地邮政管理机构接到预警后，应当及时向重大活动安保工作机构通报情况，并视情与当地公安、国家安全等部门商定应对方案。

预警启动、预警响应、预警终止，参照《国家邮政业突发事件应急预案》（3 预防预警）有关规定执行。

3 信息报告

除参照《国家邮政业突发事件应急预案》（4信息报告）有关规定执行外，重大活动举办地邮政企业、快递企业发现下列禁寄物品（含疑似物品）之一的，现场有关人员应当立即向本企业负责人报告。企业负责人接到报告后，应当立即向当地公安、国家安全、应急管理等部门报告，同时报告邮政管理机构：

（1）在邮件快件中发现各类易燃易爆、放射性、毒害性、腐蚀性、感染性等危险化学品。

（2）在邮件快件中发现爆炸装置、枪支（含仿制品、主要零部件）、弹药或者管制器具。

（3）在邮件快件中发现各类危害国家安全和社会稳定的政治性非法出版物。

（4）在邮件快件中发现其他可能影响重大活动顺利举办的违禁物品。

重大活动举办地邮政企业、快递企业发生或者可能发生具有下列情形之一的事件，应当按照企业管理层级上报，并报告当地公安、国家安全、应急管理等部门，同时报告当地邮政管理机构，必要时可以越级上报：

（1）造成人员伤亡。

（2）造成较大财产损失。

（3）造成大量邮件快件积压。

（4）造成群体性事件。

（5）其他危及邮政业安全稳定运行和寄递渠道安全畅通，影响重大活动顺利举办的事件。

4 应急处置

4.1 应急响应启动

参照《国家邮政业突发事件应急预案》（5.2应急响应启动）有关规定执行。

4.2 邮政企业、快递企业的应对处置

重大活动举办地邮政企业、快递企业在邮件快件中发现禁寄物品，或者发生其他突发事件，应当视情报告相关部门处理，积极应对处置。

4.2.1 发现爆炸装置（含疑似物品）等危险物品

发现爆炸装置（含疑似物品）等危险物品时，事发企业可以参照下列措施处置：

（1）立即疏散现场人员，封锁现场，设立警戒区域，禁止无关人员进入。

（2）在确保安全前提下，将可疑邮件快件放入防爆罐，或者用防爆毯、灭火毯覆盖。

（3）如有人员受伤，立即请求医疗机构救助，并采取紧急救护措施,及时抢救现场伤员。

(4)做好可能发生次生灾害的应急处置准备。

(5)严禁任何人员对外泄露现场情况,任何单位和个人未经允许不得接受媒体采访。

4.2.2 发现政治性非法出版物(含疑似物品)

发现政治性非法出版物(含疑似物品)时,事发企业可以参照下列措施处置:

(1)立即封存物品或者提取物品信息。

(2)严禁任何人员对外泄露现场情况,任何单位和个人未经允许不得接受媒体采访。

4.2.3 发生邮件快件积压事件

发生邮件快件积压事件时,事发企业可以参照下列措施处置:

(1)邮件快件积压在本企业处理能力之内时,应当立即安排人员疏运邮件快件,尽快消除可能存在的后续影响。

(2)邮件快件积压严重,超出本企业处理能力时,应当立即向当地邮政管理机构报告,请求协调其他企业帮助疏运邮件快件。

4.2.4 发生群体性事件

发生群体性事件时,事发企业可以参照下列措施处置:

(1)企业负责人和相关人员应当第一时间赶赴现场,迅速开展处置工作。

(2)处置过程中应当以疏导化解矛盾冲突为重点,耐心细致地做好沟通解释工作,尽量平息事态。

(3)积极配合相关部门的处置工作,防止事态进一步扩大或者升级。

4.2.5 发生其他突发事件

按照相关应急预案处置,必要时按照《国家邮政业突发事件应急预案》(1.7.2 响应级别调整)的要求,提高响应级别。

4.3 邮政管理机构的应对处置

重大活动举办地邮政管理机构接到邮政企业、快递企业突发事件报告后,应当迅速作出反应,根据事件性质、情节进行协调处理,视情与公安、国家安全等部门联动处置,并做好信息报告工作。

4.4 应急处置任务

4.4.1 国家邮政业应急领导小组的应急处置任务

参照《国家邮政业突发事件应急预案》(5.4.1 国家邮政业应急领导小组的应急处置任务)有关规定执行。

4.4.2 国家邮政业应急办公室的应急处置任务

参照《国家邮政业突发事件应急预案》(5.4.2 国家邮政业应急办公室的应急处置任务)有关规定执行。

4.4.3 现场工作组的应急处置任务

参照《国家邮政业突发事件应急预案》(5.4.3现场工作组的应急处置任务)有关规定执行。

4.4.4 专家组的应急处置任务

参照《国家邮政业突发事件应急预案》(5.4.4 专家组的应急处置任务)有关规定执行。

4.5 应急响应终止

参照《国家邮政业突发事件应急预案》(5.6 应急响应终止)有关规定执行。

5 后期处置

参照《国家邮政业突发事件应急预案》(6 后期处置)有关规定执行。

6 预案管理

参照《国家邮政业突发事件应急预案》(8 预案管理)有关规定执行。

7 附则

7.1 预案解释部门

本预案由国家邮政局负责解释。

省级和省级以下邮政管理机构以及邮政企业、快递企业应当根据本预案，结合本地区、本单位实际情况制定重大活动期间突发事件应急预案。

7.2 预案实施时间

本预案自印发之日起施行。

第五章 重要政策解读

《邮政业寄递安全监督管理办法》解读

交通运输部以2020年第1号令发布了《邮政业寄递安全监督管理办法》(以下简称《办法》),自2020年2月15日起施行。为便于有关单位更好地理解《办法》内容,切实做好贯彻实施工作,现解读如下:

一、修订背景

邮政业寄递安全事关国家安全、公共安全以及群众信息与财产安全。近年来,邮政业面临的安全风险明显增加,有不法分子利用寄递渠道传递违禁品,发生过企业泄露用户信息的事件,不合格包装材料的使用可能损害人体健康,形成了新的安全隐患。2016年1月1日,《中华人民共和国反恐怖主义法》施行,从不同的角度对邮政业寄递安全作出新的制度安排。2018年5月,《快递暂行条例》生效实施,引入了新的安全理念,对快递业安全予以系统规范。2019年1月,《中华人民共和国电子商务法》施行,从生态安全的角度对快递物流运营者提出了环境保护要求。2011年1月4日交通运输部发布的《邮政行业安全监督管理办法》已不能适应当前邮政业寄递安全面临的新形势、新任务,有必要依据上位法和中央部署,围绕国家总体安全观,进行全面修订,为邮政业持续健康发展提供更有力的规章制度保障。

二、修订思路

在国家总体安全观之下定位邮政业寄递安全监督管理,理顺《办法》与邮政业其他立法的关系,聚焦寄递安全,剥离《办法》中与寄递安全关联性不强的条款,引入科学治理手段,完善有关法律责任。

三、修订内容

《办法》取消了原有的"分章"结构,体例更为简洁,条文数量从57条精简至43条。主要修改内容是,将名称由《邮政行业安全监督管理办法》修改为《邮政业寄递安全监督管理办法》,完善收寄验视制度、安全检查制度、视频监控制度、协议用户管理制度、寄递信息安全管理制度,增加邮件快件寄递过程中有关生态安全的事项,细化寄递安全统一管理制度、安全教育培训制度、寄递安全监督检查制度和邮政业应急管理制度,明确委托实施邮政行政处罚的相关事项,优化行政处罚措施。

《邮政行政执法监督办法》解读

交通运输部以2020年第5号令发布了《邮政行政执法监督办法》,自2020年5月1日起施行。为便于有关单位更好地理解该规章的内容,切实做好贯彻实施工作,现解读如下:

一、修订背景

邮政行政执法监督是邮政业法律法规正确实施的重要保障，对邮政业法治建设发挥着重要作用。近年来，党中央、国务院对严格规范公正文明执法作出了一系列决策部署，邮政行政执法监督的规章制度有必要予以贯彻。《中华人民共和国监察法》《政府信息公开条例》等法律法规先后进行了修改，《邮政行政执法监督办法》有关规定应当作出调整以衔接上位法的规定。《国务院办公厅关于全面推行行政执法公示制度执法全过程记录制度重大执法决定法制审核制度的指导意见》对建立和实施“行政执法三项制度”提出了具体要求，《邮政行政执法监督办法》需要相应修改完善执法监督的具体内容和程序，以落实国务院部署要求。同时，邮政管理部门在执法监督工作实践中形成了一些好的做法，也需要上升为制度性规定。

二、修订思路

落实中央关于严格规范公正文明执法的决策部署，融入顶层制度建设的最新成果，按照国家关于“行政执法三项制度”的要求，适应新时代邮政业法治实践需要，合理定位邮政行政执法监督工作，坚持监督检查和指导改进并重，完善邮政管理部门内部关于行政执法行为的监督纠错机制。

三、修订内容

修订后的《邮政行政执法监督办法》取消了原有的“分章”结构，从 56 条精简至 50 条。主要修改内容：一是完善了邮政行政执法监督的工作职责，对邮政管理部门法制工作机构、内设执法机构的相关职责均作出规定。二是建立了一些新的制度，包括法律顾问和公职律师参与制度、执法全过程文字记录和音像记录制度、典型案例通报制度。三是优化了纠错机制，包括责令限期履行法定职责、撤销或者变更执法行为、确认执法行为违法、责令在一定期限内重新作出执法行为、责令以书面形式补正或者更正执法行为、责令限期改正、批评、通报批评等方面的事项。此外，《邮政行政执法监督办法》细化了重大执法决定法制审核的有关事项，规范了执法案卷评议和执法监督调查程序，充实了邮政行政执法评议制度。

《邮政强国建设行动纲要》解读

《邮政强国建设行动纲要》（以下简称《纲要》）以党的十八大以来我国迈入世界邮政大国为时代背景，以党的十九大提出的分两步建设社会主义现代化强国为时代要求，描绘了我国邮政业站在新起点、踏上新征程、到本世纪中叶全面建成邮政强国的宏伟蓝图。《纲要》是《交通强国建设纲要》的邮政篇章，是新时代做好邮政业工作的总抓手。

一、《纲要》编制背景和过程

党的十八大以来，在以习近平同志为核心的党中央坚强领导下，我国实现了迈入邮政大国的历史性跨越。当前，我国邮政业规模增速处于国际领先水平，中国邮政集团在世界 500 强中排名 101 位，在世界邮政企业中位居第二位。2019 年我国快递业务量突破 600 亿件，稳居世界第一。行业收入占国内生产总值的比重接近 1%，年支撑网上零售额超过 8 万亿元，支撑跨境网络零售额 4400 亿元，支撑制造业产值超过 1 万亿元，支撑工业品下乡和农产品进城超过 8700 亿元。邮政业持续快速增长的良好态势，为国民经济和社会发展作出了重要贡献，为我国从邮政大国迈向邮政强国创造了发展条件、奠定了坚实基础。

与此同时,我国邮政业发展进入了高质量发展阶段。与实现邮政业更高质量、更有效率、更加普惠、更可持续发展的要求相比,与世界邮政强国相比,我国邮政业还存在一定差距。整体来看,我国邮政业城乡区域发展仍然不够平衡,在畅通经济循环方面的作用发挥还不充分,邮政普遍服务发展与人民期待还有差距,行业中高端供给不足,国际服务体系短板突出,绿色、安全发展水平还有很大提升空间,市场主体综合实力还有不小差距,参与全球邮政业治理的能力还有待提升。

党的十九大明确了全面建成社会主义现代化强国的奋斗目标,提出了建设交通强国的重大战略部署。为贯彻落实中央部署,国家邮政局于2018年1月成立了推进邮政强国建设领导小组,历时近两年,编制了《纲要》。在此过程中,注重坚持开门编制《纲要》,注重听取政、产、学、研等各方面的建议,数轮征求意见,充分吸纳各方智慧。作为《交通强国建设纲要》的行业篇章,注重加强统筹衔接,将《交通强国建设纲要》涉及邮政领域的重要任务全部纳入《纲要》,在目标任务中予以细化落实。

二、建设邮政强国的重要意义

建设邮政强国是中国特色社会主义进入新时代的必然要求,对于巩固上层建筑、夯实经济基础、增进民生福祉、服务开放大局具有重要意义。

建设邮政强国是巩固国家政权基础的重要保障。邮政承担着传达政令、广播政声、维护政权的重要职责。党的十九大把坚持党对一切工作的领导作为新时代坚持和发展中国特色社会主义基本方略的首要内容,这就要求邮政系统将通政职能摆在更加突出的位置,贯彻总体国家安全观,以更加自觉的政治责任感和使命感,确保党报党刊高效传递、确保机要通信万无一失、确保寄递渠道安全畅通、确保邮政功能有效发挥。

建设邮政强国是建设现代化经济体系的重要支撑。党的十九大作出建设现代化经济体系的重大部署,邮政业融合信息交流、物品递送、资金融通、文化传播等功能,贯通一二三产业,服务生产流通消费,在新的形势下迫切需要在畅通经济循环、创新驱动发展、培育增长动能、促进均衡协调、推进绿色开放等方面发挥更大作用,助力我国经济持续增长和新一轮经济腾飞。

建设邮政强国是满足人民日益增长的美好生活需要的重要途径。人民邮政为人民是行业的初心和使命。邮政关系国计民生,服务广大商家和亿万群众。进入高质量发展阶段,人民需要更多样的产品、更优质的服务、更丰富的功能、更绿色的方式,这就要求邮政业坚持以人民为中心的发展思想,进一步提高服务品质,提升服务体验,促进发展成果更平衡更充分地惠及全体人民和广大用户。

建设邮政强国是服务国家开放大局的重要举措。党的十九大指出:中国将继续发挥负责任大国作用,积极参与全球治理体系改革和建设,贡献中国智慧和力量。邮政业在构建全球供应链、推动技术共享、促进资金人才流动、创新业态模式等方面需要当好先行,积极参与"一带一路"建设和开放型经济体系建设,服务社会主义现代化进程,助力全球供应链、产业链、价值链的融合与创新发展。

三、《纲要》主体结构

《纲要》主体结构由三部分组成,分别为总体要求、战略任务和保障措施,内容上可以概括为"一五二三三十五",即"一个愿景、五项原则、两个阶段、三个前列、三大体系、十项任务、五个保障"。"一个愿景"是指全面建成人民满意、保障有力、世界前列的邮政强国。"五项原则"是指坚持普惠协调、市场主导、创新驱动、安全发展和绿色环保五个基本原则。"两个阶段"是指以2035年和本世纪中叶为界,分两个阶段建设邮政强国。"三个前列"是指到本世纪中叶,我国邮政业在普惠水平、规模质量、综合贡献等三个方面位居世界前列。“三大体系”是指建设高质量服务供给体系、打造可持续产业生态体系、完善现代化行业治理体系。“十项任务”是指网络建设、服务拓展、企业培育、科技创新、绿色发展、行业治理等十个方面的具体任务。“五个保障”是指组织、法治、政策、人才、实施等五项保障措施。

四、建设邮政强国的总体要求

《纲要》指导思想提出贯彻习近平新时代中国特色社会主义思想，落实“两个布局”、新发展理念和高质量发展要求，强调了一个中心——以人民为中心，一条主线——以供给侧结构性改革为主线，第一动力——以创新为第一动力，三个变革——推动质量变革、效率变革和动力变革，三大体系——建立供给体系、生态体系和治理体系，总目标是建成人民满意、保障有力、世界前列的邮政强国。邮政强国建设的总目标与交通强国建设的总目标保持一致，同时具有邮政业特点和内涵。“人民满意”是邮政强国建设的根本宗旨，是全行业始终坚守的价值追求。“保障有力”是邮政强国建设的基本定位，充分体现了邮政业助力生产发展、推动流通方式转型、促进消费升级的现代化先导性产业定位，高度契合了邮政体系是国家战略性基础设施和社会组织系统的行业地位。“世界前列”是邮政强国建设的重要标志，体现我国邮政业对世界邮政业的贡献和影响力。“人民满意、保障有力、世界前列”三者相辅相成，缺一不可，共同构成了邮政强国建设的总目标。

《纲要》提出5项基本原则：一是坚持普惠协调，既要保障邮政普遍服务，也要发展寄递领域公共服务。二是坚持市场主导，同时更好发挥政府作用。三是坚持创新驱动，强化自主创新、推动“智能+”和跨界融合。四是坚持安全发展，贯彻总体国家安全观，守住邮政业安全底线。五是坚持绿色环保，全面推进人与自然和谐共生的绿色邮政建设。

《纲要》提出，在2020年建成与小康社会相适应的现代邮政业的基础上，分两个阶段建设邮政强国。第一阶段到2035年，基本建成邮政强国，实现“四化”“两跃升”，即网络通达全球化、设施设备智能化、发展方式集约化、服务供给多元化；邮政业规模体量和发展质量大幅跃升。同时，邮政业收入占国内生产总值的比重与发达国家相当，部分地区和重点领域发展水平达到世界前列。第二阶段到本世纪中叶，全面建成邮政强国，实现“双全”和“三个前列”，即中国邮政业具备全球化网络、提供全产业服务，普惠水平、规模质量、综合贡献位居世界前列。

五、建设邮政强国的战略任务

《纲要》提出的战略任务，可概括为“三大体系”“十大任务”。“三大体系”各有侧重、相辅相成，是建设邮政强国的战略重点和基本路径。服务供给体系对应高质量发展要求，是邮政业适应主要矛盾转化的必然选择。产业生态体系对应可持续发展要求，是邮政业自身供给与外部环境发展到一定阶段的必然形态。行业治理体系对应现代化要求，是供给和生态体系发展到一定阶段对行业治理的必然要求。

（一）建设高质量服务供给体系。《纲要》提出了4个方面的任务。一是加强基础网络建设。提出构建综合立体、通达全球、智能高效、安全便捷的服务网络体系，加快“空铁公水”和“骨干—枢纽—末端”寄递网络建设，鼓励同业和跨界运输、仓储、分拨、配送等资源共享。二是提升公共服务水平。提出巩固发展邮政事业，突出邮政中“政”的要求。与时俱进调整邮政普遍服务内涵与标准，强化邮政综合服务平台功能，提升均等化水平。进一步提高党报党刊投递服务水平，切实做好特殊服务。三是推进快递扩容增效。推动快递向更多满足生产性服务需求、高端高价值服务需求、线上线下一体化服务需求拓展。推动城乡区域协调发展，推进快递普惠发展，落实国家区域发展战略,建设协同发展示范区。四是支持市场多元发展。提出推动邮政企业混合所有制改革,提高快递产业集中度,鼓励外资快递发展,支持平台型集团型企业发展。加快国际化发展,提升国际通关水平,协同先进制造和科技企业出海。

(二)打造可持续产业生态体系。《纲要》提出了3个方面的任务。一是拓宽"寄递+"领域。提出在民生方面大力拓展代办和政务寄递服务,助力乡村振兴,服务教育、健康、养老、文化、旅游、体育等产业。在生产方面提升服务农村电商、跨境电商、智能制造、零售新业态等的质量和水平,带动关联产业发展。支持即时递送等新业态新模式发展。二是加快科技创新步伐。提出推进科研体系、标准体系建设,加快产业数字化转型,完善数据资源体系,拓展人工智能、区块链等重点技术应用范围,形成数据驱动发展的新形态。三是加快建设绿色邮政。提出完善绿色发展机制,建立与绿色理念相适应的快递包装法律体系、标准体系、政策体系。通过优化运输组织、升级运输装备、推广绿色建筑等方式,实现设施设备结构性减排。

(三)完善现代化行业治理体系。《纲要》提出了3个方面的任务。一是提升政府治理能力。提出加强规范制度建设,推动行业各项制度更加成熟更加定型,推动构建从中央到地方权责清晰、依法监管、运转顺畅的工作体系。提升治理的公正性、精准性和有效性,推进数字政府建设,增强"互联网+监管"动能。二是营造良好市场环境。提出建设统一开放、公平竞争的高标准邮政市场体系,强化竞争政策基础地位。建设具有鲜明时代特色的邮政文化,大力弘扬"小蜜蜂"精神,关心爱护基层员工和"快递小哥"。三是推进治理协同创新。提出形成"大寄递"治理格局,构建齐抓共管、协同高效的寄递市场监管机制,包容审慎监管行业新业态新模式,深度参与国际事务,加强国际交流合作。加强安全体系建设,坚持依法治理、源头治理、综合治理。健全共建共治机制,积极培育和发展行业社会组织,扩大社会参与渠道,丰富公众参与方式。

六、建设邮政强国的保障措施

为保障《纲要》目标的实现,支撑战略任务落地,《纲要》从组织、法治、政策、人才、实施等五个方面提出了要求。一是坚持党的领导,确保党在邮政业发展中始终总揽全局、协调各方,确保邮政强国建设沿着正确方向前进。二是坚持依法治邮,把行业管理工作全面纳入法治轨道。三是完善政策保障,发挥现有政策的集成作用,分阶段研究制定支持邮政强国建设的政策措施,创造良好环境。四是强化人才保障,培养高素质干部,持续推进人才队伍建设,加强相关院校和邮政学科建设,激发和保护企业家精神。五是加强实施管理,将发展目标和重点任务融入五年规划压茬推进,及时督促、鼓励有条件的地区、企业先行先试。

贯彻落实《纲要》,建设邮政强国,是新时代全行业全系统光荣的历史使命。邮政行业上下将锐意进取、攻坚克难、只争朝夕,坚定不移贯彻新发展理念,落实高质量发展要求,以深化邮政业供给侧结构性改革为主线,以创新为第一动力,一张蓝图干到底,为全面建成社会主义现代化强国、实现中华民族伟大复兴的中国梦贡献行业力量。

《关于促进快递业与制造业深度融合发展的意见》解读

国家邮政局、工业和信息化部印发了《关于促进快递业与制造业深度融合发展的意见》(国邮发〔2020〕14号)(以下简称《意见》)。现就《意见》有关内容解读如下:

一、关于《意见》出台的背景和意义

制造业是国民经济的主体，是快递业发展的重要需求基础。快递业是现代服务业的重要组成部分，为制造业发展提供重要服务保障。2013 年 9 月，国家邮政局、工业和信息化部联合印发了《关于推进快递服务制造业工作的指导意见》。近年来，在两部门的推动下，邮政、快递企业进入了食品、家居、汽车、医药、电子信息等制造企业物流环节，形成了订单末端配送、仓配一体化、嵌入式电商、入厂物流等若干有效模式，降低了制造企业物流成本，提升了生产、流通效率。2019 年，新增快递服务先进制造业项目 675 个，年支撑制造业产值超 1 万亿元。但是总的看，快递业服务制造业仍处于起步阶段，还存在规模效益不明显、融合发展不深入、服务能力不适应和配套支持政策不到位等问题。

党的十九大提出“支持传统产业优化升级，加快发展现代服务业，瞄准国际标准提高水平”。2018 年中央经济工作会议指出“要推动先进制造业和现代服务业深度融合”。2019 年中央深改委第十次会议强调“要深化业务关联、链条延伸、技术渗透，探索新业态、新模式、新路径，推动先进制造业和现代服务业相融相长、耦合共生”。

在深入调研、梳理问题，听取制造、快递企业和有关专家意见建议的基础上，国家邮政局、工业和信息化部制定了《意见》。推进快递业与制造业深度融合发展，是深入贯彻落实党的十九大精神和中央决策部署的重要举措，对推动制造业提质增效和快递业转型升级、建设制造强国和邮政强国、实现经济高质量发展具有重要意义。

二、关于《意见》提出的思路和目标

《意见》深入贯彻习近平总书记关于发展实体经济的重要论述和有关快递业的重要指示批示精神，顺应现代产业深度融合发展的趋势，结合实际，提出今后一段时期促进快递业与制造业深度融合发展的工作思路和阶段性发展目标。

《意见》提出的工作思路是：推动快递业提升服务能力，健全产品体系，创新发展供应链；推动制造业向价值链中高端迈进，打造核心竞争力，促进产业链上下游企业协同采购、协同制造、协同物流；构建与制造业高质量发展相适应的快递物流服务体系，形成快递业与制造业深度融合的发展格局，做优做大供应链服务，为实现经济高质量发展提供重要支撑。

《意见》提出的发展目标是：到 2025 年，快递业服务制造业深度融入汽车、消费品、电子信息、生物医药等制造领域，形成覆盖相关制造业的供应链服务能力，培育出仓配一体化、入厂物流、国际供应链、海外协同等融合发展的成熟模式，培育出 100 个深度融合典型项目和 20 个深度融合发展先行区。快递业服务相关制造业的能力和水平显著提升，相关制造业供应链组织效率、市场竞争力显著提升。

三、关于《意见》提出的重点任务

《意见》在深入调研基础上，坚持问题导向，按照互利共赢、相融相长、耦合共生的思路，从方式、布局、能力、科技、绿色、协同和突破口等方面，提出了 8 项主要任务：

（一）深化产业合作。鼓励制造企业专注于设计、研发和生产等核心环节，整合外包采购、生产、销售和售后等环节的快递物流需求，引导有实力的快递企业有效承接。支持制造企业与快递企业加强资源共享，盘活闲置的土地厂房、仓储物流设施和运输能力。

（二）协同产业布局。支持各地结合实际做好快递业与制造业规划布局衔接，重点在京津冀、长三角、珠三角等区域推进快递业与制造业深度融合发展。支持快递企业建设辐射国内外的航空快递货运枢纽，吸引新一代信息技术、生物医药等高端制造业集聚发展，打造临空经济区。

（三）提升服务能力。鼓励快递企业与制造企业开展合作，培育一体化供应链服务能力，加快向综合快递物流运营商转型。支持快递企业利用大数据、物联网等现代信息技术，优化供应链物流路径，为制造企业提供客户画像和大数据分析等服务。

（四）丰富服务产品。支持快递企业适应制造企业需求，提供入厂物流、线边物流、逆向物流和仓配一体化、订单配送等快递物流服务，发展供应链金融和供应链管理咨询服务。引导快递企业参与制造企业供应链协同平台建设，加快实现需求、库存和物流信息的实时共享，提供供应链服务产品。

（五）打造智慧物流。加快推动5G、大数据、云计算、人工智能、区块链和物联网与制造业供应链的深度融合，提升基础设施、装备和作业系统的信息化、自动化和智能化水平。支持制造企业联合快递企业研发智能立体仓库、智能物流机器人、自动化包装设备和冷链快递等技术装备。

（六）发展绿色物流。支持制造企业、快递企业生产、使用经绿色认证的邮件快件包装产品。鼓励制造企业加强低成本、无污染、可降解、可循环利用的环保包装材料研发，培育形成一批绿色包装材料产业园。鼓励快递企业加快推广甩挂运输和多式联运等先进运输组织模式，提高新能源车辆使用比例。

（七）实施海外协同。支持快递企业与制造企业加强国际发展战略对接，强化境外资源共享，伴随出海、协同发展。引导快递企业按照制造业国际发展需求，完善国际快递航空运输网络，强化国际寄递物流保障，支持制造业国际化生产、销售和服务。

（八）推动重点突破。在医药行业，鼓励快递企业加速构建覆盖全国的全流程、可追溯、高时效的冷链医药物流网络。在汽车行业，支持快递企业增强专业入厂物流全环节服务能力。在消费品行业，鼓励快递企业提供高效的仓配一体化服务，通过消费数据为制造企业产品设计和销售提供支撑。

四、关于《意见》的贯彻落实

为抓好重点任务落实，实现提出的发展目标，《意见》从机制、政策、示范、交流、标准和人才等方面，明确了6个方面的保障措施：

（一）工作机制方面。《意见》提出，国家邮政局与工业和信息化部定期召开会议，协调解决问题，加强对地方指导。各地邮政管理部门与工业和信息化主管部门，建立工作机制，出台具体任务措施和工作方案，并于每年1月底前报上一年度工作进展情况。

（二）政策支持方面。《意见》提出，支持将快递企业服务制造业项目，纳入工业和信息化领域有关专项资金扶持范围。支持各地利用现有资金渠道设立促进快递业与制造业深度融合专项。研究制定符合快递业与制造业融合发展特点的统计指标。支持制造企业联合快递企业，申报国家重点实验室、企业技术中心认定以及国家科技奖励。

（三）示范推广方面。《意见》提出，鼓励各地建设一批促进快递业与制造业深度融合发展先行区，在全国遴选一批方向领先、成效显著的融合发展典型项目，总结推广有关经验做法。中国邮政快递报、人民邮电报等行业媒体要注重挖掘快递业与制造业深度融合发展案例，联合中央媒体单位加强宣传报道。

（四）交流对接方面。《意见》提出，鼓励快递协会成立专门机构，吸引制造企业加入。支持快递协会与制造业相关协会，分领域举办快递业与制造业深度融合发展论坛。鼓励快递企业与制造企业、研究机构成立专业联盟，协助推进快递业与制造业融合相关标准制定。

（五）标准体系方面。《意见》提出，支持制定促进快递业与制造业融合发展相关行业和地方标准。鼓励快递企业与制造企业，研究制定服务流程、项目管理、专业器具、产品规格、信息对接等方面的企业标准。支持行业协会和有关联盟，积极推广优秀企业标准，研究制定相关团体标准。

（六）人才培养方面。《意见》提出，鼓励高等院校设置专业课程，培养快递供应链方向的专业人才。支持将从事快递业与制造业融合发展项目、工作业绩突出的科技人员和高技能人员，优先纳入邮政和工信行业科技英才、技术能手推进等相关计划。鼓励引进优秀的国际化供应链人才。

五、关于下一步工作

为切实推动快递业与制造业深度融合发展，国家邮政局、工业和信息化部将加强协作、密切配合，强化统筹、突出重点，推动《意见》贯彻落实，下一步将着力推进以下工作：

一是细化任务分工。制定《关于促进快递业与制造业深度融合发展的意见》分工方案，细化分解任务，明确工作分工，形成工作合力，确保各项任务措施能够落到实处。

二是加强示范引领。实施“快递进厂”工程，打造一批入厂物流、仓配一体化、订单末端配送、区域性供应链服务、嵌入式电子商务等代表项目，鼓励有条件地区建设促进快递业与制造业深度融合发展先行区。

三是指导地方落实。推动各地邮政管理部门、工业和信息化主管部门建立工作机制，结合本地发展实际，出台具体任务措施和工作方案，完善配套支持政策，以点带面、由易到难，一锤一锤钉钉子，一项一项抓落实，力求取得实效。

《关于进一步降低物流成本的实施意见》解读

国务院办公厅印发《关于转发〈国家发展改革委　交通运输部关于进一步降低物流成本实施意见〉的通知》（国办发〔2020〕10号，以下简称《意见》）。国家发展改革委有关负责人就此接受了记者采访。

问：请您介绍一下《意见》的出台背景。

答：社会物流成本水平是国民经济发展质量和综合竞争力的集中体现。近年来，按照党中央、国务院有关部署，国家发展改革委积极会同有关方面深入推进物流降本增效工作并取得良好成效，我国社会物流成本水平保持稳步下降，有效激发了微观主体活力，为促进实体经济发展创造了良好条件。社会物流总费用与国内生产总值（GDP）的比率从2014年的16.6%降至2019年的14.7%；工商企业物流费用率从2014年的8.3%降至2018年的7.9%；物流绩效水平在全球160多个经济体中排名第26位，在同等收入水平经济体中位居前列。但与发达国家相比，我国物流“成本高、效率低”问题仍较为突出，不能有效满足经济高质量发展和现代化经济体系建设的总体要求。特别是今年以来，受新冠肺炎疫情影响，社会物流成本出现阶段性上升，不利于有序推动复工复产和加快恢复正常经济社会运行秩序。

为贯彻落实党中央、国务院关于统筹推进疫情防控和经济社会发展工作的决策部署，进一步推动物流降本增效，加快恢复生产生活秩序，促进实体经济提质增效，国家发展改革委会同交通运输部等13个部门广泛听取商贸和制造企业、物流企业、行业专家及相关行业协会意见建议，结合经济社会发展和物流业发展实际深入研究论证，研究起草并报请国务院印发了《意见》。

问：物流降成本工作目前面临哪些突出问题？

答：我国社会物流成本水平较高，与第一、二产业占比和经济外向度高，区域产业、自然资源分布不均衡，内陆纵深广阔、地形复杂等客观因素密切相关。同时，物流基础设施有效供给和衔接不足、物流整体运行效率不高、政策环境不完善等制约因素更不容忽视，这也是造成当前保管费用、管理费用水平偏高,以及运输费用中装卸搬运费用比重较大的重要原因。总的来看,问题集中体现在“四个三”,即“三难”,用地难、融资难、通行难;“三多”,管理条线多、收费项目多、税收负担多;“三低”,铁水运输占比低、标准化水平低、行业集中度低;“三不畅”,基础设施联通不畅、铁水干线通道不畅、信息互联共享不畅。

从物流降成本工作全局看,随着物流基础设施网络完善、新技术新模式应用及企业管理水平提升,我国物流成本有望逐步降低至更合理水平,但短期内,制造业物流需求将继续保持较大规模,生产生活方式改变带来的多批次、小批量物流快速发展,劳动力、土地等资源要素成本不断上升,物流降成本工作面临更加严峻复杂的挑战。特别是随着物流降成本工作不断深入,部分领域成本下降空间已相对有限。下一步,一方面要巩固物流降成本工作已取得的成效,进一步优化行业发展环境;另一方面要重点从完善社会物流体系运行入手,着力提高全社会物流效率水平,打造物流降成本升级版,为实体经济高质量发展奠定坚实基础。

问:针对物流降成本面临的突出问题,《意见》对此提出了哪些具体措施?

答:《意见》围绕“减负降本、提质增效”总目标,按照“立足当前、着眼长远,远近结合、标本兼治”的基本原则,提出6方面24条物流降成本举措。具体包括:一是降低物流制度成本。从完善证照和许可办理程序、科学推进治理车辆超限超载工作、维护道路货运市场正常秩序、优化城市配送车辆通行停靠管理、推进通关便利化、深化铁路市场化改革等方面,进一步深化“放管服”和制约物流降成本的关键环节改革。二是降低物流要素成本。从保障物流用地需求、完善物流用地考核、拓宽融资渠道、完善风险补偿分担机制等方面出实招硬招,进一步推动解决“融资难”“用地难”等制约物流降本增效的突出问题。三是降低物流税费成本。深入贯彻落实党中央、国务院决策部署,从落实物流领域税费政策、降低公路通行成本、降低铁路航空货运收费、规范海运口岸收费、加强物流领域收费行为监管等方面,进一步加大物流领域减税降费力度。四是降低物流信息成本。从推动物流信息开放共享、降低货车定位信息成本等方面重点发力,推动解决近年来物流企业特别是公路货运企业反映的“信息成本高”问题,为物流信息互联互通和智慧物流发展创造更好条件。五是降低物流联运成本。从破除多式联运“中梗阻”、完善物流标准规范体系等关键环节入手,推动物流设施高效衔接,促进多式联运发展。六是降低物流综合成本。从推进物流基础设施网络建设、培育骨干物流企业、提高现代供应链发展水平、加快发展智慧物流、积极发展绿色物流等方面综合施策,补短板、强弱项,将物流降成本工作向纵深推进。

问:《意见》有哪些突出特点?

答:《意见》主要有三方面特点:一是直面问题,力求实效。聚焦制约物流降成本的“老大难”问题,创新思路和政策手段,着力提高企业政策获得感。比如,在维护道路货运市场秩序方面,提出建立严厉打击高速公路、国省道车匪路霸的常态化工作机制。在推进通关便利化方面,提出系统梳理海运、通关环节审批管理事项和监管证件,对不合理或不能适应监管需要的,按规定予以取消或退出口岸验核。在用地方面,提出对提高自有工业用地或仓储用地利用率、容积率并用于仓储、分拨转运等物流设施建设的,不再增收土地价款等。二是远近结合,协调推进。《意见》一方面聚焦行业反映集中、社会广泛关注的重点、难点问题及新冠肺炎疫情发生以来物流领域出现的新情况、新问题,进一步出台实施新的细化实化措施。另一方面着眼于加强不同领域、不同物流环节的衔接转换,推动以压缩绝对成本支出为导向的“数量型降成本”向以完善物流运行体系为导向的“效率型降成本”转变。三是强化统筹,狠抓落实。物流降成本工作领域广、条线多,涉及多个部门职责，需要相关部门共同发力。对此，《意见》明确提出要发挥全国现代物流工作部际联席会议作用，协调解决政策实施存在的问题，确保各项政策措施落地见效。国家发展改革委作为全国现代物流工作部际联席会议牵头部门，将按照《意见》要求会同有关部门加强政策统筹和工作指导，形成工作合力，及时协调解决政策实施存在的问题，推动相关政策落到实处、发挥实效。

问：围绕贯彻落实《意见》，国家发展改革委近期将重点开展哪些工作？

答：国家发展改革委将按照《意见》任务分工，抓紧抓好、抓实抓细各项工作落实，并重点发挥综合协调和宏观调控部门优势，推动完善“通道+枢纽+网络”物流运作体系，系统性提高物流体系效率，更深层次、更大范围推动降低社会物流成本水平。近期将重点开展五方面工作：一是扎实推进国家物流枢纽网络建设。在前期工作基础上做好2020年国家物流枢纽建设工作，加快构建国家物流枢纽网络的基本框架和重要支撑，进一步整合集聚各类存量物流资源，提高行业规模化、网络化、集约化发展水平。同时，着手研究制定2021－2025年国家物流枢纽网络建设实施方案。二是布局建设国家骨干冷链物流基地。面向高附加值生鲜农产品优势产区和集散地建设一批国家骨干冷链物流基地，整合集聚存量冷链物流市场供需、存量设施以及农产品流通、生产加工等上下游产业资源，促进冷链物流降本增效，支持生鲜农产品产业化发展。三是加强应急储备设施建设。结合重大物流基础设施建设等工作，研究在具备条件的地区布局建设一批应急储备设施，加强医疗等应急物资储备和调运能力，为提高重大突发事件应急处置能力提供有力支撑。四是促进物流业制造业融合发展。新冠肺炎疫情发生初期和复工复产期间出现的短期和局部物资短缺、产业链协同不足等问题，其重要原因就是物流业制造业联动不够、供应链弹性不足。对此，我们正在会同相关部门研究制定政策文件，拟在一些关键环节和重点领域推动物流业制造业深度融合、创新发展。五是组织开展物流园区示范工作。按照国务院有关工作部署，我们已会同相关部门发布了两批共56家示范物流园区，在发挥骨干园区带动引领作用，推动提高物流体系运行效率方面发挥了积极作用。近期我们将按照《意见》要求，会同相关部门研究启动新一批示范物流园区遴选等工作，进一步促进物流园区整体发展水平提升。

《邮件快件绿色包装规范》解读

为深入贯彻习近平生态文明思想和习近平总书记关于快递包装绿色治理工作的重要指示批示精神，推进邮件快件包装绿色治理，促进资源节约利用，减少环境污染，根据《中华人民共和国邮政法》《中华人民共和国固体废物污染环境防治法》《快递暂行条例》以及《邮政业寄递安全监督管理办法》等有关规定，国家邮政局制定了《邮件快件绿色包装规范》（以下简称《规范》），经2020年第7次局长办公会审议通过，并于6月12日印发施行。现就有关情况进行解读，以利于学习贯彻。

一、制定的必要性

（一）制定《规范》是贯彻落实习近平总书记关于快递包装绿色治理工作重要指示批示精神的具体举措。生态环境是关系党的使命宗旨的重大政治问题，也是关系民生的重大社会问题。邮件快件包装绿色治理得到党中央和国务院的高度重视，习近平总书记多次作出重要指示批示，充分表明做好邮件快件包装绿色治理工作的极端重要性。制定《规范》，通过规范性文件将"注意节约环保，杜绝过度包装，避免浪费和污染环境"的要求落实在行业规范体系上，细化为行业操作要求和一线人员操作规则，是贯彻落实习近平总书记重要指示批示精神的切实举措。

（二）制定《规范》是深入推进邮件快件包装绿色治理工作的重要抓手。随着我国邮政快递业的迅猛发展，邮件快件包装用量激增造成的资源消耗和环境风险日益凸显。随着邮件快件包装绿色治理工作深入推进，对规范化、制度化和体系化的要求越来越高，特别是寄递企业由于缺乏统一的包装操作规范，导致包装选用、操作行为不统一、不合理，存在一定程度的过度包装和随意包装。制定实施《规范》，是深入推进邮件快件包装绿色治理工作的重要抓手。

（三）制定《规范》是对《快递业绿色包装指南（试行）》的完善和提升。为指导寄递企业做好绿色包装工作，2018 年国家邮政局印发实施《快递业绿色包装指南（试行）》。施行一年多以来，全行业深入推进包装绿色化、减量化和可循环，取得了一定成效。有必要通过制定《规范》，充分总结《快递业绿色包装指南（试行）》施行经验，细化和完善相关操作要求，提升规范的可操作性、指导性和约束力，为深入推进邮件快件包装绿色治理工作再添助力。

二、起草和征求意见情况

2019 年 12 月，国家邮政局向各省（区、市）邮政管理局、各主要品牌寄递企业总部发放调研提纲，就《快递业绿色包装指南（试行）》施行情况摸底调查，在此基础上研究起草了《规范（征求意见稿）》。

2020 年 2 月 10 日，就《规范（征求意见稿）》书面征求各省（区、市）邮政管理局和各品牌寄递企业总部意见建议。3 月 11 日，通过官网向社会公开征求意见。前后共征得意见建议 169 条，国家邮政局逐条进行了认真分析，积极予以采纳吸收，并对《规范》予以完善。

三、主要内容

《规范》不分章节，共计二十九条。坚持标准化、减量化和可循环的工作目标，要求寄递企业建立健全企业内部制度，在包装采购管理、规范包装操作、包装用量统计、宣传教育培训、用户引导、检查考核奖惩等方面加强管理，推动企业履行主体责任。同时，《规范》针对不同的邮件快件包装类别，明确了具体的操作要求，并鼓励寄递企业深化探索创新，强化产学研衔接，推广应用可循环包装，促进绿色产品、技术和模式在行业的应用，提升自动化、信息化和智能化运营水平。

《规范》注重问题导向，突出企业主体责任，细化包装选用和规范操作要求，对淘汰重金属和特定物质超标的邮件快件包装、加强行业塑料污染治理等均作出了明确规定。同时，鼓励寄递企业加强与上下游协同，积极推进包装材料的减量化和再利用，结合行业实际推进邮件快件包装回收和再利用，促进资源集约利用和环境保护。

《快递企业总部重大经营管理事项风险评估和报告制度（试行）》解读

根据《中华人民共和国邮政法》《中华人民共和国突发事件应对法》等法律、行政法规及有关规定，国家邮政局研究起草了《快递企业总部重大经营管理事项风险评估和报告制度（试行）》（以下简称《制度》），经 2020 年第 14 次局长办公会审议通过，并于 10 月 20 日印发施行。为便于更好地理解《制度》内容，切实做好贯彻实施工作，现解读如下。

一、《制度》出台的背景

近年来，快递企业总部由于重组兼并、资费调整等重大经营管理事项导致快递网络不稳定的事件频发。为稳定行业发展态势，服务改革发展稳定大局，强化企业主体责任，维护人民群众合法权益，避免快递企业总部因重大经营管理事项风险评估不足而影响邮政快递网络稳定，国家邮政局根据党中央决策部署和有关法律法规，制定该《制度》。

二、《制度》起草和征求意见情况

2020年5月，国家邮政局根据相关法律、行政法规研究起草了《制度》（初稿）。5月底，就有关内容征求国家邮政局各司室及其直属事业单位的意见，在此基础上形成《制度》（征求意见稿）。

2020年6月底，国家邮政局在官方网站向社会公众公开征求意见，并通过快递协会书面征求各品牌寄递企业总部的意见。前后共征得来自快递企业、社会组织以及网民提出的29条意见、建议。8月中旬，国家邮政局召开网络视频会议再次征求各品牌寄递企业总部意见，邀请主要快递企业、中国快递协会就有关内容进行研讨，充分听取各方意见，逐条进行认真分析，积极予以采纳吸收，对《制度》予以完善，形成《制度》文本。

三、《制度》主要内容

《制度》聚焦快递企业总部主体责任，从源头防范化解矛盾风险，进一步规范企业重大决策风险评估工作，要求快递企业总部在做出重大经营管理事项时要及时开展风险评估并将评估情况报告国家邮政局，切实维护人民群众合法权益。

《制度》不分章节，共计十六条。《制度》主要包括适用主体、重大经营管理事项风险评估和报告的基本要求、需要进行风险评估的重大经营管理事项决定的类型、风险评估报告的内容要素和报送要求、国家局采取的措施、法律责任等六大部分。

《制度》的适用主体为第二条所规定的“快递企业总部”，即“两个以上快递企业在中华人民共和国境内使用统一的商标、字号或者快递运单经营快递业务的，商标、字号或者快递运单所属的企业”；重大经营管理事项风险评估和报告的基本要求为第三条所明确的“快递企业总部做出的经营管理决定可能造成在全国或者省、自治区、直辖市范围内发生阻断运营网络突发事件等严重影响的”适用本制度；需要进行风险评估的重大经营管理事项决定的类型，即是否存在全国范围内的资费调整或内部派费调整、是否存在收缩服务地域、减少服务项目等经营范围重大变化等七方面的情况；风险评估报告的内容要素包括“经营管理决定的起因、完成评估时的状态、实施前是否需要依法向相关部门申报或者依法经过相关部门许可”等八个方面；风险评估报告的报送要求明确了报送的时间、方式、报送的内容以及邮政管理部门的保密义务等；国家局的工作措施在第十条予以规定，明确了国家邮政局在收到风险评估报告后，按照《国家邮政业突发事件应急预案》采取相应的措施；法律责任明晰了快递企业总部未按时提交报告或提交报告的内容不完备以及企业在收到风险提示后未作补充评估或补充提交报告等情况时，快递企业总部所应当承担的法律责任。

《关于加快推进快递包装绿色转型的意见》解读

一、《意见》出台的背景

党的十八大以来，邮政快递业持续快速发展。据国家邮政局监测显示，2019 年全国快递业务量超过 635 亿件，截至 2020 年 11 月 16 日已超过 700 亿件。在行业高速发展的同时，也给环境保护带来较大压力，尤其是快递包装问题引起党中央国务院和社会各界的广泛关注。

近年来，国家邮政局会同国家发改委等相关部门坚持以习近平生态文明思想为指引，深入贯彻落实习近平总书记重要指示批示精神，扎实推进快递包装绿色治理，完善顶层设计，健全法规标准和政策体系，强化监督管理和试点示范，注重共治共建，在包装绿色化、减量化和可循环等方面取得积极进展。特别是在法律标准和政策体系建设方面，持续加大推进力度。推动在《电子商务法》《固体废物污染环境防治法》《快递暂行条例》《邮政业寄递安全监督管理办法》中增设了快递包装绿色治理条款。在国家标准委员会的大力支持下，关于快递包装绿色环保的国家标准已达 4 项、行业标准 7 项。

与此同时，在快递包装绿色转型方面还缺少统筹推进的政策文件。众所周知，快递包装绿色治理是一项系统工程，涉及包装研发、生产、销售、使用、回收处理等多个环节，关系到包装生产企业、寄递企业、社会公众和回收企业等多个主体，需要发挥部门合力作用持续推进。为此，有必要起草印发《意见》，系统总结过去几年的快递包装绿色治理工作实践经验，明确快递包装绿色转型的目标和方向，完善工作措施并按照部门职责做好任务分工，以明晰责任和强化落地。

二、《意见》起草的主要过程

《意见》的起草体现了科学、民主和公开的原则，坚持问题导向和目标导向，以确保政策出台的科学有效性。

一是深入开展摸底调查。2019 年 10 月 9 日—14 日，国家邮政局联合国家发展改革委、司法部、生态环境部、住房和城乡建设部和商务部派出调查组，在北京、陕西、重庆、辽宁、湖北、浙江和广东等地开展快递领域包装情况摸底调查，从快递包装综合治理情况、快递包装用量及对环境产生影响情况、法律法规标准和政策的制定实施情况、替代材料和产品的生产应用情况等角度深入了解有关情况，为《意见》起草奠定了坚实的基础。

二是广泛征求意见。《意见》两次征求全国人大常委会法工委、全国人大环资委、科技部、工业和信息化部、司法部、财政部、生态环境部、住房城乡建设部、商务部、税务总局、市场监管总局、银保监会等部门意见。2020 年 7 月 21 日，国家邮政局、国家发改委在京召开加快推进快递包装绿色转型座谈会，征求中国快递协会等行业协会和各主要品牌寄递企业的意见，并根据意见建议进行了修改完善。

三是注重评估审核。根据相关规定，国家发展改革委委托第三方对《意见》进行了政策评估，并进行了合法性审查，确保相关内容符合法律规定并具有可操作性。

三、快递包装绿色转型的工作目标

《意见》明确了未来五年的工作目标，并且划分为两个时间节点，即 2022 年和 2025 年。

根据《意见》，到 2022 年底，快递包装领域法律体系进一步健全，基本形成快递包装治理的激励约束机制；制定实施快递包装材料无害化强制性国家标准，全面建立统一规范、约束有力的快递绿色包装标准体系；电商和快递规范化管理普遍推行，电商快件不再二次包装比例达到85%，可循环快递包装应用规模达700万个，快递包装减量化、绿色化、循环化水平明显提升。

到2025年底，快递包装领域全面构建与绿色理念相适应的法律、标准和政策体系，形成贯穿快递包装生产、使用、回收、处置全链条治理长效机制；电商快件基本实现不再二次包装，可循环快递包装应用规模达1000万个，包装减量和绿色循环的新模式新业态取得重大进展，快递包装基本实现绿色转型。

四、《意见》的主要内容

《意见》立足我国快递包装工作实际情况，坚持问题导向和目标导向，强化快递包装绿色治理，加强电商快递规范管理，增加绿色产品供给，培育循环包装新型模式，统筹谋划、综合施策，推进快递包装“绿色革命”。《意见》共分为八个部分：

第一部分：总体要求。明确了推进快递包装绿色转型的指导思想和基本原则，并提出具体工作目标：到2025年底，快递包装领域全面构建与绿色理念相适应的法律、标准和政策体系，形成贯穿快递包装生产、使用、回收、处置全链条治理长效机制；电商快件基本实现不再二次包装，可循环快递包装应用规模达1000万个，包装减量和绿色循环的新模式新业态取得重大进展，快递包装基本实现绿色转型。

第二至第六部分：主要任务。一是完善法律标准，进一步压实主体责任，健全监管手段，建立有利于快递包装治理相关制度定型完善的法律体系；加快制修订重点领域标准，强化实施效果评估，提高标准约束力。二是强化绿色治理，落实快递行业塑料制品禁限要求，推动包装材料源头减量，淘汰劣质包装，避免过度包装，减少电商快件二次包装。三是加强电商快递规范管理，推动快递企业完善分拣、投递、封装等操作规范，加强快件收寄管理，推行绿色供应链，提升行业绿色发展水平。四是推广可循环快递包装，鼓励相关企业创新技术和商业模式，推行可循环快递包装规模化应用，完善回收基础设施建设，逐步降低运营成本。五是规范包装废弃物回收和处置，推行绿色设计，提升快递包装可回收性能；结合实施生活垃圾分类，规范快递包装废弃物分类收集和清运处置。

第七部分：保障体系。一是加强对快递包装治理的监督检查，强化制度的刚性约束。二是完善综合性支持政策，对绿色包装生产、绿色快递物流和配送体系建设、专业化智能化回收设施建设等项目，在资金、信贷、债券等方面给予支持。三是强化科技支撑，加强环保包装材料、智能打包分拣设备等的研发和应用，推动提升快递行业集约化、智能化管理水平。

第八部分：组织实施。要求各地、各部门提高政治站位，增强做好快递包装绿色转型工作的责任感和紧迫感，加大工作落实力度。国务院有关部门加强协同配合，形成工作合力。要求各地结合本地实际细化任务措施，抓好贯彻落实。加强宣传引导，广泛凝聚共识，构建人人有责、人人尽责、人人享有的快递包装社会治理体系。

五、与以往出台的政策相比，《意见》的创新之处

早在2017年，国家邮政局就会同国家发展改革委等9部门联合印发了《关于协同推进快递业绿色包装工作的指导意见》，相关部门根据文件精神开展了大量富有成效的工作。《关于加快推进快递包装绿色转型的意见》与其相比，由国办予以转发并明确提出要求，力度更大，措施更强，预期更好。具体来看，有以下几个方面的创新：

一是全面体现绿色理念。绿色发展，是《意见》的灵魂和主线，贯穿始终，从总体要求到具体措施紧紧围绕“绿色”提出明确要求，深入贯彻落实新发展理念，突出“绿色发展”主基调。

二是更加注重系统治理。快递包装绿色转型涉及生产、使用、回收、处置等全链条，必须坚持系统治理的原则。《意见》坚持一切从实际出发，着眼于全

链条有针对性的明确了具体措施，有利于提升绿色治理工作效率，加快推进快递包装绿色转型。

三是更加突出协同共治。《意见》进一步压实了企业的主体责任，强化了政府的监督管理责任，同时，对用户等社会公众的责任也予以了明确。在上下游协同上，突出了电商与快递的规范管理，鼓励电商企业在网络零售中为消费者提供绿色包装产品，全面禁止电商、快递企业使用重金属含量和溶剂残留超标的劣质包装等。此外，进一步强化部门合力作用，针对每一项措施明确了负责的部门，充分体现了共建共治的理念。

四是更加强化创新引领。《意见》明确提出，以技术创新和模式创新驱动快递包装绿色转型，开发应用新技术、新产品，培育发展快递包装新业态。在具体措施上，完善快递包装法律和标准体系、强化快递包装绿色治理、推进可循环快递包装应用等内容均体现了创新要求。

五是更加注重支撑保障。《意见》对完善支撑保障体系提出了具体要求，包括完善综合性支持政策、强化科技支撑和加强监督执法等。同时，为确保《意见》落地实施，从加强部门协同、落实地方责任和加强宣传引导三个方面提出了明确要求。

六、下一步，推进《意见》落实的主要措施

《意见》的出台是快递包装绿色治理工作进程中的一件大事，为相关部门有序推进治理工作明确了目标路径、提供了政策支持。下一步，国家邮政局、国家发展改革委等部门将坚持以习近平生态文明思想为指导，深入贯彻落实习近平总书记关于快递包装绿色治理工作的重要指示批示精神，全面贯彻落实《意见》各项内容和要求，采取有效措施加快推进快递包装绿色治理。

一是深入开展政策解读和宣贯。通过官网、报纸等媒介发布《意见》解读稿和专家解读文章，全面做好政策解读，引导包装生产企业、电商和寄递企业等相关主体和社会公众理解掌握《意见》内容，深刻领会文件精神。组织进行专题培训，认真做好《意见》宣贯。

二是扎实推进《意见》落实。结合部门职责，建立健全快递包装绿色转型的工作任务台账，明确工作目标和时间节点，细化实化工作措施，确保各项要求落到实处。

三是强化管理与考核。围绕《意见》各项任务要求落地实施，建立健全管理与考核体系，强化督查督办，加强过程管控，切实提升工作实效。

快递包装绿色转型，离不开政府、企业和社会公众的共治共建，也离不开上下游、产业链的协同协作，希望政产学研各方及全社会都行动起来，深入贯彻落实《意见》，加快推进快递包装绿色转型，为我国生态文明建设作出应有的贡献。

《关于促进粤港澳大湾区邮政业发展的实施意见》解读

国家邮政局会同国家发展改革委、交通运输部、商务部、海关总署制定了《关于促进粤港澳大湾区邮政业发展的实施意见》（以下简称《意见》）。现就有关情况进行解读。

一、关于《意见》出台的背景和意义

建设粤港澳大湾区是习近平总书记亲自谋划、亲自部署、亲自推动的重大国家战略，是新时代推动形成全面开放新格局的新尝试，是推动“一国两制”事业发展的新实践。建设粤港澳大湾区为邮政业发展提供了重要机遇，对于密切内地与港澳邮政快递交流合作，推动邮政行业高质量发展，促进邮政业深化改革、扩大开放具有重要意义。

为深入贯彻习近平总书记关于粤港澳大湾区建设重要讲话精神，落实《粤港澳大湾区发展规划纲要》相关部署，国家邮政局开展深入调研、专题研究、广泛听取邮政、快递企业意见基础上，经商国家发展改革委、交通运输部、商务部、海关总署，研究制定了《意见》。

二、关于《意见》的总体要求

《意见》全面对标对表《粤港澳大湾区发展规划纲要》，全面贯彻“一国两制”方针，强调发挥三地各自比较优势，促进互利合作共赢。提出了将粤港澳大湾区建设成为全国邮政业创新发展引领区、融合发展示范区、绿色发展样板区、开放发展试验区的总体目标。并分两个阶段提出发展目标，即：到2025年，基本形成与国际一流湾区和世界级城市群框架相匹配的寄递服务体系。到2035年，全面建成创新驱动、便捷高效、绿色共享、开放融合的粤港澳大湾区寄递服务体系。

三、关于《意见》的重点任务

《意见》坚持目标导向，按照服务国家战略、实现三地共赢、促进行业发展的思路，从基础网络、服务质效、科技创新、产业协同、企业培育、开放开发、绿色发展、安全应急、人才文化等方面，提出了9项主要任务：第一，构建畅通高效寄递网络。加快构建国际集散能力强、国内辐射范围广、区域联通水平高的大湾区寄递网络。第二，树立高端优质服务标杆。加强合作，构建大湾区错位发展、优势互补、协作配套的服务格局。第三，推动创新驱动转型发展。支持产业数字化转型和数字产业化发展，促进邮政业创新要素自由流动和区域融通。第四，打造产业协同发展高地。深入推进快递物流与电子商务、先进制造业、现代农业协同发展，构建智慧高效、安全绿色、协同一体的寄递物流供应链体系。第五，培育壮大多元市场主体。支持粤港澳邮政企业紧密合作，培育世界级企业，推动形成多元主体竞合市场格局。第六，优化湾区开放发展环境。总结中国（广东）自由贸易试验区范围内国际快递业务许可审批事项下放试点经验。提升通关便利，大力发展跨境寄递服务。第七，推进绿色低碳循环发展。树立绿色用邮理念，对接港澳的绿色发展规范，推进邮件快件包装绿色化、减量化和可循环。第八，完善安全应急管理体系。坚守安全底线，有效保障寄递渠道安全，提升应急协作水平。第九，推动人才文化交流互动。深入推进“人才强邮”工程，建立大湾区邮政文化交流平台，支持发行大湾区相关题材邮票和举办集邮展览。

四、关于《意见》的保障措施

《意见》提出三个方面的保障措施。一是加强协调沟通，共同促进邮政业发展；二是加强政策研究，争取地方优惠政策；三是加强动态评估，推动意见实施。

第六章 部分省(区、市)、市(地)关于快递服务的政策法规

内蒙古自治区邮政条例

(2011年11月16日内蒙古自治区第十一届人民代表大会常务委员会第二十五次会议通过 根据2016年5月30日内蒙古自治区第十二届人民代表大会常务委员会第二十二次会议《关于修改部分地方性法规的决定》第一次修正 根据2020年9月23日内蒙古自治区第十三届人民代表大会常务委员会第二十二次会议关于修改《内蒙古自治区城市房地产开发经营管理条例》等4件地方性法规的决定第二次修正)

第一章 总 则

第一条 为了保障邮政普遍服务,加强对邮政市场的监督管理,维护用户合法权益,促进邮政业健康发展,适应经济社会发展和人民生活需要,根据《中华人民共和国邮政法》和国家有关法律、法规的规定,结合自治区实际,制定本条例。

第二条 在自治区行政区域内从事邮政业规划、建设、服务、经营和监督管理等活动,应当遵守本条例。

第三条 邮政普遍服务是国家重要的社会公用事业。

旗县级以上人民政府应当将邮政业纳入国民经济和社会发展规划,保障邮政业与当地经济社会协调发展,支持邮政企业提供邮政普遍服务。

第四条 自治区邮政管理部门负责对本行政区域内的邮政普遍服务和邮政市场实施监督管理。按照国务院规定设立的盟行政公署、设区的市和旗县级邮政管理部门负责对本辖区的邮政普遍服务和邮政市场实施监督管理。邮政管理部门可以在其法定权限内委托依法成立的管理邮政事务的事业组织从事邮政普遍服务和邮政市场监督检查相关工作。

发展和改革、公安、国家安全、民政、财政、自然资源、生态环境、住房和城乡建设、交通运输、商务、市场监督管理、海关、铁路、民航等有关部门按照各自职责,做好邮政管理的相关工作。

第五条 鼓励、支持和规范多种所有制快递企业发展,推进快递服务体系建设,满足社会各方面需求。

第六条 邮政企业、快递企业应当加强服务质量管理,完善安全保障措施,为用户提供迅速、准确、安全、方便的服务,保障用户的合法权益。

第七条 邮政企业、快递企业应当践行绿色发展理念,坚持绿色化、减量化、可循环原则,履行生态环境保护社会责任,建立实施绿色采购制度,优先采购和使用绿色产品、服务、技术,使用环保材料,在确保内件安全的前提下大力推行简约包装,杜绝过度包装,在营业网点设置回收装置,回收邮件、快件包装材料,促进包装材料的再利用。

鼓励倡导寄件人采取绿色寄递方式。

第二章 规划与建设

第八条 旗县级以上人民政府应当将邮政设

施的布局和建设纳入城乡规划，对邮政营业场所、邮件和快件处理场所、快递园区的规划建设和使用土地提供支持，并将智能快件箱、快递末端综合服务场所建设纳入公共服务设施规划。重点扶持农村牧区邮政、快递设施建设。

编制苏木乡镇、嘎查村规划，应当含有邮政设施设置内容。

第九条 各级人民政府应当按照城乡公共服务均等化的要求，对农村牧区通邮给予重点扶持。

苏木乡镇人民政府应当指导、支持嘎查村民委员会设立嘎查村邮站或者其他接收邮件的场所，承担本嘎查村邮件接收和投递。鼓励和倡导嘎查村集体经济组织投入嘎查村邮站建设。

邮政企业应当按照有关规定加大对嘎查村邮站建设的投入，并对嘎查村邮站提供业务指导。

第十条 建设城市新区、独立工矿区、开发区、住宅区和商业区或者对旧城区进行改造，应当按照城市总体规划建设配套的提供邮政普遍服务的邮政设施。

第十一条 邮政企业应当按照国家规定的邮政普遍服务标准和城乡规划在机场、车站、城市街道、广场、公园等公共场所设置邮筒（箱）、邮政报刊亭等邮政设施。

第十二条 较大的车站、机场、陆路口岸、高等院校、宾馆、旅游区和集贸市场应当设置提供邮政普遍服务的邮政营业场所、邮件处理场所等邮政设施，并为邮政企业装卸、转运邮件和邮政车辆出入提供必要的场所和通道。

第十三条 新建城镇居民楼，建设单位应当按照国家和自治区规定标准在便于投递的位置设置接收邮件快件的智能信报（快件）箱，并与主体工程同时设计、同时施工、同时验收。对未设置智能信报（快件）箱或者设置的智能信报（快件）箱未达到国家或者自治区规定标准的，不予验收。

已建成的城镇居民楼未设置智能信报（快件）箱的，可以由邮政企业或者第三方平台企业进行代建，物业服务企业应当积极配合代建企业。

城镇居民楼维修改造时，应当将智能信报（快件）箱作为公用设施进行维修和更换，所需费用由该居民楼的产权所有者协商解决或者由业主大会决定。

第十四条 机关、团体、企业、事业单位以及其他组织应当在楼房地面层或者单位主出入口设置接收邮件的收发室；两个以上单位使用同一用邮地址的，可以设置联合收发室。

商用写字楼应当设置接收邮件的收发室，未设置收发室的，由物业管理单位负责代收。

第十五条 提供邮政普遍服务的邮政设施建设所需的土地按照城市基础设施用地依法划拨，免征市政公用基础设施建设配套费。

邮政企业设置占地面积四平方米以内的邮筒（箱）、邮政报刊亭和其他邮政设施，经所在地人民政府批准，免缴城市道路占用费。

第十六条 因城市改造、重点建设等确需征收邮政营业场所或者邮件处理场所的，城乡规划主管部门应当按照方便用邮、就近安置和不少于原有面积的原则，对邮政营业场所或者邮件处理场所的重新设置作出妥善安排；未作出妥善安排前，不得征收。

重新设置的邮政营业场所、邮件处理场所交付使用前，应当安排过渡场所，保证邮政普遍服务正常进行。

邮筒（箱）、邮政报刊亭确需迁移的，应当就近安置。

第三章 邮政服务

第十七条 邮政企业应当按照国家规定承担自治区行政区域内的邮政普遍服务义务。

邮政企业向用户提供邮政普遍服务，应当符合邮政普遍服务标准。

第十八条 邮政营业场所调整营业时间，应当提前五日发布公告。

第十九条 邮政企业设置邮政营业场所，应当事先书面告知自治区邮政管理部门。

邮政企业撤销提供邮政普遍服务的邮政营业场所、停止办理或者限制办理邮政普遍服务和特殊服务，应当向自治区邮政管理部门提出书面申请。自治区邮政管理部门在受理申请之日起二十日内作出是否批准的决定，并在作出批准决定之日起十日内向社会公告。

因不可抗力或者其他特殊原因暂时停止办理或者限制办理邮政普遍服务业务的，邮政企业应当及时公告，采取相应的补救措施，并向自治区邮政管理部门报告。暂时停止办理或者限制办理邮政普遍服务业务的时间不得超过三个月。

第二十条 邮政企业应当在苏木乡镇人民政府所在地设置至少一个提供邮政普遍服务的邮政营业场所。

苏木乡镇人民政府所在地邮政场所每周营业时间不少于五日且逢赶集日应当营业，投递邮件每周不少于五次；嘎查村投递邮件每周不少于二次。

第二十一条 自治区邮政管理部门应当按照国家有关规定，根据经济社会发展需要，对自治区行政区域内邮件寄递的全程时限标准适时调整。

第二十二条 邮政企业应当按照国家规定的邮件投递方式或者与用户约定的方式及时、准确、安全投递邮件。

第二十三条 邮政企业对具备通邮条件的新用户，应当自办理邮件投递登记之日起十五日内通邮；对不具备通邮条件的新用户，应当将邮件投递至与用户商定的邮件代收点。

第二十四条 苏木乡镇人民政府所在地的给据邮件，邮政企业应当及时投递到户；其他邮件投递到嘎查村邮站或者与用户协商的邮件代收人，并逐步实现全部邮件投递到户。

第二十五条 邮政企业应当设置用户监督信箱或者意见簿、公布监督电话号码，接受用户对邮政服务质量的监督，并对用户的举报和投诉在十五日内予以答复。

第二十六条 邮政企业及其从业人员不得有下列行为：

（一）私自开拆、隐匿、毁弃、盗窃邮件，撕揭邮票，冒领用户款物；

（二）无故拒绝、拖延、中断邮政业务；

（三）泄露用户使用邮政服务的信息；

（四）擅自变更邮政普遍服务业务收费标准或者增加收费项目；

（五）强迫、误导用户使用高资费邮政业务；

（六）转让、出借、出租邮政专用的用品用具；

（七）法律、法规禁止的其他行为。

第二十七条 民政部门应当确定城镇街道、农村牧区自然村标准地名，对单位和居民住宅设置统一编制的门牌号码，标明邮政编码。标准地名和门牌号码发生变更，民政部门应当及时公布，邮政企业应当定期核对，并根据变更后的标准地名和门牌号码进行投递。

第二十八条 用户交寄信函、明信片时，应当使用符合国家标准的信封、明信片，并正确书写收件人姓名、地址、邮政编码。

第二十九条 用户变更名称、投递地址的，应当在变更十日前书面通知邮政企业；未及时通知或者变更后地址不具备通邮条件导致邮件无法投递的，邮政企业应当退回寄件人。

第三十条 用户对交寄的给据邮件和汇款，可以在国家规定的时间内持据向收寄、收汇的邮政企业查询。邮政企业应当提供免费查询服务，并按照国家规定的期限将查询结果告知查询人。

第三十一条 有下列情形之一的，城镇居民楼的物业管理单位应当为投递提供必要协助：

（一）尚未设置信报箱（群、间）的；

（二）信报箱（群、间）因维修、破损等原因无法投递邮件的；

（三）信报箱（群、间）设置于城镇居民楼门禁以内无法投递邮件的。

第四章 快递业务

第三十二条 在自治区行政区域内经营快递

业务，应当按照《中华人民共和国邮政法》相关规定，向自治区邮政管理部门申请快递业务经营许可。

自治区邮政管理部门应当向社会公布取得快递业务经营许可企业的名单。

第三十三条 《快递业务经营许可证》记载事项发生变化的，经营快递业务的企业应当向作出行政许可决定的邮政管理部门提出申请；邮政管理部门依法办理变更手续。

第三十四条 快递企业向用户提供快递服务，应当符合快递服务标准。

第三十五条 快递企业临时性停止经营快递业务的，应当提前七日向社会公布，并书面告知自治区邮政管理部门。对已收寄的快件，应当按照原服务承诺进行投递。

第三十六条 快递企业及其从业人员不得冒领、私自开拆、隐匿、毁弃或者非法检查快件；不得向任何单位和个人泄露用户使用快递服务的信息。

第五章 安全保障

第三十七条 用户交寄的邮件、快件和汇款在运输、传递以及处理过程中，除法律另有规定外，任何单位或者个人不得阻碍、检查、扣留。

第三十八条 任何单位和个人不得交寄、夹寄带爆炸性、易燃性、腐蚀性、放射性、毒害性、传染病病原体等危险有害物品以及非法出版物等国家规定禁止寄递的物品。

第三十九条 邮政企业和快递企业应当建立并严格执行收寄验视制度。

对用户交寄的信件，必要时邮政企业和快递企业可以要求用户开拆，进行验视，但不得检查信件内容。用户拒绝开拆的，不予收寄。邮政企业和快递企业对用户交寄的除信件以外的邮件、快件，应当当场验视内件。用户拒绝验视的，不予收寄。

邮政企业和快递企业在收寄过程中，发现有国家规定禁止寄递或者限制寄递物品的，应当按照国家有关规定处理。

第四十条 邮政企业、快递企业应当依法建立并执行邮件、快件收寄验视制度。对寄件人交寄的物品，经验视符合寄递要求的，应当在包装物上加盖或者粘贴验视标识。对不能确定安全性的，应当要求用户出具有效的安全证明；寄件人不能出具安全证明的，不予收寄。收寄具有安全证明物品的，应当如实记录物品名称、规格、数量、重量、收寄时间、寄件人和收件人姓名地址等内容。安全证明和收寄记录保存期限不得少于一年。

邮政企业、快递企业应当对邮件、快件进行安全检查，安全检查设备应当由经过专业培训的安检员进行操作，并遵守安全检查设备操作规程。安检作业时安检员不得从事与安检无关的活动。

第四十一条 旗县级以上人民政府应当将邮政业突发事件应急预案和应急保障机制纳入应急管理体系。

邮政企业和快递企业应当落实安全责任，建立突发事件应急预案和应急保障机制。发生突发事件时，应当及时向邮政管理、应急管理等相关部门报告。

第四十二条 经自治区邮政管理部门和自治区道路运输管理机构核定的带有邮政专用标志的普遍服务运邮车辆，免办道路运输营运证。

带有邮政专用标志的车辆运递邮件时，凭公安交通管理部门核准的通行证，在确保安全畅通的情况下，可以不受禁行路线、禁停地段的限制；进出陆路口岸和通过桥梁、检查站、高速公路时，应当优先放行。

带有邮政专用标志的车辆运递邮件时，发生严重违章或者重大交通事故，公安交通管理部门应当及时通知邮政企业，并协助保护邮件安全。

邮政企业不得利用带有邮政专用标志的车辆从事邮件运递以外的经营性活动，不得以出租等方式允许其他单位或者个人使用带有邮政专用标志的车辆。

第四十三条 快递企业凭自治区邮政管理部门的有关文件,向公安交通管理部门申请核发快递揽收、投递车辆通行证。凭通行证,快递揽收、投递车辆可以在市区通行、停靠。

第四十四条 任何单位和个人不得有下列行为:

(一)擅自迁移、毁损邮筒(箱)、邮政报刊亭、信报箱(群、间)等邮政设施;

(二)在邮政出入通道设摊、堆物,妨害用邮或者影响运邮车辆通行;

(三)伪造、涂改邮资凭证以及其他邮政有价证券、卡;

(四)伪造、买卖、盗用、转借邮政专用标志或者邮政用品用具生产监制证;

(五)私自开拆、非法扣留、隐匿、抽取、毁弃、盗窃他人邮件、快件或者撕揭邮票;

(六)非法拦截邮政专用运邮车辆,阻碍邮件、快件运输;

(七)擅自仿印邮票或者邮资图案;

(八)法律、法规禁止的其他行为。

第六章 监督管理

第四十五条 自治区邮政管理部门应当加强对邮政行业协会的监督指导,并指导职业技能鉴定机构开展邮政行业特有工种职业技能鉴定工作。

第四十六条 自治区邮政管理部门应当建立健全邮政和快递服务社会监督体系。

第四十七条 邮政企业和快递企业应当根据自治区邮政管理部门的要求报告企业有关经营情况,及时、准确报送统计资料。

第四十八条 自治区邮政管理部门依法行使监督检查职责时,被检查单位和个人应当予以配合,如实提供情况和有关资料,不得拒绝、拖延、阻拦;不得隐匿、销毁、转移原始资料。

自治区邮政管理部门进行监督检查时,监督检查人员不得少于二人,并应当出示自治区人民政府核发的行政执法证件;对监督检查中知悉的国家秘密、商业秘密、个人隐私负有保密义务。

第四十九条 邮政企业应当按年度向自治区邮政管理部门提交邮政普遍服务工作情况报告,经自治区邮政管理部门审核,报自治区人民政府批准后,向社会发布。

第五十条 自治区邮政管理部门应当加强对邮政普遍服务和特殊服务补贴资金使用的监督管理。

邮政企业对邮政普遍服务和特殊服务的补贴资金应当专款专用,补贴资金项目计划报自治区邮政管理部门审核,并接受监督和评估。

第七章 法律责任

第五十一条 违反本条例第二十条规定,邮政企业未按照寄递时限送达邮件的,由自治区邮政管理部门责令改正,并可处以1万元以下的罚款;情节严重的,处以1万元以上3万元以下的罚款。

第五十二条 违反本条例第二十三条规定,新用户具备通邮条件,并办理了投递登记,十五日内未通邮的,由自治区邮政管理部门责令限期改正;逾期未改正的,处以1万元以上3万元以下的罚款。

第五十三条 违反本条例第二十六条规定,邮政企业有下列行为之一的,由自治区邮政管理部门责令改正,并处以5000元以上3万元以下的罚款:

(一)无故拒绝、中断邮政业务的;

(二)擅自变更邮政普遍服务业务收费标准或者增加收费项目的;

(三)强迫、误导用户使用高资费邮政业务的。

第五十四条 违反本条例第三十四条规定,快递企业经营快递业务不符合快递服务标准的,由自治区邮政管理部门责令改正,并按照国家有关规定处理。

第五十五条 违反本条例第三十五条规定,快递企业临时性停止经营快递业务,未书面告知自治区邮政管理部门或者对已收寄的快件未按照原服务承诺进行投递的，由自治区邮政管理部门责令限期改正；逾期未改正的，处以1万元以下的罚款。

第五十六条 邮政企业、快递企业有下列行为之一的，由邮政管理部门责令限期改正；逾期未改正的，处1000元以上5000元以下的罚款：

（一）未在寄件人交寄的物品包装物上加盖或者粘贴验视标识的；

（二）未经过专业培训的安检员操作安全检查设备或者未遵守安全检查设备操作规程的；安检作业时安检员从事与安检无关活动的。

第五十七条 邮政管理部门工作人员有下列行为之一的，由其所在单位或者上级主管部门对直接负责的主管人员和其他直接责任人员依法给予行政处分；构成犯罪的，依法追究刑事责任：

（一）未依法审批快递业务经营许可证的；

（二）未依法履行监督检查职责的；

（三）未依法受理有关服务质量投诉的；

（四）有其他滥用职权、玩忽职守、徇私舞弊行为的。

第八章 附 则

第五十八条 本条例自2012年1月1日起施行。2002年8月23日经自治区人民政府第九次常务会议审议通过的《内蒙古自治区邮政管理办法》同时废止。

辽宁省人民代表大会常务委员会关于促进快递业健康发展的决定

辽宁省人民代表大会常务委员会公告（十三届）第五十号

《辽宁省人民代表大会常务委员会关于促进快递业健康发展的决定》已由辽宁省第十三届人民代表大会常务委员会第十七次会议于2020年3月30日通过，现予公布，自2020年5月1日起施行。

辽宁省人民代表大会常务委员会

2020年3月30日

为了加强对快递业的监督管理，保障寄递安全，保护用户和从业人员的合法权益，促进快递业健康发展，根据有关法律法规，结合我省实际，作出如下决定：

一、省、市邮政管理机构负责对本辖区的快递业实施监督管理。县级人民政府应当明确协助邮政管理部门监管本辖区快递业的相关机构（以上统称邮政管理部门），履行监管责任，负责本辖区快递业的监督管理，有关部门在各自职责范围内负责相关的快递监督管理工作。

二、省、市、县（含县级市、区，下同）人民政府应当协助邮政管理部门加强行业监管队伍建设，落实国务院制定的快递业安全管理和安全监管的专项规划、政策决定、监督评价等事项，并承担地方事权部分的支出责任。

省、市、县人民政府应当将快递服务设施建设纳入国土空间规划，将智能快件箱、快递末端综合服务场所纳入公共服务设施相关规划，承担快递服务末端基础设施规划、建设、维护、运营等职责，负责具体事项的执行实施，承担相应支出责任。

三、经营快递业务的企业应当建立并执行收寄验视、实名收寄、安全检查等制度，确保快递服务安全。在收寄快件时,应当依法对寄件人身份进行查验,对寄递物品进行验视。对于禁止寄递和限制寄递的物品以及寄件人拒绝验视的,不得收寄。经营快递业务的企业可以自行或者委托第三方企业对快件进行安全检查,并对经过安全检查的快件作出安全检查标识。

四、经营快递业务的企业应当对其从业人员加强职业操守、服务规范、作业规范、安全生产、道路交通安全、车辆安全驾驶等方面的教育和培训。快递从业人员应当遵守道路交通安全法律法规的规定,按照安全操作规范,文明驾驶车辆。

五、邮政管理部门应当会同省、市、县人民政府公安、交通运输管理等部门,对经营快递业务的企业使用的快递专用交通工具,依法进行规范和管理,实施统一编号、统一标识。

六、省、市、县人民政府公安、交通运输管理等部门和邮政管理部门应当加强协调配合,研究制定通行管理政策,合理确定通行区域和时段,对符合第五条规定,具有统一编号、统一标识的快递专用交通工具给予通行便利。

七、省、市、县人民政府鼓励和引导经营快递业务的企业加大科技投入,采用先进技术,促进自动化分拣设备、机械化装卸设备、智能末端服务设施、快递电子运单以及快件信息化管理系统等的推广应用,支持与电子商务平台开展数据交换共享,提升配送效率。

八、省、市、县人民政府鼓励经营快递业务的企业建设区域中心,支持企业做大做强,加快发展快递服务贸易,加强国际合作与交流。支持经营快递业务的企业在自贸区等特殊监管区域内建设跨境快件分拨中心。

省、市、县人民政府应当推进电子商务与快递物流协同发展,支持电商园区与快递物流园区协同建设。在规划建设的电商园区内或周边安排快递、仓配用地,满足经营快递业务的企业仓储及处理需求,经营快递业务的企业入驻园区与电商企业享有同等优惠政策。

九、省、市、县人民政府支持经营快递业务的企业新建扩建县级快件中转集散中心。鼓励经营快递业务的企业在业务量较少的乡镇建立合作网点。

十、省、市、县人民政府应当加强快递行业人才队伍建设,鼓励和支持快递工程技术人员参加职称评审。依法保障经营快递业务的企业及其从业人员的合法权益,按照有关规定为快递从业人员提供便利。对辱骂、殴打快递从业人员的行为,依法严厉查处。

十一、省、市、县人民政府鼓励经营快递业务的企业使用可降解、可重复利用的环保包装材料,鼓励经营快递业务的企业采取措施回收快件包装材料,实现包装材料的减量化利用和再利用。鼓励经营快递业务的企业加快使用符合绿色、环保标准的交通工具,逐步提高新能源交通工具使用比例。

十二、机关、企业事业、学校以及社区物业服务等单位应当根据实际情况,采取与经营快递业务的企业签订合同、协商设置快件收寄投递专门场所等方式,为开展快递服务提供必要的便利。鼓励经营快递业务的企业共享末端服务设施。在突发事件应急处置时期,机关、企业事业、学校以及社区物业服务等单位要遵守国家和地方的相关规定,设置临时投递点,为用户提供便捷的快递服务。

十三、经营快递业务的企业违反第三条规定,未建立和执行收寄验视、实名收寄、安全检查等制度的,或者违反法律、行政法规以及国务院和国务院有关部门关于禁止寄递或者限制寄递物品的规定收寄快件的,由邮政管理部门依照法律法规进行处罚。

十四、经营快递业务的企业未对从业人员进行安全生产教育和培训的,以及快递从业人员违反交通规则,有违法行为的,由相关管理部门依照法律法规进行处罚。

十五、本决定自 2020 年 5 月 1 日起执行。

广东省快递市场管理办法

广东省人民政府令第278号

《广东省快递市场管理办法》已经2020年10月21日十三届广东省人民政府第116次常务会议通过，现予公布，自2021年1月1日起施行。

省长　马兴瑞

2020年11月28日

第一章　总　　则

第一条　为了加强快递市场管理，保障快递安全，保护经营快递业务的企业和快递用户的合法权益，促进快递市场健康发展，根据《中华人民共和国邮政法》《快递暂行条例》等有关法律、法规，结合本省实际，制定本办法。

第二条　本办法适用于本省行政区域内从事快递业务经营、接受快递服务以及对快递业实施监督管理等活动。

第三条　省邮政管理部门负责对本省行政区域内的快递业实施监督管理。地级以上市邮政管理部门负责对本行政区域内的快递业实施监督管理。

发展改革、公安、交通运输、农业农村、商务、市场监管、金融监管、国家安全、税务、海关等部门按照各自职责，做好相关监督管理工作。

第四条　县级以上人民政府应当将快递业发展纳入本级国民经济和社会发展规划；将快递业类物流园区，快件集散、分拨及分拣场所等基础设施用地纳入本级城乡规划和土地利用总体规划；将智能快件箱、快递末端综合服务场所等设施纳入城乡公共服务设施建设规划。

县级以上人民政府和有关部门应当建立健全促进快递业健康发展的政策措施，完善相关配套规定，推动交通运输业与快递业融合发展，加强交通枢纽与快递仓储、分拨、接驳等设施衔接，实现农村快递配送服务全覆盖，确保快递行业安全，依法保障经营快递业务的企业及其从业人员的合法权益。

县级以上人民政府公安、交通运输等部门和邮政管理部门应当建立健全快递运输保障机制，依法保障快递服务车辆通行和临时停靠的权利，不得禁止快递服务车辆依法通行。邮政管理部门会同县级以上人民政府公安等部门依法规范快递服务车辆的管理和使用，对快递专用电动三轮车的行驶时速、装载质量等作出规定，对快递服务车辆统一编号和标识管理。快递服务车辆应当符合邮政管理、公安等部门制定的快递服务车辆技术规范要求。

第五条　县级以上人民政府和有关部门应当对经营快递业务的企业在快递业务土地使用、快递运营网络建设、快递业务融资等方面给予支持和政策优惠；支持中小经营快递业务的企业推进规模化经营；支持经营快递业务的企业、科研院校、专业机构等制定或者参与制定快递行业领域的先进标准，研发快递行业领域基础性、关键性技术，依法取得和保护自主知识产权；促进经营快递业务的企业创新服务形式，提升核心竞争力，培育具有国际竞争力的经营快递业务的企业。

鼓励经营快递业务的企业运用现代科学技术手段，建立自动化、标准化、信息化的服务平台，提高服务质量和服务水平，满足快递市场需要。

第二章 经营主体

第六条 经营快递业务，应当依法取得快递业务经营许可；未经许可，任何单位和个人不得经营快递业务。

《快递业务经营许可证》记载事项发生变化的，经营快递业务的企业应当向作出快递业务经营许可决定的邮政管理部门申请办理变更手续。

邮政企业以外的经营快递业务的企业设立分支机构或者合并、分立的，应当向作出快递业务经营许可决定的邮政管理部门备案。

第七条 省邮政管理部门负责中国(广东)自由贸易试验区的国际快递业务(代理)经营许可审批。

注册地在中国(广东)自由贸易试验区范围内且在本省以外没有分支机构的企业，申请国际快递业务(代理)经营许可的，应当按照规定向省邮政管理部门提出。省邮政管理部门应当自受理申请之日起15个工作日内作出批准或者不予批准的决定。予以批准的，颁发许可证并向社会公告；不予批准的，书面通知申请人并说明理由。

第八条 经营快递业务的企业或者其分支机构根据业务需要，在乡镇(街道)、村(社区)、学校等特定区域设立或者合作开办的，为快递用户直接提供收寄、投递等快递末端服务的固定经营场所属于快递末端网点。

快递末端网点的开办者应当依法向快递末端网点所在地邮政管理部门备案。快递末端网点备案事项发生变化的，开办者应当依法向原备案机关履行备案变更手续。

快递末端网点无需办理营业执照。

第九条 两个以上经营快递业务的企业使用统一的商标、字号或者快递运单经营快递业务的，应当遵守以下规定：

(一)签订书面协议明确各自的权利义务，遵守共同的服务约定；

(二)在服务质量、安全保障、业务流程等方面实行统一管理，并保证经营网络的正常运转；

(三)为快递用户提供统一的快件跟踪查询和投诉处理服务，加强对服务质量的监督，协调处理快递用户举报、投诉和申诉等事务；

(四)按照统一的标准履行快递业务服务承诺，确保服务质量。

第十条 有下列情形之一的，经营快递业务的企业应当停止快递业务经营，邮政管理部门应当依法注销其快递业务经营许可并向社会公告：

(一)快递业务经营许可有效期届满未延续的；

(二)企业法人资格依法终止的；

(三)快递业务经营许可被依法撤销、撤回，或者《快递业务经营许可证》依法被吊销的；

(四)法律、法规规定的其他情形。

第十一条 快递末端网点备案被邮政管理部门按照国家规定注销或者撤销的，快递末端网点应当停止快递业务经营。邮政管理部门应当及时将被注销或者撤销备案的快递末端网点名单向社会公告。

第三章 快递服务

第十二条 经营快递业务的企业应当在营业场所和网络平台向社会公布其服务种类、服务时限、服务价格、损失赔偿、投诉处理等服务承诺事项。服务承诺事项发生变更的，经营快递业务的企业应当及时发布服务提示公告或者更新服务承诺事项信息。在非营业场所收件的，应当以价目表、报价单等书面方式主动向服务对象公示服务价格。

第十三条 寄件人交寄快件，应当如实提供以下事项：

(一)寄件人姓名、地址、联系电话；

(二)收件人姓名或者名称、地址、联系电话；

(三)寄递物品的名称、性质、数量。

除信件和已签订安全协议的快递用户交寄的

快件外，经营快递业务的企业收寄快件，应当对寄件人身份进行查验，并登记其身份信息，但不得在快递运单上记录除姓名或者名称、地址、联系电话以外的快递用户身份信息。寄件人拒绝提供身份信息或者提供身份信息不实的，经营快递业务的企业不得收寄。

经营快递业务的企业在寄件人填写快递运单前，应当向寄件人告知服务范围、服务时限、服务费用等事项，提醒寄件人阅读快递服务合同条款、遵守禁止寄递和限制寄递物品的有关规定，告知相关保价规则和保险服务项目。

经营快递业务的企业收件时，应当提示寄件人可以选择保价业务或者保险业务，并告知其相应权利义务。寄件人交寄贵重物品的，应当事先声明；经营快递业务的企业可以要求寄件人对贵重物品予以保价。

第十四条 经营快递业务的企业在分拣、运输快件时，应当按照相关规定规范操作，确保快件不受损毁。

第十五条 经营快递业务的企业应当将快件投递到约定的收件地址、收件人或者收件人指定的代收人，不得以收件地址偏远等理由拒绝将快件投递到约定的收件地址或者增收快递费，未经收件人同意不得将快件投递到非约定地址。国家另有规定的，从其规定。

经营快递业务的企业投递快件时应当告知收件人或者代收人当面验收。收件人或者代收人有权当面验收。

经营快递业务的企业收寄网络购物、代收货款以及与快递用户有特殊约定的快件的，应当按照国家规定与寄件人在合同中明确投递验收的权利义务，并按照有关法律、法规、规章规定以及合同约定提供验收服务。

第十六条 经营快递业务的企业应当实行快件寄递全程信息化管理，公布联系方式，保证与快递用户的联络畅通，向快递用户提供业务咨询、快件查询等服务。快递用户对快递服务质量不满意的，可以向经营快递业务的企业投诉，经营快递业务的企业应当自接到投诉之日起 7 日内予以处理并将处理结果告知快递用户。

快递用户对处理结果不满意的，可以向邮政管理部门申诉，邮政管理部门应当及时依法处理，并自接到申诉之日起 30 日内作出答复。

第十七条 经营快递业务的企业提供的快递运单应当在显著位置注明赔偿条款、特殊约定等涉及快递用户权益的相关内容。

第十八条 经营快递业务的企业停止经营的，应当提前 10 日向社会公告，书面告知邮政管理部门，交回《快递业务经营许可证》，并依法妥善处理尚未投递的快件。

经营快递业务的企业或者其分支机构因不可抗力或者其他特殊原因暂停快递服务的，应当及时向邮政管理部门报告，向社会公告暂停服务的原因和期限，并依法妥善处理尚未投递的快件。

第十九条 经营快递业务的企业使用智能快件箱提供寄递服务的，应当遵守智能快件箱寄递服务管理有关规定。

第二十条 鼓励经营快递业务的企业和寄件人使用可降解、可重复利用的环保包装材料。鼓励经营快递业务的企业采取措施回收快件包装材料，实现包装材料的减量化利用和再利用。

第四章 快递安全

第二十一条 经营快递业务的企业应当按照国家有关收寄验视的规定，建立并执行快件收寄验视制度。

第二十二条 经营快递业务的企业发现寄件人交寄禁止寄递物品的，应当拒绝收寄；发现已经收寄的快件中有疑似禁止寄递物品的，应当立即停止分拣、运输、投递。对快件中依法应当没收、销毁或者可能涉及违法犯罪的物品，经营快递业务的企业应当立即向有关部门报告并配合调查处理；对其他禁止寄递物品以及限制寄递物品，经营快递业务的企业应当按照国家有关规定处理。

第二十三条 经营快递业务的企业应当对其提供寄递服务的营业场所、处理场所,包括其开办的快递末端网点、设置的智能快件箱进行全天候视频监控。其中营业场所、快递末端网点、智能快件箱的视频监控设备应当全面覆盖,处理场所的视频监控设备应当覆盖各出入口、主要生产作业区域。

经营快递业务的企业保存监控资料的时间不得少于30日。其中营业场所交寄、接收、验视、安检、提取区域以及智能快件箱放置区域的监控资料保存时间不得少于90日。

第二十四条 经营快递业务的企业应当建立快递运单及电子数据管理制度,妥善保管快递用户信息等电子数据,定期销毁快递运单,采取有效技术手段保证快递用户信息安全。

经营快递业务的企业及其从业人员不得出售、泄露或者非法提供快递服务过程中知悉的快递用户信息。发生或者可能发生快递用户信息泄露的,经营快递业务的企业应当立即采取补救措施,并向所在地邮政管理部门报告。出售、泄露或者非法提供快递用户信息的,依法承担法律责任。

第二十五条 经营快递业务的企业设计和建设快件处理场所,应当符合国家安全机关和海关依法履行职责的要求。

国家安全机关、公安机关为维护国家安全和侦查犯罪活动的需要依法开展执法活动,经营快递业务的企业应当提供技术支持和协助。

第二十六条 发生下列情形之一的,公安机关发现或者接到报案后应当及时调查处理:

(一)盗窃、冒领、私自开拆、隐匿、毁弃或者非法扣留、检查他人快件的;

(二)以围堵、拦截等形式,扰乱经营快递业务的企业营业场所正常秩序的;

(三)非法拦截、强登、扒乘运送快件车辆的;

(四)扰乱经营快递业务的企业正常开展寄递活动的其他违法情形。

造成快件滞留的,邮政管理部门应当协调处理,采取措施保障快件安全;邮政管理部门需要时,公安机关应当予以配合。

第二十七条 经营快递业务的企业应当按照国家有关规定建立健全和落实安全生产责任制,落实企业安全生产主体责任。

第五章 监督检查

第二十八条 邮政管理部门应当按照国家规定加强对快递业的监督检查。

邮政管理部门依法开展监督检查,有权查阅经营快递业务的企业管理快递业务的电子数据。

邮政管理部门进行监督检查时,监督检查人员不得少于两人,并应当出示执法证件。对邮政管理部门依法进行的监督检查,有关单位和个人应当配合,不得拒绝、阻碍。

第二十九条 经营快递业务的企业应当按照国家规定按时向邮政管理部门提供真实、完整的统计资料,接受、配合有关部门对统计工作的监督检查,不得转移、隐匿、篡改、毁弃原始记录和凭证、统计台账、统计调查表及其他相关证明和资料。

第三十条 邮政管理部门应当与公安、交通运输、农业农村、市场监管、统计、国家安全、海关等部门建立健全行政执法衔接机制,按照规定将有关案件及时移送相关部门,相关部门应当及时依法处理。

第三十一条 依法成立的快递行业组织应当依法保护企业合法权益,加强行业自律,促进企业守法、诚信、安全经营,督促企业落实安全生产主体责任,引导企业不断提高快递服务质量和水平。

快递行业组织不得组织企业达成垄断协议、实施垄断行为。

第三十二条 邮政管理部门应当推进快递行业信用体系建设,完善快递行业信用记录、信用信息依法公开、信用评价等制度,建立健全快递行业守信激励失信惩戒机制,提高快递行业信用水平。

第六章　法律责任

第三十三条　经营快递业务的企业违反本办法第二十三条规定，未对其提供寄递服务的营业场所、处理场所，开办的快递末端网点，设置的智能快件箱在规定的覆盖范围内进行全天候视频监控或者保存监控资料不符合规定期限的，由邮政管理部门责令限期改正；逾期未改正的，处1万元以下的罚款。

第三十四条　经营快递业务的企业违反本办法第二十八条规定，拒绝、阻碍邮政管理部门依法实施监督检查的，由主管部门依照《中华人民共和国邮政法》的规定予以处罚。

第三十五条　经营快递业务的企业违反本办法第二十九条规定，拒绝提供统计资料，或者经催报后仍未按时提供统计资料，或者提供不真实、不完整的统计资料，或者转移、隐匿、篡改、毁弃原始记录和凭证、统计台账、统计调查表及其他相关证明和资料的，由邮政管理部门责令限期改正。

第三十六条　邮政管理部门和其他有关部门的工作人员在监督管理工作中，滥用职权、玩忽职守、徇私舞弊的，依照《快递暂行条例》的规定处理。

第七章　附　　则

第三十七条　进出境快递业务按照海关对进出境快件监管的有关规定实施监管。

第三十八条　本办法自2021年1月1日起施行。广东省人民政府2013年4月28日公布的《广东省快递市场管理办法》（广东省人民政府令第188号）同时废止。

邯郸市邮政快递管理办法

邯郸市人民政府令第177号

《邯郸市邮政快递管理办法》已经2020年11月25日邯郸市人民政府第79次常务会议审议通过，现予公布，自2021年2月1日起施行。

市长　张维亮

2020年12月8日

第一条　为促进邮政快递业高质量发展，加强对邮政、快递市场的监督管理，保障邮政普遍服务，维护用户合法权益，根据《中华人民共和国邮政法》《快递暂行条例》《河北省邮政条例》等法律法规，结合本市实际，制定本办法。

第二条　本市行政区域内邮政快递业的发展、规划、建设、市场、服务、安全及监督管理，适用本办法。

第三条　市、县（市、区）政府（管委会）应当对提供普遍服务的邮政设施和快递基础性设施建设给予政策、资金、土地等方面扶持，推进邮政快递服务体系建设。

第四条　邮政管理部门负责本市行政区域内的邮政普遍服务和邮政、快递市场的监督管理工作。

交通运输、财政、自然资源和规划、公安、商务、海关、住房保障房产管理、行政审批等有关部门按照各自职责,依法做好促进邮政快递业健康发展的相关工作。

第五条 市政府应当设立快递业发展引导资金,鼓励和引导快递行业发展。鼓励县(市、区)政府(管委会)设立相应的引导资金。

第六条 市、县(市、区)政府(管委会)应当将邮政、快递业发展规划纳入国土空间规划,在年度用地计划中统筹安排快递专业类物流园区、快件集散中心等设施用地,科学合理设置区域邮件、快件的集中处理场所和区域收投、配送网络站点。

市邮政管理部门负责编制邮政、快递设施专项规划,经市自然资源和规划部门审核后,报市政府批准执行。

第七条 新建、改建、扩建的住宅小区建筑工程,应当将智能信报箱的建设纳入建筑工程统一规划、设计、施工和验收,并与建筑工程同时投入使用。建筑工程竣工验收时,应当通知邮政管理部门进行专项验收。

鼓励将传统信报箱升级改造为智能信报箱,市、县(市、区)政府(管委会)可以给予补贴。

第八条 鼓励高等院校、商务中心、机关等场所设置智能快件箱或快递末端共同服务场所。

智能快件箱、快递末端共同服务场所运营企业应当向邮政管理部门备案,并定期报送使用情况等运营信息。

第九条 鼓励邮政、快递企业整合资源,延伸乡镇农村网点,健全农村服务网络,对村级邮件、快件收投场所及拓展农村网点的优秀企业,市、县(市、区)政府(管委会)可以给予适当奖励。

第十条 因城镇建设需要征收、拆迁邮政、快递企业营业、处理或储运场所的,征收单位应当与邮政、快递企业协商,按照就近安置、不降低服务水平、不少于原有面积的原则,先安置后搬迁,所需费用由征收单位承担。

第十一条 邮政、快递专用机动车辆应当喷涂专用标志;专用电动三轮车辆应当按照市邮政管理部门规定的监管样式,统一编码、统一涂装,喷涂企业专用标识和服务监督电话,并向市邮政管理部门备案。

市邮政管理部门应当定期将邮政、快递专用车辆备案情况与公安机关交通管理部门共享。

第十二条 邮政、快递专用车辆属于民生保障车辆,公安机关交通管理部门对已经备案的车辆给予道路通行便利,保障其依法通行和临时停靠的权利。

符合尾气排放要求的邮政、快递专用车辆,经邮政管理部门备案,到公安机关交通管理部门办理通行证件后,在机动车尾号限行期间不予限行,但应当按照规定的时间、路线行驶。

邮政、快递专用车辆在运递邮件、快件途中发生一般交通违法或轻微交通事故时,公安机关交通管理部门应当在记录后立即放行,待其完成运递任务后,再做后续处理。发生严重违法确需扣留车辆或者发生重大交通事故的,公安机关交通管理部门应当协助保护邮件、快件安全并及时通知车辆所属企业转运邮件、快件。

第十三条 邮政、快递企业应当落实岗前安全培训制度,强化从业人员安全生产知识与技能的培训、教育,加强道路交通安全培训,使其具备与本岗位相适应的安全生产知识和处置技能。未经安全生产教育和培训合格的人员,不得上岗作业。

邮政、快递企业应当建立健全突发事件应急工作机制,制定突发事件应急预案,每年开展应急演练。发生重大服务阻断、安全事故等情形,应当及时开展应急处置工作,并向所在地县(市、区)政府(管委会)和市邮政管理部门报告。

邮政、快递企业应当建立传染病疫情防控工作机制,结合当地传染病疫情防控形势和政策要求,制定疫情防控应急预案,主动接受培训、督导、检查,积极采取措施妥善处置,做好疫情防控期间从业人员必需防护用品保障,并向所在地县(市、区)政府(管委会)和市邮政管理部门报告。

第十四条 邮政、快递企业应当遵守国家关于禁止寄递或者限制寄递物品的规定，建立并严格执行实名收寄、收寄验视、安全检查等安全制度。

除信件和已签订安全协议用户交寄的邮件、快件外，收寄时应当实行实名收寄，并当场验视内件，符合寄递规定的，加盖收寄验视戳记，拒绝提供身份证件或拒绝验视的，不予收寄。邮政、快递企业可以自行或委托第三方企业对邮件、快件进行安全检查，并对经过安全检查的邮件、快件作出安全检查标识。

第十五条 邮政、快递企业分拣作业时，应当按照邮件、快件的种类、时限分别处理，分区作业，规范操作，并及时录入处理信息，上传网络，不得在露天场地堆放邮件、快件，不得直接着地处理邮件、快件，不得占用道路分拣和投递邮件、快件。

严禁抛扔、踩踏或者以其他可能造成邮件、快件损毁的方式野蛮分拣邮件、快件。

第十六条 邮政、快递企业应当通过互联网、电话、柜台等渠道，向用户免费提供国内给据邮件、快件查询服务。

第十七条 邮政、快递企业及其工作人员不得向用户发送与邮政、快递服务无关的商业广告，不得向任何单位和个人提供用户信息，法律法规另有规定的除外。

第十八条 邮政、快递企业应当在其营业场所的显著位置公示或者公布以下内容：

（一）营业场所名称、服务种类、营业时间、服务范围、服务标准、资费标准；

（二）邮件、快件和汇款的查询及损失赔偿办法；

（三）关于禁止寄递和限制寄递物品的规定；

（四）用户对其服务质量的投诉办法；

（五）其他依法需要公示、公布的内容。

第十九条 快递企业按照服务时限和投递范围实行两次免费投递。因收件人或者代收人原因，经两次免费投递后尚未投交的快件，收件人仍需投递的，快递企业可以额外收取投递费用，但应当事先告知收件人收费标准。

第二十条 邮政、快递企业应当按照有关法律法规的规定与从业人员签订劳动合同，保障从业人员休息休假、工资薪酬、社会保障等合法权益。

鼓励邮政、快递企业在营业场所设立爱心驿站，实现互帮互助，提供临时休息场所和饮水、充电等服务。

第二十一条 邮政、快递企业应当积极落实绿色发展理念，使用新型包装技术和环保材料对邮件、快件进行包装，防止过度包装，减少包装废弃物。

鼓励邮政、快递企业使用新能源车辆进行邮件、快件运输和收投服务，建立绿色节能低碳运营管理流程和机制。

第二十二条 任何单位或者个人不得扰乱邮政、快递正常生产秩序，违法封堵邮政、快递场所，妨碍邮政、快递企业及人员执行邮件、快件寄递任务。

第二十三条 邮政、快递企业违反本办法第十三条规定，未对从业人员进行安全生产教育培训或未制定突发事件应急预案、未开展应急演练的，由邮政管理部门依据《中华人民共和国安全生产法》的相关规定予以处罚。

第二十四条 邮政、快递企业违反本办法第十五条规定的，由邮政管理部门按照下列规定予以处罚：

（一）在露天场地堆放、直接着地处理、占用道路分拣和投递邮件、快件的，责令立即改正，处以3000元以上5000元以下罚款；

（二）存在抛扔、踩踏等野蛮分拣行为的，处以5000元以上10000元以下罚款；

（三）因野蛮分拣造成邮件、快件损毁，或存在其他情节严重的野蛮分拣行为的，处以10000元以上30000元以下罚款。

第二十五条 邮政、快递企业违反本办法第十八条规定，未按规定公开服务承诺事项的，由邮政管理部门责令改正,处以3000元以上30000元以下罚款。

第二十六条 邮政、快递企业违反本办法第二十一条规定,存在过度包装行为的,由邮政管理部门责令限期改正,可以处以1000元以上5000元以下罚款,并可以对其直接负责的主管人员和直接责任人员处以1000元以下的罚款。

第二十七条 违反本办法第二十二条规定的,由公安机关依法处罚;构成犯罪的,依法移交司法机关处理。

第二十八条 本办法自2021年2月1日起施行。1999年9月2日邯郸市人民政府制定的《邯郸市邮政管理办法》(市政府令第79号公布,第119号修正)同时废止。

承德市快递市场管理条例

(2020年8月28日承德市第十四届人民代表大会常务委员会第二十七次会议通过,2020年11月27日河北省第十三届人民代表大会常务委员会第二十次会议批准,自2021年1月1日起施行)

第一条 为了促进快递业健康发展,加强快递业的监督管理,保障快递安全,保护快递用户合法权益,根据《中华人民共和国邮政法》《快递暂行条例》《河北省邮政条例》等有关法律法规,结合本市实际,制定本条例。

第二条 本市行政区域内从事快递业务经营、服务以及对快递业实施监督管理,适用本条例。

第三条 地方各级人民政府应当支持和鼓励快递业发展,为快递市场创造良好的营商环境。强化服务质量管理和安全保障措施,为用户提供迅速、准确、安全、方便的快递服务,并依法保护快递从业人员的合法权益。

第四条 市邮政管理部门负责本市行政区域内快递业的监督管理工作。

市、县级人民政府及其有关部门应当按照各自职责,做好相关工作。

第五条 市、县(市、区)人民政府应当将快递业发展纳入本级国民经济和社会发展规划,在国土空间总体规划中统筹考虑快件大型集散、分拣等基础设施用地的需要。

支持和鼓励快递企业在农村、偏远地区发展快递服务网络,完善快递末端网点布局。

第六条 企业事业单位、商业网点、住宅小区管理单位应当根据实际情况,采取与经营快递业务的企业签订合同,设置快件收寄投递专门场所等方式,为开展快递服务提供必要的便利。鼓励经营快递业务的企业共享末端服务设施,为用户提供便捷的快递末端服务。

第七条 市、县(市、区)自然资源和规划主管部门应当将快递末端网点、末端服务设施纳入新建小区或公共场所公共服务设施项目的规划设计,并支持应用智能末端服务设施,为快递企业收寄投递和用户提供便利场所。

市、县(市、区)人民政府应当按照有关规定,承担快递服务末端基础设施的规划、建设、维护、运营等具体事项相应支出责任。

第八条 邮政管理部门应当与国家安全、公安、市场监管、交通运输、海关、民航、铁路、出入境检验检疫、烟草等有关部门相互配合,建立工作协调机制,完善快递业安全监管体制机制,建立并完善寄递企业运营和从业人员信息管理系统,加强信息资源共享,实行常态化安全监管和隐患整治,维护快递业安全有序运行。

第九条 邮政管理部门应当会同公安、交通运输等有关部门,依法保障快递服务车辆通行和临时停靠，规范快递服务车辆的管理和使用，并加强对快递服务车辆统一编号和标识管理。

机关、学校和企事业单位的办公场所，以及商业楼宇、住宅区、工业区等封闭管理场所的物业服务单位，应当为快递从业人员提供临时停车、派送等便利。

第十条 经营快递业务应当依法取得快递业务经营许可；未经许可，任何单位和个人不得经营快递业务，快递企业不得从事由邮政企业专营的信件寄递或者国家机关公文的寄递业务。

第十一条 快递企业应当按照国家有关规定和行业标准要求的服务时限和投递范围实行投递，并应当符合以下要求：

（一）建立收寄验视制度、实名收寄制度、过机安检制度，并对经过收寄验视和安全检查的出承快件出具收寄验视标识、安全检查标识，确保快递服务安全；

（二）建立快递运单及电子数据管理制度，确保用户信息安全；

（三）应当告知和与寄件人协商对寄件实行相关保价及保险服务项目；

（四）应当及时向邮政管理部门上报真实、准确、完整统计数据，不得迟报、拒报统计资料；

（五）应当对其从业人员加强法制教育、职业道德教育和业务技能培训，保证服务质量；

（六）法律、法规有关的其他规定。

第十二条 快递企业应当提供至少两次免费投递。因收件人或者代收人原因，经两次免费投递未能完成投递，收件人仍需投递的，快递企业可以额外收取投递费用，但应当事先告知收件人收费标准。

由于快递企业原因误收投递范围以外的快件所产生的转投费用，不得由寄件人或者收件人承担。

第十三条 快递企业使用智能投递设施提供快件投递服务的，应当告知收件人智能投递设施名称、地址、保管期限、提取方式以及投递渠道等相关信息；收件人不同意使用智能投递设施投递快件的，快递企业应当按照快递服务合同约定的名称、地址提供投递服务。

投递的快件注明为易碎品或者外包装出现明显破损的，快递企业应当告知收件人或者代收人先验收再签收。验收中若发现损坏等异常情况，收件人或者代收人有权拒收。

快递企业及从业人员造成快件损毁、丢失或者延误损害用户利益的，应当给予赔偿。

鼓励快递企业采取措施回收快件包装材料，实现包装材料的减量化利用和再利用。

第十四条 快递企业及其从业人员不得实施下列行为：

（一）收寄禁止寄递物品，或者未按规定收寄限制寄递的物品；

（二）相互串通操纵市场价格，损害其他快递企业或者快递用户的合法权益；

（三）冒用他人名称、商标标识和企业标识，扰乱市场经营秩序；

（四）违法提供从事快递服务过程中知悉的用户信息；

（五）故意积压、扣留、延误用户快件，私自开拆、隐匿、毁弃、倒卖他人快件；

（六）违反作业规范操作，抛扔、踩踏或者其他不规范操作造成快件损毁；

（七）法律、法规禁止的其他行为。

第十五条 违反本条例第十条规定，未取得经营许可证经营快递业务的，由邮政管理部门责令改正，没收违法所得，并处五万元以上十万元以下的罚款；情节严重的，并处十万元以上二十万元以下的罚款；对快递企业，还可以责令停业整顿直至吊销其快递业务经营许可证。

第十六条 违反本条例第十一条第（二）项规定，未按照规定建立快递运单及电子数据管理制度的，由邮政管理部门责令改正，没收违法所得，并处二万元以上五万元以下的罚款；情节严重的，并处五万元以上十万元以下的罚款，并可以责令停业整顿直至吊销其快递业务经营许可证。

违反本条例第十一条第(四)项规定，拒报、虚报统计资料和信息的，由邮政管理部门责令限期改正；逾期不改正的，依照有关法律、法规的规定处理。

第十七条　违反本条例第十三条第三款规定，企业有下列行为之一的，由市邮政管理部门责令改正，处一万元以上三万元以下的罚款：

(一)一个月内造成快件毁损累计达到五件以上二十件以下的；

(二)一个月内造成快件内件短少累计在五件以上二十件以下的；

(三)一个月内快件丢失累计达到五件以上二十件以下的；

(四)因延误、毁损、内件短少造成的用户直接损失达到五千元以上一万元以下的；

(五)已与用户达成赔偿协议，逾期未履行，用户再次申诉的。

第十八条　违反本条例第十四条第(二)项、第(三)项规定的，由市场监督管理部门依法进行处理。

违反本条例第十四条第(四)项规定，违法提供快递服务过程中知悉的用户信息，快递企业尚不构成犯罪的，由邮政管理部门责令改正，没收违法所得，并处一万元以上五万元以下的罚款；情节严重的，并处五万元以上十万元以下的罚款，并对快递企业，邮政管理部门可以责令停业整顿直至吊销其快递业务经营许可证。

违反第十四条第(五)项规定，故意积压、延误用户快件，私自开拆、隐匿、毁弃、倒卖他人快件，尚不构成犯罪的，依法给予治安管理处罚。快递企业有非法扣留用户快件的，由邮政管理部门责令改正，没收违法所得，并处五万元以上十万元以下的罚款；情节严重的，并处十万元以上二十万元以下的罚款，并可以责令停业整顿直至吊销其快递业务经营许可证。

违反本条例第十四条第(六)项规定，企业未按照作业规范操作，不符合快递服务标准造成快件损毁的，由邮政管理部门责令改正，可以处五千元以上一万元以下的罚款；情节严重的，处一万元以上五万元以下的罚款。

第十九条　行政执法人员和其他工作人员在快递市场监督管理中滥用职权、玩忽职守、徇私舞弊等违反本条例规定的，由其上级行政机关责令限期改正、通报批评，对直接负责的主管人员和其他直接责任人员给予处分；构成犯罪的，依法追究刑事责任。

第二十条　违反本条例规定的其他行为，法律、法规和本省地方性法规已有规定的，从其规定。

第二十一条　本条例自2021年1月1日起施行。

厦门经济特区邮政条例

厦门市第十五届人民代表大会常务委员会公告第32号

《厦门经济特区邮政条例》已于2020年8月28日经厦门市第十五届人民代表大会常务委员会第三十七次会议通过，现予公布，自2020年10月1日起施行。

厦门市人民代表大会常务委员会

2020年8月28日

第一章　总　　则

第一条　为了保障邮政普遍服务，促进快递发展，保护用户合法权益，加强对邮政市场的监督管理，遵循法律、行政法规的基本原则，结合厦门经济特区实际，制定本条例。

第二条　本条例适用于本市行政区域内邮政业的规划、建设、服务、发展、监督、管理等活动。

本条例所称邮政业，是指为社会提供邮政服务和快递服务的行业。

第三条　市、区人民政府应当将邮政业发展纳入国民经济和社会发展规划，保障邮政业与经济社会协调发展，依照国家有关规定承担邮政领域地方财政事权和支出责任，并确定部门负责。

市、区人民政府应当对邮政、快递企业提供政策支持，在土地利用、设施建设、科技应用、人才培养、车辆通行等方面制定扶持和鼓励措施，推动邮政业与电商、物流、制造业等关联产业融合发展。

第四条　市、区邮政管理部门依法负责本行政区域内邮政业的监督管理工作。

市邮政管理部门应当会同有关部门编制邮政业发展规划，负责对邮政普遍服务和邮政市场实施监督管理，完善快递市场监管体系，促进快递企业规范化经营。

未设邮政管理机构的区的寄递安全管理由区人民政府指定部门负责，履行寄递安全属地管理责任。

第五条　公安、交通运输等部门应当与邮政管理部门协调配合，建立健全邮政快递运输保障机制，依法保障邮政、快递服务车辆通行和临时停靠的需求。

资源规划、建设、国家安全、市场监督管理、人力和社会保障等有关部门依法在各自职责范围内负责本行政区域内邮政业相关管理工作。

第六条　市、区人民政府以及相关部门承担邮政业环境污染治理的相关职责。

邮政、快递企业应当履行企业环保责任，坚持绿色运营，使用环保材料对邮件（快件）进行包装。对寄件人自行包装的，邮政、快递企业应当告知其所使用的封装用品和胶带必须符合国家规定。

鼓励邮政、快递企业设置包装废弃物回收装置或者利用垃圾分类设施引导收件人配合包装材料的分类回收以及循环使用。

第二章　邮政服务

第七条　市、区人民政府应当鼓励邮政企业采用现代科学技术和管理手段，加强邮政普遍服务能力，参与相关基本公共服务项目建设，开放邮政设施，拓展业务范围，对邮政企业在农村开展物流配送、金融助农等服务的，按照国家有关规定给予优惠。

第八条　邮政企业提供邮政普遍服务的，市、区人民政府可以在公房购买、租赁、场地租金减免等方面予以支持。

镇人民政府所在地应当设置提供邮政普遍服务的营业场所。火车站、机场、港口、院校、重要景点等人员密集、流动量大的公共场所应当设置提供邮政普遍服务的营业场所、邮筒。

征收邮政营业场所或者邮件处理场所的，房屋征收部门应当与邮政企业协商，按照方便用邮的原则，原地或者就近重建、置换邮政营业场所或者邮件处理场所；重建的邮政营业场所或者邮件处理场所在交付使用前，房屋征收部门应当就近安排过渡场所。未作出妥善安排前，不得征收。重新设置的费用、过渡场所的费用和其他补偿费用，由作出征收决定的人民政府承担。

第九条　邮政企业应当建立和完善邮政普遍服务质量自查机制，定期将邮政普遍服务质量自查结果报送市邮政管理部门。

第十条　邮政企业应当按照国家规定的寄递时限和服务规范，及时、准确、安全投递信件，保证信件的寄递质量。

第十一条 市、区人民政府应当对农村邮政营业场所、村邮站的建设和运营给予支持。村邮站的场所和人员由区人民政府协调落实。

邮政企业应当加强对村邮站的业务指导，并与村邮站签订邮件接收、转投协议。

交通运输、市场监督管理、税务等部门应当支持村邮站开展农业生产资料、日用消费品和农副产品配送服务。鼓励村邮站叠加电商、快递等增值业务，拓展服务功能。

第十二条 任何单位和个人不得损毁邮筒（箱）等邮政设施或者影响邮政设施的正常使用，并有权制止、举报破坏邮政设施和危害邮政通信安全的行为。

因道路改造等特殊情况确需迁移邮筒（箱）等提供邮政普遍服务的邮政设施的，应当与邮政企业充分协商后作出妥善安排，确保所在地区邮政普遍服务水平不降低。

第三章 快递业务

第十三条 快递企业应当加强服务质量管理，健全规章制度，完善服务保障。

快递企业应当在营业场所公示或者以其他方式向社会公布其服务种类、服务时限、服务价格、投递范围、损失赔偿、投诉处理等服务承诺事项。服务承诺事项发生变更的，应当及时发布服务提示公告。

快递企业应当为从业人员提供具有企业标识的服装和工号牌，并要求其提供服务时统一穿着和佩带。

从业人员在提供服务时应当文明服务，使用礼貌用语。

第十四条 快递企业应当按照行业服务标准分拣快件，不得在露天场地堆放、分拣，不得野蛮分拣，严禁抛扔、踩踏等损害快件行为。

第十五条 快递企业应当按照国家有关规定和行业标准要求的服务时限和投递范围实行投递。

第十六条 快递企业使用智能投递设施提供快件投递服务的，应当征得收件人同意，并以适当方式告知收件人智能投递设施名称、地址、保管期限、提取方式以及投诉渠道等相关信息；收件人不同意使用智能投递设施投递快件的，快递企业应当按照快递服务合同约定的名称、地址提供投递服务。寄件人交寄物品时指定智能投递设施作为投递地址的除外。

外包装出现明显破损的、重量与寄递详情单记载明显不符的快件以及生鲜产品、贵重物品，不得以智能投递设施进行投递，与寄件人另有约定的除外。

第十七条 快件延误、丢失、损毁或者内件短少的，对保价的快件，应当按照快递企业与寄件人约定的保价规则确定赔偿责任；对未保价的快件，依照法律规定确定赔偿责任。

市邮政管理部门、保险监管机构应当支持保险机构开发快件损失赔偿责任的险种，鼓励快递企业投保。

第十八条 快递企业应当对其提供寄递服务的营业场所、处理场所，包括其开办的快递末端网点、设置的智能投递设施进行全天候视频监控，监控资料保存时间不少于三十日。其中，营业场所交寄、接收、验视、安检、提取区域以及智能投递设施放置区域的监控资料保存时间不少于九十日。

第十九条 从事快递服务的车辆应当符合相关国家标准，经公安机关交通管理部门依法注册登记后方可上路行驶。

市邮政管理部门应当会同公安机关交通管理部门推行快递服务车辆统一编号和外观标识管理，督促快递企业保障配送安全，提高服务质量。

快递企业不得利用注册登记的快递业电动自行车、电动三轮车从事快件收寄、运输、投递以外的活动。

第二十条 快递企业应当按照有关法律法规的规定与从业人员签订劳动合同，按时足额缴纳社会保险费，提供符合相关国家标准或者行业标准的劳动防护用品。鼓励为从业人员投保意外伤害等商业保险。

快递企业应当对其从业人员加强职业道德、服务规范、作业规范、安全生产规范等方面的教育和培训。未经教育和培训的从业人员，不得上岗作业。

第二十一条 鼓励和支持快递企业采用先进技术，加大对自动化分拣设备、智能装卸设备、智能末端服务设施、智能投递设施以及信息化管理系统等的投入与运用。

第二十二条 在重要节日前后或者电商平台大型促销活动等快递业务高峰期，快递企业应当制定快递业务高峰期应急预案，做好业务量监测预警和信息沟通，加强服务网络统筹调度，合理安排岗位需求，确保人员配置到位，避免造成快件积压，并及时向社会发布服务提示，处理用户投诉。

市邮政管理、人力和社会保障部门、公共就业人才服务机构应当采取措施为快递业务高峰期等特殊时期提供临时用工支持，健全快递企业用工需求预测和发布制度。

第四章 发展促进

第二十三条 市人民政府应当在国土空间总体规划中统筹考虑邮政快递设施、快递物流园区、邮件（快件）处理场所、进出境邮件（快件）监管场所等基础设施用地需求，合理安排用地指标或者空间需求。

第二十四条 市、区人民政府应当创造市场化、法治化、国际化的快递业营商环境，支持快递企业创新商业模式和服务方式。

鼓励快递企业在本市设立总部、区域性总部、全国或者全国区域性服务功能设施。具体扶持办法由市人民政府另行制定。

第二十五条 大型商贸、电商园区、物流园区、交通枢纽等项目的规划与建设，应当同步考虑快件分拨中心等快递服务基础设施的用地和建设需求。

鼓励将工业旧厂房、仓库以及其他存量土地资源依法用于快递业发展。

第二十六条 市交通运输、邮政管理部门应当会同市发展改革、财政、商务等部门统筹安排财政资金用于扶持快递行业发展，主要对下列快递服务相关活动予以相应财政扶持：

（一）租赁、改造工业旧厂房、仓库作为快件分拨中心的；

（二）开展快递人员从业培训以及快递人才培训的；

（三）新建信息化建设项目，购置、升级改造主要用于电商业务仓储或者快递操作设备的；

（四）新建、改建、维护智能投递设施的；

（五）开发建设快递安全监管、快递便民服务等公共服务平台的；

（六）用于规范快递服务车辆专用标志的；

（七）开展厦台海运快件业务和快递服务合作的；

（八）为鼓浪屿以及偏远地区用户直接提供收寄、投递服务的；

（九）其他需要财政扶持的快递服务活动。

第二十七条 邮政管理、人力和社会保障部门应当制定政策措施，培养和引进邮政、快递人才，拓展从业人员职业发展空间。支持高等院校、职业技术学校开展相应学历教育和技能培训。

第二十八条 市、区人民政府以及相关部门应当承担邮政、快递服务末端基础设施建设，设施的布局和建设应当满足保障邮政、快递服务的需要。

资源规划部门应当将智能投递设施等邮政、快递服务末端基础设施纳入公共服务设施相关规划，并且设置邮政、快递服务所需的停车和装卸用地。

建设部门应当将智能投递设施等公共服务设施纳入建设规范要求。

第二十九条 建设单位按照相关规划以及建设规范要求将智能投递设施等公共服务设施纳入

建筑工程统一规划、设计、施工和验收,并与建筑工程同时投入使用。

鼓励已建成建筑物根据需求维修、更新、改造智能投递设施等公共服务设施,或者升级改造已有信报箱为智能投递设施。经过业主、业主大会或者业主大会授权的业主委员会同意,相关费用可以使用物业专项维修资金。

住宅小区应当在场地、用电等方面对智能投递设施运营企业在住宅小区设置智能投递设施予以支持,确需缴纳场地租借费用的,应当经过业主、业主大会或者业主大会授权的业主委员会同意。

第三十条 智能投递设施运营企业应当保证智能投递设施正常使用,对其已投入运营的智能投递设施进行维护,及时处理异常情况。

智能投递设施停止使用的,智能投递设施运营企业应当妥善处置有关设施,并向市邮政管理部门报告。

智能投递设施运营企业应当设置不少于十八小时的邮件(快件)免费保管期限。

传统信报箱升级改造为智能投递设施的,有关各方应当按照优先、无偿保障住宅小区邮政普遍服务的原则确定各自的权利和义务,并接受有关行政主管部门的监督管理。

第三十一条 鼓励邮政、快递企业积极参与制造业、农业、商贸业等行业的电商平台建设。支持快递企业在院校、商业中心、农村以及其他偏远地区设置服务网点,利用邮政网点、村邮站、便利店等提供快递服务。

第三十二条 用于邮政、快递服务的新能源货车免于办理货车通行证,不受货车限行路段、限行时段的限制。

对带有邮政、快递专用标识的车辆,公安机关交通管理、建设以及其他有关部门应当在其通行、停靠以及进社区揽收、投递等方面提供便利。

遇突发公共事件时公安机关交通管理部门应当保障邮政、快递服务车辆优先通行。

邮政、快递服务车辆运送邮件(快件)时,发生道路交通安全违法行为或者道路交通事故的,公安机关交通管理部门应当尽快处理,并协助邮政、快递企业保护邮件(快件)安全。对依法应当扣留车辆的,公安机关交通管理部门应当协助邮政、快递企业及时驳载邮件(快件)。

第三十三条 机场、车站、码头等单位应当根据快递服务的实际需求,设置快速安检、配载、装卸、交换等快件通行专用通道和接驳场所,在确保安全的前提下,对快件实行分类管理、优先查验,提高检验效率。

对为鼓浪屿以及偏远地区提供收寄、投递快件服务的,相关运输单位应当提供优先运载的服务便利。

第三十四条 推进闽西南协同发展区邮政业的整体规划建设,加快邮政业基础设施建设,保障邮政业协同发展。

推动闽西南协同发展区各部门共同建设行业监管信息共享和企业业务协作平台,逐步实现区域快递服务达到同城化水平。

第三十五条 市人民政府及其有关部门应当协调推动厦门和台湾地区邮政业深度对接,促进厦台两地邮件(快件)直接往来的综合枢纽建设。

支持鼓励厦台两地互设快递企业或者其他形式的快递服务机构,推动两地建立快递企业、快递行业协会定期联络协调机制。支持厦门快递企业在台湾设置集仓储、分拣功能为一体的中转仓。

第三十六条 鼓励与"一带一路"沿线国家和地区开展邮政相关业务交流合作,依托中欧和中亚等国际班列、丝路海运专线通道、国际航班等运输通道为跨境电商提供邮件(快件)进出境配套服务。

鼓励快递企业依法开展进出境快递业务,建设进出境快件处理中心,在境外依法开办快递服务机构并且设置快件处理场所。

支持邮政业与跨境电商构建合作发展机制,建立完善邮件、快件、跨境电商等监管渠道于一体的进出境监管公共综合服务平台，推进建设进出境邮件（快件）信息共享。

自贸区管理机构、市商务部门应当加快邮件（快件）海运业务和跨境电商业务协同发展，建设跨境电商综合运营基地。

第三十七条 市邮政管理部门应当配合口岸监管等部门完善工作协调机制，推动安检、配载、装卸、交换等一体化服务，为邮政、快递企业开展跨境服务提供便利。

第五章 安全保障

第三十八条 市邮政管理部门应当会同公安、国家安全等部门建立快递安全监管协作机制，建立安全信息管理体系，收集、分析与邮政业安全运行有关的信息。

市邮政管理部门应当加强对邮政、快递企业及其从业人员、用户的信用管理，依法实施联合激励和惩戒措施。

第三十九条 邮政、快递企业对本单位安全生产履行主体责任，主要负责人对本单位的安全生产工作全面负责。

邮政、快递企业应当建立健全安全生产责任制和安全生产规章制度，落实安全检查责任和措施，建立隐患排查、登记、报告、整改管理制度，加强安全风险管控和隐患排查治理，确保寄递服务安全。

邮政、快递企业应当按照国家有关规定建立突发事件应急机制，预防与处置突发事件。

第四十条 邮政、快递企业应当落实企业交通安全主体责任，加强本单位用于经营活动的电动自行车、电动三轮车及其驾驶人员的安全管理，并执行下列规定：

（一）将电动自行车、电动三轮车安全管理纳入内部安全生产规章制度，明确安全责任人；

（二）建立健全电动自行车、电动三轮车驾驶人以及电动自行车、电动三轮车管理台账，组织驾驶人开展交通安全、消防安全等法律、法规培训和考核；

（三）不得安排患有妨碍安全驾驶疾病以及其他存在安全隐患的人员驾驶电动自行车、电动三轮车；

（四）做好电动自行车、电动三轮车维护、保养等安全检查工作；

（五）监督电动自行车、电动三轮车驾驶人佩戴安全头盔；

（六）根据需要为电动自行车、电动三轮车驾驶人购买第三者责任险、驾乘人员人身意外伤害险等相应的保险。

市邮政管理部门与公安机关交通管理部门应当建立邮政、快递服务车辆管理协作机制。邮政、快递服务车辆发生道路交通安全违法行为情节严重或者致人伤亡，并且负同等以上责任交通事故的，公安机关交通管理部门可以将有关信息抄告市邮政管理部门和所属企业，市邮政管理部门应当约谈该邮政、快递企业主要负责人。

第四十一条 邮政、快递企业应当按照国家有关规定预留安全监管数据接口，收集、分析与寄递安全有关的信息，确保数据真实、完整，并按时向市邮政管理部门报送。

第四十二条 邮政、快递企业应当按国家规定向邮政管理部门报送有关经营情况，并及时报告重大通信事故和重大服务质量问题。

第四十三条 邮政、快递、智能投递设施运营企业及其从业人员应当依法保护用户信息安全和通信秘密，防止信息泄露、毁损、丢失。除法律另有规定外，未经用户同意，不得向任何组织或者个人提供用户信息。

第四十四条 邮政、快递企业应当向社会公布联系方式，及时、妥善处理用户对服务质量提出的异议，并在接到用户异议之日起七日内将处理结果告知用户。

用户对处理结果不满意，或者未在规定时限内收到邮政、快递企业答复的，可以向邮政管理部门申诉。邮政管理部门应当自接到申诉之日起二十日内答复申诉人。

第六章 法律责任

第四十五条 违反本条例第十四条规定,快递企业野蛮分拣,有抛扔、踩踏等损害快件行为的,由市邮政管理部门责令改正,处五千元以上一万元以下罚款;情节严重的,处一万元以上三万元以下罚款,并对其直接负责的主管人员和其他直接责任人员处一千元以上三千元以下罚款。

第四十六条 违反本条例第十六条第一款规定,快递企业使用智能投递设施投递快件,未征得收件人同意的,由市邮政管理部门责令改正;逾期未改正的,处一千元以上五千元以下罚款,并对其直接负责的主管人员和其他直接责任人员处五百元以上二千元以下罚款。

第四十七条 违反本条例第十九条第三款规定,快递企业利用注册登记的快递业电动自行车、电动三轮车从事快件收寄、运输、投递以外活动的,由市邮政管理部门责令改正,有违法所得的没收违法所得,可以并处一万元以下罚款;情节严重的,并处一万元以上三万元以下罚款。

第四十八条 违反本条例第四十条规定,邮政、快递企业经约谈后仍未予以整改或者整改不到位的,由市邮政管理部门处二万元以上五万元以下罚款。

第七章 附则

第四十九条 同城快送企业应当参照快递企业管理规范加强对从业人员和车辆的管理,建立道路交通安全奖惩制度,加强道路交通安全培训。

生鲜食品、药品的配送车辆参照快递企业服务车辆管理,公安机关交通管理部门按照民生项目车辆予以支持并加强监督管理。

市场监督管理、交通运输、公安、商务等部门应当依照有关规定在食品安全与行业监管、道路货运经营、治安管理与道路交通安全、行业发展规划等方面在各自职责范围内负责对同城快送行业的监督管理工作。

第五十条 本条例自 2020 年 10 月 1 日起施行。

2020 年全国部分市(地)关于快递服务发展的政策文件

市(地)	政策文件名称
宝坻区	关于解决快递企业投递末端有关问题的通知(宝新冠防指〔2020〕45 号)
津南区	关于推进快递进村工程的实施方案(津邮管三分〔2020〕21 号)
石家庄	关于印发《石家庄市打击整治破坏鸟类等野生动物资源违法犯罪“金网 2020”专项行动实施方案》的通知(石政办传〔2020〕15 号)
	关于印发《石家庄市推进全国现代商贸物流重要基地建设 2020 年工作方案》的通知(石政办传〔2020〕41 号)
	关于印发《石家庄市消费扶贫助力决战决胜脱贫攻坚 2020 年行动要点》的通知(石发改农经〔2020〕295 号)
	关于转发市工信局等部门《推动全市企业复工复产的政策措施》《应对新冠肺炎疫情防控期间支持我市建筑业和房地产复工复产若干措施》《关于做好交通运输疫情防控服务保障和重点项目恢复建设的政策措施》的通知(石防领办〔2020〕56 号)
	关于进一步加强仓储物流安全监管工作的通知(石安委传〔2020〕2 号)
	关于印发石家庄市邮政业突发事件应急预案的通知(石家庄市人民政府办公室〔2020〕-87 号)
	关于印发深化交通运输与邮政快递融合推进农村物流高质量发展若干措施的通知(石邮管〔2020〕5 号)
	关于推进邮政业服务乡村振兴的实施意见(石邮管〔2020〕8 号)
	关于印发《邮政快递领域扫黑除恶长效机制》的通知(石邮管〔2020〕10 号)
	关于促进快递业与制造业深度融合发展的实施意见(石邮管〔2020〕16 号)
	关于印发《石家庄市电商快递协同进村惠农三年行动计划实施方案》的通知(石邮管〔2020〕17 号)

续上表

市(地)	政策文件名称
石家庄	关于在新形势下进一步做好全市寄递渠道禁毒工作的通知(石邮管〔2020〕18号)
	关于加快推进智能快件箱(信报箱)建设的通知(石邮管〔2020〕24号)
保定	关于抓好"三农"领域重点工作确保如期实现全面小康的实施意见(保发〔2020〕1号)
	关于印发《保定市消费扶贫助力决战决胜脱贫攻坚2020年行动要点》的通知(保发改农经〔2020〕401号)
	关于印发《保定市2020年推进运输结构调整工作方案》的通知(保运调办〔2020〕2号)
秦皇岛	秦皇岛市加快发展电子商务和快递物流促进在线消费的实施意见(秦外商发〔2020〕22号)
	关于深化交通运输与邮政快递融合推进农村物流高质量发展的实施方案(秦交办〔2020〕16号)
	关于全面加强快递车辆交通安全管理的通知(秦公(交)〔2020〕41号)
	关于推进邮政业服务乡村振兴的实施方案(秦邮管〔2020〕13号)
	关于建设快递末端基础设施为疫情防控提供高质量寄递服务的通知(秦邮管〔2020〕19号)
	关于促进快递业与制造业深度融合发展的实施方案(秦邮管〔2020〕41号)
	秦皇岛市电商快递协同进村惠农三年行动计划实施方案(秦邮管〔2020〕42号)
	关于支持建设秦皇岛航空快件绿色通道的意见(秦邮管〔2020〕44号)
	关于促进秦皇岛市跨境电子商务寄递服务高质量发展的实施意见(暂行)(秦邮管〔2020〕52号)
	关于加快推进智能快件箱(信包箱)建设的通知(秦邮管〔2020〕55号)
廊坊	廊坊市加快发展流通促进商业消费的实施意见(廊商运行〔2020〕7号)
	关于印发《廊坊市新时代服务业高质量发展的实施意见》的通知
	印发《关于推进贸易高质量发展的若干措施》的通知(廊传〔2020〕8号)
	关于支持中国(河北)自由贸易试验区大兴机场片区(廊坊)高质量发展的意见(试行)(廊字〔2020〕15号)
承德	关于新时代加快完善社会主义市场经济体制的实施方案(承办〔2020〕33号)
	《2020年承德市重点项目建设落实年活动实施方案》等6个文件(承办传〔2020〕3号)
	关于加快推进"后备箱经济"发展的实施意见(承办传〔2020〕12号)
	关于承德市统筹推进现代流通体系建设的意见(承办发〔2020〕13号)
	承德市新时代服务业高质量发展的实施意见(承服务〔2020〕1号)
	承德市快递三轮车规范管理工作实施方案(承邮管〔2020〕31号)
	关于推进全市邮快合作下乡进村的通知(承邮管〔2020〕39号)
	关于进一步完善建设邮政快递末端基础设施的通知(承邮管〔2020〕42号)
	承德市关于协同推进邮政快递行业环保治理工作的实施意见(承邮管〔2020〕43号)
	承德市电商快递协同进村惠农三年行动计划实施方案(承邮管〔2020〕44号)
	关于印发承德市寄递渠道实行社会治安综合治理网格化管理的实施意见的通知(承邮管〔2020〕52号)
	2020－2021年承德市快递从业人员职业技能培训方案》(承邮管〔2020〕53号)
	承德市认真落实习近平总书记重要指示推动邮政快递业高质量发展工作实施方案(承邮管〔2020〕61号)
邯郸	邯郸市邮政快递管理办法(市政府令第177号)
	关于印发邯郸市现代物流产业发展规划(2020－2025年)的通知(邯政字〔2020〕11号)
	印发《关于应对新冠肺炎疫情影响加快服务业发展的工作方案和2020年扩大消费十大专项行动实施方案》的通知(邯政办字〔2020〕24号)
	关于印发邯郸市寄递渠道实行社会治安综合治理网格化管理工作方案的通知(邯政法字〔2020〕61号)
	关于抓好"三农"领域重点工作确保如期实现全面小康的实施意见(邯发〔2020〕1号)
	关于印发《邯郸市加快发展电子商务和快递物流促进在线消费的实施意见》的通知(邯商电商字〔2020〕3号)
	关于转发《河北省交通运输厅　河北省邮政管理局　中国邮政集团河北省分公司关于确保邮政快递车辆优先便捷通行服务保障民生的紧急通知》的通知(邯交办〔2020〕17号)

续上表

市(地)	政策文件名称
邯郸	关于深化交通运输与邮政快递融合推进农村物流高质量发展的实施意见(邯交运〔2020〕85号)
	关于做好邮政快递行业疫情防控有关工作的紧急通知(邯防领办传〔2020〕51号)
	关于印发《关于全面加强快递车辆交通安全管理的实施方案》的通知(邯公交巡字〔2020〕27号)
	关于建设快递末端基础设施为疫情防控提供高质量寄递服务的通知(邯邮管〔2020〕19号)
	关于印发《关于促进跨境电子商务寄递服务高质量发展的实施方案(暂行)》的通知(邯邮管〔2020〕20号)
	关于印发《做好老旧小区智能信报箱改造的工作方案》的通知(邯邮管〔2020〕21号)
	关于推进全市邮快合作下乡进村的通知(邯邮管〔2020〕22号)
	关于推进邮政业服务乡村振兴的实施意见(邯邮管〔2020〕23号)
	关于印发《关于开展机要通信联合检查的工作方案》的通知(邯邮管〔2019〕25号)
	关于印发《邯郸市电商快递协同进村惠农三年行动计划实施方案》的通知(邯邮管〔2020〕32号)
	关于在新形势下进一步做好全市寄递渠道禁毒工作的通知(邯邮管〔2020〕33号)
	关于促进快递业与制造业深度融合发展的实施意见(邯邮管〔2020〕34号)
	关于印发《2020－2021年邯郸市快递从业人员职业技能培训方案》的通知(邯邮管〔2020〕35号)
邢台	关于开展2020年"快递从业青年服务月"活动的通知(邢团联〔2020〕1号)
	关于应对新冠肺炎疫情影响加快服务业发展实施方案的通知(邢政办字〔2020〕13号)
	关于印发《邢台市统筹推进现代流通体系建设实施方案》的通知(邢办发〔2020〕16号)
	关于印发《邢台市加快发展电子商务和快递物流促进在线消费的实施意见》的通知(邢商〔2020〕77号)
	关于深化交通运输与邮政快递融合推进农村物流高质量发展的实施意见(邢交字〔2020〕15号)
	关于印发邢台市老旧小区改造工作实施方案的通知
	关于开展关爱快递小哥心理咨询活动的通知(邢邮管联〔2020〕1号)
	关于推进全市邮快合作下乡进村的通知(邢邮管〔2020〕10号)
	关于推动全市邮政快递业高质量赶超发展九条措施的通知
	关于推进邮政快递业服务乡村振兴的实施意见(邢邮管〔2020〕11号)
	关于印发《邢台市电商快递协同进村惠农三年行动计划实施方案》的通知(邢邮管〔2020〕16号)
	关于促进跨境电子商务寄递服务高质量发展的实施方案(暂行)(邢邮管〔2020〕20号)
	关于印发《邢台市寄递渠道实行社会治安综合治理网格化管理工作方案》的通知(邢邮管〔2020〕22号)
衡水	关于印发衡水市扩大内需提升商务服务业发展水平工作措施的通知(衡政办字〔2020〕49号)
	关于印发《衡水市"互联网+"农产品出村进程工程建设实施方案》的通知(衡农办发〔2020〕69号)
	关于印发《衡水市2020年推进运输结构调整工作方案》的通知(衡运调办〔2020〕6号)
	关于印发《衡水市绿色货运配送示范工程2020年度工作计划》的通知(衡绿色货运办〔2020〕7号)
唐山	关于唐山市统筹推进现代流通体系建设的实施意见(唐办发〔2020〕19号)
	关于进一步加强塑料污染治理的实施方案(唐发改环资〔2020〕365号)
	唐山市加快发展电子商务和快递物流促进在线消费的工作举措(唐商字〔2020〕78号)
	唐山市推进品牌连锁便利店发展工作方案(唐商字〔2020〕81号)
	关于推进贸易高质量发展的若干措施(唐传〔2020〕5号)
	唐山市绿色货运配送示范工程创建工作推进实施方案(唐绿配办〔2020〕1号)
沧州	沧州市关于应对新冠肺炎疫情影响加快服务业发展的实施方案(沧政办字〔2020〕25号)
	关于加快推进全市快递业高质量发展的若干措施(沧政办字〔2020〕34号)
	关于推动品牌连锁便利店发展实施方案(沧商字〔2020〕5号)
	沧州市加快发展电子商务和快递物流促进在线消费的实施方案(沧商字〔2020〕72号)

续上表

市(地)	政策文件名称
沧州	建设全国现代商贸物流重要基地实施方案(2020－2022年)(沧商务基地〔2020〕1号)
	沧州市关于深化交通运输与邮政快递融合促进农村物流高质量发展工作方案(沧邮管〔2020〕3号)
	关于印发《关于促进跨境电子商务寄递服务高质量发展的实施意见(暂行)》的通知(沧邮管〔2020〕14号)
	关于推进邮政业服务乡村振兴的实施意见(沧邮管〔2020〕30号)
	关于协同推进邮政快递行业环保治理工作的实施意见(沧邮管〔2020〕33号)
	关于进一步加强寄递渠道安全管理工作的通知(沧邮管〔2020〕41号)
	关于促进快递业与制造业深度融合发展的实施意见(沧邮管〔2020〕50号)
张家口	关于新时期在全市邮政行业深入开展“质量强市”工作的实施方案(张邮管〔2020〕13号)
	关于印发《张家口市电商快递协同进村惠农三年行动计划实施方案》的通知(张邮管〔2020〕41号)
	关于促进快递业与制造业深度融合发展的实施意见(张邮管〔2020〕42号)
	关于促进跨境电子商务寄递服务高质量发展的实施意见(暂行)(张邮管〔2020〕49号)
呼和浩特	呼和浩特市落实推进运输结构调整三年行动计划(2018－2020年)2020年实施方案(呼和浩特市人民政府办公室函〔2020〕2-128)
	关于规范和保障疫情防控期间邮件快件投递工作的通知(呼和浩特市疫情防控指挥部函)
	关于进一步保障寄递服务安全畅通加强邮政业气象信息监测预警能力的通知(呼邮管联〔2020〕1号)
	关于印发《关于推进呼和浩特市邮快合作下乡进村工作方案》的通知(呼邮管联〔2020〕3号)
	呼和浩特市邮政快递业生态环保治理专项工作方案(呼邮管联〔2020〕6号)
	关于促进邮政快递业与制造业深度融合发展的实施意见(呼邮管联〔2020〕11号)
	关于印发《呼和浩特市寄递渠道网格化安全监管机制实施方案》的通知
包头	关于开展2020年“快递从业青年服务月”活动的通知(包邮管联〔2020〕1号)
	关于转发自治区邮政管理局等11部门《关于协同推进快递业环保治理工作的实施意见》的通知(包邮管联〔2020〕2号)
	关于转发自治区邮政管理局等18部门《关于认真落实习近平总书记重要指示推动邮政业高质量发展的实施意见》的通知(包邮管联〔2020〕3号)
	关于促进邮政快递业与制造业深度融合发展的实施意见(包邮管联〔2020〕7号)
	关于建立快递从业青年权益维护服务保障制度的通知(包邮管联〔2020〕6号)
乌海	关于规范和保障疫情防控期间邮件快件投递工作的通知(乌海防指发〔2020〕47号)
	关于印发《关于推进全市邮快合作下乡进村工作方案》的通知(乌邮管联〔2020〕1号)
	关于认真落实习近平总书记重要指示推动邮政业高质量发展的实施意见(乌邮管联〔2020〕2号)
	关于协同推进快递业环保治理工作的实施意见(乌邮管联〔2020〕3号)
	关于适应新形势进一步加强全市寄递渠道禁毒工作的通知(乌邮管联〔2020〕5号)
	关于促进邮政快递业与制造业深度融合发展的实施意见(乌邮管联〔2020〕7号)
赤峰	关于印发《赤峰市推动乡村产业振兴实施方案》等五个方案的通知(赤党农牧组发〔2020〕2号)
	赤峰市人民政府办公室印发关于进一步稳定和扩大重点群体就业若干措施的通知(赤政办发〔2020〕19号)
	赤峰市人民政府关于进一步优化金融发展环境激发金融服务全市经济活力的指导意见(赤政办发〔2020〕20号)
	转发《关于加强农村牧区公共基础设施管护的通知》的通知(赤发改农字〔2020〕134号)
	赤峰市发展和改革委等12部门关于做好赤峰市2020年塑料污染治理重点工作的通知(赤发改环资字〔2020〕406号)
	赤峰市发展和改革委员会 生态环境局关于印发《赤峰市关于加强塑料污染治理工作实施方案》的通知(赤发改环资字〔2020〕417号)
	关于印发《赤峰市贯彻〈关于加强法治乡村建设的意见〉重大举落实方案》的通知(赤依法治市委发〔2020〕7号)

续上表

市(地)	政策文件名称
赤峰	关于印发《赤峰市交通运输局"五化协同、大抓基层"实施方案》的通知
	关于印发《赤峰市交通运输局　公安局　邮政管理局关于进一步加强和优化城市配送车辆便利通行管理工作实施方案》的通知(赤交发〔2020〕240号)
	关于印发《赤峰市人民政府检察院　赤峰市邮政管理局关于加强寄递渠道安全监管协作的意见》的通知(赤检会〔2020〕9号)
	关于转发《关于推进全区邮快合作下乡进村工作方案的通知》的通知(赤邮管联〔2020〕1号)
	关于召开促进电商与快递协同发展座谈会的通知(赤邮管联〔2020〕4号)
	关于协同推进快递业环保治理工作的实施意见(赤邮管联〔2020〕6号)
	关于印发《赤峰市寄递渠道安全管理领导小组成员单位职责工作要点》的通知(赤邮管联〔2020〕9号)
	关于适应新形势进一步加强寄递渠道禁毒工作的通知(赤邮管联〔2020〕11号)
	关于促进邮政快递业与制造业深度融合发展的实施意见(赤邮管联〔2020〕12号)
通辽	关于认真落实习近平总书记重要指示推动全市邮政业高质量发展重点任务分工方案》(通邮管联〔2020〕2号)
	关于协同推进快递业环保治理工作的实施方案(通邮管联〔2020〕5号)
呼伦贝尔	关于进一步加强寄递渠道安全管理的通知 (呼党政法字〔2020〕45号)
	关于加强农村牧区公共基础设施管护的通知(呼发改基础字〔2020〕291号)
	关于印发打击寄递环节涉烟违法犯罪活动工作实施意见的通知(呼烟专〔2020〕21号)
	关于成立全市邮政快递业应急救援队伍的通知(呼应急字〔2020〕115号)
	关于协同推进快递业环保治理工作的实施意见(呼邮管联〔2020〕1号)
	关于适应新形势进一步加强全市寄递渠道禁毒工作的通知(呼邮管联〔2020〕5号)
	关于促进邮政快递业与制造业深度融合发展的实施意见(呼邮管联〔2020〕6号)
	智能信报(快件)箱建设的工作意见(呼邮管联〔2020〕7号)
	关于进一步落实快件属地安检措施的通知(呼邮管发电 〔2020〕42号)
	呼伦贝尔市平安寄递建设实施方案(呼邮管联〔2020〕68号)
鄂尔多斯	关于成立各旗(区)寄递渠道安全管理领导小组的通知(鄂党政法联发〔2020〕3号)
	关于对城市绿色货运配送电动三轮车进行运营补贴的通知(鄂绿配办〔2020〕11号)
	关于对城市绿色货运配送新能源货车和电动三轮车进行运营补贴的补充通知(鄂绿配办〔2020〕10号)
	鄂尔多斯市邮政管理局　共青团鄂尔多斯市委员会关于开展鄂尔多斯市2020年"快递从业青年服务月"活动的通知(鄂邮管联〔2020〕1号)
	关于印发《关于推进全市邮快合作下乡进村工作方案》的通知(鄂邮管联〔2020〕2号)
	关于协同推进快递业环保工作的实施方案(鄂邮管联〔2020〕4号)
	关于建立鄂尔多斯市邮政业消防领域联合监管机制实施方案(鄂邮管联〔2020〕6号)
	关于适应新形势进一步加强全市寄递渠道禁毒工作的通知(鄂邮管联〔2020〕10号)
	关于成立各旗县(区)寄递渠道安全管理领导小组的通知 (鄂邮管联〔 2020〕11号)
	关于提供《鄂尔多斯市邮政快递业县城城镇化流通设施补短板强弱项工作实施意见》的函(鄂邮管函〔2020〕78号)
	关于建立全市邮政快递业网格化工作机制的通知(鄂邮管〔2020〕82号)
	鄂尔多斯市邮政管理局对《关于协同推进城乡高效配送标准化和快递包装绿色转型工作》的复函(鄂邮管函〔2020〕87号)
	关于印发《鄂尔多斯市"快递进村"三年行动方案(2020－2022年)》的通知 (鄂邮管〔2020〕98号)
乌兰察布	关于协同推进快递业环保治理工作的实施意见(乌邮管联〔2020〕1号)
	关于规范活体动物寄递和严厉打击非法寄递野生动物及其制品行为的通知(乌邮管联〔2020〕4号)

续上表

市(地)	政策文件名称
乌兰察布	关于印发《乌兰察布市快递进村工作方案》的通知(乌邮管联〔2020〕6号)
	关于做好新形势下寄递渠道禁毒工作的通知(乌邮管联〔2020〕7号)
	关于促进邮政快递业与制造业深度融合发展实施意见(乌邮管联〔2020〕8号)
巴彦淖尔	关于协同推进快递业环保治理工作的实施意见（巴邮管联〔2020〕2号)
	关于促进邮政快递业与制造业深度融合发展的实施意见(巴邮管联〔2020〕8号)
	巴彦淖尔市邮政管理局关于开展“快递进村”工作实施方案
	关于推进全市邮快合作下乡进村工作方案
兴安盟	关于加强农村牧区公共基础设施管护的通知(兴发改字〔2020〕124号)
	关于印发《兴安盟关于加强塑料污染治理工作实施方案》的通知(兴发改环资字〔2020〕383号)
	关于转发《内蒙古自治区关于扶持残疾人自主就业创业的实施意见》的通知(兴残字〔2020〕46号)
	关于开展2020年塑料污染治理联合专项活动的通知(兴环办发〔2020〕222号)
	关于协同推进快递业环保治理工作的实施方案(兴邮管联〔2020〕1号)
	关于推进全盟邮快合作下乡进村工作方案(兴邮管联〔2020〕2号)
	兴安盟邮政快递从业人员职业技能培训实施方案(兴邮管联〔2020〕5号)
	关于印发促进全盟邮政快递业与制造业深度融合发展的工作方案(兴邮管联〔2020〕6号)
锡林郭勒	关于印发《锡林郭勒盟电子商务与快递物流协同发展三年行动方案(2020－2022)》的通知(锡署办发〔2020〕16号)
	关于进一步加强和优化城市配送车辆便利通行管理工作的实施方案(锡交字〔2020〕95号)
	锡林郭勒盟关于协同推进快递业环保治理工作的实施意见（锡邮管联〔2020〕1号)
	关于促进邮政快递业与制造业深度融合发展的实施意见(锡邮管联〔2020〕3号)
	关于印发推进锡林郭勒盟邮快合作下乡进村工作方案的通知(锡邮管联〔2020〕4号)
	关于印发《锡林郭勒盟寄递渠道网格化安全监管机制实施方案》(锡邮管联〔2020〕6号)
	关于成立各旗县市(区)寄递渠道安全管理领导小组的通知(锡邮管联〔2020〕7号)
	转发《关于进一步加强内蒙古自治区邮政快递从业人员职业技能培训工作的通知》(锡邮管联〔2020〕8号)
	关于适应新形势进一步加强全盟寄递渠道禁毒工作的通知(锡邮管联〔2020〕9号)
阿拉善盟	关于开展2020年“快递从业青年服务月”活动的通知(阿团联发〔2020〕1号)
	关于印发加强农村牧区公共基础设施管护的实施方案的通知(阿发改农字〔2020〕243号)
	关于协同推进快递业环保治理工作的实施意见(阿邮管联〔2020〕1号)
	关于适应新形势进一步加强全盟寄递渠道禁毒工作的通知(阿邮管联〔2020〕5号)
	关于促进邮政快递业与制造业深度融合发展的实施意见(阿邮管联〔2020〕6号)
	关于印发《阿拉善盟邮政快递从业人员职业技能培训实施方案》的通知(阿邮管联〔2020〕7号)
沈阳	沈阳市人民政府办公室关于印发沈阳建设“中国快递示范城市”实施方案(2020－2022年)的通知
	关于印发沈阳市2020年推进农村电子商务发展实施方案的通知(沈农市发〔2020〕47号)
	关于印发《关于在全市开展“倡导绿色生活反对铺张浪费”行动的实施方案》的通知(沈文明办发〔2020〕19号)
大连	大连市人民政府办公室关于印发大连市全面深化建设“中国快递示范城市”实施方案的通知(大政办发〔2020〕55号)
抚顺	抚顺市“一网通办”双提升攻坚行动工作方案(抚营商小组〔2020〕3号)
	关于进一步加强塑料污染治理的实施方案的通知(抚发改资源〔2020〕413号)
丹东	关于促进丹东市快递业与制造业深度融合发展的实施意见(丹邮管〔2020〕99号)
锦州	关于印发《锦州市贯彻落实中发〔2020〕1号文件重要举措分工方案》的通知(锦委农办发〔2020〕22号)
	关于印发《锦州市贯彻落实中共辽宁省委　辽宁省人民政府关于贯彻〈中共中央、国务院关于抓好“三农”领域重点工作确保如期实现全面小康的意见的实施意见〉的实施方案》的通知(锦委农办发〔2020〕23号)
	关于印发《锦州市促进乡村产业振兴实施方案》的通知(锦委农办发〔2020〕24号)

续上表

市(地)	政策文件名称
营口	营口市人民政府办公室关于印发营口市推进电子商务与快递物流协同发展实施方案的通知(营政办发〔2020〕34号)
阜新	中共阜新市委办公室　阜新市人民政府办公室关于进一步加强国家机关公文寄递管理的通知(阜委办字〔2020〕13号)
铁岭	铁岭市电动车管理条例(铁岭市人民代表大会常务委员会公告第14号)
	铁岭市人民政府关于深入实施就业优先政策进一步做好稳就业工作的若干意见(铁政发〔2020〕8号)
	铁岭市老旧小区维修改造实施方案(铁政办发〔2020〕8号)
	关于铁岭市"互联网+"农产品出村进城工程实施意见(铁市农〔2020〕193号)
	关于加强快递从业人员职业技能培训有关工作的通知(铁邮管〔2020〕11号)
	关于推进邮政快递业绿色发展的实施意见(铁邮管〔2020〕12号)
朝阳	关于印发《朝阳市道路运输物流企业转型升级寄对外合资合作实施方案》的通知(朝交运发〔2020〕48号)
	进一步推进全市道路运输物流企业转型升级暨对外合资合作安排意见(朝交运发〔2020〕71号)
盘锦	盘锦市人民政府办公室关于印发盘锦市直播电商发展行动计划(2020－2022年)的通知(盘政办发〔2020〕15号)
葫芦岛	葫芦岛市人民政府关于应对疫情支持服务业平稳健康发展的若干政策意见(葫政发〔2020〕8号)
	葫芦岛市人民政府关于促进乡村产业振兴的实施意见(葫政发〔2020〕13号)
长春	中共长春市委、长春市人民政府印发《关于贯彻〈交通强国建设纲要〉建设高质量交通强市的实施意见》(长发〔2020〕12号)
	中共长春市委印发《深化产业融合　推动城乡融合　争当农业农村现代化排头兵的意见》(长发〔2020〕17号)
	2020年长春市禁毒宣传月活动实施方案(长禁毒办字〔2020〕6号)
	长春市邮政从业人员职业技能培训实施方案(长邮管〔2020〕29号)
吉林	中共吉林市委　吉林市人民政府印发《关于落实"六保"任务的实施方案》的通知(吉市发〔2020〕5号)
	中共吉林市委　吉林市人民政府关于建设高质量交通强市的实施意见(吉市发〔2020〕15号)
	中共吉林市委关于制定吉林市国民经济和社会发展第十四个五年规划的建议(吉市发〔2020〕19号)
	吉林市人民政府办公室关于印发吉林市落实省推动当前经济稳定运行若干措施分工方案的通知(吉市政办发〔2020〕12号)
	吉林市人民政府关于印发经济运行高质量发展指标体系责任分工方案(试行)的通知(吉市政函〔2020〕17号)
	吉林市人民政府办公室关于成立中国(吉林)跨境电子商务综合试验区建设领导小组的通知(吉市政办函〔2020〕24号)
	吉林市人民政府办公室关于做好吉林市"十四五"规划编制工作的通知(吉市政办函〔2020〕34号)
	中共吉林市委实施乡村振兴战略工作领导小组办公室关于印发《实施乡村振兴战略意见的任务工方案》的通知(吉市乡振办〔2020〕7号)
	吉林市发展和改革委员会　吉林市扶贫工作办公室关于印发《吉林市2020年消费扶贫工作方案》的通知(吉市发改农村联发〔2020〕34号)
	吉林市商务局关于印发《中国(吉林)跨境电子商务综合实验区2020年工作计划》的通知(吉市商发〔2020〕59号)
	关于印发《吉林市落实〈中共吉林省委、吉林省人民政府关于建立健全城乡融合发展体制机制和政策体系的实施意见〉任务分工方案》的通知(吉市城镇办发〔2020〕2号)
	关于印发《2020年全市深入实施"放心消费在江城"创建工程推进方案》的通知(吉市市监发〔2020〕14号)
延边	延边州人民政府办公室关于印发推动服务业加快发展实施方案的通知(延州政办发〔2020〕7号)
	延边州关于加快推进农村一二三产业融合发展的实施意见(延州乡村振兴组〔2020〕3号)
	全州快递行业工会组建工作实施方案(延州会联发〔2020〕1号)
	延边州邮政业从业人员职业技能培训方案(延州邮联发〔2020〕1号)

续上表

市(地)	政策文件名称
松原	关于推动当前经济稳定运行的实施意见(松办发电〔2020〕15 号)
	松原市直播电商发展行动计划(2020－2022 年)(松办字〔2020〕37 号)
	松原市“无废城市”建设方案(征求意见稿)(松环函〔2020〕182 号)
	松原市邮政业从业人员职业技能培训方案(松邮管联发〔2020〕1 号)
通化	关于加强全市快递行业工会建设的工作意见(通总发〔2020〕2 号)
	关于印发《通化市邮政业从业人员职业技能培训工作方案》的通知(通邮管〔2020〕23 号)
白山	关于规范活体动物寄递严厉打击非法寄递野生动物及其制品行为的通知(白山邮管〔2020〕8 号)
	关于开展全市邮政业从业人员职业技能培训工作的通知(白山邮管〔2020〕26 号)
	关于开展白山市邮政快递业“一盔一带”安全守护行动的通知(白山邮管〔2020〕27 号)
鸡西	关于支持智能快件箱建设推进快递服务进社区工作的实施意见(鸡邮管联〔2020〕2 号)
伊春	关于印发《〈中共伊春市委　伊春市人民政府支持民营经济高质量发展 21 条〉实施细则》的通知(伊工信联发〔2020〕3 号)
	关于加强快递从业人员职业技能培训的通知(伊邮管联发〔2020〕11 号)
黑河	中共黑河市委办公室　黑河市人民政府办公室关于印发《黑河市有关部门生态环境保护责任清单》的通知(办字〔2020〕20 号)
	关于印发《黑河市关于促进消费扩容提质的若干举措》的通知(黑市发改联〔2020〕6 号)
南京	关于印发实施《关于优化智能快件箱发展的实施方案》的通知(宁发改枢纽字〔2020〕254 号)
无锡	关于促进快递业与制造业深度融合发展的实施意见(锡邮管〔2020〕35 号)
徐州	关于印发全市电动车专项整治工作方案的通知(徐政办传〔2020〕100 号)
	关于推进邮政快递业服务乡村振兴的实施意见(徐邮管〔2020〕38 号)
常州	关于认定 2019 年度常州市电子商务与快递协同发展示范企业的通知(常商电商〔2020〕102 号)
	关于推进农村电子商务与快递物流协同发展的意见(常商电商〔2020〕114 号)
苏州	关于加快推进苏州市邮快合作下乡进村的指导意见(苏州邮管〔2020〕32 号)
	关于印发《苏州市邮政业绿色网点、绿色分拨中心建设试点工作实施方案》的通知(苏州邮管〔2020〕41 号)
	关于促进快递业与制造业深度融合发展的实施意见(苏州邮管〔2020〕58 号)
	关于建立快递服务制造业项目库及示范项目评选的通知(苏州邮管〔2020〕65 号)
	关于做好 2020 年度苏州市推进电子商务与快递物流协同发展专项资金支持项目申报工作的通知(苏州邮管〔2020〕60 号)
南通	关于推动全市“交邮合作”项目深度开展、有力推进农村物流高质量发展的通知(通邮管〔2020〕29 号)
	关于促进南通邮政快递业与制造业深度融合发展的实施意见(通邮管〔2020〕53 号)
	关于转发《省商务厅　省邮政管理局关于深入推进电子商务与快递物流协同发展工作的通知》的通知(通商发〔2020〕70 号)
连云港	关于印发连云港市快递市场管理办法的通知(连政规发〔2020〕1 号)
	印发关于着力打造中国快递示范城市推动邮政业高质量发展若干政策的通知(连政办发〔2020〕43 号)
	关于支持连云港国际邮件互换局(交换站)发展的政策意见(连政办发〔2020〕54 号)
	关于统一市级规划体系更好发挥发展规划战略导向作用的实施意见(连发〔2020〕25 号)
盐城	关于促进快递业与制造业融合发展实施意见(盐邮管〔2020〕47 号)
淮安	关于深化交通运输与邮政快递融合推进农村物流高质量发展的实施意见(淮交〔2020〕24 号)
扬州	关于印发《关于深化交通运输与邮政快递融合推进农村物流高质量发展的实施意见》的通知(扬交运〔2020〕6 号)
镇江	关于下发《镇江市推进邮快合作下乡进村工作实施方案》的通知(镇邮管〔2020〕10 号)

续上表

市(地)	政策文件名称
镇江	关于促进快递业与制造业深度融合发展的实施意见(镇邮管〔2020〕31号)
	关于规范设置邮政服务用房和智能信报(包)箱实施意见的通知(丹阳市人民政府便签1123)
泰州	关于深化资源共享合作进一步推动邮政业服务乡村振兴的通知(泰邮管〔2020〕28号)
	关于促进泰州市快递业与制造业深度融合发展的通知(泰邮管〔2020〕37号)
宿迁	关于加快推进宿迁市邮快合作下乡进村的指导意见(宿邮管〔2020〕11号)
	关于印发《宿迁市推进农村邮政快递物流与电子商务融合发展的实施方案》的通知(宿邮管〔2020〕13号)
	关于印发宿迁市邮快合作下乡进村2020－2021年行动计划的通知(宿邮管〔2020〕21号)
杭州	关于印发杭州市快递业"两进一出"工程试点实施方案的通知(杭政办函〔2020〕20号)
	关于印发杭州市新一轮创建"中国快递示范城市"实施方案(2020－2022年)的通知(杭州市人民政府办公厅)
	关于促进快递产业高质量发展的若干意见(杭政办函〔2020〕32号)
	关于印发《余杭区"四好农村路"村级农村物流服务点建设运营实施办法》的通知(美丽公路办〔2020〕1号)
湖州	加强商农邮合作推进协同发展框架协议
	关于推进邮政快递业高质量发展的实施意见(湖政办发〔2020〕14号)
	关于试行快递企业等新业态从业人员职业伤害保障办法的通知(湖人社发〔2020〕18号)
	椅业行业快递与企业融合供应链解决方案
	吴兴区开展邮政快递业新业态试点实施方案
嘉兴	关于印发嘉兴市快递业"两进一出"工程试点实施方案的通知(嘉政办发〔2020〕72号)
丽水	丽水市电子商务发展的实施意见(丽政办发〔2020〕1号)
	丽水市人民政府关于印发丽水市快递业"两进一出"工程试点实施方案的通知(丽政办发〔2020〕49号)
	关于印发丽水市电子商务发展专项资金使用管理办法的通知(丽财企〔2020〕100号)
	关于加快推进邮快合作下乡进村的指导意见(丽邮管〔2020〕13号)
	关于邮政助推生态产品价值实现助力乡村振兴的实施意见(丽邮管〔2020〕19号)
宁波	关于印发宁波市深化建设"中国快递示范城市"实施方案的通知(甬政办发〔2020〕80号)
衢州	衢州市人民政府办公室关于印发衢州市快递业"两进一出"工程试点实施方案的通知(衢政办通〔2020〕124号)
	关于深化全市交通运输与邮政快递融合推进农村物流高质量发展的通知(衢邮管〔2020〕11号)
绍兴	关于印发绍兴市快递业"两进一出"工程试点工作实施方案的通知(绍政办发〔2020〕26号)
	绍兴市人民政府办公室关于印发绍兴市加快推进工业经济高质量发展等六个政策的通知(绍政办发〔2020〕36号)
	印发《关于加快工业经济高质量发展的若干政策》等九个政策的通知(区委办〔2020〕50号)
台州	台州市建设"中国快递示范城市"实施方案(台政办发〔2020〕32号)
	台州市快递业"两进一出"工程试点实施方案(台政办发〔2020〕64号)
舟山	中共舟山市委　舟山市人民政府关于进一步打好"综合交通大会战"建设高水平交通强市的实施意见(舟委发〔2020〕16号)
	关于印发舟山市快递业"两进一出"工程试点实施方案的通知(舟政办函〔2020〕20号)
福州	印发关于促进跨境电子商务发展若干措施的通知(榕政办〔2020〕18)
	印发关于应对疫情促进商业消费增长措施的通知(榕政办〔2020〕19号)
	印发关于鼓励新引进企业总部四条措施的通知(榕政办〔2020〕81号)
	关于印发进一步优化提升营商环境工作若干措施的通知(榕政办〔2020〕83号)
	印发关于帮助中小微企业应对疫情共渡难关若干措施的通知(榕政综〔2020〕22号)
	关于进一步支持货运航空加快发展的意见(榕政综〔2020〕124号)
	关于组织申报福州市2020年现代物流业发展专项资金项目的通知(榕商务物流〔2020〕11号)

续上表

市(地)	政策文件名称
福州	关于给予春节期间为防控疫情提供紧缺急需物资保障和民生保障企业稳就业奖补的通知(榕人社就〔2020〕21号)
莆田	关于应对新冠肺炎疫情支持交通运输现代服务业发展的实施意见(莆政办〔2020〕43号)
	关于加大稳鞋企促升级补充十条措施的通知(莆政综〔2020〕31号)
	关于印发莆田市促进便利店创新发展工作方案的通知(莆市商务〔2020〕22号)
	关于应对新冠肺炎疫情稳外资促消费的若干措施(莆市商务〔2020〕34号)
	关于印发深化交通运输与邮政快递业融合推进农村物流高质量发展实施意见的通知(莆交运法〔2020〕6号)
泉州	中共泉州市委关于制定泉州市国民经济和社会发展第十四个五年规划和二〇三五年远景目标的建议(泉委发〔2020〕9号)
	关于印发推动快递集聚发展若干措施的通知(泉政办〔2020〕12号)
	关于印发泉州市新一轮创建"中国快递示范城市"实施方案的通知(泉政办〔2020〕18号)
	关于印发泉州市快递集聚发展规划(2020－2025)(泉服文〔2020〕2号)
厦门	关于印发统筹推进常态化疫情防控和经济社会发展及安全生产工作五大实施方案的通知(厦委办〔2020〕46号)
	关于应对新型冠状病毒感染的肺炎疫情支持企业共渡难关若干措施的通知(厦府规〔2020〕3号)
	关于应对新冠肺炎疫情促进企业复工复产八条措施的通知(厦府规〔2020〕5号)
	关于印发应对新型冠状病毒肺炎疫情支持物流企业发展实施方案的通知(厦府办〔2020〕13号)
	进一步优化口岸营商环境提升跨境贸易便利化水平实施方案(厦府办〔2020〕53号)
	关于印发《关于应对新型冠状病毒肺炎疫情支持物流企业发展的实施方案》办事指南的通知(厦交物〔2020〕7号)
漳州	关于印发《漳州市现代农业发展三年行动方案(2020－2022年)》的通知(漳委发〔2020〕11号)
三明	关于深化交通运输与邮政快递融合推进农村物流高质量发展的意见(明交运〔2020〕13号)
	加快推动三明市邮政快递业高质量发展实施方案的通知(明交运〔2020〕23号)
	关于促进三明市快递业与制造业深度融合发展的指导意见(明邮管联〔2020〕4号)
龙岩	关于做好龙岩市加快现代服务业发展十五条政策措施(支持快递发展)资金申报工作的通知(岩商务综财〔2020〕8号)
宁德	宁德市促进邮政快递业发展七条措施(宁政办〔2020〕78号)
	宁德市住房和城乡建设局　宁德市民政局　宁德市邮政管理局关于推进快递服务进社区的指导意见(宁邮管联〔2020〕2号)
安溪	关于印发安溪县全面推进农村物流多网融合高质量发展实施方案的通知(安政办明传〔2020〕40号)
南安	南安市加快推进电子商务发展若干措施(南政办〔2020〕69号)
南平	南平市推进快递物流与电子商务协同发展实施方案(南政办〔2020〕19号)
永定(区)	永定区推进服务业增产增效行动工作方案(永委办发〔2020〕23号)
南昌	南昌市人民政府办公厅印发关于南昌市支持跨境电商产业发展实施意见的通知(洪府厅发〔2020〕103号)
九江	关于下达九江市2020年国民经济和社会发展计划的通知(九府发〔2020〕6号)
	关于促进中国(九江)跨境电子商务综合试验区发展若干政策措施的通知(九府发〔2020〕8号)
	关于印发九江市物流业发展专项规划(2019－2035)的通知(九府办发〔2020〕27号)
	关于建立重点产业链链长制的实施意见(九府办发〔2020〕51号)
景德镇	关于印发《推进全市快递业"两进一出"工程实施方案》的通知(景邮管〔2020〕49号)
萍乡	关于印发萍乡市推动物流高质量发展促进形成强大国内市场三年行动计划(2020－2022年)的通知(萍府办字〔2020〕38号)
吉安	关于印发吉安市推动现代物流业高质量跨越式可持续发展的若干政策(试行)的通知(吉府发〔2020〕13号)
	关于印发吉安市推动物流高质量发展三年行动计划(2020－2022年)的通知(吉府办字〔2020〕99号)

续上表

市(地)	政策文件名称
宜春	关于印发《宜春市推进农村电商高质量发展"快递进村"工程的实施方案》的通知(宜邮管〔2020〕53号)
青岛	关于推进新经济业态模式发展的实施意见(青政发〔2020〕9号)
	关于印发青岛市推进新型基础设施建设行动计划(2020－2022年)的通知(青政发〔2020〕17号)
	关于印发青岛市深化中国快递示范城市创建实施方案的通知(青政发〔2020〕99号)
	关于加快推进城镇老旧小区改造工作的实施意见(青政办发〔2020〕4号)
	关于印发青岛市推进乡村产业振兴实施方案的通知(青政字〔2020〕26号)
	关于印发青岛市2020年激发消费潜力促进消费增长行动计划的通知(青政办字〔2020〕27号)
	关于印发青岛市交通物流业发展三年行动计划(2020－2022年)的通知(青政办字〔2020〕35号)
	城阳区政府关于印发《关于促进现代物流产业高质量发展的实施意见》的通知(青城政办发〔2020〕65号)
	关于加快推进全市快递业与制造业深化合作创新发展的实施意见(青邮管〔2020〕16号)
临沂	关于印发《临沂市创建绿色货运配送示范城市工作方案(2020－2021)》的通知(临政办字〔2020〕69号)
	关于印发《临沂市城乡高效配送专项行动试点城市工作方案》的通知(临政办字〔2020〕104号)
	关于印发《临沂市创建中国快递示范城市实施方案》的通知(临政办字〔2020〕112号)
	关于优化城市货车便利通行政策的通知(临交政字〔2020〕98号)
	关于印发《临沂市绿色货运配送车辆运营奖补办法》的通知(临交政字〔2020〕99号)
	关于印发《临沂一带一路综合试验区建设总体方案落实台账》的通知(临商组发〔2020〕1号)
	关于印发《临沂市塑料污染治理工作落实方案》的通知(临发改资环〔2020〕256号)
	关于加强快递从业人员职业技能提升行动工作的通知(临邮管〔2020〕39号)
济宁	关于推动现代物流业高质量发展的意见(济发〔2020〕15号)
	关于实施"两进一出"工程推进邮政快递业高质量发展的实施意见的通知(济政办字〔2020〕20号)
	关于推进全国"快递进村"试点建设的实施意见的通知(济政办字〔2020〕56号)
	关于印发《济宁市"快递进村"试点工作方案》的通知(济邮管〔2020〕31号)
	关于印发《霄云镇开展"快递进村"试点工作方案》的通知(霄政发〔2020〕12号)
	关于印发《兴隆镇开展"快递进村"试点工作实施方案》的通知(兴政发〔2020〕64号)
	关于在金乡县开展快递进村工作的实施意见(金政字〔2020〕17号)
	关于确定快递试点镇的通知(济邮管〔2020〕45号)
郑州	关于印发郑州市关于进一步加快物流业转型发展工作方案的通知(郑政办明电〔2020〕6号)
漯河	关于印发漯河市创建"中国快递示范城市"实施方案的通知(漯政办〔2020〕62号)
许昌	关于印发许昌市城乡高效配送试点资金和项目管理办法(试行)的通知(许商务〔2020〕18号)
	关于印发许昌市城乡高效配送试点实施方案的通知(许物流办〔2020〕5号)
武汉	市人民政府关于印发武汉市推进物流降本增效三年行动计划(2020－2022年)的通知(武政〔2020〕19号)
	市人民政府关于印发武汉市促进线上经济发展实施方案的通知(武政规〔2020〕12号)
	关于印发武汉市进一步加强塑料污染治理实施方案的通知(武发改资源〔2020〕505号)
黄石	关于印发强化"六稳"促进经济高质量发展若干政策措施的通知(黄政发〔2020〕7号)
	市委 市政府关于印发《黄石市乡村振兴战略规划》的通知(黄发〔2020〕5号)
襄阳	关于印发襄阳市进一步加强塑料污染治理的实施方案的通知(襄发改环资〔2020〕359号)
宜昌	宜昌市加快推进"快递进村"工作实施方案的通知(宜府办函〔2020〕12号)
黄冈	关于印发黄冈市加快推进农村快递物流体系建设工作实施方案的通知(黄政办函〔2020〕35号)
	关于印发加快发展电子商务和快递物流促进在线消费的实施意见(黄邮管〔2020〕11号)
随州	关于印发随州市进一步加强塑料污染治理的实施方案的通知(随发改发〔2020〕32号)

续上表

市(地)	政策文件名称
恩施	关于印发恩施州乡村振兴战略实施总体规划(2018－2022年)的通知(恩施州发〔2020〕5号)
	关于印发恩施州推进电子商务与快递物流协同发展十条措施的通知(恩施州政办发〔2020〕10号)
	关于印发恩施州2020年度县市和州直部门推进乡村振兴战略实绩综合考核办法的通知(恩施州办发〔2020〕12号)
	关于印发恩施州进一步加强塑料污染治理的实施方案(恩施州发改环资〔2020〕61号)
	关于印发恩施州美丽乡村建设2020年度实施计划的通知(恩州乡振办发〔2020〕1号)
长沙	长沙市促进快递业高质量发展三年(2019－2021年)行动计划(持续三年)(长政办函〔2019〕43号)
	长沙市支持快递业发展十条措施(持续三年)(长政办发〔2019〕25号)
邵阳	邵阳市快递、外卖行业两轮、三轮电动车规范管理工作实施方案(邵公交通〔2020〕13号)
郴州	郴州市推进电子商务与快递物流协同发展实施方案(郴政办发〔2020〕36号)
张家界	关于完善疫情防控期间寄递渠道联动机制的通知(张邮管联〔2020〕1号)
衡阳	关于保障疫情防控期间居民小区邮件快件投递服务的通知(衡阳邮管联〔2020〕2号)
广州	印发《关于加强我市快递行业党建工作的实施意见》的通知(穗邮管党联〔2020〕1号)
	关于印发广州市支持物流快递总部企业高质量发展2020年工作要点的通知(穗发改〔2020〕24号)
深圳	关于贯彻落实《深圳市生活垃圾分类管理条例》的实施意见(深府〔2020〕62号)
珠海	关于加快现代物流业发展的实施意见(珠府办〔2020〕3号)
	关于印发《珠海市关于加快现代物流业发展工作方案》的通知(珠商〔2020〕141号)
佛山	关于印发《佛山市支持物流企业配送防控防疫物资实施细则》的通知(佛商务服字〔2020〕6号)
	关于印发《佛山市加强快递行业党建工作的若干措施》的通知(佛邮管联〔2020〕3号)
韶关	关于印发《韶关市农村物流现代化总体战略》的通知(韶商务〔2020〕18号)
	关于印发《韶关市推进农村物流综合服务网络节点体系建设实施方案》的通知(韶交运函〔2020〕330号)
惠州	关于印发《惠州市加快推进现代农业高质量发展实施方案》的通知(惠乡振组〔2020〕7号)
	关于印发《惠州市农村物流建设发展规划(2019－2025年)》的通知(惠市商务〔2020〕45号)
东莞	关于印发东莞市完善促进消费体制机制实施方案的通知(东府办〔2020〕19号)
	关于进一步拉动消费复苏强化中小微企业个体工商户扶持的实施办法(东府〔2020〕22号)
	关于印发《东莞市关于促进外贸稳定发展的实施意见》的通知(东府办〔2020〕33号)
	关于进一步明确国家机关公文寄递规定的通知(东邮管联〔2020〕2号)
	关于转发《关于促进快递业与制造业深度融合发展意见》的通知(东邮管联〔2020〕3号)
	关于印发《东莞市快递行业党建工作指引》的通知(东邮管联〔2020〕1号)
中山	关于印发《中山市邮政快递专用电动三轮车规范管理实施细则(试行)》的通知(山安通〔2020〕158号)
	关于印发《中山市邮政快递专用电动三轮车规范管理工作方案》的通知(中邮管联〔2020〕1号)
	关于印发《中山市电商快递绿色包装协同治理工作方案》的通知(中邮管联〔2020〕7号)
	关于加强全市住宅小区邮件、快件末端投递服务的通知(中邮管联〔2020〕2号)
湛江	关于印发湛江市物流产业综合发展规划(2019－2035年)的通知(湛府〔2020〕1号)
	湛江市农村物流建设发展规划（2019－2022)
清远	关于印发《清远市农村物流建设发展规划(2019－2025年)》的通知(清商务〔2020〕62号)
	关于印发《关于进一步加强清远市快递行业党建工作的若干措施》的通知(清邮管联〔2020〕2号)
潮州	关于印发潮州市邮政快递配送电动三轮车管理暂行规定的通知(潮邮管联〔2020〕1号)
揭阳	关于印发揭阳市深化中国快递示范城市创建工作方案的通知(揭府办〔2020〕79号)
云浮	关于促进和规范我市学校快递服务进校园工作的意见(云邮管联〔2020〕1号)
桂林	关于加快推进南宁临空经济示范区建设实施方案的通知(桂政办发〔2020〕69号)

续上表

市(地)	政策文件名称
来宾	关于印发来宾市加快服务业发展扶持方案的通知(来政办发〔2020〕7号)
梧州	关于印发我市发展服务业专项资金奖补办法的通知(梧政规〔2020〕1号)
防城港	防城港市贯彻落实《交通强国建设纲要》实施方案(防政发〔2020〕18号)
海口	关于印发2020年电商扶贫工作方案的通知(海府办函〔2020〕125号)
	关于印发海口市"快递进村"试点工作方案的通知(海府办函〔2020〕308号)
	关于促进消费扩容提质加快形成强大市场落实措施的通知(海府办函〔2020〕311号)
	关于印发全面禁止生产、销售和使用一次性不可降解塑料制品补充工作方案的通知(海府办函〔2020〕325号)
	关于印发《海口市促进跨境电子商务及国际快件产业发展暂行办法实施细则》的通知(海商务函〔2020〕22号)
三亚	关于印发三亚市冬季瓜果蔬菜产销扶持政策措施的通知(三府〔2020〕24号)
	关于确保邮政快递车辆优先便捷通行服务保障民生的通知(三交运〔2020〕71号)
	关于印发《三亚市加快推进邮政快递业绿色包装应用实施方案》的通知(三环发〔2020〕135号)
	关于印发《三亚市寄递渠道反走私联系配合办法》的通知(三亚邮管〔2020〕8号)
琼海	琼海市人民政府办公室关于琼海市快递业绿色包装应用工作实施方案的通知(海府办函〔2020〕59号)
	海南省东部邮政管理局　琼海市生态环境局关于开展琼海市邮政快递业绿色网点建设试点工作的通知(琼东部邮管〔2020〕31号)
五指山	关于印发《五指山市加快推进邮政快递业绿色包装应用实施方案》的通知(五环发〔2020〕20号)
儋州	关于印发《儋州市加强物流寄递行业涉毒堵源截流工作机制》的通知(儋公通〔2020〕80号)
保亭黎族苗族自治县	关于印发《保亭黎族苗族自治县加快推进邮政快递业绿色包装应用实施方案》的通知(保环〔2020〕220号)
屯昌(县)	关于印发《屯昌县加快推进邮政快递业绿色包装应用实施方案》的通知
黔江	关于新形势下推动服务业高质量发展的实施意见(黔江府发〔2020〕40号)
	关于申报黔江区第四批电子商务进农村综合示范项目的通知(黔江商务发〔2020〕50号)
渝中	2020年渝中区交通运输业渡难关稳增长促发展扶持政策措施
巴南	关于印发巴南区促进农产品电子商务发展扶持政策的通知(巴南商务发〔2020〕214号)
江津	关于印发江津区加快市场主体培育推动经济高质量发展激励政策(试行)的通知(江津府办发〔2020〕85号)
	关于克服新冠肺炎疫情影响推动服务业恢复发展的实施意见(江津府办发〔2020〕126号)
	关于印发江津区开展质量提升行动加快建设质量强区2020年重点工作计划的通知(江津质联办〔2020〕1号)
永川	关于印发永川区推动商贸服务业高质量发展激励政策的通知(永川府办发〔2020〕12号)
	《2020年永川区"绿色邮政"建设工作要点》(永商务发〔2020〕58号)
涪陵	涪陵区"互联网+"农产品出村进城工程实施方案(2020－2022年)(涪陵府办发〔2020〕126号)
丰都(县)	丰都县人民政府关于同意《重庆市丰都县邮政设施专项规划(2018－2025)》的批复(丰都府〔2020〕85号)
	关于将寄递安全纳入城乡社区网格化服务管理的通知(丰平安办发〔2020〕12号)
秀山土家族苗族自治县	关于深化电子商务产业发展助推脱贫攻坚的实施意见(秀山府发〔2019〕7号)
石柱土家族自治县	石柱土家族自治县人民政府办公室关于2020年商贸经济发展的意见(石柱县政府办)
彭水苗族土家族自治县	彭水苗族土家族自治县人民政府关于印发彭水自治县促进产业发展扶持办法的通知(彭水府发〔2020〕12号)
成都	成都市人民政府关于印发有效应对疫情稳定经济运行20条政策措施的通知(成府发〔2020〕3号)
	成都市人民政府关于印发促进成都航空货运发展扶持政策的通知(成府发〔2020〕28号)

续上表

市(地)	政策文件名称
成都	成都市“米袋子”“菜篮子”强基行动方案(成办发〔2020〕50号)
	成都市商务局关于做好商贸流通企业返岗复工疫情防控工作的通知(成商务发〔2020〕14号)
	关于对安全复工企业防疫体系建设给予补助的实施办法(成发改综合〔2020〕63号)
	成都市新型冠状病毒感染的肺炎疫情防控指挥部交通运输组关于切实做好全市运输保障的通知(成疫防交〔2020〕7号)
	成都市新型冠状病毒肺炎疫情防控指挥部市场监管保供组关于保障疫情防控期间快递配送服务满足居民健康生活消费需求的通知
	成都市新型冠状病毒肺炎疫情防控指挥部关于做好交通运输物流保障工作支撑复工复产复市的通知(成冠肺防指〔2020〕91号)
	关于加快特色镇建设推进新型城镇化促进城乡融合发展的意见
	关于深化和完善城镇居民小区治理的意见(成社治办〔2020〕8号)
	关于进一步规范邮政快递服务进小区的意见(成邮管〔2020〕35号)
自贡	关于加快构建“4+4”现代服务业体系推动服务业高质量发展的意见(自委发〔2020〕13号)
攀枝花	关于加快构建“4+5”现代服务业体系推动服务业高质量发展的实施意见(攀委发〔2020〕15号)
	关于印发攀枝花市深化“放管服”改革优化营商环境实施方案的通知(攀办发〔2020〕33号)
	关于印发《攀枝花电商营商高地建设实施方案》的通知(攀办发〔2020〕69号)
	关于印发《攀枝花市乡村“金通工程”创建方案》的通知(攀交〔2020〕491号)
	关于印发《开展交邮合作整合资源促进农村物流融合发展实施方(2020－2023年)》的通知(攀交〔2020〕501号)
泸州	泸州市人民政府办公室关于印发《泸州市全国城乡高效配送试点工作实施方案》的通知(泸市府办发〔2020〕31号)
	泸州市人民政府办公室关于加强规划用地保障促进城市绿色货运配送工程用地综合开发的通知(泸市府函办〔2020〕68号)
	泸州市发展和改革委员会　泸州市生态环境局关于建立泸州市塑料污染治理专项工作机制的通知(泸市发改资环〔2020〕591号)
	泸州市农业农村局　泸州市发展和改革委员会　泸州市财政局　泸州市商务和会展局关于印发《泸州市“互联网+”农产品出村进城工程实施方案》的函(泸市农函〔2020〕225号)
	泸州市政务服务和非公经济发展局　中国邮政集团有限公司泸州市分邮政公司关于贯彻落实深化“放管服”改革工作中进一步发挥邮政综合服务作用工作的通知(泸市政非局发〔2020〕5号)
	泸州市口岸与物流办公室　泸州市商务和会展局　泸州市农业农村局　泸州市邮政管理局关于加快电子商务、快递物流与三农融合保障产品物资有效供给的通知(泸口物办发〔2020〕4号)
	泸州市邮政管理局关于贯彻落实《四川省邮政业发展“十四五”发展规划》的实施方案(泸邮管函〔2020〕8号)
	关于进一步加强快递从业人员职业技能培训工作的通知(泸邮管〔2020〕11号)
	泸州市纳溪区人民政府办公室关于印发加快推进村邮站建设的实施方案的通知(泸纳府办函〔2020〕19号)
	泸州市龙马潭区人民政府办公室关于印发《关于加快推进龙马潭区村邮站建设的实施方案》的通知(泸龙府办函〔2020〕53号)
	泸州市江阳区人民政府办公室关于印发《泸州市江阳区关于加快推进村邮站建设的实施方案》的通知(泸江府办函〔2020〕29号)
	泸县人民政府办公室关于印发《泸县村邮站建设实施方案》的通知(泸县府办函〔2020〕66号)
	叙永县人民政府办公室关于印发《叙永县加快推进村邮站建设的实施意见》的通知(叙府办函〔2020〕28号)
	合江县人民政府办公室关于印发《合江县村邮站建设实施方案》的通知(合府办函〔2020〕23号)
	古蔺县人民政府办公室关于印发《古蔺县村邮站建设实施方案》的通知(古府办函〔2020〕77号)

续上表

市(地)	政策文件名称
德阳	关于加快推进电子商务与快递物流协同发展的通知(德邮管〔2020〕22号)
	关于进一步规范城镇住宅小区快递服务管理的通知(德邮管〔2020〕26号)
	关于推动全市邮政业生态环境保护工作的通知(德邮管〔2020〕28号)
绵阳	绵阳市人民政府办公室关于加大力度扶持农村客运发展的意见(绵府办函〔2020〕79号)
	绵阳市推进县乡村三级物流体系建设工作方案(绵交发〔2020〕66号)
	关于推动邮政业生态环保工作的通知(绵环发〔2020〕93号)
	加快电子商务与快递协同发展的通知 (绵商电商〔2020〕85号)
	关于进一步落实寄递渠道安全管理的通知(绵邮管〔2020〕16号)
	关于规范和支持绵阳市邮政快递业车辆便捷通行的实施意见(绵邮管〔2020〕55号)
遂宁	关于在城镇老旧小区改造中建设智能邮政信包箱的指导意见(遂建函〔2020〕27号)
内江	内江市人民政府关于印发应对新型冠状病毒肺炎疫情支持中小企业共渡难关的措施的通知(内府发〔2020〕2号)
乐山	乐山市人民政府办公室关于印发加强智能快件箱建设运营管理指导意见的通知(乐府办函〔2020〕16号)
	中共乐山市委关于深入贯彻习近平总书记重要讲话精神加快融入成渝地区双城经济圈建设的决定(乐委发〔2020〕6号)
	中共乐山市委 乐山市人民政府关于抢抓发展机遇推动重大项目建设的实施意见(乐委发〔2020〕7号)
南充	关于狠抓工作落实确保完成2020年底塑料污染治理阶段性目标的通知(南发改环资〔2020〕370号)
	创建邮政快递服务现代农业品牌寄递项目三年(2020－2022)行动方案(南邮管发〔2020〕29号)
	关于加强快递从业人员职业技能培训的通知(南邮管发〔2020〕42号)
宜宾	宜宾市促进农民工就业创业八条政策措施(宜发〔2020〕1号)
	关于印发全力应对新冠肺炎疫情支持中小企业共克时艰20条政策措施的通知(宜府发〔2020〕1号)
	关于印发宜宾市加快服务业提振回升的政策措施的通知(宜府发〔2020〕10号)
	关于印发宜宾电商营商高地建设实施方案的通知(宜府办函〔2020〕17号)
	宜宾市乡村客运“金通工程”全域试点实施方案(宜府办函〔2020〕21号)
	关于印发《宜宾市新型基础设施建设行动方案(2020－2022年)》的通知(宜府办函〔2020〕57号)
	宜宾市应对新型冠状病毒感染肺炎疫情生活物资保障工作协调机制和主要生活物资保供稳价工作预案的通知(宜发改发〔2020〕30号)
	关于印发《宜宾市物流降本增效综合改革试点实施方案》的通知(宜发改函〔2020〕50号)
	关于印发加快发展流通促进商业消费重点工作任务清单的通知(宜商发〔2020〕49号)
	关于市级行政事业单位和市属国有企业减免中小企业房租的通知(宜财资〔2020〕4号)
	关于保障疫情防控期间全市邮政业正常运行的通知(宜市交运组〔2020〕6号)
	关于保障疫情防控期间物业小区邮件快件投递顺畅的通知(宜市交运组〔2020〕7号)
	应对新冠肺炎疫情生活物资保障措施(宜疫指生发〔2020〕1号)
	关于印发《宜宾市放心舒心消费环境建设工作实施方案(2020－2021年)》的通知(宜市监发〔2020〕71号)
	关于印发《宜宾市市域社会治理现代化工作指引及责任分工(2020年版)》和《推进宜宾市市域社会治理现代化2020年重点工作安排及责任分工》的通知(宜平安办〔2020〕1号)
广安	广安市电商营商高地建设实施方案(广安府办函〔2020〕64号)
	广安市进一步加强塑料污染治理实施方案(广安发改〔2020〕433号)
	关于推进广安农村物流配送体系建设的实施方案(广市商〔2020〕18号)
达州	关于印发秦巴地区综合物流枢纽规划的通知(达市府发〔2020〕25号)
	关于印发达州市推进口岸物流产业跨越发展十条意见的通知(达市府发〔2020〕27号)

续上表

市(地)	政策文件名称
巴中	关于突出"三农"重点工作补短板强弱项决胜全面小康的意见(巴委发〔2020〕1号)
	中共巴中市委关于加快融入成渝地区双城经济圈建设的决定(巴委发〔2020〕8号)
	关于推动服务业高质量发展加快建设现代化服务业强市的实施意见(巴委发〔2020〕7号)
	巴中市2020年川陕革命老区振兴发展重点工作推进方案(巴委办字〔2020〕6号)
眉山	关于印发《眉山市2020网络市场监管专项行动(网剑行动)方案》的通知（眉市监发〔2020〕37号)
凉山(州)	凉山州电子商务与快递物流协同发展实施方案(凉服领办〔2020〕9号)
贵阳	关于贵阳市推动物流业高质量发展的实施意见(筑府办函〔2020〕12号)
毕节	关于印发毕节市应对新型冠状病毒感染的肺炎疫情支持中小企业发展的若干政策的通知(毕府发〔2020〕2号)
黔南州	关于印发黔南州电子商务一体化运营实施方案的通知(黔南府办函〔2020〕58号)
黔西南州	关于推广智能信包箱建设的通知(黔西南州邮政〔2020〕33号)
玉溪	关于印发玉溪市"快递进村"试点工作实施方案的通知(玉政办通〔2020〕26号)
保山	关于加强城市邮政快递末端服务车辆通行管理的指导意见(保邮管发〔2020〕11号)
	关于促进邮政快递业与电子商务协同发展的通知(保邮管发〔2020〕28号)
文山(州)	文山州邮政快递业电动三轮车"三统一"工作实施方案(文邮管局联发〔2020〕1号)
临沧	关于印发临沧市贯彻落实云南省2020年开拓农村市场促进农村消费行动方案措施的通知(临政办发〔2020〕73号)
迪庆州	关于加快推进数字乡村建设的实施意见(迪庆州委〔2020〕19号)
	香格里拉市邮政快递专用电动三轮车规范管理实施方案
西安	关于印发《西安市大宗固体废弃物综合利用基地建设方案(2020－2021年)》的通知(市政办发〔2020〕26号)
	关于深入推进电子商务与邮政快递协同发展工作的通知(西邮管〔2020〕54号)
	关于中欧班列运送邮快件的工作方案(西邮管〔2020〕55号)
	关于印发《西安市绿色货运配送示范工程建设工作目标任务分解表》的通知
宝鸡	关于印发宝鸡市创建城市绿色货运配送示范工程实施方案的通知(宝政办发〔2020〕43号)
	关于印发加快推进县镇村三级物流网络建设落实"快递进村"工作指导意见的通知(宝政办发〔2020〕44号)
	关于认真落实习近平总书记重要指示推动邮政快递业高质量发展的实施方案(宝市交发〔2020〕319号)
	关于加强全市电商快递包装协同治理工作的通知(宝市商发〔2020〕176号)
	转发住建部等部门《关于开展城市居住社区建设补短板行动的意见》的通知(宝住建发〔2020〕428号)
	关于在全市住宅小区推广建设智能信报(快件)箱的通知
咸阳	关于印发《咸阳市2020年稳就业政策措施》的通知(咸政发〔2020〕5号)
	关于印发《咸阳市城市生活垃圾分类管理暂行办法》的通知(咸政办发〔2020〕2号)
	关于印发《咸阳市应对新冠肺炎疫情支持中小微企业稳定健康发展的若干措施》的通知(咸政办发〔2020〕17号)
	关于深化资源合作共享进一步推动农村物流高质量发展的实施意见(咸政交发〔2020〕9号)
	关于认真落实习近平总书记重要指示推进邮政快递业高质量发展的实施意见(咸政交发〔2020〕238号)
	关于印发《咸阳市进一步加强塑料污染治理实施方案》的通知(咸发改环资〔2020〕386号)
	关于印发《咸阳市智慧社区(小区、网格)建设评价标准(试行)》的通知(咸数发〔2020〕7号)
	11部门关于转发《陕西省住房和城乡建设厅　陕西省教育厅等11部门关于转发〈住房和城乡建设部等部门关于开展城市居住社区建设补短板行动的意见〉的通知》的通知(咸住建发〔2020〕362号)
	关于依托村(社区)组织活动阵地推进"快递进村(社区)"工作的通知(咸组通字〔2020〕100号)
	关于印发《咸阳市快递业与制造业深度融合发展实施方案》的通知(咸邮管〔2020〕38号)
	关于进一步加强寄递渠道禁毒工作的通知(咸邮管〔2020〕46号)
铜川	关于印发促进邮政快递业发展实施方案的通知(铜政发〔2020〕35号)

续上表

市(地)	政策文件名称
铜川	关于认真落实习近平总书记重要指示推动邮政快递业干质量发展的实施意见(铜交发〔2020〕146号)
	关于促进快递业与制造业深度融入和发展的工作意见(铜邮管〔2020〕24号)
延安	关于推进电子商务与快递物流协同发展的实施意见(延政发〔2020〕4号)
	关于认真落实习近平总书记重要指示推进邮政快递业高质量发展的实施意见(延市交发〔2020〕348号)
	关于推动助农取款服务与邮政快递业融合发展的实施意见(延银发〔2020〕74号)
	延安市快递业与制造业深度融合发展实施方案(延邮管〔2020〕40号)
榆林	关于贯彻落实习近平总书记重要指示推动邮政业高质量发展的实施意见(榆政交发〔2020〕190号)
	关于促进快递业与制造业深度融合发展的工作意见(榆邮管〔2020〕31号)
商洛	关于印发《进一步加强塑料污染治理实施方案》的通知(商发改发〔2020〕398号)
	关于加强全市电商快递包装协同治理工作的通知(商商务发〔2020〕58号)
	关于深入推进电子商务与快递物流协同发展工作的通知(商商务发〔2020〕59号)
	关于推动商洛市"四好农村路"高质量发展的实施意见(商交发〔2020〕163号)
	关于认真落实习近平总书记重要指示推动邮政快递业高质量发展的实施意见(商交发〔2020〕226号)
	关于"互联网+"特色农产品出村进城工程的指导意见(商农发〔2020〕202号)
	商洛市快递业与制造业深度融合发展实施方案(商邮管〔2020〕66号)
汉中	认真落实习近平总书记重要指示推动邮政快递业高质量发展的实施方案(汉市交发〔2020〕104号)
	关于邮政快递业服务文旅产业的通知(汉邮管〔2020〕33号)
	关于加快"快递进厂"服务的通知(汉邮管〔2020〕36号)
	关于深化电商和快递协同发展的通知(汉邮管〔2020〕40号)
	关于推进居民小区智能信报箱(快递柜)建设的通知(汉邮管〔2020〕46号)
渭南	关于印发《渭南市快递业与制造业深度融合发展实施方案》的通知(渭邮管〔2020〕52号)
西宁	关于印发《西宁市关于进一步加强塑料污染治理的实施方案》的通知(宁发改环资〔2021〕249号)
	关于印发《2020年全市现代物流业工作要点》的通知(宁工信综〔2021〕185号)
	关于印发《西宁市消费扶贫三年行动方案(2020－2022)》的通知(宁扶组〔2020〕5号)
	关于规范快递电动三轮车通行管理的通知(宁邮管〔2020〕18号)
	印发《关于认真落实习近平总书记重要指示推动全市邮政业高质量发展的工作措施》的通知(宁邮管〔2020〕46号)
海东	关于印发海东市加快推进电子商务与快递物流协同发展的实施方案的通知(东政办〔2020〕185号)
海西(州)	关于印发《海西州促进电子商务发展的十条措施》的通知(西政办〔2020〕92号)
	关于提升全州邮政快递业投递服务质量的实施意见(西政办函〔2020〕72号)
海南(州)	关于协同推进快递业环保治理工作的实施意见(南邮管〔2020〕17号)
海北(州)	关于认真落实习近平总书记重要指示推动全州邮政业高质量发展的工作措施(北邮管〔2020〕53号)
	关于组织开展全州职业技能提升行动攻坚战的通知(北人社发〔2020〕111号)
黄南(州)	关于印发黄南州推进电子商务与快递物流协同发展实施方案的通知(黄政办〔2020〕12号)
	关于印发黄南州邮政快递业高质量发展实施方案的通知(黄政办〔2020〕65号)
	关于印发《关于在全州推进快递小哥"爱心驿站"建设的实施方案》的通知(黄邮管〔2020〕6号)
	关于进一步加强快递三轮车管理的通知(黄邮管〔2020〕22号)
	关于印发《关于协同推进邮政快递业环保治理工作的实施意见》的通知(黄邮管〔2020〕43号)
	关于印发《黄南州创建邮政快递业示范企业活动实施方案》的通知(黄邮管〔2020〕47号)
果洛(州)	关于印发认真落实习近平同志重要指示推动全州邮政业高质量发展的工作措施的通知(果邮管〔2020〕35号)
	关于印发乌鲁木齐市邮政快递车辆管理和服务实施意见的通知(乌邮管〔2020〕28号)

续上表

市(地)	政策文件名称
乌鲁木齐	关于进一步加强全市电商快递包装协同治理工作的通知(乌邮管〔2020〕29号)
阿克苏地区	关于印发《阿克苏地区推进电子商务与快递物流协同发展工作方案》的通知(阿邮管〔2020〕21号)
	阿克苏地区烟草专卖局 阿克苏地区邮政管理局打击物流寄递行业涉烟违法犯罪工作方案(阿烟专〔2020〕2号)
哈密	协同推进哈密市电商快递业绿色包装工作的实施方案(哈邮管〔2020〕36号)
伊犁哈萨克自治州	伊犁州推进电子商务与寄递业协同发展工作方案(伊邮管〔2020〕8号)
喀什地区	关于印发《喀什地区邮政快递专用电动三轮车规范管理的实施意见》的通知(喀邮管〔2020〕22号)
阿勒泰地区	关于协同推进邮政快递业包装绿色治理的实施意见(阿地邮管〔2020〕71号)
和田地区	关于进一步优化城市配送车辆管理提升城市快递物流管理水平的通知(和发改产业〔2020〕24号)
	关于深入推进和田地区电子商务与快递物流协同发展工作的通知(和商函〔2020〕52号)
克拉玛依	关于新建小区推广智能信包(快件)箱建设的通知(新克住发〔2020〕33号)
博尔塔拉蒙古自治州	关于进一步加强塑料污染治理工作实施方案(博州发改函字〔2020〕5号)
	自治州深化“快电合作”推进“快递进村”工程的实施方案(博邮管〔2020〕20号)
	协同推进博州邮政快递业保障绿色治理实施方案(博邮管〔2020〕35号)
	联合打击涉烟违法行为、涉烟违法犯罪灵活动合作备忘意见(博烟专〔2020〕9号)
克孜勒苏柯尔克孜自治州	关于协同推进克州邮政快递业包装绿色治理的实施意见(克邮管〔2020〕40号)

第四篇　发 展 数 据

第一章　行业发展数据

2020 年邮政行业运行情况

2020 年，邮政行业业务收入（不包括邮政储蓄银行直接营业收入）累计完成 11037.8 亿元，同比增长 14.5%；业务总量累计完成 21053.2 亿元，同比增长 29.7%。

12 月份，全行业业务收入完成 1109.3 亿元，同比增长 15.5%；业务总量完成 2300.3 亿元，同比增长 34.3%。

2020 年，邮政服务业务总量累计完成 2801.4 亿元，同比增长 11.8%；邮政寄递服务业务量累计完成 255.6 亿件，同比增长 3.3%；邮政寄递服务业务收入累计完成 406.2 亿元，同比下降 5.9%。

12 月份，邮政服务业务总量完成 257.7 亿元，同比增长 4.5%；邮政寄递服务业务量完成 23 亿件，同比增长 0.5%；邮政寄递服务业务收入完成 34.2 亿元，同比下降 16.5%。

2020 年，邮政函件业务累计完成 14.2 亿件，同比下降 34.6%；包裹业务累计完成 2030.6 万件，同比下降 5.8%；报纸业务累计完成 165.6 亿份，同比下降 1.6%；杂志业务累计完成 7.2 亿份，同比下降 4.2%；汇兑业务累计完成 960.7 万笔，同比下降 41.4%。

2020 年，全国快递服务企业业务量累计完成 833.6 亿件，同比增长 31.2%；业务收入累计完成 8795.4 亿元，同比增长 17.3%。其中，同城业务量累计完成 121.7 亿件，同比增长 10.2%；异地业务量累计完成 693.6 亿件，同比增长 35.9%；国际/港澳台业务量累计完成 18.4 亿件，同比增长 27.7%（图 4-1、图 4-2）。

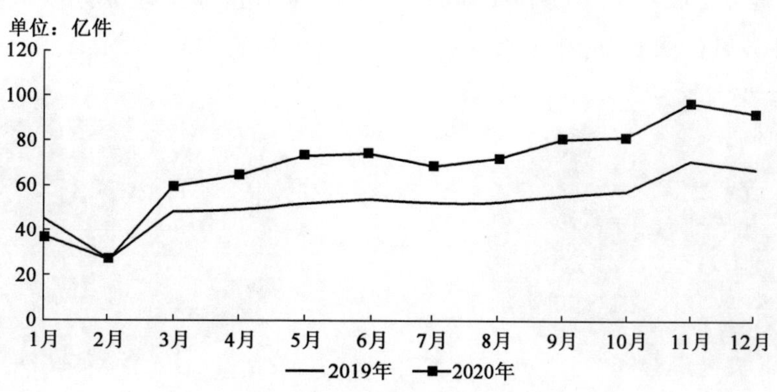

图 4-1　2019 年与 2020 年快递业务量情况比较

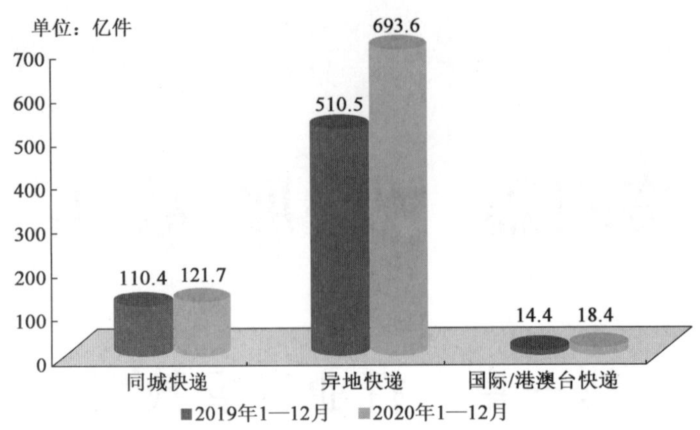

图 4-2 2019 年与 2020 年分专业快递业务量比较

12 月份，全国快递服务企业业务量完成 92.5 亿件，同比增长 37.4%；业务收入完成 926.2 亿元，同比增长 20%。

2020 年，同城、异地、国际/港澳台快递业务量分别占全部快递业务量的 14.6%、83.2%和 2.2%；业务收入分别占全部快递收入的 8.7%、51.5%和 12.2%。与去年同期相比，同城快递业务量的比重下降 2.8 个百分点，异地快递业务量的比重上升 2.8 个百分点，国际/港澳台业务量的比重基本持平（图 4-3、图 4-4）。

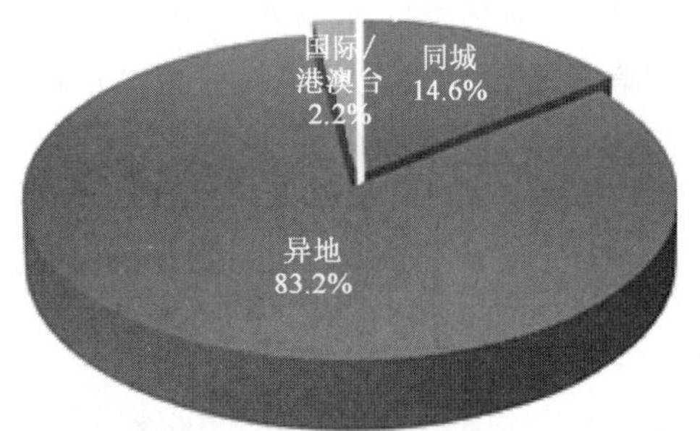

图 4-3 快递业务量结构情况

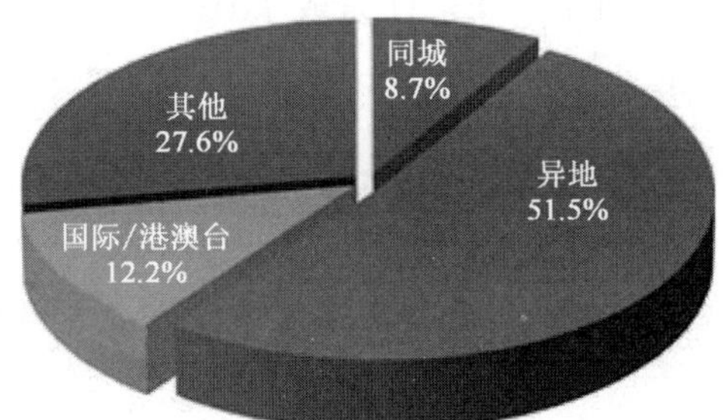

图 4-4 快递业务收入结构情况

2020 年，东、中、西部地区快递业务量比重分别为 79.4%、13.3%和 7.3%，业务收入比重分别为 79.6%、11.9%和 8.5%。与去年同期相比，东部地区快递业务量比重下降 0.3 个百分点，快递业务收入比重下降 0.6 个百分点；中部地区快递业务量比重上升 0.4 个百分点，快递业务收入比重上升 0.6 个百分点；西部地区快递业务量比重下降 0.1 个百分点，快递业务收入比重基本持平（图 4-5、图 4-6）。

2020 年，快递与包裹服务品牌集中度指数 CR8 为 82.2，较 1—11 月下降 0.2。

2020 年，全国邮政行业发展情况见表 4-1；全省快递服务企业业务量和业务收入情况见表 4-2；快递业务量和快递业务收入前 50 位城市分别见表 4-3 和表 4-4。

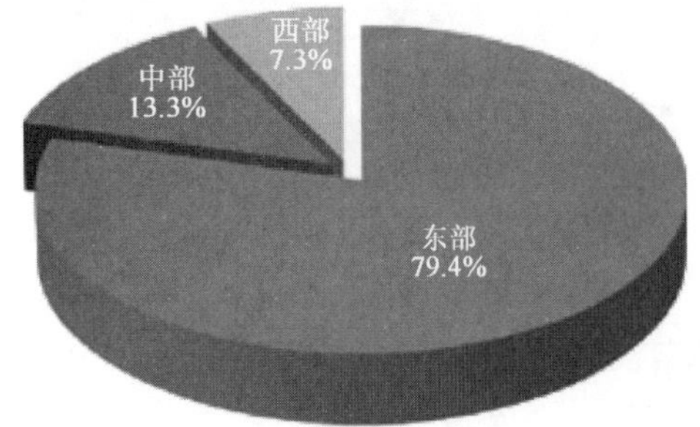

图 4-5 地区快递业务量结构情况

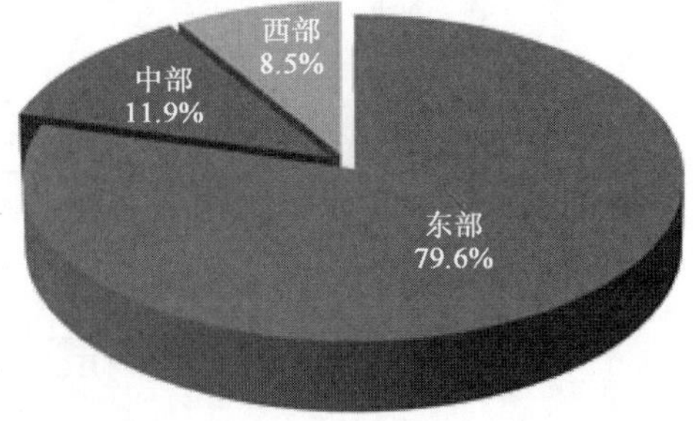

图 4-6 地区快递业务收入结构情况

表 4-1 全国邮政行业发展情况

指标名称	单位	2020年		比去年同期增长(%)	
		全年累计	12月	全年累计	12月
一、邮政行业业务收入	亿元	11037.8	1109.3	14.5	15.5
1.邮政寄递服务	亿元	406.2	34.2	-5.9	-16.5
2.快递业务	亿元	8795.4	926.2	17.3	20.0
二、邮政行业业务总量	亿元	21053.2	2300.3	29.7	34.3
1.邮政寄递服务	万件	2556050.4	230318.6	3.3	0.5
其中:函件	万件	141811.8	10941.6	-34.6	-33.4
包裹	万件	2030.6	202.2	-5.8	-8.4
订销报纸累计数	万份	1655950.4	144718.9	-1.6	-0.4
订销杂志累计数	万份	71528.9	5834.8	-4.2	-2.6
汇兑	万笔	960.7	85.5	-41.4	-32.4
2.快递业务	万件	8335789.4	925368.2	31.2	37.4
其中:同城	万件	1216518.8	113142.7	10.2	2.5
异地	万件	6935738.0	792961.4	35.9	44.7
国际/港澳台	万件	183532.6	19264.2	27.7	27.1

注:邮政行业业务收入中未包括邮政储蓄银行直接营业收入。

表 4-2 分省快递服务企业业务量和业务收入情况

单位	快递业务量累计(万件)	同比增长(%)	快递收入累计(万元)	同比增长(%)
全国	8335789.4	31.2	87954342.4	17.3
北京	238221.3	4.2	3311861.9	-2.4
天津	92767.4	33.0	1156021.0	20.6
河北	370249.8	60.7	3349963.6	38.2
山西	53583.6	47.2	670926.3	35.8
内蒙古	19557.6	37.1	421324.3	27.9
辽宁	111978.0	40.8	1314083.2	26.5
吉林	44693.6	45.8	607349.2	25.7
黑龙江	45522.3	29.7	701295.4	16.4
上海	336330.7	7.3	14281909.1	10.8
江苏	697680.5	21.5	7089350.4	14.5
浙江	1794621.1	35.3	10706012.3	17.3
安徽	220228.2	42.5	1749872.7	26.5
福建	343189.8	31.0	3025580.4	16.8
江西	112004.3	44.1	1146634.8	36.0
山东	415174.2	43.7	3695896.9	28.2
河南	310004.9	46.9	2490462.5	32.0
湖北	178505.5	5.9	1786869.8	2.8
湖南	147131.6	42.7	1296865.0	28.5
广东	2208179.5	31.4	21824938.3	18.1
广西	77882.2	38.1	902427.6	20.9

续上表

单　　位	快递业务量累计（万件）	同比增长（%）	快递收入累计（万元）	同比增长（%）
海南	11012.2	35.2	239119.9	29.4
重庆	73105.4	32.1	830284.2	17.9
四川	215158.9	20.1	2231638.1	9.6
贵州	28157.0	14.5	522105.3	13.2
云南	62974.1	45.9	737532.4	28.0
西藏	1139.0	30.3	35309.0	22.1
陕西	91749.8	25.9	1033251.8	23.9
甘肃	13823.5	33.3	297864.3	31.6
青海	2359.5	24.4	76808.1	28.4
宁夏	7317.8	49.6	118260.1	24.7
新疆	11486.2	16.0	302524.9	7.8

表 4-3　快递业务量前 50 位城市情况

排名	城　　市	快递业务量累计（万件）	排名	城　　市	快递业务量累计（万件）
1	金华(义乌)	901084.6	26	保定	85673.2
2	广州	761578.1	27	无锡	75750.0
3	深圳	537243.1	28	南通	74601.0
4	上海	336330.7	29	重庆	73105.4
5	杭州	300081.0	30	绍兴	67121.8
6	北京	238221.3	31	西安	67115.4
7	揭阳	234698.1	32	济南	65179.2
8	东莞	211687.3	33	中山	60996.2
9	苏州	210197.9	34	青岛	58711.4
10	泉州	171757.7	35	厦门	54343.3
11	成都	143222.9	36	沈阳	51536.5
12	汕头	142129.2	37	南昌	46641.5
13	温州	135937.0	38	廊坊	46427.7
14	宁波	115163.4	39	福州	45908.9
15	石家庄	113498.2	40	宿迁	44575.1
16	郑州	110046.5	41	潮州	44387.2
17	武汉	109899.2	42	湖州	43030.0
18	台州	109371.9	43	南宁	42835.8
19	嘉兴	96147.5	44	昆明	42073.1
20	佛山	95458.2	45	徐州	39839.9
21	南京	95109.9	46	邢台	39333.9
22	长沙	93033.8	47	惠州	38722.3
23	天津	92767.4	48	商丘	35960.9
24	临沂	88870.7	49	潍坊	34156.8
25	合肥	88540.4	50	沧州	32875.4

表 4-4 快递业务收入前 50 位城市情况

排名	城市	快递业务收入累计（万元）	排名	城市	快递业务收入累计（万元）
1	上海	14281909.1	26	长沙	755787.1
2	广州	6940744.2	27	合肥	732712.2
3	深圳	6572042.5	28	厦门	675764.0
4	杭州	3669945.7	29	济南	667499.0
5	北京	3311861.9	30	中山	645544.4
6	金华(义乌)	2835713.7	31	保定	643196.7
7	东莞	2501700.1	32	南通	608875.6
8	苏州	2344055.0	33	台州	574853.1
9	成都	1393621.6	34	南昌	554964.6
10	揭阳	1379514.6	35	廊坊	552640.4
11	佛山	1222686.6	36	沈阳	549237.2
12	天津	1156021.0	37	福州	545864.5
13	泉州	1145995.5	38	常州	502275.6
14	宁波	1115821.1	39	哈尔滨	470939.0
15	武汉	1101624.5	40	南宁	468819.2
16	南京	1072491.1	41	临沂	449429.5
17	郑州	1030662.8	42	惠州	428496.7
18	石家庄	876567.0	43	昆明	423681.9
19	温州	861083.1	44	绍兴	373859.2
20	无锡	832379.2	45	长春	361666.7
21	重庆	830284.2	46	大连	339123.0
22	汕头	829269.6	47	沧州	324244.3
23	青岛	789100.9	48	潍坊	309451.6
24	嘉兴	759474.0	49	徐州	308205.4
25	西安	757092.7	50	湖州	305914.6

2020 年邮政行业发展统计公报

2020 年是极不平凡且极具挑战的一年，面对国内外严峻复杂的形势和新冠肺炎疫情严重冲击，邮政全行业全面贯彻落实习近平总书记重要指示批示精神，认真贯彻落实党中央、国务院决策部署，坚持稳中求进工作总基调，坚持新发展理念，坚持以供给侧结构性改革为主线，坚持以改革创新为动力，统筹疫情防控和行业改革发展，在经济社会发展中作用凸显，为扎实做好“六稳”工作、全面落实“六保”任务作出了积极贡献。行业业务总量和业务收入分别突破 2 万亿元和 1 万亿元，快递业务量突破 800 亿件。

一、业务发展情况

全年邮政行业业务总量完成 21053.2 亿元，同比增长 29.7%。全年邮政行业业务收入（不包括邮政储蓄银行直接营业收入）完成 11037.8 亿元，同比增长 14.5%（图 4-7）。

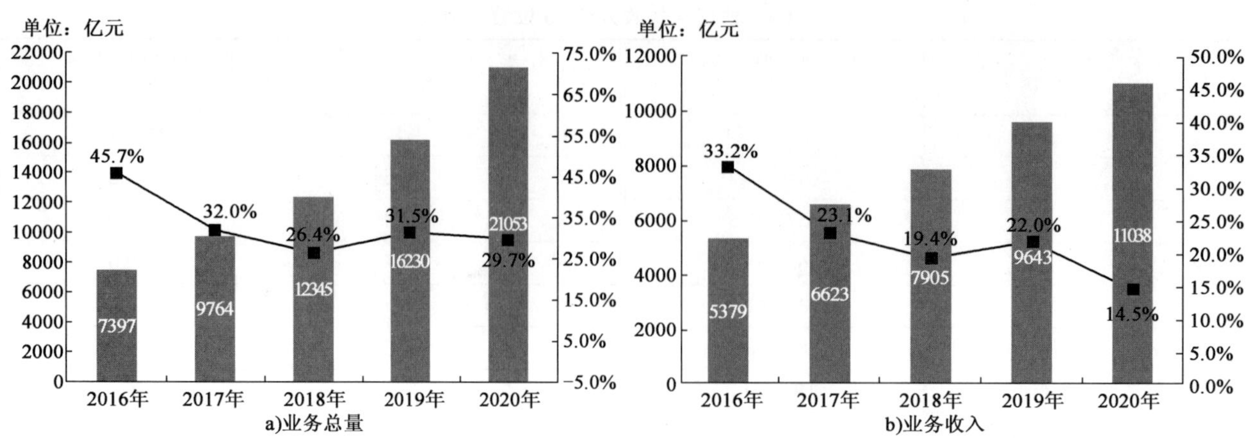

图 4-7　2016－2020 年邮政行业业务发展情况

（一）邮政寄递服务业务

2020 年邮政寄递服务业务量完成 255.4 亿件，同比增长 3.3%；邮政寄递服务业务收入完成 406.3 亿元，同比下降 5.2%。

全年函件业务量完成 14.2 亿件，同比下降 34.6%；包裹业务量完成 2030.6 万件，同比下降 5.8%；订销报纸业务完成 165.4 亿份，同比下降 1.6%；订销杂志业务完成 7.1 亿份，同比下降 2.3%；汇兑业务完成 960.7 万笔，同比下降 41.4%。

（二）快递业务

快递业务快速增长。全年快递服务企业业务量完成 833.6 亿件，同比增长 31.2%；快递业务收入完成 8795.4 亿元，同比增长 17.3%（图 4-8）。

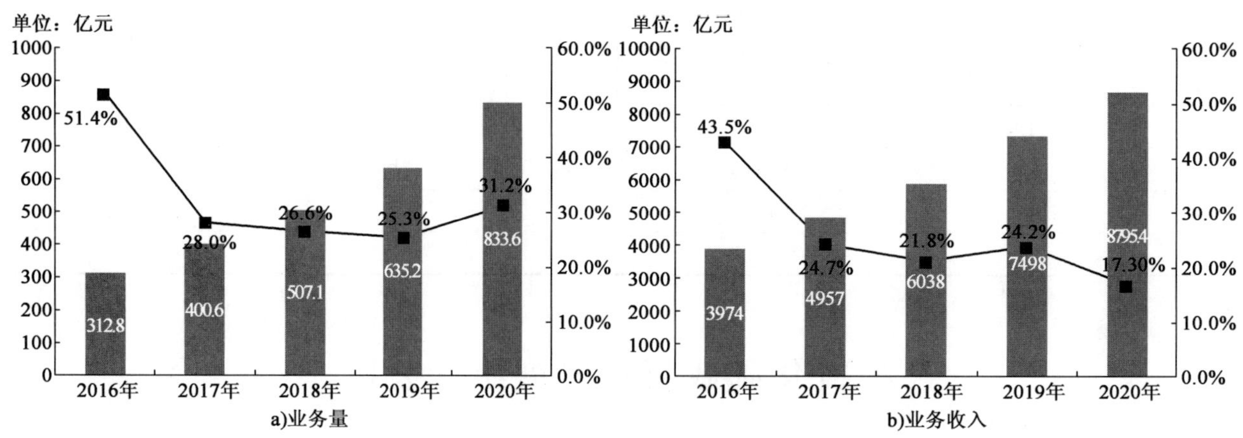

图 4-8　2016－2020 年快递业务发展情况

快递业务收入在行业中占比继续提升。快递业务收入占行业总收入的比重为 79.7%，比上年提高 1.9 个百分点。

同城快递业务小幅增长。全年同城快递业务量完成 121.7 亿件，同比增长 10.2%；实现业务收入 766.4 亿元，同比增长 1.9%。

异地快递业务快速增长。全年异地快递业务量完成 693.6 亿件，同比增长 35.9%；实现业务收入 4531.3 亿元，同比增长 15.0%。

国际/港澳台快递业务持续增长。全年国际/港澳台快递业务量完成 18.4 亿件，同比增长 27.7%；实现业务收入 1073.4 亿元，同比增长 43.6%。

异地业务占比提升。同城、异地、国际/港澳台快递业务量占全部比例分别为 14.6%、83.2%和 2.2%，业务收入占全部比例分别为 8.7%、51.5%和

12.2%。

东、中、西部地区各项快递业务均保持了持续稳定的增长势头,中部地区业务增长持续提速,市场份额继续上升。全年东部地区完成快递业务量661.9亿件,同比增长30.8%;实现业务收入6999.5亿元,同比增长16.4%。中部地区完成快递业务量111.2亿件,同比增长36.1%;实现业务收入1045亿元,同比增长23.8%。西部地区完成快递业务量60.5亿件,同比增长27.7%;实现业务收入750.9亿元,同比增长17.7%。东、中、西部地区快递业务量比重分别为79.4%、13.3%和7.3%,快递业务收入比重分别为79.6%、11.9%和8.5%。

快递业务量收排名前五位的省份合计在全国占比较上年有所下降,省份排名发生变化。快递业务量排名前五位的省份依次是广东、浙江、江苏、山东和河北,其快递业务量合计占全部快递业务量的比重达到65.8%,较上年前五位占比下降0.1个百分点。快递业务收入排名前五位的省份依次是广东、上海、浙江、江苏和山东,其快递业务收入合计占全部快递业务收入的比重达到65.5%,较上年同期下降1.3个百分点。

快递业务量排名前十五位的城市依次是金华(义乌)、广州、深圳、上海、杭州、北京、揭阳、东莞、苏州、泉州、成都、汕头、温州、宁波和石家庄,其快递业务量合计占全部快递业务量的比重达到54.6%(图4-9)。

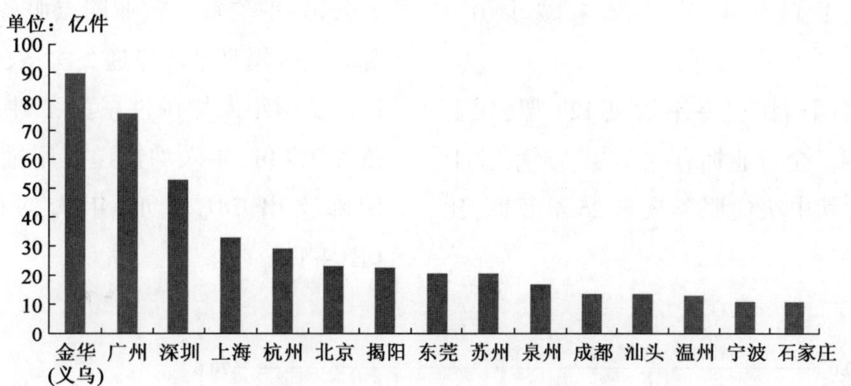

图4-9 快递业务量前15名城市情况

快递业务收入排名前十五位的城市依次是上海、广州、深圳、杭州、北京、金华(义乌)、东莞、苏州、成都、揭阳、佛山、天津、泉州、宁波、武汉,其快递业务收入合计占全部快递业务收入的比重达到58%(图4-10)。

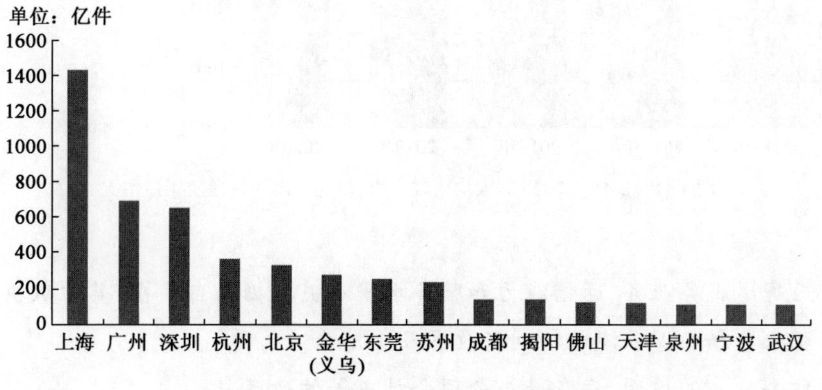

图4-10 快递业务收入前15名城市情况

国有、民营、外资企业业务量占全部快递与包裹市场比重分别为 10%、89.8%、0.2%，国有、民营、外资企业业务收入占全部快递与包裹市场比重分别为 8.7%、86%、5.3%。

快递与包裹服务品牌集中度指数 CR8 为 82.2。

二、通信能力和服务水平

(一)机构设备

全行业拥有各类营业网点 34.9 万处，其中设在农村的 11.1 万处。快递服务营业网点 22.4 万处，其中设在农村的 7.1 万处。全国拥有邮政信筒信箱 10 万个，比上年末减少 2 万个。全国拥有邮政报刊亭总数 1.1 万处，比上年末减少 0.2 万处。

全行业拥有国内快递专用货机 124 架，比上年同期增加 8 架。全行业拥有汽车 35 万辆，比上年末增长 6.7%，其中快递服务汽车 25.4 万辆，比上年末增长 7.1%。

(二)通信网路

全国邮政邮路总条数 3.7 万条，比上年末增加 978 条。邮路总长度(单程)1187.4 万公里，比上年末减少 35.3 万公里。全国邮政农村投递路线 10.1 万条，比上年末减少 1265 条；农村投递路线长度(单程)410.4 万公里，比上年末减少 9.5 万公里。全国邮政城市投递路线 10.7 万条，比上年末增加 3922 条；城市投递路线长度(单程)219.4 万公里，比上年末减少 1.6 万公里。全国快递服务网路条数 20.7 万条；快递服务网路长度(单程)4091.4 万公里。

(三)服务能力

全行业平均每一营业网点服务面积为 27.5 平方公里；平均每一营业网点服务人口为 0.4 万人。邮政城区每日平均投递 2 次，农村每周平均投递 5 次。全国年人均函件量为 1 件，每百人订有报刊量为 7.9 份，年人均快递使用量为 59 件。年人均用邮支出 781.8 元，年人均快递支出 623 元(图 4-11)。

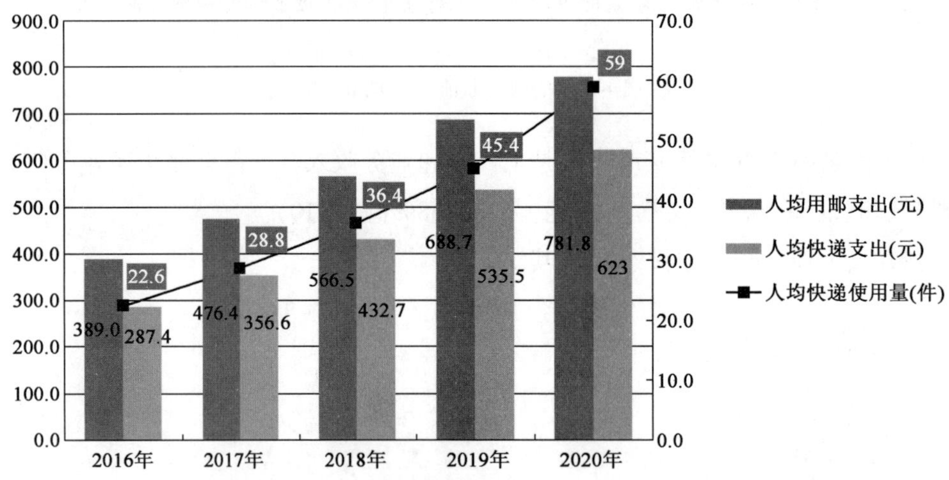

图 4-11　2016－2020 年人均用邮支出、快递支出和快递使用量情况

备注：

1.本公报中邮政寄递服务业务、通信能力和服务水平有关数据来自年报，其他数据为月报统计数据。

2.各项统计数据未包括香港和澳门特别行政区及台湾省。

3.部分数据因四舍五入的原因，存在着与分项合计不等的情况。

4.邮政行业业务总量按 2010 年不变价格计算。

5.全国人口数据来自国家统计局《第七次全国人口普查公报(第二号)》。

第二章 快递服务满意度及时限准时率数据

国家邮政局关于2020年快递服务满意度调查和时限测试结果的通告

为加强快递服务质量监测，客观反映企业服务水平，促进快递业发展质效提升，国家邮政局组织第三方机构对2020年快递服务满意度进行了调查，对全国重点地区快递服务时限准时率进行了测试。现将有关情况通告如下：

一、基本情况

调查对象为2019年国内快递业务量排名居前且体现主要市场份额的10家全网型快递服务品牌。包括：邮政EMS、顺丰速运、圆通速递、中通快递、申通快递、韵达速递、百世快递、京东快递、德邦快递和天天快递。

调查范围与2019年相同，覆盖50个城市，包括全部省会城市、直辖市以及19个快递业务量较大的重点城市。

满意度调查由2020年使用过快递服务的用户对受理、揽收、投递、售后和信息5个环节进行满意度评价。通过计算机辅助电话访问和在线调查等方式，共获得有效样本7.58万个。时限测试采用系统抽样测试和问卷调查方式，测试的业务范围为异地快件，共获得有效样本约480万个。

二、调查结果

（一）快递服务满意度

调查显示，2020年，快递服务总体满意度得分为76.7分，较2019年下降0.6分。其中，公众满意度得分为84.2分，较2019年上升0.2分；时限测试满意度得分为69.2分，较2019年下降1.3分。“十三五”期间，快递服务总体满意度较“十二五”末期提升2.7分，公众满意度提升3.7分。其中，总体满意度在2016年至2019年连续四年上升，公众满意度实现五连升。

快递企业总体满意度排名依次为：顺丰速运、京东快递、邮政EMS、中通快递、韵达速递、百世快递、圆通速递、申通快递、天天快递、德邦快递。其中，公众满意度排名依次为：顺丰速运、京东快递、邮政EMS、中通快递、圆通速递、韵达速递、德邦快递、百世快递、申通快递、天天快递。

公众满意度方面，涉及评价的5项二级指标中，除售后服务得分下降外，受理、揽收、投递与信息服务4项指标得分均上升。其中，受理环节满意度得分为88.8分，较2019年上升0.2分；揽收环节满意度得分为88.2分，较2019年上升1.5分；投递环节满意度得分为87.0分，较2019年上升0.8分；售后环节满意度得分为70.1分，较2019年下降3.2分；信息服务满意度得分为87.2分，较2019年上升0.5分。

在总体满意度提升的同时，售后服务的短板还有待补齐，售后服务的主动性需要提高，投诉处理的规范性、透明性、便利性需要加强，损害赔偿的标准应当更加明确。

在涉及评价的22项三级指标中，得分较高的指标是：普通电话下单、物流信息及时性和准确性、揽收员服务、网络下单、封装质量、上门时限、派件员服务、送达质量。得分上升幅度较大的指标是：揽收员服务、送达质量、派件员服务、费用公开透明、普通电话下单。得分降低的指标是投诉处理服务、统一客服下单。

在受理环节，普通电话下单、统一客服下单、网络下单、公共服务站下单满意度得分分别为91.1 分、85.5 分、89.6 分、87.1 分，除统一客服下单的服务公众满意度得分有所下降之外，普通电话下单、网络下单、公共服务站下单较 2019 年均有上升。用户下单渠道更加多元，快递网点受理功能进一步弱化。

在揽收环节，上门时限、封装质量、揽收员服务满意度得分分别为 88.3 分、88.3 分、89.6 分，与 2019 年相比均有上升；其中，揽收员服务满意度得分上升明显。用户对费用公开透明满意度为 86.5 分，较 2019 年上升 1.2 分。

在投递环节，时限感知、送达质量、送达范围感知、派件员服务满意度得分分别为 85.8 分、88.0 分、86.2 分、88.1 分，与 2019 年相比均有上升。智能快件箱投递满意度得分为 85.7 分，较 2019 年下降 0.9 分。公共服务站投递满意度得分为 85.6 分，较 2019 年有所上升。

在售后环节，问题件处理服务满意度得分为 70.1 分，较 2019 年上升 0.1 分，趋于稳定；投诉服务满意度得分为 52.0 分，较 2019 年下降明显；发票服务满意度得分为 84.9 分，与 2019 年持平。

在信息服务环节，物流信息及时性和准确性、全程信息推送、个人信息安全保护满意度得分分别为 90.0 分、85.4 分、85.8 分，与 2019 年相比均有小幅上升。

在不同区域中，中部地区服务表现最好，满意度得分连续 5 年稳步上升；西部地区服务表现较 2019 年上升幅度最为明显；东部地区服务表现较 2019 年有所下降。中、西部地区满意度得分继续上升，表明“快递下乡”成效继续显现。用户对城市寄往农村及偏远地区快递服务的满意度得分为 81.5 分，较 2019 年上升 1.1 分。2020 年快递服务公众满意度得分居前 15 位的城市是：宝鸡、长春、漯河、银川、太原、临沂、合肥、兰州、芜湖、乌鲁木齐、呼和浩特、泉州、桂林、武汉、海口。

2020 年度调查中，还对部分与快递服务紧密相关的事项进行了抽样调查。在快递员上门取件准时率用户感知方面，61.9%的受调查用户感知到快递员上门取件准时率上升。用户对投递环节快件签收落实服务满意度得分为 87.0 分，较 2019 年上升 0.5 分；用户对未妥投处理服务的满意度得分为 86.4 分，较 2019 年略有下降。调查还显示，快递企业在应对旺季高峰期、春节假期等特殊时期的服务保障能力进一步增强。2020 年，用户对特殊时期快递服务满意度得分为 83.9 分，较 2019 年上升 0.5 分，特殊时期服务持续优化。

（二）全国重点地区快递服务时限

受新冠肺炎疫情影响，2020 年，全国重点地区快递服务全程时限为 58.23 小时，较 2019 年延长 2.03 小时。72 小时准时率为 77.11%，较 2019 年降低 2.15 个百分点。从月度情况看，1—3 月受到显著影响，全程时限明显延长，72 小时准时率显著下降。自 4 月开始，随着复产复工的效果显现，逐步接近正常水平。“十三五”期间，全程时限较“十二五”末期缩短 0.48 小时，72 小时准时率提升 1.58 个百分点。

10 家品牌的全程时限和 72 小时准时率排名均为：顺丰速运、邮政 EMS、京东快递、中通快递、韵达速递、百世快递、申通快递、圆通速递、天天快递、德邦快递。

在各环节中，寄出地处理环节平均时限为 8.78 小时，较 2019 年缩短 0.16 小时；运输环节平均时限 35.88 小时，较 2019 年延长 2.22 小时；寄达地处理环节平均时限为 9.02 小时，较 2019 年缩短 0.07 小时；投递环节平均时限为 4.55 小时，较 2019 年延长 0.03 小时。四个环节中，寄出地处理和寄达地处理环节时限均有改善，运输环节时限有所延长，投递环节时限基本稳定。

在不同区域中,全国寄往东部地区的快件平均时限为53.51小时,较2019年缩短2.05小时;全国寄往中部地区的快件平均时限为58.42小时,较2019年延长0.80小时;全国寄往西部地区的快件平均时限为68.60小时,较2019年延长4.97小时。

注:2020年10家快递服务品牌主要时限指标排名表现情况见表4-5。

表4-5 2020年10家快递服务品牌主要时限指标排名表现

时限指标快递品牌	全程时限	寄出地处理时限	运输时限	寄达地处理时限	投递时限	72小时准时率
顺丰速运	1	1	1	1	1	1
邮政EMS	2	3	2	2	5	2
京东快递	3	6	3	4	2	3
中通快递	4	5	4	6	4	4
韵达快递	5	2	5	3	6	5
百世快递	6	4	6	5	7	6
申通快递	7	8	7	8	3	7
圆通快递	8	7	8	7	8	8
天天快递	9	9	9	10	9	9
德邦快递	10	10	10	9	10	10

第三章　邮政业消费者申诉情况通告

国家邮政局关于2020年7月邮政快递业用户申诉情况的通告

一、总体情况

1.2020年7月，国家邮政局和各省（区、市）邮政管理局通过“12305”邮政快递业用户申诉电话和申诉网站共处理申诉17462件，环比增长47.3%，同比下降70.1%。申诉中涉及邮政服务问题的823件，占总申诉量的4.7%，环比增长57.4%，同比下降67.6%；涉及快递服务问题的16639件，占总申诉量的95.3%，环比增长46.8%，同比下降70.2%（图4-12）。

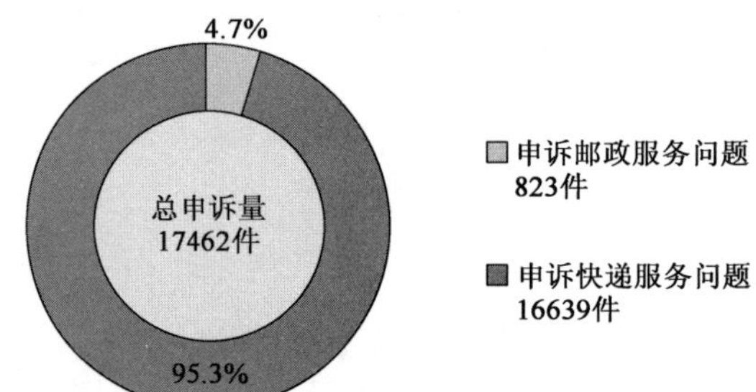

图4-12　7月国家邮政局和各省（区、市）邮政管理局通过“12305”邮政快递业消费者申诉情况

2.受理的申诉中有效申诉（确定企业责任的）为1365件，环比增长48.5%，同比下降31.4%。有效申诉中涉及邮政服务问题的37件，占有效申诉量的2.7%，环比增长2.8%，同比下降83.9%；涉及快递服务问题的1328件，占有效申诉量的97.3%，环比增长50.4%，同比下降24.5%（图4-13）。

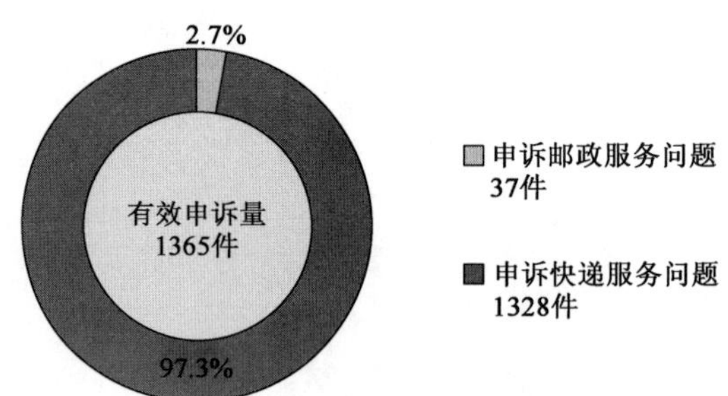

图4-13　7月邮政快递业消费者申诉中有效申诉占比情况

3.省级邮政管理机构对用户申诉均依法依规做了调解处理，挽回经济损失744.5万元。用户对邮政管理机构有效申诉处理工作满意率为98.7%，对邮政企业有效申诉处理满意率为97.4%，对快递企业有效申诉处理满意率为97.2%。

4.邮政快递企业对省级邮政管理机构转办的申诉未能按规定时限回复的有20件，与去年同期相比增长18件（表4-6）。

表 4-6 邮政快递企业逾期情况(单位:件)

序号	公司名称	云南	江苏	福建	江西	宁夏	北京	广东	合计
1	递四方			3				6	9
2	中国邮政	1			1		1	2	5
3	顺丰速运					1			1
4	龙邦速递							1	1
5	京东快递		1						1
6	其他							3	3
合计		1	1	3	1	1	1	12	20

二、邮政服务申诉情况

1.邮政服务申诉问题情况

用户对邮政服务问题申诉 823 件,环比增长 57.4%,同比下降 67.6%(图 4-14)。

用户对邮政服务申诉的主要问题是邮件延误、投递服务和邮件丢失短少,分别占申诉总量的 57.1%、22.8%和 9.0%。其中,环比增长明显的是邮件延误问题(表 4-7)。

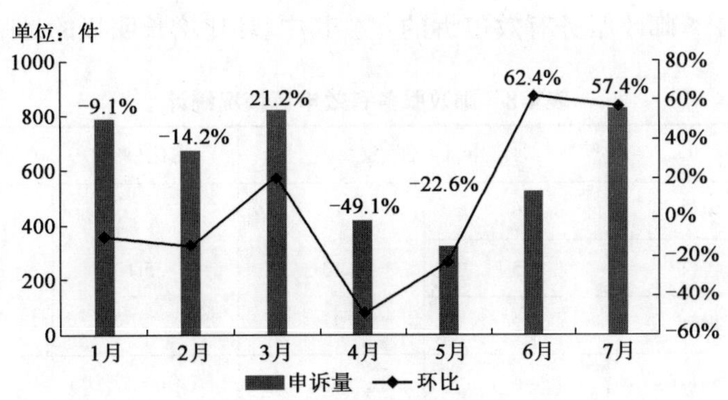

图 4-14 7 月邮政服务问题申诉数量情况

表 4-7 邮政服务问题申诉量情况统计

序号	申诉内容	申诉件数	占比(%)	环比(%)	同比(%)	函件	包件	报刊	集邮	其他
1	延误	470	57.1	207.2	33.1	253	46	0	1	1
2	投递服务	188	22.8	6.2	-83.3	137	28	0	4	4
3	丢失短少	74	9.0	-10.8	-87.2	30	43	0	0	0
4	损毁	30	3.6	7.1	-86.1	6	17	0	0	0
5	收寄服务	17	2.1	-10.5	-87.9	8	5	0	0	4
6	违规收费	6	0.7	-45.5	-64.7	2	4	0	0	0
7	其他	38	4.6	-26.9	-64.5	4	4	0	2	9
合计		823	100	57.4	-67.6	440	147	0	7	18

2.邮政服务申诉主要问题二级原因情况

邮件延误申诉中主要占比是中转或运输延误,投递服务申诉中主要占比是未按名址面交,邮件丢失短少申诉中主要占比是对企业赔偿金额不满(图 4-15)。

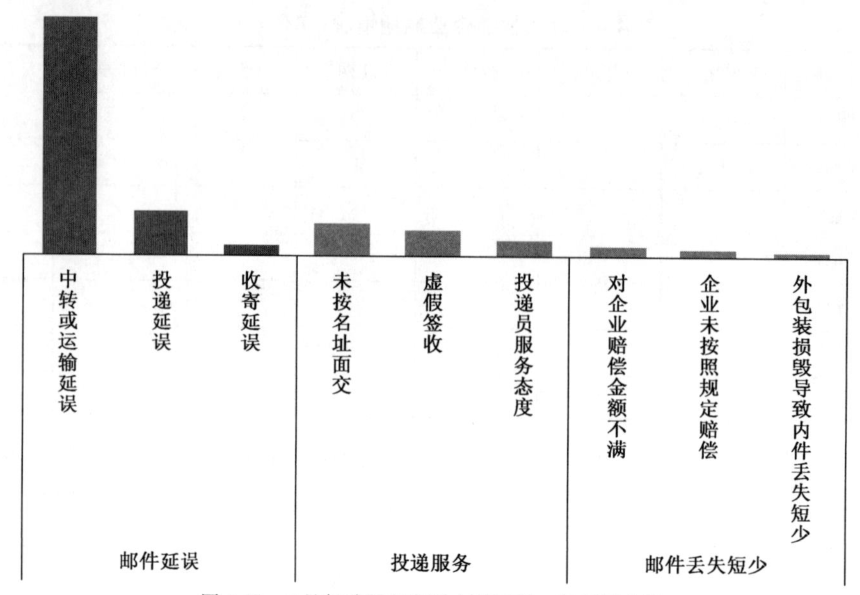

图 4-15　7 月邮政服务申诉主要问题二级原因分类

3.邮政服务有效申诉问题情况

用户对邮政服务问题有效申诉 37 件，环比增长 2.8%，同比下降 83.9%。邮政服务有效申诉的主要问题是投递服务、邮件延误和邮件丢失短少，分别占有效申诉总量的 35.1%、27.0%和 24.3%。其中，环比增长明显的是邮件延误问题（表 4-8）。

表 4-8　邮政服务有效申诉情况统计

序号	申诉问题		申诉件数		占比(%)	环比(%)	同比(%)
1	投递服务	函件	6	13	35.1	-27.8	-85.9
		包件	5				
		报刊	2				
2	延误	函件	6	10	27.0	100.0	-71.4
		包件	4				
3	丢失短少	函件	5	9	24.3	-10.0	-88.0
		包件	4				
4	损毁	函件	1	2	5.4	100.0	-90.5
		包件	1				
5	收寄服务	函件	2	2	5.4	0.0	-60.0
6	其他		1		2.7	—	0.0
合计			37		100	2.8	-83.9

三、快递服务申诉情况

（一）快递服务申诉总体情况

1.快递服务申诉问题情况

用户对快递服务申诉 16639 件，环比增长 46.8%，同比下降 70.2%（图 4-16）。

用户对快递服务申诉的主要问题是快件损毁、快件丢失短少和投递服务，分别占申诉总量的 30.4%、21.7%和 17.9%。其中，环比增长明显的是快件损毁问题（表 4-9）。

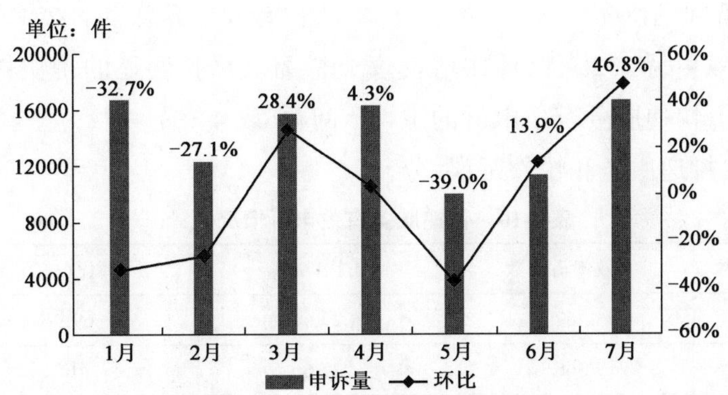

图 4-16 7 月快递服务问题申诉数量情况

表 4-9 快递服务申诉情况统计

序号	申诉内容	申诉件数	占比(%)	环比(%)	同比(%)
1	损毁	5065	30.4	52.9	-52.8
2	丢失短少	3607	21.7	37.9	-57.8
3	投递服务	2977	17.9	33.3	-78.0
4	延误	2880	17.3	49.9	-53.1
5	收寄服务	1214	7.3	94.2	-86.9
6	违规收费	300	1.8	18.6	-79.2
7	代收货款	66	0.4	65.0	-79.8
8	其他	530	3.2	60.6	-91.0
合计		16639	100	46.8	-70.2

2.快递服务申诉主要问题二级原因情况

快件损毁申诉中主要占比是对企业赔偿金额不满，快件丢失短少申诉中主要占比是对企业赔偿金额不满，投递服务申诉中主要占比是虚假签收（图 4-17）。

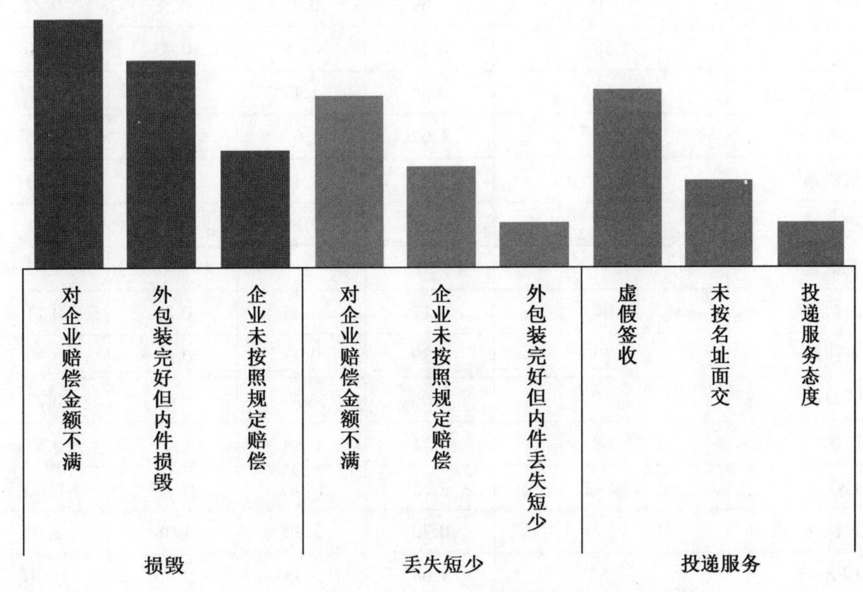

图 4-17 7 月快递服务申诉主要问题二级原因分类情况

3.快递服务有效申诉问题情况

用户对快递服务有效申诉1328件,环比增长50.4%,同比下降24.5%。快递服务有效申诉的主要问题是快件丢失短少、投递服务和快件延误,分别占有效申诉总量的27.6%、27.6%和26.8%。其中,环比增长明显的是快件延误和快件丢失短少问题(表4-10)。

表4-10 快递服务有效申诉情况统计

序号	申诉问题	有效申诉件数	占比(%)	环比(%)	同比(%)
1	丢失短少	367	27.6	69.9	3.1
2	投递服务	366	27.6	20.8	-38.0
3	延误	356	26.8	83.5	0.6
4	损毁	165	12.4	50.0	-44.8
5	收寄服务	33	2.5	-19.5	-61.2
6	违规收费	23	1.7	187.5	-30.3
7	代收货款	4	0.3	0.0	-88.2
8	其他	14	1.1	100.0	75.0
合计		1328	100	50.4	-24.5

(二)主要快递企业申诉情况

全国快递企业申诉率(百万件快件业务量)平均为2.40,有效申诉率平均为0.19。用户对快递企业申诉主要问题中,快件损毁申诉率平均为0.73,快件丢失短少申诉率平均为0.52,投递服务申诉率平均为0.43,快件延误申诉率平均为0.42(表4-11)。

表4-11 主要快递企业申诉情况统计(单位:申诉件数/百万件快件业务量)

序号	企业名称	申诉率	主要问题申诉率分布				有效申诉率
			损毁	丢失短少	投递服务	延误	
1	百世快递	2.19	0.23	0.47	0.61	0.40	0.01
2	DHL	16.27	1.48	1.06	1.90	3.59	0.21
3	德邦快递	10.35	7.69	0.98	0.58	0.23	0.33
4	递四方	5.38	0.28	0.98	0.43	2.20	0.75
5	EMS	4.62	0.84	1.43	0.58	1.53	0.77
6	FedEx	15.31	1.67	1.67	2.15	5.26	2.15
7	京东快递	2.51	1.42	0.40	0.31	0.23	0.01
8	跨越速运	2.62	0.98	0.18	0.27	0.71	0.75
9	民航快递	2.53	—	—	—	2.53	1.26
10	申通快递	1.04	0.17	0.25	0.21	0.11	0.001
11	顺丰速运	5.70	3.89	0.93	0.20	0.39	0.04
12	苏宁易购	0.45	0.06	—	0.06	0.22	—
13	速尔	3.48	0.51	0.89	1.07	0.57	0.82
14	TNT	109.43	7.55	18.87	18.87	41.51	22.64
15	天天快递	5.17	0.70	1.90	1.08	1.10	0.79
16	UPS	28.52	1.68	5.45	3.36	10.07	2.94
17	优速	7.51	2.70	1.28	1.82	1.13	0.36

续上表

序号	企业名称	申诉率	主要问题申诉率分布				有效申诉率
			损毁	丢失短少	投递服务	延误	
18	圆通速递	1.42	0.22	0.48	0.31	0.17	0.01
19	韵达快递	0.64	0.06	0.14	0.16	0.08	0.003
20	宅急送	26.98	2.42	3.79	10.33	8.22	1.48
21	中通快递	0.50	0.07	0.09	0.19	0.04	—
22	中外运-空运	0.33	—	—	—	0.17	—
全国平均		2.40	0.73	0.52	0.43	0.42	0.19

注：按企业名称拼音首字母升序排列。

(三)省级区域快递服务申诉情况

省级区域快递服务申诉率(百万件快件业务量)平均为1.22,有效申诉率平均为0.10。省级区域快递服务申诉主要问题中,快件损毁申诉率平均为0.37,快件丢失短少申诉率平均为0.26,投递服务申诉率平均为0.22,快件延误申诉率平均为0.21(表4-12)。

表4-12 省级区域快递服务申诉情况统计表(单位:申诉件数/百万件快件业务量)

序号	地区	申诉率	主要问题申诉率分布				有效申诉率
			损毁	丢失短少	投递服务	延误	
1	北京	1.85	0.58	0.44	0.32	0.35	0.16
2	天津	0.98	0.34	0.18	0.15	0.19	0.05
3	河北	0.92	0.26	0.31	0.14	0.13	0.01
4	山西	0.68	0.21	0.17	0.14	0.10	0.20
5	内蒙古	1.51	0.55	0.36	0.20	0.19	0.07
6	辽宁	1.93	0.69	0.45	0.23	0.33	0.12
7	吉林	1.36	0.63	0.33	0.20	0.17	0.10
8	黑龙江	1.59	0.60	0.52	0.22	0.19	0.27
9	上海	1.40	0.37	0.29	0.32	0.25	0.09
10	江苏	1.31	0.48	0.29	0.23	0.19	0.12
11	浙江	0.70	0.19	0.14	0.15	0.12	0.13
12	安徽	1.33	0.33	0.35	0.26	0.23	0.02
13	福建	1.30	0.32	0.29	0.26	0.23	0.18
14	江西	2.31	0.26	0.32	0.33	1.15	0.15
15	山东	1.90	0.91	0.33	0.29	0.24	0.07
16	河南	1.01	0.22	0.23	0.32	0.14	0.08
17	湖北	0.96	0.30	0.24	0.20	0.13	0.11
18	湖南	1.31	0.31	0.22	0.24	0.39	0.11
19	广东	1.05	0.25	0.22	0.16	0.18	0.05
20	广西	0.89	0.31	0.17	0.16	0.13	0.06
21	海南	1.35	0.48	0.43	0.25	0.14	0.04
22	重庆	0.93	0.32	0.13	0.17	0.23	0.05
23	四川	1.24	0.48	0.25	0.19	0.18	0.04
24	贵州	4.20	1.17	1.00	1.33	0.52	0.67

续上表

序号	地　区	申　诉　率	主要问题申诉率分布				有效申诉率
			损毁	丢失短少	投递服务	延误	
25	云南	1.15	0.48	0.23	0.20	0.11	0.03
26	西藏	6.44	2.02	1.29	0.74	1.29	1.47
27	陕西	1.09	0.32	0.24	0.15	0.29	0.05
28	甘肃	1.55	0.61	0.37	0.22	0.24	0.15
29	青海	1.49	0.80	0.32	0.05	0.27	0.16
30	宁夏	0.80	0.40	0.13	0.17	0.10	0.07
31	新疆	3.90	1.54	1.06	0.81	0.28	0.08
平均		1.22	0.37	0.26	0.22	0.21	0.10

（四）主要快递企业申诉处理工作综合指数情况

22家主要快递企业申诉处理工作综合指数平均为89.23，高于平均数的快递企业有13家，低于平均数的有9家（表4-13）。

表4-13　主要快递企业申诉处理工作评价

序号	企业名称	申诉处理工作综合指数	序号	企业名称	申诉处理工作综合指数
1	苏宁易购	100	12	FedEx	90.85
2	中外运-空运	100	13	百世快递	90.25
3	速尔	95.80	14	顺丰速运	87.81
4	UPS	94.40	15	TNT	87.08
5	京东快递	94.12	16	宅急送	85.58
6	民航快递	92.80	17	天天快递	83.82
7	韵达快递	92.43	18	EMS	82.08
8	申通快递	92.19	19	优速	81.74
9	圆通速递	92.11	20	递四方	81.37
10	德邦快递	91.57	21	中通快递	79.02
11	DHL	91.10	22	跨越速运	77.00
平均值：89.23					

注：1.申诉处理工作综合指数，是对企业申诉处理工作质量的综合评价，根据企业申诉处理工作水平由高到低排序。综合指数相同时，按企业名称拼音首字母升序排列。

2.综合指数考核参数包含一次结案率、逾期率、企业答复不规范率、企业答复不属实率、工作满意率等五个指标（数据来源于系统自动生成）。

四、省级邮政管理机构申诉处理工作综合指数情况

省级邮政管理机构申诉处理工作综合指数平均为91.67，高于全国平均数的地区有19个，低于全国平均数的地区有12个（表4-14）。

表4-14　省级邮政管理机构申诉处理工作评价

序号	地　区	申诉处理工作综合指数	序号	地　区	申诉处理工作综合指数
1	新疆	99.36	6	安徽	96.63
2	重庆	99.34	7	海南	95.84
3	辽宁	98.68	8	广西	95.39
4	甘肃	97.93	9	福建	95.38
5	北京	96.67	10	天津	95.27

续上表

序号	地　　区	申诉处理工作综合指数	序号	地　　区	申诉处理工作综合指数
11	山东	94.95	22	江苏	91.01
12	内蒙古	93.87	23	河南	89.54
13	贵州	93.49	24	吉林	88.83
14	上海	92.98	25	浙江	87.57
15	云南	92.89	26	宁夏	87.48
16	湖南	92.66	27	湖北	87.26
17	四川	92.61	28	江西	84.61
18	陕西	92.52	29	河北	82.75
19	黑龙江	92.23	30	广东	80.26
20	青海	91.38	31	西藏	70.97
21	山西	91.35			
平均值:91.67					

注:1.申诉处理工作综合指数,是对省级邮政管理机构申诉处理工作质量的综合评价,根据省级邮政管理机构申诉处理工作水平由高到低排序。综合指数相同时,按地区名称拼音首字母升序排列。

2.综合指数考核参数包含一次结案率、逾期率、正确率、工作满意率等四个指标(数据来源于系统自动生成)。

国家邮政局关于2020年8月邮政快递业用户申诉情况的通告

一、总体情况

1.2020年8月,国家邮政局和各省(区、市)邮政管理局通过“12305”邮政快递业用户申诉电话和申诉网站共处理申诉13592件,环比下降22.2%,同比下降75.7%。申诉中涉及邮政服务问题的419件,占总申诉量的3.1%,环比下降49.1%,同比下降47.1%;涉及快递服务问题的13173件,占总申诉量的96.9%,环比下降20.8%,同比下降76.1%(图4-18)。

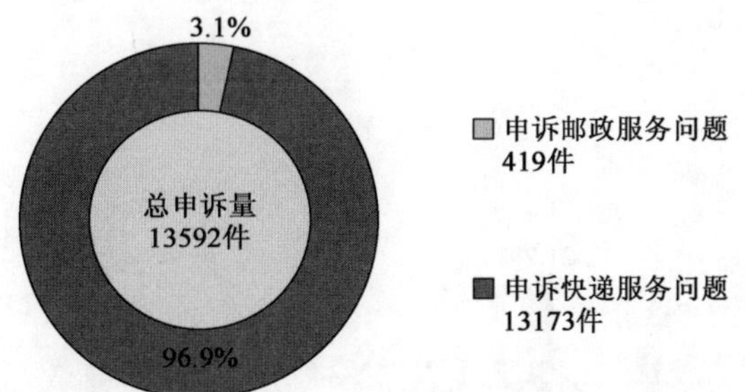

图4-18　8月国家邮政局和各省(区、市)邮政管理局通过“12305”邮政快递业消费者申诉情况

2.受理的申诉中有效申诉(确定企业责任的)为1046件,环比下降23.4%,同比下降35.4%。有效申诉中涉及邮政服务问题的33件,占有效申诉量的3.2%,环比下降10.8%,同比下降41.1%;涉及快递服务问题的1013件,占有效申诉量的96.8%,环比下降23.7%,同比下降35.2%(图4-19)。

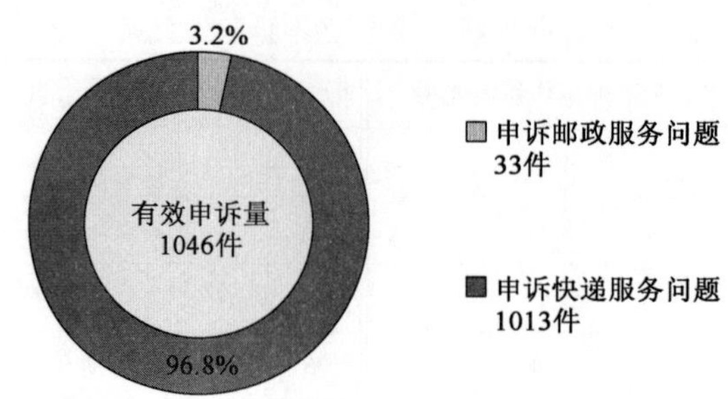

图 4-19　8 月邮政快递业消费者申诉中有效申诉占比情况

3.省级邮政管理机构对用户申诉均依法依规做了调解处理，挽回经济损失 709.1 万元。用户对邮政管理机构有效申诉处理工作满意率为97.7%，对邮政企业有效申诉处理满意率为 95.9%，对快递企业有效申诉处理满意率为 94.6%。

4.邮政快递企业对省级邮政管理机构转办的申诉未能按规定时限回复的有 30 件，与去年同期相比增长 15 件（表 4-15）。

表 4-15　邮政快递企业逾期情况（单位：件）

序号	公司名称	四川	陕西	上海	江苏	福建	广东	合计
1	递四方			1		5	9	15
2	极兔速递	1			1		4	6
3	跨越速运			1	1			2
4	优速		1					1
5	众邮快递					1		1
6	UPS						1	1
7	EMS					1		1
8	其他						3	3
合计		1	1	2	2	7	17	30

二、邮政服务申诉情况

1.邮政服务申诉问题情况

用户对邮政服务问题申诉 419 件，环比下降 49.1%，同比下降 47.1%（图 4-20）。

用户对邮政服务申诉的主要问题是投递服务、邮件延误和邮件丢失短少，分别占申诉总量的 38.7%、31.0%和 10.7%。其中，环比下降明显的是邮件延误问题（表 4-16）。

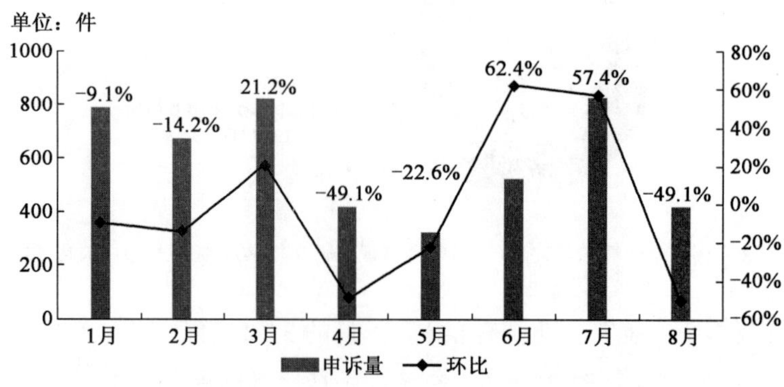

图 4-20　8 月邮政服务问题申诉数量情况

表 4-16 邮政服务问题申诉量情况统计

序号	申诉内容	申诉件数	占比(%)	环比(%)	同比(%)	函件	包件	汇兑	报刊	集邮	其他
1	投递服务	162	38.7	-13.8	-51.1	121	28	0	2	0	11
2	延误	130	31.0	-72.3	10.2	69	34	0	1	0	26
3	丢失短少	45	10.7	-39.2	-63.1	15	24	0	2	0	4
4	收寄服务	24	5.7	41.2	-71.1	10	9	1	0	1	3
5	损毁	17	4.1	-43.3	-19.0	6	10	0	0	1	0
6	违规收费	13	3.1	116.7	30.0	2	8	0	0	1	2
7	其他	28	6.7	-26.3	-73.8	7	5	0	3	2	11
合计		419	100	-49.1	-47.1	230	118	1	8	5	57

2.邮政服务申诉主要问题二级原因情况

投递服务申诉中主要占比是未按名址面交，邮件延误申诉中主要占比是中转或运输延误，邮件丢失短少申诉中主要占比是外包装完好但内件丢失短少(图 4-21)。

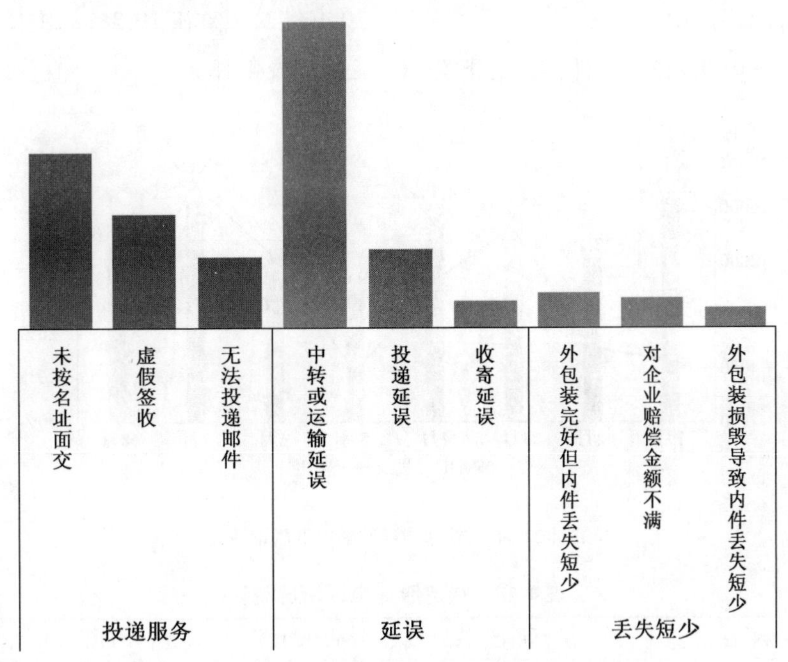

图 4-21 8 月邮政服务申诉主要问题二级原因分类情况

3.邮政服务有效申诉问题情况

用户对邮政服务问题有效申诉 33 件，环比下降 10.8%，同比下降 41.1%。邮政服务有效申诉的主要问题是投递服务、邮件延误和邮件丢失短少，分别占有效申诉总量的 57.6%、24.2%和 9.1%。其中，环比增长明显的是投递服务问题(表 4-17)。

表 4-17 邮政服务有效申诉情况统计

序号	申诉问题		申诉件数		占比(%)	环比(%)	同比(%)
1	投递服务	函件	13	19	57.6	46.2	-5.0
		报刊	2				
		包件	1				
		其他	3				

续上表

序号	申诉问题		申诉件数		占比(%)	环比(%)	同比(%)
2	延误	函件	4	8	24.2	-20.0	60.0
		包件	4				
3	丢失短少	报刊	2	3	9.1	-66.7	-85.0
		函件	1				
4	收寄服务	函件	1	2	6.1	0.0	-60.0
		其他	1				
5	其他		1		3	0.0	—
合计			33		100	-10.8	-41.1

三、快递服务申诉情况

(一)快递服务申诉总体情况

1.快递服务申诉问题情况

用户对快递服务申诉 13173 件，环比下降 20.8%，同比下降 76.1%（图 4-22）。

用户对快递服务申诉的主要问题是快件损毁、快件丢失短少和投递服务，分别占申诉总量的 30.4%、21.6%和 19.2%。主要问题环比均呈下降趋势（表 4-18）。

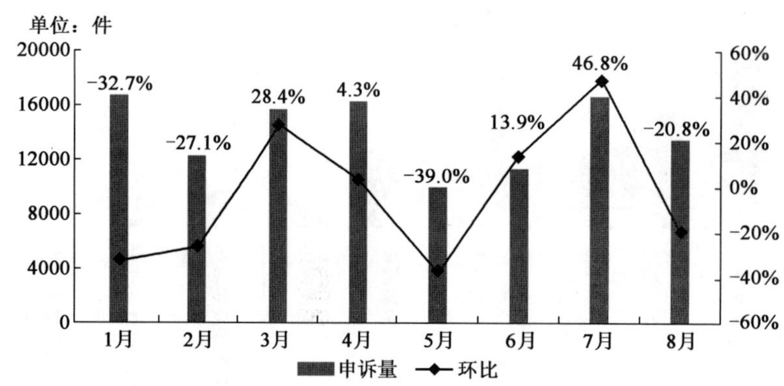

图 4-22　8 月快递服务问题申诉数量情况

表 4-18　快递服务申诉情况统计

序号	申诉内容	申诉件数	占比(%)	环比(%)	同比(%)
1	损毁	4004	30.4	-21.0	-60.4
2	丢失短少	2845	21.6	-21.1	-64.4
3	投递服务	2533	19.2	-14.9	-82.5
4	延误	2058	15.6	-28.5	-63.4
5	收寄服务	946	7.2	-22.1	-90.1
6	违规收费	271	2.1	-9.7	-77.9
7	代收货款	68	0.5	3.0	-77.3
8	其他	448	3.4	-15.5	-92.3
合计		13173	100	-20.8	-76.1

2.快递服务申诉主要问题二级原因情况

快件损毁申诉中主要占比是对企业赔偿金额不满，快件丢失短少申诉中主要占比是对企业赔偿金额不满，投递服务申诉中主要占比是虚假签收（图 4-23）。

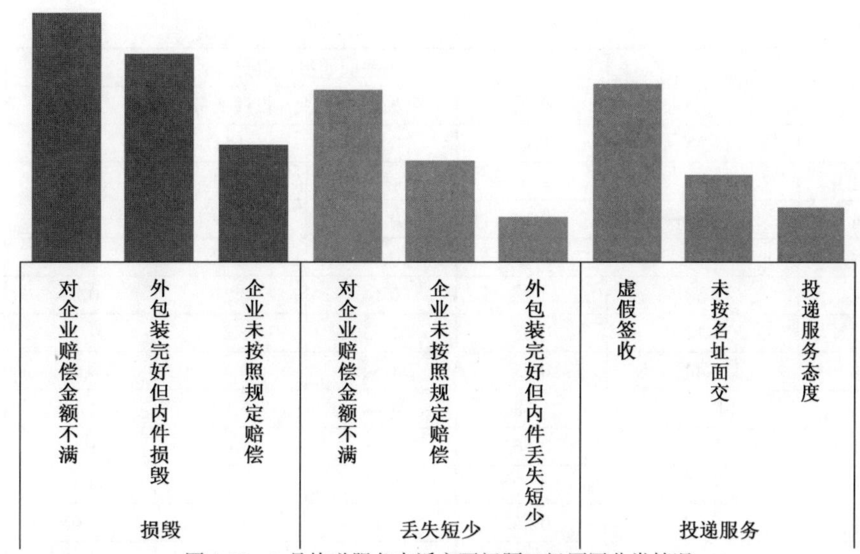

图 4-23 8 月快递服务申诉主要问题二级原因分类情况

3.快递服务有效申诉问题情况

用户对快递服务有效申诉 1013 件，环比下降 23.7%，同比下降 35.2%。快递服务有效申诉的主要问题是投递服务、快件丢失短少和快件延误，分别占有效申诉总量的 36.6%、24.6%和 18.8%。其中，环比增长的是投递服务（表 4-19）。

表 4-19 快递服务有效申诉情况统计

序号	申诉问题	有效申诉件数	占比(%)	环比(%)	同比(%)
1	投递服务	371	36.6	1.4	-26.2
2	丢失短少	249	24.6	-32.2	-23.9
3	延误	190	18.8	-46.6	-34.9
4	损毁	151	14.9	-8.5	-44.9
5	收寄服务	28	2.8	-15.2	-64.6
6	违规收费	11	1.1	-52.2	-62.1
7	代收货款	3	0.3	-25.0	-92.9
8	其他	10	1.0	-28.6	-37.5
合计		1013	100	-23.7	-35.2

（二）主要快递企业申诉情况

全国快递企业申诉率（百万件快件业务量）平均为 1.71，有效申诉率平均为 0.13。用户对快递企业申诉主要问题中，快件损毁申诉率平均为 0.52，快件丢失短少申诉率平均为 0.37，投递服务申诉率平均为 0.33，快件延误申诉率平均为 0.27（表 4-20）。

表 4-20 主要快递企业申诉情况统计（单位：申诉件数/百万件快件业务量）

序号	企业名称	申诉率	主要问题申诉率分布				有效申诉率
			损毁	丢失短少	投递服务	延误	
1	百世快递	1.18	0.13	0.24	0.27	0.15	0.001
2	DHL	10.78	0.94	0.94	2.81	3.51	0.70
3	德邦快递	9.05	5.96	1.18	0.62	0.36	0.33
4	递四方	7.01	0.19	0.82	0.70	4.49	0.94
5	EMS	2.87	0.49	0.97	0.45	0.77	0.56
6	FedEx	8.58	0.95	1.43	1.91	2.38	0.71
7	京东快递	1.45	0.67	0.26	0.25	0.12	0.003
8	极兔速递	5.87	0.57	0.65	2.35	1.68	1.18

续上表

序号	企 业 名 称	申 诉 率	主要问题申诉率分布				有效申诉率
			损毁	丢失短少	投递服务	延误	
9	跨越速运	3.35	1.14	0.08	0.51	0.85	1.10
10	民航快递	5.49	—	—	1.37	4.12	—
11	申通快递	0.89	0.14	0.20	0.19	0.12	—
12	顺丰速运	4.63	3.05	0.82	0.19	0.31	0.04
13	苏宁易购	0.58	—	0.14	0.21	0.21	—
14	速尔	5.12	0.68	1.53	1.28	0.77	1.02
15	天天快递	3.46	0.55	1.32	0.73	0.57	0.92
16	UPS	18.61	1.38	4.48	3.10	4.14	3.10
17	优速	6.73	2.56	1.28	1.43	1.13	0.81
18	圆通速递	1.17	0.22	0.37	0.28	0.15	0.01
19	韵达快递	0.47	0.06	0.11	0.1	0.05	0.004
20	宅急送	18.41	1.11	2.41	7.24	5.73	1.81
21	中通快递	0.50	0.09	0.11	0.19	0.04	0.001
22	中外运-空运	0.49	—	0.06	0.12	0.18	0.06
全国平均		1.71	0.52	0.37	0.33	0.27	0.13

注:按企业名称拼音首字母升序排列。

(三)省级区域快递服务申诉情况

省级区域快递服务申诉率(百万件快件业务量)平均为0.94,有效申诉率平均为0.07。省级区域快递服务申诉主要问题中,快件损毁申诉率平均为0.29,快件丢失短少申诉率平均为0.20,投递服务申诉率平均为0.18,快件延误申诉率平均为0.15(表4-21)。

表4-21 省级区域快递服务申诉情况统计(单位:申诉件数/百万件快件业务量)

序号	地 区	申 诉 率	主要问题申诉率分布				有效申诉率
			损毁	丢失短少	投递服务	延误	
1	北京	1.46	0.46	0.34	0.22	0.29	0.09
2	天津	0.73	0.26	0.12	0.15	0.16	0.06
3	河北	0.63	0.18	0.17	0.14	0.07	0.01
4	山西	0.59	0.20	0.10	0.15	0.07	0.14
5	内蒙古	0.89	0.37	0.22	0.11	0.10	0.03
6	辽宁	1.46	0.47	0.36	0.23	0.20	0.07
7	吉林	1.07	0.42	0.36	0.13	0.10	0.08
8	黑龙江	1.16	0.45	0.37	0.10	0.15	0.17
9	上海	1.00	0.25	0.19	0.25	0.19	0.10
10	江苏	1.11	0.38	0.26	0.21	0.17	0.08
11	浙江	0.60	0.17	0.13	0.14	0.07	0.08
12	安徽	1.18	0.34	0.28	0.24	0.17	0.02
13	福建	1.03	0.33	0.26	0.20	0.15	0.08
14	江西	1.19	0.25	0.25	0.11	0.24	0.11
15	山东	1.13	0.41	0.21	0.21	0.16	0.05
16	河南	0.75	0.21	0.18	0.22	0.07	0.04
17	湖北	0.84	0.26	0.19	0.23	0.09	0.17

续上表

序号	地　区	申　诉　率	主要问题申诉率分布				有效申诉率
			损毁	丢失短少	投递服务	延误	
18	湖南	1.10	0.26	0.15	0.27	0.26	0.09
19	广东	0.83	0.20	0.17	0.14	0.16	0.04
20	广西	0.83	0.36	0.15	0.13	0.07	0.06
21	海南	1.20	0.46	0.19	0.25	0.14	0.14
22	重庆	0.64	0.23	0.08	0.09	0.17	0.03
23	四川	0.92	0.38	0.17	0.12	0.15	0.02
24	贵州	3.26	0.93	0.68	1.07	0.37	0.67
25	云南	0.86	0.36	0.23	0.07	0.12	0.01
26	西藏	7.07	2.79	1.68	0.56	1.30	0.37
27	陕西	0.82	0.27	0.18	0.15	0.14	0.06
28	甘肃	1.33	0.51	0.25	0.30	0.18	0.24
29	青海	1.56	0.48	0.64	0.05	0.32	0.16
30	宁夏	0.55	0.33	0.03	0.03	0.06	—
31	新疆	10.40	2.70	2.39	1.46	3.12	0.10
平均		0.94	0.29	0.20	0.18	0.15	0.07

(四)主要快递企业申诉处理工作综合指数情况

22家主要快递企业申诉处理工作综合指数平均为87.98,高于平均数的快递企业有14家,低于平均数的有8家(表4-22)。

表4-22　主要快递企业申诉处理工作评价

序号	企业名称	申诉处理工作综合指数	序号	企业名称	申诉处理工作综合指数
1	苏宁易购	95.16	12	圆通速递	91.12
2	FedEx	94.74	13	顺丰速运	90.81
3	韵达快递	94.74	14	德邦快递	90.36
4	速尔	94.14	15	中通快递	84.85
5	百世快递	93.97	16	UPS	82.66
6	京东快递	93.37	17	递四方	82.02
7	DHL	93.05	18	天天快递	81.04
8	申通快递	92.70	19	EMS	80.11
9	中外运-空运	92.68	20	优速	78.85
10	民航快递	91.94	21	极兔速递	78.33
11	宅急送	91.67	22	跨越速运	67.28
平均值:87.98					

注:1.申诉处理工作综合指数,是对企业申诉处理工作质量的综合评价,根据企业申诉处理工作水平由高到低排序。综合指数相同时,按企业名称拼音首字母升序排列。

2.综合指数考核参数包含一次结案率、逾期率、企业答复不规范率、企业答复不属实率、工作满意率等五个指标(数据来源于系统自动生成)。

四、省级邮政管理机构申诉处理工作综合指数情况

省级邮政管理机构申诉处理工作综合指数平均为92.04,高于全国平均数的地区有14个,低于全国平均数的地区有17个(表4-23)。

表 4-23 省级邮政管理机构申诉处理工作评价

序号	地　区	申诉处理工作综合指数	序号	地　区	申诉处理工作综合指数
1	新疆	99.14	17	北京	91.39
2	安徽	98.38	18	陕西	91.26
3	甘肃	97.63	19	吉林	91.25
4	海南	96.16	20	广西	91.03
5	江西	95.03	21	青海	90.82
6	黑龙江	94.59	22	贵州	90.73
7	辽宁	94.56	23	山东	90.73
8	重庆	94.17	24	湖南	90.54
9	四川	93.40	25	云南	90.32
10	福建	92.96	26	天津	89.12
11	内蒙古	92.95	27	西藏	88.94
12	湖北	92.23	28	广东	88.31
13	上海	92.20	29	江苏	88.07
14	河北	92.10	30	河南	86.19
15	宁夏	91.72	31	浙江	85.88
16	山西	91.42			
平均值:92.04					

注:1.申诉处理工作综合指数,是对省级邮政管理机构申诉处理工作质量的综合评价,根据省级邮政管理机构申诉处理工作水平由高到低排序。综合指数相同时,按地区名称拼音首字母升序排列。

2.综合指数考核参数包含一次结案率、逾期率、正确率、工作满意率等四个指标(数据来源于系统自动生成)。

国家邮政局关于2020年9月邮政业用户申诉情况的通告

一、总体情况

1.2020年9月,国家邮政局和各省(区、市)邮政管理局通过"12305"邮政业用户申诉电话和申诉网站共处理申诉16668件,环比增长22.6%,同比下降39.8%。申诉中涉及邮政服务问题的1059件,占总申诉量的6.4%,环比增长152.7%,同比增长86.4%;涉及快递服务问题的15609件,占总申诉量的93.6%,环比增长18.5%,同比下降42.4%(图4-24)。

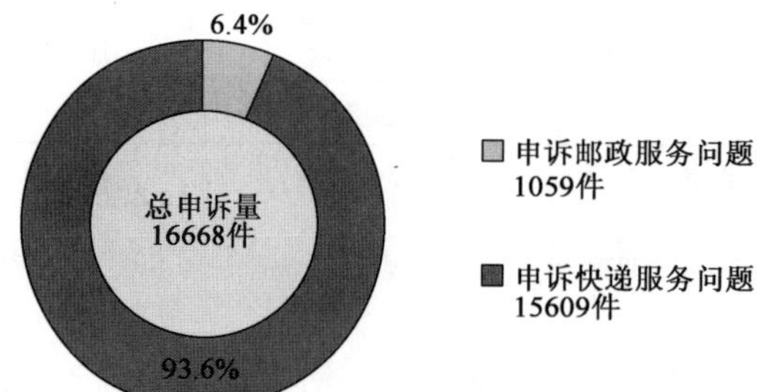

图4-24 9月国家邮政局和各省(区、市)邮政管理局通过"12305"邮政快递业消费者申诉情况

2.受理的申诉中有效申诉(确定企业责任的)为1311件,环比增长25.3%,同比下降36.0%。有效申诉中涉及邮政服务问题的41件,占有效申诉量的3.1%,环比增长24.2%,同比下降42.3%;涉及

快递服务问题的 1270 件，占有效申诉量的 96.9%，环比增长25.4%，同比下降 35.8%（图 4-25）。

3.省级邮政管理机构对用户申诉均依法依规做了调解处理，挽回经济损失 741.6 万元。用户对邮政管理机构有效申诉处理工作满意率为98.3%，对邮政企业有效申诉处理满意率为 93.7%，对快递企业有效申诉处理满意率为 95.9%。

4.邮政快递企业对省级邮政管理机构转办的申诉未能按规定时限回复的有 7 件，与去年同期相比减少 8 件（表 4-24）。

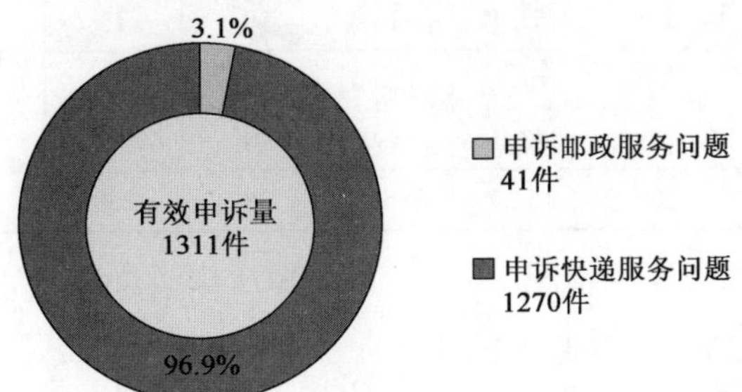

图 4-25 9 月邮政快递业消费者申诉中有效申诉占比情况

表 4-24 邮政快递企业逾期情况（单位：件）

序号	公 司 名 称	广 东	西 藏	合 计
1	中外运-空运	3		3
2	中国邮政		1	1
3	极兔速递	1		1
4	递四方	1		1
5	其他	1		1
合计		6	1	7

二、邮政服务申诉情况

1.邮政服务申诉问题情况

用户对邮政服务问题申诉 1059 件，环比增长 152.7%，同比增长 86.4%（图 4-26）。

用户对邮政服务申诉的主要问题是邮件延误、投递服务和邮件丢失短少，分别占申诉总量的 61.0%、18.5%和 8.0%。其中，跨境邮件延误问题较为突出，导致邮件延误环比增长明显（表 4-25）。

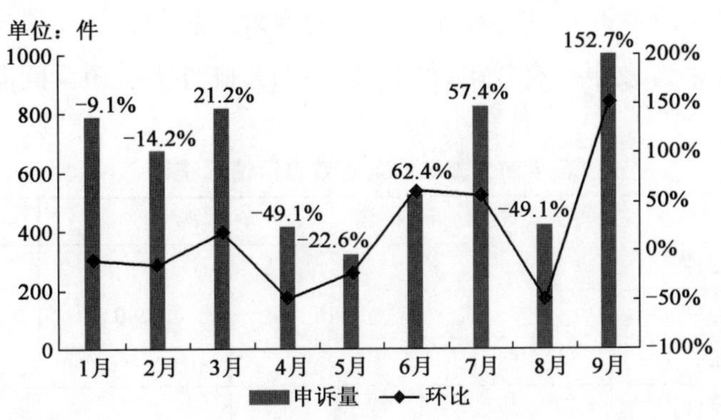

图 4-26 9 月邮政服务问题申诉数量情况

表 4-25　邮政服务问题申诉量情况统计

序号	申诉内容	申诉件数	占比(%)	环比(%)	同比(%)	函件	包件	汇兑	报刊	集邮	其他
1	延误	646	61.0	396.9	361.4	64	100	0	2	1	479
2	投递服务	196	18.5	21.0	0.0	138	43	0	2	2	11
3	丢失短少	85	8.0	88.9	1.2	32	45	0	1	0	7
4	收寄服务	45	4.3	87.5	25.0	17	15	0	1	4	8
5	损毁	26	2.5	52.9	-10.3	9	13	0	1	2	1
6	违规收费	21	2.0	61.5	110.0	6	13	0	0	1	1
7	其他	40	3.8	42.9	-29.8	16	10	0	1	5	8
合计		1059	100	152.7	86.4	282	239	0	8	15	515

2.邮政服务申诉主要问题二级原因情况

邮件延误申诉中主要占比是中转或运输延误，投递服务申诉中主要占比是虚假签收，邮件丢失短少申诉中主要占比是外包装损毁导致内件丢失短少(图 4-27)。

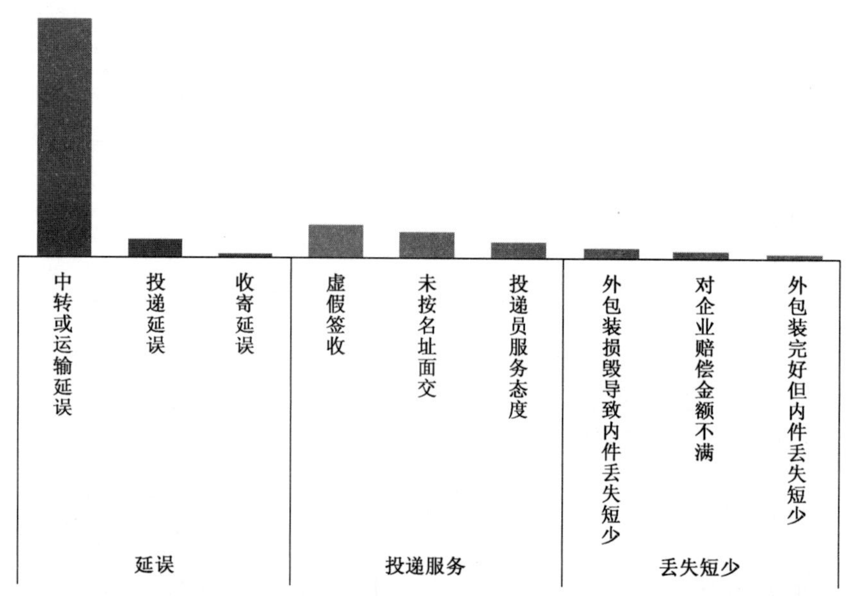

图 4-27　9 月邮政服务申诉主要问题二级原因分类情况

3.邮政服务有效申诉问题情况

用户对邮政服务问题有效申诉 41 件，环比增长 24.2%，同比下降 42.3%。邮政服务有效申诉的主要问题是投递服务和邮件丢失短少，分别占有效申诉总量的 39.0%和 31.7%。其中，环比增长明显的是邮件丢失短少问题(表 4-26)。

表 4-26　邮政服务有效申诉情况统计

序号	申诉问题		申诉件数		占比(%)	环比(%)	同比(%)
1	投递服务	函件	12	16	39.0	-15.8	-57.9
		包件	3				
		报刊	1				
2	丢失短少	函件	7	13	31.7	333.3	62.5
		包件	5				
		报刊	1				

续上表

序号	申诉问题		申诉件数		占比(%)	环比(%)	同比(%)
3	延误	包件	2	4	9.8	-50.0	-77.8
		函件	1				
		报刊	1				
4	损毁	函件	2	3	7.3	—	-25.0
		报刊	1				
5	收寄服务	函件	1	3	7.3	50	50
		包件	1				
		其他	1				
6	其他		2		4.9	100.0	—
合计			41		100	24.2	-42.3

三、快递服务申诉情况

(一)快递服务申诉总体情况

1.快递服务申诉问题情况

用户对快递服务申诉15609件,环比增长18.5%,同比下降42.4%(图4-28)。

用户对快递服务申诉的主要问题是快件损毁、快件丢失短少和投递服务,分别占申诉总量的25.9%、21.3%和20.9%。其中,环比增长明显的是投递服务问题(表4-27)。

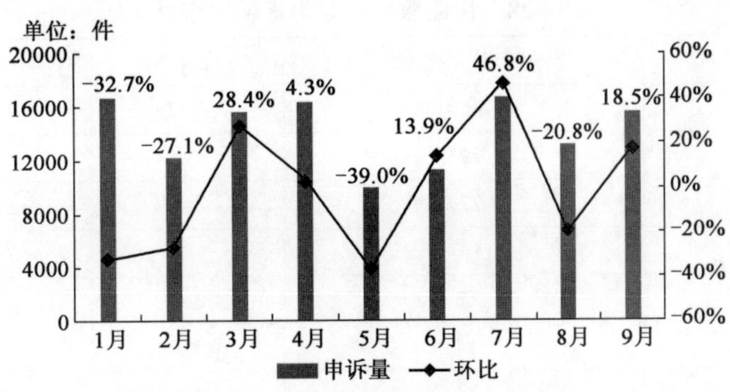

图4-28 9月快递服务问题申诉数量情况

表4-27 快递服务申诉情况统计

序号	申诉内容	申诉件数	占比(%)	环比(%)	同比(%)
1	损毁	4041	25.9	0.9	-35.3
2	丢失短少	3331	21.3	17.1	-26.5
3	投递服务	3259	20.9	28.7	-41.2
4	延误	3122	20.0	51.7	-50.4
5	收寄服务	1087	7.0	14.9	-54.8
6	违规收费	286	1.8	5.5	-38.1
7	代收货款	66	0.4	-2.9	-57.1
8	其他	417	2.7	-6.9	-47.7
合计		15609	100	18.5	-42.4

2.快递服务申诉主要问题二级原因情况

快件损毁申诉中主要占比是对企业赔偿金额不满,快件丢失短少申诉中主要占比是对企业赔偿金额不满,投递服务申诉中主要占比是虚假签收(图4-29)。

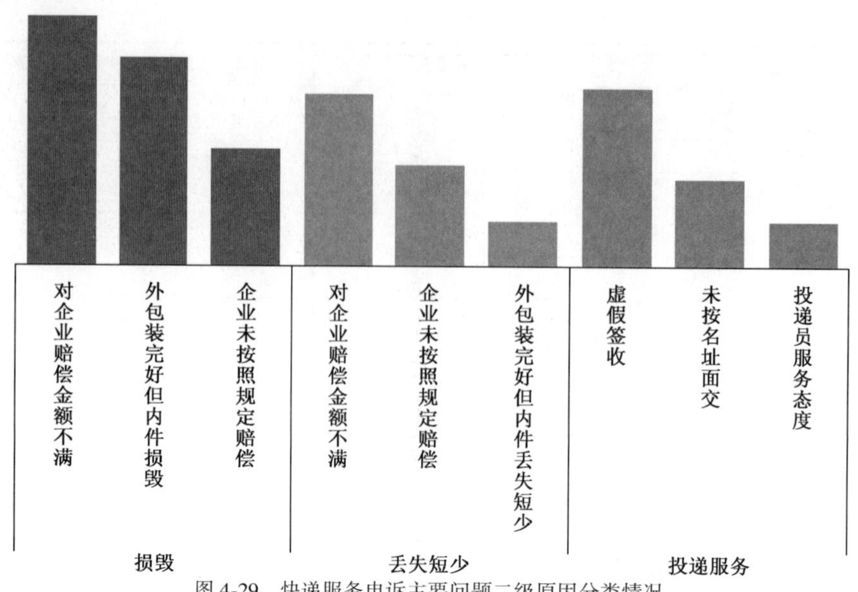

图 4-29　快递服务申诉主要问题二级原因分类情况

3.快递服务有效申诉问题情况

用户对快递服务有效申诉1270件，环比增长25.4%，同比下降35.8%。快递服务有效申诉的主要问题是投递服务、快件延误和快件丢失短少，分别占有效申诉总量的36.2%、23.1%和22.0%。其中，环比增长明显的是快件延误问题（表4-28）。

表 4-28　快递服务有效申诉情况统计

序号	申诉问题	有效申诉件数	占比(%)	环比(%)	同比(%)
1	投递服务	460	36.2	24.0	-21.6
2	延误	293	23.1	54.2	-56.3
3	丢失短少	279	22.0	12.1	-20.3
4	损毁	147	11.6	-2.7	-36.4
5	收寄服务	63	5.0	125.0	23.5
6	违规收费	14	1.1	27.3	-53.3
7	其他	14	1.1	40.0	-17.7
合计		1270	100	25.4	-35.8

（二）主要快递企业申诉情况

全国快递企业申诉率（百万件快件业务量）平均为1.81，有效申诉率平均为0.15。用户对快递企业申诉主要问题中，快件损毁申诉率平均为0.47，快件丢失短少申诉率平均为0.39，投递服务申诉率平均为0.38，快件延误申诉率平均为0.36（表4-29）。

表 4-29　主要快递企业申诉情况统计（单位：申诉件数/百万件快件业务量）

序号	企业名称	申诉率	主要问题申诉率分布				有效申诉率
			损毁	丢失短少	投递服务	延误	
1	百世快递	1.21	0.18	0.29	0.35	0.26	0.01
2	DHL	13.98	1.18	2.61	1.66	2.61	0.24
3	德邦快递	7.53	4.43	1.13	0.50	0.65	0.69
4	递四方	4.97	0.33	1.19	0.40	2.57	0.51
5	EMS	2.74	0.40	0.84	0.50	0.76	0.48
6	FedEx	10.3	1.03	1.65	1.24	2.68	1.44

续上表

序号	企业名称	申诉率	主要问题申诉率分布				有效申诉率
			损毁	丢失短少	投递服务	延误	
7	极兔速递	7.26	0.59	0.91	2.68	2.44	1.44
8	京东快递	1.18	0.36	0.25	0.31	0.14	0.02
9	跨越速运	2.03	0.66	0.07	0.04	0.78	0.55
10	民航快递	3.41	—	1.14	1.14	—	—
11	申通快递	0.94	0.16	0.24	0.22	0.10	0.004
12	顺丰速运	4.02	2.49	0.81	0.15	0.34	0.03
13	苏宁易购	0.17	—	0.09	—	0.04	—
14	速尔	5.96	0.82	0.73	1.55	1.63	1.14
15	天天快递	3.29	0.49	0.96	0.69	0.75	1.54
16	UPS	17.7	0.79	3.93	1.97	5.11	3.54
17	优速	8.08	2.69	1.18	1.84	1.84	0.76
18	圆通速递	1.33	0.25	0.40	0.33	0.19	0.01
19	韵达快递	0.68	0.09	0.15	0.15	0.10	0.003
20	宅急送	22.26	1.62	3.24	7.77	8.26	1.86
21	中通快递	0.39	0.07	0.09	0.13	0.04	0.001
22	中外运-空运	0.52	0.05	—	0.05	0.26	0.16
全国平均		1.81	0.47	0.39	0.38	0.36	0.15

注:按企业名称拼音首字母升序排列。

(三)省级区域快递服务申诉情况

省级区域快递服务申诉率(百万件快件业务量)平均为1.00,有效申诉率平均为0.08。省级区域快递服务申诉主要问题中,快件损毁申诉率平均为0.26,快件丢失短少申诉率平均为0.21,投递服务申诉率平均为0.21,快件延误申诉率平均为0.20(表4-30)。

表4-30 省级区域快递服务申诉情况统计(单位:申诉件数/百万件快件业务量)

序号	地区	申诉率	主要问题申诉率分布				有效申诉率
			损毁	丢失短少	投递服务	延误	
1	北京	1.47	0.43	0.38	0.27	0.28	0.11
2	天津	0.79	0.21	0.14	0.18	0.17	0.08
3	河北	0.66	0.20	0.13	0.11	0.13	0.02
4	山西	0.71	0.15	0.18	0.17	0.12	0.15
5	内蒙古	0.97	0.29	0.25	0.09	0.16	0.02
6	辽宁	1.40	0.41	0.41	0.19	0.23	0.06
7	吉林	1.30	0.41	0.32	0.19	0.27	0.07
8	黑龙江	1.34	0.44	0.38	0.21	0.20	0.16
9	上海	1.14	0.25	0.24	0.30	0.18	0.08
10	江苏	1.17	0.32	0.23	0.22	0.27	0.09
11	浙江	0.61	0.15	0.15	0.15	0.08	0.11
12	安徽	1.05	0.24	0.27	0.24	0.23	0.04
13	福建	1.22	0.32	0.27	0.28	0.27	0.07

续上表

序号	地区	申诉率	主要问题申诉率分布				有效申诉率
			损毁	丢失短少	投递服务	延误	
14	江西	0.63	0.18	0.19	0.14	0.09	0.05
15	山东	1.20	0.32	0.23	0.28	0.22	0.05
16	河南	0.76	0.22	0.14	0.23	0.12	0.05
17	湖北	1.09	0.27	0.23	0.28	0.22	0.22
18	湖南	0.90	0.19	0.15	0.21	0.16	0.09
19	广东	0.92	0.21	0.18	0.17	0.21	0.05
20	广西	0.78	0.22	0.13	0.16	0.15	0.08
21	海南	1.11	0.25	0.29	0.31	0.08	0.10
22	重庆	0.76	0.20	0.10	0.15	0.17	0.04
23	四川	1.08	0.35	0.23	0.18	0.24	0.04
24	贵州	2.43	0.57	0.54	0.70	0.37	0.53
25	云南	1.24	0.44	0.28	0.19	0.22	0.04
26	西藏	7.08	3.09	2.00	0.18	1.45	0.36
27	陕西	1.11	0.32	0.22	0.21	0.28	0.06
28	甘肃	1.61	0.46	0.34	0.25	0.39	0.34
29	青海	1.48	0.67	0.33	0.33	0.10	0.10
30	宁夏	0.64	0.19	0.11	0.16	0.13	0.11
31	新疆	5.69	0.75	0.77	1.41	2.42	0.15
平均		1.00	0.26	0.21	0.21	0.20	0.08

（四）主要快递企业申诉处理工作综合指数情况

22家主要快递企业申诉处理工作综合指数平均为92.26，高于平均数的快递企业有13家，低于平均数的有9家（表4-31）。

表4-31　主要快递企业申诉处理工作评价

序号	企业名称	申诉处理工作综合指数	序号	企业名称	申诉处理工作综合指数
1	民航快递	100	12	中通快递	94.10
2	苏宁易购	100	13	京东快递	93.21
3	宅急送	99.31	14	天天快递	91.21
4	UPS	98.77	15	百世快递	88.58
5	FedEx	96.10	16	递四方	88.38
6	德邦快递	96.00	17	优速	88.08
7	申通快递	95.93	18	跨越速运	86.89
8	顺丰速运	95.85	19	极兔速递	85.75
9	DHL	95.72	20	EMS	85.34
10	韵达快递	95.11	21	速尔	84.00
11	圆通速递	94.64	22	中外运-空运	76.64
平均值：92.26					

注：1.申诉处理工作综合指数，是对企业申诉处理工作质量的综合评价，根据企业申诉处理工作水平由高到低排序。综合指数相同时，按企业名称拼音首字母升序排列。

2.综合指数考核参数包含一次结案率、逾期率、企业答复不规范率、企业答复不属实率、工作满意率等五个指标（数据来源于系统自动生成）。

四、省级邮政管理机构申诉处理工作综合指数情况

省级邮政管理机构申诉处理工作综合指数平均为96.23，高于全国平均数的地区有17个，低于全国平均数的地区有14个（表4-32）。

表4-32 省级邮政管理机构申诉处理工作评价

序号	地 区	申诉处理工作综合指数	序号	地 区	申诉处理工作综合指数
1	宁夏	100	17	浙江	96.81
2	青海	100	18	湖南	96.22
3	甘肃	99.77	19	重庆	96.01
4	江西	99.70	20	内蒙古	95.84
5	湖北	99.50	21	福建	95.38
6	四川	99.16	22	北京	95.08
7	贵州	99.00	23	海南	95.00
8	安徽	98.82	24	江苏	94.69
9	吉林	98.45	25	天津	93.01
10	黑龙江	98.40	26	上海	92.87
11	广西	98.34	27	陕西	92.62
12	辽宁	98.03	28	西藏	92.24
13	云南	97.95	29	新疆	92.06
14	山西	97.61	30	河南	92.00
15	山东	97.43	31	广东	83.81
16	河北	97.29			
平均值:96.23					

注：1.申诉处理工作综合指数，是对省级邮政管理机构申诉处理工作质量的综合评价，根据省级邮政管理机构申诉处理工作水平由高到低排序。综合指数相同时，按地区名称拼音首字母升序排列。

2.综合指数考核参数包含一次结案率、逾期率、正确率、工作满意率等四个指标（数据来源于系统自动生成）。

国家邮政局关于2020年10月邮政业用户申诉情况的通告

一、总体情况

1.2020年10月，国家邮政局和各省（区、市）邮政管理局通过"12305"邮政业用户申诉电话和申诉网站共处理申诉17632件，环比增长5.8%，同比下降18.5%。申诉中涉及邮政服务问题的513件，占总申诉量的2.9%，环比下降51.6%，同比增长52.2%；涉及快递服务问题的17119件，占总申诉量的97.1%，环比增长9.7%，同比下降19.6%（图4-30）。

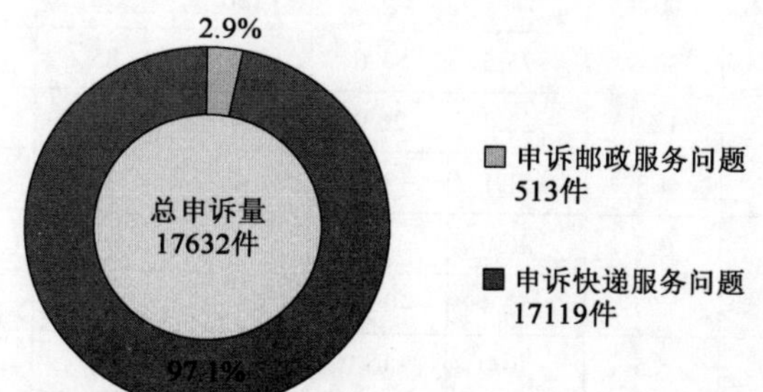

图4-30 10月国家邮政局和各省（区、市）邮政管理局通过"12305"邮政快递业消费者申诉情况

2.受理的申诉中有效申诉(确定企业责任的)为1495件,环比增长14.0%,同比下降20.4%。有效申诉中涉及邮政服务问题的59件,占有效申诉量的3.9%,环比增长43.9%,同比下降22.4%;涉及快递服务问题的1436件,占有效申诉量的96.1%,环比增长13.1%,同比下降20.4%(图4-31)。

3.用户对邮政管理机构有效申诉处理工作满意率为98.2%,对邮政企业有效申诉处理满意率为95.4%,对快递企业有效申诉处理满意率为94.7%。

4.邮政快递企业对省级邮政管理机构转办的申诉均能按规定时限回复。

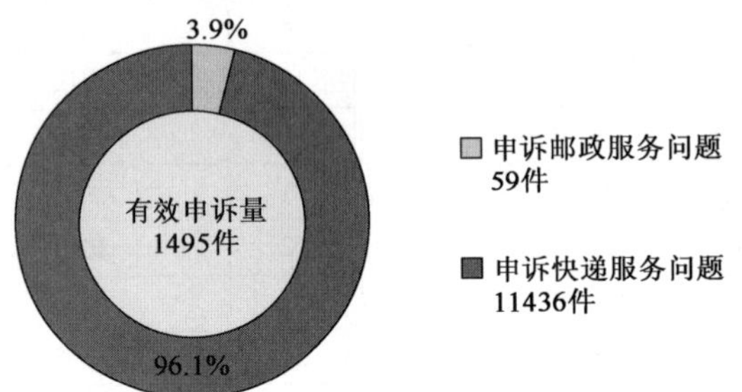

图4-31　10月邮政快递业消费者申诉中有效申诉占比情况

二、邮政服务申诉情况

1.邮政服务申诉问题情况

用户对邮政服务问题申诉513件,环比下降51.6%,同比增长52.2%(图4-32)。

用户对邮政服务申诉的主要问题是投递服务、邮件延误和邮件丢失短少,分别占申诉总量的40.9%、30.8%和12.9%。其中,环比下降明显的是邮件延误问题(表4-33)。

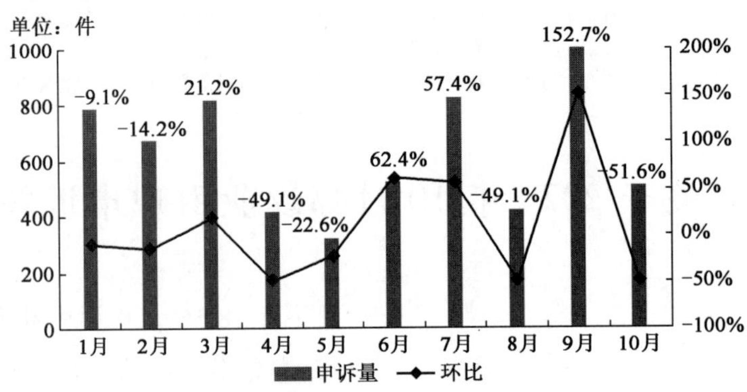

图4-32　10月邮政服务问题申诉数量情况

表4-33　邮政服务问题申诉量情况统计

序号	申诉内容	申诉件数	占比(%)	环比(%)	同比(%)	函件	包件	汇兑	报刊	集邮	其他
1	投递服务	210	40.9	7.1	156.1	136	52	0	7	1	14
2	延误	158	30.8	-75.5	81.6	44	85	0	1	6	22
3	丢失短少	66	12.9	-22.4	26.9	17	44	0	2	0	3
4	收寄服务	22	4.3	-51.1	-38.9	4	12	0	1	2	3
5	损毁	19	3.7	-26.9	-13.6	8	10	0	0	0	1
6	违规收费	10	2	-52.4	400.0	1	8	0	0	0	1
7	其他	28	5.5	-30.0	-15.2	5	6	1	0	6	10
合计		513	100	-51.6	52.2	213	217	1	11	15	54

2.邮政服务申诉主要问题二级原因情况

投递服务申诉中主要占比是虚假签收,邮件延误申诉中主要占比是中转或运输延误,邮件丢失短少申诉中主要占比是对企业赔偿金额不满(图4-33)。

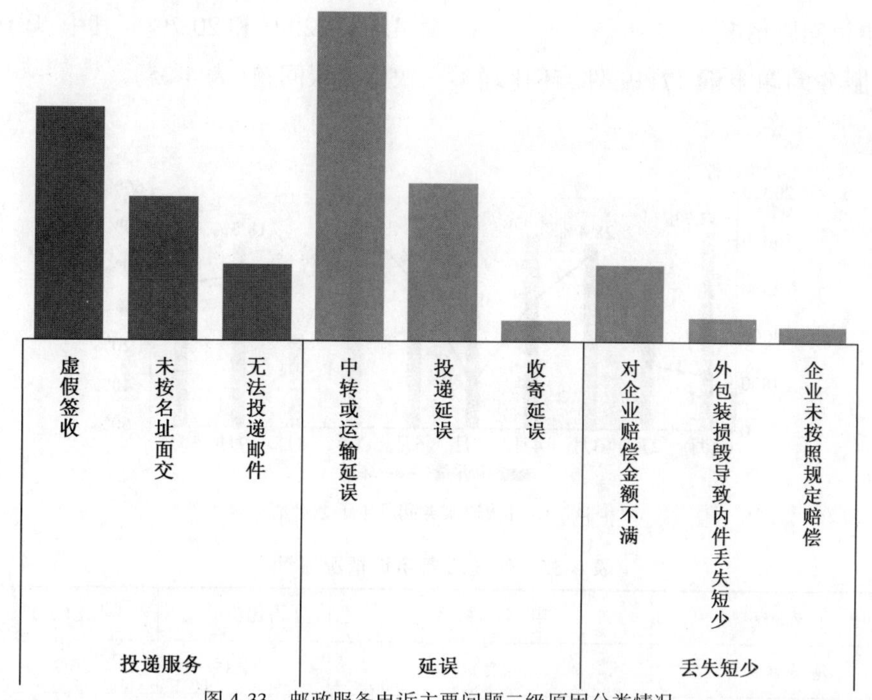

图4-33 邮政服务申诉主要问题二级原因分类情况

3.邮政服务有效申诉问题情况

用户对邮政服务问题有效申诉59件,环比增长43.9%,同比下降22.4%。邮政服务有效申诉的主要问题是投递服务、邮件延误和邮件丢失短少,分别占有效申诉总量的40.7%、28.8%和18.6%。其中,环比增长明显的是邮件延误问题(表4-34)。

表4-34 邮政服务有效申诉情况统计

<table>
<tr><th>序号</th><th colspan="2">申诉问题</th><th colspan="2">申诉件数</th><th>占比(%)</th><th>环比(%)</th><th>同比(%)</th></tr>
<tr><td rowspan="3">1</td><td rowspan="3">投递服务</td><td>函件</td><td>19</td><td rowspan="3">24</td><td rowspan="3">40.7</td><td rowspan="3">50.0</td><td rowspan="3">41.2</td></tr>
<tr><td>报刊</td><td>4</td></tr>
<tr><td>包件</td><td>1</td></tr>
<tr><td rowspan="5">2</td><td rowspan="5">延误</td><td>函件</td><td>7</td><td rowspan="5">17</td><td rowspan="5">28.8</td><td rowspan="5">325.0</td><td rowspan="5">-22.7</td></tr>
<tr><td>包件</td><td>6</td></tr>
<tr><td>报刊</td><td>1</td></tr>
<tr><td>集邮</td><td>1</td></tr>
<tr><td>其他</td><td>2</td></tr>
<tr><td rowspan="4">3</td><td rowspan="4">丢失短少</td><td>函件</td><td>4</td><td rowspan="4">11</td><td rowspan="4">18.6</td><td rowspan="4">-15.4</td><td rowspan="4">-38.9</td></tr>
<tr><td>包件</td><td>4</td></tr>
<tr><td>报刊</td><td>2</td></tr>
<tr><td>其他</td><td>1</td></tr>
<tr><td rowspan="2">4</td><td rowspan="2">损毁</td><td>函件</td><td>3</td><td rowspan="2">4</td><td rowspan="2">6.8</td><td rowspan="2">33.3</td><td rowspan="2">0.0</td></tr>
<tr><td>包件</td><td>1</td></tr>
<tr><td>5</td><td>收寄服务</td><td>包件</td><td>3</td><td>3</td><td>7.3</td><td>50</td><td>50</td></tr>
<tr><td colspan="3">合计</td><td colspan="2">59</td><td>100</td><td>43.9</td><td>-22.4</td></tr>
</table>

三、快递服务申诉情况

(一)快递服务申诉总体情况

1.快递服务申诉问题情况

用户对快递服务问题申诉 17119 件，环比增长 9.7%，同比下降 19.6%(图 4-34)。

用户对快递服务申诉的主要问题是快件延误、快件丢失短少和快件损毁，分别占申诉总量的 24.8%、22.9%和 20.7%。其中，环比增长明显的是快件延误问题(表 4-35)。

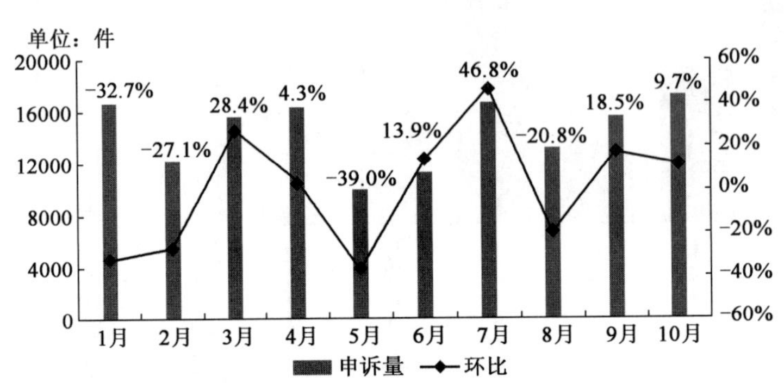

图 4-34 10 月快递服务问题申诉数量情况

表 4-35 快递服务申诉情况统计

序号	申诉内容	申诉件数	占比(%)	环比(%)	同比(%)
1	延误	4251	24.8	36.2	-11.6
2	丢失短少	3925	22.9	17.8	9.1
3	损毁	3542	20.7	-12.4	-38.6
4	投递服务	3510	20.5	7.7	3.3
5	收寄服务	1178	6.9	8.4	18.4
6	违规收费	236	1.4	-17.5	-8.2
7	代收货款	49	0.3	-25.8	-68.8
8	其他	428	2.5	2.6	-69.8
合计		17119	100	9.7	-19.6

2.快递服务申诉主要问题二级原因情况

快件延误申诉中主要占比是中转或运输延误，快件丢失短少申诉中主要占比是对企业赔偿金额不满，快件损毁申诉中主要占比是对企业赔偿金额不满(图 4-35)。

3.快递服务有效申诉问题情况

用户对快递服务有效申诉 1436 件，环比增长 13.1%，同比下降 20.4%。快递服务有效申诉的主要问题是投递服务、快件丢失短少和快件延误，分别占有效申诉总量的 31.4%、26.5%和 25.1%。其中，环比增长明显的是快件丢失短少问题(表 4-36)。

(二)主要快递企业申诉情况

全国快递企业申诉率(百万件快件业务量)平均为 1.94，有效申诉率平均为 0.16。用户对快递企业申诉主要问题中，快件延误申诉率平均为 0.48，快件丢失短少申诉率平均为 0.44，快件损毁申诉率平均为 0.40，投递服务申诉率平均为 0.40(表 4-37)。

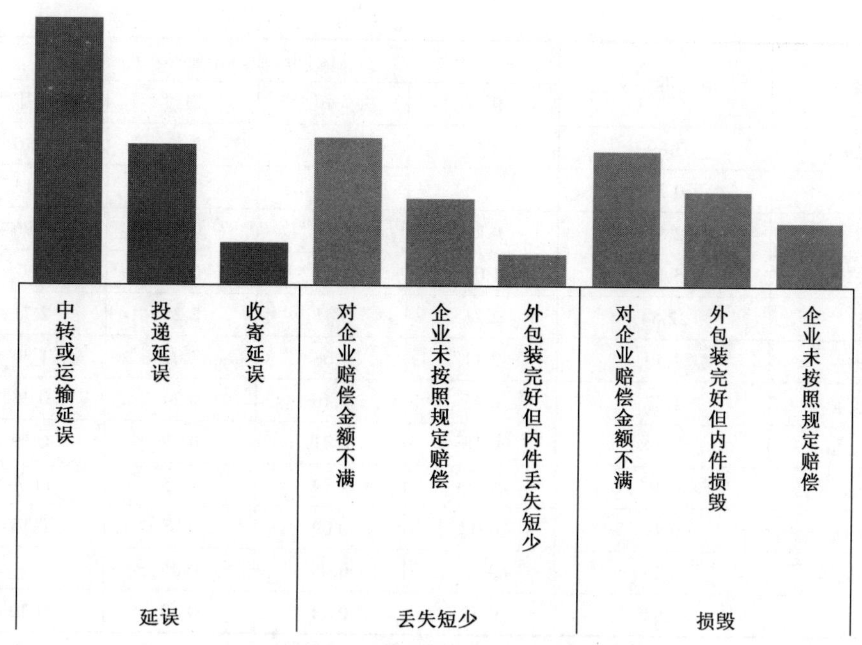

图 4-35 快递服务申诉主要问题二级原因分类情况

表 4-36 快递服务有效申诉情况统计

序号	申诉问题	有效申诉件数	占比(%)	环比(%)	同比(%)
1	投递服务	451	31.4	-2.0	-1.5
2	丢失短少	380	26.5	36.2	-16.1
3	延误	360	25.1	22.9	-36.4
4	损毁	157	10.9	6.8	-24.9
5	收寄服务	54	3.8	-14.3	1.9
6	违规收费	13	0.9	-7.1	116.7
7	代收货款	1	0.1	—	-94.4
8	其他	20	1.4	42.9	300.0
合计		1436	100	13.1	-20.4

表 4-37 主要快递企业申诉情况统计(单位:申诉件数/百万件快件业务量)

序号	企业名称	申诉率	主要问题申诉率分布				有效申诉率
			延误	丢失短少	损毁	投递服务	
1	百世快递	1.73	0.50	0.47	0.17	0.41	0.01
2	德邦快递	5.74	0.79	1.06	3.08	0.39	0.51
3	递四方	1.08	0.51	0.14	0.12	0.20	0.04
4	DHL	10.42	2.91	0.97	1.94	1.21	1.94
5	EMS	2.74	0.80	0.91	0.39	0.46	0.58
6	FedEx	12.82	3.26	0.7	0.93	2.33	0.70
7	极兔速递	6.60	2.52	0.91	0.41	2.28	1.13
8	京东快递	1.29	0.23	0.33	0.37	0.18	—
9	跨越速运	2.75	1.06	0.05	0.96	0.19	0.87
10	民航快递	—	—	—	—	—	—
11	申通快递	1.07	0.22	0.27	0.19	0.20	0.01

续上表

序号	企业名称	申诉率	主要问题申诉率分布				有效申诉率
			延误	丢失短少	损毁	投递服务	
12	顺丰速运	3.89	0.48	0.88	2.17	0.16	0.03
13	苏宁易购	0.21	—	—	—	0.13	—
14	速尔	2.88	0.79	0.17	0.61	0.96	0.87
15	天天快递	5.14	1.01	1.82	0.62	0.92	2.31
16	UPS	22.54	2.71	5.41	2.25	2.71	3.16
17	优速	7.59	2.11	1.68	2.01	1.36	0.64
18	圆通速递	1.67	0.42	0.46	0.24	0.38	0.01
19	韵达快递	0.89	0.18	0.21	0.09	0.19	0.003
20	宅急送	32.93	13.73	4.34	1.65	11.77	0.83
21	中通快递	0.49	0.07	0.09	0.08	0.15	0.002
22	中外运-空运	0.23	0.05	0.05	0.05	—	—
全国平均		1.94	0.48	0.44	0.40	0.40	0.16

注：1.按企业名称拼音首字母升序排列。
2.本月无民航快递申诉。

（三）省级区域快递服务申诉情况

省级区域快递服务申诉率（百万件快件业务量）平均为1.06，有效申诉率平均为0.09。省级区域快递服务申诉主要问题中，快件延误申诉率平均为0.26，快件丢失短少申诉率平均为0.24，快件损毁申诉率平均为0.22，投递服务申诉率平均为0.22（表4-38）。

表4-38 省级区域快递服务申诉情况统计（单位：申诉件数/百万件快件业务量）

序号	地区	申诉率	主要问题申诉率分布				有效申诉率
			延误	丢失短少	损毁	投递服务	
1	北京	2.02	0.56	0.44	0.45	0.41	0.14
2	天津	0.96	0.38	0.15	0.19	0.22	0.17
3	河北	0.79	0.19	0.16	0.15	0.19	0.02
4	山西	0.81	0.18	0.22	0.18	0.14	0.19
5	内蒙古	1.06	0.18	0.30	0.30	0.11	0.05
6	辽宁	1.39	0.31	0.44	0.31	0.19	0.07
7	吉林	1.21	0.30	0.35	0.24	0.25	0.16
8	黑龙江	1.38	0.39	0.29	0.32	0.26	0.16
9	上海	1.24	0.21	0.28	0.26	0.31	0.09
10	江苏	1.38	0.41	0.27	0.32	0.21	0.12
11	浙江	0.54	0.12	0.14	0.11	0.12	0.08
12	安徽	1.03	0.26	0.22	0.21	0.22	0.06
13	福建	1.18	0.29	0.32	0.25	0.23	0.08
14	江西	0.71	0.13	0.20	0.11	0.21	0.11
15	山东	1.27	0.30	0.29	0.25	0.26	0.07
16	河南	0.89	0.14	0.22	0.18	0.25	0.05
17	湖北	1.59	0.36	0.39	0.27	0.42	0.27
18	湖南	0.88	0.19	0.19	0.15	0.21	0.09

续上表

序号	地区	申诉率	主要问题申诉率分布				有效申诉率
			延误	丢失短少	损毁	投递服务	
19	广东	0.83	0.21	0.17	0.16	0.16	0.04
20	广西	1.04	0.25	0.17	0.20	0.24	0.07
21	海南	1.29	0.17	0.30	0.39	0.36	0.13
22	重庆	0.99	0.35	0.16	0.21	0.14	0.09
23	四川	1.27	0.34	0.30	0.30	0.23	0.03
24	贵州	1.99	0.38	0.60	0.41	0.38	0.53
25	云南	1.37	0.47	0.33	0.31	0.20	0.09
26	西藏	6.62	1.36	2.38	1.36	0.68	0.68
27	陕西	1.69	0.44	0.42	0.43	0.32	0.17
28	甘肃	1.69	0.33	0.39	0.65	0.22	0.28
29	青海	1.86	0.50	0.54	0.54	0.14	0.09
30	宁夏	0.57	0.20	0.15	0.10	0.12	0.05
31	新疆	8.42	2.56	1.65	1.00	2.77	0.30
平均		1.06	0.26	0.24	0.22	0.22	0.09

(四)主要快递企业申诉处理工作综合指数情况

21家主要快递企业申诉处理工作综合指数平均为94.19,高于平均数的快递企业有14家,低于平均数的有7家(表4-39)。

表4-39 主要快递企业申诉处理工作评价

序号	企业名称	申诉处理工作综合指数	序号	企业名称	申诉处理工作综合指数
1	苏宁易购	100	12	速尔	95.09
2	德邦快递	99.12	13	递四方	94.83
3	UPS	99.05	14	中外运-空运	94.60
4	宅急送	98.96	15	中通快递	94.04
5	FedEx	97.93	16	优速	92.59
6	百世快递	96.51	17	申通快递	92.52
7	顺丰速运	96.45	18	极兔速递	86.78
8	京东快递	96.19	19	跨越速运	86.38
9	韵达快递	96.16	20	DHL	84.60
10	天天快递	95.85	21	EMS	84.50
11	圆通速递	95.83			
平均值:94.19					

注:1.申诉处理工作综合指数,是对企业申诉处理工作质量的综合评价,根据企业申诉处理工作水平由高到低排序。综合指数相同时,按企业名称拼音首字母升序排列。
2.综合指数考核参数包含一次结案率、逾期率、企业答复不规范率、企业答复不属实率、工作满意率等五个指标(数据来源于系统自动生成)。
3.因本月无民航快递申诉,所以综合指数不做排名。

四、省级邮政管理机构申诉处理工作综合指数情况

省级邮政管理机构申诉处理工作综合指数平均为96.03,高于全国平均数的地区有19个,低于全国平均数的地区有12个(表4-40)。

表 4-40 省级邮政管理机构申诉处理工作评价

序号	地 区	申诉处理工作综合指数	序号	地 区	申诉处理工作综合指数
1	湖北	99.20	17	山东	96.60
2	安徽	99.18	18	广西	96.58
3	云南	98.90	19	福建	96.48
4	四川	98.70	20	山西	95.54
5	重庆	98.66	21	内蒙古	95.06
6	甘肃	98.60	22	湖南	95.00
7	吉林	98.41	23	西藏	95.00
8	河南	98.19	24	新疆	94.48
9	江西	97.94	25	广东	94.45
10	浙江	97.81	26	江苏	94.16
11	辽宁	97.80	27	陕西	93.96
12	黑龙江	97.66	28	宁夏	93.31
13	河北	97.59	29	上海	92.83
14	贵州	97.39	30	海南	92.00
15	天津	97.01	31	北京	81.52
16	青海	96.99			
平均值:96.03					

注:1.申诉处理工作综合指数,是对省级邮政管理机构申诉处理工作质量的综合评价,根据省级邮政管理机构申诉处理工作水平由高到低排序。综合指数相同时,按地区名称拼音首字母升序排列。

2.综合指数考核参数包含一次结案率、逾期率、正确率、工作满意率等四个指标(数据来源于系统自动生成)。

国家邮政局关于2020年11月邮政业用户申诉情况的通告

一、总体情况

1.2020年11月,国家邮政局和各省(区、市)邮政管理局通过"12305"邮政业用户申诉电话和申诉网站共处理申诉22164件,环比增长25.7%,同比增长5.1%。申诉中涉及邮政服务问题的772件,占总申诉量的3.5%,环比增长50.5%,同比增长21.8%;涉及快递服务问题的21392件,占总申诉量的96.5%,环比增长25.0%,同比增长4.6%(图4-36)。

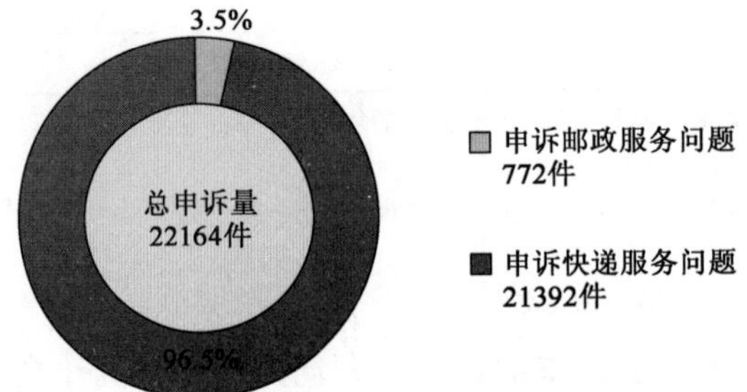

图4-36 11月国家邮政局和各省(区、市)邮政管理局通过"12305"邮政快递业消费者申诉情况

2.受理的申诉中有效申诉(确定企业责任的)为2503件,环比增长67.4%,同比增长10.7%。有效申诉中涉及邮政服务问题的147件,占有效申诉量的5.9%,环比增长149.2%,同比增长86.1%;

涉及快递服务问题的2356件,占有效申诉量的94.1%,环比增长64.1%,同比增长8.0%(图4-37)。

3.用户对邮政管理机构有效申诉处理工作满意率为97.5%,对邮政企业有效申诉处理满意率为96.7%,对快递企业有效申诉处理满意率为96.0%。

4.邮政快递企业对省级邮政管理机构转办的申诉未能按规定时限回复的有9件,与去年同期相比增加3件(表4-41)。

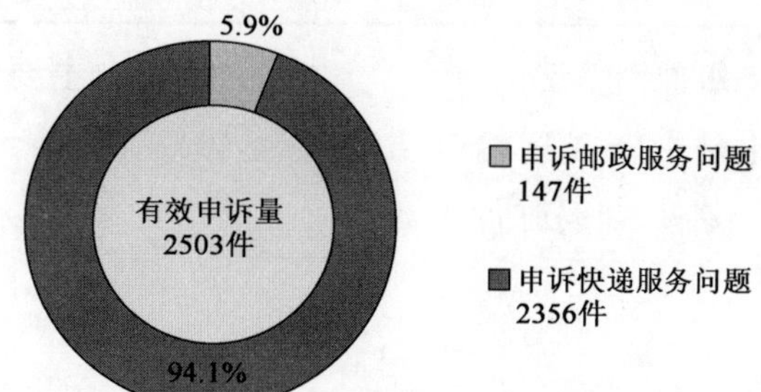

图4-37 11月邮政快递业消费者申诉中有效申诉占比情况

表4-41 邮政快递企业逾期情况(单位:件)

公司名称	天津	上海	福建	广西	甘肃	合计
中国邮政	1				2	3
百世快递			2			2
其他		1		3		4
合计	1	1	2	3	2	9

二、邮政服务申诉情况

1.邮政服务申诉问题情况

用户对邮政服务问题申诉772件,环比增长50.5%,同比增长21.8%(图4-38)。

用户对邮政服务申诉的主要问题是邮件延误、投递服务和邮件丢失短少,分别占申诉总量的45.0%、29.4%和13.9%。其中,环比增长明显的是邮件延误和邮件丢失短少问题(表4-42)。

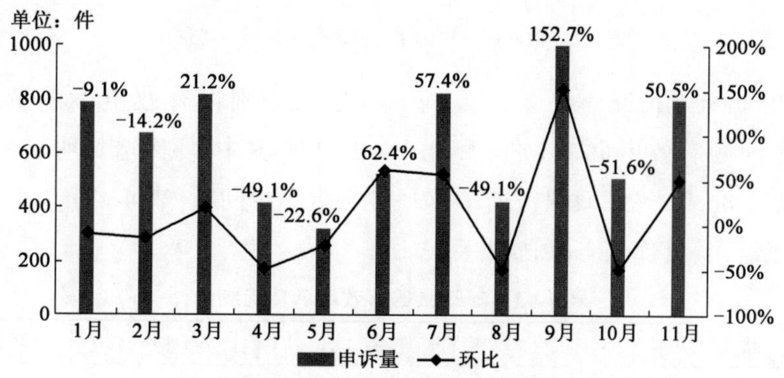

图4-38 11月邮政服务问题申诉数量情况

表4-42 邮政服务问题申诉量情况统计

序号	申诉内容	申诉件数	占比(%)	环比(%)	同比(%)	函件	包件	报刊	集邮	其他
1	延误	347	45.0	119.6	56.3	168	147	1	5	26
2	投递服务	227	29.4	8.1	34.3	173	23	7	4	20
3	丢失短少	107	13.9	62.1	18.9	26	52	20	0	9
4	收寄服务	21	2.7	-4.6	-58.0	7	5	7	1	1

续上表

序号	申诉内容	申诉件数	占比(%)	环比(%)	同比(%)	函件	包件	报刊	集邮	其他
5	损毁	20	2.6	5.3	-35.5	4	14	0	1	1
6	违规收费	5	0.7	-50.0	0.0	1	4	0	0	0
7	其他	45	5.8	60.7	-8.2	10	3	8	12	12
合计		772	100	50.5	21.8	389	248	43	23	69

2.邮政服务申诉主要问题二级原因情况

邮件延误申诉中主要占比是中转或运输延误，投递服务申诉中主要占比是虚假签收，邮件丢失短少申诉中主要占比是对企业赔偿金额不满（图4-39）。

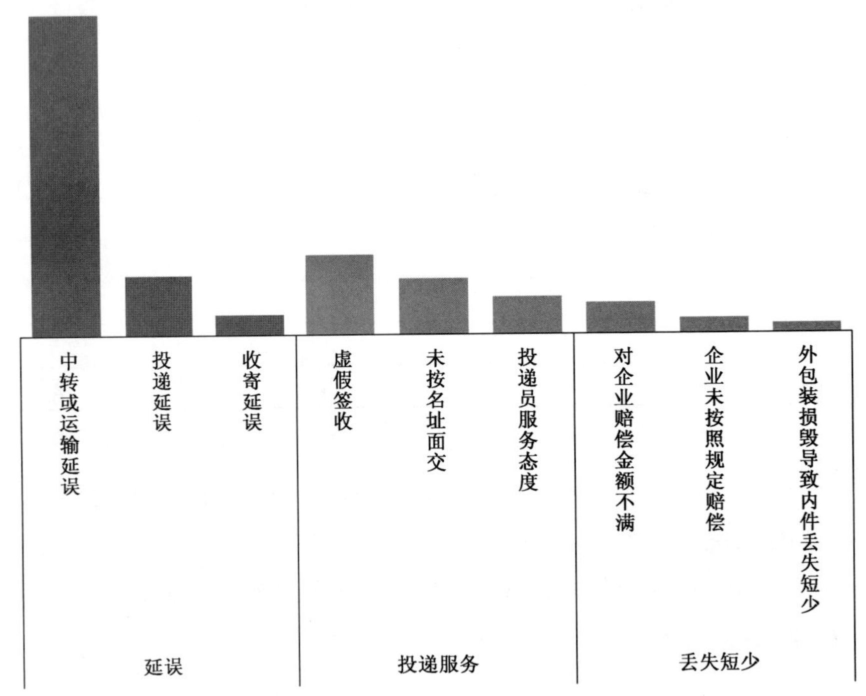

图4-39 邮政服务申诉主要问题二级原因分类情况

3.邮政服务有效申诉问题情况

用户对邮政服务问题有效申诉147件，环比增长149.2%，同比增长86.1%。邮政服务有效申诉的主要问题是邮件延误、投递服务和邮件丢失短少，分别占有效申诉总量的43.5%、24.5%和19.1%。其中，环比增长明显的是邮件延误和邮件丢失短少问题（表4-43）。

表4-43 邮政服务有效申诉情况统计

序号	申诉问题		申诉件数		占比(%)	环比(%)	同比(%)
1	延误	包件	38	64	43.5	276.5	178.3
		函件	20				
		报刊	1				
		其他	5				
2	投递服务	函件	17	36	24.5	50	33.3
		报刊	5				
		包件	3				

续上表

序号	申诉问题		申诉件数		占比(%)	环比(%)	同比(%)
2	投递服务	集邮	1	36	24.5	50	33.3
		其他	10				
3	丢失短少	报刊	18	28	19.1	154.6	47.4
		包件	7				
		函件	2				
		其他	1				
4	收寄服务	报刊	6	8	5.4	166.7	60
		函件	2				
5	损毁	包件	3	4	2.7	0	100
		函件	1				
6	违规收费	包件	1	1	0.7	—	—
7	其他		6		4.1	—	500
合计			147		100	149.2	86.1

三、快递服务申诉情况

(一)快递服务申诉总体情况

1.快递服务申诉问题情况

用户对快递服务问题申诉21392件,环比增长25.0%,同比增长4.6%(图4-40)。

用户对快递服务申诉的主要问题是快件丢失短少、投递服务和快件延误,分别占申诉总量的26.1%、23.5%和23.3%。其中,环比增长明显的是投递服务和快件丢失短少问题(表4-44)。

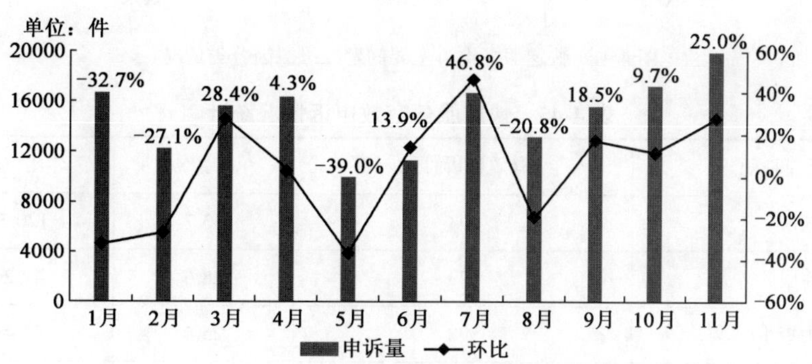

图4-40 11月快递服务问题申诉数量情况

表4-44 快递服务申诉情况统计

序号	申诉内容	申诉件数	占比(%)	环比(%)	同比(%)
1	丢失短少	5576	26.1	42.1	37.2
2	投递服务	5020	23.5	43.0	26.8
3	延误	4981	23.3	17.2	16.7
4	损毁	3676	17.2	3.8	-17.1
5	收寄服务	1366	6.4	16.0	22.8
6	违规收费	261	1.2	10.6	-4.7
7	代收货款	53	0.3	8.2	-59.2
8	其他	459	2.2	7.2	-71.0
合计		21392	100	25.0	4.6

2.快递服务申诉主要问题二级原因情况

快件丢失短少申诉中主要占比是对企业赔偿金额不满，投递服务申诉中主要占比是虚假签收，快件延误申诉中主要占比是中转或运输延误(图4-41)。

3.快递服务有效申诉问题情况

用户对快递服务有效申诉2356件，环比增长64.1%，同比增长8.0%。快递服务有效申诉的主要问题是快件延误、投递服务和快件丢失短少，分别占有效申诉总量的33.7%、28.6%和25.4%。其中，环比增长明显的是快件延误问题（表4-45）。

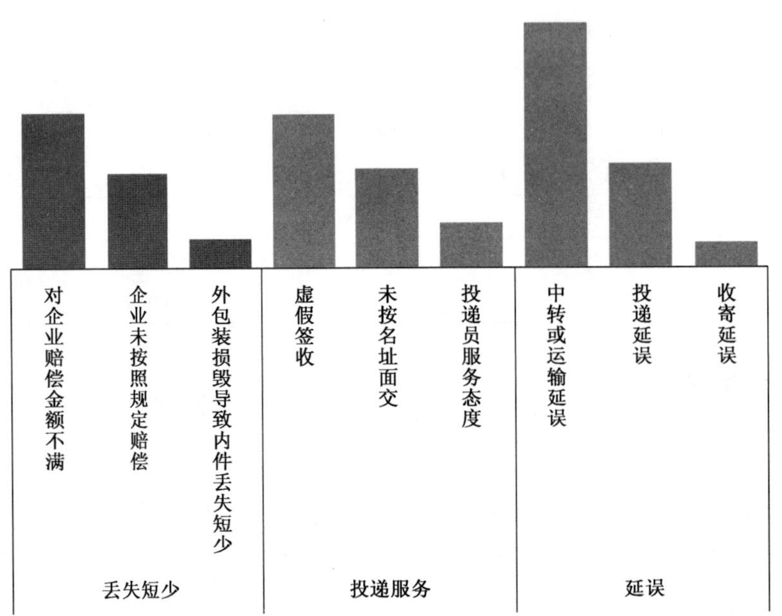

图4-41　快递服务申诉主要问题二级原因分类情况

表4-45　快递服务有效申诉情况统计

序号	申 诉 问 题	有效申诉件数	占比(%)	环比(%)	同比(%)
1	延误	793	33.7	120.3	13.0
2	投递服务	673	28.6	49.2	34.9
3	丢失短少	598	25.4	57.4	7.8
4	损毁	207	8.8	31.9	-20.1
5	违规收费	36	1.5	176.9	125.0
6	收寄服务	32	1.4	-40.7	-55.6
7	代收货款	1	0.04	0.0	-95.8
8	其他	16	0.7	-20.0	45.5
合计		2356	100	64.1	8.0

（二）主要快递企业申诉情况

全国快递企业申诉率(百万件快件业务量)平均为2.04，有效申诉率平均为0.22。用户对快递企业申诉主要问题中，快件丢失短少申诉率平均为0.53，投递服务申诉率平均为0.48，快件延误申诉率平均为0.48，快件损毁申诉率平均为0.35（表4-46）。

表 4-46 主要快递企业申诉情况统计表(单位:申诉件数/百万件快件业务量)

序号	企业名称	申诉率	主要问题申诉率分布				有效申诉率
			丢失短少	投递服务	延误	损毁	
1	百世快递	1.91	0.61	0.48	0.48	0.15	0.01
2	DHL	8.53	1.39	1.19	2.58	1.19	0.60
3	德邦快递	5.16	1.08	0.31	0.45	2.96	0.57
4	递四方	1.20	0.48	0.15	0.28	0.12	0.15
5	EMS	3.36	1.13	0.48	1.22	0.39	1.06
6	FedEx	14.57	2.53	2.11	3.59	2.53	1.48
7	极兔速递	3.85	0.67	1.53	1.13	0.26	0.42
8	京东快递	0.73	0.23	0.11	0.10	0.25	0.002
9	跨越速运	3.47	0.18	0.26	1.10	0.92	0.84
10	民航快递	3.80	—	1.27	1.27	—	—
11	申通快递	1.07	0.26	0.28	0.16	0.13	0.002
12	顺丰速运	2.88	0.74	0.13	0.38	1.49	0.03
13	苏宁易购	0.11	0.02	—	0.07	—	0.02
14	速尔	4.58	0.94	1.38	0.73	1.31	1.38
15	天天快递	5.05	2.08	0.73	1.31	0.57	2.15
16	UPS	12.61	2.21	1.89	5.04	0.63	0.63
17	优速	5.90	1.22	1.32	1.58	1.58	0.82
18	圆通速递	2.17	0.67	0.52	0.52	0.24	0.02
19	韵达快递	1.23	0.32	0.34	0.23	0.10	0.02
20	宅急送	30.46	3.92	12.23	10.71	1.68	1.84
21	中通快递	0.66	0.13	0.25	0.08	0.08	0.004
22	中外运-空运	0.10	0.03	—	0.03	—	—
全国平均		2.04	0.53	0.48	0.48	0.35	0.22

注:按企业名称拼音首字母升序排列。

(三)省级区域快递服务申诉情况

省级区域快递服务申诉率(百万件快件业务量)平均为1.13,有效申诉率平均为0.12。省级区域快递服务申诉主要问题中,快件丢失短少申诉率平均为0.29,投递服务申诉率平均为0.26,快件延误申诉率平均为0.26,快件损毁申诉率平均为0.19(表4-47)。

表 4-47 省级区域快递服务申诉情况统计(单位:申诉件数/百万件快件业务量)

序号	地区	申诉率	主要问题申诉率分布				有效申诉率
			丢失短少	投递服务	延误	损毁	
1	北京	2.73	0.72	0.57	0.97	0.34	0.61
2	天津	1.41	0.37	0.23	0.64	0.13	0.59
3	河北	0.93	0.27	0.17	0.26	0.12	0.02
4	山西	1.11	0.26	0.27	0.30	0.19	0.15
5	内蒙古	1.13	0.24	0.10	0.20	0.34	0.05
6	辽宁	1.57	0.47	0.25	0.35	0.33	0.10
7	吉林	1.54	0.53	0.28	0.38	0.27	0.32

续上表

序号	地　区	申　诉　率	主要问题申诉率分布				有效申诉率
			丢失短少	投递服务	延误	损毁	
8	黑龙江	1.56	0.52	0.25	0.38	0.34	0.27
9	上海	1.41	0.32	0.33	0.35	0.21	0.16
10	江苏	1.22	0.30	0.22	0.28	0.27	0.13
11	浙江	0.61	0.16	0.16	0.10	0.10	0.11
12	安徽	0.87	0.21	0.24	0.17	0.16	0.03
13	福建	1.15	0.30	0.26	0.26	0.24	0.15
14	江西	0.67	0.18	0.21	0.11	0.08	0.08
15	山东	1.80	0.46	0.43	0.50	0.26	0.09
16	河南	0.87	0.29	0.27	0.12	0.11	0.06
17	湖北	1.22	0.29	0.38	0.18	0.18	0.20
18	湖南	1.17	0.22	0.36	0.19	0.21	0.16
19	广东	0.72	0.17	0.18	0.14	0.13	0.04
20	广西	0.94	0.15	0.24	0.22	0.22	0.08
21	海南	1.28	0.29	0.34	0.28	0.26	0.03
22	重庆	1.00	0.19	0.15	0.31	0.21	0.04
23	四川	1.00	0.23	0.18	0.28	0.23	0.05
24	贵州	5.83	1.34	2.22	1.33	0.76	0.84
25	云南	1.12	0.37	0.17	0.31	0.24	0.07
26	西藏	5.66	2.12	0.85	0.99	1.56	0.71
27	陕西	1.51	0.58	0.22	0.37	0.28	0.08
28	甘肃	1.89	0.59	0.44	0.31	0.50	0.23
29	青海	1.59	0.72	0.20	0.28	0.40	0.16
30	宁夏	0.52	0.04	0.09	0.11	0.18	0.07
31	新疆	6.44	2.31	1.19	1.48	1.20	0.31
平均		1.13	0.29	0.26	0.26	0.19	0.12

(四)主要快递企业申诉处理工作综合指数情况

22家主要快递企业申诉处理工作综合指数平均为95.25,高于平均数的快递企业有11家,低于平均数的有11家(表4-48)。

表4-48　主要快递企业申诉处理工作评价

序号	企 业 名 称	申诉处理工作综合指数	序号	企 业 名 称	申诉处理工作综合指数
1	民航快递	100	10	DHL	95.59
2	苏宁易购	100	11	跨越速运	95.33
3	中外运-空运	100	12	圆通速递	95.24
4	德邦快递	99.12	13	速尔	95.17
5	天天快递	98.35	14	顺丰速运	95.12
6	宅急送	98.00	15	申通快递	95.07
7	京东快递	96.84	16	中通快递	94.69
8	UPS	96.45	17	递四方	94.60
9	FedEx	96.36	18	百世快递	93.85

续上表

序号	企业名称	申诉处理工作综合指数	序号	企业名称	申诉处理工作综合指数
19	韵达快递	92.71	21	优速	87.86
20	EMS	87.98	22	极兔速递	87.21
平均值:95.25					

注:1.申诉处理工作综合指数,是对企业申诉处理工作质量的综合评价,根据企业申诉处理工作水平由高到低排序。综合指数相同时,按企业名称拼音首字母升序排列。

2.综合指数考核参数包含一次结案率、逾期率、企业答复不规范率、企业答复不属实率、工作满意率等五个指标(数据来源于系统自动生成)。

四、省级邮政管理机构申诉处理工作综合指数情况

省级邮政管理机构申诉处理工作综合指数平均为96.16,高于全国平均数的地区有17个,低于全国平均数的地区有14个(表4-49)。

表4-49　省级邮政管理机构申诉处理工作评价

序号	地区	申诉处理工作综合指数	序号	地区	申诉处理工作综合指数
1	甘肃	99.92	17	内蒙古	96.46
2	贵州	99.70	18	新疆	95.48
3	江西	99.16	19	山西	95.25
4	辽宁	98.89	20	青海	95.00
5	湖北	98.59	21	西藏	95.00
6	四川	98.48	22	江苏	94.98
7	广西	98.13	23	云南	94.85
8	黑龙江	98.06	24	宁夏	94.25
9	吉林	97.96	25	福建	93.97
10	山东	97.58	26	天津	93.54
11	河北	97.57	27	广东	93.40
12	重庆	96.97	28	湖南	93.09
13	河南	96.89	29	安徽	92.82
14	浙江	96.89	30	陕西	92.76
15	北京	96.71	31	上海	92.00
16	海南	96.64			
平均值:96.16					

注:1.申诉处理工作综合指数,是对省级邮政管理机构申诉处理工作质量的综合评价,根据省级邮政管理机构申诉处理工作水平由高到低排序。综合指数相同时,按地区名称拼音首字母升序排列。

2.综合指数考核参数包含一次结案率、逾期率、正确率、工作满意率等四个指标(数据来源于系统自动生成)。

国家邮政局关于2020年12月邮政业用户申诉情况的通告

一、总体情况

1.2020年12月,国家邮政局和各省(区、市)邮政管理局通过"12305"邮政业用户申诉电话和申诉网站共处理申诉23152件,环比增长4.5%,同比下降9.9%。申诉中涉及邮政服务问题的853件,占总申诉量的3.7%,环比增长10.5%,同比下降1.4%;涉及快递服务问题的22299件,占总申诉量的96.3%,环比增长4.2%,同比下降10.2%(图4-42)。

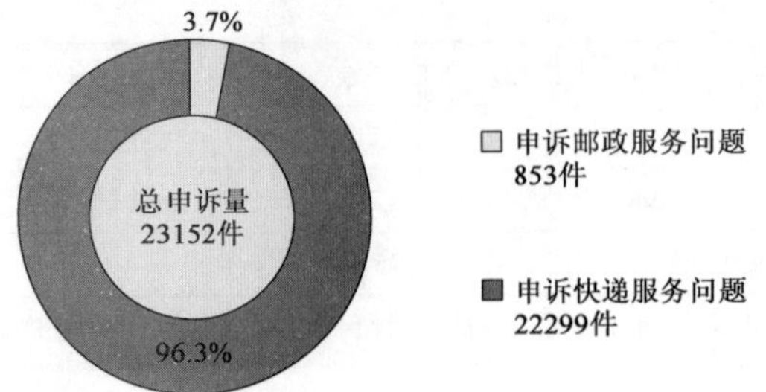

图 4-42　12 月国家邮政局和各省(区、市)邮政管理局通过“12305”邮政快递业消费者申诉情况

2.受理的申诉中有效申诉(确定企业责任的)为 2357 件,环比下降 5.8%,同比下降 27.6%。有效申诉中涉及邮政服务问题的 155 件,占有效申诉量的 6.6%,环比增长 5.4%,同比增长 61.5%;涉及快递服务问题的 2202 件,占有效申诉量的 93.4%,环比下降 6.5%,同比下降 30.3%(图 4-43)。

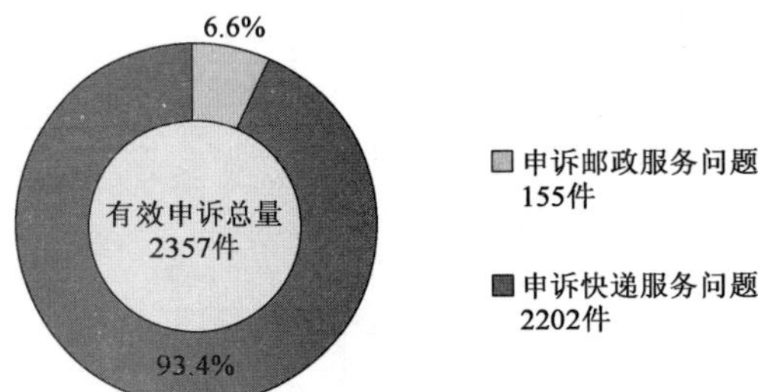

图 4-43　12 月邮政快递业消费者申诉中有效申诉占比情况

3.用户对邮政管理机构有效申诉处理工作满意率为 97.3%,对邮政企业有效申诉处理满意率为 96.8%,对快递企业有效申诉处理满意率为 94.9%。

4.邮政快递企业对省级邮政管理机构转办的申诉未能按规定时限回复的有 10 件,与去年同期相比增加 3 件(表 4-50)。

表 4-50　邮政快递企业逾期情况(单位:件)

序号	公司名称	北京	天津	吉林	上海	福建	广西	新疆	合计
1	中国邮政		1	1		1		1	4
2	其他	1			4		1		6
合计		1	1	1	4	1	1	1	10

二、邮政服务申诉情况

1.邮政服务申诉问题情况

用户对邮政服务问题申诉 853 件,环比增长 10.5%,同比下降 1.4%(图 4-44)。

邮政服务申诉的主要问题是投递服务、邮件延误和邮件丢失短少,分别占申诉总量的 36.1%、30.6%和 21.5%。其中,环比增长明显的是邮件丢失短少和投递服务问题(表 4-51)。

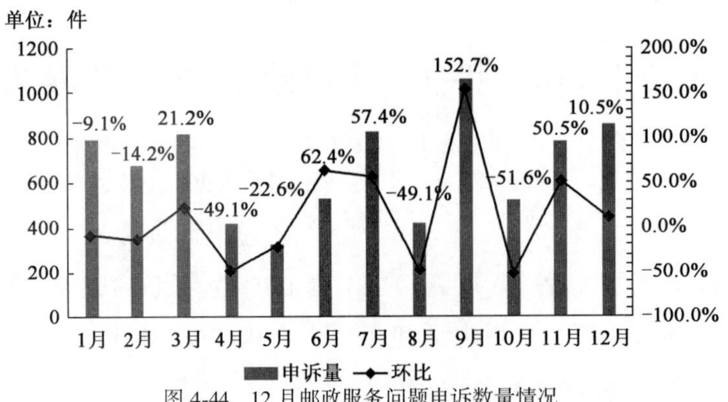

图 4-44　12 月邮政服务问题申诉数量情况

表 4-51 邮政服务问题申诉量情况统计

序号	申诉内容	申诉件数	占比(%)	环比(%)	同比(%)	函件	包件	报刊	集邮	其他
1	投递服务	308	36.1	35.7	31.6	239	38	18	3	10
2	延误	261	30.6	-24.8	-18.7	100	139	7	0	15
3	丢失短少	183	21.5	71.0	31.7	41	85	47	1	9
4	违规收费	29	3.4	480.0	81.2	1	28	0	0	0
5	收寄服务	26	3.0	23.8	-40.9	11	12	1	2	0
6	损毁	23	2.7	15.0	-32.4	5	13	0	4	1
7	其他	23	2.7	-48.9	-55.8	10	2	4	3	4
合计		853	100	10.5	-1.4	407	317	77	13	39

2.邮政服务申诉主要问题二级原因情况

投递服务中主要占比是虚假签收，邮件延误中主要占比是中转或运输延误，邮件丢失短少中主要占比是企业未按照规定赔偿(图 4-45)。

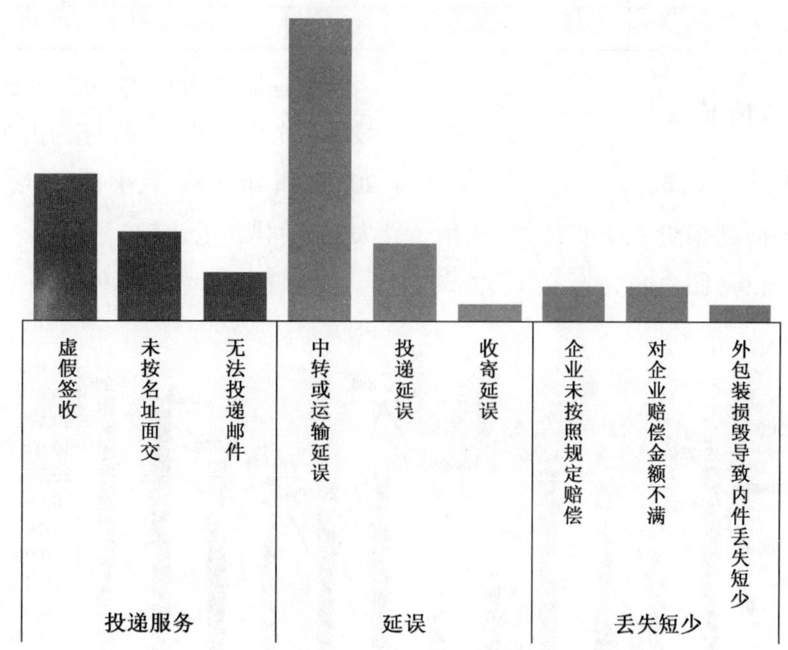

图 4-45 邮政服务申诉主要问题二级原因分类情况

3.邮政服务有效申诉问题情况

用户对邮政服务问题有效申诉 155 件，环比增长 5.4%，同比增长 61.5%。邮政服务有效申诉的主要问题是邮件丢失短少、邮件延误和投递服务，分别占有效申诉总量的 42.6%、27.7% 和 25.8%。其中，环比增长明显的是邮件丢失短少问题(表 4-52)。

表 4-52 邮政服务有效申诉情况统计

序号	申诉问题		申诉件数		占比(%)	环比(%)	同比(%)
1	丢失短少	报刊	47	66	42.6	135.7	153.8
		包件	11				
		函件	7				
		其他	1				
2	延误	包件	21	43	27.7	-32.8	16.2
		函件	17				

续上表

序号	申诉问题		申诉件数		占比(%)	环比(%)	同比(%)
2	延误	报刊	4	43	27.7	-32.8	16.2
		其他	1				
3	投递服务	函件	19	40	25.8	11.1	53.8
		报刊	15				
		包件	4				
		集邮	1				
		其他	1				
4	收寄服务	函件	1	2	1.3	75.0	—
		包件	1				
5	违规收费	包件	1	1	0.6	—	—
6	其他		3		1.9	-50.0	50.0
合计			155		100	5.4	61.5

三、快递服务申诉情况

（一）快递服务申诉总体情况

用户对快递服务问题申诉22299件，环比增长4.2%，同比下降10.2%（图4-46）。

快递服务申诉的主要问题是快件丢失短少、投递服务和快件延误，分别占申诉总量的32.0%、20.2%和20.0%。其中，环比增长明显的是快件丢失短少问题（表4-53）。

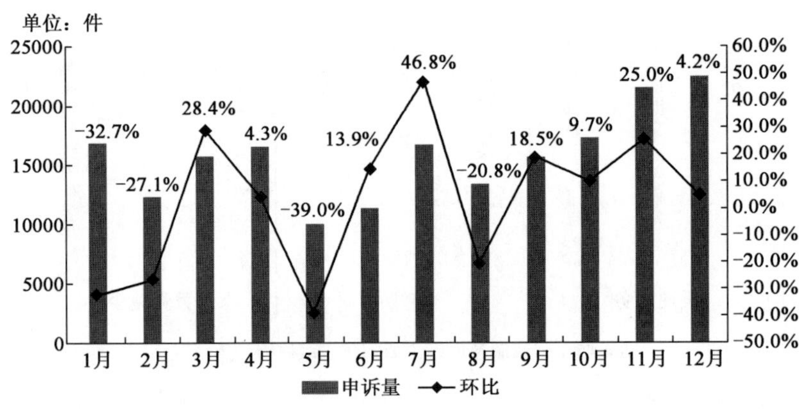

图4-46　12月快递服务问题申诉数量情况

表4-53　快递服务申诉情况统计

序号	申诉内容	申诉件数	占比(%)	环比(%)	同比(%)
1	丢失短少	7144	32.0	28.1	25.2
2	投递服务	4503	20.2	-10.3	-3.3
3	延误	4460	20.0	-10.5	-30.6
4	损毁	4071	18.3	10.7	-6.4
5	收寄服务	1349	6.0	-1.2	-0.5
6	违规收费	304	1.4	16.5	-0.3
7	代收货款	44	0.2	-17.0	-69.4
8	其他	424	1.9	-7.6	-69.1
合计		22299	100	4.2	-10.2

2.快递服务申诉主要问题二级原因情况

快件丢失短少中主要占比是对企业赔偿金额不满,投递服务中主要占比是虚假签收,快件延误中主要占比是中转或运输延误(图4-47)。

3.快递服务有效申诉问题情况

用户对快递服务问题有效申诉2202件,环比下降6.5%,同比下降30.3%。快递服务有效申诉的主要问题是快件丢失短少、快件延误和投递服务,分别占有效申诉总量的31.9%、29.2%和25.1%。其中,环比增长明显的是快件丢失短少问题(表4-54)。

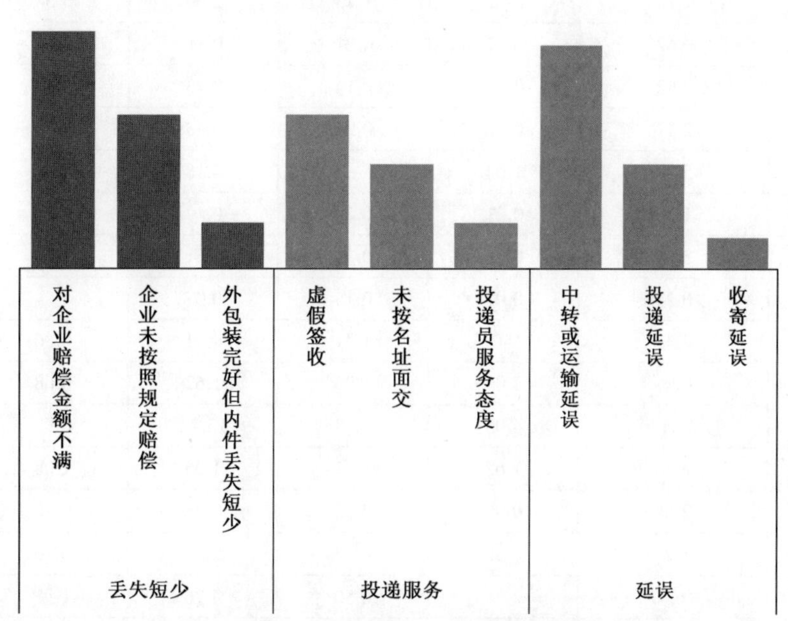

图4-47 快递服务申诉主要问题二级原因分来情况

表4-54 快递服务有效申诉情况统计

序号	申诉问题	有效申诉件数	占比(%)	环比(%)	同比(%)
1	丢失短少	703	31.9	17.6	1.6
2	延误	644	29.2	-18.8	-52.0
3	投递服务	552	25.1	-18.0	-18.7
4	损毁	217	9.9	4.8	-4.0
5	收寄服务	51	2.3	59.4	-21.5
6	违规收费	19	0.9	-47.2	35.7
7	代收货款	1	0.1	0.0	-98.0
8	其他	15	0.7	-6.2	25.0
合计		2202	100	-6.5	-30.3

(二)主要快递企业申诉情况

全国快递企业申诉率(百万件快件业务量)平均为2.24,有效申诉率平均为0.22。用户对快递企业申诉主要问题中,快件丢失短少申诉率平均为0.72,投递服务申诉率平均为0.45,快件延误申诉率平均为0.45,快件损毁申诉率平均为0.41(表4-55)。

表 4-55　主要快递企业申诉情况统计（单位：申诉件数/百万件快件业务量）

序号	企业名称	申诉率	主要问题申诉率分布				有效申诉率
			丢失短少	投递服务	延误	损毁	
1	百世快递	2.68	1.04	0.55	0.61	0.28	0.01
2	DHL	9.30	0.18	0.53	4.21	0.70	0.18
3	德邦快递	6.47	1.32	0.51	0.55	3.72	0.87
4	递四方	2.44	0.66	0.28	1.23	0.07	0.24
5	EMS	4.90	1.96	0.63	1.60	0.56	1.42
6	FedEx	7.15	0.72	1.25	2.50	0.54	0.89
7	极兔速递	0.62	0.17	0.21	0.11	0.07	0.06
8	京东快递	0.92	0.29	0.14	0.13	0.29	0.002
9	跨越速运	2.27	0.12	0.04	0.73	0.89	0.41
10	民航快递	5.22	1.04	—	4.18	—	—
11	申通快递	1.30	0.41	0.28	0.17	0.17	0.002
12	顺丰速运	3.36	0.94	0.25	0.31	1.70	0.02
13	苏宁易购	0.24	0.03	0.14	0.07	—	—
14	速尔	4.40	1.18	1.41	0.71	0.86	1.88
15	天天快递	6.94	3.05	1.03	1.62	0.68	3.16
16	UPS	22.12	4.05	1.08	13.22	0.27	0.54
17	优速	5.56	1.68	1.31	1.25	1.08	0.57
18	圆通速递	2.66	0.99	0.65	0.48	0.30	0.02
19	韵达快递	1.27	0.36	0.32	0.26	0.10	0.004
20	宅急送	16.57	2.38	6.50	4.76	1.92	1.10
21	中通快递	0.75	0.18	0.24	0.08	0.10	0.01
22	中外运-空运	0.12	0.03	0.03	0.03	0.03	—
全国平均		2.24	0.72	0.45	0.45	0.41	0.22

注：按企业名称拼音首字母升序排列。

（三）省级区域快递服务申诉情况

省级快递服务申诉率（百万件快件业务量）平均为 1.23，有效申诉率平均为 0.12。省级区域快递服务申诉主要问题中，快件丢失短少申诉率平均为 0.40，投递服务申诉率平均为 0.25，快件延误申诉率平均为 0.25，快件损毁申诉率平均为 0.23（表 4-56）。

表 4-56　省级区域快递服务申诉情况统计（单位：申诉件数/百万件快件业务量）

序号	地区	申诉率	主要问题申诉率分布				有效申诉率
			丢失短少	投递服务	延误	损毁	
1	北京	3.16	1.09	0.63	0.65	0.62	0.42
2	天津	2.73	0.78	0.35	1.23	0.29	1.71
3	河北	0.91	0.32	0.13	0.23	0.17	0.05
4	山西	1.20	0.39	0.24	0.21	0.27	0.15
5	内蒙古	1.43	0.51	0.13	0.18	0.36	0.07
6	辽宁	1.77	0.77	0.22	0.36	0.31	0.11
7	吉林	1.70	0.56	0.29	0.33	0.39	0.27

续上表

序号	地　区	申诉率	主要问题申诉率分布				有效申诉率
			丢失短少	投递服务	延误	损毁	
8	黑龙江	1.98	0.81	0.19	0.45	0.51	0.24
9	上海	1.49	0.41	0.25	0.22	0.28	0.09
10	江苏	1.23	0.44	0.21	0.19	0.27	0.08
11	浙江	0.64	0.19	0.14	0.09	0.11	0.06
12	安徽	1.06	0.36	0.22	0.21	0.17	0.03
13	福建	1.27	0.41	0.29	0.26	0.24	0.12
14	江西	0.67	0.19	0.17	0.09	0.16	0.09
15	山东	2.49	0.83	0.50	0.66	0.38	0.12
16	河南	0.83	0.33	0.20	0.11	0.14	0.07
17	湖北	1.36	0.44	0.34	0.21	0.24	0.21
18	湖南	1.58	0.47	0.36	0.29	0.26	0.11
19	广东	0.76	0.21	0.17	0.13	0.14	0.06
20	广西	0.73	0.19	0.14	0.15	0.15	0.04
21	海南	1.44	0.44	0.22	0.21	0.43	0.07
22	重庆	0.95	0.17	0.28	0.24	0.17	0.04
23	四川	1.02	0.29	0.23	0.15	0.27	0.04
24	贵州	4.59	1.20	1.64	1.07	0.52	0.83
25	云南	1.18	0.48	0.20	0.19	0.26	0.08
26	西藏	8.78	3.11	0.91	1.46	3.29	1.65
27	陕西	1.55	0.56	0.30	0.27	0.34	0.14
28	甘肃	1.54	0.46	0.33	0.39	0.32	0.19
29	青海	1.92	1.04	0.13	0.25	0.46	0.13
30	宁夏	0.75	0.22	0.15	0.12	0.22	0.10
31	新疆	11.19	2.84	1.87	4.77	1.12	0.53
平均		1.23	0.40	0.25	0.25	0.23	0.12

(四)主要快递企业申诉处理工作综合指数情况

22家主要快递企业申诉处理工作综合指数平均为95.24,高于平均数的快递企业有13家,低于平均数的有9家(表4-57)。

表4-57　主要快递企业申诉处理工作评价

序号	企业名称	申诉处理工作综合指数	序号	企业名称	申诉处理工作综合指数
1	民航快递	100	10	跨越速运	95.94
2	苏宁易购	100	11	FedEx	95.74
3	德邦快递	99.25	12	申通快递	95.36
4	宅急送	99.06	13	递四方	95.30
5	速尔	96.95	14	天天快递	95.00
6	韵达快递	96.78	15	DHL	94.64
7	京东快递	96.39	16	顺丰速运	94.64
8	百世快递	96.28	17	UPS	93.76
9	圆通速递	96.17	18	中通快递	93.46

续上表

序号	企业名称	申诉处理工作综合指数	序号	企业名称	申诉处理工作综合指数
19	EMS	93.06	21	优速	88.97
20	中外运-空运	91.94	22	极兔速递	86.67
平均值:95.24					

注:1.申诉处理工作综合指数,是对企业申诉处理工作质量的综合评价,根据企业申诉处理工作水平由高到低排序。综合指数相同时,按企业名称拼音首字母升序排列。

2.综合指数考核参数包含一次结案率、逾期率、企业答复不规范率、企业答复不属实率、工作满意率等五个指标(数据来源于系统自动生成)。

四、省级邮政管理机构申诉处理工作综合指数情况

省级邮政管理机构申诉处理工作综合指数平均为96.25,高于全国平均数的地区有17个,低于全国平均数的地区有14个(表4-58)。

表4-58　省级邮政管理机构申诉处理工作评价

序号	地区	申诉处理工作综合指数	序号	地区	申诉处理工作综合指数
1	新疆	99.59	17	吉林	96.25
2	贵州	99.17	18	广西	96.00
3	河北	98.64	19	河南	95.61
4	西藏	98.39	20	甘肃	95.45
5	四川	98.22	21	海南	95.36
6	辽宁	97.80	22	天津	95.23
7	湖南	97.59	23	福建	95.08
8	黑龙江	97.43	24	宁夏	95.01
9	山东	97.28	25	内蒙古	94.80
10	江西	97.06	26	陕西	94.02
11	安徽	96.94	27	重庆	94.00
12	云南	96.89	28	青海	94.00
13	北京	96.81	29	上海	94.00
14	江苏	96.80	30	浙江	94.00
15	湖北	96.61	31	广东	93.27
16	山西	96.35			
平均值:96.25					

注:1.申诉处理工作综合指数,是对省级邮政管理机构申诉处理工作质量的综合评价,根据省级邮政管理机构申诉处理工作水平由高到低排序。综合指数相同时,按地区名称拼音首字母升序排列。

2.综合指数考核参数包含一次结案率、逾期率、正确率、工作满意率等四个指标(数据来源于系统自动生成)。

第四章　2020 年中国快递发展指数报告

2020 年,面对严峻复杂的国际形势和新冠肺炎疫情的严重冲击,中国快递市场延续了稳健的发展势头,市场规模持续扩大,市场结构不断优化,基础能力稳步提升,科技创新深入推进,行业高质量发展取得明显成效。

(一)整体情况

2020 年,中国快递发展指数为 1259.1,同比提高 26.1%(图 4-48)。从一级指标来看,发展规模指数为 2831,同比提高 28.3%,发展速度优于预期;服务质量指数为 196.5,同比提高 18.4%,发展质效不断提升;发展普及指数为 416.5,同比提高 7.1%,发展均衡性明显增强;发展趋势指数为 100.8,同比提高 21.2%,继续保持良好发展预期。

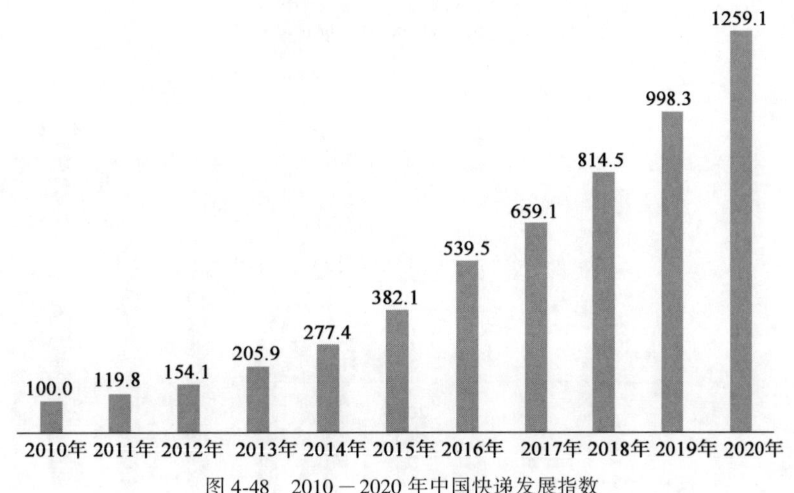

图 4-48　2010－2020 年中国快递发展指数

(二)分项指数

1.发展规模指数

2020 年,发展规模指数为 2831,同比提高 28.3%(图 4-49)。

市场规模承压增长。2020 年,全国快递业务量完成 833.6 亿件,同比增长 31.2%,全年业务增量近 200 亿件,增速和增量均创历史新高(图 4-50)。快递业务量连续 7 年稳居世界首位,占全球六成以上。快递企业日均快件处理量超 2.3亿件,同比增长 35.3%;最高日处理量达 6.8 亿件,同比增长 25.9%。在新冠肺炎疫情的不利影响下,行业增长远超预期,为宏观经济复苏提供重要支撑。全年快递业务收入完成 8795.4 亿元,同比增长17.3%(图 4-51)。在竞争日趋加剧的情况下,呈现出市场主体扩容、件量增长、单价走低的运行特点。

区域协调深入推进。一是中部地区势头强劲。2020 年,中部地区业务量首次突破百亿件,达 110.9 亿件,同比增长 35.2%,比全国增速高 4 个百分点,在全国业务量中的比重达 13.3%,同比提升 0.4 个百分点。中部地区快递业务收入达 1046.7 亿元,同比增长 23.5%,在全国业务收入中的比重达 11.9%,同比上升 0.6 个百分点。除湖北受疫情影响业务量增速放缓外,中部地区其他省份增速均超 2019 年,其中山西、河南、江西、湖南、安徽等省持续发力,业务量增速均超 40%。二是城市间更加均衡。2020 年,省会城市和一线城市快递业务量外移明显,省会城市共完成快递业务量 304.3 亿件,同比增长 19.3%,低于全国增速 11.9 个百分点,在全国业务量中的比重为 36.5%,首次跌破

40%。20 个省会城市进入业务量前 50 名，比 2019 年减少 1 个。北上广深业务量增速均大幅低于全国平均增速，长三角、粤港澳等城市群增速也明显低于全国平均增速。作为承接城市的石家庄、长沙、合肥、揭阳、汕头等城市，增速均超 40%，成为拉动地区经济的重要力量。

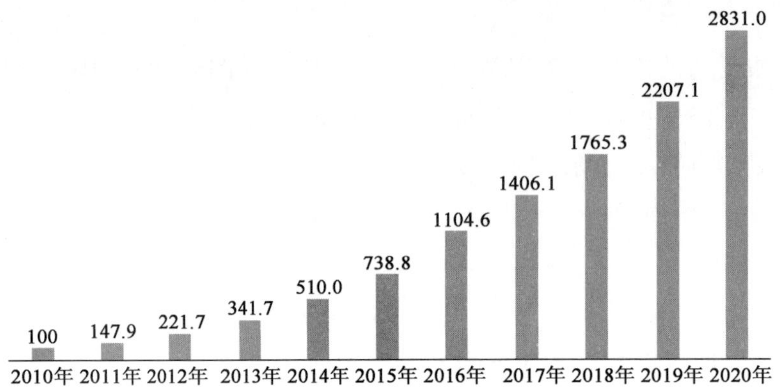

图 4-49　2010－2020 年发展规模指数

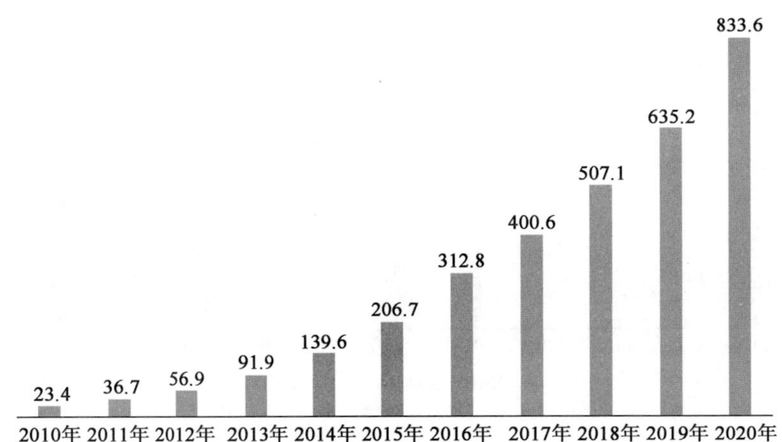

图 4-50　2010－2020 年快递业务量变动情况（单位：亿件）

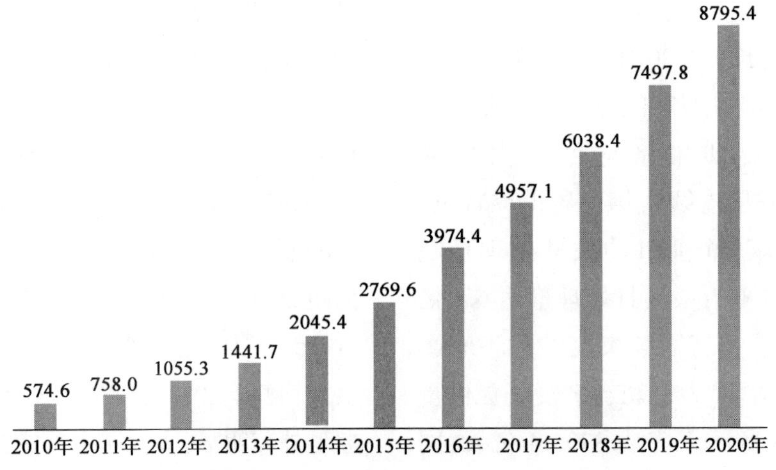

图 4-51　2010－2020 年快递业务收入变动情况（单位：亿元）

产业协同深入推进。快递业有效发挥"连接千城百业、联系千家万户、连通线上线下"的优势,从服务产业链向服务全领域转型升级,产业协同更加紧密,融合共享能力明显提升。在与电商协同发展方面,快递业从服务传统电商向服务微商、网络直播等新型电商拓展,支撑实物商品网上零售额达 9.8 万亿元,占社会消费品零售总额比重进一步提升至 24.9%。在与现代农业协同发展方面,快递业加速嵌入现代农业产业链,累计形成保定山药、菏泽牡丹、开封大蒜、襄阳鸭蛋和延安苹果等业务量超千万件的快递服务现代农业金牌项目 60 个、超百万件的项目 260 个,农村地区收投快件超过 300 亿件,带动工业品下乡和农产品进城销售超 1.5 万亿元,对形成工农互促、城乡互补的新型工农城乡关系,加快农业农村现代化发挥了重要作用。在与制造业协同发展方面,快递业深度融入汽车、消费品、电子信息、生物医药等制造领域,形成仓配一体化、入厂物流等融合发展模式,形成覆盖相关领域的供应链服务能力,累计产生快递业务收入超百万元的典型项目 1087 个,有效助力产业链供应链现代化水平提升。

2.服务质量指数

2020 年,快递服务质量指数为 196.5,同比提高 18.4%(图 4-52)。

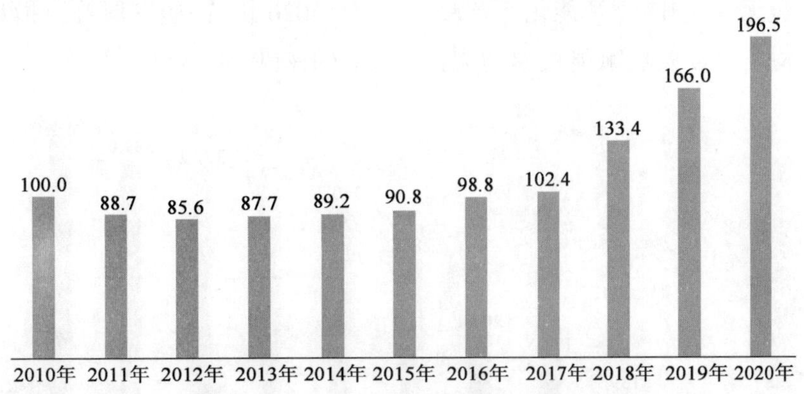

图 4-52 2010－2020 年服务质量指数

构筑疫情保障通道。2020 年,疫情突袭,快递业充分发挥"打通大动脉、畅通微循环""先行官"作用,快速迎战、高效出击,率先实现复工达产。快递企业第一时间打通应急保障运输通道,全力保障防疫物资和政务民生寄递服务。"数百万快递小哥冒疫奔忙",充分发扬小蜜蜂精神与末端优势,累计发运车辆 8.75 万台次、货运航班 779 架次,寄递防疫物资 48.98 万吨,为人民生活不停摆、工厂生产不断链、农业春耕不误时、产品销售不停滞提供基础保障,打造了疫情期间不中断的供给线、生命线。快递企业综合运用智能快件箱、末端服务站等服务方式和无人机、无人车等设备,推出小时达、公铁联运即日达、医药冷链配送等多元服务产品,充分满足疫情期间消费者差异化服务和无接触服务的现实需求。2020 年,快递服务总体满意度得分为 76.7 分,较 2019 年下降 0.6 分。其中,公众满意度得分为 84.2 分,较 2019 年上升 0.2 分;时限测试满意度得分为 69.2 分,较 2019 年下降 1.3 分。受新冠肺炎疫情影响,2020 年,全国重点地区快递服务全程时限为 58.23 小时,较 2019 年延长 2.03 小时。72 小时准时率为 77.11%,较 2019 年降低 2.15 个百分点。快递服务有效申诉率为百万分之 0.22,改善幅度达 56%,显著向好。疫情环境下,快递业用高质高效的服务为亿万群众送去人间温暖,赢得了社会各界的广泛认可。

基础能力明显增强。2020 年,快递业扎实推进基础设施建设。快递专业类园区数量大幅增加,北斗仓、5G 无人仓、智慧物流产业园、跨境产业园等项目纷纷落地,湖北鄂州国际物流枢纽加快建设。自动分拣设备应用更加广泛,配备全自动分拣系统的分拨枢纽超过 370 个,分拣信息化水平和自动化分辨率稳步提升。在运输能力建设方面，航空运能不断增强，全行业专用货机达122架，涵盖短、中、远程飞行的运力梯队结构持续完善，新增全货机国际航线近30条。快铁合作深化发展，新增多条高铁快递线路，国内首条用于整列装运快件的复兴号动车组试运行，积极拓展“高铁+快件”运输模式，推出“冷鲜达”“定温达”“定时达”等多种服务，推动中程干线运输集约发展，有力保障快递服务提速提质。海运渠道得以拓展，成功打通宁波至大阪快递出海通道，有效促进跨境快递降本增量。

智能科技创新发展。2020年，快递业坚持创新驱动发展，加快推动5G、大数据、云计算等技术在行业加速应用，通过无人化作业、智能化运营及服务创新提升用户体验。5G发展赋能快递物流，揽投智能终端、无人配送、AI仓储安防等应用助力产业创新变革。无人机逐步实现多场景常态化运营，轻型、重型无人机机型体系进一步健全；L4级别无人驾驶技术逐步应用于物流场景，实现远程配送无人化；无人仓建设加速升级，通过智能物流技术和产品融合应用，实现全流程操作数字化、可视化和智慧化。大数据技术深化应用，增强产品全生命周期监管能力，通过与供应链场景有效对接，助力企业实现供应链数智化转型。在科技智慧的赋能下，快递业正加速构建智慧创新服务体系，满足企业和用户更多智能化服务需求。

3.发展普及指数

2020年，快递发展普及指数为416.5，同比提高7.1%（图4-53）。

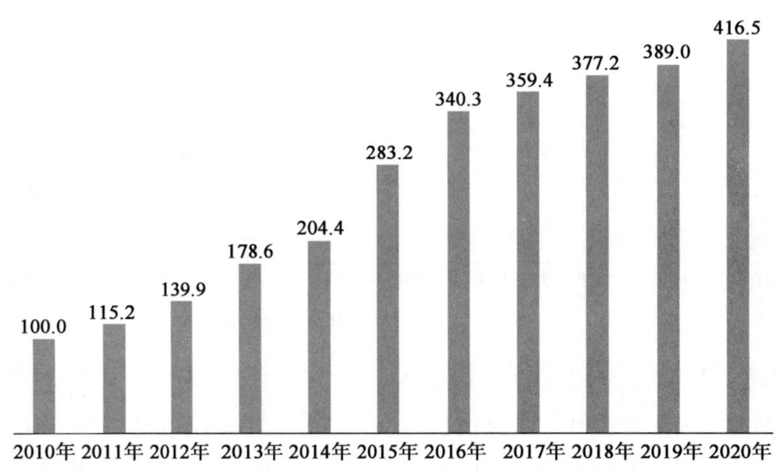

图4-53　2010－2020年发展普及指数

发展成果惠及各方。2020年，快递业更好融入人民群众生产生活。快递企业日均服务4.5亿人次，相当于全国每天有1/3的人享受快递服务。人均快件使用量约59件，同比增加14件，增幅明显。快递业务收入占国内生产总值比重达8.7‰，同比提高0.11个百分点，快递业务收入增速是国内生产总值增速的7.5倍。快递员权益保障备受关注，社会认同度稳步提升，新增社会就业20万人以上，对提振发展信心、实现稳定运行发挥积极作用。

末端网络多元共享。2020年，快递业进一步加密末端服务网络，创新末端服务模式，健全末端服务体系，提升“最后一百米”服务能力。主要城市布放智能快件箱（信包箱）达40万组，全国共建成快递末端公共服务站11.4万个，多元投递模式日益完善，为用户提供更为便捷的寄递选择。

快递进村取得实效。2020年，快递业加快农村地区发展步伐，网络下沉取得积极进展。全国乡镇快递网点覆盖率达98%，基本实现“乡乡有网点”。在“快递进村”三年行动方案的强力推动下，快递企业积极践行交快、邮快、快快、商快等合作模式，从“快递下乡”向“快递进村”升级。快递业以农村快递网络的布局优化为基础，以产业扶贫为着力点，积极服务决战决胜脱贫攻坚，在110个脱贫摘帽县形成122个年业务量超10万件的“一县一品”项目，为脱贫攻坚取得全面胜利提供有力支撑。

4.发展趋势指数

2020年，发展趋势指数为100.8，同比提高21.2%。预计2021年快递业务量将超千亿件，同比增长20%。预计2021年快递业务收入将超万亿元，同比增长18%。

2021年，快递业发展仍将面临诸多风险挑战，但行业仍处于重要战略机遇期，长期向好的基本趋势没有改变，供给侧结构性改革不断深化，高质量发展将取得更积极成效。快递业将着力稳态势、促改革、强基础、畅循环、保安全，在高效能治理和高质量发展的驱动下，各类市场主体的活力、创造力和竞争力将进一步增强。快递业将加速推进创新驱动发展，技术创新、管理创新、模式创新、服务创新、业态创新更多涌现，为提升产业链供应链现代化水平提供有力支撑，为行业在新时代实现新跨越释放新动能。快递业将着力构建智能高效、稳固便捷的服务网络，“快递进村”步伐持续加快，城乡一体化和区域均衡度继续提升，多式联运稳步推广，陆、海、空跨境通道全面发力，为构建新发展格局发挥积极作用。快递业将不断完善品质化、多样化、智能化服务体系，提升全领域服务保障能力，以高质量服务引领创造新需求，更好满足人民美好生活需要。

第五篇　人 才 建 设

第一章　2020 年快递人才队伍建设概述

2020 年，全国邮政行业人才工作领导小组深入学习贯彻党的十九大和十九届二中、三中、四中、五中全会精神，以习近平新时代中国特色社会主义思想为指导，全面落实新时代党的组织路线，坚持党管干部、党管人才原则，加快实施“人才强邮”战略，优化人才发展环境，着力培养造就高素质优秀人才队伍，较好地完成了全年目标任务。

一、人才工作领导机制作用发挥有效

一是围绕中心、服务大局。紧扣邮政强国建设，制定印发 2020 年人才工作要点，做好“十四五”邮政业规划有关人才内容的编制。党组统一领导，人事部门牵头抓总，有关部门各司其职、密切配合的人才工作机制有序运转，作用发挥明显。发挥行业媒体优势，强化人才工作宣传。

二是选树先进典型，激励干事创业。认真组织邮政体制改革以来首次全国邮政行业评选表彰，表彰全国邮政行业先进集体 145 个、劳动模范 96 人、先进工作者 10 人。协调组织推荐邮政快递业 3 名个人和 63 个集体、138 名个人分别获抗击新冠肺炎疫情国家级和省部级表彰。成功举办第四届寻找最美快递员活动。24 人获全国劳动模范、25 家单位获全国文明单位、2 人 1 集体获中国青年五四奖章、10 人获全国青年岗位能手（标兵）等称号。

三是加强对快递员的关心关爱。落实习近平总书记重要指示批示精神，重点推动快递员权益保障长效机制建设。加强与相关部委沟通，凝聚齐抓共治合力。试点开展快递末端派费核算指引工作。深入开展关爱快递员“暖蜂行动”和“快递从业青年服务月”等活动，各地出台关心关爱快递员文件 600 余份，组织慰问 2500 余次，新增爱心驿站等服务阵地 9500 余家，为快递员免费义诊 8 万余人次。上海、安徽、广东、宁夏等地累计为快递员争取公租房廉租房 4000 余套。加强职业保障，协调推进快递员单独优先参加工伤保险。

四是认真落实稳就业政策。联合教育部共同举办 2020 年邮政快递行业面向高校毕业生网络招聘活动，共提供岗位 1.3 万余个。落实扩大国企招聘规模的文件要求，推动邮政集团有限公司增加招聘高校毕业生。配合退役军人事务部做好行业企业招聘退役军人工作。

二、专业技术人才队伍建设继续深化

一是中高级快递工程师队伍不断壮大。开展高级职称评审调研，汇编全国快递工程技术人员职称评审材料，实行月报和月通报制度，着力推动中、高级快递工程师人数稳步上升。2020 年通过 8354 人，其中中级 818 人、高级 75 人；至 2020 年

底，累计通过 25827 人，其中中级 2966 人、高级 105 人。

二是做好专家联系服务工作。组织推荐人员参加 2020 年享受政府特殊津贴选拔，1 人成功入选。支持交通运输部专家委员会邮政组开展工作。组织推荐邮政行业职业教育教学指导委员会委员。

三、技能人才队伍建设成效显著

一是快递从业人员职业技能培训“246”工程年度目标任务顺利完成。成立国家邮政局职业技能提升行动工作领导小组，印发做好 2020 年快递从业人员职业技能培训工作的通知，采取多种形式强化督促指导，推动大规模开展政府补贴性培训。2020 年培训 29.3 万余人次，争取培训补贴资金 1.5 亿余元。

二是邮件快件安检员新工种申报取得阶段性成果。适应邮政业安全发展和邮件快件安检员队伍建设的需要，组织开展邮(快)件安检员新工种研究和职业技能标准起草，向人力资源社会保障部提交邮件快件安检员新职业建议书，并通过专家论证，成功将邮件快件安检员工种增设在安检员职业下。

三是积极推进职业技能等级评价。跟踪人社部职业技能等级认定政策，结合职业技能培训，推进各地落实职业技能等级制度。深入推进快递员、快件处理员国家职业标准宣贯。

四、管理人才队伍建设实现新提升

印发在疫情防控一线考察识别干部的意见，完善选拔任用机制，选优配强领导班子。大力推进干部交流，选派干部援藏援疆援青，组织开展干部“无任用”推荐，做好年轻干部培养。落实职务职级并行制度，优化考核评价机制，开展领导班子年度考核，推进公务员平时考核，加强关心关爱，激励干部担当作为。组织系统首次选人用人专项检查，开展领导干部个人有关事项报告专项整治，加强日常管理和监督。加强事业单位人事制度建设，出台《国家邮政局所属事业单位公开招聘人员暂行办法》。开展干部教育培训制度评估，遴选 8 个干部教育培训基地，支持青年干部参加在职学历教育。

五、推动现代邮政教育稳步发展

一是支持共建院校建设。协调推进邮政学科建设，四所现代邮政学院在校生近 4000 人。加强与北京邮电大学在集邮文化研究方面的合作交流。

二是深化校企合作产教融合。组织开展第三批全国邮政行业人才培养基地遴选，总数达 30 个。举办第五届全国“互联网+”快递大学生双创大赛。采取多种措施发展科技联盟成员，稳步扩大科技联盟机构，完善科技联盟工作机制，审议通过科技联盟内部各项规章制度。制定印发“十四五”邮政业应用技术研发指南。组织开展“三智一码”科技研发、标准研制、专利申报等。

三是强化行业职业教育发展。协调推动《全国技工院校专业目录》2020 年增补快递安全管理专业。指导教育部快递运营管理专业教学资源库建设，补充建设视频类资源 130 余条，推动教学资源库向全社会开放使用，助力专业学生“停课不停学”。协调推动快递运营管理职业技能等级证书纳入教育部第三批 1+X 证书制度试点，完善快递运营职业技能等级标准，近千名院校学生报名参加 1+X 证书试点考核。召开专业教学研讨交流会。参与湖北省职业教育赋能提质专项行动计划。

第二章 2020年企业人才培养特色举措

2020年是极不平凡且极具挑战的一年，面对国内外严峻复杂的形势和新冠肺炎疫情严重冲击，全系统全行业全面贯彻落实习近平总书记重要指示批示精神，认真贯彻落实党中央、国务院决策部署，紧扣全面建成与小康社会相适应的现代邮政业目标任务，坚持稳中求进工作总基调，坚持新发展理念，坚持以供给侧结构性改革为主线，坚持以改革创新为动力，持续推动高质量发展，启动"两进一出"工程，坚决打好三大攻坚战，统筹疫情防控和行业改革发展，进一步提升行业治理体系和治理能力现代化水平，各项工作均取得显著成效。这一年，各主要快递企业也结合自身特点，通过特色举措，全面推进快递人才培养。

一、中国邮政速递物流：关心关爱基层员工

将企业年金企业缴费比例由5%提高至6%，持续做好企业年金资产收益管理工作，加强职工小家建设，提升员工幸福指数；畅通诉求表达渠道，切实维护员工正当权益，大力营造和谐邮政发展氛围。

二、顺丰速运：多措并举，构建完善的人才机制

在培训与发展方面，顺丰坚持为员工提供科学、完善、与时俱进的培训体系，并于本年度新修订《顺丰讲师管理制度》《课程管理制度》。顺丰坚持以员工外派培训与内训形成互补，并提供个性化培训内容，为员工打造全面、适宜的培训体系。2020年，我们围绕"互联网大学"建设目标，对"顺丰大学"组织架构和职能团队进行了调整更新，并持续进行培训平台建设。2020年，顺丰新入职从业人员培训约20.5万人，受训从业人员总人数约为48.7万人，线下培训总学时约为190.5万小时，线上培训约为623.8万人，培训总投入1.5亿元。

在员工福利与员工关爱方面，顺丰制定了《速运事业群员工福利管理制度》《重疾员工配套管理指引》《突发事件员工关怀应急处理机制》等员工关爱方面的制度，建立了多元、广泛的福利与关爱体系。福利体系既包含覆盖全体从业人员的福利内容，也包括基于不同群体特点提供的针对性福利，实现各类群体均有所匹配，且获得切实有效、有用的员工福利。

持续完善的员工关爱体系，不仅贯穿于从业人员全生命周期过程、特殊场景、关键时刻、重大家事等主要节点及场景，而且通过多维度、下沉式的保障和关爱机制，帮助员工解决实际问题，提升员工的归属感和幸福感。2020年，顺丰员工福利投入金额6.8亿元，其中员工关怀投入7625万元，关怀慰问240余万员工人次。

此外，顺丰还特别设立了"暖丰计划"，以"暖身心、丰健康"为主题，关注员工的心理与生理健康。"暖丰计划"包含暖丰身心健康热线、暖丰填填圈、暖丰大讲堂、暖丰大使、暖丰心灵减压舱、暖丰健康测评六大模块，为员工提供全方位的身心健康支持。2020年暖丰平台共接获咨询417人次。顺丰还开展了线上咨询分享、线上课程直播、线下关爱讲座等心理健康项目。其中，线下讲座开展了108场，覆盖3万名员工。

顺丰每年都会组织丰富多彩的活动支持员工发展自身的兴趣爱好。2020年顺丰文化活动主题为"成长、向上、精进"，重点开展了线上才艺大赛、文化活力跑、总部赢战"6·18"和大

学堂氛围营造、线上司庆等活动。

在安全意识培养方面，顺丰不断完善应急预案体系，实施有针对性的安全培训措施，规范安全培训内容，切实提升员工的安全意识与技能，防止安全事故的发生。一方面，顺丰制定了《突发事件应急预案管理制度》，通过完善的管理体系明确了针对应急事件做出响应的过程，建立定期试验和演练响应措施的能力，并在必要时修订措施。2020年，顺丰开展场地火灾、人伤类交通事故、特种设备(叉车)事故、车辆自燃事故、流水线伤人事故等各类应急演练6000余场，覆盖10万人。

另一方面，顺丰还制定了《安全教育培训管理规定》，并在2020年进一步制定了《地区安全生产主任工作指引》，提高地区级别的安全生产管理人员专业技能。顺丰安全培训包括新员工培训、特殊作业人员培训(车辆驾驶员及特种设备作业人员等)、定期全员培训三种类别，以笔试、实操测验等形式的考核办法，提高从业人员安全管控意识与能力。2020年顺丰组织共了12期覆盖60个地区的安全专岗员工培训。

除培训外，顺丰还通过丰声平台、小蜜丰App、安全生产知识地图、快递收派员巴枪启动页安全提醒、安全标识标牌等途径发布各类安全信息，确保安全信息宣贯覆盖100%员工。2020年顺丰通过视频、动画等多媒体教材，制作了22部安全培训视频，2部安全管理专业人员培训视频。

三、中通快递：构建多层次人才培养体系

在实现自身稳健发展的同时，中通快递不忘主动担当行业责任与社会责任，通过强化落实员工权益保障，构建多层次人才培养体系，全力打造出一支德才兼备的劳动者大军，助力建设现代化邮政强国。秉承以人为本的价值理念，中通快递不断建立健全员工权益保障体系，从成长、生活、情感等方面关爱和善待每一位员工，从细微之处入手，为员工创造更加温馨和谐的工作环境，构建更广阔的价值实现平台，与员工共享企业发展成果，努力打造幸福中通，成就幸福中通人。

在保障基本权益方面，中通快递严格遵守《中华人民共和国劳动法》《中华人民共和国劳动合同法》等法律法规，依法与员工签订劳动合同，严格落实法定带薪年休假制度，并为员工提供完善的薪酬福利体系，全方位保障员工基本权益。中通快递严格遵守平等雇佣准则，切实维护员工的合法权益，确保员工在招聘、劳动、薪资、培训、晋升、补偿、休假等方面享受到公平的待遇。

在薪酬体系方面，中通快递贯彻“因岗定薪”原则，构建“月基本工资+月岗位工资+月绩效工资+年终绩效奖金”的薪酬体系，并辅以相应的绩效考核制度，突出岗位价值、绩效贡献、个人能力。同时，在严格按照规定缴纳社会保险的基础上，为员工补充团体商业意外险，开展“亲情1+1”活动，设置高考陪考假，为特定员工提供话费补贴、高温补贴、伙食补贴、住宿补贴、快递专业技能补贴等多项福利。

中通快递推出并不断升级《中通快递工会章程》，明确工会及其下属委员会的职责：加强工会组织建设，围绕员工权益保障开展各项主题活动；严格遵守劳动部门相关规定，实行集体协商制度；积极推动员工参与公司发展，为公司领导决策提供依据；监督公司执行劳动管理、职工奖惩、工资福利、安全卫生、社会保险等法律、法规、规章的情况。截至2020年年底，公司工会共有成员1098人。

此外，中通快递持续完善及时有效的协商沟通机制，畅通员工意见反馈渠道，员工可通过内部交流平台、面对面反馈等渠道实时反馈意见和建议；充分保障员工的自由结社权，员工可依照法定程序组织或参加具有持续性的社会团体。

中通快递严格遵守《中华人民共和国职业病防治法》相关规定，通过职业健康安全管理体系认证，针对性制定各项职业健康管理办法，并为员工提供免费体检及各种医疗保健咨询和服务，开展职业健康教育，提升员工对职业健康相关知识的了解程度和对职业健康的重视程度；阳光蓄力职场正能量，将员工心理健康放在重要位置，组织开展"心理健康"专场活动，帮助员工疏导内在压力，积极面对工作和生活。

在带动员工成长方面，中通快递积极响应"人才强邮"战略，制定《中通快递集团人才培养制度》，立足中通学院，持续推进"一个专业、两项创新、三大结合"，建立完善的人才培养机制，打造线上线下结合的培训平台，开展新员工培训、雏鹰培训、飞鹰培训、雄鹰培训、百夫长培训、夜读、TTT 培训、"声音塑造"培训等系列人才梯队培训和业务支持培训，公平、公正、公开地挖掘、开发、培养人才队伍，为中通快递可持续发展提供坚实的人力资本支持。此外，公司还特设管理培训生项目，建立导师制度，指导管培生职业规划，解答管培生在工作上的困扰；大力开展员工职业技能竞赛等活动，营造良好的专业技能学习氛围，提升员工职业技能水平。

为进一步加强人才队伍建设，中通快递根据"梯度育人"人才战略和强化推进《中通快递集团人才培养"百优计划"》的要求，制定《中通快递集团人才培养"百优之鹰"方案》，分为"百优——雏鹰、飞鹰、雄鹰、精鹰、领鹰"五个层级推进实施，每个层级针对不同的对象启动，通过长期有效的人才培训和开发计划，挖掘、开发、培养中通快递战略后备人才队伍，夯实中通快递人才基础。

在畅通晋升通道方面，中通快递也做了大量的工作。为建立完善的人才培养机制，中通快递特制定《中通快递集团人才晋升管理制度》，按照"德能与业绩并重、逐级晋升、纵向晋升与横向晋升相结合、内部优先、配置合理"五大原则，依据"宽度用人"战略，结合人才成长多元化因素，从管理和专业两个通道制定员工职业发展机制，并匹配相应的晋升考核和培训机制，助力拓宽员工职业发展渠道，激励员工持续提升专业技能和综合素质，提高集团和员工个人的核心竞争力。

此外，中通快递注重丰富员工业余生活，为员工搭建青年共享中心、共享俱乐部、员工活动室等休闲活动场所，组织开展集体婚礼等系列文体活动，平衡员工工作与生活，营造和谐、温馨的企业氛围。2020 年，中通快递举办乒乓球赛、篮球联赛、游泳比赛、征文与演讲比赛、线上相亲活动、家庭日活动等丰富多彩的企业活动，努力实现让员工拥有"健康的身体、快乐的工作、幸福的生活"。

四、圆通速递：线上线下齐发力，提升技能稳定发展

多年来，圆通速递积极开展丰富的员工活动，包括各种文娱活动和技能竞赛活动，如"优秀员工"评选、"业务大练兵"等活动。2020 年圆通速递通过线上、线下的方式开展各类培训近 60 场，针对不同层级进行了管理能力的提升培训以及加盟公司技能培训、内训讲师培训等，参培人数近 4000 人次，依法保障企业员工的接受职业技能培训的权利，提高企业员工的职业技能，保障员工的职业发展空间，为创建和谐劳动关系奠定基础。

为更好提升员工身心健康水平，丰富员工业余文化生活，圆通速递特别设立了文体中心，内设图书阅览室、乒乓球室、台球室、棋类活动室、健身房、综合体操室、缓压室和影视厅等活动室。此外，为鼓励先进，圆通速递在内部制定了《员工奖励与惩罚管理制度》《企业工会管理制度》，对各类优秀事迹以及对企业品牌有益的行动都将给予奖励。同时，每年年底公司还会颁发安全生产、最佳团队、百佳操作员、百佳收派员、优秀省

区等多个奖项。

五、申通快递：增强员工的归属感、存在感和成长感

申通快递始终将广大员工的生命健康、安居乐业放在各项工作首位，调动一切资源，想尽一切办法，从每一个细节，每一个环节，每一个角落，每一个点滴入手，让每一位工作生活在公司里的员工，都有一种强烈的归属感，温暖的存在感，可靠的成长感。

员工激励。申通快递实行积极的奖励制度，在奖励上，着眼于基层，着眼于实干，着眼于贡献，不断地激励员工为提升集团的综合实力而努力。在申通快递，干得好就要好好奖励，就要及时奖励，就要让他们有地位、有收入、有保障。2020 年公司员工人均薪酬同比 2018 年、2019 年分别提高 34%、14%。

员工晋升。为进一步完善技能人才机制，激发广大干部员工的工作积极性和创造性，公司大力推行以“优者上、庸者下劣者汰”为原则的员工晋级管理办法。打通员工晋升渠道，为员工提供广阔的发展平台。

培训授课。为提升员工素质，助力员工成长成才。公司定期邀请专家教授来公司为干部员工授课。同时，鼓励干部及重点岗位人员通过参加研修班、交流会、研讨会。外出对标等多种形式走出去学习。通过与先进单位对标，一对到底，不断赶超，让员工与企业共同成长。

完善福利。为保障员工身体健康，公司坚持每年举办健康知识讲座，每年组织管理干部进行体检，联合行业协会等对员工进行体检；建设申通快递职工文体活动中心，活动中心设有阅览室、网吧、电视室、KTV 室、健身房、乒乓球室、台球室、瑜伽室等文化娱乐设施；引进纯净水设备，为员工免费提供纯净水；新建地下停车场，为员工停车提供方便；公司总部对卫生间进行星级改造，并配备卷纸、洗手液等物品。为提升员工幸福指数，公司坚持在端午、中秋、春节等国家法定节假日为员工发放礼品、奖金。

组织升级。申通快递在引进及培养各类高素质人才的同时，积极推动公司组织升级和调整，让公司的运营和政策管理更加体系化、结构化；总部与省区之间的互动和黏性也更加频繁有效，省区管理更加体系化，从组织上保证管理体系高效、稳定、适应市场需求。

六、韵达速递：快乐工作，快乐生活

一直以来，韵达坚持“快乐工作，快乐生活”文化理念，为企业发展注入活力。管培生、合伙人、经营者……各类人才集聚韵达，支撑公司发展。

中秋节、运动会、员工生日会……多彩文化活动，让韵达人生活更加丰富多彩。网点提升班、单兵作战技能比赛……多种技能竞赛让韵达员工发展和公司发展实现共赢。

在韵达营造的文化氛围中，一批又一批韵达人才成长，成材，为韵达发展奠定坚实基础。未来，韵达还将继续做好公司的文化，关爱员工成长、促进员工进步。

七、百世：赋能合作伙伴关怀一线从业人员

2020 年旺季期间，百世快递多举措助力一线网点，提升服务保障能力。通过自研的末端系统，百世快递致力于强化网点数字化。借此末端代派拥有了更多个性化的场景，可实现客户预约取件、先入库后理货通知用户取件等功能，助力错峰派送、缓解末端压力。其中，百世来取系统目前已拥有 10 余万活跃服务点。

据统计，百世快递全网已有 100 多个末端网点配置了自动分拣设备，用于提升分拣效率和操作质量。例如，浙江义乌荷叶塘分部投入上 1000 万元用于基础建设升级，其中将近 700 万元用于设备自动化升级，新添的单轨双层自动化分拣设备用于出件集包，并将投入一套单轨双层自动化分拣设备提升分拣效率。

旺季期间，百世快递在一线网点方面加大旺季补贴力度，保证末端派送服务质量，特别是偏远地区的末端网点。针对广大快递员群体，百世快递旺季为快递员量身打造了一套“星级快递员”制度，对快递送得稳、送得准，获得客户一致好评的快递员，进行现金奖励。“双 11”期间，启动快递员“小蜜蜂”计划，表彰在服务质量、社会责任、创新发展等方面做出重大贡献的快递员，最高将给予 3000 元的奖励，覆盖 17 万一线快递员。在实施更具灵活性的旺季考核政策的同时，百世也将通过快递员关爱活动，号召社会关注理解快递员群体。

八、优速快递：尊重人，培养人，成就人

优速快递自 2019 年加入壹米滴答集团后，始终秉承以“尊重人、培养人、成就人”的核心人才理念，建立了员工职业生涯发展的“管理”+“专业”双通道，既是满足员工职业生涯发展的需要，更建立起稳定的富有激情和创造力的关键/核心人才梯队，从而确保组织竞争力的不断提升，并促进组织的持续发展。

在管理人才发展通道方面，优速快递建立了快速发展提供人才培养选拔的“伙伴成长计划”项目，项目将员工能力发展路径和职业规划相结合，针对不同层级培养对象的能力素质要求，制定不同形式、不同周期的培训计划。从纵向组织架构看，管理通道覆盖了 M3 级～M5 级负责人储备选拔；从横向业务流程来看，“经营、运营、质控、运力、财务、人行、IT”七大体系已全部覆盖。自管理通道搭建以来，共储备通过 1686 人，干部晋升任用 774 人，为干部任用提供了充足的后备人才队伍，也实现了员工个人与组织价值的共赢。

在专业人才发展方面，优速快递通过搭建专业人才发展通道，根据岗位专业能力要求、岗位可替代性强弱、专业人才需求，确定了 11 大岗位族群，55 个岗位序列，牵引员工学习能力提升、专业能力认定、有效激励方面起着重要作用；同时，制定了完整的专业认证流程与标准，在员工通过专业认证后，设立于管理通道相对应的公开聘任发文环节，一方面彰显公司对专业人才地位的认可，另一方面增强了被聘任人员的荣誉感及成就感。自专业认证实施以来，认证通过 408 人，专业人才厚度也得到较大幅度的提升。

人才是维持优速快递长久经营的核心力量，是提升核心竞争力的首要资源。职业发展双通道的建设，让员工可以自由选择在每个职业通道上发展，以人为本，让每位员工尽可能“事其所好、精其所专、成其所想、得其所值”，全面提升优速快递人力资本，加大培养和造就高素质的职业化人才队伍，促进和满足集团的持续、快速、高质量发展需要。

九、德邦快递：优化人力资源管理体系

德邦快递始终坚持“物畅其流，人尽其才”的使命追求，秉持“以客户为中心，以进取者为本，以团队创高效，坚持自我反思”的核心价值观，不断完善人力资源管理体系，在组织建设、人才培养、企业文化等方面持续优化，为企业发展提供强有力的支撑。

德邦快递通过完善的人才管理模式、员工晋升机制和弹性薪酬体系，给予员工足够的成长空间与发展前景，增强团队的凝聚力，实现人企双赢；同时，强化绩效文化和创新文化，建立良性互动的团队氛围，增强企业文化的软实力和发展驱动力。得益于独树一帜的人才体系，德邦快递在 2014 年至 2020 年连续 7 年荣获中国年度最佳雇主。

在人员招聘方面，自 2006 年在同行业最早启动校园招聘以来，累计招聘 1 万余名本硕博应届毕业生，并对招聘的大学生进行重点培养。截至 2020 年 12 月，公司目前累计共招聘了 1 万余名本科生、1000 余名硕士

及博士研究生，公司大学本科学历及以上的员工比例约为14.59%，大专学历及以上的员工比例达到31.49%，目前已有1400余人加入海豚计划，人员整体素质较高，大幅提升了公司对外服务的质量。在人员培养方面，截止到2020年12月31日，公司在职员工79298人，硕士研究生及以上683人，本科学历21138人，专科学历19784人员，专科以下37693人。

德邦快递还单独设立了德邦大学，专门致力于针对全体员工的内部培训。从讲师资源来看，讲师均是公司的各级管理者，业务能力强，管理经验丰富，认同公司文化价值观。他们是活跃在管理职能、文化传播、销售训战、快递实操培训战线的指战员，帮助员工实现自我价值，提升个人能力，在公司持续发展。从课程研发来看，针对公司新员工、快递员、销售、门店新经理、后备经理、各阶管理层等，开展了不同的课程研发项目，拥有自主研发课程近500门，满足各个层级不同的提升需求。年投入经费约3000万元，用于新员工、储备培训和实战培训等的培训活动。

此外，德邦快递还设置了管理、专业、操作多通道发展，让每个员工都有适合自己特长的更好的选择。管理类设置Band6～BandC七个层级，专业类设置Band5～Band10六个层级，操作类设置Band3～Band7五个层级，保障各类型人才晋升空间。2011年至今德邦快递陆续引入了IBM、麦肯锡、埃森哲、美世、贝恩、怡安翰威特、里斯等多家国际顶尖咨询公司，共开展项目百余个，总投入数亿元。在战略规划与设计、管理体系、新业务研究、信息化建设、流程优化、成本管控等方面展开合作，为德邦快递发展保驾护航，为员工成长提供助益。

在人员管理方面，公司以业绩为导向，结合能力与价值观区别进取者，差异化激励。公司建立完善的层级绩效考评制度，将公司的战略指标通过绩效管理体系层层分解，落实到个人，推动公司和个人的共同发展。首先，以提升组织绩效为导向原则，通过绩效管理帮助员工发现优缺点，找到进一步提升组织绩效的路径；其次，定量和定性考核相结合原则：要针对不同的岗位性质设定指标，既要设计定性指标又要设计定量指标；最后，"公平、公正、公开"原则：充分发挥考核的作用，"三公"原则由始至终贯穿整个绩效管理体系。德邦快递通过采用公平公开公正的内部选拔晋升体系，为能者提供一个开放透明的竞争平台。

在人员激励方面，德邦快递以进取者为本，以业绩为核心，通过不断优化绩效考核，使资源向绩优者倾斜，激励员工专注提升客户服务体验。为了吸引和留住优秀人才，公司建立全面薪酬理念，为员工提供富有竞争力的薪酬待遇，吸引和保留优秀人才。通过长期激励、获取分享等方式，将每年净资产收益率超过目标值后的超额利润的一定比例作为对公司管理团队和核心员工的激励奖金，付出越多，奖金越多。

德邦快递在人才福利上提供各种相匹配的方案，目前主要包括亲情1+1、中秋寄情、配车、集体婚礼、家庭全程无忧、互助基金、免费体检等。此外，德邦快递还通过精神激励促进责任感，打造使命共同体。比如，先锋人物荣誉奖章。针对为公司做出了卓越贡献的各类人才，公司设计了一系列荣誉奖章，比如长青奖、业绩标杆奖、天道酬勤奖、众志成城奖等，并且邀请了北京奥运会奖牌设计师肖勇进行奖章设计，通过精神激励的持续性，引导千军万马征战沙场。

在快递员特殊荣誉方面有快递员"金星勋章奖"。2018年起，为提升大件快递的末端服务质量，德邦快递为在全年的服务评级中连续12个月均达到五星标准的快递员，根据达到不同标准颁发"铜星、银星、金星勋章奖"，奖项包含欧元设计师设计、巴黎造币厂生产的荣誉勋章，以及价值1万元、3万元、10万元的金砖，给予快递小哥极大的认可，让这些快递小哥享受到平日里少有的主角光环。同样值得一提的，还有德邦快递的快递员海外集体婚礼。

十、极兔速递：人才建设稳步推进

截至2021年1月，极兔速递在全国已拥有近15万名员工，对于快递人才的建设和培养在稳步推进。

2020年，极兔速递举办了极兔技能竞技PK赛。来自全国各个区域，99名脱颖而出的极兔员工来到上海，开展职业技能比拼，通过竞赛的方式，为员工提供收派、转运、客服等业务的职业培训，提升业务水平。

极兔速递也非常重视员工的文体建设，极兔速递特设立了图书角、乒乓球、健身房等区域，丰富员工的业余生活。

此外，为鼓励全体员工践行极兔速递的企业价值观，向社会传播“正能量”，传递真善美，极兔速递总部特别设立了“极兔勇士”奖项，对于获奖员工给予全网通报表扬和肯定。

第六篇 市 场 主 体

第一章 2020年快递市场主体发展情况综述

2020年，全行业运行平稳有序，绿色发展水平持续提升，在经济社会发展中作用凸显，为扎实做好"六稳"工作、全面落实"六保"任务作出了积极贡献。全年邮政业业务总量和业务收入分别完成21053.2亿元和11037.8亿元，同比分别增长29.7%和14.5%，业务收入与GDP比值超过1%；快递业务量和业务收入分别完成833.6亿件和8795.4亿元，同比分别增长31.2%和17.3%。快递业务收入占行业总收入的比重为79.7%，比上年提高1.9个百分点。

一、上市公司财报

顺丰控股发布的年度报告显示，2020年，公司实现总营业收入1539.87亿元，同比增长37.25%，远高于17.3%的行业增长率。传统业务增量增收，其中，时效件业务收入同比增长17.41%；经济件业务收入同比增长64.00%，贡献了超过40%的整体收入增量。其他业务板块持续保持高速增长，合计收入同比增长51.21%，贡献了超过35%的整体收入增量。2020年，公司实现归属于上市公司股东的净利润73.26亿元，同比增长26.39%，实现扣除非经常性损益后归属于上市公司股东的净利润61.32亿元，同比增长45.74%，实现扣非净利率3.98%，较上年同期提升0.23个百分点。

中通快递发布的2020年财报显示，2020年中通快递业务量达到170亿件，同比增长40.3%。市场占有率达到20.4%。全年公司实现营业收入252.14亿元，同比增长14%，调整后净利润约为45.90亿元，较2019年下降13.3%。2020年四季度中通完成包裹量为54.1亿件，同比增长46.5%。截至2020年12月31日，中通揽件/派件网点数量约为30000个，直接网络合作伙伴数量为5350余名。根据财报，2020年中通收入组成中，快递业务收入占比为86.9%，货运代理服务占比7.4%，物料销售（快递单热敏纸）占比4.5%。其他部分收入占比1.2%，主要为金融贷款业务以及广告服务。

圆通速递发布的2020年年度报告显示，2020年，公司快递业务实现业务完成量126.48亿件，同比增长38.76%，占全国快递服务企业业务量的15.17%，较2019年度提升0.82个百分点。2020年实现营业收入349.07亿元，较2019年增长12.06%，实现归属于母公司股东净利润17.67亿元，较2019年增长5.94%。公司子公司圆通速递国际实现业务收入50.48亿港元，归属于母公司股东净利润2.52亿港元，同比增长超800%。公司子公司圆通航空实现营业收入11.93亿元，归属于母公司股东净利润2.16亿元，同比增长超200%。

韵达股份公布的2020年年度报告显示，2020年，公司实现营业收入335亿元，其中标准快递业务收入316.63亿元；实现利润总额17.52亿元，同比下降49.62%；总资产295.01亿元，同比增长31.13%；归属于上市公司股东的净资产143.78亿元，同比增长6.80%。2020年，韵达股份业务量保持高速增长，达141.44亿件，同比增长41.02%；市场份额为16.97%。

申通快递披露的2020年年报显示，公司2020年实现营业总收入215.7亿元，同比下降6.6%；实现归母净利润3632.7万元，同比下降97.4%，降幅较去年同期扩大；完成业务总量88.17亿件（日均2415.6万件），同比增长19.62%，低于2020年快递行业业务量平均增速31.2%；市场占有率10.58%，较上年（11.6%）下滑1.08个百分点。

韵达股份披露的2020年年报显示，截至报告期末，公司总资产295.01亿元，同比增长31.13%；归属于上市公司股东的净资产143.78亿元，同比增长6.80%。报告期，公司累计完成快递业务量141.44亿票，同比增长41.02%，增速高出行业平均增速近10个百分点；公司快递市场份额达16.97%，较去年同期提高1.18个百分点。公司实现营业收入335.00亿元，其中标准快递业务收入316.63亿元。公司实现利润总额17.52亿元，同比下降49.62%；实现归属于上市公司股东的净利润14.04亿元，同比下降46.94%。

百世集团发布2020年第四季度及2020年全年未经审计财务业绩报告。财报显示，百世集团2020年全年营业收入为300亿元，同比减少7.3%。其中，百世快递、百世快运的全年营业收入分别为194.2亿元及51.6亿元。集团全年毛利润为2.4亿元。集团自去年11月公布战略调整计划以来，全面优化各业务运营，取得了阶段性的成效。百世快递的净利润于12月重新转盈；百世快运的货运量在本季度同比增长25.1%，高于行业平均增速，巩固了市场领先优势，毛利率也回升至疫情前水平。

德邦股份发布的2020年年报显示，德邦2020年全年营业收入275.03亿元，同比增长6.10%，归母净利润达5.64亿元，同比增长74.39%；从收入构成看，2020年公司快递业务实现营业收入166.62亿，同比增长13.60%，毛利率10.02%，快递业务收入占公司总收入比重达60.58%。此外，快递业务的开单货物重量和开单票数也获得了不同程度的增长，其中开单货物总重量同比增长16%，开单票数同比增长8.50%达5.64亿票。

二、基础设施建设

2020年，各主要寄递企业继续加大资金投入，在运输能力提升、自动化设备运用、仓储网络建设等方面取得了一系列突破。

1.干线运输能力持续加强

2020年，中国邮政集团有限公司寄递事业部不断创新管控模式，运行服务质量持续向好，“五大改革”持续推进。其中，积极推进陆运网优化改革，制定下发了改革指导意见，统一设置全网90个省际中心与本地中心选点，并在河北、江苏、河南、四川四省启动试点。大力实施运输组织改革，推进单边改双边，往返邮路占比达到75%；推进委办改自办，核定新增近1500辆干线车辆；推进小车换大车，一干邮路30吨以上大车发车比例提升16个百分点；全网696条省际邮路推广顺向串行运输，串行比例达到27%。

顺丰已建成覆盖全国的快递服务网络，并向全球主要国家拓展。截至2020年底，顺丰业务覆盖全国335个地级市、2847个县区级城市，拥有约1.9万个自营网点。国际业务方面，国际标快/国际特惠业务覆盖78个国家及地区，国际小包业务覆盖全球225个国家/地区。在陆运网络方面，截至2020年底，顺丰自营及外包干支线车辆合计约5.8万辆，开通干、支线合计约13万条，末端收派车辆合计约10.5万辆（不含摩托车和电动车）。高铁极速达产品覆盖城市达79个，开通451个流向；10月新开通杭广双向特快班列，累计开通班列4对8列；普列运力在用线路119条。

2020年，中通快递拥有服务网点近3万个，末端驿站超6.8万家，网络通达99%以上的区县，乡镇覆盖率超过92%；拥有全球领先的快递运营能力，设有94个国内分拨中心，配置超339套自动化分拣设备；大力推广甩挂运输模式，拥有超10450辆干线运输车辆，其中超7900辆是15米以上的高运力车型。截至2020年5月底，中通快运拥有服务网点11000家，分拨中心62个，自有运输车辆4900余台，日运力达36000吨。2020年3月，开通柬埔寨件派送业务，开启了国际件新征程。

截至2020年底，圆通速递的快递服务网络覆盖全国31个省、自治区、直辖市，地级以上城市已基本实现全覆盖，县级以上城市覆盖率达97.33%，乡镇、村组区域快递服务网络持续深化拓展；公司加盟商数量4650家，末端网点38375个；公司在全国范围拥有自营枢纽转运中心75个；公司全网干线运输车辆超5000辆，其中自有干线运输车辆3105辆。

再来看看申通的情况。数据显示，申通全网自营的干线运输车辆约3500辆，其中牵引车约2230余辆，大车占比提升至64.29%。此外，全网加盟商拥有运输车辆数为29150余辆，同比增加6.08%。公司继续优化进港、出港路由标准体系，累计开通干线运输线路约2400条，其中干线运输采用集约化运输模式，最大化的降低运输成本，让利给末端网点。2020年度，公司完成快递业务量合计8974613.20吨，其中，汽车运输方式完成业务量8877674.41吨，占总业务量的98.92%。

优速所推行的车线融合，旨在通过结合全网分拨的定位，根据线路分级的原则，对全网路由的重构、快运快递、干支线及分拨等各环节资源的整合，在结合快运快递货量流向，确保操作平稳、时效稳定的前提下，实现快运快递干线规模互补、资源互补的降本增效目标。针对全网快运快递线路输出滚动车线融合优化方案，核心针对沿海至沿海区域融合线路进行滚动优化，达到降本增效目的；全网从项目开始到高峰期共落地380+条线路，节降成本超2000万元，实现全面融合。车线融合作为公司的降本增效的手段，在未来仍将继续进行。

极兔运输干线的建设，来自深刻理解运输网络的资深规划团队。现已规划超过2000条的运输干线，实现100%的省际连通率，支线与干线能够无缝衔接，特色产品区域可以重点保障。灵活、立体化的线路能够保障极兔快速服务，做到时效优先。极兔在全国拥有2500多台干线运输车辆，其中1000台左右为自营车辆。多元化的运力结构，对自营运力形成有效补充，确保快件快速、安全送达。

2.航空运力得到显著提升

2020年12月23日凌晨，中国邮政航空公司第四架、飞机号B-5131的波音737-800BCF飞机从济南太古飞机飞机维修公司调机飞抵南京禄口国际机场邮政自主机坪，标志着该架飞机正式入列邮航机队，并投入中国邮政航空网航线运行。2019年8月9日，邮航首架B737-800BCF飞机入列并在投网航线运行，邮航成为国内首家运营B737-800BCF全货机的航空公司。邮航先后运行“运八”、波音737-300F/400F、波音757-200F。四架波音737-800BCF飞机陆续投入航线运行，标志着邮航在机型更新换代迈出重要步伐，有力助推中国邮政高质量发展，并在打造行业“国家队”发挥出重要支撑作用。邮航目前机队总运力为32驾飞机。

截至2020年底，顺丰航空共拥有61架自营全货机，租赁14架全货机，共执行航线83条。顺丰航空覆盖全国52个大中城市及列日、法兰克福、德里、新加坡、胡志明、金奈等国际站点。2020年顺丰航空在巩固欧洲、东南亚区域运行能力的基础上，于11月初实现了北美区域运行能力突破，为搭建自主可控的国际供应链网络提供更强大的支持。2020年顺丰航空共执行国际航线3580班，同比增长

353%。顺丰还通过自营（与航空公司直接合作）、代理（货运代理）或三方合作（顺丰、航空公司、代理）等模式，从国内外超百家航空公司获取稳定的客机腹舱资源，航线2027条。

目前，圆通航空拥有自有全货机12架，累计开通国内、国际航线100余条。2020年，圆通速递不断加大自有航空与机队的投入运营及国内、国际航线的深入开拓，开通了昆明—吉隆坡、昆明—拉合尔、石家庄—菲律宾马尼拉、杭州—新加坡、石家庄—西安等航线，为圆通速递参与国内外快递物流市场竞争奠定了坚实基础。2020年，圆通全球航空货运枢纽“东方天地港”在嘉兴投资落户，项目总投资122亿元，首期用地面积1454亩，远期规划货运机位94个，建设高度智能化航空货站及相关仓储及转运设施，2050年计划货邮吞吐量达到240万吨，成为我国重要的国际航空物流枢纽之一。同时，圆通将围绕航空货运枢纽，在嘉兴打造多式联运中心、物流科技研究中心和长三角商贸集散中心。

截至2020年底，中通快递星联涵盖36家星联子公司，100多家航空代理链接16家航司、80多个机场，可控航线8000余条，日均使用航线1300余条。全货运机运能30吨/日，航空腹仓可控运力1500吨/日。航空24小时可覆盖城市220个，48小时可覆盖地县级城市1500余个。目前星联处于2.0阶段，即构建星联门到门SAAS系统，与快递、快运、云仓、冷链网络全面兼容，利用航空腹舱资源提供全国“8、12、24、48”门到门特快及同城5公里生活圈即送服务产品。

3.转运中心、仓储等加速迭代升级

在仓储网络方面，截至2020年底，顺丰在全国拥有228个不同类型的仓库（包含新夏晖冷链物流中心），面积近278万平方米，公司继续强化辐射全国的仓储服务网络，夯实行业标杆的仓储服务能力。同时，顺丰还加大对自动化设备的投入，完成全网仓库自动化设备投入及优化改造。

2020年，经两年多的发展，中通云仓已在全国成立55家子公司，员工人数超2000人，在北京、上海、浙江等56个核心城市拥有100多个仓库（转运中心仓库80个），仓储总面积近200万平方米，累计服务千余家知名电商平台和品牌商客户企业。

圆通速递积极推进转运中心、城配中心布局自动化分拣系统、摆臂、上车扫描仪等先进设备，提升全网中转操作的效率和稳定性。同时，圆通速递根据区域及业务量情况，结合信息系统不断优化路由，加大双边运输车辆占比，提升甩挂车辆、大型运输车辆的使用率，并持续投入自有运输车辆，创新、优化运输车辆管理模式，提高运输车辆使用效率。2020年，圆通全网列入计划的30多个转运中心全部完成改扩建和自动化改造项目，圆通扩充网干线运输车辆超5000辆。

申通拥有自营转运中心64个，自营率约为94.12%。随着近两年公司转运中心直营化进程的加快，公司加大了运营平台基础设施建设力度和速度，持续推进运营平台能力的建设和完善，着力打造智慧物流运营处理中心。其中，硬件是基础，科技是核心，公司全面进行老旧设备的更新换代，向智能化、自动化转变，用技术弥补场地产能不足，用效能解决分拨压力问题。2020年公司新增40套自动化交叉带分拣设备、21套摆臂设备。

2020年度，韵达转运中心自动化设备处理能力同比提升30%，综合操作效率同比提升31.6%，转运中心人均效能同比提升14.2%，转运中心错分率同比下降千分之1.4，错发率同比下降千分之0.5，错集包率同比下降千分之0.5，破损率同比下降万分之0.03，车辆平均装载率同比提升4.4个百分点，单票人力成本同比下降10%左右，百万公里事故率同比下降18.9%，运输在途准点率同比提升近4个百分点。报告期，在综合施策下，公司快递服务单票成本为

2.06元，同比下降27.21%，可比口径下连续六年呈下降趋势。

2020年优速快递共有75个分拨，在7月加入壹米滴答集团后进行了部分分拨的重组合并，分拨数增加了10个，达到了85个；随着集团业务的融合和发展，进入2020年后，快运快递分拨场地的融合成为年度场地规划重点主题之一：由2019年年初起步的同园区同区域融合，到2020年渐入佳境的同货台融合，为后端的操作、车线、运输以及融合夯实了基础，也为降本增效报价护航。

德邦快递有分拣转运中心140个，其中一级枢纽中心3个，一级转运场地15个，二级转运场30个，三级转运场92个。自2013年11月快递业务开展以来，随着业务量不断增长，为提高中转场承载能力和营运效率，公司研发了行业内首个快递快运融合的多层立体分拣系统。通过"钢平台架高"等核心举措，实现多层立体布局，上层操作可上分拣的小件，下层操作零担大件，有效提升场内流通效率和场地承载能力。除了以上措施外，公司还尝试引进平铺式AGV、全自动大件分拣线等技术。

2020年3月，极兔速递在国内起网，已建立覆盖全国的服务网络，全国省、市覆盖率达到100%。极兔在全国设立了80个转运中心，通过投入搭建的自动化矩阵、摆轮设备、DWS智能扫描设备、以及交叉带自动分拣系统，全力打造高效、智能的分拣体系，提高快件中转的处理能力和效率，最大化地缩短快件的中转时长。此外，极兔还自主研发了JMS系统，在线集成管理快件从下单、收取到结算的全生命周期，为客户提供智能化、数字化、可视化的快件寄取服务。

三、业务发展概况

2020年，主要寄递企业围绕快递主业，继续向产业链上下游拓展延伸，业务结构日趋多元化，向综合物流服务供应商转型的步伐加快，行业服务水平和服务能力持续得到提升，在服务经济社会发展和百姓民生中的基础性作用得到进一步突显。

1.夯实快递主业

2020年，中国邮政集团有限公司寄递事业部寄递业务完成业务量近90亿件，同比增长23%；实现收入760亿元，同比增长6%。政务市场加快融入一网通办平台，30个省已完成省级平台对接；公安交管项目实现收入逾12亿元，同比增长30%；完成一期288个法院集约送达服务中心建设；税务项目发票寄递量近2000万件，同比增长56%；圆满完成900多万件录取通知书寄递任务；开办港澳居民来往内地通行证邮寄服务。此外，电商市场源头获客持续强化，国际市场邮政渠道加大与跨境电商平台合作。

2020年顺丰全年实现件量同比增长68.46%，远超行业整体增速的31.2%，市占率提升至9.76%，较上年提升2.15个百分点。公司快运、冷运及医药、同城、国际等新业务板块，继续保持高速增长，2018年至2020年三年复合增长率达64.5%，占总营业收入比例进一步提升至28.24%。2020年，顺丰快运业务整体实现不含税营业收入185.17亿元，同比增长46.27%。2020年，公司冷运及医药业务整体实现不含税营业收入64.97亿元，同比增长27.53%，业务保持快速增长。2020年，顺丰同城业务实现不含税营业收入31.46亿元，同比增长61.17%。

中通快递2020年业务继续保持高速增长，全年完成业务量170亿件，同比增长40.3%，高于行业平均增速，连续五年稳居行业第一，市场占比达20.4%。服务质量方面，在申诉率、公众满意度方面中通也保持了领先。

圆通速递始终坚持"客户要求，圆通使命"的宗旨，以人为本，以客户体验为中心，以"安全、快速、便捷、可靠"为追求，着力打造品质圆通、科技圆通、绿色圆通、德善圆通，构建圆通供应链网络生态命运共同体。

2020年，申通快递以数智化为驱动力，启动深化改革，聚焦能力、成本、服务三大业务，坚持精细化运营、降本增效、业务创新，提升时效，做有质量的单量。目前，申通业务增量稳健，成本管控得力，新产品不断涌现，企业生产经营保持稳健向好的发展态势。

韵达的经营以快递业务为主业，同时还包括仓储业务、供应链业务等。韵达在发展过程中，坚持“以客户为中心”，利用科技的力量推动高质量发展，通过大数据、信息化、智能化技术，打造智慧物流，构建以快递为核心的生态圈，为实现具有国际竞争力的全球化综合快递物流服务商而不懈努力。

2020年，百世快递持续发力于快递业务的高质量发展，通过不断加大技术投入、注重末端建设、聚焦服务等举措不断提升快递服务体验。2020年是特殊的一年，百世快递发挥快递优势，积极承担企业社会责任，并依托集团综合供应链服务，为抗疫驰援、社会公益以及行业可持续发展作出了企业的贡献。

优速在业务发展方面主要体现在以下几点，一是快递价格体系升级。2020年围绕公司品质优先、效益提升为主题，于第二季度启动快递价格体系升级项目。二是电子面单，7月电子面单由提前购买收费变为录单时收取“制单费”，原购买流程保持不变，费用标准已相应下调至0.01元/件+热敏纸费用。三是升级95349客服。四是开通水果专线。针对时令产品，优速快递协同总部各业务部门成立时令产品项目组，打通时令产品需求，全程绿色通道保障，不上流水线、独立分拣、优先中转、优先派送、快速理赔。

德邦快递凭借坚实的网络基础、强大的人才储备、深刻的市场洞悉，为跨行业的客户创造多元、灵活、高效的物流选择，让物流赋予企业更大的商业价值，赋予消费者更卓越的体验。德邦快递始终紧随客户需求而持续创新，坚持自营门店与事业合伙人相结合的网络拓展模式，搭建优选线路，优化运力成本，为客户提供快速高效、便捷及时、安全可靠的服务。

2020年，极兔速递响应政府“快递下乡”号召，开展了一系列极兔助农项目，覆盖147个区县涉及137类农特产品类。其中也不乏湖南石门柑橘、广东梅州柚、吉林省第一驻村书记协会助农等一系列优质项目。这些项目在帮助极兔拓展下沉业务的同时，帮助当地农民完成增收。

2.新业务持续发力

在快递主业蓬勃发展的同时，中通快递积极拓展上下游产业链和生态赛道，裂变出快运、仓储、冷链、航空、国际等多个业内领先的专业物流公司，并集合网络和社会资源，将众多生态业务打造成为一体化综合物流生态体系，为电子商务、农业、制造业、高科技企业等客户提供一揽子物流解决方案，帮助其节省成本、提升效率、改善体验、创造价值。除此之外，中通快递还依托自有包裹流量和末端生态，积极探索新商业领域。

2020年，圆通速递持续投入建设、布局与完善转运中心、自动化设备、运能体系、配送终端等核心资源，进一步增强网络核心资产掌控力，网络综合服务能力不断完善。圆通国际于2020年年底完成深度融合，业务全面协同，产品更新换代。截至2020年底，圆通国际网络覆盖6大洲，150多个国家和地区，在18个国家和地区设立43个分公司及办事处，全球加盟及代理商522个。

申通快递在夯实常规业务、降本增效的基础上，结合数字经济时代商流的变革，推陈出新，加快产品、服务和业务的供给侧改革，更加适应客户消费需求，实现差异化竞争。公司目前的主要业务为快递业务，快递业务的产品分为三类，标准快递业务产品、增值服务产品、快递辅料产品。2020年，公司完成业务量约88.17亿件，同比增长19.62%，包裹完成量占全国总量的10.58%。

韵达以服务实体经济为宗旨，以满足客户需求为导向，以快递核心业务为主体，积极嫁接周边产业、市场和资源，陆续布局了韵达供应链、韵达国际、末端服务等周边产业链和新业务，为提升国民经济运行效率、推动新经济发展、提高居民消费水平等提供基础性支撑。

为了能够进一步下沉到农村市场，让快递完成“进村”，2020年极兔在山西、福建等省市的乡镇农村上线了大量刷墙广告。以山西为例，极兔速递在山西省的11个市97个区县1070个乡镇上线了6000幅刷墙广告，用农村乡镇居民最熟悉的事物宣传极兔速递，让快递走进他们的生活。

3.加速出海布局

截至2020年底，中通国际在东南亚、中东、欧美、日韩、澳大利亚等国家和地区均有业务布局，开展保税、直邮、仓配一体、专线等多元化、多品类跨境物流业务，并在柬埔寨、越南、老挝、缅甸等国家建设海外网络，落地业务直接服务于当地市场和百姓，实现了属地化管理。此外，为进一步推动海外网络化布局，中通国际在实现业务多样化、产品国际化、服务全球化等方面取得初步成效，并依据B2B、B2C、C2C、BBC等多层次市场需求，建立“多渠道，多元化、全方位”服务模式。

圆通国际整合各项优势资源，全力打造、优化中国—韩国、中国—越南、中国大陆—中国台湾、中国—阿联酋、中国—欧洲等跨境物流链路，为海内外电商平台及广大消费者提供清关便捷、时效优良、服务稳定的跨境物流产品与服务；并着力通过完善的绩效考核机制、健全的监控管理体系、先进的信息系统、及时的反馈处理体系等提升跨境物流全链路的精细化运营、管理水平。

申通快递国际业务也在2020年有亮眼表现，申通国际累计开拓了超过103个海外网点，国际业务服务地区已经覆盖美国、澳大利亚、俄罗斯、英国、日本、韩国等45个国家和地区。合作跨境电商平台包括eBay、Wish、AE、Lazada、Amazon等。拥有中东专线、日本专线、韩国专线、中国台湾专线、中国香港专线及中国澳门专线、北欧、美国、马来西亚专线等20条专线，并着重打造中欧30国专线。

德邦快递从2016年起开展跨境业务，经过4年的发展，初步形成了国际快件、FBA进仓、电商小包、国际联运四位一体的产品布局。年出货量数万吨，揽货端全国各地乡镇级以上基本覆盖，上海、深圳、北京、青岛等口岸万平以上跨境交付场地，场地中有自动化小件机器人及大件自动分拣设备。跨境国际段走货方式有空运、海运和铁路，不同产品时效有快慢，跨境业务的优势线路已经覆盖了欧洲、南北美洲等40多个国家和地区，国际段主要是自建与代理、航司等进行合作承运。

极兔积极参与国家“一带一路”建设，打造J&T集团国际板块。业务包含电商小包、国内仓储、传统货代、FBA、海外仓储、目的国清关服务等。业务范围已覆盖东南亚、欧洲、中东、亚洲、非洲、美洲等全球200多个国家及地区，并支持空运、海运、陆运等多种运输方式，致力于打造全球领先的国际物流企业。

四、技术创新应用

借助云计算、大数据、移动互联网、人工智能等新一波技术，物流行业已经从肩扛手提的传统模式，进入以科技驱动的新物流时代。2020年，主要寄递企业在加大技术创新方面也不断发力。

2020年，中国邮政寄递事业部不断强化科技赋能，支撑能力持续增强。一是生产能力快速提升。加快实物网处理能力建设，安排建设项目150个，日处理能力新增3500万件。加强南京、郑州等40个国际邮件互换局自动化建设，新增通关处理能力241万袋件/天。积极推动2架B737-800飞机引进工作。创新推出跨机构混合收寄模式，前置集包率达到73%，同比提升30个百分点。二是科技赋能效果显著，四大数据库建设成效初显。时限库已见成效，全面建成特快、快包时限库，实现了标准库、现实库、行业库、优势库的相互可视化对比展示，以及分环节时限质量指标管控。成本库基本成型，加强对五大环节25项关键要素的管控分析，有力支撑了降本增效。市场库有序推进，明确了四大功能模块设计，并试点应用，为精准营销和市场拓展提供了重要抓手。服务库建设全面启动，突破行业空白，探索建设包裹快递服务质量库，对可量化管控的服务内容，借鉴电商平台实践新建服务质量指数实时监控。

顺丰致力于成为独立第三方行业解决方案的数据科技服务公司，通过多元业务中沉淀的海量数据和行业经验，以及引领物流行业的智能化、数字化技术创新，赋能行业供应链转型升级。顺丰在人工智能、大数据、机器人、物联网、物流地图等科技前沿领域进行了前瞻性的布局，多个领域处于行业领先地位。比如，在人工智能方面，顺丰构建超大规模 AIoT 感知平台提升精细化运营水平，打造独特优势的“人+AI”SaaS 产品助力线下数智化管理。再比如，在大数据方面，顺丰构建一站式实时数仓解决方案，实现亿级数据秒级计算能力，大幅降低实时数据处理门槛；并打造统一融合的大数据平台，实现跨机房、跨集群、跨租户的数据融合计算，突破数据处理规模瓶颈。

中通快递将科技创新与公司战略、业务紧密结合，建立完善的互联网产品研发体系，积极组建科研团队，推动多项先进技术落地，已建成营销、客户服务、网络末端、转运中心、运输、财经、智能设备、协同办公八大数字化产品线，在快递所有业务环节均实现信息化、数字化、智能化工具的支持和覆盖。2020年，公司紧密围绕体验、效率、数据、创新、生态五大方面，加速突破实现创新发展。比如，在体验层面，用数字化手段做深链接，提高用户数字化体验，追求用户满意。再比如，在效率层面，核心运营能力将基于业务场景深化产品覆盖，灵活快速支持业务作战。

圆通速递历来高度重视信息化建设。目前，圆通速递已形成了包括“网点管家”“行者系统”“管理驾驶舱系统”“尊者系统”“自动化分拣系统”“运盟系统”等在内的金刚核心系统，覆盖揽收、中转、派送、客服等全业务流程以及财务结算、人力资源等日常管理的各方面，实现了对快件流转全生命周期的信息监控、跟踪及资源调度，促进了快递网络的不断优化和服务质量的稳步提升。2020 年 5 月，圆通进一步凝聚起具备创新精神和工匠精神的专业研发团队，目前已有 2000 多名研发运维人员，公司信息化、科技化水平近年来得以显著提升。公司牵头承建的物流行业唯一的物流信息互通共享技术及应用国家工程实验室顺利通过验收。

2020 年，申通快递的数智化战略进一步升级，开发了涉及网点、客户、中心以及财务等多系列的管家产品，阶段性地实现了数据化运营与技术赋能驱动业务发展的目标，建立了数据化决策体系，有效地控制了各项成本。比如，为提高网点数字化程度，保障末端网络的稳定性，申通在 2020 年初推出可以为网点提供数字经营决策指导的“网点管家”系统，系统通过各类数据和指标的线上化，让总部实时掌握网点的有效信息，为提高网点的服务质量和网点生命周期管理提供数据支撑；同时网点管家的结算模块与总部结算系统实现数据拉通，并为网点负责人提供可视化经营报表，为经营降本提供数据支撑，让网点经营更透明、更简单。

韵达坚持“精益管理”思想，并不断深化基于科技创新和精细化管理的“成本领先型”竞争策略。充分挖掘核心资产优势和科技优势，公司在全链路开展成本管控的基础上，针对分拣运营、干线运输、末端管理等关键环节持续开展柔性管理。比如，保持科技创新和技术升级迭代能力，对部分自动化分拣设备进行更智能、更高效的升级改造，上线四层自动化分拣设备，大幅提高单位坪效操作容量，持续降低单票分拣成本。再比如，实施“天眼计划”，对大型转运中心进行物联网的可视化管理，过对车辆从发车、排队、进门、装卸各环节全程透明化，实现车辆快进快出等。

百世集团结合互联网、信息技术和传统物流服务，不断创造新的商业模式，提高效率和信息化的应用。近年来，百世大力投入自动化，在全国投用和优化转运中心，构建智能分拨，还在自动路由、AI 智能客服等方面进行技术应用，致力于提供数字化、智能化解决方案，为行业降本增效做出贡献。比如，继 2019 年投入自动化约 14 亿元后，百世集团 2020 年再投入 15 亿元升级自动化，新增投入数千套自动化设备，打造智慧分拨，聚焦运营质量，全面升级时效，保障服务体验。2020 年百世集团以科技为支撑打造智能决策平台、数字化链路经营管理平台等。目前已投入应用数据魔墙、云视频地图等技术，在运输环节全面投入应用智能视频技术。

2020 年，优速在信息化产品的研发上继续创新和升级，在经营、运营、品质、财务、综合管理等方面上线和应用了大量新产品和功能，助力业务降本增效，提升用户体验。比如，在网络建设方面，科技进一步赋能网点，通过大数据分析发现网点管理的弱项，并联合业务部门进行针对性改善。进一步优化系统算法，提升自动录单率，辅助提升网点工作效率。2020 年 9 月上线启明星系统和网点门户，拉通了总部和网点的信息渠道，在网点效率提升、操作标准化改善、信息化质量提升等方面取得了显著成效。再比如，在运营层面，2020 年建立了自动分拣的数据接入标准和监控指标，进一步提升了自动分拣的效率。

德邦快递一直注重科技的创新，在探索前沿新型科技的同时，逐步将新型技术引入自身的应用中，最大程度地推进技术的落地。2020 年，德邦快递围绕“收、转、运、派”等各个快递物流环节，在无人机、无人车、区块链、5G 通信等方面进行了积极探索和研究，并取得了相关的成果。比如，德邦快递在传统多旋翼无人机的基础上积极探索垂直起降无人机，相对多旋翼的载重量小、续航时间短等瓶颈问题，垂直起降的无人机具备载重量大、续航时间长的优势；另外，随着国家低空政策的愈发明确以及无人机行业标准的规范，以及二三线城市通用机场的逐步投入使用，支线货运无人机的应用场景和方向也将愈发的明确，德邦快递将对该方向保持积极深入研究。

极兔在全国设立了 80 个转运中心，通过投入搭建的自动化矩阵、摆轮设备、DWS 智能扫描设备、以及交叉带自动分拣系统，全力打造高效、智能的分拣体系，提高快件中转的处理能力和效率，最大化地缩短快件的中转时长。极兔积极参与国家“一带一路”建设，依托 J&T 集团强大的全球物流资源和完善的业务布局，发挥自身的技术研发优势，秉承“以物流为基础、以信息为核心”的发展理念，自建和整合行业内的优质资源，打造 J&T 集团国际板块。

五、社会责任担当

2020 年，主要寄递企业在勇担社会责任，在扶危助困、爱心捐助等方面多有上佳表现。

中国邮政集团有限公司寄递事业部全面服务疫情防控大局，全力保障防疫物资寄递向社会郑重承诺“四不中断、四免费办”，紧急开通防疫捐赠物资免费寄递绿色通道。累计开行发往湖北汽车 1.2 万辆次，组开邮航专机 29 架次，免费承运防疫物资 162.8 万箱，重 1.7 万吨；为援助湖北的医护人员免费寄递返程物品 6.3 万件。为 1.6 万所学校配送教材 1811 万件，支撑各地中小学“停课不停学”；为 6 万多个平台电商卖家提供及时收寄服务，确保群众基本生活必需品的寄递服务畅通。制订定制化物流保障方案，支持重点制造企业复工复产，北京、成都、贵阳等地 5.5 万平方米仓储中心全力保障华为公司在春节、疫情期间生产、销售不中断。

在教育公益方面，2020 年顺丰公益基金会主要开展了顺丰莲花助学、顺丰莲花小学和顺丰凉山爱心班三个项目。其中，顺丰莲花助学项目在全国 39 个项目县新增资助学生 3826 人。

2020年顺丰莲花助学共计支出4414.5万元（含抗疫助学金1401.3万元）。截至2020年底，顺丰基金会参与建设的10所顺丰莲花小学全部竣工；顺丰凉山爱心班累计开设21个，帮助凉山失依儿童和贫困女生1157人。2020年，该项目投入1173173.3元。在儿童医疗救助方面，顺丰暖心项目2020年投入资金4025万元，救助患儿及孤儿2432名。

疫情暴发之初，中通快递第一时间成立应急领导小组和前线指挥小组，为全国疫情防控提供赋能性服务支撑。2020年1月25日，公司开通从全国到湖北疫情重点地区的免费绿色通道。湖北疫情好转后，公司转向免费为凯旋的各地援鄂医疗队寄递行李。在支援一线、为医护人员免费运送抗疫物资的同时，中通快递全网推广快件的定点收寄、定点投递、预约投递、智能箱投递等经验做法，保障寄递渠道通畅。公司还为社区居民免费配送生活物资，为学生派送学习教材，保障居民“菜篮子有菜”和莘莘学子“停课不停学”。

圆通速递践行生态环保理念，打造绿色快递物流。圆通速递高度重视生态环境保护工作，提出“4R”理念：即Replace（替代）、Reduce（减量）、Recycle（循环）、Reuse（再用），指导圆通生态环境保护工作的推进，并具体通过电子面单推广、循环中转袋全面替代一次性编织袋、循环包装、回收装置，节能减排等举措推进绿色圆通理念在全网的落地实施。

申通快递在提升服务、保障生产的同时，主动承担起相应的社会责任，强化责任意识，积极投身公益，用实际行动回报社会。面对疫情，申通快递迅速做出响应：2020年1月20日召开专项会议，紧急部署全网寄递环节保障工作。1月25日，申通快递开通寄递运输绿色通道，集全网之力为疫情防控物资寄递提供公益寄递运输服务。截至2020年5月底，申通快递累计承运各类疫情防控物资超1000万件、近2000吨，出动车辆500台次，货运航班50余架次。此外，申通快递将脱贫攻坚与自身优势相结合，切实做到扶真贫，真扶贫。2020年以来，各地申通人不畏艰难，深入原地产，破解农村消费渠道不畅难题，多渠道助农增收，助力脱贫攻坚。

2020年，韵达始终坚持“通过安全、快捷的服务，传爱心、送温暖、更便利”的使命，以客户为中心，以科技赋能业务发展，注重品牌提升，切实践行绿色发展理念，进一步聚焦人才队伍建设，关注员工生活品质，为实现“成为受人尊敬、值得信赖、服务更好的一流快递公司”砥砺前行。韵达持续深耕西部与农村市场，打造“电商+快递”模式，立足行业平台和资源优势，做好脱贫攻坚与乡村振兴的有效衔接；秉承“日行一善”的公益理念，积极支援受灾地区、开展志愿者行动、共同扶弱助残，用实际行动诠释韵达人的责任、爱心与担当。

百世集团积极投身公益事业，于2014年成立了百世慈善公益基金会，依托于百世智慧供应链的资源优势，充分发挥在网络覆盖、仓储、运输及末端配送的服务优势，始终关注和投入到助力农产品上行、儿童助残助学、爱心物资承运、行业关爱和校企联动等活动。自新冠肺炎疫情发生以来，百世集团第一时间成立专项组，开通救援物资“绿色通道”驰援湖北省和全国其他区域，免费承运社会各界紧急捐赠物资，为各地的医疗卫生机构和公益组织提供物流支持。百世集团更充分发挥国际资源优势，为海外慈善捐赠物资提供免费的跨境物流、清关及国内运输服务，并在东南亚疫情抬头时，为当地医院运送医疗用品，为各地民众发放口罩、消毒液等防疫物资。此外，2020年，百世启动物流司机关爱行动，关注行业一线工作人员，提升职业幸福感。

优速在自身不断壮大的同时，积极践行社会责任，回报社会。在疫情发生后，优速快递在全国范围内开通免费向武汉地区运输配送救援物资的绿色通道服务，通过联动社会、网络内多方资源，在全网范围内开展了一系列深入疫区的战疫工作。优速快递不仅免费运输医疗物资至大家熟知的武汉火神山医院，还承接起部分疫区生活物资运输工作，发动全网伙伴积极践行菜篮子行动，保障生活物资畅通，将新鲜的果蔬、肉等食物送至小区居民，同时还多次主动承担种子下乡运输、协助学校运输教材工作等。近年来在全体优速人的共同努力了下，优速大包裹助农惠农、关爱抗战老兵、免费午餐、疫情防控期间免费运送物资等公益事业卓有成果，爱心足迹遍布神州大地。

面对突如其来的疫情，德邦快递快速响应，率先开通绿色通道，重新部署人员、车辆、线路等，紧急运送物资至抗疫一线。此外，助力乡村振兴，德邦一直在行动。2020 年 8 月 19 日和 8 月 20 日，德邦快递分别在陕西眉县、周至县举办陕西猕猴桃电商扶贫发布会，会上发布了针对当地猕猴桃市场的运输解决方案。同时，通过内部的“西北农鲜生”“邦安选”平台，帮助果农进行销售，实现多维度的扶贫助农。在公益活动方面，德邦快递也开展了很多活动。比如，2020 年 9 月 13 日，青浦区徐泾镇两新党委德邦快递的年轻党员们利用周末休息时间，主动志愿报名参加公益献血活动，集合前往青浦区血站（近青浦中山医院）开展无偿献血活动。

2020 年 2 月 29 日，极兔速递委托卓尔公益基金将捐赠的 8000 套防护服、50 万双医用手套和 67860 只医用口罩（含 N95 口罩 7860 只）送至各重点防疫医疗机构，助力湖北武汉抗击疫情。4 月 10 日，极兔速递苏南大区礼献英勇抗“疫”志愿者，为无锡一线抗“疫”人员送上百盆绿植。12 月 3 日，极兔速递与沃尔沃卡车和灵山慈善基金共同发起“聚爱成行、书送希望”公益行动，为哈哈小学的留守儿童送去图书与冬装物资，为他们带去一份温暖。

第二章 2020年各市场主体发展情况

中国邮政集团有限公司寄递事业部

2020年是中国邮政寄递业务发展历程中极不平凡的一年。面对国内外严峻复杂的形势和新冠肺炎疫情严重冲击，在集团公司党组的坚强领导下，全网多措并举保障寄递渠道畅通，科学有序抓好复工达产，深入推进“五大改革”，创新成本及服务管控，强化源头获客及IT能力提升，寄递业务发展面貌取得了新变化，竞争能力不足之“痛”有效缓解。

一、基础建设

2020年，中国邮政集团有限公司寄递事业部不断创新管控模式，运行服务质量持续向好。

1.时限质量全面提升

全网特快T+1与快包T+3日递率超2019年最佳水平，时限竞争力快速提升，特快与竞品时限由相差5小时追至齐头并进；快包与竞品时限差距由8小时缩至4小时，其中重点区域时限优势已初步显现，5—9月六大重点区域内互寄时限全面赶超竞品，基本做到了与竞争对手旗鼓相当、各有千秋。

2.服务质量全面改善

国家局测评行业统一客服满意度，11183升至第1位。客户投诉问题邮件一次及时解决率91%，同比提升3个百分点，理赔及时率达到99%；重点客户、重点业务、重要邮件主动客服占比93%。国家邮政局公布公众满意度和有责申诉率均达历史最好水平。

3.“五大改革”持续推进

深入推进“两集中”管控，按照“集团管省际、各省管省内”要求制定指导方案，启动了江苏、浙江、河南、山西、海南五省试点，总结经验、完善方案。积极推进陆运网优化改革，制定下发了改革指导意见，统一设置全网90个省际中心与本地中心选点，并在河北、江苏、河南、四川四省启动试点。协调推进中心局改革，按照管理架构扁平化、资源配置市场化、运营管控实体化的原则，在5个中心局试点改革，为全网优化中心局机构设置和人员配置提供依据。大力实施运输组织改革，推进单边改双边，往返邮路占比达到75%；推进委办改自办，核定新增近1500辆干线车辆；推进小车换大车，一干邮路30吨以上大车发车比例提升16个百分点；全网696条省际邮路推广顺向串行运输，串行比例达到27%；积极发展高铁运邮，新增25条高铁邮路，39条行李车邮路。深化揽投网改革，推进中转接驳作业，揽投作业效率提升12%。

二、业务发展

1.紧抓市场机遇，获客能力全面增强

2020年，寄递业务完成业务量近90亿件，同比增长23%；实现收入760亿元，同比增长6%。政务市场加快融入一网通办平台，30个省已完成省级平台对接；公安交管项目实现收入逾12亿元，同比增长30%，其中线上网办业务实现收入近3亿元，同比增长200%；完成一期288个法院集约送达服务中心建设；税务项目发票寄递量近2000万件，同比增长56%；圆满完成900多万件录取通知书寄递任务，赢得国务院领导的充分肯定;开办港澳居民来往内地通行证邮寄服务。电商市场源头获客持续强化。平台合作不断深化,阿里、拼多多业务量同比增幅达 19%、53%;与菜鸟裹裹达成战略合作,在近 3 万个邮政网点开展“到站寄件”业务,合作网点数量行业第一。国际市场邮政渠道加大与跨境电商平台合作,与俄罗斯邮政、菜鸟联合推出 C-Packet 产品,俄向国际小包增长逾 90%;开通欧向包机,辐射欧洲 14 国,共运输邮件 7088 吨。美国专线等商业渠道拓展成效明显,完成收入近百亿元,同比增长超 160%。物流市场拓展成效显著,培育年收入百万元级以上的规模客户近千家,其中亿元级客户 20 家。现费市场狠抓电子渠道功能优化,现费特快收入同比增长 60%;31 省开办密码投递服务,收件人付费业务高效发展,量收同比增长 18%、20%。

2.扎实推进降本,成本管控初见成效

五大环节件均成本较 2019 年末有明显下降,平均降幅 15.7%,降幅最高的管理支撑环节为 37.6%。收寄环节件均成本降幅 6.3%;内部处理环节件均成本降幅 8.4%;陆运运输环节吨公里成本降幅 11%;投递环节件均成本降幅 15%;管理支撑环节件均成本降幅 37.6%。

三、科技应用

2020 年,中国邮政寄递事业部不断强化科技赋能,支撑能力持续增强。

1.生产能力快速提升

加快实物网处理能力建设,安排建设项目 150 个,日处理能力新增 3500 万件。加强南京、郑州等 40 个国际邮件互换局自动化建设,新增通关处理能力 241 万袋件/天。积极推动 2 架 B737-800 飞机引进工作。创新推出跨机构混合收寄模式,前置集包率达到 73%,同比提升 30 个百分点。

2.科技赋能效果显著,四大数据库建设成效初显

时限库已见成效,全面建成特快、快包时限库,实现了标准库、现实库、行业库、优势库的相互可视化对比展示,以及分环节时限质量指标管控。成本库基本成型,加强对五大环节 25 项关键要素的管控分析,有力支撑了降本增效。市场库有序推进,明确了四大功能模块设计,并试点应用,为精准营销和市场拓展提供了重要抓手。服务库建设全面启动,突破行业空白,探索建设包裹快递服务质量库,对可量化管控的服务内容,借鉴电商平台实践新建服务质量指数实时监控。

四、绿色快递

2020 年,中国邮政全面加速推进包装减量化、绿色化、可循环,绿色发展水平取得了阶段性、可视化的成果,在推进生态环境保护上迈出了坚实的一步。积极推广“一字”“十字”和“井字”科学打包法,避免胶带过度缠绕;基本实现电子面单应用全覆盖,全面推广“轻装箱”,平均减少用纸 20%以上;倡导电商原包装直发,降低二次包装率。试点使用循环箱,在全国 2 万多个网点设置包装废弃物回收装置,引导包装废弃回收;可循环容器在中转环节利用率超过 90%,每年减少一次性编织袋数十亿条;推广使用高密度聚乙烯材质拉链邮袋,邮袋循环使用次数由 20 次提升至 60 次,装载率提高近 20%;使用 RFID 技术追踪邮袋,促进邮袋循环使用,降低包装耗材对生态环境的负面影响。持续推进干线邮路甩挂运输与多式联运等模式,全网一级干线自办往返邮路甩挂运输占比超过 80%,全国高铁运输线路数同比增长近一倍。加快推广新能源或清洁能源汽车投递,全网全年减少尾气排放超过 2 万吨。

五、社会责任

1.服务国家大局,“国家队”责任担当充分彰显

全面服务疫情防控大局,全力保障防疫物资寄递向社会郑重承诺“四不中断、四免费办”,紧急开通防疫捐赠物资免费寄递绿色通道。累计开行发往湖北汽车 1.2 万辆次,组开邮航专机 29 架次,免费承运防疫物资 162.8 万箱,重 1.7 万吨;为援助

湖北的医护人员免费寄递返程物品6.3万件。全力保障政务民生寄递。为1.6万所学校配送教材1811万件,支撑各地中小学“停课不停学”;为6万多个平台电商卖家提供及时收寄服务,确保群众基本生活必需品的寄递服务畅通。多措并举保障国际供应链畅通。执行欧美路向包机107架次,带运邮件7341吨,重庆、义乌、郑州和东莞中欧班列发运集装箱1574个,带运邮件10317吨,利用海运快船累计发往澳大利亚等国共计2012箱、1.4万吨邮件。全力支持社会复工复产。制订定制化物流保障方案,支持重点制造企业复工复产,北京、成都、贵阳等地5.5万平方米仓储中心全力保障华为公司在春节、疫情期间生产、销售不中断。

2.积极践行邮政央企责任,普遍服务全面达标

普邮全程时限达到国家监管要求,平信信息断点率由0.44%下降到0.03%,机要通信运输安全万无一失。助力扶贫工作成效显著。启动扶贫项目167个,完成目标的210%。140余家拼多多邮政精准扶贫官方店造包近200万件,为当地果农创收3000余万元。极速鲜业务实现收入近6.5亿元,同比增长60.7%,间接拉动农产品销售额120亿元。绿色邮政建设不断深入。电子面单使用率达到99.39%;“瘦身胶带”封装比例、可循环中转袋环使用比例分别均超额完成国家邮政局“9571工程”标准。军民融合发展有成效。军队喜报专递业务寄送24.34万件;中标华东五省“被服被装仓配服务项目”;完成“三区四线”无人机保障工作,获得军方好评;顺利通过中国邮政国防交通专业保障队伍验收工作。邮快合作有进展。黑龙江、四川、青海、西藏、甘肃5个试点省分别与多家快递企业合作,帮助社会快件下乡进村。

六、企业荣誉

3月,中国邮政速递物流再次获得万国邮政联盟EMS合作机构颁发的“客户关怀奖”,已连续四年获得该奖项。

3月,中国邮政无人驾驶货车常态化运邮项目获得中国物流与采购联合会物流技术创新奖。

4月,中国邮政晋江AGV项目获得中国设备管理协会全国设备管理与技术创新成果二等奖。

9月,获得中国物流与采购联合会物流颁发的“中国电子商务物流与供应链优秀服务商”荣誉称号。

10月,在全国交通运输系统抗疫表彰大会上,中国邮政集团有限公司寄递事业部运营管理部指挥调度中心被交通运输部授予“抗击疫情先进集体”的荣誉称号。

七、企业大事记

1.寄递事业部开展党风廉政警示教育活动

6月至8月,寄递事业部开展党风廉政警示教育活动,坚持直面问题、以案示警,通过点名道姓通报近两年寄递管理条线10起违规违纪违法案例,开展“点评析”等活动,组织全体党员干部围绕身边案例剖析对照自省,促举一反三、问题整改和责任落实。宣传教育活动期间,各级党组织对暂不具备轮岗条件的37名重点岗位人员进行防范岗位廉洁风险提示,对208人进行廉洁谈话,组织党员干部开展党纪国法、岗位履职学习教育和线上警示教育基地参观等活动,进一步筑牢不想腐的堤坝。

2.全面服务疫情防控,全力保障防疫物资寄递

1月25日,中国邮政向社会郑重承诺“四不中断、四免费办”,紧急开通防疫捐赠物资免费寄递绿色通道。全网累计免费承运防疫物资174.73万箱,共计17231吨。其中,落实中央军委、交通运输部、发改委、商务部、科技部等国家机关部委、公益组织和爱心企业捐赠物资寄递指令(需求)83项,包括白俄罗斯、德国、沙特、马来西亚、联合国儿童基金会等22个国家和国际组织的捐赠物资运输,共组开专机29架次,邮车运输40余班车,满足了ECMO、呼吸机等

时限紧、超大超重、物资量大的医疗设备和各类物资820余吨的寄递需求。

3.高质量寄递服务助力国家人才选拔

7月至9月,安全准确寄送中央美术学院等"线上考试"6万件试卷,全国3700余所高校915万件高考录取通知书,收获了广大考生及高校的高度认可,充分体现了行业"国家队"的责任和担当。寄递事业部深入落实习近平总书记关于做好高考工作的重要批示精神以及国家邮政局、教育部相关寄递要求,以最高标准、最强保障,精心组织高考招生及录取通知书寄递服务工作。

4.逐步构建自主可控的国际干线运输网络

新冠肺炎在全球范围蔓延之际,中国邮政充分发挥"国家队"作用,积极构建自主可控的国际干线运输网络,满足人民群众国际用邮需求。2月,与立陶宛邮政商定常态化开通铁路运邮渠道,组成波兰、立陶宛铁路运邮"入欧双通道",扩大欧洲覆盖范围至36个国家。3月,陆续开通上海—大阪(加密专线)、郑州—首尔、上海—东京、郑州—东京、昆明—曼谷、大连—首尔6条邮航专线。6月23日,开通郑州—法兰克福自主往返包机航线,通达欧洲14国。自主包机邮路每周运行3班B747洲际全货机,每周提供255吨稳定出口运力和200吨回程运力。与中远、马士基等大型海运公司合作,累计发运2942个集装箱,2.18万吨邮件。截至2020年底,通过中欧班列累计发运近1600个集装箱,1.1万吨邮件(22班专列)。

5.推动军民融合深度发展

5月,军民融合业务取得重大突破,为联勤保障部队提供东部战区被装运输配送服务;6月26日至30日,在海南三亚通过无人机为部队提供战场紧急物资投送保障;8月至10月,寄递事业部联合中邮科技、中邮信科、中邮传媒为军委后勤保障部"现代军事物流体系建设观摩活动"提供野战仓储布置和室内展览。9月,组织三区四线的无人机保障工作,获得军委后保部的肯定,军委和联勤保障部队首长对中国邮政给予高度评价,"讲政治、敢担当、有作为"。

6.打造电商退换货寄递新渠道

12月29日,寄递事业部与菜鸟供应链正式签署共建菜鸟裹裹代寄点战略合作协议,通过平台引流,创新推出"到站寄件"服务新模式,共同推动在全国邮政网点叠加菜鸟裹裹寄件业务。全年双方已共建近3万个菜鸟裹裹代寄点,合作网点逐步成为个人寄递便民服务的重要基础设施。

7.服务"三农"创新篇

寄递事业部重点围绕解决合作社和家庭农场"销售难""物流难"痛点,服务农业产后环节,提供线上线下销售和寄递物流服务。除现有的极速鲜商城及邮乐网等,积极对接拼多多、建行善融及社区商超百货等,畅通农产品销售通道。推进县乡村三级物流体系建设,畅通农产品进城通道和工业品下乡通道。全年"极速鲜"业务实现业务量逾4000万件,同比增长一倍,业务收入6.5亿元,同比增长超60%;快递包裹"标准箱"实现业务量7.1亿件,同比增长113%。

8.深入推进运行组织改革,推进网运降本增效

推进单边改双边、委办改自办、小车换大车,推进串行运输,开展自主航空网络组织模式改革,强化运力集中管控,推进高铁运邮,优化车辆配置,提升运输效益。全年新增省际干线往返邮路180条,往返邮路占比达到75%;全网696条省际邮路推广顺向串行运输,串行比例达到27.1%;累计开通高铁邮路、行李车邮路分别达到52条与80条;三轴车调整为两轴,节省路桥费用21%;全网省会中心局包件处理成本下降7个百分点,单位运输成本下降12个百分点,节约运行成本近20亿元。

9.加快IT赋能,构建科技优势

寄递事业部与中邮信科公司联合,通过持续深化对标,不

断“找差距，明短板”，推动邮政寄递业务向信息化、数字化、智能化方向转型，主要围绕35项信息化项目展开工作，包括智能网络规划、智能指挥调度、可视化数字看板平台、智能场院和现场视频监控、邮件全程时限数据库的深化应用等，2020年均取得了阶段性成果。

顺丰控股股份有限公司

顺丰是国内最大的综合物流服务商，致力于成为独立第三方行业解决方案的数据科技服务公司，为客户提供涵盖多行业、多场景、智能化、一体化的供应链解决方案。经过多年的发展，公司建立了为客户提供一体化综合物流服务能力，不仅提供配送端的高质量物流服务，还向产业链上下游延伸，形成行业解决方案，为行业客户提供贯穿采购、生产、流通、销售、售后的高效、稳定、敏捷的数字化、一体化的供应链解决方案，助力行业客户产业链升级。

一、基础建设

顺丰已建成覆盖全国的快递服务网络，并向全球主要国家拓展。截至2020年底，顺丰业务覆盖全国335个地级市、2847个县区级城市，拥有约1.9万个自营网点。国际业务方面，国际标快/国际特惠业务覆盖78个国家及地区，国际小包业务覆盖全球225个国家/地区。

1.航空运输

2009年，顺丰航空成为我国首家民营货运航空公司，现今已发展为国内全货机数量最多的货运航空公司。截至2020年底，共拥有61架自营全货机，租赁14架全货机，共执行航线83条。顺丰航空覆盖全国52个大中城市及列日、法兰克福、德里、新加坡、胡志明、金奈等国际站点。2020年顺丰航空在巩固欧洲、东南亚区域运行能力的基础上，于11月初实现了北美区域运行能力突破，为搭建自主可控的国际供应链网络提供更强大的支持。2020年顺丰航空共执行国际航线3580班，同比增长353%，相继开航武汉—法兰克福、长沙—列日、武汉—大阪等27条国际航线，国际航线网络布局初具规模。

顺丰还通过自营（与航空公司直接合作）、代理（货运代理）或三方合作（顺丰、航空公司、代理）等模式，从国内外超百家航空公司获取稳定的客机腹舱资源，航线2027条，通达国内外，实现与头部、腰部航司直接合作全覆盖，逐步完成航空腹舱业务全国性战略支点布局。

2.陆运网络

截至2020年底，顺丰自营及外包干支线车辆合计约5.8万辆，开通干、支线合计约13万条，末端收派车辆合计约10.5万辆（不含摩托车和电动车）。高铁极速达产品覆盖城市达79个，开通451个流向；10月新开通杭广双向特快班列，累计开通班列4对8列；普列运力在用线路119条。2020年“双11”电商黄金周，国内首条用于整列装运快件的复兴号动车组在北京至武汉双向试运营，中铁顺丰作为此次试运营合作方，助推高铁货运发展，释放高峰期运能压力的同时，也为未来建设绿色交通网络提供参考方向。利用稳定的铁路运力，公司助力地区特色经济产品发运，合作项目包括樱桃、小龙虾、大闸蟹、赣南脐橙、格尔木枸杞等时令生鲜。除快递快运业务外，公司形成了常态化发运粮食、化肥、铝制品等大宗物资能力；与西安、义乌、新疆等地中欧班列平台公司合作，开展中欧班列国际业务。

3.仓储网络

截至2020年底，顺丰在全国拥有228个不同类型的仓库（包含新夏晖冷链物流中心），面积近278万平方米，公司继续强化辐射全国的仓储服务网络，夯实行业标杆的仓储服务能力，基于品牌客户的场景需求，提供更多的定制化仓配供应链解决方案，深耕3C、快消、食品冷链、医药等多个行业，不断完善仓配一体运营模式创新。同时，顺丰还加大对自动化设备的投入，完成全网仓库自动化设备投入及优化改造，支持高峰作业产能及效率大幅提高，仓储系统不断优化迭代，为多行业、多场景客户的业务发展提供科技支撑。

二、业务发展

面对新冠肺炎疫情，顺丰表现出了强韧的综合运营能力和抗风险能力，核心优势更加明显。2020年，公司积极应对内外部环境变化，转危为机，深耕与开拓并举，实现了良好的业务增长。公司2020年全年实现件量同比增长68.46%，远超行业整体增速的31.2%，市占率提升至9.76%，较上年提升2.15个百分点。

公司快运、冷运及医药、同城、国际等新业务板块，继续保持高速增长，2018年至2020年三年复合增长率达64.5%，占总营业收入比例进一步提升至28.24%，成为公司业务新的增长引擎，公司综合物流服务能力及供应链服务能力进一步增强。

1.快运业务

顺丰快运所在的零担行业是万亿级的市场，处于规模化以及行业加速整合期，不同于高度集中并呈现较高标准化与规模化的快递行业，快运行业集中度当前仍较低，具备很大的市场发展和整合潜力。

顺丰快运充分拥抱市场发展变化，在保持顺丰快运、顺心捷达双品牌运营的同时，加快顺丰快运直营网络与顺心捷达加盟网络的业务融合，秉承顺丰优质基因，持续优化业务结构与服务体系，积极拓展大票、长途整车、城市货运等场景服务，扩大业务服务范围，打造行业服务高标准。

2020年，顺丰快运业务整体实现不含税营业收入185.17亿元，同比增长46.27%。

2.冷运及医药业务

经过多年布局，顺丰已经建立全国性食品冷链网络，具备网络覆盖绝对优势，冷链技术及执行标准行业领先，依托于强大的运输网络、领先的仓储服务、智能的分仓解决方案、专业的温控技术和先进的系统管理，为客户提供专业、安全、定制、高效的全程可控冷链服务，业务覆盖食品行业生产、电商、经销、零售等多个领域。

顺丰依托自身物流网络、科技底盘和资源集约化管理先进经验，持续完善更深更广的医药服务网络，为客户提供专业、安全、全程可控的端到端的医药物流供应链解决方案及服务，已实现医药行业生产、商业、电商、经销、临床等多个领域全覆盖。

2020年，公司冷运及医药业务整体实现不含税营业收入64.97亿元，同比增长27.53%，业务保持快速增长。

3.同城急送

顺丰同城急送，秉承“专业，让配送更有温度”的理念，致力于打造“优质、高效、全场景”的第三方即时物流平台，已形成涵盖餐饮、商超、生鲜、服装、医药、3C数码、办公急件等全场景的配送体系，服务超过30万商家和1亿个人用户，2020年合作品牌数同比增长超300%。

2020年，顺丰同城业务实现不含税营业收入31.46亿元，同比增长61.17%，远高行业增速。

4.国际业务

顺丰国际快递业务持续增长，截至2020年底，顺丰国际快递业务覆盖海外78个国家及地区，较2019年末新增肯尼亚、阿根廷、老挝等16个非洲、南美和东南亚国家，新上线国际特惠配送产品及防疫物资运输服务。顺丰国际电商业务覆盖全球225个国家及地区，依托于自营国际航空资源、自有清关保障能力、海外本地化服务团队及物流网络，全力保障跨境物流方案稳健运行，同时开拓与跨境电商头部平台的多方位合作，实现业务稳定增长态势。

2020年，顺丰国际业务实现不含税营业收入59.73亿元，同比增长110.40%，成为公司增速最快的业务板块。

5.供应链业务

2020年，公司通过供应链业务摸索与客户实践，结合顺丰DNA（数字化、标准化、产品化）打造并逐渐完善聚焦于帮助企业客户更好地实现直达消费者（D2C）新增长。大数据决策，智慧供应链和全渠道经营三大标准化和模块化的数字化产品体系，不断优化迭代中，并已在快消零售，鞋服美妆，高端工业制造等行业的世界500强企业和成长型企业快速推广。此外，顺丰继续科技赋能并购业务，并通过顺丰大网资源的协同，带动新夏晖及顺丰DHL数字化转型升级及新业务增长。

2020年，公司整体供应链业务实现不含税营业收入71.04亿元，同比增长44.45%，营收增速领先行业。

三、科技应用

顺丰致力于成为独立第三方行业解决方案的数据科技服务公司，通过多元业务中沉淀的海量数据和行业经验，以及引领物流行业的智能化、数字化技术创新，赋能行业供应链转型升级。一方面，顺丰深耕快递物流行业多年，从单一的快递物流服务公司逐步延伸至多元化的综合物流服务公司，建立了强大的物流网络基础设施，为物流科技的发展提供了海量优质的数据支撑。另一方面，顺丰不断夯实科技底盘，助力内部业务智慧化增长，结合丰厚的经验沉淀与科技能力，打造科技产品及物流解决方案。

顺丰在人工智能、大数据、机器人、物联网、物流地图等科技前沿领域进行了前瞻性的布局，多个领域处于行业领先地位。人工智能方面，顺丰构建超大规模AIoT感知平台提升精细化运营水平，打造独特优势的“人+AI”SaaS产品助力线下数智化管理。大数据方面，顺丰构建一站式实时数仓解决方案，实现亿级数据秒级计算能力，大幅降低实时数据处理门槛；并打造统一融合的大数据平台，实现跨机房、跨集群、跨租户的数据融合计算，突破数据处理规模瓶颈。无人机方面，顺丰全面布局物流无人机领域，拥有载重3公斤至1.5吨多型号全系列机型。2020年，顺丰物流无人机获批大湾区试点许可，同时旗下丰鸟航空吨级大型无人机也已经在宁夏和内蒙古展开了试运行的探索。

顺丰已获得及申报中的专利3112项，软件著作权1593个，其中发明专利数量占专利总量的56%。顺丰获2020年物流技术创新奖、2020智慧物流十大创新引领企业、2020年度邮政行业科学技术奖等奖项。

四、绿色快递

1.绿色运输

在陆运方面，顺丰持续推广新能源车辆的投入和使用，携手供应商研发氢燃料、天然气燃料等适用于不同快递业务场景的新型燃料车辆。在航空运输方面，顺丰通过更新航路、增多直线飞行、降低辅助动力装置使用时间，减少能源消耗，保卫纯净蓝天。

2.绿色包装

顺丰致力于可持续包装产品的研发和应用，建立了包装产品的循环使用、减量化和回收再利用三个研发渠道，并以此推动循环经济发展与无废城市建设。同时，顺丰积极与上下游产业链合作，从包材制造商到物流企业，从消费者到回收企业，通过打通各个环节，推动绿色包装在全社会循环利用。截至2020年底，顺丰投入社会使用的循环产品总计2760万个，总循环次数9350万次。

在研发绿色包装技术方面，2020年顺丰包装实验室对包装进行技术改造，实现了节省原纸约26000吨，节省塑料约8000吨，合计减少碳排放约7万吨的成果，超额完成2019年所制定的目标。值得一提的是，顺丰坚持用科技创新赋能快递行业，为快递业探索绿色发展方向。2020年，顺丰绿色包装相关专利99余项，涉及重复使用、塑料减量、绿色印刷等领域。同时，顺丰亦获得4项国家级绿色产品大奖。

具体来看，在减量化包装上，顺丰于2018年启动“丰景计划”，以绿色包装物料为基础，开发并制定绿色包装整体解决方案和碳排放评价标准，以智慧化、系统化、数据化、可视化的物料应用与管理模式，提升资源使用效率。基于前两年工作基础，2020年顺丰推进了扫码运单、电子运单优化改型，并建设完成了大宗包材物理性能数据库，为量化修订标准，减少过度包装奠定基础。

在循环化包装上，顺丰研发了包含丰BOX、集装容器、笼车、循环文件封四大类的循环快递容器，并搭建了顺丰循环运营平台进行数据管理，并积极联合各利益相关方打造快递包装循环生态圈，将快递运营所造成的环境影响降到最低。截至2020年底，顺丰投放了8个循环产品，共计实现9350万次循环。其中，2020年丰BOX循环约700万次。

在环保包材上，顺丰在快递行业首创无墨印刷纸箱（即激光纸箱），采用激光雕刻技术替代传统油墨印刷，可以100%节省印刷油墨的消耗，同时具有字迹不易磨损、加工精度高及印刷速度快等优点，实现绿色环保的同时具有较高的经济价值。2020年，顺丰对无墨印刷纸箱、文件封已试点成功，正逐步进行全网推广。

在开展绿色包装活动的开展方面顺丰的同样表现出色。顺丰始终致力于倡导和推动绿色物流的发展，不仅在企业内部各个运营层面推行环保活动，减少温室气体排放，同时积极在社会层面推行环保理念。

五、社会责任

2012年，经国家民政部批准，公司的控股股东和公司下属子公司共同发起成立了非公募性质的顺丰公益基金会。顺丰公益基金会重点围绕推动教育发展、儿童医疗救助、扶贫济困等公益领域开展业务活动，主要公益项目有顺丰莲花助学、顺丰暖心、顺丰莲花小学、顺丰凉山爱心班等。

1.教育公益

在教育公益方面，2020年顺丰公益基金会主要开展了顺丰莲花助学、顺丰莲花小学和顺丰凉山爱心班三个项目。

顺丰莲花助学项目。顺丰莲花助学项目启动于2012年，主要致力于为贫困高中生提供经济资助，以及开展夏令营、梦想分享会、班主任计划、陪伴人计划、反哺计划等陪伴支持项目。2020年，顺丰莲花助学项目在全国39个项目县新增资助学生3826人。2020年，顺丰莲花助学共计支出4414.5万元（含抗疫助学金1401.3万元）。

顺丰莲花小学项目。顺丰莲花小学项目成立于2013年，支持对象除了贫困山区农村小学生之外，也惠及山区老师群体。截至2020年底，顺丰基金会参与建设的10所顺丰莲花小学全部竣工。此外，顺丰基金会组织反哺计划大学生在贵州、湖南、甘肃三省的5所顺丰莲花小学开展27天的乡村夏令营活动，共计53名大学生参加活动，为342名小学生提供教育支持。截至2020年底，顺丰莲花小学项目共计投入建校工程款18626468.2元。

顺丰凉山爱心班项目。顺丰凉山爱心班是顺丰自2010年开始，与凉山州玛薇社工发展中心合作开展的项目。项目关注于凉山失依儿童（失去父亲或母亲，生活无所依靠的孩子）及贫困女生的生活学习状况。截至2020年底，顺丰凉山爱心班累计开设21个，帮助凉山失依儿童和贫困女生1157人。2020年，项目投入1173173.3元。

2.儿童医疗救助

顺丰暖心项目启动于2014年，项目包含儿童先心病救助、儿童血液病和恶性肿瘤救助、孤儿养护三大救助模块，同时在各救助模块融合人文关怀行动，形成多个子项目并行的儿童医疗救助项目矩阵，为孤贫儿童提供及时高效的医疗救助和人文关怀服务。2020年，顺丰暖心项目投入资金4025万元，救助患儿及孤儿2432名。

六、企业大事记

4月，顺丰航空一架B747-400型全货机满载货物从湖南长沙起飞，顺利抵达比利时列日国际机场，顺丰航空“长沙—列日”国际货运航线由此正式开通，这是顺丰航空自2009年成立以来启航的第二条欧洲航线。

5月，联合国世界银行在非洲卢旺达联合举办的2020年国际基伍湖挑战赛 Lake Kivu Challenge（LKC）发布了竞赛结果，顺丰无人机赢得样品提取（Sample Collection）决赛第一名及最佳创新奖两项大奖。

8月，顺丰航空747全货机首飞新疆，满载着防疫物资顺利完成“北京—济南—浦东—乌鲁木齐—喀什”航线的首航飞行，将包括中药药剂、核酸检测生物柜、病毒灭活仪、消毒车、新冠耗材等在内的大批防疫物资顺利运入新疆，全力支持新疆当地疫情的防控防治。

9月，全国抗击新冠肺炎疫情表彰大会在北京人民大会堂隆重举行，武汉战疫快递小哥汪勇荣获“全国抗疫先进个人”。

9月，第四届“中国梦·邮政情　寻找最美快递员”活动揭晓发布会在京举行，顺丰集团“最美快递员”汪勇、杨敬山及顺丰航空团队受到表彰。

11月，顺丰航空一架B747-400ERF载货从深圳起飞，经杭州停场上货后顺利飞抵美国洛杉矶国际机场，顺丰航空首条美洲全货运航线“深圳—杭州—洛杉矶”由此正式开通。

11月，顺丰航空第61架新运力（B757-200F）完成改装，由成都顺利飞抵深圳宝安国际机场，正式入列顺丰航空全货机机队、投入航线运行。

12月，中国数据智能应用峰会暨2020第十届数据智能应用典范“金铃奖”颁奖盛典顺利召开，顺丰科技“无人机抗疫”获得“智慧抗疫特别奖”。

12月，顺丰冷运荣获中国冷链产业金链奖及疫情防控先进集体。

中通快递股份有限公司

中通快递集团创建于2002年5月8日，是一家集国内与国际快递、快运、商业、仓储、金融、航空、智能、冷链等业务于一体的大型集团公司。2016年10月，中通快递登陆美国纽约证券交易所，创当年美国证券市场最大IPO，成为中国第一家赴美上市的快递企业，为世界了解中国快递打开了一扇窗口。2020年9月29日，中通快递在香港联合交易所主板挂牌上市，成为第一家在美国和香港两地上市的中国快递企业，成为港交所创新型物流第一股。

一、基础建设

中通秉承“用我们的产品造就更多人的幸福”的企业使命，目前已成长为全球业务规模最大的快递企业。2020年，中通快递拥有服务网点近30000个，末端驿站超68000家，网络通达99%以上的区县，乡镇覆盖率超过92%；拥有全球领先的快递运营能力，设有94个国内分拨中心，配置超339套自动化分拣设备；大力推广甩挂运输模式，拥有超10450辆干线运输车辆，其中超7900辆是15米以上的高运力车型。中通快递2020年业务继续保持高速增长，全年完成业务量170亿件，同比增长40.3%，高于行业平均增速，连续五年稳居行业第一，市场占比达20.4%。服务质量方面，在申诉率、公众满意度方面中通也保持了领先。

二、业务发展

在快递主业蓬勃发展的同时，中通快递积极拓展上下游产业链和生态赛道，裂变出快运、仓储、冷链、航空、国际等多个业内领先的专业物流公司，并集合网络和社会资源，将众多生态业务打造成为一体化综合物流生态体系，为电子商务、农业、制造业、高科技企业等客户提供一揽子物流解决方案，帮助其节省成本、提升效率、改善体验、创造价值。除此之外，中通快递还依托自有包裹流量和末端生态，积极探索新商业领域。

1.中通国际

截至2020年底，中通国际在东南亚、中东、欧美、日韩、澳大利亚等国家和地区均有业务布局，开展保税、直邮、仓配一体、专线等多元化、多品类跨境物流业务，并在柬埔寨、越南、老挝、缅甸等国家建设海外网络，落地业务直接服务于当地市场和百姓，实现了属地化管理。此外，为进一步推动海外网络化布局，中通国际在实现业务多样化、产品国际化、服务全球化等方面取得初步成效，并依据B2B、B2C、C2C、BBC等多层次市场需求，建立“多渠道，多元化、全方位”服务模式。

2.中通快运

截至2020年5月底，拥有服务网点11000家，分拨中心62个，自有运输车辆4900余台，日运力达36000吨。2020年3月，开通柬埔寨件派送业务，开启了国际件新征程。

3.中通云仓

2020年，经两年多的发展，中通云仓已在全国成立55家子公司，员工人数超2000人，在北京、上海、浙江等56个核心城市拥有100多个仓库(转运中心仓库80个)，仓储总面积近200万平方米，累计服务千余家知名电商平台和品牌商客户企业。

4.中通商业

中通商业隶属中通快递集团，专注于为客户提供采供一体化服务。为销售商、渠道商提供委托代采、仓储、物流等一体化服务，也为部分生产商提供委托采购、代销及仓储物流等服务。依托中通快递集团的快递、快运、云仓、金融等资源，致力于为客户提供供应链优化服务，提高运营效率。

5.中通金融

中通金融立足中通、面向全国，提供多层次、多元化、综合性的金融服务，致力于满足中通供应链上下游业务发展与生活改善的资金需求。

6.星联航空

截至2020年底，星联涵盖36家星联子公司，100多家航空代理链接16家航司、80多个机场，可控航线8000余条，日均使用航线1300余条。全货运机运能30吨/日，航空腹仓可控运力1500吨/日。航空24小时可覆盖城市220个，48小时可覆盖地县级城市1500余个。目前星联处于2.0阶段，即构建星联门到门SAAS系统，与快递、快运、云仓、冷链网络全面兼容，利用航空腹舱资源提供全国“8、12、24、48”门到门特快及同城5公里生活圈即送服务产品。

7.中快传媒

依托中国电商大发展和中通快递的强大网络，中快传媒将中通快递每年服务的数百亿用户人次(每天触发上亿次用户流量)进行挖掘和沉淀，运用专业化、智能化的技术，结合线上线下的优势场景资源，一方面实现用户流量的广告变现，另一方面通过用户数据分析和推送，为商家、网红达人及用户提供精准信息流服务，满足各方需求，实现多方共赢。

8.中通智能

上海双彩吉智能科技有限公司主要面向快递物流行业提供智能输送系统、智能装卸货系统、智能分拣系统、智能扫描称重系统等产品和服务，是国内为数不多具备完整的快递装备项目实施能力的系统集成商。公司研发了从卸货、扫描称重、大件自动分拣、输送、小件自动分选、装车等全流程的相关设备，其中大部分已实现自主批量生产。未来，公司将依托总部强大的IT技术支持，建成行内领先的智能工厂，打造完整的快递装备供应链体系。

9.中通冷链

中通冷链拥有智能化运能，以高标自营仓+产销地共建仓模式，搭建全国仓网，五大核心仓于2020年底建成并投入使用；17个RDC智能仓计划于2021年投入使用。全国千余台冷链车辆、1300条星联航线、81个自营快递分拨中心共同支撑起冷链核心产销地干线运输网络。中通冷链的网络可覆盖近300个城市，其中当日达及次日达城市超100个，全温层覆盖50个城市。

三、科技应用

中通快递全面贯彻落实《国家邮政局关于促进邮政行业科技创新工作的指导意见》，紧抓人工智能、5G通信、物联网技术发展的重要机遇，不断加大科研投入、新技术应用和普及力度，不断增强大数据、云计算数字化管理效能，为各环节降本增效提供有力保障。

1.强化创新管理

中通快递将科技创新与公司战略、业务紧密结合，建立完善的互联网产品研发体系，积极组建科研团队，推动多项先进技术落地，已建成营销、客户服务、网络末端、转运中心、运输、财经、智能设备、协同办公八大数字化产品线，在快递所有业务环节均实现信息化、数字化、智能化工具的支持和覆盖。2020年，公司紧密围绕体验、效率、数据、创新、生态五大方面，加速突破实现创新发展。

在体验层面，用数字化手段做深链接，提高用户数字化体验，追求用户满意。在效率层面，核心运营能力将基于业务场景深化产品覆盖，灵活快速支持业务作战。在数据层面，实现全链路的数据拉通，业务操作线上化，业务指标线上化。在创新层面，推进智能路由项目，降低场站运输成本，激发资源活力。在生态层面，协同生态业务集中力量打造一站式集成供应链平台，支撑一体化供应链业务高速发展。

2.赋能智慧快递

科技创新是深化快递业供给侧结构性改革的重要依托，是推进行业转型升级、提质增效的关键支撑。中通快递持续加大自动化、智能化设备的研发和投入力度，通过新科技、新设备赋能全网，提高物流效率，并持续升级"小前台，大中台"的战略规划，搭建覆盖全生态多场景的业务中台，汇集"交易流""物流""资金流""消息流"等多种数据流，实现线上化和标准化。

（1）便捷下单

中通快递针对电商卖家、微商、散客、企业客户等客户群体的不同需求，研发开拓微信公众号、小程序、App、呼叫中心、快递管家、自助触屏云打印机、智能寄件台等50余种下单渠道，致力于打造优质、便捷的"一站式"下单服务。

（2）高效运输

中通快递利用快件路由流量流向模型，根据货量动态预测运力需求，无缝调度运力、精准调配人员、减少快件的流转环节、大幅提高车辆装载率，实现运输时效和成本最优；利用GIS系统进行实时监控，通过视频云、星河系统实现可视化动态追踪，对车辆的实时位置、交通情况进行监测分析，保证包裹在运输过程中的安全与可控。2020年，公司与大唐电信等企业在BRT方面开展深入合作，尝试使用夜间自动驾驶的方式运送快递。

（3）自动分拣

由中通快递自主研发的全自动分拣系统单层每小时可分拣快件约2.4万件，双层每小时可分拣快件约4.8万件，分拣准确率达高达99.99%；智能分拣柜则为中心发件分拣、网点派件分拣提供综合分拣解决方案，通过软硬件结合，帮助转运中心实现分拣前置，直分到网点派件员。截至2020年底，中通快递在全网共投产自动化分拣设备339套。

（4）智能派送

中通快递积极引入无人机、无人驾驶物流车、无人配送车等智能化设备，适应不同派件场景，全面提高配送时效；在社区、学校、办公写字楼等场所设立中通无人柜机，为用户提供随时取件、寄件、暂存物品的服务，减轻业务员派送压力。

四、绿色快递

1.强化绿色管理

中通快递深入落实习近平生态文明思想和国家邮政局决策部署，坚持贯彻绿色发展理念，不断建立健全绿色管理体制机制，加强环境影响因素识别，努力发展绿色、低碳、循环的商业模式，不断探索快递全生命周期绿色化发展路径，引领行业乃至社会可持续发展。

（1）绿色管理体系

中通快递严格遵守《中华人民共和国环境保护法》《中华人民共和国节约能源法》等环保相关法律，制定《中通快递绿色发展指导方案（草案）》《中通快递绿色采购制度》等制度文件；在总部层面成立节能环保绿色项目组，由常务副总裁担任组长，各管理中心分工开展绿色环保工作；在县区层面，依据所属地邮管局要求建立绿色环保小组，直接对总部负责；建立健全绿色标准、绿色宣传、绿色培训、绿色制度、绿色排查、绿色科技等环保体制机制，制定实施“路线图”，明确“揽收、分拨、运输、配送”等作业环节的任务清单及工作方向，分解落实各项绿色发展工作任务，循序渐进推动公司绿色发展。

（2）环境保护目标及成效

国家邮政局于2020年提出“9572”工程，即2020年底前力争实现45毫米以下“瘦身胶带”封装比例达90%、电商快件不再二次包装率达70%、可循环中转袋使用率达90%、新增2万个设置标准包装废弃物回收装置的邮政快递网点。中通快递积极响应国家邮政局号召，制定年度绿色发展目标，以切实行动推进快递行业绿色发展。截至2020年底，公司45毫米以下“瘦身胶带”封装比例近90%，电商快件不再二次包装率超过70%，全网可循环中转袋使用率95.22%，新增约21000个包装废弃物回收装置。

（3）环境影响排查

中通快递从快递运输的每一个环节逐一排查环境影响，确认公司可能存在的环境影响主要集中在快递包装、快递运输、生产运营等环节。在生产运营环节，公司对环境产生的负面影响较小，并无大量有害废弃物、无害废弃物排放，油品污染较小，因此在此方面未形成相应的数据统计，但公司明确规定生产运营环节产生的废弃物不得随意丢弃，必须交由专业机构统一处置。同时，公司通过采购环保原材料、加大节能研发投入、老旧设备更新换代、推广节能运输车辆等方式，竭力减少快递包装、快递运输对环境可能产生的负面影响。

（4）碳强度管理

中通快递主动作为，在不断完善已有节能环保技术与设备的同时，实时跟踪与快递行业相关的各类能源资源消耗量、二氧化碳排放量，致力于为行业低碳发展贡献中通智慧。根据2014年国家邮政局颁发的《快递业温室气体排放测量方式》的碳排放换算公式，中通快递基于公司业务模式对碳排放数据进行合理估算，结果显示碳排放连续四年呈下降趋势。

中通快递持续推进低碳发展，于2021年1月正式加入由世界自然基金会（WWF）、联合全球环境信息研究中心（CDP）、世界资源研究所（WRI）以及联合国全球契约项目（UNGC）发起的“科学碳目标”（SBTi）全球倡议，并提交了科学的碳目标承诺书，积极响应碳达峰和碳中和目标。

2.打造绿色快递

作为一家上市快递企业，中通快递长期践行社会责任，参与绿色环保，在推进快递包装的绿色化、减量化、可循环，并在车辆减排、降低服务和生产能耗等方面，做出大量探索和努力。

（1）开展绿色采购

中通快递坚持认真落实国家邮政局党组关于行业生态环保工作的战略部署，树立和践行绿色低碳理念，健全完善绿色采购体系，将低碳环保、节能减排、可降解、可循环、以及供应商约束等条件纳入采购体系，建立绿色采购制度，指导采购工作有序开展。公司于2019年8月更新《中通快递集团绿色采购制度》,规定15类绿色环保品类,并根据绿色环保标准,针对需要采购的不同品类对应相应的标准,实现清单式管理;严格按照国家邮政管理局相关要求,依法采购不低于国家标准、行业标准的包装产品,并在采购使用包装产品时要求供应商提供具备符合条件的第三方检测机构出具的达标检测报告。2020年,公司在封套印刷、包装耗材采购等方面均实现环保达标,进一步推动绿色供应链的打造。

(2)推广绿色包装

中通快递持续推进包装绿色化、减量化、可循环,推广使用电子面单、绿色环保袋、环保填充物等绿色包装,积极开展快递包装材料的回收工作,引导消费者二次利用闲置包装,减少资源浪费;开发环保袋系统,智能化监管可循环中转袋实时动向和分发情况,从配送、包装、调拨、作业、计费等多方面践行绿色发展理念。

电子面单:2019年随着集团末端建设的推进,快递超市、快递柜等末端产品的用户接受度逐步提高,用户收寄快递的习惯也在发生转变,取消原有的须收件人签字的回单联的一联电子面单应运而生,一张一联单相比曾经的五联单节约4张纸。截至2020年底,中通电子面单使用率99.93%,其中一联单使用率达91.4%,相当于减少约52万棵速生桉树的砍伐。

"瘦身胶带":中通快递积极响应"胶带瘦身"计划,优先采购符合国家标准、行业标准及国家有关规定的瘦身封箱胶带,并逐步在全网范围内推广使用,以减少在生产经营过程中胶带的使用量。截至2020年底,公司45毫米以下"瘦身胶带"封装比例近90%,2020年新采购45毫米以下"瘦身胶带"达100%。

绿色循环中转袋:中通快递于2019年将原有的环保袋升级为绿色循环中转袋,并自主研发环保袋全生命周期管理系统,实现对环保袋全生命周期的系统追踪管理。与传统的一次性编织袋相比,绿色循环中转袋结实耐用,可重复使用100次以上,单次使用成本节约50%以上。截至2020年底,中通快递全网累计投入绿色循环中转袋超近900万个,替代约9亿个一次性编织袋的使用,减少产生约8.1万吨垃圾。

可降解防水袋:中通快递于2020年10月上架可降解防水袋,该包装袋具有质量可靠、密封性强、耐撕裂、承重强等特点,且无毒无异味,对人体无害,使用后在堆肥状态下可降解为二氧化碳、水和有机肥料。

绿色集包转运袋:中通快递在部分地区投入使用以聚丙烯为原材料的绿色双降解包装袋,该产品绿色环保、容积大、可重复使用,在一定条件下可通过光、热、氧、微生物和水的协同作用,发生氧化和微生物双降解,直至完全降解,实现生态无害。

3.发展循环经济

废弃快递包装材料混入生活垃圾,不仅加大环境承载压力,也造成社会管理成本增长。此外,废弃塑料包装被焚烧或者填埋处理,不仅造成资源浪费,也引起一定程度的环境污染。中通快递立足循环经济发展思维,通过包装回收利用等方式,推动绿色可循环经济发展。

(1)耗材减量和二次回收

中通快递积极推广使用报纸、塑料薄膜充气袋、气泡袋等可回收包装填充材料,提升资源循环利用率;倡导采用快递费与包装费分开计费的方式,由消费者自主选择是否需要提供快递包装,逐步引导网点和消费者提高环保意识,鼓励二次利用闲置包装;部分网点在客户发件时可使用二次利用的快递包装抵扣部分快递费用或以配捐的形式开展快递包装纸箱回收活动。

(2)包装废弃物回收

2020年,中通快递持续深入推进"回箱计划",在全网范围共计投入21000个回收装置,覆盖20943个代理点,旨在促进快递包装分类回收、循环利用再次寄件。

(3)优化绿色运输

中通快递致力于降低运输

环节对环境产生的影响,并将节能减排目标纳入快递运输全过程监督环节。自2013年开始,公司逐步淘汰国三以下车型,目前全网干线车辆均为国四、国五车型,同时,统一为新购车辆安装OBD(车载诊断系统)尾气检测装置。此外,公司还大力推广高运力牵引车,提高能源效率,减少污染物排放,并在末端网点采用新能源汽车等环保运输设备,实现"最后一公里"绿色收派,形成全面覆盖的节能减排、绿色化运输。

(4)优化运输干线

中通快递为每辆班车配备北斗定位设备和星河系统,结合GIS(地理信息系统)监控车辆运输过程异常,优化常规干支线行车路线和班次,减少拥堵路程的平均里程,降低因运输路线不合理而产生的额外能源消耗;通过科技算法,提高装载率,缩减发车班次,有效降低污染排放。截至2020年底,全网干线运输线路超过3600条。

(5)推广高运力车型

在干线运输环节,中通快递通过大力推广高运力牵引车增加运力、降低成本。与9.6米传统厢货车型相比,高运力牵引车运载能力提升超过1倍,每辆车每行驶百公里可比传统厢货车型节省柴油2升,单位快件耗油量降低55%、污染物排放减少超过70%。截至2020年底,公司共有高运力甩挂车7900辆。

(6)末端绿色投递

中通快递不断提高绿色车队的规模,使用电力、混合电动、燃料电池作为动力的绿色配送车辆;在偏远地区引入无人机,减轻地面交通负担,降低单位耗能;加大自提设备及网点的投放,缩短配送频次及距离。

(7)使用新能源汽车

在收派两端,中通快递主要应用电动厢货车,其容积为12~14立方米,可容纳3000多票快件,满电时可续航70公里,相较于传统燃油厢货车,可实现完全无尾气排放和无大气污染。在干线运输环节,尝试使用以液化天然气为燃料的新能源汽车,与传统燃油汽车相比,其汽车尾气中二氧化碳排放量下降约20%、一氧化碳下降约97%、氮氧化物下降约90%,基本不含PM2.5(细小颗粒物)、铅、硫化物及苯类等有害物质,且安全性更高。

(8)使用车用尿素

中通快递不断加大车用尿素使用量,并对各车队开展新车车辆性能和规范驾驶培训,规范车用尿素使用。车用尿素溶液通过与氮氧化物产生还原反应,可产生氮气、氧气和水,从而降低氮氧化物排出量,实现尾气净化;同时,可优化发动机性能和燃料消耗,减少柴油消耗量达5%~7%。

(9)应用绿色设备

中通快递大力推广节能环保设备在运营生产方面的使用。在分拣环节,积极推广低耗能、低噪音、低污染的绿色设施;在运输配送环节,加大"零排放、零噪声"绿色车辆的使用。

智能分拣设备:中通快递在中转环节大量应用大/小件自动化分拣、伸缩机、动态秤等智能分拣设备,在节省分拣时间和人力成本的同时,减少装卸过程中的快件磨损,降低快件破损率,减少缓冲物和封装胶带等耗材用量,为包装回收重复利用提供便利。截至2020年底,公司已在全网94个分拨中心上线339套大/小件自动化分拣设备。

铝合金弧式车厢:中通快递逐步以铝合金弧式车厢替代铁皮车厢,在升级容量的同时,减少重量,可有效降低燃油消耗,百公里油耗可下降1升以上;且铝合金车厢更耐腐蚀、使用寿命更长、回收利用价值更高。

4.传播绿色文化

中通快递从小处入手、从细微之处入手,将绿色文化融入企业经营的方方面面。

公司在办公环节明确要求全员严格执行关于节约用水、用电等制度规定,培育低碳办公习惯;通过"电子杂志""线上审批"等数字化、智能化系统管理,降低办公和生产环节的综合能耗;积极建设绿色园区,在杭州、台州等转运中心推广使用太阳能。

中通快递认真贯彻学习国

家邮政局关于绿色发展及生态环保工作重要文件精神，严格对标，认真领会，并及时将会议精神和目标任务通传到位，通过内部会议宣贯、内网通知、中通云课堂、掌中通内嵌、中通官网、官方微信等渠道加以推广，让全网工作人员准确理解绿色发展理念。2020 年，公司共组织开展生态环保培训 10 次。此外，公司每年开展绿色先锋奖综合评优，鼓励各网点积极推进绿色发展。

五、社会责任

1.助力抗击疫情

疫情暴发之初，中通快递第一时间成立应急领导小组和前线指挥小组，全力协调运力资源与人力资源，为全国疫情防控提供赋能性服务支撑。2020 年 1 月 25 日，公司开通从全国到湖北疫情重点地区的免费绿色通道，全力保障防疫物资运输。湖北疫情好转后，公司转向免费为凯旋的各地援鄂医疗队寄递行李。2020 年疫情期间，公司连同海内外爱心人士，在疫情最严重的 2 个月内多次为湖北免费运送口罩、防护服、消毒液、医用手套、民生保障物资等超 700 吨。

此外，中通快递集团旗下各生态板块业务也纷纷加入这场疫情防控阻击战，充分发挥各自资源优势，与社会各界同心战疫、共克时艰。其中，中通国际免费将日本、印度尼西亚、阿联酋、柬埔寨、俄罗斯、德国等海外华人华侨筹集的医疗防控物资直运至国内抗疫一线；中通快运紧急协调车辆为抗疫前线提供公益运输服务；中通云仓面向医院、政府、企事业单位、慈善机构开放仓配中心，为抗疫物资提供接收场地以及存储、分发、配送等免费服务。

疫情阻击战打响以来，中通快递全网一心，在支援一线、为医护人员免费运送抗疫物资的同时，推广快件的定点收寄、定点投递、预约投递、智能箱投递等经验做法，保障寄递渠道通畅。公司还为社区居民免费配送生活物资，为学生派送学习教材，保障居民“菜篮子有菜”和莘莘学子“停课不停学”。2020 年 3 月 12 日，中通快递四川宜宾兴文县网点联合当地学校，为 1500 余名学生公益配送 15000 余份教材和学习资料，帮助学生们在疫情期间更好的学习。值得一提的是，中通快递积极响应党中央和国家邮政局要求，一手抓疫情有效防控，一手抓科学有序复产，认真做好全网防疫工作，最大限度保护一线员工的生命安全和身体健康。

中通快递深入贯彻习近平总书记重要指示精神和党中央、国务院抗疫稳就业工作部署，在疫情防控期间扎实高效推进稳岗扩就业工作，在各地加大产能建设，全网新增就业岗位超过 5 万个；除直接招聘以外，中通快递还通过加强网络建设，带动相关产业发展，为更多人创造就业机会，在后疫情时代提供创业就业新机遇，为稳就业保民生作出积极贡献。同时，中通快递还坚持“同建共享”的网络伙伴合作模式，将传统加盟制快递企业升级为现代化创业创新商业平台，将快递服务产生的收益最大限度地与网络合作伙伴和消费者分享。2020 年 3 月 5 日，中通快运携手中通金融启动网点资金扶持计划，为有实际困难的网点提供资金扶持，帮助网点进一步增强抗风险能力，助推网点发展，真正实现稳定就业，保障民生。

2.服务三农发展

依托广、深、密的快递网络和“一体多翼”的生态圈平台，中通快递积极布局农村市场，因地制宜加快推进“快递进村”，打通“农产品进城”和“工业品下乡”双方流通渠道，激发乡村活力；打造电子商务平台，以多元化方式拓宽农特产品销售渠道，带动农民增收，促进农村经济发展，为国家助农扶贫和乡村振兴战略贡献智慧与力量。

中通快递积极响应国家邮政局号召，加快建设健全农村服务网络，加速推进乡镇服务网点标准化建设，持续开拓三农寄递服务，致力于满足新时代广大农村对寄递服务的新需求。截至 2020 年底，中通快递拥有服务网点约 30000 个，直接网络合作伙伴超 5350 家，通达 99%以上的区县，建成了国内最广、最深、最密的民营快递网络。

农村快递“最后一公里”的打通，不仅加速农产品“走出去”，也带动新业态“引进来”，这“一进一出”加快了农村地区将资源优势转化成经济优势的进度，激活了农村市场的“一池春水”，在带动地方产业发展的同时，切实提升了老百姓的获得感与幸福感。中通快递着眼于提升农村居民消费品质，依托自身运输网络优势，探索“快递+农村电商+农特产品+农户”产业扶贫模式，整合旗下中通云仓、星联时效件、冷链、中快传媒等业务资源，借助电商平台、团购、直播等新兴业态模式，破解农产品销售渠道不畅难题，帮助贫困地区发展发展支柱型现代化农业产业，助力乡村振兴。

截至 2020 年底，中通快递助农网络已遍布全国，并培育出多个年业务量超千万件的“金牌”农产品项目，其中江苏沭阳花木超 3600 万件、陕西猕猴桃超 1400 万件、苹果超 1300 万件、黑龙江大米运输量超 1300 万件、云南花卉超 1100 万件，广西螺蛳粉、安徽亳州花茶和四川柑橘分别超 1000 万件。2020 年 5 月 28 日，中通快递集团董事长赖梅松在上海的一处中通云仓进行直播带货活动，销售平泉香菇、崇阳小麻花和袁隆平大米。现场气氛火热，三个品类在直播中上线后很快便销售一空。

3. 参与公益活动

在不断发展壮大的过程中，中通快递将社会公益视为自身义不容辞的责任，号召全体中通人积极参与各项公益志愿活动，从抗震救灾、抗旱救灾、扶贫帮困、爱心助学、免费寄递等方面精准发力，积极回报社会，传播行业正能量。

中通快递高度关注救灾援助工作，依托自身运力资源和平台调度优势，在得知灾情发生后迅速启动应急预案，自觉组织救灾援助队伍，第一时间联动地方网点公司深入一线开展救援行动，为灾区免费运输救援物资，并动员全网力量捐资捐物帮助灾区渡过难关，有效传递中通人的温暖和关怀。2020 年 7 月 21 日，长江流域普降暴雨引发洪水，中通快递芜湖公司迅速组建抗洪小分队，参加“无为二坝抗洪抢险”工作。2020 年 10 月，柬埔寨中通为灾区孩子们举办“大爱无疆 · 与爱同行”公益活动；越南洪灾，越南中通多渠道采集物资，支援受灾一线。

中通快递持续关注未来人才教育与发展，坚持将“扶贫”与“扶志”“扶智”相结合，通过开展文具、图书、教学设备捐赠，发放助学慰问金，在云南、贵州等地捐建希望小学，打造“圆梦 1+1”爱心助学活动等形式多样的助学公益活动，协助改善贫困地区孩子的生活和学习环境，为贫困家庭带去希望。2020 年，中通快递共资助 53 位建档立卡户的贫困学生。2020 年 1 月 6 日，中通快递与上海世图物流有限公司联合开展捐书公益活动。2020 年 4 月 9 日，中通快递向榕江县捐赠 240 万元，用于 3 所希望小学的筹建。2020 年 8 月 28 日，为期一个多月的中通快递 2020 年秋季公益运动会暨“圆梦 1+1”爱心助学活动顺利闭幕，活动期间共举办公益赛事超 50 场，募捐超 10 万元爱心物资，认领满足 89 个贫困孩子的微心愿。这些爱心物资将由中通快递承运，发往云南云龙县、兰坪县以及华新镇贫困家庭的孩子们手中。

中通快递充分发挥业务与资源优势，依托庞大的寄递网络，为符合条件且有公益物资运输需求的企业免费提供物资运输支持，以实际行动彰显大型民营快递集团的责任担当，树立负责任的企业公民形象。2020 年 3 月 25 日，中通快递免费将青浦区华新镇红十字会组织统筹的 104 箱爱心衣物发往云南盈江县红十字会。2020 年 8 月 1 日，中通快递装载 85519 册爱心书籍从浙江杭州出发，将书本免费送至 3000 多公里外的西藏墨脱县。2020 年 8 月 1 日，中通快递江西九江永修网点为驻守江西鄱阳湖支流永修潦河的抗洪军人免费邮寄包裹 100 余个。

2020年12月4日，中通快递免费将上海汉盛律师事务所党委募集的爱心物资发往新疆、云南两所小学。

中通快递在推动企业稳健快速发展的同时，积极融入社区，组织员工志愿者服务队，结合各地区实际情况组织开展无偿献血、社区关怀等多元化志愿活动，以实际行动宣扬志愿服务精神，倾情回馈社会，彰显责任担当。2020年，中通快递开展“正能量表彰奖励”活动，给予拥有雷锋精神的中通人相应的表彰奖励，并将“正能量事件提报”线上化，方便员工随时提报正能量事件，深化推进志愿服务精神。

2020年1月8日，中通快递新罗湖渔民村网点、罗湖新秀网点与罗湖区团区委等单位联合将爱心年夜饭送到罗湖区12名特困户家中。2020年4月7日，浙江舟山定海区首个快递行业志愿服务队——“中通快递青年志愿服务队”成立，并开展为期一周的公益宣传活动。2020年8月4日，中通快递组织员工参加献血活动，共287余名员工报名参加，完成35000毫升血液捐赠。2020年11月20日，中通快递湖北管理中心为武汉市东西湖区中心福利院老人捐赠生活用品。

六、企业荣誉

1月，获得中国快递金包裹10年贡献奖（2009—2019）荣誉。

1月，获得青浦区服务业十强企业荣誉。

5月，获得AAA级信用企业荣誉。

7月，获得民营企业总部荣誉。

8月，获得2020上海企业100强（第60名）、2020上海服务业企业100强（第38名）、2020上海民营服务业企业100强（第18名）、2020上海民营企业100强（第23名）荣誉。

9月，获得科技进步三等奖荣誉。

9月，获得2020年度全国先进物流企业、2020年度全国先进物流企业社会责任奖、中国民营企业500强、2020中国服务业民营企业100强（第82位）荣誉。

10月，获得全国交通运输行业文明单位称号。

11月，获得2020胡润中国500强民营企业荣誉。

12月，获得抗击疫情创新实践杰出企业荣誉。

七、企业大事记

2月7日，中通快递设立1亿元疫情防控专项基金，用于确保所有中通员工的健康与生命安全。

2月，泰国中通正式起网，并逐渐开通中泰跨境服务。

3月9日，中通快递北京厂洼路网点快递员李杰参加国务院联防联控机制新闻发布会，代表全国400多万快递从业者回答记者提问，分享服务疫情防控和复工复产等相关情况。

5月28日晚，中通快递举办首次“仓播”，董事长赖梅松在中通云仓现场亲自直播带货，并助力平泉香菇、崇阳小麻花等扶贫助农产品销售。

8月11日，福布斯发布中国最佳CEO榜，中通快递董事长赖梅松上榜，排名第19位，是唯一上榜的快递公司负责人。

9月29日，中通快递在香港交易所正式挂牌交易，股票代码“2057”，成为首家同时在美国、香港两地上市的快递企业。

9月，“星联+冷链”业务版块在客户开放日活动上亮相。11月，兔喜开始承接日日顺旗下乐家智能快件箱运营工作，加大布局末端力度。“一体多翼”的生态圈板块不断扩大。

10月15日，2020年“BrandZ最具价值中国品牌100强排行榜”发布，中通快递连续两年入围“BrandZ最具价值中国品牌价值50强。

10月，新加坡中通与新加坡航空合作，为新加坡航空推出的“新航到家”居家用餐业务提供配送服务。

“双11”期间（11月1日至11日），中通快递总订单量突破8.2亿件，同比增长57.69%；总业务量突破7.6亿件，同比增长

76.74%。

11月,中通快递日均业务量突破6000万票,创历史新高。全年业务量达到170亿件,同比增长40%以上。

11月,在马来西亚全境县(市)级以上服务覆盖率达到100%。

圆通速递有限公司

圆通速递有限公司创立于2000年5月28日,目前已发展成为一家集快递物流、科技、航空、金融、商贸等为一体的综合物流服务运营商和供应链集成商。圆通速递始终坚持“客户要求,圆通使命”的宗旨,以人为本,以客户体验为中心,以“安全、快速、便捷、可靠”为追求,着力打造品质圆通、科技圆通、绿色圆通、德善圆通,构建圆通供应链网络生态命运共同体。

2016年10月圆通速递上市,截至2020年底,圆通速递全网拥有分公司4600多家,服务网点和终端门店7万多个,各类转运中心133个,员工45万余人,快递服务网络覆盖全国31个省、自治区、直辖市,县级以上城市已基本实现全覆盖。

圆通航空成立于2015年6月,是已成为国内航空领域的头部企业之一。目前拥有自有全货机12架,累计开通国内、国际航线100余条,预计2025年将拥有100架全货机运力。

圆通国际化布局随着“一带一路”走出去、随着跨境电商走出去、随着华人华企走出去。2017年11月,圆通完成快递行业首例大规模跨境并购。截至2020年底,圆通国际在18个国家和地区设立43个分公司及办事处,全球加盟及代理商522个,业务网络覆盖6大洲,150多个国家和地区,构建起一张覆盖全球的快递物流供应链服务网络。

向科技要生产力,让信息化引领未来。圆通速递全面推进数字化转型战略,并牵头承建物流领域首个国家工程实验室——物流信息互通共享技术及应用国家工程实验室,推动快递物流行业向科技化、智能化快速发展。

近年来,圆通荣列“中国民营企业500强”“中国民营企业服务业100强”等,被评为国家5A级物流企业,获得全国交通运输行业文明单位、中国物流社会责任贡献奖等荣誉,并成为2022年杭州亚运会官方物流服务赞助商。

一、基础建设

2020年,圆通速递持续投入建设、布局与完善转运中心、自动化设备、运能体系、配送终端等核心资源,进一步增强网络核心资产掌控力,网络综合服务能力不断完善。

圆通速递积极推进转运中心、城配中心布局自动化分拣系统、摆臂、上车扫描仪等先进设备,提升全网中转操作的效率和稳定性。同时,圆通速递根据区域及业务量情况,结合信息系统不断优化路由,加大双边运输车辆占比,提升甩挂车辆、大型运输车辆的使用率,并持续投入自有运输车辆,创新、优化运输车辆管理模式,提高运输车辆使用效率。

2020年,圆通全网列入计划的30多个转运中心全部完成改扩建和自动化改造项目,圆通扩充网干线运输车辆超5000辆。圆通速递秉承自提与上门相结合的原则,科学合理化布局,通过自建、合作建立门店或代办点、智能快递柜等多种形式积极加强终端建设,提升终端门店密度,缓解部分区域配送压力,满足广大消费者多元化的配送需求,提高配送效率和服务质量。

二、国际业务

2017年11月，圆通战略并购香港上市公司先达国际（06123.HK），完成中国快递物流行业首例大规模跨境并购。多年来，圆通国际持续加强国内与国际的融合，逐步实现管理团队、信息系统及业务资源等的互补与协同；通过自建自营、战略合作等方式积极拓展全球快递服务网络覆盖；同时融合圆通速递国际的产品及客户资源，加强市场营销团队及体系建设，多渠道推广国际快递产品与服务，提高品牌认知度，并全面拓展跨境电商平台，随着"一带一路"走出去、随着跨境电商走出去、随着华人华企走出去。

此外，圆通国际整合各项优势资源，全力打造、优化中国—韩国、中国—越南、中国大陆—中国台湾、中国—阿联酋、中国—欧洲等跨境物流链路，为海内外电商平台及广大消费者提供清关便捷、时效优良、服务稳定的跨境物流产品与服务；并着力通过完善的绩效考核机制、健全的监控管理体系、先进的信息系统、及时的反馈处理体系等提升跨境物流全链路的精细化运营、管理水平。

圆通国际于2020年底完成深度融合，业务全面协同，产品更新换代。截至2020年底，圆通国际网络覆盖6大洲，150多个国家和地区，在18个国家和地区设立43个分公司及办事处，全球加盟及代理商522个。

圆通国际2020年年度报告显示，2020年其净利约2.52亿港元，同比增加约866.3%。

三、航空运输

圆通航空成立于2015年6月，是长三角地区唯一快递企业旗下的航空货运企业，已成为国内航空货运领域的头部企业之一。目前拥有自有全货机12架，累计开通国内、国际航线100余条。

2020年，圆通速递不断加大自有航空与机队的投入运营及国内、国际航线的深入开拓，开通了昆明—吉隆坡、昆明—拉合尔、石家庄—菲律宾马尼拉、杭州—新加坡、石家庄—西安等航线，为圆通速递参与国内外快递物流市场竞争奠定了坚实基础。

2020年，圆通全球航空货运枢纽"东方天地港"在嘉兴投资落户，该项目已经列入国家长三角一体化规划纲要、浙江省实施类重大项目和示范工程。项目总投资122亿元，首期用地面积1454亩，远期规划货运机位94个，建设高度智能化航空货站及相关仓储及转运设施，2050年计划货邮吞吐量达到240万吨，成为我国重要的国际航空物流枢纽之一。同时，圆通将围绕航空货运枢纽，在嘉兴打造多式联运中心、物流科技研究中心和长三角商贸集散中心。同时，圆通速递充分利用自有航空提供综合物流服务，积极拓展第三方客户，进一步提高了圆通自有航空的利用率与运营效率，降低自有航空的运营成本，提升了自有航空的盈利能力。

四、科技应用

圆通速递历来高度重视信息化建设，自2009年起持续投入大量资金开发拥有自主知识产权的快递服务运营系统——"金刚系统"，并具备独立开发及升级能力，保证系统功能与圆通速递业务发展要求高度匹配，极大地提高了企业信息化水平，有效提升了内部管理效率和客户服务质量，为圆通速递不断拓展境内外业务奠定了基础。

目前，圆通速递已形成了包括"网点管家""行者系统""管理驾驶舱系统""尊者系统""自动化分拣系统""运盟系统"等在内的金刚核心系统，覆盖揽收、中转、派送、客服等全业务流程以及财务结算、人力资源等日常管理的各方面，实现了对快件流转全生命周期的信息监控、跟踪及资源调度，促进了快递网络的不断优化和服务质量的稳步提升。

自2019年，圆通速递对多个信息化管理工具全面升级，在移动化办公的基础上，公司持续对用于企业管理的各类App进行数据化、可视化升级，重点将总部、各管理区、转运中心和加盟商的数据打通，从而实现快件各环节流转的可视化，异常提前预警，即可以“随时随地办公、人人可以参与”，化被动为主动服务，让科技赋能。

2020 年 5 月，圆通进一步凝聚起具备创新精神和工匠精神的专业研发团队，目前已有 2000 多名研发运维人员，公司信息化、科技化水平近年来得以显著提升。公司牵头承建的物流行业唯一的物流信息互通共享技术及应用国家工程实验室顺利通过验收。

五、服务提升

2020，圆通速递持续开展客户体验调研，深入分析影响客户体验的相关因素并梳理解决方案，对重点问题采取严格管控、专项整治，并推广管理人员片区负责制，打造客服生态圈，接入智能机器人，提高客户投诉处理的及时性、稳定性；圆通速递亦持续优化投诉流程与仲裁制度，推广先行赔付，加强共享客服团队建设，提高客户投诉处理效率。

目前，圆通速递在 23 个省区市建立了 61 家共享客服中心，快速及时地响应消费者查询、投诉等需求，改善客户体验。客户岗位的窗口服务成为圆通服务质量管控体系的关键组成部分。

圆通速递高度重视快递员的培训与激励，对快递员实施岗前培训，推广管控终端，实施困难帮扶等延伸管理半径，提高快递员专业素质。同时，亦持续实施快递员“星计划”，并创新优秀快递员激励模式，充分调动快递员积极性、主动性，提升终端配送管控水平与配送质量，改善整体服务质量，提升客户体验。

六、绿色快递

圆通速递践行生态环保理念，打造绿色快递物流。圆通速递高度重视生态环境保护工作，提出“4R”理念：即 Replace（替代）、Reduce（减量）、Recycle（循环）、Reuse（再用），指导圆通生态环境保护工作的推进，并具体通过电子面单推广、循环中转袋全面替代一次性编织袋、循环包装、回收装置，节能减排等举措推进绿色圆通理念在全网的落地实施。

截至 2020 年底，圆通 45 毫米以下瘦身胶带的使用比例超过 90%，电子面单覆盖率达到 99.9%，包装印刷面积不超过总面积 50%，可循环中转袋使用比例在 90% 以上，并且按照邮管局要求设置废弃物回收装置。

为保护和改善生产环境与生态环境，防治污染和其他公害，圆通速递积极响应国家号召进行节能减排，每年全国范围内淘汰排放不达标、车辆老旧、车龄较长的机动车辆。同时，在车辆采购方面重点考虑排放标准，全面使用“国五”“京六”排放标准车型，尤其在京津冀已经全面淘汰“国三”车辆，确保车辆全部符合国家标准。在部分省区，圆通还试点采用新能源车进行运输。

七、企业大事记

5 月 28 日，庆祝公司成立二十周年。庆祝大会上发布了《服务社会　强企为国——圆通 20 年社会责任报告》，并宣布成立 1 亿元“圆梦基金”，用于未来 2~3 年每年帮助 1 万名残疾人、退伍军人、贫困人员、大学生等群体就业创业。

6 月，圆通蛟龙集团与嘉兴市政府举行投资协议签约仪式，标志着圆通蛟龙集团在浙江嘉兴投资的全球航空物流枢纽项目实质性投资落户。

9 月，圆通速递有限公司收到上海市历史博物馆（上海革命历史博物馆）颁发的捐赠证书，由圆通速递编著、上海人民出版社出版的《“快递小哥”的逆行》一书，上海援鄂医疗队、福建援鄂医疗队离开武汉时送给武汉圆通小哥李兵栋的两件临别纪念物，被上海市历史博物馆永久收藏，博物馆对圆通捐赠抗疫纪念物的行为表示感谢，这三件物品都是包括圆通在内的许许多多中国快递小哥在疫情期间不惧风险、勇敢“逆行”的真实缩影与历史见证。

9 月，阿里巴巴斥资 66 亿

元增持圆通速递，双方达成新一轮战略合作，将在快递物流、航空货运、国际物流及供应链、物流技术等领域开展长期合作，实现共同发展。

申通快递有限公司

申通快递创立于1993年，是成立最早的民营快递企业之一。创立28年来，公司建立了完善并且高效的全国性快递运营网络，健全了公司“大中转、小集散”中转分拨体系，打造了高效集约的核心干线运输队伍，实现了在传统快递业务领域的长足稳健发展。公司在聚焦发展传统快递业务的同时，有重点有目标地拓展新兴业务，打通快递业务上下游产业链，从而构建快递、国际、金融、数据和供应链等业务板块，实现公司以快递业务为核心，以新业务发展为辅助的多元化战略布局，不断地为申通快递注入发展的新动能，最终实现以快递业务为核心的国际化综合物流服务集团企业的宏伟目标。

2020年，申通快递以数智化为驱动力，启动深化改革，聚焦能力、成本、服务三大业务，坚持精细化运营、降本增效、业务创新，提升时效，做有质量的单量。目前，申通业务增量稳健，成本管控得力，新产品不断涌现，企业生产经营保持稳健向好的发展态势。公司荣获2020年度全国先进物流企业，连续两年跻身上海企业100强，荣获2020中国物流企业50强等称号。

一、基础建设

1.中转直营化

2020年，公司继续落实中转布局“一盘棋”战略的重要举措，推进重点城市转运中心直营化的重要进程，其间收购了济南、重庆、西安转运中心中转业务资产组，进一步加强了转运中心的标准化建设、标准化运营及精细化管理，加大转运中心的科技投入，全面提升转运中心的分拣时效，不断构筑公司强大而高效的中转运输网络体系。申通拥有自营转运中心64个，自营率约为94.12%。

2.智能设备投放

随着近两年公司转运中心直营化进程的加快，公司加大了运营平台基础设施建设力度和速度，持续推进运营平台能力的建设和完善，着力打造智慧物流运营处理中心。其中，硬件是基础，科技是核心，公司全面进行老旧设备的更新换代，向智能化、自动化转变，用技术弥补场地产能不足，用效能解决分拨压力问题。2020年公司新增40套自动化交叉带分拣设备、21套摆臂设备。

3.链路运能优化

2020年，公司继续优化进港、出港路由标准体系，其中干线运输采用集约化运输模式，最大化的降低运输成本，让利给末端网点。

二、业务发展

申通快递在夯实常规业务、降本增效的基础上，结合数字经济时代商流的变革，推陈出新，加快产品、服务和业务的供给侧改革，更加适应客户消费需求，实现差异化竞争。

公司目前的主要业务为快递业务，快递业务的产品分为三类，一是标准快递业务产品：汽运时效产品，包括限时递、当日递、次晨递、24小时件、48小时件等；航空时效产品，包括重点城市间24小时件；二是增值服务产品：推出承诺达、代收货款等；三是快递辅料产品，提供信封、文件袋、纸箱等快递包装物。

2020年，公司完成业务量约88.17亿件，同比增长19.62%，包裹完成量占全国总量的10.58%。以数字化、智能化技术为基础,近两年来申通服务能力和快递创新能力大幅提升,新业务持续被孵化,涌现出了诸如“预售极速达”、仓配一体、同城配送在内的一批创新业务,同时国际服务能力也大幅提升。

2020年“6·18”期间,申通快递首次开展了“预售极速达”项目,将预售商品前置,让更多商品提前抵达消费者周围10公里以内的仓库或站点,消费者支付尾款后,商品可以实现当日送达。申通快递成为通达系公司中第一家做“预售下沉”的快递企业。经过“6·18”的探索,申通快递在2020年“双11”将“预售极速达”全面扩展,预售前置订单达到百万级,60个下沉中心覆盖了162个城市。

仓配一体化业务也是快递行业正在探索的新方向,申通快递在2020年积极进行布局。2020年申通为针对不同的客户群体提供专业化的仓储配送服务。在昆明、南宁、芜湖、浏阳开仓,引进了33个品牌客户项目。针对中小商家,去年“双11”期间,申通联合菜鸟在保定、金华、义乌等多个城市为打造产地仓服务,承接淘宝特价版C2M(消费者直达工厂)定制商品的快递需求,帮助20余家托管商家完成合计超百万单快件的发货工作。

申通快递还生长出了新的服务能力,在春节期间,申通快递联合菜鸟承接支付宝“集五福”牛奶同城配送任务,标志着申通构建了覆盖更广、服务更好的同城配送能力,可以为不同类型商户提供定制化的服务。

2020年,申通快递发起“过年不打烊”项目,从2月4日到2月19日共计16天,覆盖全国209个城市,申通全网累积超过40000名快递员在岗提供服务。通过这场“战役”,申通快递激活了组织,协同能力得到锻炼,让商家和消费者感受到了申通快递服务质量的提升。

申通快递国际业务也在2020年有亮眼表现,申通国际累计开拓了超过103个海外网点,国际业务服务地区已经覆盖美国、澳大利亚、俄罗斯、英国、日本、韩国等45个国家和地区。合作跨境电商平台包括eBay、Wish、AE、Lazada、Amazon等。拥有中东专线、日本专线、韩国专线、中国台湾专线、中国香港专线、中国澳门专线、北欧、美国、马来西亚专线等20条专线,并着重打造中欧30国专线。

三、科技应用

2020年,公司的数智化战略进一步升级,在公司信息技术团队的攻关下,围绕“提供精益生产、弹性调度、高效决策的产品能力”目标,公司开发了涉及网点、客户、中心以及财务等多系列的管家产品,阶段性地实现了数据化运营与技术赋能驱动业务发展的目标,建立了数据化决策体系,有效地控制了各项成本。

1.网点管家,赋能网点经营数字化转型。公司为提高网点数字化程度,保障末端网络的稳定性,公司在2020年初推出可以为网点提供数字经营决策指导的“网点管家”系统,系统通过各类数据和指标的线上化,让总部实时掌握网点的有效信息,为提高网点的服务质量和网点生命周期管理提供数据支撑,总部相关部门可以向网点输出个性化的经营决策意见;同时网点管家的结算模块与总部结算系统实现数据拉通,并为网点负责人提供可视化经营报表,为经营降本提供数据支撑,让网点经营更透明、更简单。公司还通过末端超区管控以及喵站的建设,有效提高网点的末端派送能力,降低网点派件成本。

2.一站式商家系统服务,助力业务拓展。“申无忧”一站式系统服务是融合云计算、大数据分析、履约监控等多项贴合业务场景需求打造,为总部、网点及其客户提供多维度的定制化系统功能集群。商家通过官网平台就能完成从合作申请到签约的商务全链路工作以及享受申无忧PC、移动端为之提供的电子面单管理、收寄件管理、店铺管理等特色服务,申无忧目前已打通多个电商、自媒体平台,商家可以完成多个平台订单的一站式快速发货。总部和网点通过“客户管家”进行商家订单的运输全链路监控以及异常预警、消息提醒（主动），降低因物流产生的客户投诉、对异常快递一键生成工单；售后团队可以快速介入处理，为商家和商家的客户提供高质量服务；一站式商家系统服务可以及时有效地进行客户关系维系和业务拓展，以此提升公司品牌影响力和市场占有率。

3.前沿数据技术，提升智能设备产能。公司在持续加大转运中心智能设备投入的同时，基于云端一体化架构，沉淀出标准化的设备接入协议并借助先进的IOT数据通道实现了日均数千万级的实操数据采集和流转，通过云上的MaxCompute大数据平台产出设备的整机效率、供包台效率、格口落格效率等多时间尺度和多业务维度的指标数据，结合产能规划、培训考核与反馈形成产品闭环，持续推进转运中心的实操、设备电控的优化；整套架构兼具高扩展性和高可用性，为中心设备精细化运营提供了较为完善的解决方案。

4.财资数智化经营，加速精细化管理。作为公司数字化经营解决方案平台，“财务管家”借助云原生架构、大数据、AI算法等先进技术，打通网点、省区、总部结算以及政策全链路流程。目前90%以上的科目计费周期控制在T+3内，97%以上的人工结算完成了结算线上化并通过账单中心透传，账目清晰可查并从0到1构建了线上税务系统，提高了开票流程规范性和合规性，加速公司的数字化运营转型升级。

此外，还构建了一套事前管控、事中监测、事后处置的风控平台，从经营视角打通经营与运营要素，构建精细化成本损益模型，支撑公司逆向业务管控；目前在面单、逃重、刷单、运输这四个核心场景进行风险识别和管控，还在招采业务场景植入企业风险管控能力，管控供应商准入、项目招标、供应商履约风险实现全流程风险覆盖。

四、绿色快递

申通快递公司高度重视并积极支持国家碳达峰、碳中和战略，坚定地走环保、绿色、可持续发展道路。公司内重组了绿色环保部门并将其纳入资采中心，加强源头管理，通过引进、采用新产品、新技术、新流程，持续推进绿色包装、绿色运输、绿色分拨、绿色办公和绿色文化建设，有效保护生态环境。减少碳排放，助力经济社会低碳绿色发展。

1.绿色包装。为治理快递包装，2020年，国家邮政局提出“9792”目标，即：“瘦身胶带”封装比例达90%，电商快件不再二次包装率达70%，循环中转袋使用率达90%，新增2万个设置标准包装废弃物回收装置的邮政快递网点。

申通快递始终坚持低碳环保、绿色发展的理念，走绿色快递，智能物流之路。截至当前，全网RFID环保袋使用率99%，电子面单使用率99.55%；全网已部署绿色回收箱8000个，瘦身胶带使用率100%，并开始在上海等部分地区推广使用可降解包装袋，超额完成“9792”目标。

2020年8月。申通快递斥资3000万元采购环保袋，公司环保袋使用费由原来中心0.4元/次，网点0.6元/次下降至中心0.3元/次，网点0.45元1次。截至目前，单个环保袋的平均使用寿命在40～50次，中心环保袋使用率达到99%。

2020年全网共使用环保袋1.8亿次，相当于减少一次性编织袋1.8亿只，减少不可降解垃圾1.8万吨，这些减少的不可降解编织袋可铺满近25000个标准足球场。

2.绿色运输。申通快递积极实施节能减排措施，抑制快递运输对环境造成危害。使资源得到最充分的利用。在陆运方面，申通快递积极推广新能源车辆，为客户提供绿色供应链解决方案。

申通快递以轻量化、节能减排为目标，在有序淘汰排放不达标、老旧、车龄较长的机动车的同时，全面推行使用国五京六排放标准车型，以降低二氧化碳排放对环境造成的影响：与一汽解放、中车、金龙等展开合作，在末端派送环节采用以租代买等多种灵活方式，推广使用新能源汽车；规范末端派送管理，使用符合国家要求且纳入规范通行管理的电动三轮车，减少“最后一公里”碳排放。截至2020年底，申通全网拥有符合国家要求且纳入规范通行管理的电动三轮车超过6万辆，拥有纯电动新能源汽车近3000台。此外，公司还积极探索LNG氢能等新型能源车用于企业运营。

在上海奉贤，为降低车辆排放对环境的污染，奉贤东部申通快递投资100多万元租赁了31台电动汽车，公司25名业务员、3名业务助手、3名片区经理人手一辆。在湖北鄂州，当地申通快递购入了3辆电动货车来替换之前的燃油面包车，市区末端派送也全部采用电动三轮车，在全市快递行业率先实现了除线路运营车辆外的“零排放”，成为鄂州快递企业中的“绿色标杆”。

3.绿色转运。申通快递积极打造绿色产业园，合理进行仓库空间布局，降低快递中转对环境的污染，促进快递中转效率与节能效益的提高；新建的转运中心使用LED光源代替传统光源，大幅度节约电能；转运中心上马自动化分拣设备，推动核心生产要素绿色化。

4.绿色办公。申通快递致力于培养员工节能环保意识，制定了一系列相关内部制度，倡导企业员工保护环境。通过推广无纸化办公，减少文印设备产生的能耗（纸张、墨盒、硒鼓、电能等）等举措，有效降低碳排放；全面推广垃圾分类收集，在办公区域、楼道内张贴垃圾分类标识，设置干湿垃圾以及可回收垃圾桶。

5.绿色文化。申通快递将绿色发展理念融入公司日常经营过程中，面向全网开展环保理念宣贯活动。及时将国家邮政局下发的寄递企业环保工作任务清单等重要文件以及环保工作会议精神、工作要求下发至全网贯宣学习。开展“申通环保周”“邮来已久、绿动未来”等主题宣传活动，增强全网环保意识。

五、社会责任

申通快递在提升服务、保障生产的同时，主动承担起相应的社会责任，强化责任意识，积极投身公益，用实际行动回报社会。

1.积极抗疫。2020年年初暴发的新冠肺炎疫情牵动着全国人民的心，面对疫情，申通快递迅速做出响应：2020年1月20日召开专项会议。紧急部署全网寄递环节保障工作。公司成立了由董事长、总经理任执行总指挥的疫情防控应对总指挥部，全程跟进、协调网点做好疫情应对和防控工作。1月25日，申通快递开通寄递运输绿色通道，开设95543疫情寄递服务专线，组建客服专项小组，集全网之力为疫情防控物资寄递提供公益寄递运输服务。

截至2020年5月底，申通快递累计承运各类疫情防控物资超1000万件、近2000吨，出动车辆500台次，货运航班50余架次。有效缓解了运输紧张的局面，为打好防疫阻击战发挥了重要支撑作用。

2.脱贫攻坚。贫困是全球各国在经济社会发展过程中必须要面对和解决的问题。自党的十八大以来，中国政府从全面建成小康社会全局出发，积极推动脱贫攻坚工作，2020年是全面建成小康社会目标实现之年，是全面打赢脱贫攻坚战收官之年。作为一家有社会责任感的企业，申通快递积极投身脱贫攻坚这场伟大的战役中，将脱贫攻坚与自身优势相结合，切实做到扶真贫，真扶贫。

2020年以来，为了促进农村经济发展，助力农民脱贫增收，各地申通人不畏艰难，深入原地产，深情来到农民中间，深耕农村市场，积极寻求与农民、农业基地、农村电商、果园场的合作，破解农村消费渠道不畅难题，多渠道助农增收，助力脱贫攻坚。

3.参与公益。热心参与社会公益事业既是企业义不容辞的社会责任，也是企业长期发展的需要。作为与人民生产生活息息相关的服务型企业，中国快递企业立足于社会。服务于社会。在实现自身高速发展的同时，不忘回馈社会，践行“诚信、服务、规范、共享”的行业核心价值理念。申通快递在长期发展过程中积极承担社会责任，自觉投身于各项社会公益和慈善事业中，以实际行动支援灾区，热心公益助学活动，主动融入社区开展志愿行动，为促进社会和谐稳定做出积极贡献。2020年，公司在公益慈善方面的投入超千万元。

4.助困。2020年12月，由中华人民共和国外交部和中国扶贫基金会主办的第十二届“大爱无国界　让梦想飞扬”国际义卖活动在北京举行，活动筹集款项将全部捐赠给中国扶贫基金会，用于资助贫困地区。申通快递作为本次活动物流服务赞助商，为义卖物品提供了全程免费寄递服务。为全力做好此次义卖活动物流寄递保障工作，申通快递京津冀大区北京片区调集市场、运营、客服、综合等部门人员成立了专项工作组，与外交部相关负责人、电商平台和公益商家紧密连接，最终圆满完成了三批货物运输，确保义卖物品安全准时送达客户手中。

5.助学。2020年，以广西灵川申通负责人欧武强为首的“申帮”继续在广西各地的山区学校开展爱心助学活动，为孩子们授课，送去学习资料、文具用品和体育器材等等。据了解，2020年全年，“申帮”共对3名贫困儿童进行了点对点的帮扶资助。此外，受疫情影响，全国各地学校纷纷开通网络授课，但教材如何发到学生手上，成了各学校最头疼的问题。在黑龙江七台河市，当地申通快递为学校免费配送3000余套、共计6万余册课本教材，为当地学校按时授课提供了保障；在浙江永康，永康申通将200多份教材安全、零差错地送达学生手中。

6.助残。2019年底，申通快递与中国残疾人福利基金会合作的“集善扶贫健康行 互联乐业”项目正式落地实施。2020年申通快递为集善乐业江西萍乡基地30多名残疾人提供客服工作岗位，为他们统一配置与申通快递总部客服相同的客服系统和话机，负责客户来电接听工作。随着项目的持续推进，很多残疾人在申通快递成为合格的客服，通过自身劳动改善生活，获得更多认同感和成就感。

六、企业大事记

3月25日，申通快递首次采用“云签约”的方式推动项目落地。申通快递与公主岭市政府在线签署了申通快递公主岭市智慧物流产业园项目合作协议。申通快递公主岭市智慧物流产业园项目总占地25.3万平方米，其中一期项目占地面积10万平方米，将由智慧物流分拣车间，综合办公楼及其他辅助用房组成。该项目建成后将是申通快递在吉林省内最具规模的集中转、分拣、配送为一体的智慧物流转运中心，将在加快申通与电商企业无缝衔接，降本增效，推进吉林省快递行业提升转型，促进公主岭城市管理优化和经济发展等方面发挥积极推动作用。

4月，为申通数智化运营研发的网点管家、掌上申通、申无忧、驾驶舱等各类新产品集中上线运营。其中，网点管家作为面对基层网点的一站式财务管理系统，因其易上手、操作简单等显著特点获得了网点财务人员的一致好评。

5月1日，申通国际“上海—布达佩斯”中欧国际货运包机海南航空空客A330从上海浦东国际机场起飞，直航至布达佩斯李斯特·费伦茨国际机场。这也是申通继2016年成为国内第一家拥有跨大洲全货运包机的快递公司后，申通国际为深耕海外市场、在国际干线运输领域上的又一重大手笔。

6月21日，湖北省枣阳市副市长刘国清和申通快递董事长陈德军走进田间地头直播间，化身主播，向消费者推荐枣阳的农特产品，助力农产品上行。据统计,申通快递公益助农湖北专场,合计直播不到2个小时,现场直播期间包括桃胶、热干面、麻花、香菇等多款湖北特产上架即被秒空。

6月29日,规划面积为84.3亩的申通国际总部项目在桐庐正式开工建设。当天上午,杭州市桐庐县2020年第二批重大项目"双集中"活动暨申通国际总部项目奠基仪式在富春未来城隆重举行。

7月27日,财富中文网发布了2020年的《财富》中国500强排行榜,申通作为快递行业中的佼佼者,2019年营业收入达到230.89亿元,排名上升80位,成为今年榜单中排名上升幅度最大的快递企业。

7月底至8月,申通快递董事长陈德军开始了网点调研之行,先后前往山东,河南,陕西,四川,西藏网点,深入末端调研、座谈、慰问,现场办公,探索网络发展新密码。

9月,申通国际与eBay全球仓配供应链系统完成数据对接,成为eBay仓配合作伙伴。卖家使用申通国际指定海外仓并正确上传数据,交易将会被自动识别为真实海外仓交易。

11月4日,申通国际新址落成暨上海分拨中心正式启动仪式在上海市青浦区举行。据悉,申通国际上海分拨中心主要承担进出口货物的揽收、库内操作、网内进出口件的操作及为跨境电商平台客户提供前置仓服务。目前,中心日处理件量约5万票。

12月11日,申通快递内蒙古首个智慧电商物流园项目正式签约落户和林格尔新区,该物流园项目拟投资3亿元,占地约130亩,主要建设申通快递内蒙古区域总部,包括综合性办公楼、申通快递智能化邮件及快件处理中心、仓配一体化配送中心、电商服务中心、呼叫服务中心,并使用目前国内最先进的智能交叉带分拣系统。该项目建成后,日均进出港业务量将达到60万票。

12月28日,申通快递发布"过年不打烊公告",在2021年2月4日至2021年2月19日,申通持续为客户提供优惠、安全、快速、省心的寄递服务,充分保障客户在过年期间的服务需求,过年不打烊服务覆盖全国200多个城市。

韵达控股股份有限公司

上海韵达货运有限公司创建于1999年8月8日,总部位于上海,是领先的综合快递物流服务商。韵达于2016年12月23日上市,以"传爱心,送温暖,更便利"为企业使命,致力于实现"成为受人尊敬、值得信赖、服务更好的一流快递企业"的愿景。韵达的经营以快递业务为主业,同时还包括仓储业务、供应链业务等。韵达在发展过程中,坚持"以客户为中心",利用科技的力量推动高质量发展,通过大数据、信息化、智能化技术,打造智慧物流,构建以快递为核心的生态圈,为实现具有国际竞争力的全球化综合快递物流服务商而不懈努力。

一、基础建设

2020年上半年,基于公司愿景、发展战略及对服务品质的极致追求,公司持续推进快递服务网络建设和颗粒度细化工作,对服务网络进行持续的"井""田"式拓展、下沉、外延,特别在县域、乡镇等低线区域的服务范围、服务能力得到进一步提升,为电商进村、服务农民、获得未来更大尺度的包裹增量夯实根基、提供支撑。

2020年上半年,公司拥有60个枢纽分拨中心,100%直营;在全国拥有3795个加盟商和32,229个网点/门店/服务部(含加盟商),加盟比例100%,网点数量较年初增加了17%;快递服务网络已覆盖31个省、自治区、直辖市,地级市以上城市除青海的玉树、果洛州和海南的三沙市外已实现100%全覆盖;“向西”增加开通了3个(乌兰察布市商都县、乌兰察布市丰镇市、阿拉善盟额济纳旗)等县级城市,县级以上城市覆盖率已达96.09%;“向下”开通了749个乡镇,累计已达24659个乡镇。

二、业务发展

韵达以服务实体经济为宗旨,以满足客户需求为导向,以快递核心业务为主体,积极嫁接周边产业、市场和资源,陆续布局了韵达供应链、韵达国际、末端服务等周边产业链和新业务,为提升国民经济运行效率、推动新经济发展、提高居民消费水平等提供基础性支撑。

三、科技应用

公司坚持“精益管理”思想,并不断深化基于科技创新和精细化管理的“成本领先型”竞争策略。报告期,充分挖掘核心资产优势和科技优势,公司在全链路开展成本管控的基础上,针对分拣运营、干线运输、末端管理等关键环节持续开展柔性管理,以充分的思想准备和灵动的组织管理迎接快递新时代的到来。

持续发挥规模效应:保持核心资源投资定力,围绕智能设备、运力运能、物业自持等,持续保持合理的资本开支、构筑核心资源,利用远高于行业增速带来的包裹增量,充分发挥规模效应优势和集约效应,持续降低单票固定资产折旧成本。

持续提升装载率:加大品牌优势传导,扩大获客渠道、提高客户的开发力度,做好市场平衡,并在核心区域、核心路线提升大运力车辆、牵引车辆比例,持续提升全网双边车辆的平均装载率;专项开发“车货匹配”、等在途配载系统,并根据大数据呈现的运输车辆、货运量和包裹节点,利用数据系统进行动态路由调整,进一步提升发车管理与装载率的匹配程度,持续降低单票运输成本。

持续降低操作成本:保持科技创新和技术升级迭代能力,对部分自动化分拣设备进行更智能、更高效的升级改造,上线四层自动化分拣设备,大幅提高单位坪效操作容量,持续降低单票分拣成本;继续推进货品结构优化,持续降低单票的资源成本;完善“网点直跑”,探索“支线协同”“仓配协同”等新的敏捷经营支点,进一步减少中转环节成本。

持续优化现场管理:实施“天眼计划”,对大型转运中心进行物联网的可视化管理,过对车辆从发车、排队、进门、装卸各环节全程透明化,实现车辆快进快出等。

在综合施策下,公司快递服务单票成本为2.18元,同比下降23%,可比口径下,连续六年呈下降趋势。

四、绿色快递

一直以来,韵达高度重视生态环保工作,以“绿色化、减量化、可循环”为目标,坚持“全网共治、科技支撑、社会协同”的绿色发展思路,多措并举推动快递绿色、健康发展。为切实抓好生态环保工作,韵达总部设立绿色环保委员会,建立健全的内部管理制度,人员分工,定期组织会议,贯彻落实有关标准和操作规范,并对全省网点进行培训,做好层层落实。

韵达成立了绿色快递建设办公室,由分管副总裁担任办公室主任,总部各管理中心负责人任副主任,各分拨中心和各网点负责人为成员。建立了常态化的工作机制,包括主管部门上传下达机制、韵达全网执行落地机制和合作伙伴协同推进机制;同时,在韵达控股设立绿色环保委员会,及时传达国家邮政局等各级邮政管理部门有关绿色环保的工作部署和安排,全面协调推进全网31个省、区、市的生态环保工作建设。在推进快件包装标准化和绿色化方面,公司建立了绿色采购制度和统计制度等，确保绿色环保工作在执行过程中有章可循。

韵达持续推广使用二维码电子面单，加大对一联电子面单的研发与使用率。在包装治理方面，韵达推进包装绿色采购、包装标准化、简约包装、可循环利用等方面采取的工作措施、取得的成效。韵达认真贯彻执行邮政管理部门推行的绿色环保相关文件精神，逢会必讲绿色环保，定期召开专题会议向全国网点宣传布置绿色环保工作。目前已推广的区域为江浙沪皖、京津冀、广东省、河南省、江西省、福建省、山东省、广西壮族自治区、湖南省、湖北省、山西省、陕西省、四川省、重庆市。

此外，韵达在全网节水、节电，推行无纸化办公。韵达使用LED等节能灯具的营业网点和分拨中心的比例总体达80%以上。韵达严格要求落实"不着地、不抛扔、不摆地摊"等的要求，并且纳入了企业管理制度；全国自营分拨中心均上线了全自动分拣流水线，全网部分网点也上线了自动化分拣设备，确保了快件的"不着地、不抛扔、不摆地摊"。

为继续深入实施"绿色快递"行动计划，大力实施"9792"工程。截至2020年6月底，韵达已在全国31个地区网点设置了5000余个快递回收装置，供客户和市民将不需要的包装放置后循环利用，并与相关机构签署协议，探索建立包装回收机制。

五、社会责任

2020年，是"十三五"规划的收官之年，也是全面建成小康社会的决胜之年。回望这一年，韵达始终坚持"通过安全、快捷的服务，传爱心、送温暖、更便利"的使命，以客户为中心，以科技赋能业务发展，注重品牌提升，切实践行绿色发展理念，进一步聚焦人才队伍建设，关注员工生活品质，为实现"成为受人尊敬、值得信赖、服务更好的一流快递公司"砥砺前行。

2020年，韵达股份全年累计完成快递业务量141.44亿票，同比增长41.02%。为深入落实习近平总书记对快递业的重要指示批示精神，韵达牢牢锚定"守正开放、多元协同"的发展战略，真抓实干、务实奋进，保持稳中有进的发展态势，实现质效稳步提升；继续保持核心资源投资定力，紧跟市场趋势，围绕智能设备、运力运能、物业自持等，持续保持合理的资本开支、构筑核心资源，利用高于行业增速带来的包裹增量，充分发挥规模效应优势和集约效应，实现"有质量"的增长。

展望未来，韵达将牢牢锚定"成为受人尊敬、值得信赖、服务更好的一流快递公司"的愿景，深入实施多层次竞争策略，在快递周期全流程开展敏捷管理、精益经营，向"提高份额、增加收益、提高效率、降低成本"要效益，实现基于服务和品牌效应下"有质量的增长"；与更多合作伙伴协同共赢，共同提升智慧物流水平，把握快递业发展新机遇，积极应变、主动求变，做努力奔跑的新时代追梦人。

六、企业大事记

1月2日，"风华正茂　万物生长·2020快递之夜"颁奖典礼在京举办，韵达荣获"中国快递金包裹贡献大奖(2009—2019)""2019中国快递量质双升奖""2019中国快递社会责任奖""2019中国快运发展大奖"。韵达董事长兼总裁荣获"2019中国快递行业魅力人物大奖"。

1月8日，正在义乌召开的韵达第二十届网络大会专题传达学习2020年全国邮政管理工作会议精神。来自韵达全网的近千名韵达人参加了专题学习。

1月9日，胡润研究院发布《2019胡润中国500强民营企业》，韵达控股以650亿元市值入围，排名第96位。

1月15日，由民进上海市委、韵达速递、上海韵达公益基金会共同主办的"韵·苗"助学—彩虹计划与就业帮扶启动仪式在贵州省金沙县金沙中学举行。

2020年春运今天正式启动，多地火车站迎来一年中最繁忙的时期，为了给旅客提供限制携带物品自助寄递服务，自助智能快递柜——蜜罐携韵达在上海虹桥站、杭州东站、南京南站、合肥南站等火车站助力智慧春运。切实解决旅客出行“限带品”流转“最后一米”服务难题。

1月20日，国家邮政局发布关于2019年快递服务时限准时率测试结果的通告。从2019年10家快递服务品牌主要时限指标排名表现来看，韵达在寄出地处理时限、寄达地处理时限等指标方面表现优异。

1月28日上午，满载着货物的韵达运输车，从上海大巨龙集团发出。这批价值数百万的医用板材，是上海大巨龙集团和浙江卡曼国际定向捐赠给武汉新建“火神山、雷神山医院”的建设急需救灾物资。

3月10日下午，上海市委书记李强主持召开企业座谈会。上海韵达货运有限公司董事长聂腾云与上海数十家企业代表结合企业、行业实际，就当前面临的困难挑战以及下一步发展谈想法、讲举措、提建议。

5月以来，众多高校陆陆续续明确开学日期，组织学生分期分批有序返校，为满足广大高校学子寄件需求，为学生出行提供便利，韵达速递在全国范围内推出“2020高校学子校园寄”活动。

6月27日，韵达总部项目开工仪式在沪举行。青浦区人民政府余旭峰区长，上海市商务委刘敏副主任，上海市邮政管理局冯力虎局长，青浦区人民政府彭一浩副区长，青浦区相关委办局和青浦区华新镇领导受邀参加了开工仪式。

7月20日，国家邮政局马军胜局长一行莅临韵达调研指导。国家邮政局赵民副局长，国家邮政局有关司室和上海市邮政管理局有关负责人一同调研。

7月27日下午，上海市民营企业总部颁证仪式在衡山宾馆举行。市委常委、市委统战部部长郑钢淼，副市长许昆林出席颁证仪式并向韵达等40家上海市民营企业总部代表企业颁发证书，上海韵达货运有限公司副董事长兼高级副总裁代表公司出席授牌仪式。

7月30日，在由一秒购特色馆开展的淘宝电商直播活动中，韵达充分发挥科技优势，网络优势和服务优势，助力直播商品从揽收，中转，派送等各个环节实现高效流转。在实现直播商品及时发货的同时，赋能电商直播经济，拓展韵达服务多元化需求新动能。

8月8日，以“心聚韵达·励精图治·志存高远·心向未来”为主题的韵达21周年庆典在沪举行。

8月12日下午，韵达速递与建行上海市分行签署扶贫合作协议，双方通过资源共享，以陕西省安康市一区三县为试点，携手助力消费扶贫。

8月14日，以“科技伴飞，包裹韵行”为主题的韵达5G无人机发布会在桐庐举行。韵达副董事长兼高级副总裁，常务副总裁，副总裁兼CIO，战略副总裁和韵达总部相关负责人等参加了发布会。

8月25日，甘肃省推动民营经济发展暨优化营商环境大会在兰州举办。省委书记、省人大常委会主任林铎，省委副书记、省长唐仁健，省委常委、兰州市委书记李荣灿，省委常委、省委统战部部长马延礼等省委省政府有关领导，韵达副董事长兼高级副总裁，副总裁兼董事会秘书，董事长助理兼产业投资总经理以及韵达兰州分公司负责人和总部相关负责人等出席了会议。

8月28日，韵达（三门）基地大型产业园项目战略发布会暨供应链招商启动仪式在三门举办。

9月1日，韵达-Intel智慧物流实验室剪彩仪式在沪举办。韵达董事长，副总裁兼CIO，总架构师等相关负责人，英特尔（中国）有限公司市场营销集团副总裁兼中国区总经理王锐，英特尔行业解决方案集团中国区总经理梁雅莉等英特尔方相关负责人共同参加了仪式。

10月23日，交通运输部在北京召开全国交通运输系统抗击新冠肺炎疫情表彰大会，韵达四川泸州网点因抗疫过程中的突出表现，获评“全国交通运输系统抗疫先进集体”；韵达河南郑州分拨中心干线司机赵华岳、韵达福建大田网点负责人连宝洲获评先进个人。

11月2日，韵达总部召开会议学习传达党的十九届五中全会精神及国家邮政局马军胜局长在局党组会议上的重要讲话精神专题会议精神。

11月8日，甘肃省副省长程晓波一行莅临韵达总部参观考察。韵达董事长，联席董事长，战略副总裁，董事长助理兼产业投资总经理等有关负责人欢迎程副省长一行的到来。

11月11日23:50，韵达“双11”当日揽件量突破1亿件，韵达全网运行平稳、有序。

11月11日，以“携手韵达，共筑北京蓝天”为主题的江淮汽车与韵达公司非战略合作交车盛典，在首都北京圆满完成。

12月1日上午，韵达（三门）产业园快递投产运营暨快运开工建设启动仪式在韵达（三门）基地隆重举行。

12月，上海市邮政快递行业抗击新冠肺炎疫情先进表彰大会暨“逆势前行、抗疫先锋”主题党日活动会上，韵达客服中心荣获，共青团中央、交通运输部联合授予2017－2018年度“青年文明号”称号。

12月4日，上海韵达公益基金会、上海市儿童基金会牵手“韵·苗”助学——沪滇“春蕾计划”项目签约仪式在沪举行。

百世快递

2020年，百世快递持续发力于快递业务的高质量发展，通过不断加大技术投入、注重末端建设、聚焦服务等举措不断提升快递服务体验。2020年是特殊的一年，百世快递发挥快递优势，积极承担企业社会责任，并依托集团综合供应链服务，为抗疫驰援、社会公益以及行业可持续发展做出了企业的贡献。具体而言，百世快递在2020年取得以下几个方面新的发展。

国际业务发展——百世服务于东南亚本土的快递网络已经覆盖泰国、越南、马来西亚、新加坡、柬埔寨，一共拥有24个自营的快递分拨中心，以及1000多个加盟站点。

快递下乡持续推进——截至2020年12月底，百世快递，乡镇覆盖率达到93%。在乡镇和农村地区共设有3万余个邻里驿站末端服务点，不仅能代派代寄，还可以提供购物、充值、代交水电气费用等便利服务。

加大科技投入——以信息指导物流，以创新提升效率，一直是百世的兴趣所在。近年来，百世持续重视自动化、科技化、智能化和绿色化发展，大力投入智能设备，并凭借强大的自主研发能力，有效提升服务水平和运营效率。2020年，百世投入15亿元升级自动化。

绿色环保效果显著——全面贯彻国家邮政局将推动行业实现全面绿色转型的规划，百世持续推广实施绿色物流方案，强调作业各环节的环保减塑，减少环境污染、降低能源消耗。同时在快递的收寄、分拣、运输、投递、办公等环节和领域落实环保要求、减少碳排放等方面采取的措施，践行行业的绿色发展方向。

承担社会责任——2020年，百世发布的2019年企业社会责任报告中显示，这一年，百世立足物流行业，连续四年发起包括快递员、环卫工等在内的户外工作者关爱行动，并于2020年启动物流司机关爱行动，关注行业一线工作人员，提升职业幸福感。

一、基础建设

截至2020年12月底，百世快递在全国拥有近50000个末端网点（不含邻里驿站），省市网络覆盖率达100%，区县覆盖率达100%。通过驿站、自提点、合作点等模式，百世对乡镇及村级快递末端布局，达到乡镇基本覆盖。

截至2020年底，百世快递共铺设邻里驿站3万余家，派件件量占比达55%，同时通过对站点进行流量转化的培训与帮扶，提升了网点收益，维护整体网络稳定。

百世快递总部还积极打造区域性标杆网点，并引入“师徒”模式带动其周边网点进行标准化建设。截至2020年底，已累计投入200万资金进行专项激励网点，打造100个金牌网点和500个银牌网点，覆盖24个省市自治区及城市。

1.快递出海

近几年，百世积极参与“一带一路”建设，落实国家邮政局提出的“快递出海”工程，持续在东南亚主要国家建立快递网络。2019年百世在泰国和越南先后起网，率先启动运营东南亚本土快递服务，并于2020年7月宣布完成了泰国、越南、马来西亚、柬埔寨、新加坡5个国家的快递网络布局。

随着东南亚五国本土快递网络的运营，百世上线中国与上述五国之间的全场景“门到门”寄递服务，提供中国与东南亚五国之间的跨境物流服务，满足海运、空运、国际快递等需求，让跨境寄件和国内寄件一样便捷。

2020年9月，百世集团联手阿里巴巴旗下菜鸟，为马来西亚消费者提供中国至马来西亚全链路跨境配送物流服务，该服务包括了国际干线运输、进出口清关、境外仓储、末端配送等，进一步补充了菜鸟跨境包裹网络的运力。

目前，百世在泰国、越南分别建有8个转运中心，在泰国、越南、马来西亚、新加坡、柬埔寨五国有超过1200个服务站点。2020年12月，百世在越南胡志明市启用新建的转运中心，该中心总投资额达800万美元，占地约35000平方米，相当于5个足球场的面积。中心配备小包裹交叉带自动分拣系统、矩阵自动分拣系统等先进物流设备，最大日处理单量达100万件，预计未来两至三年可提供千余个工作岗位。

2020年全年，百世东南亚快递包裹总量同比增长738%；其中，泰国和越南的全年快递包裹量分别同比增长612.8%、798.2%。

2.快递下乡进村

近年来，百世集团积极响应落实国家“快递下乡”工程、“快递进村”“三向工程”等政策，深入乡镇、农村地区着力打造符合村镇发展模式的邻里驿站，健全乡镇、农村配送网络，全力支持和发展农村电子商务和快递业务。同时，百世集团发挥自身网络和技术优势，凭借服务和产品的创新，以及持续末端投入，不断探索“物流+电商+农特产品”产业扶贫模式，完善“最初一公里”和“最后一公里”服务体验，助力全面打赢脱贫攻坚战。

在乡镇及村级快递触达方面，百世除了加强网点的规范建设外，同时响应国家邮政局“邮快合作”“驻村设点”“快商合作”“行业共配”等项目号召，积极打通信息交互，强化行政村的投递能力范围，并通过驿站、自提点、合作点等模式，布局乡镇及村级末端快递。

地处大凉山的喜德县在当时是四川省仍未脱贫的7个贫困县之一，有28个未摘帽贫困村，中坝村是其中唯一未脱贫人口超千人的村庄。此前，因为没有快递站点，村民们网上购物十分不便，只能坐车几十分钟到附近的乡镇买，商品不仅价格贵且选择有限。

2020年7月，百世快递位于大凉山中坝村的站点正式挂牌运营，成为中坝村里第一个进村的快递企业。百世快递设立专项补贴，用于给予偏远地区运营补贴支持。在凉山州邮政管理局的推动下，多举措降低站点的运营成本，快递业务量也与日俱增。经过3个多月的运行,中坝村快递站点已逐步完善,一天件量已经达到日均80票左右,3个月件量上涨4倍。除了揽收派送外,还增加了小超市便民服务,村民寄去快递的同时,还可以买点零食、日用品等。

物流是助力产业扶贫的强大动能,是农产品上行的重要支撑。百世于2018年底推出“农品优行”计划,通过发挥在技术、人才培养、末端服务等方面的优势,为新农人提供综合物流和智慧供应链解决方案,助力农特产品上行,帮助地域性品牌扩大影响力和知名度,促进农户增收致富。截至2020年12月底,百世“农品优行”计划已为全国30余个地区的100多款农产品提供售卖和运输便利,累计销售农产品超过1600万斤,助农收益超6500万元。

去年秋天,“中国冰糖橙之乡”湖南省怀化市麻阳县受连续极寒天气与疫情持续影响,冰糖橙产生滞销。在当地政府的推动下,百世2020年11月与麻阳县电子商务协会签订物流战略合作协议,通过“农品优行”计划,对麻阳冰糖橙进行渠道推广。

百世快递在该县8个主要冰糖橙产销乡村建立了代办服务点,同时对麻阳冰糖橙启用“鲜果件”面单,可优先中转派送,并通过开往苏州、武汉、广州、杭州、合肥、金华、上海的7条直发班线运输冰糖橙,实现次日达。整个丰收季,百世快递从麻阳县共计发出15万余单、超145万斤的冰糖橙。

二、业务发展

2020年,百世快递通过系统优化、硬件升级、理念推广、末端建设、客满提升五个方面,取得良好成效。

1.通过智能调度系统的全网推广,百世快递持续推进“车货匹配”,基于对货量的判断科学匹配对应车型,同时对于该条车线上的串跑、集拼等进行前置规划,在大大提升了时效的同时也节约了成本。

2.2020年,百世快递全年共计新增高速自动线52条,理论产能增加1250000件/小时。在增加产能的同时,大量降低了因带压过大导致的快件挤压及轻小件的破损,提升了分拣质量。

3.加强精益管理,全年完成41个六西格玛项目,其中包含3个黑带项目,同时完成292个QCC快速改善项目,累计节约质量成本过亿元。

4.通过对消费者收货习惯的分析,百世快递至2020年底共铺设邻里驿站3万余家,其中百世自有1万余家,加盟2万余家;截至2020年底,末端派件件量占比达55%,同时通过对站点进行流量转化的培训与帮扶,提升了网点收益,维护整体网络稳定。

5.2020年,百世在线客服实现多轮交互:第三代百小萌实现7×24小时语音交互,全年累计服务4000万次;百小质实现客户服务质量全程智能监测;百小呼项目实现客户满意度全面调研。

6.2020年10月,百世快递福建分公司及河北分公司顺利通过DNV质量管理体系审核,在管理科学化方面再进一步。

三、科技应用

百世集团结合互联网、信息技术和传统物流服务,不断创造新的商业模式,提高效率和信息化的应用。近年来,百世大力投入自动化,在全国投用和优化转运中心,构建智能分拨,还在自动路由、AI智能客服等方面进行技术应用,致力于提供数字化、智能化解决方案,为行业降本增效做出贡献,具体亮点如下。

1.智慧分拨

继2019年投入自动化约14亿元后,百世集团2020年再投入15亿元升级自动化,新增投入数千套自动化设备,打造智慧分拨,聚焦运营质量,全面升级时效,保障服务体验。2020年百世集团以科技为支撑打造智能决策平台、数字化链路经营管理平台等。目前已投入应用数据魔墙、云视频地图等技术,在运输环节全面投入应用智能视频技术。通过建设智慧分拨,可以知晓分拨车辆数据、设备情况，操作能力，做到柔性化分拨操作安排，提升分拨操作效率，降低操作成本。

2.转运中心自动化

百世快递在转运中心大规模投产细分“高手”——双层高速环形交叉带分拣机，采用了高速相机识别条码技术、实时在线补码技术、WCS分拣系统包裹信息追踪技术。据悉，在郑州转运中心，双层高速环形交叉带分拣机使快件在1秒内移动两米，经过百世系统优化后分拣峰值高达46000件/小时。在粗分方面，矩阵端直线交叉带分拣机，处理各类复杂货型、双向分拣、每小时处理5000个以上快件。同时，通过气动及小车系统进行分拣，减少分拣破损，分拣破损率低于0.01%。作为进港、出港操作投入使用的直线交叉带，可为旺季包裹的顺利分发提供了强大技术、设备支撑。

2020年10月初，百世杭州转运中心投入了两台供件机械手，为自动线交叉带分拣机放件。它们可以抓取全部类型包裹，供件速度达到每小时1600件，在保障持续运转与操作精准度的情况下，实现替代流水线操作人员，特别是在旺季高峰期间，减少对于人力的过度依赖。

2020年11月，百世在贵阳等区域投入使用的分拨卡位快件分拣自动化系统，以六面扫设备、单件分离器与摆轮组合“出击”，每小时分拣效率可达5000件，可实现分拣线的无人化操作。

3.云链系统

百世集团于2019年发布云智慧系统——百世云链系统，并于2020年不断进行优化。系统在全链路数据可视化的基础上，将供应链大数据汇聚形成系统图谱，为不同场景下的应用提供决策依据，服务于全链路一体化智慧供应链解决方案。区别于传统的对比分析方式，百世云链系统在智能分仓、智能分单、智能波次、智能仿真、智能调度、智能客服等方面发挥了大数据分析与预判功能，提高供应链的准确性和时效性。

4.区块链应用

2020年7月，百世集团在杭州、长沙试点上线物流存证平台，将区块链技术应用在物流场景中。该项目主要面向物流平台提供第三方的物流配送信息的存证服务，即在物流配送过程中，将发货、签收、收款等关键环节的业务行为记录、业务单据等数据，安全、可靠地保存到第三方的物流存证平台，这些数据可用于后续的业务审计与司法取证。试点成功后，将陆续在全国32个城市复制推广。

信息化实施可以帮助物流企业本身简化流程、提高效率。电子交接凭证的推广，一方面可以节约交接单据的成本，另一方面电子交接凭证可以线上传输，缩短回单时效，及时核对异常。同时可有助于物流企业与上游客户、下游合作伙伴缩短对账周期。从整个供应链链条上来说，可以降低整体物流成本。

5.智能客服

随着用户量的持续攀升，百世为缓解呼叫中心压力和降低人员成本，运用人工智能先进技术，研发智能机器人服务系统，实现智能模拟客服人员在线服务。百世AI智能客服机器人“百小萌”于2018年上线，提供在线、电话智能客服，运用了语音识别技术、自然语言处理、意图识别技术等关键技术。目前，其在线交互服务的有效解决率高达97.4%，在快递行业内领先。2020年，百世客服中心启用第三代电话语音服务，首次来电解决率近80%，电话客服服务能力提升了近三倍，每日接入电话约10万次。

四、赋能合作伙伴

2020年旺季期间，百世快递多举措助力一线网点，提升服务保障能力。通过自研的末端系统，百世快递致力于强化网点数字化。借此末端代派拥有了更多个性化的场景，可实现客户预约取件、先入库后理货通知用户取件等功能，助力错峰派送、缓解末端压力。其中，百世来取系统目前已拥有10余万活跃服务点。

据统计，百世快递全网已有

100多个末端网点配置了自动分拣设备，用于提升分拣效率和操作质量。例如，浙江义乌荷叶塘分部投入上1000万元用于基础建设升级，其中将近700万元用于设备自动化升级，新添的单轨双层自动化分拣设备用于出件集包，并将投入一套单轨双层自动化分拣设备提升分拣效率。

旺季期间，百世快递在一线网点方面加大旺季补贴力度，保证末端派送服务质量，特别是偏远地区的末端网点。

2021年，百世快递再发布暖风行动，从政策、运营、资金、培训等多方面措施利好末端网点发展，强化服务正循环。包括为减轻加盟商经营压力，帮助站点盘活资金，百世快递将为加盟商提供约4亿元的周期返利作为扶持资金，提供约10亿元贷款支持；百世快递建立科学合理的管理制度和激励机制，向加盟商加大运营支持；通过增加预防机制，减少“以罚代管”，帮助提升网点服务能力；加大培训资源，为加盟商增强综合实力。

针对广大快递员群体，百世快递旺季为快递员量身打造了一套“星级快递员”制度，对快递送得稳、送得准，获得客户一致好评的快递员，进行现金奖励。“双11”期间，启动快递员“小蜜蜂”计划，表彰在服务质量、社会责任、创新发展等方面做出重大贡献的快递员，最高将给予3000元的奖励，覆盖17万一线快递员。在实施更具灵活性的旺季考核政策的同时，百世也将通过快递员关爱活动，号召社会关注理解快递员群体。

五、绿色快递

百世快递持续推广实施绿色快递方案，强调快递作业各环节的环保减塑，减少环境污染、降低能源消耗。同时百世快递在收寄、分拣、运输、投递、办公等环节和领域落实环保要求、减少碳排放等方面采取的措施，践行行业向绿色化、减量化、可循环发展。

百世快递在各大转运中心推广使用具有芯片识别，路由追踪功能的可循环集包袋，相较于传统的最多只能使用2次的编织袋，该集包袋可重复使用达到40次以上，有效减少耗材使用。截至2020年12月底，百世快递总计投入环保集包袋900万条且在不断增加中，循环使用次数达2.8亿次。

百世环保集包袋可以在网点出件、分拨转运、网点派件全链路流转使用。所有环保集包袋由总部直营化管理，最大限度减少环保集包袋损耗，延长每个环保集包袋使用寿命。百世自主研发的环保袋管理系统涵盖了环保袋运营全流程，如供应商管理、采购、调拨、使用流转、维修、结算等。并提供WEB端、手持终端App、智能识别通道机客户端给总部管理者、转运中心、站点使用。实现一键出入库、缓冲区组堆管理，监控跟踪环保袋生命和流转周期的每一个环节，致力于让每个环保袋达到最高利用率，减少浪费。

百世快递一联单已覆盖全国，使用占比超过99.1%。在包裹包装上，百世快递全网推广使用可降低30%PE用量的环保PE袋，累计投入达4730万条。百世快递加入菜鸟“回箱计划”，在全国百世快递站点和邻里驿站，共计投入6000个绿色回收箱，积极推进快递包装的循环使用。

百世快递积极在全网推动新能源车的使用，助力运输环节节能减排。一方面购买国六车辆，在尾气排放和节省燃油方面做到环保；另一方面推动全国网点按当地环保要求使用规范通行管理的电动三年轮车。

六、社会责任

百世集团积极投身公益事业，于2014年成立了百世慈善公益基金会，依托于百世智慧供应链的资源优势，充分发挥在网络覆盖、仓储、运输及末端配送的服务优势，始终关注和投入到助力农产品上行、儿童助残助学、爱心物资承运、行业关爱和校企联动等活动。

1.抗疫驰援

自新冠肺炎疫情发生以来，百世集团第一时间成立专项组，开通救援物资“绿色通道”驰援湖北省和全国其他区域，免费承运社会各界紧急捐赠物资，为各地的医疗卫生机构和公益组织提供物流支持。

截至2020年3月底，百世集团紧急调配全国运力资源，共计发车83辆，陆续从北京、上海、浙江、江苏、黑龙江、安徽、贵州、重庆等多省市发车，运送至湖北及全国各地的定点医院、公益性社会组织。百世免费承运的防控疫情物资累计近17万件、1000吨，货物总价值超5000万元。物资涵盖口罩、护目镜、防护服、医疗器械、床单被套、食品及药品等，支援在抗疫一线的医护人员和相关机构。

2020年4月，百世快递宣布面向湖北地区发放10万元快递消费券，并为全力保障湖北重启后中小企业和农特产品销往全国，在推进网络安全服务的同时，采取了一系列网点扶持措施，还迅速开通助农通道，特别针对湖北中小商家和消费者推出了免费专享福利。

百世集团更充分发挥国际资源优势，为海外慈善捐赠物资提供免费的跨境物流，清关及国内运输服务，多次从法国、韩国、马来西亚、泰国、越南、美国、日本、巴西等地将口罩、防护服等爱心物资免费运往全国各地；并在东南亚疫情抬头时，为当地医院运送医疗用品，为各地民众发放口罩、消毒液等防疫物资。

2.爱心活动

2020年，一方面立足物流行业，百世连续四年发起户外工作者关爱行动，并于2020年启动物流司机关爱行动，关注行业一线工作人员，提升职业幸福感。另一方面，百世积极参与社会组织的公益活动，承担企业社会责任。

2020年6月7日，由中国慈善联合会发起的“善行凉山联合行动”项目对接会在四川省凉山彝族自治州布拖县举行，百世集团西南大区副总经理卢伟巍代表百世捐赠10万元，用于资助和支持凉山布拖县依撒社区幼儿园教育资源项目的推进，助力保障当地1500名贫困幼儿入园。

2020年8月高温季，百世集团再次启动夏季劳动者关爱行动，携建设银行浙江省分行共建劳动者港湾，为全行业快递员及其他户外工作者捐赠防暑降温急救包服务。据悉，建设银行浙江省分行676个劳动者港湾、百世快递全国10000个站点及邻里驿站率先参与，预计为30余万户外工作者提供帮助。

2020年9月初，百世集团联合北京百川公益基金会共同发起了“开学第一课”关爱活动，百世在凉山美姑县尔合向乃祖库小学捐赠校服130套，大米2000斤，师资补助约4万余元。同时，还为社会爱心人士向云南、四川部分地区捐赠的校服、课桌椅等物品提供免费运输支持，开通绿色运输通道展开了一场爱心助学接力。

2020年9月24日，由上海市华侨事业发展基金会主办的“大路微尘凡人英雄”关爱物流货车司机公益发布会，在百世上海转运中心园区内举行。作为此次公益计划合作伙伴，百世集团不仅是首家主动参与进来的企业，还在腾讯公益平台上为广大货车司机发起爱心筹款，并承诺“社会人士捐赠1元，百世配捐2元”。

为提升货车司机的职业归属感和荣誉感，呼吁和推动全社会对货车司机群体加以关注和理解，百世集团深度参与的“关爱物流货车司机”公益计划，还面向广大司机提供意外伤害保险、年度体检、家庭亲子活动以及配置行车生活用品等爱心服务礼包，惠及超过1000名物流司机优秀代表及家属。

百世于2019年年初在泰国起网快递，目前物流网络已100%覆盖泰国全境。2020年，百世在泰国多地实行公益，包括在惹拉府为超过100户遭受洪灾的家庭捐赠食物、饮用水；为曼谷盲校捐款捐物；为残障儿童提供职业发展培训；为当地慈善机构捐款等。

七、企业荣誉

1月2日，由中国邮政快递报社主办的“万物生长风华正茂·2020快递之夜”在北京隆重举行。百世集团斩获“2019

中国快递科技创新奖”“2019 中国快运发展奖”“2019 中国快递社会责任奖”“中国快递金包裹贡献奖”四项大奖，百世集团董事长兼 CEO 周韶宁荣获“2019 中国快递魅力人物奖”。

9 月 29 日，由中国邮政快递报社主办的第四届“中国梦 · 邮政情　寻找最美快递员”活动揭晓发布会在北京举行。百世快递福建泉州北峰分部快递员林海原入选“2020 最美快递员”；新疆图木舒克网点负责人曹杨、贵州毕节网点负责人吴益田、因见义勇为不幸殒命的河北快递员王同岭共同入选最美快递员 50 强。

11 月 21 日，2020 年（第十八届）中国物流企业家年会“奥铃之夜”颁奖典礼上，百世集团获评“2020 中国物流创新奖”。

11 月 24 日至 25 日，百世快递环保集包袋获评第三届物流包装技术发展大会“物流包装优秀案例”奖。

12 月 29 日，国家邮政局公布了 2020 年全国邮政行业先进集体、劳动模范和先进工作者表彰名单，百世快递锦州集散中心经理王洪秋、百世快递广西合浦站点快递员朱有敏被授予“全国邮政行业劳动模范”称号。

八、企业大事记

1 月 6 日，百世快递在珠海召开以“勇创聚变 · 质 2020”为主题的全国网络大会。百世快递在业务保持稳定增长的情况下，通过不断加大自动化投入、优化和平衡网络结构，精细化运营助力降本增效，提升服务质量，在市场竞争中站稳脚步、高歌猛进。同日，百世快递获 ISO9001 质量管理体系授牌。

3 月 12 日，百世集团公布截至 2019 年 12 月 31 日未经审计的 2019 年第四季度以及全年业绩。2019 年全年总收入为 351.8 亿元，创新高。

5 月 7 日，百世集团发布《2019 企业社会责任报告》。报告介绍了百世集团 2019 年履行社会责任的情况，回顾与上下游产业链相关的经济、环境、社会等方面的议题。

7 月初，百世集团启动马来西亚、新加坡、柬埔寨的本土快递服务，上线中国至东南亚全场景“门到门”寄递服务。目前上述服务已覆盖泰国、越南、马来西亚、柬埔寨、新加坡五个国家。

7 月 16 日，百世集团宣布计划三年内完成三四线城市的云仓网络覆盖，全面打通下沉市场全链路物流信息，实现连仓结网的效应，将整合前置仓、统仓共配、线上线下合一、数智化系统等综合供应链服务能力，帮助客户应对未来的供应链挑战。

7 月 20 日，广西崇左市人民政府与百世集团签订战略合作框架协议，就跨境电子商务综合试验区建设展开深入合作，共同打通跨境电商产品在崇左的双向进出口通道。

9 月初，百世集团受邀参展 2020 年中国国际服务贸易交易会，展现国际寄递服务最新场景和技术应用。

9 月 10 日，在全国工商联发布的 2020 中国民营企业 500 强榜单中，百世集团以 351.8 亿元营收排名第 262 位。此外，百世还成功入围 2020 中国服务业民营企业 100 强榜单，排名第 81 位。

9 月 23 日，为备战“双 11”，百世集团与菜鸟共同合作开通中国至马来西亚全链路跨境物流服务线路，并为新加坡消费者提供末端配送服务。

9 月 24 日，百世启动“关爱物流司机”公益计划。

10 月 24 日，百世快递第三届以赛代培全国竞技总决赛在广东佛山举行，通过大赛进一步加强对从业人员的培养，为自身可持续发展提供人才保证，凝聚力量，打造优质快递服务平台。

11 月，胡润百富发布了《2020 抗“疫”民营企业最佳雇主排行榜》，表彰民营企业应对疫情挑战的杰出雇主标杆，百世集团入榜 2020 抗“疫”民营企业最佳雇主 TOP100。

12 月 17 日，百世启用越南胡志明市转运中心，总投资额达 800 万美元，占地约 35000 平方米。中心配备小包裹交叉带自动分拣系统、矩阵自动分拣系统等先进物流设备，最大日处理单量达 100 万件。

优速物流有限公司

优速物流有限公司聚焦“大包裹”战略，坚持走差异化发展道路。截至2020年底，优速已经在全国建立分拨中心131个，拥有营业网点超过1.1万家，员工8.3万余人，运输车辆2万余辆。

2019年7月，优速快递加入壹米滴答集团，作为其快递品牌，正在以良好的势头全面发展，实现1+1>2。目前壹米滴答集团快递网络、快运网络、区域网络三网共存，这是壹米滴答集团的独有特色与优势。随着融合共享不断推进，三网伙伴在产品共享、资源整合降本、服务提档升级等诸多方面，将越来越真实地体验到壹米滴答平台的核心竞争力与持续发展力。

一、基础建设

1.分拨场地

2020年优速快递共有75个分拨，在7月加入壹米滴答集团后进行了部分分拨的重组合并，分拨数增加了10个，达到了85个；随着集团业务的融合和发展，进入2020年后，快运快递分拨场地的融合成为年度场地规划重点主题之一：由2019年年初起步的同园区同区域融合，到2020年渐入佳境的同货台融合，为后端的操作、车线、运输以及融合夯实了基础，也为降本增效报价护航。

2.线路提速

线路提速。一是拉直线路，另一个是新增投放。计划在2020年初，通过三批次以新增方式拉直线路200余条。线路拉直的目的，就是减少货物中转，提升时效标准，同时进一步降低货物破损率，为网点做业务、拓市场提供最强保障。

3.车线融合

融合，是快运快递货物流转的一种模式、公司降本增效的一种手段。公司推行车线融合旨在通过结合全网分拨的定位，根据线路分级的原则，对全网路由的重构、快运快递、干支线及分拨等各环节资源的整合，在结合快运快递货量流向，确保操作平稳、时效稳定的前提下，实现快运快递干线规模互补、资源互补的降本增效目标。

针对全网快运快递线路输出滚动车线融合优化方案，核心针对沿海至沿海区域融合线路进行滚动优化，达到降本增效目的；全网从项目开始到高峰期共落地380+条线路，节降成本超2000万元，实现全面融合。车线融合作为公司的降本增效的手段，在未来仍将继续进行。

4.招商

优速快递全年各省区持续推动“百天行动”招商计划，2020年3月全国轮流召开线下招商大会。招商力度空前，获得伙伴及众多业内外人士好评。

二、业务发展

1.快递价格体系升级

2020年围绕公司品质优先、效益提升为主题，于第二季度启动快递价格体系升级项目，产品定价方面：围绕时效提升，推出330限时达产品，聚焦30kg以内时效件；伴随电商渗透率逐年递增，开始拓展3kg以内的电商小件产品；针对各公斤段推出U3/JU10/U30/UY70/YU150/标准快递等具有竞争力产品；2021年核心以流向为核心，打造稳定时效、与稳定价格的政策产品，支撑业务增长。

2.电子面单

2020年7月，电子面单由提前购买收费变为录单时收取“制单费”，原购买流程保持不变，费用标准已相应下调至0.01元/件+热敏纸费用。

3.升级95349客服

2018年5月，优速全国统一客服热线正式启用95349短号。升级后的新号码简短、易记，没有区号且全国唯一。短号规避了400虚拟号码转接，信号更稳，通话质量更好，并能实现呼出及短信功能。

4.开通水果专线

优速快递针对时令产品，如台州的涌泉蜜橘、赣南的脐橙、陕西的猕猴桃、山东烟台苹果、安徽砀山梨等，协同总部各业务部门成立时令产品项目组，打通时令产品需求管理通道、制定时令产品保障和激励方案、开通时令产品售后理赔通道、联合品牌进行产品卖点宣传、优化系统操作功能等；而现场操作上，省区协助网点一同深入果园设置揽收点，实现果园直采直发，同时使用时令产品专门系统开单、粘贴时令产品标签，便利分拨中转派送各环节对产品进行识别，全程绿色通道保障，不上流水线、独立分拣、优先中转、优先派送、快速理赔。

三、科技应用

2020年，科技深入覆盖一线业务需求，在信息化产品的研发上继续创新和升级，在经营、运营、品质、财务、综合管理等方面上线和应用了大量新产品和功能，助力业务降本增效，提升用户体验。

在面向客户方面，持续提升效率并优化客户体验。2020年上半年实现订单全渠道互通，把更多的线下客户引入线上，让客户有了更加便捷的下单体验的同时，也给公司带来更多订单。下半年陆续上线的新版云呼系统、工单融合、在线客服融合等系统，引入人工智能技术，实现了自动服务客户、自动裁定工单，较大提升了客户服务各项指标，提升了客户满意度，也降低了公司的客服成本。

在网络建设方面，科技进一步赋能网点，通过大数据分析发现网点管理的弱项，并联合业务部门进行针对性改善。进一步优化系统算法，提升自动录单率，辅助提升网点工作效率。2020年9月上线启明星系统和网点门户，拉通了总部和网点的信息渠道，在网点效率提升、操作标准化改善、信息化质量提升等方面取得了显著成效。

在运营层面，2020年建立了自动分拣的数据接入标准和监控指标，进一步提升了自动分拣的效率。进行了运输任务的融合、统一了工效系统、实现了车线结算线上化、车线供应商对账线上化，这些系统的上线，进一步促进了运营效率提升、运营管理成本下降。

2020年优速进一步提升数字化运营管理水平，6月实现网点押金线上化，7月完成报价重构，10月上线资金系统、票据系统，12月上线资金实时风控，随着这一系列财务系统上线，较大提升了管理效率，并进一步防范了业务风险。2020年企业数据体系框架初步建成，实现了数据产品化、门户化、移动化，同时也完成了大数据平台的基础融合建设、数据指标的线上化管理。

2020年优速科技持续创建以数据驱动的智慧运营物流体系，通过青浦区企业技术中心认定，并新增获得7项软件著作权。

四、绿色快递

绿色发展是构建现代化经济体系的必然要求，是解决污染问题的根本之策。近年来，随着快递业务量不断攀升，快递内部用材耗材、商家的产品包装过度、包装循环利用率低、废弃包装难分解等问题给环境带来沉重负担。

为降低污染，优速从内部办公及寄递服务层面着手，积极推进无纸化线上办公。在寄递服务方面，通过布局绿色包装、绿色配送、绿色末端、标准化操作等最大程度降低污染。通过自助研发的OA系统，将日常办公的审批、报告、申请、沟通等，全部通过线上完成，降低污染与办公成本。绿色包装方面，推出可重复使用且易分解的绿色包装盒。绿色配送方面，节能减排，在全网大力推行电动小货车，代替普通燃油货车。

在末端服务板块，优速完成

了电子面单的全网推广，并实现了在线下单功能，摆脱了耗纸严重的传统五联纸质面单，实现面单减量化、绿色化、科技化。另外，快递信封也按照环保要求主要印刷部位面积应不超过包装物表面总面积的50%，以减少油墨的使用。目前我司印刷面积缩小在了30%内。在满足寄递安全的前提下，我司的胶带目前已经使用了45毫米以下的胶带达到90%以上。

在操作标准化方面，在分拨中心在智能化操作系统、操作设备上线后，优化了传统的大头笔、手写记录等工种。此外，优速还在中心推出了绿色可循环使用帆布袋，每个帆布袋可重复多次使用。

五、社会责任

传递包裹，传递爱。优速在自身不断壮大的同时，积极践行社会责任，回报社会。2020年一场突如其来的疫情打破了初春的宁静。作为一个有社会责任感的企业，在疫情发生后，优速快递在全国范围内开通免费向武汉地区运输配送救援物资的绿色通道服务，通过联动社会、网络内多方资源，在上级主管单位的指导下，在全网范围内开展了一系列深入疫区的战疫工作。

优速快递不仅免费运输医疗物资至大家熟知的武汉火神山医院，还承接起部分疫区生活物资运输工作，发动全网伙伴积极践行菜篮子行动，保障生活物资畅通，将新鲜的果蔬、肉等食物送至小区居民，同时还多次主动承担种子下乡运输、协助学校运输教材工作等。

优速快递承担疫情防控期间物资输送任务，为疫区构筑起一道保障疫情防控救援物资及民生物资的物流"生命线"，获得中国物流与采购联合会颁发的"全国物流行业抗疫先进企业"殊荣，得到了社会的广泛认可。

近年来在全体优速人的共同努力了下，优速大包裹助农惠农、关爱抗战老兵、免费午餐、疫情防控期间免费运送物资等公益事业卓有成果，爱心足迹遍布神州大地。

六、企业荣誉

2020快递社会责任奖。

2020快递抗疫特别贡献奖。

七、企业大事记

2020年4月20日，优速快递发布全新品牌形象系统。

德邦快递

德邦股份成立于2009年，现已成长为一家以大件快递为主力，联动快递、物流、跨境、仓储与供应链的综合性物流供应商。2013年，德邦快递开启了快递业务，在行业中首次推出了基于大件的快递产品，成为行业破局者。

德邦快递凭借坚实的网络基础、强大的人才储备、深刻的市场洞悉，为跨行业的客户创造多元、灵活、高效的物流选择，让物流赋予企业更大的商业价值，赋予消费者更卓越的体验。德邦快递始终紧随客户需求而持续创新，坚持自营门店与事业合伙人相结合的网络拓展模式，搭建优选线路，优化运力成本，为客户提供快速高效、便捷及时、安全可靠的服务。

目前，德邦快递正从国际快递、跨境电商、国际货代三大方向切入港澳台及国际市场，已开通港澳台地区以及美国、欧洲、日韩、东南亚、非洲等国家线路，全球员工人数超过14万名。

2018年1月16日，德邦快递在上海证券交易所挂牌上市，正式登陆A股资本市场，简称"德邦股份"，股票代码603056。

同年7月2日,公司举办"大件快递　大有可为"德邦2018战略发布会,品牌名称正式由"德邦物流"更名为"德邦快递",并在发布会中重磅推出了行业内第一款真正意义的大件快递产品——大件快递3~60kg,为所有用户提供一体化的大件快递解决方案,真正消除"大件歧视"。

一、基础建设

1.业务网络

德邦快递业务的服务网络已实现全国省级行政区、地级、区级城市的全覆盖,使其能够在较广范围内实现揽货和配送。

2.乡村快递

截至2020年12月31日,公司直营网点合计7253个,事业合伙人一级网点共2624个,基本实现全国地级以上城市的全覆盖,乡镇覆盖率达94%。经过多年发展,南北各地已形成一批枢纽,并于2020年,通过优化整合、功能提升,整体布局建设140个场地,形成公司独有的物流网络基本框架,并计划结合公司战略方向和区域经济发展情况,从全国层面做出统一布局。

3.分拣转运中心

德邦快递有分拣转运中心140个,其中一级枢纽中心3个,一级转运场地15个,二级转运场30个,三级转运场92个。自2013年11月快递业务开展以来,随着业务量不断增长,为提高中转场承载能力和营运效率,公司研发了行业内首个快递快运融合的多层立体分拣系统。通过"钢平台架高"等核心举措,实现多层立体布局,上层操作可上分拣的小件,下层操作零担大件,有效提升场内流通效率和场地承载能力。除了以上措施外,公司还尝试引进平铺式AGV、全自动大件分拣线等技术。分拣支持系统极大地提升企业运营效率、降低破损率并降低人工成本,是传统物流迈向智能物流的重要技术提升环节。公司逐步推广自主研发的大小件融合自动化分拣设备,2019全年分拣设备增加至6.17亿元投入,自动化分拣产能较2018年末提升50%;2020年全年计划在分拣设备上的投入约4.5亿元,2021年计划投入9.7亿元。设备产能:2019年125万件/小时,2020年142万件/小时;2021年预计提升至190万件/小时。

4.信息化建设

德邦快递致力于打造前瞻性的信息平台,以促进管理和业务的持续优化,并使之成为公司核心竞争力之一。公司坚持不断完善基础应用系统,增强企业竞争力和业务系统的敏捷性;不断完善决策分析系统,提高决策和预测的准确性;不断完善营运支撑系统,提高对电子商务、品质监控和营销等业务的支持力度;持续升级管理支撑系统,提升公司整体管理效率;长期强化办公协同系统,提升公司整体办公效率。

此外,德邦科技还加强了同外部优秀企业的战略合作,先后与80+家公司开展了100+个项目,合作对象包括华为、科大讯飞等知名科技企业,目的在于通过数字化,提升管理水平;通过智能服务,提升客户体验;通过科技硬件,提升业务效率通过。

当前,公司主要科技产品包括:数字孪生、智慧场站、智能GIS服务、货量预测与负载均衡、智慧收派、电子面单、智能语音、品质管理智能化、大小件融合分拣、德邦小D Plus和自动驾驶车等。

以货量预测与负载均衡为例:基于全链路货量,预测提前预警运营管道风险,并合理高效制定产能规划,包含货量推演、资源仿真、产能规划以及数字化预警。其中,通过集成时间序列、XGBOOST等算法输出预测货量,同时结合异常事件等因素拟合真实业务场景,提高预测精度;基于货量预测推演,融合资源匹配模型,输出资源计划方案,引导一线部署实施。同时,基于货量预测、各环节负载梯度,由风眼预警大屏,输出运营管道可视化预警信息,辅助收转运派各环节提前识别风险,按需部署。该系统全面实施后,全年预测货量偏离度不高于4.3%,

且外场在库时长由2018年9.51小时下降至2019年7.88小时。

5.国际网络建设

德邦快递从2016年起开展跨境业务，经过4年业务发展，初步形成了国际快件、FBA进仓、电商小包、国际联运四位一体的产品布局。年出货量数万吨，揽货端全国各地乡镇级以上基本覆盖，上海、深圳、北京、青岛等口岸万平以上跨境交付场地，场地中有自动化小件机器人及大件自动分拣设备。跨境国际段走货方式有空运、海运和铁路；不同产品时效有快慢，区间分别为：空运3天至10天，海运15天至40天，铁路20天至30天。跨境业务的优势线路已经覆盖了欧洲、南北美洲、东南亚、东北亚、大洋洲等40多个国家和地区，国际段主要是自建与代理、航司等进行合作承运。未来重点市场拓展方向为欧美及东南亚。

二、业务发展

德邦快递致力于成为以客户为中心，覆盖快递、快运、仓储与供应链、跨境等多元业务的综合性物流供应商。公司凭借坚实的网络基础、强大的人才储备、深刻的市场洞悉，为跨行业的客户创造了多元、灵活、高效的物流选择，让物流赋予企业更大的商业价值，赋予消费者更卓越的体验。德邦快递始终围绕客户需求持续创新，坚持直营门店与事业合伙人相结合的网络拓展模式，搭建优选线路，降低运力成本，为客户提供快速高效、便捷及时、安全可靠的服务，实现“物畅其流，人尽其才”的使命。

1.结合客户需求，公司提供综合的物流服务。上楼无忧：上至60公斤免费上楼。包接包送：接送全程包揽，大小齐发。件数不限：一次下单，不限重量/数量。计费简单：首续重报价，清晰明了。旺季不限收：提供持续稳定的大件服务。

2.在快运业务方面，针对不同时效要求及运输距离，公司为客户提供精准卡航（快时效全覆盖）、精准汽运（普通时效）、精准空运（快时效长距离）三类标准化产品；针对单票重量或体积较大的快运货物，公司为客户提供整车业务服务。同时，公司为零担及整车业务客户提供公路快运业务的增值服务，比如上门接送货、代收货款、安全包装及综合信息服务等。

在快递业务方面，公司于2013年11月战略布局快递业务，结合自身零担运输优势，以大件快递为切入点，率先推出3·60特惠件产品，致力于为客户提供高性价比的快递服务。2018年7月2日，公司在水立方召开战略发布会，宣布公司品牌名称更名为德邦快递，全面发力大件快递业务。截至2020年底，德邦快递基本实现全国地级以上城市的全覆盖，乡镇覆盖率94%。

3.公司坚持以直营为主的经营模式。在该模式下，公司对业务各个环节拥有绝对控制力，总部能对各分支机构实施统一经营、统一管理，为公司优质服务质量提供了有力的保障。2015年8月，为更加有效地覆盖业务区域，实现运输网络的广泛延伸，并有效降低公司新设网点的成本，公司正式启动了事业合伙人计划。针对网络覆盖相对薄弱的地区，公司邀请具备物流配送能力的个人或商户作为快运或快递业务的事业合伙人，通过与公司直营网点良性互补与共同合作，实现合伙人与公司的共同成长。截至2020年12月31日，公司事业合伙人一级网点共2624个，为确保服务品质与竞争力，公司仍然按照直营管理模式对网点合伙人进行管理。

三、科技应用

德邦快递一直注重科技的创新，在探索前沿新型科技的同时，逐步将新型技术引入自身的应用中，最大限度地推进技术的落地。

2020年，德邦快递围绕“收、转、运、派”等各个快递物流环节，在无人机、无人车、区块链、5G通信等方面进行了积极探索和研究，并取得了相关的成果。

1.无人机:继开展“最后一公里”无人机派送后,德邦快递在传统多旋翼无人机的基础上积极探索垂直起降无人机,相对多旋翼的载重量小、续航时间短等瓶颈问题,垂直起降的无人机具备载重量大、续航时间长的优势;另外,随着国家低空政策的愈发明确以及无人机行业标准的规范,以及二三线城市通用机场的逐步投入使用,支线货运无人机的应用场景和方向也将愈发的明确,德邦快递将对该方向保持积极深入研究。相信在不久的将来,高效中转的支线无人机货运的时代即将到来。

2.无人车:相对天空端的无人驾驶技术,地面端的无人驾驶技术的其成熟度更高。德邦快递在“末端配送无人车”和“干支线无人货车”方向持续投入。结合激光 Slam、VSlam、毫米波雷达、高精度地图技术使得德邦的无人车,在校园配送以及干支线货物运输已达到 L4 级别,车辆安全无故障行驶了近 10 万公里。后续,德邦快递将升级硬件以及各类传感器,引入 64 线激光雷达,提升多传感器融合算法、结合高精度定位系统、车辆网技术等,实现无人车场景应用的普遍化,开启货运无人驾驶的未来。

3.区块链:对于包裹运输途中信息的安全性以及实时性,德邦快递将区块链技术引入并内化,通过区块链技术的去中心化、不可篡改和撤销等优势,实现货物运输信息的对于特定人群的透明公开,对于客户信息的防泄露以及货物信息实时定位,方便收件人收件等,德邦快递在区块链技术研究方面也积极申请相关专利。

4.5G 通信:借助 5G 通信的巨大的优势,高速率、低延迟、大容量,德邦快递实现基于 5G 通信的视频行为分析,主要用于辨别外出的暴力分拣;组建 IOT,促进相关设备底层大数据的高效通信和传输,提升设备管理以及设备实时监测的效率。

四、绿色快递

近年来物流行业快速发展,在增量增效的同时行业也越来越重视环保,让快递绿起来已成为行业共识。德邦快递积极响应政策和行业号召,将“绿色”融入运输、包装、收派各环节,践行绿色德邦,倡导绿色物流。

公司积极倡导绿色运输,节能减排,2018 年开始积极推广新能源车辆,采取以租代购、逐步自购等模式,有序在全国推广新能源车使用。2020 年公司投放新能源车 1800+,29 种车型,覆盖 22 个省、直辖市,30 个城市。

在包装方面,公司于 2018 年成立“包装研究中心”,助力快递行业的绿色发展,深化绿色包装研究工作。目前公司已有魔力扣、瘦身胶带、可降解袋、循环快递箱等绿色包装产品。

1.包装减量

瘦身胶带使用占比:德邦快递瘦身胶带使用率达 96%。电商快件不再二次包装:德邦快递不进行二次包装占比达 88%。

2.包装使用可持续性

(1)可循环包装使用率:目前已投放循环中转袋 116259 个,累计使用 570 万次,平均循环次数 49 次,最高循环次数 155 次;已覆盖 84 个外场,1622 条线路,2 月干线覆盖率峰值达成 73.1%。

(2)循环快递箱使用量达 2 万余个,涉及货物领域包括医药、贵重工业品等领域,循环快递箱的使用寿命大概是两个月左右。一年大约可节省原来 80%的纸质快递箱用量。

(3)设置标准包装废弃物回收装置的网点,公司约有 2352 家网点配置了回收装置。

五、社会责任

1.助力乡村振兴

2020 年 8 月 19 日和 8 月 20 日,德邦快递分别在陕西眉县、周至县举办陕西猕猴桃电商扶贫发布会。会上发布了针对当地猕猴桃市场的运输解决方案。同时,通过内部的“西北农鲜生”“邦安选”平台,帮助果农进行销售,实现多维度的扶贫助农。同年 11 月,德邦快递还向毕节市相关县初高中捐赠了政治辅导资料,并将此前联合泉州爱心企业所捐赠的运动鞋、衣服及体育用品等爱心物资转交给受赠师生。扶贫先扶智、教育拔穷根，打赢脱贫攻坚战的重要一环是普及教育。德邦快递一直积极参与教育扶贫，为改善教育环境而努力。以下为具体案例。

（1）以销代运，汶川生鲜扶贫。2020年受疫情影响，四川汶川县甜樱桃的销路遇到困难。除全面开展“冷链+飞机+冷链”生鲜运送外，为了帮助当地果农增销增收，德邦快递针对性地出台了帮扶计划：在公司内销平台，上架汶川果子，以内部信的形式号召员工购买优质水果。老百姓的果子能卖出去，德邦快递又能以产地直供的形式去销售果子，实现果农、员工、企业三赢。

（2）运输助力脱贫，护送凉山11吨橄榄油安全抵达武汉。2020年6月25日，即端午节当天，德邦快递承运一批中国平安捐赠的橄榄油，由四川凉山发往湖北武汉汉口医院。在助力四川凉山打赢脱贫攻坚战的同时，也为武汉抗疫医护人员送去端午祝福。

（3）免费承运，助力鄱阳灾区缓解口粮短缺。2020年7月16日，德邦快递免费承运一车生活物资由广州荔湾区发往上饶鄱阳县，为当地灾民和正在抗洪的救援人员送去口粮，助其早日战胜洪灾。

（4）助力武夷岩茶运输。武夷岩茶产于福建闽北“秀甲东南”的武夷山一带，因茶树生长在岩缝之中而得名。武夷岩茶既有绿茶的清香，又有红茶的甘醇，是中国乌龙茶中之极品。为了让更多南北茶客品尝到武夷岩茶的甘、醇、鲜、滑，德邦快递为武夷山茶叶市场提供专业运输解决方案，助力其销往全国各地。

2.抗击疫情

面对突如其来的疫情，德邦快递快速响应，率先开通绿色通道，重新部署人员、车辆、线路等，紧急运送物资至抗疫一线。

（1）闫东方武汉车队的一名防御性驾驶教练员，公司成立疫情应急支援小组后，闫东方第一时间响应公司号召返岗，并坚守在岗位。2020年1月25日，闫东方与武汉转运场卸车四组外场组长刘军文一起到武汉东西湖收费站，将北京运送来的中国移动基站设备运送至火神山医院。因第一次联系不上收货人，晚上他又与武汉车队班车二组经理周勤、武汉车队接送货部中级二等防御性驾驶教练员任伟再次进行派送。最终，货物顺利送达。闫东方表示：“尽管知道危险，但是这是我们作为武汉德邦人的一份责任。灾难面前，每一个人都义不容辞！”

返岗后，闫东方每天早上八点正常上班，忙到后半夜才能回家。2020年1月27日，闫东方将救援物资派送完毕回到家后，再次收到消息，需要将捐赠的物资送往其他城市，于是他二话不说，开始了新的派送之旅。他的付出得到了公司高度认可。2020年3月，公司破格提拔闫东方为武汉车队高级一等防御性驾驶教练员。

（2）2020年2月3日四川率先在全国开展复工复产工作，一方面打通寄递网络“民生通道”，保障居民生活物资供应；另一方面，针对防疫救援物资的运输需求，定向为医护物资提供快递运输解决方案，保障了成都市应急救援物资、群众防疫物品的配送。为积极响应成都市委市政府的号召，助力抗击新型冠状病毒疫情防控工作，公司积极投身到境外人员输入机场专班疫情防控应急运输工作中，成都车队在3月1日、4日、7日、8日、10日、11日、15日、16日八天内时刻准备着，不分昼夜共计派出48趟次车辆和人员参与机场专班疫情防控应急运输工作，为成都市的疫情防控保卫战贡献了一份力量。2020年11月30日由中共成都市委、成都市人民政府授予公司抗击新冠肺炎疫情先进集体称号，成为成都市唯一获此荣誉的民营寄递企业。

3.公益活动

“学四史不忘初心”德邦快递党委组织开展公益献血活动。2020年9月13日，青浦区徐泾镇两新党委德邦快递的年轻党员们利用周末休息时间，本着守初心，担使命的初衷，主动志愿报名参加公益献血活动，集合前往青浦区血站（近青浦中山医院）开展无偿献血活动。

六、企业大事记

1.引进战备投资

2020年5月25日，公司引进韵达股份为战略投资者，并签署了战略合作协议。本次非公司发行将为公司带来市场、网络、销售渠道等战略性资源，促进公司市场拓展，成本下降，推动实现公司业绩稳定提升。

收入方面，韵达股份和德邦股份分别在小件快递、大件快递和零担等不同的业务领域，有着领先的行业竞争优势，双方通过本次合作，不仅可以共享丰富的行业经验，强化产品的核心竞争力，还可以帮助双方实现优势互补，全面满足客户综合化需求，进一步加强双方规模效应，最终达到互利共赢。

成本方面，韵达股份和德邦股份的合作能够充分发挥双方在网络和集中采购方面的协同效应，通过双方在网络资源领域的布局优化以及关键设备方面的集中采购，实现降本增效，从而提升公司盈利性，帮助企业获得长远的可持续发展，为股东创造更多价值。

2.滑雪业务

2020年德邦快递开始组织大型企业员工滑雪活动，从上海的滑雪机到广州融创的室内滑雪再到崇礼万龙的室内滑雪，见证了德邦人对“带动3亿人参与冰雪运动”政策的响应，为解决雪具问题，德邦快递协助集中采购多款知名品牌滑雪装备，补贴人均5000元用于采购滑雪装备。

产品方面，为契合当下滑雪市场的具体需求，德邦快递推出了专业雪具寄递服务——雪具达，专门提供雪具、大件行李寄递的点对点服务，可以让雪具在包装安全的前提下直达雪场，满足更多滑雪人士的灵活要求。

3.公益护航计划

10月12日下午，德邦快递“蓝色爱心”公益护航计划福建泉州发车启动仪式在泉州石狮市隆重举行。活动由石狮市人民政府、泉州市邮政管理局、泉州市扶贫办、共青团泉州市委指导，德邦快递主办，卡宾服饰（中国）有限公司、泉州市快递工会联合会协办，相关单位领导出席了仪式。

本次扶贫公益计划被命名为“蓝色爱心”。其中“蓝”，是德邦蓝，也代表着希望，代表着广大农村贫困人口致富的希望；而“爱心”，则表达了德邦快递在党和政府的领导下，对助农扶贫事业的感情和决心。承载着爱心物资的德邦快递货车鸣笛出发，驶向祖国西部。相信在未来，在全社会的共同努力下，贫困地区人民的生活也将越来越好。

极兔速递

极兔速递是一家科技创新型互联网快递企业，致力于持续为客户创造极致的快递和物流体验，成为一家值得客户信赖的综合性物流服务商。

极兔速递成立于2015年8月，是东南亚首家以互联网配送为核心业务的科技型快递公司，业务涉及快递、快运、仓储及供应链等多元化领域，业务类型涵盖同城、跨省及国际件。截至2021年1月，极兔速递的业务已经遍及8个国家，分别是中国、印度尼西亚、越南、马来西亚、泰国、菲律宾、柬埔寨和新加坡。目前，极兔速递在全球拥有超过240个大型转运中心、600组智能分拣设备、8000辆自有车辆，同时还运营超过23000个网点，员工数量近35万人。极兔速递的快递服务网络能触达全球近20亿人口。

2020年3月，极兔速递在国内起网，已建立覆盖全国的服务网络，全国省、市覆盖率达到100%。目前，极兔速递在全国拥有近20个快速下单渠道，包括3个官方渠道和14个电商渠道，对全国0~30公斤的电商快件提供门到门的标准快递服务。极兔在全国拥有2500多台干线运输车辆，其中1000台左右为自营车辆。多元化的运力结构，对自营运力形成有效补充，确保快件快速、安全送达。极兔速递在全国设立了80个转运中心，通过投入搭建的自动化矩阵、摆轮设备DWS智能扫描设备以及交叉带自动分拣系统，全力打造高效、智能的分拣体系，提高快件中转的处理能力和效率，最大化地缩短快件的中转时长。

此外，极兔速递还自主研发了JMS系统，在线集成管理快件从下单、收取到结算的全生命周期，为客户提供智能化、数字化、可视化的快件寄取服务。

在全国，极兔速递已建立40+属地化服务中心为客户提供7×24小时的贴心服务。极兔速递为每一位客户提供极速理赔服务，赔偿金额一经双方确定，1小时内极速赔付到账。

一、基础建设

极兔速递在全国设立了80个转运中心，通过投入搭建的自动化矩阵、摆轮设备、DWS智能扫描设备以及交叉带自动分拣系统，全力打造高效、智能的分拣体系，提高快件中转的处理能力和效率，最大化地缩短快件的中转时长。

极兔速递运输干线的建设，来自深刻理解运输网络的资深规划团队。现已规划超过2000条的运输干线，实现100%的省际连通率，支线与干线能够无缝衔接，特色产品区域可以重点保障。灵活、立体化的线路能够保障极兔快速服务，做到时效优先。

极兔速递在全国拥有2500多台干线运输车辆，其中1000台左右为自营车辆。多元化的运力结构，对自营运力形成有效补充，确保快件快速、安全送达。

二、业务发展

2020年，极兔速递响应政府“快递下乡”号召，开展了一系列极兔助农项目，覆盖147个区县涉及137类农特产品类。其中不乏湖南石门柑橘、广东梅州柚、吉林省第一驻村书记协会助农等一系列优质项目。这些项目在帮助极兔速递拓展下沉业务的同时，帮助当地农民完成增收。

7月15日，中共吉林省委组织部驻村第一书记协会会长与极兔速递吉林代理区总经理江雨航，在吉林极兔速递转运中心签署了战略合作协议，达成合作意向。为响应“快递助农”号召，极兔速递为吉林省驻村第一书记协会的“第一书记代言”平台App商城提供专属的快递配送服务，帮助吉林省“农产品进城”。

9月3日，2020广东梅州柚·大埔蜜柚开采节暨产销对接会在梅州大埔西河镇漳北村禾肚里及漳北蜜柚种植标准园顺利召开。极兔速递作为物流企业代表之一，参加了本次活动，并为本次活动提供物流保障服务。

9月7日上午，第十三届海峡两岸(泉州)农产品采购订货会正式启动。极兔速递作为该直播活动的独家物流合作方，开通了“助农专线”，全程负责该直播活动的快递保障服务，助力消费扶贫。

10月，极兔速递湖南与石门县商务局、农业农村局、石门县柑橘协会等单位相关领导开展了“极兔速递助农物流洽谈会”，就石门柑橘销售物流合作形成共识。

为了能够进一步下沉到农村市场，让快递完成“进村”，2020年极兔速递在山西、福建等省市的乡镇农村上线了大量刷墙广告。以山西为例，极兔速递在山西省的11个市97个区县1070个乡镇上线了6000幅刷墙广告，用农村乡镇居民最熟悉的事物宣传极兔速递，让快递走进他们的生活。

三、极兔国际

极兔速递积极参与国家“一带一路”建设，依托J&T集团强大的全球物流资源和完善的业务布局，发挥自身的技术研发优势，秉承“以物流为基础、以信息为核心”的发展理念，自建和整合行业内的优质资源，打造J&T集团国际板块。业务包含电商小包、国内仓储、传统货代、FBA、海外仓储、目的国清关服务等。业务范围已覆盖东南亚、欧洲、中东、亚洲、非洲、美洲等全球200多个国家及地区，并支持空运、海运、陆运等多种运输方式，致力于打造全球领先的国际物流企业。

目前极兔国际已为以下国家提供包机服务：马来西亚：香港—吉隆坡；菲律宾：香港—马尼拉；印度：澳门—新德里、香港—新德里、深圳—新德里；土耳其：香港—伊斯坦布尔；印度尼西亚：深圳—雅加达。

四、绿色快递

2020年，极兔速递根据相关部门的政策法规，严格落实快递“绿色监管”，积极配合绿色快递的推行。

4月，极兔速递在协议客户合同中新增了绿色包装要求条款并完成包装改版，降低印刷面积。同时，极兔速递严格按照有关规定，积极推进45毫米“瘦身胶带”招采，并在5月开始采购。

6月，极兔速递推进全国包装回收箱统一采购1497个，累计配置超5300个。

9月，极兔速递还在上海、广州、杭州等14个转运中心试点RFID芯片型循环中转袋。

五、社会责任

2020年2月29日，极兔速递委托卓尔公益基金将捐赠的8000套防护服、50万双医用手套和67860只医用口罩(含N95口罩7860只)送至各重点防疫医疗机构，助力湖北武汉抗击疫情。

2020年4月10日，极兔速递苏南大区礼献英勇抗“疫”志愿者，为无锡一线抗“疫”人员送上百盆绿植。

2020年12月3日，极兔速递与沃尔沃卡车和灵山慈善基金共同发起“聚爱成行、书送希望”公益行动，为哈哈小学的留守儿童送去图书与冬装物资，为他们带去一份温暖。

第七篇　各地纵览

北京市快递市场发展及管理情况

一、快递市场总体发展情况

2020 年,北京市邮政行业业务总量累计完成 480.2 亿元,同比增长 4.4%,业务收入(不包括邮政储蓄银行直接营业收入)累计完成 396.2 亿元,同比下降 0.5%;其中,快递企业业务量累计完成 23.8 亿件,同比增长 4.2%,业务收入累计完成 331.2 亿元,同比下降 2.4%(表 7-1)。

表 7-1　2020 年北京市快递服务企业发展情况

指　　标	单　　位	2020 年		比上年同期增长(%)		占全部比例(%)	
		全年累计	12 月	全年累计	12 月	全年累计	12 月
快递业务量	万件	238223.13	20627.20	4.16	-13.87	100.00	100.00
同城	万件	67609.48	5574.58	-7.06	-16.24	28.38	27.03
异地	万件	169453.71	14925.29	10.33	-13.12	71.13	72.36
国际及港澳台	万件	1159.93	127.33	-51.21	11.43	0.49	0.62
快递业务收入	亿元	331.19	28.22	-2.35	-15.03	100.00	100.00
同城	亿元	67.04	5.37	-9.04	-19.88	20.24	19.04
异地	亿元	176.91	15.23	-1.20	-18.18	53.42	53.98
国际及港澳台	亿元	27.06	2.23	4.88	1.48	8.17	7.89
其他	亿元	60.19	5.38	-0.67	-5.37	18.17	19.08

李克强总理亲临北京顺丰航空分拨中心看望慰问一线快递小哥,称赞小哥送去的不仅是群众必需,也是人间温暖。全国政协副主席、交通运输部党组书记杨传堂批示:“北京快递员十万多经核酸检测全部为阴性,这是了不起的事情。快递员与千家万户百万千万人接触,感染的机会很多,企业和员工认真落实中央和市委市政府的防疫措施,实现了业务工作、防疫措施双丰收。希望继续坚持慎终如始,确保人民群众生命财产和健康安全。”国家邮政局局长马军胜批示:“北京局认真贯彻落实传堂书记重要批示精神,着力统筹好疫情防控和行业发展各项工作,认真落实行业疫情防控操作规范,确保广大快递小哥健康安全,推进行业有序发展。”

北京市委书记蔡奇先后三次慰问鼓励快递小哥,在北京市抗击新冠肺炎疫情表彰大会上的讲话中称赞快递小哥有如“蜂鸟”般一刻不停穿梭城市每个角落,为居家市民送去生活物资。常务副市长崔述强指出,邮政业作为与群众密切相关的基本生活保障行业,在服务首都经济社会发展和疫情防控中发挥着重要作用。副市长杨斌对北京局 2020 年行业管理工作作出批示:“北京市邮政管理局带领行业广大员工,在疫情防控中、为广大市民服务中发挥了极为重要作用,作出了巨大贡献,取得业务和防控双胜利!感谢同志们的突出贡献!”

2020年是全面建成小康社会和“十三五”规划收官之年，也是披荆斩棘、砥砺前行的一年。在国家邮政局和北京市委市政府的坚强领导下，北京局坚持新发展理念，统筹推进疫情防控和行业高质量发展，带领全行业克服疫情带来的巨大挑战，为服务首都经济社会发展大局和满足民生需求作出了应有的贡献。

二、行业管理工作及主要成效

一年来，行业全体干部员工履职尽责，拼搏奋斗，多个集体和个人获得表彰。市场监管处、东区局、北区局荣获集体三等功；办公室、普遍服务处（机要通信处）、天竺局荣获集体嘉奖；弓耀宗、靳高格、刘芳荣获个人三等功；东区局党支部荣获全国交通运输系统抗击新冠肺炎疫情先进集体称号；张伶俐荣获全国交通运输系统抗击新冠肺炎疫情先进个人称号；李斌荣获全国邮政行业先进工作者称号；王冠荣获市级优秀共产党员和安全生产先进个人称号；李云龙被推荐为全国邮政管理系统平安英雄候选人。中国邮政集团有限公司北京市机要通信局交通室和京东物流北京蔬果保供车队荣获全国交通运输系统抗击新冠肺炎疫情先进集体称号；中国邮政速递物流股份有限公司北京市邮件处理中心国内航空集散作业班组荣获北京市模范集体称号；顺丰张义标和京东宋学文荣获全国劳动模范称号；顺丰刘阔荣获全国优秀农民工称号；顺丰王乐和苏宁张来振荣获全国交通运输系统抗击新冠肺炎疫情先进个人称号；邮政王怀敬、曹玉胜，圆通程昂，中通王召付、申通高燕荣获全国邮政行业劳动模范称号；邮政付永伟、高楠、蒋珊珊、唐彪、张钰云，顺丰曲小松荣获北京市劳动模范称号。

党的建设持续加强。抓实学习教育，强化理论武装。印发学习计划，列明11项重点学习内容。开展党组中心组学习12次，专题研讨3次，迅速传达学习各级领导对邮政业工作的指示批示。班子成员参加北京市委中心组学习7次。印发十九届五中全会精神学习宣贯工作方案，组织集中学习研讨，主要负责人作宣讲辅导。建立支部定期集体学习制度，专题学习《习近平谈治国理政》第三卷。开展支部书记讲党课、重温入党誓词、主题党日活动、党章党规知识测试等形式多样的学习教育活动，不断增强“四个意识”、坚定“四个自信”、做到“两个维护”。

规范支部建设，夯实党建根基。明确全年18项党建工作重点任务，完成机关党委和机关纪委换届选举，5个派出机构党支部按期完成换届选举工作。严格落实“三会一课”制度，开展党支部书记抓党建述职和民主评议党员工作。支部自学与机关党委集中学习相结合，加强党务工作培训。与市委组织部联合举办快递企业党建培训班。强化党员“双报到”工作，动员组织党员干部回社区参加生活垃圾分类活动。

强化监督执纪，营造良好政治生态。印发党风廉政建设工作要点，班子成员分别与派出机构、分管处室主要负责人签订党风廉政建设责任书，层层压实管党治党政治责任。召开“以案释纪、以案为鉴”警示教育大会，开展“践行初心使命严守纪律规矩”警示教育活动，通过专题学习研讨、典型案例剖析、谈心谈话等活动，进一步强化全体党员干部纪律规矩意识。把握元旦、春节、五一等关键时间节点，加强廉洁过节提醒，督促落实廉洁自律各项规定。开展公车私用、公款购买节礼等问题自查自纠，对节假日期间公车封存情况进行暗访检查，严防“四风”问题反弹回潮。持续强化作风建设，局领导带头深入基层调研，班子成员共开展调研71次。

疫情防控措施得力。迅速响应启动应急机制。北京局班子成员及承担应急职责的市场处、普服处、办公室大年初四即进入正常工作状态。召开专题会明确分工，建立执行24小时在岗值班制度。按照马军胜局长要求，一手抓疫情防控一手抓复工复产。班子成员带队深入邮政、京东、顺丰等企业生产一线，调研指导疫情防控工作，要求企业在做好防控的基础上全力保障北京至湖北的防疫物资运送，并组织外地员工有序返京。在北京局有力调度下，行业率先实现复工复产，3 月初就基本恢复正常运行。

抓实行业疫情防控。督导邮政、快递企业全面落实疫情防控措施，要求各企业成立由一把手任组长的领导小组，制定防控方案。北京局先后对各企业防控方案进行 4 轮次修改完善，报市疾控中心审核通过，出台六版行业防疫指南和无接触投递服务举措。组织 10 余万名快递小哥进行核酸检测，结果全部为阴性，配合相关部门做好邮政快递从业人员定期抽检工作。

协调争取利好政策。在疫情初期，北京局多次向市领导汇报行业面临防疫物资紧缺的困难，在全国率先将邮政快递业列入优先保障范围。在市防疫指挥部物资保障组和有关部门的协助调配下，北京局负责为行业发放一次性口罩 39.9 万只、重复使用口罩 2.8 万只。协调市交管局为顺丰 152 辆外地牌照车辆办理临时进京通行证。协调市发改、商务、交通等部门，推动支持快递网点正常运营、允许快递员进入小区使用智能快件箱投递等内容纳入北京市复工复产政策中。协调市商务局将智能快件箱、城内快递小集散点纳入补贴范围，每组柜和每个集散点分别给予不高于 1 万元和 30 万元的补贴。与市交通委联合印发紧急通知，明确邮政快递车辆疫情期间免收通行费和优先便捷通行的政策。

贡献行业力量，展现行业担当。春节期间，邮政、顺丰、京东坚持营业，夜以继日为首都居民运送防疫物资和生活必需品。春节假期 7 天北京快递量比上年同期增长 200%。在疫情严重的 2 月份，行业业务总量与上年同期相比涨幅较大，邮政快递业的基础性作用和保障民生的特点得到充分彰显。在服务好首都居民的同时，邮政、快递企业全力保障北京至湖北的防疫物资运送。邮政企业全面、快速开通全国人民支援湖北省抗击疫情的绿色通道，参与检测试剂等防疫物资运送；顺丰新增北京飞往武汉专机 1 架，用于运送医疗、救援等急需物资，在防疫物资最紧缺时期，从国外为北京运回防疫物资 8 架次。邮政快递行业充分展现的大局意识和责任担当，赢得社会广泛赞誉。

行业运行平稳有序。切实强化执法检查，保持监管高压态势。全年累计检查邮政营业场所 548 家次，快递营业场所 2270 家次，出动检查人员 8883 人次。贯彻落实行政执法公示制度、全过程记录制度和重大执法决定法制审核制度，立案调查处理 76 件，其中适用反恐法处罚 6 起，累计收缴罚款金额 126.7 万元。自 2017 年至今，北京局累计适用反恐法处罚 41 起，数量排在全国首位，受到时任政法委书记张延昆的充分肯定。

抓实安全生产工作。成立北京市邮政行业安全生产委员会，统筹指挥全市邮政行业安全生产管理工作。制定全年邮政行业安全生产重点工作任务，部署开展寄递渠道涉枪涉爆隐患整治和安全生产专项整治三年行动，联合市消防救援总队约谈主要品牌快递企业，督促企业开展消防安全隐患排查整治专项工作。严抓“三项制度”落实，开展实名收寄信息异常问题专项整治，全市总体实名率达到 99.8%，位列全国第 4。强化行业应急管理，修订全市邮政业突发事件应急预案、制定专项预案，完善全市邮政业应急预案体系，开展邮政业突发事件应急演练。及时妥善应对处置企业网点欠薪、扣件、积压等突发事件，维护从业人员和消费者合法权益，保障行业安全稳定。在全市安全生产综合考核中获优秀等次，并被评为全市安全生产工作先进单位。

持续巩固邮政机要通信和“扫黄打非”重要阵地管控。局党组高度重视机要通信和“扫黄打非”工作，局领导亲自参与部署、亲自带队检查。全年组织开展三轮机要网点全覆盖、全环节检查。压实企业一把手主体责任，督导邮政、快递企业落实“扫黄打非”查堵截控各项要求，工作方法获得全国扫黄打非办检查好评。

圆满完成重大活动和重要任务寄递渠道安保

工作。2020年的重大活动保障任务与以往不同,寄递渠道安保任务和疫情防控压力叠加,加之一部分快递企业分拨中心外迁,“二次安检”难度增加。为此,北京局将重大活动期间寄递渠道安保作为一项重要的政治任务,在抓好疫情常态化防控基础上,全力强化行业安全监管,压实企业主体责任,圆满完成了全国“两会”、中国国际服务贸易交易会和党的十九届五中全会期间寄递渠道安全服务保障任务,以及“双11”业务旺季寄递服务保障任务。

高质量发展进程加快。行业绿色发展成效显著。在国家邮政局“9792”工程基础上自我加压,实施“9899”工程。组织开展快递包装绿色治理主体责任自查和“双随机”检查,在全国率先开展生态环保信用试评价,推进绿色网点、绿色分拨中心建设试点,较早适用行业生态环保类案由查处违法行为,开展快递包装绿色治理知识培训测试,超过8万人次参与。组织企业参与全市清洁生产审核,联合商务部门开展电商快递包装协同治理,与市城管委推动快递企业与再生资源回收企业深入合作。截至2020年年底,全市快递45毫米以下“瘦身胶带”封装率达99%;电商快件不再二次包装率达88%;循环中转袋使用率突破97%;快递包装废弃物回收装置主要品牌具备条件的网点设置率接近100%,713个普服网点已实现全覆盖。邮政企业更新新能源车514辆,韵达、德邦分别更新100辆,全行业累计配置新能源车2800余辆,在全国省级行政区域中,仅次于广东和江苏两个快递业务大省。快递包装绿色治理工作获国家邮政局副局长赵民肯定。时任副市长张家明、副市长卢映川等领导先后莅临行业指导,充分肯定并表示继续支持行业绿色发展。

末端服务能力进一步提升。已建成快件箱约1.8万组,同比增长7.3%,格口总数达到190多万个,同比增长11.5%。印发《关于进一步加强快递末端用车使用管理的指导意见》,明确快递电动三轮车规范管理的主要措施和重点工作任务。会同市商务局推进末端配送创新试点工作,已有10余个试点正在运行中,升级改造后的万泽龙快递园区已投入使用。协调北京市路桥集团,利用富余生产场地为快递企业解决中心城区处理场地短缺问题。连续两年就加快建设快递基础设施提出人大代表建议议案,引起市政府高度关注。

快递进村亮点突出。北京局领导带队调研考察4次,广泛听取邮政、快递企业意见建议,制定《北京市“快递进村”服务能力提升三年行动方案》。在已率先实现“村村通邮”和“村村通快递”的基础上,自我加压,力争用近三年时间,推动加盟制快递企业服务在本市建制村基本实现全覆盖。结合北京发展实际,探索多环节邮快合作模式,中通、京东、韵达、圆通已与邮政企业签署合作协议。主要品牌企业收寄平谷大桃313.9万件,3106.5万斤,带动农民增收1.5亿元。

冬奥邮政设施建设稳步推进。积极对接北京冬奥组委推动冬奥场馆邮政设施建设,2022邮局已建成并投入使用,在场馆周边为冬奥邮政配套服务设施规划3处用地。北京局领导带队调研10次,召开工作推进会9次,制定《邮政营业场所无障碍环境建设专项行动整改工作指引(暂行)》,督导邮政企业投入1486万元完成144个邮政局所无障碍设施改造,建成72个无障碍示范网点,打造了东四邮局、鲁谷邮局等一批无障碍精品工程。邮政领域无障碍环境建设得到了北京市专班领导和人民群众的高度认可,北京电视台以邮政无障碍精品工程和示范网点为素材拍摄了专题宣传片。

营商环境不断优化。规划编制有进展。完成“十四五”规划初稿编制,推动北京市邮政业发展“十四五”规划纳入北京市“十四五”时期交通发展建设规划专项子规划。积极参与北京市综合立体交通网规划编制工作。协调相关部门,为邮政、快递企业在大兴机场建设跨境寄递服务设施争取有力政策支持。

快递车辆运行有保障。争取新能源车辆通行

保障政策，正式纳入新能源物流配送车辆优先通行专项工作协调小组成员单位，自2020年四季度起承担快递行业新增办理货车通行证企业归口管理工作。推动快递企业纳入《2020年北京市新能源轻型货车运营激励方案》补贴范围。与市城管委、市发改委等部门持续对接，争取快递充电设施纳入基础设施和运营建设补助。

“两区”建设有突破。积极协调市商务局、中国（河北）自由贸易试验区大兴机场片区（北京大兴）管理委员会，推进北京大兴国际机场航空邮件中心等跨境寄递服务设施建设。督促邮政企业加大资金、场地、人员投入，提升北京国际邮件处理能力，提高进口国际邮件服务质量。投资2000万元建设现代化仓储库房，国际邮件处理场地面积增加3528平方米，整体面积提升16.6%。推动邮政企业在大兴新机场货运区毗邻跑道中部区域，建设北京新机场航空邮件处理及国际交换站，占地100亩。

快递员关爱有成果。印发《关于深入推进习近平总书记关爱“快递小哥”重要指示精神工作落实的通知》。组织开展“快递从业青年服务月”活动；联合市总工会为3000名快递小哥免费进行体检，新建50家暖心驿站；快递员岗前和技能提升培训纳入政府补贴目录，培训1.3万人次，落实2019年补贴资金近千万元；快递工程技术人员首次纳入北京市职称评审范畴。

基础工作再上新台阶。完成社保入库工作。持续与国家邮政局人事司、人社局、税务局等部门进行沟通协商，将北京局在职和退休人员共计90人纳入北京市机关事业单位养老保险。强化财务管理。配合国家邮政局完成审计署对马军胜同志的经济责任审计。坚持“过紧日子”，加强资金综合调配，提升财务支撑保障能力。积极推动邮政领域中央与地方财政事权和支出责任划分改革。加快推进安全中心建设。协调市政府落实办公场地，完成中心主任人选推荐和法人资格办理。加强基础管理。抓实机关疫情防控，完成市局机关办公用房维修改造，出版邮政地方志书，更新公务用车，处置国有资产88件，做好行业协会脱钩。完善统计工作制度。落实国家统计督察整改，在全系统省级层面率先与地方统计部门建立统计违法线索移交制度。推进申诉改革试点建设，消费者申诉处理满意率达到96.6%，为消费者挽回经济损失656.6万元，9月、12月委办局市长热线综合评分两次排名并列第一。

三、“十三五”成绩

2020年是“十三五”规划的收官之年。五年来，**行业深度融入地方经济社会发展大局，发挥了重要作用**。立足首都城市战略定位，落实疏解北京非首都功能要求，逐步疏解辐射周边的快递集散分拨功能，中通、圆通、申通、百世、韵达5家企业分拨中心外迁。服务首都快递输入型城市需求，自2018年快递投递量首超揽收量之后，投递量与揽收量之比逐年递增，达到1.32∶1。2020年疫情发生后，全行业严防死守，确保行业安全平稳有序运行，实现逆势增长。“双11”网购北京消费能力排在全国前列。快递进村成效显著，在全国率先实现行政村全部通快递。大力拓展民生服务，警邮、税邮、政邮合作平台累计服务群众700余万人次。助力建设绿色北京，邮政、顺丰、韵达一级分拨中心实现全自动化分拣，新能源车辆配置、“瘦身胶带”使用、电商快件不再二次包装、循环中转袋使用、电子运单使用和快件包装废弃物回收装置设置工作成效显著。

行业受到党和国家领导人、首都各级领导以及社会各界的高度关注和认可。2019年，习近平总书记在新年贺词中称赞快递小哥是美好生活的创造者、守护者；同年春节前夕，习近平总书记亲临位于前门石头胡同的快递服务点，看望慰问正在工作的顺丰快递小哥，赞扬他们像勤劳的小蜜蜂，是最辛勤的劳动者，为大家生活带来便利。1000名快递小哥作为“美好生活”方阵的组成部分，代表全国邮政行业400万从业者，首次参加国庆群众游行，接受党和国家领导人、全国人民的检阅。2020年3月,李克强总理亲临一线看望慰问快递小哥。北京市委书记蔡奇、市长陈吉宁、常务副市长崔述强、副市长杨斌也多次对行业发展作出重要指示批示。中央、地方媒体多次报道行业绿色发展、末端设施建设、服务民生取得的丰硕成果。仅在2020年,中央电视台播出行业复工复产、从业人员技能培训补贴新闻2则,北京电视台播出快递员核酸检测、旺季服务保障、无障碍设施建设新闻3则,北京日报、新京报、北京青年报、北京商报及腾讯门户网站等各类媒体一年内刊发邮政快递业新闻百余篇,尤其是“双11”旺季服务保障已成为主流媒体年度宣传重点。行业高速增长、高质量发展的良好形象获得全社会的广泛认同。

行业监管治理能力得到显著提升。五年来,北京局积极融入北京城市治理体系,与相关委办局建立长效联系机制,成为北京市18个工作领导小组的成员单位,从2017年起纳入北京绩效和平安北京建设考核。2017年率先在全行业推出快递三轮车规范管理“三统一”,树立三轮车治理首都标准。2019年在全国率先推动出台关心关爱快递小哥京九条,联合住建部门率先为快递小哥争取到200套公租房。同年在市委市政府的关心支持下,市委编办批复成立北京市邮政业安全运行监测中心。2020年新冠肺炎疫情暴发后,在全国率先争取到省级政府支持,为企业提供免费口罩等防疫物资。2017年以来,持续强化执法监督检查,保持执法高压态势,累计办理行政处罚案件887起,罚款金额近900万元。圆满完成全国“两会”、党的十九大、“一带一路”国际合作高峰论坛、2019年中国北京世界园艺博览会、亚洲文明对话大会、新中国成立70周年庆祝活动及中国国际服务贸易交易会等十几场重大活动服务保障任务,实现安全万无一失。

四、快递市场存在的突出问题

一是规划衔接有待夯实。虽然邮政、快递服务设施被纳入北京市多个专项规划,但受体制机制等多方面因素所限,规划落地实施难度较大。二是邮政、快递基础设施有待进一步完善。特别是在中心城区,邮政、快递设施不足,服务“最后一公里”“最后一百米”问题突出。三是行业绿色发展难题有待进一步破解。邮件快件包装绿色化、减量化、可循环任务依然艰巨,新能源车通行、停靠、充电等政策仍未出台,加盟企业绿色发展内生动力、传导动力不足。四是安全保障工作有待进一步增强。首都寄递渠道安全保障工作任务重、标准高,安全中心尚在组建中,行业安全监管能力依然不足,信息化监管手段缺乏,企业安全生产主体责任落实仍有差距。五是行业平稳运行需进一步强化。企业主体责任落实不到位,对加盟企业和末端网点管理欠缺,末端网点拖欠工资、扣押快件现象仍有发生。六是预算资金来源渠道有待进一步拓展,中央财政预算资金有限,无法支撑中央地方两级监管工作要求,地方财政事权与支出责任尚在争取落实。

天津市快递市场发展及管理情况

一、快递市场总体发展情况

2020年,天津市邮政行业业务总量累计完成194.60亿元,同比增长30.8%,业务收入(不包括邮政储蓄银行直接营业收入)累计完成138.0亿元,同比增长19.0%;其中,快递企业业务量累计完成9.3亿件,同比增长33.0%,业务收入累计完成115.6亿元,同比增长20.6%(表7-2)。

表 7-2　2020 年天津市快递服务企业发展情况

指　　标	单　　位	2020 年		比上年同期增长（%）		占全部比例（%）	
		全年累计	12 月	全年累计	12 月	全年累计	12 月
快递业务量	万件	92767.36	10731.58	33.03	52.41	100.00	100.00
同城	万件	16110.29	1386.83	11.13	3.19	17.37	12.92
异地	万件	76406.12	9323.51	38.92	64.14	82.36	86.88
国际及港澳台	万件	250.95	21.24	5.48	25.87	0.27	0.20
快递业务收入	亿元	115.60	12.35	20.62	33.82	100.00	100.00
同城	亿元	13.39	1.25	17.72	15.24	11.58	10.11
异地	亿元	70.50	7.74	18.60	43.01	60.99	62.68
国际及港澳台	亿元	5.31	0.50	28.64	43.03	4.59	4.09
其他	亿元	26.41	2.86	26.34	20.01	22.84	23.12

二、行业管理工作及主要成效

坚持政治建设为统领，全面从严治党向纵深发展。坚持把政治建设摆在首位。树牢政治机关意识，把做到“两个维护”作为最高政治原则和根本政治规矩，始终在思想上政治上行动上同以习近平同志为核心的党中央保持高度一致。认真学习《习近平谈治国理政》第三卷和习近平总书记最新指示精神，组织开展全系统处以上领导干部党的十九届五中全会集中学习研讨。开展落实习近平总书记关于邮政业重要批示指示精神“回头看”。出台《中共天津市邮政管理局党组落实全面从严治党主体责任清单》。制定《关于创建“让党中央放心、让人民群众满意的模范机关”的实施意见》。认真抓好巡视整改工作。扎实做好国家邮政局党组第五巡视组对天津局党组开展政治巡视，坚持未巡先改、边巡边改、立行立改，着力做好巡视整改“后半篇”文章。制定巡视整改方案，细化问题清单、责任清单、任务清单，建立整改档案，实行销号管理，确保整改落实到位。目前已完成整改 17 项，其余问题正在加快推进、整改落实中。持之以恒正风肃纪。严格贯彻落实中央八项规定及其实施细则精神，严防“四风”反弹。围绕“干创协实效”进一步解决形式主义突出问题，切实为基层减负。深化运用“四种形态”，加强日常教育管理和监督。有效发挥提醒、函询、诫勉作用，共开展干部谈话提醒 9 人次。严肃监督执纪问责，完成案件审查调查及审理工作。开展警示教育，强化党员干部纪律规矩意识。开展违规享受政策性住房、违规租赁使用公车及私车公养等四个方面问题专项整治。进一步强化干部队伍建设。贯彻新时代党的组织路线，提任处级领导干部 2 名，科级领导干部 6 名，交流调整干部 7 名。进一步加强机关人事管理，修订干部选拔、借调、领导干部交流任职及派遣人员考核等规定。落实公务员职务与职级并行规定，29 名公务员晋升职级。新录用公务员 3 名。加强和规范干部教育培训工作，组织副处级以上公务员参加中国干部网络学院在线学习。完成 11 名副处级以上领导干部个人有关事项集中填报。着力抓好精神文明建设。落实意识形态责任制，筑牢新闻宣传舆论引导阵地，不断凝聚行业正能量，天津市和行业媒体报道百余篇。天津局获评第六届全国文明单位。积极选树先进典型，有效发挥引领作用。全年共有 7 集体 13 人获得省部级以上表彰，主要包括 1 人荣获全国劳动模范荣誉称号，1 集体 3 人获交通运输部、天津市抗击疫情表彰，1 集体 5 人获评天津市模范集体和劳动模范，3 集体 1 人获评全国邮政行业先进集体和劳动模范，1 人获评市级机关优秀共产党员。

坚持两手抓两手硬，行业在服务疫情防控和经济社会发展中的重要作用凸显。有力发挥行业

“大动脉”“微循环”作用。及时协调顺丰、菜鸟国际网络运送紧急防疫物资，保障湖北地区和天津市医疗物资配备使用。统筹11家主要寄递企业组建防疫物资运递保障队伍，确保“运的出”“投的进”。全行业累计向湖北地区运递防护服、口罩、呼吸机、护目镜、消毒液等防疫物资百余吨。支持菜鸟驿站等末端开业运营，鼓励企业采取无接触方式投递。着力推进复工复产工作。落实国家邮政局“四确保、三优先、一推进”原则，积极与地方政府沟通协调，推动企业加快复工复产进度。天津市17家规模以上快递企业于2月23日全部复工复产，为天津市相关行业加快复工达产、稳供应链产业链发挥重要作用。聚焦解决疫情防控民生寄递难题。聚焦快递进小区难题，推动市防控指挥部出台《关于进一步优化社区防控工作的通知》。聚焦车辆通行难题，开具14份群众生活必需企业资质证明，会同市公安局印发《关于做好天津市寄递企业复工期间疫情防控和内部治安保卫工作的通知》。聚焦宝坻复工复产难题，积极与区委区政府沟通，协调妥投70余万件积压的邮快件。聚焦企业用工难题，为企业免费线上发布1000余人次招聘信息。有效抓好自身疫情防控。成立邮政业疫情防控工作领导小组，印发疫情防控文件85份，召开企业视频会议5次，发送应急短信65.6万条，为企业争取口罩32.5万余只。督促企业认真执行《疫情防控期间邮政快递业生产操作规范建议》《外卖配送和快递从业人员新冠肺炎疫情健康防护指南》。根据疫情防控形势需要，重点抓好冷链和国际邮件快件寄递管控，积极配合地方疫情防控部门完成近2万人次从业人员核酸检测。摸清全市邮政快递从业人员底数，配合做好疫苗接种工作。行业3万余从业人员未发生聚集性感染和死亡事件。行业为统筹推进天津市疫情防控和经济社会发展“双战双赢”作出积极贡献。市委书记李鸿忠亲切慰问一线快递小哥，时任市长张国清到顺丰分拨中心视察，副市长孙文魁到局机关调研慰问，对行业在保障防疫物资运输、保障居民生活必需品寄递方面发挥的重要作用予以肯定，充分体现市委、市政府对天津市邮政快递业的高度重视，对从业人员的关心关怀。

坚持优化营商环境，市场活力进一步释放。落实“放管服”改革要求。全面实施快递业务经营许可电子证照。取消经营境内邮政通信业务审批。深化新业态监管，2家服务站、1家智能箱企业获批快递业务经营许可。注销快递业务经营许可125家。严守“两条红线”，按照“总对总”原则，批复同意撤销邮政普遍服务营业场所10处，备案新设置16处，局所总数稳中有升。持续优化行业发展环境。推动落实市政府出台的“惠企21条”“27条措施”等政策，助力企业降低成本、渡过难关。将“两进一出”工程、交通运输领域财政事权与支出责任改革等重点工作写入“现代流通体系畅通双循环分工方案”“服务业改革开放指导意见”等10份政策文件，联合出台农村保鲜仓储设施用电价格、电子商务与快递物流协同发展等13份惠企文件。协调推进各企业获得各类支持资金及减税降费达3亿元。支持德邦申报天津生态文明项目建设补贴750万元。推动《天津市道路交通安全若干规定》增加快递专用电动三轮车规范行驶条款，解决了多年来快递末端车辆通行难题。强化规划标准引领作用。学习贯彻《交通强国建设纲要》《邮政强国建设行动纲要》《交通强国建设天津实施方案》。坚持开门问策，做好市邮政业发展“十四五”规划编制以及与相关规划衔接。配合编制市综合立体交通网规划。推进邮政投递和专用邮政信箱寄递服务规范两个地方标准立项编制。完成天津市邮政业项目储备库建设。

坚持供给侧结构性改革，行业高质量发展不断推进。大力实施“两进一出”工程。出台《“快递进村”工程专项工作方案》，推动各派出机构落实属地责任，因地制宜推进邮快、快快、快商、快供等合作模式，进一步便利农村居民用邮。全市已有2504个行政村设置快递网点，“村村有网点”率达86%。联合市工业和信息化局出台《天津市促进快递业与制造业深度融合发展实施方案》，积极推进“快递进厂”工程。德邦、顺丰、中通、百世等企业为利拉伐高端水泵、天地伟业监控设备、爱玛电动车及王庆坨自行车、崔黄口地毯等提供仓配和供应链服务。行业服务制造业快件量达6300万件，支撑制造业产值超270亿元。大力推进“快递出海”工程，推动天津国际邮件互换局进驻空港大通关基地，互换局功能进一步提升。调研推进东疆港海运快件工作。积极推进关联产业协同发展。推动将“促进快递与电子商务深度融合发展”写入市政府工作报告。联合市商务局深入推进电子商务与快递物流协同发展。组织交通集团、天货航与各重点快递企业对接，推进邮政快递业与交通运输业融合发展。积极推进“一市一品”建设，推动邮政企业累计销售小站稻11.6万斤、沙窝萝卜7.6万斤。支持寄递服务创新升级。联合市高招办、市邮政分公司圆满完成高校录取通知书寄递服务任务，共寄递高考录取通知书22.91万件。积极推动邮政综合服务平台建设，61个邮政网点开办警务类业务，9个邮政网点开办税务类业务，邮政进驻22个政务服务大厅。推广“网上办事+网下寄递”模式，全年寄递政务类邮件量达30.9万件。主要快递企业拓展服务品类，快运业务量达690.6万票，同比增速34.9%。夯实行业基础设施建设。顺丰丰泰产业园一期项目投入运营，自动化分拨处理能力大大提升，日均最高处理量达150万件。天天、极兔迁入新的分拨场地，快件处理能效进一步提升。累计建设农村邮乐购站点3356个，累计建成快递末端网点3227个。全市共布设智能快件箱5800组，格口56.6万个。双11期间，日均快件处理量达百万件的企业8家。加强行业人才队伍建设。联合市人社局实施快递从业人员职业技能培训“246”工程，共培训2563人次，争取政府补贴154.44万元。支持顺丰、百世与滨海职业学院、交通职业学院签订合作协议，推荐天津交通职业学院获评第三批“全国邮政行业人才培养基地”。成功举办2020年天津市邮政行业技能竞赛。大力推进关爱快递小哥工作。印发《深入推进习近平总书记关爱“快递小哥”重要指示精神工作落实举措》。联合团市委开展“快递从业青年服务月”活动。会同市快递协会开展“关爱小蜜蜂·全市在行动”活动，累计建设快递员之家800处，为一线快递员夏送清凉、冬送温暖，共投入资金32万元。推选顺丰快递员朱仕江入围第四届“寻找最美快递员”全国50强。

坚持服务国家战略，三大攻坚战深入推进。持续抓好寄递渠道风险防控工作。与市应急管理局签订《应急联动工作机制框架协议书》，各派出机构与辖区应急管理部门建立应急联动机制，推动落实地方安全监管事权。建立行业安全风险预警机制。深入开展全市邮政快递业安全生产三年专项整治。狠抓寄递安全“三项制度”落实，突出做好寄递渠道涉枪涉爆集中整治，深入开展实名收寄信息异常、过机安检专项检查，立案查处违法违规行为27起。落实《天津市加强野生动物管理若干规定》，会同市公安局等4部门发布《关于严厉打击非法寄递野生动物及其制品行为的通告》。修订《天津市邮政业突发事件应急预案》，制定4个专项预案。联合市“扫黄打非”办在邮政、顺丰、德邦3家企业建立基层工作站试点。持续做好行业反恐、禁毒、打击侵权假冒等工作。妥善处置企业经营异常、末端网点不稳等突发事件，圆满完成全国两会、第三届进博会等重大活动寄递安保任务，有效保障寄递业务旺季平稳运行。助力脱贫攻坚和乡村振兴。大力推进产业扶贫和电商扶贫模式，邮政公司通过线上线下平台助力销售天津对口扶贫农产品62.7万元，开展电商扶贫项目12个，带动销售额1156万元。完成1000个困难村村邮站提升改造。各快递企业积极助力小站稻、七里海河蟹、茶淀葡萄等特色农产品销售。累计寄递涉农快件超3500万件，带动农产品产值达7亿元。扎实推进邮政业生态环保工作。推动将邮件快件包装绿色化、减量化、可回收等内容纳入《天津市生活垃圾管理条例》。会同市商务局印发《关于协同推进电商寄递包装治理工作的实施意见》，合力推进电商寄递包装绿色化、标准化、减量化、可循环。“引导和支持邮件快件包装减量化，电商快件不再二次包装”等内容纳入《天津市关于加快建立绿色生产和消费法规政策体系的若干举措》。部署开展天津市邮政业重金属和特定物质超标包装袋专项治理。各派出机构积极开展“绿色寄递进校园”活动，提升大学生群体生态环保意识。完成邮政业生态环保“9891”工程目标，“瘦身胶带”封装比例达96.53%，电商快件不再二次包装率达94.80%，循环中转袋使用率达95.72%，邮政快递网点100%设置标准包装废弃物回收装置。

坚持依法行政，行业治理能力持续提升。加强依法治理能力建设。开展习近平法治思想和《民法典》《邮政行政处罚程序规定》《天津市文明行为促进条例》等法律法规学习培训，组织全系统参加网上学法用法学习考试。落实法律顾问和公职律师、旁听庭审和重大执法案件法制审核制度。完成天津市邮政业“七五”普法总结评估。强化邮政市场监管。累计检查快递企业2038家次，立案查处违法行为126起，罚款139.28万元。落实“双随机、一公开”监管，开展贩卖快递盲盒、空包、刷单、乡镇网点违规收费等清理整顿，依法开展邮政用品用具抽检。加快推进“一企一档”信用监管机制建设，有序开展快递市场法人主体信用评定。开展统计督察整改及年度统计执法检查。认真落实修订后《邮政业用户申诉处理办法》，全年共处理邮政业消费者网站申诉2761件，其中有效申诉935件，为消费者挽回经济损失59.8万元；处理8890便民专线转办25323件。夯实自身基础能力建设。积极推进“绿盾”工程建设，认真做好智能安检、智能视频监控和通用寄递地址编码国家邮政局试点。实现安检机联网率90%以上，寄递企业视频全部接入“绿盾”视频系统。1397处邮政快递网点视频监控信号、2375辆安装北斗导航系统车辆定位信号接入寄递安全信息服务平台，寄递从业人员系统完成升级。18家企业完成视频会商系统建设。5G执法系统在天津局第一分局应用。组织6家企业参加第四届世界智能大会。加强与财政、交通运输等部门沟通，深化邮政领域财政事权和支出责任划分改革。坚持过紧日子，充分发挥“计划制”与“销账制”结合的预算管理模式优势，保基本保重点，把钱花在刀刃上。强化内部制度管控，制定项目管理等办法。加强节约型机关建设，深入开展“厉行勤俭节约　反对餐饮浪费”主题活动。扎实做好保密、信访、督查、政府信息公开、建议提案办理及群团、老干部等工作。

三、“十三五”成绩

2020年是“十三五”规划的收官之年。五年来，天津行业规模进一步扩大。行业业务总量和业务收入分别增长2.2倍、1.7倍；快递业务量、业务收入分别增长2.2倍、1.8倍。邮政普遍服务营业场所424处，许可快递企业547家，快递末端网点3200余个。营商环境进一步优化。推动市政府及市相关部门出台惠企政策文件30余份。发布全国首个省级快递物流园区控详规划，制定《智能邮件快件箱》《农村地区邮政与快递服务规范》《寄递企业安全中心建设与管理规范》等多项地方标准。协调推动主要寄递企业获得中央和地方各类支持资金近5亿元。基础设施进一步夯实。空港、武清、东疆港三大快递物流园区建设成效凸显，一大批全国知名龙头电商、跨境电商及快递企业进驻，承接首都非核心功能溢出成效明显。天津国际邮件互换局入驻空港大通关基地，区域集散功能进一步提升。高铁快递发展迅速，顺丰、圆通、中通、京东等开通货运航线。市级自动化分拨中心11个。智能快件箱铺设近6000组，格口56万余个。农村邮乐购站点近3400个。服务民生进一步坚实。建制村全部实现直接通邮，快递网点实现乡镇全覆盖，快递进村比例超8成。快递服务产品体系更加完善。连续四年实施邮政业为民办7件实事，行业服务满意度持续提升，有效申诉率不断下降。安全发展进一步巩固。完成天津市寄递安全信息服务平台三期提升改造,进一步完善寄递企业视频监控、车辆定位、人员管理及安检机联网等功能。成立市邮政业安全中心,信息化安全监管力量进一步加强。有效发挥寄递渠道安全管理领导小组作用,深化办事机构常态化办公机制,有效保障寄递渠道安全畅通。创新能力进一步提升。人工智能、大数据、5G、物联网、区块链等新科技在行业应用,顺丰、中通、圆通、申通、韵达、百世等企业广泛使用自动化分拣设备;甩挂运输模式不断推广,菜鸟无人车在天津大学、天津师大投入使用,爬楼机在德邦试点应用。新业态新模式不断涌现,智能箱、服务站、即时寄递和快运等业务健康发展。绿色发展进一步推进。全行业瘦身胶带使用率达97%,电商快件不再二次包装率达95%,循环中转袋使用率达96%,全市3000余处邮政快递网点设置包装物回收装置。全行业新能源汽车保有量达1432辆。全行业新能源汽车保有量达1432辆。

四、快递市场存在的突出问题

一是快递业务规模较小,与天津经济社会发展还不相适应,与建设“五个现代化天津”的目标还不相符。二是快递服务质量有待进一步提升,末端网点管理和服务有待加强,“快递进村”工程需持续推进,快件未按址或约定投递问题仍然存在,影响群众用邮体验。三是快递业与现代农业、先进制造、跨境电商等关联产业的融合度还不高,叫得响的融合发展项目不多,行业高质量发展目标任重道远。四是寄递渠道安全监管任务艰巨、形势严峻,传统安全与非传统安全交织叠加,邮政快递企业在落实收寄验视、实名收寄、过机安检“三项制度”方面仍存在漏洞,行业监管力量不足,治理体系和治理能力建设还需加强。

河北省快递市场发展及管理情况

一、快递市场总体发展情况

2020年,河北省邮政行业业务总量累计完成853.7亿元,同比增长53.2%,业务收入(不包括邮政储蓄银行直接营业收入)累计完成421.7亿元,同比增长30.7%;其中,快递企业业务量累计完成37.0亿件,同比增长60.7%,业务收入累计完成335.0亿元,同比增长38.2%(表7-3)。石家庄、保定、廊坊、沧州快递业务量、收和邢台快递业务量居全国前50位。新增社会就业1.5万人,支撑网上零售额3350亿元,占全省消费品零售总额的20%,在经济社会发展中的作用日益凸显。

表7-3　2020年河北省快递服务企业发展情况

指　　标	单　　位	2020年		比上年同期增长(%)		占全部比例(%)	
		全年累计	12月	全年累计	12月	全年累计	12月
快递业务量	万件	370249.80	44881.6	60.70	73.37	100.00	100.00
同城	万件	32516.79	3471.13	43.48	45.44	8.78	7.73
异地	万件	337401.23	41351.63	62.70	76.33	91.13	92.13
国际及港澳台	万件	331.78	58.85	-6.22	18.71	0.09	0.13
快递业务收入	亿元	335.00	36.81	38.23	40.75	100.00	100.00
同城	亿元	21.17	2.26	29.06	34.03	6.32	6.15
异地	亿元	243.61	26.70	37.90	42.34	72.72	72.54
国际及港澳台	亿元	5.44	0.54	28.39	-16.90	1.62	1.47
其他	亿元	64.78	7.30	43.77	44.54	19.34	19.84

二、行业管理工作及主要成效

坚持正风肃纪、从严治党，全面加强党建和党风廉政建设。坚持和加强党的全面领导。把党的政治建设摆在首位，持续强化创新理论武装，坚决同以习近平同志为核心的党中央保持高度一致。认真落实党员领导干部参加双重组织生活、“三会一课”、主题党日等制度。深入推进全面从严治党。制定落实全面从严治党主体责任清单和措施，严格落实中央八项规定及其实施细则精神，召开全省系统警示教育大会，举办纪检工作培训班。加强行业精神文明建设。深入开展“暖蜂行动”和“快递从业青年关爱月”活动。推荐产生全国感动交通人物、全国三八红旗手、全国优秀共青团员各1名，4个集体、3名从业人员、1名公务员分别获全国邮政行业先进集体、劳动模范、先进工作者荣誉称号。

坚持抢前抓早、助企纾困，统筹做好疫情防控和行业发展。积极做好行业疫情防控。将邮政快递一线员工防疫物资纳入保障范围，全面落实国家邮政局邮政快递生产作业场所操作规范1~6版，全省10余万从业人员未发生确诊病例。石家庄局和承德众合速递有限公司总经理分别被评为全国交通运输系统抗疫先进集体和先进个人。全面保障防疫和民生物资寄递。在疫情防控最关键时期，主要寄递企业开辟了疫情防控物资运输绿色通道，向湖北等地区免费运送药品、手套、口罩、消毒喷雾器等物资，组织企业完成了省委、省政府对口援助西藏阿里、新疆巴州的疫情防控物资运送工作，使命必达。科学有序推进复工达产。解决疫情期间行业行车难、进小区难等痛点、堵点，全力帮助快递企业解决复工复产困难，疏解积压快件145万件。邮政快递业作为最早实现复工复产的行业之一，为全省“六稳”“六保”作出了巨大贡献，得到分管副省长批示肯定。

坚持优化环境、精准发力，积极服务国家重大战略。积极服务京津冀协同发展。有力推动国家邮政局和河北省政府战略合作协议的落地落实。21个协议项目中，10个项目已竣工，7个项目在建，1个项目已选址。积极拓展协议外项目建设，项目总数已超过30个，投资总额超过200亿元。着力推进雄安新区邮政业规划建设。《雄安新区邮政业发展规划》由新区管委会印发实施，邮政快递设施建设纳入《雄安新区规划技术指南》。外围快递园区建设稳步推进。全力保障2022年冬奥会。组建张家口市政府牵头的邮政业突发事件应急处置领导小组，修编应急预案，开展应急演练。启动了中心赛区寄递渠道安保设施布局，推进在崇礼区设置邮件快件安检中心。

坚持聚焦目标、统筹推进，全力打赢行业三大攻坚战。着力防范化解行业重大风险。开展安全生产专项整治三年行动，突出做好寄递渠道涉枪涉爆隐患集中整治，圆满完成重大活动寄递渠道安保任务。新成立邯郸市邮政业安全中心和邢台威县、信都2个县级机构。张家口、承德、廊坊实现县级寄递渠道领导小组全覆盖。助力打赢脱贫攻坚收官战。培育邮政、快递企业服务现代农业项目137个(邮政73个，快递64个)，保定、沧州、张家口6个项目被国家邮政局评为“2020年快递服务现代农业金牌项目”。培育贫困县快递服务现代农业项目21个，支撑农业产值13亿元，带动1.37万贫困人口就业。积极服务国家邮政局承德平泉定点扶贫工作，推进行业消费扶贫超900万元。强力推进行业绿色发展。圆满完成快递包装治理“9891”工程。组织开展邮政快递业绿色环保专项治理行动，立案查处生态安全类违法行为35起，罚款9.55万元。

坚持规划引领、法治先行，持续提升行业治理效能。积极推进“十四五”规划编制。科学编制《河北省邮政业发展“十四五”规划》，着力抓好重大工程项目谋划。省级行业规划以及石家庄、唐山、衡水等7个市级行业规划分别被列入省、市政府专项规划目录清单。注重加强地方立法和执法监督。推进《承德市快递市场管理条例》《邯郸市邮政快递管理办法》颁布出台。开展邮政行政处罚案卷评查，加强执法资格管理，规范办理行政复议和行政诉讼应诉案件。依法强化行业监管。立案查处快递市场违法行为316起，罚款金额245万元。持续深化“放管服”改革。巩固违规许可专项治理成果，包容审慎推进新业态监管，完成“三新”单位核实认定1971家，为164家企业集中办理许可延续。

坚持强基固本、提质增效，全力保障行业高质量发展。健全完善行业发展政策体系。联合省直有关部门印发14个政策性文件，得到马军胜局长和许勤省长肯定。全力实施“两进一出”工程。多种模式推进“快递进村”，行政村快递服务通达率达到87%。打造快递服务先进制造业项目70个，业务量超千万件项目24个，业务量超亿件项目2个。强化与海关、机场等部门的衔接，推进国际业务发展。全面落实行业更贴近民生实事。推进智能快件箱和快递末端综合服务站建设纳入老旧小区改造内容，秦皇岛等4市争取到地方改造资金。完成快递从业人员培训2307人次，371人通过快递工程技术人员职称评审，中级职称7人。着力加强机关基础管理和干部队伍建设。落实“过紧日子”要求，建设节约型机关，推进财政事权责任划分取得突破，保定、邢台分别争取到16万元和11万元地方财政资金。落实职务职级并行制度。新闻宣传工作包揽系统全部奖项。信访保密、公文档案、网站后勤等工作有序运转。

三、“十三五”成绩

2020年是“十三五”规划的收官之年。五年来，河北省邮政快递业供给结构持续优化，产业融合日趋紧密，市场活力全面迸发，绿色水平持续提升，安全能力不断增强，行业治理体系和治理能力现代化加快推进，“十三五”规划确定的各项目标任务圆满完成。

行业在经济社会发展中的地位和作用日益凸显。2020年，全省邮政业业务总量和业务收入分别是“十二五”末的6.5倍和4倍，“十三五”期间年均分别增长45%和32%；快递业务量和业务收入分别是“十二五”末的6.7倍和6倍，“十三五”期间年均分别增长45%和42%。4个行业发展主要指标绝对值分别跃居到全国第6、6、5、6位；增幅全部跃居到全国第1位。“十三五”时期，全省行业新增就业7万余人，支撑网络零售额超过1万亿元，对全省经济社会发展的贡献率不断提升。

基层群众用邮的获得感、幸福感、安全感不断增强。邮件快件延误、损毁和丢失情况显著改善，有效申诉率不断下降，行业服务满意度持续提升。87%的行政村实现了快件直投，100%的县级以上党政机关实现了党报党刊当日见报。智能箱、服务站、即时寄递和快运等业务健康发展。电子运单、循环中转袋使用率和包装回收装置设置率接近100%。基本保障了寄递安全。

行业规模和竞争实力显著提升。“十三五”末，全省许可快递企业达到300家，备案分支机构达到2760个，备案末端网点近1.25万个，6家服务站、信报箱企业取得快递经营许可资质，各类市场主体活力竞相迸发，新业态、新模式不断涌现，7家企业年业务量超2.5亿件、9家企业年业务收入超10亿元，快递与包裹服务品牌集中度指数CR8达到90.5%。

行业发展的法规政策环境不断优化。《河北省邮政条例》《河北省邮政业安全监督管理规定》有效施行，《唐山市邮政条例》《沧州市快递条例》《承德市快递市场管理条例》《邯郸市邮政快递管理办法》相继颁布实施，出台了近30个政策文件，为行业高质量发展奠定了坚实的法制和政策基础。

四、快递市场存在的突出问题

河北省邮政快递业发展不平衡不充分矛盾仍较突出，快递小哥合法权益保障仍存在短板，末端网点稳定性存在较大隐患，安全形势仍然严峻，绿色发展任重道远，国际网络、供应链、应急及冷链能力不强。监管效能仍需加强,用户信息泄露、非法出版物寄递、普服不达标等问题依然存在。统筹疫情防控和行业发展成为常态,行业发展不确定性加大,需要我们坚定信心、主动作为、攻坚克难,需要我们更加适应发展形势,推进行业安全绿色发展,更好保障从业人员合法权益。

山西省快递市场发展及管理情况

一、快递市场总体发展情况

2020 年,山西省邮政行业业务总量累计完成 150.7 亿元,同比增长 29.5%,业务收入(不包括邮政储蓄银行直接营业收入)累计完成 107.8 亿元,同比增长 21.4%;其中,快递企业业务量累计完成 5.4 亿件,同比增长 47.2%,业务收入累计完成 67.1 亿元,同比增长 35.8%(表 7-4)。

表 7-4 2020 年山西省快递服务企业发展情况

指标	单位	2020 年		比上年同期增长(%)		占全部比例(%)	
		全年累计	12 月	全年累计	12 月	全年累计	12 月
快递业务量	万件	53583.56	6090.24	47.15	51.07	100.00	100.00
同城	万件	5721.24	549.36	20.85	18.37	10.68	9.02
异地	万件	47702.71	5499.99	51.85	55.10	89.02	90.31
国际及港澳台	万件	159.62	40.89	-39.89	94.73	0.30	0.67
快递业务收入	亿元	67.09	7.35	35.76	41.86	100.00	100.00
同城	亿元	4.51	0.52	18.61	44.43	6.72	7.04
异地	亿元	36.50	3.90	34.40	38.18	54.41	53.12
国际及港澳台	亿元	1.07	0.25	-6.49	160.06	1.60	3.42
其他	亿元	25.00	2.68	44.46	40.83	37.27	36.43

二、行业管理工作及主要成效

全面从严治党向纵深推进,持续净化政治生态。严格落实新时代党的建设总要求,坚决扛起全面从严治党政治责任。坚持把学习贯彻习近平新时代中国特色社会主义思想作为首要政治任务。深入学习《习近平谈治国理政》第三卷,跟进学习习近平总书记视察山西重要讲话和关于邮政快递业批示指示精神;全面开展党的十九届五中全会精神宣贯,对标先进典型激励岗位担当,坚持以学促知,入脑入心。持续构筑制度约束体系。坚持完善党组工作机制,研究制定党组全面从严治党主体责任清单,修订完善省局党组会议制度及议事规则,调整补充党组议定重大事项清单,党组运行更加规范。制定印发执纪审查期间谈话安全预案、谈话室使用管理、领导干部操办婚丧嫁娶事宜若干规定等制度,研究出台关于全面加强内部监督检查工作质量的通知,制度支撑更加有力。坚持抓好基层党组织建设。定期研讨党建工作,认真落实"三会一课"等制度,领导干部带头过好双重组织生活。扎实推进支部标准化、规范化达标建设;组织开展省局机关"红旗部门"创建活动,深入推进软弱涣散基层党组织整治。督导市局圆满完成"不忘初心,牢记使命"主题教育总结阶段各项工作。省局机关连续 13 年获评省级文明单位和省直文明单位标兵。指导省邮政业安全中心组建党支部。认真做好巡视整改工作。积极配合国家局党组开展巡视,全面接受监督,并根据巡视反馈的 5 方面 73 条问题,梳理制定 153 项措施清单,年内整改任务已全部完成。省市局充分联动,确保巡视成效向基层延伸。严肃执纪强化问责监督。研究出台全省系统党风廉政建设工作要点，严肃查处大同局违规违纪案件，及时召开警示教育大会，通报大同局、孝义局典型案件。组织实施违规享受政策性住房等四方面问题和违规使用财政预算资金“4+1”专项整治工作；紧盯重要节日进行廉政提醒；组织开展全省系统公职人员廉洁执法情况调查，发放调查问卷500份。非公党建取得重要进展。5市成立非公快递行业党委，3个快递行业协会成立党支部，15家非公快递党组织陆续组建，11市非公党建阵地实现全覆盖。联合省市各级工会、共青团开展关爱快递员“暖蜂行动”和“快递从业青年服务月”活动，行业1人获评最美快递员。旺季期间，省快递协会采购5万余元慰问品，深入一线探望快递小哥；朔州局高质量打造“快递员工会之家”和“户外劳动者爱心驿站”，6个快递企业获评“市级青年文明号”。

统筹疫情防控和复工复产，更好服务经济社会发展。全行业闻令而动、尽锐出战，迅速打响疫情防控阻击战，率先实现复工达产、率先实现转负为正、率先实现高位运行。坚持旗帜引领，统筹疫情防控“一盘棋”。坚决贯彻党中央决策部署，始终让党旗高高飘扬在抗疫斗争一线。疫情发生后，山西局党组第一时间启动应急机制，迅速成立防控工作领导组，坚持统筹调度，靠前指挥，先后13次召开专题会议进行部署；11市局迅速动员，各级党员干部及时返岗，主动担当，坚决筑牢防线。省局带头开展爱心募捐工作。临汾局党员连续深入社区开展防控值守，积极践行党员先锋模范带头作用。抓牢重点环节，织密疫情防控“一张网”。充分利用网站、微信公众号传播防疫知识，编制印发疫情防控期间营业网点操作规范和从业人员疫情防控指南，及时转发国家局6版操作规范，切实提升基层防控能力。指导并帮助企业加强防疫物资储备，全面推动邮（快）件、车辆、作业场所等消杀，试点推广无接触配送，持续做好快递冷链运输企业督导，慎终如始抓好秋冬疫情防控。全省行业从业人员未发生一起确诊病例，未发生一起群体聚集性感染和死亡事件。畅通配送渠道，凝聚联防联控“一条心”。全力保障防疫物资和居民生活物资运递，坚决打通特殊时期循环大通道。组织邮政、顺丰、京东、百世等4家企业开通运递“绿色通道”，完成发车623辆次、航班5架次，递送防疫物资636吨，及时驰援武汉、黄冈等重灾区；积极做好省内防疫物资运送，协助山西省疫情防控工作领导小组加急运回多批滞留海外的紧急防疫物资，配合红十字先后为全省定点医疗机构配送各类物资40余吨；积极支援教育、农业农村等部门做好复课教材、春耕化肥等寄递；坚持开展特殊时期社区生活物资配送。全省快递小哥冒疫奔忙，打造了疫情期间永不中断的供给线。太原局组织企业为20余万名学生配送教材590余万册，获市委主要领导批示肯定。省快递协会响应号召，第一时间向太原市第四人民医院捐助电动三轮车支援抗疫阻击。加快恢复秩序，铆足复工复产“一股劲”。聚焦常态化防控，组织编印企业复工复产防控工作指南；聚焦企业发展难题，联合交通运输厅等出台通行政策，落实减税降费近7500万元；协调工信、卫健等部门调拨口罩27万只，手套2.4万双，酒精消毒液近8吨；省疫情防控工作领导小组办公室下发《关于邮政快递企业复工保畅通的指导意见》，全力支持行业发展。到3月中旬全省行业全面实现复工复产。常务副省长胡玉亭、副省长吴伟先后点赞；行业2人荣获“全国交通运输系统抗击新冠肺炎疫情先进个人”称号，1人获评“全国疫情防控最美志愿者”。

调整结构补足产业链条，加快推动高质量发展。2020年，全省行业顶住经济下行压力，稳住了基本盘，展示了坚韧的发展特质。区域发展布局持续优化。立足“一主三副六市域中心”空间布局，深度参与物流节点城市建设，经过多年发展，太原都市圈（晋中）基本建成省内产业高地，人才、技术、品牌聚集效应明显，核心竞争力显著提高；大同、临汾、运城、长治等城市带动作用不断加强，多个区域分拨中心陆续投资兴建，服务范围辐射周边地市乃至相关省份；阳泉、吕梁、忻州、朔州、晋城等地正迎头赶上，年均业务量增长接近20%，全省行业发展更趋均衡，后劲十足。产业融合催生崭新动能。深度融入"山西农谷、雁门关农牧交错带示范区、运城农产品出口平台建设"战略，积极参与"南果中粮北肉东药材西干果"品牌壮大，聚力打造"一市一品""一县一品"项目35个；坚持融入上下游做强寄递主业，与食醋、药茶、陶瓷、主食糕点等山西特色产业，形成更深层次合作，积极参与销售链培育，试点融入供应链，持续打通上下游。"两进一出"筑基发展新格局。快递"进村"提前三个月完成年度目标，14828个建制村直通快递，整体覆盖率达65%；省政府和多个市政府工作报告明确予以支持；民营快递设点和直投比例不断提升，"快递流动车"、第三方平台等进村模式持续涌现，农村快递市场发展日益蓬勃。长治平顺通过政府搭台、企业唱戏，深化电商合作，到9月份实现100%进村；忻州原平快递企业坚持一体化运营，探索农村共配，有效解决了进村难题。快递"进厂"取得重要进展，联合工信厅出台促进快递业与制造业深度融合发展意见，试点推进服务特色项目建设，涌现出以应县陶瓷、祁县玻璃器皿等轻工制造业为代表，和以山西老陈醋、晋中太谷饼等食品加工业为代表的项目典范，拉动产值超1亿元，快递业正在加速融合中实现转轨转型。快递"出海"工程稳步实施，加快推动太原国际邮件互换局扩容升级，牵头启动太原进出境邮件快件监管中心建设。年处理国际邮(快)件达245.96万件，跨境业务逐步回暖。太原局、大同局积极引导企业参与跨境电商综合试验区建设，取得阶段性进展。大力支持邮政创新发展。邮快合作进村协议实现市级城市全覆盖，邮乐购站点达13590个；新增警邮、税邮、政邮合作网点263处，其中，县级城市警邮合作实现全覆盖，税邮、政邮合作分别达到87.18%和80.35%。晋中局推动21处警邮合作示范点增加驾驶证、机动车管理等12项业务，实现交管业务"邮政办、就近办、一次办"。传统邮政在普惠民生实践中释放出更大活力。

破解瓶颈持续深化改革，加快构建综合保障体系。积极开展具有山西特色的改革实践，持续构建具有"四梁八柱"性质的改革主体框架。监管体系更加健全。紧紧抓住新一轮事业单位机构改革契机，大力破除体制机制性障碍，继太原邮政业安全中心组建之后，省邮政业安全中心和运城、阳泉、晋城、吕梁、晋中、大同、忻州7个市级安全中心相继获批；组织召开省邮政业安全中心座谈会，加快推动机构履职。修订下发《关于全面加强全省系统县级机构管理的指导意见》，不断提升管控能力。立体支撑更加到位。省局获评省委2019年度"促进山西经济社会发展突出贡献单位"；年内朔州、临汾、太原3个市局办公业务用房获准批复，10个市局有了"自己的家"；8个市局成功纳入地方目标考核体系。全省获财政拨款支持321.62万元。国际邮件快递服务纳入省级财政事权。常务副省长胡玉亭批示肯定"双11"成就，并在12月亲临邮政快递企业和省局机关调研，明确支持行业发展。副省长卢东亮高度评价太原国际邮件互换局建设成果。各市党政领导均以不同方式关怀支持行业发展，晋城局被授予"促进晋城经济社会发展突出贡献奖"。政策保障更加有力。圆满完成"十三五"收官，顺利开展邮政业发展"十四五"规划编制，积极参与交通运输、商务等规划协同；协调印发《山西省有效应对疫情促进服务业稳定增长的若干措施》《关于加快发展流通促进商业消费的实施意见》等利好政策。运城局联合6部门印发《关于推进智能快件箱建设实施方案》；长治局积极协调地方政府，为快递企业争取专项补贴资金70余万元。

攻坚克难补齐发展短板，坚持打好"三大攻坚战"。充分发挥行业担当，不断拓展工作成果。一是聚焦安全维稳化解行业风险。全面推进平安寄递建设，扎实推进"三零"单位创建，充分发挥寄递渠道安全管理领导小组职能，联合省禁毒委共同加强新形势下寄递渠道禁毒工作，持续做好反恐禁毒、涉枪涉爆、扫黄打非等综合治理。深入开展实名收寄专项整治行动，严厉打击快递员自寄件异常、虚假实名和替代实名等违法违规行为。组织开展企业安全生产主体责任落实专项检查；历时两周实施全省行业安全生产风险隐患排查治理行动，深入11市24县（区）37个乡镇，检查企业65个、网点83个，移交问题线索541条并完成整改。稳步推动“绿盾”体系建设。圆满完成党的十九届五中全会、全国“两会”、进博会等重要节点邮路安保工作。立体推进快递末端网点专项整治行动；重点围绕快递派费调整等开展摸排，妥善化解基层网络不稳风险。山西局获2019年全省“扫黄打非”工作先进集体表彰。晋城局连续三年获评平安建设先进单位。聚焦乡村振兴打好脱贫攻坚收官战。农产品上行通道持续贯通，“快递+运城苹果”连续三年获评全国服务现代农业金牌项目，年业务量超2200万件，拉动产值超9亿元。“邮政+”娄烦小米、大同黄花等20个扶贫项目业务量超794万件，带动农产品销售1.69亿元，深度参与21个国家级贫困县脱贫事业，帮助3965户贫困家庭增收220万元。6名扶贫干部长期扎根一线，定点帮扶的4个贫困村稳步脱贫。吕梁局主动对接特色农产品直播带货节，助力农特产品“出山”。聚焦生态文明推进绿色发展。突出减量化，大力实施升级版“9792”工程，组织召开全省绿色发展座谈会，明确年度工作要点，全面开展验收评价，组织开展“邮来已久、绿动未来”主题宣传活动；联合生态环境厅出台《关于推进邮政快递业包装绿色治理的实施意见》，积极参与全省固体废弃物污染防治专项治理，部门联合管控机制基本形成。组织开展检查847人次，约谈企业21家，立案处罚6起，绿色监管力度显著增强。到10月底，提前完成升级版“9792”工程既定目标：45毫米以下“瘦身胶带”封装比例达95%，电商快件不再二次包装率达到93%，可循环中转袋达到263.6万条，省内网络流通实现全覆盖；包装废弃物回收装置设置网点达到5211个。新能源和清洁能源车辆保有量达1066辆。朔州局研究制定《快递包装绿色治理工作台账》，依法开展专项督查，成效显著。阳泉局组织开展“绿色邮政红心向党”和“寻找绿色使者”活动，引起热烈反响。

转变职能加强自身建设，不断提升行业治理效能。持续深化“放管服效”改革。推动快递业务经营许可和年报信息查询纳入省级政务服务平台；包容审慎推进新业态监管，核发省内首张服务站经营和智能快件箱运营许可证；新增许可企业50家，顺利完成115家企业许可延续工作。高效便民推动快递末端网点备案审批。妥善处置投诉申诉，消费者对管理部门和企业有效申诉处理满意率分别达到100%和96.9%，用户体验大幅提高。大同局持续强化“12345热线”接诉即办机制，连续8个月位列驻同单位考核前十名。坚持依法治邮依法监管。全面落实行政执法“三项制度”，严格执行“双随机一公开”要求，制定印发全省系统法律顾问和公职律师管理规定，以及邮政行政处罚自由裁量规范两个办法。3名干部获得公职律师资格。编制邮政市场执法案件案由适用速查手册，切实提升办案效率和依法行政能力。深入推进邮政市场监管。积极参与贩卖快递盲盒、空包、刷单等专项治理工作，扎实开展城市自营网点提档升级活动，行业形象显著改善。吕梁局总结“兴县快递综合服务站”试点经验，推动全市188个网点完成标准化建设。聚焦行业自治，推动8个市完成快递行业协会组建。主动在山西日报公开企业申诉情况，强化舆论倒逼。全面规范集邮市场经营秩序，依法开展邮政用品用具抽检。认真做好快递业务旺季服务保障工作，阳泉局联合气象局签订合作协议，持续强化综合支撑保障。经过一年努力，全省邮政市场发展更加规范，运行更加顺畅。积极开展人才队伍培养。联合人社厅、财政厅共同推进快递员职业技能培训，争取资金132万元，完成培训4427人；快递工程技术人员评审稳步推进，新增初中级职称113人，行业人才素质显著提升。认真做好行业评选推优，3个集体和2个个人分别荣获全国邮政行业先进集体和劳动模范荣誉称号。快递单元首次纳入全省职业技能大赛，长治局选派两名快递员参赛，包揽物流服务（快递方向）项目冠亚军。加强自身履职能力建设。持续加强人才培养，连续选拔8名80后干部进入市局领导班子，年内完成2个市局副职增设，安排25名干部实现交流任职，太原局公务员集体获国家局嘉奖。舆论引导能力显著增强，山西新闻联播专题报道行业改革成就，各级地方媒体持续关注行业发展。全面落实“过紧日子”要求，预算执行更加科学，审批管理更加严格。组织开展全省统计交叉检查，强化统计数据分析应用，临汾局获评第四次全国经济普查先进集体。扎实做好督查、信访、保密、信息化、政务公开、提案议案处理等工作。

三、“十三五”成绩

2020年是“十三五”规划的收官之年。五年来，山西省邮政快递业牢牢把握正确政治方向，坚持以新思想引领新发展，科学统筹供需两侧，要素流动更加活跃，产业融合更趋紧密，市场活力进一步迸发，行业治理体系和治理能力现代化建设加快推进。

基础性战略性先导性作用更加凸显。全省行业业务总量和业务收入分别增长2.3倍和1.3倍，邮政业务收入增速超过同期国内生产总值增速的3倍以上。快递业务量和业务收入分别增长3.5倍和3.2倍，年带动经济增长超600亿元，支撑农业、制造业、电子商务等行业发展作用更加明显。

全面深化改革取得更大突破。邮政管理事业改革全面发力、多点突破、蹄疾步稳、纵深推进。双重管理体制优势持续释放，县级机构、安全中心陆续组建，邮政领域财政事权和支出责任逐步落地。法治邮政建设稳步推进，“放管服效”改革持续深化，减税降费刺激效应明显，新业态监管包容审慎纳入治理体系，发展活力持续释放。

培育形成更优发展格局。城乡发展更加均衡，快递电商协同更加充分，“两进一出”工程释放更多动能，邮政业务创新取得新进展。区域发展更加协调，太原龙头牵引作用持续凸显，市际发展日益均衡。智能快递柜和无接触配送等新兴服务模式不断涌现。

发展福祉惠及更多群众。末端网络更加健全，基层用邮质量不断提升，产业扶贫让更多老百姓鼓起了钱袋子；快递服务产品体系更加健全，个性化、差异化产品供给不断增加；服务水平显著提升，毁损率、丢失率、延误率和有效申诉率不断降低。邮政快递业发展赢得了广泛关注和赞誉。

四、快递市场存在的突出问题

发展不平衡不充分矛盾仍旧突出，劳动力成本持续加大，创新驱动明显不足，企业组织形态依旧粗放，末端网络稳定风险不断增加，安全生产形势依然严峻，绿色发展任重道远。构建新格局，畅通国内大循环，实现国际国内双循环，邮政体系必须发挥更大作用，更好助力生产方式转变、流通效率提升和消费潜力释放，更好支撑国内大市场建设，更好参与山西资源型地区转型发展，持续提升太原口岸能力，为拓展全省经济产业链条、提高供应链稳定性、增强市场活力提供支撑。线上生活、线上经济更加活跃，数字化转型加速，“六新”产业释放巨大发展空间；中等收入群体规模不断扩大，超大规模内需市场正在形成；全省新型工业化、信息化、城镇化、农业现代化快速发展，蕴藏着旺盛的投资需求；黄河流域生态保护和高质量发展等国家重大战略向纵深推进；“包裹化”“快递化”趋势明显，邮政快递业务需求频次、需求场景、需求领域不断扩展，发展土壤更加肥沃。

内蒙古自治区快递市场发展及管理情况

一、快递市场总体发展情况

2020年，内蒙古自治区邮政行业业务总量累计完成63.68亿元，同比增长26.44%，业务收入（不包括邮政储蓄银行直接营业收入）累计完成68.28亿元，同比增长19.29%；其中，快递企业业务量累计完成1.9亿件，同比增长37.12%，业务收入累计完成42.13亿元，同比增长27.87%（表7-5）。年支撑农村电商销售额超过50亿元，支撑制造业产值超过15亿元，行业在经济社会发展中作用凸显，为扎实做好“六稳”工作、全面落实“六保”任务作出了积极贡献。

表7-5　2020年内蒙古自治区快递服务企业发展情况

指　　标	单　　位	2020年		比上年同期增长(%)		占全部比例(%)	
		全年累计	12月	全年累计	12月	全年累计	12月
快递业务量	万件	19557.57	2236.08	37.12	35.95	100.00	100.00
同城	万件	2874.07	236.22	14.20	-1.92	14.70	10.56
异地	万件	16522.48	1984.07	40.98	41.44	84.48	88.73
国际及港澳台	万件	161.02	15.79	500.13	1241.49	0.82	0.71
快递业务收入	亿元	42.13	4.62	27.87	25.98	100.00	100.00
同城	亿元	3.50	0.27	11.39	-23.82	8.30	5.95
异地	亿元	20.57	2.42	20.69	23.15	48.81	52.38
国际及港澳台	亿元	0.86	0.08	122.78	147.24	2.05	1.64
其他	亿元	17.21	1.85	38.96	41.06	40.84	40.03

二、行业管理工作及主要成效

加强政治建设，全面从严治党向纵深推进。坚决有力抓好巡视整改。将国家邮政局党组第一巡视组巡视反馈的问题和全国2020年两轮巡视发现共性问题一并查纠整改，制定194条具体整改措施，组织制定完善9项管理制度，2020年底整改完成率达到97.9%。加强主体责任落实。局党组认真深入学习习近平新时代中国特色社会主义思想，跟进学习总书记系列重要讲话及五中全会精神，自觉树牢“四个意识”、坚定“四个自信”、做到“两个维护”。印发《落实全面从严治党主体责任任务清单》，实现以单明责、照单履责、按单问责。落实班子成员党风廉政建设责任，确保管人与管事相结合、抓业务工作与抓党风廉政建设相结合，加强对新提拔领导干部的廉政教育。贯彻执行民主集中制，修订《局党组工作规则》《“三重一大”事项决策实施办法》，党组领导核心作用进一步发挥。认真执行《党组成员支部工作联系点实施办法》，加强党组对基层支部的分类指导。加强干部队伍建设和作风建设。修订《党组管理干部选拔任用工作程序》，强化干部政治素质考察，注重在疫情防控一线考察识别干部。开展优秀年轻干部推荐和综合素质测试，建立系统年轻干部人才库。进一步健全完善办文办会制度，开展形式主义突出问题自查，文件制发数和会议数均比上年减少10%。紧盯重要时间节点进行廉政教育提醒，严防“四风”反弹。着力夯实统计工作，加强基础管理。全面落实国家统计局统计督察反馈意见和整改要求，开展统计执法检查。深入研究中央有关交通领域财政事权和支出责任划分改革文件精神，对自治区邮政领域财政事权改革提出意见建议。带头过紧日子，在2020年全区预算二次压减时，优先支撑基层，区局本级项目经费压减比例达28.54%,盟市局项目经费平均压减11.62%。完成快递协会脱钩工作。认真及时办理4件政协委员提案。按时保质完成区局办公楼改造回迁工作。10.4万人参与首届草原最美快递员评选活动,内蒙古局记者站连续三年荣膺行业新闻宣传优秀奖励。

疫情期间率先复工复产,确保寄递大动脉畅通。面对突发新冠疫情,全行业闻令而动、全员皆兵。邮政管理部门不忘初心、勇担使命,在全国率先将邮政快递企业防疫物资纳入各级防疫指挥部保障范围,率先将邮政快递车辆通行纳入保畅通范围,率先协调地方出台快递进小区进村(嘎查)政策,主动协调二连浩特、满洲里市政府细化跨境寄递防控措施,保障中蒙、中俄国际邮路的运行。企业全力以赴"冒疫奔忙":春节最艰难的时候,邮政顺丰京东坚守运行,确保寄递大动脉畅通;2月12日全区所有快递园区恢复运行,3月全部网点复工,全区没有发生一起快递作业过程中感染病例。5万名快递小哥共发运防疫物资1.14万吨,打造了疫情期间自治区永不中断的供给线、保障线。全行业干部职工的担当和付出得到了社会各界的高度认可,2020年各级工会看望慰问快递员累计61次、慰问品总额达87万元。全区2.8万快递员免费办理了新冠疫病保险,4588名快递员进行了免费体检,2.5万名快递员购买了社会保险或商业保险。各级防控指挥部拨付口罩17.98万个,各类消毒液3400余公斤,手套1.5万双,全部发放到企业员工手中。全区邮政快递企业共有4个集体、13名个人获得交通运输部、国家邮政局和自治区政府等省部级表彰,有44个集体和90名个人获得总公司和地方各级表彰。

着力优化营商环境,市场活力加快释放。强化立法和规划引领,完善行业发展政策。《内蒙古自治区邮政条例》修正案颁布实施,明确邮政管理部门可以在法定权限内委托依法成立的事业组织行使执法检查权,并用立法形式固化了自治区促进快递业发展的政策成果。将内蒙古邮政业"十四五"规划纳入自治区规划编制目录清单,重点项目纳入自治区规划纲要和"交通强国建设纲要"、综合交通、物流枢纽规划中。将"快递进村"工程纳入自治区党委文件,列入"十四五"现代流通体系建设任务中。全年联合自治区交通、发改、工信、住建、公安、国安、人社等多部门出台了11个促进发展、强化监管、关爱快递员群体的政策文件。深化"放管服"改革,助力企业减税降费。持续优化许可审批业务办理和公开流程,进一步精简分支机构备案手续,完成5321个快递末端网点、7家新业态企业的备案和许可手续。及时下发涉及邮政快递行业的惠企政策并帮助企业落实,全区邮政业减税降费金额总计约1.01亿元。开展邮政快递车辆高速公路通行情况摸底调查,与交通运输厅专管部门对接差异化收费政策,降费幅度从12%~50%不等。2020年内蒙古邮政快递业总计获得各类扶持资金1576.98万元,其中,乌海局争取到快递业发展专项资金、锡盟局争取服务业专项补贴、呼伦贝尔局争取交邮融合项目补贴总计275万元;呼市、赤峰、通辽、乌兰察布、巴彦淖尔共争取县级物流配送体系建设或运营补贴总计1144万元;鄂尔多斯争取到新能源车辆和快递包装补贴20万元。推动建立关爱"快递小哥"长效机制。成立快递从业人员职业保障工作领导小组。包头等8个盟市成立了快递行业联合工会,7个盟市成立了快递行业团工委。年内推动省市两级相关部门出台关心关爱快递员政策措施29项。健全服务质量联席会议制度,督促企业避免随意"以罚代管"。争取到3600人的补贴性培训名额和175.1万元培训补贴资金,全区3617名快递从业人员参加了"以工代训"和职业技能提升培训,77人获得人社厅认定的快递工程初级专业技术职称。

推动行业扩容转型,提升助力"双循环"能力。支持邮政服务创新发展。积极推进"邮快合作",全区3618个村借助合作实现快递进村。深入推进"两进一出"工程。以我区被列为全国"快递进村”试点省为契机，推动自治区党委政府出台的数字乡村发展、“互联网+”农产品出村进城、开展消费扶贫、加快发展流通促进商业消费等9个文件中，将“快递进村”作为重点任务予以推进。出台“快递进村”三年行动方案，采取“邮快合作”为主，交邮合作、快快合作等模式为补充的工作思路，一县一策推进快递进村。截至2020年底，已通快递的建制村数量6317个，建制村快递服务覆盖率达56.9%。联合工信厅印发推进快递业与制造业深度融合发展意见，培育快递服务烟草制造、食品加工、纺织服装、医药保健等示范项目26个，实现业务量765万件，带动产值22.31亿元。联合商务厅、海关优化跨境寄递环境。内蒙古邮政分公司新建的国际邮件、商业快件及“9610”跨境电商“三关合一”场地投入使用，满洲里口岸快件监管场所获批设立。加强基础设施建设。2020年西部和农村地区邮政普遍服务基础设施建设项目全部完工，完成投资1.4亿元。村邮乐购站点达到2542个，设立快递末端公共服务站3668个，布放智能快件箱27万格口。全区邮政快递企业新增处理场地9.79万平方米。

助力打好脱贫攻坚战，擦亮行业扶贫品牌。产业扶贫成效明显。持续推动快递服务与现代农业联动发展，全区邮政“一市一品”精品项目达到52个，“一地一品”超百万件项目4个。2020年11月18日，顺丰集团与巴彦淖尔市政府签订战略合作协议，助力“天赋河套”农产品物流产业链建设。12月8日，顺丰大型无人机从鄂尔多斯市至宁夏盐池运载阿尔巴斯羊肉试飞成功。积极助力消费扶贫。联合商务部门开展“双品网购节”活动。鼓励企业采取“快递+直播带货”等新模式不断拓展业务种类，全区邮政快递企业累计直接参与直播销售电商活动439次。积极吸纳农村就业，年内新增就业人数1139人。冷链快递能力得到加强。全行业已建设冷库面积2万平方米，形成800余条线路组成的全程冷链网络。涌现出内蒙古邮政“邮牧飞羊”、顺丰“牛羊鸣天下”和京东“羊帆起航，京东鲜到”等提供全程冷链解决方案的牛羊肉寄递项目。定点扶贫任务圆满完成。2020年内蒙古局在定点帮扶村实施的种公羊服务站项目为村集体增加收入3.6万元，为养殖户增加毛收入180万元。5年来行业累计投入近30万元，实现定点帮扶的贫困村128户301人全部脱贫。

持续抓好快递包装治理，凸显行业绿色发展底色。健全行业生态环保法治体系。先后5次向自治区政府领导汇报行业生态环保工作，协调自治区人大、司法厅在修订《内蒙古自治区邮政条例》中增加行业生态环保条款，实现了行业环保在自治区立法上的突破。自治区和12个盟市全部出台快递业环保治理部门联合发文，压实快递包装共治共管责任。强化行业生态环保执法。将邮政业生态环保纳入对寄递企业日常检查和专项检查范围，纳入全区快递业信用评定体系，目前已对11家违反行业环保相关规定的企业作出立案处罚。加强行业生态环保宣传。举办全区邮政业生态环保培训班、包装治理工作现场会、行业环保在线答题、表彰辖区内绿色快递标兵企业等活动，为行业绿色发展营造良好氛围。全区瘦身胶带封装率达到99%，95%的电商件不再二次包装，循环中转袋使用率达到98%，全区网点全部设置快递包装回收箱，高标准完成国家邮政局“9792”目标。

提升治理效能，守牢人民安全的“铁篱笆”。安全监管体制继续完善。呼伦贝尔市邮政快递业安全中心获批成立。通辽市邮政业安全中心在事业单位改革中人员编制增加至9人，目前已到位4人。阿拉善盟邮政业安全中心场地建设基本完成。自治区邮政业安全中心完成首批事业单位人员公开招聘。“绿盾”工程一期13个子系统中已有5个上线运行，全区459名安检机操作人员全部实现持证上岗。创新县级行业监管和社会共治。建立县级寄递渠道安全管理机制和属地网格化管理机制，全区83个旗县区成立了县级寄递渠道安全管理领导小组，77个旗县区建立了网格化企业自律管理组织，呼市、乌海、通辽、巴彦淖尔、兴安盟、锡盟、阿盟实现旗县“两个机制”全覆盖，有效推动属地管理责任和企业主体责任落实。深化寄递渠道安全整治。制定平安寄递建设方案，落实行业安全生产协调机制，健全安全生产责任制。开展邮政快递业安全生产专项整治三年行动，实施实名收寄信息异常、邮件快件“三项制度”落实等专项治理。联合公安、安全等部门做好禁毒、反恐、扫黄打非、打击侵权假冒等工作，实施行政处罚112起。不断加强市场监管。在全国率先制定《快递市场法人主体信用评定方案》《快递市场网络型总部快递企业信用评定方案》。持续开展“双随机一公开”执法检查，全面启用移动执法设备，确保执法全过程留痕和可追溯管理。全年受理消费者申诉1971件，为消费者挽回经济损失85.43万元。

三、“十三五”成绩

2020年是“十三五”规划的收官之年。“十三五”以来的五年，是内蒙古邮政快递网络构建最完善、企业实力增长最快、服务一二三产业最实的五年。五年来，全区行业业务总量和业务收入分别增长2.3倍和1.9倍，快递业务量和业务收入分别增长2.24倍和2.26倍，新增就业2万人以上，在支撑地方经济、服务社会发展方面地位作用日益凸显。五年来，全区11094个建制村全部实现直接通邮，邮政普遍服务投递频次深度、全程时限持续改善。快递专业类物流园区遍及12盟市，快递网点实现乡镇全覆盖，快递产品体系更加完善，行业服务满意度持续提升，行业公共服务水平不断优化。五年来，寄递渠道平稳通畅，全区未发生重特大安全事故，重大活动保障有力。全区邮政快递航空运能不断增强，全货机运输航线达到4条，航空腹仓合作运输航线达到148条。高铁快递取得突破，中铁快运开通呼市至北京、通辽至沈阳等5条高铁快件运输线路。全区自动化分拣设备达到137条。企业快递电子运单、循环中转袋使用率基本实现全覆盖，行业发展质效不断提升。

四、快递市场存在的突出问题

畅通国内大循环要求邮政快递企业提升服务的适配性，更好支撑生产制造、流通分配、农业产销各个环节，支撑建设强大的国内市场。促进国内国际双循环，要求骨干企业加快建设国际寄递物流服务体系，增强供应链的自主可控能力。我国有超大规模经济体优势，消费流通“数字化”“包裹化”“快递化”趋势明显，行业需求侧不断扩展、空间广阔、潜力无限。快递小哥合法权益保障和末端稳定性存在明显短板，安全绿色发展任务艰巨，国际网络、供应链、应急及冷链能力不强，常态化疫情防控增加了行业运行的不确定性，行业治理小马拉大车等。

辽宁省快递市场发展及管理情况

一、快递市场总体发展情况

2020年，辽宁省邮政行业业务总量累计完成265.0亿元，同比增长31.0%，业务收入（不包括邮政储蓄银行直接营业收入）累计完成182.0亿元，同比增长17.0%；其中，快递企业业务量累计完成11.2亿件，同比增长40.8%，业务收入累计完成131.4亿元，同比增长26.5%（表7-6）。

表 7-6 辽宁省快递服务企业发展情况

指标	单位	2020 年		比上年同期增长(%)		占全部比例(%)	
		全年累计	12 月	全年累计	12 月	全年累计	12 月
快递业务量	万件	111978.01	13853.30	40.83	47.33	100.00	100.00
同城	万件	24735.26	2356.93	18.33	7.57	22.09	17.01
异地	万件	86723.86	11464.67	49.52	62.19	77.45	82.76
国际及港澳台	万件	518.88	31.70	-14.75	-77.83	0.46	0.23
快递业务收入	亿元	131.41	14.76	26.51	32.04	100.00	100.00
同城	亿元	21.88	1.81	17.24	-0.71	16.65	12.30
异地	亿元	65.41	8.36	25.92	53.16	49.77	56.63
国际及港澳台	亿元	6.72	0.50	9.60	-36.13	5.11	3.40
其他	亿元	37.41	4.08	37.82	31.46	28.47	27.67

二、行业管理工作及主要成效

全面加强党建引领,扎实推进从严治党。理论武装工作更加规范。加强理论中心组学习,完善《中共辽宁省邮政管理局党组贯彻落实〈中国共产党党委(党组)理论学习中心组学习规则〉实施办法》,对中心组集体学习进行了规范。制定了《中共辽宁省邮政管理局党组理论学习中心组2020年学习计划》,编制《辽宁省邮政管理局学习资料》汇编,共开展集中学习10次,中心组成员撰写心得体会16篇。督促指导党员加强自主学习,不断提高政治意识、强化理论思维,把学习成果不断转化为解决实际问题、推动实际工作的过硬本领和能力。

党内政治生态不断净化。制定《中共辽宁省邮政管理局党组落实全面从严治党主体责任清单》,用制度促进了管党治党政治责任落实。制定了2020年党风廉政建设工作要点,部署党风廉政建设工作任务。接受中共国家邮政局党组第五巡视组巡视,对巡视中发现的问题,可以立行立改的已全部完成整改。对于长期坚持整改的问题,建立整改清单,将整改责任落实到具体部门,落实到责任人,确保问题整改到位。开展了政治巡察工作"回头看",逐项梳理巡察工作中发现的问题,对照问题检查整改落实情况。紧盯"四风"隐形变异问题深挖细查,专项整治效果得到巩固和深化。集中补充完善了廉政档案,从源头上防范化解腐败风险。开展了扶贫领域腐败和作风问题专项治理工作。

基层组织建设质量获得提升。继续实施机关基层党组织建设质量提升三年行动计划(2019－2021年),严格按照《中国共产党党和国家机关基层组织工作条例》《中国共产党支部工作条例(试行)》,抓好巩固提升工作。印发《关于全面推进辽宁局机关党支部规范化建设的通知》,细化评估指标,对辽宁局机关所有党支部进行了评估定级。开展"基层建设制度落实年"活动,推动了机关党建工作与业务工作深度融合、相互促进。开展了党建工作专题调研,积极推动符合条件的非公快递企业建立各级党组织,扩大非公快递企业党的组织和党的工作"两个覆盖"。

关爱从业人员和权益保障工作取得新进展。深入贯彻落实习近平总书记关心关爱"快递小哥"重要指示批示精神,印发《2020年加强快递员(投递员)权益保护工作方案》,联合团省委、安全管理部门协同推进工作。开展青年安全生产示范岗创建活动,中国邮政集团公司辽宁分公司三十家子营业所、大连顺丰速运有限公司丹东分公司等9家邮政、快递企业被国家邮政局、共青团中央认定为2019年度全国邮政行业青年安全生产示范岗,2家快递企业被认定为2019年度全国青年安全生产示范岗。联合人社厅印发《关于加强快递从业人员职业技能培训有关工作的通知》，明确“对符合条件的，发放新冠肺炎疫情防控期间线上职业技能培训补贴等五类补贴，资金由人社厅提供”，保障了一线从业人员的合法权益。

迅速有力组织行业疫情防控，“绿色通道”发挥重要抗疫作用。实现从业人员零感染。疫情发生后，辽宁局第一时间成立行业疫情防控工作领导小组，落实24小时值班制度。自除夕起一直保持战备状态，每日收集信息，动态掌握各市局、各寄递企业疫情变化。按照国家邮政局要求指导企业落实《疫情防控期间邮政快递生产作业场所操作规范建议》1~6版，分类施策，从严管控，要求企业从业人员全部配备口罩等疫情防护装备，严格执行体温检测、场地和车辆通风消毒等措施，推动企业全面实现了科学复工复产目标，在确保安全的前提下为广大消费者提供寄递服务。持续抓牢疫情防控，毫不放松抓紧抓实抓细各项防控工作，实现全省邮政快递行业未发生一起感染病例的佳绩。

在抗疫物资寄递中承担了社会责任。指导市局与相关部门联合搭建了疫情防控物资寄递平台，协调调动行业运输车辆，尽全力多方筹措所需防疫物资，以最快的速度运送至武汉。辽宁省邮政公司主动承担防疫物资运输任务，累计免费承运防疫物资6047箱(件)，为湖北武汉送去340台急需的空气净化器。在沈阳局协调下，顺丰速运成功接收从韩国进口的2万套防护服，通过顺丰包机运抵武汉。大连局积极组织寄递企业开展“救援物资免费送、上门揽收免费办、个人捐赠免费寄、捐款转账免费汇”，累计向武汉等地区发送防疫物资49307件，共计85.89吨，减免运费80.29万元。其他市局统筹协调、组织力量，确保防疫物资顺利运输到武汉，以实际行动支持了战斗在疫情防控和救治最前线的医务人员和防疫工作者。

发挥了服务保障民生作用。在疫情防控攻坚期，市民不方便出门购物的情况下，全省7.7万名从业人员全力投入到抗击疫情的阻击战中，为提供市民日常生活用品寄递服务，用实际行动为社会正常运转和人民群众的基本生活提供了保障。深入贯彻落实习近平总书记关于“让党旗在防控疫情斗争第一线高高飘扬”重要指示和中共中央《关于加强党的领导、为打赢疫情防控阻击战提供坚强政治保证的通知》精神，制定了《关于贯彻落实让党旗高高飘扬在邮政行业防控疫情斗争第一线工作方案》，联合团省委在邮政行业组建了59支疫情防控青年突击队，为坚决打赢疫情防控阻击战贡献了力量。

争取了防疫物资和政策。指导各市局向地方疫情防控指挥部争取口罩、手套、消毒液等疫情防控物资，共争取口罩36.5万个、消毒液11190公斤、酒精2665升、手套5680副，在一定程度上缓解了企业防疫物资短缺的现状。联合工商等部门印发了《关于应对疫情影响加大对个体工商户扶持力度的若干意见》，明确“在体温检测符合规定，并采取口罩防护等保护措施的前提下，允许快递员进入小区进行投递”。在交通部门的支持下，印发确保邮政快递车辆优先便捷通行服务保障民生的紧急通知，明确对执行应急物资运输任务的邮政、快递车辆落实“不停车、不检查、不收费”政策，保障邮政、快递车辆优先便捷通行，助力疫情防控。

政策环境进一步优化，法治建设不断完善。落实行业财税金融政策成效明显。转发了《关于推进邮政业落实相关财税金融支持政策　全力做好疫情防控和有序复产工作的通知》，帮助市局指导企业落实好财税金融各项政策。2020年1—9月，全省邮政业减税降费金额达到13283.93万元，是去年同期的3.6倍。

积极开展了《决定》宣贯落实工作。依据有关部门的意见对《决定》的内容进行18次修改和完善，制定了《决定》的宣贯方案和落实《决定》的工作措施，对省、市、县三级邮政管理部门工作任务进行了逐条细化。分别在《中国邮政快递报》刊登了《辽宁省人大常委会表决通过关于促进快递业健康发展的决定》和《发挥立法引领和推动作用促进辽宁快递业健康发展》的专版报道。

依法治邮工作取得新成效。制定了《辽宁省邮政管理局关于印发2020年邮政法规工作要点的通知》《2020年辽宁省邮政管理系统普法依法治理工作要点》和《2020年度辽宁省邮政管理系统普法责任清单》。落实《国家邮政局法律顾问和公职律师管理规定》，建立了辽宁局法律顾问和公职律师队伍。积极做好复议和应诉工作，作出6份行政复议决定书。出庭应诉10次，胜诉率100%。对2019年、2020年全省14个市局118本行政执法案卷开展了评查工作。

积极发挥规划引领作用。全面启动辽宁省邮政业发展“十四五”规划的编制工作。成立规划工作编制组，开展了“十四五”规划调研工作，调研组成员通过腾讯视频会议分片区召开座谈会，调研各市局“十三五”规划完成情况和“十四五”规划主要工作安排。在此基础上，形成《规划》征求意见稿并征求各市局、部分邮政快递企业和省人大代表、政协委员意见，组织专家论证会。召开审核会议对“十四五”规划初稿进行了修改完善，形成《规划（送审稿）》并报送国家邮政局。“加快邮政快递基础设施建设”纳入《中共辽宁省委关于制定辽宁省国民经济和社会发展第十四个五年规划和二〇三五年远景目标的建议》。积极参与省政府“十四五”规划编制工作，将邮政业重点工作融入全省“十四五”规划。

推动行业高质量发展取得新成绩，重点工作任务全面落实。落实了“放管服”改革新要求。严格许可审批工作，2020年全省许可申请357件，受理119件，通过37件；许可变更1026件，受理684件，通过409件。落实“放管服”改革要求，及时掌握全省仓递一体、即时递送等新业态发展情况，指导新业态许可企业按照标准要求申办许可，督导市局按照许可条件要求开展核查审批等相关工作。辽宁省菜鸟、丰巢均已取得相应许可。按要求组织开展实地核查，做好实地核查移动端应用上线使用工作。许可审批与全省政务服务一体化平台衔接，派员进驻省政务服务中心工作获得省政府肯定，运用在线服务平台深入推进“互联网+政务服务”，指导企业网上办理快递许可。

提前完成快递“两进一出”阶段目标。印发《辽宁省“快递进村”三年行动方案（2020－2022年）》，明确全省三年行动目标，截至目前，全省已通快递的建制村数量10437个，建制村快递服务覆盖率达到92.09%。积极推进“快递进厂”工程。夯实辽宁省快递与电商协同发展基础，大力支持快递企业服务电商企业和先进制造业，指导快递企业从“快递服务商”向“供应链服务商”转变，为辽宁省制造业转型升级提供多元化跨平台的综合解决方案。发挥快递示范城市示范作用，以跨境电商为主线，精准施策，全面推进“快递出海”取得扎实成效。

快递末端服务能力稳步提升。2020年，全省建成城市快递末端公共服务站3196个，投入运营智能快件箱8050组，主要品牌快递企业城区标准化网点2718个，自营网点标准化率99.5%，已建成村级服务点3909个，快递服务覆盖10437个建制村。基础设施建设发展获政策利好，《辽宁省人民代表大会常务委员会关于促进快递业健康发展的决定》明确了地方政府在快递业财权事权方面要承担快递服务末端基础设施规划、建设、维护、运营等职责，负责具体事项的执行实施，承担相应支出责任。车辆通行政策环境向好，各市邮政管理部门经多方协调，取得了地市公安交管部门对快递行业发展的支持，在不影响正常交通运行的基础上，对各市投递运营车辆通行和临时停靠给予便利。

全面实施了辽宁省“9792”工程。大力推广绿色包装和包装物减量化，引导寄递企业建立包装物回收利用体系，制定印发了《关于加快快递包装绿色治理工作实施方案》《辽宁省邮政管理局2020年行业生态环境保护工作要点》，严格按照国家邮政局“9792”工程工作要求，明确辽宁省工作目标，全面落实邮政行业生态环境保护工作。截至11月,"瘦身"胶带封装比例达90.31%,电商快件不再二次包装率达80.01%,循环中转袋使用率达91.03%,新增1847个设置包装废弃物回收箱的邮政快递网点。

切实履行了脱贫攻坚主体责任。制定《关于深入推进精准扶贫决战决胜脱贫攻坚工作的实施方案》,深入贯彻落实中共中央、国务院《乡村振兴战略规划(2018－2022年)》和《辽宁省七部门关于推进邮政业服务乡村振兴的意见》,着力开展产业扶贫、网络扶贫,助力消费扶贫。深入贯彻落实习近平总书记在决战决胜脱贫攻坚座谈会上重要讲话精神和全省脱贫攻坚会议精神及国家邮政局党组相关工作要求,联合省邮政公司共同部署开展定点扶贫工作,深入实地调研,2个年度定点扶贫扶持项目稳步推进。

有效保障了行业安全。结合安全生产专项治理三年行动,召开电视电话会议安排部署,全面统筹谋划、强化执法检查、加强应急值守,全面保障了2020年全国"两会"、"十九届五中全会"、"进博会"期间全省寄递渠道安全稳定,实现了安全生产"零事故"的目标,有效发挥了"环京护城河"寄递安全保障作用。加强《邮政业寄递安全监督管理办法》宣贯,推进落实三项安全制度。督促寄递企业严格落实寄递服务各项标准,保障营业场所、末端网点稳定运行,坚决防止出现邮件快件特别是进京邮件快件大量积压、寄递渠道中断或瘫痪等现象。成立由辽宁局领导带队的专项检查组,开展"四不两直"明查暗访,针对检查过程中发现的突出问题,要求企业及时认真整改落实。做好常态化疫情防控形势下的旺季服务保障工作,积极发挥12305申诉处理中心与市场监管工作的联动机制,有效发挥预警作用,及时干预行业异常状况。

加强了行业人才队伍建设。深化专业技术人才队伍建设,开展全省快递行业专业技术资格评审工作,共有372名快递专业技术人员通过快递网路工程、设备工程、信息工程三个专业初、中、高级职称评审,其中2人获评工程师职称,1人获评高级工程师职称。"246"工程稳步推进。印发《关于加强快递从业人员职业技能培训有关工作的通知》《关于提高全省邮政业从业人员素质的工作方案》,争取地方政府培训补贴资金468.95万元,培训12048人次,其中铁岭局争取地方培训补贴资金164.30万元,完成培训3406人次。联合省总工会、省人社厅,成功举办了"2020辽宁省邮政行业职业技能大赛",推动行业复工复产和服务疫情保障工作。营造人才发展良好环境,广泛选树典型,5个单位获"全国邮政行业先进集体"、3人被授予"全国邮政行业劳动模范"称号,有2名快递从业人员获"辽宁五一劳动奖章"荣誉。

积极履行监管职责,监督管理日益规范。加强了快递市场监督管理。开展实名收寄专项整治,重点打击虚假实名等违法行为。深入一线开展执法检查。全省开展执法检查1244家次,出动检查人员人员2815人次,发现隐患问题231起,立案67起,下达行政处罚44起,罚款12.75万元。2020年全省各级邮政管理部门将"扫黄打非"专项整治工作与日常监督检查相结合,对邮政、快递企业的营业网点、邮政报刊亭的"扫黄打非"工作落实、相关制度建设等方面进行了现场监督检查。2020年全省邮政管理部门共检查邮政营业场所853处,快递营业场所987处,全省一线工作人员签订责任书1.1万份。检查邮政企业报刊发行相关机构13处次,抽查接办目录15份次,抽查报刊亭27处。共查堵非法邮件99件,通过严格监督规范了企业的经营行为,阻断了非法出版物通过邮政业渠道流通。加强了消费者权益保护工作。2020年,全省邮政管理部门积极回应各渠道来源的民生诉求,充分发挥申诉调解职能,努力化解用户与企业间的服务质量纠纷,妥善处理疫情防控期间各类申诉问题,加急处理跨境寄递服务用户申诉案件。全年受理邮政业消费者咨询和申诉共计1.2万件,为消费者挽回经济损失250余万元,消费者有效申诉处理满意率达到99%。辽宁局申诉中心获评全国邮政行业先进集体。

筑牢根基，综合管理能力不断提升。强化了财务规范管理。深入推进辽宁省邮政领域中央与地方财政事权和支出责任划分改革工作，召开电视电话会议贯彻落实《辽宁省人民政府办公厅关于印发交通运输领域省与市县财政事权和支出责任划分改革方案的通知》，积极稳妥推进改革工作，获国家邮政局的肯定和表扬。开展审计及整改工作，对本溪等4个市局原主要负责同志开展离任审计工作，形成离任审计报告及审计整改报告4份。不断完善财务制度建设，制定《辽宁省邮政管理局经费支出管理办法》，收集、整理近年来财务文件制度，形成《辽宁省邮政管理局财务文件制度汇编》。开展2019年度预算绩效检查，并通报检查情况，有力提升全省绩效管理水平。加强固定资产管理，申请辽宁局资产报废15.94万元。

加强了行业管理队伍建设。进一步完善了市局领导班子配备，全年选拔任用市局局长2名，副局长7名。完成2名正处级干部，1名副处级干部，3名正科级干部试用期满正式任职工作。完成辽宁局管理干部职级一次、二次晋升，并指导各市局开展职务与职级并行相关工作。完成2020年度邮政管理系统公务员招录面试工作。完成2019年全省年度公务员考核工作。做好年度考核奖励与及时奖励申报工作，全省共1个集体及3名个人在2019年新中国成立70周年庆祝活动邮政业服务保障及建制村通邮等重要专项工作中作出突出贡献，受到嘉奖表彰。1名同志受到交通运输部抗疫先进个人表彰。

新闻舆论工作保持领先。进一步强化网站和政务新媒体管理，省、市局网站和政务新媒体合格率达到100%。向国家邮政局上报新闻信息1920条，国家邮政局报刊、网站和新媒体采纳586件，“一报一刊一网”分项采纳得分全部居于全国前10位，视频素材采纳得分位居全国第一，“一报一刊”订阅数名列前茅。辽宁局被评为先进记者站。编发信息简报25期，社会主流媒体“双11”和疫情期间报道邮政稿件达到195篇。

深化了精神文明建设。广泛开展向“时代楷模”其美多吉、“人民满意的公务员集体”恩施州邮政管理局、“最美快递员”汪勇学习活动，铁岭市邮政分公司被交通运输部评为“全国交通运输行业文明单位”。大力选树和宣传行业先进典型。开展“庆十一，弘扬小蜜蜂精神，为人民办实事”主题演讲比赛，大力弘扬“小蜜蜂”精神。制定“强素质做表率”主题读书活动方案，开展图书进机关、主题读书诵读系列活动，建设职工书屋，打造干部职工阅读交流平台，推动机关全员阅读，建设书香机关。制定《辽宁局机关文明办公环境评比办法》，开展文明办公环境评比活动，打造整洁、有序、文明、和谐的办公环境。

统计工作水平再上新台阶。按月完成邮政行业经济运行分析月报的制作和发布工作。开展了统计年报审核工作，制定并发布了《2019年辽宁省邮政行业发展统计公报》。按照《辽宁省邮政行业统计报表工作考核办法》按月完成对各市局的统计打分排名工作。前四个季度在国家邮政局季度考核通报中，取得平均第六名的成绩，其中第二季度考核获得全国第一。开展了统计督察整改专项行动和统计检查，完善了统计工作各项规章制度，大力强化数据质量监督和问责，提高了统计数据的质量。

三、“十三五”成绩

2020年是“十三五”规划的收官之年，五年来，辽宁邮政业坚持以供给侧结构性改革为主线，坚持新发展理念和以人民为中心的发展思想，推动邮政业高质量发展，砥砺拼搏，务实奋进，全省邮政业发生了翻天覆地的变化，取得了巨大成效，为实现建设邮政强国、促进社会稳定、经济发展、疫情防控、服务民生和脱贫攻坚等作出了积极贡献。

邮政业发展速度显著加快。到“十三五”期末，全省邮政业务总量预计完成265亿元，较

“十二五”期末增长253%，邮政业业务收入预计完成182亿元，较“十二五”期末增长137%。其中快递业务量预计完成10.6亿件，较“十二五”期末增长329%，快递业务收入预计完成127亿元，较“十二五”期末增长221%。全省邮政业向社会提供就业岗位7.5万个，比“十二五”期末新增就业岗位3万个。

服务和保障水平全面提高。到“十三五”期末，全省邮政普遍服务水平全面达到《邮政普遍服务》标准。邮政设施和服务水平方面的城乡差距缩小，达到城市普遍服务水平的乡镇所占比重，2020年末达到33.5%。邮件丢失、损毁赔偿率达到100%，全省邮政普遍服务满意度持续提升，快件延误率、损毁率、丢失率不断下降。乡镇地区邮政网点全覆盖，行政建制村直接通邮率达到100%；城镇新建居民楼信报箱覆盖达到预期目标。省内县级以上地区党报党刊当日见报率100%，农村地区3天内投递比例达到100%，乡镇及农村地区投递水平达到《邮政普遍服务》标准要求。城市快递服务网络进一步优化升级，乡镇快递网络覆盖率达到100%。

邮政管理体制改革持续深化。省市县三级邮政监管体系初步建立，形成了政府监督、权责明确、上下畅通的邮政管理体制。17个县级邮政监管机构挂牌成立，形成了“1+14+17”的省、市、县三级邮政监管体系。沈阳、大连和铁岭开原成立邮政业安全中心，进一步完善邮政业支撑体系建设。

行业法规政策体系不断完善。积极推进邮政法律法规贯彻实施，全省法规政策体系持续优化完善。《辽宁省人民代表大会常务委员会关于促进快递业健康发展的决定》颁布施行，重点破解近年来制约行业发展的突出问题，依法保障企业和从业人员的合法权益；《辽宁省人民政府关于促进快递业健康发展的实施意见》营造了有利于辽宁省快递业发展的良好环境，推动行业转型升级提质增效；《辽宁省推进电子商务与快递物流协同发展实施方案》有效提高了全省电子商务与快递物流协同发展水平。全省14个市均出台了关于促进快递业健康发展的实施意见和支持快递服务车辆通行的政策性文件，行业发展环境不断改善。

科技创新成果广泛应用。充分利用科技推动“智能+”邮政快递发展，立足于满足用户的多元需求，开发便利百姓的新产品。落实《邮政业应用技术研发指南》和国家、省内各项鼓励创新的政策措施，着力争取科技创新政策支持，推动邮政行业技术研发中心认定。聚焦邮政业由“互联网+”向“智能+”升级，紧紧围绕“智能+”六大任务，加强组织引导，加快补齐辽宁邮政业科技创新短板，加快人工智能与辽宁邮政业深度融合。引导企业充分开展科技创新活动，推动重大科技成果转化，促进全省智能快件箱推广使用，沈阳、盘锦等区域性快递分拨中心自动化分拣技术广泛应用。

四、快递市场存在的突出问题

一是快递进村缺乏区域性政策支持。辽宁农村产业水平不高。东北农村地区相关产业不发达，产业化程度和标准化水平较低。农村市场的开发能力不足，没有产业支撑，这些地区寄件需求少，运输成本高，进村难度大，快递企业缺乏搭建网络、设置网点的内生动力，稳定性得不到保障。支持政策不足。“快递进村”的实质是公共服务均等化在农村地区水平提升的重要组成部分，而公共服务均等化是需要各级政府来提供支撑的。二是劳动权益保障有待进一步提高。社会关爱程度有待进一步提升，劳动从业环境有待进一步优化。电动三轮车装载能力强又灵活，在“最后一公里”派送中成为主要的交通工具。但目前快递电动三轮车、摩托车、燃油助力车依然存在通行和停靠难问题。现行法律法规规章对三轮车通行没有明确规定，也没有电动车通行方面的国家标准，交通管理部门在实际执行中缺乏法律支撑。希望相关部门能够继续支持快递末端车辆通行，逐步规范化管理，同时在停靠、作业以及事故处理方面给予相应的便利。三是行业绿色发展方面需要系统治理。快递企业包装耗材总部统一采购,区域总部缺乏管控力度。技术支撑不足,可降解快递包装耗材价格高昂。省内缺乏生产可降解快递包装袋、胶带的优质厂家,通过组织过各品牌企业到多家可降解包装物生产企业进行调研,最终均因采购成本未能达成交易。劣质耗材泛滥,需做好源头管控。

吉林省快递市场发展及管理情况

一、快递市场总体发展情况

2020 年,吉林省邮政行业业务总量累计完成 122.2 亿元,同比增长 29.2%,业务收入(不包括邮政储蓄银行直接营业收入)累计完成 100.1 亿元,同比增长 17.5%;其中,快递企业业务量累计完成 4.5 亿件,同比增长 45.8%,业务收入累计完成 60.7 亿元,同比增长 25.7%(表 7-7)。

表 7-7　吉林省快递服务企业发展情况

指　标	单　位	2020 年		比上年同期增长(%)		占全部比例(%)	
		全年累计	12 月	全年累计	12 月	全年累计	12 月
快递业务量	万件	44693.65	4940.66	45.76	39.75	100.00	100.00
同城	万件	6625.19	612.35	15.00	7.96	14.82	12.39
异地	万件	38031.72	4325.28	53.64	46.00	85.09	87.54
国际及港澳台	万件	36.74	3.03	-75.12	-47.07	0.08	0.06
快递业务收入	亿元	60.73	6.16	25.67	18.83	100.00	100.00
同城	亿元	5.17	0.46	8.72	3.46	8.52	7.53
异地	亿元	32.70	3.33	27.73	17.80	53.84	53.99
国际及港澳台	亿元	1.56	0.11	9.66	16.74	2.57	1.80
其他	亿元	21.30	2.26	28.73	24.34	35.07	36.68

二、行业管理工作及主要成效

抓党建正行风,战斗力凝聚力不断增强。加强党的政治建设。积极推动习近平总书记关于疫情防控的指示批示精神在全行业落实到位,深入学习贯彻习近平总书记有关畅通产业循环、市场循环、经济社会循环的重要论述精神,抓好“两会”精神的宣传贯彻。全系统学习传达习近平总书记视察吉林重要讲话重要指示精神和中央重要会议精神 10 次,专题学习《习近平谈治国理政》第三卷 26 次、十九届五中全会精神专题学习 35 次,贯彻落实马军胜局长调研吉林讲话精神并制定分工方案,确保党中央、国家邮政局决策部署在全省邮政业落实到位。召开第二批“不忘初心、牢记使命”主题教育总结电视电话会议,深化巩固主题教育成果。不断强化理论武装,印发《2020 年中共吉林省邮政管理局党组理论学习中心组学习计划》,全系统开展党组理论学习中心组集体学习 75 次,开展定期议党 20 次,专题议党 43 次,党支部集体学习 537 次。组织年度党建工作培训,举办党的十九届五中全会精神专题读书班。政治生活内容不断丰富,组织党员干部参观“破晓——吉林人民革命斗争史陈列”,开展“两优一先”表彰活动。举办《中华人民共和国民法典》专题培训,深入共建社区开展志愿服务主题党日活动。坚持不懈夯实基层基础,全面推行“党建‘上下’双向述职”,严格执行民主评议、“三会一课”、党日活动等制度，开展党日活动166次。各级领导干部坚持以普通党员身份参加组织生活，共讲授党课57次。吉林局党组班子带头抓好支部联系点工作，机关各党支部与市(州)局党组织结对共建，推动业务工作和支部建设双提高。

加强党风廉政建设。制定落实全面从严治党主体责任清单，明确从严治党主体责任50项。坚持将作风建设落到实处，紧盯重要节日和时间节点，重申纪律要求。抓好专项整治及回头看工作，开展违规享受政策性住房、违规租赁使用公车及私车公养、事业单位违规招聘、职业资格证书违规挂靠和领导干部个人有关事项报告专项整治工作。注重运用“四种形态”，及时受理转办信访举报，处置信访举报案件2件，函询2人，诫勉1人。开展新任职干部集体廉政谈话14人次，举行宪法宣誓仪式。完成4个市(州)局、5名领导干部离任经济责任审计工作。定期通报违纪违法案例，组织开展纪检工作培训，专题学习《中国共产党党和国家机关基层组织工作条例》等党纪条规5部，开展警示教育3次，以案为鉴、以案促改的导向作用有效发挥。将日常监督作为抓好党风政风建设的重要手段，开展2020年重点工作督查督办，严格落实通报制度和问责机制。

加强干部队伍建设。严格执行干部选任的原则、标准、程序和纪律，提任省管干部12人次。广泛开展谈心谈话活动，党组成员累计谈心谈话37人次，解决问题25个。开展领导干部考核述职测评，注重领导班子和领导干部年度考核结果运用。严格落实领导干部个人有关事项报告制度，汇总审核22人。发挥年度考核导向作用，开展公务员年度考核。对接养老保险属地化参保工作，开展养老保险历年基金收支情况及经费需求统计测算。吉林局机关荣获省直机关建功“十三五”主题实践活动优秀组织奖，四平市局团支部荣获“全国五四红旗团支部”称号。

加强精神文明建设。开展“三看四比五带头”专项行动，成立疫情防控党员志愿者突击队，发出打赢疫情防控阻击战、实现行业发展目标倡议书，通过捐款捐物、下沉社区等实际行动参与支持疫情防控，累计出动100余人次。吉林顺丰望云北路经营分部被评为“全国交通运输系统抗击新冠肺炎疫情先进集体”，省邮政业安全中心副主任万昌、中国邮政集团公司长春市分公司快递包裹部团队长孔德平、敦化圆通快递员刘忠鑫被评为“全国交通运输系统抗击新冠肺炎疫情先进个人”。中国邮政集团公司吉林市分公司、吉林省顺丰快递有限公司白山分公司万良营业部、吉林省中通吉快递有限公司被评为“全国邮政行业先进集体”，中国邮政集团公司通化市分公司党委书记杨军辉、吉林省顺丰速运有限公司收派员苏庆志被评为“全国邮政行业劳动模范”，吉林市邮政管理局办公室主任王传华被评为“全国邮政行业先进工作者”。中国邮政集团有限公司长春市分公司李波被评为“全国交通技术能手”。中国邮政集团有限公司四平市分公司、中国邮政集团有限公司白山市分公司等4家单位获全国文明单位称号。

抓防控促复产，服务保障能力显著增强。落实防控措施。成立邮政业疫情防控领导机构，并纳入省委省政府疫情防控领导小组。深入落实疫情期间邮政快递营业场所操作规范，实行邮政业服务场所、办公场所、会议管理“三加强”疫情防控具体措施。开展全系统全行业防疫排查，加强从业人员动态监测管理。协调发改、工信等部门累计争取口罩59.5万余只、酒精消毒液1.8万升、手套4.1万副，有效解决行业防疫物资紧缺问题。妥善应对吉林市、舒兰市集聚疫情对复工复产影响，加强疫情防护，保障网络畅通。持续做好常态化疫情防控工作，有效排除潜藏风险，确保寄递渠道防疫安全。

强化服务保障。组织邮政、顺丰、京东、圆通等企业开辟“绿色通道”，累计运送疫情防控应急物资68.7万件、医药物资7吨。协调疫情防控领导小组及发改、卫健委、工信、交通等部门，将寄递服务纳入抗疫民生保障范畴。协调交通、公安等部门印发文件，将邮政、快递车辆纳入应急保障运输范围，享受绿色通道政策。联合交通等6部门印发文件，破解邮递员、快递员进小区难题，保障邮件快件“最后一公里”投递顺畅。有效化解部分地区因疫情防控造成的网络阻断、快件积压等突发事件。

推动复产达效。发挥邮政业“打通大动脉、畅通微循环”的“先行官”作用，以注重政策支持、注重协调督导、注重援助保障“三注重”为抓手，提出“六个一律”具体措施。自1月28日启动复工复产至3月23日，复工复产率达到100%。自3月起，行业发展主要指标呈现“逆势增长”态势，提前实现达产提效。

强保障推实施，发展营商环境持续优化。落实事权改革。将落实事权改革纳入重要议事日程，列为一把手工程，参与制定印发《吉林省交通运输领域财政事权和支出责任划分改革方案》，将邮政普遍服务、绿色发展、安全监管等相关细化措施、政策和重点内容纳入其中，全省获地方财政资金155.3万元，争取邮政业“十四五”规划专项资金30万元。有序推进省邮政业安全中心规范运行，沟通协调编办、人社、财政等相关部门做好人员招录、预算收支、基础保障等工作，完成7名省直事业编人员招录。9个市（州）局办公业务用房全部有效解决，合计办公面积4079平方米，完成6处办公场所的装修改造。

强化政策保障。完成邮政业发展“十四五”规划编制工作，并做好有效衔接，行业“十四五”规划首次作为重点专项规划被纳入吉林省“十四五”规划体系。邮政业发展内容分别纳入加快发展流通促进商业消费、推动“四好农村路”高质量发展、跨境电子商务、建设高质量交通强省等18个政策文件中。制定吉林省支持邮政业高质量发展若干措施、吉林省贯彻落实邮政强国建设行动纲要实施意见和吉林省邮政快递业贯彻落实高质量交通强省实施意见。做好收费公路制度改革政策配套衔接，实行优惠政策。

深化“放管服”改革。制发本系统政务服务事项目录清单。高质量通过全省政务服务事项通用目录和实施清单集中审核。依法开展“两项审批”和备案工作，完成撤销营业场所审批13项、新增营业场所备案20个、网点代办改自办20个，共备案211项。印发快递业务行政许可工作若干问题解答，有序开展许可延续换发工作，依法延续许可41件，注销、作废许可64件，累计许可企业458个。稳步开展开办服务站、运营智能快件箱许可工作。开展行政规范性文件集中清理工作。推动邮政业税收优惠、财政补贴、社保减免等政策落实，累计减税降费5718.26万元。

强服务推转型，高质量发展加快推进。推进“两进一出”工程。推进“快递进村”，通过推行交邮合作、快交合作、邮快合作、快快合作等模式，全省建设村级服务点数量达到5823个，快递服务建制村通达率达到63.24%，提前完成通达率50%以上的目标。确定吉林市为“快递进村”工程全国试点，磐石市“客运+货运”两网合一农村物流服务品牌，列入交通运输部和国家邮政局联合评审的25个农村物流服务品牌第一批公示名单。推进“快递进厂”，快递服务制造业业务量3303.36万件，累计实现业务收入9559.87万元，直接服务制造业产值6.5亿元。中通集团与长春一汽富晟集团有限公司签署战略合作协议，两年间配送汽车零部件达113万单，实现快递服务收入3700万元。推进“快递出海”。落实《中国（珲春）跨境电子商务综合试验区建设实施方案》，拓展国际网络，吉林顺丰、邮政先后开通“长春—仁川”“长春—首尔”国际货运包机邮路航线。延边邮政开通“延吉—首尔”客改货包机，延吉寄往韩国的邮件实现日日通邮。

加强基础设施建设。全省累计建成快递园区12个，入驻企业43家，实现集聚发展。京东集团吉林智能物流基地项目、长春顺丰丰泰产业园物流装备制造建设项目有序推进，顺丰二期产业园项目年度投入资金2500万元。末端投递服务能力显著提升，累计建立快递末端公共服务站627个，同比增长99.04%；累计布放智能快件箱1984组，箱递比例达到10%。辽源市局协调6家快递企业与物流企业打造进港联合分拣综合物流园区。

加快推动融合发展。推进电子商务与快递物流协同发展。深化“警邮”“税邮”“政邮”合作模式，全省建成警邮合作网点193个、税邮合作网点720个，“邮寄办”政务服务产生寄递业务量248.5万件，实现业务收入4027.8万元，为办事群众提供了便利。推进“一市一品”农特产品进城项目，邮政自营和参与配送农特产品进城总量14108.84吨，实现交易总额18944.37万元。打造“一地一品”项目12个，金牌储备项目1个，快递服务农业累计业务量751.6万件，业务收入5130.95万元，直接服务农业产值3.88亿元。

加强人才队伍建设。落实邮政业人才素质提升“246”工程，联合省人社厅印发《吉林省邮政业从业人员职业技能培训方案》，各市(州)局均与当地人社局联合印发邮政业从业人员职业技能培训方案细则，现已落实培训资金214.8万元，完成培训3804人。推进快递工程职称评审工作，在初级认定基础上，推动中、高级快递工程师人数稳步上升。联合团省委开展“快递从业青年服务月”系列活动，在疫情期间深入快递企业慰问坚守疫情防控一线从业人员，开展“寒冬见真情　关爱快递小哥”“暖蜂”等主题慰问活动60余场。

补短板强弱项，“三大攻坚战”取得积极成效。强化安全管理。成立全省邮政快递业安全生产协调领导小组，召开领导小组第一次全体会议，深入学习领会习近平总书记关于安全生产重要论述，指导行业安全生产工作。召开全省寄递渠道安全管理联席会议，健全共治共享工作机制，提升寄递渠道安全管理水平，2019年全国寄递渠道安全管理(平安建设)考核位列第三名。有序推进“绿盾”工程涉省项目实施，按时完成全省286个寄递企业(未含邮政)转运(处理)中心和重要网点视频监控接入工作。制定邮政管理部门安全生产主要责任清单，深入开展安全生产专项整治三年行动，强化全省邮件快件安全检查工作。以“消除事故隐患、筑牢安全防线”为主题，开展行业“安全生产月”活动。有序做好寄递渠道扫黄打非、非洲猪瘟防控、侵权假冒、禁毒反恐、涉枪涉爆等工作。查堵收缴非法出版物、违禁品101件。吉林局荣获吉林省禁毒工作先进集体，全系统全行业4个集体、9人荣获禁毒先锋组织、禁毒先锋和禁毒先锋志愿者，3个集体、2人荣获省“扫黄打非”工作先进集体和先进个人。开展全民国家安全教育日活动和“一盔一带”安全守护行动。联合发改、交通等12部门印发《健全吉林省应急物流体系实施方案》，完善应急管理工作机制，修订邮政业突发事件应急预案，制定4个专项预案，举办全省邮政快递业综合应急演练。积极应对台风、冻雨等自然灾害影响，妥善处置快递企业经营异常、智能快件箱免费保管期限调整纠纷等突发事件，圆满完成重大活动、重要节日和业务旺季期间寄递渠道安全服务保障任务，有力维护行业稳定。

助力精准扶贫。以加强定点扶贫、加强行业扶贫、加强消费扶贫、加强网络扶贫“四加强”为重点，深化产业帮扶，推广“寄递+农特产品+农户”产业脱贫模式，打造特色农产品“直通车”，完善贫困地区邮政快递网络，吸收和带动贫困群众就业增收、创业致富。实施“邮政在乡”工程，依托“邮乐购”站点建设持续扩大农村邮政综合服务平台规模，建制村新增邮乐购站点526个，总量达6668个。全系统5个市(州)局承担扶贫包保任务全部完成，108户贫困户全部实现脱贫。

强化污染防治。全面推进快递包装绿色治理，全年开展生态环保检查742家次，出检1791人次，下达责令改正通知26份。开展金属、特定物质超标包装袋专项治理和过度包装、随意包装专项治理。推动部门协同共治，会同省发改委、生态环境厅等单位开展联合检查。大力实施“9792”

工程，“瘦身胶带”封装比例达到95.56%；电商快件不再二次包装率达到87.47%；循环中转袋使用率达到97.79%。新增符合国家标准的绿色包装回收装置314个，符合公司内部标准的装置617个。开展“邮来已久、绿动未来”主题宣传活动，利用“3·15”、世界环境日等关键节点，宣传绿色发展理念，引导绿色用邮方式。

深排查严监管，行业治理效能稳步提升。加强邮政市场监管。开展执法检查1689次，下达整改通知书99份，立案处罚51起。做好疫情期间跨境寄递服务用户申诉处理工作。全年受理有效申诉358件，为消费者挽回经济损失95.7万元，处理满意率达100%。开展末端网点风险排查，保障基层末端网点合法权益。开展无法投递又无法退回快件处理情况专项排查整治和快递“刷单”问题排查整治。加强行业诚信体系建设，依托法人主体信用档案有序开展信用评定。开展“诚信快递、你我同行”主题宣传活动。

着力夯实基础管理。加强资产管理、审计监督、绩效管理，落实“过紧日子”思想，严控经费支出，完成预算核减任务。开展统计督察反馈意见整改工作，建立完善统计制度4项，开展专题学习21次，统计检查覆盖率14.3%，行业发展主要指标列入省政府推进高质量发展指标体系。加强网站管理和政务公开管理，公开政府信息1200余条。加强保密工作，开展保密自查自评，对保密基础设施进行升级改造。加强意识形态阵地建设，密切关注舆情，依托“一报一刊一网”和地方新闻媒体平台讲好行业故事，传递行业正能量，新闻宣传工作全国综合考核名列前茅。吉林局机关、松原市局荣获《邮政社会监督信息》杂志优秀组织奖。

三、“十三五”成绩

2020年是“十三五”规划的收官之年。五年来，吉林省邮政业深入贯彻新发展理念，推动行业改革创新发展，着力优环境、激活力、建网络、搭平台、通渠道、促协同、提能力、强监管，邮政快递业供给结构持续优化，要素资源流动活跃，产业融合日趋紧密，市场活力全面迸发，绿色安全水平显著提升，行业治理体系和治理能力现代化加快推进。

行业规模持续扩大。吉林邮政业业务总量和业务收入分别增长3.3倍和2.3倍，邮政业业务收入增速超过同期全省生产总值增速的3倍。快递业务量和业务收入分别增长4.9倍和3.6倍，快递业务量增速超过同期全国快递业务量平均增速的1.5倍。邮政业从业人员超过4万人，干线车辆和收投车辆超过1万台，年服务用户超过14亿人次。企业规模不断壮大，初步形成了3家年营业收入超6亿元、5家年营业收入超亿元的快递企业集群。

发展环境不断优化。邮政业发展重点内容连续6年写入政府工作报告，协调出台《吉林省人民政府关于促进快递业发展的实施意见》《吉林省推进电子商务与快递物流协同发展实施方案》，为全省邮政业发展提供有力政策保障。联合省软环境办、省公安厅印发《关于规范快递电动车道路通行管理的实施意见》，在全国首创从省级层面一次性解决快递末端车辆通行难题，实现末端车辆规范通行。

服务能力稳步提升。建制村全部实现直接通邮，快递网点实现乡镇全覆盖，邮政普遍服务投递频次深度、全程时限持续改善。打造“工业品下乡”和“农产品进城”双渠道，持续推动一二三产业融合发展，“十三五”期间支撑制造业产值超过25亿元，带动农产品销售超过20亿元，松原查干湖鱼项目获评全国首批“快递服务现代农业”示范基地，辽源袜业成为全省首个快递单品出港超千万级项目。

高质量发展成效明显。快递服务产品体系更加完善，延误、损毁和丢失情况显著改善。行业服务满意度持续提升，有效申诉率不断下降。绿色发展初见成效，快递电子运单、循环中转袋基本实现全覆盖。寄递安全保障有力，五年来未发生重特大安全事故。新技术新产品加快应用，人工智能、大数据、物联网等迅速普及。新业态新模式不断涌现,智能箱、服务站、即时寄递和快运等业务健康发展,有效适应商家和广大群众个性化多样化需求。

四、快递市场存在的突出问题

一是疫情防控形势依然严峻复杂,统筹抓好疫情防控和行业改革发展各项工作任务艰巨;二是邮政快递业发展仍然存在不平衡不充分的问题,完善发展理念、转变发展方式、提高发展质效的任务依然繁重;三是行业治理体系和治理能力与现代化的要求差距还不小,末端网点风险日益凸显,寄递安全形势严峻复杂,新业态监管服务有待加强;四是管理队伍自身能力和党的建设还需要不断加强,诚信文明水平、行业文化等软实力有待丰富提升等。

黑龙江省快递市场发展及管理情况

一、快递市场总体发展情况

2020 年,黑龙江省邮政行业业务总量累计完成 143.3 亿元,同比增长 25.0%,业务收入(不包括邮政储蓄银行直接营业收入)累计完成 128.3 亿元,同比增长 11.5%;其中,快递企业业务量累计完成 4.6 亿件,同比增长 29.7%,业务收入累计完成 70.1 亿元,同比增长 16.4%(表 7-8)。

表 7-8 黑龙江省快递服务企业发展情况

指标	单位	2020 年		比上年同期增长(%)		占全部比例(%)	
		全年累计	12 月	全年累计	12 月	全年累计	12 月
快递业务量	万件	45522.3	5477.6	29.7	26.8	100.0	100.0
同城	万件	7811.8	756.1	2.4	0.2	17.2	13.8
异地	万件	36708.3	4615.2	37.8	33.8	80.6	84.3
国际及港澳台	万件	1002.2	106.2	22.2	-8.7	2.2	1.9
快递业务收入	亿元	70.1	7.5	16.4	8.8	100.0	100.0
同城	亿元	6.0	0.6	-1.3	0.0	8.5	7.6
异地	亿元	35.2	3.9	9.0	0.8	50.2	52.1
国际及港澳台	亿元	3.8	0.4	0.9	-25.5	5.4	5.3
其他	亿元	25.1	2.6	38.5	37.6	35.8	35.0

二、行业管理工作及主要成效

坚持以政治建设为统领,全面从严治党向纵深推进。毫不动摇坚持党的绝对领导。树牢政治机关意识,落实全面从严治党主体责任和监督责任,把“两个维护”作为最高政治原则和根本政治规矩,始终同以习近平同志为核心的党中央保持高度一致。持续深化创新理论武装,深入学习《习近平谈治国理政》第三卷和习近平总书记最新指示精神,组织开展十九届五中全会系列学习,切实把学习成效转化为提高应对风险挑战、推动行业发展的能力。推进党支部标准化规范化建设,顺利完成省局机关党委、纪委换届工作。持续推动非公快递企业“两个覆盖”。持续推进干部队伍建设。大力推进干部交流,选派 4 名干部参与国家局专项工作。落实职务职级并行制度,优化考核评价机制,开展领导班子年度考核,注重平时考核成果运用,激励干部担当作为。开展领导干部个人有关事项报告专项整治，建立干部廉政档案制度，加强日常管理和监督。持之以恒正风肃纪。严格落实中央八项规定及其实施细则精神，坚决纠治形式主义官僚主义，紧盯重要时间节点进行廉政教育提醒，严防“四风”反弹。加强日常教育管理监督，实事求是运用“四种形态”，根据群众反映问题函询4人次，对1名同志进行批评教育，对1名同志开展诫勉谈话。开展警示教育活动月，做到警钟长鸣。对违规享受政策性住房等四方面问题开展专项整治。开展巡视巡察、主题教育等重点工作整改“回头看”。随机抽查13个市(地)局整改工作台账的65个问题，督促整改落实。精神文明建设取得新成效。积极选树先进典型，全省邮政行业2个集体获评“全国交通运输系统抗击新冠肺炎疫情先进集体”称号，3人获评“全国交通运输系统抗击新冠肺炎疫情先进个人”称号，3个集体获评“全国邮政行业先进集体”，2人获评“全国邮政行业劳动模范”称号，1人获评“全国邮政行业先进工作者”称号，1名快递员入围第四届“最美快递员”全国50强。

全力推进疫情防控和复工复产，服务经济社会发展有力有效。全省邮政管理系统紧跟党中央决策部署，让党旗始终高高飘扬在行业抗疫斗争和复工复产一线，举全省系统、行业之力打赢疫情防控攻坚战。积极争取政策支持。协调省防疫指挥部先后下发交通保通保畅和做好疫情防控期间邮件、快递收取的专项通知，疫情暴发初期全力为行业争取防疫物资，争取口罩2万只，协调购买口罩26余万只、酒精543公斤、消毒液1560公斤，联合团省委为全省6万多名快递小哥每人捐赠20只、累计超过120万只口罩。科学有序抓好复工复产。按照“四保障、三优先和梯度推进”部署安排，率先全面启动行业复工复产，组织网络会议逐地逐企推进落实，及时处置快件积压、申诉激增问题，通过媒体宣传为行业创造良好舆论氛围，各市(地)局积极协调地方有关部门疏通各类堵点。3月份全省邮政快递业全面复工达产后，行业四项主要发展指标同比增速全面由负转正，4月份以来快递业务量增速始终保持在34%以上。开展专项督导检查。省、市局同步对企业开展疫情防控查漏洞补短板大排查，累计出检556人次，整改问题86个，约谈企业负责人5次，关停网点4个，通过整改复查实现闭环管理。慎终如始做好行业自身疫情防控。及时转发执行6版邮政快递生产作业场所操作规范，推广非接触投递模式，督导企业做好进出境邮件快件处理场所、冷链运输等重点部位、重点环节消杀作业，全省行业近7万从业人员未发生因运营确诊病例，未发生群体性聚集性感染和死亡事件。

着力优化营商环境，市场活力加快释放。持续推进“放管服”改革。重点做好140家许可期限届满法人企业许可换领工作。包容审慎推进新业态监管，监督指导丰巢和菜鸟分别办理智能快件箱和服务站许可。推动完善我省高速公路收费制度改革政策，实现寄递企业运输成本总体下降。扎实推进规划工作。落实交通强国战略，牵头开展省综合立体交通网规划纲要涉邮部分研究，明确省内邮政快递枢纽布局，推进邮政行业发展与综合交通运输体系的有效衔接。坚持开门问策，加强与发改等部门沟通协调，“十四五”规划编制全面启动。推进政策落地。推动各项涉邮惠企政策落到实处，企业因此减免税费和获得补助超1亿元。深入推动快递与电子商务协同发展有关政策落实，与商务厅、省邮政分公司签订三方协议，成功为县级企业参与电子商务进农村项目争取到准入资格，联合举办“双品网购节”，成交额再创新高。密切关注企业对管理部门的评价。赴13个市(地)随机、背靠背听取企业的意见建议，掌握企业的诉求和动态，问题导向提升工作质效。

紧紧围绕主题主线，发展质效不断提升。支持邮政服务创新发展。扎实推进邮快合作，全省92.8%的建制村借助合作实现快递进村。邮政与电子商务协同发展取得重大突破，林口县邮政分公司成功中标1920万电子商务进农村示范项目。

圆满完成高校录取通知书寄递服务任务。长效推进邮政综合服务平台建设，警邮、税邮合作区县覆盖率分别达到86.61%和100%，实现与省级政务系统全对接、市级政务大厅全覆盖。黑龙江穆棱市“交通运输+邮政快递”、东宁市“交邮融合+农村电商”被交通运输部确定为首批农村物流服务品牌。推进“两进一出”工程。印发全省行业“快递进村”三年行动方案，推广快快、快交、快商等合作模式，农村地区投递快件近1.5亿件。哈尔滨大米金牌项目全年业务量超3000万件，带动销售额超9亿元。积极探索快递与制造业深度融合的思路。与哈尔滨海关签署合作备忘录，全面推动省内邮件快件通关便利化。协调商务厅延续上年对俄航空小包专项补贴政策，邮政企业全年发运对俄电商包机超百架次。加强基础设施建设。组织完成对全省普遍服务基础设施建设项目中76处网点整修、6处网点翻建“回头看”监督检查。新增村级邮政电商服务站2475个，覆盖5631个建制村。累计建成快递末端公共服务站2787个，布放智能快件箱2120组，9个城市已出台车辆通行政策。强化行业人才队伍建设。实施职业技能培训“246”工程，全年培训2228人次，已拨付补贴资金56.73万元，还有58.87万元补贴资金待审查后拨付。全年42人通过快递工程技术人员职称评审。7个市（地）局组织开展快递行业职业技能竞赛活动。切实加强快递小哥权益保障。开展快递从业青年服务月、关爱快递小哥“暖蜂行动”等活动。开展慰问活动69次，累计设立快递员爱心驿站等服务阵地782个，组织开展快递员免费体检和义诊累计覆盖4876人，为快递员群体协调公租房廉租房和子女上学资金补助取得突破。

聚焦重点精准发力，三大攻坚战扎实推进。防范化解重大风险。健全落实安全生产责任制，强化“三个必须”责任担当。深入推进平安寄递建设，成立省局平安中国建设领导小组，落实行业安全生产协调机制。开展安全生产专项整治三年行动，指导省级总部企业和市（地）局建立隐患排查、制度措施“两个清单”，进一步压实企业主体责任和行业监管责任。实施违规收寄危化品、危险活体动物和实名收寄信息异常等专项治理，持续做好寄递渠道涉枪涉爆隐患集中整治，有效打击违法寄递行为。联合省禁毒办严格管控芬太尼类物质。做好行业反恐、扫黄打非、打击侵权假冒、野生动物及制品寄递管控等工作。持续推进行业应急体系建设。积极应对灾害天气影响，妥善处置企业经营异常、末端网点不稳等突发事件，圆满完成重大活动寄递安保任务，有效保障业务旺季平稳运行。坚决打赢脱贫攻坚收官战。大力推广产业扶贫模式，邮政企业打造8个万单扶贫产品及47个扶贫能手，扶贫产品销售额886万元，“一市一品”项目带动农特产品销售1.5亿元。三个市局全面完成地方精准扶贫任务，所负责的一个村和10户农户均已脱贫出列。毫不动摇抓好快递包装治理。“9792”工程完成预期目标，推动完善绿色发展法规政策体系，推动在省邮政条例和城乡生活垃圾分类管理条例中增加有关条款。将生态环保纳入执法检查事项，全年开展执法检查315次，下发整改4份，行政处罚1例，实现了零的突破。建立健全治理工作台账，完善部门治理协作机制，开展重金属和特定物质超标等三个专项治理。新能源和清洁能源车辆保有量237辆。

全面推进依法行政，治理效能持续增强。推进立法与执法监督。全力做好省邮政条例修订前期工作。开展实地调研和多轮次、大范围意见征求，形成较完备草案，并已被纳入我省2021年内完成立法项目。邮件、快件进住宅小区获《黑龙江省住宅物业管理条例》立法保障。注重发挥法律顾问作用，降低行政风险。开展民法典宣贯和“七五”普法工作。加强邮政市场监管。全面落实“双随机、一公开”监管，落实随机抽查工作规程，开展贩卖快递盲盒、空包、刷单、乡镇网点违规收费清理整顿，规范集邮市场经营秩序，依法开展邮政用品用具抽查送检。加快推进“一企一档”信用监管机制建设。提升申诉处理能力，全年处理有效申诉1188件,为用户挽回损失181万元。夯实管理基础能力。开展重点工作督查、调研,全面掌握市(地)局各项工作动态,收集各类问题和建议42条。绥化局新成立县级安全监管机构1家。财政事权划分省级改革方案正式印发。持续做好新业态统计、行业经济运行分析研判和数据质量管理,全面落实统计督查整改要求。落实“过紧日子”要求,持续强化预算管理,保障重点工作和项目急需支出。深入开展“厉行勤俭节约、反对餐饮浪费”等活动。扎实做好督办、信访、保密、信息化、政务公开、建议提案办理和老干部等工作。

三、“十三五”成绩

2020年是“十三五”规划的收官之年。五年来,黑龙江省邮政业深入贯彻落实习近平总书记关于邮政快递业重要指示批示精神,着力优环境、激活力、建网络、搭平台、通渠道、促协同、提能力、拓海外、强监管,邮政快递业供给结构持续优化,要素资源流动活跃,产业融合日趋紧密,市场活力全面迸发,绿色安全水平不断提升,行业治理体系和治理能力现代化加快推进,全面建成与小康社会相适应的现代龙江邮政业胜利在望,也为建设邮政强国贡献了龙江力量。

地位作用日益凸显。全省邮政业业务总量和业务收入分别增长1.8倍和1倍,邮政业业务收入占黑龙江省生产总值的比值由4.2‰增至9.4‰。快递业务量和业务收入分别增长2.6倍和2.3倍。五年新增就业2.2万人以上。对一二三产业支撑更加有力,在打赢脱贫攻坚战、实施国家重大战略和服务地方经济社会发展等方面彰显行业作用,为打通大动脉、畅通微循环作出积极贡献。

公共服务不断优化。建制村全部实现直接通邮,邮政普遍服务投递频次、投递深度、全程时限持续改善。县城党报当日见报率保持稳定。快递网点实现乡镇全覆盖,快递服务产品体系更加完善,延误、损毁和丢失等问题显著改善。行业服务满意度持续位于全国前列,有效申诉率不断下降。寄递渠道平稳畅通,五年来未发生重特大安全事故,重大活动保障有力。

发展质效显著增强。枢纽功能加快形成,邮政企业和重点品牌快递企业竞相在省内投资建设园区和分拨场地。干线运输更加多元高效,高铁快递取得突破,航空快递运能不断增强,对俄电商包机架次逐年增长。配备全自动分拣系统的枢纽型分拣中心达15个。快递电子运单、循环中转袋基本实现全覆盖,绿色发展初见成效。

治理能力持续提升。加快构建与高质量发展相适应的龙江邮政快递业法规、规划、政策体系。深化“放管服”改革,不断优化市场化法治化营商环境,对新业态实行包容审慎监管,充分激发各类市场主体活力。人才队伍能力素质明显提高,基层员工权益保障持续推进,行业文化和软实力全面加强。

四、快递市场存在的突出问题

一是监管难度、履职风险不断加大。黑龙江邮政业发展基础仍然薄弱,在资源整合,与其他行业融合发展方面仍旧存在明显短板和弱项。作为末端投递大省,在行业转型升级、拓展业务种类、更好服务社会经济发展方面面临更多任务和挑战。加之传统加盟制快递企业带来的层级管理难度、其他部门和社会舆论的高度关注,在安全管理、主体责任落实、三项制度执行、提升服务水平等方面也存在着诸多问题。申诉、举报、信访类复杂案件日趋增多,相关法律法规对法定职责履行提出了更高要求,特别表现在邮政管理部门面对快递新业态、新模式应对能力还不够充分,突发事件应急管理机制还不够健全,监管手段相对单一,包容审慎的监管思路得不到充分贯彻。

二是行业发展不均衡是一段时期内亟须解决的问题。行业发展不均衡补充问题,主营全网寄递服务的传统快递企业逐渐成两极分化态势,管理机制不完善、利益分配不均衡、业务机构不合理等问题在部分快递企业越来越突显,最终导致基层网点收益过于稀薄而纷纷退出市场。地域方面,哈尔滨始终占据行业业务量收的绝对主导地位,地方特色产业难以发挥到最大效用,各个地市基本呈现"靠山吃山、靠海吃海"的状态,很难主动寻求发展变革良策。融合发展方面,快递业同质化竞争明显,合作动力明显不足,传统快递仍旧倚重寄递服务,与地方产业协同发展仍旧处于初级阶段,特别是冷链服务品牌仅有个别品牌开展。

三是大数据运用不充分,对已有政策性资源把控不足。目前市场监管系统提供的数据支撑作用已经十分明显,包括许可系统、执法系统、安监系统、信用管理系统、集邮备案系统、用品用具管理系统等,在许可、发展、服务、执法等方面均发挥了较大作用,但在数据应用方面还远远达不到预期目标,系统还需要进一步整合,源头数据采集还需要进一步规范,口径还需要进一步统一,信息化监管手段还需要真正发挥切实效用,以此来弥补监管力量的不足。

上海市快递市场发展及管理情况

一、快递市场总体发展情况

2020 年,上海市邮政行业业务总量累计完成 848.1 亿元,同比增长 10.1%,业务收入(不包括邮政储蓄银行直接营业收入)累计完成 1503.4 亿元,同比增长 10.1%;其中,快递企业业务量累计完成 33.6 亿件,同比增长 7.3%,业务收入累计完成 1428.2 亿元,同比增长 10.8%(表 7-9)。支撑网络零售额超过 5000 亿元。

表 7-9 2020 年上海市快递服务企业发展情况

指 标	单 位	2020 年		比上年同期增长(%)		占全部比例(%)	
		全年累计	12 月	全年累计	12 月	全年累计	12 月
快递业务量	万件	336330.67	35749.75	7.34	34.86	100.00	100.00
同城	万件	86795.48	7827.58	-10.38	2.54	25.81	21.90
异地	万件	235650.95	26189.51	15.59	48.99	70.07	73.26
国际及港澳台	万件	13884.24	1732.67	10.00	33.68	4.13	4.85
快递业务收入	亿元	1428.19	160.48	10.81	21.60	100.00	100.00
同城	亿元	55.85	5.19	-22.23	-6.14	3.91	3.23
异地	亿元	199.56	20.59	-0.70	22.23	13.97	12.83
国际及港澳台	亿元	123.89	15.72	51.69	73.80	8.67	9.80
其他	亿元	1048.89	118.98	12.25	18.33	73.44	74.14

二、行业管理工作及主要成效

突出加强政治建设,全面从严治党向纵深推进。毫不动摇坚持党的绝对领导,确保行业发展方向。树牢政治机关意识,印发党组落实全面从严治党主体责任清单,建立落实习近平总书记对邮政业重要指示批示精神台账,把"两个维护"作为最高政治原则和根本政治规矩,始终同以习近平同志为核心的党中央保持高度一致。学习《习近平谈治国理政》第三卷和习近平总书记最新指示精神,组织十九届五中全会精神培训,切实把学习成效转化为提高应对风险挑战、推动行业发展的能力。开展主题教育总结和"回头看"。开展"四史"学习教育和庆祝建党 99 周年"七个一"系列活动。开展快递行业党建专题调研，筹备成立上海市快递行业党建指导小组。强化党支部“三会一课”制度落实。持续加强党风廉政建设，严格落实中央八项规定及其实施细则，坚决纠正形式主义官僚主义，严防“四风”反弹。扎实开展新闻宣传和精神文明建设，积极营造行业发展良好氛围。充分用好行业一网一报一刊一信平台，积极借力中央和地方宣传媒介，讲好行业故事，发出正面声音，引导舆情方向，行业关注度和影响力持续提升。精神文明创建再上新台阶，2家行业企业获评全国交通运输行业文明单位称号，2家行业企业获评全国青年文明号。关心关爱快递小哥，切实维护小哥合法权益。发布“关爱快递小哥”倡议书、组织春运高铁专列、将快递小哥群体纳入户外职工爱心接力站服务范畴、开展“快递从业青年服务月”活动，始终做好关心关爱快递小哥工作。开发快递员专项商业保险，119家单位3129名快递员参与并获赔付金61万余元。会同市房管局和各区政府推动将快递员纳入重点行业企业一线职工公租房保障范围，已为快递员协调落实762张公租房床位。市公安局为快递车辆提供两个时段市区快速路通行便利政策。上海3名快递小哥入围全国第四届“最美快递员”50强。

全力做好疫情防控，行业基础性作用充分发挥。严格落实防控措施，努力彰显行业担当。第一时间组织行业开展疫情防控工作。制定20项检查工作要点和“6+2”制度。发布6版邮政快递业生产操作规范建议和常态化疫情防控措施指南。慎终如始做好自身防控。发挥与各级政府群防群控、联防联控机制作用。落实常态化管控要求，重点督导国际快递、进口冷链企业把牢“外防输入”关。及时有效处理顺丰小哥“密接”、浦东机场UPS员工感染等突发事件。全行业全系统人员未发生聚集性感染和死亡事件。行业7个个人、3个集体荣获省部级抗疫表彰。积极做好寄递服务，畅通经济社会循环。春节期间1300多个企业网点“不休网、不拒收、不积压”。及时开通疫情防控和生产生活物资运递“绿色通道”，共运送发往武汉医疗物资3459吨、2161车次、货运专机133架次，邮件160多万件。落实“四保障、三优先和一推进”要求，分三阶段率先有序推进行业复工复产，至三月底达到上一年年均业务量水平。多措并举服务企业，积极助企纾困解难。为企业协调解决90多万只口罩和消毒水、防护服等物资。指导推动行业落实减税降费助企纾困，助力企业减税降费逾20.2亿元。协调市有关部门印发文件，通过“临时驿站”、集中投递、开放智能快递柜等形式，破解快递员进小区难题。

发展指标持续改善，行业发展化危为机。面对疫情，科学研判，抢抓机遇，主动作为，努力化危为机，积极推进行业向前发展。1－2月，受春节和新冠疫情等多重因素影响，行业量收增速明显下滑。3月份行业复工复产达产迅速，主要经济指标逐渐企稳。4月指标全部转正。5－12月，行业运行平稳，稳中有进，稳中向好，邮政业务总量、快递业务量彻底扭转了连续十余月的负增长趋势，正增长态势得到确立，行业业务收入从一季度同比下降9.8%，到四季度实现同比增长18.3%。发展环境持续优化，行业发展如虎添翼。部市签署新一轮合作协议，明确了全面推进“快递出海”等八个重点任务。组织编制上海市邮政业发展“十四五”规划并做好衔接。智能快件箱被纳入上海市新型基础设施建设范畴。长江经济带发展、平台经济发展、服务业改革开放、新型消费加快发展、服务贸易创新发展等地方政策纳入邮政快递业内容。上海推进贸易高质量发展意见明确建设高效、绿色邮政快递跨境寄递通道平台，加快推动上海邮政快递国际枢纽中心建设，在上海国际邮件互换局设立跨境电子商务出口海关监管作业场地。包容审慎推进新业态监管，智能快件箱、服务站和仓递一体化许可取得重要进展。认真开展行政许可，五项行政审批事项全部纳入市“一网通办”平台。上海市共有快递许可企业1227家，分支机构554家，备案末端网点4721家。融合创新步伐加快，末端建设瓶颈突破。会同市住建委、房管局、商务委、规资局联发推进上海市住宅小区和商务楼宇智能末端配送设施（智能快件箱）建设的实施意见和规划建设导则，制定《上海市智能快件箱寄递服务规范》，形成推进智能快件箱建设“1+1+1”政策体系。会同市商务委、卫健委联发文件推进医疗机构智能末端配送设施（智能快件箱）建设。通过系列文件的出台，智能快件箱的公共服务设施属性和服务用房建设标准得到明确。大力推动“两进一出”工程，引导行业转型扩容提效。成立领导小组，开展专项调研，制发工作方案。“快递进村”因地制宜。开展邮快合作，推动农村投递深度开发，直投到户比例提高到79.1%，建制村投递打卡率稳定在99%以上。“快递进厂”打牢基础。重点推进汽配、医药、快消、烟草等合同物流业务，推进仓配一体化和电商订单嵌入企业生产流程服务。“快递出海”研究布局。牵头完成快递“抱团出海”发展路径和对策分析研究课题。推动将“快递出海”相关内容列入部市合作协议。

聚焦目标精准发力，三大攻坚战成效明显。防范化解重大风险，助力平安上海建设。开展行业安全生产专项整治三年行动。印发安全生产台账、安全生产管理和操作规范建议，推进行业安全生产清单式管理。充分发挥寄递安全联席会议机制，会同市禁毒办、公安局、市场监管局、上海海关加强互联网领域和寄递渠道禁毒工作，统筹做好行业“扫黄打非”、打击侵权假冒等专项工作。会同市公安局、国安局做好重大活动期间寄递渠道安全保障工作，圆满完成全国“两会”“进博会”等重大活动寄递安全保障任务，有效保障行业业务旺季生产平稳有效运行。紧抓“三项制度”落实，扎实开展涉枪涉爆隐患、违规寄递易制爆危险化学品、实名制异常、寄递野生动物、电动自行车火灾防范等专项整治。修订四个专项应急预案，及时妥善处理10起行业突发事件。打好脱贫攻坚战役，助力农村经济发展。推广“寄递+电商+农特产品+农户”的区域服务模式，培养上海十个典型项目。顺丰快递与上海马陆葡萄合作项目入选国家邮政局快递服务现代农业项目库。上海优质农品上线“学习强国”平台，推动建成1085个邮乐购站点，邮乐小店线上线下同步发展。推动优质工业品特别是快消产品下乡。各大总部快递企业纷纷开展精准扶贫，助力扶贫农产品销售。抓好快递包装治理，助力绿色上海建设。在全国率先发布《快递包装基本要求》地方标准。会同市商务委、发改委联发文件加强电商与快递绿色包装协同治理。持续落实快递包装物垃圾分类指引。将行业塑料污染治理要求纳入上海市塑料污染治理方案。开展塑料包装污染、重金属和特定物质超标专项检查。开展行业绿色生态环保工作评估。将企业环保工作开展情况纳入信用评分体系。“9893”绿色升级工程完成预期目标。

完善行业治理体系，行业治理能力得到提升。强化邮政市场监管，提高市场规范水平。依法开展日常检查和“双随机”检查，查处违法违规行为303起，下达整改通知书260件，办理行政处罚66起，停业整顿11家，罚款40.05万元。有序推进行业诚信体系建设，成立行业信用评定委员会，制定信用评定方案。做好用户申诉处理工作，全年处理有效申诉659件，为用户挽回损失352.7万元。加强干部和行业人才队伍建设，夯实行业发展基础。坚持把政治标准放在首位，注重在疫情防控和重大专项工作中考察识别干部，强化考核评价，做好干部交流培养、选拔任用工作。实施快递从业人员职业技能培训“246”工程，共培训16658人，争取地方资金补贴49.8万元。开展快递工程技术职称评审，共324人聘任初级职称，5人获评中级职称，1名高层次技术人才通过“直通车”方式获评快递工程技术高级职称，实现职称评审的政策突破。12家邮政快递企业纳入上海市人才引进绿色通道重点企业名单。

三、“十三五”成绩

2020年是“十三五”规划的收官之年。五年来，上海邮政快递业深入贯彻新发展理念，着力优环境、激活力、建网络、搭平台、通渠道、促协同、提能力、拓海外、强监管、抓发展，供给结构持续优化，产业融合日趋紧密，绿色智慧发展升级赋能，治理体系和治理能力现代化加快推进，为上海经济社会发展提供了有力支撑。

产业发展效益和民生保障功能持续增强。行业业务总量和业务收入分别增长2倍和2.7倍。5家总部在沪快递企业上市。“新冠”疫情期间，行业充分发挥了保障防疫物资寄递运输、维系社会正常运行、促进生产流通和居民消费、畅通经济社会循环的重要作用。

行业服务水平显著提升。各项邮政普遍服务和特殊服务寄递时限达到国家规定标准。乡镇网点覆盖率100%，实现村村通邮、通快递。6个行政区农村地区全面实现直投到户。国际快递产品体系不断丰富。开通海运专线，利用中欧班列，国际快递网络连通和覆盖能力不断增强。海外分拨中心、海外仓等国际快递基础设施建设不断完善。

基础设施建设取得突破性进展。全市建成投用的大型快递处理中心达到31个，总面积约150万平方米，50余条自动化分拣线。顺丰浦东机场国内分拨中心、FedEx浦东国际快件和货运中心投入运营。OCS、DHL、UPS等品牌企业入驻浦东机场西区货运站。智能末端基础设施建设加快布局，全市智能快件箱总数达到31730组，箱递率达到21%以上。

行业治理新格局加速构建。制度政策环境不断完善。建设上海市促进邮政业发展联席会议制度，出台促进行业健康发展的一系列政策。在市编办、交通、财政等部门的大力支持下，上海市邮政业安全监管事务中心成立。全面落实企业安全生产主体责任，实名收寄、收寄验视、过机安检“三项制度”有效落地。中心城区邮政快递市场网格化管理机制探索建立。创新监管方式，信息化监管应用不断拓展，执法效能进一步提高。

绿色智慧发展深入推进。行业电子运单使用率达99%以上，电商快件不再二次包装率达80%以上，45毫米以下“瘦身胶带”封装比例达95%左右，可循环中转袋使用率达92%以上，推广使用循环快递箱、共享快递盒12万个，循环使用480万次。品牌企业全链路打造信息化、数据化、智慧化应用场景，探索开展无人技术等前沿技术布局和应用。智能客服、北斗导航不断普及，人工智能、大数据、区块链加快应用。物流信息互通共享技术及应用国家工程实验室成果斐然。

四、快递市场存在的突出问题

一是国际竞争力不足的挑战。顺丰作为国内第一个收入过千亿的快递企业，收入也只相当于全球500强、全球邮政快递业排名第三的UPS的1/5。中国快递企业自有货机总计124架，而美国UPS一家就有570多架。2019年华为断供事件和去年以来的新冠疫情，也暴露出我们在国际快递供应链安全性稳定性方面存在的严重不足。在构建双循环新发展格局的大背景下，建设自主可控的国际寄递物流服务体系刻不容缓。二是来自行业自身的挑战。供给侧结构性矛盾突出，城市和农村、中高端和低端、生产和消费、国内和国际供应能力差异明显。供给的同质化引起的价格战、供给能力适配性带来的末端网点生存等内部竞争和快递小哥合法权益保障问题突出。同时，安全绿色发展任重道远，违规操作引起的安全生产事故频发。治理手段与信息化、智能化、数字化要求还有较大差距，信用监管、联合监管需要创新突破。治理能力的支撑体系还不够健全，缺少相应的科研机构。安全监管事务中心缺乏必要的运行经费、必要的设施设备。监管队伍的能力、水平与行业治理能力的要求还存在较大差距。

江苏省快递市场发展及管理情况

一、快递市场总体发展情况

2020年,江苏省邮政行业业务总量累计完成1699.5亿元,同比增长19.1%,业务收入(不包括邮政储蓄银行直接营业收入)累计完成919.5亿元,同比增长13.0%;其中,快递企业业务量累计完成69.8亿件,同比增长21.5%,业务收入累计完成708.9亿元,同比增长14.5%(表7-10)。

表7-10 2020年江苏省快递服务企业发展情况

指 标	单 位	2020年		比上年同期增长(%)		占全部比例(%)	
		全年累计	12月	全年累计	12月	全年累计	12月
快递业务量	万件	697680.5	75658.8	21.5	26.6	100.0	100.0
同城	万件	112323.2	10420.5	16.0	11.1	16.1	13.8
异地	万件	581149.5	64827.9	23.3	29.8	83.3	85.7
国际及港澳台	万件	4207.8	410.3	-27.3	-8.5	0.6	0.5
快递业务收入	亿元	708.9	72.6	14.5	18.0	100.0	100.0
同城	亿元	65.6	6.0	1.8	-3.6	9.2	8.3
异地	亿元	436.1	43.8	9.1	17.3	61.5	60.4
国际及港澳台	亿元	82.1	8.7	31.2	13.5	11.6	12.0
其他	亿元	125.2	14.0	35.9	37.6	17.7	19.3

二、行业管理工作及主要成效

政治建设全面加强,党建工作效能持续提升。牢固树立政治机关意识,不断提升党建工作效能。党建引领作用充分发挥。落实从严治党主体责任,制定《关于落实全面从严治党党组主体责任、纪检组监督责任的意见》,签订《全面从严治党责任书》。加强党对意识形态工作的领导,制定《意识形态工作责任清单》。巩固拓展"不忘初心、牢记使命"主题教育成果,开展问题整改回头看。加强政治理论学习,组织十九届四中、五中全会和习近平总书记对邮政快递业重要指示精神、《习近平谈治国理政》第三卷专题学习,开展"忠诚心向党、传承邮使命"主题活动。动员广大党员干部逆行"战疫",开展"我是党员我先上""我是干部我先上"等系列活动,涌现出一批行业抗疫先进楷模,全行业9名个人、2个集体受到部省表彰,其中苏宁快递员潘虎荣获全国青年五四奖章、江苏省优秀共产党员和全国"最美快递员"称号,无锡局刘中岳荣获全国交通运输系统抗击新冠疫情先进个人、优秀共产党员称号,省局市场处获评全省抗疫先进集体。坚持以党建带动精神文明建设,联合团省委开展快递从业青年服务月活动,联合省总工会出台《关于加强"两新"组织工会组建和快递员等群体入会工作的意见》,成立8个市级快递行业团工委、8个市级快递行业工会,出台关心关爱快递员的政策意见60份,建成3152个快递员爱心驿站,关心关爱快递员工作落到实处。组织推进省级"文明行业"创建工作,创成2个省级文明单位、8个市级文明单位。

干部队伍建设得到加强。修订《省局党组管理干部选拔任用工作程序》,制定《关于注重在疫情防控一线考察识别干部的通知》,强化领导班子和领导干部综合分析研判,突出政治标准选人用人,全年对8个市局班子进行调整补充,领导班子结构进一步优化、力量进一步增强。组织开展职级套转与晋升工作,全系统累计完成71名公务员职级套转、65名公务员职级晋升。加强干部教育培训，制定并落实2020年培训计划，省局全年举办各类培训20个，累计参加培训545人次。加强考核监督，开展领导班子和领导干部专项考核、年度考核，制定鼓励激励干部新时代新担当新作为的实施办法和省局机关公务员平时考核实施办法，开展领导干部报告个人有关事项专项整治。

党风廉政建设扎实推进。严格落实中央八项规定及其实施细则，坚决纠治形式主义官僚主义，紧盯重要时间节点进行廉政教育提醒，严防“四风”反弹。组织党风廉政建设教育月活动，围绕纪律教育、政德教育、家风教育，开展“一次党规党纪知识测试、一次警示教育、一次廉言廉语征集”。专题召开年度机关作风建设大会，完善省局机关处以上干部基层联系点制度，开展“快递进村”等乡情微调研。落实国家邮政局党组2020年巡视发现共性问题的整改。组织开展违规享受政策性住房等4个专项整治，结合江苏省实际开展邮政业消费者申诉处理工作、日常执法检查差旅补助发放、政商关系3个专项治理，对存在的苗头性问题开展集中治理。实事求是运用“四种形态”监督执纪，依法依规处理信访举报12件、转交市局办理3件，2人受到党内警告处分。

疫情防控成效显著，营商政商环境持续提升。把疫情防控放在突出位置，围绕夺取“疫情防控和行业发展”双胜利目标，同步推进科学防控和有序复工。疫情防控严密高效。疫情就是命令、防控就是责任。新冠疫情发生后，省局党组第一时间制定并下发《关于进一步加强疫情防控期间邮政业安全生产工作的通知》《维护疫情期间邮政业稳定工作方案》，动员全系统、全行业落实疫情防控措施。面对“战疫”初期医疗防护物资紧缺的情况，各级邮政管理部门积极行动、主动作为，为寄递企业协调解决防护口罩、防护服、测温计、消毒液等防疫物资，其中防护口罩达54万只，为做好行业疫情防控打下了坚实基础。在疫情防控最紧张的时刻，各级党员干部“逆行”而上、深入一线，督查指导疫情防控工作，促进了各项防控措施落实到位，全省行业始终保持新冠疫情“零感染”。复工复产全省率先。在加强疫情防控的同时，全省系统切实提高政治站位，把推动复工复产、保障民生需求、促进经济社会秩序正常化，当作压倒一切的中心任务。省级层面及时下发邮政快递业复工复产保畅通的指导意见，推动简化行业复工复产程序，明确行业车辆通行、防疫物资保障等相关支持政策。各级邮政管理部门积极争取地方党委政府的支持，推动出台本地邮政快递业复工复产、投递末端规范通行等政策意见，切实解决寄递企业返岗人员住宿难、租房难、投递难等难题，确保了邮政业在疫情期间率先复工复产，累计承运防疫口罩3872万只、防护手套4600万副、防护服22万套、医疗器具18万套，为疫情防控和促进经济社会秩序正常化发挥了重要的保障作用。各类政策有序落地。深入推进中央与地方财政事权划分改革工作，省政府办公厅出台了《江苏省交通运输领域财政事权与支出责任划分改革方案》，各地市的对接、沟通、落实工作稳步推进，全年争取到地方资金近2000万元。推动《国家邮政局关于推进邮政业落实相关财税金融支持政策，全力做好疫情防控和有序复产工作的通知》在江苏落地实施，认真梳理全国性、省内相关财税金融支持政策，制定《邮政业相关财税金融政策清单》，组织专题宣贯，帮助企业熟悉申报条件、申报流程，指导企业做好重点保供补助项目申报等工作，全省行业累计享受税费减免5.6亿元、就业补贴2058万元，获得专项资金支持8953万元，20家企业纳入省级疫情防控重点保供企业名单，为寄递企业提供了良好的营商政商环境。

高质发展成果丰硕，行业运营质态持续提升。围绕高质量发展目标，坚持以供给侧结构性改革为主线，把推动落实“两进一出”作为重点工作。指导体系逐步完善。制定出台全省邮政业高质量发展实施意见，对标省情、聚焦业情，同步研究制定评价指标体系和评价办法。快递业发展被纳入省政府对设区市高质量发展考核指标体系，成为其中1项个性化指标，进一步强化对行业高质量发展的引领和指导。启动《江苏省"十四五"邮政业发展规划》编制工作。"两进一出"力度加大。快递"进村"方面，开展专题调研、召开"交邮合作""邮快合作"座谈会和现场会，出台《深化交通运输与邮政快递融合推进城乡物流服务一体化发展实施方案》，修订农村物流示范县（市、区）评分标准（2020版），快递直投率成为江苏农村物流示范县（市、区）验收标准。全省快递"进村"步伐不断加快，南通海门的交邮合作、徐州沛县的快快合作、徐州邳州的快商合作和镇江、扬州、盐城、宿迁等地的邮快合作等"进村"模式成效初显，邮政、顺丰实现建制村服务全覆盖，"通达系"建制村直投率达到80.36%，累计实施"快递+现代农业"重点项目29个，其中徐州和沭阳花木、连云港紫菜和海鲜、泰州调味料5个项目获评全国金牌项目。快递"进厂"方面，联合省工信厅出台了《关于促进邮政快递业与制造业深度融合发展的实施意见》，明确两业在交流合作、信息互联等8个方面的重点任务，全年实施"快递+制造业"重点项目88个，完成快递业务量4.5亿件、实现业务收入38.2亿元。快递"出海"方面，各地结合产业特色和区域优势，围绕推进跨境电商和跨境寄递协调发展，积极推动形成地方政府重视、相关部门支持、符合本地实际的"出海"之路。目前，跨境电商"9610"出口商品包裹在苏州高新区综保区跨境电商监管区已通关、苏满欧商业渠道成功开启，无锡市"金匮通"平台为寄递企业提供境外市场服务，连云港国际邮件交换局正加快建设，全省推动快递"出海"的步伐进一步加快。绿色邮政成效显著。省级层面出台《关于推进绿色产业发展的意见》《关于进一步加强塑料污染治理的实施意见》，将行业生态环保纳入城市治理总体格局，统筹指导快递包装污染治理。积极推进绿色试点工作，组织苏州、无锡、徐州开展试点，首批12个网点、3个分拨中心纳入试点范围。持续推进快递绿色园区建设，苏南快递产业园、东海电商物流产业园获评2020年省级示范园区。扎实推进"9991"工程，省内主要品牌寄递企业45毫米以下瘦身胶带封装比例达99.1%，电商快件不再二次包装率达98.4%，循环中转袋使用率达98.3%，城市邮政快递网点基本实现包装废弃物回收再利用装置全覆盖，超过国家邮政局设定年度目标。

行业管理规范有力，风险防控水平持续提升。围绕提升行业治理体系和治理能力现代化水平，不断深化改革、优化机制、固本强基，促进行业运营平稳有序。深化放管服改革。推动全省邮政业行政权力事项标准化建设，落实行政审批"一张清单、一个标准"。出台《江苏省邮政行政委托执法办法》，完成省邮政业安全中心的委托执法事项，全省受托执法单位28家。全面推广邮政普遍服务营业网点分等分级监管，进一步提升普遍服务监管的实效性。依法开展快递业务经营许可审批，受理许可申请258件、变更申请146件、延期换证申请222件、注销（作废）申请232件。按照包容审慎原则开展新业态监管，核准菜鸟驿站、丰巢魔格等从事快递经营业务，新业态许可准入工作进入常态化。强化执法检查。组织普服网点达标检查、乡镇网点专项检查、机要通信监督检查，检查邮政营业场所1181人次，下达责令整改通知书45份，行政约谈2次，实施行政处罚5起，罚没总额3.68万元。全省机要专线干线邮路实现全覆盖。开展高考录取通知书、巡视类专用信箱专项检查。持续推进"扫黄打非"进基层，建设标准化"扫黄打非"工作站，相关做法得到国家邮政局意识形态责任制专项检查组的肯定，全国"扫黄打非"工作简报刊登江苏省的主要做法和工作成果。加强快递市场监管，出动执法人员1.18万人次，实施执法检查5175次、检查单位5073家次，下达责令整改通知488件，作出行政处罚决定305件、罚没金额232.07万元。加强行政执法跨区域协作，向外省移送案件3个，接受外省移送案件2个。强化行政执法监督指导，组织行政执法案卷评查，依法审理行政复议案件，共受理行政复议申请2

件、行政诉讼3件。确保寄递安全。出台《全省邮件快件寄递安全治理“清风2020”行动方案》，有序推进末端网点、涉枪涉爆、危化品等7方面专项治理行动，1个集体、2名个人在全省“打击整治枪爆违法犯罪专项行动”中被表彰，省局市场处获全省“安全生产月”活动先进单位。深入开展打击虚假实名行动，持续跟踪快递员自寄件及身份信息异常情况，处罚未落实实名收寄制度的行为25起，实名寄递信息化率稳定在99%以上。加快推进“绿盾”工程等信息化平台建设，全省414个转运中心或重要网点接入视频联网，接入率达100%。初步建成全省行业应急指挥系统，12个市局完成语音、视频会议通话、监控中心项目，行业运营秩序管理和风险防控能力进一步增强。

民生服务明显改善，寄递服务质量持续提升。始终坚持以人民为中心的发展理念，把优化寄递服务、提升群众用邮体验作为努力方向。服务载体进一步健全。推动落实邮政服务用房、智能信报箱、智能快件箱等建设管理的意见，智能信报箱列入江苏省新版《住宅设计标准》。积极推进、共同参与住宅小区邮政服务用房、智能信报箱的规划、建设和验收，新增智能信报箱格口近4万个。省内主要智能快件箱运营企业建成或使用的智能快件箱3.8万组、格口482万个，快件箱投率达13%。深入推进快递网点标准化建设，首次开展标杆网点建设，全年建成省级标杆网点44个。淮安航空货运枢纽建设取得实质性进展，顺丰、中通全货机货运航线相继开通。末端服务进一步优化。全省已建成村级快递服务点1.26万个，建制村快件收发更方便、更快捷。开展邮政普服代办网点专项整治，推动普遍服务标准落实到位，解决外部形象差、着装不规范、业务不会办、设备不齐全等问题，全省代办网点由28个降至8个。继续深化警邮、政邮、税邮、法邮合作，实现设区市全覆盖，其中警邮、政邮合作还实现了县（市）全覆盖。服务监督进一步加强。全面落实快递服务警示制度和江苏区域总部管理办法，对4家企业分别给予红色、橙色、黄色警示。切实加强申诉处理，处理有效申诉1370件，为消费者挽回经济损失487.8万元，消费者对申诉处理工作满意率达97.1%。

基础管理逐步加强，支撑保障能力持续提升。围绕增强行业运转支撑保障能力，大力实施“678”“616”行动计划，进一步做强基层基础工作。完善监管支撑体系。持续推进县级机构建设，新增12个县级机构，县级机构总数41个，县（市）覆盖率76%，县局运行率达88%。支撑机构事业编制人员到位率71%，比上年末提高18个百分点。支撑机构在强化行业监督管理、推动行业政策落地、促进地方经济发展、加强行业队伍建设等方面发挥了重要作用。实施人才强邮战略。以“616”行动计划统筹推进快递员队伍建设，印发《关于进一步强化快递队伍建设若干措施的通知》，联合省人社、财政部门出台《江苏省快递从业人员职业技能提升行动实施方案》，全年完成培训2.16万人次，争取地方财政资金补贴1127万元。推进快递工程专业职称评审工作，全年1036名快递工程专业技术人员通过职称评审。快递职业技能等级认定机构达到6家；成功举办快递员职业技能竞赛和职业院校快递专业技能大赛两个省级一类赛事，新增1所院校为全国邮政行业人才培养基地，有2所院校参加快递运营职业技能等级试点考核，省邮政行业教育集团在推进产教融合、促进学生就业、参与技能培训等方面发挥了积极作用。全省有5名干部职工荣获全国邮政行业劳动模范荣誉称号，7个集体荣获全国邮政行业先进集体荣誉称号。强化基础管理工作。全面加强系统财务管理，落实过“紧日子”的要求，持续加强对市局财务工作的督导和考核评价工作。贯彻《江苏省邮政管理系统档案管理办法》，完成人事档案整理和电子数据化工作。加强经济运行分析和统计工作，按季度召开经济运行分析会议，出台《邮政行业统计管理办法》《关于防范和惩治统计造假、弄虚作假责任制规定（试行）》，相关工作在全国性会议上作经验介绍。严格控减会议频次、规格、规模和发文数量,会议数、发文数同比分别下降 50%、29.7%。强化新闻宣传和舆论引导工作,行业新闻宣传工作继续走在全国前列。

三、"十三五"成绩

2020 年是"十三五"规划的收官之年。回顾五年来的奋斗历程,江苏邮政快递业以习近平总书记对邮政业的重要指示批示精神为指导,以贯彻省委、省政府和国家邮政局党组的决策部署为己任,以推动行业高质量发展为目标,抢抓机遇绘蓝图,统筹推进谱新篇,全省行业规模、发展质态、服务水平、创新能力等方面实现了新的跨越,为经济社会发展发挥了重要的推动作用。

基础保障作用显著增强。五年来,邮政业对全省经济社会发展充分发挥了基础性保障作用:行业年业务总量由 663.7 亿元增长到 1699.5 亿元、年均增长 26.5%,年业务收入由 463.3 亿元增长到 919.5 亿元、年均增长 18.7%,业务收入占地区生产总值的比重由 0.6%提升到 0.9%;新增就业岗位超过 8 万个;实施"快递+"项目 867 个,带动工农业产值约 4500 亿元;支撑实物类商品网络零售交易 1 万亿元,为促进经济社会发展作出了积极贡献。

网络营运能力显著增强。五年来,全省邮政业服务网络、服务设施更加健全:普遍服务邮政营业场所达 2364 个,快递服务网点达 2.12 万个,村邮站(农村便民服务站)1.5 万个;建成 28 个快递物流园区,省际大型快件处理中心共计 46 个;航空运输网络全国领先,全货机服务范围有效覆盖全国 26 个省(区、市)和 5 个以上国家;铁路运输网络快速发展,次晨达、高铁极速达等业务相继启动;中欧班列运输邮件快件取得突破,为构建现代化邮政快递体系奠定了坚实基础。

创新应用能力显著增强。五年来,全省邮政业推广应用新技术、新模式、新业态步伐不断加快:累计专利申请数超过 126 件,软件著作权注册数 51 件,建成 1 个全国邮政业技术研发中心;技术应用持续推进,枢纽型分拨中心自动化分拣设备配置率达 100%,手持终端全面普及,无人机、无人车得到初步应用;共同配送、多式联运、仓配一体、即时递送等新业态新模式不断涌现;监管信息化水平大幅提升,大数据监管模式有效应用,建成 1 个省级和 4 个市级快递业监管平台,行业步入高质量发展快车道。

民生服务能力显著增强。五年来,全省邮政行业把提升服务民生能力放在首要位置:邮政普遍服务标准落实到位;快递"三进"工程成效明显,建成社区快递服务中心(公共服务站)超过 1 万个,投入运营智能信报箱、智能快件箱约 4.5 万组,格口超过 500 万个,全省高校基本实现快递规范收投;在全国率先实现"乡乡有网点、村村通快递";全省 13 个设区市全部实现快递电动三轮车规范通行;普遍服务、快递服务申诉处理满意度稳定在 95%以上,居省内公共服务前列。

四、快递市场存在的突出问题

一是改革创新力度有待进一步加大,特别是邮政监管方式、绿色环保工作、末端建设和稳定等方面还要进一步研究和探索;二是政策供给体系有待进一步健全,中央与地方财政事权划分、电商与快递协同发展等政策意见还需进一步跟踪落实;三是"两进一出"推进力度有待进一步加大,特别是"进厂""出海"方面还有很多工作要做;四是系统治理能力有待进一步提升,市级安全中心、县级机构发挥作用在各地还存在不平衡性,新业态监管的力度、信息化监管的水平仍需提升等。

浙江省快递市场发展及管理情况

一、快递市场总体发展情况

2020年，江苏省邮政行业业务总量累计完成4310.9亿元，同比增长35.7%，业务收入（不包括邮政储蓄银行直接营业收入）累计完成1267.2亿元，同比增长14.1%；其中，快递企业业务量累计完成179.46亿件，同比增长35.3%，业务收入累计完成1070.6亿元，同比增长17.3%（表7-11）。浙江省占全球包裹量的份额达到12%左右，规模已与美国相当；浙江省占长三角三省一市快递业务量的58%，快递业规模继续保持在长三角区域的绝对引领地位；全年支撑实物商品网络零售交易额超2.2万亿元，为全省经济社会全面复苏、实现半年正、三季红、全年进作出了积极贡献。

表7-11　2020年浙江省快递服务企业发展情况

指　标	单　位	2020年		比上年同期增长（%）		占全部比例（%）	
		全年累计	12月	全年累计	12月	全年累计	12月
快递业务量	万件	1794621.1	213823.3	35.3	42.7	100.0	100.0
同城	万件	188904.3	17409.3	10.3	-10.3	10.5	8.1
异地	万件	1566940.6	191539.0	38.7	49.8	87.3	89.6
国际及港澳台	万件	38776.2	4875.0	51.6	87.4	2.2	2.3
快递业务收入	亿元	1070.6	112.4	17.3	12.2	100.0	100.0
同城	亿元	75.7	6.8	-0.3	-16.7	7.1	6.1
异地	亿元	616.7	70.1	11.3	24.2	57.6	62.4
国际及港澳台	亿元	209.2	20.2	72.7	65.1	19.5	18.0
其他	亿元	169.0	15.3	4.3	-34.6	15.8	13.6

二、行业管理工作及主要成效

以纵深推进从严治党为核心，强化政治建设对行业发展的全面统领。深入贯彻习近平总书记重要指示批示精神，推动党建责任落实到位。全面学习贯彻习近平总书记对邮政快递业重要指示批示、在浙江考察时的重要讲话精神。印发《贯彻落实习近平总书记近期对邮政业系列重要指示批示精神的实施方案》和《浙江省邮政管理系统认真学习贯彻习近平总书记在浙江考察时重要讲话精神的通知》，组织全体党员干部以支部为单位，开展“对标‘四个能不能’、建设‘重要窗口’话担当”大讨论，用习近平治国理政重要思想武装头脑，组织全系统党员干部结合工作实际，学深悟透《习近平谈治国理政》第三卷的思想内涵，学懂弄通“坚持和加强党的全面领导”的根本要求和“坚持以人民为中心”的发展思想。省局党组印发《推进浙江省非公快递企业党组织建设的指导意见（试行）》，明确了属地管理、分类指导、重点突破、梯次推进的原则，提出了三步走的目标，积极推进党的组织全覆盖。目前已经完成全省非公快递企业党建工作梳理排查。义乌成立全省首个快递行业党委，嘉兴海宁成立快递行业协会党支部，绍兴行业非公党建工作获中组部调研组充分肯定。通过机关党建、系统党建和行业党建的三管齐下，着力推动党的政治建设在全省邮政快递业落地生根。

大力推进基层党建三年行动计划，强化党风廉政建设和纪检监察工作。按照驻部纪检组的工作要求，坚持抓早抓小、防微杜渐，在全系统通报典型案件，常态化开展系统警示教育，推进清廉文化建设；紧盯权力集中、资金密集、资源富集的重点部门和关键岗位，深化运用监督执纪“四种形态”，强化对权力运行的制约和监督，加强对重点部门和关键岗位的监督，健全和落实廉政风险防控机制。强化纪检机构监督职责，强化基层党组织日常管理责任。严格落实中央八项规定及其实施细则要求，紧盯重要时间节点进行廉政提醒，严防“四风”反弹。深化领导干部年度履职廉政集体谈话、新提任干部任职廉政谈话和重要节点干部廉政提醒谈话，全年共开展廉政集体谈话 3 次。针对个别干部在个人事项报告、疫情防控及复工复产和安全监管工作不力等情况，分别对 19 人次进行了提醒谈话。

全面落实关心关爱快递小哥重要指示，大力实施人才强邮战略。省局党组印发《关于深入推进习近平总书记关爱“快递小哥”重要指示精神工作落实的实施意见》。联合省总工会起草行业联合工会实施意见。加大对工资薪酬、福利待遇、人身疾病保险等相关权益保障落实。省局联合团省委开展 2020 年快递从业青年服务月活动等爱心服务。推动实施快递从业人员职业技能培训“246”工程，联合省人社厅、财政厅印发《2019－2021 年浙江省快递从业人员职业技能培训方案》，成立省行业人才工作专班，在各企业的积极配合下，全年完成培训逾 2 万人。认真开展 2020 年度快递行业高级工程师职务任职评审工作，全省 11 个地市实现中评委全覆盖，全年新增 25 名快递行业高级工程师。出台《浙江省邮政管理局 2020 年人才工作要点》，积极对接省委和杭州市委人才办，将获得浙江省技术能手的快递小哥李庆恒和全春艳纳入“杭州高层次人才分类认定系统”，享受购房补贴 100 万元等地方人才政策。全省行业 1 人获得“全国青年岗位能手”称号，6 人获得“省级青年岗位能手”称号，9 人次获得“浙江省技术能手”和“浙江金蓝领”荣誉称号，成为浙江省快递人才培育的丰收年。

健全完善干部选拔任用机制，着力提升内控管理水平。省局党组始终坚持“能者上、平者让、庸者下”的干部选拔任用原则，用工作实绩作为选拔干部的重要标准，制定《中共浙江省邮政管理局党组管理干部选拔任用工作程序》，认真把握动议、民主推荐、考察、讨论决定、公示、任职等关键环节，不断提高干部选拔任用工作规范化水平。全年共选拔任用 4 名市局正职、5 名市局和派出机构班子成员、4 名处级干部，完成 7 名干部的试用期满转正。深入贯彻落实习近平总书记“过紧日子”指示精神，探索预算绩效管理“浙江模式”，进一步压实项目绩效监控管理职责，高效管好项目经费。在财政部浙江监管局的大力支持帮助下，指导各市局完成养老保险预算编制，做好 2021 年度预算衔接，全力解决干部的后顾之忧。加强重点工作督导，通过《重点工作督察专报》对重点事项办理情况进行每月追踪和通报，共印发通报 9 期。加大对行业发展、对经济社会和民生服务贡献的宣传报道力度，充分发挥省局官网和官微的宣传阵地作用。建立与新华社浙江记者站、浙江卫视、浙江日报、钱江晚报等主流新闻媒体的信息沟通。组织召开新闻发布会、新闻通气会、“快递小哥节”等活动，持续宣传弘扬行业正能量，赢得社会各界的广泛支持与认可。

以“两进一出”工程试点为抓手，坚持快递业高质量发展路线不动摇。行稳致远，全省上下高位谋划系统推进。2019 年底，在国家邮政局的高度重视和关心支持下，浙江省获得首个快递业“两进一出”工程全国试点。2020 年初，省委袁家军书记在全省“两会”上明确提出“要加快培育数字产业集群，积极发展平台经济、共享经济、体验经济和快递经济”，这是浙江在全国首次提出要发展快递经济。4 月，省委又专门对快递业“两进一出”工程全国试点进行了动员部署，提出要加快建立与“买全球、卖全球”相适应的全球寄递服务体系。在省局的强力推动下，省政府办公厅印发《关于开展快递业“两进一出”工程全国试点的实施意见》，明确了试点工作的主要目标、保障体系和实施路径。省交通强省建设领导小组办公室相继印发《关于建立省快递业“两进一出”工程全国试点工作推进机制的通知》和“进村”“进厂”“出海”三个具体工作方案，在以省长为组长的交通强省领导小组的领导下，明确由副省长刘小涛为召集人，省发展改革、经信、财政、交通运输、自然资源、商务、邮管、民航等13个部门和单位负责人为成员，形成了“强省办”与“快递办”的共促格局。

一年来，省委、省政府关于数字经济发展、消费扩容提质、农业农村建设、制造业转型发展、产业链基础再造、跨境电子商务发展等一系列文件均将“两进一出”的内容作为重点任务纳入其中，形成了省政府牵头、各地各部门齐力落实的试点推进氛围。从全省看，杭州、温州、湖州、嘉兴、绍兴、衢州、舟山、丽水等8个市政府已印发“两进一出”工程实施方案。为推动试点工作进一步纵深推进，省局(“快递办”)在2020年上半年又增设三个工作专班，分别由省局局领导任专班负责人、省局业务处室和省有关厅局责任处室负责人为副组长及成员，一年来已分别召开了五次专班会议。

2020年底，省委印发《浙江省国民经济和社会发展第十四个五年规划和二〇三五年远景目标建议》，其中明确提出“实施快递业‘两进一出’工程”等重点内容。至此，“两进一出”工程突破两年试点期限，真正成为浙江省委省政府一项长期性、战略性工程，为更好实施快递业“两进一出”工程拼上了最为重要的一块政策“拼图”。

百花齐放，有序引导快递“进村”模式和路径。在快递“进村”工作上，省局始终坚持“一花独放不是春，百花齐放春满园”，不拘泥于单一模式、单一载体，而是因地制宜，先后引导梳理了8类进村模式，通过布点、织网、联动等路径，在自建网点和派送进村的基础上，加强交邮合作、邮快合作、快快合作、快商合作、快供合作、快农合作、快站合作、快交合作，并将快递“进村”纳入全省乡村振兴考核，形成快递进村工作合力。目前全省908个乡镇共设立3390个快递网点，18470个建制村已通快递的达到17612个，覆盖率为95.35%。与此同时，锚定三大攻坚战目标任务，全力服务乡村振兴，深入开展“一地一品”“一县一品”农特产品进城项目，培育超千万件项目数1个，超百万件项目数8个，超十万件项目数33个。做好行业助力精准脱贫工作，累计服务贫困户481户。持续推动快递与现代农业联动发展，评选出银牌项目5个，铜牌项目12个。农产品进城和工业品下乡双向通道得到进一步完善提升，全省农村地区年度快递业务量达到36亿件，带动农业产值超过600亿。其中宁波宁海“标准引领、信息助推”和绍兴柯桥“交邮供销融合发展”入选交通运输部首批农村物流服务品牌名单；丽水市“快递+茶叶”项目被国家邮政局授予“2020年快递服务现代农业金牌项目”。

融合共赢，深入探索快递“进厂”有效路径。省局始终将快递“进厂”作为促进双循环，提升产业链、稳定供应链的重要任务和抓手，深入贯彻国家邮政局、工业和信息化部《关于促进快递业与制造业深度融合发展的意见》精神，引导快递企业与制造企业深化产业协作，协同产业布局。省局与省经信厅签订《推进制造业和快递业融合发展的战略合作备忘录》，明确了“工业互联网+快递”“装备制造+快递”“企业码+快递”等七方面重点合作事宜，积极推动开展入厂物流、“仓储+配送”一体化、“订单末端”配送、“区域性供应链”服务、“嵌入式电子商务”等快递“进厂”代表性项目。全省范围内涌现出一大批先进“进厂”模式，例如，形成以服务宁波雅戈尔、方太等企业为代表的“快递+龙头企业”；以服务绍兴诸暨袜业和湖州织里童装等企业为代表的“快递+产业集聚区”；以服务台州水晶光电等企业为代表的“快递+高新技术产业”等典型示例。目前，在全省869个小微企业园中，快递入驻数为857个，占比98.6%。全年带动就业4.9万余人，带动消费品制造业产值逾2900亿元。菜鸟供应链、百世物流等8家企业入选2020年浙江省物流新业态新模式发展试点名单。

蓄能提质，创新谋划快递“出海”物流通道。2020年以来，省局以建设自主、可控、高效的国际快递网络为目标，提出了建设“五网”叠加全球网络的工作目标，积极搭建“海、陆、空、铁”全方位畅通的国际物流体系。在国家邮政局高度重视下，2020 年 5 月 11 日，省局获批在浙江自贸区实施国际快递业务经营许可审批事项权限的整体下放。省局主动对接地方海关，推动杭州、宁波、温州、义乌等航空快件“绿色通道”建设。持续跟进圆通嘉兴机场建设项目。探索实施“借船出海”工程，宁波浙江旭日国际货运代理有限公司首次实现快件以集装箱海运方式出口，正式打通邮路海运通道；嘉兴环洋国际速递在美国洛杉矶、越南河内等地设立转运中心并建设境外属地网络，积极探索连通亚欧的卡班国际干线运输线；义新欧实现“6 个首发”，逆势增长，2020 全年突破 1399 列，同比增长超 200%；顺丰华东航空枢纽新增美国西海岸航线，全货运航线进一步拓展。在全球航空业大面积停航、客机腹舱几乎熔断的情况下，省内快递企业通过全货机、专用全球仓以及智能清关系统，提供了稳定的进出口履约解决方案，并协助联合国世界粮食计划署等多个国际组织开展全球应急支持。在省局积极争取下，“国际快递智能骨干网”建设被纳入浙江省政府《中国(浙江)自由贸易试验区深化改革开放实施方案》重点项目，明确提出搭建快递智控服务平台，实施快递出海计划，在境外关键节点组建境外自主分拨体系，支持快递物流企业在《区域全面经济伙伴关系协定》(RECP)区域市场和中亚、欧洲、北美等重点国家和地区开展本地网络建设，探索推动快递物流指数成为全球航运物流风向标。2020 年全省跨境快递业务量完成 3.88 亿件，同比增长 51.6%，创历年新高。

科技驱动，全面提升行业绿色发展水平。全省行业瘦身胶带已使用率达到 93.2%，82.3%电商快件已不再进行二次包装，循环中转袋使用率达到 90.5%，全省设置的包装废弃物回收装置超过 8000 个。省局会同省发改委和省生态环境厅编制《进一步加强塑料污染治理的意见》实施方案，会同省经信厅制定《大力推动绿色产品有效供给工作任务清单》，加强邮政快递行业塑料包装治理和绿色包装供给。印发了《关于开展快递包装绿色产品认证工作的实施意见》，在桐庐开展相关试点工作。与包装生产企业开展科技研发、标准制定以及信息系统互联等合作，鼓励企业借助大数据、人工智能，在环保包装材料、纸箱制作新工艺、胶带分离技术、智能打包算法等方面研发新产品和新技术。持续推进网点智能化建设，强化 ITM 等智能设备布放，试点上线自助设备交易流水无纸化功能，不断提升消费者用邮体验。全面推进全省行业生态环保“371”工程，即“3 项主要任务、7 项具体抓手、1 个总体目标”，从源头管控、完善法制、信用管理、共建共治等多个途径入手，探索建立全省快递绿色包装产业联盟，结合全国快递业生态环保综合试点城市、“无废城市”建设，努力推进行业绿色发展。

以省域邮政业现代化治理为主线，推动全省邮政管理工作再创新格局。慎终如始，有效形成防控达产两手硬工作格局。省局自疫情防控开展伊始迅速启动二级应急响应。一手抓疫情防控，成立工作领导小组并列入省疫情防控领导小组生活生产保障组成员，部署指导全省各级邮政管理部门成立相关应急指挥机构，形成了政令畅通、执行高效、纪律严明的全省行业疫情防控“一盘棋”工作格局。全省邮政管理系统和行业未出现确诊病例。一手抓复工达产，充分运用精密智控指数这一“指挥棒”和寄递复工五色图这一“指向针”，2020 年 2 月 5 日，省局出台了支持企业疫情防控和复工复产的“浙八条”举措。2 月 10 日，省疫情防控领导小组办公室出台了《关于邮政快递业复工保畅通的指导意见》，在全国率先从省级层面为省内邮政快递行业全面复工提供了“硬核”政策支持，得到了国家邮政局马军胜局长、刘君副局长的批示肯定。15 位市县党委政府领导主动调研邮政快递企业，解决难点，打通堵点。至 3 月下旬，全省邮政企业、快递企业复工率和人员返工率均全部达到 100%。与此同时，全省行业积极争当疫情防控最美"逆行者"，运输防疫物资超235万件，配送各类民生必需品超6亿件。省局为全省邮政企业、快递企业争取到通行证1.28万张，口罩配额12万只/天。其中，杭州在全国率先宣布行业复工复产；衢州在全省率先开办校园教科书寄递服务并得到推广。在全省疫情防控表彰大会上，省局机关两名干部分别获得"浙江省担当作为好干部"和"浙江省抗击新冠肺炎疫情先进个人"。省委书记袁家军在讲话中专门予以点赞，称"快递小哥起早贪黑，风雨无阻。正是他们的敬业与勇敢，赤诚与担当，共同维护了社会的正常运转，他们都是平凡中创造奇迹的英雄。"

固本强基，积极推进行业立法规划体系建设。按照加快建设形成"一湾两带三级四区六核立体化"的全省快递空间格局思路，组织开展全省快递物流空间布局规划课题研究，在研究的基础上，基本完成了《浙江省快递产业（邮政业）中长期专业规划》的编制工作。加速推进《浙江省快递业促进条例》立法工作，成功列入《浙江省人大常委会2021年立法计划》中的Ⅰ类项目。积极推进《"十四五"浙江省邮政业发展规划》编制工作，制定工作方案并完成初稿编制，目前正在系统内部征求意见。推动出台《浙江省交通运输领域财政事权和支出责任划分改革实施方案》，涉及邮政业建设发展，以及与省市县三级机构履职能力的相关内容均取得重大突破，得到国家邮政局马军胜局长和赵民副局长的批示肯定。邮政快递业被纳入全省现代化交通"九大要素"，浙江局成为仅有的2个被授予"浙江省交通强国建设试点单位"的厅局之一。省政府出台的《浙江省推进高水平交通强省基础设施建设三年行动计划（2020－2022年）》明确全省邮政快递业将新建重大项目24个，新开工建设2个，行业新基建加快实施。义乌成为全国首个获得"中国快递示范城市"称号的县级市；宁波成功通过"中国快递示范城市"复评并获市财政2100万元专项资金支持；桐庐建成中国快递物流装备物资集中采购交易中心，年交易额达101亿元，招引快递产业项目43个，总投资额195亿元。特别是，一年来省委省政府及省相关厅局印发的，涉及邮政快递业发展建设相关文件达到305份，全省行业发展的政策环境塑造达到了前所未有的高度。

强化合作，全力保障寄递渠道安全稳定。深化邮政快递业安全综合治理，联合省人民检察院、省公安厅印发《关于在预防和打击寄递毒品犯罪工作中加强协作配合的若干意见》，与省国安厅签署备忘录，建立工作专员联署办公机制，与省公安厅签署《深化邮政快递业反恐怖工作战略合作协议书》，建立反恐工作专员互派机制。印发《浙江省邮政快递业安全监管智控指数制度》，根据寄递企业主体责任落实情况、执法检查情况、负面评价、正面评价四个维度安全情况，进行分级分类动态管理。全面落实党政领导干部安全生产责任制规定，加大日常现场检查和视联网巡查频次，切实提升行业重大风险识别、隐患识别和处置响应能力。紧盯"三项制度"落实，加强零散用户交寄物品验视把关力度，围绕"涉枪涉爆""涉危涉毒"物品，开展专项整治。金华局联合市森林公安局建立打击非法寄递野生动物及其制品行为协作机制。省局制定印发《2020年度安全、执法工作考核实施细则》，建立"日巡查、周通报、月分析、季评价、年考核"五项管理措施，梳理"责任、问题、目标"三张清单，进一步强化安全工作目标管理责任制。全省各地累计开展安全检查14474家次，作出行政处罚294起，其中以《反恐法》处罚22起。全省系统圆满完成全国"两会"、党的十九届五中全会、第三届中国国际进口博览会等安保任务。各地新业态试点工作推进顺利，杭州智能快件箱人脸识别实名制寄件，绍兴人脸识别寄件，以及宁波、金华、台州进浙邮快件落地抽检机制试点等，均取得较好成效。

惠民惠企，努力提升人民群众用邮体验。组织邮政服务质量检查，开展乡镇营业场所专项整治行动。组织开展邮政代办网点专项治理行动，超额完成代办改自办目标达225个,全省1758个邮政营业场所实现自办,自办率达到94.5%。持续推进末端公共服务平台建设,推动末端公共化、平台化、集约化发展。目前全省已建成智能快件箱4.12万组,箱格口数达到376.5万个,建成快递末端公共服务站3875个。其中丰巢、溪鸟等项目纳入2020年省促进消费十件实事重点建设项目。督导全省企业做好首次申诉处理,提高消费者申诉问题的一次解决比例,提高申诉处理质量,目前浙江省百万件申诉率均低于主要省(区、市),约为广东的50%,江苏的29%,上海的33%。通过开展"三服务"为抓手,指导帮助解决中小微加盟商疫情期间出现的经营窘境,全力推动复工复产和相关减租、减息、减税、减费、减支政策的落地实施。全省邮政管理系统共开展"三服务"308次,争取到各类税费、保险等优惠总计约4.83亿元。通过高效的寄递服务,为浙江省电商、制造、贸易、金融等企业节约物流成本近900亿元。积极做好邮票印制销售监督检查,有序开展机要通信检查,始终保持"扫黄打非"工作高压态势,调整优化社会监督员队伍,认真做好快递业务经营许可审批,确保邮政普遍服务和行政服务水平稳中有升。

迎难而上,全面提升行业支撑体系建设。积极落实国家邮政局党组关于推进邮政管理系统机构建设的决策部署,印发《关于加快推进2020年度市级邮政业安全中心和县级邮政管理机构建设工作的通知》,进一步加强机构设置工作推进,实行市级安全中心、县级机构设立情况月度通报制度。全省各市局知难而进,突破重重阻力,实现了市级安全中心全覆盖(11个)。县级机构总数增加到47个,占全省90个县(市、区)的52%。嘉兴、湖州实现县级机构全覆盖,温州、宁波、台州成效显著,衢州、舟山取得突破。积极推进浙江省邮政业智能监管平台建设和绿盾工程建设,通过信息化手段督促企业落实企业品牌统一管理和企业安全生产的主体责任。动态监测企业安全生产管理开展情况,结合绿盾视频联网等信息化手段,实现行业安全生产管理"形式检查"线上化,强化协议用户备案信息化管理,最大化减少对企业正常生产经营的影响。全省视频监控点位已完成率达到100%。省局联合省统计局研究发布了全国首个快递活跃度指数报告,通过产业实力、业务规模、服务经济、服务质量、发展能力和发展潜力等6个一级指标和16个二级指标的变化方向和程度,真实反映全省邮政快递业对全国行业的引领维度、消费潜力的助推深度、上下游关联产业的贡献力度。通过回归分析,全省快递业务收入每增加1元,将带动网络零售额增加7.8元,消费品制造业总产值增加2.68元。中国政府网对指数发布情况进行了转载宣传。

三、"十三五"成绩

2020年是"十三五"规划的收官之年。五年来,浙江省邮政快递业深入贯彻落实习近平总书记关于邮政快递业重要指示批示精神和国家邮政局党组、省委、省政府的工作部署,着力优环境、聚活力,搭平台、建网络,促协同、提能力,拓海外、通渠道,强监管、保安全,邮政快递业供给结构持续优化,要素资源流动日渐活跃,产业融合共进愈加紧密,寄递市场活力全面迸发,绿色安全水平不断提升,行业治理体系和治理能力现代化加快推进,基本建成与小康社会相适应的邮政快递业,为加快邮政强省建设夯实了基础。

地位作用日益凸显。十三五期间,全省行业业务总量和业务收入分别增长2.8倍和5.3倍,邮政行业业务收入增速超过同期浙江省国内生产总值增速的3.2倍。快递业务量和业务收入分别增长4.7倍和2.8倍。年均支撑实物商品网络零售额超1.36万亿元,年均带动消费品制造业产值超过2130亿元,对一二三产业支撑更加有力,在打赢脱贫攻坚战、实施国家邮政局和省委省政府重大战略等方面取得一批重要成果,为打通大动脉、畅通微循环作出了积极贡献。

公共服务不断优化。建制村全部实现直接通邮，邮政普遍服务投递频次深度、全程时限持续改善。快递网点实现乡镇全覆盖，快递“进村”率实现大幅度提升。快递服务产品体系更加完善，延误、损毁和丢失等问题显著改善。行业服务满意度持续提升，有效申诉率不断下降。寄递渠道平稳畅通，五年来未发生重特大安全事故，重大活动保障有力。

发展质效显著增强。充分发挥全国快递业创新发展策源地和消费互联网高地优势，服务全省数字贸易中心建设，推进快递业与制造业的“两业”融合。努力探索快递经济和智慧寄递新业态，形成浙江省数字经济新的增长极。快递电子运单、循环中转袋基本实现全覆盖，绿色发展初见成效。

治理能力持续提升。加快构建与高质量发展相适应的邮政快递业法规、规划、政策、标准体系。深化“放管服”改革，不断优化市场化法治化国际化营商环境，对新业态实行包容审慎监管，充分激发各类市场主体活力。支撑体系建设取得突破性进展，人才队伍能力素质明显提高，基层员工权益保障持续推进，行业文化和软实力全面加强。

四、快递市场存在的突出问题

内外形势日趋复杂给行业高质量发展带来更大挑战。统筹疫情防控和行业发展成为常态，世界百年未有之大变局中行业不确定性骤然加大。行业发展不平衡不充分矛盾仍然突出，行业持续向好的基础尚不稳固；快递小哥合法权益保障仍不到位；末端稳定性存在明显短板，部分基层承包区、网点经营还比较困难；寄递安全制度落实任务艰巨；行业污染防治，绿色发展的压力依然很大；企业高端供给能力不强，国际网络、供应链、应急及冷链能力不强……这都是浙江省行业在新发展阶段必须破解的重大课题。我们要切实增强忧患意识，坚定必胜信心，善于攻坚克难，推动全省邮政快递业稳中有进、进中求优、实现更高质量发展。

安徽省快递市场发展及管理情况

一、快递市场总体发展情况

2020 年，安徽省邮政行业业务总量累计完成 608.43 亿元，同比增长 38.0%，业务收入（不包括邮政储蓄银行直接营业收入）累计完成 273.73 亿元，同比增长 20.2%；其中，快递企业业务量累计完成 22.0 亿件，同比增长 42.5%，业务收入累计完成 175.0 亿元，同比增长 26.5%（表 7-12）。新增社会就业近万人，支撑农村产品网络零售额累计超 1000 亿元。

表 7-12　2020 年安徽省快递服务企业发展情况

指　　标	单　　位	2020 年		比上年同期增长（%）		占全部比例（%）	
		全年累计	12 月	全年累计	12 月	全年累计	12 月
快递业务量	万件	220228.19	25512.79	42.50	51.18	100.00	100.00
同城	万件	25191.03	2578.86	6.64	3.85	11.44	10.11
异地	万件	194210.24	22869.40	49.34	60.93	88.19	89.64
国际及港澳台	万件	826.93	64.53	−5.02	−64.42	0.38	0.25
快递业务收入	亿元	174.99	19.38	26.45	27.58	100.00	100.00
同城	亿元	13.72	1.52	−0.25	−4.28	7.84	7.84

续上表

指标	单位	2020年		比上年同期增长(%)		占全部比例(%)	
		全年累计	12月	全年累计	12月	全年累计	12月
异地	亿元	104.84	10.74	25.25	24.17	59.91	55.41
国际及港澳台	亿元	8.28	0.94	36.70	-5.53	4.73	4.88
其他	亿元	48.15	6.18	38.09	56.20	27.52	31.88

二、行业管理工作及主要成效

党建基础不断夯实,扎实推进全面从严治党。 全面落实管党治党责任。通过开展党组理论中心组学习、邀请专家授课等多种方式,深入学习党的十九届五中全会精神和习近平总书记考察安徽重要讲话精神。深入开展“三个以案”警示教育。全力配合和支持国家邮政局党组巡视和选人用人专项检查工作,认真梳理制定巡视整改工作方案,全面做好整改落实工作。扎实开展违规享受政策性住房等四个方面问题专项整治工作,常态化开展节假日廉政提醒。坚持党建引领推进业务发展,重点聚焦行业突出问题,深调研、查问题、细研究、强举措、补短板。

持续优化干部队伍建设。统筹用好职务和职级晋升两条并行通道,发挥制度的正向激励作用,调整21名省局党组管理干部任职,晋升职级39人次。加强干部教育培训、管理考核监督和关心关爱,积极选派干部参加国家邮政局、交通运输部等组织调训,有序开展干部交流挂职工作。贯彻能上能下要求,加强“一报告两评议”和年度民主生活会督导。

着力加强精神文明建设。广泛开展形式多样的文明创建活动,省局机关连续四届荣获省直文明单位,连续三年荣获效能建设考核先进单位。淮南局荣获全国文明单位,省邮政业安全中心先后获评省直机关文明单位等多项荣誉,省邮政行业职鉴中心荣获2019年安徽省劳动竞赛先进集体。12个市局获市级文明单位称号。六安寄递业“平安信使”志愿服务大队等4家单位获评首届全国邮政行业青年安全生产示范岗。全行业多集体多个人获省、市级荣誉表彰,展现了良好精神面貌。扎实开展精准对口扶贫。省局协调5.3万元资金帮助对口帮扶村修缮农田水利工程。局机关开展主题扶贫活动,帮助贫困户增收。各市局继续加大人力财力支持,通过就业培训、行业帮扶等措施积极助力脱贫攻坚。

不断强化行业新闻宣传。充分利用政府门户网站、行业报刊、微信公众号和地方主流媒体,积极宣传报道全省邮政管理工作成绩和邮政快递业改革发展成效,讲述行业好故事、传播行业正能量,提升行业软实力。夯实阵地建设,按季度组织开展全省邮政系统政府网站普查,在国家邮政局一至四季度网站检查中,全系统网站满分率为79.69%,位居全国前列。借助地方媒体平台,为行业发展营造良好的舆论氛围,呼吁社会各界关心关爱快递小哥。省局主要领导率队上线安徽广播电视台“政风行风热线”栏目,与广大听众连线交流,宣传行业政策,倾听群众呼声,回应群众关切。利用好行业一报一刊两网宣传平台,全年,省局网站发布政务信息1362条,《中国邮政快递报》《快递》杂志及国家邮政局网站采用全省系统各类稿件349条。学习强国平台多次推出安徽邮政快递业发展专题报道,省局连续三年被授予“先进记者站”荣誉,省安全中心微信公众号关注量近14万人,行业对外形象和影响力进一步提升。

全力以赴抗击疫情,服务经济社会稳定发展。 严格组织落实疫情防控措施。为严格实施疫情防控期间邮政快递生产作业场所操作规范,较好地落实“外防输入、内防反弹”的要求,省局先后下发21个文件通知,对做好行业寄递服务、保障防疫物资运输、“战役速递”复工复产打卡等工作进行安排部署。同时，加强邮快件处理场所等重点部位疫情防控，切实保障人民群众生命安全和身体健康。全省快递业无一人感染新冠肺炎，未发生一起群体性感染事件。

全力保障防疫和民生物资运递。春节期间，邮政、顺丰、京东3家寄递企业“不打烊”，10余家主要品牌快递企业在第一时间开辟防疫物资运输寄递“绿色通道”，对寄往武汉地区的捐赠物资提供免费运输服务，多次完成驰援湖北等重点疫区的防疫物资运输任务。同时，全力保障民生寄递需求，在全省范围内推广定点收寄、定点投递、智能箱投递、预约投递等模式，确保米面粮油蛋等居民生活必需品寄递畅通。疫情发生以来，全省邮政行业累计承运疫情防控物资3966吨，发运车辆2088辆次。

科学有序抓好行业复工复产。严格落实寄递企业“六个一律”措施，精心谋划推进复工复产。为行业复工复产争取政策支持，省局联合商务、交通等多部门印发保障邮政、快递车辆通行文件4份，从省级层面切实解决邮政快递车辆通行、末端投递难题。全力做好服务支撑，在省市疫情防控工作领导小组的支持下，省市两级邮政管理部门积极作为，为企业解决防护物资、人员用工、恢复生产等方面实际困难，累计帮助寄递企业协调口罩95万个。

慎终如始做好常态化疫情防控。指导企业按照邮政快递业生产操作规范建议规范操作。重点聚焦进口冷链食品，通过加大检查频次等方式督促企业落实投递规范，做好进出境邮件快件处理场所、冷链运输等重点部位、重点环节消杀作业，严防疫情通过寄递渠道输入风险。全省邮政行业安易递“战疫速递”复工复产打卡实现全覆盖。行业的担当作为得到各级领导的高度赞誉和社会的充分认可，分管副省长批示肯定邮政快递业抗疫成绩。多单位、多个人分别荣获全国交通运输系统抗击新冠肺炎疫情先进集体和先进个人称号。

积极培育发展动能，行业发展实现质效双增。重大项目建设增资扩容。合肥市环状快递产业园持续扩容加码，主要品牌快递企业纷纷增资扩建。中通皖北、安庆分拨中心，圆通皖南区域总部、顺丰铜陵分拨中心等项目正式投入运营。亳州、巢湖、马鞍山韵达智慧物流产业园、顺丰区域性航空货运枢纽设施项目将开工建设。全省快递园区总占地面积超过7300亩，计划投资额约165亿元。产业融合程度更深、智能操作水平更高、寄递服务能力更优、带动就业范围更广、快电集聚发展更强、供应链更加稳定畅通的服务网络初步形成。

行业科技创新智慧赋能。配合国家邮政局完成北京主机房迁移工作，合肥灾备中心正式投入使用。扎实推进“绿盾”工程建设。建成省市两级共8个安全监控中心，顺利完成安检机试点项目，36台安检机成功连接上线。视频联网项目16个地市服务器均已安装完毕。应急指挥和融合通信项目已实现国家、省、市三级连通，马军胜局长、刘君副局长和何树山副省长在省监控中心现场连线市局。加速新技术应用，全省共建成全自动分拣处理中心达14个，快递物流园区内使用全自动分拣设备41套，主要分拨中心全部实现自动化分拣。指导邮政企业在全国率先采用“光敏+红外线感应”技术集成开发“智慧邮筒”，覆盖率达90%。积极对接科大讯飞，协助国家邮政局开发智能申诉系统。芜湖南陵全国快递科技创新试验基地建设成效显著。

行业利好政策落地落实。省委、省政府高度重视行业发展，快递业务量指标首次写入省政府工作报告，两项工作被列为省政府年度重点工作，分管副省长两次批示肯定邮政快递业发展成效。省委、省政府印发《关于加大政策调节力度促进经济持续健康发展的意见》，新建住宅小区和旧城改造将智能信包（快件）箱等快递末端设施纳入配套设施建设工程。积极争取省、市财政对行业的扶持资金，切实帮助企业解决实际困难。全年全省邮政快递企业共享受各种税费减免超过2亿元。争取保留了普服运邮车辆高速免费通行政策，每年节约通行费约1300万元。

产业融合发展提质增效。深化电子商务协同发展，圆满完成“双品网购节”寄递服务和安全保障工作，快递支撑网上零售额和跨境电商交易额不断增加。持续推进快递服务现代农业金牌项目建设，六安茶叶入选第二批全国快递服务现代农业金牌项目。目前全省共有快递服务现代农业项目39个，拉动就业人数13.6万人，带动农业总产值119.1亿元。快递服务制造业项目52个，支撑产值约60亿元。全面助力精准脱贫，继续开展好“一市一品”项目，打造出砀山酥梨、黄山茶语、金寨香菇3个千万级扶贫农产品项目，带动近3万名贫困户增收。

坚守初心勇担使命，重点工作任务全面落实。有序推进“两进一出”工程。加快推进“快递进村”，印发《安徽省“快递进村”三年行动方案》。以邮快合作为突破口，指导省邮政公司与12家品牌快递企业安徽区域总部签订《邮政快递合作下乡进村战略框架协议》。截至2020年底，全省10148个建制村已实现快递服务进村，覆盖率达68.24%，超额完成年度目标任务。有序推进“快递进厂”，联合省经信厅印发《关于促进快递业与制造业深度融合发展的实施意见》，推进“快递进厂”示范园区建设。优化“快递出海”布局，首列中欧国际邮政专列开通运行，积极指导合肥、芜湖国际邮件互换局建设，国际快件货运能力进一步提升。

筑牢行业绿色发展根基。坚决落实习近平总书记关于快递包装绿色治理重要指示精神，落实国家邮政局绿色发展“9792”工程，印发《2020年行业生态环境保护工作要点》，部署开展快递包装违法行为专项执法。截至2020年底，全省寄递企业使用瘦身胶带封装比例达95.21%，电商快件不再二次包装比例达95.19%，循环中转袋使用率达96.43%，设置符合标准包装废弃物回收装置的邮政快递网点达5000个，超额完成全年工作目标。各市局通过微信公众号、抖音等新媒体，开展形式多样的快递绿色包装线上线下主题宣传，营造“绿色用邮、人人有为”的良好氛围。

夯实行业安全生产基础。部署开展邮政快递业安全生产专项整治三年行动，深入开展重点领域安全风险隐患排查治理。坚持预防预备和应急处置相结合，强化行业应急处置，联合多部门举办全省邮政业安全应急演练。修订完善省级邮政业应急预案，《寄递企业风险管控基本规范》地方标准获批立项。成立行业应急救护总队，督促企业加强专兼职应急救援队伍建设和应急物资配备。开展实名收寄执法专项行动，共检查企业960家，出动检查人次2113次，发现问题数量55个，立案28起。加强督查检查和隐患排查，联合公安、国安等部门开展易制毒化学品、野生动物等专项检查，及时通报、督办进京“问题件”查处情况。圆满完成党的十九届五中全会等重大活动时期寄递渠道安全保障和业务旺季服务保障工作。获评国家邮政局寄递渠道安全管理平安建设（综治工作）先进集体、省政府安全生产和消防工作先进单位等荣誉称号。

加强从业人员权益保护。深入贯彻落实习近平总书记关心关爱快递小哥的重要指示精神。稳步推进非公党组织和群团组织建设，实现市级快递企业非公党组织、行业工会全覆盖。淮南市快递行业党支部荣获安徽省“双比双争”先进社会组织党组织称号。联合多部门开展“快递从业青年服务月”活动，开展一系列关心关爱活动，6000余名“快递小哥”获赠意外伤害互助保险，省局争取省总工会拨付10万元慰问一线快递小哥，合肥、滁州、亳州、宿州、淮北等市局联合市工会、共青团等部门看望慰问一线“快递小哥”。大力弘扬“数百万快递员冒疫奔忙”行业精神，积极推荐选树行业先进典型，8人荣获国家级荣誉，30人获省部级荣誉称号。实施快递从业人员职业技能培训“246”工程，全年争取财政资金860.9万元，完成培训8076人次。深入推进快递职称评审工作，安徽省快递工程高级专业技术资格评审取得零的突破。推进快递从业人员继续教育，成功举办了全省生态环保与邮政快递业创新发展高级研修班。

法治建设不断完善，监管能力水平持续提高。 强化机构队伍建设。持续推动县级机构建设，全年共新增9个县级机构配套事业单位，全省县级邮政监管机构达28个。执法能力建设，组织县级邮政事业机构人员参加省政府行政执法资格认证考试，共41人取得省政府执法证。地方立法取得新进展，《蚌埠市快递设施管理办法》正式实施。

科学谋划“十四五”。配合国家邮政局、省政府签订《关于加快安徽邮政快递业高质量发展战略合作协议》。争取25万元省财政专项资金，启动省邮政业“十四五”规划编制工作。鼓励市局争取地方财政资金单独编制邮政快递设施专项规划，目前合肥、芜湖、阜阳、六安等4市邮政业“十四五”规划及邮政快递设施规划纳入市规划体系，并争取地市专项规划资金近200万元。

持续加强市场监管。继续实施“双随机、一公开”监管，开展邮政市场监管检查和寄递渠道安全联合督查，完成对全省16个市全覆盖。2020年，全省邮政市场监管实施行政处罚117起，处以罚款146.59万元。开办服务站、智能快件箱两项新业态快递业务经营许可顺利在安徽省落地，完成200余家企业许可延续换领工作。深入开展快递“空包”“刷单”等违规问题专项整治，持续抓好末端服务违规收费治理。强化用户申诉处理与行政执法的工作衔接，在全国率先举办《邮政业用户申诉处理办法》培训，不断加强申诉工作，全年为消费者挽回经济损失近240万元。

持续加强机关建设，综合管理能力稳步提升。 坚决执行统计制度。全面完成国家邮政局统计督察整改，成立专项检查组对全省321个快递企业进行专项检查，共立案两起，罚款3.8万元。强化统计数据分析，按时向社会公布行业经济运行情况，定期参加省政府经济运行调度会，为省政府科学决策提供行业依据，省局行业经济运行分析报告得分继续位居全国系统前列。完成全省邮政行业从业人员专项核实工作。

切实加强财务管理。积极推进财政事权划分工作，推动出台《安徽省财政厅关于印发安徽省交通运输领域财政事权和支出责任划分改革实施方案的通知》，印发了全省邮政领域财政事权和支出责任划分改革项目明细清单及实施指导意见，指导市局开展相关工作。开展财务集中报账试点工作，进一步加强财政资金收支管理和监督，提高财政资金使用效益。完成3个市局离任审计任务。牢固树立过紧日子思想，进一步压缩非紧急、非刚性支出，全面压减省市两级公用经费、“三公经费”预算，减少差旅费和培训费支出。

三、“十三五”成绩

“十三五”已经圆满收官，安徽省邮政管理部门在国家邮政局的坚强领导下，认真落实“以人民为中心”的发展理念，顶住压力、克服困难，向党和人民交出了一份满意的答卷。

服务网络进一步拓展。 截至2020年底，构建起覆盖城乡、惠及全民的邮政快递服务网络体系，全省1.46万个建制村全部实现直接通邮，快递网点基本实现乡镇全覆盖，快递服务建制村覆盖率达68.24%。

行业规模进一步扩大。 到“十三五”期末，全省邮政业务总量完成608.43亿元，快递业务量完成22.02亿件，较“十二五”期末，邮政业业务总量和快递业务量翻了两番，快递业务量和快递业务增速连续多年全国领先。

服务能力进一步提升。 年支撑网上零售额突破2000亿元，约占社会消费品零售总额的四分之一。现代农业、先进制造业快递服务向专业化和价值链高端延伸，双向流通渠道进一步打通，支撑工业品下乡和农产品作用不断发挥。

社会作用进一步发挥。 行业在经济社会发展中的作用不断增强，业务收入占地区生产总值比重接近1%。5年来，全行业新增吸纳社会就业超过4万人，每年新增就业岗位超8000个，行业的基础性战略性先导性作用日益凸显。

四、快递市场存在的突出问题

一是新发展理念对行业高质量发展提出更高要求。新发展理念是管全局、管根本、管长远的鲜明导向,创新、绿色、开放、协调、共享科学回答了实现什么样的发展、怎样实现发展的问题,是经济社会高质量发展的指挥棒,更是行业高质量发展的根本遵循。二是新发展格局为行业高质量发展提供更好机遇。习近平总书记在中央财经委员会第八次会议上强调,构建新发展格局,必须把建设现代流通体系作为一项重要战略任务来抓。邮政业作为现代流通体系的重要组成部分,迎来了重大窗口机遇期。三是新发展阶段为行业高质量发展带来更大挑战。我国已经进入了新发展阶段,但发展不平衡不充分问题仍然突出,矛盾和问题集中体现在发展质量上。

福建省快递市场发展及管理情况

一、快递市场总体发展情况

2020 年,福建省邮政行业业务总量累计完成 856.5 亿元,同比增长 32.6%,业务收入(不包括邮政储蓄银行直接营业收入)累计完成 368.9 亿元,同比增长 14.0%;其中,快递企业业务量累计完成 34.3 亿件,同比增长 31.0%,业务收入累计完成 302.6 亿元,同比增长 16.8%(表 7-13)。

表 7-13　2020 年福建省快递服务企业发展情况

指　标	单　位	2020 年		比上年同期增长(%)		占全部比例(%)	
		全年累计	12 月	全年累计	12 月	全年累计	12 月
快递业务量	万件	343189.82	38193.65	31.01	38.95	100.00	100.00
同城	万件	36273.85	3449.82	5.11	−2.20	10.57	9.03
异地	万件	299314.42	33898.61	34.69	45.81	87.22	88.75
国际及港澳台	万件	7601.55	845.21	45.54	18.71	2.21	2.21
快递业务收入	亿元	302.56	32.70	16.75	18.86	100.00	100.00
同城	亿元	21.22	1.89	−1.18	−13.43	7.01	5.78
异地	亿元	173.25	18.18	14.87	20.70	57.26	55.60
国际及港澳台	亿元	52.82	6.37	49.36	49.24	17.46	19.49
其他	亿元	55.26	6.26	7.32	4.38	18.27	19.14

二、行业管理工作及主要成效

统领定向,落实全面从严治党。强化党建统领。坚持把"两个维护"置于机关党的政治建设首要位置,局党组制订《加强党的政治建设的实施意见》等系列规范文件,制订党建工作领导小组年度工作要点,加强对系统党建工作的指导,巩固拓展"不忘初心、牢记使命"主题教育成果,推动全面从严治党向纵深发展。严格落实党组理论学习中心组学习,组建青年理论学习小组,广泛开展学习研讨交流活动。举办意识形态、学习五中全会精神等专题讲座,推动学习贯彻习近平新时代中国特色社会主义思想走深走实。组织全省邮政管理系统创建模范机关,广泛开展党支部达标创星活动。组建党员抗疫突击队,发挥党员在疫情防控中的先锋模范作用,省局机关 1 名同志获得全国交通运输系统抗击新冠肺炎先进个人称号,2 名同志获得省直机关抗疫"最美奋斗者"称号。坚持党建带工建、团建,推进行业群团组织建设,莆田成立快递行业团工委,并与泉州先后成立快递行业工会联合会。

加强作风建设。深入贯彻落实党中央和国家

邮政局党组关于全面从严治党战略部署，制订《党风廉政建设工作要点》《全面从严治党责任清单》，落实管党治党主体责任。持续整治形式主义、官僚主义突出问题，精简文件会议，为基层松绑减负。督促开展违规享受政策性住房等四个方面问题专项整治、巡视发现共性问题查纠整改、巡察工作“回头看”，以及“不忘初心、牢记使命”整改落实“回头看”，扎实做好“后半篇文章”。组织观看《叩问初心》等警示教育片、召开全省系统警示教育大会、参观魏杰家风馆、开展谈话函询等多形式加强廉政教育，营造风清气正的政治生态。

推进干部队伍建设。加强制度建设，树立良好选人用人导向，制修订出台关于在疫情防控一线加大干部考察力度的措施、干部任免报审报备办法等系列制度措施。加强领导班子建设，为5个市局各新增1名副职局领导职数。认真开展职务职级并行工作，累计晋升职级干部65人。加强干部监督管理，开展事业单位违规招聘、干部违规挂靠职业资格证书、领导干部报告个人事项以及规范系统干部人事档案等专项整治和治理工作，组织实施领导报告个人事项填报查核、选人用人“一报告两评议”等工作。开展评选表彰推荐工作，福建省2名干部分别获得“国庆70周年寄递渠道安全保障工作”嘉奖和“建制村通邮工作”嘉奖，7家企业获得全国邮政行业先进集体，3名企业职工获得全国邮政行业劳动模范。

全力以赴，打赢疫情防控阻击战。坚持疫情防控和有序抓好复工复产。发布、更新行业防疫指南，指导企业综合应用“行程卡”“八闽健康码”等科技手段开展疫情防控，组织从业人员利用安易递“战疫速递”每日健康打卡，全行业10万从业人员未发生感染事件。前期重点抓好寄递企业员工返岗率、复工复产率、产能恢复率，至3月中旬行业产能基本恢复常态。持续抓紧抓实抓细常态化疫情防控工作，积极防止疫情反弹与境外疫情输入。认真执行《外卖配送和快递从业人员新冠肺炎疫情健康防护指南》和国家邮政局《疫情防控期间邮政快递业生产操作规范建议》（共六版）疫情防控措施，配合地方政府做好涉行业疫情排查、核酸“应检尽检”等工作，严防疫情通过寄递渠道传播。

全力保障防疫物资及民生必需品寄递。组织全行业持续做好服务应急物资运输、服务居民必需品寄递等工作，疫情发生以来，全省全行业共计揽收疫情防控物资包裹超400万件，开通至武汉防疫物资专线车50多台次。联合省卫健委、省邮政公司共同举办《众志成城　抗击疫情》邮折捐赠仪式。积极协助属地政府打通海外援助物资运输渠道，通过邮政EMS、顺丰、DHL、FedEx接收海外侨胞援助福建省的口罩近1亿枚，有力支持了全省疫情防控工作。

深入排查化解行业涉疫矛盾纠纷。印发《维护疫情期间福建省邮政业稳定工作方案》，设立省邮政业应对新冠肺炎疫情工作领导小组维护稳定组，每周一会商、每月一部署，全面排查本单位、本系统、本领域维稳风险隐患。各市局主动梳理排查苗头性、倾向性问题，针对性疏导化解，指导企业摸排各类矛盾纠纷和不稳定因素，全省邮政业行业形势总体平稳。

释放活力，持续优化营商环境。深化“放管服”改革。依法为498家快递企业办理快递许可审批、换证、变更、注销、作废等工作。包容审慎推进新业态许可，向丰巢、乌箱等发放经营许可。优化邮政政务服务环境，推动省审改办出台政策支持“网上申请，邮寄办”双向免费快递“不见面审批”，实现警邮、税邮合作县市全覆盖，邮政寄递服务进驻全省85个政务服务中心（服务大厅）。推动邮政快递服务入驻闽政通平台，第一期完成EMS政务服务接入。对接福建省网上办事大厅，邮政快递许可事项进驻“跨省通办”。

强化规划政策引领。完成《福建省邮政业发展“十四五”规划（初稿）》《福建省邮政快递网布局研究（送审稿）》编制，统筹谋划邮政业基础设施布局。推动邮政业发展融入地方经济发展相关规划,《泉州市快递集聚发展规划(2020 - 2025)》《福州市物流用地专项规划(2020 - 2025 年)》获批发布,《漳州市快递物流园区发展规划(2019 - 2030)》正在编制。福州、泉州先后印发了“中国快递示范城市”创建实施方案。漳州、宁德、南平市政府也相继出台专项政策支持行业发展。持续推动涉邮惠企政策落到实处,联合省交通运输厅等20部门印发《认真落实习近平总书记重要指示推动福建省邮政业高质量发展实施方案》等政策,不断释放红利。全年共为企业减免税费约2.5亿元,不完全统计,快递企业共获得地方支持快递业发展补助奖励约860万元。

干在实处,不断提升发展质效。“两进一出”工程稳步前行。快递进村工程进展顺利。“快递进村”纳入福建省实施乡村振兴战略实绩考核事项和“四好农村路”高质量发展政策。福建省邮快合作方案和沙县邮快合作试点受到国家邮政局肯定,邮快合作“11+1”工作取得阶段性成果。当前,全省建制村快递服务覆盖率达91.5%,涌现出千万级服务农业项目6个,百万级项目13个。快递进厂工程初见成效。联合省工信厅印发《关于促进福建省快递业与制造业深度融合发展的指导意见》,培育福州顺丰服务星网锐捷、厦门邮政服务戴尔公司等一批精品项目。全省已纳入系统统计的服务制造业项目35个,服务制造业的快递业务收入4.08亿元。快递出海工程加快启动。立足厦门全国率先实现“三关合一”,配合海关在福州、泉州推广“三关合一”。立足平潭对台海运优势,支持省内陆地港应用平潭等对台海运快件,形成稳定、可预期的国际物流新通道。立足中国(福建)自由贸易试验区,积极打造“快递出海”基地。北京燕文、递四方、云途等知名国际快递服务公司在福建新设或增设机构。至2020年12月,福建省国际业务量比增达45.54%,增速约为去年同期的1.7倍。

行业基础能力建设步伐加快。在福州市试点开展邮政快递服务末端基础设施基本公共服务设施属性工作,受到国家邮政局批示肯定。积极推进园区建设,中通连江产业园、顺丰泉州创新基地等一批行业重点项目陆续建设,京东福州“亚洲一号”物流园等相继投产。顺丰航空新开通福州至泰州线路,翔安机场达成建设东南航空基地意向。云途物流开通福州至洛杉矶包机专线,厦门新增多条欧洲包机线路,中国邮政经台中转业务增势明显。

行业信息化建设全面加强。行业前沿科技研究正在兴起。京东与厦门金龙达成共建无人车生产基地项目。新大陆成功入选国家邮政局行业技术研发中心。国家邮政局邮政业安全中心与福州市政府达成共建全国快递大数据东南研究院项目。“绿盾工程”涉省项目建设全面完成,全省共186家重点企业、重点场所、重点部位监控联入绿盾视频联网平台。持续推进安检机监控联网,全省348台安检机视频联网,24小时内开机数占比从20%提升至96.26%。

行业人才建设增亮出彩。推动省人社厅出台文件,将快递从业人员专项职业能力提升培训纳入省财政补贴性培训考核目录,全省已组织开展培训考核工作2102人,共可获培训考核补贴132.4万元。成功举办全省2020年邮政行业职业技能竞赛。开展2020年快递工程技术人员初、中级的职称资格评审,全省共228人通过职称评审。闽江学院确定为全国邮政行业人才培养基地。引导邮政快递企业参加高校毕业生网络招聘活动,30家企业共发布招聘岗位80个。

快递员合法权益保障有效落实。深入推进习近平总书记关爱“快递小哥”重要指示精神工作落实,联合团省委开展“小蜜蜂关爱行动”,开展“2020年快递从业青年服务月”以及系列慰问活动,全省共建立各类服务阵地1498个。林海原获评全国“最美快递员”,全省共计5人获全国交通运输系统或福建省抗疫先进个人、1个单位获福建省抗疫先进集体,6人获“省五一劳动奖章”,2家企业获评“全国青年安全生产示范岗”,5家快递企业获评“省工人先锋号”，新增省级青年文明号1家、市级青年文明号5家。

精准发力，稳步推进“三大攻坚战”。防范化解行业重大风险。巩固完善“三项制度”，发挥寄递渠道联席会议作用，推动行业安全稳定发展，2020年，全省综合实名率99.73%，居全国第2位。修订《福建省邮政业突发事件应急预案》。开展安全风险分级管控和隐患排查治理双重预防机制建设。开展安全生产专项整治三年行动、安全生产隐患大排查大整治。深入开展邮政业“扫黄打非”工作，坚持部门联动齐抓共管，做好行业查堵截控各项工作，全年及时查堵各种非法物品近3600件，累计移送案源42起。

服务精准脱贫和乡村振兴战略。《福建省消费扶贫助力决战决胜脱贫攻坚2020年工作方案》明确支持邮政快递企业在贫困地区设点并开展合作。着力开展产业扶贫，鼓励邮政企业建设“邮乐购”农村电商服务生态圈，助农销售各地特色农产品。推进邮政快递服务农特产品“一地一品、一市一品”，共有项目34个、快递业务量累计达1.3亿件、拉动农业总产值70多亿元。龙岩武平县“交通运输+邮政快递融合”服务品牌入选交通运输部第一批农村物流服务品牌。莆田联合地方政府部门共同举办“2020年莆田云端枇杷节”，引导企业嵌入当地产业特色。

深入推进绿色发展。积极融入“生态美”新福建建设大局，推动行业绿色发展纳入地方工作。福建省工信厅等10部门联合发文，明确到2022年全省中心城区新增和更新的邮政物流车全部采用新能源汽车。当前，全省各邮政快递企业新能源汽车1523辆，纳入地方规范通行管理的电动三轮车达4674辆。出台《福建省邮政快递业塑料污染治理工作三年实施方案(2020－2022)》。扎实推进行业绿色发展“9792”工程，全省瘦身胶带封装比例达96.11%，电商快件不再二次包装率达88.19%，循环中转袋使用率达88.15%，全省累计新增标准包装废弃物回收装置1809个。

常抓不懈，持续增强监管效能。推进立法与执法监督。《福建省邮政条例(修订)》已经进入省司法厅提起省政府审议阶段。《厦门经济特区邮政条例》正式出台，创了经济特区邮政立法之先河。福建省地方标准《智能信包箱技术规范》于9月正式颁布，将为全省推进包括智能信包箱在内的邮政业末端基础设施纳入公共服务设施提供依据。公示全省2019年度行政执法总体情况，开展2020年度行政执法评议考核。审慎推进快递市场监督管理委托行政执法。更新系统法律人才库，落实执法人员持证上岗和资格管理制度。开展民法典、宪法宣贯和“七五”普法工作。

强化邮政市场监管。开展快递业务经营许可“回头看”，组织清理整顿僵尸网点。印发市场监管随机抽查工作规程和事项清单。加大执法检查力度，全省共检查企业3918家次，立案查处173起违法行为。配合国家邮政局推动实行行业严重失信行为“黑名单”管理。健全申诉受理工作体系，建立申诉互查和复核制度。今年以来，共受理申诉6222件，同比下降70.76%，有效申诉量为650件，同比下降58.33%。

大力推进监管能力建设。省政府正式印发《福建省交通运输领域省与市县财政事权和支出责任划分改革方案》，明确省级与市县级地方政府在邮政领域的财政事权与支出责任，为下一步争取地方政府在邮政领域的财政支持提供了依据，也为邮政管理部门争取地方在人员经费方面支持提供更为可行的路径。至2020年12月，省市两级邮政业安全中心实现全覆盖。县级机构新增3个，当前全省县级机构共计12个，基本实现市地、重点县、业务量较大县全覆盖。

三、“十三五”成绩

“十三五”时期，全省邮政业呈现稳中有升的发展态势。各项工作任务圆满完成，有力服务经济社会发展和社会稳定大局。邮政业在新冠肺炎疫情防控和复工复产中发挥重要作用，成为社会生产生活不可或缺的组成部分。

综合实力跃上新台阶。邮政业业务总量从2015年217.3亿元增长至2020年的856.5亿元，排名上升至全国第五位，年均增长率达31.6%。邮政业年业务收入突破360亿元，与地区生产总值的比值为0.84%，比2015年提高了0.3个百分点。快递年业务量从2015年的8.88亿件增长至2020年的34.32亿件，年均增长率达31.05%。快递年业务收入突破300亿元，年均增幅约25%，形成6家年收入大于20亿元的快递品牌。拥有福州、厦门、泉州、晋江四个"中国快递示范城市"，数量位居全国前列。

服务保障能力有效增强。寄递服务网络下沉延伸，建制村全部实现直接通邮，快递网点基本实现乡镇全覆盖。寄递效率持续提升，省内基本实现24小时达，国内基本实现72小时达。邮政普遍服务投递频次深度和全程时限持续改善。快递服务产品体系更加丰富完善，延误、损毁和丢失等问题显著降低，有效申诉率不断下降，行业服务满意度持续提升。寄递服务经济社会发展的综合效益更加显著，支撑网络零售交易规模突破4000亿元，带动农副产品进城和工业品下乡超过600亿元。

安全基础不断巩固向好。安全管理基础更加稳固可靠，寄递渠道监管机制稳定运行，安全监管力量增强，省级邮政业安全中心成立，市级邮政业安全中心覆盖全省九地市，晋江、闽侯、福清、龙海等地共成立12个派出机构。16个县级地区有序开展行政执法委托。安全监管绿盾工程有序推进，省寄递安全监管信息化平台建成并常态化运转。寄递企业安全设备配置更加完备，安全意识和安防能力明显提升。寄递渠道各项专项整治有序开展，连续保持较大等级以上安全事故"零"记录。

绿色发展水平持续提升。行业生态环保治理体系初步建立，企业主体责任逐步明确，监督执法机制不断健全，部门协同治理治理初见成效，试点突破带动作用显现。全行业秉持绿色发展观，把绿色发展作为行业高质量发展的一项重要内容，保护环境、节约资源、循环低碳的绿色发展理念正全面融入行业运营全流程和各环节。快递包装绿色化、减量化、可循环、标准化水平明显提升。全省累计新增标准包装废弃物回收装置1809个，全省邮政快递企业新能源汽车新增268辆。

现代化治理能力不断提高。行业法规制度体系不断健全，《福建省邮政普遍服务保障办法》和地方标准《智能信包箱技术规范》出台，《福建省促进快递行业发展办法》修订执行，交通运输领域省与市县财政事权和支出责任划分改革方案印发实施。邮政领域"放管服"改革深入推进，快递许可实现一网通办。营商环境持续优化，全省推进电子商务与快递物流协同发展、推动邮政业高质量发展等政策文件出台，行业发展获得利好，市场活力不断激发。快递市场秩序更加规范。邮政执法队伍专业化水平、整体素质大幅提升。

四、快递市场存在的突出问题

当前和今后一个时期，邮政快递业仍然处于重要战略机遇期，长期向好的基本面没有改变，但机遇和挑战都有新的变化。从机遇看，中华民族伟大复兴战略全局和世界百年未有之大变局历史性交汇，全球产业链供应链加速重构，区域协调发展加快，网络零售带来的寄递服务需求仍在持续增加，"互联网+服务"等新型消费迅速发展，科技创新促进行业转型升级。邮政快递业发展要从"两个大局"中把握机遇，推动行业高质量发展迈上新台阶。从挑战看，全球疫情仍在扩散蔓延，经济全球化遭遇逆流，保障国际寄递供应链安全畅通面临严峻挑战，行业发展不平衡不充分问题仍然突出，在高品质寄递服务方面供给不足，行业绿色发展体系尚不健全，行业不稳定不确定因素增多，快递小哥合法权益保障存在明显短板，行业队伍稳定性有待提高，行业高质量发展的根基需进一步夯实。

江西省快递市场发展及管理情况

一、快递市场总体发展情况

2020年，江西省邮政行业业务总量累计完成311.34亿元，同比增长35.3%，业务收入(不包括邮政储蓄银行直接营业收入)累计完成173.7亿元，同比增长24.9%，排全国第14位，增速位居全国"第一方阵"。其中，快递企业业务量累计完成11.2亿件，同比增长44.1%，业务收入累计完成114.7亿元，同比增长36.0%(表7-14)。全省人均年使用快递服务67次。支撑网络零售额1300亿元以上。

表7-14　2020年江西省快递服务企业发展情况

指　标	单　位	2020年		比上年同期增长(%)		占全部比例(%)	
		全年累计	12月	全年累计	12月	全年累计	12月
快递业务量	万件	112004.29	14730.89	44.11	61.05	100.00	100.00
同城	万件	11650.12	1076.11	23.51	4.99	10.40	7.31
异地	万件	99608.80	13465.56	47.01	67.21	88.93	91.41
国际及港澳台	万件	745.36	189.21	40.61	174.76	0.67	1.28
快递业务收入	亿元	114.66	14.37	36.02	40.45	100.00	100.00
同城	亿元	8.41	0.86	15.20	-1.90	7.33	5.96
异地	亿元	72.27	9.20	35.13	44.92	63.03	64.04
国际及港澳台	亿元	4.12	0.68	37.67	35.03	3.60	4.72
其他	亿元	29.86	3.63	45.49	44.96	26.04	25.28

二、行业管理工作及主要成效

突出政治统领，全面从严治党向纵深推进。全面加强党的建设。突出党的政治建设，树牢政治机关意识，制定创建让党中央放心、让人民群众满意的模范机关实施方案。持续深化理论武装，坚持全系统"每周例会"和"每周例学"制度，组织学习《习近平谈治国理政》第三卷，深入贯彻落实党的十九届五中全会精神和习近平总书记最新系列讲话精神，巩固"不忘初心、牢记使命"主题教育成果，切实增强"四个意识"，坚定"四个自信"，做到"两个维护"。全面加强组织建设，建立机关基层党组织软弱涣散预警机制，推进党支部标准化规范化信息化建设，增补机关党委委员，增设机关纪委。推动非公企业党建和群团组织建设，建立党支部17个，工会组织18个，11个市均做到了党建和工会组织全覆盖。

加强干部队伍建设。加强干部教育培训，注重人文关怀，建立健全干部容错纠错机制，为担当作为的干部撑腰鼓劲。贯彻落实新修订《公务员法》和领导干部选拔任用条例，选优配强市局领导班子。开展领导干部个人有关事项报告专项整治，加强日常监督和管理。扎实推进职务职级并行，做好年轻干部培养，推动落实属地绩效考核待遇，解决干部收入差距问题，稳定干部队伍，提振干部职工干事创业精气神。

持之以恒正风肃纪。严格落实中央八项规定及其实施细则精神，开展违规租赁使用公车及私车公养、事业单位违规招聘、职业资格证书违规挂靠、违规享受政策性住房和行政执法损害群众利益问题等"4+1"专项整治。深化运用"四种形态"，严肃查处违规违纪问题。开展警示教育，做到警钟长鸣。全力配合国家邮政局第二轮巡视，主动接受政治体检，做到立行立改、边巡边改，基本完成整改任务并建立了长效工作机制。做好巡察"后半篇文章",对11个市局党组开展了巡察整改"回头看",强化巡察整改的日常监督,有力促进了各项工作的开展。

深化行业精神文明建设。大力弘扬"小蜜蜂精神",选树先进典型,南昌局等5个单位获评全国邮政行业先进集体,黄凯、左智亮、胡铁桥等获评全国邮政行业劳动模范,左智亮还荣获"江西省青年创业风云人物"称号。陈润华获评全国物流行业劳动模范。全行业4人获评省、市级五一劳动奖章,4人获评五一巾帼标兵。省、市局均获评节能和综治先进单位。省局机关1名党员获"赣鄱先锋"称号,省邮政业申诉中心1名干部再获"全省最美消费维权人物"。30家邮政快递企业被确定为省级青年文明号创建集体。联合省政协、省侨联开展"侨联四海、感恩同行"主题党日暨慰问抗疫一线快递员活动,发放慰问金慰问品10万元。召开"暖蜂行动"快递小哥座谈会和关心关爱快递小哥企业负责人座谈会,切实维护一线快递员合法利益。

抓好疫情防控和防汛救灾,畅通经济循环作用凸显。坚决阻断病毒传播。在国家邮政局和省委、省政府统一指挥下,及时启动应急响应,成立领导小组,建立联控联防机制。抓细抓实常态化疫情防控,严格落实"外防输入、内防反弹"要求,坚决执行《疫情防控期间营业场所操作规范》,切实做好系统内部和行业从业人员疫情防控,强化进出境邮快件处理场地和冷链食品邮快件运输管控。全省系统和行业无一例确诊病例,得到了各级党委政府充分肯定。省疫情防控指挥部先后两次致信感谢。全行业4名个人、2个集体获交通运输部表彰,4人次获省政府表彰。江西邮政和顺丰获评全省抗疫贡献企业。

全力保障寄递渠道畅通。统筹行业资源做好防疫物资和生活必需品的运输寄递服务,较好地满足了特殊时期社会各界和人民群众对邮政快递服务的基本需求。邮政、顺丰、京东、德邦等企业全力支援湖北"战疫",累计发运车辆426辆次,运输口罩、防护服、消杀用品等防疫物资1355吨。畅通省内防疫物资通道,累计发运车辆3695辆次、运输防疫物资9526吨。其中,省邮政公司为全省群众寄递"赣服通"预约口罩1050万个,免费承担省内防疫物资运输配送任务。全行业积极做好疫情防控期间无接触配送服务,配送1100万单(约5.4万吨)的米面粮油等生活用品,有力保障了社会正常运转和群众基本生活需要。

率先实现复工达产。积极发挥行业在畅通经济社会循环中的"先行官"作用,省市邮政管理部门一体推进省、市、县、乡、村五级服务网络全面复工复产,为企业解决了人员用工、车辆通行、末端投递和复工审核等方面的实际困难,为企业争取口罩120万只、医用酒精98箱、消毒液540公斤,3月中旬基本实现复工达产,全系统全行业在畅通经济循环、拉动关联产业复苏中发挥了重要作用。

积极开展防汛救灾。省市邮政管理部门启动行业防汛应急响应,组建防汛救灾青年突击队,指导行业做好防汛救灾工作,紧急指挥企业转移人员、应对汛情,有力保护了企业财产和人员安全。京东、韵达、百世、中通等快递企业通过主动购买物资慰问抗洪抢险群众和解放军(武警)官兵、免费运送救灾物资、为抗洪官兵免费收寄包裹等形式参与全省抗洪抢险,彰显了邮政快递人的使命与担当。

强化政策保障,行业发展环境持续优化。政策规划不断完善。省财政厅出台《江西省交通运输领域省以下财政事权和支出责任划分改革方案》,明确邮政快递末端建设、环境污染治理及履职能力建设等方面地方财政事权和支出责任,为有效落实双重管理责任提供了制度保障。《江西省禁止非法交易和食用野生动物办法》赋予邮政管理部门相关领域执法权,为在寄递渠道开展保护提供法律遵循和制度依据。科学编制邮政快递业"十四五"规划,主动融入全省交通运输"十四五"规划和全省经济社会发展"十四五"规划。《江西省推动物流高质量发展促进形成强大国内市场三年行动计划（2020－2022年）》《关于推进交通强省建设的意见》《大南昌都市圈综合交通规划》等文件明确邮政快递枢纽（园区）建设、“快递进村”工程、智能快件箱布局和绿色包装标准化推广等方面政策措施，支持邮政快递业发展。

政策红利不断释放。深入推进省政府办公厅印发的《支持邮政业高质量发展的若干措施》落地落实，11个设区市全部配套出台快递服务车辆便利通行文件，全省1.5万余辆快递三轮车实行“三统一”规范管理，提升了企业文明发展的形象。省邮政业安全中心、南昌市邮政业安全中心组建基本完成，分别获得办公用房和公务用车支持。上饶市邮政业安全中心获批成立、正在组建，其余9个市级安全中心设立均已纳入当地事业单位改革试点方案。2020年，全行业共获得各类奖补资金7450万元，减税降费1.22亿元，全系统争取到履职能力建设资金358万元。

“放管服”改革不断深化。全面推行快递业务经营许可全流程网上办理，推行非法定形式要件承诺制，完成快递业务经营许可“一网通办”试点工作。有条不紊推进快递业务经营许可集中延续换证，核准延续换证企业89家、新增许可企业60家，注销僵尸企业、不合规企业167家。精简快递分支机构办理手续，落实快递末端服务网点备案管理，新增备案末端网点594家。巩固快递业务经营许可专项治理成效，实现许可工作动态管理。圆满完成国家邮政局政务服务平台、快递业务经营许可管理系统与江西政务服务平台对接试点工作，做好政务服务“好差评”系统上线运行。指导邮政企业推广“线上办事+线下寄递”模式，参与全省“赣服通”政务服务平台建设，助力“不见面”审批。

贯彻新发展理念，发展质效不断提升。加强基础设施建设。落实省委、省政府决策部署，积极打造“四最”营商环境，引导企业总部在赣加大投资，全网服务能力显著增强。2020年，全行业共有社会投资项目22个，投资额约176.5亿元、外资2亿美元。其中，邮政快递企业直接投资项目14个，投资额98.6亿元、外资2亿美元。韵达南昌分拨中心、昌北机场空侧南昌邮件处理中心、顺丰赣州电商快递产业园等3个建设项目被纳入省级重点工程项目。全省共建成智能快件箱8296组，城市快递公共服务站点3145个，农村公共取送点4410个，县、乡、村三级农村邮政快递配送体系基本形成。

推进“两进一出”工程。积极贯彻国家邮政局决策部署，认真落实商贸物流产业链链长制工作要求，由省政府办公厅印发《推进快递业“两进一出”工程实施方案》，联合相关部门协同推进快递业“两进一出”工程。出台“快递进村”三年行动方案，推广邮快、交邮、快快、商快等合作模式，快件直投到村比例达到65.2%。全省共打造服务现代农业“一地一品”项目28个，支撑产值34.65亿元。与省工信厅签订《支持快递业与制造业深度融合发展战略框架协议》，深化了江铃汽配、江中制药、南华医药、南康家具等优秀供应链服务项目。全省打造服务制造业项目66个，支撑产值157.74亿元。加强南昌国际邮件互换局和国际快件监管中心运营保障，协调开辟国际货邮航线，大力发展跨境电商业务，全年国际邮快件量达到1400万件，促进了江西外向型经济发展。

强化行业人才队伍建设。落实快递从业人员职业技能培训“246”工程要求，推动从业人员技能培训纳入省职业技能提升行动，多个设区市明确培训补贴标准，累计培训6563人次、获得补贴资金399.1万元。扎实推进快递工程技术人员初、中级职称评定工作，合计通过评定103人。加强行业人才培养基地建设，在江西省交通职业技术学院等3所院校开展第一批教育部1+X快递运营职业技能等级证书工作，90名学生报名参加了考试。积极支持江西省交通职业技术学院申报邮政行业安全技术研发中心并获得通过。召开校企负责人座谈会，搭建校企合作平台，为行业发展提供人力资源保障。

服务国家战略，三大攻坚战成效明显。坚决打赢脱贫攻坚战。大力开展行业扶贫，推广"寄递+电商+农特产品+农户"脱贫模式，全省邮政企业建立电商扶贫站点1400余个、"邮乐购"站点1.6万个，累计销售农产品4.5亿元，带动近4400户贫困户增收800余万元。快递企业推动网点下沉、服务下沉、拓宽扶贫线路，通过直播带货等途径，搭建电商服务平台，畅通农产品销售渠道，助力农业发展和乡村振兴。开展消费扶贫，动员全系统干部职工购买贫困村农产品10万余元。自觉扛起定点扶贫政治责任，全省系统选派驻村扶贫干部5人，投入和引进各类资金488.9万元，实施帮扶项目29个，脱贫408人，帮助建档立卡贫困户就业961人，省市局定点帮扶贫困村均已脱贫摘帽，为打赢脱贫攻坚战交出了满意答卷。

有效化解重大风险。落实安全生产专项整治三年行动方案，开展寄递渠道安全管理三项制度专项整治，实名收寄专项执法行动取得明显成效，新增安检机135台，累计412台。深入开展安全隐患排查和整治工作，全省封堵皮带机滚轴3945台(套)，根治了皮带机伤人隐患。加强寄递渠道安全综合治理，与政法、公安等部门建立了信息交流共享和联合执法工作机制，联合禁毒部门在邮政快递网点设立禁毒工作站近1万个，共同打击"互联网+寄递物流"等贩毒活动。重点抓好寄递渠道涉枪涉爆隐患集中整治，查堵禁寄物品1531件。全力配合国家邮政局"绿盾"工程建设，视频联网和安检机联网顺利实施，监控摄像头在线率达76.7%，列居全国第7位。制定《江西省邮政快递业突发事件应急预案》等六个专项应急预案，提升行业应急处突能力。圆满完成全国"两会"、服贸会、世界VR产业大会等重大活动期间和"双11"快递业务旺季的服务保障任务，全年未发生重大安全生产责任事故。

抓好行业生态环保。细化行业绿色发展"9792"工程指标任务，研究制定行业生态环保工作要点，建立健全快递包装治理与生态文明建设、垃圾分类工作的联动机制。全省"瘦身胶带"封装比例达97.6%，电商快件不再二次包装率81.3%，循环中转袋使用率95%，年内新增包装废弃物回收装置网点2000个，累计3500个，新增新能源汽车776辆，各项指标超额完成。组织开展快递包装领域"禁塑""限塑"专项治理行动，与省生态环境厅、发展改革委等7部门联合开展塑料污染治理监督检查，立案查处违法案件7起。

坚持依法治邮，治理能力稳步增强。强化邮政市场监督管理。全面落实"双随机一公开"监管，加强"两库一清单"管理，及时调整执法人员信息库和企业名录。组织开展刷单、乡镇网点违规收费清理整顿，依法做好集邮市场和邮政用品用具市场监管，市场秩序得到进一步规范。配合做好打击侵权假冒、反恐、反假币、野生动物和濒危植物保护等工作。加快行业信用体系建设，发挥部门失信联合惩戒作用，实施全网警示，推进"一企一档"信用监管机制建设。完善申诉与市场监管联动机制，受理消费者申诉3713件，为消费者挽回经济损失117.75万元。加强行业自律，实现县级快递协会全覆盖，建成运行顺畅的三级行业自律体系。

夯实机关基础管理能力。破解省局机关办公楼不动产登记"无偿划拨"佐证资料不全、转让主体不明确等诸多难题，解决了邮电分营以来的产权过户历史欠账问题。加强经济运行分析和统计数据质量治理。持续强化预算执行，全面实施预算绩效管理，坚持过"紧日子"。加强资产动态管理，提高资产利用效率。推进制度建设，建立健全规章制度20个。狠抓网络安全和信息安全，推动政务信息公开和政务新媒体规范化管理。扎实做好综治、信访、保密、档案、节能、绩效管理、网站管理、提案建议办理等工作。落实意识形态工作责任制，加强新闻宣传阵地建设，讲好邮政故事，及时回应社会关切。省市局共召开新闻发布会12场，人民日报、新华网、学习强国等主流媒体采稿

13篇，省委、省政府两办信息内刊采稿创历史新高，新闻宣传稳居全系统前列，为干事创业营造良好外部环境。

三、“十三五”成绩

“十三五”时期是全面建成小康社会决胜阶段，是江西邮政快递业发展进程中极不平凡的五年。这五年，在国家局党组和省委、省政府的坚强领导下，全省邮政管理系统牢牢抓住发展的黄金时期，开拓进取、奋发作为，加快推进行业转型升级，在规模增长的基础上向高质量发展迈进了一大步，在建设邮政大省的基础上向邮政强省迈进了一大步，行业治理体系和治理能力现代化水平迈进了一大步，为开启全面建设社会主义现代化邮政强国新征程奠定了坚实基础。突出表现为：

行业发展速度跑出新高度。“十三五”期间，全省邮政行业业务总量和业务收入增幅超过210%和125%，年均增长35%和24%，增速位居全国“第一方阵”，成为江西邮政快递业发展史上增长最快的五年。2020年，全省邮政行业业务总量一举突破300亿元，刷新了行业发展规模新高度。

基础设施建设创造新纪录。“十三五”邮政快递基础设施投资项目数量增多、年投资总额突破100亿元，重点投资项目相继建成投产，全省11个设区市基本建成快递园区，园区县级覆盖率达50%，行业基础设施建设步伐明显加快。

深化改革攻坚实现新突破。快递业务经营许可全流程网上办理，审批时限压缩一半，实现了“一次不跑”。圆满完成国家局政务服务平台、快递业务经营许可管理系统与江西政务服务平台对接试点工作，助力政务事项“一网通办”。邮政领域省以下财政事权和支出责任划分改革落地见效，双重管理体制机制更加完善。

行业治理效能得到新提升。依法治邮理念深入人心，“双随机一公开”监管更加规范，行业监管制度更加健全，寄递安全综合治理更加高效，绿色邮政建设更加成熟。省、市邮政业安全中心设立全覆盖，“1+11”邮政业安全监管支撑体系初步形成。

人民满意邮政达到新水平。普惠邮政进村入户，建制村直接通邮和乡镇快递网点覆盖率达到100%，初步形成较完善的县、乡、村三级快递物流体系。邮政普遍服务和快递服务满意度稳中有升，消费者申诉处理满意率达到99%以上，年新增就业岗位近万个，人民群众用邮获得感幸福感安全感不断增强。

四、快递市场存在的突出问题

一是行业涉稳风险日益突出。当前，邮政业发展正处在由“做大”向“做强”转型的爬坡期，改革深化、竞争加剧带来市场关系和利益格局调整，行业加速洗牌，由此引发的各类矛盾相互交织，企业低价恶性竞争、管理粗放、以罚代管等问题突出。二是安全形势依然复杂严峻。当前，寄递安全、行业安全生产基础薄弱，企业本质安全水平不高，“三项制度”落实不到位、场地安全设备操作不规范等问题突出，由此造成的伤人、亡人事故还偶有发生，行业生产安全、寄递安全压力较大。三是行业发展不平衡不充分仍然突出在服务先进制造业、现代农业和冷链快递等高品质寄递服务方面供给不足，造成较大需求外溢。四是快递小哥权益保障不足，网络、末端不稳定性加剧。行业队伍稳定性有待提高，基础性、源头性、制度性问题亟待破解，行业高质量发展的根基需进一步务实。

山东省快递市场发展及管理情况

一、快递市场总体发展情况

2020年,山东省邮政行业业务总量累计完成993.7亿元,同比增长38.4%,业务收入(不包括邮政储蓄银行直接营业收入)累计完成524.8亿元,同比增长22.0%;其中,快递企业业务量累计完成41.5亿件,同比增长43.7%,业务收入累计完成369.6亿元,同比增长28.1%(表7-15)。支撑实物型网络零售额3300多亿元。

表7-15 2020年山东省快递服务企业发展情况

指 标	单 位	2020年		比上年同期增长(%)		占全部比例(%)	
		全年累计	12月	全年累计	12月	全年累计	12月
快递业务量	万件	415174.19	44926.85	43.73	39.01	100.00	100.00
同城	万件	50976.03	4866.72	21.34	3.55	12.28	10.83
异地	万件	362716.16	39938.10	47.82	45.35	87.36	88.90
国际及港澳台	万件	1482.00	122.03	0.35	-14.47	0.36	0.27
快递业务收入	亿元	369.59	37.02	28.17	22.45	100.00	100.00
同城	亿元	32.06	2.97	14.03	-0.34	8.67	8.02
异地	亿元	242.84	23.80	26.55	21.08	65.70	64.29
国际及港澳台	亿元	25.15	2.42	31.98	36.29	6.81	6.55
其他	亿元	69.55	7.82	41.07	34.53	18.82	21.14

二、行业管理工作及主要成效

着力加强党的建设,全面落实从严治党。党的政治建设扎实推进。认真学习贯彻习近平新时代中国特色社会主义思想,持续巩固深化"不忘初心、牢记使命"主题教育成效,组织辅导报告会、专题集中研讨等学深悟透十九届五中全会精神,增强"四个意识"、坚定"四个自信"、做到"两个维护",推动重点工作落实见效,发挥了党组把方向、管大局、保落实的重要作用。坚持不懈抓基层打基础,推进模范机关创建,持续推动非公快递企业"两个覆盖",聊城局成立了快递企业党委,发挥很好的作用。

纪律作风建设更加严实。严格落实中央八项规定及其实施细则精神,持续整治"四风"问题,加强重要时间节点廉政教育提醒。强化党风党纪教育,组织学习贯彻国家邮政局警示教育会议精神,观看《"平凡书记"的两面人生》等警示教育4次;深化监督执纪,加强对重大资金支出项目的监督,有力开展违规享受政策性住房等四个方面问题专项整治;坚持问题导向,强化领导,压实责任,全面落实巡视整改,通过倒排计划,对账销号,即知即改、立行立改,职级并行等46项任务已整改完成,巡视整改工作取得良好成效。

干部队伍建设卓有成效。大力推动干部队伍建设,不断优化干部队伍结构,选用一批业绩突出、群众公认的年轻干部到关键岗位任职历练,为6个市局配齐班子,推动领导班子梯次配备更有活力;印发《关于提升干部素质加强队伍建设的实施意见》,重点提升干部队伍"学习力、战斗力、执行力、凝聚力",促进干部队伍素质能力不断提高,工作作风不断转变,全省系统上下步调更加一致,重点工作推进成效更加明显,形成你追我赶、争先进位的浓厚氛围。全省行业人才队伍建设登上新台阶,年内开展快递职业技能培训2.3万余人次,居全国第二位,济宁局设立济宁市快递员培训学校,青岛成立邮政快递业职业技能培训基地；组织开展快递技术职称评审，获得初、中、高级职称资格1348人（其中快递初级职称713人、工程师623人、高级工程师12人），累计已有4794人拥有快递技术职称，年度评审数量和行业职称人才数量均居全国首位。

基础管理能力持续提升。完成省局办公业务用房产权登记工作，泰安、威海、枣庄、聊城等市局协调地方部门解决办公业务用房稳定使用。组织开展"依法行政年"活动，分淄博、聊城、青岛、济宁4个片区对全省16个市局行政执法案卷进行集中评议，进一步提升执法人员素质。连续赴青岛等地开展邮政行业统计监督检查，确保统计数据真实。提高系统财务管理效能，压缩省级财政资金，保障支持市局财务正常运行。加强机关规范化建设，改进信息宣传和舆情应对，省局办公室被评为全国系统新闻宣传先进记者站。

奋战抗击疫情，交出优良答卷。2020年初，新冠疫情灾难席卷而来。面对突如其来的困难局面，我们在以习近平同志为核心的党中央坚强领导下，坚决贯彻国家邮政局和省委省政府部署要求，积极动员全行业奋力拼搏，坚决打赢疫情防控阻击战，取得了优异成绩。迅速打通防疫和民生物资运输生命线。在突袭而来的疫情灾害面前，全省邮政业立即响应，全力服务各级抗击疫情工作。省局在春节上班第二天即向省抗疫指挥部提交请求报告，在全国第一个争取出台我省《关于保障邮政快递车辆正常运行的通知》，各邮政、快递企业奋力保障疫情防控物品特别是抗疫关键物资的运输配送，在各地交通严重阻滞情况下，迅速建立起了邮政快递业全省抗疫"生命通道"，引起很大反响；各企业不避艰险，累计运送各类关键应急救援和捐赠抗疫物资8500余吨，配送防护口罩、蔬菜、米面等物资3.59亿件，为疫情防控做出了重要贡献，彰显了邮政快递业独有的行业优势和艰难险阻面前无私奉献的行业高尚情怀。

加快推进复工复产，全力保障群众生活和社会急需。积极争取政策支持，全力配合省政府在全国首批出台《关于保障快递及生活保供类电商企业正常运行的通知》，及时迅速推动解决复工审核、劳动用工、车辆通行、末端投递等实际困难，2月底迅速实现行业全面复工复产。整个疫情期间，广大快递小哥冒着巨大风险，迎难而上，奔忙穿梭在空荡的大街小巷，为千家万户送去生活急需的粮米油盐菜、送去党和政府的温暖，被群众亲切地誉为美丽的"逆行者"。省市各局、各网络、各企业在抗击疫情过程中，奋力拼搏，万众一心，展现出强大的行业凝聚力、战斗力，涌现出了一大批不计得失、甘于奉献、勇于担当的先进人物和先进事迹，奏响了我省邮政快递业发展的响亮强音。我省及时出台的邮政快递车辆通行、加快复工复产两个文件政策，得到国家邮政局领导的批示肯定，各快递网络总部向省局和市局赠送锦旗、感谢信40余次。全系统在抗疫关键时刻的担当奉献，赢得了各地党委政府和社会各界的高度赞誉，全行业2个集体、6人荣获省部级抗击新冠肺炎疫情表彰。

聚力推进重点工程，行业高质发展成效显著。快递进村服务乡村振兴取得显著成效。省局党组认真学习习近平总书记关于快递进村的重要指示，深刻领会国家邮政局关于"快递进村三年行动计划"部署安排，大力提高政治站位，积极服务我省乡村振兴战略，全面部署推进快递进村工作。党组成员深入实际调查研究，组织在滨州、淄博、济宁召开全省快递进村分片推进现场会，有力推动快递进村工作广泛深入开展。各市局高度重视，积极向党委政府汇报，精心组织，大力引导推动快递企业加快进村工作，通过强化各方协调，因地制宜创新发展，推动快邮、快商、快快、快交、政企等多种合作进村模式加快进村工作，取得良好成效。济宁市政府更是把快递进村工作列入对各县考核内容，作为惠农重点工作，拨出专款重点推进。通过全省上下努力，使全省快递进村工作取得了突破性发展，呈现良好开局。已实现设有公共快递服务点的进村1.7万个，占全省6.7万个建制村的25.8%，带动周边覆盖受益村6.3万个，总受益覆盖率为94.5%。快递进村使广大村民享受到“工业品下乡，农产品进城”的便利，为农村群众带来极大的获得感、幸福感，有的群众写来热情洋溢的感谢信，称赞党的好政策让他们享受到在家门口收寄包裹的便利。2020年12月，国家邮政局在济宁召开了全国“快递进村”试点工作现场交流会，对我省快递进村工作做法成效给予了充分肯定。在此基础上，各局积极推动开展邮政快递服务现代农业“金银铜牌”创建工程，涌现出烟台苹果、枣庄杂粮、沾化冬枣、日照海产品等单品寄递量超1000万件金牌项目12个，金牌数连续三年居全国第一位；培育出了平阴玫瑰、历城草莓等快递服务现代农业银铜牌项目达40个，产生寄递包裹5.7亿多件，带动农产品销售260多亿元，服务乡村振兴取得新成效，山东电视台、大众日报等主流媒体广泛报道。

快递进厂服务制造业迈出新步伐。积极探索寄递企业服务制造业的新途径，联合印发推进快递业与制造业深度融合发展实施意见，在邮政EMS服务中国重汽、青岛海尔供应链项目获国家邮政局高度肯定基础上，积极引导培育更多快递+制造业特色项目，重点打造了顺丰服务齐鲁制药和浪潮高科技产业等项目，新增寄递超千万件项目3个，培育超千万收入项目11个，涌现出兖州纸品、耀晖玻璃等银牌铜牌项目116个，服务制造业快递业务量3.55亿件，实现业务收入18.44亿元，支撑制造业产值703亿元。

快递出海服务国际循环实现新突破。立足山东上合示范区、山东自贸片区建设，引导企业加大跨境寄递网络布局，推动快递“出海”通道建设。济南机场航空快件绿色通道正式启动，开通济南至东京、仁川的国际邮件航空邮路；青岛邮政开通“义新欧”中欧班列新邮路，覆盖西班牙、英国等23个欧洲国家；潍坊跨境电商国际快件综合运营中心项目启动建设；烟台助推跨境电商发展、威海恢复中韩海运业务等，加速建设中国—东亚国际快递物流循环体系。全年完成跨境寄递业务量1482万件，在国际经济衰退和国际业务分流情况下保持了正增长。

快递园区支撑集聚效应取得新成效。全面推进快递园区建设，大力促进集群化、规模化发展，行业转型升级迈出新步伐。新增滨州黄河三角洲智慧快递综合运营中心、聊城快递园区等5个市级园区，济南章丘中通快递配送中心、烟台栖霞快递电商产业园、德州庆云助农快递服务中心、青岛即墨中通智慧快递物流园区等15个县级园区，截至目前，全省累计建成运行园区达77个，行业机械化、自动化、信息化、智能化水平明显提高，快件处理能力和处理效率显著增强，有力推动行业高质量发展，集聚效应得到有效释放，行业转型升级效能明显。全省快件日均处理量比上年提升346万件，“双11”期间，不少企业反映不但杜绝了多年担心的爆仓阻滞现象，而且业务“吃不饱”。

市场发展环境持续新优化。全省积极营造良好营商环境，加强行业发展引领和政策支撑开创新局面。省政府出台《关于推进电子商务与快递物流协同发展的实施意见》，进一步为加快行业发展创造良好条件；同时为吸引、支持总部在山东的发展，省财政决定拨付3000万元对10家大型快递分拨中心建设给予资金支持；全省邮政业财政事权改革和支出责任划分目前已形成基本意见，待交通领域整体提交省政府研究通过。济宁市政府出台《关于实施“两进一出”工程推进全市邮政业高质量发展的实施意见》，青岛市、临沂市政府印发加快推动“中国快递示范城市”创建的实施方案。济宁、淄博、潍坊、临沂、德州等多地将寄递安全管理、末端网点建设、快递进村、邮政监管能力提升等列入地方财政预算。德州、泰安、菏泽、威海等局联合住建局印发《关于促进物业管理区域邮政快递投递服务的意见》，为打通快递服务社区“最后100米”提供保障，枣庄局推动快递末端服务设施建设纳入了城镇老旧住宅小区整治改造。

在规划引领方面，全省邮政业“十四五”规划编制工作进展顺利，济宁市邮政快递业纳入市交通综合运输规划体系，济南市邮政行业规划纳入全市“十四五”专项规划项目。

加强行业监管治理，行业服务和行业安全得到新的提升。突出抓好行业服务质量提升，取得初步成效。认真践行“以人民为中心”思想，紧紧抓住《问政山东》曝光问题整改的有利契机，在全面分析存在问题基础上，印发《关于推进行业服务质量提升的实施意见》，在全行业深入开展服务质量整治提升工程。各市局统一思想，高度重视，坚决贯彻落实省局部署，将服务质量提升摆上突出位置，加强领导，真抓实干，通过推广使用文明用语、规范末端投递管理、建立申诉监管联动机制、加强行政执法检查等措施，狠抓行业服务态度差、野蛮分拣、虚假签收等行业顽瘴痼疾治理。同时坚决落实企业治理主体责任，推动快递网络省公司开展快递服务质量提升互查互纠活动，共检查企业1147家，试寄快件569次，发现整改问题1521处，有力推动企业重视服务问题改进提高，使一些长期存在的突出问题得到有效治理，服务质量提升取得了良好成效。2020年受理申诉量同比下降64.68%，消费者满意度为98%，获得社会广泛好评，媒体多次进行跟进报道，行业形象得到进一步提升。

企业安全主体责任进一步落实，行业安全基础进一步夯实。安全是行业发展的基础和压舱石，没有安全就没有行业的良好发展。全省邮政管理部门进一步强化安全意识，加强安全管理，狠抓企业安全主体责任制落实，推动行业安全工作有了新的提升。省局在加强寄递安全管理基础上，分析研究行业安全生产的特点规律，制定下发了企业安全生产监管指导意见，并狠抓总部管理，推动各网络省总部建立联席会议和轮值主席制度，自上而下加强网络内部安全管控和互查互纠，效果明显。联席会议通过组织网络间互查，共发现各类安全隐患270余起，作出内部处罚80余起，罚款近50多万元，有力促进企业安全主体责任意识的增强。各市局全面强化企业安全主体责任制落实，抓紧企业内控机制“链条”建设，层层传导压力，充分发挥基层网点“网格化”管理作用，开创了安全管理的新局面。在2020年暗访测试中，全省综合彻底收寄验视率达到60%多，泰安、滨州、枣庄、烟台、济宁等地彻底收寄验视率均在90%以上，为形成长效管理机制、进一步提升安全管理水平奠定了良好基础。积极推动省邮政公司开放农村基础网络，与全省11家主要快递网络开展邮快进村合作，共签订省级协议11份、市级协议92份、县级协议322份，实现全省邮快全面合作，累计代投快件约190万件，形成邮快共赢和谐发展新篇章。

邮政市场监管持续强化。加强对行业治理的分析研判，创新推动行业高效治理，通过建立省级寄递企业联席会议和轮值主席制度，加强了对省级快递总部监管，强化网络内部约束和管控，发挥了行业共治、网络互治的突出作用，省局决策部署得到有力贯彻，市局监管得到有力补充，省市两级监管、网络自治形成合力，行业管理形势良好。深化“放管服”改革，完成备案快递末端网点2.3万余个，备案数量全国最多，其中快递服务站备案4100余个。加强企业信用信息建设，全省1015家取得快递业务经营许可的企业信息均上传至省政务信息资源共享交换平台，实现“互联网+监管”系统融合。省、市局强化事中、事后执法检查，深入开展“四不两直”明查暗访、异地交叉检查，严格市场规范管理，全省依法实施行政处罚358起，责令整改380起，处罚金额285.61万元。

聚焦目标精准发力，三大攻坚战扎实推进。防范化解重大风险。建立与地方应急等相关部门的沟通协调机制，做好邮政快递业安全管理和风险防范化解机制建设；开展安全生产专项整治三年行动，实施实名收寄异常专项治理，获得国家邮政局领导批示肯定；提前预判协调解决企业纠纷、网络阻断等重大事件，有效化解了行业风险和形成社会热点；严格涉毒物品、危险化学品、非法出版物、野生动植物、侵权假冒等禁止寄递物品管控措施，从严从紧抓好禁寄物品管控；积极奋战“双11”旺季服务保障，建立政企协同处理机制，通过预警风险地图迅速化解各种问题，典型做法被国家邮政局转发推广。连续三年被评为全省安全生产先进单位。

助力精准脱贫务实有效。发挥产业扶贫优势，开发“一市一品”农特产品进城精品项目78个；农特产品交易额4.29亿元；带动1573户贫困户增收426.2万元。德州在城区120家快递驿站设立滞销农产品“登记点”，帮助销售蜜薯9000多斤；部分市县局加强了对贫困村的结对帮扶。

生态环保推进有力。超额完成“9792”工程目标任务，省局积极推动将快递绿色包装治理工作纳入全省塑料污染治理体系，开展绿色快递进校园系列主题宣传活动，日照、东营等6市印发《关于进一步加强塑料污染治理工作实施方案》。加大行业生态环保执法处罚力度，共作出行政处罚9起，行业绿色发展成效得到国家邮政局认可表扬。

更贴近民生实事落到实处。全面完成更贴近民生七件实事，促进为企业减税降费2.5亿元，实现快件箱递率高于全国8个百分点；开展“快递从业青年服务月”活动，全省设立快递员爱心驿站875个，开展了各类慰问活动110余次，烟台、济宁、德州等市工会推动关爱快递员“暖蜂行动”；青岛城阳推动快递员凭职称可享受共有产权住房保障政策，济南顺丰、临沂申通等员工享受地方政府廉租住房政策，聊城EMS员工邱冬冬被共青团中央、人力资源社会保障部授予“全国青年岗位能手”称号。

三、“十三五”成绩

2020年主要目标任务的顺利完成，标志着“十三五”规划的圆满收官。回望过去的五年，山东省系统上下咬定目标、坚定信心，用汗水浇灌收获，以实干笃定前行，2020年全行业业务总量和业务收入分别是2015年的4.83倍和2.96倍；快递业务量由2015年的7.34亿件增加到41.52亿件，是五年前的5.66倍，先后赶超福建、北京、上海，由全国第七位上升到第四位；快递集中进驻“淘宝村”598个，数量居全国第4位，推动开展快递服务农业、服务制造业成效明显，涌现出一大批金银铜牌项目，其中服务农业单品过千万件金牌项目三年累计达21个，数量居全国首位，行业对一二三产业支撑更加有力，基础性战略性先导性作用更加凸显，行业安全、服务质量、党的建设等都取得良好成绩，高质量发展初见成效，向全省人民交上了一份合格答卷。

四、快递市场存在的突出问题

从山东省邮政业运行情况看，还存在一些短板和问题，行业发展质效有待提高，产业协同发展融合不够，行业安全稳定任务依然艰巨，区域快递总部大而不强，跨境快递发展还需提升，这些都不同程度上制约山东省邮政快递业转型升级高质量发展。

河南省快递市场发展及管理情况

一、快递市场总体发展情况

2020年，河南省邮政行业业务总量累计完成829.7亿元，同比增长40.5%，业务收入（不包括邮政储蓄银行直接营业收入）累计完成405.5亿元，同比增长21.5%；其中，快递企业业务量累计完成

31.0 亿件，同比增长 46.9%，业务收入累计完成 249.1 亿元，同比增长 32.0%（表 7-16）。

表 7-16　2020 年河南省快递服务企业发展情况

指　标	单　位	2020 年		比上年同期增长(%)		占全部比例(%)	
		全年累计	12 月	全年累计	12 月	全年累计	12 月
快递业务量	万件	310004.89	36580.24	46.86	55.45	100	100
同城	万件	30932.68	2869.71	14.20	-1.24	9.98	7.84
异地	万件	276912.06	33469.79	52.26	64.44	89.33	91.50
国际及港澳台	万件	2160.14	240.74	0.90	-11.28	0.70	0.66
快递业务收入	亿元	249.05	26.83	32.02	32.22	100	100
同城	亿元	18.06	1.84	4.19	5.00	7.25	6.86
异地	亿元	154.86	16.63	30.29	32.80	62.18	61.97
国际及港澳台	亿元	13.72	1.72	42.57	46.69	5.51	6.43
其他	亿元	62.40	6.64	45.73	37.07	25.06	24.74

二、行业管理工作及主要成效

坚持政治引领，全面强化党对邮政管理工作的领导。坚持把党的政治建设摆在首位。印发《党建工作领导小组 2020 年工作要点》，召开全省邮政管理系统党建工作会议，统筹安排党建工作开展。印发《关于意识形态工作重点任务及责任分工的通知》，强化对全省邮政管理系统意识形态工作的管理，持续加强行业新闻宣传，连续第六年荣获先进记者站、优秀站长、优秀特约记者、优秀通讯员等全部 4 个奖项。抓好行业党建工作，建立安阳市快递协会等 3 个联合党支部、中共郑州德邦物流有限公司支部委员会等 13 个独立党支部。

深入推进党风廉政建设和反腐败工作。省局党组先后印发《2020 年党风廉政建设工作要点》《落实全面从严治党主体责任清单》《讨论和决定的重大问题清单》，纪检组印发《2020 年纪检监察工作要点》，切实落实全面从严治党主体责任。加强党员干部廉政教育，召开全省邮政管理系统党员干部警示教育大会；坚持在元旦、春节、五一、中秋、国庆等重要时间节点开展党员干部廉政提醒。综合运用约谈、提醒、函询、诫勉谈话、组织处理和纪律处分等多种形式，共处理纪检问题线索 13 件，完成回访教育 3 人。

行业精神文明建设取得新成效。许昌等 5 市局与当地交通部门成功联创省级精神文明单位标兵，驻马店等 2 市局获评市级精神文明单位。焦作局等 6 家单位获得“全国邮政行业先进集体”荣誉称号。持续推进关心关爱“快递小哥”的工作，顺丰为职工解决廉租房 17 处。积极选树先进典型和优秀代表，顺丰信阳高新营业部等 3 个集体被评为全国交通运输系统抗击新冠肺炎疫情先进集体、郑州邮区中心局金立东等 3 人被评为先进个人；商丘邮政乔金涛等 4 人荣获全国邮政行业劳动模范；顺丰快递小哥任栓伟参加河南省新冠肺炎疫情防控“一线报告”新闻发布会并荣获第 24 届“河南青年五四奖章”。联合省快递协会开展“快递行业优秀服务站点”和“快递行业优秀快递员”评选活动，53 个站点和 105 名快递员受到表彰。

坚持精准发力，扎实做好疫情防控有序推动复工复产。科学有序做好复工复产。推动河南省防疫指挥部及时印发《关于做好疫情防控期间邮政快递企业复工复产与寄递服务工作的通知》，发函提请各市发改委，为末端派送、防疫物资保障等争取政策支持，协调省新冠肺炎疫情防控应急指挥部为快递企业调配医用口罩 60 万只。省局下发《关于全力防控疫情科学有序做好节后恢复生产工作的通知》《关于新型冠状病毒感染的肺炎疫情期间切实保障河南省邮政行业正常运行的通知》等系列文件，持续推动行业疫情防控与复工复产，自2020年3月27日起，全省寄递企业网点全面恢复常态化运营。

全面保障防疫物资寄递。省局印发《关于申领新型冠状病毒感染的肺炎疫情防控应急物资运输车辆通行证的通知》《关于申领使用应对疫情防控应急物资运输车辆通行证(B证)的监督管理办法》，自2月7日至4月9日，分4批次为11家企业累计争取通行证1094张，全省通行证累计使用37697次、运输66784趟、运载货物74.47万吨。陆续为15家快递企业开具《群众生活必须企业资质证明》。

切实做好行业常态化疫情防控工作。省局召开安全生产及疫情防控动员部署会议6次，开展日常及重大活动(会议)期间督导检查17次，要求企业落实《疫情防控期间邮政快递业生产操作规范建议》(1~6版)。开展疑似携带病毒快件查堵应急演练。

坚持提质增效，持续优化行业环境。着力推动政策落地。协调完成5家快递物流园区、361个乡镇网点和60余台安检机项目奖励资金1270余万元的资金拨付。全省邮政快递业减税降费4.14亿元，快递公路运输平均每吨每公里收费额同比下降超10%。继续加大末端车辆通行政策支持，全省17个市全部出台具体政策措施。

扎实开展规划编制。开展河南省邮政业发展“十四五”规划编制工作，联合省交通规划设计研究院，先后到新乡、郑州、商丘、漯河、洛阳等地开展规划调研，反复座谈、多次征求意见，目前《河南省邮政业发展“十四五”规划》征求意见稿已编制完成，并向国家邮政局、省交通运输厅分别报送了规划文稿。

着力深化“放管服”改革。全面实现快递许可审批全流程网上办理“零跑腿”。处理许可申请329件、许可变更167件，核准许可延续96件、注销快递业务经营许可证37个。全年许可按时办结率为100%。初步完成与河南省人民政府一体化政务平台对接，按照应上尽上原则，梳理公共服务事项清单，将有关要素录入省政务服务平台。

坚持重点突出，夯实行业发展基础。支持邮政服务创新发展。积极推进邮快合作，举办全省“邮快合作”签约仪式，全省共有10个市、25个县、192个乡镇、2603个建制村开启邮快合作业务，合作快递品牌15家，共代投147.11万件，代投收入74.27万元。大力推进邮政综合服务平台建设，实现与省级政务系统全对接、市级政务大厅业务全覆盖。

扎实推进“两进一出”工程。全面启动“快递进村”。印发三年行动方案，召开半年专题推进会，全省直投到村比例超过55%。加快推进“快递进厂”工程。联合省工信厅印发《河南省促进快递业与制造业深度融合发展工作方案》，明确打造智慧物流等8项重点任务和强化政策支持等5项保障措施。全省寄递企业服务制造业项目共计38个，支撑制造业产值16.30亿元。稳步实施“快递出海”工程。支持邮政口岸开展跨境电商、“一点清关、分拨全国”等业务，持续强化邮政口岸建设。

持续加强行业基础能力。联合省商务厅、发改委、财政厅开展冷链、快递、电商物流示范园区评定，郑州圆通快递物流园、中通快递物流园、泽辉物流园、河南顺丰华中区域分拨中心、德邦中原枢纽中心等5个园区获得省级快递物流示范园区称号。占地720亩的京东物流郑州亚洲一号智能物流园区、占地200亩的河南圆通新乡转运中心、占地193亩的郑州苏宁华中物流枢纽项目正式运营投入使用。

强化行业人才队伍建设。实施职业技能培训“246”工程，全年累计完成职业技能培训25514人次，累计争取培训补贴资金1594.49万元，郑州、南阳、洛阳等12个市局完成或超额完成年度培训计划数。继续推进快递工程技术人员职称评审，全年共认定初级职称270人次，其中南阳、商丘、周口等11个市局完成或超额完成年度评审计划数。

郑州航空工业管理学院、河南交通职业技术学院入选第三批全国邮政行业人才培养基地。

不断提升行业服务质量。实施“放心消费工程”，加大对普遍服务满意度、时限及侵害消费者权益行为等重要指标和信息的披露力度。联合省快递协会组织召开2020年“诚信快递、你我同行”“3·15”快递企业线上网络视频座谈会。通过“12305”和邮政业消费者申诉系统处理有效申诉703件，帮助消费者挽回经济损失248.41万元。

坚持统筹推进，打好三大攻坚战。行业安全稳定工作再上新台阶。深化邮政管理、公安、国家安全等部门联席协作机制，推进敏感时间节点重要企业“双派驻”制度。发挥寄递渠道平安建设（综治工作）考评指挥棒作用，有力压实部门监管和属地管理责任。发挥省邮政安全发展中心服务支撑保障作用，开展安全法规进企业巡回宣讲九场，参训人员超过2000人次；举办平安寄递大讲堂六期，培训学员达2062人次；举办安检机操作员培训、全省邮政快递业安全生产突发事件应急处置实战化综合演练。及时妥善处置信阳、南阳、郑州等市因为末端派费、经营不善等引发的不稳定因素，针对河南天天职工维权、经营问题进行约谈，指导周口局妥善处理鹿邑中通“假人安检”事件。

精准脱贫实现新突破。全面落实省局《河南省邮政业助力脱贫攻坚三年行动方案（2018－2020年）》，大力支持邮政企业推进电商扶贫，鼓励邮政企业充分利用邮乐网平台和“邮掌柜”系统，加大贫困县“邮乐农品馆”建设运营力度。打造“一市一品”“一地一品”“一县一品”精品示范项目，“开封大蒜”成为年业务量超千万件的快递服务现代农业金牌项目。全省快递服务现代农业共完成快递业务量4165万件，实现快递业务收入1.4亿元，拉动就业23234人，带动农业总产值10.98亿元。

行业绿色发展见到新成效。印发《河南省2020年邮政业生态环境保护工作方案》《河南省快递包装绿色治理工作台账》，高标准完成“9792”工程。全省“瘦身胶带”封装比例达97.27%，电商快件不再二次包装率达85.31%，循环中转袋使用率达93.67%，新增887个邮政快递网点设置包装废弃物回收箱，新能源和清洁能源车辆保有量达到1789辆。推进邮件快件包装绿色治理，联合省快递协会、省包装技术协会审定17家符合绿色标准的包装生产企业。推进“绿色快递进校园”活动，基本实现“三不”治理100%、生态环保培训100%、快递包装规范100%等“六个100%”目标。制定《河南省邮政业绿色网点和绿色分拨中心建设试点方案》，共有5个分拨中心和21个营业网点成功获评河南省第一批“绿色网点、绿色分拨中心”。编发“河南省邮政业生态环保工作通报”3期。

坚持依法行政，不断提高治理效能。扎实推进法治邮政建设。制定《2020年全省邮政管理系统法规工作要点》，明确四大方面12项重点工作，举办2020年全省邮政管理系统依法行政与规划政策培训班，推进法治邮政建设和治理能力现代化。开展服务型执法标兵传帮带、行政相对人违法风险防范、年度依法行政考核与案卷评查工作。开展2020年全民国家安全教育日普法宣传活动，举办民法典专题培训，多角度多层次开展普法宣传工作。

建设高素质专业化干部队伍。印发《中共河南省邮政管理局党组管理干部选拔任用工作程序》，规范选拔任用程序。组织全省副处级以上领导干部参加中国网络干部学院举办的“第一期党史、新中国史网上专题班（新民主主义革命时期）”。举办全省人事工作培训班，持续提升人事工作水平。

强化邮政市场监管。全面实施“双随机、一公开”监管，全年邮政市场执法检查3253次，查处违法违规行为519起，办理邮政市场行政处罚案件247件，罚款216.75万元。常态化抓好末端服务违规收费治理。向市局转办案件线索136条，立案查处40余起,维护邮政市场秩序。

提升支撑保障水平。做好行业统计工作,定期召开邮政行业季度经济运行分析会。组织统计培训,高质量做好统计督察整改工作。推动邮政领域河南省财政事权和支出责任落实。按照“过紧日子”要求,持续强化预算管理。

三、“十三五”成绩

2020年是“十三五”规划的收官之年。五年来,河南邮政快递业深入贯彻落实习近平总书记关于邮政快递业重要指示批示精神和国家邮政局党组各项决策部署,深入践行“人民邮政为人民”的宗旨,积极服务产业循环、市场循环和经济社会循环,推动各项重点工作取得了良好成效,为开启邮政强省建设新征程奠定了坚实基础。

邮政快递业规模持续扩大。2015年全省邮政行业业务总量完成163.78亿元,业务收入完成147.81亿元;2020年全省行业业务总量、业务收入分别达成829.65亿元和405.51亿元,居全国第8、7位,是“十二五”末的5.07倍和2.74倍,年均分别增长28.89%和16.2%。快递业务量达到31亿件,业务收入达到249.05亿元,分别居全国第8、9位,是“十二五”末的6.03倍和3.95倍,日均快递业务量达到849万件,人均快递业务量达到32件。全行业从业人员达15万人,新增就业岗位7万个。

行业发展环境持续完善。推动省政府出台《河南省物流业转型发展规划(2018－2020年)》系列政策文件,全省17个市局结合本地实际,推动出台快递物流转型发展文件,为行业发展营造了良好环境。向地方财政争取快递企业购置安检设备专项经费4500万元、快递物流转型发展项目补贴1200多万元,有效助力企业转型升级。与鹤壁市政府签署共同推进鹤壁市建设高质量发展城市战略合作框架协议,与新乡市政府联合出台《关于加快新能源汽车在邮政快递行业推广应用的实施意见》。推选漯河成功入选“中国快递示范城市”。

邮政公共服务能力持续提升。积极构建和完善覆盖城乡、惠及全民、安全便捷、可持续发展的邮政普遍服务体系,营业网点覆盖更加全面,普遍服务均等化水平不断提高。全省更新和新增运邮车辆443辆,翻修、改建乡镇局所100处,改造危旧县局12个。邮政普遍服务营业网点达到2625处,其中城市网点676处、农村网点1949处,网点规模保持稳定。累计建设便民服务站4.6万个。党报党刊县城当日见报率实现100%,建制村继续保持100%直接通邮。

快递转型升级步伐持续加快。推进全国性快递集散交换中心、邮政郑州航空邮件处理中心、京东亚洲一号仓、顺丰电商产业园等一批重点项目建设。全省已形成以郑州为中心,漯河为副中心,洛阳、商丘、南阳为骨干节点,其他市县为区域中心的快递物流网络,功能布局进一步优化。统筹推进城乡末端物流网络体系建设,全省共备案快递末端网点10397个,设立智能快件箱24307组,设立城市快递末端公共服务站点9227个,农村快递公共取送点17146个。

行业治理能力持续提升。深入推进“放管服”改革,压缩审批时限,优化快递许可办理流程,实现审批全流程网上办理。持续加强法治邮政建设,鹤壁、开封、周口、焦作等局被省全面推进依法行政工作领导小组评为全省服务型行政执法示范点。持续提升行业监管水平,全面落实“双随机、一公开”要求,“三项制度”落实情况良好,“十三五”期间全省未发生重特大安全事故。

四、快递市场存在的突出问题

规模位次不达标。河南省邮政快递业务规模现居全国第8位,与河南省稳居全国第5位的经济大省地位不匹配,面临着标兵渐行渐远、追兵越来越近的挑战。2020年1－11月,全省邮政业业务总量完成735.75亿元,低于排名第7位的河北省15.09亿元、低于排名第5位的福建省26.38亿元;快递业务量完成27.34亿件,低于排名第7位的上海市2.72亿件,低于排名第5位的河北省5.2

亿件。河南省国际寄递业务量占比不足 1%，与“买全球、卖全球”目标要求不相匹配。业务发展不充分。2020 年 1 －11 月河南省快递业务收入完成 222.22 亿元，位于全国第 9 位，占全省行业收入比重为 60.82%，而全国平均水平为 70.26%，排名第 8 位的福建为 81.68%。快递业务收投比达到 1 ∶ 1.2，快递业在助力河南省工业制品和特色农产品销售方面的作用仍未充分发挥。发展环境不理想。三通一达等品牌高度同质化的服务造成日益严重的行业低价恶性竞争，2020 年全省快递平均单价仅为 8.4 元，与全国平均单价 10.6 元相比单价相差 2.2 元，部分企业为完成考核不计成本，盈利能力持续降低，严重影响快递末端网点稳定，损害广大快递从业人员合法权益。城乡供给不平衡。以 2020 年为例，全省农村地区快递业务量为 1.57 亿件，占快递总量的 5%；投递量为 5.91 亿件，占投递总量的 16%。同期全省农村地区常住人口为 4500 万左右，占全省人口总量的 46%。全国农村人均使用快递 54 件/年，河南省农村人均使用快递 16 件/年，差距悬殊。同时，农村地区快递基础设施仍十分薄弱，全省行政村快递网点覆盖率不足 20%。绿色发展不到位。部分企业宣贯不到位、从业人员思想不统一、减量化包装执行不严格、个别消费者不理解不配合、执法监管力度薄弱；市场上可循环、可降解包装材料研发和供给不足，短期内无法实现绿色包装材料全面替代。

治理体系和治理能力现代化的任务依然繁重。行业的快速发展以及内外形势的不断变化，对邮政管理部门的要求越来越高，存在的问题也日益凸显。行业治理小马拉大车，监管力量和条件资源不足。现有邮政管理部门人员编制有限，省邮政安全发展中心工作机制不顺畅，市级邮政业安全中心、县级邮政管理机构建设进展缓慢，县域监管存在盲区，与行业的发展规模和发展形势不相匹配。政策制度供给相对滞后，地方邮政业法规规章需要修订完善，国家邮政局部分重点工作省局缺少相应方案措施，规章制度完善落实力度需要进一步加大。干部队伍问题突出。思想建设方面，存在大局意识较弱、执行力不强、落实省局党组决策部署不力等问题。能力提升方面，存在业务知识学习不够、政策规定把握不准、才不配位的现象。

湖北省快递市场发展及管理情况

一、快递市场总体发展情况

2020 年，湖北省邮政行业业务总量累计完成 471.8 亿元，同比增长 2.9%，业务收入（不包括邮政储蓄银行直接营业收入）累计完成 276.4 亿元，同比增长 1.4%；其中，快递企业业务量累计完成 17.9 亿件，同比增长 5.9%，业务收入累计完成 178.7 亿元，同比增长 2.8%（表 7-17）。服务 50 亿以上人次，支撑网上零售额超过 1500 亿元。

表 7-17 2020 年湖北省快递服务企业发展情况

指　标	单　位	2020 年		比上年同期增长（%）		占全部比例（%）	
		全年累计	12 月	全年累计	12 月	全年累计	12 月
快递业务量	万件	178505.52	22231.93	5.94	29.18	100.00	100.00
同城	万件	27128.87	2912.49	−7.37	13.89	15.20	13.10
异地	万件	150590.76	19259.59	9.40	32.92	84.36	86.63
国际及港澳台	万件	785.88	59.86	−49.82	−63.13	0.44	0.27

续上表

指 标	单 位	2020年		比上年同期增长(%)		占全部比例(%)	
		全年累计	12月	全年累计	12月	全年累计	12月
快递业务收入	亿元	178.69	20.70	2.76	16.04	100.00	100.00
同城	亿元	20.40	2.10	-3.18	12.57	11.41	10.14
异地	亿元	104.57	12.51	2.08	24.52	58.52	60.44
国际及港澳台	亿元	7.22	0.71	-5.34	-7.79	4.04	3.44
其他	亿元	46.50	5.38	8.75	4.33	26.03	25.98

二、行业管理工作及主要成效

突出党建引领、加强政治建设,全面从严治党向纵深推进。一是坚持把政治建设摆在首位。牢记政治机关定位,增强“四个意识”、坚定“四个自信”、做到“两个维护”,坚决贯彻落实好习近平总书记关于邮政业重要指示和中央决策部署。巩固拓展“不忘初心,牢记使命”主题教育成果,健全查改问题和推动落实的长效机制。持续深化创新理论武装,深入学习贯彻《习近平谈治国理政》第三卷和习近平总书记系列重要讲话,组织十九届五中全会精神宣讲报告会。二是加强基层党组织建设。认真学习贯彻《中国共产党党和国家机关基层组织工作条例》,严肃党内政治生活,严格执行好“三会一课”制度,局领导严格执行以普通党员身份参加支部生活,不断加强党员干部党性锤炼。深入开展“两新组织”党建工作,省局联系的三个协会均成立了党支部,全省共有7个市(州)成立了行业党委,7个市成立了行业团委,12个市(州)成立了行业工会。三是持续加强党风廉政建设。持之以恒正风肃纪,巩固落实中央八项规定及其实施细则精神,巩固整治形式主义、官僚主义等“四风”问题成效,巩固“不忘初心,牢记使命”主题教育成效。进一步加强纪律教育,通过党组中心组学习、支部主题党日、局长办公会、局务会等多渠道加强党性宗旨、党规党纪、优良作风、优秀家风等教育,抓在平常,融入日常。四是加强干部队伍建设。调整省局内设机构及部分市局副职领导职数。推进公务员职务与职级并行工作,完成省局和市(州)局领导干部套转和晋升工作(涉及120余人次,其中晋升一级调研员1名,二级7名,三级12名,四级调研员8名)。提拔选配市(州)局班子成员4人,办理了8名试用期领导干部的转正考察。加强对年轻后备干部的培养。五是思想宣传和精神文明建设取得新成效。强化行业意识形态管理,切实把牢方向、守住阵地、管好队伍。推荐和选树一批行业先进典型,湖北顺丰获评第六届“全国文明单位”,武汉邮政投递员熊桂林等荣获2020年“全国劳动模范”“全国最美职工”,湖北顺丰汪勇、京东物流武汉亚一城配青年车队、宜昌顺丰刘华获评“全国青年五四奖章”,省局周培同志获全国抗疫先进个人称号,宜昌局、荆州局、襄阳局、恩施局获评2017－2019年全省“文明单位”,还有多个集体及个人分别获得省、市级荣誉。

助力疫情防控、服务疫后经济重振。湖北尤其是武汉作为抗疫主战场,在省委、省政府和交通运输部、国家邮政局党组坚强有力的带领下和各兄弟省局的鼎力支持下,全省邮政行业认真学习贯彻习近平总书记疫情期间视察武汉的指示精神,让党旗始终高高飘扬在抗疫和复工复产一线,为打赢疫情防控阻击战作出了重要贡献,受到交通运输部、国家邮政局和省政府领导充分肯定,共获3名国家级、17名省部级先进个人、11个省部级先进集体,多个集体表彰、个人获市级表彰。一是全力协调防控物资和生活物资的运输和投递。省局牵头组织建立全省寄递渠道疫情防控协调机制,湖北省邮政、快递企业承运、寄递疫情防控物资累计运输疫情防控物资31.15万吨、发运车辆8.04万辆次,其中全省的口罩主要由邮政、快递企业运递。二是保障疫情期间全省邮政快递基本寄递服务。在省交通运输厅的大力支持下，我们积极协调省“防指”出台了《关于保障邮政快递基本服务运行的通知》，督导邮政快递企业严格落实防护措施，在确保安全防控的条件下，千方百计满足保障机要通信、党报党刊等特殊服务以及人民群众的基本用邮需要（邮政普遍服务），疫情期间，全省行业累计收寄邮件、快件8010万件，投递邮件、快件1.29亿件。三是切实有效做好疫情防控工作。我们严格控制执行防控措施，全省邮政管理部门公务员无一人感染，邮政、快递企业未发生因运营产生的确诊病例，少数感染的轻症病例均治愈出院。全省系统党员干部积极下沉社区助力疫情防控，省、市（州）局领导带头、全员上阵，共下沉社区90个；行业涌现出以汪勇为代表的一批志愿服务者（顺丰速运武汉分公司快递员汪勇自发组织志愿者团队，主动服务武汉金银潭医院，帮助医护人员日常出行和送餐等服务、被授予“全球青年抗疫榜样”“中国青年五四奖章”和“最美快递员”等多项荣誉称号），全行业众志成城，为全省疫情防控工作作出贡献。四是科学有序抓好复工复产。国家邮政局党组书记、局长马军胜同志三次亲自主持召开湖北省邮政快递业的复工复产专题电话会议，现场办公要求国家邮政局各司室及10余家企业总部对湖北省邮政快递业和复工复产提供政策和资金等方面扶持。全省建立了由交通运输、邮政管理等部门组成的邮政快递业复工复产协调机制，还提供“一人一企”的全方位服务，及时协调解决企业员工返鄂返汉、车辆和人员通行等问题和困难，分区分企分类分时有序推进复工复产。10月，湖北省快递业务量实现2020年以来累计同比增长率首次转负为正，11月，湖北省邮政业、快递业累计业务量、收全部实现正增长，为疫后经济重振提供了有力支撑。

优化营商环境，有效释放市场活力。扎实推进一揽子扶持政策落地。积极推动疫情期间各项惠企政策落到实处，累计助力企业减税降费3.47亿元，获得就业补贴506万元，获得其他资金支持733万元。全省邮政业发展“十四五”规划编制和衔接有力推进。持续深化“放管服”改革。省局专题研究简化快递许可、优化营商环境相关工作。大力发扬“店小二”精神，进一步简化快递许可和备案工作。加强新业态管理，颁发了全省首张运营智能快件箱经营快递业务许可证。配合省政府加快推进“互联网+监管”“互联网+政务”建设，努力实现政务服务“一网通办”。强化行业人才队伍建设。联合省人社厅出台了《湖北省工程系列快递工程专业技术职务任职资格申报评审条件（试行）》《关于加强快递从业人员职业技能提升工作的通知》，完成了2020年快递工程专业职称认定工作；累计培训快递小哥8182人次，争取政府专项补贴资金147.9万元。大力推进关心关爱快递小哥工作，省局党组制定了《深入推进落实习近平总书记关爱“快递小哥”重要指示精神工作方案》，全省行业组织关爱慰问活动228场，设立爱心驿站等各类服务阵地624处。

鼓励改革创新、推动融合发展，不断提升发展质效。推进邮政服务创新发展。积极推进商邮协同发展，与省商务厅、省邮政公司签订三方协议，不断拓宽业务领域。推动省邮政分公司分别与顺丰、京东、中通、圆通、申通、韵达、百世、极兔等8家主要品牌快递企业签署合作协议，邮快合作已覆盖湖北省51个县（区）、167个乡镇、634个建制村，累计代投快件到村104万件，代收快件3.4万件。拓宽和深化政务服务，警邮、税邮、政邮合作在全省市级层面实现100%全覆盖的基础上，逐步往区县延伸。持续推进邮政综合服务平台建设，区县覆盖率74%，政邮合作累计覆盖区县数量76个，区县覆盖率72%，实现与省级政务系统全对接、市级政务大厅全覆盖。税邮合作网点区县覆盖率90%，深入推进“两进一出”工程。推动将“快递进村”写入省政府工作报告，印发全省“快递进村”三年行动方案，推广交邮、交快、快快、快商、快电等合作模式，在快递“乡乡有网点”的基础上，快递服务进村达到77.48%。形成快递服务现代农业金牌项目3个,农村地区收投快件4.78亿件。推进“快递进厂”,全省“快递进厂”服务制造业带动快递业务量2.96亿件,带动快递业务收入8.45亿元,支撑湖北省纺织、造纸、印刷、汽车、食品、计算机等制造业产值达148亿元,支撑服务安琪酵母、汉川童车、东风汽车、全棉时代、杰士邦等一系列制造业知名品牌。推动“快递出海”,中欧班列(武汉)首次测试运邮,为湖北省国际邮件陆路运输通道迈出坚实一步;加快建成武汉天河机场国际快件监管中心,提升了跨境电商快件时效。加强基础设施建设。推进邮政设施强基工程,积极落实西部和农村地区局所改造项目和省财政补助资金2000万元的农村邮政普遍服务项目,改造农村网点、投递处理场地137处,购置电动三轮车、投递及邮运车辆756台。全省累计布放智能快件箱1.38万组,建成城市末端公共服务站点3736个。湖北国际物流核心枢纽等重大基础设施取得关键进展。

强化责任担当,助力打好三大攻坚战。坚守寄递安全底线防范化解重大风险。在省交通运输厅的大力支持下,共投入资金近200万元,实施完成邮政业安全监管能力提升项目,有力地提升了湖北省邮政业安全监管信息化水平。强化省寄递渠道安全管理联系机制,2020年5月,在武汉解封不久,我们立即联合省委政法委召开联席会议、印发工作要点,开展综治考评;联合省公安厅对4个省直管县开展专项执法检查;联合省禁毒办印发《关于进一步加强全省寄递渠道禁毒工作的通知》;联合省消防救援总队落实“四个一”工作举措;认真开展湖北省邮政快递业安全生产专项整治三年行动。在省市(州)烟草局的支持下,加强寄递渠道卷烟零售打假执法,继续深化寄递渠道打击涉枪涉爆违法行为专项行动,开展禁毒“2020净边行动”“扫黄打非”等重点工作。持续推进行业应急管理体系建设,修订发布省邮政业突发事件应急预案。初步建立省市政企维稳工作机制,妥善处理5起末端网点不稳定事件。圆满完成“两节”“两会”等特殊时期和重大活动期间寄递渠道安全保障工作。积极做好全省邮政快递业防汛工作。配合国家邮政局推动“绿盾”工程一期建设,完成省、市两级安全监控中心、视频联网、应急指挥等5个涉省项目建设工作,邮政业安全管理工作跃上了新台阶。

助力乡村振兴坚决打赢脱贫攻坚战。9个市(州)局定点帮扶的贫困村全部脱贫摘帽,2016年以来共选派扶贫挂职干部9人、帮助建档立卡贫困人口脱贫1927人,帮助贫困户实现劳务就业348人。今年以来,全省邮政快递业助力湖北省脐橙、蕲艾、莲藕、小龙虾等43个名优农产品外销,带动快递业务量近6000万件,形成快递业务收入5.5亿元,带动农业产值100亿元,直接、间接带动就业人数14万人;45个“一市一品”精品项目实现农产品销售额3.65亿元,邮政企业直接采购25个品种农产品1509吨,采购金额1850万元。积极开展消费扶贫,今年全省邮政管理部门自身及组织邮政快递企业直接购买贫困地区农产品金额达839万元。推动行业绿色发展打赢防治污染攻坚战。明确湖北邮政快递业实施“9791”工程,联合省发展改革委、经济和信息化厅、生态环境厅、住房和城乡建设厅、商务厅、市场监管局等部门共同推动快递包装绿色治理。联合省住建厅发布“绿色快递、人人有为”倡议书。全省45毫米以下“瘦身胶带”封装比例达到95%、电商快件不再二次包装率81%、可循环中转袋使用率72%、累计新增429个设置标准包装废弃物回收装置的邮政快递网点。

推进依法行政,强化行业监管,不断夯实管理基础。强化法治建设。积极宣贯《民法典》《邮政业寄递安全监督管理办法》《邮政行政执法监督办法》等法律法规。认真开展行政执法案卷评查并通报反馈情况。严格落实重大执法决定法制审查制度。依法办理行政复议、行政应诉案件,均胜诉。加强法治宣传教育,开展《民法典》专题培训、知识测试。组织参加2020年度国家工作人员学法用法及考试、组织开展“12·4”国家宪法日系列法治宣传教育活动。不断加强市场监管。全面落实“双随机、一公开”监管，开展“平安寄递”督查全覆盖。开展实名收寄信息异常、贩卖快递盲盒、空包、刷单等专项整治。进一步加强快递服务质量管理。推动省“12305”邮政业申诉中心改革，完成申诉语音呼叫平台上线和申诉工作权限下放武汉局试点工作。全年受理用户申诉5821件，为消费者挽回经济损失232.5万元，夯实基础管理能力。在省交通运输和财政厅的大力支持下，积极落实湖北省邮政领域财政事权和支出责任改革方案，获得经费支持300万元。武汉、宜昌、襄阳、荆州、咸宁、孝感、黄石、黄冈等局均获得地方政府经费支持。持续做好行业统计工作，加强行业经济运行分析研判和数据质量管理，全面落实统计督察整改。认真落实习近平总书记关于厉行节约、坚决制止餐饮浪费行为的重要指示精神，成立省局食堂管理委员会，加强节约型机关建设。扎实做好档案、督查、信访、保密、信息化、信息公开、建议提案办理，2020年省局共有四项目标考核达标，有力地推动了基础管理工作上台阶。

三、“十三五”成绩

2020年是“十三五”规划的收官之年。五年来，湖北省邮政快递业深入贯彻新发展理念，推动行业改革创新发展，着力优化发展环境、促进协同发展、提升服务能力、强化行业监管，全省邮政快递业供给结构持续优化，服务水平明显提升，绿色和安全发展水平显著提升，监管体系不断健全，行业治理体系和治理能力不断提升，为全面建成与小康社会相适应的现代邮政业、建设邮政强国，为湖北“建成支点、走在前列”作出了重要贡献。主要体现在：

服务经济社会发展的作用愈加凸显。与“十二五”期末相比，湖北省邮政快递业业务总量和业务收入分别增长2.4倍和1.4倍，业务收入占地区生产总值的比重由“十二五”末的0.59%上升到0.66%，行业基础性先导性作用更加突出。快递业务量和业务收入分别增长2.5倍和2倍，快递业务量、收年均增速分别达29.4%和25.5%。快递业务收入占全省邮政快递业比重由“十二五”末的51.7%上升到64.6%。从业人员队伍日益壮大，已超过十万人，对稳就业保民生发挥了重要作用。年均支撑制造业产值超过109亿元、带动农产品销售超过42亿元，对一二三产业支撑更加有力。

服务能力显著增强。市场主体不断增加，全省主要快递品牌27个，累计快递企业及网点12552个，主要企业城区自营网点标准化率达97.6%。枢纽园区加快建设，全省共建成快递物流园区30个。干线运输更加多元高效，高铁快递、中欧班列运邮取得重大突破，航空快递运能不断增强。末端网络加速下沉，建制村直接通邮率达100%，村邮站行政村覆盖率达100%，快递网点实现乡镇全覆盖，快递服务村级覆盖率达78%。共建成并投入使用智能信包箱4482个、智能快件箱13122组，投递快件2.12亿件，服务水平大幅提高。

服务质效和竞争实力不断提升。邮政普遍服务投递频次深度、全程时限持续缩短，所有县城保持党报党刊当日见报。快递服务产品体系更加完善，延误、损毁和丢失情况显著减少。邮政普遍服务和快递服务满意度稳中有升，全省邮政普遍服务和快递服务用户满意度分别比“十二五”期末提高了4.7分，快递服务百万件有效申诉率比“十二五”期末降低了7个百分点。绿色发展初见成效，快递电子运单、循环中转袋基本实现全覆盖。寄递安全保障有力，五年来未发生重特大安全生产事故。行业业务规模持续扩大，业务收入规模居全国第一方阵。快递企业整体实力提升，落户湖北省的区域性总部不断增多。

管理体制进一步完善。在陆续设置的6个县级邮政监管机构的基础上，荆州、十堰等地探索多种模式完善行业县级管理体制，加强了监管力量、创新了监管手段。省邮政业安全中心平稳运行，武汉、襄阳等地安全监管获专项财政资金支持，市级安全监管支撑保障能力进一步增强。我们充分发挥寄递渠道安全监管工作领导小组作用，加强与地方多部门的沟通协作，建立了联合执法长效机制。

四、快递市场存在的突出问题

发展规模与发展质效不平衡，量收增幅不同步，基层网络不够稳定。城乡区域发展不平衡，农村地区快递服务能力和水平明显落后于城市，快递基础设施有待加强。跨境业务发展不足，与湖北的区位、交通等优势不匹配。行业治理能力有待提升，邮政领域中央和地方财政事权与支出责任划分改革尚未全面落实，党建工作有待进一步规范。

湖南省快递市场发展及管理情况

一、快递市场总体发展情况

2020 年，湖南省邮政行业业务总量累计完成 426.2 亿元，同比增长 32.5%，业务收入（不包括邮政储蓄银行直接营业收入）累计完成 228.0 亿元，同比增长 19.3%；其中，快递企业业务量累计完成 14.7 亿件，同比增长 42.7%，业务收入累计完成 129.7 亿元，同比增长 28.5%（表 7-18）。城乡居民年人均使用快件量超过 50 件，人民获得感幸福感不断增强。

表 7-18　2020 年湖南省快递服务企业发展情况

指　　标	单　　位	2020 年		比上年同期增长（%）		占全部比例（%）	
		全年累计	12 月	全年累计	12 月	全年累计	12 月
快递业务量	万件	147131.61	16543.64	42.74	48.69	100.00	100.00
同城	万件	20467.20	1796.92	15.80	-1.40	13.91	10.86
异地	万件	126136.42	14717.27	49.86	60.41	85.73	88.96
国际及港澳台	万件	528.00	29.45	-57.31	-77.23	0.36	0.18
快递业务收入	亿元	129.69	13.87	28.50	34.74	100.00	100.00
同城	亿元	12.21	1.22	14.96	17.56	9.42	8.81
异地	亿元	73.76	7.92	28.87	37.76	56.87	57.14
国际及港澳台	亿元	3.92	0.10	-25.98	-86.07	3.02	0.69
其他	亿元	39.80	4.63	43.30	64.32	30.69	33.36

二、行业管理工作及主要成效

把保供工作作为首业首责，奋勇扛起急难险重关键任务。坚持以人民为中心思想，科学防控，紧急动员，组织邮政、顺丰、京东三家企业不避艰险，同时间赛跑，保障供应链“不断网”，利用航空资源和地面邮路，全力保障城乡居民生活用品寄递，全力运送赴鄂防疫物资。2 月 10 日，省局发出“我有快递员、谁有寄递需求”号召，推动各品牌快递企业复工复产。全省近 10 万快递小哥返岗备战，冒疫前行，穿梭街巷。随后不到半月，全省行业产能恢复到正常水平。针对通行阻断情况，省局得到省交通运输厅帮助，实施差异化措施，对邮件快件运输车辆不检查、不拦截、不阻断，开通运输“绿色通道”，受到交通运输部、国家邮政局高度评价，并在全国转发推广。面对小区投件难困境，省局联合省住建厅在全国率先出台支持快递进小区投递政策。为保障农产品销售，省局开展“保配送、防滞销”活动，参与直播带货，下沉农村疏运蔬菜。衡阳耒阳每天开通11趟快递专线，日均配送农产品3000余件；怀化寄运滞销冰糖橙累计1万余吨。永州支持香芋“出村进城”1.06万吨。

把提升发展支撑作为引擎动力，推动行业发展稳中求进。创新发展拓展了新空间。争取省政府支持将“探索建设国际邮件、国际快件和跨境电商进出境一体化设施”“推进跨境电商货运班列常态化运行”等内容写入湖南自由贸易试验区总体方案。省局推进“快递出海”，争取顺丰中南国际业务中心落户湖南，并开通长沙至列日国际货运航线。湖南首条跨境电商定期货运航线（长沙至莫斯科）开通运行。湖南邮政国际分公司“三关合一”基础设施建成验收，跨境寄递更加便利高效。年内进出境邮件993万件，重量6806吨，实现贸易额1.5亿美元。融合发展激活了新动力。省政府将邮政快递列入农业产业化培育重点，明确对末端城市配送冷藏智能快件箱规模企业给予政策支持。省发改委将邮政快递服务纳入“湖南省县乡村三级物流配送体系建设规范”地方标准，长沙县、醴陵市邮政物流配送体系建设项目获省级财政预算支持。省局联合省商务厅再次出台推进电子商务与快递物流协同发展文件，形成集聚集群发展的“四梁八柱”。省交通运输厅高度重视轻泡快递车辆按轴收费改革效应，将改革红利充分覆盖快递适配车型，同时将交邮融合发展作为重点课题，在郴州等地试点探索，1283个行政村依托城乡客运让“在家门口收取快件”变成了现实。长沙组织快递企业累计申报产业扶持资金1亿元、仓储用地计划5000亩。岳阳对20家快递与电商协同发展示范企业、20个标准化快递末端网点和集聚发展产业模式给予财政奖补资金。协同发展增强了新动能。省局开展快递业务“日增百万”竞赛活动，创造更多动力源，引导市场要素加速优化。快递企业集群抱团，对接现代制造、电子信息、生物医药等产业，创新开展项目性打捆、供应链服务。优速快递与中联重科开展个性化定制化服务，每月业务量近80万件。怀化麻阳冰糖橙、衡阳耒阳时蔬、永州瓜果等“一市一品”“快递+”金银牌项目达到54个，完成包裹业务量1066.6万件，带动产品销售额1.2亿元。

把补短板强弱项作为攻坚重点，大力实施能力建设。基础设施建设优化加强。推进邮政设施强基工程，对中央预算内投资1122.8万元建设的24个农村邮政普遍服务局所项目，履行行业“三到场”审查监管责任。立足长沙航空、高铁、港口“三位运输”枢纽城市建设，推动将邮政快递枢纽纳入市政府综合立体交通网络同步规划。推动岳阳加快中部腹地应急快递物流备用机场建设。推动获批快递许可的菜鸟驿站、丰巢湖南公司布局建设7248个快递服务站、布放智能快件箱1.05万组。占地300亩的湖南韵达快递电商总部基地、360亩中通智慧电商物流园相继投产运营。怀化计划总投资6.2亿元、建设用地200亩的西南快递物流集散中心项目完成初步可行性分析。行业人才技能提升育强。全省快递从业人员职业技能培训“246”工程、快递工程技术人员职称评审工作深入推进。省局联合省人社厅印发培训方案，推动12个市州开展技能培训累计6829人次，争取补贴资金263万元。湖南邮电职业技术学院列入第三批全国邮政行业人才培养基地。快递绿色包装约束加强。省住建厅上门办理将快递包装垃圾治理纳入地方公共事务政协提案。全省行业实现瘦身胶带使用率达93.91%，电商件非二次包装达81.17%，循环中转袋使用率达91.12%。邮件快件包装废弃物回收装置投放使用3855个。

把普惠共享作为民生实事，促进部门联动协同发力。“快递进村”扎实推进。省局因地制宜制定全省“快递进村”三年行动方案，明确推进计划和节点任务。主动对接省委组织部，将邮政快递服务融入益阳、湘潭、长沙、衡阳、张家界、永州、怀化、娄底、株洲等9市州基层一门式服务。“邮快合作”全域推动，14个市州40个县122个乡镇打通进村“最后一公里”，邮政企业累计代投民营快递包裹103.4万件。全省195个邮政网点代办交管业务,办理警邮合作便民业务470.34万件,1885个邮政网点叠加税务业务,代收税款5.89亿元。为提升"在乡生存"能力,省局引导快递企业对接电信、农业、供销等部门,加强产业配套协作。末端违规收费稳步改善。省局坚持以人民为中心发展思想,对乡镇快递末端服务违规收费不掩盖、不护短、出重拳,持续保持高压监管态势。全年共立案处罚违规收费99起,纠治违法企业网点300多家。集结全省执法精干力量,对群众反映强烈的娄底新化县乡镇违规收费问题开展分片驻场执法,纠歪风、顺民心。有效申诉整体下降。省局依托12305申诉受理平台,探索建立"前端预警、限时响应、按日提醒、定时通报"工作机制,申诉处理时效缩短2天,同比下降60%。全年共受理申诉4643件,其中有效申诉498件,为消费者挽回损失130.4万元,消费者对邮政管理部门申诉处理工作满意率提高到99.2%。快递服务有效申诉率0.08/百万件,同比下降28.39%。快递员权益有力保障。省局联合团省委开展"快递小哥,新年好!"春节慰问活动。联合团省委向19家省级寄递企业免费发放防护口罩。联合中直和省直相关单位基层党支部赴企业开展党建共建主题党日活动,体验基层生活,关爱快递员群体。部分市州工会、团委等部门为广大一线快递从业人员送上物资和暖心慰问。

把有为政府作为履职担当,推进平安行业创建。安全治理有效加强。省局以事权改革为契机,指导市州细化实化交通运输领域事权改革和责任划分改革配套方案,争取地方政府专项经费支持,加强部门履职能力和行业服务能力建设,保障省市两级邮政业安全中心运行,推动县级邮政管理机构建设。醴陵市、邵东市邮政业安全中心获批成立。省局深入开展安全生产专项整治三年行动,举办全省邮政快递业危爆品处置应急演练,组织主要寄递企业负责人述职述安。开展日常监督检查6354人次,检查营业网点2826个,下达检查通报51份,责令改正通知书436份,约谈企业29次,行政处罚158起,圆满完成春运、疫情防控、全国两会、五中全会等重要时期或重大活动寄递渠道安全保障任务。

三、"十三五"成绩

2020年是"十三五"收官之年,面对发展形势的深刻变化,特别是新冠肺炎疫情的严重冲击等多重叠加压力,湖南省邮政快递业咬定发展不放松,把牢扩大内需战略基点,立足提升能级,识变应变求变,加强网的覆盖、端的建设和流的畅通,扎实做好"六稳"工作、全面落实"六保"任务,奋力夺取疫情防控和行业发展的双胜利,为"十三五"画上圆满句号。

陆空服务网络加快形成,有力支撑了湖南内陆开放崛起。快递企业累计投资近300亿元,建设快递园区、改造自动化分拣设备,推动转型、改善供给,日均处理邮件快件能力超过3000万件。全省邮政快递业基本形成航空、铁路、公路立体交通运输体系,服务网络连接城乡、覆盖全省、连通世界。建制村100%通邮,乡镇100%通快递。100%县城党报当日见报。邮政、顺丰、圆通开通长沙至莫斯科、列日、达卡、大阪、香港、胡志明市等6条全货机航线。国际邮件、国际快件、跨境电商实现"三关合一"同场监管。

产业融合发展日益加深,有力支撑了湖南区域发展战略。全省邮政快递业深度融合湖南四大经济板块,对接51个农村电商示范县、16个全国特色小镇,对接万亿级农产品加工业,对接千亿级新材料、医药等产业,携手合作,一体发展。"湘品出湘"拓展到13类117个品种。县域农村出省快件日均超过130万件。"工业品下乡"邮件、快件比重超过全省派件量的1/4。为打赢脱贫攻坚战、推动乡村振兴、促进城乡区域发展做出了积极贡献。

新技术新业态蓬勃发展,有力支撑了湖南发展新动能生成。全省建成36个智能化分拨中心,电子运单使用率超98%,大数据、云计算、物联网、人工智能、光学字符识别分拣技术、“无人仓、无人车”等技术装备广泛应用。动力多源的“快递超市”不断涌现，超50%的乡镇快递网点抱团下乡、邵阳新宁“崀峰部落”、郴州桂东快递电商综合体破茧化蝶。长沙浏阳快递引入商超“功能造血”。快递末端在派费降低的压力下，抗住存亡更迭风险，稳住发展基本盘。

行业治理能力不断提升，有力支撑了平安湖南建设成效。寄递渠道安全监管“绿盾”工程加速推进，数字监管日渐形成。我省创设的以县市区为单元的出埠邮快件就地安检设施全面落地，542台安检机构筑起慧眼生力的“技术围栏”。行业收寄实名制深入推进。与公安、国安等部门寄递安全联动机制常态运行，属地监管进一步强化。五年来，国家重大活动期间，全省未发生过重大外溢风险和责任失守案事件。

四、快递市场存在的突出问题

行业治理体系和治理能力与现代化的要求差距还不小，管理队伍自身能力和党的建设还需要不断加强，邮政快递业发展仍然存在不平衡不充分的问题，大而不强、大而不优、快而不稳、快而不精的基本业情没有改变，快递小哥合法权益保障和末端稳定性短板明显，安全绿色发展任务艰巨，国际网络、供应链、应急及冷链能力不强。完善发展理念、转变发展方式、提高发展质效的任务依然繁重，特别是末端网点服务能力短板日益凸显、寄递安全形势严峻复杂、国际寄递能力薄弱和新业态监管服务有待加强等。行业发展不平衡不充分矛盾仍然突出。

广东省快递市场发展及管理情况

一、快递市场总体发展情况

2020年，广东省邮政行业业务总量累计完成5807.8亿元，同比增长31.9%，业务收入（不包括邮政储蓄银行直接营业收入）累计完成2401.5亿元，同比增长15.8%，占全国比重分别为27.6%和21.8%，业务收入与地区生产总值比值达到2%；其中，快递企业业务量累计完成220.8亿件，同比增长31.4%，业务收入累计完成2182.5亿元，同比增长18.1%，占全国比重分别为26.5%和24.8%（表7-19）。新增社会就业2.4万人，承载超过4.6万亿元商品货值流通。

表7-19　2020年广东省快递服务企业发展情况

指　标	单　位	2020年		比上年同期增长(%)		占全部比例(%)	
		全年累计	12月	全年累计	12月	全年累计	12月
快递业务量	万件	2208179.50	228271.47	31.39	32.83	100.00	100.00
同城	万件	336277.27	29935.36	14.73	0.20	15.23	13.11
异地	万件	1766212.44	188457.69	35.03	40.98	79.99	82.56
国际及港澳台	万件	105689.79	9878.43	32.96	19.02	4.79	4.33
快递业务收入	亿元	2182.49	220.48	18.11	19.96	100.00	100.00
同城	亿元	200.47	17.71	3.93	-3.97	9.19	8.03
异地	亿元	1292.55	128.59	15.03	18.22	59.22	58.32
国际及港澳台	亿元	468.64	49.92	41.82	34.91	21.47	22.64
其他	亿元	220.83	24.26	9.89	23.87	10.12	11.00

二、行业管理工作及主要成效

抓实疫情防控,率先复工复产,"双统筹"服务展现新作为。保障重点物资寄递,战疫支撑有力有效。闻令而动、听令而行,组织邮政、顺丰、京东、德邦等企业第一时间开通广东驰援武汉救援物资和海外捐赠国内防疫物资两条运递"绿色通道",第一时间将防疫物资运抵武汉。数十万快递小哥"冒疫奔忙",打通了疫情期间永不中断的供给线、生命线,各类应急物资运递和群众基本生活必需品供应、政务寄递服务等得到切实保障。累计发运医疗、防控物资约1147.76万件,发运超过2968车次、50个航班,累计为广大群众配送防疫物资和生活必需品超过13.2亿件。扎实抓好自身防控,复工复产迅速平稳。全省系统和行业在工信厅等部门大力支持下,筹集到防疫口罩超过364万只,保障了行业干部职工的健康安全。在物资最为紧张之时,第一时间向湖北省局提供防疫口罩一批。在做好自身防疫工作的同时,按照"四保障、三优先和梯度推进"部署安排,落实援企稳企措施,协调解决复工审核、高速通行、末端配送等困难,联合省交通运输厅、住房城乡建设厅等部门推动出台确保邮政快递车辆优先便捷通行、保障民生寄递服务等政策文件,率先打通末端投递障碍,推广无接触投递模式,推动行业率先复工达产,率先转负为正,率先实现高位运行,为维护经济社会正常运转、促进新型消费等提供有力支撑,全年对全国快递业增长贡献率达28%。陈良贤副省长高度评价广东省邮政管理局统筹疫情防控和行业改革发展工作所取得的成绩,指出省邮政管理局的工作措施实、成效实,各项工作成绩的取得实属不易。坚持慎终如始,常态化防控精准精细。按照邮政快递业生产操作规范建议要求,分区分级做好生产作业场所和运输、分拨、派送等全流程的通风、消杀和保洁。畅通国际寄递渠道,加强对进口邮件快件的监测和对从事国际邮路、跨境寄递运输人员及驾乘人员的健康管理。开展问题快件溯源排查,1195人完成核酸检测。组织行业重点从业人员落实疫苗接种工作。全省邮政快递业50多万从业人员未发生聚集性感染和死亡事件。全省抗疫先进表彰大会充分肯定快递小哥所做贡献,行业7名个人、2个集体获省部级抗疫先进表彰。

优化营商环境,提升服务能级,行业改革发展迈上新台阶。优化环境,行业发展态势持续向好。完成全省邮政业发展"十三五"规划总结评估,推动"十四五"行业发展规划纳入省综合交通运输规划体系。《关于促进粤港澳大湾区邮政业发展的实施意见》发布实施,行业在粤港澳大湾区、深圳先行示范区"双区驱动",广州、深圳"双城联动"和"一核一带一区"建设等方面服务广度、深度有效拓展。完成2600余家快递企业、分支机构许可证延期换发。新增核发自贸区国际许可8家,珠海横琴自贸区实现"破零"。深化行业供给侧结构性改革,鼓励寄递企业探索新业态发展,服务模式呈现多元化。在省财政厅大力支持下,2020年省级财政专项资金安排3230万元,推动邮政基本公共服务均等化、快递业寄递安全管理、绿色发展、科技创新应用。用好国家、省、市各项政策红利,全省寄递企业获减免税费和争取补助等超10亿元。

抓实政策,高质量发展推向深入。马兴瑞省长到省邮政管理局机关调研行业高质量发展情况,充分肯定行业发展成绩,帮助协调解决行业发展面临的实际困难。加强沟通协调,推动将邮政快递业多项发展任务纳入各级党委政府和相关部门政策文件。揭阳完成首轮创建后再次获评"中国快递示范城市";广州成功获评第二批"中国快递示范城市",出台政策对新引进的物流快递总部企业给予500万至5000万元不等的资金奖励,还出台了《促进市邮政业高质量发展的若干措施》;珠海出台加快现代物流业发展实施意见,东莞出台稳外贸政策,韶关加快构建特色农产品专项快递物流通道,邮政快递业发展获重要利好;中山、潮州、惠州印发邮政快递配送电动三轮车管理规定。有力实施快递“两进一出”工程，广东入围快递“两进一出”工程全国试点省份。形成业务收入超亿元的快递服务制造业项目3个、超千万元项目10个。推动跨境寄递企业加快“走出去”、加速国际网络布局，全省新增7个跨境电商综合试验区，中欧班列运邮成为常态，跨境寄递业务量与跨境电商进出口规模同居全国第一。全年完成国际/港澳台快递业务量10.6亿件，同比增长33%，占全国比重达到57.6%。

夯实基础，服务能力进一步增强。智能快件箱等智能投递终端纳入省新型基础设施建设范畴，邮政综合服务平台建设加快推进。全省各地大力支持、推动行业基础设施建设，广州、东莞分别将邮政快递企业冷链配送体系、邮政大湾区综合业务中心用地纳入全市国土空间规划；深圳将快递用地用房纳入全市物流场站布局规划；佛山生产服务型国家物流枢纽入选2020年国家物流枢纽建设名单，快递发展空间进一步拓展；江门推动县级快件分拨中心共建共享共用。全省2.5万个城市末端服务站、4.6万个农村快递公共取送点和6.1万组智能快件箱构建起强大的末端服务体系。“双11”期间实现18天累计处理邮件快件23.2亿件，增速达45.6%，最高峰值达1.82亿件。

创新发展，科技研发应用加快推进。贯彻落实《国家邮政局关于促进邮政行业科技创新工作的指导意见》，加快推进邮政快递业“互联网+”向“智能+”升级，鼓励企业加大科技投入，促进人工智能、区块链、云计算、大数据和5G通信技术加快应用。配合国家局开展2020年度邮政行业技术研发中心认定工作。推进邮政业智能安检系统研发应用。组织参与行业标准体系修订。

细化举措，人才队伍建设不断加强。联合省人社厅抓好快递从业人员技能培训“246”工程和快递工程技术人员职称评审工作落实。推动将《快件收发技能培训》《快递分拣技能培训》两项技能培训课程标准纳入全省职业技能提升培训补贴项目。全省使用各级政府技能培训补贴资金共计5375万元，开展快递从业人员职业技能培训累计近3.5万人次。截至2020年底，全省累计共有2400余人获得快递工程技术人才职称资格，其中高级职称资格人数居全国第一。加强政校合作，促进全省邮政快递人才培养，广东邮电职业技术学院入选全国快递行业人才培养基地。组织业内企业参与网络招聘活动，向高校毕业生提供就业岗位近2000个。

聚焦行业重点，持续精准发力，攻坚任务落实见到新成效。深入关爱快递小哥，快递员行业归属感增强。深入开展“暖蜂行动”和“快递从业青年服务月”等活动，联合为快递员送温暖、免费健康体检、开展心理健康辅导和提供法律咨询服务，全省超过1500名快递从业人员接受免费健康体检，超过800名从业人员获赠职工互助保险，为快递小哥争取公租(廉租)房603套。地方各级党委政府领导和省市邮政管理部门负责同志等深入行业一线关心慰问快递从业人员。省邮政管理局联合省总工会印发关心关爱快递员文件，推动快递员权益得到更好保障。

发挥网络服务优势，助力脱贫攻坚成效显著。深化“邮政在乡”，推进“快递进村”。签订省、市邮快合作框架协议20份，协同省商务厅进一步深化农村电商、快递融合发展，村级电商服务站点累计达到7613个，全省建制村快递服务覆盖率达到90.2%。加大快递服务现代农业项目培育力度，形成“梅州金柚”“茂名荔枝”等快递服务现代农业金牌项目2个、超百万件项目5个、超十万件项目21个。以产业扶贫带动就业创业，业内企业从贫困地区招收员工1.3万人，推动农业产业新增产值49亿元。深入推进定点扶贫工作，开展扶贫工作督导，全省系统8个定点扶贫村全部实现脱贫。

推进行业绿色治理，生态环保工作成效明显。将“绿色快递”写入地方性法规，“快递包装绿色治理”纳入《关于进一步加强塑料污染治理的实施意见》。深化与环保等部门的工作协同，建立健全快递包装绿色治理工作台账。紧盯邮政用品用具市场,加强质量监督,落实源头治理。开展绿色网点、绿色分拨中心建设试点。指导34家企业区域总部制定包装操作规范、开展业务培训。组织企业签订《绿色快递承诺书》。加大对违反行业绿色环保工作要求行为的查处力度,立案处罚13宗。"9792"工程既定目标任务超额完成,行业新能源汽车保有量达2.2万辆。

深化行业枪爆整治,有力服务"平安广东"建设。充分发挥部门监管合力,深入开展涉枪涉爆隐患专项集中整治,出动专项执法人员556人次,检查单位1242家次,下达整改通知137份,有效防止枪爆物品流入寄递渠道。

树牢底线思维,深化依法行政,治理能力水平实现新提升。依法治邮扎实推进。新修订的《广东省快递市场管理办法》发布实施。指导推动《广州市快递条例》纳入地方2021年立法计划。省局法律顾问和公职律师队伍管理切实加强,执法监督工作机制有效运转,《广东省邮政行政执法监督办法》修订出台,办理行政复议2起。加强执法证件管理,协调省、市邮政业安全中心事业编制人员办理省政府执法证。民法典宣贯和"七五"普法深入开展。

依法加强邮政普遍服务监督。重点开展邮政普遍服务达标检查和乡镇局所专项检查,督促提升邮政普遍服务水平。向邮政企业下达责令改正通知书41份。完成5万余份高校录取通知书寄递和《众志成城 抗击疫情》等纪特邮票发行监督检查工作,落实《人民日报》投递和专用邮政信箱寄递服务检查工作,建制村投递服务信息化监督全面推进。做好机要通信保密检查工作。

强化邮政市场监管。落实"双随机、一公开"监管要求,依法立案调查重大违法行为。全省系统检查市场主体3658家次,下达整改通知304份、约谈告诫125次、行政处罚354起。规范集邮市场经营秩序。建立涉及末端服务违规问题投诉申诉监测工作机制,受理邮政业消费者申诉2.96万件,接受消费者业务咨询2.52万件,为消费者挽回经济损失1032.29万元,消费者对邮政管理部门有效申诉处理工作满意率为96.4%。

安全风险有效防控。扎实做好平安寄递建设工作,建立健全全省邮政快递业安全生产协调领导机制,持续开展邮件快件实名收寄工作专项整治行动。做好行业禁毒、反恐、"扫黄打非",以及危化品、侵权假劣商品、走私和野生动物非法寄递整治等专项工作。全省邮政快递业3个集体2名个人获禁毒工作先进表彰,汕尾局成为邮政管理系统中唯一荣获"全国禁毒工作先进集体"的单位。开展应急处置演练活动30余次。做好深圳经济特区建立40周年庆祝大会等重要时间节点寄递安保工作。稳妥处置有关快递企业经营异常、停网停运、派费纠纷、生产安全事故等,关注末端网点稳定工作,省邮政管理局约谈8家主要品牌快递企业负责人,督促企业落实安全生产主体责任,保障行业安全平稳发展。

部门基础保障能力持续提升。参与制定并推动《广东省交通运输领域省级与市县财政事权和支出责任划分改革实施方案》印发,邮政履职能力建设列入地方财政保障范围。支持省邮政业安全中心严格履行部门职责,汕头、东莞市邮政业安全中心和韶关新丰邮政管理局顺利组建,佛山顺德区邮政管理局完成更名。全面开展统计督察整改专项工作和行业运行重点专题调研分析,加强数据质量管理。优化升级省邮政业信息化安全监管平台,"绿盾"工程一期视频联网项目总体接入率达100%。深入贯彻《广东省在已腾退办公用房中统筹调剂优先解决省级以下邮政管理机构办公用房工作实施方案》,新增汕尾、潮州2个市局解决办公业务用房,全省21个市局办公业务用房全覆盖落实,干部职工获得感和幸福感有了明显增强。加强财务管理工作,落实"过紧日子"要求,强化预算执行和内控管理。完成省局闲置业务用房规范出租。做好督查、信访、保密、政务公开、建议提案办理等工作,持续提高机关行政效能。

坚持政治引领，夯实党建基础，全面从严治党得到新加强。坚持和加强党的全面领导。强化政治机关意识，落实全面从严治党主体责任，建立健全坚决落实“两个维护”十项制度机制。深化理论武装，在学懂弄通做实习近平新时代中国特色社会主义思想上狠下功夫，掀起《习近平谈治国理政》第三卷学习热潮，深入学习贯彻习近平总书记出席深圳经济特区建立40周年庆祝大会和视察广东重要讲话重要指示精神，跟进学习习近平总书记最新重要讲话和重要指示批示精神，宣传贯彻党的十九届五中全会精神，将学习成效转化为治理能力和工作水平。深入开展“不忘初心、牢记使命”主题教育“回头看”和模范机关创建工作，落实加强基层党组织建设三年行动计划，顺利完成机关党委、纪委和党支部集中换届，推进党支部标准化规范化建设。持续推进行业非公党建“两个覆盖”，指导行业企业按单位、按行业、按区域、按总部直属等多种模式建立党组织。协助中组部组织二局开展行业党建工作调研，行业非公党建工作成效获充分肯定。广州、深圳、佛山、韶关、惠州、东莞、清远等市局联合地方“两新”工委出台加强快递行业党建工作实施意见，广州市委办公厅还印发了《关于党建引领快递行业高质量发展的若干政策措施》。珠海、佛山、东莞、清远、揭阳等市局为当地快递企业基层党组织建设争取专项资金，行业非公基层党组织的影响力和覆盖面不断扩大。

干部队伍建设持续抓实。坚持正确选人用人导向，落实好干部标准，注重在疫情防控等急难工作中考察识别干部，提拔任用一批群众公认、优秀有为的好干部，顺利完成全省系统公务员职务职级套转、晋升工作，对部分市局班子成员进行优化调整，逐步选优配强领导班子。中山大学入选国家邮政局干部教育培训基地。省邮政管理局机关在职、退休人员纳入省直机关事业单位医疗保障体系，机关养老保险资金清缴工作有序实施，落实年度考核奖励和及时奖励，激励干部担当作为。

党风廉政建设有力推进。严格落实中央八项规定精神，持续纠治“四风”。紧盯重要时间节点，加强谈话提醒和廉政教育，严防“节日病”。坚决整治形式主义、官僚主义，落实为基层减负工作要求，出台督检考事项工作指引和计划，加强督检考工作统筹。加强日常教育监督管理，用好监督执纪第一种形态。抓实纪律教育和警示教育。督促党员干部规范工作时间之外政治言行。持续落实巡视整改要求，开展巡察反馈工作。严肃认真召开反思违纪违法案件教训专题民主生活会。强化审计监督，成立省局党组审计委员会，开展内部审计和全省系统离任领导干部经济责任审计。完成违规享受政策性住房等四个专项整治。

宣传思想工作和精神文明建设取得积极成效。强化行业意识形态管理，切实把好导向、守住阵地、管好队伍。加强新闻宣传工作，中央、省、市各级媒体和行业媒体持续关注全省邮政快递业改革发展成效，邮政快递第一大省关注度和影响力显著提升。以“最美快递员”“青年文明号”“劳动模范”等各种表彰活动为载体，积极培育选树先进典型。2人获评全国劳动模范称号，5个集体获评全国青年文明号，1人获评全国优秀共青团员，7个集体获评全国邮政行业青年安全生产示范岗，9个集体、8名个人获评全国邮政行业先进集体和劳动模范称号，1个集体、5名个人获评省先进集体和劳动模范称号。

三、“十三五”成绩

2020年是“十三五”规划的收官之年。五年来，广东邮政快递业深入贯彻新发展理念，推动行业改革创新发展，着力优环境、激活力、建网络、搭平台、通渠道、促协同、提能力、拓海外、强监管，全省邮政快递业供给侧结构性改革持续优化，要素资源流动活跃，产业融合日益紧密，市场活力全面迸发，绿色安全水平显著提升，行业治理体系和治理能力现代化加快推进，全面建成与小康社会相适应的广东现代邮政业胜利在望，为邮政强省建设奠定了坚实基础。

地位作用日益凸显。邮政业业务总量和业务收入分别增长4.7倍和3.2倍,邮政业业务收入增速超过同期地区生产总值增速的4倍。快递业务量和业务收入分别增长4.4倍和3.5倍,占全国比重分别提高2.2个和2.7个百分点,包裹快递市场规模连年稳居全国第一。五年新增就业10万人以上,年支撑制造业产值超过3000亿元,带动工业品下乡和农产品进城销售超过2000亿元,对一二三产业支撑更加有力,在助力脱贫攻坚、服务国家和全省重大战略等方面取得一批重要成果,为打通大动脉、畅通微循环做出积极贡献。

公共服务不断优化。建制村保持100%直接通邮,邮政普遍服务投递频次深度、全程时限持续改善。县城党报当日见报实现100%。快递网点在实现乡镇全覆盖基础上,进一步向下延伸,行政村覆盖率近90%,快递服务产品体系更加完善,延误、损毁和丢失等问题显著改善。行业服务满意度持续提升,有效申诉率不断下降。寄递渠道平稳畅通,五年来未发生重特大安全事故,重大活动保障有力。

发展质效显著增强。广州、深圳等国际枢纽加快建设,快递专业类物流园区数量大幅增加。高铁快递试点推进,航空快递运能不断增强。人工智能、大数据、物联网、区块链和北斗导航等新技术新产品加快应用,全自动分拣系统提升量级,据不完全统计,全省形成日处理能力超500万件的分拨中心8个、超100万件的32个、超50万件的15个。快递电子运单、循环中转袋基本实现全覆盖,绿色发展成效显著。

治理能力持续提升。健全完善邮政管理体系。修订出台《广东省快递市场管理办法》,加快构建与高质量发展相适应的邮政快递业法规、规划、政策体系。深化"放管服"改革,不断优化市场化法治化国际化营商环境,对新业态实行包容审慎监管,充分激发各类市场主体活力。人才队伍能力素质明显提高,基层员工权益保障持续推进,行业文化和软实力全面加强。

行业影响力大幅提高。形成1家年收入规模超1000亿元的品牌快递集团、5家业务量超10亿件的快递网络企业,华南区域总部加快落户广东,行业改革发展成效得到业内外广泛关注和赞誉。

四、快递市场存在的突出问题

行业发展不平衡不充分矛盾仍然突出,特别是业务、城乡、区域发展不平衡,快递小哥合法权益保障和末端稳定性存在明显短板,建设更高水平的"平安广东"需要"平安寄递"建设作为有效支撑,处于"两个前沿"所面临的外部风险挑战更为直接,生态环保、安全发展任务艰巨,应急寄递物流体系不够健全,国际网络、供应链、冷链寄递能力不强。统筹疫情防控和行业发展成为常态,世界百年未有之大变局中行业发展仍有许多不确定性。

广西壮族自治区快递市场发展及管理情况

一、快递市场总体发展情况

2020年,广西壮族自治区邮政行业业务总量累计完成215.0亿元,同比增长35.0%,业务收入(不包括邮政储蓄银行直接营业收入)累计完成142.0亿元,同比增长12.5%;其中,快递企业业务量累计完成7.8亿件,同比增长38.1%,业务收入累计完成90.2亿元,同比增长20.9%(表7-20)。新增社会就业5800人以上,支撑网络零售额870亿元以上。

表 7-20　2020 年广西壮族自治区快递服务企业发展情况

指　　标	单　　位	2020 年		比上年同期增长(%)		占全部比例(%)	
		全年累计	12 月	全年累计	12 月	全年累计	12 月
快递业务量	万件	77882.16	9309.72	38.12	52.80	100.00	100.00
同城	万件	11389.83	1089.70	28.60	29.37	14.62	11.70
异地	万件	65898.29	8213.97	39.27	57.45	84.61	88.23
国际及港澳台	万件	594.04	6.05	178.79	−81.98	0.76	0.07
快递业务收入	亿元	90.24	9.41	20.89	29.38	100.00	100.00
同城	亿元	10.64	1.03	22.99	9.12	11.79	10.92
异地	亿元	45.10	4.66	19.84	24.04	49.98	49.51
国际及港澳台	亿元	2.01	0.14	49.02	−158.48	2.23	1.46
其他	亿元	32.48	3.59	20.29	27.59	35.99	38.12

二、行业管理工作及主要成效

坚持推进政治建设和作风建设，落实全面从严治党有方。毫不动摇坚持党的全面领导。把“两个维护”作为最高政治原则和根本政治规矩，始终同以习近平同志为核心的党中央保持高度一致。树牢政治机关意识，压紧压实全面从严治党政治责任，制定党组落实全面从严治党主体责任清单。坚持“双轮驱动”，统筹谋划党建与业务工作。持续深化创新理论武装，深入学习贯彻《习近平谈治国理政》第三卷和习近平总书记系列重要讲话和指示批示精神，举办十九届四中、五中全会精神培训班，切实把学习成效转化为提高应对风险挑战、推动行业发展的能力。坚持不懈抓基层打基础，顺利完成机关党委、纪委换届，各党支部顺利完成标准化规范化建设并通过了自治区组织的抽查。扎实创建“让党中央放心、让人民群众满意”的模范机关。强化行业意识形态管理，切实把牢方向、守住阵地、管好队伍。加强新闻宣传工作，行业关注度和影响力显著提升。

干部队伍建设实现新提升。稳步推进职务与职级并行制度实施，累计完成 75 人次的公务员职级晋升。进一步选优配强领导班子和领导干部。加强干部异地交流任职，注重年轻干部培养。坚持严管和厚爱相结合，加强干部监督。修改完善领导干部考核办法，将考核结果与选拔任用、培养教育、管理监督、激励约束、问责追责等相结合，促进担当作为，严厉治庸治懒。加强干部教育培训工作，争取地方调训名额，解决任职培训的难题。

持之以恒正风肃纪。全面落实党风廉政建设“两个责任”。认真贯彻落实中央八项规定及其实施细则精神，在机关倡导厉行节约坚决制止浪费。加强廉政提醒教育，在节日等重要时间节点提醒党员干部遵守廉洁自律各项规定。加强专项治理，深入开展形式主义、官僚主义突出问题整治，开展违规享受政策性住房等四个方面问题专项整治。强化对习近平总书记重要指示批示以及党的重大决策部署落实情况的监督检查。加强对党员干部在疫情防控、脱贫攻坚、环境保护等履职尽责过程中担当作为情况的监督。

坚持统筹疫情防控和服务经济社会发展，复工达产有为。全力保障疫情期间寄递渠道畅通。加强与自治区新冠肺炎疫情防控工作领导小组指挥部的沟通协调，推动其先后下发《关于切实保障生活保供类电子商务及快递企业正常运行的通知》《关于做好疫情防控期间邮政快递寄递服务保障的紧急通知》等文件，协调解决复工审核、劳动用工、防疫物资配备、车辆通行、末端投递等实际困难，科学有序抓好复工复产，全力保障机要通信安全和党报党刊投递服务，为维护经济社会正常运转提供有力支撑。

助力疫情防控阻击战。在做好自身防护基础

上,协调指导各邮政快递企业全力转运配送各类生活物资、防疫物资,服务疫情防控大局。广西邮政分公司发挥与东盟国家陆海相邻的区位优势和邮政多口岸优势,通过提升国际陆路运输能力、开辟海路运输临时邮路、提升通关效率等方式,多措并举助力打赢新冠肺炎疫情阻击战。全区邮政快递企业累计承运区内调拨或援鄂防疫物资近650吨,包裹25万余件,发运防疫物资汽车专班114个车次,货运航班1架次,寄递自治区人民政府对外捐助防疫物资共计8批281件。在全国交通运输系统抗击新冠肺炎疫情表彰中,获先进个人称号3人,先进集体称号1个。

慎终如始做好自身防控。适时制定和调整行业疫情防控措施。先后组织实施复工复产"六个一律",邮政快递营业网点、办公场所、会议管理"十严格"等举措。推广应用"安易递战疫速递"手机App。协调社会资源为从业人员免费提供抗疫保险。多渠道为企业争取口罩等防疫物资。党旗始终在抗疫一线阵地高高飘扬。督导各邮政快递企业执行《疫情防控期间邮政快递业生产操作规范建议》(1~6版)。做好进出境邮件快件处理场所、冷链运输等重点部位、重点环节消杀作业,全区邮政管理系统和全行业未发生聚集性感染和死亡事件。

坚持立足优化营商环境和提升发展质效,破解瓶颈问题有计。持续深化"放管服"改革。做好快递业务经营许可证审批工作包容审慎推进新业态监管,指导菜鸟、丰巢等新业态企业开展许可申请,智能快件箱、服务站许可工作有序开展。全年共收到许可申请499家次,依法核准新增许可企业107家。审核许可证登载事项变更申请1981次,许可证延续347家次,年度报告559家次。推动落实高速公路货车通行差异化收费,全区主要快递品牌大部分车(轴)型通行费用均实现下降或受益。落实减税降费政策,1~3季度寄递企业减费降税金额达2.18亿元。顺利完成快递协会、邮政企业管理协会、直邮协会的脱钩工作。

落实中央与地方财政事权和支出责任划分改革取得突破。自治区及9个地市出台了财政事权和支出责任划分改革实施方案。广西邮政业安全中心获批成立。桂平市邮政业安全中心正式揭牌。南宁市邮政业安全工作得到有效保障。桂林市在交通运输服务中心增设邮政业安全中心,并获编制和经费保障。区局和9个市局纳入地方绩效考核。

扎实推进规划政策工作。坚持开门问策,"十四五"规划编制和衔接有力推进。推动涉邮惠企政策落到实处,全年全区邮政快递业获得各级财政拨付支持资金约3500万元。自治区贯彻落实《交通强国建设纲要》的实施意见中,涉及多项邮政业目标任务。快递业发展纳入了自治区"十四五"规划和2035年远景目标的建议。中国邮政集团有限公司与自治区人民政府签署战略合作框架协议,将在九个方面深化合作。南宁临空经济示范区建设为企业出海奠定了基础。南宁邮件处理中心纳入2021年第一批自治区层面统筹推进重大项目。

加强基础设施建设。行业共14个项目纳入自治区"五网"建设大会战,已完成投资超10亿元。建成快递物流园区11个,投入使用快递分拨场所总面积超过55万平方米,日均处理能力超过1000万件。强化西部和农村地区邮政设施建设中央投资项目监管,改造乡镇局所和危旧县局房70处、购置车辆64辆。已有建制村邮乐购站点近1.2万个,覆盖率82.19%。累计建成快递末端公共服务站点数量3764个,农村快递公共取送点3199个,智能快件箱布设3825组。智能快件箱、邮政快递末端综合服务站等已纳入广西城镇老旧小区改造工作。推进快递网点标准化建设,1307个主要快递企业城区自营网点标准化率达96.25%。

坚持着眼主题主线和创新协同发展,推动高质量发展有力。落实习近平总书记关于关心关爱快递小哥重要指示批示精神。重点推动快递员权益保障长效机制建设。巩固、设立快递员爱心驿站等服务阵地299个，开展快递员免费体检等活动覆盖快递小哥3500余人。共争取公租房（廉租房）64套。与团区委联合开展2020年广西邮政快递从业青年联系服务特别行动。以党建促团建和精神文明建设，广西共有非公快递企业党组织24个，从业党员260余人。全区成立行业工会9个，工会组织480余家。多种形式开展“学雷锋志愿服务”、向“时代楷模”“最美快递员”学习活动，展现行业良好精神风貌，促进快递小哥成长成才。4个行业集体被认定为2019年度全国邮政行业青年安全生产示范岗，多名快递小哥获五四奖章、劳动奖章、先锋号等荣誉。

启动“两进一出”工程。以农村电商为突破口，结合美丽乡村和特色乡镇建设，拓展各地特色产品网络销售渠道，因地制宜推进“快递进村”，建制村快递服务覆盖率达33.37%。邮政企业已与13个品牌快递签订邮快合作协议，范围覆盖11市39县（区）199个乡镇。引导快递业与广西特色食品加工业融合发展，促进业务流程协同，为“进厂”赋能。已有南宁蛋黄酥（2000万件）、柳州螺蛳粉（8000万件）、梧州龟苓膏等多个进厂项目。用好自治区实施强首府战略、建设中国（广西）自贸区、加快构建现代化物流枢纽体系等重大战略部署，鼓励支持企业抓住契机与广西产业共同“走出去”。充分发挥“三合一”集约式监管新模式优势，优化口岸营商环境。广西邮政已完成国际邮件近550万件，邮政渠道承担了广西90%以上的进出口跨境电商包裹寄递服务，成为主渠道。

支持邮政服务创新发展。与自治区商务厅、广西邮政分公司签订三方合作框架协议，强化政策协同，明确重点合作事项12项。大力推进邮政综合服务平台建设，已有52个“一市一品”农特产品进城精品项目，其中有2个销售额破亿，9个超千万，通过邮政企业渠道销售农特产品产值近13亿元。政邮、警邮、税邮等政务服务合作广泛开展，已入驻127个政务服务大厅，有388个代缴税款网点，235个网点开办警邮业务，安装“三合一”警e邮500余台。

突出行业人才工作。与自治区人社厅联合印发通知，将快递员、快件处理员职业纳入政府补贴培训目录，累计培训5516人次，获财政补贴299万元。快递工程专业已纳入《广西职称评审专业目录》，共31人获得初级和中级职称。积极推荐参加评优评先活动，共有9个集体和19名个人相继获得全国优秀农民工、自治区劳动模范、全国交通运输系统、全国邮政行业等相关荣誉。

坚持把握问题导向与精准分类施策，打好三大攻坚战有序。防范化解重大风险。深入推进平安寄递建设，强化“三个必须”责任担当，健全落实安全生产责任制。组织开展实名收寄执法专项行动，立案调查11起。推进寄递安全综合治理，严格芬太尼类物质和野生动物及制品寄递管控，建立了跨部门联合执法及案件线索移交机制，并联合举办培训班2期。修订5个专项应急预案，并组织宣贯。全面启动实施邮政快递业安全生产专项整治三年行动计划。建立全区邮政快递业安全生产协调领导机制。开展安全生产“强监管严执法年”专项行动。圆满完成重大活动寄递安保任务，有效保障业务旺季平稳运行。加强网络安全防护。积极应对台风、洪涝等自然灾害影响。做好行业“扫黄打非”、打击侵权假冒和应急管理等工作。

坚决打赢脱贫攻坚战。把行业脱贫攻坚工作纳入重要议事内容。不断完善农村寄递网络体系，广西邮政、快递服务已覆盖全部贫困县（村）。通过推广“邮政、快递+农村电商+合作社+农户”脱贫模式，拓宽扶贫产品外销寄递渠道，产业扶贫成效显著。快递服务现代农业“一地一品”：6个项目超千万件，3个项目超百万件；“一县一品”：2个项目超百万件，7个项目超10万件。为打赢脱贫攻坚战交出了满意答卷，得到自治区领导的认可和中央级媒体的集中报道。加强定点扶贫工作，全区邮政管理系统先后派出10名干部驻村，我局机关定点扶贫村党支部获评“五星级党组织”。

抓好快递包装治理。编制全区邮政快递业生态环境保护工作台账,强化工作成效考核。加强培训宣传,组织培训1期,集体约谈品牌快递企业广西总部2批次。严格执法监督,开展邮政业重金属和特定物质超标包装袋专项治理监督检查,开出首批邮政业绿色环保罚单。提前2个月达成“9792”工作目标。

坚持强化依法行政与审慎监管,增强治理效能有效。加强邮政市场监管。全面落实“双随机、一公开”监管。编制《广西邮政快递业市场监管行政执法常用案由汇编》(2020年版)。开展行政执法工作专项自查。规范集邮市场经营秩序,依法开展邮政用品用具抽检。做好无法投递又无法退回快件管理工作。开展快递“刷单”问题排查整治。及时向自治区人民政府报告全区旺季服务保障准备工作情况和基层网点稳定运行问题,并根据自治区领导的批示要求,向区直相关单位及全区各市、县人民政府下发《关于加强快递业务旺季服务保障工作的通知》,落实邮政快递业安全稳定属地责任。全年检查企业3106家次,出动检查人员9874人次,整改隐患509个,行政处罚156起,罚没款200.61万,下达责改通知书255份,约谈388家次,停业整顿10家次。组织开展行政执法案卷评查工作,提升执法标准化、规范化水平。

做好邮政业消费申诉受理。邮政业消费者申诉中心全年共处理申诉2230件,答复咨询6373件。经调解消费者申诉已全部妥善处理,为消费者挽回经济损失84万余元人民币,消费者对企业申诉处理满意率为95.7%,对邮政管理部门申诉处理满意率为98.8%。

夯实邮政管理系统基础能力。调整部分市局机构编制及副职领导职数。做好全区邮政行业统计的组织协调、监督指导工作,加强行业经济运行分析研判和数据质量管理。落实“过紧日子”要求,持续强化预算管理,保障重点工作和急需项目支出,加强节约型机关建设。有序开展全系统主要领导干部经济责任审计和整改落实工作。扎实做好督查、信访、保密、信息化、政务公开、建议提案办理等工作。顺利完成养老保险制度改革实施准备期清算工作。

三、“十三五”成绩

2020年是“十三五”规划的收官之年。五年来,广西邮政快递业深入贯彻落实习近平总书记关于邮政快递业重要指示批示精神,着力优环境、激活力、建网络、搭平台、通渠道、促协同、提能力、拓海外、强监管,邮政快递业供给结构持续优化,产业融合日趋紧密,市场活力全面迸发,绿色安全水平不断提升,行业治理体系和治理能力现代化加快推进。这五年,是人民用邮获得感最强、创新驱动成效最好、企业实力增长最快、行业影响力最大的五年,全面建成与小康社会相适应的现代邮政业胜利在望,为建设壮美广西贡献了邮政力量。

服务水平显著增强。邮政业业务总量和业务收入分别增长3.9倍和1.8倍。增速领跑全国,邮政行业业务总量和快递业务量分别超200亿元和7亿件,年复合增长率分别为41%和31.7%,比同期全国增速高10个百分点以上。快递业务量和业务收入分别增长5.1倍和3倍,五年新增就业2万人以上,快递与包裹年支撑全区网络零售交易额超过870亿元。培育出沃柑、百香果、芒果、海鸭蛋、蛋黄酥、螺蛳粉6个年寄递量超千万件的金牌项目。对一二三产业支撑更加有力,在打赢脱贫攻坚战、实施国家重大战略等方面取得一批重要成果,为打通大动脉、畅通微循环做出积极贡献。

公共服务不断优化。建制村全部实现直接通邮,邮政普遍服务投递频次深度、全程时限持续改善。实现100%县城党报当日见报。快递网点实现乡镇全覆盖,建制村快递服务覆盖率达33.37%,其中防城港东兴市实现村村通快递,建制村电商寄递配送站全覆盖。政邮、警邮、税邮等政务服务合作广泛开展。快递延误、损毁和丢失等问题显著改善。行业服务满意度持续提升，有效申诉率不断下降。寄递渠道平稳畅通，五年来未发生重特大安全事故，重大活动保障有力。

发展质效显著增强。快递专业类物流园区从无到有，增加到目前的11个，大型分拨中心基本实现全自动分拣，邮件快件分拨场所日均处理能力超过1000万件。国际全货运航线实现零突破，中国邮政东盟跨境电商监管中心、国际快件监管中心、南宁国际邮件互换局"三合一"集约式监管新模式运转高效，凭祥国际邮件交换站升级为互换局，国际寄递通道更为顺畅。快递电子运单、循环中转袋基本实现全覆盖，绿色发展初见成效。

营商环境明显改善。自治区层面和部分地市出台促进快递业发展、促进产业协同发展、车辆通行等系列政策，车辆通行政策实现全覆盖，南宁、柳州、桂林、梧州多举措解决企业用地问题见成效。深化"放管服"改革，快递末端网点备案实现常态化；全年经营快递业务申请许可平均审批时限压缩至为13.6个工作日，在审批量比2019年增加86%的情况下再压缩2.3个工作日，申请材料总体精简55%；全面推行实地核查微信小程序上线运行，进一步提升快许可审批的标准化、信息化水平；包容审慎推动服务站及快件箱等新业态准入；实现申请快递许可"只进一扇门""最多跑一次"。落实新一轮减税降费政策，2019－2020年累计为企业减免税费超过2.5亿元。协调加大对邮政快递企业支持力度，"十三五"期间全区邮政行业争取到各类财政资金支持超过1.27亿元。

四、快递市场存在的突出问题

一是基层网络的不稳定影响了潜力释放。在劳动力、场地租金等快递成本要素不断上涨，行业竞争日益激烈，在竞争手段以价格战为主的情况下，基层快递网络不进反退接连亏损倒闭，尤其是农村地区特别是贫困地区农产品标准化低，品牌塑造推进缓慢，物流渠道基础薄弱，工业、农特产品输入输出剪刀差较大，导致快递业务量稀少，运输成本高，仅靠市场行为快递服务网络存在较大的不稳定性，"快递下乡"向"快递进村"存在较大困难。

二是保障体系力量不足。除了贵港和防城港，其他地市的邮政管理机构只成立到设区市一级，县级及以下工作开展缺乏抓手，导致政策争取和工作推动难以下沉到底，尤其在当前寄递安全形势日益严峻的情况下，邮政管理系统编制员额较少，人员精力和工作重点主要集中在快递市场的规范和监管方面，对推动行业高质量发展，推动与地方产业的协同发展，为促进地方经济发展、服务地方民生做出更大的贡献确实是心有余而力不足。

三是快递基础设施建设滞后影响。邮政行业的投资项目主要是分拨中心建设、自动化智能化更新改造、末端服务设施等固定资产投资，建成之后能立即投入使用，对于降低物流成本，提升寄递时效能发挥积极的促进作用。邮政快递企业对于投资建设大型分拨中心建设有较强的投资意愿，但各地对邮政快递业促进地方经济发展的积极作用认识不一，除了南宁、柳州逐步落实了项目用地，其他地市均因项目用地问题，快递分拨中心难以进行改扩建，导致快递处理能力无法满足市场需求，物流成本高居不下，制约了当地相关产业发展。此外，受2020年疫情影响以及项目征地难、规划调整等不利因素影响，部分基础设施建设项目如计划2021年投入使用的京东南宁电子商务产业园及运营结算中心项目（一期）、苏宁易购广西桂北智慧电商产业园（一期）、中通快递桂东（岑溪）智能科技电商快递产业园等能有效降低物流成本、提升寄递效率的快递物流园区预计无法按期交付使用。

随着行业发展规模的不断壮大，寄递渠道安全形势也日趋复杂，广西作为边境地区则更为严峻。不法分子利用寄递渠道从事涉恐涉爆、涉枪涉毒、涉黄涉非、侵权假冒、跨境走私、收寄禁寄物品等违法犯罪活动时有发生。在2020年自治区人民检察院对我局发出的《检察建议书》也提到,近年来我区内通过寄递方式实施毒品犯罪呈高发态势,2018年同比上升137.5%,2019年同比上升147.4%,74件寄递毒品犯罪案件共涉及17个快递企业。在对我局检察过程中指出邮政监管部门存在安全监管薄弱环节,主要是监管机制不健全,相关设备不齐全,在安全监管方面的投入难以适应现实需要,快递从业人员的培训管理制度存在缺陷。检察建议要求我局加强对寄递企业的安全监管和工作指导,督促寄递企业强化主体责任,要求加强对从业人员开展禁毒等安全知识和法律法规的培训。

海南省快递市场发展及管理情况

一、快递市场总体发展情况

2020年,海南省邮政行业业务总量累计完成31.3亿元,同比增长23.2%,业务收入(不包括邮政储蓄银行直接营业收入)累计完成37.2亿元,同比增长17.5%;其中,快递企业业务量累计完成1.1亿件,同比增长35.2%,业务收入累计完成23.9亿元,同比增长29.4%(表7-21)。其中,前10月快递业务量超2019年全年,前11月快递业务量首次突破1亿件,量收增幅均列全国第二,业务量收同比增幅创历史新高。

表7-21 2020年海南省快递服务企业发展情况

指　标	单　位	2020年		比上年同期增长(%)		占全部比例(%)	
		全年累计	12月	全年累计	12月	全年累计	12月
快递业务量	万件	11012.23	984.05	35.23	-30.05	100.00	100.00
同城	万件	1543.55	152.93	-11.93	-1.15	14.02	15.54
异地	万件	9461.86	830.71	48.19	-34.25	85.92	84.42
国际及港澳台	万件	6.83	0.42	12.86	-103.68	0.06	0.04
快递业务收入	亿元	23.91	2.30	29.38	-14.82	100.00	100.00
同城	亿元	1.36	0.14	-0.74	-5.05	5.70	6.30
异地	亿元	13.33	1.15	21.24	-36.57	55.74	50.06
国际及港澳台	亿元	0.14	0.01	14.08	-319.51	0.58	0.42
其他	亿元	9.08	0.99	51.51	34.95	37.98	43.21

二、行业管理工作及主要成效

加强党的建设,抓好党建引领全局。加强政治统领。强化政治机关意识教育,坚持处室和市地局负责同志集中参加中心组学习模式,开展十九届五中全会精神、《习近平谈治国理政》第三卷等学习,共组织中心组学习15次,编印学习资料24期,学习强国App应用100%覆盖。坚持党建与业务工作同部署同落实,开展主题教育问题整改"回头看",形成十个方面的落实台账,抓好习近平总书记关于邮政快递业重要指示精神督导落实。加强组织建设。优化市地局领导班子配备,完成机关党委、纪委、工会换届工作。开展模范机关创建、支部标准化建设,市地局党支部100%达标。贯彻民主集中制,强化政治纪律和政治规矩,班子成员之间形成既精诚团结又互相监督的良好工作氛围。全面从严治党。制定全面从严治党主体责任清单、党组工作规则等,开展党建工作考核和党建述职评议、意识形态警示教育。落实中央八项规定精神，开展6个专项治理，开展廉政警示教育、个人事项填报学习、制止餐饮浪费等活动，严防“四风”问题。全省系统处级以上干部、新任职干部和扶贫干部廉政谈话100%覆盖。

彰显行业担当，统筹防控与发展工作。慎终如始抓防控。先后10多次研究疫情防控工作，班子成员带头多次深入一线督导落实防控措施，服从服务防控大局，做好常态化疫情防控，抓实抓细“外防输入、内防反弹”。全力以赴保畅通。组织全省行业保障疫情防控物资“应急通道”和群众生活物资“民生通道”，如指导邮政、顺丰、京东等企业承运国际国内医疗物资10余批次，配送援鄂医务人员家庭爱心包裹、中小学课本、粮米油生活用品等。省妇联、某部队、顺丰公司、京东公司等来信感谢。复工复产助发展。协调会同省交通、发改、住建、教育等部门印发文件，报请省疫情防控指挥部印发保障通知，有力保障末端配送、车辆通行、防护用品需求等，提前完成国家邮政局复工复产阶段目标（国家邮政局首次通报至2月10日全国仅海南等3个省业务量恢复比例超80%），并保障好旺季服务。引导顺丰开通4条、邮政开通首条全货机航线，中通投入冷链车100余辆等，支撑培育出收寄量超700万件“海南菠萝蜜”等项目13个，拉动就业5000余人，带动农业产值约15亿元，有效助力地方“一抗三保”经济发展，省机关党建工作信息刊登《省邮政管理局督促指导邮政快递企业复工复产》。

优化营商环境，助力海南自贸港建设。不断优化发展环境。推进“十四五”海南邮政业规划编制，协调将多项内容纳入省发展规划纲要（征求意见稿）和相关重点规划。推动优化发展政策纳入省政府部门多个文件，如加快道路货运行业转型升级实施意见中明确对邮政快递配送车辆给予优先通行便利，城镇老旧小区改造指导意见中将建设邮政服务场所、快递末端综合服务场所及智能信包箱、智能快件箱等设施纳入完善类改造项目，航空货运发展财政补贴办法中明确对全货机航线航班企业给予补贴等。持续深化“放管服”改革，印发行业优化营商环境行动方案，快递许可地域范围统一登载为“海南自贸区”。前三季度落实减税降费涉邮惠企政策近5200万元，三亚局争取“菜七条”政策资金113万元。持续推进转型升级。引导邮政企业与8家品牌快递企业签订省级合作协议，近80%市县开展合作试点。与省政务中心联合印发指导意见推进邮政综合服务平台建设，全省市县政邮、警邮、法邮、税邮合作率达100%。推进“两进一出”工程特别是海口“快递进村”试点，全省快递进村通达率70%（国家邮政局指标为30%）。积极推动涉邮工作。统筹推进国家邮政局支持意见与自贸港建设涉邮工作。配合编制省“十四五”口岸建设规划，谋划邮件快件监管中心建设布局。推动做好海南自贸港建设邮资明信片发行工作。推动顺丰、圆通、苏宁等5个项目建设，协调推进海南邮政国际物流仓储中心项目签约。指导企业服务离岛网络补购完税品寄递超200万件，探索推进离岛免税购物“邮寄送达”试点。

汇聚超常力量，打好三大攻坚战。打好精准脱贫攻坚战。研究部署扶贫工作18次。组织“助力收官战，确保三连胜”攻坚，开展“党建+扶贫”主题党日活动8次，线上线下消费扶贫20.6万元。与昌江县委县政府主要领导会面5次，得到“重视程度最高、帮扶力度最大、成效最明显”的高度评价。省脱贫攻坚信息刊登我局《党建引领强根基　精准扶贫谱华章》工作信息。驻村第一书记获全省乡村振兴先进个人表彰。打好化解重大风险攻坚战。开展平安寄递建设和安全生产三年行动，做好涉枪涉爆、扫黄打非、末端维稳、反恐、双打和野生动物等专项治理。修订《海南省邮政业突发事件应急预案》等，融入地方应急管理工作大局。加强与禁毒部门协作，建立联合打击寄递渠道涉毒犯罪协同工作机制，对云南等重点路向入琼邮快件实施二次安检，探索跨区域责任倒查溯源，市场监管处及3名干部获评全省禁毒先进集体、先进个人。扎实推进“绿盾”工程建设，全省视频联网点位较早实现100%接入，邮政网点基本实现应接必接，“互联网+监管”成效初显。打好污染防治攻坚战。采取有力措施推进快递绿色包装应用，组织百日攻坚行动，开展绿色网点、绿色分拨中心、可循环可折叠包装应用试点和重金属超标包装袋专项治理。积极融入地方生态环保工作体系，快递绿色包装工作纳入禁塑规定、生活垃圾分类方案等，快递绿色包装地方标准即将发布。在“9792”工程基础上实施“111999”工程，电子运单应用率99.8%，循环中转袋应用率98.7%，“瘦身胶带”封装比例99.6%，电商快件不再二次包装率99.4%，符合标准包装材料应用率达97.3%，配备包装回收装置城区网点基本全覆盖。

提升治理水平，增强支撑保障能力。加强行业监督管理。印发省邮政条例案由、随机抽查工作实施细则、11个执法典型案件模板等。组织2次全省“双随机”执法检查覆盖2/3市县，行政处罚89起，运用反恐法处罚零突破，市地局均有对邮政企业作出处罚。开展乡镇局所专项整治，督促邮政企业委代办网点改自办超60%，其中海口市、东部辖区实现100%，全省营投合一局所减少55%，西部局推进开通王下乡邮路专线。与保密部门联合开展机要通信检查，指导邮政企业开通4条机要专线邮路，确保机要通信安全。加强系统行业队伍建设。稳妥推进职务与职级并行，加强干部队伍调研分析和年轻干部培养，完成干部选任、职级晋升、平级交流、试用期满转正等55人次，干部队伍进一步团结奋进。强化行业人才建设，推进“246”工程和职称评审工作，在国家邮政局组织的网招中全省861人列第4名。联合省总工会多次慰问“快递小哥”并为参与疫情防控物资保障的53名从业人员发放每人500元补助，省人大常委会副主任陆志远出席寻找“最美快递员”评选活动颁奖仪式，全国总工会副主席阎京华、蔡振华看望慰问快递小哥。中部局推动建设快递驿站。提升基础保障能力。推动出台省交通运输领域财政事权改革方案，沟通解决干部一些属地待遇问题，推动解决中部局办公用房问题，三亚局、东部局争取资金政策支持等。开展统计督察整改，压实统计数据质量责任。落实“过紧日子”要求，进一步加强财务内控建设，预算执行更加均衡有效。进一步加强意识形态、保密管理、新闻宣传、老干部管理等工作，完成《邮政通信志（1991－2010）·邮政编》编纂，采取“月汇总季通报年考核”等方式强化重难亮点工作督办。推进精神文明建设，海南邮政王忠荣获全国劳动模范称号，3家企业、2名员工获评全国行业先进集体、劳模，1家企业、1名员工获评全国交通运输系统抗疫先进集体、先进个人，局机关全民健身活动连续三年被评为“优秀”等次。

重难点工作任务取得历史突破。推动省邮政业安全保障中心于12月31日设立，为正处级公益一类事业单位，实现了历史性突破，啃下了“硬骨头”。国家邮政局马军胜局长在全国邮政管理工作会上特别点赞。同时，行业发展多项内容纳入了省国民经济和社会发展第十四个五年规划纲要草案（征求意见稿）和省现代物流业、综合交通运输、冷链物流发展、自贸港口岸建设、安全生物降解塑料产业发展等规划。

领导指导肯定次数创历史新高。国家邮政局局长马军胜等领导多次指导点赞。省委书记、省长、省委副书记、副省长等领导对行业服务经济发展、疫情防控、消费扶贫等工作成效给予圈阅关注和批示肯定20余次。如时任省委书记刘赐贵当面向马军胜局长点赞海南行业发展；现任省委书记、时任省长沈晓明批示肯定上半年全省邮政快递业逆势上扬和省邮政管理局做了大量工作；代省长冯飞批示感谢邮政管理局所作出的贡献；省委副书记李军肯定全省邮政为消费扶贫作出了突出贡献；副省长王路批示工作有成效，并召开专题会研究相关工作等。

媒体报道点赞频次创历史新高。央视新闻、人民日报分别报道点赞了海南芒果借助邮政快递渠道销往全国；海南新闻联播、海南日报（4 次头版）、学习强国等主流媒体聚焦报道了上半年快递量收增幅均列全国第一、行业助力海南水果出岛、服务自贸港建设、绿色包装治理、最美快递员评选和双 11 服务保障等进行了 80 多次正面报道。

三、“十三五”成绩

2020 年是“十三五”规划的收官之年。5 年来，海南邮政快递业深入贯彻落实习近平总书记关于邮政快递业重要指示精神，贯彻落实国家邮政局党组和省委省政府各项工作部署，着力稳态势、优环境、激活力、建网络、保畅通、促协同、提能力、强监管，全省行业发展呈现以下突出亮点：一是增长有速度。行业业务总量快速增长，业务总量和业务收入分别增长 2.48 倍、2.45 倍，快递业务量和业务收入分别增长 3.73 倍、3.77 倍。二是发展有力度。邮政、顺丰、京东、中通、圆通、苏宁等项目逐一落地省内重点园区，快递园区雏形初具，航空快递专线从无到有，科技智能设备持续投入，快递绿色发展成效初显，寄递渠道平稳畅通。三是服务有深度。全省邮政普遍服务网点乡镇、建制村直接通邮、快递乡镇网点，乡镇主要党报当日见报等实现 100%覆盖，网络覆盖城乡、服务千家万户。四是支撑有强度。对一二三产业支撑更加有力，在打赢脱贫攻坚战、服务地方“一抗三保”、应对新冠疫情防控，为“打通大动脉、畅通微循环”等方面作出了积极贡献。五是关注有热度。随着行业不断发展壮大，保障民生、服务经济发展作用成效明显，行业影响力和行业地位日益凸显，得到地方党委政府领导、新闻媒体和人民群众广泛关注和赞誉。

四、快递市场存在的突出问题

一是快递业发展整体水平还不够高。快递企业发展规模、发展质量与经济发达省份相比仍有一定差距，行业科技应用仍需加强，快件进出口剪刀差依然明显，“快递进村”服务水平仍需加强。二是寄递渠道安全管理仍需加强。个别寄递企业安全生产红线意识还树得不牢，末端基层从业人员安全意识还不够强，三项安全制度落实离监管要求还有差距。三是监管力量难以跟上自贸港建设形势需要。海南自贸港建设新形势下，传统与非传统安全挑战严峻复杂，寄递渠道面临的“扫黄打非”、反走私等风险防控任务更加繁重，全省行业监管力量不足，市县级邮政监管体系不健全，难以适应自贸港建设新形势需要。

重庆市快递市场发展及管理情况

一、快递市场总体发展情况

2020 年，重庆市邮政行业业务总量累计完成 202.1 亿元，同比增长 21.5%，业务收入（不包括邮政储蓄银行直接营业收入）累计完成 145.5 亿元，同比增长 12.7%；其中，快递企业业务量累计完成 7.3 亿件，同比增长 32.1%，业务收入累计完成 83.0 亿元，同比增长 17.9%（表 7-22）。支撑网络零售额超过 1300 亿元。

表 7-22　2020 年重庆市快递服务企业发展情况

指　标	单　位	2020 年		比上年同期增长(%)		占全部比例(%)	
		全年累计	12 月	全年累计	12 月	全年累计	12 月
快递业务量	万件	73105.40	8134.58	32.14	45.70	100.00	100.00
同城	万件	19888.38	2060.38	12.59	17.72	27.21	25.33

续上表

指标	单位	2020年		比上年同期增长(%)		占全部比例(%)	
		全年累计	12月	全年累计	12月	全年累计	12月
异地	万件	53055.52	6054.27	42.16	60.12	72.57	74.43
国际及港澳台	万件	161.50	19.93	-52.16	-61.68	0.22	0.24
快递业务收入	亿元	83.03	9.20	17.85	29.04	100.00	100.00
同城	亿元	16.55	1.72	16.06	22.86	19.93	18.64
异地	亿元	36.13	3.94	15.31	36.74	43.52	42.81
国际及港澳台	亿元	3.65	0.40	-10.72	-32.14	4.39	4.30
其他	亿元	26.70	3.15	28.54	38.78	32.15	34.25

二、行业管理工作及主要成效

坚持以政治建设为统领，全面从严治党向纵深推进。推动机关党建工作落地落实。始终坚持政治机关定位，扎实开展“不忘初心、牢记使命”主题教育，局党组结合实际制定《党组落实全面从严治党主体责任清单》《关于加强党的政治建设的实施办法》《干部容错纠错实施办法（试行）》《2020年巡察工作要点》等，确保坚持和加强党对全市邮政快递业各项工作的全面领导。发挥党组核心作用，重点围绕行业监管和行业发展重大课题，每年制定并及时补充完善党组专题学习研究及中心组学习计划。深化巡视巡察政治监督作用。接受国家邮政局党组第二轮巡视，根据巡视反馈意见，认真制定整改方案，召开专题民主生活会，针对5个方面17个整改任务细化了48项任务清单和109项措施清单，全部整改完毕。持之以恒贯彻落实中央八项规定及其实施细则精神，制定完善车辆管理、公务接待、差旅报销等，持续深入开展“改进作风、去冗求精”，完成年度目标任务。上下联动开展“8+3+1”专项整治及专项治理，接受中央主题教育第十一巡回督导组调研督导并得到肯定。强化行业人才支撑保障。制定《2020年人才工作要点》《2020年干部教育培训工作计划》《进一步加强干部队伍建设工作方案》。制定《党组管理干部选拔任用工作程序》。发挥院校教育资源优势，推动“政产学研用”融合发展。成立重庆市职业技能提升工作领导小组，联合市财政局、市人社局印发《关于加强重庆市快递从业人员职业技能培训工作的通知》，持续贯彻落实国家邮政局快递从业人员职业技能培训“246”工程，完成快递从业人员职业技能培训9847人次，争取补贴资金88.23万元。重庆顺丰、京东等快递企业与450名退伍军人签订就业协议。建立联络员制度和行业人才队伍建设政企联席会制度，每季度开展座谈交流。落实重庆市深化工程技术人员职称制度改革任务推进会议精神，制定完善评审条件，扎实推进工作开展。行业高级职称评审取得突破。协助重邮争取丝路重庆市市长基金，加大对“一带一路”南向通道的行业高级人才培训工作力度。深化党的群团工作、精神文明建设。拓展“党建+”，创新“党建三服务”工作法（服务基层、服务企业、服务群众）成效明显，得到市委直属机关工委肯定。设立荣誉展室，增强荣誉感和凝聚力。2020年获评重庆市文明单位。以落实党内政治生活各项制度和党员先锋纪实为抓手，建设模范机关，全面提升党务工作水平。开展非公党建调研，累计推动成立行业非公党组织10个，获中组部调研组肯定；成立市快递行业团工委等群团组织累计21个。联合共青团重庆市委开展“快递从业青年服务月”各类线下活动58场次，服务快递从业青年2600余人次。联合市司法局印发文件加强对快递从业人员的法律援助。建设“职工小家”“爱心加油站”1900余个，协调争取“快递小哥”公租房（廉租房）200套。联合团市委连续开展两届“五小”创新晒活动，顺丰无人机项目获特等奖并荣获青创工作室称号。发掘行业先进典型，发挥示范作用，全行业有 11 个集体、7 名同志获全国性表彰；1 个集体、2 名同志获省部级表彰。

全力推进疫情防控和复工复产，服务经济社会发展有力有效。党组织引领作用发挥到位。疫情发生后，局党组切实担负政治责任，市局和各分局主要负责同志始终坚守岗位，统筹指挥全行业疫情防控工作，第一时间组织安排布置疫情防控工作，第一时间到企业现场监督指导防控责任落实情况，第一时间统计汇总行业疫情防控及生产经营状况向市委市政府和国家邮政局报告，第一时间与市级相关部门沟通情况，联动防疫。全系统全行业充分发挥基层党支部战斗堡垒作用和共产党员先锋模范作用，确保了党旗始终飘扬在疫情防控第一线。邮政行业监督管理到位。在市交通局关心指导下，经市疫情防控工作领导小组同意，在全市发布通告规范保障疫情防控期间寄递服务，参加新闻发布会解读《快递小哥疫情防控八条措施》，回应社会关切。制定了应急预案和疫情防控工作手册等，加强人员检测和分类管理。推行网上办公，实行无接触服务，保障政务服务正常运行。印发《重庆市邮政业新型冠状病毒疫情防控期间防护工作指南（建议版）》，指导企业规范操作。主要品牌企业“战疫速递”打卡率 90% 以上。配合防疫部门适时开展核酸检测 13226 人，保障了全市邮政快递领域无确诊或疑似病例。行业复工复产落实到位。为保障群众生产生活和疫情防控需要，在地方各部门大力支持下，落实支持行业复产复工文件 39 份。政策惠及行业效果明显，全行业落实各项减免政策金额共计 2.56 亿元。2 月 19 日，全市主要省级寄递品牌企业全面复工复产；3 月 20 日，全市 7875 个邮政快递服务网点复工率 100%，人员复工率 100%。各类物资运输投递到位。充分发挥邮政快递业作为国家战略性、基础性和先导性行业作用，保障生产生活和防疫物资寄递。累计捐赠给湖北口罩 60 万个，防护服 1000 套、消毒用品 50 万件、柠檬 10 吨……价值 520 余万元。邮政企业主动联系教育部门，配送教材 200 万套。重庆德邦紧急调配快递运输车 200 辆，配合市农业农村委解决全市春耕种子配送难题，得到农业农村部高度肯定并在全国推广。疫情发生后，邮政企业积极作为，通过中欧班列（渝新欧）紧急疏运转关邮件，占全国欧向铁路邮件疏运量的 60%。

着力优化营商环境，市场活力加快释放。行业基础设施建设进一步加强。主要品牌快递企业分拣中心已基本实现自动化、智能化。集仓配、冷链、办公等功能于一体的顺丰丰泰产业园已在巴南投入使用。顺丰无人机总部落户重庆并试飞成功。江津区德感物流快递园区已完成升级改造，安装了全自动分拣设备，效率提升 30%。行业 6 个基础设施建设项目列入 2020 年市级重大项目，总投资 93.94 亿元。中通快递渝东（万州）智能科技产业链园区项目成功落户万州，争取地方支持超 1000 万元，落实减税降费政策近 1000 万元。重庆邮政综合邮件处理中心建设，占地 500 亩，计划总投资达 10 亿元。推动 252 处邮政快递基础设施纳入 2021 年全市城镇老旧小区改造计划，预计投资 1447 万元。基础能力建设进一步夯实。重庆市邮政快递业发展“十四五”规划编制工作正有序推进。与市城乡建委共同推动《住宅信报箱》地方建设标准修订，并向社会公众公开征求意见，计划 2021 年上半年完成。服务成渝双城经济圈建设初见成效，市政府印发《推动成渝地区双城经济圈建设加强交通基础设施建设行动方案》，制定川渝寄递渠道安全监管框架协议，一分局、七分局与四川省市（地）局签订合作协议 3 份。重庆顺丰高铁快递实现成渝两地间最快 6 小时寄达。邮政快递业愈发受到地方政府高度重视。在市交通局统筹指导下，市区两级交通部门通力合作，各分局积极向辖区政府沟通汇报工作，得到地方政府高度重视和肯定。市区两级政府工作报告多次提及邮政快递业相关内容。重庆市委常委、万州区委书记莫恭明调研邮政快递业，表示大力支持行业发展,要求邮政企业加大投入,建设智能化分拨中心,以满足行业发展需要。郑向东副市长深入企业考察调研邮政快递业疫情防控和行业发展情况,看望慰问一线快递小哥,并专程来局看望机关干部职工,主持召开座谈会,对近年来全系统全行业取得的工作成效,特别是疫情期间,邮政快递业充分发挥作为国家战略性、基础性和先导性行业作用,在打通"大动脉"、畅通"微循环",保障生产生活和防疫物资寄递方面做出了积极贡献,给予充分肯定,并提出相关工作要求。沙坪坝区常斌区长批示"行业在十分困难的情况下实现逆势增长,实属不易,可喜可贺"。渝中区委常委、区政府党组成员张远洪批示"邮政快递业稳中有进,效果好、贡献大"。七个分局局房问题全部解决。支持行业发展利好政策频出。在市交通局鼎力支持和关心帮助下,推动出台财政事权和支出责任划分改革方案,并获得资金支持。市政府办公厅印发《支持邮政快递业服务经济高质量发展若干意见》,从五个方面15项工作提出一系列行业利好政策。推动市区两级出台《关于推动物流高质量发展的实施意见》《关于新形势下推动服务业高质量发展的意见》《江津区加快市场主体培育推动经济高质量发展激励政策(试行)》等利好政策30个。在市交通局的大力支持下,推动市政府出台邮政快递业"两进一出"工程全国试点工作实施方案,目前已征求完25个相关市级部门和38个区县(自治县)意见,正按流程报审印发。

紧紧围绕主题主线,发展质效不断提升。邮政综合服务平台建设效果显著。市政府办公厅印发《2020年重庆市政务服务工作要点》,鼓励支持通过邮政网点提供代办服务,提升企业和群众办事便利度。全市税邮、警邮、政邮合作均已实现区县全覆盖,寄递业务量达611.9万件。巴南邮政创新"就近办""上门接""沿路送"的"政务+邮政"模式,得到市职改办充分肯定并在全市推广。"放心消费工程"稳步实施。印发《重庆市快递标准化示范网点建设指南(试行)》,寄递企业投入资金296.6万元建成56个快递标准化"示范网点"。扎实推动新业态许可准入工作,核发了全市首张运营智能快件箱经营快递业务许可证,开办服务站经营快递业务的法人企业3家,服务站2724个。全市备案快递末端网点4014个,其中自营网点3404个,标准化率99.59%;快递末端公共服务站4532个,布设智能快件箱9924组。重庆中通、韵达、圆通、百世、京东等5家快递企业在"为高质量点赞"重庆2020年消费品评价展示活动中获奖。

"两进一出"工程取得积极进展。"快递进村"下沉提速。因地制宜,推进邮快、交快、快快、快电等多形式合作"下乡进村"。持续推进市交通局、市邮政管理局、中邮重庆市分公司联合印发的《关于深化全市交通运输与邮政快递融合推进农村物流高质量发展的通知》,制定《推进"快递进村"三年行动实施方案》,全面统筹交通运输与邮政快递融合发展。深化邮快合作,邮政企业建成"邮快超市"1893个,其中农村地区1238个。与重庆电信签订合作框架协议,深化农村网点和业务合作。推动市农业农村委、市发展改革委、市财政局、市商务委联合印发《重庆市"互联网+"农产品出村进城工程实施方案》,支持整合农业农村、商务、供销、邮政、快递物流等基层站点资源,完善县乡村三级物流体系。持续推进"寄递+电商+农特产品+农户"的融合发展模式,畅通城乡双向流通渠道。设立县级快件处理中心231个,乡镇快递服务网点2153个,村级快递服务网点591个,建制村快递服务覆盖率83.93%。"快递进厂"成效明显。联合市经信委印发文件,推进"快递进厂",搭建"快递业与消费品融合发展对接会"平台。组织召开快递行业发展联席会议,重点宣贯促进行业高质量发展相关政策文件。邮政、中通、韵达等企业入驻理文纸业通过"云仓"等方式提供服务,寄递业务量超1亿件,带动销售产值近35亿元。新增方便小火锅、阿里健康医药项目等2个千万级项目,带动销售产值超30亿元。"快递出海"取得突破。推动出台《重庆海关支持中欧班列(重庆）发展的十八条措施》《中欧班列（重庆）建设工作要点》等。中欧班列运邮实现规模化、常态化。积极开展利用中欧班列（渝新欧）开展快件运输测试，与市政府口岸物流办双牵头建立联席工作机制，重庆安捷在全国率先开展商业快件方式双向通关测试，取得圆满成功，形成“公铁联运+一证通关”等跨境寄递服务模式，实现全程实时跟踪查询。11月17日至18日，国家邮政局党组成员、副局长刘君一行专程来渝调研“两进一出”工程，对我局工作落实情况给予了充分肯定。

聚焦目标精准发力，三大攻坚战扎实推进。防范化解重大风险能力明显增强。制定《重庆市邮政寄递安全生产专项整治三年行动实施方案》，以独立子方案的形式纳入全市安全生产整体方案，推动将年度任务完成情况纳入市安委会对区县2020年安全生产和自然灾害防治重点工作及动态管理考核项目，占据2分分值。完善“政府监管+专家会诊+部门联动”安全监管模式。组建应急救援专家库，实现安全监管体系支撑安全生产监管常态化。用好“平安重庆建设”及“邮路安全监管”两个机制，深化综合治理。寄递渠道禁毒、涉枪涉爆等专项整治工作取得较好成果。推动编制行业企业安全生产规范地方标准。拟定重庆市邮政快递业安全生产暨应急管理“五年”行动计划。重庆顺丰与市应急管理局签订合作框架协议，提高灾害事故救援装备和救灾物资物流联动能力。七分局与永川区应急管理局签订《推进邮政快递业参与应急运输合作协议》。重庆市首个区级邮政业安全中心——潼南区邮政业安全中心获批，基层安全监管力量有效夯实。确保汛期行业安全平稳运行，无人员伤亡和重大财产损失。稳妥做好了重大活动期间、节假日期间寄递渠道安全服务保障。我局连续四年获评“全市安全生产先进单位”。全市累计检查寄递企业1804家，查处违法违规行为428次，下达责令改正通知书276份，作出生效的行政处罚决定122件，处罚金额49.43万元。服务精准脱贫攻坚战成效显著。制定年度工作方案。局党组主要负责同志多次深入贫困地区调研，召开座谈会解决问题。对口帮扶对象城口县祝乐村提前整体脱贫，并获市级“一村一品”示范村。一分局处级干部驻村扶贫，连续四年获当地政府表彰。形成“寄递+电商+农特产品+农户”产业扶贫模式，打造快递服务现代农业项目16个，惠及贫困地区人口3万多人。“奉节脐橙”项目被国家邮政局授予“2020年快递服务现代农业金牌项目”。举行贫困人口劳务输出培训、岗位职业技能培训近5000人，拉动就业6240人次。完成扶贫配套资金12万元。落实“以购代扶”，采购定点扶贫村农副产品20万元。重庆顺丰与市人力社保局签约《就业扶贫框架合作意向书》。落实顺丰助学金200万元，帮扶贫困学生考取本科200余人次。污染防治攻坚战持续发力。按照国家邮政局“9792”工程部署，结合实际制定“9796”工作目标，并全面完成。推动快递包装绿色治理纳入全市生态环保治理同部署、同考核、同问责。结合“无废城市”建设，打造“邮政快递无废城市建设细胞”试点。将快递包装物绿色治理纳入重庆市绿色生产和消费法规政策体系。邮政新能源和清洁能源投递车推广纳入全市打赢蓝天保卫战2020年重点工作目标任务。联合市生态环境局印发《关于进一步协同推进邮政快递业生态环保工作的实施意见》，推动市级相关部门联合制定贯彻落实加强快递绿色包装标准化工作指导意见的工作方案。新型包装箱、“全叠盖免胶带”包装箱实现邮政普遍服务营业场所全覆盖。

全面推进依法行政，治理效能持续增强。清单化闭环管理全面实施。按照国家邮政局统一部署，结合实际制定了《2020年重庆市邮政快递业“132”行动计划》、年度重点工作目标任务责任分解方案和重点工作措施清单，以及党建、普服、市场监管等领域年度工作要点，制定《重庆市邮政管理局贯彻落实〈邮政强国建设行动纲要〉实施方案》，实施清单化管理，完善月度督导清单，加强督查督办，保障重点工作落实。市场管理秩序更加规范。实现"双随机"+重点关注、专项整治等方式强化邮政市场监管,依法查处企业违规违法行为,指导各分局查处邮政市场类案件119件。有序推进"绿盾"工程建设。视频联网项目重庆市接入寄递企业(未含邮政)转运中心和重要网点数107个,完成率100%。安全监控中心、应急指挥系统等项目有序推进。申诉处理能力不断提高。推行化解矛盾纠纷"八步工作法"。共办理市长公开电话、局长信箱、公众留言等群众来信来访469件。2020年全年,申诉中心共处理消费者申诉2523件,为邮政业消费者挽回经济损失80.86万元。消费者对邮政管理部门申诉处理工作满意率均为99.5%,对邮政、快递企业申诉处理工作满意率98.9%。行业新闻宣传工作持续推进。组织召开了全市邮政快递业新闻宣传工作会,部署年度工作任务,印发《2020年重庆市邮政管理局新闻宣传工作要点》,邀请国家邮政局报社来渝采访并开展专题培训。共报送政务信息842篇,国家邮政局官网采用149篇。

三、"十三五"成绩

2020年是"十三五"规划的收官之年。五年来,重庆邮政快递业深入贯彻落实习近平总书记关于邮政快递业重要指示批示精神,着力优环境、激活力、建网络、搭平台、通渠道、促协同、提能力、拓海外、强监管,邮政快递业供给结构持续优化,要素资源流动活跃,产业融合日趋紧密,市场活力全面迸发,绿色安全水平不断提升,行业治理体系和治理能力现代化加快推进,服务支撑地方经济发展大局。

地位作用日益凸显。五年来,全市邮政业业务总量和业务收入分别增长2.5倍和1.9倍,邮政业业务收入增速是同期地区生产总值增速的1.5倍。快递业务量和业务收入分别增长2.6倍和2.1倍。对一二三产业支撑更加有力,为打通大动脉、畅通微循环做出积极贡献。

公共服务不断优化。建制村直接通邮质量全面巩固提升,邮政普遍服务投递频次深度、全程时限持续改善。实现100%县城党报当日见报。快递网点实现乡镇全覆盖,快递服务产品体系更加完善,延误、损毁和丢失等问题显著改善。行业服务满意度持续提升,有效申诉率不断下降。寄递渠道平稳畅通,五年来未发生重特大安全事故,重大活动保障有力。

治理能力持续提升。健全完善邮政管理体系。加快构建与高质量发展相适应的邮政快递业法规、规划、政策、标准体系。深化"放管服"改革,扎实推动新业态许可准入工作,核发了全市首张运营智能快件箱经营快递业务许可证。人才队伍能力素质明显提高,基层员工权益保障持续推进,行业文化和软实力全面加强。

行业影响力大幅提高。疫情期间,行业在保障防疫物资寄递和群众生产生活,以及服务复工复产等方面作用突出,得到各级政府和社会各界一直点赞。一系列行业利好政策出台、巴南"政务+邮政"模式创新推广、巡视信箱寄递服务保障、寄递渠道安全畅通、中欧班列快件寄递测试成功等方面取得了一批重要成果,邮政快递业持续快速发展和服务经济、保障民生的作用越来越得到社会广泛关注和赞誉。

四川省快递市场发展及管理情况

一、快递市场总体发展情况

2020 年，四川省邮政行业业务总量累计完成 537.7 亿元，同比增长 20.1%，业务收入（不包括邮政储蓄银行直接营业收入）累计完成 326.7 亿元，同比增长 9.0%；其中，快递企业业务量累计完成 21.5 亿件，同比增长 20.1%，业务收入累计完成 223.2 亿元，同比增长 9.6%（表 7-23）。邮政业总量占地区生产总值的比重超过 1%，快递行业从业人员达到 10.9 万人。

表 7-23　2020 年四川省快递服务企业发展情况

指　　标	单　　位	2020 年		比上年同期增长（%）		占全部比例（%）	
		全年累计	12 月	全年累计	12 月	全年累计	12 月
快递业务量	万件	215158.85	22628.52	20.13	28.74	100.00	100.00
同城	万件	47625.50	5210.58	15.82	27.83	22.14	23.03
异地	万件	166068.14	17173.14	21.24	28.92	77.18	75.89
国际及港澳台	万件	1465.21	244.80	44.95	35.74	0.68	1.08
快递业务收入	亿元	223.16	24.51	9.62	26.02	100.00	100.00
同城	亿元	34.04	3.80	6.05	23.00	15.25	15.52
异地	亿元	124.40	12.57	3.92	19.37	55.74	51.30
国际及港澳台	亿元	9.35	1.61	25.98	27.30	4.19	6.57
其他	亿元	55.37	6.52	24.84	43.08	24.81	26.61

二、行业管理工作及主要成效

坚持以政治建设为统领，党对邮政业的领导更加全面有力。加强模范政治机关建设，毫不动摇坚持党的全面领导。提高政治站位，保持政治定力，切实肩负“两个责任”，突出“两个维护”，从严落实“一岗双责”。科学统筹谋划，制定《落实全面从严治党要求主体责任清单》《创建“让党中央放心、让人民群众满意的模范政治机关”实施方案》，坚持问题导向和目标导向，规范党组议事程序，建立议事清单，形成学习领会、研究部署、责任落实、跟踪问效的闭环机制，重大决策部署贯彻落实更加扎实有效。持续深化创新理论武装，坚持“突出重点学、改进方式学、联系实际学、示范带动学”，做到了学习载体更丰富、平台更多样、内容更广泛，切实把学习成效转化为提高应对风险挑战、推动行业发展的能力，省局机关 1 名干部获评“省直机关青年理论学习标兵”。坚持不懈抓基层打基础，推动党支部规范化标准化建设，做实党组成员联系基层支部和党建纪检协作片区工作，开展省局机关支部与市州局、相关部门基层支部联建，做到了支部建设与业务工作同频共进，增强了党建工作活力和实效。

实施队伍素质能力提升行动，干事创业精气神进一步提升。出台《关于深入贯彻落实新时代党的组织路线的实施意见》，激励干部在抗疫、脱贫攻坚等急难险重任务中担当作为。完善《党组管理干部选拔任用程序》，制定《大力发展培养选拔优秀年轻干部的实施方案》，更加规范干部选拔任用工作。严把用人导向关，进一步优化了市（州）局党组班子配备，稳步推进了职务职级并行工作。健全《公务员考核实施细则》，建立季度常规考核机制。进一步加强干部教育培训培养，队伍精气神和素质能力稳步提升。加强行业人才培养培训，争取培训补助资金 230.3 万元，培训 2.1 万人次，评定快递工程技术人员职称 200 人，圆满完成“246 工程”年度目标任务，从业人员的专业能力有所提升。

深化党风廉政建设。坚持教育执纪并重，集中开展“守纪律、讲规矩”警示教育月活动和违规享受政策性住房问题等四个专项整治，常态化开展廉政谈话，全年批评教育 6 人次，诫勉谈话 2 人次，强化了全系统干部纪律规矩意识。高度重视国家邮政局党组巡视反馈问题整改，按照“照单全收、立行立改、真查实改、巩固成果”原则，对巡视组发现反馈的 5 个方面 18 个问题，深入查找根源，落实整改责任，明确整改要求，建立长效机制，问题整改基本到位。开展“不忘初心、牢记使命”主题教育问题整治“回头看”，巩固深化了主题教育成果。

深化行业党建迈出新步伐。健全非公党建指导员制度，建立“小蜜蜂热线”，推动建立非公党支部 66 个。成都局联合市两新工委等部门出台《关于加强成都市快递行业党建工作的五条措施》（简称“蓉五条”），成立快递行业党建联盟，“五个一”打造快递行业党建新高地，受到了中组部关注。坚持党建带群团建设，全行业共组建非公团组织 12 个，市级工会组织 13 个。扎实开展快递员权益维护和关爱行动，省委书记彭清华、省委常委田向利批示给予快递员“更多保障和关爱”，省总工会将维护快递员权益纳入八大新就业群体权益维护重点。开展快递从业青年服务月、夏季送清凉、冬季暖蜂等活动，建立快递员服务关爱站 582 个，争取政策性公寓 19 套。切实推进行业精神文明建设，开展青年志愿岗、安全示范岗等创建，组织“最美快递员”评选，全行业 70 余人获各种荣誉称号，其中，全国劳模 1 名、省劳模 5 名，攀枝花申通刘荣入选“全国最美快递员 50 强”。

科学统筹打好疫情防控战，发挥出的行业力量赢得了社会尊重。面对突如其来的新冠肺炎疫情，全省邮政管理系统广大干部职工闻令而动，主动迎战，投身抗疫一线，发挥党组织战斗堡垒和共产党员先锋模范作用，实现了邮政快递行业率先复工达产，率先转负为正，率先恢复高位运行。

沉着迎战，全力保障防疫物资和政务民生寄递服务。统筹疫情防控与寄递服务保障，想方设法为企业正常运转争取必需的防疫物资、协调运输通行和保障投递，确保全行业在迅速适应疫情防控要求下实现了有序有效运转。十余万邮政快递小哥“冒疫奔忙”，保持邮政快递服务“绿色通道”从未中断；邮政企业坚守政治使命，全力保障机要通信和党报党刊投递服务，打造了疫情期间永不中断的供给线、生命线。截至 5 月底，全省邮政快递行业争取口罩 41.9 万个，医用酒精、消毒液等物资 13.5 吨，运送防疫物资 525.3 吨，派送以口罩为主的防疫及生活物资 2.3 亿件。协调推动“网上办、邮政寄”方式办理政务服务事项，带动全省邮政服务政务项目拓展至 128 项，得到国家邮政局肯定并推广。

适度超前组织复工复产，因地制宜实施战“疫”助农。按照“四保障、三优先和一推进”的部署安排，督促快递企业在全面落实防疫措施情况下，适度超前复工复产。2 月 10 日，全省主要快递品牌企业分拨中心恢复正常运行；2 月 19 日，城区快递服务全面恢复；3 月 25 日，全省法人企业复工率达到 100%，城乡快递网点复工率 100%。行业迅速回复到繁忙状态：为居家居民配送食蔬药品等，保障生活必需；配送春耕必需的农资化肥，服务春耕生产；扩大同城寄递，专项寄递滞销农产品，化解疫情造成的时令生鲜、季节性产品等的积压和滞销。全省二月份邮政寄递量增长 105%，快递业务量增长 15.6%，当月收投量均居全国前茅。复工复产在邮政快递业的较早实现，为各地的经济运行、社会运转起到了巨大的支撑作用。

毫不松懈做好常态化疫情防控。始终统筹好疫情防控与行业发展，坚持不懈怠不放松，严格落实《疫情防控期间邮政快递业生产操作规范建议》要求，强化重点企业、重点人群、重点环节防控措施落实，至今全系统、全行业无一人感染。12 月来，全国局部地区再次出现疫情反弹和发现冷链物流可能携带病毒后,主动应对,强化与各相关部门的配合,各项工作有序开展。按要求圆满完成《众志成城　抗击疫情》特种邮票发行和向援助湖北抗疫的医护人员的邮品赠送任务。

全系统、全行业在防疫抗疫、保障服务民生方面的积极作为,得到了各级党政和消费者的广泛赞誉和充分肯定,增强了全社会对行业的信任与支持,提升了邮政快递业的社会形象,在全省抗疫总结大会上,省委书记彭清华两次点赞行业的作为和快递小哥的奉献。这充分展示了我们这支队伍的政治觉悟、克难能力和使命担当。在全国交通运输系统抗击新冠肺炎疫情表彰中,2个集体、1个基层党组织、2名个人受到表彰;各地有12名个人、5个集体被地方党委政府表彰为“疫情防控先进个人”“先进集体”“最美逆行者”。

坚持多向发力,行业发展取得新成就。强化规划引领与政策落实,发展根基进一步夯实。坚持将全省邮政业发展“十三五”规划完成评估与编制“十四五”规划紧密结合,形成了四川省邮政业发展“十四五”规划,并列入全省综合交通运输发展4个专项规划之一;协调发改、商务等部门,做到行业发展规划与现代服务业、电子商务等产业发展规划有效衔接,邮政快递基础设施建设等纳入全省“十四五”物流发展规划;编制印发了《邮政强国建设行动实施纲要四川省实施方案》。参与全省做好乡镇行政区划和村级建制调整改革“后半篇”文章联合调研,参加编制乡村基础设施和公共服务网络规划。加强成渝地区双城经济圈建设中的邮政业合作,国家邮政局党组正式批复编制成渝地区双城经济圈邮政业发展规划。启动成渝高铁运邮,实现成渝大同城“当日递”,快递经营许可等“川渝通办”。

加大政策争取和落实力度。通过向党委政府和领导专题汇报、加强部门协调沟通、联合调研等方式,强化政策争取,在产业协作融合、基础设施及物流体系建设、行业人才培训等方面有了新突破。省委省政府主要领导就邮政管理工作指示批示5次,全省“构建4+6现代服务业体系”“加快建设交通强省”“电商营商高地建设”等重大决策部署中,均赋能邮政快递业。邮政快递末端服务设施建设、运营、维护及行业安全支撑体系建设等内容纳入“全省交通领域地方财政事权和支出责任改革实施方案”(送审稿)。加强部门联系协调,住建部门“将邮政快递末端综合服务站纳入社区专项服务设施”;交通运输、商务、发展改革、农业农村、人社等部门在交邮合作、快递下乡进村、物流配送体系建设、快递服务农业金银牌项目打造、行业人才培训等方面给予了大力支持。做好政策落地落实指导,省局9次编发“政策汇编”,各地在行业发展、体系建设、末端设施、便利通行等方面争取到利好政策文件40余份,全系统获得基础设施建设项目资金2180万元、快递运营补贴2527万元、村邮站补贴523万元,抗疫中邮政快递企业获降费减税及补贴4.1亿元。市州局还在绩效考核、项目与工作经费、办公用房和行业发展等方面争取到了大量政策和实实在在的支持,各级党委政府对行业的重视支持日益增强,这样的成绩来之不易。

进一步健全服务网络,发展基础更加牢实。与交通运输厅、商务厅等建立工作合作机制,落实《四川省推进交通运输与邮政业融合发展的实施方案(2019－2020)》《关于推进农村三级物流运送体系建设实施方案》,推动邮政快递与农村电商、物流配送等有机结合,推动快递末端服务设施建设,推进县乡村三级物流配送体系建设。在攀枝花、遂宁试点基础上,以交通运输“金通”工程为依托,实施多形式交邮合作,邮政快递服务基础设施被纳入乡镇综合交通运输服务站点建设改造项目,建成56个含快递服务设施的乡镇综合运输服务站,盐边县“电子商务+农村客运”、金堂县“电子商务+乡村公交”入选交通运输部第一批农村物流服务品牌。

促进城乡快递末端服务整合。借力城乡住建部门修订《四川省城镇老旧小区改造技术导则》,

推动将邮政快递末端综合服务站纳入社区专项服务设施,遂宁市将智能信包箱纳入新建城镇住宅楼规划建设,乐山市政府印发《加强智能快件箱建设运营管理指导意见的通知》,将智能快件箱纳入民生工程项目。支持快递企业抱团发展,探索共同分拨、配送和共建城乡末端站点,统一开展收投服务,增强了基层网点的生存能力。

聚焦"两进一出",快递服务现代农业、制造业和助力川货出川取得新突破。将实施"两进一出"工程作为"邮政业服务品质提升行动"重要抓手,统筹推进"邮快合作""快递进村",制定《"快递进村"三年行动计划》,按照"渠道通、有效通、充分通"三个层次和"分类分区、务实有序"原则稳步推进。加强督促指导,建立工作台账,每周通报进度,推广资阳经验,各市州局立足实际创新推进,2020年6月后,两项工作进展明显。各地还通过交邮、快快、快商等合作方式,拓宽了快递进村覆盖面,全省"快递进村"覆盖率由年初的5.4%提升至67.3%,其中通过"邮快合作"进村34%;2020年11月以来,全省邮快合作日代投量达到7万件以上,9个市州周代投量超2万件,全省累计代投量达1260万件。突出重点地区推进"快递进厂"。加强与经信部门和加工制造企业的对接,注重品种选择,制定好个性化物流配送方案,打造出成都鞋业、绵阳纸品和泸州酒类3个寄递量超千万件项目,6个超百万件项目。加强与海关等部门衔接推动"快递出海"。完成邮件搭乘蓉欧班列测试并投入运行,中欧班列"四川邮政号"稳定开行,运送82个集装箱约1082吨"四川造"产品通达欧洲,顺丰公司通过蓉欧班列发出三批次快件出海。成都、泸州、德阳、宜宾等地利用自贸区和跨境电商示范区政策,发展跨境电商业务,快递出海有了新的尝试。

全面助力川货出川。坚持推动邮政快递与农村电商、物流配送等有机结合,形成基础设施共建、资源共享、服务集合、发展融合格局。将2019年全省快递服务现代农业金银牌项目情况向市州政府和省级相关部门通报,强化了政府和部门推进产业协作融合的共识。将快递服务现代农业纳入年度重点工作和市州局创先争优项目,各地紧密联系地方产业发展实际,与农业、商务等部门协作建立项目库,合力培育,跟踪服务,全年共打造成都柑橘、攀枝花芒果、南充柑橘、眉山柑橘和资阳柠檬等业务量超千万件的金牌项目5个,比2019年增加1个;业务量超百万件的银牌项目22个,比2019年增加8个,超十万件的铜牌项目61个,仅金银铜牌项目就实现寄递量2亿多件,带动农业总产值63.4亿元。

坚持克难攻坚,服务质效实现新提升。防范化解重大风险,行业应急管理与抗风险能力有所提升。修订《四川省邮政业突发事件应急预案》和应急处置手册,首次联合地方政府在遂宁市开展省级邮政快递业突发事件应急处置演练取得成功,妥善应对处置青白江地震、洪灾等自然灾害和品骏转网、速尔停网事件,圆满完成"两会"、"双11"旺季等重要时段的寄递服务和安全保障任务。实施企业安全生产主体责任落实攻坚行动,印发"推进方案",强化企业省级总部对市县法人企业、分支机构、网点的全网安全管理责任,企业在落实"三项制度"、疫情防控、禁毒等方面的主责意识进一步增强。大力开展寄递渠道安全监管综合治理,与省检察院、公安厅等部门构建齐抓共管的行业安全监管机制,健全风险分级管控和隐患排查治理双重预防机制。启动行业安全生产专项整治三年行动,做好"排险除患"集中整治,持续开展非法寄递涉枪涉爆物品、涉毒涉烟、危化品、非法出版物和野生动植物、实名收寄等专项整治行动,行业实现安全平稳运行,省局被省安委会考评为优秀单位。深化快递末端服务违规收费专项整治行动,指导遂宁局开展快递末端稳定发展全国试点,完成了快递品牌末端派费核算,快递末端网点经营环境逐步好转。切实推进"绿盾工程"建设,440个网点及转运中心接入系统,为推进"互联网+监管"提供了技术和条件保障。强化安全监管支撑能力建设，各地普遍强化了地方安全监管职责，新增县级安全中心4个。

助力精准脱贫。印发《邮政业助力脱贫攻坚工作方案》，发动邮政快递企业在凉山实施“一企帮一县”精准帮扶活动，推动实现农特产品销售产值逾亿元，助力凉山州2020年快递业务量同比增长近140%。菜鸟乡村先后在布拖、越西、盐源等县地推出快递共配项目，帮助当地主要快递品牌企业利用溪鸟共配系统实现统一配送；百世快递在喜德县鲁基乡中坝村设立快递网点，成为凉山州快递企业首个进村设置的服务网点。实施产业扶贫，推广“寄递+电商+农特产品+农户”产业脱贫模式，邮政企业培育“一市一品”项目40个，带动农特产品交易额2.2亿元。省局选派的驻村干部坚守世界高城理塘，所联系的乡村已通过脱贫验收，省局连续两年被省委省政府评定为脱贫帮扶“好”单位；全系统20名干部坚守联系贫困村，为打赢脱贫攻坚战交出了满意答卷。

抓好快递包装治理，推动行业绿色发展。明确工作重点，逐级分解目标任务，认真开展生态环保宣传、专项督查及工作评价，形成了全行业重视绿色发展，全社会关心快递包装综合治理的良好局面。推动将行业绿色发展纳入各市（州）年度生态环境保护党政同责工作目标，为推动高水平治理提供了保障。突出治理重点，开展重金属和特定物质超标包装袋专项整治，推动包装废弃物回收利用，推广循环包装容器使用，全行业设置标准化快递包装废弃物回收箱1689个，瘦身胶带使用率97.26%，电商件未二次包装率89.25%，循环中转袋使用率90.53%，“9792”工作目标全面完成。积极推动绿色网点及绿色分拨中心试点创建，全省共申报绿色分拨中心29个、绿色网点219个。

全面推进依法行政，治理效能持续增强。推进法治邮政建设。将2020年作为“法治建设年”，实施行业治理能力提升行动。推进学法普法，汇集形成“法律法规汇编”“邮政行业部门规章和规范性文件”，深化《民法典》《邮政行政执法监督办法》等法律法规的学习与运用，完成“七五普法”。强化执法监督，严格落实行政执法公示、法制审核等制度，开展案卷抽查、行政处罚案例探讨、行政执法工作指导交流等活动，省、市互动加深，行政检查、行政处罚质量水平得到提高。推动地方立法，《成都市邮政管理条例》进入人大二审。深化“放管服”改革，快递经营许可等4项行政许可实现“跨省通办”“全程网办”“川渝通办”，“邮政+政务”便民服务业务得到深化。规范简化末端网点备案，建立许可到期预警机制，许可延期及审核任务基本完成。落实统计督察整改，开展专项检查，严格落实防范、惩治统计造假、弄虚作假责任制，统计数据的真实性、时效性、完整性得到提升。

深化申诉体制改革试点。坚持申诉与市场监管工作联动，制定《邮政业消费者申诉中心线索受理、处理流程（暂行）》及《进一步提升申诉工作方案》，增加受理市场违法违规行为举报、表扬、批评、建议、咨询等业务，形成了“一号对外、诉求汇总、分类处置、统一协调、各方联动、限时办理”的工作机制，12305平台建成行业政务服务综合平台。申诉中心全年受理消费者咨询14052件，申诉6186件，向市（州）局转办企业违法线索154件，通过申诉办理为消费者挽回经济损失206.2万元，消费者对有效申诉处理满意率达100%。

推进快递行业信用体系建设。调整省快递业信用评定委员会组成人员，完善委员会工作机制，制定快递市场法人主体信用评定方案，夯实了快递业信用体系建设基础。积极参与放心舒心消费创建，遂宁、德阳、广安等市将快递业作为放心舒心消费城市创建示范行业，加强了与消费者的沟通，改善了服务，提升了行业形象。

去冗求精，服务型政府效能更加彰显。规范工作运行与督查督办，建立创先争优项目清单、重点工作清单、常态工作清单及重大决策部署、重要文件贯彻落实清单，通过立项目、列清单、明责任、督绩效方式，实施工作闭环管理，推动各项工作任务有效落地落实。严守中央八项规定及实施细则精神，坚决反对形式主义、官僚主义，印发“持续解决困扰基层的形式主义问题九条措施”，省局工作布置类文件再减少20%。严格财务管理，严格会议培训计划执行和“三公经费”支出管理，规范公物采购，节约型机关建设成效明显。开展市州局财务工作人员互助培训，完成对5名市州局领导干部的经济责任审计。认真办理信访、提案，扎实做好机要保密、新闻宣传、信息公开、网络安全、档案等工作，省局获省级文明单位称号，新闻宣传工作受到国家邮政局表彰。

三、“十三五”成绩

2020年是“十三五”规划的收官之年。五年来，四川省邮政管理系统深入贯彻习近平总书记关于邮政快递业重要指示批示精神，着力优环境、激活力、建网络、搭平台、通渠道、促协同、强监管、提能力，全省邮政快递业供给结构持续优化，产业融合日趋紧密，绿色安全水平不断提升，行业治理体系和治理能力现代化加快推进，邮政快递业在经济新常态下焕发出新活力，为新时代治蜀兴川发挥了越来越重要的作用。质量双增，行业作用凸显影响扩大。五年间，全省邮政业业务总量和业务收入分别增长2.9倍和1.8倍，快递业务量和业务收入分别增长3.3倍和2.8倍，“补白”下乡、进村进厂等的推进，畅通了“工业品下乡、农产品进城”双向流通渠道，对一二三产业支撑更加有力，对人民群众的寄递服务更加及时便捷，行业发展受到各级党委政府越来越多重视和社会更多的关注。基础更牢，公共服务属性不断提升。行业基础建设能力进一步完善，建成各类物流快递园区31个、分拨中心239个，末端网点超过1万个，基本实现乡镇全覆盖；建制村全部实现直接通邮，邮政普遍服务全程时限及投递频次、深度持续改善；运输结构不断优化，快递“上机上铁”成为现实，寄递时效显著提升；快递服务产品体系更加完善，延误、损毁和丢失等问题持续改善，服务满意度持续提升。监管更强，行业治理能力持续提升。“十三五”是四川省邮政监管队伍在适应中壮大、在探索中成熟的五年，《四川省邮政条例》《成都市邮政管理条例》的修订，推动了与高质量发展相适应的邮政快递业地方法规、规划、政策体系的构建；深化“放管服”改革，简化、优化行政许可及备案流程，对新业态包容审慎监管，亲清政商关系的构建，激发了市场主体活力；寄递渠道平稳畅通，重大活动保障有力，五年来未发生重特大安全事故。

四、快递市场存在的突出问题

发展速度与全国相比显得还不够高，2020年行业总量、收入及快递业务量收等四大指标均低于全国平均增速。发展不充分、区域发展不均衡问题依然突出。行业高质量发展的支撑能力依然薄弱。尤其是现有基础设施对实施“两进一出”工程等还难以有效支撑；面对现代农业、制造业等巨大的寄递需求，应更加充分地激活市场，尽快解决好城乡、区域网络布局缺陷、“最初一公里”和“最后一公里”的矛盾等问题。依法治理能力还不能完全适应行业发展和市场监管的需要。监管队伍数量偏少、能力不足与越来越严的行业监管要求之间的矛盾仍然十分突出。

贵州省快递市场发展及管理情况

一、快递市场总体发展情况

2020年，贵州省邮政行业业务总量累计完成85.5亿元，同比增长12.40%，业务收入（不包括邮政储蓄银行直接营业收入）累计完成86.7亿元，同比增长9.84%；其中，快递企业业务量累计完成2.8亿件，同比增长14.53%，业务收入累计完成52.2亿元，同比增长13.24%（表7-24）。新增社会就业6184人，带动电子商务快递价值超过168亿元。

表 7-24　2020 年贵州省快递服务企业发展情况

指　标	单　位	2020 年		比上年同期增长(%)		占全部比例(%)	
		全年累计	12 月	全年累计	12 月	全年累计	12 月
快递业务量	万件	28156.99	3214.87	14.53	36.48	100.00	100.00
同城	万件	5058.01	574.95	-17.64	44.23	17.96	17.88
异地	万件	23048.96	2635.37	25.12	34.69	81.86	81.97
国际及港澳台	万件	50.03	4.55	125.66	1081.47	0.18	0.14
快递业务收入	亿元	52.21	5.58	13.24	22.10	100.00	100.00
同城	亿元	4.23	0.48	26.45	45.53	8.11	8.66
异地	亿元	23.11	2.50	6.38	20.04	44.27	44.81
国际及港澳台	亿元	0.25	0.02	-10.48	17.37	0.49	0.38
其他	亿元	24.61	2.58	18.62	20.51	47.13	46.15

二、行业管理工作及主要成效

众志成城，打赢疫情防控阻击战。全力做好全省疫情防控应急物资和群众日常生活物资运输配送保障工作。加入全省新冠病毒疫情防控医疗物资保障和生活物资保障组，派员入驻省交通工作专班，保障邮政快递车辆通行，全省协助审核办理邮政快递车辆道路通行证560多张，开通绿色通道，邮政快递企业响应号召，由经营服务转为应急保障服务。先后驰援湖北和武汉等重点疫区应急物资运输1751.31吨，发运车辆79辆次；从省外为省内医疗企业运输防疫用品和医疗物资加工原料500.35吨，医疗物资497.76吨；保障服务全省群众必需生活物资供应，3万余名一线人员奋战在干线运输、投递前线，投入运输车辆2600余台，发运车辆17809辆次，疫情期间，全省累计运输配送生活物资8144.44万件。

上下联动，科学有序推进行业复工复产。落实企业复工复产防护物资保障，累计争取口罩30余万个；联合10部门印发《关于做好我省疫情防控期间重要生产生活物资公路交通保通保畅工作的紧急通知》，解决企业车辆通行问题；联合中国建设银行贵州省分行向省内各寄递企业免费赠送针对快递从业人员的“一线抗疫安心保”保险产品；联合省教育厅印发《关于进一步规范高等院校校园快递服务的通知》，从规范车辆通行、提升服务质量、严格落实三项制度、建立长效工作机制等方面进一步做好疫情防控常态化下校园快递服务工作；京东投用智能机器人配送，圆通开展夜间错峰进小区配送等措施，为用户提供安全可靠的配送服务；黔西南局印发的《邮政行业新冠肺炎疫情防控工作指南》得到省政府发文推广。2020年3月底，全省规模以上寄递企业复工复产率达到100%，全省人员返岗率、网点开工率接近100%，主要品牌快递企业全网运行基本恢复正常。

中央及地方媒体对贵州邮政快递业抗击疫情

保增长工作进行了广泛报道，其中：中央媒体报道1次，省电视台新闻联播报道6次，各类省级媒体报道20余次，赢得了社会各界高度关注和点赞。时任贵州省委书记、省人大常委会主任孙志刚到贵安新区“中邮物流-华为IHUB仓”慰问，充分肯定了邮政快递业在疫情防控中所做工作，赞扬邮政快递业在疫情期间体现出了非常可贵的高度担当精神。疫情防控中，行业涌现各级表彰单位和个人5个。谌贻琴书记在表彰大会上称赞冒疫奔忙的快递小哥是战士。

攻坚克难，全力打好行业三大攻坚战。全面助力精准脱贫。在贵州深度贫困县从江县组织召开了全省邮政快递业脱贫攻坚冲刺动员大会。发挥行业优势，开展寄递扶贫，推动全省产品外销产值292.97亿元，其中累计运出地方农特产品3705.01万件，外销产值33.60亿元。贵州纳雍的玛瑙樱桃，由于交通运输、冷链技术等影响，产品销售一直以本地市场为主，2020年贵州京东、顺丰等快递为其打造专属的冷链方案，运到了广州等地销售，短短十二个小时内销量3万件，产值120万元。推动邮政企业建设了300个农村邮政电商示范站点，开展各类销运联动促销活动，如修文猕猴桃促销活动当日，单品销售额就超过了80万元。修文猕猴桃搭上“快递+电商”的快车，走出贵州深山，成为助力修文农民脱贫致富的“黄金果”，已成为全省超100万件快递服务农业项目。瓮安顺丰助力该县银盏镇新华村20亩蒜苗运销案例被“学习强国”平台宣传。组织省局机关干部职工购买农特产品，向国家邮政局机关和中东部省（市、区）印发购买黔货消费倡议书倡导消费扶贫。积极实施就业扶贫，贯彻落实《〈贵州省进一步稳定和促进就业若干政策措施〉重点工作责任分工方案》工作要求，全省行业吸纳农村人口就业31339人，吸纳贫困人口就业5934人。抓好党建扶贫，省、市（州）两级邮政管理部门在组建较晚，平均只配有10名公务员、干部紧缺的情况，仍然将机关党组织和党员参与脱贫攻坚作为义不容辞的责任，参与帮扶5个贫困村，帮助引进各类帮扶资金30余万元，受益建档立卡贫困户600余人，国家邮政局刘君副局长亲自带队督战贵州省黔东南局帮扶点，给予全省邮政管理系统扶贫工作强有力支持；省局党组成员8次带队深入帮扶点，与驻村干部谈心谈话，走访贫困户开展慰问调研，帮助解决实际困难。黔东南局被地方政府评为2020年脱贫攻坚“优秀帮扶单位”。

行业污染防治稳步推进。结合实际深入推进邮件快件包装绿色治理“9792”工程。先后制定印发了《2020年贵州省邮政业生态环保暨快递包装治理推进实施方案》《贵州省邮政管理局关于行业绿色生态环保及标准包装废弃物回收装置相关工作要求的通知》《关于开展2020年贵州省邮政行业生态环境保护工作评价的通知》《贵州省2020年“邮来已久、绿动未来”主题宣传活动工作方案》《贵州省邮政业重金属和特定物质超标包装袋专项治理方案》；联合市场监管部门对寄递企业包装袋进行调研，开展绿色包装标准化工作培训；积极和铁塔公司对接，在贵阳为快递小哥提供50个集中充电点，推动快递电动摩托车换电池业务，提升快递车辆在途能力，淘汰电池在铁塔供电方面的进一步深度利用；注重共建共治，加强与省发展改革委、省生态环境厅、省市场监管等部门的沟通协调，积极参与塑料垃圾污染防治等工作。2020年全省“瘦身胶带”封装比例达95.19%，电商快件不再二次包装率达91.20%，循环中转袋使用率达91.51%，新增设置包装废弃物回收装置的网点数量508个，新增设置废弃物回收装置1111个，各主要品牌寄递企业已在全省投入562辆新能源汽车和9698辆电动三轮车用于快件运输、投递。

强化安全底线思维，防范化解重大风险。同步推进安全生产专项整治、禁毒“大扫除”两个“三年行动”，制定贵州省邮政行业行动方案，成立工作专班细化方案措施，完善和落实责任链条、制度成果、管理办法、重点工程和工作机制。抓好宣传培训，召开3次安全工作培训，组织安全宣传“五进”活动27场。深入开展邮政快递业禁毒“大扫除”专项行动，加强邮政快递业禁毒宣传、教育和培训，寄递企业及其从业人员识毒、拒毒、防毒能力不断提升。深入开展实名收寄专项整治行动，开展涉枪涉爆隐患整治。开展两轮全省范围机要通信安全专项检查，确保全省邮政机要通信尤其是疫情期间未出安全事故。省级邮政业安全“绿盾工程”远程视频监控系统已建成，省内主要邮政、快递法人企业接入系统。2020年贵州省邮政快递业没有发现与反恐、禁毒、涉枪涉爆、扫黄打非等有关的违法行为，行业安全稳定运行。

多措并举，扎实推进行业服务民生实事。“两进一出”工程初见成效。积极推进“快递进村”工程，服务乡村振兴战略，制定印发了《贵州省“快递进村”三年行动方案（2020－2022年）》，在黔南州作为全国15个“快递进村”市级试点地区之一的基础上，结合贵州实际，还在贵阳市、安顺市紫云县、六盘水市水城县、黔东南州雷山县同步开展试点。邮政、快递企业签订邮快合作协议，各企业充分利用电商、邮政、快递、交通运输等企业农村网络资源，先后涌现邮快合作的“黔南模式”、快快合作的“赫章模式”、交邮合作的“习水模式”、快电合作的“黔西南模式”和邮银合作的“贵阳模式”，加快推动快递下乡进村，全省13299个行政村已有4754个实现快递服务通达到村，覆盖率达35.75%，提前2个月完成“快递进村”30%年度目标任务。推进“快递进厂”，围绕白酒、电子产品、茶叶、辣椒、吉他、纸业等贵州特色产业，邮政、顺丰、中通、德邦等快递企业进驻贵安华为仓配、正安吉他产业园、虾子辣椒城、仁怀白酒工业园等，实现快递服务“零”距离，有力促进贵州特色制造业的发展。全省32个邮政市场重点示范项目建设成效显著。协调到位省政府补贴资金1600万元用于贵阳国际邮件互换局建设，克服疫情影响，贵阳国际邮件互换局（交换站）于4月1日正式开通运营，在疫情影响下全年处理进出口国际邮件50万件，推动贵州内陆经济试点省跨境电子商务发展。遵义局协调遵义机场有限公司出资约100万元，配置航空货运安检设备，满足顺丰速运出港快件通过新舟机场集包上机需求。

关爱“快递小哥”统筹推进。省、市两级邮政管理部门及时成立深入推进习近平总书记关爱“快递小哥”重要指示精神领导小组，印发责任分工方案，联合团省委和省总工会印发指导性文件，从政治站位、责任落实、工作措施、营造氛围等方面组织推进落实近平总书记关爱“快递小哥”重要指示精神。通过开展快递从业青年服务月活动、贵州省邮政快递业“五一·五四”优秀人才暨青年从业者座谈会等，从物资和精神层面给予关心关爱。疫情期间开展慰问“快递小哥”送口罩、送手套活动，“双11”期间给基层网点送慰问金9000元，与省总工会对接设立1万多个户外劳动者休息点，为快递小哥歇息、喝水提供场所，并争取资金60万元，为奋战在一线的“快递小哥”送去矿泉水、方便面等慰问品，与团省委联合开展旺季服务基层网点慰问及快递员一日体验活动；联合团省委、省公安交管部门开展关爱“快递小哥”暨全省快递、外卖行业“规范佩戴头盔”交通安全宣传培训，并在现场免费向快递从业人员发放300余个头盔；印发《省邮政管理局省人力资源社会保障厅关于做好贵州省快递从业人员职业技能培训工作的通知》，全省争取资金449.58万元，联合人社、团委、职业院校等开展快递职业技能培训8009人次，开展快递工程职称评审，131名快递从业人员通过评审，进一步提高了职业素质和技能水平。安顺局为全市一线从业人员争取到培训合格每人500元补贴的政策；毕节局推动从业人员购买“五险”人数占比近50%；赫章县为100多名易地搬迁转移劳动力解决了就业问题，为14名快递从业人员解决了安置住房。

“放心消费工程”深入实施。持续开展快递末端违规收费清理整顿工作，全省末端违规收费得到有效遏制。开展全省邮政乡镇局所专项整治行动，规范提升乡镇邮政服务水平；因地制宜开展边远建制村逐步退出工作，全省划定1089个边远建制村累计退出614个，黔南、遵义和黔东南划定的边远建制村实现全部退出，进一步巩固了建制村直接通邮成效；组织社会监督员开展社会监督活动，反馈监督报告614份，反馈问题61个，提出意见和建议18条；及时开展全省邮件（平信、包裹）寄递时限测试并通报情况。严格申诉处理，维护消费者权益，全省处理有效申诉1171件，用户满意率100%。联合省烟草专卖局、公安厅打击寄递渠道涉烟违法犯罪活动，切实维护消费者合法权益。积极开展快递业信用体系建设，成立贵州省快递业信用评定委员会。

邮政综合服务平台日趋完善。邮政与政务中心进一步深度融合，推动"服务政务、网办邮寄"降本增效。促成省政务服务大厅中各厅局入驻办理人员全部撤出，交由邮政派员入驻，将原来业务较少的厅局台席适当归并，由原来57个减为34个；人员由政务中心组织培训，邮政入驻政务中心人员工资及后期寄递费用全部由地方政府承担；服务范围扩展到咨询引导、帮办代办、材料预审、材料代收、制证及证照送达等，打造"五星级"政务服务，将政务服务"最多跑一次"提档升级为"一次都不跑"的便利。7月份李克强总理考察贵州省政务服务中心时对政邮合作工作给予充分肯定，时任省长谌贻琴在全省深化"放管服"改革优化营商环境会议上对此还专门进行了表扬。另外，全省邮政共计开通便民办税业务网点743个，区县覆盖率100%；开通警邮业务网点334个，区县覆盖率100%；开通政邮服务网点110个，区县覆盖率100%。

优化环境，持续深化"放管服"改革。简政放权，进一步激发了市场活力。行政审批时限进一步压缩，全省共计受理快递许可申请99起，受理许可变更申请476起，许可申请平均办结时间9.4日；继续推进实施末端网点备案制度，全年备案快递末端网点929处，全省备案快递末端网点累计达4289处；实施新业态快递服务站、智能快件箱企业许可办理，对申请许可企业贵州驿冠网络科技有限公司、贵州丰巢网络技术有限公司分别发放服务站许可证和智能快件箱许；积极推进实地核查移动端应用，组织相应操作培训，进一步提高了行政许可规范化、网络化水平；有序开展2020年许可证集中到期换领工作，积极引导企业采取购买、租赁、共有等形式配置安检机，缓解企业资金压力，提升企业延续换证效率，成功延续换证45家；全面实施"双随机、一公开"监管，对"两库一清单"实施动态管理，贵阳局、黔南局、黔东南局、安顺局印发具体方案，进一步明确了抽查比例、抽查频次等。

依法监管，进一步规范了企业行为和市场秩序。强化"巡视专用邮政信箱"寄递服务保障工作，圆满完成"省委十二届第九轮巡视""中国银行总行巡视""最高人民检察院党组巡视"等71个邮政专用信箱开设及服务工作。与省教育厅联合印发《省教育厅、省邮政管理局关于进一步做好2020高校录取通知书寄递工作的通知》，确保高校录取通知书寄递服务安全有效，邮政企业寄递高校录取通知书75.54万份，未发生邮件积压、丢失、损毁、投诉、媒体曝光等重大事故。深入开展邮政普遍服务监督，邮政企业服务意识和能力进一步提升，加强邮政市场执法，开展邮政市场行政处罚50起，市场经营秩序进一步好转。

提升服务，进一步优化了发展环境。协调省发改部门将黔南州、遵义市、铜仁市快递物流园区建设项目列为贵州省现代物流创新发展重点项目，安顺局协调政府和银行资金430万元，支持开发区、镇宁和普定等地快递分拨中心建设。鼓励企业创新末端服务，全省70所高校已100%实现规范收投，建成城市快递末端公共服务站2293处，农村快递公共取送点1547处，布放智能快件箱3502组，主要快递企业城区自营网点标准化率达到99.49%。联合公安、文明办、住建、交通、自然资源部门印发《关于持续推进2020年城市道路交通文明畅通提升工程全面做好迎检评价工作的通知》，将解决快递车辆城市通行纳入城市道路交通文明畅通提升工程检查评价范围，推动全省8个市（州）出台了车辆规范通行政策。联合省商务厅制定《贵州省深入推进电子商务与快递物流协同发展工作实施方案》，引导邮政、快递企业与上游电商企业和贫困县、基地、合作社、农户的“两线”对接。指导企业申报疫情防控重点保障企业，做好疫情期间寄递企业减税降费政策落实和统计工作。贯彻落实邮政强国决策部署，制定《贵州省邮政管理局贯彻落实邮政强国建设行动纲要实施方案》，起草完成《贵州省邮政快递网络布局规划研究（2021－2050）》，认真推进贵州省邮政业发展“十四五”规划编制工作，争取省有关部门给予规划编制资金支持54万元。

意识形态引领和行业精神文明建设进一步加强。落实意识形态工作责任制，抓好“学习强国”新媒体平台学用管理，开展党员干部职工思想状况调研，强化网络安全管理，通报意识形态领域情况；印发《关于深入贯彻落实习近平总书记重要指示精神在坚决打赢新冠肺炎疫情防控阻击战中充分发挥机关党支部战斗堡垒作用和共产党员先锋模范作用的通知》，各级党组织负责人主动接受主流媒体采访，为行业“发声”，传播正能量。贵州机关党建杂志刊登贵州局《党旗引领战“疫”路　党员争先“邮”作为》文章。制定下发《关于创建“让党中央放心、让人民群众满意的模范机关”的实施方案》，聚焦“六个过硬”推进4项24条工作任务落实，建立责任落实、督促检查、典型激励、动态管理4项工作机制，确保创建工作持续有力推进。认真落实“三会一课”制度，积极组织开展“主题党日”和党员过“政治生日”等活动，标准化规范化水平不断提升。巩固深化“不忘初心、牢记使命”主题教育成果，开展主题教育整改落实“回头看”。积极参与脱贫攻坚、抗疫、道德模范等先进典型的选树，营造良好氛围，传递行业正能量，全省邮政管理系统和行业获全国邮政行业先进集体3个、劳动模范2人，获全国交通运输系统抗击新冠肺炎疫情先进集体1个、先进个人2人，获全省抗击新冠肺炎疫情先进个人2人，获全国最美快递员1人，获“2017－2018年度全国青年文明号”称号1个、“2019年度全国邮政行业青年安全生产示范岗”称号3个。

三、“十三五”成绩

2020年是“十三五”规划收官之年。五年来，贵州邮政快递业深入贯彻落实习近平总书记关于邮政快递业重要指示批示精神，着力优环境、激活力、建网络、搭平台、通渠道、促协作、提能力、强监管，全省邮政快递业供给结构持续优化，产业融合日趋紧密，市场活力有效激发，绿色安全水平不断提升，行业治理体系和治理能力现代化加快推进，服务地方经济社会能力再上台阶，成绩斐然。五年来，全省邮政业务总量和快递业务量分别增长2.0倍和2.5倍，远远超过同期地区生产总值增速；五年来，建制村全部直接通邮、民营快递网点乡镇全覆盖，实现“乡乡有快递、行政村通邮”的目标。五年来，行业服务能力显著提升，寄递服务时限不断缩短，贵阳市区到最偏远的威宁县城，2015年邮政、快递包裹寄递平均时限约为9个小时，现在缩短到6个小时。五年来，贵州邮政快递业为全面打赢脱贫攻坚战贡献了行业力量，解决直接就业累计21万人，其中吸纳农村人口就业累计8万人（含向省外输出），贫困人口累计2.8万人；各邮政快递企业积极参与寄递扶贫，仅2016年7月启动的“黔邮乡情”邮政电商平台，通过对准最贫困的村，寻找最困难的户，办好最迫切的事，形成平坝小黄姜、册亨香蕉、普定马蹄、剑河“钩藤鸡”等众多助农经典案例，累计帮助农户9380余名，助农创收4000余万元；省、市（州）邮政管理部门开展定点扶贫，先后参与帮扶镇宁、天柱、册亨、赫章、榕江、务川等县20余个贫困村，帮助引进各类帮扶资金1541.21万元，受益建档立卡贫困户4482人。五年来，邮政政治功能进一步彰显，在西部省份率先实现党报县县当日见报，形成经验全国推广;邮政服务政务大厅获国务院和省委、省政府领导肯定,形成经验全国推广;邮政专用信箱设置使用越来越频繁,管理越来越规范;邮政机要通信、高考录取通知书寄递未出安全事故。五年来,快递市场活力有效激活,备案制改革增加快递末端网点3986个,鼓励快递抱团涌现安龙“百韵中申”、紫云“通达配”、正安“世通一达”、玉屏“圆韵申”等一大批快企联合入股公司,顺丰全货机执飞贵阳,京东试点机器人投递。五年来,全省邮政管理部门以“两学一做”学习教育、“不忘初心、牢记使命”主题教育和巡视巡察整改为契机,增强了党性修养和政治品质,提升了服务意识和行政效能,提高了依法执法水平,队伍相较“十二五”时期更加稳定,能力更强。

四、快递市场存在的突出问题

贵州省经济总量小、人均水平低。工业化仍有差距,外销产品中农业及农业加工业产品多,生活消费型工业品少,产品结构相对单一;农业产业化还不高,农产品仍存在散、弱问题;新经济还不强,电子商务、网红经济弱;城镇化率仅相当于2010年全国平均水平。贵州省邮政业务总量小,增速与全国平均水平有差距,行业科技化水平还不高,行业服务能力还不强、“话语权”不足,与贵州省农业、工业、电子商务、旅游业等融合度不够。与全国相比,贵州邮政业发展不平衡不充分的问题更为突出,发展不足仍是贵州最大的问题,加快发展仍是贵州最大的任务。

云南省快递市场发展及管理情况

一、快递市场总体发展情况

2020年,云南省邮政行业业务总量累计完成158.1亿元,同比增长33.6%,业务收入(不包括邮政储蓄银行直接营业收入)累计完成108.4亿元,同比增长20.3%;其中,快递企业业务量累计完成6.3亿件,同比增长45.9%,业务收入累计完成73.8亿元,同比增长27.9%(表7-25)。

表7-25 2020年云南省快递服务企业发展情况

指标	单位	2020年		比上年同期增长(%)		占全部比例(%)	
		全年累计	12月	全年累计	12月	全年累计	12月
快递业务量	万件	62974.08	6620.16	45.91	52.44	100.00	100.00
同城	万件	9164.83	845.82	28.46	27.44	14.55	12.78
异地	万件	53601.36	5748.23	49.66	57.89	85.12	86.83
国际及港澳台	万件	207.89	26.11	-1.44	-31.92	0.33	0.39
快递业务收入	亿元	73.75	7.07	27.95	25.94	100.00	100.00
同城	亿元	7.07	0.75	15.26	34.36	9.58	10.68
异地	亿元	40.06	3.66	23.40	23.51	54.32	51.78
国际及港澳台	亿元	1.07	-0.06	42.49	-149.39	1.45	-0.90
其他	亿元	25.55	2.72	39.68	38.73	34.64	38.45

二、行业管理工作及主要成效

加强党的建设,落实全面从严治党责任。加强政治建设。制定实施《党建工作要点》《党风廉政工作要点》《2020年理论中心组学习计划》《2020年度党组班子成员和机关党组织书记抓基层党建工作责任清单》。巩固深化“不忘初心、牢记使命”主题教育成果,推动形成不忘初心、牢记使命长效机制。抓牢思想建设。发挥党组中心组集中学习的龙头示范作用，强化理论武装。结合“三会一课”、主题党日等活动，每月组织党员开展集中学习。组织开展全省邮政管理系统“万名党员进党校”活动，组织支部书记参加轮训。全面推行使用“学习强国”学习平台、“云岭先锋 App”和党员信息化教育平台。抓实组织建设。优化调整省局机关基层组织设置，开展总支及支部换届选举，更好落实“一岗双责”。顺利完成党组织规范化建设达标创建，建立规范化党员活动室和党建书屋，提升“三会一课”质量。定期开展党员积分评定、践诺情况点评、“模范之星”评选。做好党风廉政工作。组织开展对 5 个州市局党组的巡察工作，共计查找问题 157 个，实现全省系统巡察全覆盖。及时反馈巡察问题，督促各州市局党组主动查纠、即知即改，抓好工作整改落实。组织开展全省邮政管理系统纪检监察培训。运用“四种形态”，做好执纪问责，共开展廉政谈话 299 人次，函询 2 件，批评教育 4 人次，诫勉谈话 1 人次。落实关心关爱快递小哥工作要求。主动加强同团委、工会、人社、工信、住建等部门的沟通配合，畅通关心关爱快递小哥工作机制，着力保障派费收入、旺季补贴、节日福利、保险等权益，设立快递员服务阵地 88 个，组织快递员免费体检和义诊 1269 人次，为快递员群体协调公租房廉租房 115 套，新增非公快递党组织 5 个，累计成立非公快递党组织 12 个。加强行业精神文明建设。坚持以精神文明建设为抓手，选树系统和行业先进典型，凝聚行业发展正能量。桑南才入选“2019 年感动交通年度人物”，刘平来获评全国“最美快递员”，侯斌获评全国邮政行业先进工作者，邓加富、陈春梅获评全国邮政行业“劳动模范”，三个优秀集体获评全国邮政行业“先进集体”，两人次获全国交通运输系统抗击新冠肺炎疫情“先进个人”称号、两家单位获“先进集体”称号。结合“七一”活动，全省系统开展“两优一先”表彰。曲靖、大理等局获评文明单位。

坚持全国一盘棋，做好服务疫情防控和复工复产。在新冠疫情暴发后，全省邮政管理系统严格落实中央、省委省政府和国家邮政局党组要求，及时启动邮政业突发事件Ⅰ级响应，全力做好疫情防控和应急处置。副省长王显刚到邮政行业调研疫情防控和复工复产情况，充分肯定邮政业在疫情防控工作中发挥的积极作用。做好疫情防控保障。全省邮政业注重发挥自身网络优势和特殊资源优势，积极投入到疫情防控中，对医疗物资运输和保障民生起到了很好的支撑作用。利用全程全网优势，畅通应急物资“生命通道”，1 月下旬至 3 月底，全省邮政业累计投入一线保障人员 4.3 万人，各类保障车辆 9048 辆，运营网点 6205 个，收投邮件快件 1.1 亿件，完成口罩运输 7.8 亿个，防疫物资 5000 多吨，进出省民生物资 10 万多吨。做好复工复产工作。在服务好抗疫大局的同时，3 月底，全系统 100%复工复产，从 4 月份开始，全行业在疫情防控常态下继续保持快速增长，市场重回高位运行区间。全省系统结合行业实际，拓宽农特产品外销渠道，积极推动滞销农产品出滇，促进地方农特产品销售和农民就业增收，发挥了复工复产“先行官”作用。做好常态化疫情防控工作。严格落实省委省政府疫情防控工作部署和国家邮政局疫情防控第六版规范，提升防控标准，强化刚性监督，确保寄递渠道防疫安全。指导边境地区企业加强进出境邮件快件管控，做好场地、邮件快件消毒等工作。落实“四早”制度，根据疫情变化相应调整应急响应级别和防控策略，快速响应、妥善处置行业疫情等突发事件。

发挥行业优势，支持地方经济社会发展。全省邮政快递业着力加强与上下游产业的协调联动、融合发展，利用全程全网优势，实施“两进一出”工程，服务全省经济社会发展，致力于将邮政快递业打造成为农特产品的直通车、制造业的流动仓库、商品流通的加速器、跨境电商的桥头堡。做到农特产品的直通车。邮政快递业深度服务高原特色农业，全力打造邮政快递+金银铜牌项目，昆明花卉全年寄递量突破2500万件，普洱茶2172万件，雪莲果1413万件，红河石榴、昭通苹果、文山三七、保山咖啡等多个超百万项目发展势头良好。做到制造业的流动仓库。邮政快递业积极服务全省制造业，与省工信厅形成对接机制，召开了工信与邮政业的对接会，联合印发《促进快递业与制造业深度融合发展实施意见》。通过主动对接直播销售新模式，邮政快递配送德宏珠宝类出港业务量超过1700万件，配送云药项目384万件、云烟项目300万件。做到商品流通的加速器。强力支撑农产品进城和工业品下乡双向流通，2020年快递进出港量超过21.5亿件，全省年人均使用快件量超过40件。邮政快递业与电子商务协同发展取得良好成效，年支撑全网交易额约3200亿元，支撑省内网络交易额2678亿元、网络零售额870亿元。做到跨境电商的桥头堡。瑞丽、河口国际快件监管中心建设已纳入云南自贸区整体建设方案，正在稳步推进。推动邮政企业和航空公司合作，开通昆明—洛杉矶、昆明—曼谷全货机航线。引导各快递企业拓展周边市场，顺丰、中通、圆通、百世、极兔等企业已成功布局云南沿边的东南亚各国。通过海关跨境寄递业务量完成207.89万件，通过“边民互市”跨境寄递业务量完成1407万件。东南亚热带水果通过大宗物流入境云南，再通过寄递分销全国，同比增长超过200%，其中山竹530万件，榴莲475万件。

扎实做好规划编制，营造更优发展环境。做好规划引领。组织做好全省邮政业“十四五”规划编制，确立“1+16”规划体系，加强对州市局的精确指导、节点把控，赴省级重点邮政快递企业和昆明、西双版纳等地开展规划调研，梳理邮政业“十四五”规划重大工程项目库。同时，主动加强与交通、发改、商务等部门的沟通对接，主动开展规划衔接融入，已被列为云南省“十四五”省级重大专项规划。加强政策落地。省政府将邮政快递业发展纳入《云南省2020年开拓农村市场促进农村消费行动方案》《云南省推进农村电子商务提质增效促进农产品上行三年行动方案（2020－2022年）》等政策支持范围。联合省交通运输厅出台《关于运邮结合加快全省农村三级物流服务网络建设的指导意见》，进一步降低邮运车辆公路通行费用。推动邮政管理、商务和省邮政公司签署三方框架合作协议。落实涉邮优惠政策。为有效应对疫情冲击，全省系统积极作为，落实好国家出台的涉邮支持政策，加强对行业主体优惠政策的落地见效。落实完善货车高速通行计费方式调整政策。落实疫情期间减免增值税、减征城镇土地使用税、免收收费公路车辆通行费、减免企业社会保险费、减征职工基本医疗保险费等减税降费政策，累计减税降费金额超过1.3亿元，昆明、普洱、德宏等局帮助快递企业获得信贷资金支持。昆明、昭通局利用推广应用新能源车，解决城区车辆通行问题。

集中系统力量，攻坚中央与地方财权事权和支出责任划分改革。推动改革方案出台。充分利用国办33号文件出台的契机，加强与交通、编办、人社、财政部门的沟通协调，推动《云南省人民政府办公厅关于印发云南省交通运输领域财政事权和支出责任划分改革实施方案的通知》于2020年1月出台。结合全省邮政业实际，梳理职责范围内的明细清单，指导州市局加强与相关部门对接，文山、大理、玉溪、保山、普洱、昭通、德宏、怒江、曲靖、西双版纳相关改革方案已经出台。邮政业安全发展中心建设取得历史性突破。省委编办批复同意成立云南邮政业安全发展中心，公益一类事业单位，编制16人，地方财政全额保障，楚雄州邮政业安全发展中心已获批，玉溪、昆明、普洱、临沧、曲靖等州市取得积极进展。推动邮政大数据中心建设。按照省委省政府“数字云南”建设工作部署，省邮政管理局在人员和资金严重不足的情况下，积极开展邮政业大数据中心建设，省局和临沧、普洱、西双版纳、大理邮政业大数据中心先后建成运行，全省邮件快件录入率超过60%，行业数据重要性得到各级党委政府高度认可。

牢记政治责任，落实三大攻坚战任务。打好防范化解重大风险攻坚战。通过制度创新和技术创新，全面落实寄递安全“三项制度”，加大执法检查力度，确保寄递渠道安全畅通。在西双版纳试点推进实名收寄“人脸核验”；推进安检机联网试点和智能安检识别，全省邮政快递业配备安检机502台。推动寄递企业集中入驻快递园区，实行“四统一模式”，受到国家禁毒委、国家邮政局通报表扬，并在全国复制推广。与省禁毒办联合出台《关于适应新形势进一步改进和提升全省寄递渠道工作的通知》。与公安部门挂牌成立全国禁毒大数据云南中心邮政分中心，实现工作同步、技术同步、数据同步，利用信息情报打击毒品寄递初见成效，共办理涉毒案件线索1977起。打好精准脱贫攻坚战。全省邮政管理系统坚持行业扶贫和定点扶贫结合，畅通农产品上行渠道，助推贫困地区从输血到造血的转变。助力农产品销售产生邮件快件2.82亿件，带动农业产值超过169.2亿元。充分发挥行业优势，助力怒江销售滞销番茄、丽江销售滞销大蒜、楚雄销售滞销洋葱。坚定履行好定点扶贫责任，2016年以来全省系统累计选派驻村干部40人次，投入和引进帮扶资金5967.3万元，帮助脱贫人数7288人，定点挂钩的14个贫困村全部完成脱贫出列。省局连续两年在省政府扶贫工作考核中成绩优异，邮政快递+电商扶贫模式受到充分肯定。打好污染防治攻坚战。制定印发《2020年云南省邮政业生态环境保护工作要点》《加快推进快递业绿色包装应用实施方案》，组织开展专项调研督导、绿色邮政专题会议，开展“邮来已久、绿动未来”邮政快递业可循环包装应用试点工作，强化行业环保执法监督。大力实施“9792”工程，全省电子运单使用率99%，瘦身胶带封装比例达85%，电商快件不再二次包装率达74%，循环中转袋使用率达87%，快递服务营业网点设置新增包装废弃物回收再利用装置数量679个，累计设置回收装置2024个，新能源汽车保有量616辆。

加强行业管理，确保市场良好秩序。深化“放管服”改革。贯彻新修订《快递许可管理办法》精神，组织开展快递市场规范清理提升专项工作，着力整顿快递品牌云南总部企业存在的子分公司、加盟关系、地域范围覆盖、管理权限混乱等问题，完成182家企业法人清理退出工作。推进邮政行政审批制度和“证照分离”改革，配合省商务厅做好云南自贸区“证照分离”改革试点。坚持依法治邮。印发《云南省邮政管理局推进依法治邮加强法治邮政建设的实施意见》，聚焦行政执法源头、过程、结果三个关键环节，全面推行行政执法公示制度、行政执法全过程记录制度、重大行政执法决定法制审核制度，制定实施《云南省邮政市场监管随机抽查工作规程(试行)》。开展公职律师申请工作，建立全省系统法律人才信息库，出台《云南省邮政管理局法律顾问和公职律师管理规定》。加强行政复议工作，制定《行政复议申请指引》《行政复议流程》。巩固建制村100%直接通邮成果。充分运用信息化系统开展省内建制村投递情况监督，按州市、县、乡三级进行巩固落实建制村直接通邮成果，压实邮政企业主体责任。全面推进建制村投递“打卡”考核，对投递打卡情况较差的建制村开展实地检查，发现问题严肃处理。全省12390个建制村信息补全率100%，建制村坐标采集率100%，日均实地投递打卡率超过95%。加强市场监管。推进“双随机一公开”工作实施，加强事中事后监管，加大市场监管力度，全面动员部署邮政快递业安全生产专项整治三年行动计划。开展春节、全国“两会”期间等重点时段及业务旺季的邮政寄递渠道安保工作，组织全省系统安全大检查。共受理消费者申诉2640件，为消费者挽回经济损失181.03万元。累计出的执法人员12248人次，检查市场主体3327个，行政处罚120件，处罚109.8万元。强化行业人才支撑保障。积极推进“246”工程，与省人社厅联合印发了《关于加强快递从业人员职业技能提升行动工作的通知》，按月通报进度情况，建立专项督导机制。累计培训9067人次，超年度计划204%，争取补贴408.98万元,超年度计划104%。组织开展快递工程技术人员职称评审,共收到职称评审材料共131份,通过初级中级审核53人。

三、"十三五"成绩

2020年是"十三五"规划的收官之年。五年来,云南邮政快递业深入贯彻落实习近平总书记关于邮政快递业重要指示批示精神,结合云南邮政业实际,着力优环境、激活力、建网络、搭平台、通渠道、促协同、提能力、拓海外、强监管,邮政快递业供给结构持续优化,要素资源流动活跃,产业融合日趋紧密,市场活力全面迸发,绿色安全水平不断提升,行业治理体系和治理能力现代化加快推进,全面建成与小康社会相适应的现代邮政业胜利在望,为建设邮政强国奠定了坚实基础。

地位作用日益凸显。邮政业业务总量和业务收入分别增长3.5倍和1.75倍,其中快递业务量和业务收入分别增长4.65倍和2.78倍,邮政业业务收入增速超过同期国内生产总值增速的3倍,量收增速均超过全国增速。五年新增就业超过1.3万人以上,年带动工业品下乡和农产品进城销售超过300亿元,对一二三产业支撑更加有力,在打赢脱贫攻坚战、实施国家重大战略等方面取得一批重要成果,为打通大动脉、畅通微循环作出积极贡献。

公共服务不断优化。建制村全部实现直接通邮,邮政普遍服务投递频次深度、全程时限持续改善。快递网点基本实现乡镇全覆盖,截至2020年底,全省乡镇快递网点覆盖率99.8%,快递服务产品体系更加完善,延误、损毁和丢失等问题显著改善。行业服务满意度持续提升,有效申诉率不断下降。寄递渠道平稳畅通,五年来未发生重特大安全事故,重大活动保障有力。

发展质效显著增强。邮政快递与电子商务、高原特色农业等产业协同发展取得良好成效。快递专业类物流园区推进顺利。人工智能、大数据、物联网、区块链和北斗导航等新技术新产品加快应用,自动分拣系统加速推广。快递电子运单、循环中转袋基本实现全覆盖,绿色发展初见成效。

治理能力持续提升。健全完善邮政管理体系。深化"放管服"改革,不断优化营商环境,对新业态实行包容审慎监管,充分激发各类市场主体活力。人才队伍能力素质明显提高,基层员工权益保障持续推进,行业文化和软实力全面加强。

行业影响力大幅提高。邮政企业不断发展壮大,快递企业量收占比持续提升。基础服务能力显著提升,在脱贫攻坚、疫情服务保障中的作用明显,各级党委政府对于邮政业助力经济社会发展的作用给予充分肯定。

四、快递市场存在的突出问题

邮政基础设施还存在短板,快递下乡目标基本实现,但是维护基层网点稳定上还需要加大工作力度,快递进村步伐还远远落后于全国平均水平。自身能力建设还没有跟上,云南属于沿边省份,是禁毒、反恐、扫黄打非的主战场,行业安全监管压力巨大,省级及楚雄邮政业安全发展中心获批,但是沿边的八个州市及业务量最大的昆明、红河、大理等州市均还没有突破。发展的质量和效益需要提升,近年来,行业发展速度很快,但是总体规模仍然不够大,量收增长不匹配,低价竞争仍然存在。基础能力建设上还不够扎实,对于行业发展底数掌握得不够清晰,对于市场主体的监管力度还不够。

西藏自治区快递市场发展及管理情况

一、快递市场总体发展情况

2020年，西藏自治区邮政行业业务总量累计完成4.9亿元，同比增长4.1%，业务收入（不包括邮政储蓄银行直接营业收入）累计完成6.9亿元，同比增长9.0%；其中，快递企业业务量累计完成0.1亿件，同比增长30.3%，业务收入累计完成3.5亿元，同比增长22.1%（表7-26）。全区邮政行业支撑网络零售额超过30亿元。

表7-26　2020年西藏自治区快递服务企业发展情况

指　标	单　位	2020年		比上年同期增长(%)		占全部比例(%)	
		全年累计	12月	全年累计	12月	全年累计	12月
快递业务量	万件	1138.97	110.41	30.27	15.39	100.00	100.00
同城	万件	253.02	23.29	119.70	57.27	22.21	21.10
异地	万件	885.76	87.10	16.74	7.74	77.77	78.89
国际及港澳台	万件	0.19	0.02	-55.86	-41.92	0.02	0.02
快递业务收入	亿元	3.53	0.33	22.07	-19.06	100.00	100.00
同城	亿元	0.34	0.03	67.43	-40.85	9.75	8.72
异地	亿元	2.22	0.20	10.25	-31.72	62.98	59.62
国际及港澳台	亿元	0.01	0.00	-59.43	-44.10	0.30	0.41
其他	亿元	0.95	0.10	48.00	50.64	26.97	31.25

二、行业管理工作及主要成效

全面加强党的建设。把党的政治建设摆在首位。始终把学习贯彻习近平新时代中国特色社会主义思想和党的十九大、十九届二中、三中、四中、五中全会、中央第七次西藏工作座谈会精神作为首要政治任务，不断增强“四个意识”，坚定“四个自信”，做到“两个维护”。严守党的政治纪律和政治规矩。坚决贯彻落实习近平总书记对邮政业重要指示批示精神，认真执行国家邮政局党组、区党委政府的各项决策部署。在维护祖国统一、反对民族分裂大是大非问题上，始终做到立场十分坚定，旗帜十分鲜明，自觉维护民族团结，坚决与十四世达赖集团作斗争。落实意识形态工作责任制，强化政治机关意识、走好第一方阵，做好既管肚子，又管脑子的工作，不做“两面人”不当“两面派”。党组主体作用充分发挥，研究制定了落实全面从严治党责任清单、党建工作责任清单、加强党的政治建设的实施意见等，明确了政治建设主要任务、措施保障。

持续加强党的思想建设。强化党组理论学习中心组学习，不断加强理论学习特别是对马克思主义理论、习近平新时代中国特色社会主义思想的学习。加强精神文明建设，教育引导全体党员牢记“全心全意为人民服务”宗旨，保持在理想追求上的政治定力。大力弘扬“老西藏精神”“两路精神”和“小蜜蜂精神”，加强民族团结进步教育，积极配合开展第四届“寻找最美快递员”活动。开展向“时代楷模”其美多吉、“最美快递员”汪勇、葛军同志学习活动，大力选树和宣传行业先进典型，全年共有13个集体，15名个人获得上级表彰，其中获省部级表彰的集体5个，个人9个。

不断加强党的组织建设。严格执行民主集中制，“三重一大”事项均由集体讨论决定。突出政治引领和党性锻炼，加强基层党建工作，持续推进支部标准化规范化建设。落实好“三会一课”制度。严格发展程序,做好党员发展工作。积极开展党员承诺践诺、主题党日、“领导干部进村入户、结对认亲交朋友”等活动。支持工青妇按照章程开展工作。积极调研指导快递行业协会党支部、快递行业工会工作,引导其发挥示范引领和先进模范作用。

切实加强行业队伍建设。坚持正确选人用人导向,把好干部标准落到实处。做好职务与职级并行工作,完成全区邮政管理系统首次晋升,二次晋升工作。其中首次晋升 32 人,二次晋升 1 人;完成全区 3 位同志任职试用期满转正考核工作。配齐 2 个市(地)局领导班子。多渠道引进人才,接收援藏干部 4 名,制定了《西藏自治区邮政管理系统援藏干部人才管理服务规定》,做好后期援藏干部服务与管理工作。接收军转干部 3 名,接收志愿者 4 名。完善评价考核体系,制定、落实对市(地)局工作综合考核办法。继续开展好全区快递工程系列初级职称评审工作,全年全区评审通过 8 名技术员。抓好快递行业从业人员职业技能提升工作。与自治区人社厅和就业局联合印发《西藏自治区快递从业人员职业技能提升行动实施方案(2020－2021 年)》,协助快递行业协会开展培训工作,全年培训 119 人,争取培训补贴 17.85 万元。与自治区教育厅沟通,在拉萨第二职业技术中学开办快递运营管理专业。

严格抓好党风廉政建设。全面落实党风廉政建设责任制,认真落实主体责任和监督责任,积极推进廉政风险防控制度措施的执行。狠刹节日不正之风,坚决防止“四风”反弹回潮,组织开展违规享受政策性住房等四个方面问题专项整治。严格贯彻落实中央“八项规定”精神,精简会议、文件,严格车辆管理,杜绝公车私用,严格差旅费报销标准。完成对市(地)局的巡察回头看。加强党风廉政教育,不断提升党员干部廉洁自律意识。

全力以赴开展新冠肺炎疫情防控工作。坚持守土有责、守土尽责,第一时间成立领导小组、完善工作机制,疫情防控工作高效、扎实、有序推进,让党旗在防控疫情斗争第一线高高飘扬。加强沟通协调,努力帮助企业解决多项现实困难,落实减税降费政策,全年累计金额 5443.15 万元,争取自治区拨发 12 万多只口罩、3.5 吨消毒液等急需防疫物资,并妥善解决疫情期间快递干线运输车辆通行难问题。全区系统积极为助力疫情防控捐款 32610 元。按照“六稳”“六保”要求,指导企业有序做好复工复产,努力保障群众的寄递需求,为抗“疫”战争贡献行业力量。疫情应急响应一二级期间,邮政企业累计向交通运输厅报备防疫物资承运车辆 27 辆,承运防疫物资 187.13 吨,共计 18970 件。快递企业投入防疫物资承运车辆 42 辆,运输进港防疫物资 175.9 吨,出港防疫物资 59.5 吨。

加快推进“两进一出”工程。积极推进邮快合作,促进快递“下乡进村”。全区共有 12 个快递品牌与邮政企业开展了合作,各市(地)邮政分公司与 37 家快递企业签订了合作协议。邮快合作以来,共产生代投业务量 123.45 万件,代投业务收入 1097.28 万元。

推进交快、交邮合作。积极协调区交通运输厅、区邮政分公司,就如何整合基层交通、邮政和快递资源开展调研,深入座谈,联合印发《关于推进交通运输与邮政快递融合发展的通知》,有效探索“交邮”“交快”合作模式,推进物流寄递业整合资源、降本增效,实现合作共赢。

深入日喀则、阿里开展调研,主动对接自治区商务厅,推进电子商务和快递物流协同发展。联合区商务厅、经信厅印发《关于加快推进“快商合作”“两进一出”协同发展的通知》,搭建寄递企业和电商企业的合作平台,畅通信息渠道,积极推动农产品进城、工业品下乡双向流动。

着力保障末端网点运营。通过实地考察、成本测算、加强与快递企业总部沟通等方式,积极协调解决末端网点运营难问题。全年主要品牌企业总部对西藏基层网点增加补贴约 1400 万元,缓解了末端网点生存难问题,为基层网点健康运营提供了保障,为快递下乡进村奠定了基础。

坚决打赢三大攻坚战。全力防范行业安全风险。把维护稳定作为硬任务和第一责任，始终紧绷稳定弦不放松，严格落实各项维稳措施，实现全区邮政管理系统的绝对稳定。建立健全安全生产责任体系。启动全区邮政快递业安全生产专项整治三年行动。严抓寄递安全“三项制度”落实，确保寄递渠道安全稳定。争取区政府为县级邮政快递网点全额补贴购买127台安检机。积极开展“扫黄打非”、寄递市场清理整顿、打击侵权假冒、危险化学品治理等系列专项行动。不断提高全区邮政快递业突发事件应急处置能力，妥善应对多起自然灾害，无人员伤亡和财产损失。全力做好2020年全国“两会”、五一、中秋国庆“双11”“双12”等重大活动、重要时间节点期间寄递渠道安全服务保障工作。

坚决打赢脱贫攻坚战。产业扶贫方面，依托一市一品”项目实现扶贫产品销售额80余万元。定点扶贫方面，持续派遣干部在海拔近5000米的高原牧区开展驻村工作，2020年达热村集体收入预计560万元，人均收入1.3万元。就业扶贫方面，积极响应自治区就业扶贫政策，邮政企业吸纳109名西藏籍大学生就业。

行业生态环保工作扎实推进。全面实施、提前完成国家邮政局“9792”工程任务，全区寄递企业电子运单使用率达97.28%，瘦身胶带（45毫米及以下）的使用率98.14%，70.37%以上电商快件不再二次包装，循环中转袋使用率达90.94%，邮政快递网点共有包装废弃物回收装置366个，其中新增了233个。

不断促进行业健康发展。行业服务体系逐渐完善。截至2020年底，全区共有邮政营业场所754处。快递业务品牌17个，许可企业37家，快递网点399个。智能快件箱设置378组，快递网点标准化率96.53%，高校规范收投率100%，特色小镇快递网点覆盖率71.4%。联合自治区公安厅印发《关于加强城市邮政快递车辆通行管理的意见》，切实解决邮政快递车辆进城难、通行难、停靠难和作业难等问题，市（地）车辆通行政策覆盖率85.7%。

行业监管全面加强。深入推进法治邮政建设。依法开展快递市场准入，全年受理许可申请9件，注销许可企业8个。高度重视消费者申诉工作，全年通过申诉网站受理消费者申诉386件，其中有效申诉63件，为消费者挽回经济损失27.34万元，消费者对企业处理结果满意率为99.9%；对邮政管理部门工作满意率为99.9%。全区邮政管理系统累计检查563次，出检364天，检查快递网点775家次，出检1678人次，约谈告诫12次，下达整改通知书103份，行政处罚18件，罚款金额累计20.6万元。深入推进统计督察和行业统计工作，组织开展全区统计工作培训，前往昌都、林芝、那曲开展邮政行业统计督导检查，大力提升统计数据质量，我区行业统计工作排名实现较大提升。

邮政综合服务平台有所拓展。鼓励、引导邮政企业强化邮政综合服务平台建设，叠加多种惠民服务，警邮合作实现市（地）级城市全覆盖、县级城市覆盖95%，税邮合作实现市（地）级、县级城市全覆盖，政邮合作推进顺畅，丰富了邮政服务平台的形式和内涵，便利了人民群众的生产生活。

关心关爱快递小哥工作扎实推进。制定落实深入推进习近平总书记关心关爱“快递小哥”重要指示批示精神工作措施。举办了全区寄递市场安全生产、应急管理暨许可、申诉、环保工作培训，共培训200余人。督促各快递企业落实相关保险的购买，各快递企业（除顺丰）均为“快递小哥”购买意外伤害险，顺丰为“快递小哥”购买了社会保险。在全区开展了“快递从业青年服务月”活动，深入各快递网点开展了“冬日递暖”慰问关爱活动。全区共慰问快递小哥500余名，发放慰问款9.1万元。全区多市设置快递员服务关爱站点，为“快递小哥”提供临时休息、充电、饮水等关爱服务。

三、“十三五”成绩

2020年是“十三五”的收官之年。“十三五”

以来，西藏邮政快递业始终坚持把促进行业发展作为第一要务，把保障行业安全作为第一责任，着力推动全区邮政快递业健康稳定快速发展。“十三五”期间，全区邮政快递业运行态势良好、服务网络日益完善、服务深度广度不断延伸、安全形势持续巩固，行业步入了快速发展时期。

行业运行态势良好。“十三五”期间，面临新形势、新局面、新问题，西藏邮政快递业积极转变职能、提升服务、优化发展环境，行业步入了快速发展时期。全区邮政快递业业务总量累计完成20.55亿元，年均增长14.01%；业务收入完成28.31亿元，年均增长10.66%。其中，快递业务量累计完成4041.01万件，年均增长14.52%；业务收入完成12.97亿元，年均增长16%。

服务网络日益完善。五年来，西藏邮政快递业大力推动邮政快递业基础设施和终端服务体系建设。巩固空白乡镇邮政局所补建成果，启动完成村邮站设置任务4626个。邮政企业“十三五”项目圆满收官。截至2020年12月底，全区共有邮政营业场所754处，全区建制村直接通邮率达100%。快递业务品牌17个，许可企业37家，快递网点399个。邮政普遍服务均等化和快递下乡稳步推进，大大改善了全区各族群众的用邮环境，为邮政快递业服务三农、助力脱贫攻坚，普惠全区广大农牧民群众打下了坚实基础。

安全形势持续巩固。全区邮政管理部门与相关部门建立了联合执法长效机制；严格落实企业安全生产主体责任，强化快递加盟企业上级管理责任，健全完善了寄递渠道安全责任体系；修订宣贯《西藏自治区邮政快递业突发事件应急预案》和《西藏自治区邮政快递业人员密集场所事故灾难应急预案》等专项应急预案，不断提高全区邮政快递业突发事件应急处置能力。以寄递安全“三项制度”为抓手，扎实开展邮政市场安全生产监管工作，有效预防邮政快递业生产事故的发生，全力以赴做好各重大活动和业务旺季期间寄递安全保障工作，确保了寄递渠道绝对安全，保持了安全生产“零”事故的良好态势。

行业作用日益凸显。2020年新冠肺炎疫情发生以来，全行业坚决贯彻落实习近平总书记重要讲话精神和中央决策部署，全力做好统筹推进疫情防控和服务经济社会发展各项工作，切实有效做好行业自身疫情防控，全力保障防疫物资和居民基本生活物资运递，提前谋划科学有序抓好复工复产，及时畅通寄递网络，在降低病毒传播风险、保障防疫物资运输寄递、维系社会正常运行、促进生产流通和居民消费等方面发挥了重要作用，得到了中央的肯定和社会各界的赞誉。

四、快递市场存在的突出问题

邮政快递业治理体系和治理能力与现代化的要求差距还不小，管理队伍自身能力还需要不断加强，执法车辆不能满足监管工作需求。邮政快递业发展仍然存在不平衡不充分的问题，行业发展水平不高，区域发展不协调，普遍服务能力和服务水平有待进一步提升，民营快递网络覆盖率低。完善发展理念、转变发展方式、提高发展质效的任务依然繁重，特别是末端网点风险日益凸显、寄递安全形势严峻复杂和新业态监管服务跟不上。民营快递基层网点运营状况堪忧。持续运营面临挑战、服务时限难保障难以保障。

陕西省快递市场发展及管理情况

一、快递市场总体发展情况

2020 年，陕西省邮政行业业务总量累计完成 236.8 亿元，同比增长 22.6%，业务收入（不包括邮政储蓄银行直接营业收入）累计完成 157.1 亿元，同比增长 17.1%；其中，快递企业业务量累计完成 9.2 亿件，同比增长 25.9%，业务收入累计完成 103.3 亿元，同比增长 23.9%（表 7-27）。快递服务营业网点达到 8118 个，全行业从业人员达到 6.53 万人，净增 1.23 万人。

表 7-27　2020 年陕西省快递服务企业发展情况

指　标	单　位	2020 年		比上年同期增长（%）		占全部比例（%）	
		全年累计	12 月	全年累计	12 月	全年累计	12 月
快递业务量	万件	91749.81	9343.36	25.87	24.63	100.00	100.00
同城	万件	24658.61	2455.25	7.47	22.06	26.88	26.28
异地	万件	66681.24	6823.42	34.52	25.46	72.68	73.03
国际及港澳台	万件	409.96	64.70	9.37	38.28	0.45	0.69
快递业务收入	亿元	103.33	10.45	23.93	29.47	100.00	100.00
同城	亿元	19.13	1.89	7.77	14.37	18.52	18.06
异地	亿元	52.32	5.06	22.29	21.13	50.64	48.41
国际及港澳台	亿元	5.31	0.64	45.33	223.77	5.14	6.09
其他	亿元	26.56	2.87	38.43	39.97	25.70	27.45

二、行业管理工作及主要成效

加强党的建设，推动全面从严治党向纵深发展。凝心聚力，紧抓政治思想建设。加强党员干部理论学习和党性修养教育，深入学习习近平新时代中国特色社会主义思想、十九大精神、习近平总书记系列重要讲话精神和习近平总书记来陕考察重要讲话。专题学习十九届五中全会精神，安排部署党建、党风廉政建设和党组理论学习中心组学习工作。巩固“不忘初心、牢记使命”主题教育成果，凝聚信心，共聚力量。精心组织，全面完成巡视整改工作任务。高度重视国家局巡视组反馈意见，认真制定整改方案，精心组织整改工作，通过全省邮政管理系统上下共同努力，巡视反馈的四个方面 15 项问题全面整改完成，取得了明显成效。动真碰硬，营造风清气正政治生态。严肃认真监督执纪。开展经常性的纪律教育特别是警示教育，在全系统主动公开和通报违规违纪典型案例，用身边事教育身边人，提高党员干部自身“免疫力”。启动第二轮巡察工作，完成对咸阳、安康两市局党组的政治巡察。自查自纠，开展六个专项整治。开展违规享受政策性住房、违规使用公车及私车公养、职业资格证书违规挂靠、工程项目建设突出问题、领导干部个人有关事项报告、事业单位违规招聘等专项整治，同时开展 2018 年以来专项整治回头看，针对专项整治中发现的问题，加强整改，完善制度措施，筑牢反腐败防线。建强组织，打造坚强基层战斗堡垒。牢固树立紧抓基层的鲜明导向，加强和改进管局系统、非公企业基层党建工作。加强对基层党组织执行组织生活制度的示范引领和督导督促，推动“三会一课”、组织生活会等制度落实。持续提高各级党组织战斗力、执行力，推动中央决策部署和邮政快递业各项重点任务不折不扣落地实施。

冒疫奔忙，为战胜疫情贡献行业力量。全力以赴统筹推进疫情防控各项工作。全行业认真贯彻落实党中央决策部署，在国家局和各级政府指导下，坚决落实《疫情防控期间邮政快递业营业网点操作规范》，推动常态化疫情防控工作科学有序开展。省、市邮政管理部门和各邮政快递企业第一时间成立组织机构，带领广大党员干部职工昼夜奋战，让党旗始终在抗疫一线高高飘扬，取得了抗击疫情的阶段性胜利。全行业未发生一例新冠肺炎病例或疑似病例。在服务疫情防控大局中贡献行业力量。全省邮政管理系统纷纷向湖北局捐款、捐物，邮政快递企业积极为疫情防控贡献力量，累计向湖北运送疫情防控物资935吨，发运车辆466趟次。省邮政公司全面承接湖北邮政11185客服业务，确保湖北人民群众的用邮诉求得到妥善解决。在疫情危重期间，广大从业人员不辞劳苦、风雨兼程、冒疫奔忙，千辛万苦服务千家万户，确保全网“一断三不断”，为保障人民群众生产生活必需品有效供给作出了突出贡献。系统谋划科学有序抓好复工复产。坚持疫情防控和复工复产“两手抓、两手硬”，率先协调省应对新冠肺炎疫情领导小组和相关部门出台政策，为企业办理各类通行证近万个，有效解决了疫情期间邮政快递车辆的通行问题。认真落实高速公路收费改革后邮政快递货运车辆通行最优惠收费政策。梳理支持企业财税金融优惠政策15条，帮助企业落实减税降费超过3亿元。与省教育厅联合发文规范疫情常态化防控期间校园快递服务工作。全行业1个集体和3名个人分别获评全国交通运输系统抗疫先进集体和先进个人。

抢抓机遇，推动行业高质量发展。政策环境进一步优化。推动省交通运输厅等19部门出台《关于认真落实习近平总书记重要指示推动邮政快递业高质量发展的实施意见》，为全省邮政快递业高质量发展提供政策保障。研究编制陕西省邮政业“十四五”规划，绘就未来五年全省邮政快递业高质量发展蓝图。《省交通运输领域省与市县财政事权和支出责任划分改革方案》出台实施。“乡村寄递物流服务建设”作为省发改委3个文件重点内容之一加速推进。智能终端取货柜（快递柜）建设纳入省商务厅、省财政厅专项资金支持范围。推动省住建厅将智能快件箱等快递末端基础设施建设纳入老旧小区改造项目。《陕西省居住区智能信报快递柜应用标准》发布实施。西安（咸阳）机场纳入全球性国际邮政快递枢纽集群，列入国家综合立体交通网规划纲要。“两进一出”成效初显。制定三年行动方案，引导、支持企业开展多渠道合作，扎实推动快递进村。全省建制村非邮快递服务覆盖率达到50.96%（不含顺丰、京东）。西安、延安市积极开展全国快递进村试点工作。稳步实施快递进厂，联合省工信厅出台实施意见，促进快递业与制造业深度融合发展。有序开展快递出海，积极协调商务、海关、港务区等相关部门形成工作机制，大力提升跨境寄递服务便利化水平，稳步推进中欧班列“长安号”运输邮（快）件工作。系统推进行业人才队伍建设。组织相关单位积极申报全国邮政系统行业人才培养基地。组织开展快递从业人员职业技能培训“246”工程，强化行业人才队伍建设，完成培训6983人次，争取政府补贴420万元。持续推进快递工程技术人员职称评审工作，当年开展职称评审605人。关心关爱快递员深入推进。开展“一盔一带”安全守护行动、复工复产疫情防控知识专题讲座、“夏日送清凉”“快递小哥关爱周”“暖蜂行动”、节日慰问、体检等关心关爱快递小哥系列活动，不断提升快递小哥社会地位、荣誉感和获得感。切实维护消费者合法权益。从严从重打击末端服务网点违规收费行为，持续开展邮件快件“三不”专项治理，加强快递服务质量监管，邮政普遍服务和快递服务满意度稳中有升，消费者申诉处理满意率不断提高。全年共受理消费者有效申诉3895件，为消费者挽回经济损失148.51万元。宝鸡市用户满意度在全国城市中排名第一。

精准施策，坚决打赢“三大攻坚战”。行业安全风险防范能力不断增强。实施邮政快递业安全生产专项整治三年行动计划，完善“两个清单”和安全监管“三个转变”“三个提升”工作措施，开展跨市交叉检查。全力推进实名收寄问题专项整治、快递“刷单”专项治理等工作。修订全省寄递渠道突发事件应急预案及专项预案，编制印发《邮政快递业安全操作手册》口袋书等资料。联合省禁毒办印发文件，协作配合加强新形势下寄递渠道禁毒工作。配合烟草等部门严厉打击寄递渠道涉烟违法犯罪活动。积极配合推进寄递渠道反恐、涉枪涉爆、扫黄打非、打击侵权假冒、秦岭野生动物保护、非洲猪瘟防控等工作。省局荣获2019年度全省“扫黄打非”先进集体、2019年度全省禁毒工作先进集体；系统内两名同志荣获2019年度全省“扫黄打非”先进个人。进一步落实安全生产监管责任和企业主体责任，全年未发生重大安全责任事故。助力打赢脱贫攻坚战。积极推广“村邮站+快递超市+电商服务+便民服务”模式，构建农村电商服务生态圈。全省累计培育“一市一品”精品项目25个，实现交易额7.84亿元，帮助3002户贫困户销售农产品4187万元。快递服务现代农业金牌项目创建成果持续稳固，新增延安苹果获全国快递服务农业金牌项目。开展省级银牌、铜牌项目评定工作，评选银牌项目4个、铜牌项目17个。全省7个市局定点帮扶的贫困村全部实现脱贫摘帽。行业绿色发展水平进一步提升。全面推进行业生态环保综合治理，印发行业生态环保工作方案，对快递包装绿色治理实施台账管理，继续落实行业生态环保工作评价制度，部署开展重金属及特定物质超标包装袋、过度包装和随意包装专项治理，推动快递塑料包装治理融入全省塑料污染治理工作大局。积极开展行业生态环保专题培训、“邮来已久、绿动未来”暨“快递进校园”主题宣传活动和绿色分拨中心、绿色网点试点创建工作。全面完成“95892”目标任务，45毫米以下瘦身胶带封装比例达98.75%，电商快件不二次包装率达98.87%，循环中转袋使用率达93.26%，新增设置包装废弃物回收装置2378个。

强化保障，构建邮政业综合治理体系。不断优化营商环境。树立行政审批、经营许可工作新理念，开展智能快件箱建设补贴前置审核。进一步规范快递业务经营许可，稳妥推进快递业务经营许可集中延续换证，积极实施快递服务站、智能快件箱许可，将菜鸟、丰巢等新业态纳入监管范围，审慎开展新业态监管。全省系统共受理撤销邮政普遍服务营业场所10件；新增邮政普遍服务营业场所备案75件；受理快递许可申请103件，发放许可48件；完成许可到期延续71件，受理许可变更433件，同意变更332件；注销许可54件。持续提升行业监管水平。完善随机抽查市场主体名录库和检查人员名录库动态管理机制，全面推行“双随机、一公开”监管机制，组织开展跨市区随机督导互查。开展快递市场清理整顿专项行动，注销僵尸企业34家。加快行业信用体系建设，开展“诚信快递、你我同行”3·15主题宣传活动。加强行政执法能力培训，开展年度执法案卷评审工作。不断加强治理能力建设。省邮政业安全中心积极完善职能，支撑保障作用进一步发挥。宝鸡、汉中、榆林市安全中心获批成立，延安、西安正积极推进。汉中争取到地方政府办公用房。“绿盾”工程有序推进，省市级安全监控中心项目均已完成现场勘察设计，视频联网项目建设完成，现已接入快递企业转运中心和主要网点193个。

夯实基础，不断提升管理水平。打造过硬干部队伍。健全完善干部培育选用规定，印发实施细则和意见，规范党组管理干部选拔任用工作，加强和改进培养选拔优秀年轻干部。严格干部队伍管理，进一步明确对市局领导干部和领导班子年度考核的内容和方式，做好干部任免有关事项备案。建立干部容错纠错机制，推动建设高素质干部队伍。加大市局班子选配，争取西安、咸阳、宝鸡、延安市局班子配双副职政策，市局班子配齐率达到80%。不断充实公务员队伍，招录公务员4名，转任2名。积极稳妥开展职务与职级并行工作，全年晋升职级62人。强化内部管理基础。修订完善公文处理、公务用车管理、行政会议、财务管理等规章制度，构建行为规范、运转协调、公正透明、廉洁高效的内控管理体系。贯彻“过紧日子”的要求，制定措施推动厉行节约反对浪费工作落实。开展全省统计专项整改工作，通报统计工作情况，严肃处理统计工作落实不力、乱报、瞒报、迟报等行为，不断夯实统计工作基础，提升统计数据质量。把握时机、筹划专题，多方位、多角度宣传全省行业发展成果和工作业绩，讲好行业故事，发出行业声音。组织开展向“最美快递员”学习活动。档案、保密、信访、政务公开、信息化、机关服务等工作有序开展。

三、“十三五”成绩

2020年是“十三五”规划的收官之年。五年来，陕西省邮政快递业发展质效稳步提高，市场结构持续优化，服务网络覆盖面进一步拓宽，创新动能有效激活，战略支撑作用凸显，治理能力明显增强，为全省经济社会发展和民生改善作出了积极贡献。

行业贡献日趋增强。邮政业业务量收年均增速分别达31.6%和20.8%，邮政业业务收入占地区生产总值比重达5.6‰，较“十二五”末增长2.3个千分点。快递业务量收均位列西部地区第二位，年均增长率分别为33.8%和29.3%，快递业务收入增速是国内生产总值增速的4.1倍，成为拉动经济增长的重要引擎。全省邮政业年服务用户超过30亿人次，年人均快递使用量18.8件，比“十二五”末增加2.5倍。全行业从业人员净增2.88万人，达到6.53万人。

服务能力不断提升。2017年在西部十二省率先实现建制村全部直接通邮，邮政普遍服务全面达到标准要求，邮政机要通信保持安全无事故，2018年县级党政机关党报党刊当日见报率实现100%。2018年实现乡镇快递网点全覆盖，城市快递基础设施建设稳步提速，一批省域、市县分拨中心投入运营，主要品牌快递企业城区自营网点标准化率达96%以上。快递服务标准化、时效性和准确率不断提升，菜鸟驿站、妈妈驿站等末端服务网点加快普及，新增包裹柜5886组。方式不断丰富，融合共享有序推进，宅递、箱递、平台递等多元配送体系逐步完善。

高质量发展基础进一步夯实。邮政业与现代农业融合发展成效显著，全省有4个项目获全国服务农业金牌项目。快递服务制造业强国战略取得长足进展，实现“寄递+制造业”多点突破，快递电商协同持续深化。邮政、快递航空网络加密，尝试开展高铁运输。新业务规模发展，高端服务逐步探索，多元时效体系基本构建。积极探索大数据、云计算、物联网、人工智能应用，智能仓储初具规模，北斗导航加快普及，干线、支线、末端三级“无人机+通航”的智慧物流体系推广应用。生态环保理念深入贯彻，绿色发展各项指标体系成型，成效显现。

治理能力全面提升。各项法律法规逐步完善，行业标准体系基本形成。邮政管理体系不断健全，省、市邮政业安全中心逐步成立，县邮政管理机构成立实现突破。“放管服”改革加快推进，快递业务经营许可办理流程不断简化，各项审批时限大幅压缩，许可服务水平稳步提升。营商环境持续改善，市场供给不断优化，市场秩序稳定有序。政府主导、部门协同、行业自治、社会参与的寄递市场监管体系初步构建。行业从业人员社会地位得到提升，人才队伍综合素质不断提高。

四、快递市场存在的突出问题

一是外部环境依然严峻。全球疫情仍在扩散蔓延，全球政治、经济格局变化对我国、陕西经济恢复带来较大冲击，邮政快递业高质量发展基础尚不牢固。二是基础能力有待增强。科技化应用水平不高，快递物流园区、智能仓储等基础设施建设尚不能满足市场需求；末端网络不稳定因素增多；农村地区普遍服务需求下降明显，邮政局所持续承压；“快递进村”越往后推进越难，末端高效共配机制尚待探索。三是产业协同有待提升。全省快递服务现代农业规模化、品牌化能力依然不足；快递服务制造业的模式尚停留在初级阶段，协同发展有待进一步深化；邮政快递业在竞争优势培养，区位优势有效发挥，优势线路打造，通关效率提升等方面亟须加强。四是高效能治理有待推进。绿色发展任务艰巨，行业安全监管形势严峻，治理方式手段较为单一，智能监管亟待加强，协同监管与大数据监管能力有待增强，新业态新模式监管未常态化，行业治理能力与行业发展速度尚不匹配。

甘肃省快递市场发展及管理情况

一、快递市场总体发展情况

2020年，甘肃省邮政行业业务总量累计完成47.1亿元，同比增长22.0%，业务收入（不包括邮政储蓄银行直接营业收入）累计完成51.5亿元，同比增长18.4%；其中，快递企业业务量累计完成1.4亿件，同比增长33.3%，业务收入累计完成29.8亿元，同比增长31.6%（表7-28）。

表7-28　2020年甘肃省快递服务企业发展情况

指　　标	单　　位	2020年		比上年同期增长(%)		占全部比例(%)	
		全年累计	12月	全年累计	12月	全年累计	12月
快递业务量	万件	13823.52	1428.52	33.29	36.63	100.00	100.00
同城	万件	2218.09	214.01	21.58	4.55	16.05	14.98
异地	万件	11601.91	1214.23	35.83	44.46	83.93	85.00
国际及港澳台	万件	3.52	0.28	-30.45	-4.54	0.03	0.02
快递业务收入	亿元	29.79	3.08	31.57	34.22	100.00	100.00
同城	亿元	2.32	0.23	27.86	15.65	7.77	7.42
异地	亿元	14.96	1.50	22.45	27.98	50.23	48.66
国际及港澳台	亿元	0.15	0.01	0.20	-25.11	0.49	0.33
其他	亿元	12..36	1.34	46.06	47.15	41.50	43.58

二、行业管理工作及主要成效

坚持政治统领，全面从严治党走向深入。政治引领持续强化。着力落实党组全面从严治党主体责任和机关“三级五岗”抓党建工作责任，牢固树立政治机关意识，把带头做到“两个维护”作为首要政治任务，扎实开展创建模范机关活动，引导党员干部做好“三个表率”。联系实际开展理论学习研讨，举办年轻干部读书活动，用好“学习强国”和“甘肃党建”学习平台，教育引导党员干部坚定理想信念、提高政治素养、锤炼道德操守、淬炼工作能力。

组织基础不断夯实。开展软弱涣散基层党组织摸排整顿和支部建设标准化提质增效行动，省局机关带头规范支部组织生活，受到省委组织部通报表扬。推动非公党建指导工作下沉，指导组建和理顺基层非公党组织13个。举办建党99周年纪念活动，对全省邮政管理系统3个先进党组织和16名优秀共产党员进行表彰。

风纪建设扎实推进。坚定不移落实中央八项规定及其实施细则精神。畅通局长信箱、公众留言等诉求渠道，局领导带队走进省广电总台“阳光在线”直播间，及时办结群众关切的30个问题。对全省系统党员干部开展廉政教育、警示教育和专题辅导培训，落实严格津贴补贴发放等12项措施，开展违规享受政策性住房等“四个专项整治”。

关注“关键少数”和“重点群体”，全省系统政治生态持续优化。

文明创建成效显著。大力弘扬社会主义核心价值观和“小蜜蜂”精神，开展形式多样的创建活动。积极参与“全国文明城市”创建活动，全面展示邮政快递业文明风貌。完成全国“两红两优”申报工作，全省邮政快递业共20名个人和7个集体获得了共青团系统的表彰和通报表扬，145名快递员获得各级政府部门表彰奖励。定西、酒泉局晋升为省级文明单位。

坚持稳中求进，行业发展质量持续提升。政策环境持续优化。修订《省政府关于全面推进快递业高质量发展的实施意见》。承接省政府快递物流产业体系建设研究课题，“一主两辅”快递园区建设项目纳入全省“十四五”规划纲要。组织编制邮政强国建设行动纲要实施方案和邮政业“十四五”规划、综合立体交通网邮政专项规划。推进惠企政策落地见效，全省邮政快递业减税降费6500余万元。各市州政府出台文件24份、落实奖补资金2528万元，支持寄递服务升级。

发展动能不断增强。兰州中川智能化邮件处理中心投产，多家快递企业分拨中心扩能升级。持续推动快递与现代农业融合发展，培育农特产品项目107个，带动农产品销售额40.7亿元。联合省工信厅印发《关于促进快递业与制造业深度融合发展的实施意见》，快递与制造业融合的深度和广度不断拓展，运作服务制造业项目24个，寄递工业品51万件，产值69亿元。

绿色治理有新成效。联合省发展改革、生态环境、财政等7部门印发《关于协同推进快递业环保治理工作的实施意见》，协同推进快递业环保治理工作。省发改、生态环境等部门联合印发《关于进一步加强塑料污染治理的实施意见》，将快递包装纳入治理范围。快递电子运单使用率超过99%，近90%的电商快件不再二次包装，循环中转袋使用率达90%，投放包装废弃物回收箱1467个。

坚持人民至上，基础先导作用日益凸显。冒疫奔忙彰显本色。加强与相关部门的协调协作，全力攻克邮件快件运输投递阻滞难关，多措并举纾解企业防疫物资短缺问题。疫情期间，邮政、顺丰、京东、苏宁等品牌企业保持服务不断，投送防控物资、生活必需品1720万件，运往重点地区的生活和防疫物资共计52车次、76.6万件、52.7吨。通过全省行业员工艰苦而扎实的工作，在寄递服务从未间断、全行业率先达产的情况下，交出了寄递渠道疫情零传播、行业员工零感染的高分答卷。

脱贫攻坚知重尽责。省局和9个市州局定点帮扶的10个贫困村906户、4741名群众实现稳定脱贫。鼓励邮政快递企业优先吸纳贫困人口就业，举办劳务输出培训班26期，完成劳务输转1316人，867名建档立卡贫困户实现劳务就业。邮政、顺丰、中通、圆通、申通、百世、韵达、京东、德邦、优速等企业累计筹集资金960万元，投入扶智、扶志和人居环境整治等项目建设。发运以“牛羊菜果薯药”为主导的农特产品3750万件，助力农民创收增收。动员行业力量购销扶贫产品27万元。

服务质效持续提升。通过邮快合作、快递驿站等模式推进快递下乡进村，快递服务覆盖省内全部乡镇，快递进村率达到37.4%。邮快合作试点步伐加快，乡镇邮政局所投递业务量较去年同期提高30%以上，乡镇投递员收入明显增加，乡镇邮政局所房屋等资源得到更有效利用，形成服务能力稳步提升的良性循环。嘉峪关局探索邮快合作信息化建设工作，得到国家局肯定和推广。邮政综合服务平台建设进展明显，实现全省91个政务中心全覆盖，税邮、警邮合作稳中有进。

关爱工程收获满满。深入实施快递人才素质提升工程，455名快递小哥再获工程系列技术职称，累计857人获得初、中、高级技术职称；联合人社和财政部门推动快递业务员技能培训，累计争取地方财政资金217万元，培训快递业务员8652人次。建立和完善行业工会组织36个、团组织59

个、“爱心驿站”846 个，组织开展关爱快递员“暖蜂行动”，为快递员提供公益体检、心理辅导和慰问活动 103 次，覆盖从业人员 1.2 万余人。

坚持底线思维，安全稳定根基不断巩固。渠道安全得以强化。把牢邮政服务政治定位，两轮机要通信专项检查发现的 88 个隐患问题全部清零，“专用信箱”服务保障工作得到中央第十五巡视组好评，全省寄递渠道“扫黄打非”成效良好，22.4 万份高考录取通知书全部妥投。落实收寄验视、实名收寄和过机安检“三项制度”，查堵违禁物品 300 余件。积极推动实名收寄信息专项整治工作，立案查处 36 起，“实名不实”“替代实名”问题得到有效遏制。

安全基础逐步夯实。联合省反恐办、省邮政业安全中心举办三期邮政快递业安检员岗位资格认证培训班，214 名快递员取得岗位资格证书、持证上岗。举办多期行业安全工作培训班，对《邮政业寄递安全监督管理办法》等法律法规进行集中宣贯，营造安全用邮氛围。完成“绿盾”工程安全监控中心建设和视频联网等任务，寄递渠道安全风险监测监控和预测预警能力持续提升。

应急维稳保障有力。健全完善邮政业突发事件应急体系，制定《甘肃省邮政业疫情防控工作专项预案》等 6 个专项预案并组织宣贯和演练。联合公安部门研判和防控行业稳定风险隐患，排查化解加盟纠纷、劳资纠纷等群体性事件 13 起，妥善处置智能快件箱收费等热点舆情，保持行业总体稳定。启动邮政快递业安全生产专项整治三年行动，杜绝了重大安全生产事故。

坚持强基固本，邮政监管体系逐步完善。政务服务持续改善。快递业务经营许可作为高频服务事项纳入“跨省通办”清单，全程网办。包容审慎推进新业态监管，智能快件箱许可工作全面展开。依托全国一体化在线政务服务平台，推进政务服务和监管平台数据共享工作。梳理编制公共服务事项、依职权行政权力事项基本目录和实施清单，进一步提升网上政务服务能力水平。

依法治邮深入推进。制定和完善《行政执法三项制度》《邮政行政执法案卷评分细则》，组织开展“双随机一公开”执法和案卷评议评查，依法行政规范化、标准化水平进一步提高。组织开展行业统计检查，强化统计分析和应用，提高统计数据质量。升级改造邮政业消费者申诉受理中心，增加受理人员台席，消费者申诉接听和受理效率显著提高。

监管能力全面提升。定西、嘉峪关、酒泉、金昌、武威、白银、平凉、临夏、庆阳、张掖、甘南、陇南等 12 个市州邮政业安全中心相继获批，陇南市 1 区 8 县邮政管理职责全面落地，全省系统获得地方保障编制 151 名。邮政领域地方财政事权和支出责任落地取得突破，省局获得省财政厅省级事权补助资金 60 万元；兰州、白银、酒泉、张掖、陇南、临夏、甘南等 7 个市州出台改革方案，定西、陇南等局获地方监管工作经费支持。及时出台全省系统厉行节约 21 项措施，引领各单位从长计议、过紧日子。

队伍建设有新气象。坚持新时代好干部标准，完成 7 个市州局领导班子调整充实工作。有序开展职务与职级并行工作。建立并落实重点工作调度会议制度，聚焦专项工作按月调度推进，强化上下联动，推进重点工作落地见效。完成全省系统人才库（2020）建设，进一步打通人才发现、培养、使用和激励渠道。省邮政业安全中心开局顺畅，支撑有力、服务给力、保障得力。邮政监管体系和监管能力建设工作得到国家局充分肯定，相关经验在全系统交流。

三、“十三五”成绩

2020 年是“十三五”规划的收官之年。五年来，甘肃邮政快递业深入贯彻落实习近平总书记对甘肃重要讲话指示和关于邮政快递业重要指示批示精神，邮政快递业供给结构持续优化，要素资源加速流动，产业融合日趋紧密，市场活力竞相迸发，绿色安全水平不断提升，行业监管体系和监管能力再上新台阶，谱写了全面建成与小康社会相适应现代邮政业的亮丽华章。

行业作用日益凸显。全省邮政业业务总量和业务收入分别增长1.89倍和1.56倍。其中，快递业务量和业务收入分别增长2.89倍和3.11倍。邮政快递助力农产品销售额超过200亿元，服务制造业产值近300亿元，支撑网购消费3500多亿元，对一二三产业支撑更加有力，为打通大动脉、畅通微循环作出积极贡献。

公共服务不断优化。建制村全部实现直接通邮，邮政普遍服务投递频次深度、全程时限持续改善。县城党报当日见报率达71%。快递下乡进村步伐加快。快递服务产品体系更加完善，延误、损毁和丢失等问题显著下降。行业服务满意度持续提升，有效申诉率持续回落。寄递渠道平稳畅通，五年来未发生重特大安全事故，重大活动保障有力。

发展质效显著增强。快递专业类物流园区数量大幅增加。航空快递运能不断增强，"甘味"快递成为高铁"新客"。人工智能、大数据、物联网和北斗导航等新技术新产品逐步应用，全自动分拣系统配备率不断提高。快递电子运单、循环中转袋基本实现全覆盖，绿色发展初见成效。

发展环境持续改善。邮政管理体系持续健全完善。全方位宣贯落实《快递暂行条例》等邮政快递业法规、规划、政策、标准。深化"放管服"改革，不断优化市场化、法治化营商环境，对新业态实行包容审慎监管，充分激发各类市场主体活力。行业人才队伍能力素质明显提高，基层员工权益保障持续推进。

行业新风蔚然光大。传承"人民邮政为人民"初心使命，弘扬劳模精神、劳动精神、工匠精神，践行"忠诚为本、勤劳为基、创造为荣、守护为责"的"小蜜蜂"精神。全行业涌现出3名全国"最美快递员"、4个"全国邮政快递业青年安全生产示范岗"、3个全国邮政行业先进集体、2名全国邮政行业劳动模范、1名全国邮政行业先进工作者，3名甘肃省劳动模范。

四、快递市场存在的突出问题

行业供给能力不足、服务水平不高与群众更优用邮需求的矛盾加大，社会公众对邮政快递业关注度的不断提升带来的负面舆情爆点逐年增多。快递下乡进村任务繁重，快递"出海"尚待破冰。寄递安全形势严峻复杂、市场主体安全风险意识不强、人防物防技防水平低下，交通、消防和机械等事故易发多发。末端网点基础不牢，企业"内部矛盾"容易上升和演变为"公共事件"，市场行为容易转变为违法行为，监管部门应对压力日益加重。预算压减导致费用缺口逐渐成为常态，监管责任与支付保障的矛盾前所未有。机构编制和财政资金资源趋紧，地方财政事权和支出责任落地难度较大。

青海省快递市场发展及管理情况

一、快递市场总体发展情况

2020年，青海省邮政行业业务总量累计完成9.59亿元，同比增长18.38%，业务收入（不包括邮政储蓄银行直接营业收入）累计完成12.9亿元，同比增长20.71%；其中，快递企业业务量累计完成0.24亿件，同比增长24.44%，业务收入累计完成7.68亿元，同比增长28.39%（表7-29）。

表 7-29　2020 年青海省快递服务企业发展情况

指　标	单　位	2020 年		比上年同期增长(%)		占全部比例(%)	
		全年累计	12 月	全年累计	12 月	全年累计	12 月
快递业务量	万件	2359.54	255.86	24.44	25.29	100.00	100.00
同城	万件	384.97	34.89	23.04	15.12	16.32	13.64
异地	万件	1974.32	220.95	24.75	27.07	83.67	86.36
国际及港澳台	万件	0.25	0.01	-55.87	-45.11	0.01	0.00
快递业务收入	亿元	7.68	0.82	28.39	26.17	100.00	100.00
同城	亿元	0.45	0.04	36.53	23.23	5.86	4.62
异地	亿元	3.85	0.43	17.82	17.55	50.16	51.89
国际及港澳台	亿元	0.01	0.00	-48.49	-82.47	0.13	0.03
其他	亿元	3.37	0.36	42.51	39.33	43.85	43.46

二、行业管理工作及主要成效

聚焦政治引领，党的建设持续加强，从严治党更加深入。着力强化政治建设。始终把党的政治建设摆在首位，自觉同党中央、国家邮政局党组、省委决策部署对标对表，确保邮政管理工作沿着正确政治方向发展。坚决落实习近平总书记关于邮政快递业重要指示批示精神，联合 17 部门出台工作措施，从严从实抓好贯彻落实，确保总书记指示批示落地生根、开花结果。扎实做好 2017 年巡视整改和市（州）局巡察整改“回头看”。以高度的政治担当接受新一轮政治巡视，高标准严要求抓好巡视反馈问题整改，整改工作基本完成，并纳入常态化工作落实机制。

着力深化理论武装。举办党的十九届五中全会精神学习班，开展《习近平谈治国理政》第三卷学习，跟进学习习近平总书记关于邮政快递业重要指示批示精神，努力在学深悟透、融会贯通、深信笃行上下功夫。开展中心组学习情况自查，切实提高党组理论学习质量。坚持把“不忘初心、牢记使命”主题教育作为加强党的建设的永恒课题和全体党员干部的终身课题常抓不懈，不断巩固拓展主题教育成果。严格落实意识形态工作责任制，筑牢意识形态思想防线。

着力实化组织路线。深入推进党支部标准化规范化建设，促进机关党建高质量发展。积极推动非公快递企业“两个覆盖”，加强行业党建工作指导，开展支部联建和“结对子”活动，引导从业人员向党组织靠拢，党组织对行业发展的政治引领作用有效发挥。认真落实班子成员支部联点和定期调研制度，班子成员深入基层调研 28 次。开展党建专题调研，调研成果获省直机关工委表彰。严格执行民主集中制，健全决策机制和程序，保障了各项决策部署科学民主、合理合规、务实高效。

着力净化政治生态。制定全面从严治党主体责任清单和党风廉政建设考核办法，推动“两个责任”落实落细。紧紧围绕贯彻落实习近平总书记重要指示批示精神和国家邮政局重大决策部署跟进监督、保障落实。深入落实中央八项规定及其实施细则精神，坚决纠治形式主义、官僚主义，开展违规享受政策性住房等“四个专项治理”和“推、拖、怕、贪”作风突出问题集中整治，坚决落实过紧日子要求。深化运用监督执纪“四种形态”，开展警示教育 15 次、廉政谈话 87 人次、节前廉政提醒 22 次。政商关系“亲”上加“清”，风清气正的政治生态持续向好。

聚焦政策集合，政策红利持续释放，发展活力更加强劲。先后 6 次向省领导汇报工作，省领导对快递业公共设施不足、关爱快递小哥、安全中心组建、生态环保、旺季服务保障等作出指示批示。推动将智能快件箱更新纳入老旧小区改造计划。联合城市管理部门选定一批投递业务量大的地点划设快递投送点。会同商务、财政等部门开展电子商务与快递协同发展情况调研，联合出台工作措施。组织召开快递业与制造业对接会，联合工信部门转发文件。快递服务车辆通行政策8个市(州)全覆盖，有效解决快递三轮车“通行难”“停靠难”问题。积极助企纾困，企业享受各类税费减免和金融支持3058万元。推动出台21项政策性文件，落实地方政府资金支持775万元，行业发展的难点进一步破解、痛点进一步消除、堵点进一步疏通、活力进一步释放。

聚焦民生福祉，三大攻坚持续显效，服务民生更加有力。风险防控得到新加强。坚持“三个必须”原则，压实“三个责任”，寄递“三项制度”有效落实(实名收寄率稳定保持在99%以上，基本实现出县邮快件应检必检)，安全生产专项整治三年行动、实名收寄信息异常专项治理和寄递渠道涉枪涉爆、反恐、禁毒等专项整治扎实推进，快递基层网点平稳运行，“绿盾”工程建设进展顺利，安全监管联动机制作用充分发挥，重大活动、重要节点、业务旺季寄递渠道安全稳定畅通。全省行业持续保持重特大安全事故“零发生”，防范和化解风险能力不断提升。

绿色邮政取得新成效。深入贯彻习近平生态文明思想，牢牢把握“青海最大的价值在生态、最大的责任在生态、最大的潜力也在生态”省情定位，以高度的政治责任感抓实抓细行业生态环保工作。省级和各市(州)行业绿色发展措施全覆盖。快递包装治理纳入全省塑料污染治理范畴，塑料污染治理专项行动扎实开展。“绿色邮政、人人有为”的良好氛围加快形成。“9792”工程指标任务全面完成，行业绿色发展成效明显，为推进我省“生态保护优先”战略部署作出了行业贡献。

脱贫攻坚收获新成果。坚持做到“四不摘”，持续通过定量“输血”与激活“造血”相结合、结对帮扶与行业扶贫相统一，用心用情做好定点扶贫和行业扶贫，不断巩固脱贫成效。累计开展帮扶60余次，落实帮扶资金800余万元，第一书记荣获优秀扶贫干部表彰；依托电子商务进农村综合示范项目培育牛羊肉、枸杞等“一市(一地)一品”项目68个，打造农畜产品“直通车”；鼓励企业加大从贫困地区招工力度，新增就业1400余人，行业服务精准脱贫和乡村振兴能力不断提升。

下乡进村取得新进展。牢牢把握快递进村、邮快合作双试点契机，坚持因地制宜、分类施策、挂图作业、销号管理，注重阶段总结、定期交流、适时观摩、经验推广，以邮快合作为主，统筹推进驻村设点、邮快合作、快快合作、交快合作、快商合作等模式。全省快递服务乡镇覆盖率达91%(较2019年增加23个百分点)、建制村覆盖率达60%(较2019年增加15个百分点)，县乡村三级快递物流体系不断健全，广大农牧民更多更公平享受到行业改革发展成果。

基础设施实现新突破。省邮政机要局建成投入使用，西宁邮区中心局项目进展顺利，邮快件处理中心改造稳步推进。行业新增基础设施投资9500余万元，新增各类车辆1000余辆。政邮、警邮、税邮合作县级覆盖率分别达91%、93%、100%，医邮合作迈出步伐，邮政综合服务平台建设成效显著。累计建成村邮站1008个、邮乐购站点2228个、快递服务站276个，布放智能快件箱(信包箱)1419组，末端服务能力显著提升。加快新技术新装备推广应用，行业自动化、智能化、信息化水平不断提高。

消费环境得到新改善。组织开展乡镇邮政局所专项整治，乡镇局所实现服务标准化、流程规范化。扎实推进快递末端投递秩序专项治理，大力整治末端投递车辆管理不到位、企业服务意识淡薄等问题，快递末端投递秩序进一步规范。持续开展“三不”专项治理，野蛮抛扔、摆地摊等现象明显减少。认真受理消费者维权申诉，全省邮政业消费者申诉处理满意率继续保持100%，消费者合法权益有效维护。行业服务满意度、时限稳步提升，消费环境更加放心、称心、舒心。

聚焦人才聚力，队伍建设持续夯实，人才保障

更加过硬。干部队伍建设成效明显。坚持党管干部原则,积极推进干部队伍建设规划落地落实,选优配强2个市(州)局领导班子。树立正确用人导向,加强干部的关心关爱和培养选拔,稳妥推进干部交流,完成公务员职级套转和首轮晋升,调整、提拔、晋升干部21人次。强化干部教育培训,组织开展人员大培训、岗位大练兵、环境大整治,举办各类培训20余次,受训干部400余人次,干部队伍的综合素质进一步提升。全省系统单位和个人先后获得国家邮政局和地方党委政府表彰奖励19次。

行业人才建设成绩斐然。深入贯彻习近平总书记关爱快递小哥重要指示精神,研究制定任务清单,抓实抓细快递小哥关心关爱和素质提升。省委常委对关心关爱快递小哥作出批示,将快递小哥纳入总工会慰问、疗养、评优评先范围。组织慰问100余次,争取慰问物资20余万元,建成服务阵地203个,接受免费体检789人次、疗养5人次,非公快递行业工会市(州)全覆盖。快递职业技能培训"246"工程和职称评审目标圆满完成。大力弘扬"小蜜蜂"精神,9个集体、10人分别荣获国家部委和地方政府表彰,快递小哥的归属感、获得感、幸福感持续增强。

聚焦治理效能,治理能力持续提升,制度优势更加彰显。疫情防控有力有效。坚持一手抓疫情防控、一手抓复工复产,充分发挥行业在"打通大动脉、畅通微循环"方面的先行作用。全力保障防疫物资和居民基本生活物资运递,快速响应"四不中断""四免费办"服务承诺,开通防疫救援物资免费寄递"绿色通道",千里驰援湖北防疫一线。慎终如始做好自身疫情防控,严格落实《行业生产操作规范建议》,推广无接触投递。科学谋划复工复产,行业复工复产率在省内率先达到100%。通过疫情"大考",行业的战略性、基础性、先导性作用进一步凸显。

市场监管更加精细。加强许可工作由重审批向重管理转变,受理邮政企业审批1件、备案201件;完成1家快递企业许可审批、10家快递企业许可延期、3家快递企业注销;依法依规将智能快件箱运营纳入监管范围,完成3家智能快件箱企业许可审批;制定《快递末端网点备案办法》,切实加强末端网点管理。全面落实"双随机、一公开"监管,抓实日常检查及各类专项检查,共开展监督检查1434次(其中随机检查194次),查处违法行为254个,下达处罚决定39份。

基础管理更加扎实。"放管服"改革深入推进,4项许可审批事项纳入"一网通办、跨省通办",政务服务"好差评"有序开展。"十四五"规划编制进展顺利。财政事权划分改革取得实效,省级和2个市(州)出台交通运输领域改革方案,争取地方财政资金69万元。财务集中报账试点工作有序推进、符合预期。统计、信访、新闻宣传等工作成效明显。全省邮政管理系统"服务发展、服务决策、服务落实"能力持续提升。

三、"十三五"成绩

2020年是"十三五"规划的收官之年。五年来,青海邮政快递业深入学习贯彻习近平新时代中国特色社会主义思想和党的十九大、十九届历次全会精神,深入实施"五四战略",奋力推进"一优两高",按照"打通上下游、拓展产业链、画大同心圆、构建生态圈"工作思路,紧扣全面建成小康社会目标任务,着力优环境、激活力、建网络、通渠道、促协同、提能力、强监管,全省邮政快递业规模不断增长、结构有所优化、网络逐步完善、服务持续改善,基本满足了广大人民群众美好生活的用邮需求,有效服务了全省经济社会发展大局。

发展规模不断壮大。全省邮政行业业务总量和业务收入分别增长2.6倍,年均增速分别达21%;业务收入是地区生产总值增速的3倍多,是地区服务业增加值增速的近1.8倍。新增就业近4000人,总数达到9000余人。快递营业网点从337个增加到1072个,年业务收入超千万元的快递企业达9家、业务量超百万件的快递企业达7

家，多元主体共生的发展格局基本稳定。

服务能力不断增强。全省邮政快递网络建设稳步推进，枢纽、骨干和末端能力持续增强。邮快件处理中心达22处，枢纽集约性和通达性大幅改善。“公铁航”多式联运取得突破，干线效率显著提升。4146个建制村全部直接通邮，邮政“乡乡设所、村村通邮”基本实现；快递稳步“下乡进村”，快递服务广度和深度不断拓展；城乡快递末端设施布局持续完善，行业末端网络加速下沉、逐步健全，行业服务保障民生能力显著增强。

服务水平不断提高。行业服务满意度持续提升，邮快件投递时限持续缩短。邮政普遍服务营业时间、投递深度频次基本达到邮政普遍服务行业标准。快递服务质量提升明显，快件丢失、损毁等现象不断减少。邮政业消费者申诉处理满意率连续五年保持100%，有效申诉率不断下降。产业链条不断拓展，服务上下游水平持续提升。行业绿色发展水平显著提高。寄递安全保障有力，五年来未发生重特大安全事故。

改革创新不断深入。“放管服”改革不断深化，许可审批实现线上全流程办理，审批权限持续下放、审批流程持续精简、审批时限持续压缩，智能快件箱（信包箱）企业纳入许可审批，快递末端网点纳入备案管理。现代企业制度逐步建立，法人治理结构不断健全。新业态新模式不断涌现，有效适应了广大群众个性化多样化需求。新技术新设备加快推广，信息化监管系统全面应用，智慧邮政建设步伐加快。

四、快递市场存在的突出问题

安全形势依然严峻，绿色发展任重道远，网络下沉深度不够，服务质量有待提升，末端网点生存压力较大，从业人员关心关爱需持续加强，行业治理能力亟待增强。

宁夏回族自治区快递市场发展及管理情况

一、快递市场总体发展情况

2020年，宁夏回族自治区邮政行业业务总量累计完成25.0亿元，同比增长25.0%，业务收入（不包括邮政储蓄银行直接营业收入）累计完成19.7亿元，同比增长6.2%；其中，快递企业业务量累计完成0.7亿件，同比增长49.6%，业务收入累计完成11.8亿元，同比增长24.7%（表7-30）。转运投递邮（快）件量2.9亿件，跨境邮（快）件量151.75万件，全行业从业人员达1.1万人。

表7-30 2020年宁夏回族自治区快递服务企业发展情况

指标	单位	2020年		比上年同期增长（%）		占全部比例（%）	
		全年累计	12月	全年累计	12月	全年累计	12月
快递业务量	万件	7317.77	870.37	49.60	56.19	100	100
同城	万件	1122.93	171.86	31.02	112.66	15.35	19.75
异地	万件	6043.09	664.52	51.89	43.75	82.58	76.35
国际及港澳台	万件	151.75	33.99	171.75	140.02	2.07	3.91
快递业务收入	亿元	11.83	1.30	24.65	27.96	100	100
同城	亿元	1.04	0.17	44.12	137.28	8.77	12.89
异地	亿元	5.90	0.63	20.82	18.63	49.90	48.10
国际及港澳台	亿元	0.09	0.01	14.50	−29.46	0.80	0.79
其他	亿元	4.79	0.50	26.10	23.08	40.53	38.23

二、行业管理工作及主要成效

推进全面从严治党向纵深发展。严格落实“两个责任”和“一岗双责”。落实《党委(党组)落实全面从严治党主体责任规定》,深入推进“三强九严”工程,落实国家邮政局“12365”工作布局,强化党风廉政建设“两个责任”。召开全区邮政管理系统廉政警示教育会议,党组班子成员分别带队下沉一线,调研指导各市局抓好党建和全面从严治党工作。巩固落实中央八项规定精神和实施细则成果,持续深入纠治形式主义官僚主义突出问题,精简压缩文件、会议,统筹检查考核。夯实党建工作基础。强化政治机关意识教育,建立习近平新时代中国特色社会主义思想常态化、长效化学习机制,切实加强《习近平谈治国理政》第三卷学习,举办学习贯彻十九届五中全会精神专题辅导。落实党组班子民主生活会和党支部组织生活会、谈心谈话及主题党日等制度,进一步提高“三会一课”质量。扎实推进支部标准化、规范化建设。开展“信仰与忠诚”党性教育、“红色家书”诵读等活动。组织机关党员赴石嘴山“五七”干校、闽宁对口扶贫教育基地开展现场党性教育。结合“党员大学习”活动,督促党员用好“学习强国”平台。召开创建“让党中央放心、让人民群众满意”模范机关动员会。推动业务工作与党建工作深度融合,银川局组织开展“追梦路上　快递先锋”党建系列活动,吴忠局打造“红色领航　快递先锋”特色党建品牌,中卫局开展“党课开讲啦”等活动。强化纪律监督。组织开展违规享受政策性住房等四个方面问题专项整治工作。持续推进市局巡察反馈意见整改落实,组织“回头看”工作,进一步巩固整改成果。常态化组织警示教育,引导党员干部知敬畏、存戒惧、守底线。综合运用执纪监督四种形态,紧盯元旦、春节、中秋等重要节点,早打招呼、早提醒,坚决防止“四风”问题反弹回潮。

支撑服务疫情防控有力有效。疫情发生以来,全区邮政快递业闻令而动、听令而行,坚决贯彻落实习近平总书记重要指示精神,按照自治区党委政府和国家邮政局要求,全力统筹做好疫情防控和服务经济社会发展各项工作。全力保障防疫物资和民生物资运输投递。春节期间,全区邮政管理部门同频共振、协调联动,指导邮政、顺丰、京东等企业全力保障寄递网络畅通。积极联系自治区交通运输厅、商务厅、交警总队,为邮(快)件和防疫物资运输车辆开辟“绿色通道”,全区行业集中投入大型车辆1528辆次,免费为政府转用疫情物资32次,优先中转疫情防控物资21批次,快递员冒疫奔忙,累计投递4.2万余次。推动行业复工复产。坚持一手抓疫情防控,一手指导企业复工复产,及时跟进属地疫情防控最新研判,指导企业在落实疫情防控措施的前提下复工复产,1—2月全区邮政快递业各项指标全部正增长,3月中旬全区快递企业全部实现复工复产,受到自治区领导肯定和表扬。三是有效做好行业疫情防控。强化工作责任落实,领导干部带头坚守岗位、靠前指挥。疫情严重期间,全部实行24小时领导带班制,切实加强对行业疫情防控工作的领导和调度,督导企业做到消杀全过程无死角,严格落实疫情随时报告和安全生产情况日报制度,安排值守人员3300人次,从业人员零感染。全区邮政快递行业3个集体和1个个人荣获抗击新冠疫情省部级先进表彰,10名从业人员荣获自治区、市抗疫模范称号。

行业发展环境持续优化。强化政策规划引领。认真落实《邮政强国建设行动纲要》,全面总结评估“十三五”规划实施情况,启动宁夏邮政业“十四五”规划编制工作。落实自治区人民政府《关于加快发展流通促进商业消费的实施意见》,会同自治区发展改革委等部门制定《关于积极应对疫情影响释放消费潜力支持服务业健康发展的若干政策措施》,对疫情防控期间着力保障民生基本需求的邮政快递企业给予190万元资金奖励。积极引导企业用足用好减税降费政策,促进行业持续稳定发展,累计减税降费6000余万元。持续深化“放管服”改革。配合自治区政府开展“证照分离”“互联网+政务”数字政府改革全覆盖试点，印发《经营邮政通信业务审批优化服务实施方案》和《快递业务经营许可审批优化服务实施方案》，进一步精简审批材料、压缩审批时限，实现邮政快递许可审批业务与自治区政务服务“一网通办”。2020年，受理许可申请204件，核发许可证16张，备案末端服务网点1429个，智能快件箱等新业态许可实现突破，为受疫情影响不能及时申请许可延续的14家企业办理延续延期。积极推进“双随机一公开”工作，强化行政执法监督，规范执法行为。推动行业融入国家和地方工作大局。落实国家邮政局要求，加强与相关部门协调，立足全区邮政快递业发展实际助力脱贫攻坚和乡村振兴。依托宁夏地处“一带一路”重要节点优势，积极参与建设中国（银川）跨境电子商务综合实验区，支持邮政企业与银川综合保税区管委会签订合作协议。主动融入黄河流域生态保护和高质量发展先行区建设，聚焦自治区九大重点产业，加快推进邮政快递业与电子商务、现代农业、制造业、文化旅游业等深度融合、协同发展。

行业发展质效稳步提升。实施“两进一出”工程。大力推进“快递进村”，通过“邮快合作”“快快合作”等多种模式促进快递服务向农村延伸。银川局试点先行，协调县（区）政府出台快递进村方案，石嘴山局、固原局争取财政资金对下乡入村邮快件给予补贴，吴忠局推行“6+1”工作模式，提高下乡任务落实精准度，中卫局协调交通部门将“快递进村”工程融入城乡交通一体化项目。目前，全区已通快递建制村达1333个，建成村快递服务网点992个，快递覆盖率达43%。争取将“快递进厂”工作纳入了《自治区人民政府落实自治区党委〈关于深入学习贯彻习近平总书记视察宁夏重要讲话精神继续美丽新宁夏的决定〉分工方案》。对标自治区九大重点产业，积极引导邮政企业、快递企业拓展产业链，开发葡萄酒、牛羊肉、奶制品等专业供应链配送模式，深度融入生物医药、生鲜冷链配送等领域，快递业支撑全区网络零售达50余亿元。大力推进警邮、政邮合作等“邮寄办”服务，市、县服务覆盖率100%。会同银川海关等部门加快推进银川国际邮件互换局（交换站）申建工作。加强基础能力建设。推进邮政设施强基工程，积极组织企业申报重大建设项目和自治区服务业发展引导资金贷款贴息项目。京东“亚洲一号”永宁电商物流园、韵达中韵智慧化物流分拣配送体系建设、中通电商物流园等项目纳入自治区“十四五”项目库。新建县级快递物流园2个。邮政、顺丰开通鲜牛奶、牛羊肉货运航班。大型货运无人机在宁夏成功试飞。邮政企业开通高铁快递网，实现汽运、航运和高铁运输立体组网模式。全区累计布放智能快件箱1464组，建成城市末端公共服务站1757个，推进快递标准化提档升级，快递服务网点标准化率保持100%。同时，邮政快递末端设施被列入自治区全面推进城镇老旧小区改造工作，并争取自治区科技厅邮政快递智能安检分析平台项目资金90万元。加快行业人才队伍建设。扎实推进快递从业人员职业技能培训“246”工程，联合自治区人社厅印发培训方案，明确培训计划、培训方式及补贴标准，全区培训4050人，争取培训补贴339万元。深入推进快递工程技术人员职称评审，联合自治区人社厅印发快递专业技术职称评审标准，组建专业评审委员会，评审工程师20名，助理工程师43名。大力推进关心关爱快递小哥工作。印发《落实习近平总书记关爱“快递小哥”重要指示精神工作任务分工对接清单》。全区邮政管理部门累计组织开展关爱慰问活动16场次，覆盖从业人员8000人，设立爱心驿站9个。选树了一批行业先进典型。联合自治区团委开展“快递从业青年服务月”活动，各市局会同各级工会召开快递行业工资集体协商会，共同维护从业人员合法权益。扎实开展“暖蜂行动”，银川局为外来务工快递员申请获批公租房258套，石嘴山局协调医疗机构为快递员免费体检，中卫局协调疾控中心为快递员免费核酸检测，吴忠局、固原局为快递员争取口罩、消毒液等抗疫物资并组织冬送温暖、夏送清凉慰问等活动。

三大攻坚战取得阶段性成效。助力乡村振兴打赢脱贫攻坚战。深入实施《宁夏寄递行业精准扶贫实施方案》，积极开展定点扶贫、产业扶贫，加快贫困地区寄递配送体系建设，促进农民增收致富。推动建立邮政“县、乡、村”三级电商服务站点总体布局，建成“邮乐购”站点594处，线上扶贫地方馆10个，27%的行政村建成邮政农村电商服务点。实施“一市一品”农特产品进城示范项目，鼓励邮政企业、快递企业通过自有平台销售本地特色农产品，大力推广“快递+电商+农特产品+农户”扶贫模式，累计销售特色农产品1918万件，带动相关产值14.5亿元。认真做好定点帮扶工作，固原甘岔村、中卫华和村全部脱贫摘帽。坚守寄递安全底线防范化解重大风险。扎实推进寄递安全“三项制度”落实，开展收派员自寄件和实名收寄信息异常检查和监测，加大通报、抽查频次和执法检查力度，确保实名收寄率稳步提升。开展行业安全生产专项整治三年行动及“安全生产月”“安全生产万里行”等活动。认真宣贯《邮政业寄递安全监督管理办法》。“绿盾”一期工程基本建成。修订完善行业突发事件应急预案，加强值班值守管理，圆满完成全国“两会”、服贸会、进博会、快递业务旺季等重大活动期间寄递安全服务保障工作。推动行业绿色发展打赢污染防治攻坚战。印发2020年行业生态环保工作要点，建立绿色发展常态化工作机制和台账管理制度。行业生态环保有关工作纳入自治区加强塑料污染治理范围。联合自治区发改、工信、生态环境等6部门印发《关于协同推进宁夏邮政快递业包装绿色治理的实施意见》，相关部门各尽其责，共同推动行业生态环保治理工作落实。持续开展“三不”专项治理，强化环保考评，督促企业加大可循环中转袋、绿色包装推广使用，促进胶带、包装物减量化，引导企业设置包装废弃物回收箱。全区快递企业“瘦身胶带”封装率达94%、电商快件不再二次包装率达80%、循环中转袋使用率92%、新增包装废弃回收装置421个。

依法监管能力不断增强。强化邮政市场监管。加强行业法律法规宣贯，结合消费者权益保护日、世界邮政日等开展线上线下普法宣传活动。继续抓好《快递业务操作指导规范》《邮政业寄递安全监督管理办法》贯彻落实，督导快递企业提升服务质量水平。推进全区快递行业诚信体系建设，持续开展快递市场清理整顿专项行动和末端网点违规收费清理，清理注销异常企业24家。2020年，检查企业1075家次，出检2150人次，立案处罚14起，受理消费者有效申诉48件，挽回经济损失13.5万元，申诉处理满意率95%以上。着力夯实基础管理。健全完善统计工作制度，开展行业统计检查。争取自治区政府印发了交通领域地方财政事权和支出责任划分改革方案，进一步细化明确邮政领域自治区财政事权和支出责任。完善邮政管理部门双重管理和保障机制，将履职能力建设保障资金列入了自治区财政预算，各市局也不同程度争取到地方财政经费支持。落实过“紧日子”要求，强化预算绩效管理，坚决压缩一般性支出，完成养老保险准备期清算。4个市局获批保留业务监管用车。坚持德才兼备，选优配强市局领导班子。有序推进公务员职务与职级并行有关工作，全区邮政管理系统完成干部职务调整和职级晋升47人次，职级套转26人次。全面推行干部在线学习，通过视频会议形式落实各项业务培训。吴忠局获批成立邮政业安全中心，安置军转干部1名。加强新闻宣传，通过网站、媒体发布行业新闻报道400余篇，中央、自治区媒体宣传报道60余篇次。强化节约型机关建设，深入开展“厉行勤俭节约、反对餐饮浪费”主题活动，积极开展无烟机关创建工作。认真做好网站建设、机要保密、档案管理、信访、人大建议政协提案办理等工作。

三、“十三五”成绩

2020年是“十三五”规划的收官之年。五年来,宁夏邮政快递业深入贯彻落实习近平总书记对邮政快递业重要指示精神,着力优环境、激活力、建网络、搭平台、通渠道、促协同、提能力、强监管,全区邮政快递业供给结构持续优化,市场活力进一步迸发,绿色安全水平不断提升,行业治理体系和治理能力现代化加快推进,为全面建成小康社会贡献了宁夏邮政快递行业力量。五年来,全区邮政业业务总量和业务收入连续保持较快增长,行业服务规模持续扩大,服务地方经济社会发展的作用日益凸显。全区建制村全部实现直接通邮,所有县城实现党报当日见报,快递网点覆盖所有乡镇,行业服务质量不断优化。5 个地市快递物流园区实现全覆盖,15 个县(市、区)建成快递物流园区,快递航班、高铁快递从无到有,人工智能、大数据、物联网等新技术加快应用,快递电子运单、循环中转袋基本实现全覆盖,行业发展质效显著增强。配合自治区人大修订《宁夏邮政条例》,颁布实施《快递服务质量规范》《快递企业管理规范》地方标准,行业人才队伍能力素质得到显著提高,行业治理能力也持续提升。

新疆维吾尔自治区快递市场发展及管理情况

一、快递市场总体发展情况

2020 年,新疆维吾尔自治区邮政行业业务总量累计完 45.9 亿元,同比增长 6.8%,业务收入(不包括邮政储蓄银行直接营业收入)累计完成 54.4 亿元,同比增长 4.0%;其中,快递企业业务量累计完成 1.1 亿件,同比增长 16%,业务收入累计完成 30.2 亿元,同比增长 7.8%(表 7-31)。支撑网络零售额超 600 亿元。

表 7-31　2020 年新疆维吾尔自治区快递服务企业发展情况

指　标	单　位	2020 年		比上年同期增长(%)		占全部比例(%)	
		全年累计	12 月	全年累计	12 月	全年累计	12 月
快递业务量	万件	11486.17	1408.12	15.99	21.17	100.00	100.00
同城	万件	2288.35	223.60	23.76	12.74	19.92	15.88
异地	万件	9025.37	1173.66	14.03	23.82	78.58	83.35
国际及港澳台	万件	172.45	10.86	24.45	−31.58	1.50	0.77
快递业务收入	亿元	30.25	3.55	7.84	10.52	100.00	100.00
同城	亿元	2.90	0.28	15.48	11.27	9.59	7.93
异地	亿元	17.20	2.21	5.72	13.27	56.85	62.26
国际及港澳台	亿元	0.48	0.03	6.69	−48.61	1.58	0.72
其他	亿元	9.68	1.03	9.65	7.79	31.98	29.09

二、行业管理工作及主要成效

严格落实管党治党责任,党的领导和建设进一步加强。党的政治建设不断强化。牢固树立政治机关意识,深入贯彻习近平总书记关于邮政快递业重要指示批示精神,严格落实重大事项请示报告制度,完成全系统首轮政治巡察。持续深化理论武装,及时传达学习党的十九届五中全会精神、第三次中央新疆工作座谈会精神,深入学习《习近平谈治国理政》第三卷等原文原著。党组书记带头讲党课,全系统组织中心组学习 213 次、党员干部集中学习 498 次。落实中央和国家机关党员工作时间之外政治言行若干规定。深化对《新疆的反恐、去极端化斗争与人权保障》等3个白皮书的学习，组织观看纪录片《谎言与真相——新疆教培纪实》。积极开展红色教育活动，组织重温入党誓词，开展党规党史知识答题活动。发挥“学习强国”“法宣在线”等平台作用，引导党员干部树牢“四个意识”、坚定“四个自信”、做到“两个维护”。克州局印发《克州邮政管理局党员干部工作时间之外政治言行规定(试行)》，教育引导党员干部严格遵守政治纪律和政治规矩。

机关党的建设更加有力。严格执行领导干部双重组织生活、“三会一课”等制度。扎实开展专题民主生活会和党员民主评议。完成机关党委、党支部换届选举，新设立机关纪委。制定印发《新疆邮政管理局机关党支部标准化规范化建设工作方案》，表彰“五好党支部”3个、优秀党员10人。积极创建“让党中央放心、让人民群众满意”的模范机关。持续加大非公快递企业党建工作力度，全年新增非公快递企业党支部4个、党员12人，现有非公快递企业党组织12个、党员86人。督促引导基层党组织助力疫情防控阻击战，乌鲁木齐局党支部荣获全国交通运输系统抗击新冠肺炎疫情先进集体称号。伊犁局争取州直机关党建活动经费2万元。

全面从严治党向纵深推进。印发落实全面从严治党主体责任清单。深入落实中央八项规定及其实施细则精神，严防“四风”反弹。持续改进文风会风，会议、发文数量明显低于去年。坚持以案示警，召开警示教育大会，开展警示提醒和监督检查。紧盯节假日常态化开展提醒，党员干部廉洁过节意识得到增强。完成违规享受政策性住房等5个专项整治。深化运用监督执纪“四种形态”，诫勉1人次，批评教育4人次，责令检查1人次。

扎实做好疫情防控和复工复产工作，行业基础性先导性作用进一步凸显。妥善应对四次疫情冲击。慎终如始做好行业自身防控，全行业约3万名从业人员零感染。争取从业人员优先接种新冠疫苗，累计接种15471人。积极向自治区请示汇报，自治区党委政府、疫情防控指挥部主要领导先后六次作出重要批示，自治区政府主要领导等亲自调研，现场协调解决问题。抽派工作组前往喀什实地指导工作。协同自治区卫健委制定《自治区快递物流业新冠病毒防控技术指引》，经自治区疫情防控指挥部同意后印发实施。疫情期间，上报疫情日报表181份。全系统发布特殊时期消费提示35次。165人次党员干部留守单位，保障了各项工作正常开展。全区2个集体和3名个人荣获全国交通运输系统抗击新冠肺炎疫情先进。乌鲁木齐局印发多个指导性文件，狠抓疫情防控。伊犁局争取消杀自动化设备补贴36万元。阿勒泰局争取疫情防控专项补贴12万元。

复工复产工作科学有序。按照“四个确保”“三个优先”和“一个梯度推进”原则，全力推动复工复产。协调将邮政快递业纳入优先复工复产行业，将主要品牌寄递企业纳入重点物流寄递企业监测复工复产名单。积极争取口罩、消毒液等防疫用品支持，协调办理运输车辆通行证2100张，为复工复产打下坚实基础。2020年3月，新疆邮政快递业作为全区首批行业率先复工，为自治区经济社会发展和民生保障提供有力支撑。

行业保障作用有效发挥。组织邮政、顺丰、京东等企业春节期间正常营业，建立防疫物资运输“绿色通道”，累计运输配送防疫物资343万件、5900余吨。乌鲁木齐、喀什疫情期间，指导主要企业畅通物资运输渠道，全货机累计落地92架次，运输防疫等各类物资达1657.9吨。主要寄递企业配送防疫物资超10万件，民生物资超过7万件，有效保障邮政机要通信、高校录取通知书、党报党刊、防疫物资等重要邮件快件的运输投递，在“打通大动脉、畅通微循环”方面发挥了先行作用，得到自治区党委、政府以及社会各界的高度肯定。

牢牢聚焦新疆工作总目标，服务大局能力进一步增强。行业稳定工作得到加强。完整准确贯彻新时代党的治疆方略，牢牢扭住新疆工作总目标，狠抓行业安全监管、“访惠聚”驻村、“民族团结一家亲”和民族团结联谊活动。落实寄递安全“三项制度”，持续推进行业应急管理体系建设。选派包括区局班子副职在内的20名干部职工深入11个村（社区）开展“访惠聚”驻村工作，6支工作队和10名队员获评优秀。全系统干部与143户各族群众结对认亲，开展各类联谊活动148次，累计赠送各类慰问品折合人民币14.47万元，帮助解决实际困难118个。伊犁局1名干部荣获自治区级“民族团结一家亲”活动先进个人。

寄递安全监管能力明显增强。印发《新疆邮政业安全生产专项整治三年行动实施方案》，压实企业主体责任。协调召开自治区物流寄递行业安全管理工作领导小组会议，印发工作要点，组织联合检查，充分发挥联合机制作用。开展实名收寄信息异常问题专项整治，对14起涉嫌违法违规行为予以立案调查，依法打击虚假实名、替代实名等行为。全面加强邮政业安全生产监督检查，严把收寄关口。持续开展寄递渠道涉枪涉爆、涉黄涉非、危险化学品、消防安全隐患集中整治。做好行业“扫黄打非”工作，昌吉查堵2起涉嫌寄递非法出版物品案件。联合自治区公安厅、禁毒办印发关于加强打击寄递渠道毒品违法犯罪活动的通知，经验做法受国家禁毒办肯定，并在全国学习推广。加强邮政机要通信监督保障，联合保密部门开展2020年机要通信监督检查。圆满完成全国“两会”等重大活动期间寄递安保任务。哈密局积极为快递企业争取安检机购置补贴资金84万元。昌吉局联合消防、交通运输部门印发工作方案，开展消防安全集中整治和应急演练。伊宁市韵达快递分拨中心被列为国家禁毒委考核验收示范点。

服务精准脱贫攻坚战成效显著。全面落实中央、自治区脱贫攻坚巡视、考核等反馈问题整改。抓好定点扶贫，全系统共实施帮扶项目12个，直接投入和间接引进各类资金97.88万元，4个定点扶贫村全部脱贫摘帽。开展消费扶贫，发动工会和干部职工购买和田滞销的尼雅黑鸡、核桃、灰枣等农产品，为农民增收2万余元；疫情期间帮助定点扶贫村销售西瓜、葡萄、胡萝卜等农特产品50余吨。强化就业扶贫，年内全行业新增就业人员1463人，其中南疆四地州贫困人员459人。发挥行业优势，申报“一市一品”农特产品进城精品项目50个，培育乌鲁木齐干果、阿克苏苹果等快递服务现代农业“一地一品”银牌项目8个，带动农业总产值约6亿元。巴州局联合州团委、轮台县举办“团聚巴扎·助力扶贫”公益直播带货活动。克拉玛依局引导寄递企业安置有组织转移就业人员17人。博州局联合州扶贫办印发设立村级快递电商便民服务点推进“快递进村”工程的实施方案，助力脱贫攻坚。

着力优化行业发展环境，市场活力进一步释放。“放管服”改革加快推进。稳步推进新业态许可工作，颁发开办服务站、智能快件箱运营企业经营许可3家。开展许可到期集中换证工作。加强快递许可时限及日常监督管理。全区现有法人快递企业293家，分支机构1750家。有效落实新一轮减税降费政策，企业累计减税降费13375.57万元。

行业法治环境不断优化。制定《新疆维吾尔自治区邮政条例》行政执法案由和裁量基准，加强行政执法规范化建设。出台《新疆邮政行政执法监督工作制度》，强化行政执法监督。认真贯彻落实普法责任制，制定实施方案，加强《宪法》《民法典》等法律法规的宣传普及。常态化落实“以案释法”制度。组织开展网上学法，参与学法网络答题活动。喀什局举办“疫情防控·法治同行”等主题法治讲座，干部职工学法用法意识不断加强。

营商政策环境持续向好。开展《新疆邮政业发展“十四五”规划》编制。完成邮政业发展“十三五”规划总结评估工作。会同住建厅等13部门研究制定《关于加快推进自治区快递末端服务发展的指导意见》。推动乌鲁木齐、和田、喀什三地出台快递车辆通行政策，实现地州市全覆盖。哈密市全面完成快递电动三轮车“四统一工作”。

落实疫情防控期间出台的惠企政策，全区邮政快递企业享受各类费用减免1844.7万元。认真处理人大、政协提案，完成各类法规、政策性文件意见回复工作，努力优化政策环境。

深入推进供给侧结构性改革，行业发展质效进一步提升。基础能力建设得到加强。实施西部和农村地区邮政基础设施建设项目，改造乡镇局所和危旧县局房41处、购置车辆95辆。建成村级邮乐购站点143个，具有电商服务功能的村邮站74个。进一步完善快递服务网络，快递末端网点达2089个，主要快递城区自营网点标准化率达100%，主要快递企业新增自动化分拣线7条。支持推广智能快件箱，全区布设2371组。推进邮政业视频监控平台建设，累计接入寄递企业分拨中心及网点2953个。

产业融合发展稳步推进。加快邮快合作步伐，覆盖全区263个乡镇、1438个建制村。协调新疆电信与主要快递企业签订合作协议，加强电快合作。联合工信厅制定印发《自治区促进快递业与制造业深度融合发展的实施意见》，深入推进产业融合。强化快递与农村电商合作，推动县乡村三级快递物流体系建设。大力推进邮政综合服务平台建设，全年新增8个政邮合作区县，实现警邮、税邮、政邮区县合作全覆盖。博州局提请州政府出台《推进电子商务与快递物流协同发展实施方案》，促进快商融合发展。

高素质行业人才队伍建设取得新进展。完成全国邮政行业先进集体、劳动模范和先进工作者评选推荐工作，系统内2个集体和3名个人获表彰。大力推进快递从业人员职业技能培训“246”工程，全年完成培训9230人次、争取补贴211.86万元。深入开展快递工程技术人员职称评审，135人取得职称资格，其中中级13人、高级2人。推动邮政快递企业网络招聘高校毕业生。开展交通职业技术学院学生职业技能等级认定试点工作。推荐1家院校入选第三批全国邮政行业人才培养基地。

认真落实更贴近民生实事，美好用邮需求得到进一步满足。快递下乡进村有力有效。制定“快递进村”三年行动方案，采取快快合作、快邮合作、交快合作、快商合作等多种模式，推进快递服务下乡进村。加强调研督导，督促各地完善措施，加快工作进度。目前，全区快递网点乡镇覆盖率达100%，建制村快递服务通达率达40%、比年初提升了38个百分点。昌吉木垒县、哈密巴里坤县实现快递下乡进村全覆盖。

行业绿色发展迈出新步伐。联合发展改革委等6部门印发《关于协同推进新疆邮政快递业包装绿色治理的实施意见》，狠抓快递包装治理。建立绿色发展工作台账，开展行业生态环保培训。印发文件汇编和宣传资料，深化“邮来已久、绿动未来”主题宣传。开展全区邮政用品用具企业核查。深入推进“9792”工程，全区瘦身胶带封装比例达99.72%，电商件不再进行二次包装比例达96.84%，循环中转袋应用比例达91.67%，新增或更新符合国家标准的邮件快件废弃物回收装置1011个。哈密、阿克苏、塔城、乌鲁木齐、伊犁、阿勒泰、克拉玛依等局联合地方相关部门发文，协同开展电商快递包装绿色治理工作。

快递员权益保障得到加强。印发落实习近平总书记关爱“快递小哥”重要指示精神工作任务清单，加强权益保障。开展“快递从业青年服务月”“暖蜂行动”等活动，新增爱心驿站等88处、组织慰问30余次，3056名快递员接受免费体检和义诊，推动企业为4100余名快递员购买保险。

全面推进依法治邮，行业治理效能进一步增强。依法行政深入推进。加快推进地州市局法制工作机构设置，组织摸清系统法律人才底数。加强行政执法证件管理工作。印制发放《新疆邮政行政执法手册》。开展2020年度行政执法案卷评查。完成2019年度行政执法工作报告。加强行政执法检查，保障行业规范有序运行。全年共出动执法人员4147人次，检查寄递企业4822家，下达整改通知书489份，行政约谈97次，停业整顿8

家次,作出行政处罚117起,罚款101.05万元。

邮政市场监管进一步加强。强化事中事后监管,常态化开展"双随机、一公开"执法检查。深入开展快递末端违规收费、快递绿色包装专项治理,依法查处违法违规行为。加快快递业信用体系建设,组织开展信用评定工作。加强申诉管理,稳妥推进申诉改革试点,全年共受理用户反映问题3010件,为消费者挽回经济损失123.96万元。

努力夯实管理基础,支撑保障工作成效进一步显现。干部队伍建设不断加强。研究制定干部选拔任用资格等制度文件,规范选人用人。坚持德才兼备、事业为上,调整补充7个地州市局领导班子,选拔任用和职级晋升区局党组管理干部32人次。推进部分地州市局副职领导职数调整工作。加强公务员队伍建设,新招录公务员8人。用好职级职数,注重正向激励。严格落实领导干部个人重大事项报告制度。认真开展公务员年度考核、"一报告两评议"、公务员登记、公务员统计等工作。完成对4个地州市局主要领导离任经济责任审计工作。

支撑保障水平再上新台阶。推动自治区印发中央地方财政事权改革方案。14个地州市局全部解决办公用房。持续完善行业监管体系,阿克苏、和田、阿勒泰、克州、乌鲁木齐、昌吉、吐鲁番、塔城、伊犁等9个地州市邮政业安全中心获批成立,累计达10个。坚持过"紧日子",强化预算管理。加强统计监督,对违反统计法规的企业进行行政处罚。开展行业经济运行分析研判。加强节约型机关建设。意识形态与新闻宣传工作及时有效。扎实做好工会、保密、信息化、政务公开、档案管理、老干部等工作。

行业精神文明建设持续加强。组织向"时代楷模"其美多吉、"人民满意的公务员集体"恩施州局、"全国民族团结进步模范集体"和田局学习等,弘扬正能量。积极参与全国第四届寻找"最美快递员"活动,新疆快递员曹杨入围50强。指导开展新疆第二届"最美快递员"评选。组织开展邮政快递业青年文明号创建活动,引导快递员岗位创优。阿勒泰邮政快递业2集体荣获地区"青年安全生产示范岗"。大力推进精神文明单位创建工作,区局、伊犁局、巴州局荣获"自治区文明单位"称号。

三、"十三五"成绩

2020年是"十三五"规划的收官之年。五年来,新疆邮政快递业以习近平新时代中国特色社会主义思想为指导,深入贯彻落实习近平总书记关于邮政快递业重要指示批示精神,完整准确贯彻新时代党的治疆方略,牢牢扭住社会稳定和长治久安总目标,按照国家邮政局党组、自治区党委政府重大决策部署,着力稳态势、提质效、优服务、惠民生、保安全,稳步推进邮政快递基础设施建设,不断完善邮政快递服务体系,持续提升行业服务能力和水平,积极完善行业治理体系,在维护社会稳定、助力脱贫攻坚、促进消费升级等方面发挥了重要作用。

行业基础性先导性作用更加凸显。与2015年相比,全区邮政业业务总量和业务收入分别增长2.07倍和1.68倍,年均增长15.62%和10.96%。快递业务量和业务收入分别增长1.63倍和2.34倍,年均增长10.25%和18.53%。业务收入在地区生产总值中占比由0.34%提升到0.39%。五年新增就业近万人。年均支撑网络零售交易额约600亿元。在做好新冠肺炎疫情防控、防范化解重大风险、服务脱贫攻坚等方面取得重要成果,为打通大动脉、畅通微循环做出了积极贡献。

邮政普遍服务能力水平稳中有升。全区邮政普遍服务营业网点达1517个,其中农村网点1101个。859个乡镇实现乡乡设所,9090个建制村实现村村直接通邮。现有邮路628条,邮路单程总长度23.21万公里,平均单程550公里。邮政企业投递段道达3520条,比2015年增长21%。邮政企业各类运输投递车辆2337辆,比2015年更新14.4%。邮政从业人员达1.95万人。邮政普遍服务投递频次、深度持续提升,全程时限持续改善。

快递服务能力水平大幅提高。全区快递末端网点达2089个,约增长1.6倍。“快递下乡进村”工程成效明显,快递网点乡镇覆盖率达100%,建制村快递服务通达率达40%。快递分拨处理能力大幅提升,建成并运营快递物流园区7个,入驻快递企业95家。新增快件自动分拣线13条。主要快递企业分拨中心面积达30余万平方米,面积增长超1倍。建成城市快递末端公共服务站1734个、智能快件箱2371组。快递产品体系不断丰富,时限准时率相对稳定,有效申诉率逐年下降,旺季服务保障能力明显加强。

行业高质量发展成效初显。深入推广“寄递+电商+农业产品+农户”模式,促进农村一二三产业加快融合。建成2608个邮乐购站点、10个线上扶贫地方馆和355个农村电商扶贫示范站点。五年来支撑销售特色农产品1500种,实现销售额25.93亿元。积极拓展快递产业链,有序发展快运、冷链、仓配、末端等新型业态,推进与制造业、现代农业融合发展。2020年,全区年人均快递使用量达22件,比2015年增长50%。

行业治理能力显著增强。行业监管体系进一步完善,自治区和10个地州市邮政业安全中心获批成立。修订《新疆维吾尔自治区邮政条例》。推动印发《自治区人民政府关于促进快递业发展的实施意见》,加快构建与高质量发展相适应的邮政快递业政策体系。严格执行寄递安全“三项制度”,全面推广实名收寄信息系统,寄递企业分拨中心、营业网点安检机配备实现全覆盖。人才队伍能力素质明显提高,基层员工权益保障持续推进,行业文化和精神文明建设全面加强。

四、快递市场存在的突出问题

“十三五”时期,新疆邮政快递业发展取得了长足进步,但与东部发达地区相比、与行业高质量发展要求相比、与构建新格局发展需求相比,还存在明显短板和弱项。突出表现在竞争层次不高、发展基础不牢、被动适应特征突出、末端和跨境供给明显偏弱、监管资源缺乏、能力不足等。

第八篇 协会工作

加强党的领导 服务行业大局
——加快推动快递业高质量发展进程

2020年是全面建成小康社会和“十三五”规划收官之年。2020年新冠肺炎疫情全球暴发蔓延，世界经济增长低迷，国际经贸摩擦加剧，快递业面临前所未有的新形势与新挑战。中国快递协会按照党中央国务院决策部署，按照国家邮政局提出的坚持高质量发展的工作目标，积极适应行业发展面临的新形势、新任务，统一思想、凝聚力量，充分发挥协会作用，加快推动快递业高质量发展进程。

一、2020年主要工作情况

（一）共克时艰，积极参与快递业抗击疫情

一是与全行业携手共同参与抗疫。2020年1月，面对突如其来的疫情，13家快递企业紧急行动、迎难而上，迅速开通驰援湖北应急物资运输“绿色通道”，全力保障湖北武汉等地区医疗救援物资、群众卫生防护和民生保障物资寄递需求，中国快递协会向奋战在一线抗击疫情的快递企业和员工发出慰问信，肯定并鼓励他们驰援武汉、奉献大爱。疫情期间及复工复产阶段，协会密切关注了解企业在参与物资运输投递过程中遇到的困难与障碍，多次形成相关情况报告，向交通运输部、国家邮政局等有关部门反馈协调相关问题的解决，有力推动了快递车辆通行、人员返岗、快递员进小区等相关问题的解决。

二是凝聚力量共同助力企业复工复产。编纂《快递业防疫与复工政策汇编》。协会及时收集整理200余项相关政策文件，涉及寄递服务、交通运输、税收、金融、就业、劳动用工、海关等各方面，帮助快递企业更加全面地掌握并利用好税费减免等惠企政策，推动会员企业加快复工复产，渡过难关。协会通过中国邮政快递报发表《快递业疫情防控期间法律知识“八问八答”》，及时解答企业在防疫管控措施下，无法进入社区送货上门等实际问题。编纂并向会员单位发放《快递业防疫操作法律手册》，向省级快递协会推送收集整理的相关政策与材料，推动省级协会更好地服务会员企业。

三是回应社会关切传递行业正能量。参与国务院联防联控机制新闻发布会，介绍快递企业在服务疫情防控和复工复产方面所做的工作。接受《人民政协报》等媒体采访，大力宣传快递企业在疫情防控中所发挥的作用，呼吁政府相关部门对提供防控保供服务的流通企业给予更多政策支持，帮助企业降低运营成本，共渡难关。通过新华网，讲述企业在抗击疫情过程中的感人故事，传递行业正能量。协助央视经济频道做快递业复产复工相关报道。

**四是联合会员企业组织物

资捐赠。组织上下游会员企业利用自身生产资源,向武汉快递企业捐赠防疫与生产物资,共筹集到三轮车、环保胶带、口罩等40余万元的物资。5月,在湖北省邮政管理局和湖北省快递行业协会的协助下,举行捐赠仪式,将爱心物资分发给武汉20家快递企业。7月,为支持香港快递物流行业抗击疫情,在国家邮政局的大力支持下,协会向香港速递业协会捐赠2万个防疫口罩,此次物资运送由圆通速递协助完成,11家香港快递物流公司接收到防疫口罩。香港速递业协会表示今后将更加积极地传递爱国爱港力量,为维护香港稳定发展做出努力。

(二)开拓思路,提升协会服务能力

一是优化会员结构,做好会员服务工作。努力做好会员单位的服务与管理工作,先后赴上海、西安等地走访多家快递企业,接待30余家会员单位来访,深入听取企业意见和服务诉求,协调各方资源,为企业解决实际困难;通过各种场景,为企业间的沟通交流搭建平台,做好供需对接工作,得到会员单位的认可。与省级快递协会加强信息沟通与工作交流,协同省级协会共同开展各类工作,编撰省级协会经验交流材料。

二是争取发展条件,推动产业集群提档升级。联合福建省交通运输厅,在优化发展环境、增加惠企政策、促进大型用地项目落地等方面,为快递企业在福建的高质量发展争取了诸多有利条件,有力有效地推动了快递企业在闽战略布局。推动省政府印发《应对新冠肺炎疫情支持交通运输现代服务业发展若干措施》,通过阶段性减税降费、优先办理用地指标行政审批、支持应用对台海运快件通道资质等措施,全方位支持快递企业在福建加快发展。福建省用地项目落实情况目前已覆盖"三通一达"、顺丰、京东等大型快递企业,呈现规模大、档次高、带动效应强的特点,其中韵达两个占地超2000亩的快递电商产业园项目,落地福州永泰、三明永安;顺丰集团速运、快运、冷运、医药四个业务板块的东南区域总部落地泉州;中通福建总部落地连江;德邦东南总部落地泉州等等。同时,还有快递企业的新业态总部及延伸链项目也落地福建,有力地推动了快递产业集群的提档升级。

三是组织参与服贸会,打造会展品牌项目。中国快递协会承办了2020年中国国际服务贸易交易会运输服务板块的展览展示活动。中国邮政、顺丰、百世、菜鸟和三家外资企业共同参展。展区整体设计是以小快递透视大交通为线索,集中展现快递融入综合交通运输体系,积极服务国内经济与全球贸易的发展情况。行业综合展区通过货运飞机、陆运车辆、中欧班列以及"高铁极速达"项目等集中展现了快递业综合利用航空、公路、铁路等运输资源的能力。参展企业集中展现了其在一体化跨境物流服务、国际网络布局、全链条智慧物流、智能化收投设施等方面的建设与服务能力。展区吸引了大量观众驻足并深入了解快递行业,取得了理想的展览展示效果。通过服贸会发布平台,组织UPS、菜鸟等4家企业参加发布会,对其新产品、新应用、新服务进行推介。本届服贸会宣传力度空前,宣传范围广,持续时间长,快递服务板块充分利用其资源进行了大力宣传报道,同时发布了《中国快递业社会贡献报告2019》,有效提升了行业形象。推荐5个快递服务项目荣获本届"服贸会"优秀服务示范案例奖。

(三)反映诉求,充分发挥桥梁纽带作用

一是加强与政府相关部门的沟通协调。关注行业发展过程中出现的问题或面临的困难,充分发挥协会作用,及时反映并帮助协调处理。就高速公路收费新政导致快递企业运输成本大幅上涨问题,协会参与国家邮政局与交通运输部相关工作,代表企业反映相关情况及建议。协助市场监督管理总局,对快递行业涉企违规收费情况开展调查。对智能快递柜收费引发的社会广泛关注,进行深入研究分析，参与发改委、市场监督管理总局的相关会商，协调解决相关问题。参加李小鹏部长主持召开的部运输工作座谈会，就“十四五”规划和交通强国建设提出行业发展建议。

二是参与政策标准制修订工作。密切关注相关法规政策的出台，积极参与相关制修订工作。对国家邮政局《邮件快件绿色包装规范》《快递末端公共平台收投服务规范》《邮政行政处罚程序规定（修正草案）》等十余项政策规章，提出修订意见。就发改委《“十四五”现代物流业发展规划》提出促进快递业高质量发展相关建议。参与交通运输部、国家发改委、中国民航局等与快递业相关的政策制修订工作。积极参与邮标委工作，就《智能信包箱》《绿色产品评价快递封装用品》等9项国家标准和行业标准的制定，代表企业从实操角度提出建设性意见建议。制定团体标准工作方案，完成《团体标准管理办法（征求意见稿）》，为协会下一步开展团标制订工作奠定基础。

三是搭建沟通交流平台。法律事务专业委员会召开快递业发展研讨会暨快递沙龙，围绕着快递末端的架构、准入、趋势和客户知情权以及新业态法律问题等议题展开讨论，会后形成《关于快递末端新业态许可的情况反映》，拟与国家邮政局相关部门沟通交流，推动相关问题的解决。

四是推进行业依法依规发展。积极做好政策宣传与普法工作，向快递企业宣贯《邮政业寄递安全监督管理办法》《邮政行政处罚程序规定（修订版）》，并督促快递企业开展内部学习。通过研讨会等形式进一步加强对企业在经营许可、末端投递等方面的普法宣传，帮助企业明晰政策要点。召开疫情之下快递业发展研讨会，围绕应急物资运输优先权、应急法律体系建设、疫情之下的快递末端服务等议题展开研讨，引导企业集思广益，探讨解决行业在疫情防控和应急需求下的相关问题。编纂出版《2019年快递行业新增法规文件汇编》《快递业末端投递法规文件汇编》、首期《中国快递法律评论》。

（四）改革创新，推动行业持续向高质量发展

一是第二届邮政行业科学技术奖评选。本届科技奖评选吸引了行业内外37家企业与科研机构积极申报参评，经过评审委员会办公室形式审查，共93个申报项目进入专业评审组进行评审。审委员会委员最终评选出20个获奖项目：其中一等奖3项，二等奖8项，三等奖9项，内容涉5G应用、人工智能、物联网、智能仓储与分拣、环保包装、制度体系建设等多个领域。本届邮政业科技奖评选反映了行业近两年在科技创新方面的发展成果和发展方向，鼓励和推动了行业在科技创新方面的建设与投入，吸引了各方创新主体投入到科技研发与成果转化等活动中，有效提升了邮政快递业科技创新能力和水平。

二是推进快递业务旺季服务保障工作。组织召开2020年快递业务旺季服务保障工作协调动员会，对做好2020年的旺季保障工作进行动员与部署。16家快递企业汇报了旺季服务准备情况，各省级快递协会通过视频参会并就相关情况与现场进行互动交流。向省级快递协会印发旺季服务保障工作安排，细化责任分工，协调解决企业遇到的问题。“双11”旺季服务期间，协会在全国范围内开展了调研慰问活动，四个调研慰问组分赴广东、浙江、江苏、河北、吉林、内蒙古、山西、陕西、宁夏、重庆、广西、云南等12个省（区、市）的20余个地市，联合当地省、市级快递协会以邮政管理部门，共同开展了旺季服务调研慰问活动，为奋战在一线的从业人员送上暖心慰问品。调研慰问组走访百余家分拨中心、城乡末端网点、共配驿站等，对旺季服务保障、快递企业生存现状和快递员权益保障等工作进行了深入调研，听取企业的意见与建议，协调解决相关问题，督导企业落实安全生产和员工权益保障措施等，保障旺季服务有序运行。

三是助力快递进村工程。

落实国家邮政局《"快递进村"三年行动方案(2020－2022)》,联合13家快递物流和电商企业共同发布《同心协力共同推进"快递进村"倡议》,积极推进"快递进村"工程。12月,印发协会关于进一步推进邮快递合作下乡进村工作的相关通知,开展黑龙江、四川、甘肃、青海、西藏五个试点省份邮快合作业务量统计工作,充分听取试点省级协会、企业总部就相关工作的意见反馈,并将相关情况向国家邮政局及时反映。

四是促进行业绿色发展。联合中国再生资源回收协会共同组织生态环保多方协同交流沙龙,会议达成共识,进一步提高行业绿色发展意识和消费者的环保意识。组织专家共同就降解塑料的使用和生产开展调研。与中海油气电集团联合推进LNG新能源车辆在快递领域的应用。组织快递、汽车制造和LNG能源供应三个领域20余家企业,围绕新形势下快递业节能减排、LNG运输车辆推广应用、加气站建设布局等问题,开展座谈研讨与供需对接,并推进试点工作,加快推动快递业绿色发展。

(五)加强自律,推动快递业健康发展

一是促进末端网点稳定发展。2020年以来快递业末端网点运行不稳定情况增多,为加强行业自律与自治,维护行业末端稳定发展,保障一线从业人员权益,中国快递协会按照国家邮政局的要求,就此问题多次召集相关快递企业,共同研讨破解难题,形成《快递企业末端派费核算指引》。国家邮政局高度重视此项工作的开展,数次听取此项工作的进展情况,并就相关工作进行部署。该指引充分听取企业总部意见后,又在北京、江西、甘肃三省市分别组织末端网点进行座谈与调研,最后《快递企业末端派费核算指引》经三届一次常务理事会审议通过。近期,此项工作已进入实施阶段,协会与国家邮政局市场监管司共同召开了促进快递末端稳定试点启动会,无锡、阜阳和遂宁三地的试点工作已经展开。

二是加强末端网点规范化发展。为进一步加强智能快件箱的操作与规范使用,协会与市场监管司共同召开规范末端投递服务网络视频会议。牵头组织丰巢、中通等企业成立快递业末端服务工作小组,就智能快件箱投递业务标准化操作进行反复研讨,形成《智能快件箱投递业务标准化操作指引(征求意见稿)》。经广泛征求快递企业和中消协意见后,报国家邮政局市场监管司,下一步将适时推广使用。成立智能配送专业委员会。快递末端服务法律研讨会暨快递沙龙(第4期)。深入研讨快递末端新业态的法律问题,推动快递末端服务多元化的发展和规范管理,促进了快递用户合法权益的保障。会后代表企业向相关部门提交了《关于快递末端新业态许可的情况反映》,有效推动了相关问题的解决。参与抵制野生动植物非法交易行业自律倡议活动,包括中国野生动物保护协会、中国快递协会在内的九个行业协会联合成立抵制野生动植物非法交易自律联盟,制订行业自律规范,以实际行动共同抵制乱捕滥采滥食、非法交易野生动植物行为。

(六)政治引领,推进协会自身体系建设

一是加强党组织建设。强化理论学习,提高政治站位。协会党支部始终围绕提升党员政治理论和思想素质水平为主题,促进党员加强党性教育和党性锻炼,教育引导党员筑牢信仰之基、补足精神之钙。抓好党风廉政建设,筑牢纪律规矩底线。协会党支部始终把党风廉政建设工作当作头等大事来抓,聚焦"两个责任",加强教育防范、制度规范、监督制约。切实加强协会党支部党组织建设,健全党支部委员会,增补韩瑞林同志为支部书记。组织党员为新冠肺炎疫情捐款活动。接受中央和国家机关工委的督查调研,组织召开"厉行勤俭节约、反对餐饮浪费"专题组织生活会。开展违规享受政策性住房等四个方面问题的专项整治工作。

二是做好扶贫工作。按照

国家邮政局扶贫办的工作部署配合做好定点扶贫相关工作，接收国家邮政局5家直属单位对平泉定点扶贫捐赠款，接收顺丰公益基金会、中通互助会对平泉的定点扶贫捐款。拨付105万元扶贫款用于平泉的“危房改造工程”等三大工程项目；拨付118.16万元用于新建小学、改善学生学习条件及幼儿园改造等工程项目；拨付扶贫资金10万元用于哈叭气村卫生所改建项目。接收菜鸟网络的扶贫捐款100万元，已全部拨付用于国家邮政局在“三区三州”开展的“酿蜜行动”重点项目工程的实施。协调完成了UPS公司对平泉南五十家子小学计算机更新的扶贫项目。

三是完成脱钩工作。协会按照交通运输部关于《中国快递协会脱钩实施方案》的相关要求，稳步推进脱钩工作。先后完成了协会脱钩具体实施办法，并就党建、外事等的转移工作与相关部门进行对接，接受业务主管部门的财务审计和资产核实。职能脱钩方面，与国家邮政局沟通在职能转移和政府购买服务方面的诉求。定期向国家邮政局、交通运输部报送脱钩进展情况。9月下旬，脱钩联合工作组批复中国快递协会脱钩实施方案，协会将在10月底完成脱钩关系转移、变更备案以及换证等手续，全部完成脱钩工作。

四是扎实做好自身建设。2020年共发展15家企业入会，其中7家为理事单位，8家为会员单位。新入会企业主要包括汽车制造、包装印刷、分拣设备、科技信息等上下游产业链企业。受疫情影响，以通信形式召开了三届一次常务理事会。做好协会换届后的负责人以及章程的备案、离任审计与法人变更等工作。完成2019年民政部年检相关信息的系统填报工作。配合审计署对马军胜同志经济责任审计的相关工作，制定整改方案并落实整改。秘书处完善各项管理制度，使协会运转效率不断提升。完成协会新址搬迁工作。组织员工参与“暖阳捐衣”“幸福工程——救助贫困母亲行动”等捐助活动。

二、2021年工作思路

2021年是我国全面建成小康社会、实现第一个百年奋斗目标之后，乘势而上开启全面建设社会主义现代化国家新征程、向第二个百年奋斗目标进军的起始之年。对于中国快递协会而言，这也是协会按照中央关于全国性行业协会商会与行政机关脱钩改革的总体部署和要求，完成脱钩开启改革发展的第一年。明年，协会计划在以下几个方面加大工作力度，加快发展进程。

（一）坚持党的领导，服务行业大局

加强党的领导是促进社会组织健康有序发展的根本保证。我们要深入学习贯彻党的十九大精神和习近平总书记对邮政业的系列重要讲话精神，加强和完善党对协会工作的领导。按照高质量发展要求，坚持全面从严治党，更好地服从服务党和国家的战略任务和政策导向，以创新、协调、绿色、开放、共享的发展理念统领协会工作。

（二）完善协会职能，创新服务能力

要完善以协会章程为核心的内部管理机制，健全会员大会、常务理事会和理事会制度，充分发挥协会组织的凝聚力和全体会员的创造力。要积极配合政府部门，参与行业立法、规划、标准、统计、评估、咨询等购买服务工作项目，为政府部门制定和实施相关政策提供协调与服务。要整合利用好协会的独特资源优势，积极促进会员之间、行业内外之间的对接与合作，探索行业发展的新模式新路径。要优化协会组织结构，加强协会人才培养，活跃和提升协会的综合服务能力。

（三）发挥协会作用，推进高质量发展

坚持面向政府、面向会员和面向社会，全面发挥协会作用。在服务中央重大决策部署、服务国家重大战略、服务国家邮政局重点工作的有效落实中实现协会自身发展。增强担当意识，协调处理好上下游企业、总部与网点、企业与客户之间的关系，积极发挥协调与维权的纽带作用，

着力促进和谐稳定健康有序的快递“生态圈”。积极弘扬和建设行业诚信文化,加强行业自律体系建设。积极搭建合作发展平台,促进行业内外、国际国内沟通联系,进一步提升协会的影响力、公信力和创造力,汇聚共促行业转型提效和高质量发展合力。

（四）坚持改革创新,推进协会新发展

2021年是协会脱钩后独立发展的第一年,也是快递协会发展历程中的关键一年。我们将坚持社会化、市场化改革方向,努力探索协会发展的新方式、新路径,开拓协会发展的新局面。要深入挖掘行业协会的发展潜力,针对会员企业需求提供服务,着力解决行业难点痛点问题,推进快递业健康可持续发展。激发会员活力,充分发挥会员企业的作用,增强会员单位对协会建设的参与度,密切会员间的联系。力争在快递业蓬勃发展的进程中,更有生机、更有活力地发挥协会组织的职能作用。

第九篇　人　物　志

感动！榜样的力量

9月29日上午，“最美”揭晓发布会在北京主会场和31个省（区、市）的分会场同步举行，徐龙、汪勇、李成、葛军、王惠贤等14名“最美快递员”个人和中国邮航团队、京东物流武汉亚一城配青年车队、中通快递西藏日喀则团队等5个“最美快递员”团队受到表彰。说出上述这番话的，正是“最美快递员”获得者徐龙和他的妻子张婷。

这天上午，会场内，这样的掌声与感动一直并存。

奋进中，绽放精彩人生

快递与我们的生活有多密切？目前，快递行业日均业务量超2亿件，日均服务用户4亿多人次。更让我们难忘的是，疫情防控期间，快递小哥成为我们居家隔离“最亲密”的伙伴。全行业累计运送、寄递防疫物资48.98万吨、包裹3.98亿件，发运车辆8.75万辆次，开行货运航班779架次。

从战“疫”到日常，从城市遍地开花到下乡进村，从促进消费到服务乡村振兴，小快递服务大民生。这背后是全行业400多万从业人员的辛勤劳动和无私奉献。在发布会现场，我们继续以“最美”为标尺，见证荣耀，分享感动。

是他们，在危难时刻挺身而出，默默地守护着我们，守候着那份温暖人心的烟火气。被党中央、国务院、中央军委表彰为“全国抗击新冠肺炎疫情先进个人”，并被国家邮政局授予“最美快递员”特别奖的顺丰速运武汉分公司快递员汪勇、中国邮政武汉分公司投递员徐龙在疫情中挺身而出、向险而行；来自韵达速递的赵华岳，五进五出赴武汉抗疫一线运送物资，他说，“大家都往后的时候，总得有人往前走”；来自宅急送的李润峰，千里驰援将新冠病毒检测试剂送到武汉，他的母亲2003年非典时期亲赴病区运送药品，从非典到新冠，母子两代人携手战“疫”。

世上没有从天而降的英雄，只有挺身而出的凡人。这些团队的身影也深深地刻在我们的脑海里：累计运输防疫物资2550余吨，安全飞行185架次的中国邮航团队；17小时打通防疫物资空中运输通道，75天里执飞航班290个的顺丰航空团队；持续执行海内外抗疫包机共84班的圆通航空团队；累计承运7000余吨医疗应急物资，配送了6000余吨米面粮油、蔬菜等生活必需物资的京东物流武汉亚一城配青年车队。

是他们，用勤劳、善良、质朴、勇敢创造和保障着我们指尖上的美好生活。来自中国邮政青海格尔木分公司的投递员葛军，一个人，一辆车，在海拔4000多米的“鸿雁天路”上一走就是10年；苏宁快递员潘虎退伍不褪色，5年行程2万多公里，15万件快递百分之百准确投送，零差评，零投诉；中国邮政河北蔚县步班投递员曹正富，二十五年如一日在大南山里跋山涉水，行程10万公里，没有一次误班、漏班；德邦快递员严宝华深耕乡村快递，帮助乡亲们在线销售猕猴桃等农特产品，将乡亲们购买的家电送货进村并提供安装服务，连续4年零投诉。

快递小哥热心公益、见义勇为的事迹并不鲜见。此次“最美”获得者中，来自申通快递的王惠贤就是个热心肠，她不仅将网点经营得红红火火，还热心公益帮助有需要的人；顺丰速运的杨敬山，10年来一直坚守在收派一线，疫情防控期间，组建快递小哥志愿服务队，为在家隔离的居民送菜；京东物流的刘平来当“空中飞人”给百姓送货，热心公益，捐款孤儿院，第一时间参与抗震救灾；百世快递的林海原，在派件途中看到一名男子手持利器刺向一名环卫工人，遂徒手与男子搏斗，左手掌被刺穿。

是他们，拉紧了城乡纽带，打开了农民增收创收的新路子，在新时代造就了让世界艳羡的中国速度和中国奇迹。中通快递甘肃天水公司负责人李成孵化村级服务网点，帮助返乡青年创业，打通农村电商“最后一公里”，通过互联网将家乡农特产品销往全国各地；圆通速递吉林敦化公司负责人刘忠鑫带领大学生团队积极开拓市场，携手兄弟企业组建联合团队，抱团作战；中通快递西藏日喀则团队7年扎根藏区，架起与外界沟通的桥梁。

正是这些可亲可敬的快递小哥，打通城市血脉，衔接物质流通，支援前线战士，温暖百姓生活。无论时代条件如何变化，崇尚劳动、尊重劳动者的主旋律永不变。

积淀中，镌刻价值年轮

这是我们第四次为“最美快递员”而相聚。每一次，我们都被“最美”深深地撼动。

7年前，由中国邮政快递报社《快递》杂志最早发起的寻找“最美快递员”活动，如今已经成为邮政业精神文明建设的重要品牌。第四届寻找“最美快递员”活动自2018年11月启动以来，得到了全行业的积极响应和社会各界的广泛关注，共收到各个渠道推送的830位“最美快递员”候选人，经初步筛选，共计300名候选人进入投票环节，累计收到投票近1400万张。经过两轮公众投票，“最美快递员”50强脱颖而出。

这些“最美”代表是评审委员会优中选优的结果。由业内专家、媒体代表、消费者代表和上一届“最美快递员”代表共同组成的寻找“最美快递员”活动评审委员会，本着公平公正、事迹优先的原则，在50个候选个人和集体中优中选优，推选出12位“最美快递员”个人和5个“最美快递员”团队。此外还有两位快递员获得特别奖。以上人选均经国家邮政局精神文明建设指导委员会审议并通过。

在发布会现场的会议议程上，一张黑白照片引起了大家的注意。当屏幕视频镜头切换至一张特别证书时，会场上的掌声久久回荡。年仅21岁的快递员王同岭，在今年的5月26日凌晨下班回家途中，见义勇为救起落水女子，却再也没有醒来。9月18日，中国邮政快递报社代表组委会前往河北省沧州市泊头市齐桥镇老庄子村看望了他的家人，为他们送去了组委会制作的这张特别证书。

随着掌声的再次热烈响起，屏幕镜头相继切换到31个省（区、市）的分会场，为50强代表颁发证书，共同见证这一庄严时刻，并向“最美快递员”50强的其他代表致敬。

“今天受到表彰的‘最美快递员’，就是行业千千万万从业人员的优秀代表，你们以高度的主人翁责任感、卓越的劳动创造意志力、忘我的拼搏奉献精神，艰苦奋斗、勇于创新，敢于担当、主动作为，为全行业树立了学习的榜样。你们生动地诠释了社会主义核心价值观和邮政业核心价值理念，是行业发展的宝贵精神财富和强大精神力量。”国家邮政局局长、局精神文明建设指导委员会主任马军胜在致辞中表示。

马军胜强调，在建设现代化邮政强国的新征程上，我们要始终以“最美快递员”为榜样，弘扬“小蜜蜂”精神，为行业发展汇聚强大正能量；要始终实现好、维护好、发展好广大从业者根本利益，让行业改革发展成果更多更公平惠及他们，强化全社会对快递员关心关爱；要始终坚持人民主体地位，充分调动广大从业者的积极性、主动性、创造性，真正让对行业发展有贡献的从业者经济上有实惠、工作上有奔头、社会上受尊敬。

每一个故事，每一段人生，都是一篇激荡人心的精神史诗，也是一段悠扬抒怀的生命旋律。他们是普通人，就来自我们身边，但他们又不普通，他们在各自领域做出的不平凡的业绩，让他们跻身“最美”行列。一年又一年，无论岁月的脚步如何变迁，“最美”在我们心中的标杆意味永远不变。是他们镌刻着当代快递人的价值年轮，是他们在无声地诉说着属于一个行业的精神荣光。

下一届“最美”，期待与您相见。

徐龙：“‘战争’来临，我必须冲上去”

评审委员会授予徐龙的推荐词：

76天，160余次，你逆行出征，争分夺秒，拨开云雾见月明；多走一米，多送一程，你和妻子并肩战斗，白衣天使与绿衣勇士共筑巍峨长城。“如有战，召必回，战必胜”，你永葆军人底色；“国家需，邮政在”，步履铿锵勇向前。

“这次能获得‘最美快递员’称号，我感到非常荣幸，我只是将一名邮政投递员应该做的工作做得更好而已。”在发布会现场，中国邮政武汉市江岸区分公司投递员徐龙携妻子一同上台领奖。捧着“最美快递员”证书，徐龙说：“邮政人平时是信使，战时是战士，当这场没有硝烟的战争来临时，我必须冲上去。”

新冠肺炎疫情发生后，他率先报名参加江岸区分公司应急突击队，在最危险、最紧要的关头奋战在抗疫一线。徐龙的妻子是湖北省中西医结合医院的一名门诊护士。春节前夕，妻子主动要求去感染风险最高的前线工作。

夫妻二人临行前最不舍的

就是三岁半的孩子。让他们揪心的是，在临行前，孩子突然发烧了。在新冠肺炎疫情肆虐的特殊时期，夫妻二人的心都提到嗓子眼了。好在只是普通感冒，经过输液，孩子很快康复。由于徐龙和妻子都在抗疫一线，为了家中老人和孩子的安全，吃完年夜饭后，徐龙和妻子从家里搬出来。徐龙暂住在父母的老房子里，妻子则住在医院安排的隔离酒店里。

“只有每天晚上睡觉前能和家人视频聊一会儿，知道他们没事我就放心了。”徐龙说。

孩子喜欢看动画片《奥特曼》，夫妻俩就告诉孩子爸爸妈妈打病毒去了，等胜利了就回家，一家人再团聚。就这样，在武汉“封城”的76天里，他和妻子并肩战斗在疫情一线，一个是白衣天使，一个是绿衣战士。

徐龙所在的上海路投递站位于市中心核心地段，投递站距离收治新冠肺炎患者的武汉中心医院只有200余米，附近还有其他3所定点救治医院、15个发热门诊和2座方舱医院。此外，14支外省（市）医疗救援队的驻地也在投递站的服务范围内。在疫情最严峻的时候，来自全国各地的大量防疫物资涌向武汉。

对于送往定点医院、医疗机构、援汉医疗队的防疫物资和特殊邮件，武汉邮政采取及时联系、及时投递的措施，按收件方要求将物资和邮件送到指定地点。“我们不仅要投递医疗物资，还要保证辖区居民基本生活物资的及时投递，压力非常大。”徐龙回忆道。

疫情暴发初期，运送防疫物资与平时的投递工作不同，没有固定的投递路线和投递时间。徐龙说：“所有物资随到随送、指哪送哪。如果快件是医疗物资，无论是寄给医院还是个人，都要求必须当天送达。”面对重任，徐龙毫不退缩，在一线坚守76天，累计出班160余次。他每天来得最早，走得最晚。每当感到疲惫的时候，他就想想妻子以及和妻子一样奋战在一线的白衣天使。

2月17日，上海路投递站接到了5个由湖南长沙捐赠给协和医院的载物爬楼机，每个爬楼机重近50公斤，高达1米多。徐龙主动请战，将这批“大家伙”送往医院，并和同事协助医护人员将爬楼机放置在滑轮床架上。“我们多走一米，他们就能省点时间、省点力气，去救更多的人。”徐龙说。

在那段异常艰难的日子里，最让他难忘的是2月25日。当天，他在党旗下宣誓，成为一名中国共产党预备党员。由于徐龙在抗疫中表现突出，2月24日，上海路投递部党支部召开线上党员大会，一致同意接收徐龙同志为预备党员，随后报江岸区分公司党总支会讨论通过。他成为抗疫期间武汉邮政“火线入党”第一人。

“感谢妻子在那段时间里给我的支持和鼓励，这份荣誉也有她的一半。”徐龙对记者表示，经过疫情的考验，他和妻子的感情历久弥坚。

汪勇：白衣战士的“后备军”

评审委员会授予汪勇的推荐词：

你逆行冲锋，带领志愿者司机团队，义务接送医护人员上下班；你聚拢温暖，扫街找餐馆，快速搭建起应急餐食免费配送网络；你奉献社会，竭尽全力，为医护人员解决生活急需。以生命赴使命，用大爱护众生，“生命摆渡人”向险而行。

上《新闻联播》，火线入党，被破格提拔为分部经理，获得“中国青年五四奖章”，被授予“最美快递员”称号——因在疫情防控期间贡献突出，顺丰快递小哥汪勇在35岁时迎来了他人生中的荣耀时刻，而他却平静得像一滴水。他说：“走再远，也不要忘记来时的路。唯有不忘初心，才能不负人生。”

汪勇的事迹源于他偶然进入的一个“医护人员车辆需求群”，当时湖北金银潭医院一位护士因交通不便回不了家，在群里求助，需在腊月三十傍晚搭车，但一直无人回应。过后，汪勇回复：“我去。”

汪勇主动联系上这名护士，在接送护士的时候，他自己也害怕。因为在未知的风险面前，无论是谁，内心都会产生恐惧。尽管如此，汪勇依然在12个小时里接送了30多名医护人员。

结束后，汪勇回到住的地方，从没真切地体会“死亡”二字的含义，此时却是如此地真实。他说，大不了豁出去了，感染了就卖房子看病，没什么大不了的。将生死抛之脑后的汪勇在抗疫路上更加勇毅。

汪勇本想一个人扛下所有，继续接送“天使”们往返，但随着用车需求量越来越大，他在各个志愿者群里呼吁成立了一支出出进进大约有30位司机的车队。从1月29日起，这个头脑活泛的小伙子陆续谈下摩拜单车、青桔电动单车、滴滴快车的支持：摩拜单车所有的点位，车辆1天到位；滴滴把接单公里数从3.5公里以内改为15公里以内。武汉“封城”76天，汪勇的微信好友从不到200人，滚雪球一样增加到3000人。

医护人员的出行问题得到妥善解决后，汪勇听说，许多医护人员只能啃面包、吃泡面。“好想吃大米饭啊！”汪勇看到一位护士的朋友圈便下定决心要让他们吃上热饭。他想尽办法联系了多家饭店、肉菜供应商，建立供应网，几经周折最终他和团队解决了近7800位医护人员的供餐问题。

医护人员有需求，他必有回应。眼镜的两条腿都被护目镜压坏了，援汉四十多天能不能理个发，想给援鄂医疗队的队员过生日……面对如此需求，汪勇协调各行业志愿者为医护人员修好眼镜，派去理发师，满城找生日蛋糕，还对接了三四万件防护物资。

因为义举，汪勇被公司破格提升为分部经理，他的生活发生了巨大变化。

汪勇说，走上新的岗位，感觉自己在许多方面需要学习提升。岗位的变化也改变了他的生活规律。

汪勇说，疫情过后，他最想做的就是尽量多地陪伴家人，自己在他们最惶恐无助、最需要他的时候选择出来，亏欠他们太多。他期待尽快回归正常：“有时间的话，我会把精力投入到公益方面，这是我愿意做的事。”

现在，到大学里分享抗疫经历、资助贫困高中生，每一次社会活动，汪勇都格外卖力，“教师和医生是我从小就很尊敬的两个职业，能通过自己的微薄之力，给他们带来帮助，我感觉挺自豪的。”

顺丰公益基金发起公益活动，汪勇带多名顺丰志愿者为孤寡独居、行动不便老人送去装有米、油和口罩的“关爱包”。

在京参加全国抗击新冠肺炎疫情表彰大会时，汪勇说：“其实没觉得做了多大的事，感觉自己得到了太多，身上的责任也更大了。这也督促我要更严格要求自己，做一个好榜样。”

王惠贤:公益是可以传递的大爱

评审委员会授予王惠贤的推荐词:

你从零起步,用坚韧和执着,将网点做大做强,拼出人生跨越轨迹;你从点滴开始,用真情和诚意,打造品牌公益活动,闯出了青春亮丽底色。爱,不在于大小在于真心;爱,不在于多少在于持久。是你,让爱的接力棒永远传递。

9月29日晚上11时,在从北京回到河北涿州的高速路口,一条长长的横幅,一捧明艳的鲜花,一个个期盼的眼神,以及温暖的拥抱,涿州申通网点的家人们迎回了他们的"最美快递员"王惠贤。

王惠贤是河北涿州申通的负责人。抱着迎接她的鲜花,王惠贤几乎感动到哭。她说:"那条长长的横幅,让我的激情与感动高高飘扬。去北京领奖,收获了太多朋友的祝福。在感动的同时,我也深深地明白,我只是一个代表大家领奖的人,我的一切荣誉与收获都离不开大家的支持和鼓励。"

在"最美快递员"中王惠贤是热心公益的代表。她曾是一位下岗职工,机缘巧合走进了快递业。凭着过人的胆识、坚韧的毅力和良好的信誉,她将涿州申通经营得有声有色、红红火火。不仅如此,在企业发展壮大的同时,她不忘回报社会,十多年如一日为公司做实事,为社会做好事,积极支持公益事业。

2005年,她的公司刚刚成立,资金也并不宽裕。但当她得知易县牛岗乡牛岗小学非常贫困后,便与牛岗小学取得了联系,以个人名义为学校送去了近200个书包、100多本课外读物等价值3000元的学习用品。接过她送来的礼物,牛岗小学的孩子们欢呼雀跃,一声声"谢谢阿姨"让在场的她激动得落泪。

大爱的起点就此画下,往后便是循环往复的传递。2017年一个偶然的机会,当她得知河北涞源山区有一位90多岁的老人生活困难、行动不便的时候,就迅速赶了过去。这一去便是连年的往返与关注。在同行者拍下的视频画面中,她和老人紧紧拥抱在一起。"当老人扑进我怀里紧紧搂着我的时候,一种责任感油然而生。"王惠贤说,这也更加坚定了她坚持做公益的决心。

当问及如何平衡快递事业与公益行动时,她不假思索地回答道:"干快递和做公益并不矛盾,干快递可以成就我们的爱心,因为快递行业有自己的特点,网点下面有一些门店,也有一些代理点,小而散的分布,可以让我们做更多有爱心的事儿。"

"爱心书架""爱心衣架""爱心冰柜""爱心托管""爱心驿站""一分公益""双11快递小哥加油站"……一系列公益创举,她和她的爱心行动被大家看在眼里。在接受记者采访时,她说:"我做了这么多年公益,最大的感受就是,他们成就了我。"她给记者举了一个例子:一个从小学直至大学毕业受她资助的贫困学生在毕业后从事幼教工作,想要把爱播种到人生刚刚开启的阶段。她对王惠贤说:"阿姨,我要把这种爱传递下去。"

不仅是这些受资助的贫困学生,周围的人也被她带动着。她的一位员工表示:"我跟大姐做快递10年了,创业艰辛她从来不和我们说。但是我们都始终看在眼里。她是一个非常积极乐观的人,经常关心我们的工作和生活。我在这里工作非常开心。我们和她一起去做公益,把爱传递到每一个角落。"

16 年来，从一个人到一群人，王惠贤的公益之路越走越宽。“中国好人”“感动交通十大年度人物”“全国五一巾帼标兵”“全国巾帼建功标兵”“河北省劳动模范”“河北省五一劳动奖章”“河北省五一巾帼标兵”“保定市道德模范”“保定市三八红旗手”“保定市优秀巾帼志愿者”以及刚刚获得的“最美快递员”等一系列荣誉称号让王惠贤受到广泛关注。她说：“我就是一名普通的快递人，我会继续努力，继续在公益路上走下去。”

葛军：往返在高寒邮路的柔情硬汉

评审委员会授予葛军的推荐词：

你闯过生命禁区，一个人，一辆车，跑出一条“鸿雁天路”；你战胜高寒沙暴，10 年腾挪 40 万公里，结下一路军民情长；你肩负运邮重任，传递欢乐幸福，成为人人期盼的“葛大爷”。你无怨无悔，一往无前，正是新时代精神的生动诠释者。

43 岁的葛军身材魁梧，由于常年驱车行驶在高寒缺氧的高原地区，他的嘴唇干裂，呈暗紫色。在被称为“生命禁区”的可可西里，有一条邮路叫“鸿雁天路”。葛军是这条邮路上唯一的投递员。在这条路上，他一人一车，总行程达 40 多万公里。

2010 年 9 月，葛军退伍后成为中国邮政青海省格尔木市分公司的投递员，从此踏上了格尔木市至唐古拉山镇的邮路，为在这条路上守护“生命线”的军人、科研人员、环保工作者、志愿者以及少数民族群众开展邮政服务。

葛军负责的邮路往返全程近上千公里，平均海拔 4500 米，是世界上距离市区最远、海拔最高的乡镇邮路，往返一次需要两天时间。他每周一班，即使过年过节也从未中断。整条邮路所在区域海拔落差大，气候恶劣，冬季冰雪封堵，夏季有泥石流，春秋沙尘暴肆虐，大气含氧量仅为平原的 43%，年平均气温在零下 6 摄氏度，8 级以上大风天年均 168 天，被称为“生命禁区”。

当记者问到工作中遇到的最大困难是什么时，葛军毫不迟疑地说：“体能。虽然已经在这条路上跑了 9 年，但身体上的不适是无法改变的。高寒缺氧，任何人都觉得很难受。当我觉得身体难受的时候，我就想想那些常年坚守在邮路沿线的军人和在高原地区工作的科研人员，他们都比我辛苦。能为他们服务，我觉得很骄傲。”

葛军不善言谈，说起自己的事迹，他觉得这不算什么，轻描淡写地一带而过。在发布会后，葛军接受记者采访时最先提到的是同行。“参加这次活动，了解到同行们的光荣事迹，让我觉得同行们非常了不起，他们的事迹让我的心灵感到震撼。疫情防控期间，全国邮政快递业作出了应有的贡献，作为一名普通的快递员，我非常自豪。这个荣誉对于我来说不仅是鼓励，更多的是鞭策。我要继续做好邮政普遍服务工作，为邮路沿线的群众带去更多便利。长期穿梭在高寒缺氧的无人区，我在身体上承受了很大的考验，但是我会坚持下去，再苦也会用强大的意志克服。”葛军真诚地说。

坚守邮路近 10 年，他与沿线的军民结下了深厚的友谊，无论过年过节、刮风下雪，每周至少跑一次，哪怕只有一封信也要送。他不仅是信使，也是邮路沿线群众的贴心人。

葛军回忆说,一年冬天,可可西里下着大雪,一名蒙古族妇女在路边焦急地拦住了他的邮车,这名妇女邻居的孩子突患重病,持续高烧。葛军马上让孩子和他的母亲坐上邮车,紧急返回格尔木救治。这时大雪已经覆盖了来时的道路,车辆行驶非常艰难,直到凌晨3时才到达市区,所幸孩子及时得到救治。

葛军的硬汉外表下有着一颗温暖柔软的心。除了热心对群众施以援手外,他还在五道梁救助过一头受伤的藏野驴,在沱沱河救助过国家重点保护动物金雕。

“跑这条邮路确实很苦,但是每次看到客户收到包裹时开心的样子,我就觉得这些苦都不算什么。只要身体条件允许,我会一直干下去。”葛军说。

赵华岳:“假如有如果,向前的人中一定有我”

评审委员会授予赵华岳的推荐词:

“去武汉,让我来”你掷地有声扛起“战旗”。“小家”暂离别,“大家”早团聚,你与时间赛跑,和病毒搏击;你心怀希望,沉着冷静,一次又一次完成医疗物资紧急运输任务。你说,“大家都往后的时候,总得有人向前”。

在新冠肺炎疫情防控最吃紧的时候,五次进出武汉运送疫情防控物资的韵达干线司机赵华岳无论如何也没想到,几个月后自己会因此站在领奖台上,接受一份荣誉。

“济南韵达转运中心—漯河韵达转运中心—漯河的家,三点一线。”赵华岳如今工作生活的日常节奏已恢复如常,和很多快递司机一样,继续开始黑白颠倒而又波澜不惊的小日子。每天夜里2:00,在灯火通明的济南韵达转运中心,赵华岳一定准时出发,驾驶着一辆16米的大型货运卡车,载着满满一车近16吨的快件,一路驶向西南,目的地是河南漯河,他的家就在那里。每当迎着升起的朝阳,赵华岳就知道,距离目的地已经不远。

新冠肺炎疫情防控进入常态化后,赵华岳不用再跑郑州—武汉的线路了,而是调整到今年春节前就已经申请的漯河—济南的路线,也兑现了当时义无反顾去武汉时对家人的承诺——“等疫情控制住了,就跑一条离家近些的路线,多陪陪你们。”

“在从漯河来北京参加揭晓发布会的路上,从来没有过的紧张跟了我一路。从没想到自己小小的举动会得到那么多人的肯定。”赵华岳坦言,当时,从郑州出发,车上悬挂着条幅“武汉加油”“韵达支援武汉物资车辆”,让他着实感到骄傲。最后一次从武汉回来解除隔离回到家中,13岁的儿子迎上来,一脸自豪地说:“爸爸你真勇敢。”让赵华岳更加感到自己做了一件好事。

说起那句斩钉截铁的回复“没问题,我去!”时,赵华岳憨笑起来:“一开始是真不知道疫情有多严重,就是箭在弦上说走就走。后来,在路上接到领导打来的电话反复叮嘱‘千万别摘口罩’,心里确实开始有点发毛了。”

可正如赵华岳所说,当你踏上征途,一路上,无论是雨下得越来越大,还是天气越来越冷,在一趟又一趟驰援的途中,心中的暖意战胜了恐惧。因为“一方有难,八方支援”从来都不是一句口号,你会看到许多像自己一样的人在路上,为等待着的同胞送去希望和勇气时,你必然会坚定地选择“向前!向前!”

“现在,疫情防控进入常态化,我可以畅快地跑在干线运输的路上与时间赛跑,也可以闲时安心地陪在家人身旁。如果,我说的是如果,还有类似的事情发生,我还是那句话:大家都往后的时候,总会有人向前,其中一定有我!”赵华岳不善言谈,但每句话中都透露着朴实与真诚。

如今,每隔一天,赵华岳都可以回家一趟,到家时已接近中午。“我没有时间到处逛逛,回家是吃完就睡,睡醒就吃。”赵华岳笑道。车上的奔波让他练就了快速吃饭、快速睡着的本领。他甚至没有时间失眠,因为前方的路在等着他。经历战“疫”后,赵华岳感觉做好快递运输服务的本职工作外,自己肩负的责任更加艰巨:一个人守得了“大家”,才护得了“小家”。

揭晓发布会结束后,赵华岳要在当天赶回济南。深夜2:00,他又将出发。

林海原:夺刀只是件“小事”

评审委员会授予林海原的推荐词:

世上没有从天而降的英雄,只有挺身而出的凡人。你面对行凶者,勇夺利刃,护得他人平安。你热爱读书,在文字的世界中,寻找诗和远方。你无所畏惧的瞬间,让我们看到了生命的光;你追逐梦想的执着,是人们心中美好的模样。

“这只是一件小事”,这是百世快递福建泉州北峰分部快递员林海原在接受记者采访时一直挂在嘴边的话。就是这件“小事”,在林海原的左手掌下留了一道疤,他的左手食指至今还无法像正常手指那样活动自如。

那是2019年11月13日14时左右,正值“双11”派件高峰。林海原在赶去派件的路上看到一名骑电动车的男子和一名环卫工人发生了激烈争执,男子突然从电动车座下掏出一把尖刀,追赶环卫工人。

“我当时满脑子想的都是那把刀,第一反应就是不能伤了人。”林海原回忆说,当时环卫工人从他身边三四米的地方跑过,他跳下电动三轮车,直冲到男子面前,在男子把刀捅向环卫工人的一瞬间伸出了手。“我当时想的是去抓刀柄,把刀夺下来。”林海原说。刀尖从他左手食指和中指之间的根部刺入,但男子并没有停步,仍拿着刀把环卫工人逼到角落。林海原见势大喊“我流血了”,男子回头看了林海原流血的手,慌忙逃跑。

见到环卫工人脱险了,林海原才骑电动三轮车赶往卫生所。“我以为就是皮外伤,想着简单包扎一下接着送快递,这么多活儿等着我呢。”林海原说。他所承包的泉州丰泽水岸假日南区菜鸟驿站只有他和一名帮手,旺季每天要送二三百件快件。

没想到医生告诉他,伤到了大动脉,血止不住,必须立刻去附近的医院进行治疗。“我在往医院走的路上就觉得眼前渐渐不是彩色的了,一阵阵发黑。我撑着走到医院,护士刚问完我的名字我就站不住了,但坐在地上的时候,大脑还是有点意识的,我想着当天的件怕是送不完了。”林海原说。

抢救休息了一番之后,林海原渐渐恢复清醒,他没有在第一时间把这件事告知父母,而是给同事打电话,嘱咐她尽量把今天的件送完。“她平时主要是打理驿站，我件太多送不过来的时候她也会帮忙送件。幸好我之前带她跑过路线，我在医院的那几天多亏有她帮忙。”林海原回忆起这件事，很少提及自己，更多的是向记者表达他对同事的感谢。

后来环卫工人得知救了自己的快递小哥受伤住院，前往医院为他送上红包，被他谢绝了。他说，这是小事，不算什么。

医生告诉林海原，他的手动脉血管断了，不能动，否则非常危险。但住院第三天，林海原放心不下，回了趟网点，交接派送事宜。过了两天，他再次回到网点，从傍晚5:00一直忙到八九点钟。事发之后，一级站点负责人第一时间协调人员，补充了林海原所负责区域的派送力量，片区附近的同行也过来帮忙，但林海原还是不放心，总想往网点跑。

由于每天忙着送件，他没有时间按照医生的要求去复查，左手食指至今还时不时有点发麻。他轻描淡写地说，这点伤没什么，又不是干重体力活儿，不影响送快递。

“每个人都应该有感恩的心，我能获得‘最美快递员’这个荣誉，我最想说的就是感恩，感谢政府，感谢我的帮手，感谢在背后默默支持我的同行。”林海原轻轻摩挲着那道疤痕说。

林海原没有把自己当成救人英雄，每天依然精心打理驿站，穿梭在街头巷尾。他的爱好依然是在送件之余写首小诗发在朋友圈：“一面红墙，今已斑驳和褪色。有谁可知，曾是多人的向往……”

潘虎：挑起担子，带动更多的人

评审委员会授予潘虎的推荐词：

面对工作，你认真本分，保持零投诉、零差评；面对泥石流，你勇敢无畏，自发参与抢险救援；面对疫情，你果断出手，组建“苏宁快递青年突击队”；面对贫困儿童，你单纯热心，坚持资助。你是桥梁，连通人与人；你是一团火，温暖你我他。

在部队，他勇当抢险救灾“排头兵”；在苏宁物流，他是“苏宁快递青年突击队”的带头人。他就是“最美快递员”潘虎。

潘虎1991年出生，2009年入伍。2010年，西藏昌都八宿县多处发生泥石流，潘虎与队友们迅速组建抢险队，在救援一线奋战了7个昼夜，因表现突出，被评为“优秀士兵”。退役后，潘虎成为了一名快递小哥。在西藏当兵的岁月，锻炼了他的体能，磨炼了他的意志。他把这种不怕苦、不怕累的精神带到了快递工作中。新冠肺炎疫情发生后，潘虎第一时间组建了“苏宁快递青年突击队”，在春节期间就和同事们投身“战场”。江苏南京仙林区域社区众多，分布较广，潘虎的突击队负责其中近60个社区的民生物资配送工作。

“春节期间，街上空荡荡的，那段时间看到的最多的就是和我一样穿梭在街上的快递小哥。送快递的程序也和往常不同，大家的防范意识普遍都很强，基本都是让我们把包裹放在小区的指定位置，然后打电话，像对暗号一样。”潘虎说，为了确保居民正常生活，他每天早上6:00多出门，加班加点是常态，通过“无接触配送”为居民安心“宅家”运送米面粮油、消毒用品等必要生活物资。

“春节期间，有一次我把包裹放在小区的指定位置，等待客户下楼。一位20岁左右的女孩下来取件时特意送给我一包一次性口罩,叮嘱我要注意自身防护。那时候口罩可是紧俏物资,我心里特别感动。”潘虎回忆说,当时正是疫情比较严重的时期,每天在外边跑,心里多少会有点担心,但这个女孩的举动给了他很大的鼓励,使他更加坚定地做好每天的配送工作。

从2015年11月入职苏宁物流以来,潘虎已累计完成15万单快递,行驶里程超过2万公里,并始终保持零投诉、零差评、配送完成率100%的业绩。

潘虎坚持在平凡的工作岗位中做出不平凡的事。他细心琢磨,精心规划路线,高效完成配送任务。此外,他还帮客户处理售后问题,扔垃圾,回收快递箱等。

潘虎在部队时就加入了中国共产党,进入苏宁物流后,他始终秉承党员理想信念,积极参与各项党的工作。2019年4月,在苏宁党委指导下,作为党员骨干,他依托南京苏宁雨花物流基地推动成立了苏宁快递小哥党支部,并当选为组织委员。潘虎除了发挥好党员的先锋模范作用外,还通过自己的经历鼓舞同事,营造了同心向党的工作氛围,发展了10位优秀快递员加入党组织。2019年,潘虎在苏宁集团团委的帮助下组织开展了多场以“青春心向党·建功新时代”为主题的交流分享活动,在快递小哥群体中传播正能量,鼓励快递小哥立足岗位,有理想、有本领、有担当地展现青春风采。短短1年时间,快递小哥党支部多次受到上级组织部门的表彰,潘虎荣获南京市鼓楼区优秀党员、苏宁集团优秀党务工作者称号。

2020年4月,热心、勤奋的潘虎加入苏宁物流基层人才培养梯队,成为一名快递站站长,分管苏宁物流南京仙林区域的快递配送工作。对于新岗位,潘虎说:“需要学习的东西还有很多。我要主动挑起担子,用自己的行为带动其他人,为团队培养更多优秀快递员。”

李润峰:一份热爱,一生情怀

评审委员会授予李润峰的推荐词:

入行十余载,你是出了名的“拼命三郎”;灾难来临,你是冲锋在前的“英勇卫士”。从非典到新冠肺炎疫情,母子两代人携手战“疫”,你说如果只需要一个人,就让“我”上。你们用爱和责任诠释出,什么是勇敢前行,什么是守望传承。

双手捧过奖杯和证书、躬身行礼……站在舞台中央,那个被视为“拼命三郎”的地地道道的北京爷们儿李润峰“乖巧”得像一个大男孩儿。

李润峰,宅急送深圳分公司运转中心副经理。用他自己的话说,从北京到四川,再到深圳,从刚入职时骑着单车送玫瑰花到驾驶金杯车送货,再到做分公司办公室行政、安保主管、运营管理、运转中心,差不多一家快递企业的岗位他都做过了,也走过了大半个中国。

因为热爱,所以坚持。从业数十载,如今的李润峰觉得,做快递更多的是一种情怀。而这份情怀,除了表现在平时对业务和服务的认真态度上,也印证在每一次重要事件发生的时候,他永远是冲在最前面的那一个。

“拼命三郎”名不虚传。面对大家的赞誉,李润峰说:“我只是在危机时刻做了自己认为该做和能做的事情。”2013年4

月20日四川雅安地震，时任宅急送四川分公司办公室主任的李润峰第一时间带着7位同事4辆车赶往灾区救援，震后先后4次驾车往返灾区运送公益救援物资。2016年9月，时任宅急送深圳分公司安保负责人的李润峰根据监控摄像头的清晰画面判断几个正在营业厅发件的人要发运的是枪支。他一面电话通知受理员稳住发货人，一面迅速上报市邮政管理局和直属公安机关，并协助警方将发货人抓捕，起获手枪43把、长枪10余支。

时至今日，当一场史无前例的新冠肺炎疫情席卷荆楚大地，李润峰的选择一如既往。“当时决定去武汉的时候，心里有没有斗争？”在发布会现场，面对主持人突然的“考问”，李润峰毫不犹豫地回答：“如果还有同样的情况发生，需要人，需要一个就我去，需要两个再叫他们吧！”掷地有声的“许诺”，看似云淡风轻，但那份坚定却足以将温暖和力量传递。

除了回答主持人的问题外，李润峰“去武汉”的心路历程再次戳中了现场许多人的泪点。“接到去武汉的指令时，时间已经很晚，我当时心里也‘咯噔’一下。我琢磨着，我的‘兄弟们’能不能走出来，这是其一。其二，正赶上今年春节我值班，母亲专门过来陪我过年，我又该怎么跟她说。”李润峰回忆道，“我跟母亲说，我是班组领头人，这个时候我不去，以后我没法带这个团队，也没法抬起头。”而李润峰得到的是母亲那句“你赶紧去，跟我这儿废什么话呀”的定心丸。母亲的支持无疑给了李润峰奔赴“战场”的勇气和力量。

站在领奖台中央的李润峰时不时地将目光投向观众席的一个座位，他的母亲孟玉玲女士正坐在那里，喜悦而又欣慰地望着儿子，正如李润峰出发去武汉前她望着他“出征”一样，默默陪伴，或寂静，或欢喜。

“看着人们的生活慢慢恢复正常，真的是比什么都开心。这个荣誉对我而言是意外，是惊喜，是对我过去的肯定，更是对我未来的激励。无论是危急时刻，还是再平常不过的每一天，我都应该勇于承担，认真对待，脚踏实地。”走下领奖台，李润峰径直走向自己的母亲，把奖杯郑重地献给了最亲爱的妈妈。

严宝华：送快递到乡村，今后还会坚持下去

评审委员会授予严宝华的推荐词：

爱岗敬业，是你为工作铺陈的底色；情真意切，是你给生活选定的原点。正如你所说，“志不真则心不热”。你用真诚和热忱对待每一次服务，收获无数荣誉与赞扬。“最美快递员”，是对你勤奋最好的褒奖，更给予你最强大的力量。

“获得‘最美快递员’称号，得到大家的认可，我感到无比光荣。”在颁奖现场，手捧“最美快递员”证书的严宝华激动不已。入职德邦，进入快递业，对于严宝华来说是一次蜕变。他说：“从2016年到现在，我坚持送快递到乡村，今后还会坚持下去。”

高中毕业后严宝华从宝鸡到千里之外的苏州打拼。起初，他是流水线上的一名普通工人，后来机缘巧合之下，转行进入快递物流业。在苏州干得不错的他，考虑回老家工作。2016年，严宝华毅然从苏州辞职，回到家

乡宝鸡。就在严宝华回家后为接下来的工作发愁时，一则快递员招聘信息吸引了他。

此后，严宝华立志要干出一番事业。“当时零担业务是德邦快递的优势，虽然那时候快递业务刚起步不久，但我觉得应该可以有不错的发展。”于是严宝华带着期盼加入了德邦快递。严宝华负责派送的乡镇距离营业部有10公里左右，乡镇区域面积大，以山村为主，住户比较分散，这大大增加了收派难度。但严宝华却将这些地区偏远、货量少的乡村作为自己深耕的地方。

以前，快递的派发在农村是一个棘手的问题，冰箱、空调等大件由于农村派送距离远、效率不高，超过10公里的区域，货物一般只会寄到合作代理点再让客户自取，空巢老人收取子女寄来的快递无疑困难重重。

多年来，无论送派件路途多远，严宝华都践行一个承诺：亲手将包裹送到客户手中。他说：“因为乡村货量非常多，与其一个个等客户过来取，还不如送到客户手里，这样既提升了客户体验也给自己节约了时间。”这也与德邦快递的“乡镇可到可派”策略不谋而合。

快递下乡，快递进村，严宝华在农村上门收货揽件也成了常态。而在面对年纪较大的空巢老人时，严宝华在派送之余还会主动提供家电安装服务。一来二去，乡亲们都认识了热心快递小哥严宝华，“我和大伙儿都很熟，有时候甚至一眼就看出客户把收件人的号码写错了”。

“虽然我只是一名普通的快递员，但这里是我的家乡，我想让它变得更好。为客户送货上门是我应该做的服务，离开时客户的每一句感谢都会让我很有成就感。”严宝华说，“一个人的力量很小，但江河不就是一点一滴汇聚的嘛。”

一提到采访，严宝华笑着问记者：“我能宣传下我的家乡吗？”采访时，他总会时不时地夸赞家乡美。在凤翔县，猕猴桃是村民的重要经济来源，猕猴桃进城并不是简单的“进与出”，过程中充满着各种挑战。

对大部分当地果农而言，电商、线上支付几乎是一片盲区。严宝华每天穿梭在乡间为果农揽件派件，在派件揽收的空闲时间，他主动帮助村民通过线上购物平台以及公司的内销平台“西北农鲜生”等以销带运，实现了农户收入增长、电商业绩提升与企业经营收入的增加。

近几年，严宝华一直坚定不移地走在家乡“助农扶贫”的道路上。他说，为家乡作贡献，是自己应尽的责任。“在德邦快递服务的4年里，我学到了很多。所谓‘志不真则心不热’，服务客户需要用心、真诚，得到的回报就是客户的支持。我很庆幸加入了快递这个大家庭，也感谢家人的支持。我是一名普通快递员，我以服务客户为荣，我为身处快递业而自豪。”

刘平来：翻山越岭，为了一个个笑脸

评审委员会授予刘平来的推荐词：

山道崎岖，挡不住你前行的脚步；溜索险要，吓不退你坚定的决心。手推肩扛，你把便捷送进巧家大山；一诺千金，你和客户结下知心情谊。金沙江畔听春雨，木棉花下绽笑颜。你用行动证明，没有比脚更长的路，没有比人更高的山。

“我没想到自己能获得这

个荣誉，自己并没有像抗疫英雄那样为社会作出这么大贡献，我只是在做平凡的工作。”虽然刘平来认为自己当选“最美快递员”是意料之外的事，但实际上，这份荣誉是他4年来跋山涉水一步步“走”出来的。

与其他快递员不同的是，云南昭通市巧家县京东帮快递员刘平来送货不但要翻山越岭，还要坐溜索。云南省巧家县地处四川、云南交界地带，处于金沙江和牛栏江交汇处，地形错综复杂，最高海拔有4041米。刘平来回忆说，2016年的春节前，云南省巧家县鹦哥村一位在外务工的村民给家里的老人买了一台冰箱，送冰箱的任务就落在了刘平来和同事肩上。“我记得很清楚，那台冰箱当地实体店卖2000多元，当时京东搞活动，只要1000多元，于是他就抱着试试看的心态买了这台冰箱。我们接到这个派送任务，当时也傻眼了。村子那时候还没有通路，而且要过一条溜索，下边就是湍急的河流。”刘平来说，“当时我是第一次坐溜索，我闭着眼，听着耳边铁索‘哗啦啦’地响，迎着冷风，说不怕是假的，心里慌得很。”

从溜索上下来之后，没有一条像样的路，只有人走出来的山路，空手走路都不好走，更别提还要扛个冰箱。刘平来和同事走一阵停一阵。那天他们早上6时左右出发，9时许终于把冰箱抬到了村民家。

当他们到达后得知老人特意杀了一只鸡，炖好鸡肉等着他们来吃。“看到老人这么开心，对我们真诚道谢，我当时觉得路上的辛苦都不算什么。我感觉这份工作让我通过自己的劳动能够真正帮助到别人，获得他人的尊重。”刘平来说。

自从把冰箱送达，刘平来发现，村子里的件越来越多了。“以前村民都没想到这么偏远的地方也能送到，村民一看我们送来了冰箱，都开始在网上买东西，冰箱、电视机、电饭煲……差不多每个月我都要往村子里跑几次。”刘平来笑着说。

刘平来的辛苦村民看在眼里，记在心里。每次送件，他们都会让刘平来喝口茶，有时候还叫他留下来吃饭。遇见大雪、暴雨这样的恶劣天气，客户还会主动给他打电话。“有一次下大雪，村里的一位大妈给我打电话说，天气不好，别来送了，等雪化了你再来。我当时听了特别感动。现在我和很多村民已经不仅仅是快递员和客户的关系了，而是变得像亲人一样。”刘平来说。

刘平来还制作了一个小条幅，每次给村民把大件送达之后他都礼貌地询问他们能不能和他一起举着小条幅拍个照。“我不想只是送货、签字、走人，我想和客户交朋友，想把他们收到货后的笑脸留存下来。我总想，当我老了，躺在床上的时候，我能拿着这些照片跟我的孩子说，你老爹以前帮过多少人，给别人带去了多少快乐。”刘平来说。

提到来京东工作的原因，刘平来说只是因为一句话。“当时我在网上看到刘强东说让每一个员工有尊严地工作。就是因为这句话，我当时就决定来京东。”刘平来坚定地说。“因为我从小家庭条件不好，父亲有残疾，政府给我家很多帮助。我一直想回馈社会，做点什么。快递员这个职业让我真正有了用武之地。每次把包裹送到村民手上，看到他们开心的样子，我心里就特别有满足感，我觉得我的工作实实在在给他人带来了帮助。”

杨敬山:一次偶遇,十年执着

评审委员会授予杨敬山的推荐词:

“社会责任”不是豪言壮语,是用臂膀扛起生死的较量;“青春昂扬”不是汪洋恣肆,是关键时刻豁得出冲得上。为了共同的美好家园,我们大家一起向前冲,并肩战斗;疫情不退我不退,“志愿服务队”在这里,步履匆匆,慷慨前行。

杨敬山是顺丰速运北航经营分部的一名收派员,虽是80后,头上却有些许白发。

10年前,杨敬山退役入职顺丰。

刚时入职时,一次送件途中,他看到一位70岁左右的老人正手提篮子步履蹒跚地在路上走着。看到老人行走不便,身为共产党员的杨敬山决定送老人回家。老人所住小区正是自己所负责派送区域—希格玛社区。

令他没想到的是,从菜市场到老人家,1.5公里的路程,老人竟走了两个多小时。希格玛社区属于老旧小区,住户多为孤寡老人,没有电梯。杨敬山送老人回家,这一小事迅速在希格玛社区传开。此后,除送快递外,杨敬山还帮老人代购生活物品,走时顺便带走生活垃圾,连他自己也没想到,这一做就是10年。

手捧证书和奖杯,杨敬山说:“这个荣誉属于所有支持我工作的人。”

希格玛社区的常住居民对杨敬山这位快递小哥来说就是“家人”,平日里经常见到杨敬山把买菜归来的老人送到楼下,小区居民一想到寄快递就会找杨敬山,因为大家对他十分信任。

疫情防控期间,希格玛社区实施封闭式管理,外来人员禁止进入小区。小区封了,一部分老人的行动更加不便了,主要是独居、失独老人和居家隔离人员。

2月12日,杨敬山在送件途中得知社区要成立服务队,便主动报名加入进来,希望能为居家隔离的居民做点力所能及的事,算是履行一名快递员应尽的社会责任。他说:“小区里这些独居老人行动非常不便,他们也不会网上下单,我可以帮助这些老人采购蔬菜等生活用品。”

为了能尽快帮到这些特殊的群体,杨敬山多次跟社区沟通协商,终于在2月18日拿到了小区通行证。一个人的力量是有限的,3名同事被杨敬山的行为所感动,也加入进来。自此,由杨敬山等4人组成的快递支援服务队正式诞生了。

快递小哥志愿服务队成立后,杨敬山等快递小哥变得十分忙碌,工作量是之前的好几倍。但他们没有任何抱怨,建立了服务微信群,只要居民有需求,就可以在群里找到小哥,让他们的需求可以第一时间得到解决。

除了给行动不便的居民送菜,他们还帮助社区上门查询居家隔离人员的体温,他们小分队一共负责9栋楼,每天需统计40多户。

在点部,提到杨敬山,同事们都竖起大拇指,4年时间,杨敬山培养了15名徒弟,他不仅教徒弟做事,更是把他10年的经验毫无保留地传授给徒弟们,尽心尽责指引,与徒弟一同进步,一同成长。

因为热爱西格玛社区,他与社区一起坚守;因为热爱这份职业,他坚守岗位,十年如一日。每个平凡人都可以用实际行动履行自己的社会责任,相信善良从不会缺席,爱心也绝不会被稀释。善良,不是因为你做了多么惊天动地的事,而是在生活中一点一滴体现的。杨敬山就是这样一个人,天生热心肠,乐于助人却不求回报。

刘忠鑫：做快递，永远是认真的

评审委员会授予刘忠鑫的推荐词：

干快递，你求新求变，带领大学生团队，实现一个个突破；做公益，你真心实意，帮助有需要的人，带去一次次温暖；抗疫情，你竭尽全力，从家乡到远方，集聚一份份力量。执着坚守，无怨无悔，这就是一个快递人的责任与担当。

“我感觉自己做得很不够，唯有不断努力，才能不负荣誉，不负时代。”手捧获奖证书和奖杯的刘忠鑫坚定地说，做快递，自己永远是认真的。

来北京参加寻找“最美快递员”揭晓发布会，刘忠鑫是第一个来报到的获奖者。从吉林敦化出发前，刘忠鑫事无巨细，把里里外外的工作安排得妥妥当当：新员工7天的岗前培训一天也不能少，“双11”的准备一个环节也不能落……用他自己的话来说，这叫“磨刀不误砍柴工”。

作为吉林敦化圆通速递负责人，刘忠鑫既有磨刀的韧劲，也有砍柴的闯劲。2019年刘忠鑫就与敦化市小万庄食品有限公司开展合作。今年7月开始，除在公司设立快递点外，又在敦化市内5个美佳乐驿站设柜台展示和销售小万庄煎饼，同时通过圆通线上平台推广销售小万庄食品。目前，敦化圆通月均助力小万庄销售煎饼6000件、1万余公斤。10月末，敦化圆通即将入驻小万庄5倍规模新建厂区，开始更深度合作。

“快递扶贫不是一句空话，我想把网点继续下沉到农村，让更多乡亲尝到快递的好处。”刘忠鑫这样说，更是这样去实施的。他充分发挥大学生管理团队的作用，通过在敦化16个乡镇设立的快递末端网点与农村电商合作，与农村电商签订协议客户，帮助发货、运输，仅黄泥河镇天赐土特产店每月销售额就超过10万元，货物全部由敦化圆通负责派送。

闲不住的人脑袋里总会有各式各样新奇的想法。刘忠鑫正是这样一个人，他把在敦化市内设立的53家快递驿站建得百花齐放，一店一特色。有与花店联合的，有与药店联合的，有与超市联合的，还有与饰品店联合的。这些店每天有近400件的派件量，通过快递连接小区的千家万户，打造便民利民的生活商圈。国家邮政局局长马军胜在此调研时曾表示：“要是这种模式在全国都能推行，我们的末端难题就好解决了。”

“战‘疫’是特殊时期，每个中国人都会全力以赴做一件事，而我只是尽力做了我能做的该做的事。干快递，是我的梦想；做公益，是想用我的真心去温暖需要的人。今天给予的肯定是激励我继续前行的动力，相信自己的执着和坚守能够在脱贫攻坚、创业创新的道路上作出更大贡献。”走下领奖台，刘忠鑫对未来的计划在心底萌生，他希望建立“快递+农特产品多城联动”模式，打造驿站多城联动商圈平台，通过在多个城市建立云仓使生产企业直接对接快递的前端和末端，从打单到包装，从配送到售后服务，都由快递公司完成，让生产企业全无后顾之忧。

谈及获奖后的心愿，刘忠鑫说，那就是利用今年5月牵头成立的驿站书院，为城市居民和农村乡亲开展快递、电商以及学生双创等相关项目培训，并将自己的快递公司作为实习基地，既为行业输送新型快递人才，也让自己有机会回报社会。

对于刘忠鑫而言，光荣与梦想的背后，每一天都是新的开始。

曹正富:离不开的“岔道”

评审委员会授予曹正富的推荐词:

从青春年华到两鬓斑白,你用26年的坚持守护着26个村子的梦想;从一条岔道到十二座高山,你用一个人的长征连接着乡亲们的想往。你走过孤独险峻,丈量着心与心的距离;你洒下荡漾笑声,渲染着每一家每一扇窗的美好光阴。

2013年4月被河北省总工会授予“河北省五一劳动奖章”,2014年4月被河北省人民政府评为“劳动模范”,2015年获全国“劳动模范”荣誉称号,2019年被中国交通企业管理协会评为“2019年度全国交通运输核心价值观先进践行者”……在发布会现场,“头顶光环”的曹正富身着邮递员工服,低调内敛,略显激动,尽管这已经不是他第一次登上领奖台。

“这些年虽然没挣到多少钱,但我收获了很多。我离不开大山,山里的人也离不开我。”身为中国邮政河北省蔚县分公司的一名普通投递员,不论何时何地,腼腆的曹正富言语中都离不开那山、那岔道和二十多年来邮路上的点点滴滴。

“年轻的时候,家里生活比较困苦。如果能当上乡邮员,每个月能有250元的固定收入,更何况是进入邮政业。”当时,曹正富怀揣着改善生活的梦想正式上岗了。虽然面对的工作惊险、艰难无处不在,可慢慢地,曹正富发现,这份工作对他而言不仅是能够改善生活的途径。“我是党员,我要是不干了,就是再来两三个人,怕是也干不长的。要是没人走这条邮路了,外面就是发生再多再好的变化,他们也不会知道的。”

曹正富肩负着村民对邮件的期盼,对报刊的渴望,一路负重前行。就这样,他错过了很多,孩子上学他不在身边,老人生病他不在身边,家里家外的活他帮不上忙……可他用一个人的长征传邮万里;用一个人的长征,维系着山里山外的政令通达。

从业26年,曹正富从“小曹”变成了“老曹”,可对他而言,他生长的大南山,他再熟悉不过的岔道村,一直都是他邮路的不变的起点和终点。让他觉得欣慰的是,邮路尽管艰难险阻,寂寞寥寥,但他却用脚步丈量着家乡的变化。

“他一年在路上的时间可比在家长,跟邮包可比和我亲。我们这个‘小家’永远比不上大山深处的那个‘家’。”曹正富说这大概是妻子要抱怨他一辈子的话了。从1995年参加工作,曹正富在蔚县邮政局岔道线这条县内最长的投递邮路上负责27个自然村,5000多人的各类邮件投递,累计行程25万公里,相当于绕地球走了6圈,投递报刊邮件30万份无差错。“老话说,山里的狼都不吃送信的人。”在曹正富心中,一袭邮政绿衣是他的荣光,也是他坚持行走在邮路上的力量源泉。

“这么多年来,我收获了很多荣誉,但我深知荣誉不属于我一个人,而是属于像我一样千千万万的普通劳动者。”揭晓发布会结束后,一位颁奖嘉宾追上正要离开的曹正富,请他为自己留下一个签名。鸡鸣起身,戴月而归,离不开的“岔道”。一个普通劳动者之所以能触动人心、给人感动,不仅在于他们就在我们身边,他们的岗位离我们最近,更在于他们有坚守岗位的精神、无私奉献的信念。

如今,曹正富的儿子在城市

中立足扎根，事业也小有所成，本可享享清福的曹正富依然行走在岔道上。“还有3年我就到了退休年龄，可我觉得自己还能继续奋战在一线。如果组织需要我，我将继续奉献光和热！”岁月在曹正富的面容上留下痕迹，却未曾改变那颗一如往昔的“初心”。

李成：达人达己，闯出一条农产品出村路

评审委员会授予李成的推荐词：

你心系乡土，服务脱贫攻坚，助力乡村振兴；你扎根农村，孵化村级服务网点，帮助青年创业；你退伍不褪色，勇担社会责任，用信念诠释一名退伍军人的理想与追求；你一往无前，用行动践行者一名“80后”创业者的担当与使命。

“我们那里，大山隔着大山……”采访一开始，李成就这样对记者表述他所在的城市甘肃天水。但就是这样的条件，他和他的同事们硬是闯出了一条农产品出村路。

李成是甘肃天水中通快递的负责人。10年前，他和几位退伍战友们共同进入了快递业。2014年时，因为要解决快递“最后一公里”配送问题，在去往农村的过程中，他和同事们发现天水是一个盛产农特产品的大型农业城市，居民收入也大多来自农产品销售。

于是，还是一个创业者的他又带领着另一群创业者想要把天水这个大山环抱的地方变个模样，他开始助力天水农特产品通过快递和互联网销往全国各地。

当时，这些农特产品只能等待客商上门收购，并且价格还很低。于是，他从农民的儿子成为帮助农民的人。2015年，他通过网络售出几十万件天水特色农产品，其中天水大樱桃121508件，秦安蜜桃112573件，花牛苹果和富士合计261781件，销售额200多万元，助农增收50余万元。

迈上更高台阶的时机就在不远处。2018年，正在出差的李成看到一些相对发达地区的农村电商已经做得很不错，各地考察一圈回到天水后，他也立即行动起来。

招募人才、孵化村级服务网点、开展电商快递培训、帮助返乡青年创业、吸纳残疾人和转业军人就业、帮扶建档立卡贫困户……用他的话来说就是“一干就停不下来了”。“对于农民来说，种植农产品是他们的专业，而他们对怎么卖上好价钱可能并不在行。所以，我们的模式就是，农民只负责种植养殖与电商端接单，而我们包括包材、打包、发货等一整套供应链服务，这样可以让创业变得更简单。”李成介绍说。

以快递为媒介连通日用日需品的下行与农产品的上行，这条发展路径变得越来越清晰。曾经外出打工的年轻人也开始返乡创业，在天水，已在234个村有了村级代理人。“这些人会像种子一样去孵化更多的人销售天水的农特产品。”

从零星的农产品被装进快递车到一车车被运出大山、运往全国，他脚下踩着的泥土更多了，肩上担负的责任也更重了。他说：“像天水这样的城市，农产品上行渠道打通后才能拉动更多的贫困户和贫困人口过上更好的生活。用我们中通人的一句话来说，就是‘用我们的产品，造就更多人的幸福’。”

虽然每年几百万元地往里投钱，但他坚信农村这么大

的市场,有那么多的农产品在那里,帮助别人也是在帮助自己。

天水市秦州区娘娘坝镇花园村、小南玉村的两名高中生以优异的成绩考取天津师范大学、兰州城市学院,但因家庭经济困难,对美好的大学生活望而却步。在两个家庭一筹莫展之际,李成向他们伸出了援手。在秦州区委农村工作部和共青团秦州区委的牵线搭桥下,他为两人每年各资助4000元助学金,直到完成学业。李成还承诺,如果孩子们考取研究生,他还将继续资助他们完成学业。

对于获得"最美快递员"称号,李成感慨道:"我感觉自己既选对了行业,也选对了公司;既获得了事业,也获得了快递人的最高荣誉。"未来,他希望自己能把快递事业做得更好,更多地用"中通大动脉"带动更多村民走上小康致富路。

顺丰航空团队:荣誉背后是所有顺丰人的努力

评审委员会授予顺丰航空团队的推荐词:

疫情就是命令,你们划破长空奋勇向前,把最紧缺的医疗物资送抵武汉;防控就是责任,你们穿过暗夜全力以赴,争夺时间守护生命。一手驰援疫情防控,一手助力复工复产,你们没有在空中留下自己的影子,但每一个名字都刻在我们的心里。

"我们只是作为代表来为大家领取这沉甸甸的奖杯,荣誉的背后是所有顺丰人为战'疫'付出的努力。"揭晓发布会现场,获得"最美快递员"称号的顺丰航空团队代表在接受记者采访时说。

作为国内首家民营快递航空公司,顺丰航空开航10余年来始终以快递市场的需求为出发点,通过扩充全货机运力规模、完善全球航线网络布局、加大科技及基础设施投入等不断提升航空快递服务品质。2020年年初新冠肺炎疫情发生,顺丰航空团队迅速响应,立即取消春节休假、返岗支援,1月24日便开通了"深圳武汉""杭州武汉"两条防疫运输航线,打通了进入武汉的空中货运通道。

春节期间,北京基地大部分员工均回老家过年了,一线保障人员紧缺成为该航线开通面临的一大问题。1月23日,身为顺丰航空有限公司北京基地货运调度员的张忠政回河北老家过春节。今年是张忠政夫妻二人筹划多年的团圆年。在接到公司开通"北京武汉"航线的通知时,张忠政毅然第一时间主动请缨返回工作一线。张忠政回忆道:"坐上车的那一刻,内心非常激动,甚至有点明白了每次消防员冲往火场的心情。虽然相比消防员我的行为太平凡了,但这可能就是一种共同的使命感吧。"

接下来,包括张忠政在内的顺丰航空团队开启了长达数月、不间断的驰援运输。

2020年开年以来,顺丰航空团队人数稳定在3000人以上,来自飞行、机务、地服、安检、航材、运控及各个职能支持部门,安全、高效地完成了一项接一项高密度、高压力的航班保障任务,守住了疫情防控、复工复产、民生恢复所需的物流供应链。

张忠政记得当时最大的挑战是,保障顺丰航空开通"北京仁川"国际货运航线运输医疗物资。1月29日凌晨,顺丰航空计划开通"北京仁川"国际货运航线,为国内紧急输送数百万只医用口罩。短短两天内，张忠政和同事们要梳理出具体可行的国际航班保障流程。张忠政准确理会并有效传达公司运行指令，与代理高效沟通制定保障方案，最终与所在团队成功完成了保障任务。

直至4月8日武汉解封，顺丰航空为运输医疗防疫及生活物资累计执行航班290架次，累计运输货物6874吨，为一线疫情的防控防治工作提供了坚实的底盘支撑。除此之外，在复工复产阶段，在各地政府、行业各级主管部门的倾力支持下，顺丰航空团队在保障武汉防疫运输航班每天平稳运行的同时，积极筹开多条国内、国际货运航线，助力包括武汉本土企业在内的生产制造及电商产业恢复进出口航空物流渠道，加快复工复产进程，同时也为国际援外防疫物资的运输提供了便利。

在他们心里，获得“最美快递员”团队称号是对顺丰航空团队全员数月来恪守本职、坚守航空快递事业的最佳褒奖，同时也是顺丰航空团队以“航空快递人”的身份航向新未来、快递新价值的起点。

京东物流武汉亚一城配青年车队：“我们只是干了该干的事儿”

评审委员会授予京东物流武汉亚一城配青年车队的推荐词：

火线突击，你们团结一致，保卫武汉；逆行抗疫，你们不惧艰险，坚守一线。你们青春激荡，九十九位青年，国家有难，以一当百，个个争先；你们点燃希望，七十六天战“疫”，江城重启，樱花再开，换了人间。

“我们只是干了我们该干的事儿，为抗击疫情尽了应尽之力，从没想过能获得‘最美快递员’这份荣誉。”京东物流武汉亚一城配青年车队小组负责人张谨在接受记者采访时说。

武汉亚一城配青年车队是一个由99名“火线突击队员”组成的团队，是一个全力以赴保障武汉市民“菜篮子”供应的平民英雄团队。在99名“火线突击队员”中，1987年出生的范建忠是车队负责人。在他的带领下，车队10余名党员带头冲锋在前，70余名青年司机日夜奋战。钟南山院士曾给他们写来感谢信：“感谢京东心系医疗援助一线，以最快的速度将急需医疗物资送达武汉。”

武汉“封城”那段时间，全国各地的爱心人士邮寄来的物资都没有写收件人的名字，只写了某某医院护士收，而且这样的包裹越来越多。“我们给医院送物资的时候，如果正好赶上饭点，医护人员都会主动给我们拿来盒饭让我们吃，那种互相帮助、互相体谅的感觉非常好。”张谨说，全国上下一心、团结一致抗疫的情景，感染着车队的每一个人，他们不计较休假，不计较工资，只想为尽快战胜疫情作出贡献。

1月23日，武汉宣布关闭铁路、公路、航空等离汉通道。京东物流第一时间召集车队负责人范建忠、小组负责人张谨等轮值人员进入临战状态，随时待命。第二天的除夕早会就成了战前总动员会。随后，范建忠、张谨给车队成员一一打电话，车队队员迅速集结。

驾驶员罗川东腊月二十九刚回到四川老家，正月初二就连夜开了1000多公里路返回武汉，投入到配送工作中；夏婷和文静是车队中的“姊妹花”，负责供应链保障的她们为车队全力做好数据系统支撑，很多捐赠物资没有物流单号，文静就一单一单地恢复，夏婷则全力处理工单客诉；每天早上司机出车前，范建忠、张谨等负责人都要叮嘱他们注意安全，检查口罩是否戴好、车辆状态是否完好，为他们塞一些干粮……“车队的每一名队员都十分优秀，大家都是一条心，就是为抗疫作贡献。”张谨说。

令人欣慰的是，车队司机日夜与时间赛跑，每天与大大小小的医院近距离接触，但无一人感染。1月21日至3月1日，武汉亚一城配青年车队累计承运到武汉的7000余吨医疗应急物资，累计为300多万人次配送了6000余吨米面粮油、蔬菜等生活必需物资。由于表现出色，他们不但获评“最美快递员”团队，还被共青团中央、中华全国青年联合会授予“中国青年五四奖章集体”，他们用实际行动展现了新时代中国青年的风采。

圆通航空团队：“身为快递航空人，我们很自豪”

评审委员会授予圆通航空团队的推荐词：

当清晨的第一缕光洒进驾驶舱，冲破云霄直抵疫情中心的轰鸣声响起；当身下的城市亮起朦胧路灯，驰援与往返正在成为常态。向前飞，只相信英勇。生死时速中，你们与时间赛跑，为生命护航，没有什么可以阻挡逆风的翱翔。

“民航全体干部职工，向全体机组人员致以最崇高的敬意，感谢你们心系万家冷暖！”“你们也辛苦了！我们同一个目标，为了保障万家安全，我们圆通航空责无旁贷。”这是2月16日晚，温州龙湾国际机场塔台与圆通航空机组人员的一段“隔空”对话。

白昼与暗夜交替的苍穹，快递航空人用火速驰援来呼应来势汹汹的新冠肺炎疫情。

在这场抗击新冠肺炎疫情的斗争中，圆通航空团队共投入12架飞机、133名机组人员（机长、副驾驶、机务）、22名地服人员，共执行国家、地区及海外各层面抗疫包机共200班，承运各类防疫物资超1284吨，为持续打赢疫情防控阻击战作出了重要贡献，并在国务院联防联控机制新闻发布会上两次被点评表扬。

“圆通航空作为货运航空公司承担了应有的责任，保障疫情物资快速送达，特别是针对武汉疫情物质的运输保障，专门由业务能力强的人员顺利完成保障。疫情防控期间没有一个人退缩，没有一个人喊累，坚持抗疫一线，贡献自己的力量。”揭晓发布会现场，圆通航空团队领奖代表人之一飞行部飞行队经理王金明在接受记者采访时说。他希望在今后的发展中，圆通航空可以飞得更高、更远。

圆通航空维修工程部维修控制处经理陈光从大年初二忙到疫情得到基本控制。他说：“疫情防控期间，作为维修人员，我们要保障到位。非常时期，大家都不计较个人得失，都很尽力。”在回忆当时的氛围时，他用了一个词——“紧张”。当时，部门除了要负责维修1架有故障的货机、正常检修5架货机之外，还要对其他6架长时间未飞行的危机进行解封、测试，平常4天干的活儿要在2天内干完，足见时间与任务的紧迫。加班加点、高强度的保障工作成了自然，也成了非常时期的“常态”。“好在疫情控制住了，我为团队自豪，为圆通航空自豪，也为每一个奋战中的快递人自豪。”陈光说。

武汉、杭州、南京、福州、重庆、南宁、兰州……，马尼拉、仁川（首尔）、胡志明市、东京、福冈、金边、伊斯兰堡……不同的出发地，相同的愿望：打赢这场战役！

他们常常能够在5个小时内快速出发。领导层指挥，各部门保障配合：规划部、运行标准技术部第一时间解决航权时刻问题，快速获取各项批文；飞行部决定机组人员……最终，执飞的机长们一飞冲天！

是责任，也是英雄举动，参与这场不同寻常战“疫”的每一个人都值得称道。

“服务社会、强企为国”是圆通给自己定下的目标。也正是这样，圆通人才能展现出更加专业、敬业的技能以及守护他人的决心。

中通西藏日喀则团队：做快递就像攀登珠峰，需要勇气和坚持

评审委员会授予中通西藏日喀则团队的推荐词：

你们是真诚的守望者，怀抱理想坚守在海拔3850米的土地上；你们是踏实的开拓者，克服障碍为期盼中的藏区人民送去欢乐。在偏远的高原县城，你们用勤劳燃起人间烟火气；在脚步可以丈量的地方，你们用坚定传递浓浓人情味。

10月2日，他结婚。红毯铺就，人生的另一段旅程里，他又一次坚定启航。

他叫左晓锋，是中通西藏日喀则网点的负责人。在海拔3850米的地方，他和团队迈出的每一步、送出的每一件快件，都有着非凡的意义。

面对麦克风和镜头，他亦为“今天”骄傲。他说：“今天，对于我来说应该是一个‘三喜临门’的日子。第一个‘喜’是我代表我们团队获得了‘最美快递员’这样的荣誉，第二个‘喜’是我们总部中通快递在香港上市，第三个‘喜’是我在筹备3天之后的婚礼。”

他和妻子相识于2016年，此后便一起在快递业打拼，更多伙伴的加入让他颇为自豪：“作为在珠穆朗玛峰脚下的快递团队，我可以很自豪地讲，到现在为止，我们已经走进了日喀则城市的千家万户，也相信我们可以更快、更多地走进藏区农村的万家千户。”在他看来，做快递其实就像攀登珠峰一样，都需要更多的勇气和坚持，他将付出更多的努力为当地人提供更优质的快递服务。

从2013年开始到现在，他的团队从3个人发展到100多个人，在那个“离天堂最近的地方”一干就是7年。海拔高、风沙急、氧气稀薄、地广人稀、物资匮乏，在当地的年轻人走出来寻找新机会时，他们却逆向而行。记者问他：“为什么？”他的回答是：“我也说不清，反正就是去了。”

他是一个爱折腾的人。以30多年的行动轨迹来看，他的老家在山西临汾的乡宁县，上大学的地方在河北，2008年时南下汶川支援，2010年又去了西藏，就此扎下了根。“我觉得年轻，不管某件事做好还是没做好，我都可以积累一些经验，成长路上不会有什么损失。”

回忆起最初在藏区干快递的情景，左晓锋感慨万千地说：“我们遇到的困难身在藏区外

的人是难以理解的。”即使如此,左晓锋和团队依然坚定不移地走下去。“想过放弃么?”面对记者这一问,左晓锋坦言:“其实也不是没有想过,但心里憋着一股劲儿,不相信会有解决不了的问题。”

通过客户的培养以及市场的探索,慢慢地,当地人接受了快递,并且享受到了快递给他们的生活、生产方面带来的便利,思想上也有了转变。在日喀则及下属的17个县,从2015年的第一个县级网点,到目前的16个县级网点和一个乡镇网点,100多个员工克服距离远、高原等困难,尽心尽力为藏民们收寄快件。

左晓锋没有太多高深的理论,作为一个基层网点的负责人,他认为“最美”首先应该体现在对自己负责,把自己养活好;其次,在有能力时要给周围人,如父母、妻子、孩子等带来积极影响;最后,通过快递给更多的人带来便利和幸福,让他们的生活和思维能够产生变化。

中国邮航团队:“哪里有需要,我们就去哪里”

评审委员会授予中国邮航团队的推荐词:

你们“逆向而行”,用机翼在空中划出“绿色生命线”;你们英勇战“疫”,用生命保障救援物资第一时间送达。你们是传递希望的“绿色军团”,山高水长,使命必达;你们是负重前行的幕后英雄,国脉所系,传邮万里。

绿色,象征生命力的颜色。自1月末以来,无论在地面还是在天上,这个“绿色军团”始终传递着希望。

1月25日,大年初一,中国邮政集团有限公司紧急启动防疫救援物资绿色通道。1月26日,中国邮航迎来了首个医疗防疫物资运输专机任务。全体飞行员主动请缨,骨干力量全部返岗,空中的绿色驰援通道就此开启。

不到24小时,中国邮航将战“疫”前线最紧缺、最关键的防护服等医疗物资运抵武汉,紧接着又开辟出北京、上海、南京驰援武汉的空中航线和广州到宜昌的空中绿色通道,实现了32个通航站点全部连通,成为全国民航系统第一家全面复工复航的航空公司。

“‘人民邮政为人民’是我们邮政人不变的初心,‘传邮万里,国脉所系’是我们邮政人的神圣使命。作为中国邮政航空公司的飞行员,我们要铸忠诚、勇担当,提素质、强作风,练就过硬技术本领,时刻听从党和国家、人民的召唤,为中国邮政二次崛起贡献力量。”发布会现场,中国邮政航空有限责任公司党委党建工作部主任李康和飞行部经理张安武在代表团队领奖后接受记者采访时说。

新冠肺炎疫情发生期间,凭借空中与地面网络的优势,中国邮政出色地完成了保障任务。他们为中国邮政、中国邮航能够发挥“国家队”的力量为抗疫取得重大成果贡献力量而自豪。“从年初到4月,中国邮航执行各类抗疫物资的运输航班140多班,运输的抗疫物资有2550多吨。武汉、宜昌、满洲里、乌鲁木齐,以及韩国、日本等城市和国家,邮航团队一直都在逆行驰援。”李康说。

“在疫情发生期间,无论是飞行,还是机务、运货、地面保障、调度等岗位上的伙伴,都在实践中接受了检验。‘不忘初心牢记使命’，我们始终将责任扛在肩上，记在心里。虽然我们都是普通人，但只要坚定信念、怀揣希望，只要同舟共济、勇往直前，就没有什么可以阻挡。”

王晓辉、黄宏佳、仇海、金文华、唐国伟、龚杰……尽管来领奖的是李康和张安武，但是他们身后站着更多的中国邮航人。抗震、抗洪、抗疫，每一次危急时刻，总是可以看见“绿衣使者”冲锋在前。

“湖北赢，中国赢。”这句话直到现在仍然印刻在张安武的脑海里。“从1月27日的第一班抗疫物资的运输到现在，中国邮航的很多同志没来得及休息，哪里有需要，就去哪里。新冠肺炎疫情的发生让团队经受了考验，将邮航专业队伍政治素质、专业能力和邮政航空网络的特点集中体现出来，为畅通中国邮政空中绿色通道提供重要支撑。”

在实践中，“不忘初心，牢记使命”的学习效果显现无疑，“人民邮政为人民”的誓言也更加熠熠生辉。张安武说：“虽然我们不是医护，但是用邮政力量做我们能做的事，快速、高效地保障防疫物资的顺畅抵达，这样也是‘最美’的。”

第十篇　行 业 展 望

2021年中国快递市场发展趋势

2021，风向标·国内篇

突如其来的新冠肺炎疫情、波诡云谲的国际局势……庚子年可谓是诸多不确定性因素交织的一年，即使是这样，快递业也取得了令人称道的发展成绩。辛丑年，在拥抱变革的语境下，如何让转型升级中踏出的每一步更加坚定，如何在前行的道路上少走弯路？面对这样一个全新的课题，唯有找准方向，才能让努力更有价值。

新结构，有节奏——结构

来自顶层的宏观设计逐步流入微观的阡陌、工厂，也漫入星辰大海。从“两进一出”到助力双循环，快递业的结构和业态正在发生变化，快递车中下沉市场的潜力正被挖掘，服务制造业的能力与日俱增，象征出海业务的国际快件占比逐年提升。那些爬过的坡、迈过的坎，让脚下有序的节奏更加坚定。

新图景，有方向——绿色

中国经济从“高增长”转向“高质量”的大趋势背后，绿色依然会是浓墨重彩的一笔。在2020年众多法律法规以及国家标准出台的基础上，2021年的绿色发展依然是重点趋势之一。从“9572”到“9792”，再到“2582”，绚烂的图景中将有怎样的快递颜色？跟上节拍，积跬步以至千里。

新想象，有行动——科技

什么是必须把握的趋势？什么是不可错失的未来？答案就在当下的行动之中。当前，科技应用进入新阶段，5G、区块链等新技术成为“新基建”，从肩扛手提的1.0时代迈入自动化如流水的2.0时代，数据化加速推进的3.0时代将为快递业打开怎样的想象空间？奋力追赶，不如主动作为。

新故事，有目标——资本

各类“500强”的榜单上，快递企业的名字交错上行。从2016年第一声快递股上市敲锣声到现在，已经走过5个年头，如今的快递资本故事已进入新阶段。投资、入股，被投资、被加持，抑或另起炉灶再创新事业，羽翼渐丰的加盟商将会向左还是向右？新故事已开启。

新潮流，有人懂——伙伴

风火相助，2020年的全年快递业务量“四级跳”，给了快递供应链上下游合作伙伴更多发展想象。骏马疾驰，当快递经济迈上快车道，当高速增长依然鲜明夺目，他们也随之飞奔，纸箱、仓储、自动化设备等关联企业或将进入一轮IPO高潮。

新市场，有策略——出海

两个市场，打造现代物流体系，构建现代化的供应链，实现经济高质量发展……从“十三五”到“十四五”，中国快递出海进入“抱团”阶段，资本密集、技术密集、知识密集的国际快递业务，正在双循环的助力下加速推进。背靠世界最大的消费市场，他们有动力走出国门揽件；依托“世界工厂”的高质量转型，他们有底气奔向海外送货。

新队友，有竞合——机会

快递这片热土从来不乏新加入者。他们有热情，有梦想，有资金，甚至有背景；他们不惧红海，左右突围，相信万亿级的市场中定会有自己的位置。无论是飞奔的兔子，闹海的哪吒，还是加速渗透的三大航，抑或市场份额提速的国资快递，什么样的身份不重要，重要的是有路就有机会。

新格局，有闯劲——分化

你敢迎难而上，困难便会迎刃而解，这是一个奋斗者的时代，也是一个强者恒强的时代。从CR7到CR8，头部快递企业的市场占有率在加速分化，上游电商平台的格局在发生变化，蛰伏蓄力、突破瓶颈、奋力跳跃，产品升级、布局生态、延伸创新，向下、向外、向上的每一次出招都看向未来。

新视野，有关爱——基层

无论是企业发展阶段的调整需要，还是1年700亿件、800亿件，甚至900亿件快递业务量的增长潜能，抑或是社会公众投来更多的关注目光，基层网点（站点）的韧性、一线从业者的基本保障和企业奔跑的快递速度、社会经济所需的快递力量的匹配度，都决定着快递车的稳定性。车头快、车身稳，才有快递加速度。

新模式，有期待——末端

如同一根纽带，下行的工业品深入乡村，上行的农产品进入城市，曾经的城乡二元结构因快递的模式创新而联通。把短板变为“潜力板”，“交快合作”“邮快合作”“快快合作”“商快合作”等共配模式渐次推进，遍布城乡的快递驿站、门店和智能快件箱如雨后春笋般涌现。小人物的努力和奋进，尽在行动之中。

2021，风向标·国际篇

全球业务量有望突破1500亿件大关

必能宝年度快递指数显示，2019年，指数统计的13个主要快递市场，业务量首次突破1000亿件，达1030亿件。每5件快件中有3件来自中国，平均每秒业务量为3248件，人均业务量为27件。

按该指数计算，2019年，除中国外的12个主要快递市场业务量为395亿件。国家邮政局预计，2021年中国快递业务量将达955亿件。即使除中国外的12个主要快递市场2021年业务量与2019年相同，2021年13个主要快递市场业务量也将达到1350亿件。在疫情刺激电商发展的因素影响下，2021年全球业务量很有可能突破1500亿件大关。

中国仍然是主要快递市场业务量增长的核心驱动力。如果不含中国，2019年主要快递市场业务量同比增长幅度将从17.7%降至6.7%。

亚马逊物流和顺丰冲击原有市场格局

必能宝年度快递指数显示，2019年，亚马逊物流美国快递业务量为19亿件，同比增长155%。该指数预计，2020年—2024年，亚马逊物流快递业务量年均复合增长率高达30%。亚马逊物流的影响力和市场份额与日俱增，与敦豪、联合包裹和联邦快递形成明显竞争关系。其在美国的快递服务能力快速提升，已经成为美国主要快递企业之一，并不断扩大在英国等其他主要快递市场的影响力。

同样是2019年,顺丰营业收入超越日本雅玛多,进入全球四强。排在顺丰前面的依次是联合包裹、敦豪和联邦快递。虽然顺丰和三大巨头的营业收入总量差距仍然不小,2019年分别约为敦豪的22%、联合包裹的20%和联邦快递的23%,但是顺丰营业收入年均复合增长率明显领先。2015年—2019年,顺丰营业收入年均复合增长率达23.58%。联合包裹、敦豪和联邦快递分别为7.90%、1.60%和10.09%。2021年,随着鄂州花湖机场于年底建成并启动校飞,顺丰国际竞争力将进一步提升。

新冠疫苗运输加速企业医药和冷链物流布局

截至北京时间1月28日17时05分,根据世界卫生组织实时统计数据,全球累计新冠肺炎确诊病例破亿。

前所未见的疫情强度,使各国新冠疫苗研发以前所未有的速度推进。疫苗的研发时间通常为5~20年,新冠疫苗却在一年内迅速研发上市。大多数获批上市的疫苗在运输上对时间和温度的要求比较严苛。比如,美国莫德纳公司的疫苗需要在-20℃的恒温条件下储存和运输,美国辉瑞公司的疫苗则需要在-71℃的条件下储存和运输。

国际航空运输协会(IATA,以下简称"国际航协")预计,仅按向全球78亿人每人提供一剂疫苗计算,就将装满8000架波音747全货机。对国际快递物流企业来说,在世界各地寄递新冠疫苗,巨大的挑战与机遇并存。为此,主要国际快递企业均在全球范围内扩大了新冠疫苗的运送规模,并加速医药和冷链物流布局。

敦豪在美国印第安纳波利斯斥资160万美元建设了一座医药物流设施。联合包裹在美国肯塔基州路易斯维尔航空枢纽和荷兰林堡省芬洛新建两座可在-80℃的低温下储存疫苗的冷链仓库。联合包裹的医疗子公司Marken在美国洛杉矶和乌克兰基辅新开设了经过药品生产质量管理认证的仓库。

货运收入新高助力航空业重启

疫情给航空业带来了毁灭性打击。据国际航协估算,2020年全球航空业总体损失高达1180亿美元,需求同比2019年下降61%。

其中,货运表现明显好于客运,但与2019年相比仍显低迷。虽然所有地区都受到疫情的影响,但那些拥有较大国内市场或拥有大型货运业务的航空公司表现更好。2021年,亚太地区和北美航空公司的预期损失减少最为显著,区域之间的差异更为显著。

北美航空公司受益于美国国内市场(世界上最大的国内市场)的早期复苏,并且已经进行了比其他地区更广泛的重组,带动危机前行业财务业绩领先其他地区。

欧洲航空公司在很大程度上依赖国际市场收入,经济体受到第二波疫情的严重冲击。因此,直到2021年晚些时候,随着疫苗的广泛接种,收入才会增加。

中国航空公司的强大运力助力中国经济复苏,庞大的国内市场也助其尽早恢复盈利。货运快速发展使中国航空公司的财务状况比其他区域航空公司表现更为强劲。

国际航空运输协会预计,2021年,商业信心的增强以及航空货运在疫苗分销中发挥重要作用,预计货运量将增至6120万吨(超过2020年的5420万吨,与2019年的6130万吨持平)。由于客机腹舱运力恢复缓慢,加上对时间和温度敏感的货物(疫苗)比例增加,运力持续紧缩,收益将进一步增长5%。货运收入预计将增至1398亿美元的历史高位。

附　　录

相关文件(索引)

• 国务院关于进一步提高上市公司质量的意见
http://www.gov.cn/zhengce/content/2020-10/09/content_5549924.htm

• 国务院办公厅关于以新业态新模式引领新型消费加快发展的意见
http://www.gov.cn/zhengce/content/2020-09/21/content_5545394.htm

• 关于支持民营企业加快改革发展与转型升级的实施意见
http://www.gov.cn/zhengce/zhengceku/2020-10/23/content_5553704.htm

• 国家发展改革委　民航局关于促进航空货运设施发展的意见
http://www.gov.cn/zhengce/zhengceku/2020-09/04/content_5540595.htm

• 关于扩大战略性新兴产业投资培育壮大新增长点增长极的指导意见
https://www.ndrc.gov.cn/xxgk/zcfb/tz/202009/t20200925_1239582.html

• 关于做好2020年国家物流枢纽建设工作的通知
https://www.ndrc.gov.cn/fggz/jjmy/ltyfz/202010/t20201028_1249139_ext.html

• 农业农村部办公厅关于印发《2020年乡村产业工作要点》的通知
http://www.moa.gov.cn/ztzl/2020gzzd/gsjgzyd/202002/t20200217_6337195.htm

• 关于深入实施农村创新创业带头人培育行动的意见
http://www.moa.gov.cn/nybgb/2020/202007/202008/t20200811_6350189.htm

• 农业农村部关于加快农产品仓储保鲜冷链设施建设的实施意见
http://www.moa.gov.cn/govpublic/SCYJJXXS/202004/t20200420_6341973.htm

- 关于规范发展供应链金融　支持供应链产业链稳定循环和优化升级的意见

http://www.pbc.gov.cn/goutongjiaoliu/113456/113469/4101190/index.html

- 全国技工院校专业目录(2018 年修订)

http://www.mohrss.gov.cn/SYrlzyhshbzb/rdzt/zyjntsxd/zyjntsxd_xdjz/202005/t20200512_368319.html